首都圖書館古籍普查登記目録（一）

全國古籍普查登記目録

國家圖書館出版社
National Library of China Publishing House

全國古籍普查登記目録

圖書在版編目(CIP)數據

首都圖書館古籍普查登記目録/首都圖書館編. --北京:國家圖書館出版社,2014.12
(全國古籍普查登記目録)
ISBN 978－7－5013－5526－6

Ⅰ.①首…　Ⅱ.①首…　Ⅲ.①公共圖書館—古籍—圖書館目録—北京市　Ⅳ.①Z838

中國版本圖書館 CIP 數據核字(2014)第 296616 號

書　　名	首都圖書館古籍普查登記目録(全四冊)
編　　者	首都圖書館　編
索引編製 責任編輯	宋志英　趙　嫄
出　　版	國家圖書館出版社(100034　北京市西城區文津街7號) (原書目文獻出版社　北京圖書館出版社)
發　　行	010－66114536　66126153　66151313　66175620 66121706(傳真),66126156(門市部)
E-mail	btsfxb@ nlc. gov. cn(郵購)
Website	www. nlcpress. com ──→投稿中心
經　　銷	新華書店
印　　裝	河北三河弘翰印務有限公司
版　　次	2014 年 12 月第 1 版第 1 次印刷
開　　本	787×1092 毫米　1/16
印　　張	129.5
字　　數	2364 千字
書　　號	ISBN 978－7－5013－5526－6
定　　價	1160.00 圓

《全國古籍普查登記目錄》

工作委員會

主　任：周和平

副主任：張永新　詹福瑞　劉小琴　李致忠　張志清

委　員（按姓氏筆畫排序）：

《全國古籍普查登記目録》

序　言

　　全國古籍普查登記工作是"中華古籍保護計劃"的首要任務，是全面開展古籍搶救、保護和利用工作的基礎，也是有史以來第一次由政府組織、參加收藏單位最多的全國性古籍普查登記工作。

　　2007年國務院辦公廳發佈《關於進一步加强古籍保護工作的意見》（國辦發〔2007〕6號），明確了古籍保護工作的首要任務是對全國公共圖書館、博物館和教育、宗教、民族、文物等系統的古籍收藏和保護狀況進行全面普查，建立中華古籍聯合目録和古籍數字資源庫。2011年12月，文化部下發《文化部辦公廳關於加快推進全國古籍普查登記工作的通知》（文辦發〔2011〕518號），進一步落實了全國古籍普查登記工作。根據文化部2011年518號文件精神，國家古籍保護中心擬訂了《全國古籍普查登記工作方案》，進一步規範了古籍普查登記工作的範圍、内容、原則、步驟、辦法、成果和經費。目前進行的全國古籍普查登記工作的中心任務是通過每部古籍的身份證——"古籍普查登記編號"和相關信息，建立古籍總臺賬，全面瞭解全國古籍存藏情况，開展全國古籍保護的基礎性工作，加强各級政府對古籍的管理、保護和利用。

　　《全國古籍普查登記工作方案》規定了全國古籍普查登記工作的三個主要步驟：一、開展古籍普查登記工作；二、在古籍普查登記基礎上，編纂出版館藏古籍普查登記目録，形成《全國古籍普查登記目録》；三、在古籍普查登記工作基本完成的前提下，由省級古籍保護中心負責編纂出版本省古籍分類聯合目録《中華古籍總目》分省卷，由國家古籍保護中心負責編纂出版《中華古籍總目》統編卷。

　　在党和政府領導下，在各地區、各有關部門和全社會共同努力下，古籍普查登記工作得以扎實推進。古籍普查已在除臺灣、港澳之外的全國各省級行政區域開展，普查内容除漢文古籍外，還包括各少數民族文字古籍，特别是於2010年分别啓動了新疆古籍保護和西藏古籍保護專項，因地制宜，開展古籍普查登記工作；國家古籍保護中心研製的"全國古籍普查登記平臺"已覆蓋到全國各省級古籍保護中心，並進一步研發了"中華古籍索引庫"，爲及時展現古籍普查成果提供有力支持；截至目前，已有11375部古籍進入《國家珍貴古籍名録》，浙江、江蘇、山東、河北等省公佈了省級《珍

1

貴古籍名録》，古籍分級保護機制初步形成。

　　《全國古籍普查登記目録》是古籍普查工作的階段性成果，旨在摸清家底，揭示館藏，反映古籍的基本信息。原則上每申報單位獨立成册，館藏量少不能獨立成册者，則在本省範圍内幾個館目合併成册。無論獨立成册還是合併成册，均編製獨立的書名筆畫索引附於書後。著録的必填基本項目有：古籍普查登記編號、索書號、題名卷數、著者（含著作方式）、版本、册數及存缺卷數。其他擴展項目有：分類號、批校題跋、版式、裝幀形式、叢書子目、書影、破損狀況等。有條件的收藏單位多著録的一些擴展項目，也反映在《全國古籍普查登記目録》上。目録編排按古籍普查登記編號排序，内在順序給予各古籍收藏單位較大自由度，可按分類排列古籍普查登記編號，也可按排架號、按同書名等排列古籍普查登記編號，以反映各館特色。

　　此次全國古籍普查登記工作，克服了古籍數量多、普查人員少、普查難度大等各種困難，也得到了全國古籍保護工作者的極大支持。在古籍普查登記過程中，國家古籍保護中心、各省古籍保護中心爲此舉辦了多期古籍普查、古籍鑒定、古籍普查目録審校等培訓班，全國共 1600 餘家單位參加了培訓，爲古籍普查登記工作培養了大量人才。同時在古籍普查登記工作中，也鍛煉了普查員的實踐能力，爲將來古籍保護事業發展奠定了良好的基礎。

　　《全國古籍普查登記目録》的出版，將摸清我國古籍家底，爲古籍保護和利用工作提供依據，也將是古籍保護長期工作的一個里程碑。

國家古籍保護中心

2013 年 10 月

《全國古籍普查登記目録》

編纂凡例

一、收録範圍爲我國境内各收藏機構或個人所藏,產生於 1912 年以前,具有文物價值、學術價值和藝術價值的文獻典籍,包括漢文古籍和少數民族文字古籍以及甲骨、簡帛、敦煌遺書、碑帖拓本、古地圖等文獻。其中,部分文獻的收録年限適當延伸。

二、以各收藏機構爲分冊依據,篇幅較小者,適當合併出版。

三、一部古籍一條款目,複本亦單獨著録。

四、著録基本要求爲客觀登記、規範描述。

五、著録款目包括古籍普查登記編號、索書號、題名卷數、著者、版本、冊數、存缺卷等。古籍普查登記編號的組成方式是:省級行政區劃代碼—單位代碼—古籍普查登記順序號。

六、以古籍普查登記編號順序排序。

七、編製各館藏目録書名筆畫索引附於書後,以便檢索。

1

《首都圖書館古籍普查登記目録》

前　言

　　首都圖書館是我國較早成立的公共圖書館之一，其前身可追溯至1913年，迄今已有百年歷史。幾代首圖人孜孜以求，至今已擁有古籍藏書近50萬冊（件），其中善本97000餘冊（件）。

　　首都圖書館的前身是京師圖書分館、京師通俗圖書館和中央公園圖書閱覽所。京師圖書分館創建之初，藏書即多爲古籍。新中國成立後，首都圖書館重視古籍藏書工作，古籍藏量日益增長。

一、首都圖書館古籍收藏特色

　　首都圖書館自建館伊始，就以滿足大衆閱讀爲宗旨。在中國的傳世古籍中，舉凡經世致用之典與常備實用之書，大多可在首都圖書館典藏中找到它們的身影。

　　首都圖書館的古籍收藏中，版本最早的是唐人寫經，如唐晚期敦煌寫本《維摩詰所說經》與《金剛般若波羅蜜多經》。宋元珍本以佛教典籍居多，佛教典籍以外的宋元本，如南宋刻本《古史》《晦菴先生文集》、元刻本《刑統賦》《故唐律疏議》等，都是世所罕見的善本。至於明清佳刻，更是充盈鄴架。

　　小說、戲曲、俗文學收藏宏富，是首都圖書館古籍藏書的突出特色。據統計，館藏清以前刻本、抄本小說500餘種，善本在百部之上，如舒元煒抄本《紅樓夢》，是唯一含有確切抄寫年份的早期本子，對於判定《紅樓夢》的成書年代，意義十分重要。戲曲文獻内容涵蓋宋元南戲、元明雜劇、明清傳奇、近代京劇和其他亂彈種類，臧懋循編《元曲選》、沈泰評閱《盛明雜劇》等大型戲曲作品總集都有入藏。俗文學方面，藏有寶卷、變文、彈詞、鼓詞、民歌民謡、雜曲、唱本、謎語、酒令等十八類文獻，其中比較稀見的如清乾隆五十一年（1786）視履堂刻本《廿一史彈詞注》、清道光二十九年（1849）抄《英臺寶卷》等，《清蒙古車王府藏曲本》則堪稱首都圖書館鎮館之寶。

二、首都圖書館古籍普查工作

　　2007年，文化部正式啓動了國家級重點文化工程——"中華古籍保護計劃"。2007年9月下旬，首都圖書館成立了古籍保護工作小組，承擔北京市古籍保護中心的工作職能。2008年，首都圖書館被評選爲第一批"全國古籍重點保護單位"。2008年至2014年，首都圖書館共有145部珍貴古籍入選了前四批《國家珍貴古籍名錄》。

　　編纂出版《全國古籍普查登記目録》是"中華古籍保護計劃"的重點工作之一。在工作展開之初，我們製定了先登記善本，後登記普通古籍的工作程序。善本古籍的登記按高標準、嚴要求的原則，每一種善本都填寫書名卷數、著者、版本、版式、存缺卷、批校題跋、册數和序跋的篇名與作者、牌記、刻工、印章、破損情況等。2011年後，隨著國家古籍保護中心對於《全國古籍普查登記目録》編纂工作要求的變化，首都圖書館加快了普查登記進度，將普通古籍登記簡化爲索書號、分類、書名卷數、著者、版本、批校題跋、册數、存缺卷等基本項。古籍編目組工作人員先將數據從原有編目數據庫中導出，調整格式，然後與典藏組工作人員進入古籍書庫共同核對古籍基本信息，對數據進行初步核查與修訂。2013年下半年，館藏全部古籍的登記與初步核查工作完成。隨後，編目組工作人員又對數據進行了再次審核，最終完成了全部數據的編纂與審核。

　　《首都圖書館古籍普查登記目録》按古籍普查登記號由小至大順序排列，古籍普查登記號的排列順序則基本遵循古籍在書庫的排架順序：先善本，後普通古籍，再後排列少數民族文字古籍及藏於首都圖書館地方文獻中心的古籍。由於《全國古籍普查登記目録》要求統一體例，首都圖書館將善本數據的很多登記項目割愛（善本詳細情況可參看2011年出版的《首都圖書館古籍善本書目》），已完成普查、核對與清點的20030種民國時期綫裝書，也未收入此書目。目前，本書收首都圖書館所藏1912年之前的古籍28838種，編輯體例基本遵照國家古籍保護中心製定的《全國古籍普查登記手册》，每條數據有古籍普查登記號、索書號、分類、書名卷數、著者、版本、批校題跋、册數、存缺卷等內容，分類依據首都圖書館本館的古籍分類法。

　　此本書目的編纂是首都圖書館歷史文獻中心所有工作人員共同努力的成果，是大家戴口罩、戴手套進行登記，穿棉衣在書庫仔細核對、認真討論的成果。而仔細回顧，書目的編輯，尤其是善本內容的確定，更可以說凝聚了幾代人的心血。其中有在首都圖書館做古籍工作的前輩專家，如最初編目的朱英、馮秉文，也有其他圖書館的同仁和各個學術領域的學者。在此書出版之前，追慕前賢，感念同仁，以爲永志。

　　古籍普查登記工作難度大，書中的疏漏之處難以避免，敬請方家批評指正，以待完善。

編者

2014年10月

總　目　録

第一冊

第二冊

第三冊

第四冊

110000－0102－0000001 （甲一）/5 經部/
禮類/禮記/傳說

禮記十卷 （宋）朱熹章句 （清）任啟運註
清乾隆四十年（1775）任慶范、耿毓孝刻本
五冊

110000－0102－0000002 （甲一）/7 經部/
詩類/傳說

絜齋毛詩經筵講義四卷 （宋）袁燮撰 清乾
隆四十年（1775）武英殿刻武英殿聚珍版叢書
木活字印本 二冊

110000－0102－0000003 （甲一）/8 經部/
樂類/樂理

重刻恭簡公志樂二十卷 （明）韓邦奇撰 清
乾隆十一年（1746）薛宗泗刻本 櫃山氏校
十六冊

110000－0102－0000004 （甲一）/9 經部/
春秋類

春秋釋例十五卷 （晉）杜預撰 清乾隆四十
六年（1781）武英殿木活字印本 十二冊

110000－0102－0000005 （甲一）/10 經部/
小學類/文字/字體

五經文字二卷 （唐）張參撰 **新加九經字樣
一卷** （唐）唐玄度撰 清乾隆五年（1740）祁
門馬曰璐叢書樓影宋刻本 六冊

110000－0102－0000006 （甲一）/11 集部/
別集類/宋

學易集八卷 （宋）劉跂撰 清乾隆四十一年
（1776）武英殿木活字印本 四冊

110000－0102－0000007 （甲一）/41 子部/
類書類

小學紺珠十卷 （宋）王應麟撰 明末毛氏汲
古閣刻本 十冊

110000－0102－0000008 （甲一）/47 子部/
類書類

新增說文韻府群玉二十卷 （元）陰時夫輯
（元）陰中夫註 （元）王元貞校 明萬曆聚錦
堂刻本 二十冊

110000－0102－0000009 （甲一）/49 經部/

經總類/群經合刊

求古齋訂正九經五十一卷附三種四卷 （明）
秦鏌訂正 明崇禎十三年（1640）錫山秦氏求
古齋刻本 二十四冊

110000－0102－0000010 （甲一）/52 史部/
目錄類/著錄/學科專目/經籍

經義考三百卷總目二卷 （清）朱彝尊編 清
乾隆二十年（1755）盧見曾刻本（卷一百二十
五前三葉係抄配） 四十八冊

110000－0102－0000011 （甲一）/79 經部/
春秋類/總義/傳說

春秋啖趙二先生集傳纂例十卷 （唐）陸淳纂
清康熙刻本 四冊

110000－0102－0000012 （甲一）/80 經部/
春秋類/總義/傳說

**春秋啖趙二先生集傳辨疑十卷春秋集傳微旨
三卷首一卷** （唐）陸淳纂 清康熙刻本
四冊

110000－0102－0000013 （甲一）/83 經部/
小學類/文字

六書故三十三卷六書通釋一卷 （宋）戴侗撰
清乾隆四十九年（1784）李鼎元刻本 十
六冊

110000－0102－0000014 （甲一）/85 經部/
小學類/文字

**重校經史海篇直音十卷重校經史海篇直音目
錄一卷新集背篇列部之字補添印行一卷**
（明）□□撰 明刻本 十六冊

110000－0102－0000015 （甲一）/86 經部/
書類

尚書集注音疏十二卷末一卷 （清）江聲撰
清乾隆五十八年（1793）刻本 佚名批注 二
十四冊

110000－0102－0000016 （甲一）/89 經部/
小學類/文字

復古編二卷 （宋）張有撰 **校正一卷** （清）
葛鳴陽撰 **附錄一卷曾樂軒稿一卷** （宋）張
維撰 **安陸集一卷** （宋）張先撰 清乾隆四

十六年(1781)安邑葛氏刻本　四冊

110000－0102－0000017　（甲一)/91　經部/詩類

詩經剖疑二十一卷　（明）曹學佺撰　明末刻本　八冊

110000－0102－0000018　（甲一)/92　經部/小學類/音韻

讀易韻考七卷　（明）張獻翼撰　明萬曆刻本　六冊

110000－0102－0000019　（甲一)/94　子部/術數/占卜

新刻搜集諸家卜筮源流斷易大全四卷　（明）余興國編輯　明末致和堂刻清補刻本　三冊

110000－0102－0000020　（甲一)/96　經部/四書類/總義/傳說

駁呂留良四書講義　（清）朱軾等撰　清雍正京師內府刻本　八冊

110000－0102－0000021　（甲一)/98　集部/曲類/曲譜、曲韻

中州全韻十九卷　（清）范善溱纂　清嘉慶抄本　四冊

110000－0102－0000022　（甲一)/103　經部/小學類/訓詁

新刊爾雅三卷　（晉）郭璞註　**新刊爾雅音釋三卷**　明萬曆十六年(1588)瑞桃堂刻本　一冊

110000－0102－0000023　（甲一)/105　經部/經總類/群經總義/文字音義

北海經學七錄八卷　（清）孔廣林錄　清乾隆三十九年(1774)古俊樓刻本　二冊

110000－0102－0000024　（甲一)/106　經部/小學類/音韻

韻譜本義十卷說文未收字一卷　（明）茅溱輯　（明）范科校　明萬曆三十二年(1604)刻本　五冊

110000－0102－0000025　（甲一)/119　經部/禮類/通禮

五禮通考二百六十二卷首四卷　（清）秦蕙田編輯　清乾隆十八年(1753)刻本　八十冊

110000－0102－0000026　（甲一)/126　經部/小學類/訓詁

說雅十五卷　（明）張如蘭撰　明崇禎刻本　六冊

110000－0102－0000027　（甲一)/131　經部/四書類/總義

趙氏三書五卷　（明）趙僎撰　明天啟刻本　五冊

110000－0102－0000028　（甲一)/133　史部/目錄類/著錄/學科專目/經籍

經義考補正十二卷　（清）翁方綱撰　清乾隆五十七年(1792)刻本　四冊

110000－0102－0000029　（甲一)/137　經部/春秋類/總義/傳說

春秋三傳合參十卷　（清）那爾豐阿輯　清乾隆五十九年(1794)京都那爾豐阿刻本　十冊

110000－0102－0000030　（甲一)/140　經部/詩類

詩所八卷　（清）李光地註　清雍正六年(1728)刻本　四冊

110000－0102－0000031　（甲一)/143　經部/經總類/群經總義

經言枝指纂四十卷　（明）陳禹謨輯　明萬曆聚星館葉均宇刻本　佚名校　六冊

110000－0102－0000032　（甲一)/168　經部/經總類/群經合刊

[明善堂五經]五種五十八卷　（清）胤祥輯　清乾隆怡府刻本　二十八冊

110000－0102－0000033　（甲一)/170　經部/四書類/總義

四書集註二十卷　（宋）朱熹集註　清明善堂刻本　五冊

110000－0102－0000034　（甲一)/180　經部/四書類/總義

呂晚邨四書講義四十三卷　（清）呂留良撰

清康熙二十五年(1686)刻本　十二冊

110000－0102－0000035　（甲一)/181　經部/禮類/儀禮

讀禮通考一百二十卷　（清)徐乾學撰　清康熙三十五年(1696)徐氏刻本(卷七十八第八葉係抄配)　四十冊

110000－0102－0000036　（甲二)/3　史部/別史、雜史類

蜀碧四卷　（清)彭遵泗撰　清乾隆二十八年(1763)刻本　佚名批註　四冊

110000－0102－0000037　（甲二)/31　史部/地理類/專志/宮殿

禁扁五卷　（元)王士點撰　清康熙四十五年(1706)揚州使院刻曹楝亭十二種本　四冊

110000－0102－0000038　（甲二)/41　史部/傳記類/家傳、宗譜

孔子世家譜二十四卷首一卷　（明)孔尚任等編　清康熙二十三年(1684)孔氏刻朱印本　二十冊

110000－0102－0000039　（甲二)/46　史部/傳記類/總傳/專錄/仕宦

皇明異姓諸侯傳二卷皇明異姓諸侯表一卷皇明恩澤侯表一卷　（明)鄭曉撰　明嘉靖刻本　四冊

110000－0102－0000040　（甲二)/47　子部/雜家類/雜纂

堯山堂外紀一百卷偶雋七卷　（明)蔣一葵撰　清抄本　十六冊

110000－0102－0000041　（甲二)/48　史部/地理類/方志/地方志

[乾隆]汾州府志三十四卷首一卷　（清)孫和相纂修　清乾隆三十六年(1771)刻本　十六冊　存十五卷(府志一至十四、首一卷)

110000－0102－0000042　（甲二)/57　史部/時令類

月令輯要二十四卷首一卷　（清)李光地等輯　清康熙五十五年(1716)內府刻本　十二冊

110000－0102－0000043　（甲二)/59　史部/編年類/斷代

皇明大政紀二十五卷　（明)雷禮輯　明萬曆三十年(1602)博古堂刻本　佚名批　二十四冊

110000－0102－0000044　（甲二)/65　史部/傳記類/家傳、宗譜

越城周氏支譜六卷　（清)周以均撰　清光緒三年(1877)周氏寧壽堂木活字印本　馬廉、周作人題識　六冊

110000－0102－0000045　（甲二)/66　史部/紀傳類/斷代

今獻備遺四十二卷　（明)項篤壽纂　明萬曆十一年(1583)項氏萬卷堂刻本　八冊

110000－0102－0000046　（甲二)/68　子部/類書類

新鍥袁中郎校訂旁訓古事鏡十二卷　（明)鄧志謨撰　明萬曆四十三年(1615)鄭大經四德堂刻本　六冊

110000－0102－0000047　（甲二)/76　史部/政書類/職官/官制

歷代職官考十卷　（□)□□撰　明嘉靖馮天馭刻本　三冊

110000－0102－0000048　（甲二)/77　集部/總集類

古今翰苑瓊琚十二卷　（明)楊慎選　（明)孫鑛評　（明)陳元素校　明天啟刻本　十二冊

110000－0102－0000049　（甲二)/79　史部/編年類/通代

世曆四卷　（明)陳士元撰　明萬曆刻本　二冊　存二卷(一至二)

110000－0102－0000050　（甲二)/80　史部/紀傳類/斷代

本朝京省人物考一百十五卷　（明)過庭訓纂集　明天啟刻本　九十六冊

110000－0102－0000051　（甲二)/82　史部/傳記類/人表

國朝歷科題名碑錄　（清)錢維城等重編　清

乾隆十二年(1747)刻本　十六冊

110000－0102－0000052　（甲二）/83　史部/政書類/職官/官制

歷代封建考十一卷　（□）□□撰　明嘉靖馮天馭刻本　三冊

110000－0102－0000053　（甲二）/84　史部/雜史類

玉鏡新譚八卷　（明）朱長祚編　明崇禎文盛堂刻本　六冊

110000－0102－0000054　（甲二）/87　史部/編年類/通代

續資治通鑑綱目二十七卷　（明）商輅等撰　明刻本（御製序一葉、凡例一葉係抄配,卷三有兩葉係抄配）　二十冊

110000－0102－0000055　（甲二）/107　史部/傳記類/總傳/專錄/儒林

伊洛淵源錄十四卷　（宋）朱熹編　**續錄六卷**　（明）謝鐸編　明嘉靖八年(1529)高賁亨刻本　八冊

110000－0102－0000056　（甲二）/126　史部/地理類/專志

高寄齋訂正武林舊事六卷寶顏堂後集武林舊事五卷　（宋）周密撰　明萬曆四十三年(1615)寶顏堂刻本　五冊

110000－0102－0000057　（甲二）/128　史部/地理類/古跡

江城名蹟記三卷　（清）陳弘緒撰　（清）陳新德補輯　清乾隆二十三年(1758)京山堂刻本　四冊

110000－0102－0000058　（甲二）/133　史部/傳記類/總傳

人物概十五卷　（明）陳禹謨輯　明萬曆刻本　二冊

110000－0102－0000059　（甲二）/135　史部/傳記類/家傳、宗譜

欽定八旗氏族通譜輯要二卷　（清）阿桂等編　清乾隆五十七年(1792)武英殿刻本　二冊

110000－0102－0000060　（甲二）/136　史部/地理類/遊記

名山勝概記四十六卷　（明）何鏜纂　明末刻本　四十八冊

110000－0102－0000061　（甲二）/170　史部/紀傳類/斷代

十國春秋一百十六卷　（清）吳任臣撰　清乾隆五十八年(1793)刻本　十二冊

110000－0102－0000062　（甲二）/173　史部/地理類/方志

[乾隆]夏津縣誌十卷首一卷　（清）梁大鯤纂　清乾隆六年(1741)刻本　六冊

110000－0102－0000063　（甲二）/194　史部/傳記類/人表

國朝歷科題名碑錄　（清）錢維城等纂　**附明洪武至崇禎各科題名**　清康熙五十五年(1716)至咸豐刻本　十二冊

110000－0102－0000064　（甲二）/208　史部/金石類

省軒考古類編十二卷　（清）柴紹炳撰　（清）姚培謙評　清雍正刻本　四冊

110000－0102－0000065　（甲二）/212　史部/別史、雜史類

皇明典故紀聞十八卷　（清）余繼登撰　（明）馮琦訂　明萬曆刻本　三冊　存六卷(一至四、十至十一)

110000－0102－0000066　（甲二）/217　史部/政書類/通制

通志二十略五十一卷　（宋）鄭樵撰　（清）汪啓淑校　清乾隆十四年(1749)汪啓淑飛鴻堂刻本　四十八冊

110000－0102－0000067　（甲二）/218　子部/兵家類

經武要略二卷上集二十二卷正集　（明）莊應會輯　明崇禎刻本　四十八冊

110000－0102－0000068　（甲二）/220　史部/金石類/總錄

省軒考古類編十二卷　（清）柴紹炳撰　清雍

正四年(1726)刻本　佚名批註　四冊

110000－0102－0000069　（甲二）/228　史部/紀傳類/斷代

前漢書校異　（清）□□撰　清中晚期抄本　二冊　存二十七卷（一至二十七）

110000－0102－0000070　（甲二）/231　子部/儒家類

慈溪黃氏日抄分類九十七卷慈溪黃氏日抄分類古今紀要十九卷　（宋）黃震編輯　清乾隆三十二年(1767)新安汪氏刻本　二十四冊

110000－0102－0000071　（甲二）/236　史部/目錄類/收藏/公藏

四庫全書排架目錄不分卷　（清）紀昀撰　清抄本　佚名批校　四冊

110000－0102－0000072　（甲二）/239　子部/類書類/專編

古今萬姓統譜一百四十卷附歷代帝王姓系統譜六卷氏族博考十四卷　（明）淩迪知編　明萬曆四十三年(1615)刻本　六冊　存十九卷（一至十九）

110000－0102－0000073　（甲二）/241　史部/傳記類/總傳

東林列傳二十四卷末二卷　（清）陳鼎輯　清康熙五十年(1711)售山山壽堂刻本　十六冊

110000－0102－0000074　（甲二）/258　史部/目錄類/收藏/私藏

天一閣書目一卷碑目一卷　（清）范懋柱編　清乾隆阮元刻本（經部第四十六葉係抄補）　五冊

110000－0102－0000075　（甲二）/277　子部/雜家類/學說

因樹屋書影十卷　（清）周亮工撰　清雍正三年(1725)因樹屋刻本　十二冊

110000－0102－0000076　（甲二）/278　史部/目錄類/收藏/公藏

內閣書目二卷　（清）□□編　清漱六樓抄本　二冊

110000－0102－0000077　（甲二）/286　史部/政書類/儀制

南巡盛典一百二十卷　（清）高晉等輯　清乾隆三十六年(1771)刻本　四十八冊

110000－0102－0000078　（甲二）/288　史部/目錄類/收藏/私藏/宋

直齋書錄解題二十二卷　（宋）陳振孫撰　清乾隆三十八年(1773)北京武英殿木活字印本　六冊

110000－0102－0000079　（甲二）/293　史部/史評類

新鐫全補標題音註歷朝捷錄四卷　（明）顧充編　（明）顧憲成音釋　（明）李王孫評註　新刻全補標題音註元朝捷錄四卷　（明）湯賓尹編纂　新鐫增補評林音註國朝捷錄四卷　（明）鄭以偉編　明末余陞瞻刻本　佚名註　八冊

110000－0102－0000080　（甲二）/294　經部/春秋類/總義/傳說

春秋衡庫三十卷附錄一卷備錄一卷　（明）馮夢龍輯　明天啟刻本　十二冊

110000－0102－0000081　（甲二）/296　史部/目錄類/收藏/雜錄

浙江採集遺書總錄十一卷　（清）沈初等編　清乾隆三十九年(1774)刻本　十二冊

110000－0102－0000082　（甲二）/302　史部/目錄類/著錄/叢書目錄/總目

欽定四庫全書簡明目錄二十卷　（清）紀昀等編　清乾隆至宣統抄本　六冊

110000－0102－0000083　（甲二）/312　史部/別史、雜史類

李氏藏書六十八卷　（明）李贄撰　明萬曆二十七年(1599)金陵稽古齋刻本　亭曾跋　佚名圈點　二十冊

110000－0102－0000084　（甲二）/328　史部/目錄類/收藏/公藏

國史經籍志六卷　（明）焦竑輯　清抄本　十二冊

110000－0102－0000085　（甲二）/338　集部/總集類/文/地方

新鐫焦太史彙選中原文獻二十四卷　（明）焦竑輯　（明）陶望齡評　（明）朱之蕃注　明萬曆二十四年(1596)汪元湛刻本　十冊　存九卷(通攷一卷、經集一至四、文集四卷)

110000－0102－0000086　（甲二）/342　史部/紀傳類/斷代

周書五十卷　（唐）令狐德棻等撰　明崇禎五年(1632)琴川毛氏汲古閣刻本　六冊

110000－0102－0000087　（甲二）/348　史部/傳記類/雜錄

姓氏譜纂七卷　（明）李日華撰　（明）魯重民補訂　明崇禎四六全書刻本　六冊

110000－0102－0000088　（甲二）/350　子部/農家類/畜牧水產

蟲天志十卷　（明）沈弘正撰　明末暢閣刻本　六冊

110000－0102－0000089　（甲二）/355　史部/史評類

新鐫歷朝捷錄增定全編大成四卷　（明）顧充原編　（明）屠隆續編　（明）鍾惺增編　明末名山聚刻本　六冊

110000－0102－0000090　（甲二）/358　叢部/彙編叢書

海甸野史五卷　題(清)古吳亭林老人輯　清抄本　八冊

110000－0102－0000091　（甲二）/362　史部/傳記類/總傳/專錄/列女

千古奇聞八卷　（清）李漁編　清康熙十八年(1679)刻本　八冊

110000－0102－0000092　（甲二）/369　子部/類書類

編年拔秀二卷　（明）孫森纂集　明萬曆刻本　二冊

110000－0102－0000093　（甲二）/372　史部/紀事本末類

欽定蘭州紀略二十卷首一卷　（清）阿桂等撰

清乾隆武英殿刻本　二十冊

110000－0102－0000094　（甲二）/376　史部/別史、雜史類

古史六十卷　（宋）蘇轍撰　明萬曆三十九年(1611)南京國子監刻本　佚名註　十六冊

110000－0102－0000095　（甲二）/378　史部/紀傳類/斷代

漢書一百卷　（漢）班固撰　（唐）顏師古註　清同治八年(1869)金陵書局刻本　沈宗疇過錄何焯、王元啓、楊葆光等批校題跋　十六冊

110000－0102－0000096　（甲二）/379　史部/紀傳類/斷代

唐餘紀傳十八卷　（明）陳霆撰　明嘉靖二十三年(1544)馮煥刻本　四冊

110000－0102－0000097　（甲二）/388　史部/傳記類/年譜

漁洋山人自撰年譜二卷附一卷　（清）王士禎撰　（清）惠棟注補　清乾隆吳縣惠氏紅豆齋刻本　一冊

110000－0102－0000098　（甲二）/390　史部/政書類/考工

物料價值則例二百二十卷　（清）陳弘謀等纂　（清）快亮等修　清乾隆刻本　八冊　存八卷(湖南省物料價值則例一至八)

110000－0102－0000099　（甲二）/396　史部/地理類/方志/地方志

[乾隆]直隸易州志十八卷首一卷　（清）張登高等續修　清乾隆十二年(1747)刻本　八冊

110000－0102－0000100　（甲二）/400　史部/別史、雜史類

世廟識餘錄二十六卷　（明）徐學謨輯　明萬曆四十二年(1614)周本正刻本　佚名批點　四冊　存八卷(一至八)

110000－0102－0000101　（甲二）/405　史部/史評類/詠史

明史雜詠四卷　（清）嚴遂成撰　清乾隆刻本　二冊

110000－0102－0000102　（甲二）/411　集部/別集類/明

十科策畧箋釋十卷　（明）劉定之撰　（清）劉作樑註釋　**呆齋公年譜一卷**　（清）劉作樑述　清雍正四年(1726)刻本(附佚名抄錄對策便覽)　八冊

110000－0102－0000103　（甲二）/413　史部/地理類/外紀

中山傳信錄六卷　（清）徐葆光撰　清康熙六十年(1721)刻本　六冊

110000－0102－0000104　（甲二）/419　史部/別史、雜史類

尚史七十卷　（清）李鍇撰　清乾隆三十八年(1773)悅道樓刻本　三十二冊

110000－0102－0000105　（甲二）/420　子部/類書類

新刻大千生鑑聖賢年譜萬壽全書六卷　（明）劉維韶撰　明末刻本　六冊

110000－0102－0000106　（甲二）/423　史部/編年類/通代

歷代通鑑纂要九十二卷　（明）李東陽等編　明正德十四年(1519)慎獨齋刻本　四十冊

110000－0102－0000107　（甲二）/432　史部/傳記類/總傳

歷代名賢列女氏姓譜一百五十七卷　（清）蕭智漢輯　清嘉慶二十年(1815)刻本　一百三十二冊

110000－0102－0000108　（甲二）/433　史部/紀傳類

二史會編十六卷　（明）況叔祺編　明嘉靖四十年(1561)蔣忠魯刻本(卷十係抄配)　三十二冊

110000－0102－0000109　（甲二）/435　史部/傳記類/總傳

歷代名儒名臣循吏傳五十六卷首一卷　（清）朱軾合編　（清）蔡世遠　清雍正刻本　十六冊　存十六卷(名儒傳八卷、循吏傳八卷)

110000－0102－0000110　（甲二）/447　史部/傳記類/總傳/專錄/仕宦

[宣統]奉天備志職官表五卷　清宣統抄本　五冊

110000－0102－0000111　（甲二）/452　史部/金石類/總錄

金薤琳琅二十卷補遺一卷　（明）都穆撰　清乾隆四十三年(1778)刻本　四冊

110000－0102－0000112　（甲二）/489　叢部/彙編叢書

欣賞編八帙八卷　（明）沈津編　（明）茅一相續編　明末刻本(陳希夷坐功圖、八段錦係抄配)　四冊

110000－0102－0000113　（甲二）/496　史部/史評類

秋士史疑四卷　（明）宋存標撰　（明）陳繼儒選　**秋士新詩一卷**　（明）宋存標撰　**君子堂詩一卷**　（明）宋存標　（明）宋存楠撰　明崇禎二年(1629)宋氏君子堂刻本(第一冊首頁係抄配)　四冊

110000－0102－0000114　（甲二）/497　史部/史評類/論事

留餘堂史取十二卷　（明）賀詳撰　清抄本　二冊　存一卷(一)

110000－0102－0000115　（甲二）/499　史部/傳記類/年譜

延平四先生年譜　（明）毛念恃編　清乾隆十年(1745)張坦刻本　二冊

110000－0102－0000116　（甲二）/504　史部/史抄類

兩漢博文十二卷　（宋）楊侃輯　明嘉靖三十七年(1558)黃魯曾刻本　十二冊

110000－0102－0000117　（甲二）/506　史部/史抄類

雪廬讀史快編六十卷　（明）趙維寰編　明天啟趙氏刻本　二十四冊

110000－0102－0000118　（甲二）/511　史部/紀傳類/斷代

明史稿三百十卷目錄二卷　（清）王鴻緒等撰

清康熙敬慎堂刻本　佚名註　六十冊

110000－0102－0000119　（甲二）/513　史部/紀傳類/通代

北學編四卷　（清）魏一鰲輯　（清）尹會一　（清）戈濤續輯　清乾隆刻本　一冊

110000－0102－0000120　（甲二）/515　子部/兵家類

塞語不分卷　（明）尹畊撰　明嘉靖刻本　二冊

110000－0102－0000121　（甲二）/517　叢部/自著叢書

眉公祕集十七種四十九卷　（明）陳繼儒撰　明萬曆三十四年(1606)刻本（見聞錄第十四葉係抄配、寶顏堂增訂讀書鏡卷八至十係抄配）　佚名批點　二十四冊

110000－0102－0000122　（甲二）/519－1　史部/傳記類/年譜

朱子年譜四卷考異四卷附錄二卷　（清）王懋竑撰　清乾隆寶應王氏白田草堂刻本　四冊

110000－0102－0000123　（甲二）/519－2　集部/別集類/清

白田草堂存稿二十四卷附錄二卷　（清）王懋竑撰　清乾隆王氏白田草堂刻本　六冊

110000－0102－0000124　（甲二）/529　集部/小說類/短篇小說

西湖二集三十四卷西湖秋色一卷　（明）周楫撰　明末雲林聚錦堂刻本　十二冊　存三十三卷（西湖二集一至十六、十九至三十四，西湖秋色一卷）

110000－0102－0000125　（甲二）/536　史部/詔令奏議/奏議

掖草二卷　（明）熊明遇撰　明末刻本　二冊

110000－0102－0000126　（甲二）/552　子部/類書類/類編/專錄

古今萬姓統譜一百四十卷附歷代帝王姓系統譜六卷氏族博考十四卷　（明）淩迪知編　明萬曆刻本（略有抄配）　三十五冊

110000－0102－0000127　（甲二）/557　子部/雜家類/雜述

孤樹裒談十卷　（明）李默撰　明刻本　佚名註　十二冊

110000－0102－0000128　（甲二）/559　史部/地理類/山川

清凉山新志十卷　（清）釋丹巴撰　清康熙三十三年(1694)刻本　四冊

110000－0102－0000129　（甲二）/561　史部/地理類/山川

焦山志十二卷　（清）盧見曾撰　清乾隆二十七年(1762)刻本　四冊

110000－0102－0000130　（甲二）/567　史部/紀事本末類/通代

繹史一百六十卷世系圖一卷　（清）馬驌撰　清康熙刻九年(1670)刻進呈本　四十冊

110000－0102－0000131　（甲二）/572　史部/目錄類/圖書學/版刻

武英殿聚珍版程式一卷　（清）金簡撰　清乾隆刻武英殿聚珍版叢書本　一冊

110000－0102－0000132　（甲二）/586　史部/地理類/水道

泉河紀略七卷圖二卷　（明）張純撰　（明）徐淵校　明隆慶三年(1569)清風堂刻本　四冊

110000－0102－0000133　（甲二）/591　史部/傳記類/總傳

雒閩源流錄十九卷　（清）張夏撰　清康熙六十年(1721)杜氏刻本　六冊

110000－0102－0000134　（甲二）/607　史部/傳記類/總傳/通錄

鍥評林劳訓薛湯二先生家藏酉陽捃古人物奇編十八卷首一卷　（明）薛應旂纂輯　（明）湯賓尹註評　明萬曆四十四年(1616)刻本　八冊

110000－0102－0000135　（甲二）/608　史部/地理類/山川/川

西湖志纂十二卷首一卷末一卷　（清）沈德潛等編　清乾隆二十年(1755)賜經堂刻本　五冊

110000－0102－0000136 （甲二)/616 史部/地理類/山川/山

明州阿育王山志十卷 （明)郭子章撰 **明州阿育王山續志六卷** （明)釋畹荃輯 明萬曆刻本清乾隆續刻本 四冊

110000－0102－0000137 （甲二)/619 史部/傳記類/總傳/專錄/科舉

山東鄉試錄不分卷 （清)劉躍雲撰 清乾隆刻本 一冊

110000－0102－0000138 （甲二)/621 史部/地理類/山川/山

廬山紀事六卷 （明)桑喬撰 明嘉靖四十年(1561)朱氏刻本 佚名批 靜虛居士、佚名題識 二冊

110000－0102－0000139 （甲二)/630 史部/編年類/斷代

通紀會纂四卷 （明)諸變撰 清刻本 六冊

110000－0102－0000140 （甲二)/633 史部/地理類/山川

新鐫海內奇觀十卷 （明)楊爾曾輯 明萬曆三十七年(1609)夷白堂刻本 十冊

110000－0102－0000141 （甲二)/634 史部/地理類/山川/山

廬山紀事十二卷 （明)桑喬撰 明嘉靖四十年(1561)刻本 十冊

110000－0102－0000142 （甲二)/635 子部/類書類/類編/專錄

士商類要四卷 （明)程春宇輯 明天啟六年(1626)文林閣刻本 四冊

110000－0102－0000143 （甲二)/640 集部/總集類/通代

七十二峰足徵集八十八卷文集十六卷 （清)吳定璋輯 （清)陳祖范等編 清乾隆十年(1745)依綠園刻本 十二冊 存五十二卷(詩集一至五十二)

110000－0102－0000144 （甲二)/647 史部/雜史類

名山藏一百〇九卷 （明)何喬遠撰 明崇禎

十四年(1641)刻本 四十六冊 存八十四卷(一至八十四)

110000－0102－0000145 （甲二)/649 史部/傳記類/總傳

皇明開國臣傳十三卷 （明)朱國楨輯 明崇禎刻本 四冊

110000－0102－0000146 （甲三)/2 集部/小說類/短篇小說

女才子十二卷首一卷 （明)徐震撰 清初刻本 六冊

110000－0102－0000147 （甲三)/5 集部/小說類/長篇小說

儒林外史五十六回 （清)吳敬梓撰 清同治八年(1869)群玉齋木活字印本 十二冊

110000－0102－0000148 （甲三)/6 集部/小說類/長篇小說

三國志演義六十卷一百二十回 （明)羅貫中撰 （清)金聖嘆批 （清)毛宗崗評 清咸豐三年(1853)善成堂刻朱墨套印本 二十四冊

110000－0102－0000149 （甲三)/7 集部/小說類/長篇小說

新鐫批評出像通俗奇俠禪真逸史八卷四十回 （明)方汝浩撰 清刻本 佚名註 二十冊

110000－0102－0000150 （甲三)/8 集部/小說類/長篇小說

新鐫全像武穆精忠傳八卷 （明)熊大木撰 清初刻本 七冊 存七卷(一、三至八)

110000－0102－0000151 （甲三)/9 集部/小說類/長篇小說

鐫李卓吾批點殘唐五代史演義傳八卷 （明)羅貫中撰 清初刻本 八冊

110000－0102－0000152 （甲三)/12 集部/小說類/長篇小說

新鐫批評出相韓湘子三十回 （明)楊爾曾撰 明天啟三年(1623)九如堂刻本 六冊

110000－0102－0000153 （甲三)/15 集部/小說類/章回

新鍥重訂出像註釋通俗演義西晉志傳題評四卷東晉志傳題評八卷紀元傳一卷　（明）楊爾曾編　（明）陳氏尺蠖齋評釋　明末尺蠖齋刻本　十二冊

110000－0102－0000154　（甲三）/16　子部/類書類
楮記室十五卷　（明）潘塤撰　明嘉靖潘蔓刻本　佚名圈點　六冊

110000－0102－0000155　（甲三）/17　集部/小說類/長篇小說
忠義水滸全書一百二十回引首一卷　（元）施耐庵撰　明末郁郁堂楊定見刻本　三十二冊

110000－0102－0000156　（甲三）/26　集部/小說類/長篇小說
新鐫批評繡像列女演義六卷　（明）馮夢龍撰　題（明）鬚眉客評閱　清古吳三多齋刻本　佚名批　六冊

110000－0102－0000157　（甲三）/27　集部/小說類/短篇小說
石點頭十四卷　題（明）天然癡叟撰　（明）馮夢龍評　明末葉敬池刻清遞修本　一冊　存二卷（一至二）

110000－0102－0000158　（甲三）/28　集部/小說類/長篇小說
鐫李卓吾批點殘唐五代史演義傳八卷　（明）羅貫中撰　（明）李贄評　明末刻本（卷一第一葉、第二十二至二十三葉係抄配）　八冊

110000－0102－0000159　（甲三）/34　集部/小說類/短篇小說
醒世恆言四十卷　（明）馮夢龍纂輯　清初藝林衍慶堂刻本　十六冊

110000－0102－0000160　（甲三）/38　集部/小說類/長篇小說
紅樓夢一百二十卷　（清）曹霑撰　紅樓夢題詞一卷　（清）王希廉撰　紅樓夢總評一卷（清）王希廉撰　紅樓夢音釋一卷　（清）王希廉撰　紅樓夢像一卷　（清）□□繪　紅樓夢論贊一卷　（清）讀花人編　紅樓夢問答一卷

（清）王希廉撰　大觀園圖說一卷　（清）王希廉撰　清道光十二年（1832）雙清仙館刻本　二十四冊

110000－0102－0000161　（甲三）/51　集部/小說類/章回
東周列國全志二十三卷一百〇八回　（清）蔡元放評點　清咸豐四年（1854）書成山房刻朱墨套印本　十二冊

110000－0102－0000162　（甲三）/52　子部/藝術類/書畫/畫法、畫帖
水滸全圖　（明）杜堇繪　（清）劉晚榮編　清光緒六年至八年（1880－1882）粵東藏脩堂刻本　二冊

110000－0102－0000163　（甲三）/53　子部/宗教類/釋教/經
諸佛世尊如來菩薩尊者神僧名經　（明）成祖朱棣編　明永樂十五年（1417）內府刻本　一冊

110000－0102－0000164　（甲三）/69　集部/小說類/長篇小說
新鐫批評繡像列女演義六卷　（明）馮夢龍撰　題（明）鬚眉客評閱　清初長春閣刻本　六冊

110000－0102－0000165　（甲三）/72　集部/總集類/文/斷代/明
新刻精選當代臺閣精華八卷　（明）朱國祚等輯評　明萬曆書林周宗顏刻本　佚名注　八冊

110000－0102－0000166　（甲三）/74　集部/小說類/章回
結水滸全傳七十卷七十回末一卷　（清）俞萬春撰　（清）范辛來等評述　清咸豐三年（1853）刻本　二十四冊

110000－0102－0000167　（甲三）/105　集部/小說類/章回
斬鬼傳四卷十回　（清）劉璋撰　清康熙抄本　四冊

110000－0102－0000168　（甲三）/119　集

部/小說類/長篇小說

三國志演義二十四卷 （明）[羅貫中]撰　清初刻本　一冊　存序、目錄、像

110000－0102－0000169　（甲三）/132　集部/小說類/章回

雪月梅傳十卷五十回 （清）陳朗撰　（清）董孟汾評釋　（清）邵松年校定　清乾隆四十年(1775)德華堂刻本　八冊

110000－0102－0000170　（甲三）/134　集部/小說類/章回

北史演義六十四卷南史演義三十二卷 （清）杜綱撰　（清）許寶善批評　（清）譚載華校訂　清乾隆五十八年(1793)刻六十年(1795)續刻本　二十四冊

110000－0102－0000171　（甲三）/148　集部/小說類/長篇小說

後三國石珠演義三十回 題（清）遇安氏撰　清刻本　八冊

110000－0102－0000172　（甲三）/150　集部/小說類/章回

異說征西演義全傳六卷四十回 （清）恂莊主人編　清乾隆五十年(1785)刻本　六冊

110000－0102－0000173　（甲三）/151　集部/小說類/長篇小說

新鐫玉茗堂批點按鑑參補南宋志傳十卷 （明）研石山樵訂正　（清）織里畸人校閱　**新鐫玉茗堂批點按鑑參補北宋志傳十卷** （明）研石山樵訂正　（清）織里畸人校閱　清文錦堂刻本　五冊

110000－0102－0000174　（甲三）/152　集部/小說類/章回

新刻批評繡像平山冷燕六卷二十回 （清）荻岸散人撰　（清）冰玉主人批點　清乾隆靜寄山房刻本　六冊

110000－0102－0000175　（甲三）/153　集部/小說類/章回

新鐫批評出像通俗演義禪真後史十集十卷六十回 （明）方汝浩編　題（清）冲和居士評校

清乾隆刻本(第五十一至五十三回係抄配)　十六冊

110000－0102－0000176　（甲三）/154　集部/小說類/章回

四雪草堂重訂通俗隋唐演義二十卷一百回 （清）褚人獲撰　清康熙三十四年(1695)四雪草堂刻本　二十冊

110000－0102－0000177　（甲三）/156　子部/宗教類/釋教

釋氏源流 （明）釋□□撰　明刻本　三冊　存二卷(三至四)

110000－0102－0000178　（甲三）/156－1　子部/宗教類/釋教

釋氏源流二卷 （明）□□撰　明末比丘圓澄刻本　二冊　存一卷(下)

110000－0102－0000179　（甲三）/157　子部/術數類/雜術

夢占類考十二卷 （明）張鳳翼編　明萬曆十三年(1585)王祖嫡刻本　四冊

110000－0102－0000180　（甲三）/160　集部/小說類/長篇小說

品花寶鑑六十四回 （清）陳森撰　清道光二十九年(1849)幻中幻齋刻本　二十冊

110000－0102－0000181　（甲三）/161　集部/小說類/章回

北史演義六十四卷 （清）杜綱撰　清嘉慶二年(1797)自怡軒刻本　十二冊

110000－0102－0000182　（甲三）/162　集部/小說類/長篇小說

東周列國全志二十三卷 （明）馮夢龍編　（清）蔡元放評點　清乾隆星聚堂刻本　佚名批　李宅尚題記　十二冊

110000－0102－0000183　（甲三）/163　集部/小說類/章回

西遊真詮一百回 （清）陳士斌撰　清康熙刻本　二十冊

110000－0102－0000184　（甲三）/164　集

部/小說類/長篇小說

新鐫重訂出像通俗演義東晉志傳八卷 題
(明)陳氏尺蠖齋評釋 清康熙繡谷萬全書屋
刻本 佚名批 八冊

110000－0102－0000185 （甲三）/168 集
部/小說類/筆記小說

花陣綺言十二卷 題(明)楚江仙叟石公纂
明末刻本 十冊

110000－0102－0000186 （甲三）/169 子
部/雜家類/雜考

甕牖閑評八卷 （宋）袁文撰 清乾隆四十年
(1775)武英殿木活字印本 愛蓮客題識
四冊

110000－0102－0000187 （甲三）/171 子
部/類書類

卓氏藻林八卷 （明）卓明卿編 明萬曆刻本
八冊

110000－0102－0000188 （甲三）/184 子
部/儒家類

**明手斧言前集一卷後集一卷明手鋤言前集一
卷後集一卷** （明）金勵編 明萬曆刻本 寬
夫題跋、圈點 佚名圈點 六冊

110000－0102－0000189 （甲三）/193 集
部/小說類/章回

新刻全像海剛峰先生居官公案四卷七十一回
（明）李春芳撰 明萬曆三十四年(1606)萬
卷樓刻本 四冊

110000－0102－0000190 （甲三）/197 子
部/藝術類/書畫/畫法、畫帖

紅樓夢圖詠 （清）改琦繪 清光緒五年
(1879)淮浦居士刻本 四冊

110000－0102－0000191 （甲三）/198 集
部/小說類/長篇小說

新刊徐文長先生評隋唐演義十卷 （明）徐渭
評 明末刻本 十二冊

110000－0102－0000192 （甲三）/212 史
部/傳記類/總傳

儒林宗派十六卷 （清）萬斯同編 清乾隆三

十八年(1773)歷城周氏刻本 四冊

110000－0102－0000193 （甲三）/218 集
部/小說類/長篇小說

鐫李卓吾批點殘唐五代史演義傳八卷 （明）
羅貫中撰 清刻本 四冊

110000－0102－0000194 （甲三）/219 集
部/小說類/長篇小說

新刻按鑑編纂開闢衍繹通俗志傳六卷 （明）
周游輯 明崇禎八年(1635)刻本 六冊

110000－0102－0000195 （甲三）/220 集
部/小說類/章回

飛龍傳六十回 （清）吳璿編 清乾隆刻本
佚名批、圈點 十六冊

110000－0102－0000196 （甲三）/221 集
部/小說類/章回

**快心編初集五卷十回二集五卷十回三集六卷
十二回** （清）天花才子編 （清）四橋居士評
清初課花書屋刻本 鈐"北平孔德學校之
章"朱文印 十二冊

110000－0102－0000197 （甲三）/241 子
部/雜家類

癸辛雜識前集一卷後集一卷別集二卷 （宋）
周密編 （明）毛晉重訂 明崇禎常熟毛氏汲
古閣刻本 佚名注 八冊

110000－0102－0000198 （甲三）/243 子
部/天文地理類/天文

御定星曆考原六卷 （清）李光地等撰 清康
熙五十二年(1713)內府活字本 二冊

110000－0102－0000199 （甲三）/244 子
部/雜家類

述記 （清）任兆麟編 清乾隆五十三年
(1788)忠敏家塾刻本 六冊

110000－0102－0000200 （甲三）/247 集
部/小說類/短篇小說

二俠傳二十卷 （明）徐廣編 明萬曆四十一
年(1613)刻本 十二冊

110000－0102－0000201 （甲三）/253 子

部/兵家類

戡定玄機三十二卷 （明）張龍翼輯　明末刻本　九冊　存二十五卷(二至八、十五至三十二)

110000 – 0102 – 0000202　（甲三）/260　子部/天文地理類/天文

管窺輯要八十卷 （清）黃鼎撰　清順治十年(1653)刻本　四十冊

110000 – 0102 – 0000203　（甲三）/266　子部/類書類/類編/通錄

海錄碎事二十二卷 （宋）葉庭珪輯　明萬曆二十六年(1598)劉鳳刻本(卷二十二下末葉及後序係抄配)　張松頤跋　二十四冊

110000 – 0102 – 0000204　（甲三）/299　叢部/彙編叢書

煙霞小說十三種 （明）陸貽孫編　明萬曆刻本　九冊　存十一卷(吳中故語一卷,蓬軒吳記二卷、別記一卷,馬氏日抄一卷,紀善錄一卷,椽曹名臣錄一卷,庚己編四卷)

110000 – 0102 – 0000205　（甲三）/310　子部/農家類

致富全書十二卷 （明）周文華撰　明末刻本清修版　鈐"北平孔德學校之章"朱文印　六冊

110000 – 0102 – 0000206　（甲三）/317　叢部/彙編叢書

綠牕女史十四卷 題(明)秦淮寓客編　明末心遠堂刻本　十八冊

110000 – 0102 – 0000207　（甲三）/339　子部/子總類

諸子合雅四卷 （明）王志遠編　明萬曆四十四年(1616)刻本　八冊

110000 – 0102 – 0000208　（甲三）/343　子部/雜家類/雜述

世說新語三卷 （南朝宋）劉義慶撰　（南朝梁）劉峻注　（明）凌濛初訂　清康熙十五年(1676)刻本　六冊

110000 – 0102 – 0000209　（甲三）/344　集

部/小說類/筆記小說

豔異編四十卷續編十九卷 （明）王世貞編　明玉茗堂刻本　十六冊

110000 – 0102 – 0000210　（甲三）/346　子部/雜家類/雜述

觚賸八卷 （清）鈕琇撰　清康熙三十九年(1700)刻本　四冊

110000 – 0102 – 0000211　（甲三）/347　子部/雜家類/學說

豐草菴雜著 （清）董說撰　明末清初刻本　四冊　存五卷(昭陽夢史一卷、非煙香法一卷、柳毅編一卷、河圖卦版一卷、文字障一卷)

110000 – 0102 – 0000212　（甲三）/349　子部/雜家類/雜纂

卭竹杖七卷 （清）施男撰　清初留髡堂刻本　四冊

110000 – 0102 – 0000213　（甲三）/360　史部/政書類/考工

天工開物三卷 （明）宋應星撰　清乾隆三十五年(1770)浪華書林菅生堂刻本　九冊

110000 – 0102 – 0000214　（甲三）/362　集部/小說類/短篇小說

虞初志八卷 （明）湯顯祖評點　（明）鍾人傑校閱　明末刻本　佚名批　八冊

110000 – 0102 – 0000215　（甲三）/363　子部/雜家類/雜述

虞初新志二十卷 （清）張潮輯　清康熙三十九年(1700)刻本　十冊

110000 – 0102 – 0000216　（甲三）/364　集部/小說類/短篇小說

[警世通言]四十卷 （明）馮夢龍編　題(明)可一主人評　題(明)無礙居士校　明末王振華三桂堂刻本(卷三十二至三十三、卷三十七至三十八係抄配)　佚名批　十二冊　存三十八卷(一至三十八)

110000 – 0102 – 0000217　（甲三）/365　子部/類書類/類編/通錄

古今名喻八卷 （明）吳仕期編輯　明萬曆五

年(1577)葉貴刻本　佚名批　八冊

110000－0102－0000218　（甲三）/369　子部/類書類

古今疏十五卷　（清）朱虛撰　清順治萬卷樓刻本　佚名題字　十二冊

110000－0102－0000219　（甲三）/370　子部/雜家類/雜纂

翼學編十三卷　（明）朱應奎撰　明萬曆刻本　三冊　存十一卷(三至十三)

110000－0102－0000220　（甲三）/372　子部/類書類

喻林一百二十卷　（明）徐元太輯　（明）徐胥慶校　明萬曆四十三年(1615)刻本　四十二冊

110000－0102－0000221　（甲三）/374　子部/兵家類

唐荊川先生纂輯武前編六卷武後編六卷　（明）唐順之撰　清活字印本　十二冊

110000－0102－0000222　（甲三）/378　集部/小說類/短篇小說

情史類略二十四卷　（明）馮夢龍編　清康熙芥子園刻本　二十四冊

110000－0102－0000223　（甲三）/380　集部/小說類/筆記小說

五色線二卷　（明）毛晉訂　明崇禎刻津逮秘書本　四冊

110000－0102－0000224　（甲三）/381　子部/類書類

冊府元龜一千卷　（宋）王欽若編　清乾隆十九年(1754)刻本　三百二十冊

110000－0102－0000225　（甲三）/382　子部/類書類

新編古今事文類聚二百三十六卷　（宋）祝穆　（元）富大用　（元）祝淵等編　明萬曆三十二年(1604)德壽堂刻本　八十冊

110000－0102－0000226　（甲三）/383　叢部/彙編叢書

說郛一百二十卷　（明）陶宗儀編　**說郛續四十六卷**　（清）陶珽編　清順治四年(1647)宛委山堂刻本　一百六十冊

110000－0102－0000227　（甲三）/394　子部/類書類

游藝編不分卷　（清）朱確編　清抄本　四十四冊

110000－0102－0000228　（甲三）/400　集部/曲類/曲別集/雜劇

貫華堂第六才子書八卷　（元）王實甫撰　（清）金聖嘆評　清初四美堂刻本　八冊

110000－0102－0000229　（甲三）/403　子部/雜家類/雜考

丹鉛總錄二十七卷　（明）楊慎撰　（明）陸弼校訂　明萬曆刻本　十冊

110000－0102－0000230　（甲三）/404　集部/曲類/曲別集/雜劇

新刻魏仲雪先生批點西廂記二卷二十齣　（元）王實甫撰　（明）魏浣初批評　（明）李裔蕃註釋　**新刻魏仲雪先生批評會真記一卷**　（唐）元稹撰　附錄蒲東詩一卷　□□撰　附錄錢塘夢一卷　□□撰　附園林午夢記一卷　□□撰　清初陳長卿刻本　三冊

110000－0102－0000231　（甲三）/421　集部/曲類/曲別集/雜劇

第六才子書八卷　（元）王實甫撰　（清）金聖嘆評　清乾隆四十五年(1780)文德堂刻本　六冊

110000－0102－0000232　（甲三）/424　子部/雜家類/雜考

新增格古要論十三卷　（明）曹昭撰　（明）舒敏編校　（明）王佐增校　（明）黃正位重校　明天順黃正位刻本　八冊

110000－0102－0000233　（甲三）/425　子部/道家類

道言內外六卷　（明）彭好古編　明末刻本　佚名點校　四冊

110000－0102－0000234　（甲三）/426　集

部/曲類/曲別集/雜劇

增補箋註第六才子西廂釋解八卷附末一卷
(元)王實甫撰　(清)金聖嘆評　清會賢堂刻本　十二冊

110000－0102－0000235　(甲三)/427　集部/小說類/短篇小說

西湖佳話古今遺蹟十六卷[西湖圖景]一卷
題(清)墨浪子輯　清康熙金陵王衙刻彩色套印本　八冊

110000－0102－0000236　(甲三)/435　子部/藝術類/書畫/書法、碑帖/清

漢溪書法通解八卷　(清)戈守智撰　清乾隆十五年(1750)刻本　六冊

110000－0102－0000237　(甲三)/444　子部/儒家類

諸儒學案不分卷　(明)劉元卿編　明萬曆劉應舉刻本　十二冊

110000－0102－0000238　(甲三)/446　子部/醫家類/醫案

醫按六卷首論一卷驗方一卷　(明)程崙撰　明天啟刻本　五冊

110000－0102－0000239　(甲三)/449　子部/雜家類/學說

[格物彙編]　(清)徐文淵撰並繪　清末抄本　四冊　存四卷(格物初誌一至二、格物次編一至二)

110000－0102－0000240　(甲三)/451　子部/類書類

目前集二卷　(明)趙南星撰　明刻本　四冊

110000－0102－0000241　(甲三)/454　子部/類書類/類編/通錄

群書考索古今事文玉屑十三卷　(明)楊淙編
　(明)濮陽傳校閱　明葉貴刻本　佚名批
四冊

110000－0102－0000242　(甲三)/455　集部/小說類/筆記小說

玉劍尊聞十卷　(清)梁維樞撰　清順治十一年(1654)常山梁維樞都門刻本　十冊

110000－0102－0000243　(甲三)/462　集部/小說類/筆記小說

說鈴六十卷　(清)吳震方輯　清康熙四十一年(1702)來榮堂刻本　二十冊

110000－0102－0000244　(甲三)/471　子部/醫家類/養生

攝生總要九卷　(明)洪基輯　明崇禎十一年(1638)集錦堂刻本　八冊

110000－0102－0000245　(甲三)/476　集部/小說類

新刻出像增補搜神記六卷　(□)□□□撰　明萬曆唐氏富春堂刻本　一冊　存三卷(四至六)

110000－0102－0000246　(甲三)/523　子部/類書類

格致鏡原一百卷　(清)陳元龍輯　清康熙五十六年(1717)刻雍正十三年(1735)印本　三十二冊

110000－0102－0000247　(甲三)/527　子部/雜家類

潛邱剳記六卷　(清)閻若璩撰　**左汾近稾一卷**　(清)閻詠撰　清乾隆十年(1745)閻學林眷西堂刻本(卷六第一葉係抄配)　十二冊

110000－0102－0000248　(甲三)/528　叢部/彙編叢書

稗海四十八種二百八十八卷續二十二種一百六十一卷　(明)商濬編　明萬曆刻清康熙重編補刻本(拾遺記卷一至二第四葉、卷四第二葉係抄配)　六十四冊

110000－0102－0000249　(甲三)/536　子部/醫家類/養生

新刻攝生總論秘授脉訣十二卷　(明)張時徹編　清康熙五十四年(1715)魏瑞昌刻本　八冊

110000－0102－0000250　(甲三)/546　經部/小學類/訓詁

增修埤雅廣要四十二卷　(宋)陸佃撰　(明)牛衷增修　(明)吳從政音釋　明萬曆三十八

年(1610)孫弘範刻本　八冊

110000－0102－0000251　（甲三)/547　子部/類書類

增訂二三場羣書備考四卷　(明)袁黃撰　明崇禎十五年(1642)刻本　八冊

110000－0102－0000252　（甲三)/548　子部/宗教類/釋教/史傳

指月錄三十二卷　(明)瞿汝稷輯　明崇禎三年(1630)釋海明刻本　佚名批注　十冊

110000－0102－0000253　（甲三)/557　子部/術數類/占卜

新鍥纂集諸家全書大成斷易天機六卷　(明)徐紹錦校　明萬曆二十五年(1597)書林鄭氏雲齋刻本　二冊

110000－0102－0000254　（甲三)/559　集部/總集類

古今女史詩集八卷精刻古今女史十二卷新刻古今女史姓氏字里詳節一卷　(明)趙世傑輯　清初刻本　六冊

110000－0102－0000255　（甲三)/561　子部/雜家類

穀詒彙十四卷首二卷　(明)陶希皐　(明)王之垣輯　明崇禎陶氏刻本　八冊　存七卷(一至七)

110000－0102－0000256　（甲三)/562　集部/曲類

雅趣藏書　(清)錢書撰　清刻本　四冊

110000－0102－0000257　（甲三)/606　子部/類書類

玉府鈎玄六卷　(明)沈堯中輯　明萬曆沈夢斗刻本　十二冊

110000－0102－0000258　（甲三)/607　子部/雜家類/雜述

見聞雜記十一卷首一卷　(明)李樂撰　(明)朱國楨校正　明萬曆刻本　胡桌題跋　鈐"北平孔德學校之章"朱文印　十二冊

110000－0102－0000259　（甲三)/692　子

部/子總類

新鐫諸子拔萃八卷　（明)李雲翔評選　明天啟七年(1627)唐建元刻朱墨套印本　八冊

110000－0102－0000260　（甲三)/693　史部/傳記類/總傳

古懽錄八卷　(清)王士禛撰　清康熙三十九年(1700)新安朱從延快宜堂刻本　二冊

110000－0102－0000261　（甲三)/694　子部/雜家類

無甚高論三卷　(明)趙鴻賜輯　明萬曆三十六年(1608)刻本　四冊

110000－0102－0000262　（甲三)/698　子部/雜家類

僊里塵譚十二卷　(明)林有麟撰　明天啟元年(1621)刻本　十二冊

110000－0102－0000263　（甲三)/712　叢部/自著叢書

陳眉公先生十集四卷　(明)陳繼儒編　明末刻本　佚名批　十冊

110000－0102－0000264　（甲三)/717　子部/雜家類

文昌雜錄六卷補遺一卷　(宋)龐元英撰　清乾隆二十一年(1756)雅雨堂刻本　二冊

110000－0102－0000265　（甲三)/718　子部/藝術類/書畫

賞奇軒四種合編四卷　(清)□□輯　清刻本　四冊

110000－0102－0000266　（甲三)/719　子部/雜家類

霏雪錄不分卷　(明)鎦績撰　明弘治元年(1488)張文昭刻本　四冊

110000－0102－0000267　（甲三)/723　子部/雜家類/學說

香祖筆記十二卷　(清)王士禛撰　清康熙四十四年(1705)刻本　佚名批點　六冊

110000－0102－0000268　（甲三)/729　子

部/雜家類/雜纂

金屑一撮不分卷 （清）□□輯　清雍正內府銅活字本　二冊

110000－0102－0000269　（甲三）/768　子部/雜家類/學說

古夫于亭雜錄六卷 （清）王士禎撰　清康熙四十九年(1710)范邍刻本　四冊

110000－0102－0000270　（甲三）/771　集部/小說類/筆記小說

闇然堂類纂六卷 （明）潘士藻輯　明萬曆刻本　四冊

110000－0102－0000271　（甲三）/777　集部/小說類/筆記小說

說鈴抄八卷二十三種 （清）華繼編　清乾隆十八年(1753)刻本　四冊

110000－0102－0000272　（甲三）/781　叢部/彙編叢書

風光十種 （明）王穉登輯　明末刻本　四冊

110000－0102－0000273　（甲三）/786　子部/雜家類

居易錄三十四卷 （清）王士禎撰　清康熙刻清雍正印本　八冊

110000－0102－0000274　（甲三）/787　子部/雜家類

冥寥子游二卷 （明）屠隆撰　（明）何三畏評　明萬曆刻寶顏堂秘笈本　一冊

110000－0102－0000275　（甲三）/788　子部/術數類/陰陽五行

新刻趨避檢三卷 （明）胡泰輯　（明）胡文煥重修　明胡文煥刻本　佚名批　四冊

110000－0102－0000276　（甲三）/792　子部/類書類

新編古今品彙故事啟牘二十卷 （明）余應虬纂　明末刻本　二冊

110000－0102－0000277　（甲三）/829　子部/雜家類

清賢紀六卷 （明）尤鏜編　明天啟三年

(1623)倪錦刻本　四冊

110000－0102－0000278　（甲三）/837　集部/小說類/筆記小說

柳崖外編十六卷首一卷 （清）徐昆撰　清乾隆五十七年(1792)平陽徐氏刻本　鈐"北平孔德學校之章"朱文印　六冊　存六卷(一至六)

110000－0102－0000279　（甲三）/840　史部/別史、雜史類

楓窗小牘二卷 （宋）袁褧撰　明萬曆刻清康熙補刻稗海本　一冊

110000－0102－0000280　（甲三）/857　子部/類書類

天中記六十卷 （明）陳耀文纂　明刻本(卷一序第一葉、卷六十末葉係抄補)　六十冊

110000－0102－0000281　（甲三）/862　子部/雜家類/雜纂

冰月補三卷 （明）馬思恭輯　明萬曆二十六年(1598)刻本　三冊

110000－0102－0000282　（甲三）/863　子部/雜家類

揮塵前錄四卷揮塵後錄十一卷揮塵第三錄三卷揮塵後錄餘話二卷 （宋）王明清編　（明）毛晉訂　明崇禎毛氏汲古閣刻本　十二冊

110000－0102－0000283　（甲三）/866　集部/小說類/筆記小說

西青散記二卷 （清）史震林撰　清乾隆刻本　二冊

110000－0102－0000284　（甲三）/879　集部/小說類/筆記小說

剪桐載筆一卷 （明）王象晉撰　明末毛鳳苞刻本　二冊

110000－0102－0000285　（甲三）/880　子部/雜家類/雜纂

梨雲館廣清紀四卷 （明）吳從先　（明）王緣督纂　明周文煒刻本　四冊

110000－0102－0000286　（甲三）/886　叢

部/彙編叢書

夷門廣牘 （明）周履靖輯 明萬曆荊山書林刻本 佚名註 三十冊 存六十卷（文章緣起一卷、釋名一卷、詩品一卷、文錄一卷、談藝錄一卷、嘯旨一卷、廣易千文一卷、格古要論三卷、群物奇制一卷、墨經一卷、水品全秩二卷、茶品要錄一卷、茶寮記一卷附一卷、湯品一卷、易牙遺意二卷、酒經一卷附一卷、緣綺新聲一至二、玉局鈎玄一卷、投壺儀節一卷、逸民傳二卷、香案牘一卷、列仙傳一卷、神仙傳一卷、續神仙傳一卷、梅塢貽瓊六卷、中峰禪師梅花百詠一卷、群仙降乩語一卷、閒雲稿二卷、野人清嘯二卷、尋芳詠二卷、千片雪二卷、鴛湖唱和稿一卷、泛泖吟一卷、青蓮觴咏二卷、香山酒頌一、唐宋元明酒詞二卷、狂夫酒語二卷、雲林石譜三卷）

110000 – 0102 – 0000287 （甲三）/887 叢部/彙編叢書

格致叢書□□種□□□卷 （明）胡文煥輯 明末刻本 三冊 存四種五卷（禪警一卷、香譜二卷、明善要言一卷、山家清事一卷）

110000 – 0102 – 0000288 （甲三）/888 子部/醫家類/養生

新刻保生心鑑一卷 題（明）鐵峰居士撰 （明）胡文煥校正 **附活人心法一卷** （明）朱權撰 明萬曆胡氏文會堂刻格致叢書本 一冊

110000 – 0102 – 0000289 （甲三）/899 集部/別集類/明

讀書後八卷 （明）王世貞撰 （清）顧朝泰校 清乾隆二十一年（1756）顧朝泰刻本（卷三書王介甫後、書曾子固文後係抄配） 佚名註 二冊

110000 – 0102 – 0000290 （甲三）/913 – 1 子部/天文地理類/曆法

大明弘治元年歲次戊申大統曆一卷 （明）欽天監製 明弘治元年（1488）欽天監刻本 馬衡題跋 一冊

110000 – 0102 – 0000291 （甲三）/913 – 2

子部/天文地理類/曆法

大明正德十一年歲次丙子大統曆一卷 （明）欽天監製 明正德十一年（1516）欽天監刻本 一冊

110000 – 0102 – 0000292 （甲三）/913 – 3 子部/天文地理類/曆法

大明隆慶二年歲次戊辰大統曆一卷 （明）欽天監製 明隆慶元年（1567）欽天監刻本 一冊

110000 – 0102 – 0000293 （甲三）/913 – 4 子部/天文地理類/曆法

大明隆慶六年歲次壬申大統曆一卷 （明）欽天監製 明隆慶六年（1572）欽天監刻本 一冊

110000 – 0102 – 0000294 （甲三）/913 – 5 子部/天文地理類/曆法

大明萬曆二十二年歲次甲午大統曆一卷 （明）欽天監製 明萬曆二十二年（1594）刻本 一冊

110000 – 0102 – 0000295 （甲三）/913 – 6 子部/天文地理類/曆法

大明萬曆四十七年歲次己未大統曆一卷 （明）欽天監製 明萬曆四十七年（1619）刻本 一冊

110000 – 0102 – 0000296 （甲三）/914 子部/類書類

山堂肆考五集二百二十八卷 （明）彭大翼纂 明萬曆二十三年（1595）刻本 四十八冊

110000 – 0102 – 0000297 （甲三）/915 子部/雜家類/雜考

博學彙書二編十二卷 （清）來集之纂 清康熙二十二年（1683）刻本 二十四冊

110000 – 0102 – 0000298 （甲三）/929 史部/別史、雜史類

北夢瑣言二十卷 （宋）孫光憲撰 明刻本 六冊

110000 – 0102 – 0000299 （甲三）/944 子部/類書類

讀書紀數略五十四卷 （清）宮夢仁撰 清康熙四十六年(1707)刻本 十六冊

110000－0102－0000300 （甲三）/945 子部/雜家類

初潭集三十卷 （明）李贄撰 （明）王克安重訂 明末刻本 十冊

110000－0102－0000301 （甲三）/948 子部/類書類

事物異名錄四十卷 （清）厲荃輯 （清）關槐增纂 清乾隆五十三年(1788)刻本 十二冊

110000－0102－0000302 （甲三）/949 史部/別史、雜史類

稗史彙編一百七十五卷 （明）王圻編 明萬曆刻本 二十八冊 存八十四卷（四十至四十五、六十至六十七、七十一至八十七、九十九至一百十四、一百三十一至一百三十三、一百四十二至一百五十七、一百五十八至一百七十五）

110000－0102－0000303 （甲三）/958 子部/雜家類/學說

五雜組十六卷 （明）謝肇淛撰 明萬曆新安如韋館刻本 佚名補字 十六冊

110000－0102－0000304 （甲三）/968 集部/小說類/章回

［皐鶴堂批評第一奇書金瓶梅］一百回 （明）［蘭陵笑笑生］撰 （清）張竹坡評 清康熙崇經堂刻本 二十四冊

110000－0102－0000305 （甲三）/969 集部/小說類/長篇小說

全像金瓶梅第一奇書一百回 （清）張竹坡評 清刻本（第四十九至五十一回係抄配） 三十二冊

110000－0102－0000306 （甲三）/970 集部/小說類/長篇小說

新刻繡像批評金瓶梅二十卷一百回 明末刻本 二十冊

110000－0102－0000307 （甲三）/971 集部/小說類/章回

李卓吾先生批評三國志一百二十回 （明）羅貫中撰 （明）李贄評 清康熙吳郡綠蔭堂刻本 十六冊 缺第五十二回八葉（三、六十至六十六）

110000－0102－0000308 （甲三）/973 集部/小說類/長篇小說

新編東遊記二十卷一百回 （明）方汝浩著題 （明）九九老人述 清康熙刻本 二十冊

110000－0102－0000309 （甲三）/975 集部/小說類/長篇小說

貪歡報八卷二十四回 題（明）西湖漁隱主人編 清初賞心亭刻本（第十六至二十回用巾箱本補配） 八冊

110000－0102－0000310 （甲三）/977 集部/小說類/章回

李笠翁批閱三國志一百二十回 （明）羅貫中撰 （清）李漁評 清初兩衡堂刻本 二十八冊

110000－0102－0000311 （甲四）/1 集部/曲類/曲譜、曲韻

嘯餘譜十卷 （明）陳明善編 明萬曆四十七年(1619)刻本 十六冊 存八卷（一至八）

110000－0102－0000312 （甲四）/3－1 集部/詞類/詞譜、詞律、詞韻/詞譜

碎金詞譜十四卷碎金續譜六卷詞韻四卷首一卷養默山房詩餘三卷 （清）謝元淮輯 清道光二十八年(1848)刻朱墨套印本 佚名點校、批 十冊

110000－0102－0000313 （甲四）/3－2 集部/詞類/詞譜、詞律、詞韻/詞譜

碎金詞譜六卷附錄一卷默山房詩餘三種 （清）謝元淮輯 清道光二十四年(1844)刻朱墨套印本 二冊

110000－0102－0000314 （甲四）/6 集部/曲類/曲譜、曲韻

納書楹曲譜正集四卷續集四卷外集二卷補遺四卷納書楹玉茗堂四夢曲譜八卷 （清）葉堂訂譜 （清）王文治參訂 清乾隆五十七至五

十九年（1792－1794）長州葉氏納書楹刻本
二十冊

110000－0102－0000315　（甲四）/7　集部/
別集類/清

郢雪齋纂稿前集二卷後集四卷　（清）高熊徵
撰　清康熙二十三年（1684）高軾、高輯刻四
十五年（1706）高軾、高輯續刻本　六冊

110000－0102－0000316　（甲四）/10　集部/
曲類/曲別集/散曲

江東白苧二卷續二卷　（明）梁辰魚撰　明末
刻本　四冊

110000－0102－0000317　（甲四）/11　集部/
曲類/曲譜、曲韻

**太古傳宗琵琶調西廂記曲譜二卷太古傳宗琵
琶調宮詞曲譜二卷絃索調時劇新譜二卷**
（清）湯斯質輯　清乾隆十四年（1749）刻本
十二冊

110000－0102－0000318　（甲四）/12　集部/
曲類/曲別集/傳奇

長生殿傳奇二卷五十折　（清）洪昇撰　清李
鐘元刻本　四冊

110000－0102－0000319　（甲四）/15　集部/
總集類/文/斷代/明

媚幽閣文娛　（明）鄭元勳輯　（明）陳繼儒定
　明崇禎三年（1630）暇園鄭元化刻本　十冊

110000－0102－0000320　（甲四）/19　集部/
總集類/詩/地方

沈南疑先生檇李詩擊四十二卷　（清）沈季友
編　清康熙敦素堂刻本　二十冊

110000－0102－0000321　（甲四）/21　集部/
曲類/曲別集/傳奇

鼎峙春秋十卷　（清）周祥鈺等撰　清乾隆抄
本　二十冊

110000－0102－0000322　（甲四）/23　集部/
曲類/曲別集/傳奇

沈薲漁四種曲八卷　（清）沈起鳳撰　清末石
韞玉刻本　十六冊

110000－0102－0000323　（甲四）/24　集部/
曲類/曲別集/散曲

白雪齋選訂樂府吳騷合編四卷衡曲塵譚一卷
　（清）張琦選輯　（明）張旭初刪訂　**曲律一
卷**　（明）魏良輔撰　明崇禎虎林張琦白雪齋
刻本　清慈經批　八冊

110000－0102－0000324　（甲四）/36　集部/
曲類/曲別集/傳奇

擁雙豔三種　（清）萬樹撰　清康熙萬氏檠花
別墅刻本（風流棒傳奇第一篇序首葉前半葉
係抄配）　十二冊

110000－0102－0000325　（甲四）/38　集部/
曲類/曲別集

西堂樂府六種　（清）尤侗撰　清康熙刻本
四冊

110000－0102－0000326　（甲四）/39　集部/
別集類/明

湯慈明詩集三十二卷　（明）湯有光撰　明天
啟二年（1622）周長應刻本　八冊

110000－0102－0000327　（甲四）/41　集部/
別集類/明

**黃髮翁全集四卷首一卷黃髮翁戲筆一卷末一
卷**　（明）畢木撰　（清）畢盛鑑校補　清康熙
五十六年（1717）畢豐增、畢豐統、畢豐純、畢
豐幼刻本　二冊

110000－0102－0000328　（甲四）/47　集部/
總集類/文/通代

文府滑稽十二卷　（明）鄒迪光選　明萬曆三
十七年（1609）鄒同光刻本　佚名點校、批
八冊

110000－0102－0000329　（甲四）/49　集部/
小說類/其它

[鄧氏爭奇四種]十一卷　（明）鄧志謨纂　明
萃慶堂刻本　十二冊

110000－0102－0000330　（甲四）/51－1　集
部/別集類/清

非水舟遺集二卷　（清）梁錫珩撰　清乾隆劍
虹齋刻本　二冊

110000－0102－0000331　（甲四）/51－2　集部/別集類/清

劍虹齋詩文集十二卷　（清）梁濬撰　清乾隆一畝園刻本　四冊

110000－0102－0000332　（甲四）/52　集部/曲類/曲選

吳歈萃雅四卷　（明）梯月主人輯　明萬曆刻本　八冊

110000－0102－0000333　（甲四）/53　集部/別集類/明

玉茗堂全集四十六卷　（明）湯顯祖撰　清康熙三十三年(1694)阮峴、阮嵩竹林堂刻本二十冊

110000－0102－0000334　（甲四）/54　集部/總集類/詩/斷代/唐至五代

唐百家詩一百七十一卷　（明）朱警輯　明嘉靖十九年(1540)刻本　佚名批校　十二冊存二十二卷(孟浩然集二卷、王昌齡集三卷、常建集二卷、顏魯公集一卷、崔曙集一卷、嚴武集一卷、包秘監集一卷、包刑侍集一卷、華陽真逸集二卷、戎昱集一卷、李益集二卷、宋之問集二卷、李嶠集三卷)

110000－0102－0000335　（甲四）/61　集部/總集類/文/斷代/唐至五代

欽定全唐文一千卷總目三卷韻編一卷　（清）董誥編　清嘉慶二十三年(1818)揚州詩局刻本　二百四十冊

110000－0102－0000336　（甲四）/62　集部/總集類/文/通代

御定歷代賦彙一百四十卷外集二十卷補遺二十二卷逸句二卷　（清）陳元龍編　清康熙刻本　四十八冊

110000－0102－0000337　（甲四）/65　集部/曲類/曲譜、曲韻

一笠菴北詞廣正譜十八卷附南戲北詞正謬一卷　（清）徐于室撰　（清）李玄玉更訂　清康熙青蓮書屋刻文靖書院印本　佚名批校　十二冊

110000－0102－0000338　（甲四）/66　集部/別集類/明

鴻寶應本十七卷　（明）倪元璐撰　明崇禎十五年(1642)刻本　十二冊

110000－0102－0000339　（甲四）/69　集部/曲類/曲別集/傳奇

勸善金科十種　（清）張照撰　清雍正抄本十冊

110000－0102－0000340　（甲四）/70　集部/曲類/曲別集/傳奇

[曲五種]　清抄本　六冊

110000－0102－0000341　（甲四）/72　集部/曲類/曲別集/傳奇

西堂樂府六種　（清）尤侗撰　清康熙刻本六冊

110000－0102－0000342　（甲四）/73　集部/曲類/曲選

[散曲五種]　題楚北啞嗓道人輯　清抄本佚名批點　二冊

110000－0102－0000343　（甲四）/76　集部/曲類/曲譜、曲韻

增定南九宮曲譜二十一卷南九宮十三調曲譜附錄一卷　（明）沈璟撰　明末三樂齋刻本(序第一葉、卷二十第五十五葉、卷二十一係抄補)　八冊

110000－0102－0000344　（甲四）/78　集部/曲類/曲別集/傳奇

昭代簫韶十本二十卷二百四十出首一卷（清）王廷章　（清）范聞賢撰　清嘉慶十八年(1813)京師內府刻朱墨套印本　七冊　存三本六卷(一至三本每本上下卷、另有第三本上重復)

110000－0102－0000345　（甲四）/79　集部/曲類/曲別集/傳奇

[味塵軒曲]四種八卷　（清）李文瀚撰　清道光刻本　八冊

110000－0102－0000346　（甲四）/82　集部/曲類/曲別集/傳奇

笠翁傳奇十種二十卷 （清）李漁編 清康熙翼聖堂刻本(有抄配,鳳求鳳有刻配) 佚名批 三十八冊

110000－0102－0000347 （甲四）/84 集部/曲類/曲別集/傳奇
補天石傳奇八種八卷 （清）周樂清撰 清道光十年(1830)靜遠草堂刻本 四冊

110000－0102－0000348 （甲四）/86 集部/曲類/曲別集/雜劇
吟風閣四卷三十二種 （清）楊潮觀撰 清乾隆二十九年(1764)楊氏恰好處刻本 六冊

110000－0102－0000349 （甲四）/87 集部/曲類/曲別集/雜劇
坦菴詞曲六種九卷 （清）徐石麟撰 清初南湖享書堂刻本 四冊

110000－0102－0000350 （甲四）/88 集部/曲類/曲別集/傳奇
惺齋新曲六種十二卷 （清）夏綸撰 清乾隆十八年(1753)世光堂刻本 二十四冊

110000－0102－0000351 （甲四）/91 集部/俗文學類
西調黃鸝詞集抄不分卷 （清）柳堂輯 清乾隆四十五年(1780)抄本 三冊

110000－0102－0000352 （甲四）/96 集部/別集類/明
石溪周先生文集八卷 （明）周敍撰 明周氏家刻本 八冊

110000－0102－0000353 （甲四）/99 集部/總集類/文/地方
吳都文粹十卷 （宋）鄭虎臣輯 清活字印本 十冊

110000－0102－0000354 （甲四）/100 集部/別集類/清
施愚山先生學餘文集二十八卷施愚山先生學餘詩集五十卷施愚山先生別集四卷施愚山先生外集二卷宣城施氏家風述畧 （清）施閏章撰 施氏家風述畧續編 （清）施彦恪輯 施愚山先生年譜四卷 （清）施念曾撰 隨邨先

生遺集六卷 （清）施璩撰 清乾隆刻本 二十冊

110000－0102－0000355 （甲四）/102 集部/詞類/詞別集
扶荔詞三卷扶荔詞別錄一卷 （清）丁澎撰 清康熙刻本 一冊

110000－0102－0000356 （甲四）/114 集部/曲類/曲譜、曲韻
新定十二律崑腔譜十六卷新定考正音韻大全一卷 （清）王正祥撰 （清）盧鳴鑾 （清）施銓參訂 清康熙停雲室刻本 七冊 存十二卷(一至四、九至十六)

110000－0102－0000357 （甲四）/120 集部/曲類/曲譜、曲韻
曲譜十二卷首一卷末一卷 （清）王奕清等撰 清康熙内府刻朱墨套印本 佚名圈點 十冊

110000－0102－0000358 （甲四）/121 集部/曲類/曲選
新鐫古今大雅北宮詞紀六卷新鐫古今大雅南宮詞紀六卷 （明）陳所聞選 （明）陳邦泰輯 明萬曆三十二至三十三年(1604－1605)刻本 十二冊

110000－0102－0000359 （甲四）/123 集部/曲類/曲別集/傳奇
笠翁傳奇十種 （清）李漁撰 清康熙刻本 四十冊

110000－0102－0000360 （甲四）/124 集部/曲類/曲別集/傳奇
勸善金科十本二十卷二百四十出首一卷 (清)張照等撰 清乾隆武英殿刻五色套印本 二十四冊

110000－0102－0000361 （甲四）/128 集部/曲類
樂府小令七種 （元）張可久等撰 （明）李開先編 清嘉慶刻本 八冊

110000－0102－0000362 （甲四）/133 集部/曲類/曲譜、曲韻

西廂記譜五卷　（清）葉堂撰　清乾隆四十九年(1784)東吳葉氏納書楹刻本　五冊

110000－0102－0000363　（甲四）/134　集部/別集類/清

榮壽堂詩集四卷　（清）張維初撰　清雍正張攻玉刻本　二冊

110000－0102－0000364　（甲四）/136　集部/總集類/詩/婦女

本朝名媛詩鈔六卷　（清）胡孝思評輯　（清）朱珖評輯　清乾隆三十一年(1766)胡孝思刻本　佚名批　四冊

110000－0102－0000365　（甲四）/137　集部/曲類/曲別集/傳奇

異方便淨土傳燈歸元鏡三祖實錄二卷附錄一卷　（清）釋智達撰　清乾隆四十九年(1784)刻本　四冊

110000－0102－0000366　（甲四）/138　集部/曲類/曲別集/傳奇

奎星見(教中稀)二卷　題(清)積石山樵撰　題(清)影園灌者校訂　清抄本　二冊

110000－0102－0000367　（甲四）/139　子部/類書類

新鋟獵古詞章釋字訓解三台對類正宗十九卷　（明）京南詞叟庚居子編　明書林德聚堂刻本　十冊

110000－0102－0000368　（甲四）/140　集部/總集類/詩/斷代/清

本朝名媛詩鈔六卷　（清）胡孝思　（清）朱珖評輯　（清）沈英等校訂　清乾隆刻本　四冊

110000－0102－0000369　（甲四）/150　集部/詞類/詞總集/通代

御選歷代詩餘一百二十卷　（清）聖祖玄燁定　（清）沈辰垣等編　清康熙四十六年(1707)內府刻本　佚名批註　四十冊

110000－0102－0000370　（甲四）/154　集部/別集類/明

玉茗堂全集四十六卷　（明）湯顯祖撰　清康熙三十三年(1694)刻本　四冊　存十六卷

（文十六卷）

110000－0102－0000371　（甲四）/156　集部/曲類/曲別集/散曲

雲莊張文忠公休居自適小樂府不分卷　（元）張養浩撰　明末抄本　一冊

110000－0102－0000372　（甲四）/163　集部/曲類/曲選

詞林逸響四卷　（明）許宇輯　明天啟三年(1623)萃錦堂刻本(卷一第八十五葉係抄配)　四冊

110000－0102－0000373　（甲四）/167　集部/曲類/曲譜、曲韻

曲譜大成不分卷　（清）□□撰　清稿本　佚名批　八冊

110000－0102－0000374　（甲四）/168　經部/樂類

御製律呂正義不分卷　（清）允祉撰　清抄本　佚名圈點、批校　七冊

110000－0102－0000375　（甲四）/169　集部/別集類/宋

宋孫仲益內簡尺牘十卷　（宋）孫覿撰　清乾隆十二年(1747)蔡氏刻本　六冊

110000－0102－0000376　（甲四）/184　集部/別集類/宋

盤洲文集八十卷　（宋）洪适撰　洪文惠年譜　（清）錢大昕輯　清嘉慶十八年(1813)三瑞堂活字本　十六冊

110000－0102－0000377　（甲四）/185　集部/別集類/明

陶菴全集二十一卷　（明）黃淳耀撰　（清）陶應鯤輯　清乾隆二十六年(1761)溧水陶氏刻本　六冊

110000－0102－0000378　（甲四）/188　集部/別集類/清

苑西集十二卷　（清）高士奇撰　清康熙二十八年至二十九年(1689－1690)蔣景祁刻本　四冊

110000 – 0102 – 0000379　（甲四）/189　集部/別集類/明

重刻渼陂王太史先生全集　（明）王九思撰　明嘉靖至崇禎刻本　八冊

110000 – 0102 – 0000380　（甲四）/190　集部/曲類/曲別集/雜劇

寫心雜劇十六種十六卷　（清）徐爔撰　清乾隆五十四年(1789)徐氏夢生堂刻本　六冊

110000 – 0102 – 0000381　（甲四）/194　集部/別集類/明

馬東田漫稿六卷　（明）馬中錫撰　（明）孫緒評　明嘉靖十七年(1538)開州文三畏刻本　十二冊

110000 – 0102 – 0000382　（甲四）/197　集部/曲類/曲別集/傳奇

重重喜二十七齣　（清）張大復撰　清末抄本　一冊

110000 – 0102 – 0000383　（甲四）/198　集部/曲類/曲別集/傳奇

雙珠記二卷四十六齣　（明）沈鯨撰　清抄本　二冊

110000 – 0102 – 0000384　（甲四）/199　集部/曲類/曲別集/傳奇

介山記二卷二十四折　（清）宋廷魁撰　清乾隆十五年(1750)刻本　四冊

110000 – 0102 – 0000385　（甲四）/202　集部/曲類/曲別集/傳奇

玉燕堂四種曲八卷　（清）張堅撰　清乾隆刻本　十冊

110000 – 0102 – 0000386　（甲四）/207　集部/別集類/清

道援堂詩集十三卷　（清）屈大均撰　清康熙徐氏刻本　八冊

110000 – 0102 – 0000387　（甲四）/218　集部/俗文學類/彈詞

十美圖四卷二十四囬　（明）□□撰　清抄本　四冊

110000 – 0102 – 0000388　（甲四）/224　集部/總集類/文/地方

新安文獻志一百卷新安文獻志先賢事略二卷目錄二卷　（明）程敏政輯　明萬曆刻本　三十六冊

110000 – 0102 – 0000389　（甲四）/227　集部/別集類/明

梓溪文鈔外集十卷梓溪文鈔內集八卷　（明）舒芬撰　明萬曆四十八年(1620)舒璨刻清乾隆舒香補修本　六冊

110000 – 0102 – 0000390　（甲四）/230　集部/詞類/詞譜、詞律、詞韻/詞譜

記紅集三卷詞韻簡一卷　（清）吳綺　（清）程洪輯　清乾隆二十五年(1760)玉禾堂刻本　六冊

110000 – 0102 – 0000391　（甲四）/238　集部/別集類/明

梓溪文鈔外集十卷梓溪文鈔內集八卷　（明）舒芬撰　（明）舒琛　（明）舒璨輯　明萬曆四十八年(1620)舒璨刻本清康熙十一年(1672)舒香修版本　十冊

110000 – 0102 – 0000392　（甲四）/239　集部/俗文學類/彈詞

新編陶朱富四十卷　（□）□□撰　清康熙抄本　二十冊

110000 – 0102 – 0000393　（甲四）/240　集部/集評類

聲調前譜一卷聲調後譜一卷聲調續譜一卷談龍錄一卷　（清）趙執信撰　清乾隆二十四年(1759)盧見曾雅雨堂刻本　一冊

110000 – 0102 – 0000394　（甲四）/241　集部/別集類/清

後邨詩集七卷吳越游草一卷　（清）王文治撰　清康熙刻本　四冊

110000 – 0102 – 0000395　（甲四）/243　集部/總集類/斷代/宋

宋十五家詩選十五種十六卷　（清）陳訏輯　清康熙三十二年(1693)刻本　十八冊

110000 - 0102 - 0000396　（甲四）/244　集部/別集類/清

魏伯子文集十卷　（清）魏際瑞撰　**魏叔子文集外篇二十二卷魏叔子日錄三卷魏叔子詩集八卷**　（清）魏禧撰　**魏季子文集十六卷**　（清）魏禮撰　**魏興上文集六卷**　（清）魏世傑撰　**魏昭士文集十卷**　（清）魏世傚撰　**魏敬士文集八卷**　（清）魏世儼撰　清康熙易堂刻本　四十八冊

110000 - 0102 - 0000397　（甲四）/245　集部/別集類/遼金元

臨川吳文正公集四十九卷道學基統一卷外集三卷　（元）吳澄撰　**臨川吳文正公年譜一卷**　（元）危素撰　清康熙木活字印本　三十六冊

110000 - 0102 - 0000398　（甲四）/247　集部/俗文學類/彈詞

神劍記　清末抄本　十冊

110000 - 0102 - 0000399　（甲四）/248　子部/藝術類/書畫

墨池編二十卷印典八卷　（宋）朱長文撰　清雍正十一年(1733)就閒堂刻本　十四冊

110000 - 0102 - 0000400　（甲四）/249　集部/總集類/詩/斷代/宋

宋百家詩存二十卷　（清）曹庭棟選編　清乾隆五年至六年(1740 - 1741)曹庭棟刻本　佚名批　二十冊

110000 - 0102 - 0000401　（甲四）/250　集部/別集類/明

溫陵傅錦泉先生文集三卷詩集一卷　（明）傅夏器撰　**傅錦泉先生傳一卷**　（明）黃國鼎撰　清康熙至宣統抄本　四冊

110000 - 0102 - 0000402　（甲四）/255　集部/別集類/漢至隋

徐孝穆全集六卷　（南朝陳）徐陵撰　（清）吳兆宜箋注　**徐孝穆備考一卷**　（清）徐文炳補輯　清乾隆十九年(1754)淮南阮學濬困學書屋刻本　二冊

110000 - 0102 - 0000403　（甲四）/257　集部/別集類/遼金元

所安遺集一卷補錄一卷　（元）陳泰撰　清乾隆五十一年(1786)至宣統抄本　一冊

110000 - 0102 - 0000404　（甲四）/267　集部/別集類/宋

范忠宣公集十卷　（宋）范純仁撰　明末刻本　八冊

110000 - 0102 - 0000405　（甲四）/269　集部/總集類/詩/斷代/宋

宋十五家詩選十五種十六卷　（清）陳訏輯　清康熙三十二年(1693)刻本　八冊

110000 - 0102 - 0000406　（甲四）/270　集部/別集類/清

懷清堂詩集二十卷　（清）湯右曾撰　清乾隆七年(1742)王氏刻本　四冊

110000 - 0102 - 0000407　（甲四）/271　集部/別集類/清

敬業堂詩集五十卷　（清）查慎行撰　清康熙五十八年(1719)刻本　八冊

110000 - 0102 - 0000408　（甲四）/273　集部/別集類/明

程士集四卷獻忱集五卷　（明）高拱撰　明嘉靖四十五年(1566)刻本　五冊

110000 - 0102 - 0000409　（甲四）/295　集部/總集類/詩/斷代/明

盛明百家詩三百二十四卷　（明）俞憲編　明嘉靖末至隆慶刻本（敍、目錄係抄補）　八十冊　存一卷(一百九十九)

110000 - 0102 - 0000410　（甲四）/297　集部/總集類/詩/通代

新刊古今名賢品彙註釋玉堂詩選八卷　（明）舒芬輯　（明）舒琛增補　（明）楊淙註編　明萬曆七年(1579)唐氏富春堂刻本　八冊

110000 - 0102 - 0000411　（甲四）/299　集部/別集類/清

高愉堂詩集不分卷高愉堂詩二集不分卷　（清）懷應聘撰　清康熙二十九年(1690)刻本　六冊

110000－0102－0000412　（甲四）/303　集部/總集類/詩/斷代/明

明詩選十二卷盛明百家詩選姓氏爵里一卷（明）馬世奇輯　明末簣玉堂刻本　四冊

110000－0102－0000413　（甲四）/304　集部/總集類/文/通代

文選補遺四十卷（宋）陳仁子輯　（宋）譚紹烈纂　清乾隆二年（1737）陳文煜刻本　十六冊

110000－0102－0000414　（甲四）/305　集部/總集類/詩/地方

國朝松陵詩徵二十卷（清）袁景輅編　清乾隆三十二年（1767）愛吟齋刻本　六冊

110000－0102－0000415　（甲四）/307　集部/總集類/詩/斷代/清

詩持三集十卷（清）魏憲評選　清康熙枕江堂刻本　十冊

110000－0102－0000416　（甲四）/309　集部/總集類

商丘宋氏三世遺集三種五卷（清）宋犖編　清康熙刻本　二冊

110000－0102－0000417　（甲四）/310　集部/總集類/詩/通代

古樂苑五十二卷前卷一卷衍錄四卷目錄二卷（明）梅鼎祚輯　明萬曆刻本　十六冊

110000－0102－0000418　（甲四）/314　集部/別集類/清

歸愚詩鈔二十卷歸愚詩鈔餘集七卷（清）沈德潛撰　清乾隆十六年（1751）沈德潛刻本　十二冊

110000－0102－0000419　（甲四）/323　集部/別集類/清

青要集十三卷（清）呂謙恆撰　清乾隆十五年（1750）呂蕭高刻本　四冊

110000－0102－0000420　（甲四）/324　集部/集評類/詩評/詩話

全宋詩話十三卷（清）鍾廷瑛撰　清嘉慶至宣統稿本　四冊

110000－0102－0000421　（甲四）/325　集部/別集類/明

韓五泉詩四卷（明）韓邦靖撰　**韓安人遺詩一卷**　題（明）屈氏撰　**韓五泉附錄一卷**（明）王九思等撰　**朝邑縣志二卷**（明）韓邦靖纂　清刻本　三冊

110000－0102－0000422　（甲四）/326　子部/雜家類

濯舊一卷（明）汪俊撰　明嘉靖三十年（1551）刻本　一冊

110000－0102－0000423　（甲四）/331　集部/別集類/清

蓮洋集十二卷補遺一卷附錄一卷（清）吳雯撰　（清）王士禎評定　清乾隆五十五年（1790）徐氏刻本　六冊

110000－0102－0000424　（甲四）/335　集部/詞類/詞譜、詞律、詞韻/詞譜

自怡軒詞譜六卷（清）許寶善輯　清乾隆三十七年（1772）刻朱墨套印本　四冊

110000－0102－0000425　（甲四）/337　集部/詞類/詞譜、詞律、詞韻/詞律

詞律二十卷（清）萬樹撰　清康熙二十六年（1687）堆絮園刻本　十二冊

110000－0102－0000426　（甲四）/340　集部/總集類/文/地方

續垂棘編六卷二集十卷（清）范鄗鼎編　**五經堂草草一卷**（清）范鄗鼎撰　清康熙十四年至十六年（1675－1677）洪洞五經堂范鄗鼎刻本　佚名批點　六冊　存二集六卷（一至六）

110000－0102－0000427　（甲四）/344　集部/別集類/漢至隋

陶貞白集二卷（南朝梁）陶弘景撰　（明）黃省曾編　（明）汪士賢校　明萬曆新安汪士賢刻漢魏六朝二十一名家集本　二冊

110000－0102－0000428　（甲四）/346　集部/別集類/清

隨園詩草八卷（清）邊連寶撰　清乾隆四十

年(1775)刻本　四冊

110000－0102－0000429　（甲四）/347　集部/別集類/清/

缺壺編文集二卷　（清）王有年撰　清康熙二十一年(1682)刻本　四冊

110000－0102－0000430　（甲四）/353　集部/別集類/明

閬風館文集　（明）馬樸撰　明崇禎刻本　七冊　存二十八卷(五至二十八、三十三至三十六)

110000－0102－0000431　（甲四）/354　集部/別集類/宋

安陽集五十卷　（宋）韓琦撰　（清）黃邦寧重修　**忠獻韓魏王家傳十卷**　（宋）韓忠彥撰　**忠獻韓魏王別錄三卷**　（宋）王巖叟　**忠獻韓魏王遺事一卷**　（宋）強至撰　清乾隆四年(1739)陳錫輅刻三十五年(1770)同安黃邦寧彰德修版本　十冊

110000－0102－0000432　（甲四）/357　集部/別集類/唐至五代

玉谿生詩箋註三卷樊南文集箋註八卷　（唐）李商隱撰　（清）馮浩編　清乾隆三十二年(1767)德聚堂刻本　八冊

110000－0102－0000433　（甲四）/360　集部/別集類/宋

碧梧玩芳集三十四卷　（宋）馬廷鸞撰　清乾隆五十年(1785)至宣統抄本　四冊

110000－0102－0000434　（甲四）/362　集部/別集類/明

卓光祿集三卷　（明）卓明卿撰　明萬曆二十一年(1593)苑西客舍刻本　三冊

110000－0102－0000435　（甲四）/363　集部/總集類/詩/斷代/清

國朝詩正六卷　（清）朱觀撰　清康熙五十四年(1715)刻本　一冊　存一卷半(一、二上半部)

110000－0102－0000436　（甲四）/364　集部/總集類/文/通代

尺牘雋言二十卷　（明）陳臣忠輯　（明）閔邁德校　明萬曆閔邁德刻朱墨套印本　四冊

110000－0102－0000437　（甲四）/365　集部/總集類/文/雜錄/書牘表啟

新鎸增補較正寅幾熊先生尺牘雙魚九卷　（明）熊寅幾撰　（明）陳繼儒輯　**補選捷用尺牘雙魚四卷**　（明）陳繼儒輯　明末刻本　佚名評點　三冊

110000－0102－0000438　（甲四）/368　集部/別集類/明

湯海若問棘郵草二卷　（明）湯顯祖撰　（明）徐渭批釋　（明）張汝霖校　明刻本　一冊

110000－0102－0000439　（甲四）/379　叢部/彙編叢書

[華氏清睡閣十五種]　（明）華淑編　明萬曆清睡閣刻本　佚名註　二冊

110000－0102－0000440　（甲四）/380　集部/詞類/詞總集

新刊增修箋注妙選群英草堂詩餘二卷　（明）鍾惺選　明末慎節堂刻本　佚名評點　二冊

110000－0102－0000441　（甲四）/383　集部/別集類/清

綿津山人詩集二十七卷　（清）宋犖撰　清康熙刻本　八冊

110000－0102－0000442　（甲四）/384　集部/集評類

詩人玉屑二十卷　（宋）魏慶之編　清初刻本　八冊

110000－0102－0000443　（甲四）/386　集部/別集類/清

是程堂集十四卷二集四卷耶溪漁隱詞二卷　（清）屠倬撰　清嘉慶十九年(1814)刻本　七冊

110000－0102－0000444　（甲四）/389　集部/詞類/詞別集

雲谷詩餘二卷　（清）熊榮撰　清乾隆三十八年(1773)刻本　一冊

110000－0102－0000445　（甲四）/398　集部/詞類/詞總集

十名家詞集十卷　（清）侯文燦編　清康熙二十八年(1689)亦園刻本　五冊

110000－0102－0000446　（甲四）/399　集部/別集類/明

高皇帝御製文集二十卷　（明）太祖朱元璋撰　（明）樂韶鳳等編錄　明嘉靖十四年(1535)徐九皋、王惟賢刻本（卷八至十二係抄配）佚名圈點　八冊

110000－0102－0000447　（甲四）/403　集部/別集類/清

篤素堂文集十六卷　（清）張英撰　清康熙四十年(1701)刻本　六冊

110000－0102－0000448　（甲四）/410　子部/類書類

朱飲山千金譜二十九卷　（清）朱燮撰　清乾隆五十五年(1790)王氏刻本　十冊

110000－0102－0000449　（甲四）/414　集部/曲類/曲譜、曲韻

新編南詞定律十三卷首一卷　（清）呂士雄等編輯　清康熙五十九年(1720)刻朱墨套印本　八冊

110000－0102－0000450　（甲四）/419　集部/別集類/清

蔗塘未定稿四種四卷外集四種四卷　（清）查爲仁撰　清乾隆刻本　二冊

110000－0102－0000451　（甲四）/420　集部/別集類/明

汲古堂集二十八卷　（明）何白撰　清乾隆二十九年(1764)高朝選刻本　十二冊

110000－0102－0000452　（甲四）/421　集部/總集類/詩/婦女

歷朝名媛詩詞十二卷　（清）陸昶編　清乾隆三十八年(1773)吳門陸氏紅樹樓刻本　六冊

110000－0102－0000453　（甲四）/426　集部/別集類/清

樊榭山房集十卷　（清）厲鶚撰　清乾隆武林

東街金洞橋繡墨齋刻本　四冊

110000－0102－0000454　（甲四）/441　集部/總集類/詩/斷代/宋

宋詩畧十八卷　（清）王景龍編　清乾隆三十五年(1770)刻本　佚名圈點　八冊

110000－0102－0000455　（甲四）/452　集部/別集類/清

寶庵遺詩　（清）陳元鼎撰　清末抄本　佚名批校　一冊

110000－0102－0000456　（甲四）/461　集部/別集類/清

後圃編年稿十六卷　（清）李嶟瑞撰　清康熙刻本　二冊

110000－0102－0000457　（甲四）/462　集部/別集類/明

鄒太史文集不分卷　（明）鄒德溥撰　明刻本　四冊

110000－0102－0000458　（甲四）/465　集部/別集類/明

中川遺藁三十三卷　（明）王教撰　明嘉靖三十九年(1560)清白堂刻清乾隆修版本　十六冊

110000－0102－0000459　（甲四）/473　集部/總集類/詩/斷代/唐至五代

王荊公唐百家詩選二十卷　（宋）王安石編　清康熙四十二年(1703)宋氏雙清閣刻本　十冊

110000－0102－0000460　（甲四）/474　集部/別集類/清

司馬文正公傳家集八十卷目錄二卷附錄一卷　（宋）司馬光撰　（清）陳弘謀重訂　清乾隆六年(1741)培遠堂刻本（卷八十末二葉係抄配）　十二冊

110000－0102－0000461　（甲四）/479　集部/總集類

臺雅集四卷　（清）李振裕編　清康熙二十六年(1687)刻本　四冊

110000－0102－0000462　（甲四）/482　集部/別集類/遼金元

靜修先生文集三十卷　（元）劉因撰　明弘治十八年（1505）崔暠刻本　二冊　存六卷（靜修先生遺詩一至六）

110000－0102－0000463　（甲四）/484　集部/別集類/明

九靈山房集三十卷補編二卷　（明）戴良撰　清乾隆三十七年（1772）戴氏傳經書屋刻本　十二冊

110000－0102－0000464　（甲四）/485　集部/別集類/明

農丈人詩集八卷文集二十卷　（明）余寅撰　明萬曆刻本（目錄第一葉係抄配）　佚名過錄萬斯同題跋　八冊

110000－0102－0000465　（甲四）/486　集部/總集類/詩/斷代/唐至五代

唐雅同聲五十卷目錄二卷　（明）毛懋宗輯　明萬曆十六年（1588）毛謙刻崇禎六年（1633）朱謀垔重修本　二十四冊

110000－0102－0000466　（甲四）/487　集部/詞類/詞總集

詞壇合璧四種十五卷　（明）朱之蕃編　明萬曆朱之蕃刻本　八冊　存二種九卷（草堂詩餘五卷、花間集四卷）

110000－0102－0000467　（甲四）/489　集部/總集類/詩/斷代/唐至五代

唐詩掞藻八卷　（清）高士奇編　清康熙三十二年（1693）刻本　四冊

110000－0102－0000468　（甲四）/490　集部/別集類/明

常評事集四卷寫情集二卷　（明）常倫撰　明刻本　四冊　存四卷（常評事集四卷）

110000－0102－0000469　（甲四）/494　集部/別集類/清

湖海集十三卷　（清）孔尚任撰　清康熙孔尚任介安堂刻本　六冊

110000－0102－0000470　（甲四）/498　集部/別集類/清

敬亭詩草八卷　（清）沈起元撰　清乾隆十九年（1754）刻本　四冊

110000－0102－0000471　（甲四）/504　集部/總集類/詩/斷代/唐至五代

才調集十卷　（後蜀）韋縠編　（清）馮舒評　清康熙四十三年（1704）垂雲堂刻本　四冊

110000－0102－0000472　（甲四）/509　集部/總集類

元明小令抄不分卷　清末抄本　茫父題簽　一冊

110000－0102－0000473　（甲四）/510　集部/別集類/清

飴山詩集二十卷文集十二卷附錄一卷禮俗權衡二卷　（清）趙執信撰　清乾隆因園刻本　十六冊

110000－0102－0000474　（甲四）/511　集部/總集類/文/通代

純師集十二卷　（明）余鈺輯　明崇禎刻本　十二冊

110000－0102－0000475　（甲四）/515　集部/別集類/清

葦間詩集五卷　（清）姜宸英撰　清康熙五十二年（1713）刻本　二冊

110000－0102－0000476　（甲四）/516　集部/詞類/詞譜、詞律、詞韻/詞韻

詞律補遺一卷詞畹二卷　（清）陳元鼎編　清抄本　四冊

110000－0102－0000477　（甲四）/517　集部/詞類/詞別集

東齋詞略四卷　（清）魏允札撰　（清）柯煜選　（清）丁桂芳　（清）丁策定編　清康熙木活字印本　北京孔德學校題跋　二冊

110000－0102－0000478　（甲四）/518　集部/詞類/詞別集

山中白雲詞八卷　（宋）張炎撰　清抄本　二冊

110000－0102－0000479　（甲四）/519　集部/總集類/詩/斷代/清

所知集初編十二卷二編八卷三編十二卷
（清）陳毅選輯　清乾隆三十二年（1767）、三十八年（1773）、五十六年（1791）陳毅刻本
三十冊

110000－0102－0000480　（甲四）/521　集部/總集類/文/斷代/宋

宋大家蘇文公文抄十卷宋大家蘇文定公文抄二十卷　（宋）蘇洵撰　（宋）蘇轍撰　（明）茅坤評　明末刻本　六冊

110000－0102－0000481　（甲四）/524　集部/別集類/明

太師誠意伯劉文成公集二十卷　（明）劉基撰　清雍正八年（1730）萬氏刻本　十冊

110000－0102－0000482　（甲四）/526　集部/別集類/清

杲堂文鈔六卷杲堂詩鈔七卷　（清）李鄴嗣撰　（清）黃宗羲等選　清康熙刻本　五冊

110000－0102－0000483　（甲四）/530　集部/總集類/詩/地方

皇明豫章詩選二十四卷　（明）舒日敬輯　明崇禎九年（1636）刻本　十二冊

110000－0102－0000484　（甲四）/533　集部/別集類/明

崇相集八卷崇相存素詩稿二卷　（明）董應舉撰　明萬曆四十八年（1620）呂純如刻本
八冊

110000－0102－0000485　（甲四）/534　集部/總集類/詩/通代

詩鏡三十六卷總論一卷目錄一卷唐詩鏡五十四卷目錄二卷　（明）陸時雍選評　明刻本
（唐詩鏡卷八末葉、卷五十四末葉係抄配）
二十冊

110000－0102－0000486　（甲四）/535　集部/總集類/詩/地方

國朝武定詩鈔十二卷補鈔二卷　（清）李衍孫編　清乾隆五十九年（1794）刻本　四冊

110000－0102－0000487　（甲四）/545　史部/傳記類/別傳

李溫陵外紀五卷　（明）潘曾紘編　明刻本
二冊

110000－0102－0000488　（甲四）/549　集部/總集類/文/通代

妙絕古今不分卷　（宋）湯漢輯　明蕭氏古翰樓刻本（略有抄配）　四冊

110000－0102－0000489　（甲四）/550　子部/雜家類/學說

古言二卷今言四卷　（明）鄭曉撰　明嘉靖四十四至四十五年（1565－1566）項篤壽刻本
六冊

110000－0102－0000490　（甲四）/552　集部/別集類/清

倦圃曹先生尺牘二卷　（清）曹溶撰　（清）胡泰選　清康熙刻本　二冊

110000－0102－0000491　（甲四）/554　集部/別集類/明

王忠文公集二十五卷　（明）王褘撰　清康熙三十年（1691）刻本　八冊

110000－0102－0000492　（甲四）/556　集部/別集類/明

王陽明先生全集二十二卷首一卷　（明）王守仁撰　（清）俞嶙重編　清康熙十二年（1673）俞嶙刻本　二十二冊

110000－0102－0000493　（甲四）/558　集部/總集類/文/斷代/唐至五代

唐賢三昧集三卷　（清）王士禛選　（清）吳煊（清）胡棠輯註　清乾隆五十二年（1787）聽雨齋刻本　三冊

110000－0102－0000494　（甲四）/559　集部/別集類/明

袁中郎先生批評唐伯虎彙集四卷　（明）唐寅撰　（明）袁宏道評　**袁中郎先生批評唐伯虎紀事一卷**　（明）□□撰　（明）袁宏道評　**袁中郎先生批評唐伯虎外集一卷**　（明）祝允明撰　（明）袁宏道評　**袁中郎先生批評唐伯虎**

傳贊一卷　（明）徐禎卿等撰　（明）袁宏道評　明刻本　二冊

110000－0102－0000495　（甲四）/562　集部/小說類/筆記小說

花天塵夢錄　題（清）種芝山館主人編　清末抄本　二冊

110000－0102－0000496　（甲四）/563　集部/別集類/清

秋水集十六卷　（清）馮如京撰　清乾隆五年（1740）清暉堂刻本　六冊

110000－0102－0000497　（甲四）/564　集部/別集類/明

夢澤集十七卷　（明）王廷陳撰　明嘉靖四十四年（1565）黃岡王氏刻明末補修本　六冊

110000－0102－0000498　（甲四）/565　集部/別集類/明

天目先生集二十一卷　（明）徐中行撰　明末刻本　八冊

110000－0102－0000499　（甲四）/567　集部/詞類/詞別集

桐花閣詞　（清）吳蘭修撰　清嘉慶至宣統抄本　一冊

110000－0102－0000500　（甲四）/570　集部/總集類/詩/斷代/唐至五代

唐詩品彙九十卷　（明）高棅編　清順治十四年（1657）梅墅石渠閣刻本　十四冊

110000－0102－0000501　（甲四）/571　集部/別集類/明

文敏馮先生詩集六卷　（明）馮琦撰　明末刻本　四冊

110000－0102－0000502　（甲四）/573　集部/別集類/清

夢樓詩集二十四卷　（清）王文治撰　清乾隆六十年（1795）食舊堂刻本　八冊

110000－0102－0000503　（甲四）/575　集部/別集類/遼金元

燕石集十卷　（元）宋褧撰　清乾隆抄本　吳翌鳳跋　四冊

110000－0102－0000504　（甲四）/576　集部/別集類/明

空明子詩集十卷又八卷文集六卷又二卷詩餘二卷雜錄一卷　（清）張榮撰　挹青軒詩稿一卷詩餘一卷自怡錄一卷　（清）華浣芳撰　（清）張榮選　清康熙刻本　十六冊

110000－0102－0000505　（甲四）/580　集部/別集類/明

鐫蒼霞草十五卷　（明）葉向高撰　明萬曆刻本　十四冊

110000－0102－0000506　（甲四）/581　集部/別集類/唐至五代

長江集十卷　（唐）賈島撰　明末毛氏汲古閣刻唐人八家詩本　二冊

110000－0102－0000507　（甲四）/584　集部/別集類/清

世經堂初集三十卷　（清）徐旭旦撰　清康熙四十六年（1707）徐旭旦刻本　十冊

110000－0102－0000508　（甲四）/587　集部/總集類/文/通代/編選

晚邨精選八大家古文不分卷　（清）呂留良編　清康熙四十三年（1704）刻本　六冊

110000－0102－0000509　（甲四）/588　集部/總集類/詩/家族

[曹氏全集]十四卷　（清）曹申吉　（清）曹貞吉撰　清乾隆刻本　七冊

110000－0102－0000510　（甲四）/590　集部/別集類/明

歇庵集二十卷行略一卷祭文附錄一卷　（明）陶望齡撰　明萬曆刻本　五冊

110000－0102－0000511　（甲四）/592　集部/別集類/宋

梁谿先生文集一百八十卷年譜一卷附錄一卷行狀三卷　（宋）李綱撰　（宋）李大有編　清刻本　十八冊

110000－0102－0000512　（甲四）/596　集

部/別集類/明

明人尺牘選四卷 （清）王元勳 （清）程化龍
輯 清康熙四十四年（1705）王元勳刻本
二冊

110000－0102－0000513 （甲四）/598 集
部/別集類/清

道榮堂文集六卷首一卷滄州近詩十卷 （清）
陳鵬年撰 清乾隆二十七年（1762）刻道榮堂
詩文集本 十四冊

110000－0102－0000514 （甲四）/600 集
部/別集類/清

珂雪詩集不分卷 （清）曹貞吉撰 清抄本
佚名評註 十冊

110000－0102－0000515 （甲四）/601 集
部/集評類

名家詩法八卷 （明）黃省曾編 明嘉靖二十
四年（1545）結綠囊刻本 二冊

110000－0102－0000516 （甲四）/602 集
部/總集類/詩/地方

國朝山左詩鈔六十卷 （清）盧見曾編 清乾
隆二十三年（1758）雅雨堂刻本 十六冊

110000－0102－0000517 （甲四）/607 集
部/別集類/清

鈍吟全集二十三卷 （清）馮班撰 清康熙七
年（1668）刻本 佚名批點 三冊

110000－0102－0000518 （甲四）/609 集
部/別集類/明

張龍湖先生文集十五卷 （明）張治撰 清雍
正四年（1726）彭鶴田刻本 四冊

110000－0102－0000519 （甲四）/610 集
部/別集類/清

高陽山人詩集二十卷附錄一卷補遺一卷
（清）劉青藜撰 （清）劉青震編 清康熙刻本
六冊

110000－0102－0000520 （甲四）/611 集
部/別集類/清

山木居士外集四卷 （清）魯仕驥撰 清乾隆
四十七年（1782）刻本 佚名註 四冊

110000－0102－0000521 （甲四）/620 集
部/別集類/清

繡虎軒尺牘三集二十四卷 （清）曹煜撰 清
康熙十七年（1678）傳萬堂刻本 十二冊

110000－0102－0000522 （甲四）/622 集
部/別集類/清

[安雅堂集] （清）宋琬撰 清順治至乾隆刻
本 八冊 存三種十二卷（二鄉亭詞三卷、未
刻稿八卷、祭皋陶一卷）

110000－0102－0000523 （甲四）/623 集
部/別集類/宋

謝疊山先生文集六卷 （宋）謝枋得撰 清康
熙五十年（1711）寧淡齋刻本 二冊

110000－0102－0000524 （甲四）/624 集
部/總集類/通代

文選逸集七種 （明）閻光世輯 明末笙臺刻
本 佚名註釋 十二冊

110000－0102－0000525 （甲四）/626 集
部/別集類/明

歇庵集十六卷 （明）陶望齡撰 明萬曆三十
九年（1611）真如齋刻本 十六冊

110000－0102－0000526 （甲四）/627 集
部/曲類/曲別集/傳奇

碧天霞傳奇二卷四十齣 （清）徐昆撰 清乾
隆刻本 佚名註 四冊

110000－0102－0000527 （甲四）/628 集
部/別集類/清

李文襄公文集十八卷 （清）李之芳撰 **年譜
一卷** （清）程光撰 清乾隆刻本 十二冊

110000－0102－0000528 （甲四）/629 集
部/別集類/明

何仲默先生詩集十五卷 （明）何景明撰
（明）李三才校 明萬曆三十年（1602）吳勉學
刻李何二先生詩本 六冊

110000－0102－0000529 （甲四）/635 集
部/別集類/宋

李延平先生文集五卷 （宋）李侗撰 （宋）朱熹編
（清）林潤之彙輯 清順治李孔文刻本 四冊

110000－0102－0000530　（甲四)/639　集部/別集類/清

[許氏四吟]四種　(清)許道基撰　清乾隆三十二年(1767)刻本　四冊

110000－0102－0000531　（甲四)/642　集部/別集類/明

嶠雅二卷　(明)酈露撰　清初海雪堂刻本（冊三七古、五排部分係抄配）佚名題識　四冊

110000－0102－0000532　（甲四)/643　集部/別集類/明

鶯鳩小啟十三卷　(明)連繼芳撰　清康熙三年(1664)連洋刻本　八冊

110000－0102－0000533　（甲四)/645　叢部/彙編叢書

詩詞雜俎十二種　(明)毛晉輯　明天啟、崇禎汲古閣刻本　六冊　存四種(趙天樂選唐眾妙集、剪綃集二卷,石湖詩集一卷,月泉吟社一卷)

110000－0102－0000534　（甲四)/647　集部/別集類/清

[曹貞吉七種]八卷　(清)曹貞吉撰　清乾隆刻本　六冊

110000－0102－0000535　（甲四)/648　集部/總集類

皇明十六名家小品三十二卷　(明)丁允和編　(明)陸雲龍評　明崇禎六年(1633)陸雲龍刻本　佚名圈點、評點　二十九冊

110000－0102－0000536　（甲四)/651　集部/總集類/斷代/唐

宋洪魏公進萬首唐人絕句四十卷目錄四卷　(明)洪邁輯　(明)黃習遠補　明萬曆三十五年(1607)趙宦光刻本　四十四冊

110000－0102－0000537　（甲四)/652　集部/別集類/清

質園詩集三十二卷　(清)商盤撰　清乾隆刻本　十六冊

110000－0102－0000538　（甲四)/653　集部/別集類/明

王文端公詩集二卷王文端公奏疏四卷　（明)王家屏撰　(明)傅新德校　明萬曆四十年(1612)盛荀龍刻本　六冊

110000－0102－0000539　（甲四)/656　集部/別集類/明

雌蜺草堂初集十卷　(明)汪彥撰　明天啟刻本　四冊

110000－0102－0000540　（甲四)/659　集部/別集類/清

漁洋山人詩集十六卷　(清)王士禛撰　清康熙二十三年(1684)吳中刻本　四冊

110000－0102－0000541　（甲四)/660　集部/別集類/明

紫原文集十二卷　(明)羅大紘撰　明末刻本　十七冊

110000－0102－0000542　（甲四)/661－1　集部/別集類/明

獻忱集五卷　(明)高拱撰　明嘉靖吉水廖如春刻本　三冊

110000－0102－0000543　（甲四)/661－2　集部/別集類/明

綸扉稿一卷　(明)高拱撰　明隆慶刻本　三冊

110000－0102－0000544　（甲四)/662　集部/別集類/清

四馬齋文集八卷四馬齋詩集六卷　(清)曹一士撰　梯仙閣餘課一卷　(清)陸鳳池撰　清乾隆十五年(1750)刻本　十冊

110000－0102－0000545　（甲四)/663　集部/別集類/清

遂初堂詩集四十卷　(清)潘耒撰　清雍正刻本　二十八冊

110000－0102－0000546　（甲四)/664　集部/總集類/文/雜錄/書牘表啟

賴古堂尺牘新鈔三選結鄰集十六卷　(清)周亮工編　清乾隆十九年(1754)賴古堂刻本　八冊

110000 – 0102 – 0000547　（甲四）/667　集部/總集類/文/斷代/宋

蘇門六君子文粹六種七十卷　（明）陳繼儒編　明末刻本　二十四冊

110000 – 0102 – 0000548　（甲四）/668 – 1　集部/別集類/明

文清公薛先生文集二十四卷　（明）薛瑄撰　（明）張鼎編　清雍正十二年（1734）薛敦儉等刻本　十二冊

110000 – 0102 – 0000549　（甲四）/668 – 2　集部/別集類/明

薛刑部詩集一卷　（明）薛瑄撰　清乾隆二十九年（1764）河津薛氏刻本　一冊

110000 – 0102 – 0000550　（甲四）/668 – 3　集部/別集類/明

薛文清公手稿一卷　（明）薛瑄撰　明崇禎十六年（1643）薛繼言、薛昌胤刻本　一冊

110000 – 0102 – 0000551　（甲四）/673　集部/別集類/清

漁洋山人精華錄箋注十二卷補一卷　（清）金榮撰　**漁洋山人年譜一卷附錄一卷**　清乾隆元年（1736）鳳翽堂刻乾隆二年（1737）續刻本　十四冊

110000 – 0102 – 0000552　（甲四）/674　集部/總集類/文/地方

南昌文考二十卷　（清）徐午等編　清乾隆六十年（1795）徐午刻本　十一冊

110000 – 0102 – 0000553　（甲四）/678　集部/別集類/明

何大復先生集三十八卷附錄一卷　（明）何景明撰　（明）喬世寧撰　明萬曆五年（1577）南海陳堂、信陽胡秉性刻本　佚名圈點　十冊

110000 – 0102 – 0000554　（甲四）/681　集部/總集類/文/斷代/唐至五代

中晚唐詩紀　（清）龔賢編　清康熙龔賢刻本　三十二冊

110000 – 0102 – 0000555　（甲四）/682　集部/總集類/通代

豫章十代文獻略五十卷首一卷補遺二卷　（清）王謨編　清乾隆三十九年（1774）金谿王氏刻本　十六冊

110000 – 0102 – 0000556　（甲四）/683　集部/別集類/清

安雅堂未刻稿八卷附入蜀集二卷　（清）宋琬撰　清乾隆三十一年（1766）宋永年刻安雅堂集本　六冊

110000 – 0102 – 0000557　（甲四）/683　集部/別集類/清

安雅堂書啟一卷　（清）宋琬撰　清康熙刻本　一冊

110000 – 0102 – 0000558　（甲四）/684　集部/別集類/清

夢月巖詩集二十卷詩餘一卷　（清）呂履恆撰　清雍正三年（1725）刻本（詩餘第八葉係抄補）　八冊

110000 – 0102 – 0000559　（甲四）/685　集部/總集類/斷代/明

明詩綜一百卷　（清）朱彝尊輯　（清）汪森評　清康熙四十四年（1705）朱氏六峰閣刻本　三十二冊

110000 – 0102 – 0000560　（甲四）/689　集部/曲類/曲別集/傳奇

揚州夢傳奇二卷　（清）岳端撰　清康熙四十年（1701）啓賢堂刻本　二冊

110000 – 0102 – 0000561　（甲四）/690　集部/別集類/明

王氏存笥稿二十卷　（明）王維楨撰　明嘉靖三十六年（1557）刻本　佚名批校　八冊

110000 – 0102 – 0000562　（甲四）/692　集部/別集類/清

稻香樓集一卷　（清）龔鼎孳撰　清康熙刻本　二冊

110000 – 0102 – 0000563　（甲四）/693　集部/別集類/漢至隋

陶詩集注四卷　（晉）陶潛撰　（清）詹夔錫編

附東坡和陶詩一卷　（宋）蘇軾撰　清康熙三十三年(1694)詹氏寶墨堂刻本　四冊

110000－0102－0000564　（甲四）/694　集部/別集類/明

金忠節公文集八卷　（明）金鉉撰　清初刻本一冊

110000－0102－0000565　（甲四）/695　集部/總集類/詩/地方

九峰文鈔二卷　（清）宋景關編　清乾隆五十八年(1793)刻本　一冊

110000－0102－0000566　（甲四）/696　集部/總集類/詩/斷代/明

明人詩鈔正集十四卷續集十四卷　（清）朱琰編　清乾隆二十五年(1760)朱琰刻本　八冊

110000－0102－0000567　（甲四）/697　集部/別集類/明

醒後集五卷　（明）盧維禎撰　明萬曆三十三年(1605)沈九河刻本　四冊　存四卷（一、三至五）

110000－0102－0000568　（甲四）/697　集部/別集類/明

醒後續集一卷　（明）盧維禎撰　明萬曆三十八年(1610)盧欽文刻本　一冊

110000－0102－0000569　（甲四）/698　集部/別集類/明

槎翁詩八卷　（明）劉嵩撰　明萬曆四十四年(1616)橘徠軒刻本　十四冊

110000－0102－0000570　（甲四）/699　集部/別集類/明

升菴外集一百卷　（明）楊慎撰　（明）焦竑編　清乾隆仿明萬曆四十五年(1617)刻本　二十四冊

110000－0102－0000571　（甲四）/701　集部/曲類/曲選/斷代

元曲選一百種一百卷　（明）臧懋循編　論曲一卷　（明）陶宗儀等撰　明萬曆四十三年(1615)博古堂刻本　一百〇四冊

110000－0102－0000572　（甲四）/702　集部/總集類/文/通代

古文奇賞二十二卷續古文奇賞三十四卷奇賞齋廣文苑英華二十六卷四續古文奇賞五十三卷　（明）陳仁錫選輯　明萬曆四十六年(1618)至天啟刻本　佚名圈點　佚名貼注　六十冊

110000－0102－0000573　（甲四）/704　集部/別集類/明

太史升菴全集八十一卷目錄二卷升菴先生年譜一卷　（明）楊慎撰　清乾隆六十年(1795)周氏刻本　二十冊

110000－0102－0000574　（甲四）/708　集部/曲類/曲別集/傳奇

雨花臺傳奇二卷　（清）徐昆撰　（清）崔桂林評點　清乾隆貯書樓刻本　四冊

110000－0102－0000575　（甲四）/709　集部/曲類/曲別集/傳奇

義貞記二卷三十二齣　（清）吳恆宣撰　清乾隆四十三年(1778)鋤月山房刻本　四冊

110000－0102－0000576　（甲四）/710　集部/楚辭

續離騷四種　（清）嵇永仁撰　清末抄本一冊

110000－0102－0000577　（甲四）/713　集部/別集類/宋

宋邵康節先生伊川擊壤集十卷　（宋）邵雍撰　清康熙八年(1669)刻乾隆至道光遞修本　六冊

110000－0102－0000578　（甲四）/714　集部/別集類/漢至隋

江文通文集十卷　（南朝梁）江淹撰　（明）汪士賢校　明刻本(目錄、卷十有抄配)　六冊

110000－0102－0000579　（甲四）/715　集部/總集類/詩/斷代/唐至五代

詩歸五十一卷　（明）鍾惺　（明）譚元春編　明末刻本　八冊　存三十六卷(唐詩歸一至三十六)

110000－0102－0000580　（甲四）/716　集部/總集類

詩詞雜俎十二種二十五卷 （明）毛晉輯　明天啟至崇禎毛氏汲古閣刻本　十冊　存八種二十卷（衆妙集一卷、剪綃集二卷、谷音二卷、石湖詩集一卷、月泉吟社一卷、河汾諸老詩集八卷、三家宮詞三卷、二家宮詞二卷）

110000－0102－0000581　（甲四）/727　集部/詞類/詞總集/通代

倚聲初集二十卷 （清）鄒祗謨 （清）王士禛編　清順治刻本　六冊

110000－0102－0000582　（甲四）/728　集部/別集類/清

垤耕集三卷 （清）許士佐撰　清乾隆刻本　一冊

110000－0102－0000583　（甲四）/730　集部/曲類/曲選

溫經樓遊戲翰墨二十卷續錄一卷 （清）孔廣林撰　清嘉慶十七年(1812)孔廣林稿本　五冊

110000－0102－0000584　（甲四）/732　集部/別集類/宋

王荊公詩五十卷 （宋）王安石撰 （宋）李壁箋註　清乾隆五年至六年(1740－1741)海鹽張宗松筠心堂刻本　八冊

110000－0102－0000585　（甲四）/734　集部/別集類/明

章介菴先生文集十一卷 （明）章袞撰　清乾隆十八年(1753)章文先刻本　劉喜海批點　八冊

110000－0102－0000586　（甲四）/736　集部/別集類/明

丘文莊公集十卷 （明）丘濬撰　清康熙四十七年(1708)焦映漢刻本　五冊

110000－0102－0000587　（甲四）/739　集部/別集類/清

鬲津草堂詩 （清）田霡撰 （清）王阮亭評　清乾隆三年(1738)刻本　八冊

110000－0102－0000588　（甲四）/740　集部/別集類/清

松桂堂全集三十七卷延露詞三卷南淮集三卷 （清）彭孫遹撰　清乾隆八年(1743)彭景曾刻本(序前欽定四庫全書提要部分係抄配)　八冊

110000－0102－0000589　（甲四）/741　集部/別集類/唐至五代

王右丞集箋註二十八卷首一卷末一卷 （唐）王維撰 （清）趙殿成箋註　清乾隆二年(1737)刻本　八冊

110000－0102－0000590　（甲四）/742　集部/總集類/文/通代

古文奇賞二十六卷 （明）陳仁錫編　明萬曆四十六年(1618)刻本　十二冊

110000－0102－0000591　（甲四）/744　集部/總集類/詩/地方

梁園風雅二十七卷 （明）趙彥復選 （明）汪元范校　清康熙四十三年(1704)陸廷燦刻本　十二冊

110000－0102－0000592　（甲四）/745　集部/別集類/唐至五代

集千家註杜工部詩集二十卷文集二卷 （唐）杜甫撰 （明）許自昌校　明萬曆三十年(1602)許自昌刻本　八冊

110000－0102－0000593　（甲四）/750　集部/別集類/清

楚聲 （清）周來謙撰　清乾隆溯濂堂刻本　一冊

110000－0102－0000594　（甲四）/752　集部/詞類/詞別集

越吟草 （清）李凱撰　清乾隆二十七年(1762)寒香亭刻本　一冊

110000－0102－0000595　（甲四）/754　集部/別集類/清

二學亭文淉四卷 （清）田同之撰　清乾隆十六年(1751)刻本　四冊

110000－0102－0000596　（甲四）/766　集

部/別集類/清

公餘集十卷述職吟二卷竹軒詩稿四卷 （清）劉秉恬撰　清乾隆五十一年(1786)刻本　六冊

110000－0102－0000597　（甲四）/774　集部/別集類/清

東園詩集五卷 （清）黃圖安撰　清順治刻本　四冊

110000－0102－0000598　（甲四）/779　集部/總集類/詩/斷代/唐至五代

唐詩歸三十六卷 （明）鍾惺　（明）譚元春編　明閔振業、閔振聲刻三色套印詩歸本　十二冊　存二十四卷(一至二十四)

110000－0102－0000599　（甲四）/783　集部/總集類/文/雜錄/書牘表啟

名家尺牘選二十卷 （明）馬睿卿選　清康熙刻本　十二冊

110000－0102－0000600　（甲四）/784　集部/總集類/文/斷代/明

皇明文徵七十四卷 （明）何喬遠選　明崇禎四年(1631)何喬遠刻本　六十三冊

110000－0102－0000601　（甲四）/786　集部/別集類/明

篁墩程先生文集九十三卷拾遺一卷 （明）程敏政撰　明正德二年(1507)何歆刻本(卷三十七至四十二、卷四十八至五十三係抄配)　三十二冊

110000－0102－0000602　（甲四）/788　集部/別集類/明

篁墩程先生文粹二十五卷 （明）程敏政撰　（明）程曾　（明）戴銑輯　明正德元年(1506)張九逵刻本　十二冊

110000－0102－0000603　（甲四）/791　集部/曲類/曲別集/傳奇

清暉閣批點玉茗堂還魂記 （明）湯顯祖撰　（明）王思任批點　明末張弘著壇刻本　四冊

110000－0102－0000604　（甲四）/792　集部/總集類/詩/斷代/唐至五代

唐詩紀一百七十卷目錄三十四卷 （明）方一元彙編　明萬曆十三年(1585)方天眷刻本　王士禛批、圈點　三十冊

110000－0102－0000605　（甲四）/793　集部/別集類/清

臨野堂文集十卷詩集十三卷詩餘二卷尺牘四卷 （清）鈕琇撰　清康熙刻本　八冊

110000－0102－0000606　（甲四）/798　集部/總集類/詩/斷代/遼金元

元詩選初集十集二集十集三集八集癸集八集補遺九集首一卷 （清）顧嗣立輯　（清）席世臣補　（清）錢熙彥補遺　清康熙顧氏秀野草堂刻嘉慶三年(1798)席氏掃葉山房補刻本　五十三冊

110000－0102－0000607　（甲四）/799　集部/曲類/曲別集/傳奇

旗亭記二卷三十六齣 （清）金兆燕撰　（清）盧見曾改訂　清乾隆刻本　六冊

110000－0102－0000608　（甲四）/801　集部/別集類/明

陽明先生正錄五卷陽明先生外錄九卷陽明先生別錄十四卷 （明）王守仁撰　明嘉靖三十五年(1556)董聰刻本　二十四冊

110000－0102－0000609　（甲四）/802　集部/曲類/曲別集/傳奇

點金丹二卷 題(清)西泠詞客撰　清刻本　四冊

110000－0102－0000610　（甲四）/803　集部/總集類/詩/通代

詩紀一百五十六卷目錄三十六卷 （明）馮惟訥輯　明萬曆吳琯、謝陞、陸弼、俞策刻本　佚名批註　三十冊

110000－0102－0000611　（甲四）/804　集部/曲類/曲別集/傳奇

新刻魏仲雪先生批評琵琶記二卷 （明）高明撰　（明）魏浣初評　明末書林余少江刻本　佚名圈點　二冊

110000－0102－0000612　（甲四）/805　集

部/曲類/曲別集/傳奇

紅樓夢傳奇八卷 （清）陳鐘麟撰　清道光十五年(1835)汗青齋刻本(卷一係抄補)　六冊

110000－0102－0000613　（甲四）/807　集部/曲類/曲別集/傳奇

墨憨齋重定量江記二卷 （明）佘聿雲撰（明）馮夢龍重訂　**墨憨齋新訂精忠旗傳奇二卷** （明）李梅實撰　（明）馮夢龍重訂　清刻本　二冊

110000－0102－0000614　（甲四）/808　集部/曲類/曲別集/傳奇

石榴記傳奇四卷 （清）黃振撰　清乾隆如皋黃振柴灣村舍刻本　六冊

110000－0102－0000615　（甲四）/809　集部/曲類/曲別集/傳奇

混元盒 清抄本　三冊

110000－0102－0000616　（甲四）/813　集部/曲類/曲別集/傳奇

墨憨齋新曲十種二十卷 （明）馮夢龍編　清刻本　四冊　存二種四卷(重定西樓楚江情傳奇二卷、墨憨齋重定夢磊傳奇二卷)

110000－0102－0000617　（甲四）/814　集部/曲類/曲別集/傳奇

雙紅絲傳奇二卷二十四齣 （清）□□撰　清超然閣抄本　佚名批點　四冊

110000－0102－0000618　（甲四）/817　集部/曲類/曲別集/傳奇

[武香球傳奇]六十三齣 （清）□□撰　清抄本　四冊

110000－0102－0000619　（甲四）/818　集部/曲類/曲別集/傳奇

富貴神仙二卷 （清）鄭含成撰　清乾隆刻本　佚名批註　四冊

110000－0102－0000620　（甲四）/819　集部/曲類/曲別集/傳奇

連環計二卷 （明）王濟撰　清抄本　二冊

110000－0102－0000621　（甲四）/820　集

部/曲類/曲別集/傳奇

李卓吾評焚香記二卷四十齣 （明）王玉峰撰　（明）李贄評　明末刻本　二冊

110000－0102－0000622　（甲四）/821　集部/曲類/曲別集/傳奇

忠義璇圖二十齣 （清）周禪鈺等撰　清抄本　二冊

110000－0102－0000623　（甲四）/824　集部/曲類/曲別集/傳奇

琵琶記六卷 （元）高明撰　清乾隆三十二年(1667)琴香堂刻本　十二冊

110000－0102－0000624　（甲四）/826　集部/總集類/詩/通代

宋金元詩永二十卷補遺二卷 （清）吳綺選　清康熙千古堂刻本　佚名圈點、箋注　十冊

110000－0102－0000625　（甲四）/827　集部/總集類/文/通代

古今名文走盤珠四卷讀古喻言一卷 （明）施澤深輯　明天啟奎壁堂鄭思鳴刻本　四冊

110000－0102－0000626　（甲四）/828　集部/別集類/宋

趙清獻公集十卷 （宋）趙抃撰　明末刻本　六冊

110000－0102－0000627　（甲四）/832　集部/曲類/曲別集/傳奇

桃花影傳奇（離魂記五色線）二卷三十折 （清）□□撰　清刻本　四冊

110000－0102－0000628　（甲四）/838　集部/曲類/曲別集/傳奇

蔣氏四種 （清）蔣士銓撰　清乾隆至同治蔣氏家刻本　四十冊

110000－0102－0000629　（甲四）/839　集部/曲類/曲別集/傳奇

秣陵春傳奇（雙影記）二卷 （清）吳偉業撰　清初刻本　四冊

110000－0102－0000630　（甲四）/840　集部/曲類/曲別集/傳奇

洛神廟傳奇 （清）呂履恆編 （清）查慎行批點 清康熙刻本 四冊

110000－0102－0000631 （甲四）/843 集部/總集類/文/斷代/明

皇明文宗六卷 （明）虞懷忠輯 明刻本 華亭道人等批點 四冊

110000－0102－0000632 （甲四）/849 集部/曲類/曲別集/雜劇

揚州夢二卷十六齣 （清）嵇永仁撰 清刻本（引言、自題、第三十一齣至卷末係抄補） 二冊

110000－0102－0000633 （甲四）/850 集部/曲類/曲別集/傳奇

墨憨齋傳奇十種 （明）馮夢龍編 明末刻本 十六冊

110000－0102－0000634 （甲四）/852 集部/總集類/詩/斷代/唐至五代

唐詩快三種選詩前後諸詠一卷 （清）黃周星輯 清康熙刻本 十二冊

110000－0102－0000635 （甲四）/853 集部/別集類/清

兼濟堂文集選二十卷 （清）魏裔介撰 清康熙五十年(1711)漳州龍江書院刻乾隆至嘉慶修版本 十冊 缺六葉(卷十葉三十三至三十八)

110000－0102－0000636 （甲四）/854 集部/曲類/曲別集/傳奇

繡像傳奇十種二十二卷 （明）梅鼎祚等撰 明末刻本(有抄配) 十九冊

110000－0102－0000637 （甲四）/855 集部/總集類/詩/家族

闕里孔氏詩鈔十四卷 （清）孔憲彝輯 （清）盛大士選訂 清道光稿本 盛大士批 四冊

110000－0102－0000638 （甲四）/860 集部/總集類/文/通代

文津二卷 （清）王晫選 清康熙王氏霞舉堂刻本 四冊

110000－0102－0000639 （甲四）/864 集部/曲類/曲別集/雜劇

魯大夫秋胡戲妻雜劇四折 （元）石君寶撰 （明）臧懋循校 明萬曆刻元曲選本 一冊

110000－0102－0000640 （甲四）/869 集部/別集類/清

林臥遙集二卷千疊波餘一卷續編一卷補遺一卷 （清）趙起士撰 清康熙刻本 四冊

110000－0102－0000641 （甲四）/871 集部/曲類/曲別集/傳奇

新編雙南記二卷 題（清）越雪山人撰 清康熙飲醇堂刻本 四冊

110000－0102－0000642 （甲四）/874 集部/曲類/曲別集/雜劇

神奴兒大鬧開封府雜劇四折 （元）□□撰 （明）臧懋循校 明萬曆刻元曲選本 一冊

110000－0102－0000643 （甲四）/882 集部/曲類/曲別集/傳奇

三星圓初集二卷二集二卷三集二卷四集二卷 （清）王懋昭撰 清嘉慶十五年(1810)尺木堂刻本 八冊 存二集四卷(初集二卷、二集二卷）

110000－0102－0000644 （甲四）/884 集部/別集類/明

王文恪公集三十六卷首一卷 （明）王鏊撰

鵾音一卷白社詩草一卷 （明）王禹聲撰 名公一卷筆記 （明）□□撰 明萬曆震澤王氏三槐堂刻本 十二冊

110000－0102－0000645 （甲四）/886 集部/總集類/詩/斷代/唐至五代

唐五言六韻詩豫四卷 題（清）花豫樓主人編 清康熙五十四年(1715)花豫樓刻本 八冊

110000－0102－0000646 （甲四）/887 集部/別集類/遼金元

魯齋遺書十四卷 （元）許衡撰 （明）怡愉輯 明萬曆二十四年(1596)怡愉、江學詩刻本 八冊

110000－0102－0000647 （甲四）/888 集

部/別集類/清

西北文集四卷 （清）畢振姬撰　清康熙刻本
二冊

110000－0102－0000648　（甲四）/890　集
部/總集類/文/斷代/明

明文鈔初編六編 （清）高嵣編　清乾隆五十
一年(1786)刻本　十六冊

110000－0102－0000649　（甲四）/895　集
部/曲類/曲譜、曲韻

霓裳續譜八卷 （清）王廷紹輯　清乾隆六十
年(1795)集賢堂刻本　十冊

110000－0102－0000650　（甲四）/896　集
部/俗文學類/雜曲

霓裳續譜八卷 （清）王廷紹輯　清乾隆六十
年(1795)集賢堂刻本　四冊

110000－0102－0000651　（甲四）/897　集
部/俗文學類/雜曲

霓裳續譜八卷 （清）王廷紹輯　清乾隆六十
年(1795)集賢堂刻本　四冊

110000－0102－0000652　（甲四）/898　集
部/曲類/曲別集/傳奇

秋水堂雙翠圓傳奇二卷十九齣 （清）夏秉衡
撰　清乾隆秋水堂刻本　六冊

110000－0102－0000653　（甲四）/903　集
部/曲類/曲別集/傳奇

桃花扇傳奇二卷 （清）孔尚任撰　清康熙至
乾隆刻本　四冊

110000－0102－0000654　（甲四）/905　集
部/曲類/曲別集/傳奇

雷峰塔傳奇四卷 （清）方成培重訂　清乾隆
三十七年(1772)水竹居刻本　八冊

110000－0102－0000655　（甲四）/910　集
部/總集類/詩/斷代/唐至五代

唐詩百名家全集三百二十六卷 （清）席啟寓
編　清康熙洞庭席氏琴川書屋刻本　七十八
冊　缺二卷(曹松詩集二卷)

110000－0102－0000656　（甲四）/914　集

部/別集類/明

**青邱高季迪先生詩集十八卷首一卷遺詩一卷
扣舷集一卷附錄一卷鳧藻集五卷** （明）高啟
撰　（清）金檀輯注　清雍正六年(1728)桐鄉
金氏文瑞樓刻乾隆印本　六冊

110000－0102－0000657　（甲四）/915　史
部/政書類/邦計

皇明經濟文輯二十三卷 （明）陳其愫輯　明
天啟七年(1627)餘杭陳氏刻本　二十冊

110000－0102－0000658　（甲四）/916　集
部/詞類/詞別集

秋水菴花影集五卷 （明）施紹莘撰　明末刻
本　十一冊

110000－0102－0000659　（甲四）/917　集
部/曲類/曲別集/傳奇

秋水菴花影集五卷 （明）施紹莘撰　明末刻
本(卷一末兩葉係抄配)　四冊

110000－0102－0000660　（甲四）/919　集
部/別集類/清

四憶堂詩集六卷 （清）侯方域撰　清順治刻
本　二冊

110000－0102－0000661　（甲四）/920　集
部/別集類/唐至五代

李文山詩集三卷 （唐）李群玉撰　明崇禎十
二年(1639)虞山毛氏汲古閣刻唐人八家詩本
二冊

110000－0102－0000662　（甲四）/921　集
部/曲類/曲別集/散曲

二太史樂府聯璧四卷 （明）康海　（明）王九
思撰　明萬曆刻本　三冊

110000－0102－0000663　（甲四）/923　集
部/別集類/清

采衣堂集四卷 （清）毛萬齡撰　清康熙刻本
二冊

110000－0102－0000664　（甲四）/927　集
部/別集類/明

弗告堂集二十六卷 （明）于若瀛撰　明萬曆
刻本　四冊　存二十二卷(一至二十二)

110000－0102－0000665　（甲四）/929　集部/別集類/清

南雷詩曆三卷　（清）黃宗羲撰　清康熙刻本　一冊

110000－0102－0000666　（甲四）/939　集部/曲類/曲別集/雜劇

陶學士醉寫風光好雜劇四折　（元）戴善夫撰　（明）臧懋循校　明萬曆刻元曲選本　一冊

110000－0102－0000667　（甲四）/940　集部/別集類/明

眉公先生晚香堂小品二十四卷　（明）陳繼儒撰　明末湯大節薖綠居刻本　二十四冊

110000－0102－0000668　（甲四）/941　集部/別集類/清

渠亭山人半部彙四種　（清）張貞撰　清康熙二十八年（1689）張貞刻本　八冊

110000－0102－0000669　（甲四）/942　集部/別集類/清

鹿洲初集二十卷鹿洲公案二卷鹿洲奏疏一卷東征集六卷棉陽學準五卷女學六卷平臺紀略一卷修史試筆二卷　（清）藍鼎元撰　清雍正刻光緒增修本　二十四冊

110000－0102－0000670　（甲四）/944　集部/別集類/明

宋布衣集三卷　（明）宋登春撰　**清平閣倡和詩一卷**　（明）宋登春等撰　清乾隆二十一年（1756）誠意堂刻本　四冊

110000－0102－0000671　（甲四）/945　集部/別集類/明

緱山先生集二十七卷　（明）王衡撰　明萬曆刻本　二十冊

110000－0102－0000672　（甲四）/947　集部/別集類/明

張司隸初集十二種五十二卷　（明）張道濬撰　明崇禎刻本（目錄係抄補）　十二冊

110000－0102－0000673　（甲四）/950　集部/總集類/詩/斷代/宋

宋詩紀事一百卷　（清）厲鶚編　清乾隆十一年（1746）刻本　四十八冊

110000－0102－0000674　（甲四）/952　集部/別集類/明

陳眉公先生全集六十卷　（明）陳繼儒撰　**年譜一卷**　（明）陳夢連撰　明崇禎華亭陳氏刻本　佚名圈點　二十冊

110000－0102－0000675　（甲四）/955　集部/詞類/詞譜、詞律、詞韻/詞譜

詞譜四十卷　（清）王奕清等編　清康熙五十四年（1715）內府刻朱墨套印本　四十冊

110000－0102－0000676　（甲四）/956　集部/總集類/詩/斷代/遼金元

元詩選八集卷首一卷　（清）顧嗣立輯　清康熙三十三年（1694）長洲顧嗣立秀野草堂刻本　六十八冊

110000－0102－0000677　（甲四）/956　集部/總集類/詩/斷代/遼金元

元詩選二集八卷　（清）顧嗣立輯　清康熙四十一年（1702）長洲顧嗣立秀野草堂刻本　十冊

110000－0102－0000678　（甲四）/956　集部/總集類/詩/斷代/遼金元

元詩選三集八卷　（清）顧嗣立輯　清康熙五十九年（1720）長洲顧嗣立秀野草堂刻本　六冊

110000－0102－0000679　（甲四）/964　集部/別集類/唐至五代

朱文公校昌黎先生文集四十卷　（唐）韓愈撰　（明）朱吾弼編　明萬曆三十三年（1605）朱崇沐刻本（有抄配）　十二冊

110000－0102－0000680　（甲四）/965　集部/總集類/詩/斷代/遼金元

元詩選六卷附錄一卷金詩選四卷附錄一卷　（清）顧奎光編　清乾隆十六年（1751）刻本　八冊

110000－0102－0000681　（甲四）/966　集部/別集類/清

志壑堂集卌　（清）唐夢賚撰　**志壑堂後集卌**

（清）唐夢賚撰　清康熙刻本　二十冊

110000－0102－0000682　（甲四）/968　集部/別集類/清

圓沙文集七卷　（清）錢陸燦撰　清康熙錢陸燦稿本（第二冊淮上草序二葉、送汪舟次游廬山序二葉、慈明嚴老親翁先生六十初度壽序三葉、第四冊家庶母周孺人七十壽乞言略二葉係刻配）　佚名批註　四冊

110000－0102－0000683　（甲四）/970　集部/總集類/文/地方

晉國垂棘　（明）范弘嗣編　（清）孫鄗鼎重訂　清康熙十一年(1672)五經堂刻本　一冊

110000－0102－0000684　（甲四）/978　集部/總集類/詩/通代

苑詩類選三十卷　（明）包節輯　（明）王交校　明嘉靖三十八年(1559)包檉芳刻本　十四冊

110000－0102－0000685　（甲四）/979　集部/集評類

詩話類編三十二卷　（明）王昌會輯　明萬曆武林洪文刻本　十六冊

110000－0102－0000686　（甲四）/980　史部/傳記類/別傳

蘇子瞻二卷　（明）毛鳳苞輯　明天啟五年(1625)毛氏綠君亭刻本　二冊　存一卷（一）

110000－0102－0000687　（甲四）/985　集部/總集類/文/通代

夢澤張先生手授選評四六燦花二卷　（明）毛應翔等輯　明天啟三年(1623)刻本　二冊

110000－0102－0000688　（甲四）/987　集部/別集類/明

夢山存家詩稿八卷　（明）楊巍撰　明萬曆三十年(1602)陽岑刻本　四冊

110000－0102－0000689　（甲四）/991　集部/別集類/明

蕭碧堂集二十卷　（明）袁宏道撰　明萬曆無涯氏刻本　八冊

110000－0102－0000690　（甲四）/1000　集部/總集類/詩/斷代/唐至五代

網師園唐詩箋十八卷　（清）宋宗元撰　清乾隆三十二年(1767)刻本　八冊

110000－0102－0000691　（甲四）/1007　集部/別集類/唐至五代

韓昌黎文啓三卷　（唐）韓愈撰　（清）吳鋡輯　清順治西陵友益齋刻本　二冊

110000－0102－0000692　（甲四）/1011　集部/詞類/詞譜、詞律、詞韻

詞鏡平仄圖譜四卷　（清）賴摃庵撰　清乾隆四十八年(1783)林氏刻本　四冊

110000－0102－0000693　（甲四）/1020　集部/楚辭類/楚辭

楚辭八卷末一卷　（戰國）屈原撰　（清）屈復集注　清乾隆三年(1738)居易堂刻本　四冊

110000－0102－0000694　（甲四）/1023　集部/詞類/詞總集

絕妙好詞七卷　題（宋）弁陽老人輯　清康熙二十四年(1685)刻本（內有抄配）　四冊

110000－0102－0000695　（甲四）/1024　集部/總集類/詩/通代

詩林韶濩二十卷　（清）顧嗣立編　清康熙顧氏秀野草堂刻本　八冊

110000－0102－0000696　（甲四）/1025　集部/總集類/詩/地方

河汾諸老詩集八卷　（元）房祺編　明天啟至崇禎毛氏汲古閣刻本　二冊

110000－0102－0000697　（甲四）/1034　集部/別集類/明

睡庵稿文集二十五卷詩集十一卷　（明）湯賓尹撰　明萬曆刻本　十冊　缺三卷（文集二十三至二十五）

110000－0102－0000698　（甲四）/1035　集部/別集類/唐至五代

韓昌黎詩集編年箋注十二卷　（唐）韓愈撰　（清）方世舉考訂　清乾隆二十三年(1758)盧見曾雅雨堂刻本（有抄配）　十二冊

110000－0102－0000699　（甲四）/1038　集部/詞類/詞總集

絕妙好詞七卷　（宋）周密輯　（清）柯煜等編　清康熙三十七年(1698)高士奇清吟堂刻本　四冊

110000－0102－0000700　（甲四）/1039　集部/別集類/清

浣花草四卷　（清）董虎文撰　明末清初稿本　錢肅圖題識　佚名註　二冊

110000－0102－0000701　（甲四）/1041　集部/別集類/明

陳白陽集十卷附錄一卷　（明）陳淳撰　（明）陳仁錫編　明萬曆四十三年(1615)陳仁錫閱帆堂刻本　四冊

110000－0102－0000702　（甲四）/1043　集部/別集類/明

錦帆集四卷去吳七牘一卷　（明）袁宏道撰　明萬曆三十七年(1609)袁氏書種堂刻本　二冊

110000－0102－0000703　（甲四）/1046　集部/別集類/明

[袁中郎集]十種十六卷　（明）袁宏道撰　明末周應麐刻本　藝圃批點　五冊　存七種（桃源詠、華嵩游草、瓶史、敝篋集、廣莊、破研齋集、觴政）

110000－0102－0000704　（甲四）/1049　集部/總集類/詩/斷代/唐至五代

唐詩正聲不分卷　（清）馬允剛編　清芸經堂抄本　佚名批註　十冊

110000－0102－0000705　（甲四）/1055　集部/俗文學類/彈詞

新編儒雅小金錢彈詞十二回　清末抄本　四冊　存十一回(一至四、六至十二)

110000－0102－0000706　（甲四）/1064　集部/俗文學類/彈詞

輣龍鏡合集十七卷　清乾隆三十一年(1766)刻本　六冊

110000－0102－0000707　（甲四）/1093　集部/俗文學類/彈詞

新編玉鴛鴦全傳八卷三十六囘　（清）□□撰　清道光十五年(1835)史韻蘭抄本　八冊

110000－0102－0000708　（甲四）/1094　集部/俗文學類/鼓詞

巧奇冤二十四部九十六回　清末抄本　十二冊

110000－0102－0000709　（甲四）/1095　集部/俗文學類/彈詞

英雄會不分卷　（清）□□撰　清末抄本　六冊

110000－0102－0000710　（甲四）/1096　集部/俗文學類/彈詞

犀釵記八卷四十五齣　（清）陳琬璋撰　清抄本　六冊

110000－0102－0000711　（甲四）/1097　史部/史評類

讀史偶吟二卷　（清）孫玉甲撰　（清）吳如珩註　清乾隆六年(1741)刻本　四冊

110000－0102－0000712　（甲四）/1098　集部/俗文學類/彈詞

廿一史彈詞注十一卷　（明）楊慎撰　（清）張三異增定　（清）張仲璜注　清乾隆五十一年(1786)漢陽視履堂刻本　十二冊

110000－0102－0000713　（甲四）/1101　集部/別集類/清

秋笳集八卷　（清）吳兆騫撰　清康熙徐乾學刻雍正四年(1726)吳振臣增修本　有抄配佚名圈點　鈐"北平孔德學校之章"朱文印　四冊

110000－0102－0000714　（甲四）/1107　集部/別集類/明

蒼谷全集十二卷附錄一卷　（明）王尚絅撰　（明）王綖選　清乾隆二十三年(1758)王純密止堂刻本　六冊

110000－0102－0000715　（甲四）/1108　集部/總集類/文/雜錄/書牘表啟

歷朝尺牘六卷　（清）曹三德輯　**靜惕堂尺牘**

二卷　（清）曹溶稿　（清）曹三德校輯　清康熙刻本　三冊

110000－0102－0000716　（甲四）/1109　集部/別集類/清

黃山詩留十六卷　（清）法若真撰　清康熙三十八年(1699)又敬堂刻本　八冊

110000－0102－0000717　（甲四）/1110　集部/別集類/明

自娛集十卷詩餘一卷　（明）俞琬綸撰　明萬曆四十六年(1618)刻本　四冊

110000－0102－0000718　（甲四）/1111　集部/別集類/清

問字堂集六卷　（清）孫星衍撰　清乾隆五十九年(1794)蘭陵孫氏刻本　二冊

110000－0102－0000719　（甲四）/1115　集部/別集類/清

青箱堂詩三十三卷　（明）王崇簡撰　清康熙刻本　六冊

110000－0102－0000720　（甲四）/1116　集部/別集類/清

彎文書屋集略八卷　（清）潘相撰　清乾隆刻本　五冊

110000－0102－0000721　（甲四）/1118　集部/總集類/詩/斷代/上古至隋

漢詩音註十卷古今韻考一卷　（清）李因篤註　清康熙三十六年(1697)王梓槐蔭堂刻本　四冊

110000－0102－0000722　（甲四）/1120　集部/別集類/明

徐文長文集三十卷徐文長四聲猿一卷　（明）徐渭撰　（明）袁宏道評點　明萬曆鍾人傑刻本　十冊

110000－0102－0000723　（甲四）/1121　集部/總集類/通代

松風餘韻五十卷末一卷　（清）姚弘緒編　清乾隆二十六年(1761)寶善堂刻本　十冊

110000－0102－0000724　（甲四）/1122　集

部/別集類/唐至五代

杜詩會粹二十四卷　（唐）杜甫撰　（清）張遠箋　清康熙文蔚堂刻本　佚名圈點、批註　六冊

110000－0102－0000725　（甲四）/1123　集部/別集類/唐至五代

杜律通解四卷　（清）李文煒箋釋　清康熙刻本　四冊

110000－0102－0000726　（甲四）/1124　集部/別集類/唐至五代

杜工部詩集二十卷文集二卷集外詩一卷　（唐）杜甫撰　（清）朱鶴齡輯註　杜工部年譜一卷杜詩補註一卷　（清）朱鶴齡撰　清康熙刻本　佚名評點　十二冊

110000－0102－0000727　（甲四）/1125　集部/總集類/文/通代

古文精粹十卷　（□）□□編　明成化十一年(1475)刻本　四冊

110000－0102－0000728　（甲四）/1130－1　集部/總集類/詩/斷代/明

詩部二十二卷兩都草五卷　（明）帥機撰　明刻本(卷一第十三至十七葉係抄補)　六冊

110000－0102－0000729　（甲四）/1130－2　集部/別集類/明

鄴中家集二卷　（明）帥廷鑲撰　清刻本　合一冊

110000－0102－0000730　（甲四）/1132　集部/別集類/清

抱犢山房集六卷敕贈國子監助教留山公殉難敘略一卷　（清）嵇永仁撰　清雍正刻本　四冊

110000－0102－0000731　（甲四）/1133　集部/別集類/清

匏菴先生遺集五卷　（清）石璜撰　附石月川遺集三卷　（清）石洤撰　清康熙金陵陳君仲法古堂刻本　六冊

110000－0102－0000732　（甲四）/1134　集部/集評類

杜詩偶評四卷 （清）沈德潛編 清乾隆賦閑草堂刻本 四冊

110000－0102－0000733 （甲四）/1135 集部/別集類/宋

四明文獻集五卷 （宋）王應麟撰 （明）鄭真輯 清乾隆抄本 二冊

110000－0102－0000734 （甲四）/1136 集部/別集類/遼金元

鐵崖先生復古詩集六卷 （元）楊維楨撰 （元）章琬輯 明末毛氏汲古閣刻本 二冊

110000－0102－0000735 （甲四）/1137 集部/集評類

初白菴詩評三卷詞綜偶評一卷 （清）查慎行撰 （清）張載華輯 清乾隆四十二年（1777）張氏涉園觀樂堂刻本 三冊

110000－0102－0000736 （甲四）/1139 集部/別集類/明

楊東明先生全集五種 （明）楊東明撰 明萬曆至清乾隆刻本 六冊

110000－0102－0000737 （甲四）/1140 集部/別集類/清

葛莊分體詩鈔十二卷補遺一卷 （清）劉廷璣撰 清康熙五十三年（1714）刻本 六冊 存十卷（樂府一卷、五言古詩一卷、六言律詩一卷、七言律詩二卷、五言排律一卷、七言排律一卷、五言絕句一卷、六言絕句一卷、七言絕句一卷）

110000－0102－0000738 （甲四）/1141 集部/詞類/詞總集

花菴絕妙詞選十卷 （宋）黃昇編 明末秦川毛氏汲古閣刻本 四冊

110000－0102－0000739 （甲四）/1142 集部/別集類/唐至五代

趙子常選杜律五言注三卷 （唐）杜甫撰 （明）趙汸注 （清）查弘道 （清）金集補注 清乾隆查弘道刻本 四冊

110000－0102－0000740 （甲四）/1143 集部/別集類/唐至五代

杜工部集二十卷 （唐）杜甫撰 （清）錢謙益箋注 清康熙六年（1667）季氏靜思堂刻本 十二冊

110000－0102－0000741 （甲四）/1144 集部/集評類/詩評/詩話

西江詩話十二卷 （清）裘君弘編 清乾隆二十七年（1762）妙貫堂刻本 佚名批註 八冊

110000－0102－0000742 （甲四）/1148 集部/別集類/明

壽梅集二卷 （明）朱元振撰 明嘉靖刻本 一冊

110000－0102－0000743 （甲四）/1150 集部/別集類/唐至五代

杜詩鏡銓二十卷年譜一卷附錄一卷 （唐）杜甫撰 （清）楊倫編 清乾隆九柏山房刻本 八冊

110000－0102－0000744 （甲四）/1151 集部/楚辭類/楚辭

山帶閣注楚辭六卷首一卷楚辭餘論二卷楚辭說韻一卷 （清）蔣驥注 清雍正五年（1727）蔣氏山帶閣刻本 八冊

110000－0102－0000745 （甲四）/1156 集部/總集類/詩/斷代/宋

[宋四名家詩鈔]四種 （清）周之鱗 （清）柴升選 清康熙三十二年（1693）弘訓堂刻本 六冊

110000－0102－0000746 （甲四）/1157 子部/雜家類/雜述

增定玉壺冰二卷補一卷 （明）都穆編 （明）閔衢增 明萬曆刻本（第一冊據明萬曆刻本抄配） 三冊

110000－0102－0000747 （甲四）/1161 集部/別集類/明

石語齋集二十六卷 （明）鄒迪光撰 明萬曆刻本 十二冊 存二十四卷（一至二十四）

110000－0102－0000748 （甲四）/1162 集部/總集類/詩/斷代/清

欽定國朝詩別裁集三十二卷 （清）沈德潛編

清乾隆二十六年(1761)刻本　十二冊

110000－0102－0000749　(甲四)/1164　集部/詞類/詞總集/通代

詞綜三十卷　(清)朱彝尊編　**補遺六卷**　(清)汪森增定　清康熙十七年(1678)休陽汪氏裘杼樓刻乾隆九年(1744)汪孟鋗修版本　八冊

110000－0102－0000750　(甲四)/1165　集部/詞類/詞總集/通代

詞綜三十卷　(清)朱彝尊編　**補遺六卷**　(清)汪森增定　清康熙十七年(1678)休陽汪氏裘杼樓刻乾隆九年(1744)汪孟鋗修版本　八冊

110000－0102－0000751　(甲四)/1167　集部/別集類/明

縫掖集十八卷　(明)謝廷諒撰　明萬曆三十五年(1607)葉長昆刻本　五冊　存十五卷(一、五至十八)

110000－0102－0000752　(甲四)/1168　集部/總集類/詩/斷代/唐至五代

唐詩觀瀾集二十四卷唐人小傳一卷　(清)李因培編　(清)凌應曾注　清乾隆刻本　六冊

110000－0102－0000753　(甲四)/1170　集部/曲類/曲別集/散曲

潯陽詩詞稿　(清)戴全德撰　清末影抄本　二冊

110000－0102－0000754　(甲四)/1172　集部/別集類/明

朱秉器全集六種十四卷　(明)朱孟震撰　明萬曆刻本　六冊

110000－0102－0000755　(甲四)/1175　集部/總集類/詩/斷代/清

詩觀初集十二卷　(清)鄧漢儀輯　清康熙十一年(1672)刻本　十二冊

110000－0102－0000756　(甲四)/1177　集部/總集類/文/通代

唐宋八家鈔八卷　(清)高嵣集評　清乾隆五十三年(1788)刻本　八冊

110000－0102－0000757　(甲四)/1178　集部/總集類/詩/斷代/唐至五代

中唐十二家詩十一卷　(明)朱之藩輯　明萬曆四十年(1612)王世茂刻本　二十冊　存十卷(一至十)

110000－0102－0000758　(甲四)/1179　集部/別集類/宋

誠齋詩集四十二卷末一卷　(宋)楊萬里撰　清乾隆六十年(1795)帶經軒刻本　二十六冊

110000－0102－0000759　(甲四)/1180　集部/別集類/明

遵巖先生文集四十一卷　(明)王慎中撰　明隆慶五年(1571)邵廉刻本　二十四冊

110000－0102－0000760　(甲四)/1184　集部/總集類/詩/通代

說詩樂趣類編二十卷附偶咏草續集一卷　(清)伍涵芬　(清)汪正鈞合編　清乾隆三十二年(1767)萃華堂刻本　佚名題跋　六冊

110000－0102－0000761　(甲四)/1185　集部/別集類/明

南榮集文選二十三卷詩選十二卷　(明)熊人霖撰　明崇禎十六年(1643)書林同文書院刻本　六冊

110000－0102－0000762　(甲四)/1186　集部/詞類/詞選

迦陵先生填詞圖不分卷題詞一卷　(清)陳淮編　清乾隆五十九年(1794)陳氏家刻本　二冊

110000－0102－0000763　(甲四)/1187　集部/別集類/明

林屋集二十卷　(明)蔡羽撰　明嘉靖刻本(十八至二十補配抄本)　八冊

110000－0102－0000764　(甲四)/1188　集部/別集類/清

抱奎樓選稿　(清)林雲銘撰　(清)仇兆鰲選　清康熙三十五年(1696)陳一夔刻本　六冊

110000－0102－0000765　(甲四)/1191　集部/別集類/明

靜觀堂詩集十九卷　（清）勞之辨撰　清康熙四十年(1701)刻本　六冊

110000－0102－0000766　（甲四）/1192　集部/別集類/明

李中麓閒居集十二卷　（明）李開先撰　先太常年譜一卷　（明）李瓚輯　明嘉靖三十六年(1557)刻崇禎十四年(1641)補修本　二十四冊

110000－0102－0000767　（甲四）/1193　集部/別集類/明

驪山集十四卷　（明）趙統撰　（明）楊光訓選　明萬曆三十一年(1603)楊光訓刻本　十六冊

110000－0102－0000768　（甲四）/1196　集部/別集類/明

蒼雪軒全集二十卷　（明）趙用光撰　明崇禎胡騰蛟等刻本　十冊

110000－0102－0000769　（甲四）/1198　集部/別集類/明

薇垣小草六卷　（明）王濬初撰　明末王沛初、王遵典刻本　六冊

110000－0102－0000770　（甲四）/1199　集部/別集類/明

楓山章先生文集九卷　（明）章懋撰　明嘉靖九年(1530)張大綸刻萬曆章翰重修本　十冊

110000－0102－0000771　（甲四）/1200　集部/總集類/文/斷代/清

國朝文鈔初編二卷二編三編四編五編論文集鈔　（清）高塘編　清乾隆五十一年(1786)刻本　二十九冊

110000－0102－0000772　（甲四）/1201　集部/總集類/詩/斷代/唐至五代

唐音戊籤二百〇一卷戊籤餘諸國主詩一卷戊籤餘閏唐人集六十三卷　（明）胡震亨輯　清康熙二十四年(1685)胡氏南益堂刻本　三十六冊

110000－0102－0000773　（甲四）/1202　集部/俗文學類/彈詞

新譜番合釧全傳三十卷　題（明）永新劉氏撰　清康熙抄本　三十冊

110000－0102－0000774　（甲四）/1205　集部/總集類/詩/斷代/明

皇明詩選十三卷三子新詩合稿九卷　（明）陳子龍　（明）李雯　（明）宋徵輿輯撰　明末吳門蔣復貞刻本　十二冊

110000－0102－0000775　（甲四）/1206　集部/別集類/明

夏桂洲先生文集十八卷首一卷年譜一卷　（明）夏言撰　（明）李時撰　明崇禎吳一璘刻清康熙五十八年(1719)吳橋補刻本　十四冊

110000－0102－0000776　（甲四）/1210　集部/詞類/詞別集

嵩遊草一卷　（清）李來章撰　（清）冉覲祖評　（清）耿介選　清康熙刻禮山園全集本　一冊

110000－0102－0000777　（甲四）/1212　集部/別集類/明

西湖造遊草　（明）吳伯與撰　明末刻本　一冊

110000－0102－0000778　（甲四）/1214　集部/別集類/明

弇州山人四部稿一百八十卷目錄十二卷　（明）王世貞撰　明萬曆五年(1577)王氏世經堂刻本（弇州山人四部稿序係抄配）　六十四冊

110000－0102－0000779　（甲四）/1215　集部/別集類/清

三儂嘯旨六卷　（清）汪價撰　（清）許自俊評　清康熙刻本　六冊

110000－0102－0000780　（甲四）/1216　集部/別集類/明

憑几集五卷續集二卷　（明）顧璘撰　明嘉靖刻本　四冊

110000－0102－0000781　（甲四）/1217　集部/曲類/曲別集/雜劇

雙報應二卷三十齣　（清）嵇永仁撰　清刻本　四冊

110000－0102－0000782 （甲四）/1221 集部/總集類/詩/斷代/清

國初十大家詩鈔十種七十五卷 （清）王相輯 清道光十年(1830)信芳閣活字本 三十四冊

110000－0102－0000783 （甲四）/1222 集部/總集類/文/通代

辟疆園宋文選三十卷 （明）顧宸輯 清順治十八年(1661)顧氏辟疆園刻本 佚名批 十六冊

110000－0102－0000784 （甲四）/1227 集部/總集類/文/斷代/明

皇明館課經世宏辭續集十五卷 （明）王錫爵 （明）陸翀之輯 明萬曆二十一年(1593)周曰校萬卷樓刻本 十六冊

110000－0102－0000785 （甲四）/1228 集部/總集類/文/斷代/明

增定國朝館課經世宏辭十五卷 （明）王錫爵增定 （明）沈一貫參訂 明萬曆十八年(1590)周曰校萬卷樓刻本 佚名批 九冊

110000－0102－0000786 （甲四）/1230 集部/別集類/清

皆次齋稿十二卷 （清）梁熙撰 清康熙刻本 六冊

110000－0102－0000787 （甲四）/1231 集部/別集類/明

謀野集十卷 （明）王穉登撰 明萬曆江陰郁氏玉樹堂刻本 佚名圈點、註 十冊

110000－0102－0000788 （甲四）/1232 集部/總集類/詩/斷代/唐至五代

唐詩三集合編七十四卷首一卷 （明）沈子來輯 明天啟四年(1624)寧遠山房刻本 八冊

110000－0102－0000789 （甲四）/1233 叢部/自著叢書

朱秉器全集六種十四卷 （明）朱孟震撰 明萬曆刻本 十四冊

110000－0102－0000790 （甲四）/1234 集部/別集類/明

朱秉器詩集四卷 （明）朱孟震撰 明萬曆刻朱秉器全集本 四冊

110000－0102－0000791 （甲四）/1235 集部/別集類/清

媆隅集十卷 （清）趙文哲撰 清乾隆五十四年(1789)刻本 四冊

110000－0102－0000792 （甲四）/1236 集部/別集類/清

[孔牖民所著三種]四卷 （清）孔傳鐸撰 清抄本 四冊

110000－0102－0000793 （甲四）/1237 集部/總集類/通代

斯文正統十二卷 （清）刁包編 清順治十一年(1654)刻本 十二冊

110000－0102－0000794 （甲四）/1240 叢部/自著叢書/清初期

西河合集經集五十一種二百三十六卷文集六十六種二百五十七卷 （清）毛奇齡撰 清康熙蕭山書留草堂刻本 五十冊

110000－0102－0000795 （甲四）/1241 集部/別集類/明

陳氏荷華山房詩稿二十六卷目錄二卷 （明）陳邦瞻撰 明萬曆四十六年(1618)牛維赤刻本 十冊

110000－0102－0000796 （甲四）/1243 集部/別集類/清

雪堂集選三卷雪堂先生文選十七卷侶鷗閣近集二卷侶鷗閣遺集一卷雪堂先生詩選四卷恥廬近集二卷 （清）熊文舉撰 清順治至康熙刻本 二十四冊

110000－0102－0000797 （甲四）/1245 集部/別集類/唐至五代

杜工部集二十卷首一卷 （唐）杜甫撰 **諸家詩話** （宋）方惟道等輯 **唱酬題詠附錄** （唐）高適等撰 清乾隆五十年(1785)鄭澐玉勾草堂刻本 十六冊

110000－0102－0000798 （甲四）/1248 集部/別集類/宋

慈湖先生遺書十八卷慈湖先生遺書續集二卷
（宋）楊簡撰　明刻本　十二冊

110000 - 0102 - 0000799　（甲四）/1250　集部/總集類/文/雜錄/書牘表啟

歸錢尺牘五卷　（清）顧械編　清康熙三十八年(1699)顧氏如月樓刻本　佚名圈點　四冊

110000 - 0102 - 0000800　（甲四）/1251　集部/別集類/明

方正學先生遜志齋集二十四卷拾遺一卷外紀一卷年譜一卷　（明）方孝孺撰　明崇禎十五年(1642)張紹謙刻本　十六冊

110000 - 0102 - 0000801　（甲四）/1252　集部/別集類/清

迁松閣詩鈔十二卷　（清）李雝來撰　清乾隆四十九年(1784)樂旨堂刻本　四冊

110000 - 0102 - 0000802　（甲四）/1253　集部/總集類/詩/斷代/明

新都秀運集二卷　（明）王寅編　清康熙吳菘、吳瞻泰刻本　二冊

110000 - 0102 - 0000803　（甲四）/1255　集部/別集類/清

葛莊編年詩三十六卷補遺一卷　（清）劉廷璣撰　清康熙刻本　六冊

110000 - 0102 - 0000804　（甲四）/1256　集部/集評類

彈雅十六卷　（明）趙宦光撰　明末刻本　八冊

110000 - 0102 - 0000805　（甲四）/1257　集部/別集類/遼金元

清閟閣全集十二卷　（元）倪瓚撰　清康熙五十二年(1713)曹培廉城書室刻本　六冊

110000 - 0102 - 0000806　（甲四）/1259　集部/總集類/詩/斷代/唐至五代

重訂唐詩別裁二十卷　（清）沈德潛編　清康熙五十六年(1717)教忠堂刻本　六冊

110000 - 0102 - 0000807　（甲四）/1260　集部/別集類/清

拾唾詩文全集六卷　（清）段緯世撰　清初段氏刻本　六冊

110000 - 0102 - 0000808　（甲四）/1264　集部/別集類/清

存研樓文集十六卷二集二十五卷　（清）儲大文撰　清乾隆九年(1744)宜興儲氏家刻本　二十四冊

110000 - 0102 - 0000809　（甲四）/1265 - 1　集部/詞類/詞總集

二十四家詞選　（清）陳褆永輯　清初種德堂刻本(書名頁、目錄係抄配,卷二十四係由嘉慶六年唐氏果克山房六如居士全集卷四補配)　三冊　存二十三卷(一至二十三)

110000 - 0102 - 0000810　（甲四）/1265 - 2　集部/別集類/明

六如居士全集　（明）唐寅撰　清刻本　一冊

110000 - 0102 - 0000811　（甲四）/1266　集部/別集類/明

刻李衷一先生清源洞文集六卷　（明）李光縉撰　明萬曆四十一年(1613)李洪宇刻本　四冊

110000 - 0102 - 0000812　（甲四）/1268　叢部/自著叢書

[海隅集四種]　（明）毛燁撰並編　明末毛燁家刻本　三冊

110000 - 0102 - 0000813　（甲四）/1269　集部/別集類/唐至五代

杜詩論文五十六卷　（唐）杜甫撰　（清）吳見思注　（清）潘眉評　清康熙十一年(1672)天德堂刻本　十冊

110000 - 0102 - 0000814　（甲四）/1271　集部/別集類/明

刻吳虎侯遺集詩六卷文十一卷　（明）吳寅撰　明崇禎二年(1629)孫闓基硯北齋刻本　四冊

110000 - 0102 - 0000815　（甲四）/1272　集部/別集類/清

寒村詩文選三十六卷　（清）鄭梁撰　清康熙

紫蟾山房刻本　十六冊

110000－0102－0000816　（甲四）/1273　集部/別集類/清

范忠貞公文集五卷首一卷　（清）范承謨撰清康熙四十七年（1708）圖爾泰家刻本　四冊

110000－0102－0000817　（甲四）/1274　集部/總集類/通代

詩苑天聲二十二卷　（清）范與良評選　清順治十七年（1660）旋采堂刻本　二十冊

110000－0102－0000818　（甲四）/1275　集部/別集類/唐至五代

杜詩闡三十三卷　（清）盧元昌撰　清康熙二十一年（1682）盧元昌刻本（有抄配）　佚名批　十二冊

110000－0102－0000819　（甲四）/1279　集部/總集類/詩/斷代/唐至五代

唐人萬首絕句選七卷　（清）王士禛撰　清抄本　七冊

110000－0102－0000820　（甲四）/1282　集部/俗文學類/鼓詞

西遊記[鼓詞]　清蒙古車王府抄本　一百十冊

110000－0102－0000821　（甲四）/1283　集部/俗文學類/鼓詞

遊龍傳[鼓詞]　清蒙古車王府抄本　一百冊

110000－0102－0000822　（甲四）/1284　集部/俗文學類/鼓詞

走馬春秋[鼓詞]　清蒙古車王府抄本　二十冊

110000－0102－0000823　（甲四）/1285　集部/俗文學類/鼓詞

雙喜配[鼓詞]　清蒙古車王府抄本　十二冊

110000－0102－0000824　（甲四）/1286　集部/俗文學類/鼓詞

壽榮華[鼓詞]　清蒙古車王府抄本　十六冊

110000－0102－0000825　（甲四）/1287　集部/俗文學類/鼓詞

廻龍傳[鼓詞]　清蒙古車王府抄本　十二冊

110000－0102－0000826　（甲四）/1288　集部/俗文學類/鼓詞

說唱鼓詞五種　清蒙古車王府抄本　二十六冊

110000－0102－0000827　（甲四）/1289　集部/俗文學類/鼓詞

香羅帶[鼓詞]　清蒙古車王府抄本　八十八冊

110000－0102－0000828　（甲四）/1290　集部/俗文學類/鼓詞

增補文武二度梅[鼓詞]　清蒙古車王府抄本　四十八冊

110000－0102－0000829　（甲四）/1291　集部/俗文學類/鼓詞

金盒春秋[鼓詞]　清蒙古車王府抄本　五十冊

110000－0102－0000830　（甲四）/1292　集部/俗文學類/鼓詞

左傳春秋[鼓詞]　清蒙古車王府抄本　七十冊

110000－0102－0000831　（甲四）/1293　集部/俗文學類/鼓詞

英列春秋[鼓詞]　清蒙古車王府抄本　一百二十冊

110000－0102－0000832　（甲四）/1294　集部/俗文學類/鼓詞

濟公傳[鼓詞]　清蒙古車王府抄本　一百十冊

110000－0102－0000833　（甲四）/1295　集部/俗文學類/鼓詞

三國志[鼓詞]　清蒙古車王府抄本　一百三十九冊

110000－0102－0000834　（甲四）/1296　集部/俗文學類/鼓詞

懷宗傳[鼓詞]　清蒙古車王府抄本　一百冊

110000－0102－0000835　（甲四）/1297　集

部/俗文學類/鼓詞

包公案[鼓詞] 清蒙古車王府抄本　一百二十八冊

110000－0102－0000836　（甲四）/1298　集部/俗文學類/鼓詞

慈雲走國[鼓詞]　清蒙古車王府抄本　七十冊

110000－0102－0000837　（甲四）/1299　集部/俗文學類/鼓詞

吳越春秋[鼓詞]　清蒙古車王府抄本　九十冊

110000－0102－0000838　（甲四）/1300　集部/俗文學類/鼓詞

三俠五義[鼓詞]　清蒙古車王府抄本　八十冊

110000－0102－0000839　（甲四）/1301　集部/俗文學類/鼓詞

鋒劍春秋[鼓詞]　清蒙古車王府抄本　九十冊

110000－0102－0000840　（甲四）/1302　集部/俗文學類/鼓詞

龍虎征南[鼓詞]　清蒙古車王府抄本　七十二冊

110000－0102－0000841　（甲四）/1303　集部/俗文學類/鼓詞

五虎平西[鼓詞]　清蒙古車王府抄本　一百十冊

110000－0102－0000842　（甲四）/1304　集部/俗文學類/鼓詞

龍鳳奇緣[鼓詞]　清蒙古車王府抄本　一百冊

110000－0102－0000843　（甲四）/1305　集部/俗文學類/鼓詞

彭公案三河縣[鼓詞]　清蒙古車王府抄本　七十四冊

110000－0102－0000844　（甲四）/1306　集部/俗文學類/鼓詞

施公案[鼓詞]　清蒙古車王府抄本　二百九十五冊

110000－0102－0000845　（甲四）/1307　集部/俗文學類/鼓詞

劉公案[鼓詞]　清蒙古車王府抄本　三十二冊

110000－0102－0000846　（甲四）/1308　集部/俗文學類/鼓詞

于公案[鼓詞]　清蒙古車王府抄本　七十三冊

110000－0102－0000847　（甲四）/1309　集部/戲曲類/京劇

[京戲唱本]六種　清蒙古車王府抄本　六冊

110000－0102－0000848　（甲四）/1310　集部/戲曲類

雙金印　清蒙古車王府抄本　十五冊

110000－0102－0000849　（甲四）/1311　集部/戲曲類

雙勝傳　清蒙古車王府抄本　十五冊

110000－0102－0000850　（甲四）/1312　集部/戲曲類

英列春秋戲詞　清蒙古車王府抄本　十九冊

110000－0102－0000851　（甲四）/1313　集部/俗文學類/雜曲

[雜曲]二十一種　清蒙古車王府抄本　二十一冊

110000－0102－0000852　（甲四）/1315　集部/俗文學類/雜曲

[雜曲]八種　清蒙古車王府抄本　八冊

110000－0102－0000853　（甲四）/1316　集部/俗文學類/雜曲

[雜曲]一百三十五種　清蒙古車王府抄本　十五冊

110000－0102－0000854　（甲四）/1317　集部/俗文學類/鼓詞

[單唱鼓詞]十六種　清蒙古車王府抄本　十六冊

110000－0102－0000855 （甲四）/1318 集部/集評類

全閩詩話十二卷 （清）鄭方坤輯 清乾隆十九年(1754)詩話軒刻本 六冊

110000－0102－0000856 （甲四）/1319 集部/別集類/唐至五代

杜工部集二十卷首一卷 （唐）杜甫撰 （明）王世貞等評 清光緒二年(1876)翰墨園刻五色套印本 十冊

110000－0102－0000857 （甲四）/1320 集部/別集類/明

徐文長文集三十卷四聲猿一卷 （明）徐渭撰 （明）袁宏道評點 明萬曆鍾仁傑刻本 十二冊

110000－0102－0000858 （甲四）/1324 集部/總集類/通代

賦品舃函二卷文品芾函三卷史品赤函四卷書品同函二卷 （明）陳仁錫編 明刻本 十一冊

110000－0102－0000859 （甲四）/1329 集部/詞類/詞譜、詞律、詞韻/詞韻

杜律啓蒙十二卷年譜一卷 （清）邊連寶註 清乾隆四十二年(1777)刻本 四冊

110000－0102－0000860 （甲四）/1334 集部/別集類/清

剩語小草一卷 （清）釋寶宗撰 清乾隆三十五年(1770)刻本 一冊

110000－0102－0000861 （甲四）/1337 集部/別集類/清

櫨園詩集六卷 （清）李俊撰 清乾隆魯仕驥刻本 二冊

110000－0102－0000862 （甲四）/1338 集部/總集類/通代

宛雅初編八卷首一卷 （明）梅鼎祚原編 （清）施念曾 （清）張汝霖補輯 二編八卷 （清）施閏章 （清）蔡蓁春編 三編二十四卷末一卷 （清）施念曾 （清）張汝霖編 清乾隆十四年(1749)施念曾刻十七年(1752)張汝霖補刻本 二十冊

110000－0102－0000863 （甲四）/1339 集部/別集類/清

鈍翁前後類稾六十二卷 （清）汪琬撰 寸碧堂詩集二卷外集一卷 （明）汪膺撰 清康熙十四年(1675)汪琬家刻本 王阮亭評註 二十四冊

110000－0102－0000864 （甲四）/1340 集部/集評類

唐音癸籤三十三卷 （明）胡震亨撰 清順治十五年(1658)刻本 四冊

110000－0102－0000865 （甲四）/1342 集部/別集類/明

小山類藁選二十卷張襄惠公行略一卷 （明）張岳撰 明末刻清補刻本 六冊

110000－0102－0000866 （甲四）/1344 集部/別集類/明

燕林藏稿十卷楚風一卷 （明）余紉蘭撰 明崇禎刻本 四冊

110000－0102－0000867 （甲四）/1345 子部/儒家類

閑闢錄十卷 （明）程瞳輯 明嘉靖四十三年(1564)刻本 二冊

110000－0102－0000868 （甲四）/1346 集部/別集類/明

李氏焚書六卷 （明）李贄撰 明萬曆刻本 八冊

110000－0102－0000869 （甲四）/1348 集部/總集類

玉峰雍里顧氏六世詩文集四種 （清）顧登輯 清雍正十年(1732)顧氏桂雲堂家刻本 八冊 存四種二十三卷(疣贅錄九卷疣贅續錄二卷、炳燭軒詩集五卷南雍草一卷楚思賦一卷、雙星舘集一卷、違竿集四卷)

110000－0102－0000870 （甲四）/1349 集部/別集類/明

弘藝錄三十二卷首一卷 （明）邵經邦撰 清康熙二十四年(1685)邵遠平刻本 八冊

110000－0102－0000871　（甲四）/1351　集部/別集類/明

延露編　（明）黃一龍撰　明末刻本　八冊　存二十二卷(三至九、十六至三十)

110000－0102－0000872　（甲四）/1357　集部/別集類/清

午亭文編五十卷　（清）陳廷敬撰　清乾隆刻本　十六冊

110000－0102－0000873　（甲四）/1362　集部/總集類/通代

古詩存四十二卷　楊守敬輯　清末抄本　五冊

110000－0102－0000874　（甲四）/1365　史部/目錄類/著錄/學科專目/藝術

皮簧腳本目錄不分卷　清光緒十三年(1887)抄本　一冊

110000－0102－0000875　（甲四）/1373　集部/別集類/唐至五代

唐陸魯望詩稿不分卷　（唐）陸龜蒙撰　題蘭墅抄本　一冊

110000－0102－0000876　（甲四）/1375－1　集部/曲類/曲別集/傳奇

墨憨齋新定灑雪堂傳奇二卷　（明）梅孝巳撰　明末清初墨憨齋刻本　二冊

110000－0102－0000877　（甲四）/1375－2　集部/曲類/曲別集/傳奇

墨憨齋重定雙雄傳奇二卷　（明）馮夢龍編　明末清初墨憨齋刻本　二冊

110000－0102－0000878　（甲四）/1378　集部/詞類/詞總集

昭代詞選三十八卷　（清）蔣重光輯　清乾隆三十二年(1767)經鉏堂刻本　九冊　存十七卷(一、三至十八)

110000－0102－0000879　（甲四）/1385　集部/總集類/通代

詩賦備體十四卷外集五卷　（清）張晴峯論定　（清）祝文彥訂　清康熙刻本　佚名圈點、評註　八冊

110000－0102－0000880　（甲四）/1388　集部/別集類/宋

梅溪先生廷試策一卷奏議四卷文集二十卷後集二十九卷　（宋）王十朋撰　附錄一卷　明正統五年(1440)劉謙、何灊刻天順六年(1462)重修本　佚名校　二十四冊

110000－0102－0000881　（甲四）/1389　集部/總集類/通代

石倉十二代詩選　（明）曹學佺撰　明崇禎刻本　佚名評註　一百六十八冊　存三百十三卷(古詩十三卷、唐詩一百卷拾遺十卷、元詩選五十卷、明次集一百四十卷)

110000－0102－0000882　（甲四）/1399　集部/別集類/清

重刻渼陂王太史先生全集七種　（明）王九思撰　明崇禎十三年(1640)張氏刻本　十六冊　存三種二十三卷(渼陂集十六卷、渼陂續集三卷、碧山樂府四卷)

110000－0102－0000883　（甲四）/1400　集部/別集類/明

鳥鼠山人小集十六卷後集二卷擬漢樂府八卷可泉擬涯翁擬古樂府二卷　（明）胡纘宗撰　明嘉靖陝西秦安鳥鼠山房刻清順治十三年(1656)周盛時補修本(卷七第九葉、末葉係抄配)　佚名批校　十二冊

110000－0102－0000884　（甲四）/1401　集部/別集類/明

淩谿先生集十八卷　（明）朱應登撰　明嘉靖刻本　六冊

110000－0102－0000885　（甲四）/1402　集部/別集類/清

弱水集二十二卷　（清）屈復撰　清乾隆長洲馬氏刻本　十二冊

110000－0102－0000886　（甲四）/1404　集部/別集類/明

宋學士全集三十二卷附錄一卷　（明）宋濂撰　清康熙四十八年(1709)彭始摶刻本　十六冊

110000 – 0102 – 0000887　（甲四）/1406　集部/別集類/明

寓林集三十二卷詩六卷　（明）黄汝亨撰　明天啟四年(1624)刻本　二十冊

110000 – 0102 – 0000888　（甲四）/1407　集部/別集類/清

陳學士文集十八卷　（清）陳儀撰　清乾隆陳氏蘭雪齋家刻本　八冊

110000 – 0102 – 0000889　（甲四）/1409　集部/總集類/詩/斷代/唐至五代

唐詩類苑選三十四卷　（清）戴明說編　清順治梅墅石渠閣刻本　十六冊

110000 – 0102 – 0000890　（甲四）/1410　集部/別集類/宋

南豐先生元豐類稿五十一卷　（宋）曾鞏撰　明萬曆二十五年(1597)曾氏刻本　十六冊

110000 – 0102 – 0000891　（甲四）/1414　集部/別集類/清

香屑集十八卷首一卷末一卷　（清）黄之雋編　清康熙梅墅石渠閣刻本　四冊

110000 – 0102 – 0000892　（甲四）/1415　集部/詞類/詞譜、詞律、詞韻/詞韻

詞學全書六種十四卷　（清）查培繼輯　清乾隆十一年(1746)世德堂刻本　八冊

110000 – 0102 – 0000893　（甲四）/1416　集部/別集類/清

二曲集二十六卷　（清）李顒撰　清康熙刻本　八冊

110000 – 0102 – 0000894　（甲四）/1417　集部/別集類/明

[趙夢伯先生全集]十一種十五卷　（明）趙南星撰　明末趙悅學刻本　十二冊

110000 – 0102 – 0000895　（甲四）/1418 – 1　集部/詞類/詞總集/通代

精選古今詩餘十五卷　（明）潘游龍選　明崇禎十竹齋刻清乾隆印本　鈐"北平孔德學校之章"朱文印　十四冊

110000 – 0102 – 0000896　（甲四）/1418 – 2　集部/詞類/詞總集/通代

精選國朝詩餘一卷　（清）陳淏選　清乾隆二十七年(1762)玉田齋刻本　十四冊

110000 – 0102 – 0000897　（甲四）/1421　集部/別集類/明

綸扉簡牘十卷　（明）申時行撰　明萬曆二十四年(1596)刻本　周退舟題跋　五冊

110000 – 0102 – 0000898　（甲四）/1423　集部/總集類/文/家族

趙氏淵源集十卷　（清）趙紹祖輯撰　清嘉慶刻本　六冊

110000 – 0102 – 0000899　（甲四）/1424　集部/別集類/清

亦盧詩三十卷　（清）湯斯祚撰　清乾隆二十二年(1757)刻本　六冊

110000 – 0102 – 0000900　（甲四）/1425　集部/別集類/宋

南豐曾先生文粹十卷　（宋）曾鞏撰　明嘉靖二十八年(1549)安如石刻本　禮培題贈　四冊

110000 – 0102 – 0000901　（甲四）/1428　集部/總集類/文/斷代/明

鼎鐫諸方家彙編皇明名公文雋八卷　（明）袁宏道輯　（明）丘兆林補　明末奎壁堂鄭思鳴刻本　二十冊

110000 – 0102 – 0000902　（甲四）/1429　集部/總集類/詩/斷代/唐至五代

唐詩正三十卷　（清）于南史　（清）汪森輯　清康熙天祿閣刻本　八冊

110000 – 0102 – 0000903　（甲四）/1431　集部/別集類/清

有懷堂詩藁六卷文藁二十二卷　（清）韓菼撰　清康熙四十二年(1703)刻本　六冊

110000 – 0102 – 0000904　（甲四）/1433　集部/總集類/詩/斷代/明

明詩正選八卷　（明）周詩雅編　明崇禎刻本　三冊

110000－0102－0000905　（甲四）/1436　集部/總集類/詩/斷代/唐至五代

彙編唐詩十集四十一卷目錄七卷　（明）唐汝詢輯並補評　明天啟刻本　佚名評點、圈點　十五冊

110000－0102－0000906　（甲四）/1443　集部/別集類/明

重刊宋文憲公集三十卷　潛溪燕書一卷新刊宋文憲公詩集二卷浦江詩錄一卷宋文憲未刻集一卷　（明）宋濂撰　清雍正元年(1723)曾安世刻本　十一冊

110000－0102－0000907　（甲四）/1444　集部/別集類/清

容齋詩集十卷　（清）茹綸常撰　清乾隆三十七年(1772)刻本　四冊

110000－0102－0000908　（甲四）/1448　集部/別集類/遼金元

楊鐵崖先生詠史古樂府四卷　（元）楊維楨撰　清乾隆三十八年(1773)王榮紘刻本　四冊

110000－0102－0000909　（甲四）/1450　集部/別集類/明

七錄齋詩文合集十六卷　（明）張溥撰　明崇禎九年(1636)刻本　八冊　存八卷(古文近稿四卷、館課一卷、詩稿三卷)

110000－0102－0000910　（甲四）/1454　集部/別集類/清

膽餘軒集八卷　（清）孫光祀撰　清康熙三十三年(1694)刻本　一冊　存二卷(孝、弟)

110000－0102－0000911　（甲四）/1480　集部/別集類/明

靜悱集十卷　（明）吳之甲撰　清乾隆四年(1739)吳重康刻本　六冊

110000－0102－0000912　（甲四）/1483　集部/別集類/清

愛日堂詩十四集二十八卷　（清）陳元龍撰　清乾隆元年(1736)刻本　十冊

110000－0102－0000913　（甲四）/1484　集部/別集類/宋

宋李忠定公文集選二十九卷首四卷　（宋）李綱撰　**忠定公奏議選十五卷**　（宋）李綱撰　清乾隆二十七年(1762)徐時作刻本　十六冊

110000－0102－0000914　（甲四）/1485　集部/別集類/清

安靜子集五種　（清）安致遠撰　清康熙蘭雪堂刻本　八冊

110000－0102－0000915　（甲四）/1489　集部/別集類/明

劉蕺山先生集二十四卷首一卷　（明）劉宗周撰　清乾隆十七年(1752)證人堂刻本　八冊

110000－0102－0000916　（甲四）/1494　集部/總集類/詩/斷代/唐至五代

唐詩類苑二百卷　（明）張之象編　明萬曆二十九年(1601)刻清補刻本　四十八冊

110000－0102－0000917　（甲四）/1496　集部/別集類/清

解人頤新集二十五卷　（清）趙恬養撰　清雍正三年(1725)刻本　四冊

110000－0102－0000918　（甲四）/1498　集部/別集類/清

林蕙堂全集二十六卷　（清）吳綺撰　清康熙三十九年(1700)刻本　十二冊

110000－0102－0000919　（甲四）/1501　集部/別集類/明

霏雲居集五十四卷　（明）張燮撰　明萬曆四十年(1612)刻本　十二冊

110000－0102－0000920　（甲四）/1503　集部/別集類/清

春雨草堂別集三十卷　（清）宮偉鏐撰　**春雨草堂宦稿五卷**　（清）宮偉鏐撰　清康熙刻本　十冊

110000－0102－0000921　（甲四）/1504　集部/別集類/明

太函集一百二十卷目錄六卷　（明）汪道昆撰　明萬曆刻本　四十冊　存一百二十二卷(一至五十六、六十一至一百二十,目錄六卷)

110000－0102－0000922 （甲四）/1509 集部/別集類/明

弇州山人續稿二百〇七卷目錄十卷 （明）王世貞撰 明末刻本 三十六冊

110000－0102－0000923 （甲四）/1510 集部/總集類

文苑英華一千卷 （唐）李昉輯 明隆慶元年(1567)胡維新刻六年至萬曆三十六年(1572－1608)遞修本(有抄配) 二百十六冊

110000－0102－0000924 （甲四）/1513 集部/總集類/文/通代

冰雪攜三選稿 （清）衛泳輯 清康熙至道光稿本 四冊

110000－0102－0000925 （甲四）/1514 集部/總集類/文/家族

河南程氏文集十二卷 （宋）程顥 （宋）程頤撰 河南程氏遺文一卷 （宋）程顥 （宋）程頤撰 （元）譚意輯 元至治三年(1323)譚善心刻明修本 九冊

110000－0102－0000926 （甲四）/1515 集部/總集類/詩/通代

選詩補注八卷 （元）劉履撰 補遺二卷續編四卷 （元）劉履輯 明嘉靖三十一年(1552)顧存仁養吾堂刻本 十二冊

110000－0102－0000927 （甲四）/1519 集部/曲類/曲別集/傳奇

桃花扇傳奇後序詳註四卷 （清）吳穆撰 （清）花庭閑客編 清嘉慶二十一年(1816)刻本 四冊

110000－0102－0000928 （甲四）/1520 集部/曲類/曲別集/傳奇

昇平寶筏二百四十出 （清）張照撰 清末昇平署抄本 十冊

110000－0102－0000929 （甲四）/1521 集部/曲類/曲別集/傳奇

晉春秋傳奇二卷 （清）蔡廷弼撰 題（清）宛委山人校訂 清嘉慶五年(1800)刻本 四冊

110000－0102－0000930 （甲四）/1523 集部/曲類/曲別集/傳奇

長生殿傳奇 （清）洪昇撰 清同治九年(1870)孔逸泉抄本 八冊

110000－0102－0000931 （甲四）/1528 集部/曲類/曲譜、曲韻

[曲譜大成摘抄] （清）□□撰 清嘉慶至咸豐抄本(孟月梅傳奇後諸葉係刻配) 佚名批註 四冊

110000－0102－0000932 （甲四）/1531 集部/別集類/清

斗齋詩選二卷 （清）張文光撰 清乾隆刻本 一冊

110000－0102－0000933 （甲四）/1532 集部/曲類/曲譜、曲韻

牡丹亭曲譜二卷 （清）馮起鳳撰 清乾隆馮懋才刻吟香堂曲譜本 四冊

110000－0102－0000934 （甲四）/1534 集部/曲類/曲別集/傳奇

桃花扇傳奇二卷四十出 （清）孔尚任撰 清康熙四十七年(1708)佟蔗村刻本 四冊

110000－0102－0000935 （甲四）/1535 集部/曲類/曲別集/傳奇

如意寶冊十本一百四十二出 （□）□□撰 清抄本 十冊

110000－0102－0000936 （甲四）/1536 集部/曲類/曲別集/傳奇

吳吳山三婦合評牡丹亭還魂記二卷 （明）湯顯祖撰 （清）陳同 （清）錢宜點評 或問一卷 （清）吳儀一撰 清康熙夢園刻本 二冊

110000－0102－0000937 （甲四）/1538 集部/曲類/曲別集/傳奇

[辟兵珠傳奇]十卷一百四十出 （□）□□撰 清抄本 十冊

110000－0102－0000938 （甲四）/1540 集部/集評類

文章緣起一卷 （南朝梁）任昉撰 （明）周履靖校勘 釋名一卷 （漢）劉熙撰 詩品三卷 （南朝梁）鍾嶸撰 明萬曆荊山書林刻夷門

廣牘本 一冊

110000－0102－0000939 （甲四）/1541－2446 集部/俗文學類

清蒙古車王府藏曲本 清抄本 三百七十八冊

110000－0102－0000940 （甲五）/13 叢部/彙編叢書

唐宋叢書八十九種一百四十七卷 （明）鍾人傑 （明）張遂辰編 明鍾人傑刻本（抄配一卷） 四十八冊

110000－0102－0000941 （甲五）/42 叢部/彙編叢書

格致叢書 （明）胡文煥編 明萬曆錢塘胡氏文會堂刻本（正文前的內容、新刻韓詩外傳卷一至二係抄配） 二百三十冊 存一百五十六種

110000－0102－0000942 （甲五）/65 叢部/彙編叢書/清中晚期

雅雨堂叢書十二種 （清）盧見曾編 清乾隆二十一年(1756)德州盧氏雅雨堂刻本 佚名圈點 二十八冊

110000－0102－0000943 （甲五）/69 集部/集評類/總評

漁隱叢話前集六十卷後集四十卷 （宋）胡仔輯 清乾隆六年(1741)楊佑啟耘經樓刻本 十六冊

110000－0102－0000944 （甲五）/89 叢部/彙編叢書

奇晉齋叢書十六種十九卷 （清）陸烜輯 清乾隆三十四年(1769)陸烜奇晉齋刻本 四冊

110000－0102－0000945 （甲五）/91 集部/別集類/宋

西山先生真文忠公集五十五卷年譜一卷心政二經二卷目錄二卷 （宋）真德秀撰 清康熙四年(1665)真氏拱極堂刻本 二十九冊

110000－0102－0000946 （甲五）/98 叢部/自著叢書

[李氏叢書]十二種二十四卷 （明）李贄編

明末陳氏繼志齋刻本 十四冊 存八種十九卷(道古錄二卷、老子解二卷、墨子批選四卷、因果錄三卷、三教品一卷、淨土訣一卷、闇然錄最四卷、孫子參同中下)

110000－0102－0000947 （甲五）/101 集部/別集類/清

古歡堂集八種二十二卷 （清）田雯撰 **古歡堂詩集七種十五卷** （清）田雯撰 **長河志籍考十卷** （清）田雯編 **黔書二卷** （清）田雯編 **年譜二卷** （清）田雯撰 清康熙刻本 五冊

110000－0102－0000948 （甲五）/109 叢部/彙編叢書

廣快書五十種五十卷 （明）何偉然編 明崇禎二年(1629)刻本 十二冊

110000－0102－0000949 （甲五）/114 叢部/彙編叢書

賴古堂藏書五種 （清）周亮工編 清康熙刻本 二冊

110000－0102－0000950 （甲五）/117 叢部/自著叢書

[唱經堂才子書]十種十五卷 （清）金聖嘆撰 清順治十六年(1659)刻本 十四冊

110000－0102－0000951 （甲五）/129 集部/別集類/宋

韋齋集十二卷 （宋）朱松撰 **玉瀾集一卷** （宋）朱槔撰 **蜀中草一卷** （清）朱昇撰 清康熙四十九年(1710)朱昌辰刻本 十冊

110000－0102－0000952 （甲五）/132 叢部/彙編叢書

檀几叢書一百五十六種一百五十六卷 （清）王晫 （清）張潮編 清康熙三十四年(1695)新安張氏霞舉堂刻本 十四冊

110000－0102－0000953 （甲五）/133 子部/雜家類/雜考

野客叢書三十卷附錄野老紀聞一卷 （宋）王楙撰 明刻本 六冊

110000－0102－0000954 （甲五）/134 史

部/政書類/詔令奏議

大義覺迷錄四卷 （清）世宗胤禛撰 清雍正刻本 四冊

110000－0102－0000955 （甲五）/135 史部/政書類/詔令奏議

大義覺迷錄四卷 （清）世宗胤禛撰 清雍正內府刻本 六冊

110000－0102－0000956 （甲五）/138 叢部/彙編叢書

積書巖六種 （清）王澍撰 清乾隆二年（1737）刻本（中庸困學錄第二十章第五葉係抄補） 八冊

110000－0102－0000957 （甲五）/139 集部/集評類

詞苑叢談十二卷 （清）徐釚編 清康熙二十七年（1688）蛾術齋刻本 十冊

110000－0102－0000958 （甲五）/147 史部/史評類

狂狷裁中十卷春秋賞析二卷 （明）楊時偉撰 明天啟刻本 六冊

110000－0102－0000959 （甲五）/149 叢部/自著叢書

王季重先生增補十三種全集十三卷 （明）王思任撰 明景鄴堂刻本 十六冊

110000－0102－0000960 （甲五）/159 叢部/自著叢書

寸補四種 （明）程命撰 明崇禎刻本 五冊 存三種六卷（疏一卷附論一卷、遼畫一卷附閱兵覺華島記一卷、渝吟一卷續渝吟一卷）

110000－0102－0000961 （甲五）/166 集部/別集類/宋

曾南豐全集五十三卷 （宋）曾鞏撰 （清）顧松齡校 清康熙五十六年（1717）顧松齡刻本 二十冊

110000－0102－0000962 （甲五）/168 叢部/彙編叢書

貸園叢書初集十二種 （清）周永年編 清乾隆五十四年（1789）刻本 佚名題識 十六冊

110000－0102－0000963 （甲五）/170 叢部/彙編叢書/清中晚期

楝亭十二種 （清）曹寅編 清康熙四十五年（1706）揚州使院刻本 十六冊

110000－0102－0000964 （甲五）/183 叢部/彙編叢書/清中晚期

心齋十種 （清）任兆麟編 清乾隆五十年至五十三年（1785－1788）忠敏家塾刻本（綱目通論係抄配） 佚名圈點 八冊

110000－0102－0000965 （甲五）/188 子部/雜家類/雜考

陔餘叢考四十三卷 （清）趙翼撰 清乾隆五十五年（1790）趙氏湛貽堂刻本 十六冊

110000－0102－0000966 （甲五）/204 叢部/自著叢書

[王漁洋先生集]十三種 （清）王士禛編 清康熙四十八年（1709）刻本 八冊

110000－0102－0000967 （乙一）/1 經部/易類/傳說

周易旁註不分卷周易旁註前圖二卷 （明）朱升撰 明刻本 四冊

110000－0102－0000968 （乙一）/2 經部/易類/文字音義

易經揆一十四卷 （清）梁錫璵集傳 **易經啓蒙補二卷** （清）梁錫璵撰 清乾隆十六年（1751）刻本 九冊

110000－0102－0000969 （乙一）/4 經部/小學類/文字

六書分類十二卷首一卷 （清）傅世垚撰 清乾隆五十四年（1789）傅應奎聽松閣刻本 十二冊

110000－0102－0000970 （乙一）/18 經部/易類

易憲四卷卦歌一卷圖說一卷 （明）沈泓疏 清乾隆二十六年（1761）張仕遇刻本 三冊

110000－0102－0000971 （乙一）/20 經部/易類/傳說

易經講義八卷 （清）周姬臣纂 清乾隆五十

四年(1789)刻本　八冊

110000－0102－0000972　（乙一）/32　經部/
易類/傳說

周易十卷　（宋）程頤傳　（宋）朱熹本義　**上
下篇義一卷**　（宋）程頤撰　**易圖一卷**　（宋）
朱熹集錄　明正統十二年(1447)司禮監刻本
十冊　存八卷(一至八)

110000－0102－0000973　（乙一）/49　經部/
易類/傳說

易箋八卷首一卷　（清）陳法撰　清乾隆三十
年(1765)敬和堂刻光緒十四年(1888)陳氏補
刻重印本　六冊

110000－0102－0000974　（乙一）/51　經部/
易類/文字音義

周易洗心十卷讀法一卷　（清）任啟運撰　清
乾隆三十四年(1769)清芬堂刻本　十冊

110000－0102－0000975　（乙一）/53　經部/
易類/文字音義

周易經義審七卷首一卷　（清）盧浙輯注　清
乾隆六十年(1795)錫環堂刻本　十冊

110000－0102－0000976　（乙一）/57　經部/
易類/文字音義

三易備遺十卷　（宋）朱元昇撰　**易象圖說內
篇三卷外篇三卷**　（元）張理撰　清康熙通志
堂刻本　六冊

110000－0102－0000977　（乙一）/58　經部/
易類/傳說

周易玩辭十六卷　（宋）項安世撰　清康熙十
五年(1676)通志堂刻本　六冊

110000－0102－0000978　（乙一）/59　經部/
易類/傳說

新鐫方孟旋先生義經鴻寶十二卷周易說統
（明）方應祥撰　（明）張振淵輯　（明）李克
愛補輯　明末刻本　十冊

110000－0102－0000979　（乙一）/60　經部/
易類/傳說

**梁山來知德先生易經集註十六卷來知德周易
集註改正分卷圖一卷易學六十四卦啟蒙一卷**

（明）來知德撰　清乾隆十一年(1746)刻本
十冊

110000－0102－0000980　（乙一）/64　經部/
易類/傳說

易傳十七卷　（唐）李鼎祚集解　**易釋文一卷**
（唐）陸德明撰　清乾隆二十一年(1756)盧
氏雅雨堂刻本　五冊

110000－0102－0000981　（乙一）/67　經部/
易類/古易

古周易訂詁十六卷附一卷　（明）何楷撰　清
乾隆十七年(1752)郭文燉刻朱墨套印本　十
二冊

110000－0102－0000982　（乙一）/69　經部/
易類/文字音義

復堂易貫不分卷　（清）于大鯤撰　清乾隆三
十八年(1773)聽雨山房刻本　四冊

110000－0102－0000983　（乙一）/70　經部/
易類

周易略例一卷　（三國魏）王弼撰　**周易略例
釋文一卷**　（唐）陸德明撰　**周易九卷**　（三
國魏）王弼注　（宋）程頤傳　（明）萬廷言
（明）章潢校　明萬曆十六年(1588)朱鴻謨刻
本　十二冊

110000－0102－0000984　（乙一）/80　經部/
經總類/群經總義/傳說

[通志堂經解四種]十六卷　清康熙通志堂刻
本　四冊

110000－0102－0000985　（乙一）/82　經部/
易類

易注十二卷　（清）崔致遠撰　**洪範傳一卷**
（清）崔致遠撰　清乾隆八年(1743)許爾怡刻
本　八冊

110000－0102－0000986　（乙一）/87　經部/
易類/文字音義

[周易本義]十二卷　（宋）朱熹撰　清康熙內
府刻本　四冊

110000－0102－0000987　（乙一）/93　經部/
易類/文字音義

周易辨畫四十卷 （清）連斗山撰 清乾隆三十九年（1774）刻本 八冊

110000－0102－0000988 （乙一）/98 經部/易類/文字音義

周易經傳集程朱解附錄纂注十四卷朱子筮儀附錄纂注一卷 （元）董真卿編 清康熙十六年（1677）納蘭性德通志堂刻本 十六冊

110000－0102－0000989 （乙一）/99 經部/易類/文字音義

大易擇言三十六卷 （清）程廷祚撰 清乾隆十九年（1754）道寧堂刻本 十六冊

110000－0102－0000990 （乙一）/108 經部/易類/傳說

漢上易傳十一卷卦圖三卷叢說一卷 （宋）朱震撰 清康熙十五年（1676）通志堂刻本 六冊

110000－0102－0000991 （乙一）/111 經部/易類/傳說

易酌十四卷讀易法一卷周易雜卦圖一卷 （清）刁包撰 清雍正十年（1732）刁承祖刻本 十四冊

110000－0102－0000992 （乙一）/112 經部/易類/傳說

周易兼義九卷 （三國魏）王弼注 （唐）孔穎達正義 周易略例一卷 （三國魏）王弼撰 經典釋文卷第一周易音義一卷 （唐）陸德明撰 明刻本 五冊

110000－0102－0000993 （乙一）/113 經部/易類/傳說

御纂周易折中二十二卷首一卷 （清）李光地等編 清康熙五十四年（1715）刻本 十二冊

110000－0102－0000994 （乙一）/116 經部/易類/文字音義

易經揆一十四卷易學啓蒙補二卷 （清）梁錫璵撰 清乾隆十六年（1751）刻本 十冊

110000－0102－0000995 （乙一）/119 經部/易類/文字音義

周易王註十卷 （三國魏）王弼註 清乾隆四十八年（1783）武英殿刻本 三冊

110000－0102－0000996 （乙一）/125 經部/易類/文字音義

周易函書別集十六卷卜法詳考四卷周易函書約存十五卷首三卷 （清）胡煦撰 清乾隆胡氏葆璞堂刻本 二十冊

110000－0102－0000997 （乙一）/126 經部/易類/傳說

周易傳義合訂圖義十二卷 （清）朱軾輯 清乾隆二年（1737）内府刻本 六冊

110000－0102－0000998 （乙一）/127 經部/易類/傳說

易傳十卷 （唐）李鼎祚撰 （明）沈士龍（明）胡震亨校 易解附錄一卷 （漢）鄭玄注（明）胡震亨輯 明萬曆三十一年（1603）刻本 十二冊

110000－0102－0000999 （乙一）/131 經部/小學類/音韻/韻典

正韻十六卷 （明）樂韶鳳等撰 清初刻本 四冊

110000－0102－0001000 （乙一）/132 經部/小學類/音韻/韻典

洪武正韻十六卷 （明）樂韶鳳等撰 明隆慶元年（1567）衡王厚德堂刻本 五冊

110000－0102－0001001 （乙一）/136 經部/經總類/群經總義/文字音義

助字辨略五卷 （清）劉淇撰 清乾隆四十四年至道光元年（1779－1821）抄本 五冊

110000－0102－0001002 （乙一）/163 經部/小學類/文字

六書分類十二卷首一卷 （清）傅世垚撰 清乾隆五十四年（1789）傅應奎聽松閣刻本 十四冊

110000－0102－0001003 （乙一）/165 經部/小學類/音韻/韻典

古隸韻宗五卷 （清）魏師段編 清初期刻本 五冊

110000－0102－0001004　（乙一）/168　經部/小學類/音韻/韻典

洪武正韻不分卷　（明）宋濂等編　（明）楊時偉補篆　明崇禎四年(1631)刻本　十二冊

110000－0102－0001005　（乙一）/199　子部/雜家類/學說

認字測三卷　（明）周宇撰　明萬曆三十九年(1611)周傳誦刻本　佚名批點　四冊

110000－0102－0001006　（乙一）/205　經部/小學類/文字

六書分類十二卷首一卷　（清）傅世垚撰　清康熙四十四年(1705)周天健刻本　十四冊

110000－0102－0001007　（乙一）/212　經部/小學類/音韻/韻典

古今韻會舉要三十卷禮部韻畧七音三十六字母通攷一卷　（元）熊忠撰　明嘉靖十五年(1536)秦鉞、李舜臣刻十七年(1538)劉儲秀補刻本　十冊

110000－0102－0001008　（乙一）/218　經部/小學類/韻典

洪武正韻十六卷　（明）樂韶鳳等撰　明隆慶元年(1567)衡王厚德堂刻本　五冊

110000－0102－0001009　（乙一）/219　經部/小學類/文字/說文

說文字原集註十六卷表一卷表說一卷　（清）蔣和撰　清乾隆五十二年(1787)刻本　四冊

110000－0102－0001010　（乙一）/221　經部/小學類/文字

說文解字十五卷　（漢）許慎撰　（宋）徐鉉校定　清初毛氏汲古閣刻本　六冊

110000－0102－0001011　（乙一）/241　經部/小學類/韻典

大明成化庚寅重刊改併五音集韻十五卷　（金）韓道昭撰　明成化六年至七年(1470－1471)刻本　五冊

110000－0102－0001012　（乙一）/242　經部/小學類/訓詁

爾雅翼三十二卷　（宋）羅願撰　（元）洪焱祖

音釋　明崇禎六年(1633)刻本　十二冊

110000－0102－0001013　（乙一）/253　經部/小學類/文字/說文

說文解字十五卷　（漢）許慎撰　（宋）徐鉉等校　清乾隆三十八年(1773)朱筠椒華吟舫刻本　六冊

110000－0102－0001014　（乙一）/257　經部/春秋類/左傳/傳說

春秋經傳集解三十卷　（晉）杜預撰　明嘉靖刻本　三十二冊

110000－0102－0001015　（乙一）/272　經部/小學類/音韻

古今韻會舉要三十卷禮部韻畧七音三十六字母通攷一卷　（元）熊忠撰　明嘉靖十五年(1536)秦鉞、李舜臣刻十七年(1538)劉儲秀補刻本　十六冊

110000－0102－0001016　（乙一）/280　經部/小學類/音韻/韻典

重訂併音連聲韻學集成十三卷　（明）章黼撰　清康熙四年(1665)余敏刻本　二十四冊

110000－0102－0001017　（乙一）/281　經部/樂類

[樂律全書]四十八卷　（明）朱載堉撰　明萬曆鄭藩刻本　二十冊

110000－0102－0001018　（乙一）/286　經部/小學類/韻典

重刊併音連聲韻學集成十三卷　（明）章黼撰　明萬曆六年(1578)維揚資政左室刻本　十六冊

110000－0102－0001019　（乙一）/287　經部/小學類/韻典

大明成化庚寅重刊改併五音集韻十五卷　（金）韓道晗撰　明成化六年(1470)刻本　十二冊

110000－0102－0001020　（乙一）/288　經部/詩類/傳說

詩緝三十六卷　（宋）嚴粲撰　明嘉靖朱厚煜趙府味經堂刻本　佚名批　二十四冊

110000 – 0102 – 0001021　（乙一）/291　經
部/小學類/文字

千文六書統要二卷　（明）李登訂　（清）胡正
言篆　清康熙十竹齋刻本　四冊

110000 – 0102 – 0001022　（乙一）/296　經
部/小學類/文字

摭古遺文二卷　（明）李登輯　**再增摭古遺文
一卷**　（明）姚履旋增補　明萬曆三十一年
(1603)李思謙刻本　佚名眉批　二冊

110000 – 0102 – 0001023　（乙一）/297　經
部/小學類/音韻/韻典

韻譜本義十卷說文未收字一卷　（明）茅溱輯
（明）范科校　明萬曆三十二年(1604)刻本
十冊

110000 – 0102 – 0001024　（乙一）/298　經
部/小學類/音韻/韻典

澤存堂叢刻五種　（清）張士俊輯　清康熙張
氏澤存堂刻本　十冊

110000 – 0102 – 0001025　（乙一）/302　史
部/時令類

月令廣義二十四卷首一卷統記一卷附錄一卷
（明）馮應京撰　（明）戴任增釋　明萬曆陳
邦泰刻本　十二冊

110000 – 0102 – 0001026　（乙一）/303　經
部/詩類/傳說

**詩傳大全三十卷詩傳大全綱領一卷詩傳大全
圖一卷**　（明）胡廣等輯　**詩序辨說一卷**
（宋）朱熹撰　明永樂十三年(1415)內府刻本
十二冊

110000 – 0102 – 0001027　（乙一）/307　經
部/書類

書經近指六卷　（清）孫奇逢纂　清康熙十五
年(1676)趙繼、趙庚刻本　四冊

110000 – 0102 – 0001028　（乙一）/308　經
部/小學類/音韻/韻典

大藏古字直音　（清）釋怡庵撰　清光緒至宣
統抄本　一冊

110000 – 0102 – 0001029　（乙一）/310　經

部/小學類/音韻/韻典

音韻闡微十八卷　（清）李光地等編　清雍正
六年(1728)內府刻本　五冊

110000 – 0102 – 0001030　（乙一）/311　經
部/小學類/音韻/韻典

古今韻略五卷　（清）邵長蘅撰　清康熙三十
五年(1696)刻本　五冊

110000 – 0102 – 0001031　（乙一）/312　經
部/易類/傳說

日講易經解義十八卷卦圖一卷筮儀一卷
（清）牛鈕等編　清康熙十九年至二十三年
(1680－1684)武英殿刻本　六冊

110000 – 0102 – 0001032　（乙一）/314　經
部/詩類

詩緝三十六卷　（宋）嚴粲撰　明嘉靖味經堂
刻本(卷九至十二係抄補)　十冊

110000 – 0102 – 0001033　（乙一）/316　經
部/經總類

御定仿宋相臺岳氏本五經九十六卷　（宋）岳
珂編　清乾隆四十八年(1783)京師武英殿刻
本　七十冊

110000 – 0102 – 0001034　（乙一）/319　經
部/小學類/音韻/韻典

廣韻五卷　（宋）陳彭年等撰　明內府刻本
四冊

110000 – 0102 – 0001035　（乙一）/327　經
部/小學類/文字

同文千字文二卷　（南朝梁）周興嗣撰　（明）
汪以成輯注　明萬曆十年(1582)婺源汪氏經
義齋刻本　四冊

110000 – 0102 – 0001036　（乙一）/331　經
部/禮類/三禮

新定三禮圖二十卷　（宋）聶崇義輯注　清康
熙十五年(1676)通志堂刻本　二冊

110000 – 0102 – 0001037　（乙一）/353　經
部/書類/文字音義

尚書集注音疏十二卷末一卷外編一卷　（清）江
聲撰　清乾隆五十八年(1793)刻本　十二冊

110000－0102－0001038　（乙一）/354　集部/詞類/詞譜、詞律、詞韻/詞譜

欽定詩經樂譜全書三十卷樂律正俗一卷
（清）鄒奕孝等撰　清乾隆五十三年(1788)武英殿聚珍朱墨套印本　二十一冊

110000－0102－0001039　（乙一）/355　經部/禮類/通禮

讀禮通考一百二十卷　（清）徐乾學撰　清康熙三十五年(1696)刻本　三十二冊

110000－0102－0001040　（乙一）/356　經部/總類/群經總義/圖說

六經圖六卷　（宋）楊甲撰　（宋）苗昌言編（明）吳繼仕考校　明影宋刻本　六冊

110000－0102－0001041　（乙一）/365　經部/禮類/禮記/傳說

禮記集說十六卷　（元）陳澔撰　明正統十二年(1447)司禮監刻本　十六冊

110000－0102－0001042　（乙一）/366　經部/易類/圖說

易學圖解六卷　（明）沈壽昌撰　明天啟六年(1626)刻本　四冊

110000－0102－0001043　（乙一）/371　經部/易類/傳說

御纂周易折中二十二卷首一卷　（清）李光地等編　清康熙五十四年(1715)刻本　十冊

110000－0102－0001044　（乙一）/373　經部/四書類/總義/傳說

四書集注二十六卷　（宋）朱熹集注　清康熙京師內府影刻本　二十四冊

110000－0102－0001045　（乙一）/378　集部/詞類/詞譜、詞律、詞韻/詞譜

欽定詩經樂譜全書三十卷樂律正俗一卷
（清）鄒奕孝等撰　清乾隆五十三年(1788)武英殿聚珍朱墨套印本　三十六冊

110000－0102－0001046　（乙一）/380　經部/易類/傳說

周易傳義大全二十四卷　（明）胡廣等輯　明內府刻本　十二冊

110000－0102－0001047　（乙一）/381　經部/經總類/群經合刊

五經五種五十八卷　（清）年羹堯批點　清初抄本　十冊

110000－0102－0001048　（乙一）/382　經部/書類/傳說

書經章句訓解十卷　（明）尹洪撰　明成化十年(1474)晉府刻本　佚名圈點　五冊

110000－0102－0001049　（乙一）/384　經部/書類

尚書後案三十卷附尚書後辨一卷　（清）王鳴盛撰　清乾隆四十五年(1780)禮堂刻頤志堂修補本　八冊

110000－0102－0001050　（乙一）/387　經部/樂類/律呂

苑洛志樂十三卷　（明）韓邦奇撰　清康熙二十二年(1683)刻本　八冊

110000－0102－0001051　（乙一）/388　經部/禮類/禮記

禮記纂言三十六卷　（元）吳澄撰　（清）朱軾補　清雍正五年(1727)刻本　十六冊

110000－0102－0001052　（乙一）/394　經部/經總類/群經總義/傳說

白虎通德論四卷　（漢）班固撰　（明）郎璧金訂　明天啟六年(1626)刻本　四冊

110000－0102－0001053　（乙一）/400　經部/小學類/文字

篆書正四卷　（清）戴明說纂　清順治十四年(1657)打磨廠中古號刻本　四冊

110000－0102－0001054　（乙一）/407　經部/經總類/群經總義/文字音義

經典釋文三十卷攷證三十卷　（唐）陸德明撰　（清）盧文弨考證　清乾隆五十六年(1791)餘姚盧文弨龍城書院刻抱經堂叢書本　鄭大洲題簽　十二冊

110000－0102－0001055　（乙一）/409　經

部/書類/文字音義

尚書約旨六卷 （清）楊方達撰　清乾隆刻本
六冊

110000 － 0102 － 0001056　（乙一）/414　經
部/書類/文字音義

禹貢錐指二十卷圖一卷 （清）胡渭撰　清康
熙四十四年(1705)漱六軒刻本　十二冊

110000 － 0102 － 0001057　（乙一）/415　經
部/小學類/音韻/韻典

類音八卷 （清）潘耒撰　清雍正三年(1725)
潘氏遂初堂刻本　四冊

110000 － 0102 － 0001058　（乙一）/416　經
部/易類/傳說

李氏易傳十七卷易釋文一卷 （唐）李鼎祚撰
清乾隆二十一年(1756)盧氏雅雨堂刻本
六冊

110000 － 0102 － 0001059　（乙一）/434　經
部/易類

易學十二卷 （明）沈一貫撰　明萬曆刻本
六冊

110000 － 0102 － 0001060　（乙一）/438　經
部/春秋類/公羊傳

春秋繁露十七卷策三篇 （漢）董仲舒撰
（明）孫鑛評　**董仲舒傳一卷** （漢）班固撰
題跋一卷　清康熙二十七年(1688)世恩堂刻
本　八冊

110000 － 0102 － 0001061　（乙一）/440　經
部/禮類/周禮

周官禮注十二卷 （漢）鄭玄注　清乾隆五十
一年(1786)殷盤一得齋刻本　十二冊

110000 － 0102 － 0001062　（乙一）/441　經
部/禮類/儀禮

儀禮注疏詳校十七卷 （清）盧文弨輯　清乾
隆六十年(1795)餘姚盧氏抱經堂刻本　四冊

110000 － 0102 － 0001063　（乙一）/446　經
部/經總類

七緯三十八卷 （清）趙在翰輯　清嘉慶九年
(1804)小積石山房刻本　八冊

110000 － 0102 － 0001064　（乙一）/450　經
部/禮類/儀禮

儀禮集編十七卷首一卷附錄一卷 （清）盛世
佐撰　清嘉慶九年(1804)馮集梧貯雲居刻本
二十冊

110000 － 0102 － 0001065　（乙一）/453　經
部/春秋類/春秋總義

半農先生春秋說十五卷 （清）惠士奇撰　清
乾隆十四年(1749)刻本　十二冊

110000 － 0102 － 0001066　（乙一）/457　經
部/小學類/文字

復古編二卷 （宋）張有撰　**校正一卷** （清）
葛鳴陽撰　**附錄一卷曾樂軒稿一卷** （宋）張
維撰　**安陸集一卷** （宋）張先撰　清乾隆四
十六年(1781)安邑葛氏刻本　三冊

110000 － 0102 － 0001067　（乙一）/458　經
部/樂類

國學禮樂錄二十卷 （清）李國望　（清）謝履
忠編　清康熙五十八年(1719)刻本　六冊

110000 － 0102 － 0001068　（乙一）/460　子
部/儒家類

御覽經史講義三十卷首一卷 （清）蔣溥等編
清乾隆二十年(1755)武英殿刻本　三十冊

110000 － 0102 － 0001069　（乙一）/462　經
部/禮類/三禮

新定三禮圖二十卷 （宋）聶崇義輯注　清康
熙十五年(1676)通志堂刻本　四冊

110000 － 0102 － 0001070　（乙一）/463　經
部/禮類/禮記/傳說

禮記集說三十卷 （元）陳澔撰　明嘉靖吉澄
刻樊獻科重修本(卷八第一至二葉、卷十五第
十一至十二葉、卷十八第四至五葉、卷二十八
第九至十二葉、卷三十第二十二葉係抄配)
十冊

110000 － 0102 － 0001071　（乙一）/466　經
部/春秋類/左傳

春秋地名攷略十四卷 （清）高士奇撰　清康
熙二十七年(1688)刻本　四冊

110000－0102－0001072 （乙一）/470 經
部/詩類

毛詩二十卷 （漢）鄭玄箋 清乾隆四十八年
(1783)京師武英殿仿宋刻御定仿相臺岳氏五
經本 十二冊

110000－0102－0001073 （乙一）/485 經
部/春秋類/彙編

春秋精義彙鈔六卷 （清）黃宅中撰並輯 清
咸豐四年至七年(1854－1857)稿本 六冊

110000－0102－0001074 （乙一）/489 經
部/小學類/訓詁

爾雅翼三十二卷 （宋）羅願撰 （元）洪焱祖
音釋 明崇禎六年(1633)刻本 十二冊

110000－0102－0001075 （乙一）/490 叢
部/自著叢書

燕禧堂五種十五卷 （清）任大椿撰 清乾隆
刻本 十二冊

110000－0102－0001076 （乙一）/492 經
部/小學類/訓詁

爾雅翼三十二卷 （宋）羅願撰 （元）洪焱祖
音釋 明萬曆三十三年(1605)羅文瑞刻本
四冊

110000－0102－0001077 （乙一）/493 經
部/詩類

詩經四卷 （明）鍾惺批點 **卜子夏小序一卷**
（春秋）卜商撰 明淩杜若刻朱墨套印本
五冊

110000－0102－0001078 （乙一）/494 經
部/易類/傳說

童溪王先生易傳三十卷 （宋）王宗傳撰 清
康熙刻本 十六冊

110000－0102－0001079 （乙一）/496 經
部/經總類/群經總義

經玩五種二十卷 （清）沈淑撰 清雍正七年
(1729)刻本 佚名註 六冊

110000－0102－0001080 （乙一）/501 經
部/春秋類

春秋大事表五十卷附錄一卷 （清）顧棟高輯

清乾隆十二年(1747)萬卷樓刻本 三十
二冊

110000－0102－0001081 （乙一）/502 經
部/孝經類

孝經衍義一百卷首二卷 （清）葉方藹等編
清康熙二十九年(1690)刻本 三十冊

110000－0102－0001082 （乙一）/511 經
部/禮類/禮記

禮記集註三十卷 （明）徐師曾撰 （清）徐鉞
重修 清康熙五十八年(1719)刻本 十冊

110000－0102－0001083 （乙一）/513 經
部/四書類/總義

四書考異七十二卷 （清）翟灝撰 清乾隆三
十四年(1769)無不宜齋刻本 十二冊

110000－0102－0001084 （乙一）/528 經
部/小學類/訓詁

拾雅六卷 （清）夏味堂撰 清嘉慶二十四年
(1819)高郵夏味堂遂園刻本 二冊

110000－0102－0001085 （乙一）/536 經
部/禮類/禮記

禮記二十卷 （漢）鄭玄註 清乾隆四十八年
(1783)武英殿刻本 二冊

110000－0102－0001086 （乙一）/544 經
部/四書類/總義

古今道脈四十五卷 （明）徐奮鵬撰 明萬曆
四十六年(1618)鄭氏書林奎壁堂刻本 三十
六冊

110000－0102－0001087 （乙一）/553 經
部/春秋類

春秋釋例十五卷 （晉）杜預撰 清乾隆四十
六年(1781)武英殿木活字印武英殿聚珍版叢
書本 十二冊

110000－0102－0001088 （乙一）/558 經
部/經總類

六經圖定本不分卷 （清）王晐輯 清乾隆五
年(1740)向山堂刻本 十二冊

110000－0102－0001089 （乙一）/559 經

部/禮類/儀禮

儀禮節略二十卷 （清）朱軾撰 清雍正五年
(1727)刻本 十二冊

110000－0102－0001090 （乙一）/560 經
部/春秋類/左傳

欽定春秋左傳讀本三十卷 （清）英和等纂
清道光二年(1822)武英殿刻本 十六冊

110000－0102－0001091 （乙一）/563 經
部/易類/傳說

周易函書約存十五卷首三卷約註十八卷別集
十六卷卜法詳攷四卷 （清）胡煦撰 清乾隆
胡氏葆璞堂刻本 三十冊

110000－0102－0001092 （乙一）/565 經
部/四書類/總義

四書劄記不分卷 （清）李光地撰 清康熙五
十九年(1720)刻本 四冊

110000－0102－0001093 （乙一）/570 經
部/四書類/總義

日講四書解義二十六卷 （清）喇沙里等撰
清康熙十六年(1677)内府刻本 十九冊

110000－0102－0001094 （乙一）/577 經
部/禮類/三禮

三禮圖二十卷 （宋）聶崇義輯注 清康熙十
五年(1676)通志堂刻本 二冊

110000－0102－0001095 （乙一）/578 經
部/易類/傳說

周易旁註十四卷前圖二卷卦傳十卷 （明）朱
升撰 明嘉靖元年(1522)刻本 四冊

110000－0102－0001096 （乙一）/593 經
部/春秋類/春秋總義

御纂春秋直解十二卷 （清）傅恆等纂 清乾
隆二十三年(1758)武英殿刻本 八冊

110000－0102－0001097 （乙一）/605 經
部/小學類/文字

說文長箋一百卷首二卷 （明）趙宧光撰 明
崇禎四年(1631)趙均小宛堂刻本 四十冊

110000－0102－0001098 （乙一）/606 經

部/經總類

四經圖表不分卷 明刻本 四冊

110000－0102－0001099 （乙一）/607 子
部/雜家類

白虎通德論二卷 （漢）班固撰 （明）程榮校
明萬曆刻本 二冊

110000－0102－0001100 （乙一）/612－1
經部/小學類/文字

諧聲補逸十四卷 （清）宋保撰 清嘉慶志學
堂刻本 六冊

110000－0102－0001101 （乙一）/612－2
經部/小學類/音韻/韻典

釋服二卷 （清）宋綿初撰 清嘉慶二十三年
(1818)書種堂刻本 二冊

110000－0102－0001102 （乙一）/626 經
部/小學類/文字

漢隸字源五卷碑目一卷附字一卷 （宋）婁機
輯 明末毛氏汲古閣刻本 四冊

110000－0102－0001103 （乙二）/4 史部/
政書類/通制

文獻通考三百四十八卷首一卷 （元）馬端臨
撰 明嘉靖馮天馭刻本(略有抄配) 六十冊

110000－0102－0001104 （乙二）/8 史部/
政書類/通制

續文獻通考二百五十四卷 （清）王圻撰 明
萬曆松江府刻本 一百二十冊

110000－0102－0001105 （乙二）/57 史部/
目錄類/收藏/私藏

昭德先生郡齋讀書志五卷 （宋）晁公武撰
後志二卷 （宋）趙希弁撰 清康熙六十一年
(1722)海寧陳氏刻本 十二冊

110000－0102－0001106 （乙二）/93 史部/
地理類/方志

[順治]河南通志五十卷 （清）賈漢復修
（清）沈荃纂 清順治十七年(1660)刻本(卷
三十至三十五係抄補) 十六冊

110000－0102－0001107 （乙二）/101 史

部/政書類/通制

通志略五十一卷 （宋）鄭樵撰　明嘉靖二十九年(1550)陳宗夔刻本　三十二冊

110000－0102－0001108　（乙二）/162　史部/地理類/總錄

郡國利病書一百二十卷 （清）顧炎武撰　清抄本　一百二十冊

110000－0102－0001109　（乙二）/180　史部/目錄類/收藏/私藏

直齋書錄解題二十二卷 （宋）陳振孫撰　清乾隆三十八年(1773)武英殿木活字印武英殿聚珍版叢書本　十冊

110000－0102－0001110　（乙二）/327　史部/地理類/方志

長安志圖三卷 （清）李好文圖說　（清）畢沅校　**［熙寧］長安志二十卷** （宋）宋敏求撰　（清）畢沅校　清乾隆四十九年至五十二年(1784－1787)畢沅刻本　六冊

110000－0102－0001111　（乙二）/332　史部/地理類/專志

江南名勝圖詠 清乾隆刻本　二十五葉

110000－0102－0001112　（乙二）/335　史部/地理類/山川

西湖志纂十五卷首一卷 （清）沈德潛　（清）傅王露輯　（清）梁詩正纂　清乾隆刻本　六冊

110000－0102－0001113　（乙二）/349　史部/地理類/專志

平山堂圖志十卷宸翰一卷名勝全圖一卷 （清）趙之壁編纂　清乾隆刻本　四冊

110000－0102－0001114　（乙二）/403/1　史部/地理類/總錄

綏服紀略圖誌一卷 （清）松筠撰　清末抄本　一冊

110000－0102－0001115　（乙二）/403/2　史部/地理類/總錄

西域聞見錄八卷首一卷 （清）七十一撰　清抄本　三冊

110000－0102－0001116　（乙二）/412　史部/地理類/山川

岱覽摘錄 （清）唐仲冕輯　清嘉慶十七年(1812)謝寶田抄本　二冊

110000－0102－0001117　（乙二）/426　史部/政書類/軍政/防務

九邊圖論一卷 （明）許論著　**海防圖論一卷**（明）胡宗憲撰　**日本考略一卷** （明）殷都輯　明天啟元年(1621)閔氏刻朱墨套印兵垣四編本　二冊

110000－0102－0001118　（乙二）/430　史部/地理類/山川

岱史十八卷 （明）查志隆撰　明萬曆十五年(1587)刻本　十二冊

110000－0102－0001119　（乙二）/433　史部/地理類/方志

齊乘六卷 （元）于欽撰　**釋音一卷** （元）于潛撰　**攷證六卷** （清）周嘉猷撰　清乾隆四十六年(1781)刻本　四冊

110000－0102－0001120　（乙二）/451　史部/地理類/總錄

廣輿圖二卷 （元）朱思本編製　（明）羅洪先補訂　明萬曆七年(1579)刻本　二冊

110000－0102－0001121　（乙二）/468　史部/地理類/遊記

名山勝概記四十六卷名山圖一卷 （明）何鏜輯　明崇禎六年(1633)墨繪齋刻本　四十六冊

110000－0102－0001122　（乙二）/469　集部/小說類/筆記小說

山海經十八卷 （晉）郭璞注　（清）畢沅校清乾隆靈巖岩山館刻本　佚名題識　四冊

110000－0102－0001123　（乙二）/473　史部/政書類/軍政

籌海圖編十三卷 （明）胡宗憲輯　明天啟四年(1624)胡維極刻本　八冊

110000－0102－0001124　（乙二）/475　史部/地理類/山川

水經注四十卷首一卷 （北魏）酈道元撰 清乾隆三十九年(1774)武英殿木活字印武英殿聚珍版叢書本 佚名校 十六冊

110000－0102－0001125 （乙二）/485 子部/術數類/相宅相墓
地理大成五集 （清）葉泰輯 清康熙三德堂刻本 二十七冊

110000－0102－0001126 （乙二）/500 史部/地理類/山川
水經注四十卷 （漢）桑欽撰 （北魏）酈道元注 清乾隆十八年(1753)槐蔭草堂刻本 五冊

110000－0102－0001127 （乙二）/505 史部/地理類/方志
[紹定]吳郡志五十卷 （宋）范成大纂修 （宋）汪泰亨續修 明崇禎八年(1635)毛氏汲古閣刻清補修重印本 十二冊

110000－0102－0001128 （乙二）/507 史部/地理類/方志
[康熙]保定府志二十九卷 （清）紀弘謨重修 （清）郭棻輯 清康熙十九年(1680)郭棻刻本 佚名圈點 十二冊

110000－0102－0001129 （乙二）/517 史部/地理類/外紀
俄遊彙編十二卷 （清）繆祐孫撰 清光緒稿本 四冊

110000－0102－0001130 （乙二）/526 史部/地理類/方志
[康熙]陝西通志三十二卷首一卷圖一卷 （清）賈漢復修 （清）李楷等纂 清康熙五十年(1711)刻本 三十一冊

110000－0102－0001131 （乙二）/530 史部/地理類/方志
[乾隆]西藏志不分卷 清抄本 二冊

110000－0102－0001132 （乙二）/552 史部/地理類/山川
太湖備考十六卷首一卷 （清）金友理撰 清乾隆刻本 八冊

110000－0102－0001133 （乙二）/563 子部/兵家類
江南經略八卷 （明）鄭若曾輯 明隆慶二年(1568)林潤刻本 八冊

110000－0102－0001134 （乙二）/564 集部/小說類/筆記小說
山海經十八卷 （晉）郭璞注 明刻本 六冊

110000－0102－0001135 （乙二）/568 子部/術數類/相宅相墓
增補地理直指原真大全三卷首一卷 （清）釋徹瑩撰 清乾隆四十八年(1783)刻本 八冊

110000－0102－0001136 （乙二）/570 史部/地理類/山川
攝山志八卷首一卷 （清）陳毅撰 清乾隆五十五年(1790)蘇州府刻本 五冊

110000－0102－0001137 （乙二）/572 史部/地理類/方志
[乾隆]鮮州全志十八卷首一卷 （清）言如泗等纂修 清乾隆刻本 四冊

110000－0102－0001138 （乙二）/577 史部/地理類/方志
三輔黃圖六卷 （漢）□□撰 （明）吳琯校 明萬曆吳琯刻古今逸史本 二冊

110000－0102－0001139 （乙二）/580 史部/地理類/總錄
皇輿表十六卷 （清）喇沙里等修 （清）胡簡敬等纂 （清）揆敘等增修 清康熙四十三年(1704)內府刻本 三十二冊

110000－0102－0001140 （乙二）/581 史部/地理類/總錄
皇輿表十六卷 （清）喇沙里等修 （清）揆敘等增修 清康熙四十三年(1704)內府刻本 十冊

110000－0102－0001141 （乙二）/587 史部/地理類/方志
[乾隆]口北三廳志十六卷首一卷 （清）黃可潤纂修 清乾隆二十三年(1758)刻本 六冊

110000－0102－0001142　（乙二）/588　子部/術數類/相宅相墓

重校刊官板地理玉髓真經二十八卷　（宋）張洞玄撰　（宋）劉允中註　重校官板玉髓真經後卷　（宋）房正述　明末陳孫賢龍溪堂刻本（部分書葉用其它版本補配）　八冊

110000－0102－0001143　（乙二）/592　史部/別史、雜史類

建文朝野彙編二十卷　（明）屠叔方撰　明萬曆刻本　二十冊

110000－0102－0001144　（乙二）/593　史部/編年類/通代

司馬溫公稽古錄二十卷　（宋）司馬光撰　明中後期浙江寧波天一閣刻本　佚名圈點　六冊

110000－0102－0001145　（乙二）/603　史部/地理類/方志

[雍正]甘肅通志五十卷首一卷　（清）查郎珂等修　（清）李迪等纂　清乾隆元年(1736)刻本　六冊

110000－0102－0001146　（乙二）/605　史部/編年類/斷代

憲章錄四十七卷　（明）薛應旂編　明萬曆二年(1574)刻本　二十冊

110000－0102－0001147　（乙二）/606　史部/地理類/山川

水經注箋四十卷　（明）朱謀㙔撰　明萬曆四十三年(1615)李長庚刻本（水經注敘係抄配）王國維批注、題跋　佚名圈點　十六冊

110000－0102－0001148　（乙二）/618　史部/別史、雜史類

明皇史概五種　（明）朱國禎輯　明末刻本　四十八冊

110000－0102－0001149　（乙二）/619　史部/地理類/山川

水經四十卷　（漢）桑欽撰　（北魏）酈道元注　明萬曆十三年(1585)吳琯刻本　十六冊

110000－0102－0001150　（乙二）/620　史部/地理類/山川

水經四十卷　（漢）桑欽撰　（北魏）酈道元注　明萬曆十三年(1585)徐智督刻本　十四冊

110000－0102－0001151　（乙二）/621　史部/政書類/儀制

明倫大典二十四卷　（明）楊一清等修　（明）熊浹等纂　明嘉靖七年(1528)內府刻本（卷一、十、十八、二十四有抄配）　二十四冊

110000－0102－0001152　（乙二）/624　史部/紀傳類/通代

史記一百三十卷　（漢）司馬遷撰　（南朝宋）裴駰集解　（唐）司馬貞索隱　（唐）張守節正義　明萬曆二至三年(1574－1575)國子監刻本　二十冊

110000－0102－0001153　（乙二）/629　集部/別集類/明

滄溟先生集三十卷　（明）李攀龍撰　滄溟先生集附錄一卷　（明）殷士儋撰　明萬曆三十四年(1606)陳陞刻本　十六冊

110000－0102－0001154　（乙二）/639　子部/類書類/類編/通錄

亙史鈔　（明）潘之恆輯　明萬曆刻本　十四冊　存二十一卷(內紀十一卷、內篇十卷)

110000－0102－0001155　（乙二）/643　史部/別史、雜史類

晉乘蒐略三十二卷　（清）康基田撰　清嘉慶十六年(1811)刻本　三十五冊

110000－0102－0001156　（乙二）/645　史部/史抄類

同菴史彙十卷　（清）蔣善選評　清康熙思永堂刻本　八冊

110000－0102－0001157　（乙二）/649　史部/政書類/詔令奏議/奏議

李文襄公奏議二卷奏疏十卷別錄六卷首一卷　（清）李之芳撰　李文襄公年譜　（清）程光珆編　清康熙四十一年(1702)刻本　十冊

110000－0102－0001158　（乙二）/651　史部/傳記類/雜錄

國朝翰詹源流編年五卷 （清）吳鼎雯撰 清乾隆五十八年（1793）刻本 四冊

110000 – 0102 – 0001159 （乙二）/663 史部/別史、雜史類

季漢書六十卷正論五篇答問二十篇 （明）謝陛撰 （明）臧懋循訂 明萬曆刻本 二十四冊

110000 – 0102 – 0001160 （乙二）/664 史部/地理類/方志/總志

皇輿考十卷 （明）張天復輯 明萬曆朱璉刻本（卷五第九十二葉、卷十第一百一葉係抄補） 佚名批點 十冊

110000 – 0102 – 0001161 （乙二）/670 史部/傳記類/家傳、宗譜

宗室王公功績表傳五卷表一卷 （清）允秘等編 清乾隆三十年（1765）宗人府刻本 七冊

110000 – 0102 – 0001162 （乙二）/675 史部/紀傳類/斷代

西魏書二十四卷 （清）謝啟昆撰 清乾隆六十年（1795）樹經堂刻本 六冊

110000 – 0102 – 0001163 （乙二）/676 史部/別史、雜史類

孫公談圃三卷 （宋）孫升撰 明萬曆刻稗海本 一冊

110000 – 0102 – 0001164 （乙二）/678 史部/史評類

帝鑑圖說 （明）張居正輯 （明）呂調陽輯 清嘉慶二十四年（1819）純忠堂刻本 六冊

110000 – 0102 – 0001165 （乙二）/681 史部/政書類/詔令奏議/詔令

皇明詔令二十一卷 明嘉靖十八年（1539）傅鳳翔刻二十七年（1548）浙江布政使司修版本（卷一、三、九、十二至十三、十八至二十係抄配） 十八冊

110000 – 0102 – 0001166 （乙二）/684 史部/史抄類

歐陽文忠公五代史抄二十卷 （明）茅坤編 明萬曆閔氏刻朱墨套印本 六冊

110000 – 0102 – 0001167 （乙二）/685 子部/術數類/相宅相墓

地理知新錄 （清）張受祺撰 清乾隆二十五年（1760）刻本 六冊

110000 – 0102 – 0001168 （乙二）/693 史部/編年類/通代

資治通鑑綱目五十九卷 （宋）朱熹撰 明嘉靖三十五年（1556）趙府居敬堂刻本 三十冊

110000 – 0102 – 0001169 （乙二）/695 史部/編年類/通代

甲子會紀五卷 （明）薛應旂編 （明）陳仁錫評閱 明末刻本（卷四第四十一葉係抄補） 四冊

110000 – 0102 – 0001170 （乙二）/699 子部/雜家類/雜考

穀山筆麈十八卷 （明）于慎行撰 （明）郭應寵編次 明萬曆四十一年（1613）刻清康熙十六年（1677）補刻本 八冊

110000 – 0102 – 0001171 （乙二）/700 史部/紀事本末類/斷代

鴻猷錄十六卷 （明）高岱撰 明嘉靖四十四年（1565）高思誠刻本 十六冊

110000 – 0102 – 0001172 （乙二）/701 史部/史抄類

通鑑總類二十卷 （宋）沈樞撰 明萬曆三十九年（1611）劉成刻本 二十冊

110000 – 0102 – 0001173 （乙二）/703 史部/政書類/通制

皇朝通典一百卷 （清）嵇璜等編 清內府抄本 十七冊 存十七卷（兵一至十，軍禮一，吉禮三至四、七、九，凶禮一至二）

110000 – 0102 – 0001174 （乙二）/706 史部/史評類

班馬異同三十五卷 （宋）倪思編 （宋）劉辰翁評 明末刻本 四冊

110000 – 0102 – 0001175 （乙二）/707 史部/地理類/山川

華嶽全集十一卷 （明）李時芳撰 明嘉靖四

十一年(1562)李時芳刻清補刻本　六冊

110000－0102－0001176　（乙二）/709　史部/史評類

東萊先生音注唐鑑二十四卷　（宋）范祖禹撰　（宋）呂祖謙注　明弘治刻本　八冊

110000－0102－0001177　（乙二）/710　史部/政書類/邦交

中俄界約斠注六卷　（清）錢恂撰　清末抄本　二冊

110000－0102－0001178　（乙二）/711　史部/史抄類

通鑑總類二十卷　（宋）沈樞撰　明萬曆三十九年(1611)劉成刻本　二十冊

110000－0102－0001179　（乙二）/712　史部/政書類/詔令奏議/奏議

秦漢書疏十八卷　（明）徐紳輯　明隆慶六年(1572)桂天祥刻本（秦書疏卷一第一葉係抄配）　十二冊

110000－0102－0001180　（乙二）/714　史部/紀傳類/通代

史記纂二十四卷　（明）凌稚隆纂　明萬曆七年(1579)凌稚隆刻朱墨套印本　十二冊

110000－0102－0001181　（乙二）/715　史部/地理類/山川

新鐫海內奇觀十卷附一卷　（明）楊爾曾輯　明萬曆三十七年至三十八年(1609－1610)夷白堂刻本　六冊

110000－0102－0001182　（乙二）/716　史部/紀傳類/斷代

漢書評林一百卷　（明）凌稚隆輯校　明萬曆刻本　二十冊

110000－0102－0001183　（乙二）/718　史部/政書類/軍政

籌海圖編十三卷　（明）胡宗憲輯　明天啟四年(1624)胡維極家刻本　十四冊

110000－0102－0001184　（乙二）/723　史部/傳記類/總傳

唐宋名臣筆錄二卷　（明）東裴編　（明）東文耒續編　明崇禎八年(1635)梁炳刻本　六冊

110000－0102－0001185　（乙二）/730　史部/政書類/詔令奏議

大義覺迷錄四卷　（清）世宗胤禛撰　清雍正內府刻本（有抄配）　八冊

110000－0102－0001186　（乙二）/736　史部/政書類/儀制

南巡盛典一百二十卷　（清）高晉等纂　清乾隆三十六年(1771)刻本　四十八冊

110000－0102－0001187　（乙二）/738　史部/政書類/邦計

鹽政志十卷　（明）朱廷立等撰　明嘉靖刻二十八年(1549)增修本　八冊

110000－0102－0001188　（乙二）/740　經部/禮類/禮記

廟制圖考四卷　（清）萬季野輯　清乾隆三十年(1765)萬福刻本　一冊

110000－0102－0001189　（乙二）/743　史部/政書類/邦計/荒政

欽定康濟錄四卷　（清）陸曾禹撰　（清）倪國璉續撰　清乾隆武英殿刻本　六冊

110000－0102－0001190　（乙二）/745　史部/別史、雜史類

弇山堂別集一百卷　（明）王世貞撰　明萬曆雨金堂刻本（部分缺損書葉抄配,卷三十二第十葉係其他版本補配）　二十二冊

110000－0102－0001191　（乙二）/748　史部/政書類/儀制

大清通禮五十卷　（清）來保等撰　清乾隆刻本　八冊

110000－0102－0001192　（乙二）/754　史部/傳記類/總傳

歷代名賢列女氏姓譜一百五十七卷　（清）蕭智漢輯　清乾隆五十七年(1792)刻嘉慶二十年(1815)補刻本　一百二十冊

110000－0102－0001193　（乙二）/755　史

部/別史、雜史類

建文朝野彙編二十卷 （明）屠叔方撰　明萬曆刻本　佚名批　七冊

110000－0102－0001194　（乙二）/758　史部/傳記類/別傳

宋忠獻韓魏王君臣相遇傳十卷相遇別錄一卷相遇遺事一卷 （明）鄭鄤點評　明末刻本　四冊

110000－0102－0001195　（乙二）/765　史部/政書類/詔令奏議/奏議

皇明疏鈔七十卷 （明）孫旬輯　明萬曆十二年(1584)刻本(卷三十五至四十六係抄配)　三十六冊

110000－0102－0001196　（乙二）/767　史部/史抄類

兩漢博聞類編九卷 （明）黃魯曾校閱　明萬曆二十九年(1601)楊明盛刻本　六冊

110000－0102－0001197　（乙二）/768　史部/史抄類

史記抄九十一卷首一卷 （明）茅坤撰　明萬曆三年(1575)茅坤刻本(有抄配)　十六冊

110000－0102－0001198　（乙二）/769　史部/紀傳類/斷代

弘簡錄二百五十四卷 （明）邵經邦撰　清康熙二十七年(1688)仁和邵氏刻本　八十冊

110000－0102－0001199　（乙二）/769　史部/紀傳類/斷代

續弘簡錄元史類編四十二卷 （清）邵遠平撰　清康熙四十五年(1706)刻本　二十冊

110000－0102－0001200　（乙二）/783　史部/別史、雜史類

十國春秋一百十四卷 （清）吳任臣撰　**十國春秋拾遺一卷備考一卷** （清）周昂輯　清乾隆五十八年(1793)昭文周昂此宜閣刻本　十六冊

110000－0102－0001201　（乙二）/787　史部/紀傳類/斷代

元史類編四十二卷 （清）邵遠平撰　清乾隆

六十年(1795)南沙席氏掃葉山房刻本　二十四冊

110000－0102－0001202　（乙二）/794　史部/史評類

靳史三十卷 （明）查應光輯　明天啟刻本　十冊

110000－0102－0001203　（乙二）/795　史部/別史、雜史類

兩漢策要十二卷 （□）□□撰　清乾隆五十六年(1791)張文軒刻本　八冊

110000－0102－0001204　（乙二）/800　史部/別史、雜史類

貞觀政要十卷 （唐）吳兢撰　（元）戈直集論　明成化元年(1465)內府刻本　十二冊

110000－0102－0001205　（乙二）/801　子部/儒家類/明

聖學心法四卷 （明）朱棣撰　明永樂七年(1409)司禮監刻本　十冊

110000－0102－0001206　（乙二）/804　史部/政書類/檔冊

黑龍江墾務要覽四編 （清）□□輯　清末民初抄本　四冊

110000－0102－0001207　（乙二）/805　史部/傳記類/總傳/專錄/科舉

詞科掌錄十七卷餘話七卷 （清）杭世駿撰　清乾隆仁和杭氏道古堂刻本　八冊

110000－0102－0001208　（乙二）/813　史部/史評類

新鐫歷朝捷錄增定全編大成四卷 （明）顧充編　明末刻本　八冊

110000－0102－0001209　（乙二）/816　史部/史評類

新鐫歷朝捷錄增定全編大成四卷 （明）顧充編　明末致和堂刻本　六冊

110000－0102－0001210　（乙二）/819　史部/編年類/斷代

皇明資治通紀三十卷 （明）陳建撰　明末刻

本 十六冊

110000－0102－0001211 （乙二）/820 史部/傳記類/家傳、宗譜

八旗滿洲氏族通譜八十卷目錄二卷 （清）鄂爾泰等纂 清乾隆九年（1744）內府刻本 二十四冊

110000－0102－0001212 （乙二）/829 史部/別史、雜史類

東觀漢記二十四卷 （漢）劉珍等撰 清乾隆六十年（1795）掃葉山房刻本 四冊

110000－0102－0001213 （乙二）/880 集/別集部/別集類/唐至五代

唐陸宣公集二十二卷 （唐）陸贄撰 （清）年羹堯訂 清雍正元年（1723）刻本 十二冊

110000－0102－0001214 （乙二）/883 叢部/彙編叢書

三注鈔十六卷 （明）鍾惺選批 明萬曆四十五年（1617）刻本 八冊

110000－0102－0001215 （乙二）/884 史部/傳記類/總傳

歷代象賢錄二十卷 （明）郭良翰輯 皇明任子攷附錄一卷 （明）王世貞撰 明萬曆三十四年至三十五年（1606－1607）刻本 十冊

110000－0102－0001216 （乙二）/886 史部/史抄類

歷代史纂左編一百四十二卷 （明）唐順之輯 （明）胡宗憲校 明嘉靖四十年（1561）胡宗憲刻本 一百〇一冊

110000－0102－0001217 （乙二）/888 子部/類書類

圖書編一百二十七卷 （明）章潢編 （明）岳元聲訂 明天啟三年（1623）孫良富刻本（序言、範例，卷三至四、卷二十五至二十六、四十六至四十七、五十二、五十八、六十一、六十七、七十六等係抄配） 一百六十四冊

110000－0102－0001218 （乙二）/891 史部/政書類/通制

大明會典二百二十八卷 （明）申時行等纂修

（明）趙用賢 明萬曆十五年（1587）內府刻本（第二十一冊、二十二冊卷六十九、第三十五冊卷八十、第三十九冊卷九十、第四十冊係刻配） 八十冊

110000－0102－0001219 （乙二）/892 史部/政書類/通制

大明會典二百二十八卷目錄一卷 （明）申時行 （明）趙用賢等纂 明萬曆十五年（1587）內府刻本 一百二十冊

110000－0102－0001220 （乙二）/893 史部/政書類/詔令奏議

御選明臣奏議四十卷 （清）高宗弘曆敕輯 清乾隆武英殿木活字印武英殿聚珍版叢書本 二十四冊

110000－0102－0001221 （乙二）/898 史部/紀事本末類

欽定平苗紀畧五十二卷首四卷 （清）鄂輝等撰 清嘉慶武英殿木活字印本 二十四冊

110000－0102－0001222 （乙二）/899 史部/別史、雜史類

尚史七十卷 （清）李鍇撰 清乾隆三十八年（1773）刻本 二十八冊

110000－0102－0001223 （乙二）/903 史部/紀事本末類

繹史一百六十卷世系圖一卷年表一卷 （清）馬驌撰 清康熙九年（1670）刻本 三十六冊

110000－0102－0001224 （乙二）/911 史部/政書類/詔令奏議/奏議

歷代名臣奏議三百十九卷目錄一卷 （明）黃淮 （明）楊士奇合編 （明）張溥刪正 明崇禎八年（1635）刻本 八十冊

110000－0102－0001225 （乙二）/916 史部/地理類/山川

豫東宣防錄八卷 （清）白鍾山撰 清乾隆五年（1740）刻本 八冊

110000－0102－0001226 （乙二）/917 史部/政書類/儀制

皇明典禮志二十卷 （明）郭正域輯 明萬曆

三十八年(1610)刻本　六冊

110000 - 0102 - 0001227　（乙二）/918　史部/編年類/斷代

皇清開國方略三十二卷首一卷　（清）阿桂等撰　清乾隆五十一年(1786)武英殿刻本　十六冊

110000 - 0102 - 0001228　（乙二）/932　史部/別史、雜史類

鴉片事畧二卷　（清）李圭撰　清末稿本　一冊

110000 - 0102 - 0001229　（乙二）/935　史部/史評類

看鑑偶評五卷　（清）尤侗撰　清康熙二十九年(1690)刻本　三冊

110000 - 0102 - 0001230　（乙二）/938　史部/傳記類/總傳

東林列傳二十四卷末二卷　（清）陳鼎輯　清康熙五十年(1711)售山山壽堂刻本　十冊

110000 - 0102 - 0001231　（乙二）/939　史部/別史、雜史類

建炎以來朝野雜記甲集二十卷乙集二十卷　（宋）李心傳撰　清乾隆武英殿木活字印武英殿聚珍版叢書本　十冊

110000 - 0102 - 0001232　（乙二）/940　史部/史評類

讀史漫錄十四卷　（明）于慎行撰　明萬曆四十二年(1614)于緯刻本　六冊

110000 - 0102 - 0001233　（乙二）/951　史部/政書類/邦計

皇明經濟文輯二十三卷　（明）陳其愫輯　明天啟七年(1627)陳其愫自刻本　十二冊

110000 - 0102 - 0001234　（乙二）/952　史部/別史、雜史類

弇州史料前集三十卷　（明）王世貞撰　明萬曆四十二年(1614)楊鶴刻本　十二冊

110000 - 0102 - 0001235　（乙二）/953　史部/紀傳類/通代

史漢合編題評八十八卷附錄四卷　（明）茅一貴輯　明萬曆十四年(1586)唐龍泉、周對峰刻本　六十冊

110000 - 0102 - 0001236　（乙二）/956　子部/類書類

經濟類編一百卷　（明）馮琦纂　（明）馮瑗校　明萬曆三十二年(1604)周家棟刻本（略有抄配）　佚名批註　五十冊

110000 - 0102 - 0001237　（乙二）/958　史部/編年類/斷代

皇明從信錄四十卷　（明）陳建輯　（明）沈國元訂　明萬曆四十八年(1620)刻本　三十六冊

110000 - 0102 - 0001238　（乙二）/963　史部/史評類

讀史辨道四卷　（清）張大夏撰　清乾隆四十九年(1784)近古堂刻本　二冊

110000 - 0102 - 0001239　（乙二）/967　史部/別史、雜史類

尚史七十卷　（清）李鍇撰　清乾隆三十八年(1773)刻本　二十四冊

110000 - 0102 - 0001240　（乙二）/972　史部/政書類/詔令奏議

聖諭像解二十卷　（清）梁延年編　清康熙二十年(1681)承宣堂刻本　二十冊

110000 - 0102 - 0001241　（乙二）/974　史部/編年類/通代

御定歷代紀事年表一百卷歷代三元甲子編年一卷　（清）王之樞等纂修　清康熙五十四年(1715)內府刻本　一百冊

110000 - 0102 - 0001242　（乙二）/977　史部/紀傳類/斷代

宋史新編二百卷　（明）柯維騏編　明嘉靖刻本（卷五十二至五十三、一百五十四至一百六十、一百九十二至一百九十三係抄配）　八十冊

110000 - 0102 - 0001243　（乙二）/985　史部/別史、雜史類

水東日記四十卷　（明）葉盛撰　清康熙十九年（1680）葉重華刻本　十二冊

110000－0102－0001244　（乙二）/996　史部/編年類/通代

御批資治通鑑綱目前編舉要三卷御批資治通鑑綱目前編外紀首一卷御批資治通鑑綱目前編十八卷御批資治通鑑綱目首一卷御批資治通鑑綱目五十九卷御批續資治通鑑綱目二十七卷　（宋）朱熹撰　（清）聖祖玄燁批（清）宋犖校　清康熙四十六年（1707）刻本八十四冊

110000－0102－0001245　（乙二）/1002　史部/地理類/外紀

皇清職貢圖九卷　（清）傅恆等撰　清乾隆武英殿刻本　八冊

110000－0102－0001246　（乙二）/1008　史部/史評類

評鑑闡要十二卷　（清）劉統勳等編　清乾隆刻本　六冊

110000－0102－0001247　（乙二）/1009　史部/別史、雜史類

藏書六十卷續藏書二十七卷　（明）李贄撰明萬曆刻本　四十八冊

110000－0102－0001248　（乙二）/1010　史部/傳記類/總傳/列女

列女傳十六卷　（漢）劉向撰　（明）汪氏增輯（明）仇英繪圖　清乾隆刻本　十二冊

110000－0102－0001249　（乙二）/1014　史部/紀傳類/斷代

舊五代史一百五十卷目錄二卷　（宋）薛居正等撰　清乾隆四十九年（1784）內府刻本　二十四冊

110000－0102－0001250　（乙二）/1027　史部/傳記類/總傳

新刊古列女傳八卷　（漢）劉向撰　（晉）顧愷之繪圖　清道光五年（1825）阮氏影宋刻本二冊

110000－0102－0001251　（乙二）/1028　史

部/別史、雜史類

重訂路史全本四十七卷　（宋）羅泌撰　（宋）羅苹註　明末刻本　二十冊

110000－0102－0001252　（乙二）/1037　史部/編年類/斷代

兩朝憲章錄二十卷　（明）吳瑞登編　明萬曆二十二年（1594）刻本　十二冊

110000－0102－0001253　（乙二）/1039　史部/詔令奏議/奏議

漕撫奏疏四卷　（明）郭尚友撰　明崇禎刻本四冊

110000－0102－0001254　（乙二）/1040　史部/別史、雜史類

弇州史料前集三十卷後集七十卷　（明）王世貞撰　（明）董復表輯　明萬曆四十二年（1614）楊鶴刻本　三十冊

110000－0102－0001255　（乙二）/1041　史部/紀事本末類/通代

繹史一百六十卷世系圖一卷　（清）馬驌撰清康熙刻本　四十八冊

110000－0102－0001256　（乙二）/1045　史部/傳記類/別史

三遷志六卷　（明）史鶚撰　明嘉靖刻隆慶增補本　四冊

110000－0102－0001257　（乙二）/1049　史部/傳記類/總傳

尚友錄二十二卷　（明）廖用賢編　（清）張伯琮補　清康熙天祿齋刻本　十二冊

110000－0102－0001258　（乙二）/1052　史部/紀傳類/斷代

明史稿三百十卷目錄二卷　（清）王鴻緒撰清雍正敬慎堂刻本　七十九冊

110000－0102－0001259　（乙二）/1058　史部/史評類

史通訓故補二十卷　（清）黃叔琳撰　清乾隆十二年（1747）黃叔琳養素堂刻本　佚名題跋佚名批校　四冊

110000－0102－0001260 （乙二）/1073 史部/編年類/斷代

皇明大政紀三十六卷 （明）朱國楨輯 明崇禎刻本 十冊

110000－0102－0001261 （乙二）/1084 史部/別史、雜史類

李氏藏書六十卷 （明）李贄撰 明萬曆二十七年(1599)焦竑刻本 三十六冊

110000－0102－0001262 （乙二）/1089 史部/政書類/軍政

籌海圖編十三卷 （明）鄭若曾撰 清康熙三十年(1691)鄭起泓刻本 十四冊

110000－0102－0001263 （乙二）/1092 史部/別史、雜史類

揮塵前錄四卷後錄十一卷第三錄三卷後錄餘話二卷 （宋）王明清輯 （明）毛晉訂 明崇禎毛氏汲古閣刻本 十三冊

110000－0102－0001264 （乙二）/1098 史部/編年類/斷代

東萊先生音注唐鑑二十四卷 （宋）范祖禹撰 （宋）呂祖謙注 明刻本 四冊

110000－0102－0001265 （乙二）/1099 史部/編年類/斷代

通紀直解十六卷 （明）張嘉和撰 明末清初刻本 十冊

110000－0102－0001266 （乙二）/1104 史部/傳記類/總傳

嘉靖以來首輔傳八卷 （明）王世貞撰 明萬曆四十五年(1617)茅元儀刻本 四冊

110000－0102－0001267 （乙二）/1109 子部/雜家類/雜纂

臣鑑錄二十卷 （清）蔣伊編輯 清康熙十四年(1675)刻本 二十八冊

110000－0102－0001268 （乙二）/1137 史部/別史、雜史類

二申野錄八卷 （清）孫之騄輯 清刻本 四冊

110000－0102－0001269 （乙二）/1138 史部/別史、雜史類

續藏書二十七卷 （明）李贄撰 （明）陳仁錫評正 明天啟三年(1623)刻本 十冊

110000－0102－0001270 （乙二）/1140 史部/紀事本末類/斷代

欽定平定教匪紀略四十二卷首一卷 （清）托津等撰 清嘉慶武英殿刻本 二十四冊

110000－0102－0001271 （乙二）/1153 史部/別史、雜史類

國語鈔評八卷 （明）穆文熙撰 明萬曆十二年(1584)傅光宅刻本 四冊

110000－0102－0001272 （乙二）/1154 史部/別史、雜史類

東觀漢記二十四卷 （漢）劉珍等撰 清乾隆六十年(1795)掃葉山房刻本 四冊

110000－0102－0001273 （乙二）/1176 子部/農家類

欽定授時通考七十八卷 （清）弘晝等撰 清乾隆七年(1742)刻本 二十冊

110000－0102－0001274 （乙二）/1193 史部/編年類/通代

司馬溫公稽古錄二十卷 （宋）司馬光撰 明刻本 六冊

110000－0102－0001275 （乙二）/1221 史部/傳記類/總傳

九史同姓名略七十二卷補遺四卷 （清）汪輝祖編 清乾隆五十五年至五十七年(1790－1792)汪繼培刻本 十六冊

110000－0102－0001276 （乙二）/1225 史部/別史、雜史類

東都事略一百三十卷 （宋）王偁撰 清乾隆六十年(1795)掃葉山房刻本 十四冊

110000－0102－0001277 （乙二）/1228 史部/別史、雜史類

歸潛志十四卷 （元）劉祁撰 清乾隆四十四年(1779)武英殿木活字印本 四冊

110000－0102－0001278　（乙二）/1293　史部/別史、雜史類

路史四十七卷　（宋）羅泌撰　（宋）羅苹註　明嘉靖洪楩刻本　十六冊

110000－0102－0001279　（乙二）/1302　經部/小學/字書

鐘鼎字源五卷　（清）汪立名撰　清康熙錢塘汪氏一隅草堂刻本　四冊

110000－0102－0001280　（乙二）/1305　子部/雜家類/雜品

新增格古要論十三卷　（明）曹昭撰　（明）舒敏編　（明）王佐增訂　明萬曆黃正位淑躬堂刻本　六冊

110000－0102－0001281　（乙二）/1372　子部/雜家類/雜品

新增格古要論十三卷　（明）曹昭撰　（明）舒敏編　（明）王佐增訂　明萬曆鄭樸刻本　八冊

110000－0102－0001282　（乙二）/1387　史部/金石類/錢幣

泉志十五卷　（宋）洪遵撰　（明）胡震亨（明）毛晉合訂　明萬曆三十一年（1603）胡震亨刻秘冊彙函本　四冊

110000－0102－0001283　（乙二）/1465　史部/金石類/總類

亦政堂重修宣和博古圖錄三十卷　（宋）王黼撰　**亦政堂重修考古圖十卷**　（宋）呂大臨撰　**亦政堂重考古玉圖二卷**　（元）朱德潤撰　清乾隆十七年（1752）黃晟亦政堂刻本　二十四冊

110000－0102－0001284　（乙二）/1490　史部/金石類/陶瓷/文字

秦漢瓦當文字二卷續一卷　（清）程敦撰　清乾隆五十二年（1787）橫渠書院刻五十九年（1794）續刻本　三冊

110000－0102－0001285　（乙二）/1507　史部/金石類/總錄

金石契不分卷　（清）張燕昌撰　清乾隆四十一年至四十四年（1776－1779）刻本　四冊

110000－0102－0001286　（乙二）/1578　史部/金石類/總錄

兩漢金石記二十二卷　（清）翁方綱撰　清乾隆五十四年（1789）翁方綱刻本　六冊

110000－0102－0001287　（乙二）/1604　史部/金石類/總錄

東巡金石錄八卷　（清）高宗弘曆撰　清刻本　二冊

110000－0102－0001288　（乙二）/1616　史部/地理類/水道/河

靳文襄公治河方略十卷首一卷　（清）靳輔纂（清）崔應階重編　清乾隆三十二年（1767）崔應階刻本　十二冊

110000－0102－0001289　（乙二）/1639　史部/金石類

粵東金石略九卷首一卷附二卷　（清）翁方綱撰　清乾隆三十六年（1771）石洲艸堂刻本　四冊

110000－0102－0001290　（乙二）/1648　史部/金石類/金

重修宣和博古圖錄三十卷　（宋）王黼撰　明萬曆二十七年（1599）于承祖刻崇禎九年（1636）于道南修補本　二十四冊

110000－0102－0001291　（乙二）/1651　子部/雜家類/雜品

宋周公謹雲煙過眼錄四卷　（宋）周密撰　**雲煙過眼續錄一卷**　（元）湯允謨撰　明刻本　二冊

110000－0102－0001292　（乙二）/1656　史部/地理類/山川

水經注釋四十卷首一卷附錄二卷水經注箋刊誤十二卷　（清）趙一清撰　清乾隆五十九年（1794）東潛趙氏小山堂刻本　二十四冊

110000－0102－0001293　（乙二）/1673　史部/政書類/儀制

皇朝禮器圖式十八卷　（清）福隆安等纂修（清）彭元瑞　清乾隆三十一年（1766）刻本　十六冊

110000 – 0102 – 0001294　（乙二）/1703　史部/金石類/總錄

觀妙齋藏金石文考略十六卷　（清）李光暎撰　清雍正七年(1729)嘉興李氏觀妙齋刻本　十二冊

110000 – 0102 – 0001295　（乙二）/1706　經部/小學類/文字

隸辨八卷　（清）顧藹吉撰　清乾隆八年(1743)刻本　八冊

110000 – 0102 – 0001296　（乙二）/1708　史部/時令類

日涉編十二卷　（明）陳垲編輯　清乾隆三十四年(1769)刻本　十二冊

110000 – 0102 – 0001297　（乙二）/1720　史部/時令類

日涉編十二卷　（明）陳垲編輯　清乾隆三十四年(1769)刻本　十二冊

110000 – 0102 – 0001298　（乙二）/1730　集部/別集類/清

于清端公政書八卷首編一卷　（清）于成龍撰　**于清端公政書外集一卷**　（清）陳廷敬等撰　清乾隆二十六年(1761)刻本　六冊

110000 – 0102 – 0001299　（乙二）/1765　史部/時令類

月令廣義二十四卷首一卷統紀一卷附錄一卷　（明）馮應京輯　明萬曆刻本　十二冊

110000 – 0102 – 0001300　（乙二）/1781　史部/政書類/儀制

太常紀要十五卷　（清）江蘩撰　清康熙刻本　八冊

110000 – 0102 – 0001301　（乙二）/1808　集部/別集類/明

鐫蒼霞草十二卷　（明）葉向高撰　明萬曆三十四年(1606)刻本　十二冊

110000 – 0102 – 0001302　（乙二）/1811　史部/政書類/儀制

大金集禮四十卷　（金）張暐等撰　清末抄本　二冊

110000 – 0102 – 0001303　（乙二）/1834　史部/別史、雜史類

吾學編六十九卷　（明）鄭曉撰　明萬曆二十七年(1599)鄭心材刻本　二十四冊

110000 – 0102 – 0001304　（乙二）/1858　史部/政書類

乾隆官報不分卷　清乾隆三十五年(1770)公慎堂活字印本　馮若海題款　一冊

110000 – 0102 – 0001305　（乙二）/1874　史部/傳記類/總傳

列女傳十六卷　（漢）劉向撰　（明）汪氏增輯　（明）仇英繪圖　明萬曆刻本　十六冊

110000 – 0102 – 0001306　（乙二）/1875　史部/目錄類/收藏/私藏

直齋書錄解題二十二卷　（宋）陳振孫撰　清乾隆三十八年(1773)武英殿木活字印本　二十冊

110000 – 0102 – 0001307　（乙二）/1880　史部/編年類/通代

前漢紀三十卷　（漢）荀悅撰　**後漢紀三十卷**　（晉）袁宏撰　清康熙五十年(1711)振鷺堂刻本　二十冊

110000 – 0102 – 0001308　（乙二）/1881　子部/藝術類/書畫

大清國平定伊犁回部戰圖不分卷　（清）傅恆等編　（清）高宗弘曆題詩　清乾隆三十一年(1766)武英殿銅版印本　十八葉

110000 – 0102 – 0001309　（乙二）/1882　子部/藝術類/書畫

平定準噶爾回部得勝圖不分卷　（清）傅恆等編　（清）高宗弘曆題詩　清乾隆武英殿銅版印本　十四幅　存圖六幅、詩八幅

110000 – 0102 – 0001310　（乙二）/1883　子部/藝術類/書畫

御題平定臺灣戰圖不分卷　（清）高宗弘曆題詩　清乾隆內府銅版印本　裕穀堂祝氏題款　十二幅

110000 – 0102 – 0001311　（乙二）/1884　子

部/藝術類/書畫

大清國御題平定新疆戰圖　清光緒十六年
(1890)石印本　三十四幅

110000－0102－0001312　（乙二）/1889　史
部/別史、雜史類

弇山堂別集一百卷　（明）王世貞撰　明萬曆
刻本(序言、部分書葉係抄配)　四十八冊

110000－0102－0001313　（乙二）/1891　集
部/別集類/唐至五代

唐陸宣公集二十二卷　（唐）陸贄撰　（清）年
羹堯重訂　清雍正元年(1723)刻本　六冊

110000－0102－0001314　（乙二）/1921　子
部/儒家類/清

**溯流史學鈔二十卷附游梁書院學規一卷講語
一卷**　（清）張沐撰　清康熙三十三年(1694)
敦臨堂刻本　十冊

110000－0102－0001315　（乙二）/1931　史
部/政書類/邦計

漕運則例纂二十卷　（清）楊錫紱編　清乾隆
三十五年(1770)刻本　二十冊

110000－0102－0001316　（乙二）/1935　史
部/政書類/儀制

欽定滿洲祭神祭天典禮六卷　（清）允祿等撰
　清乾隆內府抄本　六冊

110000－0102－0001317　（乙二）/1947　史
部/別史、雜史類

三朝要典二十四卷　（明）顧秉謙纂　（明）徐
紹言等纂　明天啟六年(1626)禮部刻本　十
二冊

110000－0102－0001318　（乙二）/1950　史
部/政書類/通制

皇朝文獻通考三百卷　（清）嵇璜等編修　清
內府抄本　三冊　存三卷(錢幣攷一至三)

110000－0102－0001319　（乙二）/1953　史
部/政書類/雜錄

國朝歷科館選錄　（清）沈廷芳輯　清乾隆十
一年(1746)刻本　四冊

110000－0102－0001320　（乙二）/1987　史
部/政書類/儀制

南巡盛典一百二十卷　（清）高晉等纂　清乾
隆三十六年(1771)刻本　四十八冊

110000－0102－0001321　（乙二）/2002　集
部/別集類/清

擔峰詩四卷　（清）孫洤撰　清康熙三十六年
(1697)刻本　二冊

110000－0102－0001322　（乙二）/2019　史
部/政書類/詔令奏議

大清世宗憲皇帝聖訓三十六卷　（清）世宗胤
禛撰　清乾隆武英殿刻本　三十六冊

110000－0102－0001323　（乙三）/13　子部/
醫家類/諸專科方論/針灸

鍼灸大成十卷　（明）楊繼洲編　明萬曆二十
九年(1601)趙文炳刻本　十六冊

110000－0102－0001324　（乙三）/16　子部/
醫家類/診法

聖濟總錄纂要二十六卷　（清）程林纂　清乾
隆五年(1740)刻本　十冊

110000－0102－0001325　（乙三）/19　子部/
醫家類/兒婦科方論

濟陰綱目五卷　（明）武之望編　明萬曆四十
八年(1620)刻本　十二冊

110000－0102－0001326　（乙三）/21　子部/
醫家類/醫經

**補註釋文黃帝內經素問十二卷黃帝內經素問
遺篇一卷黃帝素問靈樞經十二卷**　（唐）王冰
註　明嘉靖趙府居敬堂刻本　十冊

110000－0102－0001327　（乙三）/24　子部/
醫家類/雜錄

蘭臺軌範八卷　（清）徐大椿撰　清乾隆二十
九年(1764)刻本　六冊

110000－0102－0001328　（乙三）/30　子部/
醫家類

醫級十卷首一卷末一卷　（清）董西園撰　清
乾隆四十二年(1777)刻本　十二冊

110000－0102－0001329　（乙三）/41　子部/醫家類/傷寒方論

註解傷寒論十卷圖一卷傷寒明理論四卷
（宋）成無己撰　（明）徐鎔校　明末步月樓刻本　汶上老人題跋　八冊

110000－0102－0001330　（乙三）/42　子部/醫家/醫經

重廣補註黃帝內經素問二十四卷　（唐）王冰註　（宋）林億等校正　（宋）孫兆改誤　明嘉靖二十九年（1550）顧從德影宋刻本　佚名題　十二冊

110000－0102－0001331　（乙三）/44　子部/醫家類/兒婦科方論

嬰童百問十卷　（明）魯伯嗣撰　明刻本　六冊

110000－0102－0001332　（乙三）/51　子部/醫家類/醫經

增注類證活人書二十一卷傷寒藥性一卷活人書釋音一卷　（宋）朱肱撰　（明）吳勉學校　明末吳勉學刻本　六冊

110000－0102－0001333　（乙三）/55　子部/醫家類/諸專科方論

原病集四卷　（明）唐椿輯　明崇禎六年（1633）唐敏學刻本　二十冊

110000－0102－0001334　（乙三）/57　子部/醫家類/諸專科方論

新刊丹溪先生心法五卷　（元）朱震亨撰　**新刊丹溪先生心法附錄一卷**　（明）宋濂　（明）戴良撰　明嘉靖三十三年（1554）蔣奎刻本（有抄配）　佚名註　八冊

110000－0102－0001335　（乙三）/58　子部/醫家類/傷寒方論

吳氏醫學述第五種傷寒分經十卷　（漢）張機撰　（清）喻昌注　清乾隆三十一年（1766）刻本　八冊

110000－0102－0001336　（乙三）/63　子部/醫家類/總錄

景岳全書六十四卷　（明）張介賓撰　（清）魯

超訂　清乾隆十五年（1750）三畏堂刻本　佚名批、圈點　二十四冊

110000－0102－0001337　（乙三）/69　子部/醫家類/兒婦科方論

婦人良方二十四卷　（宋）陳自明編　（明）薛己註　明嘉靖刻本（卷一第十七葉、二十九葉，卷六第七葉，卷七第三十九葉，卷二十一第七葉係抄配）　佚名批註　七冊

110000－0102－0001338　（乙三）/116　子部/醫家類/雜病方論

温熱暑疫全書四卷　（清）周揚俊輯　清乾隆十九年（1754）刻本　四冊

110000－0102－0001339　（乙三）/119　子部/醫家類/傷寒方論

傷寒六書六卷　（明）陶華撰　明末敦化堂刻本　汶上老人題識　六冊

110000－0102－0001340　（乙三）/126　集部/總集類/通代

御定歷代題畫詩類一百二十卷　（清）陳邦彥編　清康熙四十六年（1707）內府刻本　三十冊

110000－0102－0001341　（乙三）/138　子部/藝術類/書畫

圖繪寶鑑八卷　（元）夏文彥纂　清康熙借綠草堂刻本　六冊

110000－0102－0001342　（乙三）/147　子部/藝術類/書畫/畫法、畫帖

江邨銷夏錄三卷　（清）高士奇輯　清康熙三十二年（1693）刻本　六冊

110000－0102－0001343　（乙三）/148　子部/譜錄類/草木

佩文齋廣群芳譜一百卷目錄二卷　（清）汪灝等編校　清康熙四十七年（1708）內府刻本　三十二冊

110000－0102－0001344　（乙三）/151　子部/藝術類/書畫

畫禪室隨筆四卷　（明）董其昌撰　清康熙五十九年（1720）刻本　三冊

110000－0102－0001345 （乙三）/154 子部/兵家類

登壇必究四十卷 （明）王鳴鶴編輯 清乾隆木活字印本 四十冊

110000－0102－0001346 （乙三）/158 子部/兵家類

緯弢二卷 （明）郭增光輯評 明天啟七年(1627)刻本 六冊

110000－0102－0001347 （乙三）/161 子部/醫家類/總錄

景岳全書六十四卷 （明）張介賓撰 清康熙刻本 佚名批、圈點 二十四冊

110000－0102－0001348 （乙三）/176 子部/藝術類/書畫/畫法、畫帖

江邨銷夏錄三卷 （清）高士奇輯 清康熙三十二年(1693)刻本 六冊

110000－0102－0001349 （乙三）/177 子部/藝術類/書畫

無聲詩史七卷 （清）姜紹書輯 清康熙五十九年(1720)觀妙齋刻本 六冊

110000－0102－0001350 （乙三）/182 子部/天文地理類/曆法

御製律曆淵源一百四十二卷 （清）允祿等纂修 清刻本 八十一冊

110000－0102－0001351 （乙三）/183 子部/藝術類/書畫

書史會要九卷補遺一卷 （明）陶宗儀撰 **續編一卷** （明）朱謀垔撰 **畫史會要五卷** （明）朱謀垔撰 明崇禎二年(1629)朱氏寒玉舘刻清順治十六年(1659)朱統鈇重修本 二十冊

110000－0102－0001352 （乙三）/186 子部/藝術類/書畫

蔣氏遊藝秘錄二卷 （清）蔣衡等撰 清乾隆五十九年(1794)刻本 四冊

110000－0102－0001353 （乙三）/188 子部/儒家類

日知薈說四卷 （清）高宗弘曆撰 清乾隆元年(1736)刻本 四冊

110000－0102－0001354 （乙三）/192 子部/天文地理類/天文

管窺輯要八十卷 （清）黃鼎纂 清順治十年(1653)刻本 周東村題識 三十六冊

110000－0102－0001355 （乙三）/197 子部/藝術類/書畫

圖繪寶鑑八卷補遺一卷 （元）夏文彥纂 清康熙借綠草堂刻本 六冊

110000－0102－0001356 （乙三）/198 子部/子總類

楊升菴先生評註先秦五子全書五種 （明）楊慎評註 （明）張戀案校 明天啟五年(1625)張氏橫秋閣刻本 二冊

110000－0102－0001357 （乙三）/205 子部/藝術類/書畫

欽定重刻淳化閣帖十卷 （清）于敏中等編 清乾隆刻本 四冊

110000－0102－0001358 （乙三）/216 子部/醫家類/方論

尚論篇四卷後篇四卷 （清）喻昌撰 清乾隆二十八年(1763)陳守誠刻本 八冊

110000－0102－0001359 （乙三）/221 子部/醫家類/諸專科方論/針灸

鍼灸甲乙經十二卷 （晉）皇甫謐撰 明步月樓刻本 六冊

110000－0102－0001360 （乙三）/222 子部/醫家類/傷寒方論

傷寒大白四卷傷寒大白總論 （清）秦之楨撰 清康熙五十三年(1714)刻本 四冊

110000－0102－0001361 （乙三）/227 子部/藝術類/書畫

晚笑堂竹莊畫傳 （清）上官周編繪 清乾隆八年(1743)上官惠刻本 三冊

110000－0102－0001362 （乙三）/230 子部/藝術類/書畫

聖朝名畫評三卷 （宋）劉道醇撰 明刻本 二冊

110000 - 0102 - 0001363　（乙三）/233　子部/藝術類/書畫

圖畫見聞誌六卷　（宋）郭若虛撰　明末虞山毛氏汲古閣刻本　二冊

110000 - 0102 - 0001364　（乙三）/238　子部/醫家類/雜病方論

絳雪園古方選注不分卷　（清）王子接注　清雍正十年（1732）刻本　八冊

110000 - 0102 - 0001365　（乙三）/255　子部/雜家類/雜品

新增格古要論十三卷　（明）曹昭撰　（明）舒敏編　（明）王佐增訂　明末清初抄本　五冊

110000 - 0102 - 0001366　（乙三）/265　子部/藝術類/書畫

容齋題跋二卷　（宋）洪邁撰　**海嶽題跋一卷**　（宋）米芾撰　明末虞山毛氏汲古閣刻津逮秘書本　二冊

110000 - 0102 - 0001367　（乙三）/267　集部/別集類/清

板橋集　（清）鄭燮撰　清乾隆七年至十四年（1742－1749）鄭燮刻清翻刻本　四

110000 - 0102 - 0001368　（乙三）/268　集/別集部/別集類/清

御製避暑山莊詩二卷　（清）聖祖玄燁撰　（清）揆叙等註　清康熙五十一年（1712）武英殿刻朱墨套印本　二冊

110000 - 0102 - 0001369　（乙三）/269　子部/藝術類/書畫

墨池瑣錄四卷　（明）楊慎撰　（清）李調元校定　清乾隆李調元刻本　一冊

110000 - 0102 - 0001370　（乙三）/276　子部/雜家類/雜考

天祿識餘十卷　（清）高士奇輯　清康熙二十九年（1690）刻本　五冊

110000 - 0102 - 0001371　（乙三）/277　子部/藝術類/書畫

墨池編二十卷　（宋）朱長文纂　**印典八卷**　（清）朱象賢編　清雍正十一年（1733）朱元秀

就閒堂刻本　十二冊

110000 - 0102 - 0001372　（乙三）/280　子部/藝術類/書畫

鐵網珊瑚二十卷　（明）都穆撰　清乾隆二十三年（1758）吳郡都氏光霽山房刻本　四冊

110000 - 0102 - 0001373　（乙三）/299　子部/藝術類/書畫

庚子銷夏記八卷　（清）孫承澤撰　清乾隆二十六年（1761）知不足齋刻本　四冊

110000 - 0102 - 0001374　（乙三）/304　子部/雜家類/學說

權衡一書四十一卷　（清）王植輯　清乾隆元年（1736）刻本　二十四冊

110000 - 0102 - 0001375　（乙三）/307　子部/藝術類/書畫

蔣氏遊藝祕錄九種二卷　（清）蔣衡等撰　清乾隆五十九年（1794）刻本　四冊

110000 - 0102 - 0001376　（乙三）/309　子部/藝術類/書畫/畫法、畫帖

芥子園畫傳二集　（清）王安節等摹繪　清乾隆四十七年（1782）金閶書業堂刻彩色套印本　四冊

110000 - 0102 - 0001377　（乙三）/326　史部/傳記類/別傳

倪雲林不分卷　（明）毛晉輯　明末毛氏綠君亭刻本　一冊

110000 - 0102 - 0001378　（乙三）/333　子部/道家類

列子八卷　（晉）張湛注　（唐）殷敬順釋文　明刻本（卷一及序係補配）　二冊

110000 - 0102 - 0001379　（乙三）/338　子部/法家類

管子二十四卷　（唐）房玄齡註　明萬曆十年（1582）趙用賢刻本　佚名評、圈點　十二冊

110000 - 0102 - 0001380　（乙三）/340　子部/儒家類

荀子二十卷　（唐）楊倞註　明桐陰書屋刻六

子書本　十二冊

110000－0102－0001381　（乙三）/352　子
部/譜錄類/器物

程氏墨苑二十三卷　（明）程大約撰　明萬曆
程氏滋蘭堂刻本　二十四冊

110000－0102－0001382　（乙三）/361　子
部/儒家類

纂圖互注揚子法言十卷　（漢）揚雄撰　（晉）
李軌注　（唐）柳宗元注　（宋）司馬光重注
明刻本　四冊

110000－0102－0001383　（乙三）/368　子
部/儒家類

新書十卷　（漢）賈誼撰　清乾隆盧文弨抱經
堂刻抱經堂叢書本　二冊

110000－0102－0001384　（乙三）/371　子
部/儒家類

中說十卷　（隋）王通撰　（宋）阮逸注　明敬
忍居刻本（有抄配）　四冊

110000－0102－0001385　（乙三）/377　子
部/兵家類

武備志二百四十卷　（明）茅元儀撰　清道光
木活字印本　三十六冊　缺五十一卷（六十
八至一百十八）

110000－0102－0001386　（乙三）/379　子
部/叢編

六子書六十卷　（明）顧春編　明嘉靖九年至
十二年（1530－1533）顧春世德堂刻本　三十
六冊

110000－0102－0001387　（乙三）/380　子
部/藝術類/書畫

佩文齋書畫譜一百卷　（清）孫岳頒等纂輯
清康熙四十七年（1708）刻本　六十四冊

110000－0102－0001388　（乙三）/393　子
部/術數類/數學

揚子太玄經十卷　（漢）揚雄撰　（明）趙如源
輯注　明天啟六年（1626）武林書坊趙世楷刻
本　六冊

110000－0102－0001389　（乙三）/397　子
部/道家類

列子沖虛真經八卷　（戰國）列禦寇撰　明刻
本　二冊

110000－0102－0001390　（乙三）/399　子
部/雜家類/學說

三才彙編六卷　（清）龔在升撰　清康熙六年
（1667）刻本　六冊

110000－0102－0001391　（乙三）/400　子
部/道家類

莊子南華真經十卷　（戰國）莊周撰　（晉）郭
象注　明末刻本　六冊

110000－0102－0001392　（乙三）/403　子
部/道家類

列子八卷　（戰國）列禦寇撰　（明）許宗魯編
明嘉靖芸窓書院刻六子書本　二冊

110000－0102－0001393　（乙三）/404　子
部/儒家類

揚子十卷　（漢）揚雄撰　（明）許宗魯編　明
芸窓書院刻本　二冊

110000－0102－0001394　（乙三）/405　子
部/藝術類/書畫

容齋題跋二卷　（宋）洪邁撰　**海嶽題跋一卷**
　（宋）米芾撰　明末虞山毛氏汲古閣刻津逮
秘書本　二冊

110000－0102－0001395　（乙三）/416　子
部/法家類

韓非子二十卷　（戰國）韓非撰　明萬曆十年
（1582）刻本（有二葉係抄配）　佚名批校
四冊

110000－0102－0001396　（乙三）/420　子
部/法家類

管子二十四卷　（唐）房玄齡註　（明）劉績
（明）朱長春補　明刻本　佚名圈點、評
四冊

110000－0102－0001397　（乙三）/432　子
部/雜家類/學說

呂氏春秋二十六卷　（漢）高誘訓解　（明）汪

一鸞重訂　明萬曆三十三年(1605)汪一鸞刻本(末葉係抄配)　十二冊

110000－0102－0001398　（乙三）/433　史部/傳記類/總傳

學統五十三卷　（清）熊賜履編　清康熙二十四年(1685)刻本　十六冊

110000－0102－0001399　（乙三）/434　子部/法家類

韓非子二十卷　（戰國）韓非撰　**管子二十四卷**　（唐）房玄齡註　明萬曆十年(1582)趙用賢刻本　八冊

110000－0102－0001400　（乙三）/435　子部/儒家類

黽記四卷　（明）錢一本撰　明萬曆四十一年(1613)刻本　四冊

110000－0102－0001401　（乙三）/439　子部/儒家類

新書十卷　（漢）賈誼撰　（明）錢震瀧閱　明末刻本(目錄有抄配)　四冊

110000－0102－0001402　（乙三）/441　子部/雜家類/學說

嬾真子五卷　（宋）馬永卿撰　明末清初刻本　二冊

110000－0102－0001403　（乙三）/442　子部/儒家類

張子全書十五卷　（宋）張載撰　（宋）朱熹註釋　（清）朱軾　（清）段志熙校　清康熙五十八年(1719)朱軾刻本　六冊

110000－0102－0001404　（乙三）/444　經部/小學類/文字

草韻彙編二十六卷　（清）陶南望輯　清乾隆十九年(1754)南邨草堂刻本　十六冊

110000－0102－0001405　（乙三）/453　集部/總集類/通代

御定歷代題畫詩類一百二十卷　（清）陳邦彥輯　清康熙四十六年(1707)內府刻本　二十四冊

110000－0102－0001406　（乙三）/454　子部/子總類

六子書六十卷　（明）顧春編　明桐陰書屋刻本　佚名批點　三十冊

110000－0102－0001407　（乙三）/455　子部/譜錄類/草木

二如亭群芳譜二十九卷　（明）王象晉撰　（明）陳繼儒等校　清康熙濟南王氏刻本　二十四冊

110000－0102－0001408　（乙三）/456　子部/道家類

列子沖虛真經八卷　（戰國）列禦寇撰　明末閔齊伋刻朱墨套印本　四冊

110000－0102－0001409　（乙三）/459　子部/雜家類/學說

呂氏春秋二十六卷　（戰國）呂不韋撰　題（宋）陸游評　（明）凌稚隆批　明萬曆四十八年(1620)凌毓枏刻朱墨套印本　十冊

110000－0102－0001410　（乙三）/463　子部/儒家類

中說十卷　（隋）王通撰　（宋）阮逸注　明刻本(有抄配)　四冊

110000－0102－0001411　（乙三）/467　子部/道家類

老子約說三篇續篇一篇　（清）紀大奎撰　（清）紀大夔評註　清乾隆五十三年(1788)刻本　一冊

110000－0102－0001412　（乙三）/478　子部/儒家類

御纂性理精義十二卷　（清）李光地等敕纂　清康熙五十六年(1717)刻本　五冊

110000－0102－0001413　（乙三）/481　子部/類書類/類編/通錄

藝文類聚一百卷　（唐）歐陽詢撰　明嘉靖二十八年(1549)山西平陽府刻本　佚名圈點　三十二冊

110000－0102－0001414　（乙三）/485　子部/雜家類

大明仁孝皇后勸善書二十卷　（明）仁孝皇后徐氏撰　明永樂五年（1407）內府刻本　二十冊

110000－0102－0001415　（乙三）/491　子部/醫家類/針灸

鍼灸大成十卷　（明）楊繼洲撰　明萬曆二十九年（1601）趙文炳刻本　十冊

110000－0102－0001416　（乙三）/493　子部/法家類

韓非子二卷　（戰國）韓非撰　（明）竇星輯明末刻本　佚名批點　二冊

110000－0102－0001417　（乙三）/494　子部/醫家類/方論

抱乙子幼科指掌遺薈五卷　（清）葉其蓁編輯清乾隆八年（1743）刻本　佚名批點　八冊

110000－0102－0001418　（乙三）/497　子部/醫家類/方論

赤水玄珠三十卷醫旨緒餘二卷醫案五卷（明）孫一奎撰　明萬曆二十四年（1596）孫泰來、孫朋來刻清補刻本　三十二冊

110000－0102－0001419　（乙三）/500　子部/醫家類/本草

神農本草經疏三十卷　（明）廖希雍撰　明天啟五年（1625）毛氏綠君亭刻本　十冊

110000－0102－0001420　（乙三）/503　子部/醫家類/本草

本經逢原四卷　（清）張璐撰　清康熙三十四年（1695）金閶書業堂刻本　石叟題記　四冊

110000－0102－0001421　（乙三）/504　子部/譜錄類/器物

硯箋四卷　（宋）高似孫撰　墨經一卷　（宋）晁說之撰　清康熙四十五年（1706）曹寅刻本二冊

110000－0102－0001422　（乙三）/511　子部/醫家類/傷寒方論

傷寒論後條辨十五卷附錄一卷　（漢）張機撰（清）程應旄註　清康熙十年（1671）美錦堂刻本　六冊

110000－0102－0001423　（乙三）/527　子部/醫家類/總錄

證治準繩　（明）王肯堂輯　清乾隆五十八年（1793）修敬堂刻本　九十六冊

110000－0102－0001424　（乙三）/534　子部/醫家類/兒婦科方論

陳氏小兒痘疹方論一卷　（宋）陳文中撰（明）薛己註　正體類要二卷　（明）薛己撰明嘉靖刻家居醫錄本　四冊

110000－0102－0001425　（乙三）/539　子部/醫家類

吳醫彙講十一卷　（清）唐大烈纂輯　（清）沈文爕校訂　清乾隆五十八年（1793）刻本四冊

110000－0102－0001426　（乙三）/545　子部/醫家類/兒婦科方論

幼科醫學指南四卷　（清）周震撰　清乾隆五十四年（1789）保赤堂、玉樹堂刻本　四冊

110000－0102－0001427　（乙三）/554　子部/醫家類/醫經

重訂駱龍吉內經拾遺方論四卷　（宋）駱龍吉撰　（明）劉浴德　（明）朱練訂　清乾隆四十一年（1776）刻本　佚名批　六冊

110000－0102－0001428　（乙三）/557　子部/醫家類/本草

本草經疏三十卷　（明）繆希雍撰　明天啟五年（1625）毛晉綠君亭刻本　十六冊

110000－0102－0001429　（乙三）/562　子部/醫家類/方論

絳雪園古方選註不分卷條目一卷　（清）王子接註　清埽葉山房刻本　四冊

110000－0102－0001430　（乙三）/571　子部/醫家類/本草

本草綱目五十二卷首一卷　（明）李時珍撰明萬曆三十一年（1603）張鼎思刻本　二十六冊

110000－0102－0001431　（乙三）/573　子部/醫家類/本草

增訂本草備要四卷總義一卷附醫方湯頭歌括一卷經絡歌訣一卷　（清）汪昂輯　清康熙三十三年(1694)成裕堂刻本　佚名批點　四冊

110000－0102－0001432　（乙三)/574　子部/醫家類

名醫類案十二卷　（明）江瓘輯　清乾隆三十五年(1770)知不足齋刻本　十二冊

110000－0102－0001433　（乙三)/579　子部/醫家類

證治彙補八卷　（清）李用粹撰　清康熙三十年(1691)劉公生舊德堂刻本　八冊

110000－0102－0001434　（乙三)/584　子部/醫家類/傷寒方論

傷寒論三註　（清）周揚俊輯　清乾隆四十五年(1780)刻本　六冊

110000－0102－0001435　（乙三)/585　子部/醫家類/諸專科方論

原機啟微二卷　（元）倪維德撰　（明）薛己校補　原機啟微附錄一卷　（明）薛己集　明嘉靖二十一年(1542)薛己刻本　三冊

110000－0102－0001436　（乙三)/588　子部/醫家類/傷寒方論

吳氏醫學述第五種傷寒分經十卷　（漢）張機撰　（清）喻昌注　清乾隆三十一年(1766)利濟堂刻本　兩益軒主跋　八冊

110000－0102－0001437　（乙三)/591　子部/醫家類/醫經

痧脹玉衡書三卷後卷一卷　（清）郭志邃撰　清康熙十七年(1678)有義堂刻本　三冊

110000－0102－0001438　（乙三)/601　子部/醫家類

醫學階梯二卷　（清）張叡撰　清康熙四十三年(1704)刻本　四冊

110000－0102－0001439　（乙三)/605　子部/醫家類

石室秘籙六卷　（清）陳士鐸撰　清康熙二十六年(1687)綠蔭堂刻本　佚名批點　六冊

110000－0102－0001440　（乙三)/606　子部/醫家類/諸專科方論/其它

痘疹會通五卷　（清）曾鼎撰　清乾隆五十一年(1786)忠恕堂刻本　九冊

110000－0102－0001441　（乙三)/611　子部/醫家類/諸專科方論

本草萬方鍼線八卷　（清）蔡烈先輯　清乾隆四十九年(1784)書業堂刻本　四冊

110000－0102－0001442　（乙三)/613　子部/醫家類/總錄

醫林指月十二種　（清）王琦纂輯　清乾隆三十五年(1770)王琦刻本　十二冊

110000－0102－0001443　（乙三)/614　子部/類書類

卓氏藻林八卷　（明）卓明卿編　明萬曆國子監生官光祿寺署正翻刻本　八冊

110000－0102－0001444　（乙三)/616　子部/醫家類/方論

增補秘傳痘疹玉髓金鏡錄真本四卷增補痘疹金鏡錄一卷　（清）翁仲仁編　清乾隆二十八年(1763)書業堂刻本　四冊

110000－0102－0001445　（乙三)/621　子部/醫家類/諸專科方論

儒門事親十五卷　（金）張子和撰　明嘉靖二十年(1541)邵輔刻本　佚名圈點　佚名校箋　六冊

110000－0102－0001446　（乙三)/622　子部/醫家類/醫經

讀素問鈔十二卷　（元）滑壽注　明末刻本　四冊

110000－0102－0001447　（乙三)/624　子部/醫家類/兒婦科方論

胎產輯萃四卷　（清）汪嘉謨輯　清乾隆十七年(1752)刻本　六冊

110000－0102－0001448　（乙三)/628　子部/醫家類

丹臺玉案六卷　（明）孫文胤撰　清順治十七年(1660)刻本　佚名批補　六冊

110000 – 0102 – 0001449　（乙三）/632　子部/醫家類

傷寒論條辨八卷傷寒論條辨本草鈔一卷傷寒論條辨或問一卷痙書一卷　（明）方有執撰　清康熙浩然樓刻本　石翁題記　六冊

110000 – 0102 – 0001450　（乙三）/633　子部/醫家類/方論

活幼心法大全九卷　（明）聶尚恆撰　清乾隆四十六年（1781）刻本　二冊

110000 – 0102 – 0001451　（乙三）/641　子部/醫家類/總錄

[萬密齋遺書]九種　（明）萬全編　清康熙五十一年（1712）張坦議視履齋刻本　四十冊

110000 – 0102 – 0001452　（乙三）/651　子部/醫家類/總錄

薛氏醫按二十四種一百〇七卷　（明）吳琯輯　明萬曆刻本　四十冊

110000 – 0102 – 0001453　（乙三）/656　子部/醫家類/方論

張仲景金匱要略論註二十四卷　（清）徐彬撰　清康熙十年（1671）刻本（卷十六末有抄配）　四冊

110000 – 0102 – 0001454　（乙三）/669　子部/醫家類/總錄

東垣十書　（金）李杲等撰　明刻本　十六冊

110000 – 0102 – 0001455　（乙三）/673　子部/儒家類

讀書錄十卷續錄十二卷　（明）薛瑄撰　明嘉靖三十四年（1555）沈維藩刻本　十冊

110000 – 0102 – 0001456　（乙三）/680　經部/小學類/文字

翰林重攷字義韻律大板海篇心鏡十二卷首一卷　（明）劉孔當撰　明萬曆二十四年（1596）葉天熹刻本　二十冊

110000 – 0102 – 0001457　（乙三）/688　子部/雜家類/雜考

疑耀七卷　（明）李贄撰　明萬曆刻本　六冊

110000 – 0102 – 0001458　（乙三）/695　子部/雜家類/學說

齊東野語二十卷　（宋）周密撰　明刻本　六冊

110000 – 0102 – 0001459　（乙三）/704　子部/藝術類/書畫

清河書畫舫十二集鑒古百一詩一卷　（明）張丑撰　清乾隆二十七年至二十八年（1762 - 1763）仁和吳長元池北草堂刻本　十二冊

110000 – 0102 – 0001460　（乙三）/707　子部/醫家類/外科方論

瘍科選粹八卷　（明）陳文治輯　（明）繆希雍校　明崇禎元年（1628）刻本　六冊

110000 – 0102 – 0001461　（乙三）/710　子部/醫家類/醫經

素問靈樞類纂約註三卷　（清）汪昂輯　清康熙二十八年（1689）刻本　一冊

110000 – 0102 – 0001462　（乙三）/713　子部/醫家類

新刊良朋彙集五卷　（清）孫偉輯　清乾隆三年（1738）吳化善刻本　佚名題記　五冊

110000 – 0102 – 0001463　（乙三）/718　子部/醫家類

醫林指月十二種　（清）王琦輯　清乾隆三十二年（1767）刻本　十六冊

110000 – 0102 – 0001464　（乙三）/726　子部/醫家類/兒婦科方論

胎產輯萃四卷　（清）汪嘉謨輯　清乾隆十七年（1752）刻本　四冊

110000 – 0102 – 0001465　（乙三）/729　子部/藝術類/書畫

晚笑堂竹莊畫傳　（清）上官周編繪　清乾隆八年（1743）刻本　四冊

110000 – 0102 – 0001466　（乙三）/730　子部/類書類/類編/專錄

初學記三十卷　（唐）徐堅等撰　明嘉靖十三年（1534）晉府刻本　佚名圈點　十二冊

110000－0102－0001467　（乙三）/733　集部/總集類/通代

古論玄箸八卷　（明）傅振商輯　明萬曆四十年(1612)順德國士書院刻本　八冊

110000－0102－0001468　（乙三）/734　子部/醫家類/兒婦科方論

錢氏小兒藥證直訣三卷　（宋）錢乙撰　清康熙陳世傑起秀堂刻本　二冊

110000－0102－0001469　（乙三）/736　子部/類書類

通俗編三十八卷　（清）翟灝輯　清乾隆十六年(1751)刻本　四冊

110000－0102－0001470　（乙三）/744　子部/藝術類/書畫

元豐題跋一卷　（宋）曾鞏撰　**水心題跋一卷**　（宋）葉適撰　明末虞山毛氏汲古閣刻津逮秘書本　二冊

110000－0102－0001471　（乙三）/748　子部/藝術類/篆刻

集古印譜六卷　（明）王常編　明萬曆三年(1575)顧從德芸閣刻本　葉木達批　六冊

110000－0102－0001472　（乙三）/751　子部/譜錄類/鳥獸蟲魚

蟲天志十卷　（明）沈弘正撰　明刻本　六冊

110000－0102－0001473　（乙三）/762　子部/醫家類/方論

赤水玄珠三十卷醫旨緒餘二卷　（明）孫一奎撰　明萬曆二十四年(1596)孫泰來、孫朋來刻清補刻本　三十二冊

110000－0102－0001474　（乙三）/766　子部/類書類

冊府元龜一千卷目錄十卷　（宋）王欽若等纂　明崇禎五繡堂刻本　二百四十冊

110000－0102－0001475　（乙三）/767　叢部/彙編叢書

金聲玉振集六十三卷　（明）袁褧撰　明嘉靖袁氏嘉趣堂刻本（總目部分係抄補）　三十二冊

110000－0102－0001476　（乙三）/768　子部/儒家類

大學衍義補一百六十卷首一卷　（明）丘濬撰　明弘治元年(1488)建寧府刻本　六十四冊

110000－0102－0001477　（乙三）/769　子部/儒家類

大學衍義補一百六十卷首一卷　（明）丘濬撰　明嘉靖三十八年(1559)吉澄刻本　四十冊

110000－0102－0001478　（乙三）/770　子部/儒家類

性理群書大全七十卷首一卷　（明）胡廣等編　明初刻本　三十六冊

110000－0102－0001479　（乙三）/775　經部/小學類/文字

急就篇四卷　（漢）史游撰　明毛氏汲古閣刻本　四冊

110000－0102－0001480　（乙三）/779　子/雜家/雜學雜說

焦氏說楛七卷　（明）焦周撰　清初刻本　七冊

110000－0102－0001481　（乙三）/781　子部/雜家類/學說

淮南鴻烈解二十一卷　（漢）劉安撰　明萬曆閔氏刻朱墨套印本　八冊

110000－0102－0001482　（乙三）/807　子部/藝術類

賞奇軒四種　清刻本　四冊

110000－0102－0001483　（乙三）/810　子部/類書類

經濟類攷約編二卷　（清）顧九錫撰　清雍正八年(1730)續秀堂刻本　十冊

110000－0102－0001484　（乙三）/811　子/雜家/雜學雜說

論衡三十卷　（漢）王充撰　（明）程榮編　明萬曆刻本　十冊

110000－0102－0001485　（乙三）/812　子部/儒家類

先聖大訓六卷　（宋）楊簡輯並註　明萬曆四十三年（1615）張翼軫刻本　十二冊

110000－0102－0001486　（乙三）/818　子部/雜家類/雜考

陔餘叢考四十三卷　（清）趙翼撰　清乾隆五十五年至五十六年（1790－1791）陽湖趙氏湛貽堂刻本（三葉係他本補配）　十二冊

110000－0102－0001487　（乙三）/819　子部/天文地理類/算法

算學新說不分卷　（明）朱載堉撰　明萬曆三十一年（1603）刻樂律全書本　一冊

110000－0102－0001488　（乙三）/820　子部/宗教類/釋教

大明高僧傳八卷　（明）釋如惺撰　明萬曆四十五年（1617）刻徑山藏本　四冊

110000－0102－0001489　（乙三）/821　子部/譜錄類/器物

方氏墨譜六卷　（明）方于魯撰　墨賦一卷（明）汪道會撰　墨書一卷　（明）汪道貫撰　墨表一卷　（明）汪道昆撰　明萬曆方氏美蔭堂刻本　八冊

110000－0102－0001490　（乙三）/822　經部/小學類/文字

增訂金壺字考十九卷　（宋）釋适之編　（清）田朝恆增訂　清乾隆二十四年（1759）刻本　二冊

110000－0102－0001491　（乙三）/824　子部/雜家類/雜纂

燕泉何先生餘冬序錄六十五卷　（明）何孟春撰　明末黃齊賢、張汝賢刻本　佚名批　十二冊

110000－0102－0001492　（乙三）/825　子部/類書類

事物異名錄四十卷　（清）厲荃輯　（清）關槐增纂　清乾隆五十三年（1788）刻本　十二冊

110000－0102－0001493　（乙三）/845　子部/類書類

文奇豹斑十二卷目錄一卷　（明）陳繼儒編

明申申閣刻本　八冊

110000－0102－0001494　（乙三）/849　子部/天文地理類

天文玉曆祥異賦六卷　（明）鄭重繪　明抄本　十二冊

110000－0102－0001495　（乙三）/850　子部/類書類

文苑彙雋二十四卷　（明）孫丕顯纂　明萬曆三十六年（1608）刻本（目錄第五至六葉係抄配）　十六冊

110000－0102－0001496　（乙三）/851　子部/天文地理類/天文

御製欽若曆書上編十六卷下編十卷表十六卷　清康熙至雍正內府活字印本　三十二冊

110000－0102－0001497　（乙三）/852　子部/類書類

劉氏鴻書一百〇八卷　（明）劉仲達纂輯　明萬曆三十九年（1611）刻本（三葉抄配）　四十八冊

110000－0102－0001498　（乙三）/854　子部/儒家

劉向說苑二十卷　（漢）劉向撰　明萬曆四年（1576）楊美益刻劉氏二書本　十冊

110000－0102－0001499　（乙三）/855　子部/儒家類

困知記八卷　（明）羅欽順撰　明萬曆四十八年（1620）羅珽仕刻本　八冊

110000－0102－0001500　（乙三）/865　子部/儒家類/明

五倫書六十二卷　（明）宣宗朱瞻基纂　明正統十二年（1447）內府刻本　二十四冊

110000－0102－0001501　（乙三）/869　子部/天文地理類/天文

天文圖說不分卷　清抄本　佚名批點　二冊

110000－0102－0001502　（乙三）/873　史部/金石類/玉

宋淳熙敕編古玉圖譜一百卷　（宋）龍大淵等

撰 清乾隆四十四年（1779）江氏康山草堂刻本 二十四冊

110000－0102－0001503 （乙三）/874 子部/類書類/類編

潛確居類書一百二十卷首一卷 （明）陳仁錫輯 明崇禎三年至五年（1630－1632）刻本 六十八冊

110000－0102－0001504 （乙三）/875 子部/類書類

唐宋白孔六帖一百卷 （唐）白居易撰 （宋）孔傳續撰 明刻本 一百冊

110000－0102－0001505 （乙三）/877 子部/類書類

記纂淵海一百卷目錄一卷 （宋）潘自牧纂 （明）陳文燧纂修 （明）王嘉賓補遺 明萬曆七年（1579）王嘉賓刻本 四十八冊

110000－0102－0001506 （乙三）/879 子部/類書類

三才圖會一百〇六卷 （明）王圻纂集 明萬曆三十五年（1607）刻本（天文第二卷係抄配） 九十六冊

110000－0102－0001507 （乙三）/880 子部/藝術類/書畫

法書要錄十卷 （唐）張彥遠輯 明毛氏汲古閣刻本 十冊

110000－0102－0001508 （乙三）/881 史部/傳記類/總傳/專錄/釋道

新刻黃掌綸先生評訂神仙鑒二十二卷 （清）徐道撰 清康熙刻本 二十四冊

110000－0102－0001509 （乙三）/883 子部/藝術類/雜技

彈弓譜 （清）徐潤繪錄 清咸豐十年（1860）徐潤抄本 一冊

110000－0102－0001510 （乙三）/884 子部/類書類

讀書紀數略五十四卷 （清）宮夢仁編 清康熙四十七年（1708）宮夢仁進呈刻本 十六冊

110000－0102－0001511 （乙三）/895 子部/類書類

卓氏藻林八卷 （明）卓明卿輯 明萬曆刻本 八冊

110000－0102－0001512 （乙三）/899 子部/天文地理類/天文

管窺輯要八十卷 （清）黃鼎纂 清順治十年（1653）刻本 四十冊

110000－0102－0001513 （乙三）/901 子部/天文地理類/天文

天文星象形圖 （清）余仁撰 清末抄本 二冊

110000－0102－0001514 （乙三）/904 子部/術數類/相宅相墓

地理正義鉛彈子砂水要訣六卷 （清）張鳳藻撰 清康熙三十四年（1695）澹雅刻本 八冊

110000－0102－0001515 （乙三）/910 子部/天文地理類/曆法

欽定選擇曆書十卷 （清）安泰等編 清康熙內府刻本 十冊

110000－0102－0001516 （乙三）/911 子部/類書類/類編/通錄

初學記三十卷 （唐）徐堅等撰 明嘉靖十年（1531）錫山安國桂坡舘刻清初挖改後印本 十六冊

110000－0102－0001517 （乙三）/927 子部/雜家類/雜考

古今釋疑十八卷 （清）方中履撰 清康熙汗青閣刻本 二十冊

110000－0102－0001518 （乙三）/929 子部/術數類/占候

觀象玩占五十卷 題（唐）李淳風撰 清抄本 八冊 存二十二卷（一至二十二）

110000－0102－0001519 （乙三）/933 子部/藝術/書畫

十竹齋書畫冊不分卷 （明）胡正言輯 明末胡正言刻清餖版套印本 八冊

110000－0102－0001520　（乙三）/935　史部/地理類/方志/總志

大明清類天文分野之書二十四卷　（明）劉基撰　明洪武刻本　十冊

110000－0102－0001521　（乙三）/942　子部/雜家類/學說

世說新語六卷　（南朝宋）劉義慶撰　（南朝梁）劉孝標注　（宋）劉辰翁　（宋）劉應登評　明萬曆凌瀛初刻四色套印本　六冊

110000－0102－0001522　（乙三）/954　子部/類書類

唐類函二百卷　（明）俞安期纂　明萬曆三十一年（1603）刻四十六年（1618）重修本　四十八冊

110000－0102－0001523　（乙三）/959　子部/宗教類/釋教

御錄經海一滴六卷　（清）世宗胤禛錄　清雍正十三年（1735）內府刻本　六冊

110000－0102－0001524　（乙三）/960　子部/宗教類/釋教

御錄經海一滴六卷　（清）世宗胤禛錄　清雍正十三年（1735）內府刻本　六冊

110000－0102－0001525　（乙三）/961　子部/宗教類/釋教

御製揀魔辨異錄八卷　（清）世宗胤禛錄　清雍正十一年（1733）內府刻本　四冊

110000－0102－0001526　（乙三）/962　子部/天文地理類/天文

管窺輯要八十卷　（清）黃鼎纂　清順治九年（1652）刻清康熙修版本　四十冊

110000－0102－0001527　（乙三）/969　子部/雜家類/學說

七修類稿五十一卷續稿七卷　（明）郎瑛撰　清乾隆四十年（1775）周榮耕煙草堂刻本　十六冊

110000－0102－0001528　（乙三）/982　子部/類書類

格致鏡原一百卷　（清）陳元龍撰　清雍正刻本　十八冊

110000－0102－0001529　（乙三）/986　子部/類書類

喻林一百二十卷　（明）徐元太輯　（明）徐胥慶校　明萬曆四十三年（1615）刻本　三十六冊

110000－0102－0001530　（乙三）/988　子部/類書類

增訂二三場群書備考四卷　（明）袁黃撰　明崇禎十五年（1642）大觀堂刻本　六冊

110000－0102－0001531　（乙三）/994　子部/術數類/陰陽五行

寶元天人祥異書不分卷　□□撰　清抄本　十冊

110000－0102－0001532　（乙三）/1001　史部/傳記類/總傳/專錄/釋道

古今列仙通紀六十卷　（清）薛大輯訓纂　清初（1644－1735）刻本　三十冊

110000－0102－0001533　（乙三）/1003　子部/宗教類/釋教/諸宗

宗鑑法林七十二卷　（清）集雲堂編　清康熙五十七年（1718）理安禪寺刻本　十六冊

110000－0102－0001534　（乙三）/1005　集部/總集類/通代

御定歷代題畫詩類一百二十卷　（清）陳邦彥輯　清康熙四十六年（1707）內府刻本　二十四冊

110000－0102－0001535　（乙三）/1011　子部/類書類/類編/專錄

分類字錦六十四卷　（清）張廷玉等纂　清康熙六十一年（1722）內府刻本　四十冊

110000－0102－0001536　（乙三）/1017　子部/雜家類/雜考

丹鉛總錄二十七卷　（明）楊慎撰　明嘉靖三十三年（1554）梁佐刻本　保世題識　十二冊

110000－0102－0001537　（乙三）/1021　子部/儒家類

慎言十三卷　（明）王廷相撰　明嘉靖刻王浚川所著書本　二冊

110000－0102－0001538　（乙三）/1022　子部/儒家類

庸行編八卷　（清）史典原輯　（清）牟允中參補　清康熙三十年（1691）澹寧堂刻本　八冊

110000－0102－0001539　（乙三）/1023　子部/雜家類/學說

香祖筆記十二卷　（清）王士禎撰　清康熙四十四年（1705）刻本　十二冊

110000－0102－0001540　（乙三）/1025　子部/雜家類

推蓬寤語九卷餘錄一卷　（明）李豫亨撰　明隆慶五年（1571）李氏思敬堂刻本（略有抄配）　佚名批註　六冊

110000－0102－0001541　（乙三）/1027　集部/小說類/筆記小說

西青散記四卷　（清）史震林撰　清乾隆瓜渚草堂刻本　十冊

110000－0102－0001542　（乙三）/1030　子部/譜錄類/器物

香乘二十八卷　（明）周嘉胄輯　明崇禎十四年（1641）周嘉胄刻本　六冊

110000－0102－0001543　（乙三）/1035　子部/雜家類/學說

因樹屋書影十卷　（清）周亮工撰　清雍正三年（1725）懷德堂刻本　六冊

110000－0102－0001544　（乙三）/1036　集部/曲類

雅趣藏書　（清）錢書撰　清刻朱墨套印本　二冊

110000－0102－0001545　（乙三）/1039　子部/雜家類/雜考

日知錄三十二卷　（清）顧炎武撰　清康熙三十四年（1695）吳江潘耒遂初堂刻本　佚名批點　八冊

110000－0102－0001546　（乙三）/1044　子

部/雜家類/雜纂

最樂編五卷　（明）高道淳輯　明天啟四年（1624）刻明崇禎重印　四冊

110000－0102－0001547　（乙三）/1049　子部/儒家類

日知薈說四卷　（清）高宗弘曆撰　清乾隆元年（1736）內府刻本　四冊

110000－0102－0001548　（乙三）/1050　子部/類書類/類編/通錄

錦繡萬花谷前集四十卷後集四十卷續集四十卷別集三十卷　（宋）□□撰　明嘉靖十五年（1536）錫山秦汴鏽石書堂刻本　二十六冊

110000－0102－0001549　（乙三）/1051　子部/雜家類

權衡一書四十一卷　（清）王植輯錄　清乾隆刻本　二十四冊

110000－0102－0001550　（乙三）/1052　子部/雜家類/學說

蓉槎蠡說十二卷　（清）程哲撰　清康熙五十年（1711）程氏七略書堂刻本　佚名批註　四冊

110000－0102－0001551　（乙三）/1053　集部/小說類/筆記小說

湧幢小品三十二卷　（明）朱國禎輯　明末刻本（部分內容係抄配）　佚名批點　十六冊

110000－0102－0001552　（乙三）/1057　子部/雜家類/雜纂

倘湖樵書初編六卷倘湖樵書二編六卷　（明）來集之輯　清康熙二十二年（1683）來氏倘湖小築刻本　十二冊

110000－0102－0001553　（乙三）/1059　子部/儒家類

香墅漫鈔四卷續四卷又續四卷　（清）曾廷枚輯　清嘉慶刻本　六冊

110000－0102－0001554　（乙三）/1060　子部/儒家類

淵鑒齋御纂朱子全書六十六卷　（宋）朱熹撰　（清）熊賜履等纂　清康熙五十三年（1714）

武英殿刻本 二十五冊

110000－0102－0001555 （乙三）/1061 子部/儒家類

淵鑒齋御纂朱子全書 （宋）朱熹撰 （清）熊賜履等纂 清康熙五十三年(1714)武英殿刻本 二十五冊

110000－0102－0001556 （乙三）/1063 子部/雜家類

居易錄三十四卷 （清）王世禎撰 清雍正刻本 十二冊

110000－0102－0001557 （乙三）/1064 子部/雜家類/雜考

容齋隨筆十六卷續筆十六卷三筆十六卷四筆十六卷五筆十卷 （宋）洪邁撰 明崇禎三年(1630)馬元調刻清康熙三十九年(1700)洪璟補刻本 佚名圈點、評 二十八冊

110000－0102－0001558 （乙三）/1067 子部/儒家類

慈溪黃氏日抄分類九十七卷古今紀要十九卷 （宋）黃震編輯 清乾隆三十二年(1767)新安汪氏刻本 三十冊

110000－0102－0001559 （乙三）/1073 子部/藝術類/書畫

鐵網珊瑚二十卷 （明）都穆撰 清乾隆二十三年至二十四年(1758－1759)都氏家刻本 四冊

110000－0102－0001560 （乙三）/1079 集部/小說類

紅樓夢一百二十回 （清）曹霑撰 （清）王希廉評 清道光十二年(1832)刻本 二十四冊

110000－0102－0001561 （乙三）/1087 集部/小說類/短篇小說

虞初志七卷 （明）袁宏道參評 （明）屠隆點閱 明淩性德刻朱墨套印本 八冊

110000－0102－0001562 （乙三）/1095 集部/曲類/曲別集/傳奇

勸善金科十本二十卷首一卷 （清）張照等撰 清乾隆內府刻五色套印本(卷首抄配) 二十冊

110000－0102－0001563 （乙三）/1098 子部/類書類

子史精華一百六十卷 （清）允祿等纂 清雍正五年(1727)武英殿刻本 三十二冊

110000－0102－0001564 （乙三）/1104 叢部/彙編叢書

稗海四十八種二百八十八卷續二十二種一百六十一卷 （明）商濬輯 明萬曆商濬半埜堂刻清康熙重編補刻本 一百冊

110000－0102－0001565 （乙三）/1108 子部/譜錄類/食譜

酒顛二卷茶董二卷 （明）夏樹芳輯 明萬曆刻本 周大烈題記 六冊

110000－0102－0001566 （乙三）/1113 子部/雜家類/雜纂

閑存錄四卷 （明）王永祚輯 明崇禎十二年(1639)二思堂刻本 佚名批點 四冊

110000－0102－0001567 （乙三）/1121 叢部/彙編叢書

古今說海一百三十五種 （明）陸楫輯 明嘉靖二十三年(1544)雲間陸氏儼山書院、雲山書院、青藜館刻本 四十冊

110000－0102－0001568 （乙三）/1130 子部/雜家類/雜述

癖顛小史一卷 （明）聞道人撰 （明）袁宏道評 明刻朱墨套印本 一冊

110000－0102－0001569 （乙三）/1132 子部/天文地理類/曆法

天文曆理全書十二卷首一卷 （清）徐發撰 清康熙刻本 十二冊

110000－0102－0001570 （乙三）/1134 子部/天文地理類/算法

九數通考十一卷首一卷末一卷 （清）屈曾發輯 清乾隆三十八年(1773)刻本 六冊

110000－0102－0001571 （乙三）/1143 子部/雜家類/雜纂

自警編九卷 （宋）趙善璙撰 明刻本 九冊 存三卷(乙、丙、丁)

110000 - 0102 - 0001572　（乙四）/1　集部/
總集類/文/通代/編選

古文斲前集十六卷向青閣古文斲讀本十八卷
　（清）姚培謙評註　清康熙六十一年至雍正
元年(1722 - 1723)姚培謙刻本　十六冊

110000 - 0102 - 0001573　（乙四）/2　集部/
總集類/詩/斷代/遼金元

中州集十卷首一卷中州樂府集一卷　（金）元
好問輯　明末毛氏汲古閣刻本(中州樂府集
有二葉係抄配)　二十一冊

110000 - 0102 - 0001574　（乙四）/3　集部/
別集類/明

清閟全集八十九卷　（明）姚希孟撰　明崇禎
刻本　二十四冊

110000 - 0102 - 0001575　（乙四）/4　集部/
集評類

漁隱叢話前集六十卷後集四十卷　（宋）胡仔
纂　清乾隆五年至六年(1740 - 1741)楊佑啟
刻本　十六冊

110000 - 0102 - 0001576　（乙四）/5　集部/
總集類/通代

選詩七卷詩人世次爵里一卷　（南朝梁）蕭統
選　（明）郭正域批點　（明）凌濛初輯評　明
凌濛初刻朱墨套印本　八冊

110000 - 0102 - 0001577　（乙四）/7　集部/
總集類/詩/斷代/唐至五代

唐人選唐詩二十三卷　（唐）令狐楚等輯
（明）毛晉輯　明崇禎元年(1628)毛氏汲古閣
刻本(有十九葉係抄配)　十二冊

110000 - 0102 - 0001578　（乙四）/8　集部/
總集類/文/斷代/明

媚幽閣文娛不分卷　（明）鄭元勛輯　明崇禎
三年(1630)暇園鄭元化刻本　六冊

110000 - 0102 - 0001579　（乙四）/9　集部/
別集類/明

何大復先生集三十八卷附錄一卷　（明）何景
明撰　明刻本　八冊

110000 - 0102 - 0001580　（乙四）/10　集部/

110000 - 0102 - 0001580　總集類/詩/斷代/遼金元

元人集十種　（明）毛晉編　明崇禎十一年
(1638)毛氏汲古閣刻本(遺山先生詩集卷一
至四、六至八、十至十二、十七至二十,翠寒集
係抄配)　二十四冊

110000 - 0102 - 0001581　（乙四）/12　集部/
曲類/曲別集/傳奇

玉茗堂還魂記二卷　（明）湯顯祖撰　清乾隆
五十年(1785)快雨堂、冰絲館增圖重刻
四冊

110000 - 0102 - 0001582　（乙四）/13　集部/
總集類/詩/通代

樂府詩集一百卷目錄二卷　（宋）郭茂倩編
明末毛氏汲古閣刻本　二十四冊

110000 - 0102 - 0001583　（乙四）/14　集部/
總集類/文/通代

六臣註文選六十卷　（南朝梁）蕭統輯　（唐）
李善等注　明萬曆二年(1574)崔孔昕刻六年
(1578)徐成位刻本　六十冊

110000 - 0102 - 0001584　（乙四）/15　集部/
別集類/宋

新刻臨川王介甫先生詩文集一百卷　（宋）王
安石撰　明萬曆四十年(1612)王鳳翔光啟堂
刻本　二十四冊

110000 - 0102 - 0001585　（乙四）/19　集部/
別集類/唐至五代

魯公文集十五卷　（唐）顏真卿撰　明萬曆二
十四年(1596)顏胤祚刻本　六冊

110000 - 0102 - 0001586　（乙四）/25　集部/
別集類/明

太乙山房文集十五卷　（明）陳際泰撰　明崇
禎六年(1633)李士奇刻本　十二冊

110000 - 0102 - 0001587　（乙四）/27　集部/
詞類/詞總集

詞苑英華四十五卷　（明）毛晉輯　明末毛氏
汲古閣刻本　十二冊

110000 - 0102 - 0001588　（乙四）/28　集部/
別集類/宋

陶山集十六卷　（宋）陸佃撰　清乾隆四十一年(1776)武英殿木活字印武英殿聚珍版叢書本　八冊

110000－0102－0001589　(乙四)/29　集部/別集類/宋

宋鄭所南先生心史七卷附錄一卷　（宋）鄭思肖撰　明崇禎十二年(1639)張國維刻本　四冊

110000－0102－0001590　(乙四)/32　集部/別集類/清

獨學廬初稿詩八卷文三卷讀左卮言一卷漢書刊訛一卷　（清）石韞玉撰　清乾隆六十年(1795)長沙官舍刻本　八冊

110000－0102－0001591　(乙四)/33　集部/詞類/詞總集

詞綜三十六卷　（清）朱彝尊輯　（清）汪森補輯　清康熙十七年(1678)汪氏裘杼樓刻清康熙三十年(1691)增刻本　六冊

110000－0102－0001592　(乙四)/43　集部/別集類/明

歸先生文集三十三卷　（明）歸有光撰　**附錄一卷**　（明）歸子寧撰　明萬曆四年(1576)翁良瑜雨金堂刻明崇禎增修本　佚名批註　十六冊

110000－0102－0001593　(乙四)/44　集部/總集類/叢編

詩詞雜俎十二種五十二卷　（明）毛晉輯　明末虞山毛氏汲古閣刻本(三家宮詞、二家宮詞為綠君亭刻本補配)　十二冊　存十種(衆妙集、剪綃集、月泉吟社、谷音、河汾諸老詩集、三家宮詞、二家宮詞、漱玉詞、斷腸詞、龍輔女紅餘志)

110000－0102－0001594　(乙四)/45　集部/曲類/曲譜、曲韻

一笠菴北詞廣正譜十八卷附南戲北詞正謬一卷　（清）徐于室撰　（清）李玄玉更訂　清康熙青蓮書屋刻文靖書院印本　八冊

110000－0102－0001595　(乙四)/46　集部/別集類/宋

蘇長公小品四卷　（宋）蘇軾撰　（明）王聖俞點選　明淩啓康刻朱墨套印本　四冊

110000－0102－0001596　(乙四)/55　集部/別集類/宋

東坡文選二十卷　（宋）蘇軾撰　（明）鍾惺評選　明末閔氏刻朱墨套印本　厲鶚題識　八冊

110000－0102－0001597　(乙四)/64　集部/曲類/曲譜、曲韻

新定九宮大成南北宮詞譜八十一卷閏一卷目錄三卷　（清）周祥鈺　（清）鄒金生編輯　清乾隆十一年(1746)莊親王允祿刻朱墨套印本　六十四冊

110000－0102－0001598　(乙四)/67　集部/總集類/文/通代

古文淵鑒六十四卷　（清）徐乾學等編注　清康熙二十四年(1685)內府刻四色套印本　二十四冊

110000－0102－0001599　(乙四)/68　集部/總集類/詩/斷代/遼金元

中州集十卷首一卷中州樂府集一卷　（金）元好問輯　明末毛氏汲古閣刻本　十冊

110000－0102－0001600　(乙四)/69　集部/總集類/文/斷代/唐至五代

欽定全唐文一千卷總目三卷韻編一卷　（清）董誥等輯　清嘉慶二年(1797)內府刻本　二百五十二冊

110000－0102－0001601　(乙四)/70　集部/集評類

漁隱叢話前集六十卷後集四十卷　（宋）胡仔輯　清乾隆五年至六年(1740－1741)楊佑啓重刻　十四冊

110000－0102－0001602　(乙四)/71　集部/別集類/漢至隋

庾子山集十六卷年譜一卷總釋一卷　（北周）庾信撰　（清）倪璠註釋　清康熙崇岫堂刻本　十二冊

首都圖書館古籍普查登記目錄

110000－0102－0001603 （乙四）/72 集部/別集類/遼金元

趙文敏公松雪齋全集十卷外集一卷續集一卷
（元）趙孟頫撰 （清）曹培廉校 清康熙五十二年（1713）海上曹培廉城書室刻本 十二冊

110000－0102－0001604 （乙四）/79 集部/總集類/詩/斷代/清

國朝詩別裁集三十六卷 （清）沈德潛輯並評 清乾隆二十四年（1759）蔣重光刻本 十六冊

110000－0102－0001605 （乙四）/84 集部/別集類/清

沈歸愚詩文全集五十四卷 （清）沈德潛撰 清乾隆十六年（1751）教忠堂刻本 二十冊

110000－0102－0001606 （乙四）/85 集部/總集類/文/通代

古文淵鑒六十四卷 （清）徐乾學等編注 清康熙二十四年（1685）内府刻四色套印本 四十冊

110000－0102－0001607 （乙四）/86 集部/總集類/叢編

心簡齋集錄六卷 （清）于光華編 清乾隆三十五年（1770）刻本 十二冊

110000－0102－0001608 （乙四）/88－1 集部/別集類/清

牧齋初學集詩注二十卷 （清）錢謙益撰（清）錢曾注 清乾隆刻本 十二冊

110000－0102－0001609 （乙四）/88－2 集部/別集類/清

牧齋有學集五十一卷 （清）錢謙益撰 （清）錢曾注 清康熙刻本 十二冊

110000－0102－0001610 （乙四）/90 集部/集評類

帶經堂詩話三十卷首一卷 （清）王士禎撰（清）張宗柟輯 清乾隆二十七年（1762）南曲舊業刻本 八冊

110000－0102－0001611 （乙四）/91 集部/曲類/曲別集/傳奇

異方便淨土傳燈歸元鏡三祖實錄二卷[附錄]一卷 （清）釋智達撰 清乾隆四十九年（1784）刻本 四冊

110000－0102－0001612 （乙四）/92 集部/總集類/文/通代

新刊三方家兄弟註點校正昭曠諸文品粹魁華十九卷 （明）王士驁等註釋 明萬曆余文臺雙峰堂重刻 十六冊

110000－0102－0001613 （乙四）/94 集部/別集類/清

懷清堂集二十卷首一卷 （清）湯右曾撰 清乾隆十二年（1747）湯孔茹等刻本 八冊

110000－0102－0001614 （乙四）/96 集部/別集類/明

升菴外集一百卷 （明）楊慎撰 （明）焦竑編 明萬曆四十五年（1617）刻本 二十四冊

110000－0102－0001615 （乙四）/97 集部/總集類/通代

唐宋十大家全集錄 （清）儲欣輯 清康熙四十四年（1705）遺精堂刻本 四十冊

110000－0102－0001616 （乙四）/101 集部/別集類/清

渠亭山人半部稿一至四刻 （清）張貞撰 清康熙刻本 六冊

110000－0102－0001617 （乙四）/109 集部/別集類/明

匏翁家藏集七十七卷補遺一卷 （明）吳寬撰 明正德三年（1508）吳奭刻本 十冊

110000－0102－0001618 （乙四）/110 集部/別集類/明

玉茗堂全集四十六卷 （明）湯顯祖撰 清康熙三十三年（1694）竹林堂刻本 三十二冊

110000－0102－0001619 （乙四）/118 集部/別集類/遼金元

魯齋遺書十四卷 （元）許衡撰 明萬曆二十四年（1596）怡愉江學詩刻本 六冊

110000－0102－0001620 （乙四）/121 集部/別集類/明

空同子集六十六卷目錄三卷附錄二卷 （明）李夢陽撰 明萬曆三十年(1602)鄧雲霄刻本 十六冊

110000－0102－0001621 （乙四）/122 集部/別集類/明

滄溟先生集三十卷附錄一卷 （明）李攀龍撰 明萬曆胡來貢刻本 十二冊

110000－0102－0001622 （乙四）/128 集部/別集類/清

道古堂文集四十八卷道古堂詩集二十六卷 （清）杭世駿撰 清乾隆四十一年(1776)刻本 十六冊

110000－0102－0001623 （乙四）/131 集部/別集類/清

施氏家風述畧一卷隨邨先生遺集六卷施愚山先生學餘文集二十八卷施愚山先生學餘詩集五十卷 （清）施閏章撰 **施愚山先生年譜四卷** （清）施念曾編 **施氏家風述畧續編一卷** （清）施彥恪輯 清乾隆四年(1739)刻本 十六冊

110000－0102－0001624 （乙四）/134 集部/總集類/詩/斷代/明

明詩別裁集十二卷 （清）沈德潛 （清）周準輯 清乾隆刻本 六冊

110000－0102－0001625 （乙四）/135 集部/楚辭類

楚辭十七卷 （漢）王逸章句 （宋）洪興祖補注 清初汲古閣刻本 四冊

110000－0102－0001626 （乙四）/136 集部/總集類/文/通代

秦漢文鈔六卷 （明）楊融博批點 （宋）呂祖謙等參評 明萬曆四十八年(1620)閔氏刻朱墨套印本 十二冊

110000－0102－0001627 （乙四）/137 集部/楚辭類

楚辭十七卷附錄一卷 （漢）王逸章句 明萬曆十四年(1586)馮紹祖觀妙齋刻本 八冊 卷十七"守志"殘

110000－0102－0001628 （乙四）/139 集部/別集類/清

綿津山人詩集二十二卷楓香詞一卷 （清）宋犖編 清康熙二十七年(1688)刻本 六冊

110000－0102－0001629 （乙四）/144 集部/詞類/詞總集

草堂詩餘四卷 題(宋)武陵逸史編 明末汲古閣刻本 四冊

110000－0102－0001630 （乙四）/148 集部/別集類/遼金元

師山先生文集八卷師山先生遺文五卷附錄一卷濟美錄四卷 （元）鄭玉撰 明嘉靖十四年(1535)鄭氏家塾刻清補修本 六冊

110000－0102－0001631 （乙四）/153 集部/集評類

帶經堂詩話三十卷首一卷 （清）王士禛撰 (清)張宗柟輯 清乾隆二十七年(1762)南曲舊業刻本 八冊

110000－0102－0001632 （乙四）/156 集部/總集類/文/通代

賴古堂文選二十卷 （清）周亮工輯 清康熙六年(1667)周亮工刻本(卷十一、十三係抄配) 八冊

110000－0102－0001633 （乙四）/157 集部/楚辭類

楚辭[集注]八卷辯證二卷後語八卷 （宋）朱熹集註 （明）蔣之翹評校 **楚辭總評楚辭附覽** （明）蔣之翹撰 明天啟六年(1626)蔣之翹刻本 六冊

110000－0102－0001634 （乙四）/158 集部/楚辭類

楚辭疏十九卷讀楚辭語一卷楚辭雜論一卷 (明)陸時雍撰 **屈原傳一卷** （漢）司馬遷撰 明末緝柳齋刻本 四冊

110000－0102－0001635 （乙四）/162 集部/別集類/明

徐文長文集三十卷四聲猿一卷　（明）徐渭撰
（明）袁宏道評點　明萬曆四十二年（1614）
鍾人傑刻本　八冊

110000－0102－0001636　（乙四）/164　集
部/別集類/明

胡蒙谿詩集十一卷文集四卷　（明）胡侍撰
明嘉靖二十五年（1546）刻本　佚名圈點
四冊

110000－0102－0001637　（乙四）/164　集
部/別集類/明

胡蒙谿續集六卷　（明）胡侍撰　明嘉靖三十
一年（1552）張鐸刻本　冊

110000－0102－0001638　（乙四）/168　集
部/集評類

漁隱叢話前集六十卷後集四十卷　（宋）胡仔
輯　清乾隆刻本　十八冊

110000－0102－0001639　（乙四）/171　集
部/總集類/文/通代

古文約選不分卷　（清）允禮輯　清雍正十一
年（1733）和碩果親王刻本　十冊

110000－0102－0001640　（乙四）/172　集
部/詞類/詞總集/通代

昭代詞選三十八卷　（清）蔣重光選輯　清乾
隆三十二年（1767）經鉏堂刻本　十六冊

110000－0102－0001641　（乙四）/180　集
部/別集類/明

内臺集七卷　（明）王廷相撰　明嘉靖十八年
（1539）洪洞李復初山東刻本　四冊

110000－0102－0001642　（乙四）/181　集
部/別集類/明

陸文定公全集二十六卷　（明）陸樹聲撰　明
萬曆刻本（冊十六至冊二十三係刻配）　二十
四冊

110000－0102－0001643　（乙四）/182　集
部/別集類/唐至五代

顏魯公文集二十卷　（唐）顏真卿撰　（明）顏
欲章編　明萬曆刻本　六冊

110000－0102－0001644　（乙四）/186　集
部/別集類/清

繩庵内外集内集十六卷外集八卷　（清）劉綸
撰　清乾隆三十九年（1774）用拙堂刻本　十
二冊

110000－0102－0001645　（乙四）/190　集
部/別集類/清

託素齋詩集四卷託素齋文集六卷　（清）黎士
弘撰　清雍正二年（1724）黎致遠刻本　十冊

110000－0102－0001646　（乙四）/193　集
部/總集類/文/通代/文選

六臣註文選六十卷　（南朝梁）蕭統撰　（唐）
李善等註　明嘉靖二十八年（1549）洪楩刻明
項氏萬卷堂重修本　佚名眉批、圈點　十
六冊

110000－0102－0001647　（乙四）/199　集
部/集評類

精選詩林廣記四卷　（宋）蔡正孫編　明萬曆
十七年（1589）黃邦彥刻本　四冊

110000－0102－0001648　（乙四）/203　集
部/別集類/明

滄螺集六卷　（明）孫作撰　明末虞山毛氏汲
古閣刻本　二冊

110000－0102－0001649　（乙四）/205　集
部/別集類/明

無聞堂稿十七卷　（明）趙釴撰　附錄一卷
（明）盛汝謙等撰　明隆慶四年（1570）趙鴻賜
玄對樓刻本　紀昀批　十冊

110000－0102－0001650　（乙四）/207　集
部/別集類/明

龍谿王先生全集二十二卷大象義述一卷
（明）王畿撰　明萬曆四十三年（1615）張汝
霖、丁賓刻本　八冊

110000－0102－0001651　（乙四）/212　集
部/總集類/通代

文選十二卷　（南朝梁）蕭統輯　明萬曆吳勉
學刻本　十二冊

110000－0102－0001652　（乙四）/214　集

部/總集類/文/通代

西山先生真文忠公文章正宗二十四卷 （宋）
真德秀輯　明嘉靖四十三年(1564)李犿、李
盤刻本　二十四冊

110000 – 0102 – 0001653　（乙四）/215　集
部/詞類/詞總集

花菴絕妙詞選十卷 （宋）黃昇輯　明末汲古
閣刻本　四冊

110000 – 0102 – 0001654　（乙四）/216　集
部/楚辭類/楚辭

楚辭集注八卷 （宋）朱熹撰　**附總評一卷**
（□）□□輯　**屈原外傳**　（唐）沈亞之撰　**屈
原列傳**　（漢）司馬遷撰　清乾隆五十三年
(1788)聽雨齋刻朱墨套印本　十二冊

110000 – 0102 – 0001655　（乙四）/217　集
部/總集類/詩/斷代/明

明詩別裁集十二卷 （清）沈德潛　（清）周準
輯　清乾隆三年(1738)刻本　六冊

110000 – 0102 – 0001656　（乙四）/219　集
部/詞類/詞選/通代

詞林萬選四卷 （明）楊慎輯　明末毛氏汲古
閣刻本　二冊

110000 – 0102 – 0001657　（乙四）/220　集
部/總集類/詩/斷代/唐至五代

**御選唐詩三十二卷目錄三卷御選唐詩第三十
二卷補編一卷** （清）陳廷敬等編　清康熙五
十二年(1713)內府刻朱墨套印本　佚名批校
十五冊

110000 – 0102 – 0001658　（乙四）/225　集
部/別集類/清

梅崖居士文集三十卷首一卷 （清）朱仕琇撰
清乾隆四十七年(1782)朱氏家刻道光補刻
本　八冊

110000 – 0102 – 0001659　（乙四）/226　集
部/別集類/宋

濟北晁先生雞肋集七十卷 （宋）晁補之撰
明崇禎八年(1635)顧凝遠詩瘦閣刻本　八冊

110000 – 0102 – 0001660　（乙四）/231　集

部/別集類/明

隱秀軒集三十三卷 （明）鍾惺撰　明天啟二
年(1622)沈春澤刻本（抄配）　十二冊　存三
十一卷(天地玄黃宇宙荒月盈昃辰宿列張寒
來暑往秋收冬藏閏余成歲律呂調陽雲)

110000 – 0102 – 0001661　（乙四）/237　集
部/別集類/宋

朱子文集大全類編一百十卷 （宋）朱熹撰
清雍正八年(1730)采芝山房刻本　四十八冊

110000 – 0102 – 0001662　（乙四）/240　集
部/總集類/詩/斷代/明

明詩選十二卷 （明）李攀龍輯　（明）蔣一葵
箋　（明）王世貞評　明崇禎刻本　六冊

110000 – 0102 – 0001663　（乙四）/241　集
部/別集類/明

王文恪公集三十六卷 （明）王鏊撰　**白社詩
草一卷**　（明）王禹聲撰　**名公筆記一卷**
（明）□□撰　明萬曆震澤王氏三槐堂刻本
二十冊

110000 – 0102 – 0001664　（乙四）/242　集
部/詞類/詞總集

宋名家詞六十一種 （明）毛晉輯　明末虞山
毛氏汲古閣刻本　二十六冊

110000 – 0102 – 0001665　（乙四）/243　集
部/總集類/通代

樂府詩集一百卷目錄二卷 （宋）郭茂倩編
明末毛氏汲古閣刻本　三十六冊

110000 – 0102 – 0001666　（乙四）/249　集
部/別集類/清

讀書堂綵衣全集四十六卷 （清）趙士麟撰
清康熙刻本　二十冊

110000 – 0102 – 0001667　（乙四）/253　集
部/總集類/文/通代

文致不分卷 （明）劉士鏻輯　（明）沈聖岐
（明）閔元衢正定　（明）閔無頗　（明）閔昭
明增刪並集評　明天啟元年(1621)閔氏刻本
八冊

110000 – 0102 – 0001668　（乙四）/255　集

部/別集類/明

文清公薛先生文集二十四卷 （明）薛瑄撰
（明）張鼎編輯 **讀書錄十一卷續錄十二卷**
（明）薛瑄撰 清雍正十二年(1734)薛氏合族
刻本 十冊

110000－0102－0001669 （乙四)/262 集
部/詞類/詞譜、詞律、詞韻/詞韻

詞律二十卷 （清）萬樹撰 清康熙二十六年
(1687)堆絮園刻本 八冊

110000－0102－0001670 （乙四)/279 集
部/集評類

歷代詩話二十七種五十七卷考索一卷 （清）
何文煥輯 清乾隆三十五年(1770)刻本 十
六冊

110000－0102－0001671 （乙四)/282 集
部/總集類/文/通代

**御定歷代賦彙一百四十卷外集二十卷逸句二
卷補遺二十二卷** （清）陳元龍編 清康熙四
十五年(1706)武英殿刻本 六十冊

110000－0102－0001672 （乙四)/284 集
部/總集類/文/通代/文選

文選章句二十八卷 （南朝梁）蕭統撰 （唐）
李善注 （明）陳與郊編 明萬曆二十五年
(1597)刻本 十六冊

110000－0102－0001673 （乙四)/286 集
部/別集類/唐至五代

杜詩詳注二十五卷首一卷 （唐）杜甫撰
（清）仇兆鰲注 **諸家詠杜附錄二卷** （清）仇
兆鰲注 清康熙三十二年(1693)刻本 佚名
批註 三十冊

110000－0102－0001674 （乙四)/291 集
部/別集類/宋

河南穆公集三卷附遺事一卷 （宋）穆修撰
清抄本 二冊

110000－0102－0001675 （乙四)/297 集
部/總集類/詩/通代

佩文齋詠物詩選四百八十二卷 （清）聖祖玄
燁選 （清）汪霦等輯 清康熙四十六年

(1707)內府刻本 六十四冊

110000－0102－0001676 （乙四)/304 集
部/總集類/文/地方

甬上耆舊詩三十卷 （清）胡文學輯 清康熙
十五年(1676)刻本 十冊

110000－0102－0001677 （乙四)/309 集
部/總集類/文/通代/編選

古文品外錄二十四卷 （明）陳繼儒評 明末
刻本 四冊

110000－0102－0001678 （乙四)/315 集
部/別集類/唐至五代

唐駱先生集八卷附錄一卷 （唐）駱賓王撰
（明）王衡批釋 明淩氏刻朱墨套印本 四冊

110000－0102－0001679 （乙四)/329 集
部/總集類/文/斷代/明

皇明文範六十八卷目錄二卷 （明）張時徹輯
明萬曆刻本 四十二冊

110000－0102－0001680 （乙四)/332 集
部/集評類

冰川詩式十卷 （明）梁橋撰 明萬曆刻本
四冊

110000－0102－0001681 （乙四)/335 集
部/別集類/遼金元

嘯嘵集不分卷 （元）宋无撰 （明）毛晉輯
明末毛氏汲古閣刻本 二冊

110000－0102－0001682 （乙四)/336 子
部/雜家類/雜纂

瓶花供二十八卷 （明）劉鳳翱輯評 明崇禎
三年(1630)刻本(一葉抄配) 十四冊

110000－0102－0001683 （乙四)/339 集
部/別集類/唐至五代

唐大家韓文公文抄十六卷 （唐）韓愈撰
（明）茅坤評 **唐大家柳柳州文抄十二卷**
（唐）柳宗元撰 （明）茅坤評 明刻本 十
六冊

110000－0102－0001684 （乙四)/340 集
部/別集類/唐至五代

分類補註李太白詩二十五卷 （唐）李白撰
（宋）楊齊賢集註 （元）蕭士贇補註 **分類編**
次李太白文五卷 （唐）李白撰 （明）郭雲鵬
編次 明嘉靖二十二年（1543）吳會郭雲鵬寶
善堂刻本 十六冊

110000－0102－0001685 （乙四）/342 集
部/別集類/唐至五代

白香山詩長慶集二十卷後集十七卷別集一卷
補遺二卷 （唐）白居易撰 （清）汪立名編訂
附白香山年譜一卷 （清）汪立名撰 **年譜**
舊本一卷 （宋）陳振孫撰 清康熙四十一年
至四十二年（1702－1703）汪立名一隅草堂刻
本 十二冊

110000－0102－0001686 （乙四）/345 集
部/別集類/明

王奉常集詩十五卷目錄三卷文五十四卷目錄
二卷 （明）王世懋撰 明萬曆刻本 十六冊

110000－0102－0001687 （乙四）/347 集
部/別集類/宋

水心文集二十九卷 （宋）葉適撰 清乾隆刻
本 六冊

110000－0102－0001688 （乙四）/348 集
部/總集類/文/通代

集錄真西山文章正宗三十卷 （宋）真德秀輯
明刻本 二十四冊

110000－0102－0001689 （乙四）/349 集
部/總集類/詩/斷代/宋

宋百家詩存二十卷 （清）曹庭棟編 清乾隆
六年（1741）曹氏二六書堂刻本 四十冊

110000－0102－0001690 （乙四）/355 集
部/別集類/明

解文毅公集十六卷首一卷附錄一卷 （明）解
縉撰 清乾隆三十二年（1767）解氏十一世孫
解韜等刻本 十冊

110000－0102－0001691 （乙四）/357 集
部/別集類/宋

蘇長公合作內外篇 （宋）蘇軾撰 （明）鄭之
惠評選 明萬曆刻本 八冊

110000－0102－0001692 （乙四）/359 集
部/別集類/明

王文恪公集三十六卷 （明）王鏊撰 **鵑音一**
卷白社詩草一卷 （明）王禹聲撰 明萬曆震
澤王氏三槐堂刻本 八冊

110000－0102－0001693 （乙四）/361 集
部/別集類/明

呂新吾全集二十一種 （明）呂坤撰 明萬曆
寧陵呂氏刻清康熙、嘉慶遞修本 四十冊

110000－0102－0001694 （乙四）/363 集
部/別集類/唐至五代

杜詩分類五卷 （唐）杜甫撰 （明）傅振商輯
明萬曆四十一年（1613）傅氏刻本 五冊

110000－0102－0001695 （乙四）/364 集
部/別集類/清

笠翁一家言全集十六卷 （清）李漁撰 清雍
正八年（1730）芥子園刻本 三十二冊

110000－0102－0001696 （乙四）/366 集
部/總集類/文/通代

新刊陳眉公先生精選古論大觀四十卷 （明）
陳繼儒輯 （明）吳震元編 明末刻本 二十
四冊

110000－0102－0001697 （乙四）/367 集
部/別集類/唐至五代

王右丞集二十八卷首一卷末一卷 （唐）王維
撰 （清）趙殿成箋注 清乾隆刻本 八冊

110000－0102－0001698 （乙四）/375 集
部/別集類/明

何大復先生集三十八卷附錄一卷 （明）何景
明撰 清乾隆十五年（1750）何永謙、何輝少
刻本 十冊

110000－0102－0001699 （乙四）/380 集
部/詞類/詞選/通代

詞綜三十卷補遺六卷 （清）朱彝尊編 （清）
汪森增定 清康熙十七年（1678）休陽汪氏裘
杼樓刻三十年（1691）汪孟鋗補刻本 六冊

110000－0102－0001700 （乙四）/381 集
部/總集類/詩/通代

玉臺新詠十卷　（南朝陳）徐陵輯　明崇禎趙均刻本　一冊　存二卷（七至八）

110000－0102－0001701　（乙四）/383　集部/曲類/曲別集/傳奇

異方便淨土傳燈歸元鏡三祖實錄二卷［附錄］一卷　（清）釋智達撰　清乾隆四十九年（1784）刻本　四冊

110000－0102－0001702　（乙四）/384　集部/別集類/清

石笥山房文集四卷　（清）胡天游撰　清乾隆刻本　四冊

110000－0102－0001703　（乙四）/385　集部/總集類/詩/通代

詩苑天聲二十二卷　（清）范良輯評　清順治十七年（1660）旋采堂刻本（館課集卷三至四係抄補）　八冊

110000－0102－0001704　（乙四）/388　集部/總集類/文/通代

古文約選不分卷　（清）允禮輯　清雍正十一年（1733）和碩果親王刻本　二十四冊

110000－0102－0001705　（乙四）/390　集部/總集類/文/通代/文選

廣文選六十卷　（明）劉節輯　（明）陳蕙校　明嘉靖十六年（1537）陳蕙刻本　佚名批　十八冊

110000－0102－0001706　（乙四）/393　集部/別集類/清

姜西溟先生文鈔四卷　（清）姜宸英撰　清乾隆四年（1739）趙氏匪懈堂刻本　四冊

110000－0102－0001707　（乙四）/394　集部/曲類/曲選

審音鑑古錄十四種　（元）高明等撰　清道光十四年（1834）王繼善刻本　十二冊

110000－0102－0001708　（乙四）/395　集部/詞類/詞總集

詞學全書四種　（清）查培繼輯　清乾隆十一年（1746）致和堂刻本（《詞韻》卷下第四十二葉 b 面係抄補）　十六冊

110000－0102－0001709　（乙四）/401　集部/別集類/唐至五代

分類補註李太白詩二十五卷年譜一卷　（唐）李白撰　（宋）楊齊賢註　（元）蕭士贇補註　明刻本　十二冊

110000－0102－0001710　（乙四）/402　集部/別集類/唐至五代

集千家註杜工部詩集二十卷文集二卷　（唐）杜甫撰　（宋）黃鶴補註　集千家註杜工部詩集附錄一卷　明嘉靖十五年（1536）玉几山人刻本　十二冊

110000－0102－0001711　（乙四）/406　集部/別集類/唐至五代

重刊千家註杜詩全集二十卷附錄一卷文集二卷　（唐）杜甫撰　（宋）黃鶴補註　重刊杜工部詩集附錄　（宋）黃鶴編　重刊杜工部年譜　（宋）黃鶴編　明萬曆九年（1581）金鸞刻本　佚名批點　十二冊

110000－0102－0001712　（乙四）/410　集部/總集類/通代

金錯膽鮮四卷　（清）永恩輯錄　清乾隆抄本　四冊

110000－0102－0001713　（乙四）/417　集部/別集類/宋

龍川文集三十卷　（宋）陳亮撰　明刻本　十二冊

110000－0102－0001714　（乙四）/421　集部/總集類/文/通代

御選唐宋文醇五十八卷　（清）高宗弘曆輯　清乾隆三年（1738）內府刻四色套印本　二十冊

110000－0102－0001715　（乙四）/422　集部/總集類/詩/斷代/明

明詩綜一百卷　（清）朱彝尊輯　清乾隆刻本　二十四冊

110000－0102－0001716　（乙四）/423　集部/集評類

宋詩紀事一百卷　（清）厲鶚撰　清乾隆十一

年(1746)刻本　三十二冊

110000－0102－0001717　（乙四）/427　集
部/總集類/文/通代

古文眉詮七十九卷首一卷　（清）浦起龍評選
　清乾隆九年(1744)三吳書院刻本　十六冊

110000－0102－0001718　（乙四）/429　集
部/總集類/文/斷代/明

新刻國朝名公尺牘類選十二卷　（明）吳之美
選　（明）吳之鵬訂　明末書林舒一泉、龔少
岡刻本　十二冊

110000－0102－0001719　（乙四）/435　經
部/小學類/音韻/韻典

杜韓詩句集韻三卷　（清）汪文柏輯　清康熙
四十六年(1707)刻本　八冊

110000－0102－0001720　（乙四）/437　集
部/別集類/唐至五代

**白香山詩長慶集二十卷後集十七卷別集一卷
補遺二卷**　（唐）白居易撰　（清）汪立名編
清康熙四十二年(1703)汪立名一隅草堂刻本
二十冊

110000－0102－0001721　（乙四）/440　集
部/總集類/詩/斷代/清

百名家詩選八十九卷附御製詩一卷　（清）魏
憲輯　清康熙魏氏枕江堂刻本　二十四冊

110000－0102－0001722　（乙四）/442　集
部/別集類/宋

**宋邵康節先生伊川擊壤集十卷洛陽邵氏三世
名賢行實圖像一卷**　（宋）邵雍撰　（明）吳瀚
（明）吳泰註　清康熙八年(1669)刻本
六冊

110000－0102－0001723　（乙四）/443　集
部/別集類/遼金元

松雪齋集十卷外集一卷附趙公行狀　（元）趙
孟頫撰　清康熙清德堂刻本　八冊

110000－0102－0001724　（乙四）/446　集
部/總集類/詩/斷代/元

元詩選初集十集首一卷　（清）顧嗣立輯　清
乾隆三十三年(1768)秀野草堂刻本　佚名批

註　二十四冊　存九集（甲至壬）

110000－0102－0001725　（乙四）/447　集
部/總集類/詩/斷代/宋

宋詩紀事一百卷　（清）厲鶚輯　清乾隆十一
年(1746)厲鶚刻本　二十四冊

110000－0102－0001726　（乙四）/448　集
部/詞類/詞選/通代

詞綜三十八卷明詞綜十二卷　（清）朱彝尊輯
　（清）王昶補　清康熙十七年(1678)碧梧書
屋刻乾隆九年(1744)朱孟錫補刻本　二十
六冊

110000－0102－0001727　（乙四）/450　集
部/別集類/遼金元

清閟閣全集十二卷　（元）倪瓚撰　清康熙五
十二年(1713)曹培廉城書室刻本　六冊

110000－0102－0001728　（乙四）/451　集
部/別集類/清

**漁洋山人精華錄訓纂二十卷目錄二卷附漁洋
山人年譜二卷**　（清）王士禎撰　（清）惠棟編
　金氏精華錄箋注辯訛一卷　（清）惠棟撰
清乾隆刻本　二十四冊

110000－0102－0001729　（乙四）/452　集
部/詞類/詞總集

昭代詞選三十八卷　（清）蔣重光輯　清乾隆
三十二年(1767)經鉏堂刻本　三十七冊

110000－0102－0001730　（乙四）/455　集
部/總集類/詩/通代

**詩紀前集十卷前集附錄一卷正集一百三十卷
外集四卷別集十二卷**　（明）馮惟訥編　明萬
曆四十一年(1613)黃承玄等刻本　四十冊

110000－0102－0001731　（乙四）/457　集
部/總集類/詩/通代

御選唐宋詩醇四十七卷目錄二卷　（清）高宗
弘曆選　清乾隆二十五年(1760)珊城遺安堂
刻本　二十二冊

110000－0102－0001732　（乙四）/459　集
部/別集類/明

弇州山人四部稿一百七十四卷目錄十二卷

（明）王世貞撰　明萬曆五年（1577）王氏世經堂刻本　三十二冊

110000－0102－0001733　（乙四）/464　集部/總集類/文/雜錄/書牘表啟

尺牘清裁六十卷　（明）王世貞編　（明）王世懋校　明隆慶至萬曆刻本　丁福保批　十二冊

110000－0102－0001734　（乙四）/469　集部/別集類/清

甌香館集十二卷首一卷末一卷　（清）惲格撰　清末抄本　四冊

110000－0102－0001735　（乙四）/472　集部/別集類/清

奉使琉球詩三卷二友齋詩稿一卷詞附一卷文附一卷　（清）徐葆光撰　清雍正十一年（1733）汪棟刻本　三冊

110000－0102－0001736　（乙四）/485　集部/別集類/清

西陂類稿五十卷　（清）宋犖撰　清康熙五十年（1711）宋氏刻本　佚名批、圈點　佚名題記　十六冊

110000－0102－0001737　（乙四）/488　集部/別集類/清

鈍翁前後類稾六十二卷鈍翁續稾五十六卷　（清）汪琬撰　清康熙刻本　四十五冊

110000－0102－0001738　（乙四）/491　集部/總集類/文/通代

西山先生真文忠公文章正宗二十四卷　（宋）真德秀輯　明安正書堂刻本　佚名批注　二十六冊

110000－0102－0001739　（乙四）/492　集部/詞類/詞總集

御選歷代詩餘一百二十卷　（清）聖祖玄燁定　（清）沈辰垣等編　清康熙四十六年（1707）武英殿刻本　四十八冊

110000－0102－0001740　（乙四）/494　集部/總集類/文/通代

古文淵鑒六十四卷　（清）徐乾學等編注　清

康熙內府刻四色套印本　二十四冊

110000－0102－0001741　（乙四）/496　集部/別集類/宋

臨川先生文集一百卷目錄二卷　（宋）王安石撰　明末刻本（十葉抄配）　佚名批註　二十四冊

110000－0102－0001742　（乙四）/505　集部/別集類/清

御製嗣統述聖詩四卷　（清）仁宗顒琰撰　清嘉慶劉權之抄本　四冊

110000－0102－0001743　（乙四）/509　集部/總集類/詩/斷代/唐至五代

河嶽英靈集三卷　（唐）殷璠輯　明末汲古閣刻本　四冊

110000－0102－0001744　（乙四）/510　集部/楚辭類

楚辭章句十七卷附錄一卷　（漢）王逸註　（明）陳深批點　明末凌毓枬套印本　四冊

110000－0102－0001745　（乙四）/511　集部/別集類/宋

蘇長公密語十五卷首一卷　（宋）蘇軾撰　（明）李一公輯　明天啟元年（1621）凌濛初朱墨套印本　八冊

110000－0102－0001746　（乙四）/513　集部/詞類/詞譜、詞律、詞韻/詞譜

碎金詞譜六卷附錄一卷　（清）謝元淮輯　清道光刻朱墨套印本　五冊

110000－0102－0001747　（乙四）/515　集部/總集類/詩歌/斷代/唐至五代

松陵集十卷　（唐）皮日休　（唐）陸龜蒙撰　明末虞山毛氏汲古閣刻本　八冊

110000－0102－0001748　（乙四）/516　集部/別集類/明

徐文長文集三十卷補遺一卷　（明）徐渭撰　（明）袁宏道評點　明萬曆鍾人傑刻本　六冊

110000－0102－0001749　（乙五）/10　叢部/自著叢書

陳司業集十一卷　（清）陳祖範撰　清乾隆二十九年（1764）刻本　六冊

110000－0102－0001750　（乙五）/26　叢部/自著叢書/清初期

西河合集經集四十九種文集六十九種　（清）毛奇齡撰　清康熙刻本　一百冊

110000－0102－0001751　（乙五）/27　集部/別集類/宋

慈湖先生遺書十八卷　（明）楊簡撰　明刻本　十六冊

110000－0102－0001752　（乙五）/35　子部/雜家類

何氏語林三十卷　（明）何良俊撰並註　明嘉靖二十九年（1550）華亭柘湖何氏清森閣刻本　十六冊

110000－0102－0001753　（乙五）/44　叢部/彙編叢書

貸園叢書初集十二種　（清）周永年輯　清乾隆李文藻刻乾隆五十四年（1789）周永年印本　十二冊

110000－0102－0001754　（乙五）/54　叢部/彙編叢書

奇晉齋叢書十九卷　（清）陸烜編　清乾隆三十四年（1769）陸烜奇晉齋刻本（有抄配）　十冊

110000－0102－0001755　（乙五）/59　集部/別集類/唐至五代

重刊校正笠澤叢書四卷補遺一卷續補遺一卷　（唐）陸龜蒙撰　清雍正九年（1731）陸鍾輝刻本　四冊

110000－0102－0001756　（乙五）/102　叢部/彙編叢書

增訂漢魏叢書五百二十四卷　（清）王謨編　清乾隆五十六年至五十七年（1791－1792）刻本　一百冊

110000－0102－0001757　（乙五）/106　叢部/彙編叢書/明

津逮秘書十五集一百四十一種七百四十八卷　（明）毛晉輯　明崇禎毛氏汲古閣刻本（齊民要術、佛國記、大唐創業起居注、靈寶真靈位業圖、東京夢華錄、周髀算經、異苑、輟耕錄係刻配、大唐古題要解、洛陽伽藍記係用綠君亭本刻配）　一百二十七冊　存五十二種三百卷（小學紺珠十卷、齊民要術十卷、漢制攷四卷、急救篇四卷、洛陽伽藍記五卷、洛陽名園記一卷、漢雜事秘辛一卷、通鑑問疑一卷、西京雜記六卷、佛國記六卷、淳熙玉堂雜記三卷、大唐創業起居注三卷、焚椒錄一卷、唐國史補三卷、容齋題跋二卷、海嶽題跋二卷、樂府古題要解二卷、紹興內府古器評二卷、靈寶真靈位業圖一卷、東京夢華錄十卷、揮塵前錄四卷後錄十一卷三錄三卷餘話三卷、癸辛雜識前集一卷後集一卷續集二卷別集二卷、毛詩草木鳥獸蟲魚疏廣要四卷、周易集解十七卷、元包數總義二卷、周髀算經二卷附音義一卷、數術記遺一卷、紫薇詩話一卷、法書要錄十卷、宣和書譜二十卷、圖畫見聞誌六卷、古畫品錄一卷、歷代名畫記十卷、宣和畫譜二十卷、畫繼十卷、西溪叢語二卷、誠齋雜記二卷、甘澤謠一卷附錄一卷、本事詩一卷、五色線二卷、輟耕錄三十卷、異苑十卷、姑溪題跋二卷、石門題跋二卷、六一題跋十一卷、益公題跋十二卷、晦庵題跋三卷、止齋題跋二卷、魏公題跋一卷、元豐題跋一卷、水心題跋一卷、後村題跋四卷、貴耳集三卷）

110000－0102－0001758　（乙五）/128　子部/術數類/陰陽五行

選擇叢書集要五種　（明）江之棟輯　清乾隆五十五年（1790）姑蘇顧鶴庭樂真堂刻本（部分葉面係抄配）　六冊

110000－0102－0001759　（乙五）/129　叢部/地方叢書

鹽邑志林四十種附一種　（明）樊維城編　明天啟三年（1623）樊維城刻本　二十四冊

110000－0102－0001760　（乙五）/130　叢部/彙編叢書

增定古今逸史五十五種二百二十三卷　（明）吳琯輯　明末刻本（一葉抄配）　二十八冊

110000－0102－0001761 （乙五）/150 子部/雜家類/雜考

陔餘叢考四十三卷簷曝雜記六卷續一卷
（清）趙翼撰 清乾隆五十五年（1790）趙翼湛貽堂刻本 十一冊

110000－0102－0001762 （乙五）/251 經部/詩類

讀風臆評不分卷 （明）戴君恩撰 **楚辭二卷** （明）閔齊伋校 **空同詩選一卷** （明）李夢陽撰 （明）楊慎評 明萬曆閔齊伋刻朱墨套印本 二冊

110000－0102－0001763 （乙五）/262 叢部/自著叢書

杭大宗七種叢書 （清）杭世駿撰 清乾隆五十七年（1792）杭賓仁羊城刊本 雨樵題記 四冊

110000－0102－0001764 （乙五）/263 叢部/彙編叢書

心齋十種 （清）任兆麟輯 清乾隆震澤任氏忠敏家塾刊本 續經堂主人題記 四冊

110000－0102－0001765 （乙五）/267 叢部/自著叢書

珍埶宦遺書 （清）莊述祖撰 清嘉慶至道光武進莊氏脊令舫刻本 十六冊

110000－0102－0001766 （乙五）/297 叢部/自著叢書/清初期

亭林遺書十種 （清）顧炎武撰 清康熙潘氏遂初堂刻本 十六冊

110000－0102－0001767 （乙五）/305 叢部/彙編叢書

澤存堂叢刻五種 （清）張士俊輯 清康熙張氏澤存堂刻本 二十一冊

110000－0102－0001768 （乙五）/332 叢部/彙編叢書

野客叢書三十卷附錄一卷 （宋）王楙撰 明嘉靖四十一年（1562）王穀祥刻本 佚名批 八冊

110000－0102－0001769 （乙五）/336 子部/類書類

啓雋類函一百〇二卷目錄九卷 （明）俞安期編 （明）李國祥輯撰 明萬曆四十六年（1618）刻本 三十二冊

110000－0102－0001770 （丙一）/1 經部/小學類/文字

佩觿三卷 （後周）郭忠恕撰 清康熙張氏澤存堂刻本 三冊

110000－0102－0001771 （丙一）/3 經部/小學類/文字

六書通不分卷 （清）畢弘述訂 清康熙五十九年（1720）畢氏基聞堂刻本 五冊

110000－0102－0001772 （丙一）/15 子部/類書類

新增說文韻府群玉二十卷 （元）陰時夫輯 （元）陰中夫注 明萬曆十八年（1590）王孟遲刻本 肇題記、批 十冊

110000－0102－0001773 （丙一）/20 經部/易類/傳說

周易通論四卷 （清）李光地撰 清康熙教忠堂刻本 二冊

110000－0102－0001774 （丙一）/21 經部/易類/傳說

周易觀象十二卷 （清）李光地撰 清康熙教忠堂刻本 三冊

110000－0102－0001775 （丙一）/28 經部/書類

日講書經解義十三卷 （清）庫勒納等撰 清康熙十九年（1680）內府刻本 十一冊 存十二卷（一至四、六至十三）

110000－0102－0001776 （丙一）/35 經部/詩類

毛詩註疏二十卷 （漢）毛萇傳 （漢）鄭玄箋 （唐）孔穎達疏 明崇禎三年（1630）虞山毛氏汲古閣刻十三經註疏本 二十四冊

110000－0102－0001777 （丙一）/35－2 子部/兵家類

車營百八叩 （明）孫承宗撰 清乾隆抄本 二冊

110000－0102－0001778　（丙一）/38　經部/
詩類/傳說

欽定詩經傳說彙纂二十一卷首二卷詩序二卷
　（清）王鴻緒等撰　清雍正五年（1727）武英
殿刻本　十六冊

110000－0102－0001779　（丙一）/53　經部/
禮類/通禮

讀禮通考一百二十卷　（清）徐乾學撰　清康
熙三十五年（1696）崑山徐氏刻本　佚名批校
　二十七冊　缺三卷（一至三）

110000－0102－0001780　（丙一）/56　經部/
禮類/禮記

禮記十卷　（元）陳澔集說　清康熙三十七年
（1698）青蓮書屋刻本　十冊

110000－0102－0001781　（丙一）/65　經部/
禮類/雜禮

朱子家禮八卷首一卷　（明）丘濬輯　清康熙
六十年（1721）刻本　六冊

110000－0102－0001782　（丙一）/68　子部/
術數類/雜術

皇極經世書八卷首一卷　（清）王植輯　清乾
隆二十一年（1756）刻本　八冊

110000－0102－0001783　（丙一）/74　經部/
春秋類/總義/傳說

日講春秋解義六十四卷　（清）庫勒納等撰　
清乾隆二年（1737）內府刻本　三十二冊

110000－0102－0001784　（丙一）/121　經
部/小學類/訓詁/方言

輶軒使者絕代語釋別國方言十三卷　（漢）揚
雄撰　（晉）郭璞注　**校正補遺一卷**　（清）盧
文弨撰　清乾隆四十七年（1782）餘姚盧氏抱
經堂刻本　一冊

110000－0102－0001785　（丙一）/184　經
部/四書類/孟子

孟子讀法附記十四卷　（清）周人麒撰　清乾
隆四十九年（1784）刻本　六冊

110000－0102－0001786　（丙一）/203　經
部/春秋類/春秋總義

**春秋公羊傳十二卷考一卷春秋穀梁傳一卷考
一卷**　（明）閔齊伋裁注並撰　明天啟唐錦池
文林閣刻本　佚名批點　十冊

110000－0102－0001787　（丙一）/206　經
部/書類

尚書彙纂必讀十二卷　（清）陸士楷纂輯　清
康熙十年（1671）光裕堂刻本　佚名圈點、評
點　二冊

110000－0102－0001788　（丙一）/207　經
部/書類

尚書章句存疑二卷　（清）倪上述撰　清末至
民國抄本　二冊

110000－0102－0001789　（丙一）/208　經
部/四書類/總義/傳說

四書述十九卷　（清）陳詵撰　清康熙信學齋
刻本　佚名題跋　八冊

110000－0102－0001790　（丙一）/210　史
部/傳記類/別傳

晏子春秋七卷音義二卷　（春秋）晏嬰撰　
（清）孫星衍校並音義　清乾隆五十三年
（1788）刻本　二冊

110000－0102－0001791　（丙一）/231　經
部/小學類/文字/字典

隸辨八卷　（清）顧靄吉撰　清乾隆八年
（1743）刻本　八冊

110000－0102－0001792　（丙一）/240　經
部/經總類/群經總義/傳說

**[通志堂經解]一百三十九種一千八百四十五
卷**　（清）納蘭成德輯　（清）徐乾學校　清康
熙十九年（1680）通志堂刻乾隆五十年（1785）
重修本　四百冊

110000－0102－0001793　（丙一）/242　經
部/小學類/文字

正字通十二卷首一卷附十二字頭　（明）張自
烈撰　（清）廖文英輯　清康熙九年（1670）刻
本　三十冊

110000－0102－0001794　（丙一）/246　經
部/春秋類/彙編

春秋經傳集解三十卷附考證三十卷春秋年表一卷春秋名號歸一圖二卷 （春秋）孔丘編 清乾隆四十八年(1783)武英殿刻本 許乃普題記 十六冊

110000－0102－0001795 （丙一）/248 經部/四書類/總義

[四書章句集注]二十六卷 （宋）朱熹撰 清初内府刻本 九冊

110000－0102－0001796 （丙一）/255 經部/小學類/文字

康熙字典十二集總目一卷檢字一卷辨似一卷補遺一卷備考一卷等韻一卷 （清）張玉書等撰 清康熙刻本 四十冊

110000－0102－0001797 （丙一）/257 經部/小學類/文字

字彙十二卷首一卷末一卷 （明）梅膺祚音釋 清康熙二十七年(1688)靈隱寺刻本 十四冊

110000－0102－0001798 （丙一）/267 經部/經總類/群經總義/傳說

白虎通四卷 （漢）班固撰 白虎通闕文 （清）莊述祖輯 白虎通校勘補遺 清乾隆四十九年(1784)抱經堂刻本 四冊

110000－0102－0001799 （丙一）/269 經部/春秋類/左傳

重訂批點春秋左傳詳節句解六卷首一卷 （宋）朱申注釋 （明）孫鑛批點 清乾隆四十九年(1784)刻本 八冊

110000－0102－0001800 （丙一）/279 經部/書類

書義主意六卷 （元）王充耘編 羣英書義二卷 （元）張泰輯 清抄本 二冊

110000－0102－0001801 （丙一）/281 經部/小學類/音韻/韻典

古今韻略五卷 （清）邵長蘅纂 清康熙五十九年(1720)刻本 五冊

110000－0102－0001802 （丙一）/282 經部/詩類

詩所八卷 （清）李光地註 清雍正六年(1728)刻本 五冊

110000－0102－0001803 （丙一）/288 經部/詩類

詩二十卷 （宋）朱熹集傳 明刻本 五冊

110000－0102－0001804 （丙一）/292 經部/春秋類

春秋左傳十五篇 （春秋）左丘明撰 （明）孫鑛批點 明萬曆四十四年(1616)閔齊伋刻朱墨套印本 八冊

110000－0102－0001805 （丙一）/293 經部/經總類/群經總義/傳說

通志堂經解六種三十四卷 （清）納蘭成德輯 清康熙通志堂刻本 王瓛題識 十二冊

110000－0102－0001806 （丙一）/294 子部/術數類/陰陽五行

璇璣經集註 （晉）趙載撰 清乾隆五十五年(1790)樂真堂刻本 一冊

110000－0102－0001807 （丙一）/295 子部/術數類/陰陽五行

陽明按索五卷首一卷 （元）陳復心編 清乾隆五十五年(1790)顧氏樂真堂刻本 三冊

110000－0102－0001808 （丙一）/302 經部/小學類/訓詁

爾雅正義二十卷爾雅釋文三卷 （清）邵晉涵撰 清乾隆五十三年(1788)邵氏家塾刻本 十二冊

110000－0102－0001809 （丙一）/304 經部/經總類

[通志堂經解五種]二十八卷 （清）納蘭成德輯 清康熙十六年(1677)通志堂刻本 八冊

110000－0102－0001810 （丙一）/310 經部/經總類

六經圖考六種 （宋）楊甲撰 （清）潘寀鼎考 清康熙禮耕堂刻本 十二冊

110000－0102－0001811 （丙一）/313 經部/禮類/禮記

礼記析疑四十八卷 （清）方苞撰 清中期刻本 四册

110000－0102－0001812 （丙一）/317 經部/春秋類/總義/傳說

欽定春秋傳說彙纂三十八卷首二卷 （清）王掞等纂 清康熙刻本 十五册 缺二卷（首二卷）

110000－0102－0001813 （丙一）/320 經部/小學類/文字

說文解字十五卷 （漢）許慎撰 （宋）徐鉉校定 清初毛氏汲古閣刻本 十六册

110000－0102－0001814 （丙一）/326 經部/詩類/傳說

欽定詩經傳說彙纂二十一卷首二卷詩序二卷 （清）王鴻緒等撰 清雍正五年（1727）内府刻本 十六册

110000－0102－0001815 （丙一）/335 經部/易類/文字音義

周易本義辯證五卷 （清）惠棟撰 清乾隆省吾堂刻本 二册

110000－0102－0001816 （丙一）/336 經部/易類

周易簡註四卷 （清）鄭勳撰 清康熙四十六年（1707）刻本 二册

110000－0102－0001817 （丙一）/349 經部/詩類

絜齋毛詩經筵講義四卷 （宋）袁燮撰 清同治十三年（1874）江西書局刻本 一册

110000－0102－0001818 （丙一）/353 史部/別史、雜史類

國語九卷 （三國吳）韋昭解 明萬曆四十七年（1619）閔齊伋刻本 佚名圈點 佚名批註 四册

110000－0102－0001819 （丙一）/354 史部/別史、雜史類

戰國策十二卷 （漢）高誘注 明萬曆四十七年（1619）閔齊伋刻本 佚名圈點 佚名批注 八册

110000－0102－0001820 （丙一）/363 經部/易類

御纂周易折中二十二卷首一卷 （清）李光地等編 清康熙五十四年（1715）刻本 十册

110000－0102－0001821 （丙一）/407 經部/詩類

新刻詩說一卷 （漢）申培撰 （明）鍾惺校 明擁萬堂刻古名儒毛詩解十六種本 一册

110000－0102－0001822 （丙一）/408 經部/詩類

新刻詩譜一卷 （漢）鄭玄撰 （明）鍾惺校 明擁萬堂刻古名儒毛詩解十六種本 一册

110000－0102－0001823 （丙一）/413 經部/詩類/文字音義

新刻詩傳綱領 （明）鍾惺輯 明刻本 一册

110000－0102－0001824 （丙一）/433 經部/詩類

詩經集傳八卷 （宋）朱熹撰 明嘉靖吉澄刻本 十二册

110000－0102－0001825 （丙一）/434 經部/春秋類/左傳

左傳評林八卷 （清）張光華輯 清雍正七年（1729）刻本 八册

110000－0102－0001826 （丙一）/435 經部/禮類/禮記

監本禮記十卷 （元）陳澔集說 清乾隆五年（1740）文盛堂刻本 十册

110000－0102－0001827 （丙一）/467 經部/詩類

詩經八卷 （宋）朱熹集傳 清乾隆三十五年（1770）金閶文粹堂刻本 四册

110000－0102－0001828 （丙一）/474 經部/春秋類/總義/傳說

御纂春秋直解十二卷 （清）傅恆等編修 清乾隆刻本 八册

110000－0102－0001829 （丙一）/476 經部/書類/傳說

書經六卷　（宋）蔡沈集注　清乾隆二十七年(1762)文粹堂刻本　四冊

110000－0102－0001830　（丙一）/478　子部/儒家類

小學集注六卷　（宋）朱熹撰　（明）陳選注　清雍正五年(1727)八旗官學刻本　二冊

110000－0102－0001831　（丙一）/486　經部/小學類/文字/字典詞典等

康熙字典十二集總目一卷檢字一卷辨似一卷補遺一卷備考一卷等韻一卷　（清）張玉書等撰　清刻本　十二冊

110000－0102－0001832　（丙一）/492　經部/春秋類/左傳/傳說

春秋左傳註疏六十卷　（晉）杜預註　（唐）孔穎達疏　明崇禎汲古閣刻本　二十冊

110000－0102－0001833　（丙一）/501　經部/書類/傳說

欽定書經傳說彙纂二十一卷首二卷　（清）王頊齡等纂　清雍正刻本　佚名圈點　七冊　缺二卷(首二卷)

110000－0102－0001834　（丙一）/504　經部/春秋類/總義/傳說

欽定春秋傳說彙纂三十八卷首二卷　（清）王掞等編　清康熙六十年(1721)刻本　二十四冊

110000－0102－0001835　（丙一）/518　經部/春秋類/總義/傳說

春秋四傳三十八卷春秋集註綱領一卷春秋提要一卷春秋列國東坡圖說一卷春秋二十國年表一卷春秋諸國興廢說一卷　明嘉靖吉澄刻本　三十冊

110000－0102－0001836　（丙一）/521　經部/禮類/周禮/傳說

周禮注疏四十二卷　（漢）鄭玄箋　（唐）陸德明音義　（唐）賈公彥疏　清乾隆四年(1739)武英殿刻本　十四冊

110000－0102－0001837　（丙一）/525　經部/春秋類/左傳

讀左補義五十卷首一卷　（清）姜炳璋輯　清乾隆三十八年(1773)刻本　十四冊

110000－0102－0001838　（丙一）/527　經部/春秋類/左傳

左傳事緯十二卷　（清）馬驌編　清乾隆四十九年(1784)懷澄堂刻本　十二冊

110000－0102－0001839　（丙一）/528　經部/詩類

詩八卷　（宋）朱熹撰　清初致和堂刻本　佚名批校　四冊

110000－0102－0001840　（丙一）/537　經部/易類

易注十二卷洪範傳一卷　（清）崔致遠撰　清乾隆八年(1743)許爾怡刻本　九冊

110000－0102－0001841　（丙一）/547　經部/小學類/文字/訓蒙

千文六書統要二卷附篆法偏旁正訛歌一卷　（清）胡正言纂　清康熙十竹齋刻本　四冊

110000－0102－0001842　（丙一）/548　經部/春秋類/左傳/傳說

分國左傳十八卷　（清）曹基編　清康熙刻本　佚名圈點　六冊

110000－0102－0001843　（丙一）/579　經部/禮類/儀禮

儀禮識誤三卷　（宋）張淳撰　清乾隆武英殿木活字印武英殿聚珍版叢書本　二冊

110000－0102－0001844　（丙一）/586　經部/書類

尚書注疏二十卷　（漢）孔安國傳　（唐）孔穎達疏　（唐）陸德明釋文　明萬曆十五年(1587)刻十三經注疏本　八冊　存十一卷(一至十一)

110000－0102－0001845　（丙一）/592　經部/詩類

詩經講章一卷　（清）曹鑒倫撰　清康熙抄本　一冊

110000－0102－0001846　（丙一）/593　經

部/書類

書經講章一卷 （清）吳世桓撰　清康熙抄本
　一冊

110000－0102－0001847　（丙一）/601　經
部/詩類/傳說

詩經大全二十卷圖一卷綱領一卷　（明）胡廣
等纂　明末德壽堂刻本　佚名圈點　十冊

110000－0102－0001848　（丙一）/670　經
部/小學類/文字

隸要分類二卷　（清）何裕編　清嘉慶六年
(1801)稿本　一冊

110000－0102－0001849　（丙一）/689　經
部/禮類/禮記/傳說

欽定禮記義疏八十二卷首一卷　（清）允祿等
輯纂　清乾隆刻本　四十八冊

110000－0102－0001850　（丙一）/695　經
部/禮類/周禮

周禮十二卷　（清）姜兆錫輯　清雍正九年
(1731)寅清樓刻本　六冊

110000－0102－0001851　（丙一）/696　經
部/禮類/禮記

禮記十卷　（清）姜兆錫章義　清雍正十年
(1732)寅清樓刻本　六冊

110000－0102－0001852　（丙一）/700　經
部/禮類/禮記

四禮疑三卷四禮翼七卷疹科一卷　（明）呂坤
撰　明萬曆呂氏家刻呂新吾全集本　六冊

110000－0102－0001853　（丙一）/702　經
部/春秋/春秋總義

春秋公羊穀梁二傳十二卷附左氏傳　（清）姜
兆錫彙義　清乾隆五年(1740)寅清樓刻本
六冊

110000－0102－0001854　（丙一）/705　經
部/詩類/傳說

欽定詩經傳說彙纂二十一卷首二卷詩序二卷
（清）王鴻緒等撰　清雍正刻本　十二冊

110000－0102－0001855　（丙一）/713　經

部/禮類/儀禮

儀禮注疏十七卷　（漢）鄭玄注　（唐）賈公彥
疏　明崇禎九年(1636)毛氏汲古閣刻本
十冊

110000－0102－0001856　（丙一）/714　經
部/禮類/周禮

周禮注疏四十二卷　（漢）鄭玄注　（唐）賈公
彥疏　明汲古閣刻本　十二冊

110000－0102－0001857　（丙一）/716　經
部/書類

尚書註疏二十卷　（漢）孔安國傳　（唐）孔穎
達疏　明崇禎五年(1632)虞山毛氏汲古閣刻
十三經註疏本　六冊

110000－0102－0001858　（丙一）/727　經
部/詩類

毛詩註疏二十卷　（漢）鄭玄箋　（唐）孔穎達
疏　明崇禎三年(1630)毛氏汲古閣刻本　二
十冊

110000－0102－0001859　（丙一）/736　經
部/春秋類/公羊傳

春秋穀梁傳註疏二十卷　（漢）何休註　（唐）
徐彥疏　明崇禎七年(1634)虞山毛氏汲古閣
刻十三經註疏本　八冊

110000－0102－0001860　（丙一）/737　經
部/春秋類/穀梁傳

春秋穀梁傳註疏二十卷　（晉）范寧集解
（唐）楊士勛疏　明崇禎八年(1635)虞山毛氏
汲古閣刻十三經註疏本　六冊

110000－0102－0001861　（丙一）/739　經
部/春秋類/左傳/傳說

左繡三十卷首一卷　（清）馮李驊　（清）陸浩
評輯　清乾隆五十九年(1794)華川書屋刻本
佚名圈點　十冊

110000－0102－0001862　（丙一）/746　經
部/經總類/群經總義/傳說

白虎通德論二卷　（漢）班固撰　（明）俞元符
校　明敬思堂刻本　二冊

110000－0102－0001863　（丙一）/810　叢

部/彙編叢書

說郛一百二十卷 （明）陶宗儀編 清順治四年(1647)宛委山堂刻本 六冊 存三十二卷（九經補韻一卷、五經析疑一卷、五經通義一卷、尚書璇璣鈐一卷、尚書帝命期一卷、尚書考靈耀一卷、尚書中候一卷、小爾雅一卷、女孝經一卷、孝經援神契一卷、孝經鉤命決一卷、孝經左契一卷、孝經右契一卷、孝經內事一卷、女誡一卷、忠經一卷、政經一卷、女論語一卷、論語筆解一卷、論語拾遺一卷、疑孟一卷、詩說一卷、三禮敘錄一卷、詩含神霧一卷、詩紀曆樞一卷、禮稽命徵一卷、禮含文嘉一卷、禮斗威儀一卷、大戴禮逸一卷、樂稽耀嘉一卷、毛詩草木鳥獸蟲魚疏二卷）

110000－0102－0001864 （丙一）/815 叢部/自著叢書/清初期

補樵書三種 （清）董說撰 清康熙刻本 四冊

110000－0102－0001865 （丙一）/816 經部/小學類/音韻/韻典

正韻箋二卷 （明）沈延銓編 學古編二卷（元）吾丘衍撰 （明）何震續 （明）沈延銓校 明天啟二年(1622)沈氏刻本 三冊

110000－0102－0001866 （丙一）/830 經部/易類

易學濫觴一卷 （元）黃澤撰 清乾隆四十七年(1782)武英殿木活字印武英殿聚珍版叢書本 一冊

110000－0102－0001867 （丙一）/858 經部/經總類

欽定篆文六經四書十種 （清）李光地等編 清康熙內府刻本 二十二冊 存九種（中庸、大學、論語、周易、尚書、毛詩、周禮、儀禮、春秋）

110000－0102－0001868 （丙一）/889 經部/易類/文字音義

易義前選 （清）李光地輯 清康熙教忠堂刻本 三冊

110000－0102－0001869 （丙一）/892 經部/易類/傳說

周易通論四卷 （清）李光地撰 清康熙教忠堂刻本 二冊

110000－0102－0001870 （丙一）/896 經部/易類/傳說

周易觀象十二卷 （清）李光地撰 清康熙教忠堂刻本 四冊

110000－0102－0001871 （丙一）/899 經部/易類/傳說

周易通論四卷 （清）李光地撰 清康熙教忠堂刻本 二冊

110000－0102－0001872 （丙一）/900 經部/易類/傳說

御纂周易折中二十二卷首一卷 （清）李光地纂 清康熙刻本 十六冊

110000－0102－0001873 （丙一）/911 經部/易類/文字音義

周易本義十二卷 （宋）朱熹撰 清康熙內府刻本 二冊

110000－0102－0001874 （丙一）/915 經部/書類

尚書大傳四卷補遺一卷 （漢）伏勝撰 （漢）鄭玄注 鄭司農集一卷 （漢）鄭玄撰 清乾隆二十一年(1756)盧氏雅雨堂刻雅雨堂叢書本 一冊

110000－0102－0001875 （丙一）/922 經部/書類

尚書後案三十卷附尚書後辨一卷 （清）王鳴盛撰 清乾隆四十五年(1780)禮堂刻本 十冊

110000－0102－0001876 （丙一）/927 經部/書類

黃翰林校正書經大全十卷 （明）胡廣等纂 書經考異一卷 （宋）王應麟撰 清康熙五十年(1711)郁郁堂刻本 十冊

110000－0102－0001877 （丙一）/929 經部/書類/傳說

欽定書經傳說彙纂二十一卷首二卷 （清）王

項齡等撰　清雍正刻本　佚名圈點　十六冊

110000－0102－0001878　（丙一）/937　經部/詩類/傳說

欽定詩經傳說彙纂二十一卷首二卷詩序二卷　（清）王鴻緒等編　清雍正五年(1727)尊經閣刻本　二十四冊

110000－0102－0001879　（丙一）/942　經部/詩類

詩所八卷　（清）李光地注　清雍正五年至六年(1727－1728)李清植、魏君璧刻本　三冊

110000－0102－0001880　（丙一）/946　經部/詩類/傳說

欽定詩經傳說彙纂二十一卷首二卷詩序二卷　（清）王鴻緒等撰　清雍正五年(1727)內府刻本　十六冊

110000－0102－0001881　（丙一）/947　經部/禮類/三禮

三禮論　（清）呂心忠撰　清抄本　一冊

110000－0102－0001882　（丙一）/963　經部/禮類/三禮

五禮通考二百六十二卷首四卷總目二卷（清）秦蕙田編　清乾隆十八年(1753)刻本　九十六冊

110000－0102－0001883　（丙一）/964　經部/禮類/三禮

御製三禮義疏一百七十八卷首一卷　（清）允祿等撰　清乾隆十九年(1754)京師武英殿刻本　一百八十七冊

110000－0102－0001884　（丙一）/966　經部/春秋類/春秋總義

日講春秋解義六十四卷　（清）庫勒納等編　清乾隆二年(1737)內府刻本　三十二冊

110000－0102－0001885　（丙一）/974　經部/春秋類/總義/傳說

欽定春秋傳說彙纂三十八卷首二卷　（清）王掞等撰　清康熙刻本　三十二冊

110000－0102－0001886　（丙一）/991　經

部/孝經類/傳說

孝經衍義一百卷首二卷　（清）葉方藹等纂　清康熙二十九年(1690)武英殿刻本　三十冊

110000－0102－0001887　（丙一）/997　經部/孝經類/傳說

孝經註疏九卷　（唐）玄宗李隆基註　（宋）邢昺疏　清初致和堂刻本　一冊

110000－0102－0001888　（丙一）/1032　經部/小學類/文字

大廣益會玉篇三十卷　（南朝梁）顧野王撰　清康熙四十三年(1704)澤存堂刻本　三冊

110000－0102－0001889　（丙一）/1040　經部/小學類/文字

說文解字通釋四十卷附錄一卷　（五代）徐鍇撰　清乾隆四十七年(1782)汪啓淑刻本　十冊

110000－0102－0001890　（丙一）/1041　經部/小學類/文字

六書故三十三卷六書通釋一卷　（宋）戴侗撰　清乾隆四十九年(1784)刻本　十六冊

110000－0102－0001891　（丙一）/1053　經部/小學類/音韻/韻典

附釋文互注禮部韻略五卷　（宋）歐陽德隆撰　（宋）郭守正增補　清康熙揚州使院刻本　五冊

110000－0102－0001892　（丙一）/1082　經部/易類

御纂周易折中二十二卷首一卷　（清）李光地等撰　清康熙五十四年(1715)武英殿刻本　十冊

110000－0102－0001893　（丙一）/1095　經部/經總類

十三經注疏三百四十六卷　清乾隆十二年(1747)武英殿刻本　一百十六冊

110000－0102－0001894　（丙一）/1096　經部/經總類

十三經注疏　明崇禎毛氏汲古閣刻本　一百二十六冊

110000－0102－0001895 （丙一）/1098 經部/小學類/音韻/韻典

重編廣韻五卷 （明）朱祐檳編 明嘉靖二十八年(1549)益藩刻本 五冊

110000－0102－0001896 （丙一）/1106 經部/小學類/文字

六書通十卷 （明）閔齊伋撰 （清）畢弘述篆訂 清康熙五十九年(1720)基閣堂刻本 八冊

110000－0102－0001897 （丙一）/1107 經部/小學類/文字/字典

說文解字十五卷 （漢）許慎撰 （宋）徐鉉等校定 清初毛氏汲古閣刻本 佚名批點 八冊

110000－0102－0001898 （丙一）/1112 經部/經總類/群經總義/圖說

朱子六經圖十二卷增定四書圖四卷 （清）江為龍撰 清康熙四十八年(1709)刻本 六冊

110000－0102－0001899 （丙一）/1113 經部/詩類

續呂氏家塾讀詩記三卷 （宋）戴溪撰 清乾隆武英殿木活字印武英殿聚珍版叢書本 二冊

110000－0102－0001900 （丙一）/1115 經部/小學類/文字

說文解字十五卷 （漢）許慎撰 （宋）徐鉉等校定 清乾隆三十八年(1773)朱筠椒華吟舫刻本 佚名題跋 佚名題字 八冊

110000－0102－0001901 （丙一）/1136 經部/小學類/音韻/韻典

古今韻會舉要三十卷禮部韻畧七音三十六母通攷一卷 （元）黃公紹撰 （元）熊忠舉要 明刻本 十冊

110000－0102－0001902 （丙一）/1140 經部/小學類/音韻/韻典

洪武正韻十六卷 （明）樂邵鳳撰 明萬曆十一年(1583)衡藩重刻 八冊

110000－0102－0001903 （丙一）/1141 經部/小學類/文字/字典

隸辨八卷 （清）顧藹吉撰 清乾隆八年(1743)黃晟刻本 八冊

110000－0102－0001904 （丙一）/1147 經部/經總類/群經總義/文字音義

經典釋文三十卷 （唐）陸德明撰 **經典釋文攷証三十卷** （清）盧文弨考證 **孟子音義二卷** （宋）孫奭撰 清乾隆五十六年(1791)餘姚盧文弨龍城書院刻清後印抱經堂叢書本 十二冊

110000－0102－0001905 （丙一）/1166 經部/小學類/音韻/韻典

廣韻五卷 （宋）陳彭年撰 清康熙四十三年(1704)張士俊刻本 二冊

110000－0102－0001906 （丙一）/1170 經部/易類

來瞿唐先生易註十五卷首一卷末一卷 （明）來知德撰 清雍正七年(1729)寧遠堂刻本 十二冊

110000－0102－0001907 （丙一）/1172 經部/經總類/群經總義

五經旁訓辨體五種二十一卷 （清）徐立綱輯 清乾隆五十四年(1789)刻本 八冊 存四種十五卷(周易讀本三卷、詩經讀本四卷、尚書讀本四卷、春秋讀本四卷)

110000－0102－0001908 （丙一）/1177 經部/禮類/禮記

禮記注疏二十四卷 （漢）鄭玄注 （唐）孔穎達疏 明汲古閣刻本 八冊 存二十卷(一至十五、十八至十九、二十二至二十四)

110000－0102－0001909 （丙一）/1182 經部/春秋類/左傳

春秋左傳杜注三十卷 （清）姚培謙撰 清乾隆十一年(1746)小鬱林刻本 五冊 存十三卷(一至十三)

110000－0102－0001910 （丙一）/1193 經部/禮類/儀禮/傳說

讀禮通考一百二十卷 （清）徐乾學編 清康

熙三十五年(1696)冠山堂刻本　三十二冊

110000－0102－0001911　（丙一）/1194　經部/禮類/儀禮/傳說

儀禮經傳通解三十七卷 （宋）朱熹撰　**儀禮經傳通解續二十九卷** （宋）黃榦撰　清康熙呂氏寶誥堂刻本　二十四冊

110000－0102－0001912　（丙一）/1195　經部/禮類/儀禮/傳說

儀禮經傳通解續二十九卷 （宋）黃榦撰　清康熙呂氏寶誥堂刻本　十冊

110000－0102－0001913　（丙一）/1204　經部/詩類

御纂詩義折中二十卷 （清）傅恆等撰　清乾隆文光堂刻本　十冊

110000－0102－0001914　（丙一）/1234　經部/小學類/文字

增訂金壺字考十九卷金壺字考二集二十一卷補錄一卷補註一卷 （宋）釋適之編　（清）田朝恆增訂　清乾隆刻本　八冊

110000－0102－0001915　（丙一）/1245　經部/四書類/總義/傳說

欽定四書文選不分卷 （清）高宗弘曆敕撰　清乾隆刻本　四冊

110000－0102－0001916　（丙一）/1248　經部/經總類/群經合刊

篆文五經 明嘉靖六年(1527)刻本　二十九冊

110000－0102－0001917　（丙一）/1256　經部/詩類

御纂詩義折中二十卷 （清）傅恆等撰　清乾隆文光堂刻本　八冊

110000－0102－0001918　（丙一）/1259　經部/禮類/儀禮

儀禮節略二十卷 （清）朱軾撰　清康熙五十八年(1719)朱氏刻本　十一冊

110000－0102－0001919　（丙一）/1277　經部/禮類/三禮

朱子禮纂五卷 （清）李光地編　清雍正十一年(1733)教忠堂刻本　一冊

110000－0102－0001920　（丙一）/1282　經部/禮類/周禮/傳說

周禮注疏四十二卷 （漢）鄭玄注　（唐）賈公彥疏　（唐）陸德明音義　明崇禎十三年(1640)毛氏汲古閣刻十三經注疏本　七冊存十八卷(一至十三、十七至二十一)

110000－0102－0001921　（丙一）/1283　經部/禮類/禮記

大戴禮記補注十三卷序錄一卷 （清）孔廣森撰　清乾隆五十九年(1794)孔氏刻𪩘軒孔氏所著書本　一冊

110000－0102－0001922　（丙一）/1321　經部/經總類/群經總義

群經補義五卷 （清）江永撰　清乾隆二十五年(1760)書業堂刻本　一冊

110000－0102－0001923　（丙一）/1336　經部/禮類/禮記

夏小正考注一卷 （清）畢沅撰　清乾隆四十八年(1783)畢氏靈巖山館刻訓經堂叢書本　一冊

110000－0102－0001924　（丙一）1447　經部/小學類/文字/字典

大廣益會玉篇三十卷 （南朝梁）顧野王撰　清康熙四十三年(1704)澤存堂刻本　五冊

110000－0102－0001925　（丙一）/1450　經部/四書類/總義

四書釋地一卷續一卷又續一卷三續一卷附孟子生卒年月考一卷 （清）閻若璩撰　清乾隆五十二年(1787)南城吳氏聽雨齋刻本　六冊

110000－0102－0001926　（丙一）/1451　經部/易類

郭氏傳家易說十一卷總論一卷 （宋）郭雍撰　清乾隆三十九年(1774)武英殿刻本　八冊

110000－0102－0001927　（丙一）/1452　經部/易類

易原八卷 （宋）程大昌撰　清乾隆武英殿木

活字印本　四册

110000－0102－0001928　（丙一）/1455　子部/術數類/數學

皇極經世書八卷首一卷　（清）王植輯　清乾隆二十一年（1756）刻本　八册

110000－0102－0001929　（丙一）/1456　子部/儒家類

正蒙十七卷序論一卷臆說一卷　（清）王植撰　清雍正刻本　五册

110000－0102－0001930　（丙一）/1499　經部/小學類/文字

文字正求十四卷　（清）王孝通撰　清末抄本　四册

110000－0102－0001931　（丙一）/1509　經部/春秋類/春秋總義

國語鈔二卷國策鈔二卷穀梁傳鈔一卷公羊傳鈔一卷　（清）高塘評　清乾隆五十三年（1788）楊氏培元堂刻本　六册

110000－0102－0001932　（丙一）/1523　經部/小學類/文字/字典

隸辨八卷　（清）顧藹吉撰　清乾隆八年（1743）喻義堂刻本　八册

110000－0102－0001933　（丙一）/1530　經部/經總類/群經總義

鄭志三卷　（三國魏）鄭小同撰　清乾隆武英殿木活字印武英殿聚珍版叢書本　一册

110000－0102－0001934　（丙一）/1531　經部/春秋類

春秋辨疑四卷　（宋）蕭楚撰　清乾隆三十八年（1773）木活字印武英殿聚珍版叢書本　二册

110000－0102－0001935　（丙一）/1532　經部/詩類

絜齋毛詩經筵講義四卷　（宋）袁燮撰　**易象意言一卷**　（宋）蔡淵撰　清乾隆四十年（1775）武英殿木活字印武英殿聚珍版叢書本　一册

110000－0102－0001936　（丙一）/1533　經部/春秋類

春秋經解十五卷　（宋）孫覺撰　清乾隆武英殿木活字印武英殿聚珍版叢書本　六册

110000－0102－0001937　（丙一）/1534　經部/書類

融堂書解二十卷　（宋）錢時撰　清乾隆三十九年（1774）武英殿木活字印武英殿聚珍版叢書本　十册

110000－0102－0001938　（丙一）/1535　經部/書類

禹貢指南四卷　（宋）毛晃撰　清乾隆三十八年（1773）武英殿木活字印武英殿聚珍版叢書本　四册

110000－0102－0001939　（丙一）/1536　經部/易類

易象意言一卷　（宋）蔡淵撰　清乾隆三十八年（1773）武英殿木活字印武英殿聚珍版叢書本　一册

110000－0102－0001940　（丙一）/1537－1　經部/春秋

春秋傳說例一卷　（宋）劉敞撰　清乾隆四十一年（1776）武英殿木活字印武英殿聚珍版叢書本　一册

110000－0102－0001941　（丙一）/1537－2　經部/禮類/儀禮

儀禮識誤三卷　（宋）張淳撰　清乾隆四十年（1775）武英殿木活字印武英殿聚珍版叢書本　二册

110000－0102－0001942　（丙一）/1538　經部/小學類/訓詁

輶軒使者絕代語釋別國方言十三卷　（漢）揚雄撰　（晉）郭璞注　清乾隆四十四年（1779）武英殿木活字印武英殿聚珍版叢書本　四册

110000－0102－0001943　（丙一）/1543　經部/書類

書經近指六卷　（清）孫奇逢撰　清康熙十五年（1676）趙續一鶴軒刻本　四册

110000－0102－0001944　（丙二）/1　史部/
紀傳類/斷代

明史三百三十二卷目錄四卷　（清）張廷玉等
撰　清乾隆四年(1739)武英殿刻二十四史本
一百十一冊　存三百三十二卷(一至三百
三十二)

110000－0102－0001945　（丙二）/6　史部/
政書類/詔令奏議/奏議

江西奏議二卷　（明）唐龍撰　**江西奏議附錄
一卷**　（明）陳金等撰　明嘉靖刻嘉靖十四年
(1535)張鯤補版本　二冊

110000－0102－0001946　（丙二）/7　子部/
藝術類/書畫

山谷題跋四卷　（宋）黃庭堅撰　明崇禎刻本
周心如題跋、題識　佚名批　四冊

110000－0102－0001947　（丙二）/8　子部/
道家類

老子道德經二卷　（漢）河上公章句　明刻本
二冊

110000－0102－0001948　（丙二）/11　史部/
別史、雜史類

孫淵如校錄明末五種　（清）孫星衍輯　清孫
星衍抄本　佚名校　八冊

110000－0102－0001949　（丙二）/12　子部/
法家類

管子二十四卷　（春秋）管仲撰　（唐）房玄齡
注　（明）朱東光輯　明萬曆刻本　六冊

110000－0102－0001950　（丙二）/13　史部/
地理類/專志

西湖志纂十二卷首一卷　（清）梁詩正纂　清
乾隆二十年(1755)賜經堂刻本　五冊

110000－0102－0001951　（丙二）/14　史部/
別史、雜史類

錢塘遺事十卷　（元）劉一清編　清抄本
四冊

110000－0102－0001952　（丙二）/17　集部/
小說類/筆記小說

新刻山海經十八卷　（晉）郭璞撰　（明）胡文

煥校　明刻本　四冊

110000－0102－0001953　（丙二）/19　子部/
儒家類

家語十卷　（三國魏）王肅註　**集語二卷**
（宋）薛據纂　明刻本　佚名批註　六冊

110000－0102－0001954　（丙二）/20　集部/
小說類/筆記小說

文昌雜錄六卷補遺一卷　（宋）龐元英撰　清
乾隆二十一年(1756)雅雨堂刻本　二冊

110000－0102－0001955　（丙二）/21　子部/
藝術類/書畫

淳化閣帖釋文十卷　（清）朱家標校定　清康
熙二十二年(1683)綗錦堂刻本　二冊

110000－0102－0001956　（丙二）/22　史部/
地理類/山川

水經四十卷　（漢）桑欽撰　（北魏）酈道元注
山海經十八卷　（晉）郭璞撰　清乾隆十八
年(1753)黃晟刻本　十六冊

110000－0102－0001957　（丙二）/31　史部/
目錄類/收藏/私藏

汲古閣刊書細目一卷　（明）毛晉撰　清抄本
一冊

110000－0102－0001958　（丙二）/35－1　子
部/兵家類

督師閣部頒發車營制　（明）鹿善繼編　清抄
本　佚名圈點　一冊

110000－0102－0001959　（丙二）/35－2　子
部/兵家類

車營百八叩　（明）孫承宗撰　清抄本　一冊

110000－0102－0001960　（丙二）/36　史部/
史評類

中博聞錄四卷附錄一卷　（清）黃蘅仲纂　清
末尚友堂抄本　四冊

110000－0102－0001961　（丙二）/37　史部/
別史、雜史類

今言四卷　（明）鄭曉撰　明嘉靖四十五年
(1566)項篤壽刻本　三冊　存三卷(一至三)

110000－0102－0001962　（丙二）/39　史部/
傳記類/總傳

國初名臣列傳　清抄本　十一冊

110000－0102－0001963　（丙二）/44　史部/
地理類/山川/川

[**康熙**]**具區志十六卷**　（清）翁澍撰　清康熙
二十八年(1689)刻本　四冊

110000－0102－0001964　（丙二）/47　史部/
地理類/方志/地方志/山西

[**乾隆**]**鳳臺縣誌二十卷首一卷**　（清）林荔修
（清）姚學甲纂　清乾隆四十九年(1784)刻
本　八冊　缺三卷(十九至二十、首一卷)

110000－0102－0001965　（丙二）/54　史部/
地理類/方志

[**雍正**]**朔平府志十二卷**　（清）劉士銘纂輯
清雍正十一年(1733)刻本　八冊

110000－0102－0001966　（丙二）/55　史部/
地理類/方志

[**淳熙**]**新安志十卷**　（宋）羅願撰　清康熙四
十六年至四十七年(1707－1708)黃以祚程德
堂刻本　四冊

110000－0102－0001967　（丙二）/58　史部/
地理類/方志

[**乾隆**]**直隸易州志十八卷首一卷**　（清）張登
高等續修　清乾隆十二年(1747)刻本　八冊

110000－0102－0001968　（丙二）/59　史部/
地理類/方志

[**乾隆**]**延慶州志十卷首一卷**　（清）李鍾倬等
修　清乾隆七年(1742)刻本　六冊

110000－0102－0001969　（丙二）/64　史部/
地理類/方志/地方志

[**乾隆**]**西華縣志十四卷首一卷**　（清）宋恂重
修　（清）于大猷纂　清乾隆十九年(1754)刻
本　六冊

110000－0102－0001970　（丙二）/68　史部/
地理類/山川

[**康熙**]**湘山志五卷**　（清）徐泌修　（清）謝允復
纂修　清康熙二十一年(1682)刻本　四冊

110000－0102－0001971　（丙二）/70　史部/
地理類/方志

[**康熙**]**宣化縣志三十卷**　（清）陳坦修　清康
熙五十年(1711)刻本　六冊

110000－0102－0001972　（丙二）/83　史部/
地理類/方志

[**乾隆**]**隴西縣志十二卷首一卷**　（清）魯廷琰
纂　清乾隆三年(1738)刻本　六冊

110000－0102－0001973　（丙二）/94　史部/
地理類/方志/地方志

[**乾隆**]**涿州志二十二卷首一卷**　（清）吳山鳳
纂修　清乾隆三十年(1765)刻本　十二冊

110000－0102－0001974　（丙二）/96　史部/
地理類/方志

[**乾隆**]**郃陽縣全志四卷**　（清）孫景烈撰　清
乾隆三十四年(1769)刻本　四冊

110000－0102－0001975　（丙二）/98　史部/
地理類/方志

[**乾隆**]**韓城縣誌十六卷首一卷**　（清）傅應奎
纂　清乾隆四十九年(1784)刻本　五冊

110000－0102－0001976　（丙二）/104　史
部/地理類/方志

[**乾隆**]**嶂縣志八卷**　（清）邵豐鍬等纂　清乾
隆二十二年(1757)刻本　佚名批　四冊

110000－0102－0001977　（丙二）/119　史
部/地理類/方志

[**康熙**]**靈壽縣志十卷末一卷**　（清）陸隴其纂
修　清康熙二十五年(1686)刻本　四冊

110000－0102－0001978　（丙二）/120　史
部/地理類/方志

[**乾隆**]**澄城縣志二十卷**　（清）孫星衍
（清）洪亮吉撰　清乾隆四十九年(1784)刻本
四冊

110000－0102－0001979　（丙二）/131　史
部/地理類/方志/地方志

[**康熙**]**太平縣志八卷**　（清）曹文珽編　清康
熙二十二年(1683)刻本　二冊

110000 – 0102 – 0001980　（丙二）/133　史部/地理類/方志/地方志

[康熙]隴州志八卷首一卷　（清）羅彰彝等纂修　清康熙五十二年(1713)刻本　四冊

110000 – 0102 – 0001981　（丙二）/134　史部/地理類/方志

[乾隆]直隸階州志二卷　（清）林忠原編（清）毛琪麟補輯　清乾隆元年(1736)刻本　四冊

110000 – 0102 – 0001982　（丙二）/137　史部/地理類/方志/地方志

[乾隆]鬱林州志十卷　（清）邱桂山等纂　清乾隆五十七年(1792)閭氏見賢堂書坊刻本　四冊

110000 – 0102 – 0001983　（丙二）/139　史部/地理類/方志

[乾隆]郿縣志十八卷首圖一卷　（明）劉九經撰　（清）張若重纂　清乾隆四十四年(1779)刻本　四冊

110000 – 0102 – 0001984　（丙二）/141　集部/別集類/明

韓五泉詩四卷　（明）韓邦靖撰　韓安人遺詩一卷　（明）屈氏撰　韓五泉附錄二卷　（明）王九思等撰　[正德]朝邑縣志二卷　（明）韓邦靖纂　清刻本　三冊

110000 – 0102 – 0001985　（丙二）/147　史部/地理類/方志/地方志

[康熙]長山縣志十卷首一卷　（清）孫衍輯　清康熙五十四年(1715)刻本　四冊

110000 – 0102 – 0001986　（丙二）/167　史部/地理類/山川

攝山志八卷首一卷　（清）陳毅撰　清乾隆刻本　六冊

110000 – 0102 – 0001987　（丙二）/169　史部/地理類/專志/古跡

續刻麻姑山丹霞洞天志十七卷　（明）左宗郢編　（清）何天爵續　清康熙五十七年(1718)瀧溪曉樓刻本　五冊

110000 – 0102 – 0001988　（丙二）/174　史部/地理類/山川

[乾隆]西山志十二卷　（清）歐陽桂撰　清乾隆三十一年(1766)刻本　四冊

110000 – 0102 – 0001989　（丙二）/187　史部/地理類/專志

鼎湖山慶雲寺志八卷首圖一卷　（清）丁易撰　（清）釋成鷲纂　清乾隆刻本　四冊

110000 – 0102 – 0001990　（丙二）/189　史部/地理類/專志

[康熙]神鼎誌畧一卷補遺一卷　（清）釋元揆纂　清康熙三十二年(1693)刻本　一冊

110000 – 0102 – 0001991　（丙二）/190　史部/地理類/山川/山

寶華山志十五卷首一卷　（清）劉名芳纂修　清乾隆刻本　四冊

110000 – 0102 – 0001992　（丙二）/191　史部/地理類/山川/山

徑山志十四卷　（明）宋奎光輯　明天啟四年(1624)刻本　六冊

110000 – 0102 – 0001993　（丙二）/192　史部/地理類/山川/山

禹峽山志四卷　（清）孫繩祖纂修　清康熙六十年(1721)刻本　四冊

110000 – 0102 – 0001994　（丙二）/200　史部/地理類/山川/山

衡嶽志八卷　（明）鄧雲霄等編　明萬曆四十年(1612)刻本　七冊　存七卷(一至四、六至八)

110000 – 0102 – 0001995　（丙二）/201　史部/地理類/山川/山

天台山方外志三十卷　（明）釋傳燈撰　明萬曆幽溪講堂刻本(有抄配)　六冊

110000 – 0102 – 0001996　（丙二）/211　史部/地理類/山川/山

五蓮山志五卷　（清）釋海霆輯　清康熙二十年(1681)萬松禪林刻本　二冊

110000－0102－0001997　（丙二）/213　史部/地理類/山川/山

雞足山志十卷首一卷　（清）范承勛撰　清康熙三十一（1692）年刻本（卷二、九刻配）六冊

110000－0102－0001998　（丙二）/222　史部/地理類/專志

洞霄宮志四卷　（清）聞人儒纂輯　清乾隆十八年（1753）刻二十三年（1758）補刻本　四冊

110000－0102－0001999　（丙二）/235　史部/地理類/專志

支提寺志六卷　（清）崔嵸纂　清康熙三十三年（1694）刻本（序,卷三第五十八至五十九葉、卷四第一葉、卷六第七至十一葉係抄補）二冊

110000－0102－0002000　（丙二）/237　史部/地理類/專志

明蘭寺志六卷首一卷　（清）王珽修　清康熙四十六年（1707）刻本　四冊

110000－0102－0002001　（丙二）/242　史部/地理類/專志

湯陰精忠廟志十卷　（明）張應登輯　（清）楊世達續輯　清刻本　六冊

110000－0102－0002002　（丙二）/245　史部/地理類/遊記/清

南來志一卷北歸志一卷廣州遊覽小志一卷（清）王士禎撰　清康熙刻本　二冊

110000－0102－0002003　（丙二）/251　史部/地理類/專志

浙江十一府名勝志十一卷　明萬曆刻本六冊

110000－0102－0002004　（丙二）/268　史部/地理類/山川

黃山志定本七卷首一卷　（清）閔麟嗣撰　清康熙十八年（1679）刻二十五年（1686）重印本七冊

110000－0102－0002005　（丙二）/269　史部/地理類/方志/地方志/陝西

[康熙]**臨潼縣志八卷**　（清）趙于京編　清康熙刻本　四冊

110000－0102－0002006　（丙二）/275　史部/地理類/方志

吳興合璧四卷　（清）陳文煜纂輯　清乾隆五十二年（1787）刻本　二冊

110000－0102－0002007　（丙二）/309　史部/地理類/雜記

顏山雜記四卷　（清）孫廷銓纂　清康熙五年（1666）刻本　二冊

110000－0102－0002008　（丙二）/317　史部/地理類/山川

華巖備志二卷　（清）鄧迪撰　清康熙三十四年（1695）刻本　一冊

110000－0102－0002009　（丙二）/318　史部/地理類/山川/山

羅浮山志會編二十二卷首一卷　（清）宋廣業纂輯　清康熙五十五年（1716）刻本　十冊

110000－0102－0002010　（丙二）/319　史部/地理類/山川/川

西湖志四十八卷　（清）傅王露等修　清雍正十二年（1734）刻本　三十二冊

110000－0102－0002011　（丙二）/320　子部/術數類/相宅相墓

新編秘傳堪輿類纂人天共寶十二卷　（明）黃慎編　清乾隆三十七年（1772）刻本　十冊

110000－0102－0002012　（丙二）/321　子部/術數類/相宅相墓

地理辨正二卷　（明）蔣平階補撰　（明）姜垚辨正　清抄本　二冊

110000－0102－0002013　（丙二）/324　史部/地理類/專志/祠墓

三立祠傳二卷附錄一卷　（明）袁繼咸撰（清）劉梅重訂　（清）和其衷重編　清乾隆三十年（1765）刻本　四冊

110000－0102－0002014　（丙二）/326　史部/紀傳類/通代

通志略五十一卷 （宋）鄭樵撰 明陳宗夔刻本 五冊 存十三卷（氏族略一至六、六書略一至五、七音略一至二）

110000－0102－0002015 （丙二）/328 史部/別史、雜史類

國語二十一卷 （三國吳）韋昭注 清乾隆三十一年(1766)詩禮堂刻本 卷二十一末有朱筆書"桐鄉金德興讀過" 佚名圈點、批校 四冊

110000－0102－0002016 （丙二）/329－1 子部/宗教類/釋教

刻藏緣起一卷附檢經會約一卷刻藏規則一卷 （明）釋僧可等撰 明萬曆刻徑山藏本 一冊

110000－0102－0002017 （丙二）/329－2 子部/宗教類/釋教

大明三藏聖教目錄四卷 （明）□□編 明萬曆二十九年(1601)徑山寂照庵刻徑山藏本 一冊

110000－0102－0002018 （丙二）/329－3 子部/宗教類/釋教

遵依北藏字號編次畫一一卷續藏經值畫一一卷又續藏經值畫一一卷 （清）□□編 清康熙刻徑山藏本 一冊

110000－0102－0002019 （丙二）/338 史部/地理類/專志

杭州上天竺講寺誌十五卷首一卷 （清）釋廣賓纂 清順治三年(1646)刻本 四冊

110000－0102－0002020 （丙二）/339 史部/地理類/專志

增修雲林寺志八卷 （清）厲鶚等撰 清乾隆二十六年(1761)刻本 二冊

110000－0102－0002021 （丙二）/378 史部/紀傳類/彙編

[十七史]六百四十一卷 清初翻刻毛氏汲古閣本（存宋書、梁書、陳書、魏書、五代史,魏書卷一百十四後誤加入明萬曆二十四年南京國子監刻本卷一百〇八至一百十四;三國志、南

史、北史係清古吳書業趙氏翻刻本補配） 佚名圈定 九十六冊

110000－0102－0002022 （丙二）/392 史部/地理類/專志

韜光菴紀遊初編二卷 （清）釋山止輯 清康熙五十七年(1718)刻本 一冊

110000－0102－0002023 （丙二）/396 史部/地理類/專志

浯溪考二卷 （清）王士禛撰 清康熙四十年(1701)刻本 二冊

110000－0102－0002024 （丙二）/400 史部/別史、雜史類

西河合集勝朝彤史拾遺記六卷 （清）毛奇齡撰 清舫齋抄本 一冊

110000－0102－0002025 （丙二）/401 集部/小說類/筆記小說

病榻遺言四卷 （明）高拱撰 清康熙高有聞刻本 二冊

110000－0102－0002026 （丙二）/488 史部/紀事本末類/通代

繹史一百六十卷世系圖一卷 （清）馬驌撰 清康熙刻本 三十六冊

110000－0102－0002027 （丙二）/512 史部/政書類/詔令奏議/詔令

硃批諭旨不分卷 （清）范時繹等撰 （清）鄂爾泰等編 清乾隆三年(1738)內府朱墨套印本 一百十二冊

110000－0102－0002028 （丙二）/525 史部/傳記類/年譜

朱子年譜四卷考異四卷朱子論學切要語二卷 （清）王懋竑撰 清乾隆寶應王氏白田草堂刻清浙江書局補刻本 四冊

110000－0102－0002029 （丙二）/539 史部/傳記類/宗譜

八旗滿洲氏族通譜八十卷目錄二卷 （清）鄂爾泰等纂修 清乾隆二十六年(1761)內府刻本 二十二冊 存六十五卷（一至二十一、二十五至三十一、三十六至四十、四十六至七十七）

110000－0102－0002030 （丙二）/569 史部/地理類/方志

[雍正]畿輔通志一百二十卷 （清）唐執玉等編 清内府刻本 七十冊 存一百十四卷（一至八十一、八十六至九十四、九十八至一百二十、一百十三）

110000－0102－0002031 （丙二）/572 史部/地理類/山川/川

水經注釋四十卷首一卷附錄二卷 （清）趙一清撰 清乾隆五十九年（1794）小山堂刻本 佚名圈點 十四冊

110000－0102－0002032 （丙二）/573 史部/地理類/山川

水經注箋刊誤十二卷 （清）趙一清撰 清乾隆五十九年（1794）趙氏小山堂刻本 六冊

110000－0102－0002033 （丙二）/619 史部/紀傳類/通代

八旗通志初集二百五十卷目錄二卷 （清）鄂爾泰等纂修 清乾隆四年（1739）武英殿刻本 八十冊

110000－0102－0002034 （丙二）/648 史部/金石類/總錄

兩漢金石記二十二卷 （清）翁方綱撰 清乾隆五十四年（1789）南昌使院刻本 八冊

110000－0102－0002035 （丙二）/658 史部/史評類

史通通釋二十卷附錄一卷 （清）浦起龍撰 清乾隆十三年至十七年（1748－1752）梁溪浦氏求放心齋刻本 八冊

110000－0102－0002036 （丙二）/662 史部/編年類/通代

資治通鑑綱目前編二十五卷 （明）南軒撰 （明）陳仁錫評 明末刻本 十冊

110000－0102－0002037 （丙二）/663 史部/編年類/通代

御製資治通鑑綱目全書一百〇九卷 （清）聖祖玄燁批 清康熙四十六年（1707）宋犖刻本 五十冊

110000－0102－0002038 （丙二）/669 史部/政書類/詔令奏議

硃批諭旨不分卷 （清）世宗胤禛批 清乾隆三年（1738）内府刻四色套印本 一百十二冊

110000－0102－0002039 （丙二）/744 史部/地理類/方志

[乾隆]饒陽縣志二卷首一卷末一卷 （清）單作哲纂 清乾隆十四年（1749）刻本 二冊

110000－0102－0002040 （丙二）/747 史部/地理類/方志

[乾隆]博野縣志八卷首一卷末一卷 （清）吳鏊重修 清乾隆三十二年（1767）刻本 六冊

110000－0102－0002041 （丙二）/749 史部/地理類/方志

[乾隆]獻縣志二十卷圖一卷表一卷 （清）萬廷蘭修 （清）戈濤纂 清乾隆二十六年（1761）刻本 十二冊

110000－0102－0002042 （丙二）/759 史部/地理類/方志

[乾隆]延慶州志十卷首一卷 （清）李鍾偉等編 清乾隆七年（1742）刻本 六冊

110000－0102－0002043 （丙二）/785 史部/地理類/方志

[熙寧]長安志二十卷 （宋）宋敏求撰 長安圖志三卷 （元）李好文編 清乾隆四十九年（1784）畢沅靈巖山館刻本 四冊

110000－0102－0002044 （丙二）/786 史部/編年類/通代

御製資治通鑑綱目全書一百〇九卷 （清）聖祖玄燁批 清康熙四十六年（1707）宋犖刻本 八十冊

110000－0102－0002045 （丙二）/801 史部/別史、雜史類

十六國春秋一百卷 （北魏）崔鴻撰 清乾隆四十六年（1781）刻本 十六冊

110000－0102－0002046 （丙二）/808 史部/別史、雜史類

國語二十一卷 （三國吳）韋昭解 （宋）宋庠

補音　明末刻本　六冊

110000 - 0102 - 0002047　（丙二）/813　史部/地理類/山川

廬山志十五卷　（清）毛德琦輯　清乾隆五十八年(1793)刻本　十二冊

110000 - 0102 - 0002048　（丙二）/815　史部/編年類/通代

前漢紀三十卷　（漢）荀悅撰　後漢紀三十卷　（晉）袁宏撰　清康熙五十年(1711)刻本　十六冊

110000 - 0102 - 0002049　（丙二）/820　史部/地理類/山川

水經四十卷　（漢）桑欽撰　（北魏）酈道元注　山海經十八卷　（晉）郭璞撰　清乾隆十八年(1753)新安歙西黃晟槐蔭草堂刻本　十冊

110000 - 0102 - 0002050　（丙二）/830　史部/史評類

脩史試筆二卷　（清）藍鼎元纂　（清）曠敏本評　清雍正刻本　二冊

110000 - 0102 - 0002051　（丙二）/860　史部/地理類/專志

嵩嶽廟史十卷　（清）景日昣纂　清康熙三十五年(1696)刻本　三冊

110000 - 0102 - 0002052　（丙二）/872　史部/金石類

考古新編　（明）張應文講授　（明）張謙德記述　民國間周肇祥抄本　一冊

110000 - 0102 - 0002053　（丙二）/875　史部/地理類/山川

嵩山志二十卷首一卷　（清）葉封編　清康熙十八年(1679)刻本　五冊

110000 - 0102 - 0002054　（丙二）/892　史部/地理類/山川

[乾隆]鼓山志十四卷首一卷　（清）黃任輯　清乾隆刻本　六冊

110000 - 0102 - 0002055　（丙二）/919　史部/編年類/通代

資治通鑑綱目五十九卷　（宋）朱熹撰　（清）陳仁錫評　清康熙四十年(1701)王公行刻本　七十九冊

110000 - 0102 - 0002056　（丙二）/920　史部/編年類/通代

續資治通鑑綱目二十七卷　（明）商輅撰　（明）陳仁錫評　清康熙四十年(1701)王公行刻本　三十冊

110000 - 0102 - 0002057　（丙二）/931　史部/編年類/通代

歷代通鑑纂要九十二卷　（明）劉機等編　明正德十四年(1519)慎獨齋刻本　四十冊

110000 - 0102 - 0002058　（丙二）/932　史部/編年類/通代

資治通鑑綱目集覽五十九卷　（元）王幼學撰　（明）陳濟編　資治通鑑綱目發明五十九卷　（宋）尹起莘撰　明永樂刻本　十冊

110000 - 0102 - 0002059　（丙二）/942　史部/別史、雜史類

國語二十一卷　（三國吳）韋昭解　（宋）宋庠補音　明萬曆十三年(1585)吳汝紀刻本(卷十六有七葉係抄配)　四冊

110000 - 0102 - 0002060　（丙二）/1697　史部/傳記類/別傳

明薊遼督師袁崇煥傳　張伯禎撰　稿本　一冊

110000 - 0102 - 0002061　（丙二）/1702　史部/目錄類/著錄/叢書目錄/總目

欽定四庫全書總目二百卷首四卷　（清）紀昀等編纂　清乾隆杭州官府刻本　一百十二冊

110000 - 0102 - 0002062　（丙二）/1737　史部/政書類/法令

鹿洲公案二卷　（清）藍鼎元撰　清雍正七年(1729)刻本　二冊

110000 - 0102 - 0002063　（丙二）/1740　經部/小學類/文字

班馬字類五卷　（宋）婁機撰　清乾隆經鉬堂刻本　四冊

110000－0102－0002064　（丙二）/1741　史部/別史、雜史類

越絕十五卷附外傳本事　（漢）袁康撰　明刻本　一冊

110000－0102－0002065　（丙二）/1747　史部/政書類/詔令奏議/奏議

靳文襄公奏疏八卷　（清）靳輔撰　清雍正靳氏刻本　八冊

110000－0102－0002066　（丙二）/1750　史部/傳記類/別傳

忠武志八卷　（清）張鵬翮輯　清康熙刻本　八冊

110000－0102－0002067　（丙二）/1750　史部/地理類/山川/山

臥龍崗志二卷　（清）羅景輯　清康熙五十一年(1712)羅景刻本　二冊

110000－0102－0002068　（丙二）/1759　子部/儒家類/宋以前

鹽鐵論十二卷　（漢）桓寬撰　（明）鍾惺評　明末刻本　佚名題識、評　四冊

110000－0102－0002069　（丙二）/1760　史部/政書類

于清端公政書八卷首編一卷外集一卷　（清）于成龍撰　（清）蔡方炳　（清）諸匡鼎編　清康熙四十六年(1707)于準刻本　十冊

110000－0102－0002070　（丙二）/1764　史部/地理類/山川

泰山述記十卷　（清）宋思仁纂　清乾隆五十五年(1790)泰安縣署刻本　八冊

110000－0102－0002071　（丙二）/1778　史部/紀事本末類/斷代

平臺紀畧　（清）藍鼎元撰　（清）王者輔評　清雍正十年(1732)刻本　一冊

110000－0102－0002072　（丙二）/1800　史部/史評類

二十一史精義二十一卷　（清）王南珍輯　清乾隆二十八年(1763)瓣香堂刻本　六冊

110000－0102－0002073　（丙二）/1802　史部/傳記類/總傳/專錄/科舉

國朝歷科題名碑錄　（清）錢維城等撰　清乾隆十一年(1746)刻本　十冊

110000－0102－0002074　（丙二）/1804　史部/史抄類

諸史品節三十九卷　（明）陳深編　明萬曆二十一年(1593)刻本　八冊

110000－0102－0002075　（丙二）/1805　史部/編年類/通代

陸狀元增節音註精議資治通鑑一百二十卷首一卷目錄三卷　（宋）陸唐老集註　（明）毛晉訂正　明末毛氏汲古閣刻本　佚名批註　三十九冊

110000－0102－0002076　（丙二）/1813　史部/傳記類/別傳

晏子春秋七卷音義二卷　（春秋）晏嬰撰　（清）孫星衍撰　清乾隆五十三年(1788)陽湖孫氏刻本　二冊

110000－0102－0002077　（丙二）/1814　史部/地理類/山川

焦山志十二卷　（清）盧見曾撰　清乾隆二十七年(1762)雅雨堂刻本　四冊

110000－0102－0002078　（丙二）/1817　史部/地理類/山川

清凉山志十卷　（明）釋鎮澄撰　清光緒十三年(1887)刻本　四冊

110000－0102－0002079　（丙二）/1821　史部/地理類/山川

水經四十卷　（漢）桑欽撰　（北魏）酈道元注　清乾隆十八年(1753)新安歙西黃晟槐蔭草堂刻本　十四冊

110000－0102－0002080　（丙二）/1830　史部/別史、雜史類

西征石城記一卷興復哈密記一卷　（明）馬文升撰　明刻新刊皇明小說今獻匯言本　一冊

110000－0102－0002081　（丙二）/1831　史部/地理類/山川

長白山錄 （清）王士禎撰 清康熙刻本
一冊

110000 – 0102 – 0002082 （丙二）/1844 史部/地理類/方志

[正德]武功縣志三卷首一卷 （明）康海撰
（清）孫景烈評註 清乾隆二十六年(1761)瑪星阿刻本 一冊

110000 – 0102 – 0002083 （丙二）/1848 史部/金石類/總錄

金石文字記六卷 （清）顧炎武撰 清康熙刻本 六冊

110000 – 0102 – 0002084 （丙二）/1896 史部/史抄類

太史華句八卷 （明）凌迪知輯 明萬曆五年(1577)凌氏刻本 四冊

110000 – 0102 – 0002085 （丙二）/1912 史部/編年類/斷代

元經薛氏傳十卷 （隋）王通撰 （唐）薛收傳 （宋）阮逸註 清乾隆刻本 六冊

110000 – 0102 – 0002086 （丙二）/1920 子部/類書類

增訂二三場群書備考四卷 （明）袁黃撰
（明）袁儼註 （明）沈昌世增 明崇禎十五年(1642)致和堂刻本 八冊

110000 – 0102 – 0002087 （丙二）/1921 史部/傳記類/別傳

行實錄五卷 （明）王鴻撰 清刻本 四冊

110000 – 0102 – 0002088 （丙二）/1967 史部/金石類/總錄

東巡金石錄八卷 （清）崔應階 （清）梁翥鴻合輯 清乾隆刻本 二冊

110000 – 0102 – 0002089 （丙二）/1998 史部/紀傳類/斷代

後漢書一百三十卷 （南朝宋）范曄撰 （唐）李賢注 明崇禎十六年(1643)毛氏汲古閣刻本 二十四冊

110000 – 0102 – 0002090 （丙二）/1999 史部/紀傳類/斷代

後漢書一百三十卷 （南朝宋）范曄撰 （唐）李賢注 明崇禎十六年(1643)毛氏汲古閣刻本 二十四冊

110000 – 0102 – 0002091 （丙二）/2000 史部/紀傳類/斷代

漢書一百二十卷 （漢）班固撰 （唐）顏師古注 後漢書一百三十卷 （南朝宋）范曄撰 （唐）李賢注 明毛氏汲古閣刻本 六十四冊

110000 – 0102 – 0002092 （丙二）/2001 史部/史評類

史記論文一百三十卷 （清）吳見思評點 清康熙二十六年(1687)刻本 十二冊

110000 – 0102 – 0002093 （丙二）/2003 史部/傳記類/別傳

三遷志十二卷 （明）史鶚撰 （清）孟衍泰補輯 清康熙六十一年(1722)海鹽刻本 佚名批 六冊

110000 – 0102 – 0002094 （丙二）/2007 史部/傳記類/總傳

闕里志十二卷 （明）孔貞叢撰 明萬曆刻本 六冊

110000 – 0102 – 0002095 （丙二）/2015 史部/地理類/方志

石柱記五卷 （唐）顏真卿撰 （清）鄭元慶箋釋 清康熙魚計亭刻本 二冊

110000 – 0102 – 0002096 （丙二）/2017 史部/紀傳類/斷代

漢書一百二十卷 （漢）班固撰 （唐）顏師古注 明崇禎十五年(1642)毛氏汲古閣刻本 二十六冊

110000 – 0102 – 0002097 （丙二）/2018 史部/紀傳類/斷代

舊唐書二百卷 （五代）劉昫撰 清乾隆四年(1739)刻本 六十四冊

110000 – 0102 – 0002098 （丙二）/2019 史部/紀傳類/斷代

晉書一百三十卷 （唐）房玄齡等撰 明末虞

山毛氏汲古閣刻本　二十六冊

110000－0102－0002099　（丙二）/2050　史部/紀傳類/通代

五代史七十四卷　（宋）歐陽修撰　（宋）徐無黨注　明末毛鳳苞汲古閣刻本　八冊

110000－0102－0002100　（丙二）/2052　史部/紀傳類/斷代

南齊書五十九卷　（南朝梁）蕭子顯撰　明末毛氏汲古閣刻本　八冊

110000－0102－0002101　（丙二）/2058　史部/紀傳類/斷代

三國志六十五卷　（晉）陳壽撰　（南朝宋）裴松之注　明萬曆二十四年(1596)馮夢楨刻清順治十六年(1659)、康熙三十九年(1700)修版本　楊玉章、宋步津題記　十二冊

110000－0102－0002102　（丙二）/2060　史部/史評類

脩史試筆二卷　（清）藍鼎元纂　（清）曠敏本評　清雍正刻本　二冊

110000－0102－0002103　（丙二）/2063　史部/傳記類/總傳/通錄/通代

宋朱晦菴先生名臣言行錄前集十卷後集十四卷續集八卷外集十七卷別集十三卷　（宋）朱熹輯　（宋）李幼吾補輯　明崇禎聚錦堂刻本　二十冊

110000－0102－0002104　（丙二）/2064　史/地理/遊記

蜀道驛程記二卷　（清）王士禛撰　清康熙三十年(1691)刻本　一冊

110000－0102－0002105　（丙二）/2065　史部/史抄類

讀史四集四種　（明）楊以任輯　明末西楊家塾刻本　四冊

110000－0102－0002106　（丙二）/2070　史部/紀傳類/通代

五代史七十四卷　（宋）歐陽修撰　（宋）徐無黨注　明崇禎三年(1630)琴川毛氏汲古閣刻十七史本　六冊

110000－0102－0002107　（丙二）/2082　史部/傳記類/圖贊

苗民圖說　□□撰　清彩繪抄本　一冊

110000－0102－0002108　（丙二）/2099　史部/地理類/山川/山

金山志十卷首一卷　（清）盧見曾撰　清乾隆刻本　四冊

110000－0102－0002109　（丙二）/2216　史部/史抄類

歷代史纂左編一百四十二卷　（明）唐順之輯　明萬曆三十九年(1611)吳用先刻本　六十四冊

110000－0102－0002110　（丙二）/2247　史部/紀傳類/斷代

周書五十卷　（唐）令狐德棻等撰　明萬曆十六年(1588)南京國子監刻崇禎七年(1634)清順治十六年(1659)補刻康熙二十年(1681)江寧知府陳龍巖補刻本　七冊　存四十四卷（一至四十四）

110000－0102－0002111　（丙二）/2250　史部/政書類/法令

大清律集解附例三十卷首一卷大清律總類六卷　（清）朱軾等撰　清雍正三年(1725)內府刻本　二十冊

110000－0102－0002112　（丙二）/2251　史部/編年類/斷代

[乾隆起居注]不分卷　清抄本　二十冊

110000－0102－0002113　（丙二）/2264　史部/政書類/詔令奏議/奏議

魏鄭公諫續錄二卷　（元）翟思忠撰　清乾隆三十八年(1773)武英殿刻武英殿聚珍版叢書本　二冊

110000－0102－0002114　（丙二）/2264－1　史部/地理類/雜記

鄴中記一卷　（晉）陸翽撰　清乾隆四十一年(1776)武英殿木活字印本　一冊

110000－0102－0002115　（丙二）/2265　史部/地理類/山川

天台山方外志要十卷　（明）釋傳燈撰　（清）齊召南訂　清乾隆三十九年（1774）刻本　四冊

110000－0102－0002116　（丙二）/2271　集部/總集類/詩/斷代/宋
南宋雜事詩七卷　（清）沈家驤撰　清康乾間芹香齋刻本　二冊

110000－0102－0002117　（丙二）/2280　史部/編年類/斷代
東華錄十六卷　（清）蔣良騏輯　清抄本　十五冊

110000－0102－0002118　（丙二）/2328　史部/政書類/詔令奏議/詔令
上諭八旗不分卷　（清）聖祖玄燁　（清）世宗胤禛撰　清雍正九年（1731）刻本　十冊

110000－0102－0002119　（丙二）/2331　史部/編年類/通代
資治通鑑綱目前編二十五卷　（宋）金履祥撰　（明）陳仁錫評　清康熙六十一年（1722）四喜堂刻本　十冊

110000－0102－0002120　（丙二）/2331　史部/編年類/通代
資治通鑑綱目五十九卷　（宋）朱熹撰　清康熙四十年（1701）王公行刻本　三十冊　存二十三卷（一至二十三）

110000－0102－0002121　（丙二）/2344　史部/政書類/詔令奏議/詔令
上諭旗務議覆十二卷　（清）世宗胤禛撰　（清）允祿等編　清雍正九年（1731）內府刻乾隆六年（1741）武英殿續刻本　十一冊

110000－0102－0002122　（丙二）/2384　史部/傳記類/年譜
延平四先生年譜　（清）毛念恃撰　清乾隆十年（1745）張坦刻本　二冊

110000－0102－0002123　（丙二）/2386　史部/政書類/詔令奏議/詔令
世宗上諭八旗十三卷上諭旗務議覆十二卷諭行旗務奏議十三卷　（清）世宗胤禛撰　清雍

正九年（1731）內府刻乾隆六年（1741）武英殿續刻本　三十二冊

110000－0102－0002124　（丙二）/2396　經部/詩類
三家詩拾遺十卷　（清）范家相撰　清嘉慶抄本　佚名點、批　二冊

110000－0102－0002125　（丙二）/2403　史部/目錄類/著錄/叢書目錄/總目
欽定四庫全書總目二百卷首四卷　（清）紀昀等編纂　清乾隆四十七年（1782）刻本　一百二十冊

110000－0102－0002126　（丙二）/2470　史部/紀傳類/通代
史記一百三十卷首一卷　（漢）司馬遷撰　（明）徐孚遠　（明）陳子龍測議　明崇禎刻本　二十四冊

110000－0102－0002127　（丙二）/2490　史部/地理類/山川/山
南嶽志八卷　（清）高自位重編　（清）曠敏輯本　清乾隆十八年（1753）刻本　五冊

110000－0102－0002128　（丙二）/2497　史部/地理類/山川
阿育王山志略二卷　（明）陸基志編　明末刻本　一冊

110000－0102－0002129　（丙二）/2791　史部/編年類/通代
資治通鑑綱目前編二十五卷資治通鑑綱目五十九卷　（宋）朱熹撰　續資治通鑑綱目二十七卷　（明）商輅撰　（明）陳仁錫評閱　清康熙四十年（1701）王公行刻本　一百二十冊

110000－0102－0002130　（丙二）/2793　史部/政書類/通制
大清會典二百五十卷　（清）兆華等纂　（清）允祿等纂　清雍正十年（1732）武英殿刻本　八十七冊　存二百二十卷（一至五十六、八十七至二百五十）

110000－0102－0002131　（丙二）/2798　史部/紀傳類/通代

史記一百三十卷 （漢）司馬遷撰 （南朝宋）裴駰集解 （唐）司馬貞索隱 （唐）張守節正義 明萬曆二十六年（1598）國子監刻本［卷七十九至八十五係用萬曆三年（1575）刻本補配］ 十六冊

110000－0102－0002132 （丙二）/2800 史部/傳記類/人表

國朝歷科題名碑錄 （清）錢維城等纂 **明洪武至崇禎各科題名** 清康熙五十五年（1716）至道光遞刻本 十二冊

110000－0102－0002133 （丙二）/2830 史部/編年類/斷代

大唐創業起居注三卷 （唐）溫大雅撰 清順治三年（1646）李際期宛委山堂刻說郛本 一冊

110000－0102－0002134 （丙二）/2836 史部/紀傳類/斷代

後漢書九十卷 （南朝宋）范曄撰 （唐）李賢注 志三十卷 （晉）司馬彪纂 （南朝梁）劉昭注 清初刻十七史本 十二冊

110000－0102－0002135 （丙二）/2848 史部/地理類/山川

南嶽志八卷 （清）高自位編 清乾隆十八年（1753）開雲樓刻本 六冊

110000－0102－0002136 （丙二）/2888 史部/地理類/方志

［康熙］長河志籍考十卷 （清）田雯編 清康熙三十七年（1698）刻本 二冊

110000－0102－0002137 （丙二）/2899 史部/地理類/山川/山

天台山全志十八卷 （清）張聯元輯 清康熙五十六年（1717）台郡尊經閣刻本 八冊

110000－0102－0002138 （丙二）/2901 史部/地理類/方志

［乾隆］郿縣志八十卷首一卷 （清）李帶雙修 （清）張若纂 清乾隆四十四年（1779）刻本 四冊

110000－0102－0002139 （丙二）/2903 史

部/地理類/外紀

寶顏堂訂正四夷考八卷 （明）葉向高撰 明萬曆寶顏堂刻寶顏堂秘笈本 四冊 存七卷（一至七）

110000－0102－0002140 （丙二）/2904 史部/地理類/山川

大嶽太和武當山志二十卷 （清）王民皞纂輯 清康熙二十二年（1683）王民皞、盧維茲刻本 佚名點 八冊

110000－0102－0002141 （丙二）/2905 史部/地理類/山川/山

茅山志十四卷附道秩考一卷 （清）笪蟾光重修 清康熙刻本 六冊 存六卷（一至六）

110000－0102－0002142 （丙二）/2919 史部/金石類/石

蜀碑記補十卷 （清）李調元撰 清乾隆刻本 一冊

110000－0102－0002143 （丙二）/3054 史部/紀事本末類/斷代

明朝紀事本末八十卷 （清）谷應泰撰 清順治十五年（1658）刻本 二十四冊

110000－0102－0002144 （丙二）/3359 史部/紀傳類/斷代

季漢書六十卷 （明）謝陸撰 明萬曆三十一年（1603）刻本 二十四冊

110000－0102－0002145 （丙二）/3360 史部/政書類/通制

通典二百卷 （唐）杜佑撰 清乾隆十二年（1747）武英殿刻本 四十冊

110000－0102－0002146 （丙二）/3361 史部/政書類/通制

通志二百卷 （宋）鄭樵撰 清乾隆十二年至十四年（1747－1749）武英殿刻本 一百四十冊

110000－0102－0002147 （丙二）/3362 史部/政書類/通制

文獻通考三百四十八卷 （元）馬端臨撰 清乾隆十二年至十三年（1747－1748）武英殿刻

本　一百册

110000－0102－0002148　（丙二）/3363　史部/編年類/通代

資治通鑑綱目五十九卷首一卷　（宋）朱熹撰　（明）陳仁錫評閱　明嘉靖吉澄刻本（卷九第一至八十八葉係用清康熙四十年（1701）王公行刻本補配）　六十九册

110000－0102－0002149　（丙二）/3402　史部/地理類/專志

闕里志二十四卷　（明）陳鎬纂　（清）孔胤植補修　清雍正刻本　十册

110000－0102－0002150　（丙二）/3410　史部/編年類/通代

資治通鑑綱目前編十八卷舉要三卷　（宋）金履祥撰　**資治通鑑綱目前編外紀一卷**　（元）陳桱撰　明嘉靖三十六年（1557）吉澄刻本（前編卷十一至十三係用福建刊本補缺、卷七前六葉為補配）　十九册

110000－0102－0002151　（丙二）/3411　史部/編年類/通代

續編資治宋元綱目大全二十七卷　（明）商輅等撰　（明）周禮發明　明嘉靖三十六年（1557）吉澄刻本（卷二十六為補配,明萬曆金陵唐翀字刻本續資治通鑑綱目卷之二十六）　二十九册

110000－0102－0002152　（丙二）/3411－1　史部/編年類/通代

資治通鑑綱目續編卷之末一卷　（元）陳桱撰　明萬曆金陵唐翀字刻本　一册

110000－0102－0002153　（丙二）/3423　史部/金石類/陶瓷

百博考二卷　（清）呂佺孫撰　清末民初抄本　二册

110000－0102－0002154　（丙二）/3500　史部/地理類/方志

［雍正］盛京通志四十八卷　（清）呂耀曾修　（清）魏樞等纂　清乾隆元年（1736）刻本（序有缺葉）　二十册

110000－0102－0002155　（丙二）/3550　史部/金石類/金/圖像

亦政堂重修宣和博古圖錄三十卷　（宋）王黼撰　明萬曆三十一年（1603）寶古堂刻清乾隆十七年（1752）亦政堂得版改刻本　七册　存十卷（八至十五、二十六、二十八）

110000－0102－0002156　（丙二）/3594　集部/總集類/文/通代

古文淵鑒六十四卷　（清）徐乾學等編注　清康熙刻本　三十二册

110000－0102－0002157　（丙二）/3618　史部/政書類/邦計

山東通省州縣經征錢糧數目簡明表册　（清）胡廷幹編　清光緒三十年（1904）胡廷幹寫本　一册

110000－0102－0002158　（丙二）/3685　史部/紀傳類/斷代

梁書五十六卷　（唐）姚思廉撰　明末毛鳳苞汲古閣刻本　八册

110000－0102－0002159　（丙二）/3686　史部/紀傳類/斷代

陳書三十六卷　（唐）姚思廉撰　明末毛氏汲古閣刻十七史本　四册

110000－0102－0002160　（丙二）/3687　史部/紀傳類/斷代

晉書一百三十卷　（唐）房玄齡等撰　明末虞山毛氏汲古閣刻十七史本　十七册　存一百〇八卷（一至一百〇八）

110000－0102－0002161　（丙二）/3688　史部/紀傳類/斷代

宋書一百卷　（南朝梁）沈約撰　明末毛氏汲古閣刻十七史本　二十四册

110000－0102－0002162　（丙二）/3689　史部/紀傳類/斷代

隋書八十五卷　（唐）魏徵等撰　明崇禎八年（1635）琴川毛氏汲古閣刻十七史本　十二册

110000－0102－0002163　（丙二）/3761　史部/編年類/通代

御批資治通鑑綱目五十九卷首一卷　（宋）朱熹撰　（清）聖祖玄燁批　御批續資治通鑑綱目　（明）商輅撰　清康熙四十六年(1707)宋犖刻本　四十二冊

110000－0102－0002164　（丙二）/3765　史部/編年類/通代

御批資治通鑑綱目正編五十九卷　（宋）朱熹撰　清康熙四十六年(1707)揚州詩局刻本　三十冊　缺七卷(十至十六)

110000－0102－0002165　（丙二）/3767　史部/編年類/通代

資治通鑑綱目前編二十五卷資治通鑑綱目五十九卷續資治通鑑綱目二十七卷　（明）陳仁錫評　清康熙四十年(1701)王公行刻本　一百二十冊

110000－0102－0002166　（丙二）/3769　史部/編年類/通代

御批資治通鑑綱目前編十八卷舉要三卷外紀一卷　（宋）金履祥撰　（清）聖祖玄燁批　清康熙四十六年(1707)內府刻本　八冊

110000－0102－0002167　（丙二）/3770　史部/編年類/通代

御批續資治通鑑綱目二十七卷　（明）商輅撰　（清）聖祖玄燁批　清康熙四十六年(1707)宋犖刻本　十二冊

110000－0102－0002168　（丙二）/3800　史部/別史、雜史類

越絕書十五卷　（漢）袁康撰　（漢）吳平定　明嘉靖三十三年(1554)張佳胤雙柏堂刻本　佚名箋注　四冊

110000－0102－0002169　（丙二）/3828　史部/編年類/通代

資治通鑑綱目前編二十五卷資治通鑑綱目五十九卷續資治通鑑綱目二十七卷　（明）陳仁錫評　明崇禎三年(1630)刻本　佚名批點　一百〇五冊

110000－0102－0002170　（丙二）/3830　子部/兵家類

清軍陸軍大演習寫真集　清宣統攝影本　二冊

110000－0102－0002171　（丙二）/3834　史部/金石類/總錄

西清古鑑四十卷錢錄十六卷　（清）梁詩正等編　清乾隆十四年至十六年(1749－1751)內府刻本　四十冊

110000－0102－0002172　（丙二）/3867　史部/傳記類/總傳/專錄/釋道

棲真志四卷　（明）夏樹芳輯　明萬曆刻本　一冊

110000－0102－0002173　（丙二）/3868　子部/雜家類/雜述

御覽曲洧舊聞十卷　（宋）朱弁撰　清乾隆刻本　二冊

110000－0102－0002174　（丙二）/3881　史部/目錄類/收藏/私藏

絳雲樓書目　（清）錢謙益藏　清道光沈韻齋抄本　沈韻齋題識　二冊

110000－0102－0002175　（丙二）/3891　子部/兵家類

新鐫旁批詳注總斷廣名將譜二十卷　（明）黃道周注斷　明崇禎十六年(1643)刻本　十冊

110000－0102－0002176　（丙二）/3930　經部/小學類/文字

漢隸字源五卷碑目一卷附字一卷　（宋）婁機撰　明末毛氏汲古閣刻本　六冊

110000－0102－0002177　（丙二）/4032　史部/政書類/學制

欽定學政全書八十卷　（清）素爾訥等纂　清乾隆三十九年(1774)內府刻本　十二冊

110000－0102－0002178　（丙二）/4056　史部/紀傳類/通代

鼎鐫金陵三元合選評註史記狐白六卷　（明）湯賓尹輯　（明）朱之蕃註　（明）龔三益評　明萬曆余良木刻本　佚名批　一冊　存一卷(一)

110000 - 0102 - 0002179　（丙二）/4065 - 2
史部/地理類/方志

[乾隆]冀州志二十卷續編一卷　（清）苑清曠
纂輯　清乾隆十二年(1747)刻本　十冊

110000 - 0102 - 0002180　（丙二）/4066　子
部/雜家類/學說

澗泉日記三卷　（宋）韓淲撰　清乾隆四十一
年(1776)武英殿木活字印武英殿聚珍版叢書
本　一冊

110000 - 0102 - 0002181　（丙二）/4067　史
部/政書類/職官

漢官舊儀二卷補遺一卷　（漢）衛宏撰　清乾
隆三十八年(1773)武英殿刻武英殿聚珍版叢
書本　一冊

110000 - 0102 - 0002182　（丙二）/4095　子
部/法家類

刑統賦一卷　（宋）傅霖撰　（元）鄐□韻釋
元建安余氏勤有堂刻本　一冊

110000 - 0102 - 0002183　（丙二）/4096　史
部/政書類/法令/律例

故唐律疏議三十卷　（唐）長孫無忌等撰
（□）□□釋文　纂例十二卷　（元）王元亮撰
元建安余志安勤有堂刻至順三年(1332)印
本(序首葉係抄配)　二十三冊

110000 - 0102 - 0002184　（丙二）/4097　史
部/編年類/通代

資治通鑑二百九十四卷　（宋）司馬光撰
（元）胡三省音註　**通鑑釋文辯誤十二卷**
（元）胡三省撰　元南京國子監刻明弘治二年
(1489)南京國子監補刻正德九年(1514)補刻
本(兩篇序言以及卷一前兩葉為影印補配)
一百八十七冊

110000 - 0102 - 0002185　（丙二）/4098　史
部/編年類/通代

資治通鑑二百九十四卷　（宋）司馬光撰
（元）胡三省音註　**通鑑釋文辯誤十二卷**
（元）胡三省撰　元至元南京國子監刻明遞修
本(卷九第一葉、卷二十一第十二、卷二百七
十二至二百七十四、二百九十第三葉抄配)

羅振玉題記　佚名眉批　二百冊

110000 - 0102 - 0002186　（丙二）/4144　史
部/紀傳類/斷代

晉書一百三十卷　（唐）房玄齡等撰　明崇禎
元年(1628)虞山毛氏汲古閣刻本　二十二冊

110000 - 0102 - 0002187　（丙二）/4145　史
部/紀傳類/斷代

宋書一百卷　（南朝梁）沈約撰　清乾隆四年
(1739)武英殿刻本（有抄配）　三十冊

110000 - 0102 - 0002188　（丙二）/4148　史
部/紀傳類/斷代

陳書三十六卷　（唐）姚思廉撰　清乾隆四年
(1739)武英殿刻本（卷四第七葉、卷十考證、
卷三十一考證、校刊陳書職名係抄補）　六冊

110000 - 0102 - 0002189　（丙二）/4149　史
部/紀傳類/斷代

魏書一百十四卷　（北齊）魏收撰　清乾隆四
年(1739)武英殿刻本（抄配）　三十二冊

110000 - 0102 - 0002190　（丙二）/4153　史
部/紀傳類/通代

南史八十卷　（唐）李延壽撰　清乾隆四年
(1739)武英殿刻本（目錄前四葉係抄配）　二
十八冊

110000 - 0102 - 0002191　（丙二）/4154　史
部/紀傳類/斷代

北史一百卷　（唐）李延壽撰　清乾隆四年
(1739)武英殿刻本（有抄配）　三十二冊

110000 - 0102 - 0002192　（丙二）/4157　史
部/紀傳類/斷代

舊五代史一百五十卷目錄二卷　（宋）薛居正
等撰　清乾隆四十九年(1784)武英殿刻本
（卷十一至三十、三十八至四十四、六十四至
七十四、九十九至一百〇三係用掃葉山房刻
本補配）　二十冊

110000 - 0102 - 0002193　（丙二）/4158　史
部/紀傳類/通代

新五代史七十四卷　（宋）歐陽修撰　（宋）徐
無黨注　清乾隆四年(1739)武英殿刻本（序

言、目錄前五葉為抄配）　十二冊

110000－0102－0002194　（丙二）/4162　史部/紀傳類/斷代

元史二百十卷　（明）宋濂等纂　清乾隆四年(1739)武英殿刻本(有抄配)　五十冊

110000－0102－0002195　（丙二）/4163　史部/紀傳類/斷代

明史三百三十二卷目錄四卷　（清）張廷玉等纂修　清乾隆四年(1739)武英殿刻二十四史本(目錄七葉,卷七十四至七十六、九十六至九十九、一百至一百○一係抄配)　一百十二冊

110000－0102－0002196　（丙二）/4197　史部/編年類/通代

資治通鑑二百九十四卷目錄一卷　（宋）司馬光編　（元）胡三省註　（明）陳仁錫評　明天啟五年(1625)陳仁錫刻本　六十八冊

110000－0102－0002197　（丙二）/4202　史部/編年類/通代

宋元通鑑一百五十七卷　（明）薛應旂編集　（明）陳仁錫評閱　明天啟刻本　十冊

110000－0102－0002198　（丙二）/4215　史部/別史、雜史類

弘簡錄二百五十四卷　（明）邵經邦撰　**續弘簡錄元史類編四十二卷**　（清）邵遠平撰　清康熙二十七年(1688)邵錫蔭刻本　五十六冊

110000－0102－0002199　（丙二）/4253　史部/紀事本末類

欽定平苗紀畧五十二卷首四卷　（清）鄂輝等撰　清嘉慶武英殿木活字印本　四十冊

110000－0102－0002200　（丙二）/4310　史部/政書類/詔令奏議/詔令

雍正硃批諭旨不分卷　（清）世宗胤禛撰　清雍正十三年(1735)武英殿刻朱墨套印本　一百十二冊

110000－0102－0002201　（丙二）/4315　史部/政書類/詔令奏議/詔令

大清聖祖合天弘運文武睿哲恭儉寬裕孝敬誠

信中和功德大成仁皇帝聖訓六十卷　（清）聖祖玄燁撰　清乾隆六年(1741)武英殿刻本　十二冊

110000－0102－0002202　（丙二）/4386　史部/時令類

月令輯要二十四卷首一卷　（清）李光地等修　（清）吳廷楨等纂　清康熙五十五年(1716)內府刻本　二十冊

110000－0102－0002203　（丙二）/4402　史部/地理類/雜記

日下舊聞四十二卷　（清）朱彝尊編　清康熙至乾隆六峰閣刻本　二十四冊

110000－0102－0002204　（丙二）/4402－1　史部/地理類/雜記

日下舊聞四十二卷　（清）朱彝尊編　清康熙至乾隆六峰閣刻本(卷三十一係抄配)　二十四冊

110000－0102－0002205　（丙二）/4424　史部/地理類/總錄

皇輿表十六卷　（清）喇沙里修　（清）揆敘等重修　清康熙四十三年(1704)武英殿刻本　二十四冊

110000－0102－0002206　（丙二）/4426　史部/政書類/軍政

八旗通志初集二百五十卷目錄二卷　（清）鄂爾泰等纂修　清乾隆武英殿刻本　八十冊

110000－0102－0002207　（丙二）/4475　史部/地理類/山川

勅修兩浙海塘通志二十卷首一卷　（清）方觀承纂修　清乾隆十六年(1751)刻本(卷二十末葉係抄配)　六冊

110000－0102－0002208　（丙二）/4487　史部/地理類/方志

[乾隆]海鹽縣圖經十六卷　（明）樊維城（明）胡震亨纂修　清乾隆十二年(1747)刻本　五冊

110000－0102－0002209　（丙二）/4613　史部/金石類/總錄

金石錄三十卷 （宋）趙明誠編 清乾隆二十七年(1762)雅雨堂刻本 六冊

110000－0102－0002210 （丙二）/4649 史部/傳記類/年譜

朱子年譜四卷考異四卷朱子論學切要語二卷 （清）王懋竑纂 清乾隆十七年(1752)白田草堂刻清末浙江書局補刻本 四冊

110000－0102－0002211 （丙二）/4686 史部/政書類/儀制

幸魯盛典四十卷 （清）孔毓圻撰 清康熙二十八年(1689)武英殿刻本 二十冊

110000－0102－0002212 （丙二）/4688 史部/金石類/陶瓷/文字

秦漢瓦當文字二卷續一卷 （清）程敦撰 清乾隆五十二年(1787)橫渠書院刻五十九年(1794)補刻本 二冊

110000－0102－0002213 （丙二）/4761 史部/編年類/斷代

東萊先生音注唐鑑二十四卷 （宋）范祖禹撰 （宋）呂祖謙注 明刻本 六冊

110000－0102－0002214 （丙二）/4858 子部/兵家類

登壇必究四十卷 （明）王鳴鶴輯 （明）袁世忠校 明末刻本(抄配) 十六冊 存二十六卷(賞功一卷、賞罰一卷、軍制一卷、經武一卷、軍情一卷、下營法一卷、兩直各省事宜一卷、屯戍一卷、屯田一卷、懷遠一卷、京輔郡國兵制一卷、征討一卷、選將一卷、任將一卷、兵柄一卷、將權一卷、將帥一卷、軍行一卷、教兵一卷、城守一卷、守邊一卷、威武一卷、簡閱一卷、選兵一卷、地理二卷)

110000－0102－0002215 （丙二）/4954 史部/傳記類/年譜

徵君孫先生年譜二卷 （清）趙御眾等編 游譜一卷 （清）孫奇逢撰 孝友堂家規一卷 （清）孫奇逢撰 答問一卷 （清）孫奇逢撰 清乾隆元年(1736)吳維垣重刻 二冊

110000－0102－0002216 （丙二）/4956 子部/儒家類

呻吟語六卷 （明）呂坤撰 明萬曆二十一年(1593)刻本 八冊

110000－0102－0002217 （丙二）/4957 史部/史抄類

史記鈔四卷 （清）高嵣集評 清乾隆五十三年(1788)高氏刻本 四冊

110000－0102－0002218 （丙二）/5003 史部/紀事本末類/斷代

親征平定朔漠方略四十八卷 （清）溫達等撰 御製親征朔漠紀略一卷 （清）聖祖玄燁撰 清康熙四十七年(1708)內府刻本 二十冊

110000－0102－0002219 （丙二）/5004 史部/紀事本末類/斷代

欽定平定臺灣紀略六十五卷首五卷 （清）高宗弘曆敕撰 清乾隆五十三年(1788)武英殿刻本 二十二冊

110000－0102－0002220 （丙二）/5058 史部/編年類/通代

新鐫獻蓋喬先生綱鑑彙編九十一卷首一卷目錄十卷 （明）喬承詔撰 明天啟四年(1624)刻本 六十四冊

110000－0102－0002221 （丙二）/5074 史部/政書類/詔令奏議/奏議

歷代名臣奏議三百五十卷 （明）楊士奇等輯 （明）張溥刪正 明末刻本 五十冊 存二百五十卷(一百至三百四十九)

110000－0102－0002222 （丙二）/5079 經部/禮類/雜禮

司馬氏書儀十卷 （宋）司馬光撰 清雍正元年(1723)汪氏刻本 四冊

110000－0102－0002223 （丙二）/5095 史部/編年類/通代

資治通鑑目錄三十卷 （宋）司馬光撰 明崇禎二年(1629)刻本 十冊

110000－0102－0002224 （丙二）/5116 史部/紀傳類/斷代

前漢書一百卷 （漢）班固撰 （唐）顏師古注

清乾隆四年(1739)刻本　三十二冊　存九十九卷(一至九十九)

110000 – 0102 – 0002225　(丙二)/5121　史部/傳記類/宗譜

[龔氏家譜]　(清)龔自閎編　清同治十年(1871)龔自閎刻本　二冊

110000 – 0102 – 0002226　(丙二)/5137　史部/編年類/通代

資治通鑑二百九十四卷目錄一卷　(宋)司馬光編　(元)胡三省註　(明)陳仁錫評　明天啟五年(1625)陳仁錫刻本　佚名批點　佚名批點　一百二十六冊

110000 – 0102 – 0002227　(丙二)/5169　子部/類書類/類編/通錄

周書王會一卷　(晉)孔晁傳　(宋)王應麟補傳　漢制考四卷　(宋)王應麟撰　元後至元六年(1340)慶元路儒學玉海刻本　一冊　存二卷(周書王會一卷、漢制考一)

110000 – 0102 – 0002228　(丙二)/5285　史部/地理類/總錄

補三國疆域志二卷　(清)洪亮吉撰　清乾隆四十六年(1781)孫星衍刻本　一冊

110000 – 0102 – 0002229　(丙二)/5461　史部/地理類/雜記

雲棧紀程八卷　(清)張邦伸編　清乾隆五十九年(1794)刻本　四冊

110000 – 0102 – 0002230　(丙二)/5515　史部/地理類/方志

[乾隆]直隸代州志六卷圖一卷　(清)吳重光纂修　清乾隆五十年(1785)刻本　八冊

110000 – 0102 – 0002231　(丙二)/5516　史部/地理類/方志

[乾隆]直隸易州志十八卷首一卷　(清)張登高纂　清乾隆十二年(1747)刻本　八冊

110000 – 0102 – 0002232　(丙二)/5518　史部/地理類/方志

[雍正]興縣志十八卷　(清)程雲撰　(清)孫鴻淦修　清雍正八年(1730)刻本　四冊

110000 – 0102 – 0002233　(丙二)/5604　史部/地理類/方志

[乾隆]渾源州志十卷　(清)桂敬順纂　清乾隆二十八年(1763)刻本　五冊

110000 – 0102 – 0002234　(丙二)/5606　史部/地理類/方志

[乾隆]獻縣志二十卷圖一卷表一卷　(清)萬廷蘭等纂修　清乾隆二十六年(1761)刻本　十二冊

110000 – 0102 – 0002235　(丙二)/5607　史部/地理類/方志

[乾隆]解州平陸縣志十六卷首一卷　(清)言如泗修　(清)韓夔典等纂　清乾隆二十九年(1764)刻本　四冊

110000 – 0102 – 0002236　(丙二)/5608　史部/地理類/方志

[雍正]朔平府志十二卷　(清)劉士銘修　(清)王霱等纂　清雍正十一年(1733)刻本　四冊　存七卷(一至七)

110000 – 0102 – 0002237　(丙二)/5626　史部/地理類/方志

[乾隆]壽陽縣志十卷首一卷　(清)龔導江修纂　清乾隆三十六年(1771)刻本　四冊

110000 – 0102 – 0002238　(丙二)/5651　史部/地理類/方志

[乾隆]直隸商州志十四卷首一卷　(清)王如玖纂修　續商州志十卷　(清)羅文思纂修　清乾隆九至二十二年(1744 – 1757)刻本　十冊

110000 – 0102 – 0002239　(丙二)/5676　史部/地理類/方志

[乾隆]博野縣志八卷首一卷　(清)吳鼇等纂修　清乾隆三十二年(1767)刻本　六冊

110000 – 0102 – 0002240　(丙二)/5689　史部/地理類/雜記

[萬曆]西湖遊覽志二十四卷志餘二十六卷　(明)田汝成撰　明萬曆四十七年(1619)商維濬刻清補刻本　十五冊　存四十八卷(遊覽

志三至二十四、志餘二十六卷)

110000－0102－0002241 （丙二）/5706 史部/地理類/方志

[乾隆]任邱縣志十二卷首一卷 （清）劉統修 （清）劉炳等纂 清乾隆二十八年(1763)刻本 十冊

110000－0102－0002242 （丙二）/5761 史部/政書類/詔令奏議/詔令

硃批諭旨 （清）世宗胤禛撰 清雍正武英殿活字印本 一百〇九冊

110000－0102－0002243 （丙二）/5770 史部/紀傳類/斷代

宋書一百卷 （南朝梁）沈約撰 明崇禎七年(1634)琴川毛氏汲古閣刻本 十六冊

110000－0102－0002244 （丙二）/5771 史部/紀傳類/斷代

南齊書五十九卷 （南朝梁）蕭子顯撰 明崇禎十年(1637)毛氏汲古閣刻本 六冊

110000－0102－0002245 （丙二）/5772 史部/紀傳類/斷代

梁書五十六卷 （唐）姚思廉撰 明崇禎六年(1633)毛氏汲古閣刻本 六冊

110000－0102－0002246 （丙二）/5773 史部/紀傳類/斷代

陳書三十六卷 （唐）姚思廉撰 明崇禎四年(1631)毛氏汲古閣刻本 四冊

110000－0102－0002247 （丙二）/5774 史部/紀傳類/斷代

魏書一百十四卷 （北齊）魏收等撰 明末琴川毛氏汲古閣刻本 二十四冊

110000－0102－0002248 （丙二）/5775 史部/紀傳類/斷代

北齊書五十卷 （唐）李百藥撰 明崇禎十一年(1638)琴川毛氏汲古閣刻本 四冊

110000－0102－0002249 （丙二）/5775－1 史部/紀傳類/斷代

周書五十卷 （唐）令狐德棻撰 明崇禎五年

(1632)琴川毛氏汲古閣刻本 六冊

110000－0102－0002250 （丙二）/5776 史部/紀傳類/斷代

隋書八十五卷 （唐）魏徵撰 明崇禎八年(1635)毛氏汲古閣刻本 十六冊

110000－0102－0002251 （丙二）/5777 史部/紀傳類/斷代

南史八十卷 （唐）李延壽撰 明崇禎十二年(1639)琴川毛氏汲古閣刻本 十六冊

110000－0102－0002252 （丙二）/5778 史部/紀傳類/通代

北史一百卷 （唐）李延壽撰 明崇禎十二年(1639)毛氏汲古閣刻本 二十四冊

110000－0102－0002253 （丙二）/5779 史部/紀傳類/斷代

唐書二百二十五卷 （宋）歐陽修 （宋）宋祁撰 明末琴川毛氏汲古閣刻本 四十冊

110000－0102－0002254 （丙二）/5780 史部/紀傳類/斷代

舊五代史一百五十卷目錄二卷 （宋）薛居正撰 清乾隆掃葉山房刻本 十六冊

110000－0102－0002255 （丙二）/5785 史部/紀傳類/斷代

明史藁三百十卷目錄二卷 （清）王鴻緒等撰 清雍正敬慎堂刻本 八十一冊

110000－0102－0002256 （丙二）/5792 史部/紀傳類/通代

五代史記七十四卷 （宋）歐陽修撰 （宋）徐無黨注 明崇禎三年(1630)毛氏汲古閣刻本 八冊

110000－0102－0002257 （丙二）/5837 史部/時令類

月令廣義二十四卷首一卷統紀一卷 （明）馮應京輯 （明）戴任釋 明萬曆三十年(1602)梅墅石渠閣刻本 十冊

110000－0102－0002258 （丙二）/5904 史部/政書類/通制

大成通志十八卷首一卷　（清）楊慶撰　清康熙八年（1669）刻本　二十冊

110000－0102－0002259　（丙二）/5905　史部/政書類/詔令奏議/奏議

魏鄭公諫續錄二卷　（元）翟思忠撰　清乾隆刻本　一冊

110000－0102－0002260　（丙二）/5906　史部/地理類/雜記

鄴中記一卷　（晉）陸翽撰　清乾隆四十一年（1776）武英殿木活字印武英殿聚珍版叢書本　1942年章甫題跋　一冊

110000－0102－0002261　（丙二）/5907　史部/紀傳類/斷代

兩漢刊誤補遺十卷　（宋）吳仁傑撰　清乾隆四十三年（1778）武英殿木活字印本　一冊

110000－0102－0002262　（丙二）/5923　史部/傳記類/總傳

俎豆集三十卷　（清）潘承焯編　清乾隆四十三年（1778）毛氏汲古閣刻本　十冊

110000－0102－0002263　（丙二）/5924　集部/總集類/斷代

切問齋文鈔三十卷　（清）陸燿輯　清乾隆四十年（1775）吳門劉萬傳局刻本　十冊

110000－0102－0002264　（丙二）/5931　史部/別史、雜史類

涑水記聞十六卷　（宋）司馬光撰　清乾隆四十二年（1777）武英殿木活字印武英殿聚珍版叢書本　八冊

110000－0102－0002265　（丙二）/5940　史部/地理類/方志

[康熙]通州志十二卷　（清）吳存禮纂修（清）陸茂騰纂修　清康熙三十六年（1697）刻本　十冊

110000－0102－0002266　（丙二）/5940－1　史部/地理類/方志

[雍正]通州新志九卷　（清）黃成章纂修　清雍正二年（1724）刻本（卷六有抄配）　八冊

110000－0102－0002267　（丙二）/5941　史部/傳記類/總傳/專錄/仕宦

歷代名臣傳三十五卷首一卷續編五卷　（清）朱軾　（清）蔡世遠輯　清雍正七年（1729）刻本　十六冊

110000－0102－0002268　（丙二）/5945　史部/政書類/職官/官制

詞林典故八卷　（清）張廷玉等輯　清乾隆十二年（1747）刻本　八冊

110000－0102－0002269　（丙二）/5955　史部/地理類/方志

[乾隆]永清縣志十卷　（清）周震榮撰（清）章學誠撰　永清文徵五卷　清乾隆四十四年（1779）刻嘉慶十八年（1813）補刻本（抄配）　四冊

110000－0102－0002270　（丙二）/6002　史部/政書類/公牘

于清端公政書八卷首編一卷外集一卷　（清）于成龍撰　（清）蔡方炳　（清）諸匡鼎編　清康熙四十六年（1707）刻本　十冊

110000－0102－0002271　（丙二）/6005　史部/地理類/方志

[雍正]畿輔通志一百二十卷圖一卷　（清）唐執玉等纂修　清雍正十三年（1735）刻本　四十八冊

110000－0102－0002272　（丙二）/6006　子部/天文地理類/曆法

欽定协紀辨方書三十六卷　（清）允祿纂　清乾隆六年（1741）武英殿刻本　十五冊

110000－0102－0002273　（丙二）/6007　史部/史表類

歷代史表　（清）萬斯同撰　清乾隆孫傳澂刻本　六冊

110000－0102－0002274　（丙二）/6032　史部/紀傳類/通代

續資治通鑑綱目二十七卷　（明）商輅等撰（明）陳仁錫評　明刻本　十冊　存十卷（十八至二十七）

110000－0102－0002275　（丙三）/1　子部/法家類

韓子二十卷　（戰國）韓非撰　題(明)門無子註　明萬曆刻朱墨套印本　六冊

110000－0102－0002276　（丙三）/2　子部/法家類

韓子二十卷　（戰國）韓非撰　題(明)門無子註　明萬曆刻朱墨套印本　高師杜題款　七冊

110000－0102－0002277　（丙三）/7　子部/儒家

大學衍義四十三卷　（宋）真德秀撰　明嘉靖六年(1527)司禮監刻本　二十六冊　存三十二卷(一至九、十一、十五至二十二、三十至四十三)

110000－0102－0002278　（丙三）/9　子部/道家類

莊子南華真經四卷音義四卷　（戰國）莊周撰　（晉）郭象注　明萬曆吳興閔氏刻朱墨套印本　四冊

110000－0102－0002279　（丙三）/12　子部/儒家類

大學衍義補纂要六卷　（明）徐栻輯　明隆慶六年(1572)刻本　六冊

110000－0102－0002280　（丙三）/13　子部/藝術類/篆刻

集古印譜六卷　（明）王常編　明萬曆三年(1575)顧從德雲閣刻朱印本　四冊

110000－0102－0002281　（丙三）/17　子部/藝術類/書畫/畫法、畫帖

芥子園畫傳二十卷　（清）王槩輯並摹　清康熙十八年(1679)刻彩色套印本　十六冊

110000－0102－0002282　（丙三）/20　子部/雜家類/雜述

世說新語八卷　（南朝宋）劉義慶撰　（南朝梁）劉孝標注　（宋）劉辰翁　（宋）劉應登評　明萬曆吳興凌瀛初刻四色套印本　八冊

110000－0102－0002283　（丙三）/22　子部/雜家類/學說

東坡先生物類相感志十八卷　（宋）蘇軾撰　清抄本　六冊

110000－0102－0002284　（丙三）/25　子部/道家類

莊子南華真經四卷音義四卷　（戰國）莊周撰　（晉）郭象注　明萬曆吳興閔氏刻朱墨套印本　四冊

110000－0102－0002285　（丙三）/27　集部/小說類/筆記小說

癸辛雜識新集癸辛雜識外集　（宋）周密撰　明末刻本　佚名批註　四冊

110000－0102－0002286　（丙三）/28　子部/類書類/類編/通錄

初學記三十卷　（唐）徐堅等撰　明嘉靖十年(1531)錫山安國桂坡館刻清初挖改後印本　(卷三第十九葉、卷二十八抄補)　李之鼎校　許旦復題識　十二冊

110000－0102－0002287　（丙三）/32　子部/子總類

二十家子書二十八卷　（明）謝汝韶編　明萬曆六年(1578)吉藩崇德書院刻本　二十四冊　存二十二卷(公孫龍子一卷,子華子二卷,鬼谷子一卷,文子通玄真經一卷,揚子法言一卷,莊子南華真經內篇一卷、外篇二卷、雜篇一卷,荀子三卷,列子沖虛真經一卷,天隱子一卷,无能子一卷,關尹子文始真經一卷,尹文子一卷,亢倉子洞靈真經一卷,文中子中說一卷,黃石公一卷,玄真子一卷)

110000－0102－0002288　（丙三）/33　子部/子總類

六子書六十卷　（明）顧春輯　明刻本　三十四冊　存四種四十八卷(荀子二十卷、文中子中說十卷、沖虛至德真經八卷、新纂門目五臣音註揚子法言十卷)

110000－0102－0002289　（丙三）/42　子部/宗教類/釋教

金剛般若波羅蜜經一卷　（後秦）釋鳩摩羅什譯　明萬曆二十九年(1601)黨孝泥金抄本

李少蘭題跋　一冊

110000 – 0102 – 0002290　（丙三）/43　子部/
術數類/陰陽五行

陽明按索五卷首一卷　（元）陳復心編　（明）
陳漢卿補註　（明）顧吾廬旁註　清乾隆樂真
堂刻本　四冊

110000 – 0102 – 0002291　（丙三）/44　子部/
宗教類/釋教/經

**大佛頂如來密因修證了義諸菩薩萬行首楞嚴
經語旨十卷**　（唐）般剌密諦譯　明萬曆三十
五年(1607)刻本　智禎等書　五冊

110000 – 0102 – 0002292　（丙三）/54　子部/
醫家類

[**秘方集腋**]　（□）□□輯　清康熙刻本
六冊

110000 – 0102 – 0002293　（丙三）/58　子部/
譜錄類/草木

二如亭群芳譜二十九卷　（明）王象晉纂輯
明末清初沙村草堂刻本　二十四冊

110000 – 0102 – 0002294　（丙三）/97　子部/
宗教類/釋教

宗鏡錄一百卷　（宋）釋延壽撰　清雍正十二
年(1734)武英殿刻本　二十冊

110000 – 0102 – 0002295　（丙三）/107　子
部/藝術類/書畫

漢谿書法通解八卷　（清）戈守智撰　清乾隆
霽雲閣刻本　四冊

110000 – 0102 – 0002296　（丙三）/122　子
部/宗教類/釋教

成唯識論俗詮十卷　（明）釋明昱詮釋　明萬
曆三十九年(1611)刻本　題雪浪大師跋
十冊

110000 – 0102 – 0002297　（丙三）/132　子
部/儒家類

家範十卷　（宋）司馬光撰　（清）朱軾評點
清康熙五十八年(1719)朱軾刻本　四冊

110000 – 0102 – 0002298　（丙三）/133　子

部/儒家類

正蒙二卷　（宋）張載撰　（清）李光地注解
清康熙刻本　一冊

110000 – 0102 – 0002299　（丙三）/142　子
部/儒家類

大學衍義四十三卷　（宋）真德秀撰　明崇禎
十一年(1638)楊鶚刻清補刻本　十冊

110000 – 0102 – 0002300　（丙三）/154　子
部/儒家類

御纂性理精義十二卷　（清）李光地等編校
清康熙五十六年(1717)刻本　六冊

110000 – 0102 – 0002301　（丙三）/163　子
部/儒家類/清

學仕遺規四卷補四卷　（清）陳弘謀輯　清乾
隆三十四年(1769)培遠堂刻本　八冊

110000 – 0102 – 0002302　（丙三）/178　子
部/農家類

欽定授時通考七十八卷　（清）鄂爾泰　（清）
張廷玉撰　清康熙十一年(1672)武英殿刻本
二十二冊

110000 – 0102 – 0002303　（丙三）/184　子
部/醫家類/本草

本草綱目五十二卷首二卷瀕湖脈學一卷
(明)李時珍撰　清順治十四年至十五年
(1657 – 1658)張朝璘刻本　四十冊

110000 – 0102 – 0002304　（丙三）/208　子
部/天文地理類/天文

管窺輯要八十卷　（清）黃鼎纂　清順治十年
(1653)刻本　三十二冊

110000 – 0102 – 0002305　（丙三）/256　子
部/雜家類/雜考

困學紀聞二十卷　（宋）王應麟撰　清乾隆三
年(1738)祁門馬氏叢書樓刻本　佚名圈點、
批校　四冊

110000 – 0102 – 0002306　（丙三）/261　子
部/雜家類/雜考

古今釋疑十八卷　（清）方中履撰　清康熙二
十六年(1687)汗青閣　十冊

110000 – 0102 – 0002307　（丙三）/297　子
部/類書

佩文韻府一百〇六卷　（清）張玉書　（清）蔡
升元輯　清康熙四十九年至五十年（1710 –
1711）武英殿刻本　九十五冊

110000 – 0102 – 0002308　（丙三）/367　子
部/雜家類/雜考

陔餘叢考四十三卷　（清）趙翼撰　清乾隆五
十五年至五十六年（1790 – 1791）陽湖趙氏湛
貽堂刻本　十二冊

110000 – 0102 – 0002309　（丙三）/380　子
部/儒家類

庸行編八卷　（清）史典輯　（清）牟允中補
清康熙三十年（1691）閭山尚氏澹寧堂刻本
四冊

110000 – 0102 – 0002310　（丙三）/394　子
部/宗教類/釋教

石門文字禪三十卷　（宋）釋德洪撰　明萬曆
二十五年（1597）徑山興聖萬壽寺刻徑山藏本
周肇祥題詞　十五冊

110000 – 0102 – 0002311　（丙三）/399　集
部/集評類/曲評、曲話

樂府遺聲一卷　（清）汪汲撰　清乾隆五十九
年（1794）刻古愚老人消夏錄本　三冊

110000 – 0102 – 0002312　（丙三）/408　子
部/宗教類/釋教/論

浮石禪師語錄十卷　（明）釋通賢說　（清）釋
行浚等編　清康熙元年（1662）包氏刻三十九
年（1700）重印本　二冊

110000 – 0102 – 0002313　（丙三）/410　子
部/宗教類/釋教/經

金剛決疑解一卷金剛經頌十八首一卷　（明）
釋德清撰　清乾隆香界寺刻本　二冊

110000 – 0102 – 0002314　（丙三）/414　子
部/術數類/相宅相墓

天鏡約旨二卷　（□）□□撰　清乾隆刻朱墨
套印本　二冊

110000 – 0102 – 0002315　（丙三）/429　子
部/宗教類/釋教/經

妙法蓮華經大窾七卷　（後秦）釋鳩摩羅什譯
（明）釋通潤箋　明末刻本（略有抄補）
八冊

110000 – 0102 – 0002316　（丙三）/442　子
部/宗教類/釋教/經

彌陀經疏鈔演義四卷　（清）釋古德演義
（清）釋慈帆編定　清乾隆十七年（1752）刻本
四冊

110000 – 0102 – 0002317　（丙三）/444 – 1
子部/宗教類/釋教/經

羯磨指南十四卷　（清）釋炤明輯　清康熙二
十一年（1682）天隆律院刻本　一冊　存二卷
（三至四）

110000 – 0102 – 0002318　（丙三）/444 – 2
子部/宗教類/釋教

比丘戒犯緣略釋十卷　（清）釋炤明釋　羯磨
指南　（清）釋炤明輯　清康熙二十一年
（1682）天隆律院刻本　五冊

110000 – 0102 – 0002319　（丙三）/452　子
部/藝術類/書畫/畫法、畫帖

[耕織圖墨跡]　（□）□□繪　清繪本　一冊

110000 – 0102 – 0002320　（丙三）/477　子
部/醫家類/方論

祈嗣真詮不分卷　（明）袁黃編　清乾隆四十
四年（1779）王氏慎齋刻本　二冊

110000 – 0102 – 0002321　（丙三）/478　子
部/醫家類/方論

傷寒論類方一卷　（清）徐大椿編　清乾隆二
十四年（1759）刻徐氏醫書六種本　四冊

110000 – 0102 – 0002322　（丙三）/484　經
部/四書類/總義

四書拾遺九卷首一卷　（清）□□撰　清抄本
四冊

110000 – 0102 – 0002323　（丙三）/488　子
部/儒家類

棉陽學準五卷　（清）藍鼎元撰　清雍正七年
（1729）閑存堂刻本　二冊

110000 - 0102 - 0002324　（丙三）/493　子部/醫家類/方論

新刊外科正宗四卷　（明）王秉鉞撰　明末清初刻本　三冊　存三卷(一至三)

110000 - 0102 - 0002325　（丙三）/499　史部/傳記類/總傳

洛學編五卷　（清）湯斌　（清）尹會一輯　清乾隆湯定祥刻本　一冊

110000 - 0102 - 0002326　（丙三）/506　子部/類書類

增訂二三場群書備考四卷　（明）袁黃撰　（明）袁儼注　明崇禎十五年(1642)大觀堂刻本　四冊

110000 - 0102 - 0002327　（丙三）/516　子部/醫家類/方論

絳雪園古方選註不分卷　（清）王子接註　清埽葉山房刻本　四冊

110000 - 0102 - 0002328　（丙三）/520　子部/儒家類/明

常郡新刻李會元先生性理書抄八卷　（明）李廷機輯　明萬曆十九年(1591)石泉刻本　八冊

110000 - 0102 - 0002329　（丙三）/521　子部/譜錄類/草木

二如亭群芳譜二十九卷　（明）王象晉纂輯　明崇禎二年(1629)刻本　二十八冊

110000 - 0102 - 0002330　（丙三）/522　經部/孝經類

孝經衍義一百卷首二卷　（清）葉方藹等纂　清康熙三十年(1691)王起元刻本　三十二冊

110000 - 0102 - 0002331　（丙三）/526　子部/儒家類

御纂性理精義十二卷　（清）李光地等編校　清康熙五十六年(1717)刻本　四冊

110000 - 0102 - 0002332　（丙三）/527　子部/譜錄類/草木

二如亭群芳譜二十九卷　（明）王象晉纂輯　明末毛氏汲古閣刻本　二十四冊

110000 - 0102 - 0002333　（丙三）/537　子部/醫家類/方論

靜耘齋集驗方不分卷　（清）黃元基輯　清抄本　六冊

110000 - 0102 - 0002334　（丙三）/540　子部/宗教類/釋教/經

佛說觀無量壽佛經一卷附圖頌　（南朝宋）釋畺良耶舍譯　清順治十二年(1655)刻本　一冊

110000 - 0102 - 0002335　（丙三）/543　子部/宗教類/釋教

百癡禪師語錄二十八卷　（明）釋超宣等編　清順治十六年(1659)刻徑山藏本　五冊

110000 - 0102 - 0002336　（丙三）/544　子部/宗教類/釋教/經

楞伽阿跋多羅寶經講錄二卷　（南朝宋）釋求那跋陀羅譯　（明）釋乘旹講錄　明天啟二年(1622)汪益源刻本　四冊

110000 - 0102 - 0002337　（丙三）/545　子部/宗教類/釋教/經

大乘本生心地觀經淺註八卷懸示一卷科一卷　（清）釋來舟註　清康熙三十六年(1697)刻本　十八冊

110000 - 0102 - 0002338　（丙三）/547　子部/宗教類/釋教/經

大佛頂如來密因修證了義諸菩薩萬行首楞嚴經合轍十卷　（明）釋通潤撰　明崇禎九年(1636)季蘭庭刻本　十冊

110000 - 0102 - 0002339　（丙三）/548　子部/宗教類/釋教

調梅鼎禪師語錄十二卷　（清）釋實勝等編　清雍正刻徑山藏本　四冊

110000 - 0102 - 0002340　（丙三）/550　子部/術數類/相宅相墓

增補地理直指原真三卷首一卷　（清）釋如玉撰　清康熙三十五年(1696)指歸菴刻本　佚名批註　八冊

110000 - 0102 - 0002341　（丙三）/551　子

部/宗教類/釋教

龍池幻有禪師語錄十二卷 （明）釋圓悟
（明）釋圓修編 明崇禎十一年(1638)楞嚴寺
刻清康熙三十九年(1700)包氏後印徑山藏本
三冊

110000－0102－0002342 （丙三)/552 子
部/道家類

南華發覆八卷 （清）釋性通注 清乾隆十四
年(1749)雲林懷德堂刻本 六冊

110000－0102－0002343 （丙三)/554 子
部/宗教類/釋教

圓覺經析義疏四卷 （清）釋通理撰 清乾隆
五十八年(1793)刻徑山藏本 四冊

110000－0102－0002344 （丙三)/555 子
部/宗教類/釋教

續燈存稿增集四卷 （清）釋大珍編 清康熙
二十一年(1682)刻徑山藏本 一冊

110000－0102－0002345 （丙三)/573 子
部/雜家類/學說

鶡冠子三卷 （宋）陸佃解 （明）王宇評 明
天啟五年(1625)王氏花齋刻本 一冊

110000－0102－0002346 （丙三)/574 子
部/醫家類/本草

本草通元二卷 （清）李中梓撰 （清）尤乘增
補 清康熙六年(1667)刻本 二冊

110000－0102－0002347 （丙三)/584 子
部/兵家類

洴澼百金方十四卷首一卷 （清）袁宮桂編
清乾隆五十三年(1788)嘉魚堂活字本 六冊

110000－0102－0002348 （丙三)/588 子
部/醫家類/方論

重訂宜麟策 （明）張介賓撰 清乾隆四十五
年(1780)錢大治、王珠刻本 一冊

110000－0102－0002349 （丙三)/605 子
部/儒家類/宋

大學衍義四十三卷 （宋）真德秀撰 清乾隆
二年(1737)刻本 十冊

110000－0102－0002350 （丙三)/607 子
部/宗教類/釋教/經

大佛頂首楞嚴經正脉修釋暑記十卷 （清）釋
慧海集 清乾隆刻本 二冊

110000－0102－0002351 （丙三)/608 子
部/宗教類/釋教/經

瑜伽集要焰口施食儀 （唐）釋不空譯 （宋）
釋不動金剛輯 清康熙三十年(1691)刻本
二冊

110000－0102－0002352 （丙三)/609 子
部/儒家類

讀書錄十一卷續錄十二卷 （明）薛瑄撰 明
嘉靖四年(1525)刻本 四冊

110000－0102－0002353 （丙三)/613 子
部/藝術類/書畫

蔣氏遊藝秘錄二卷 （清）蔣衡等撰 清乾隆
五十九年(1794)刻本 四冊

110000－0102－0002354 （丙三)/618 經
部/四書類/四書總義

**四書釋地一卷續一卷又續一卷三續一卷孟子
生卒年月考一卷** （清）閻若璩撰 清乾隆五
十二年(1787)丁傑刻本 佚名批點 四冊

110000－0102－0002355 （丙三)/621 集
部/總集類/斷代

唐詩金粉十卷 （清）沈炳輯 清雍正二年
(1724)冬讀書齋刻本 四冊

110000－0102－0002356 （丙三)/623 經
部/四書類/四書總義

**四書釋地一卷續一卷又續一卷三續一卷孟子
生卒年月考一卷** （清）閻若璩撰 清乾隆王
氏刻本 四冊

110000－0102－0002357 （丙三)/627 子
部/儒家類/清

理學正宗十五卷 （清）竇克勤編 清康熙二
十八年(1689)求善居刻本 六冊

110000－0102－0002358 （丙三)/629 經
部/四書類/總義

陸稼書先生四書講義遺編六卷 （清）趙鳳翔

編 清康熙四十四年（1705）三魚堂刻本
八冊

110000 - 0102 - 0002359 （丙三）/631 經
部/四書類/總義/傳說
**大學章句一卷大學或問一卷中庸章句一卷中
庸或問一卷論語集注十卷孟子集注七卷**
（宋）朱熹撰 明嘉靖吉澄刻本 佚名圈點
十冊

110000 - 0102 - 0002360 （丙三）/632 子
部/醫家類
韓氏醫通二卷 （明）韓懋撰 清乾隆於然室
刻本 一冊

110000 - 0102 - 0002361 （丙三）/635 經
部/四書類/總義
呂晚邨先生四書講義四十三卷 （明）呂留良
撰 （清）陳鏦編 清康熙刻本 十冊

110000 - 0102 - 0002362 （丙三）/640 子
部/儒家類
孔叢四卷 （漢）孔鮒撰 （明）鍾惺評 明崇
禎十年（1637）李燦志刻本 佚名注 二冊

110000 - 0102 - 0002363 （丙三）/652 子
部/宗教類/釋教
博庵仁禪師語錄三卷 （清）釋明覺等編 清
雍正九年（1731）刻本 周肇祥批、圈點
二冊

110000 - 0102 - 0002364 （丙三）/655 子
部/道家類
南華真經副墨八卷 （明）陸西星撰 明萬曆
六年（1578）刻本 十二冊

110000 - 0102 - 0002365 （丙三）/664 子
部/儒家類/明
性理大全書七十卷 （明）胡廣等編 明嘉靖
三十八年（1559）福建縉雲樊獻科刻本 三十
六冊

110000 - 0102 - 0002366 （丙三）/678 子
部/天文地理類/算法
九數通考十一卷首一卷末一卷 （清）屈曾發
輯 清乾隆三十八年（1773）刻本 十六冊

110000 - 0102 - 0002367 （丙三）/690 子
部/宗教類/釋教
無趣老人語錄一卷 （明）釋如空撰 （明）釋
性沖編 明萬曆四十三年（1615）刻本 佚名
批 一冊

110000 - 0102 - 0002368 （丙三）/691 子
部/宗教類/釋教
無幻禪師語錄二卷 （明）釋性沖撰 明萬曆
刻本 一冊

110000 - 0102 - 0002369 （丙三）/694 子
部/宗教類/釋教
勅賜圓照茆溪森禪師語錄六卷 （清）釋勝德
編 清康熙刻本 二冊

110000 - 0102 - 0002370 （丙三）/695 子
部/宗教類/釋教
福源石屋珙禪師語錄二卷 （元）釋清珙撰
（元）釋至柔等編 明天啟七年（1627）兜率園
刻本 一冊

110000 - 0102 - 0002371 （丙三）/699 子
部/宗教類/釋教
海幢朗如大師語錄三卷 （清）釋法真述
（清）釋默演記 清乾隆刻本 二冊

110000 - 0102 - 0002372 （丙三）/700 子
部/宗教類/釋教
法南勝禪師語錄二卷首一卷 （清）釋際珠等
編 清乾隆刻本 一冊

110000 - 0102 - 0002373 （丙三）/701 子
部/宗教類/釋教/經
佛說阿彌陀經要解 （後秦）釋鳩摩羅什譯
（明）釋智旭解 清乾隆五十二年（1787）刻本
二冊

110000 - 0102 - 0002374 （丙三）/703 子
部/宗教類/釋教
即非禪師全錄二十五卷 （明）釋明洞等編
清康熙楞嚴寺刻本 周肇祥批 五冊

110000 - 0102 - 0002375 （丙三）/715 經
部/四書類/總義
四書考輯要二十卷 （清）陳弘謀輯 清乾隆

陳氏培遠堂刻本　十冊

110000 - 0102 - 0002376　（丙三）/717　經部/四書類/總義

四書考異七十二卷　（清）翟灝撰　清乾隆三十四年(1769)無不宜齋刻本　十二冊

110000 - 0102 - 0002377　（丙三）/719　子部/儒家類/清

經史辨體十三卷　（清）徐與喬輯評　清康熙十七年(1678)敦化堂刻本　二十四冊

110000 - 0102 - 0002378　（丙三）/721　經部/四書類/孟子

孟子註疏解經十四卷　（漢）趙岐註　（宋）孫奭疏　明汲古閣刻本　五冊

110000 - 0102 - 0002379　（丙三）/727　經部/四書類/總義

四書朱子本義匯參四十三卷首四卷　（清）王步青輯　（清）王士鰲編　清乾隆十年(1745)敦復堂刻文會堂重印本　三十冊

110000 - 0102 - 0002380　（丙三）/730　經部/四書類/總義

四書集益　（清）于光華編　清乾隆五十二年(1787)古吳晉刻本　六冊

110000 - 0102 - 0002381　（丙三）/745　經部/四書類/孟子

孟子二卷　（戰國）孟軻撰　題（宋）蘇洵批點　明萬曆四十五年(1617)閔齊伋刻朱墨套印本　二冊

110000 - 0102 - 0002382　（丙三）/761　子部/雜家類/學說

鶡冠子三卷　（宋）陸佃解　（明）王宇評　明天啟五年(1625)王氏花齋刻本　二冊

110000 - 0102 - 0002383　（丙三）/766　經部/四書類/總義

四書大全摘要二十卷　（清）李武纂　清雍正九年(1731)王遠凡刻本　十六冊

110000 - 0102 - 0002384　（丙三）/769　子部/儒家類/明

大學衍義補一百六十卷首一卷　（明）丘濬撰　明正德元年(1506)宗文堂刻本　佚名批　四十冊

110000 - 0102 - 0002385　（丙三）/775　子部/儒家類

日知薈說四卷　（清）高宗弘曆撰　清乾隆刻本　四冊

110000 - 0102 - 0002386　（丙三）/779　子部/儒家類

讀書錄十一卷續錄十二卷　（明）薛瑄撰　清乾隆十一年(1746)刻本　十冊

110000 - 0102 - 0002387　（丙三）/780　子部/儒家類

讀書錄十一卷續錄十二卷　（明）薛瑄撰　清刻本　六冊

110000 - 0102 - 0002388　（丙三）/785　子部/宗教類/釋教/

楞嚴說通十卷　（清）劉道開纂　清康熙六年至七年(1667 - 1668)劉道開刻本　十冊

110000 - 0102 - 0002389　（丙三）/786　子部/宗教類/釋教

圓悟佛果禪師語錄二十卷　（宋）釋紹隆等編　明萬曆十八年至十九年(1590 - 1591)清涼山妙德庵刻徑山藏本　四冊

110000 - 0102 - 0002390　（丙三）/787　子部/宗教類/釋教

廣福山勝覺寺密印禪師語錄十二卷　（清）釋如暐等編　清康熙二十一年(1682)楞嚴寺刻徑山藏本　二冊

110000 - 0102 - 0002391　（丙三）/788　子部/宗教類/釋教

指月錄三十二卷　（明）瞿汝稷輯　清乾隆六年(1741)明善堂刻本　二十冊

110000 - 0102 - 0002392　（丙三）/789　子部/宗教類/釋教

續燈存稿十二卷　（清）施沛集　續燈存稿增集四卷　（清）釋大珍編　清康熙刻徑山藏本　六冊

110000－0102－0002393 （丙三）/791 子部/宗教類/釋教

破山禪師語錄二十卷 （清）釋印正等編 清康熙十九年（1680）楞嚴寺般若坊刻本 四冊

110000－0102－0002394 （丙三）/792 子部/宗教類/釋教

西方合論 （明）袁宏道撰 （明）釋智旭評點 明萬曆刻本 四冊

110000－0102－0002395 （丙三）/793 子部/宗教類/釋教/經

彌陀經疏鈔演義定本四卷 （明）釋古德演義 （清）釋慈帆定本 清乾隆十七年（1752）慈因寺惟誠刻本 清宣統元年釋性融題記 四冊

110000－0102－0002396 （丙三）/794 子部/宗教類/釋教/經

妙法蓮華經知音七卷 （後秦）釋鳩摩羅什譯 （明）釋如愚撰 **妙法蓮華經弘傳序知音一卷** （唐）釋道宣述 （明）釋如愚撰 明萬曆四十八年（1620）刻本 八冊

110000－0102－0002397 （丙三）/802 子部/宗教類/釋教

百愚斯禪師語錄二十卷 （清）釋智朴編 清康熙刻徑山藏本 四冊

110000－0102－0002398 （丙三）/805 子部/宗教類/釋教

夫山和尚住嘗州祥符寺語錄一卷夫山和尚住台州能仁寺語錄一卷夫山和尚住天台景德國清禪寺語錄一卷 （明）釋濟璣等錄 **夫山和尚住台州靈鷲興化禪寺語錄一卷** （明）釋文杲等錄 明末清初刻本 一冊

110000－0102－0002399 （丙三）/806 子部/宗教類/釋教

靈岩退翁和尚語錄 （明）釋曉青編 明刻徑山藏本 五冊

110000－0102－0002400 （丙三）/808 子部/宗教類/釋教

大慧普覺禪師宗門武庫一卷雪堂行和尚拾遺

錄一卷 （宋）釋道謙編 明末刻徑山藏本 一冊

110000－0102－0002401 （丙三）/809 子部/宗教類/釋教

妙法蓮華經大成九卷音義九卷科文一卷 （清）釋鳩摩羅什譯 （清）釋大義輯 清康熙四十八年（1709）江寧江氏刻本 十二冊

110000－0102－0002402 （丙三）/835 子部/儒家類

性理大全書七十卷 （明）胡廣編 明萬曆二十五年（1597）吳勉學師古齋刻本 四十冊

110000－0102－0002403 （丙三）/840 子部/儒家類

思補錄二卷首一卷終一卷 （清）董寐撰 清乾隆三十年（1765）稿本 二冊

110000－0102－0002404 （丙三）/841 經部/小學類/文字

草字彙 （清）石梁集 清乾隆五十二年（1787）宏道堂刻本 六冊

110000－0102－0002405 （丙三）/842 經部/四書類/總義/文字音義

日講四書解義二十六卷 （清）喇沙等撰 清康熙十六年（1677）內府刻本 十一冊

110000－0102－0002406 （丙三）/843 經部/孝經類

孝經注疏九卷 （唐）玄宗李隆基注 （宋）邢昺疏 清康熙汲古閣刻本 佚名批注 二冊

110000－0102－0002407 （丙三）/852 經部/四書類/總義

四書大全四十二卷附錄一卷 （清）汪份輯 清康熙四十一年（1702）遄喜齋刻本 二十二冊

110000－0102－0002408 （丙三）/858 子部/雜家類/雜纂

咫聞集三卷 （清）郭為峽撰 清乾隆三十六年（1771）刻本 三冊

110000－0102－0002409 （丙三）/865 子

部/宗教類/道教

道言内外六卷 （明)彭好古編　明末刻本
六冊

110000－0102－0002410　（丙三)/882　子
部/宗教類/釋教

棄樟義禪師語錄一卷行實一卷 （清)釋普輝
（清)釋普鐸錄　清康熙刻徑山藏本　一冊

110000－0102－0002411　（丙三)/893　子
部/宗教類/釋教/經

大藏一覽十卷 （明)陳實編　(清)釋慧通錄
清嘉慶七年(1802)釋慧通抄本　四冊　存
八卷(三至十)

110000－0102－0002412　（丙三)/895　子
部/醫家類/方論

鼎鍥幼幼集成六卷 （清)陳復正輯　清乾隆
十五年至十六年(1750－1751)刻本　六冊

110000－0102－0002413　（丙三)/898　經
部/四書類/總義

四書左國彙纂四卷 （清)高其名　(清)鄭師
成纂　清乾隆本立堂刻本　六冊

110000－0102－0002414　（丙三)/901　經
部/禮類/雜禮

朱子家禮八卷首一卷 （明)丘濬輯　(明)楊
廷筠補　清康熙四十年(1701)刻本　六冊

110000－0102－0002415　（丙三)/902　子
部/雜家類/學說

天祿閣外史八卷 （漢)黃憲撰　(明)鍾惺評
明末刻秘書九種本　四冊

110000－0102－0002416　（丙三)/907　集
部/小說類/筆記小說

世說新語補二十卷 （南朝宋)劉義慶撰
(南朝梁)劉孝標注　(明)何良俊等增補　清
乾隆二十七年(1762)茂清書屋刻本　四冊

110000－0102－0002417　（丙三)/910　子
部/類書類/類編

新鐫分類評注文武合編百子金丹十卷 （明)
郭偉選注　(明)郭中吉編次　清初經國堂刻
本　佚名圈點　十二冊

110000－0102－0002418　（丙三)/925　子
部/醫家類

濟陰綱目十四卷 （清)武之望輯撰　(清)汪
淇箋釋　清康熙四年(1665)刻本　十四冊

110000－0102－0002419　（丙三)/939　子
部/術數類/占卜

靈棋經一卷 題(晉)顏幼明註　(宋)何承天
解　(元)陳師凱　(明)劉基註解　明末周文
珍抄本　周文珍題跋　佚名題字　一冊

110000－0102－0002420　（丙三)/1011　子
部/類書類

讀書紀數略五十四卷 （清)宮夢仁編　清康
熙四十八年(1709)刻本　十六冊

110000－0102－0002421　（丙三)/1026　子
部/醫家類/史傳

醫學源流論二卷 （清)徐大椿撰　清乾隆刻
本　四冊

110000－0102－0002422　（丙三)/1029　經
部/四書類/論語

鄉黨圖考十卷 （清)江永撰　清乾隆綠蔭堂
刻本　六冊

110000－0102－0002423　（丙三)/1056　子
部/雜家類/雜考

日知錄三十二卷 （清)顧炎武撰　清康熙三
十四年(1695)吳縣潘耒遂初堂刻本　十冊

110000－0102－0002424　（丙三)/1058　子
部/術數類/相宅相墓

陳子性藏書十二卷 （明)陳子性撰　清乾隆
四十七年(1782)奎元堂刻本　六冊

110000－0102－0002425　（丙三)/1059　子
部/類書類/類編/通錄

廣博物志五十卷 （明)董斯張編　明萬曆吳
興蔣禮高暉堂刻本　二十四冊

110000－0102－0002426　（丙三)/1075　子
部/儒家類

理學宗傳二十六卷 （清)孫奇逢輯　清康熙
五年(1666)張沐刻本　十二冊

110000－0102－0002427　（丙三）/1078　經部/四書類/總義

[欽定四書文]　（清）方苞等輯　清乾隆武英殿刻本　十六冊

110000－0102－0002428　（丙三）/1100　子部/類書類

事類賦三十卷　（宋）吳淑撰並注　廣事類賦四十卷　（清）華希閔撰並注　清刻本（卷八係補配）　十六冊

110000－0102－0002429　（丙三）/1101　經部/四書類/總義

[欽定四書文]不分卷　（清）方苞等輯　清乾隆武英殿刻本　二十二冊

110000－0102－0002430　（丙三）/1102　經部/四書類/總義

欽定四書文選　（清）方苞等撰　清乾隆五年（1740）刻本　二十二冊

110000－0102－0002431　（丙三）/1105　子部/儒家類

呻吟語六卷　（明）呂坤撰　明萬曆刻本　六冊

110000－0102－0002432　（丙三）/1113　子部/宗教類/釋教/經

大方便佛報恩經七卷　（□）□□譯　明萬曆二十九年（1601）刻本　七冊

110000－0102－0002433　（丙三）/1114　子部/宗教類/釋教

大方廣圓覺修多羅了義經略疏注二卷圓覺經疏前序科文一卷圓覺經畧疏之鈔五卷　（唐）釋宗密撰　明萬曆二十六年（1598）刻本　十冊

110000－0102－0002434　（丙三）/1115　子部/宗教類/釋教

天台四教儀集註十卷科文一卷　（元）釋蒙潤集　明正統五年（1440）內府刻萬曆二十六年（1598）內府印永樂北藏本　十冊

110000－0102－0002435　（丙三）/1116　子部/宗教類/釋教/經

佛說孔雀王呪經二卷　（南朝梁）釋僧伽婆羅譯　結呪界法　（晉）釋帛尸梨蜜譯　明正統五年（1440）刻萬曆二十六年（1598）印永樂北藏本　二冊

110000－0102－0002436　（丙三）/1117　子部/宗教類/釋教/經

二經同卷　明正統五年（1440）內府刻萬曆二十六年（1598）印永樂北藏本　一冊

110000－0102－0002437　（丙三）/1118　子部/宗教類/釋教/經

二經同卷　明正統五年（1440）內府刻萬曆二十六年（1598）印永樂北藏本　一冊

110000－0102－0002438　（丙三）/1119　子部/宗教類/釋教/經

不空羂索心呪王經三卷　（唐）釋寶思惟譯　明正統五年（1440）刻萬曆二十六年（1598）印永樂北藏本　二冊

110000－0102－0002439　（丙三）/1120　子部/宗教類/釋教/經

不空羂索陀羅尼經二卷　（唐）釋李無諂譯　明正統五年（1440）刻萬曆二十六年（1598）印永樂北藏本　二冊

110000－0102－0002440　（丙三）/1120－1　子部/宗教類/釋教/經

不空羂索神呪心經　（唐）釋玄奘譯　明正統五年（1440）刻萬曆二十六年（1598）印永樂北藏本　一冊

110000－0102－0002441　（丙三）/1121　子部/宗教類/釋教/經

不空羂索呪心經　（唐）釋菩提流志譯　明正統五年（1440）刻萬曆二十六年（1598）印永樂北藏本　一冊

110000－0102－0002442　（丙三）/1122　子部/宗教類/釋教/經

聖妙吉祥真實名經一卷　（元）釋釋智譯　明正統五年（1440）刻萬曆二十六年（1598）內府印永樂北藏本　一冊

110000－0102－0002443　（丙三）/1123　子

部/宗教類/釋教

四經同卷四種 明正統五年(1440)內府刻萬曆二十六年(1598)內府印永樂北藏本 一冊

110000－0102－0002444 （丙三）/1124 子部/宗教類/釋教/經

佛說最上根本大樂金剛不空三昧大教王經七卷 （宋）釋法賢譯 明正統五年(1440)內府刻萬曆二十六年(1598)內府印永樂北藏本 七冊

110000－0102－0002445 （丙三）/1125 子部/宗教類/釋教/經

佛說最上祕密那拏天經三卷 （宋）釋法賢譯 明正統五年(1440)內府刻萬曆二十六年(1598)內府印永樂北藏本(有抄配) 一冊

110000－0102－0002446 （丙三）/1126 子部/宗教類/釋教/經

蘇婆呼童子經三卷 （唐）釋輸波迦羅譯 （唐）釋一行 明正統五年(1440)內府刻萬曆二十六年(1598)內府印永樂北藏本 三冊

110000－0102－0002447 （丙三）/1127 子部/宗教類/釋教/經

大毗盧遮那成佛神變加持經七卷 （唐）釋輸波迦羅譯 （唐）釋一行 明正統五年(1440)內府刻萬曆二十六年(1598)內府印永樂北藏本 七冊

110000－0102－0002448 （丙三）/1128 子部/宗教類/釋教/經

佛說阿閦佛國經三卷 （後漢）釋支婁迦讖譯 明正統五年(1440)內府刻萬曆二十六年(1598)印永樂北藏本 三冊

110000－0102－0002449 （丙三）/1129 子部/宗教類/釋教/經

佛說大乘十法經 （南朝梁）釋僧伽婆羅譯 明正統五年(1440)內府刻萬曆二十六年(1598)印永樂北藏本 一冊

110000－0102－0002450 （丙三）/1130 子部/宗教類/釋教/經

佛說普門品經 （晉）釋竺法護譯 明正統五

年(1440)刻萬曆二十六年(1598)印永樂北藏本 一冊

110000－0102－0002451 （丙三）/1131 子部/宗教類/釋教/經

文殊師利佛土嚴淨經二卷 （晉）釋竺法護譯 明正統五年(1440)刻萬曆二十六年(1598)印永樂北藏本 二冊

110000－0102－0002452 （丙三）/1132 子部/宗教類/釋教/經

佛說胞胎經 （晉）釋竺法護譯 明正統五年(1440)刻萬曆二十六年(1598)印永樂北藏本 二冊

110000－0102－0002453 （丙三）/1133 子部/宗教類/釋教/經

佛說法鏡經二卷 （後漢）釋安玄 （後漢）釋嚴佛調譯 明正統五年(1440)刻萬曆二十六年(1598)印永樂北藏本 二冊

110000－0102－0002454 （丙三）/1134 子部/宗教類/釋教/經

大乘入楞伽經七卷 （唐）釋實叉難陀譯 明正統五年(1440)內府刻萬曆二十六年(1598)內府印永樂北藏本 七冊

110000－0102－0002455 （丙三）/1135 子部/宗教類/釋教/經

菩薩行方便境界神通變化經三卷 （南朝宋）釋求那跋陀羅譯 明正統五年(1440)內府刻萬曆二十六年(1598)內府印永樂北藏本 三冊

110000－0102－0002456 （丙三）/1136 子部/宗教類/釋教

大乘起信論疏四卷科文一卷 （唐）釋法藏撰 明正統五年(1440)內府刻萬曆二十六年(1598)內府印永樂北藏本 五冊

110000－0102－0002457 （丙三）/1137 子部/宗教類/釋教/論

大乘起信論疏筆削記五卷 （宋）釋子璿撰 明正統五年(1440)內府刻萬曆二十六年(1598)內府印永樂北藏本 五冊

110000－0102－0002458 （丙三）/1138 子部/宗教類/釋教/經

華嚴原人論科一卷華嚴原人論一卷 （唐）釋宗密撰 **華嚴原人論解三卷** （唐）釋圓覺解 明正統五年（1440）內府刻萬曆二十六年（1598）內府後印永樂北藏本 四冊

110000－0102－0002459 （丙三）/1139 子部/宗教類/釋教/經

折疑論五卷 （唐）釋師子撰 明正統五年（1440）內府刻萬曆二十六年（1598）內府印永樂北藏本 五冊

110000－0102－0002460 （丙三）/1140 子部/宗教類/釋教/經

釋金剛經纂要疏二卷 （宋）釋子璿錄 **金剛般若經疏論纂要二卷** （唐）釋宗密撰 明正統五年（1440）刻萬曆二十六年（1598）印永樂北藏本 一冊

110000－0102－0002461 （丙三）/1141 子部/宗教類/釋教/經

金剛經纂要刊定記七卷 （宋）釋子璿錄 明正統五年（1440）刻萬曆二十六年（1598）印永樂北藏本 七冊

110000－0102－0002462 （丙三）/1142 子部/宗教類/釋教/經

大般若波羅密多經六百卷 （唐）釋玄奘譯 明正統五年（1440）內府刻萬曆二十六年（1598）內府印永樂北藏本 三十冊 存三十卷（三百九十一至四百、四百九十一至五百、五百九十一至六百）

110000－0102－0002463 （丙三）/1143 子部/宗教類/釋教/經

根本薩婆多部律攝十四卷 （隋）釋義淨譯 明正統五年（1440）內府刻後印永樂北藏本 四冊 存四卷（十一至十四）

110000－0102－0002464 （丙三）/1144 子部/宗教類/釋教/經

四分僧羯磨五卷 （唐）釋懷素集 明正統五年（1440）內府刻後印本 五冊

110000－0102－0002465 （丙三）/1145 子部/宗教類/釋教/律

薩婆多部毗尼摩淂勒伽十卷 （宋）釋僧伽跋摩譯 明正統五年（1440）內府刻萬曆二十六年（1598）內府印永樂北藏本 十冊

110000－0102－0002466 （丙三）/1146 子部/宗教類/釋教/經

佛說大灌頂神呪經十二卷 （晉）釋帛尸梨蜜多羅譯 明正統五年（1440）內府刻萬曆二十六年（1598）內府印本 六冊

110000－0102－0002467 （丙三）/1147 子部/宗教類/釋教/經

佛說文殊師利現寶藏經二卷 （晉）釋竺法護譯 明正統五年（1440）內府刻萬曆二十六年（1598）內府印永樂北藏本 二冊

110000－0102－0002468 （丙三）/1148 子部/宗教類/釋教/經

大方廣寶篋經二卷 （南朝宋）釋求那跋陀羅譯 明正統五年（1440）內府刻萬曆二十六年（1598）內府印永樂北藏本 二冊

110000－0102－0002469 （丙三）/1149 子部/宗教類/釋教/經

大佛頂如來密因修證了義諸菩薩萬行首楞嚴經會解二十卷 （元）釋惟則會解 明正統五年（1440）內府刻萬曆二十六年（1598）內府印永樂北藏本 二十冊

110000－0102－0002470 （丙三）/1150 子部/宗教類/釋教/經

金光明最勝王經十卷 （唐）釋義淨撰 明萬曆十五年（1587）內府刻萬曆二十八年（1600）內府印永樂北藏本 十冊

110000－0102－0002471 （丙三）/1151 子部/宗教類/釋教/經

大乘妙法蓮華經七卷 （後秦）釋鳩摩羅什譯 清康熙刻康熙四十七年（1708）印本 七冊

110000－0102－0002472 （丙三）/1152 子部/宗教類/釋教/經

妙法蓮華經七卷 （後秦）釋鳩摩羅什譯 明

萬曆二十八年(1600)內府刻本　佚名題記
七冊

110000 - 0102 - 0002473　（丙三）/1153　子
部/宗教類/釋教/經

大乘妙法蓮華經七卷　(後秦)釋鳩摩羅什譯
明萬曆二十八年(1600)內府刻本　七冊

110000 - 0102 - 0002474　（丙三）/1154　子
部/宗教類/釋教/經

大方廣佛華嚴經八十卷　(唐)釋實叉難陀譯
復菴和尚華嚴綸貫一卷　(宋)釋復菴撰
明萬曆二十一年(1593)內府刻萬曆二十八年
(1600)印本　二十冊　存二十卷(一至七、九
至十、十六至二十五、三十三)

110000 - 0102 - 0002475　（丙三）/1155　子
部/宗教類/釋教/經

華嚴懸談會玄記十五卷　(元)釋普瑞集　明
正德刻本　十五冊

110000 - 0102 - 0002476　（丙三）/1156　子
部/宗教類/釋教/經

金光明經文句記六卷　(宋)釋知禮譯　明正
統五年(1440)內府刻萬曆二十六年(1598)內
府印永樂北藏本　八冊　存四卷(三至六)

110000 - 0102 - 0002477　（丙三）/1157　子
部/宗教類/釋教/論

菩薩戒義疏二卷　(隋)釋智者大師撰　明萬
曆二十六年(1598)內府刻永樂北藏本　二冊

110000 - 0102 - 0002478　（丙三）/1158　子
部/宗教類/釋教/經

**大佛頂如來密因修證了義註菩薩萬行首楞嚴
經十卷**　(唐)釋般刺密帝譯　明天啟四年
(1624)昭慶寺首經房具葉齋刻本　十冊

110000 - 0102 - 0002479　（丙三）/1159　子
部/宗教類/釋教/經

大般涅槃經四十卷　(北涼)釋曇無讖譯　明
萬曆內府刻萬曆二十八年(1600)印本　十四
冊　存十四卷(一至二、四至五、十一至二十)

110000 - 0102 - 0002480　（丙三）/1160　子
部/宗教類/釋教/經

大般涅槃經四十卷　(北涼)釋曇無讖譯　**大
般涅槃經後分二卷**　(唐)釋若那跋陀羅等譯
清康熙五十七年(1718)刻本　清王氏題記
四十冊　存三十八卷(三至四十)

110000 - 0102 - 0002481　（丙三）/1161　子
部/宗教類/釋教/經

成唯識論十卷　(唐)釋玄奘譯　明正統五年
(1440)內府刻萬曆二十六年(1598)內府印永
樂北藏本　十冊

110000 - 0102 - 0002482　（丙三）/1162　子
部/宗教類/釋教/經

佛說海龍王經四卷　(晉)釋竺法護譯　**天王
太子辟雍羅經**　明正統五年(1440)內府刻萬
曆二十六年(1598)內府印永樂北藏本　四冊

110000 - 0102 - 0002483　（丙三）/1163　子
部/宗教類/釋教/經

六經合卷　明正統五年(1440)內府刻萬曆二
十六年(1598)內府印永樂北藏本　一冊

110000 - 0102 - 0002484　（丙三）/1164　子
部/宗教類/釋教/經

中陰經二卷　(後秦)釋竺佛念譯　明正統五
年(1440)內府刻萬曆二十六年(1598)內府印
永樂北藏本　二冊

110000 - 0102 - 0002485　（丙三）/1165　子
部/宗教類/釋教/經

占察善惡業報經二卷　(隋)釋菩提登譯　明
正統五年(1440)內府刻萬曆二十六年(1598)
內府印永樂北藏本　一冊

110000 - 0102 - 0002486　（丙三）/1166　子
部/宗教類/釋教/經

佛說蓮華面經二卷　(隋)釋那連提耶舍譯
明正統五年(1440)內府刻萬曆二十六年
(1598)內府印永樂北藏本　一冊

110000 - 0102 - 0002487　（丙三）/1167　子
部/宗教類/釋教/經

七經合卷　明正統五年(1440)內府刻萬曆二
十六年(1598)內府印永樂北藏本　一冊

110000 - 0102 - 0002488　（丙三）/1168　子

部/宗教類/釋教/經

月燈三昧經一卷 （南朝宋）釋先工譯　**佛說象腋經一卷** （南朝宋）釋曇摩密多譯　明正統五年（1440）內府刻萬曆二十六年（1598）內府印永樂北藏本　一冊

110000－0102－0002489　（丙三）/1170　子部/宗教類/釋教/經

佛說大乘同性經二卷 （北周）釋闍那耶舍譯　明正統五年（1440）內府刻萬曆二十六年（1598）內府印永樂北藏本　二冊

110000－0102－0002490　（丙三）/1171　子部/宗教類/釋教/經

佛說證契大乘經二卷 （唐）釋地婆訶羅等譯　明正統五年（1440）內府刻萬曆二十六年（1598）內府印永樂北藏本　二冊

110000－0102－0002491　（丙三）/1172　子部/宗教類/釋教/經

持心梵天所問經（一名莊嚴佛法經，又名等御諸法經）四卷 （晉）釋竺法護譯　明正統五年（1440）內府刻萬曆二十六年（1598）內府印永樂北藏本　四冊

110000－0102－0002492　（丙三）/1173　子部/宗教類/釋教

禪宗正脉十卷 （明）釋啟明撰　明正統五年（1440）內府刻萬曆二十六年（1598）內府印永樂北藏本　十冊

110000－0102－0002493　（丙三）/1174　子部/宗教類/釋教/經

諸法無行經二卷 （後秦）釋鳩摩羅什譯　明正統五年（1440）內府刻萬曆二十六年（1598）內府印永樂北藏本　二冊

110000－0102－0002494　（丙三）/1175　子部/宗教類/釋教/經

持人菩薩所問經四卷 （晉）釋竺法護譯　明正統五年（1440）內府刻萬曆二十六年（1598）內府印永樂北藏本　四冊

110000－0102－0002495　（丙三）/1176　子部/宗教類/釋教/經

持世經（佛說法印品經）四卷 （後秦）釋鳩摩羅什譯　明正統五年（1440）內府刻萬曆二十六年（1598）內府印永樂北藏本　四冊

110000－0102－0002496　（丙三）/1177　子部/宗教類/釋教/經

大乘大悲分陀利經八卷 （秦）□□譯　明正統五年（1440）內府刻萬曆二十六年（1598）內府印永樂北藏本　八冊

110000－0102－0002497　（丙三）/1178　子部/宗教類/釋教/經

善思童子經二卷 （隋）釋闍那崛多譯　明正統五年（1440）內府刻萬曆二十六年（1598）內府印永樂北藏本　二冊

110000－0102－0002498　（丙三）/1179　子部/宗教類/釋教/經

大寶積經一百二十卷 （唐）釋玄奘譯　明正統五年（1440）內府刻萬曆二十六年（1598）內府印永樂北藏本　十冊　存十卷（五十一至六十）

110000－0102－0002499　（丙三）/1180　子部/宗教類/釋教/經

佛本行集經六十卷 （隋）釋闍那崛多譯　明正統五年（1440）內府刻萬曆二十六年（1598）內府印永樂北藏本　十冊　存十卷（十一至二十）

110000－0102－0002500　（丙三）/1181　子部/宗教類/釋教

華嚴懸談會玄記四十卷 （元）釋普瑞集　明正統五年（1440）內府刻萬曆二十六年（1598）內府印永樂北藏本　二十冊　存二十卷（一至二十）

110000－0102－0002501　（丙三）/1183　子部/宗教類/釋教/律

摩訶僧祇律四十卷 （晉）釋佛陀跋陀羅（晉）釋法顯合譯　明永樂刻永樂南藏本　八冊　存八卷（二十五至三十二）

110000－0102－0002502　（丙三）/1190　子部/宗教類/釋教/經

佛頂尊勝總持經咒一卷　（□）□□譯　明萬曆三十六年（1608）刻本　一冊

110000－0102－0002503　（丙三）/1191　子部/宗教類/道教/經論著作

高上玉皇本行集經三卷　（□）□□撰　明刻本　三冊

110000－0102－0002504　（丙三）/1192　子部/宗教類/釋教

金師子章雲間類解　（宋）釋淨源述　修華嚴奧旨妄盡還源觀　（唐）釋法藏述　明刻本　佚名批校　一冊

110000－0102－0002505　（丙三）/1195　子部/宗教類/釋教

往生淨土懺儀式　（宋）釋遵式撰　清康熙五十七年（1718）刻本　五冊

110000－0102－0002506　（丙三）/1196　子部/宗教類/釋教/經

大方廣佛華嚴經疏四十卷　（唐）釋澄觀撰　（唐）釋淨源疏　明刻本　三冊　存三卷（一至三）

110000－0102－0002507　（丙三）/1197　子部/宗教類/釋教

攝大乘論釋十卷　（唐）釋玄奘譯　明刻本　六冊

110000－0102－0002508　（丙三）/1198　子部/宗教類/釋教/經

佛昇忉利天爲母說法經三卷　（晉）釋竺法護譯　明刻永樂南藏本　一冊　存一卷（上）

110000－0102－0002509　（丙三）/1199　子部/宗教類/釋教/經

佛說寶雨經十卷　（唐）釋達磨流支譯　明刻永樂北藏本　十冊

110000－0102－0002510　（丙三）/1200　子部/宗教類/釋教/經

佛說諸法勇王經　（南朝宋）釋曇摩蜜多譯　明正統五年（1440）內府刻萬曆二十六年（1598）內府印永樂北藏本　一冊

110000－0102－0002511　（丙三）/1201　子部/宗教類/釋教/經

順權方便經二卷　（晉）釋竺法護譯　明正統五年（1440）內府刻萬曆二十六年（1598）內府印永樂北藏本　二冊

110000－0102－0002512　（丙三）/1202　子部/宗教類/釋教/經

佛說樂瓔珞莊嚴方便經一卷　（後秦）釋曇摩耶舍譯　明正統五年（1440）內府刻萬曆二十六年（1598）內府印永樂北藏本　一冊

110000－0102－0002513　（丙三）/1203　子部/宗教類/釋教/經

五經同卷　明正統五年（1440）內府刻萬曆二十六年（1598）內府印永樂北藏本　一冊

110000－0102－0002514　（丙三）/1204　子部/宗教類/釋教/經

六經同卷　明正統五年（1440）內府刻萬曆二十六年（1598）內府印永樂北藏本　一冊

110000－0102－0002515　（丙三）/1205　子部/宗教類/釋教/經

五經同卷五種　明正統五年（1440）內府刻萬曆二十六年（1598）內府後印永樂北藏本　一冊

110000－0102－0002516　（丙三）/1206　子部/宗教類/釋教/經

佛說德護長者經二卷　（隋）釋那連提黎耶舍譯　明正統五年（1440）內府刻萬曆二十六年（1598）內府印永樂北藏本　二冊

110000－0102－0002517　（丙三）/1207　子部/宗教類/釋教/經

四經同卷　明正統五年（1440）內府刻萬曆二十六年（1598）內府印永樂北藏本　一冊

110000－0102－0002518　（丙三）/1208　子部/宗教類/釋教/經

千眼千臂觀世音菩薩陀羅尼神咒經二卷　（唐）釋智通譯　明正統五年（1440）內府刻萬曆二十六年（1598）內府印永樂北藏本　一冊

110000－0102－0002519　（丙三）/1209　子

千手千眼觀世音菩薩姥陀羅尼身經一卷
(唐)釋菩提流志譯　明正統五年(1440)內府
刻萬曆二十六年(1598)內府印永樂北藏本
一冊

110000－0102－0002520　(丙三)/1210　子
部/宗教類/釋教/經

千手千眼觀世音菩薩廣大圓滿無礙大悲心陀
羅經一卷　(唐)釋伽梵達摩譯　明正統五年
(1440)內府刻萬曆二十六年(1598)內府印永
樂北藏本　一冊

110000－0102－0002521　(丙三)/1211　子
部/宗教類/釋教

三經同卷　明正統五年(1440)內府刻萬曆二
十六年(1598)內府印永樂北藏本　一冊

110000－0102－0002522　(丙三)/1212　子
部/宗教類/釋教/經

如意輪陀羅尼經一卷　(唐)釋菩提流志譯
明正統五年(1440)內府刻萬曆二十六年
(1598)內府印永樂北藏本　一冊

110000－0102－0002523　(丙三)/1213　子
部/宗教類/釋教/經

觀自在菩薩怛嚩多喇隨心陀羅尼經一卷
(唐)釋智通譯　明正統五年(1440)內府刻萬
曆二十六年(1598)內府印永樂北藏本　一冊

110000－0102－0002524　(丙三)/1214　子
部/宗教類/釋教

二經同卷　明正統五年(1440)內府刻萬曆二
十六年(1598)內府印永樂北藏本　一冊

110000－0102－0002525　(丙三)/1215　子
部/宗教類/釋教

五經同卷　明正統五年(1440)內府刻萬曆二
十六年(1598)內府印永樂北藏本　一冊

110000－0102－0002526　(丙三)/1216　子
部/宗教類/釋教/經

四經同卷　明正統五年(1440)內府刻萬曆二
十六年(1598)內府印永樂北藏本　一冊

110000－0102－0002527　(丙三)/1217　子

五經同卷　明正統五年(1440)內府刻萬曆二
十六年(1598)內府印永樂北藏本　一冊

110000－0102－0002528　(丙三)/1218　子
部/宗教類/釋教/經

大明三藏聖教目錄四卷續入藏經目錄一卷
(□)□□譯　明正統五年(1440)內府刻萬曆
二十六年(1598)內府印永樂北藏本　五冊

110000－0102－0002529　(丙三)/1219　子
部/宗教類/釋教/經

十誦律毗尼序三卷　(晉)釋卑摩羅叉譯　明
正統五年(1440)內府刻萬曆二十六年(1598)
內府印永樂北藏本　三冊

110000－0102－0002530　(丙三)/1220　子
部/宗教類/釋教/經

沙彌十戒法並威儀　(□)□□譯　明正統五
年(1440)內府刻萬曆二十六年(1598)內府印
永樂北藏本　一冊

110000－0102－0002531　(丙三)/1221　子
部/宗教類/釋教

羯磨二卷　(三國魏)釋曇諦集　明正統五年
(1440)內府刻萬曆二十六年(1598)內府印永
樂北藏本　二冊

110000－0102－0002532　(丙三)/1222　子
部/宗教類/釋教/經

十地經論十二卷　(北魏)釋菩提留支譯　明
正統五年(1440)內府刻萬曆二十六年(1598)
內府印永樂北藏本　二冊　存二卷(十一至
十二)

110000－0102－0002533　(丙三)/1223　子
部/宗教類/釋教/經

佛地經論七卷　(唐)釋玄奘譯　明正統五年
(1440)內府刻萬曆二十六年(1598)內府印永
樂北藏本　四冊　存五卷(一至二、四、六至
七)

110000－0102－0002534　(丙三)/1224　子
部/宗教類/釋教/經

大乘莊嚴經論十三卷　(唐)無著菩薩造　釋

波羅頗迦羅密多羅譯 明正統五年(1440)內府刻萬曆二十六年(1598)內府印永樂北藏本 一冊 存一卷(十三)

110000－0102－0002535 （丙三）/1225 子部/宗教類/釋教/經

三具足經優波提舍一卷 （北魏）釋毗目智仙等譯 明正統五年(1440)內府刻萬曆二十六年(1598)內府印永樂北藏本 一冊

110000－0102－0002536 （丙三）/1226 子部/宗教類/釋教/經

光讚般若波羅密經十卷 （晉）釋竺法護譯 明正統五年(1440)內府刻永樂北藏本 十冊

110000－0102－0002537 （丙三）/1227 子部/宗教類/釋教

法界次第初門三卷 （隋）釋智顗撰 明正統五年(1440)內府刻永樂北藏本 三冊

110000－0102－0002538 （丙三）/1228 子部/宗教類/釋教

方等三昧行法 （隋）釋智顗撰 （隋）釋灌頂記 明正統五年(1440)內府刻永樂北藏本 一冊

110000－0102－0002539 （丙三）/1229 子部/宗教類/釋教

淨土十疑論 （隋）釋智顗撰 明正統五年(1440)內府刻永樂北藏本 一冊

110000－0102－0002540 （丙三）/1230 子部/宗教類/釋教

觀心論疏五卷 （隋）釋灌頂撰 明正統五年(1440)內府刻永樂北藏本 五冊

110000－0102－0002541 （丙三）/1231 子部/宗教類/釋教/經

佛說大方廣十輪經八卷 （北涼）□□譯 明正統五年(1440)內府刻萬曆二十六年(1598)內府印永樂北藏本 八冊

110000－0102－0002542 （丙三）/1232 子部/宗教類/釋教/經

大集須彌藏經二卷 （北齊）釋那連提耶舍 （北齊）釋法智譯 明正統五年(1440)內府刻

萬曆二十六年(1598)內府印永樂北藏本 二冊

110000－0102－0002543 （丙三）/1233 子部/宗教類/釋教/經

五經同卷 （宋）釋施護譯 明正統五年(1440)內府刻永樂北藏本 一冊

110000－0102－0002544 （丙三）/1234 子部/宗教類/釋教/經

眾許摩訶帝經十三卷 （宋）釋法賢譯 明正統五年(1440)內府刻永樂北藏本 七冊

110000－0102－0002545 （丙三）/1235 子部/宗教類/釋教/經

三經同卷 明正統五年(1440)內府刻永樂北藏本 一冊

110000－0102－0002546 （丙三）/1236 子部/宗教類/釋教/經

佛說大乘無量壽莊嚴經三卷 （宋）釋法賢譯 明正統五年(1440)內府刻永樂北藏本 一冊

110000－0102－0002547 （丙三）/1237 子部/宗教類/釋教

觀音義疏記四卷 （宋）釋知禮撰 明正統五年(1440)內府刻永樂北藏本 二冊 存二卷(三至四)

110000－0102－0002548 （丙三）/1238 子部/宗教類/釋教

觀無量壽佛經疏妙宗鈔六卷 （宋）釋知禮撰 佛說觀無量壽佛經疏一卷 （隋）釋智顗撰 明正統五年(1440)內府刻永樂北藏本 七冊 存二卷(三至四)

110000－0102－0002549 （丙三）/1239 子部/宗教類/釋教

天台智者大師禪門口訣 （隋）釋智顗撰 明正統五年(1440)內府刻永樂北藏本 一冊

110000－0102－0002550 （丙三）/1240 子部/宗教類/釋教/經

佛說樓炭經六卷 （晉）釋法立 （晉）釋法炬譯 明正統五年(1440)內府刻永樂北藏本 六冊

110000－0102－0002551 （丙三）/1241 子部/宗教類/釋教/經

佛般泥洹經二卷 （晉）釋白法祖譯 明正統五年(1440)內府刻永樂北藏本 二冊

110000－0102－0002552 （丙三）/1242 子部/宗教類/釋教/經

佛說人本欲生經 （漢）釋安世高譯 明正統五年(1440)內府刻永樂北藏本 一冊

110000－0102－0002553 （丙三）/1243 子部/宗教類/釋教/經

佛說梵網六十二見經 （三國吳）支謙譯 **佛說尸迦羅越六方禮經** （後漢）釋安世高譯 明正統五年(1440)內府刻永樂北藏本 一冊

110000－0102－0002554 （丙三）/1244 子部/宗教類/釋教/經

佛說生經五卷 （晉）釋竺法護譯 明正統五年(1440)內府刻萬曆二十六年(1598)內府印永樂北藏本 五冊

110000－0102－0002555 （丙三）/1245 子部/宗教類/釋教/經

四經同卷 （三國吳）支謙等譯 明正統五年(1440)內府刻萬曆二十六年(1598)內府印永樂北藏本 一冊

110000－0102－0002556 （丙三）/1246 子部/宗教類/釋教/經

佛說義足經二卷 （三國吳）支謙譯 明正統五年(1440)內府刻萬曆二十六年(1598)內府印永樂北藏本 二冊

110000－0102－0002557 （丙三）/1247 子部/宗教類/釋教/經

鬼問目蓮經 （漢）釋安世高譯 **雜藏經** （晉）釋法顯譯 **惡鬼報應經** （晉）□□錄 明正統五年(1440)內府刻萬曆二十六年(1598)內府印永樂北藏本 一冊

110000－0102－0002558 （丙三）/1248 子部/宗教類/釋教/經

順中論二卷 （北魏）釋瞿曇般若流支譯 明正統五年(1440)內府刻萬曆二十六年(1598)

内府印永樂北藏本 二冊

110000－0102－0002559 （丙三）/1249 子部/宗教類/釋教/經

攝大乘論本三卷 （唐）釋玄奘譯 明正統五年(1440)內府刻萬曆二十六年(1598)內府印永樂北藏本 三冊

110000－0102－0002560 （丙三）/1250 子部/宗教類/釋教/經

中邊分別論二卷 （五代）釋真諦譯 明正統五年(1440)內府刻萬曆二十六年(1598)內府印永樂北藏本 二冊

110000－0102－0002561 （丙三）/1251 子部/宗教類/釋教/經

大乘起信論二卷 （唐）釋實叉難陀譯 明正統五年(1440)內府刻萬曆二十六年(1598)內府印永樂北藏本 二冊

110000－0102－0002562 （丙三）/1251－1 子部/宗教類/釋教/經

大乘起信論二卷 （南朝梁）釋真諦譯 明正統五年(1440)內府刻萬曆二十六年(1598)內府印永樂北藏本 一冊

110000－0102－0002563 （丙三）/1252 子部/宗教類/釋教/經

慈悲水懺法三卷 （唐）釋悟達譯 明正統五年(1440)內府刻萬曆二十六年(1598)內府印永樂北藏本 三冊

110000－0102－0002564 （丙三）/1253 子部/宗教類/釋教/經

金剛般若波羅密經不分卷 （後秦）釋鳩摩羅什譯 明成化六年(1470)刻本 一冊

110000－0102－0002565 （丙三）/1330 子部/醫家類/方論

祁氏家傳外科大羅 （清）祁坤輯 清乾隆十年(1745)祁文輈抄本 佚名批 二冊

110000－0102－0002566 （丙三）/1343 子部/宗教類/釋教類/撰疏

瑜伽師地論一百卷 （唐）釋玄奘譯 明萬曆二十七年至二十九年(1599－1601)徑山寂照

庵刻徑山藏本　二十冊

110000－0102－0002567　（丙三）/1344　子部/宗教類/釋教

永濟融禪師住關東廣寧普慈寺語錄二卷　（清）釋師住等錄　清康熙刻徑山藏本　一冊

110000－0102－0002568　（丙三）/1345　子部/宗教類/釋教

季總徹禪師語錄四卷　（清）釋超祥錄　清順治刻徑山藏本　一冊

110000－0102－0002569　（丙三）/1346　子部/宗教類/釋教

伏獅祇園禪師語錄二卷　（清）釋超内錄（清）釋授遠等編　清刻本　一冊

110000－0102－0002570　（丙三）/1347　子部/宗教類/釋教

古雪喆禪師語錄二十卷　（清）釋傳我等編　清初刻徑山藏本　四冊

110000－0102－0002571　（丙三）/1348　子部/宗教類/釋教/經

佛說仁王護國般若波羅密經疏三卷附仁王經疏科文　（後秦）釋鳩摩羅什譯　（隋）釋天台智者大師疏　明崇禎十七年（1644）納蘭永壽、關氏刻清雍正二年（1724）印徑山藏本　三冊

110000－0102－0002572　（丙三）/1349　子部/宗教類/釋教/贊

月幢了禪師語錄四卷　（清）釋達最等編　清楞嚴寺刻雍正二年（1724）永壽印徑山藏本　一冊

110000－0102－0002573　（丙三）/1350　子部/宗教類/釋教/贊

一初元禪師語錄二卷　（清）釋真開等編　**附重建永正禪院碑記一卷**　（清）譚貞默撰　清康熙永壽刻雍正二年（1724）印徑山藏本　一冊

110000－0102－0002574　（丙三）/1351　子部/宗教類/釋教/贊

介菴進禪師語錄十卷介菴和尚源流頌一卷

（清）釋真理等編　清康熙七年（1668）釋真衍刻雍正二年（1724）永壽印徑山藏本　三冊

110000－0102－0002575　（丙三）/1352　子部/宗教類/釋教/贊

蓮月禪師語錄六卷　（清）釋性容錄　清康熙九年（1670）楞嚴寺藏經坊刻雍正二年（1724）永壽印徑山藏本　二冊

110000－0102－0002576　（丙三）/1352　子部/宗教類/釋教/贊

玉泉蓮月正禪師語錄二卷　（清）釋發慧錄　清康熙十九年（1680）楞嚴寺般若坊刻徑山藏本　一冊

110000－0102－0002577　（丙三）/1353　子部/宗教類/釋教/贊

爾瞻尊禪師語錄二卷　（清）釋本開　（清）釋本虔錄　**石霜爾瞻尊禪師塔銘一卷**　（清）錢光繡撰　清康熙永壽刻雍正二年（1724）印徑山藏本　一冊

110000－0102－0002578　（丙三）/1354　子部/宗教類/釋教/贊

鴛湖用禪師住福建建寧府普明寺語錄二卷（清）釋悟進等編　清永壽刻雍正二年（1724）印徑山藏本　一冊

110000－0102－0002579　（丙三）/1355　子部/宗教類/釋教/贊

六道集五卷　（清）釋弘贊在犙輯　清康熙刻徑山藏本　二冊

110000－0102－0002580　（丙三）/1356　子部/宗教類/釋教

歸戒要集三卷　（清）釋弘贊在犙輯　清康熙刻徑山藏本　一冊

110000－0102－0002581　（丙三）/1357　子部/宗教類/釋教

鼎湖山木人居在犙禪師剩稿五卷　（清）釋開溈等錄　清康熙二十二年至二十三年（1683－1684）刻徑山藏本　一冊

110000－0102－0002582　（丙三）/1358　子部/宗教類/釋教

觀音慈林集三卷　（清）釋弘贊在犙編　清康
熙七年（1668）刻徑山藏本　一冊

110000－0102－0002583　（丙三）/1359　子
部/宗教類/釋教

兜率龜鏡集三卷　（清）釋弘贊在犙輯　清康
熙十年（1671）刻徑山藏本　一冊

110000－0102－0002584　（丙三）/1360　子
部/宗教類/釋教/經

七俱胝佛母所說準提陀羅尼經會釋三卷附持
誦法要　（唐）釋大廣智不空譯　（清）釋弘贊
會釋　清康熙十年（1671）刻徑山藏本　一冊

110000－0102－0002585　（丙三）/1361　子
部/宗教類/釋教

溈山警策句釋記二卷附科文　（清）釋弘贊在
犙註　清康熙九年（1670）刻徑山藏本　一冊

110000－0102－0002586　（丙三）/1362　子
部/宗教類/釋教/贊

明覺禪師語錄六卷　（宋）釋惟蓋等編　明崇
禎七年（1634）楞嚴寺經坊刻徑山藏本　二冊

110000－0102－0002587　（丙三）/1363　子
部/宗教類/釋教/贊

憨予暹禪師語錄六卷　（清）釋法雲等編　清
康熙刻徑山藏本　一冊

110000－0102－0002588　（丙三）/1364　子
部/宗教類/釋教

居士分燈錄二卷首一卷補遺一卷　（明）朱時
恩輯　明崇禎五年（1632）刻徑山藏本　二冊

110000－0102－0002589　（丙三）/1365　子
部/宗教類/釋教

漆園指通三卷　（清）釋瀞挺撰　清康熙刻徑
山藏本　一冊

110000－0102－0002590　（丙三）/1366　子
部/宗教類/釋教/贊

華嚴聖可禪師語錄十卷百頌一卷年譜一卷
（清）釋光佛等編　清康熙楞嚴寺經坊刻徑山
藏本　三冊

110000－0102－0002591　（丙三）/1367　子

部/宗教類/釋教

不會禪師語錄十卷　（清）釋性靈等編　清康
熙刻徑山藏本　二冊

110000－0102－0002592　（丙三）/1368　子
部/宗教類/釋教

廣福山勝覺寺密印禪師語錄十二卷　（清）釋
如暐等編　清康熙二十一年（1682）楞嚴寺般
若堂刻徑山藏本　二冊

110000－0102－0002593　（丙三）/1369　子
部/宗教類/釋教/贊

密雲禪師語錄十二卷年譜一卷　（清）釋道忞
輯　清順治刻徑山藏本　四冊

110000－0102－0002594　（丙三）/1370　子
部/宗教類/釋教

靈瑞禪師岊華集五卷　（清）釋振澄等編　清
康熙刻徑山藏本　一冊

110000－0102－0002595　（丙三）/1371　子
部/宗教類/釋教

大佛頂首楞嚴經臆說四卷　（明）釋湛然註
（明）釋圓澄　明萬曆四十四年（1616）刻徑山
藏本　一冊

110000－0102－0002596　（丙三）/1372　子
部/宗教類/釋教/贊

興善南明廣禪師語錄不分卷　（明）釋妙用輯
（清）釋悟進重輯　清順治十二年（1655）刻
徑山藏本　一冊

110000－0102－0002597　（丙三）/1373　子
部/宗教類/釋教/贊

蔗菴範禪師語錄三十卷　（清）釋智璋等編
清康熙十五年（1676）刻五十二年（1713）印徑
山藏本　六冊

110000－0102－0002598　（丙三）/1374　子
部/宗教類/釋教/贊

草堂耨雲實禪師語錄二卷　（清）釋寂訥等編
清康熙二十六年（1687）刻五十二年（1713）
印徑山藏本　一冊

110000－0102－0002599　（丙三）/1375　子
部/宗教類/釋教/贊

印心佛敏訥禪師語録二卷　（清）釋法棟等録
（清）釋性通等編　清康熙二十六年(1687)
刻五十二年(1713)印徑山藏本　一冊

110000－0102－0002600　（丙三）/1376　子
部/宗教類/釋教/贊

佛冤綱禪師語録十二卷　（清）釋性純等編
清康熙二十六年(1687)刻五十二年(1713)印
徑山藏本　二冊

110000－0102－0002601　（丙三）/1377　子
部/宗教類/釋教

藥師三昧行法四卷　（清）釋受登集　清康熙
刻徑山藏本　一冊

110000－0102－0002602　（丙三）/1378　子
部/宗教類/釋教

准提三昧行法五卷附本咒同譯一卷　（清）釋
受登集　清康熙八年(1669)大覺庵刻徑山藏
本　一冊

110000－0102－0002603　（丙三）/1379　子
部/宗教類/釋教

觀世音菩薩普門品膚說佛說盂蘭盆經折中疏
（清）釋靈耀撰　清康熙刻徑山藏本　一冊

110000－0102－0002604　（丙三）/1380　子
部/宗教類/釋教

集註節義十卷釋籤緣起序指明一卷　（清）釋
靈耀撰　清康熙刻徑山藏本　一冊

110000－0102－0002605　（丙三）/1381　子
部/宗教類/釋教

摩訶止觀貫義科二卷　（清）釋天溪撰　（清）
釋靈耀補定　清康熙刻徑山藏本　一冊

110000－0102－0002606　（丙三）/1382　子
部/宗教類/釋教

傳佛心印記註二卷　（元）釋惟則撰　（明）釋
傳燈註　（清）釋靈耀校　清康熙十九年
(1680)楞嚴寺經坊刻徑山藏本　一冊

110000－0102－0002607　（丙三）/1383　子
部/宗教類/釋教

金剛般若波羅密經部旨二卷　（清）釋靈耀撰
清刻徑山藏本　一冊

110000－0102－0002608　（丙三）/1384　子
部/宗教類/釋教

藥師琉璃光如來本願功德經直解　（清）釋靈
耀撰　清康熙刻徑山藏本　一冊

110000－0102－0002609　（丙三）/1385　子
部/宗教類/釋教

六度集經八卷　（三國吳）釋康僧會譯　清康
熙十二年(1673)楞嚴寺刻徑山藏本　二冊

110000－0102－0002610　（丙三）/1386－1
子部/宗教類/釋教/經

大乘頂王經一卷　（南朝梁）釋月婆首那譯
明天啟七年至崇禎元年(1627－1628)徑山化
城寺刻徑山藏本　一冊

110000－0102－0002611　（丙三）/1386－2
子部/宗教類/釋教/經

大方等頂王經一卷　（晉）釋竺法護譯　明天
啟七年至崇禎元年(1627－1628)徑山化城寺
刻徑山藏本　合一冊

110000－0102－0002612　（丙三）/1387－1
子部/宗教類/釋教/經

妙法蓮華經八卷首一卷　（隋）釋闍那崛多
（隋）釋笈多添品譯　佛說緣生初勝分法本經
（隋）釋達磨笈多譯　明萬曆三十六年
(1608)徑山寂照庵刻徑山藏本　二冊

110000－0102－0002613　（丙三）/1387－2
子部/宗教類/釋教/經

分別緣起初勝法門經二卷　（唐）釋玄奘譯
清順治十七年(1660)嘉興楞嚴寺般若堂刻徑
山藏本　一冊

110000－0102－0002614　（丙三）/1387－3
子部/宗教類/釋教/經

佛說緣生初勝分法本經二卷　（隋）釋達磨笈
多譯　明末當湖馮洪業刻徑山藏本　一冊

110000－0102－0002615　（丙三）/1388　子
部/宗教類/釋教/經

悲華經十卷　（北涼）釋曇無讖譯　明萬曆三
十六年至三十九年(1608－1611)徑山寂照庵
刻四十一年至四十二年(1613－1614)徑山化

城寺印徑山藏本　二冊

110000－0102－0002616　（丙三）/1389　子部/宗教類/釋教

三山來禪師語録二十卷附一卷　（清）釋普定編　高峯三山來禪師年譜　（清）釋性統編　清康熙七年(1668)譚詣刻三十六年(1697)釋性統續刻雍正二年(1724)永壽印徑山藏本　五冊

110000－0102－0002617　（丙三）/1390　子部/宗教類/釋教/贊

慶忠鐵壁機禪師語録三卷　（清）釋燈來編　治平鐵壁機禪師年譜一卷　（清）釋至善編　清康熙刻雍正二年(1724)印徑山藏本　二冊

110000－0102－0002618　（丙三）/1391　子部/宗教類/釋教/贊

嘉興退菴斷愚智禪師語録二卷　（清）釋機輪等編　清康熙刻徑山藏本　一冊

110000－0102－0002619　（丙三）/1392　子部/宗教類/釋教/贊

方融璽禪師語録三卷　（清）釋興林等編　和中峰禪師懷淨土詩一卷　（清）釋大璽撰　清康熙刻五十二年(1713)印徑山藏本　一冊

110000－0102－0002620　（丙三）/1393　子部/宗教類/釋教/贊

達變權禪師語録五卷　（清）釋海澂編　清初刻雍正二年(1724)印徑山藏本　一冊

110000－0102－0002621　（丙三）/1394　子部/宗教類/釋教/贊

聚雲吹萬真禪師語録三卷　（清）釋燈來編　明崇禎十五年(1642)熊汝學刻清雍正二年(1724)印徑山藏本　一冊

110000－0102－0002622　（丙三）/1395　子部/宗教類/釋教/贊

斷橋紗倫和尚語録　（宋）釋文寶等編　（清）釋機雲等輯　清康熙三十一年(1692)釋真雄重刻雍正二年(1724)印徑山藏本　一冊

110000－0102－0002623　（丙三）/1396　子部/宗教類/釋教

大佛頂如來密因修證了義諸菩薩萬行首楞嚴經觀心定解四卷大綱一卷科一卷　（清）釋靈耀撰　清康熙二十年(1681)刻雍正二年(1724)印徑山藏本　五冊　存三卷(觀心定解一、三至四)

110000－0102－0002624　（丙三）/1397　子部/宗教類/釋教/贊

明覺聰禪師語録十六卷　（清）釋寂空等編　清康熙九年(1670)刻雍正二年(1724)印徑山藏本　四冊

110000－0102－0002625　（丙三）/1398　子部/宗教類/釋教/贊

翼菴禪師語録二卷　（明）釋序燈等編　翼菴禪師通玄語録一卷　（明）釋力端等録　翼菴禪師真如語録三卷　（明）釋序璋等記　清刻徑山藏本　二冊

110000－0102－0002626　（丙三）/1399　子部/宗教類/釋教/贊

浦峰法柱棟禪師語録二卷　（清）釋慧昇集　（清）釋慧渠編　（清）釋慧岱録　清康熙三十年(1691)楞嚴寺刻徑山藏本　一冊

110000－0102－0002627　（丙三）/1400　子部/宗教類/釋教/贊

護國啓真誠和尚語録四卷　（清）釋振聞編録　清康熙二十五年(1686)楞嚴經坊刻徑山藏本　一冊

110000－0102－0002628　（丙三）/1401　子部/宗教類/釋教/贊

浦峰長明炅禪師語録不分卷　（清）釋海棟編　清康熙三十年(1691)刻徑山藏本　一冊

110000－0102－0002629　（丙三）/1402　子部/宗教類/釋教/贊

華嚴還初佛禪師語録二卷　（清）釋通量等編　清康熙二十七年(1688)楞嚴寺般若坊刻徑山藏本　一冊

110000－0102－0002630　（丙三）/1403　子部/宗教類/釋教/贊

滇楚九臺山知空蘊禪師語録二卷　（清）釋通

味等編　清康熙二十九年（1690）楞嚴寺刻徑
山藏本　一冊

110000－0102－0002631　（丙三）/1404　子
部/宗教類/釋教/贊

鶴林天樹植禪師語錄不分卷　（清）釋湛祐編
清康熙二十八年（1689）刻徑山藏本　一冊

110000－0102－0002632　（丙三）/1405　子
部/宗教類/釋教/贊

終南山蟠龍子肅禪師語錄不分卷　（清）釋性
明編　**傳授三壇弘受法儀三卷**　（明）釋法藏
撰　清康熙刻徑山藏本　一冊

110000－0102－0002633　（丙三）/1406　子
部/宗教類/釋教/贊

寒松操禪師語錄二十卷　（清）釋德昊等編
清康熙刻徑山藏本　四冊

110000－0102－0002634　（丙三）/1407　子
部/宗教類/釋教/贊

南嶽山茨際禪師語錄四卷　（明）釋達尊等編
清順治永壽刻雍正二年（1724）印徑山藏本
一冊

110000－0102－0002635　（丙三）/1408　子
部/宗教類/釋教/贊

龍池幻有禪師語錄十二卷　（明）釋圓悟等編
明崇禎十一年（1638）楞嚴寺刻清雍正二年
（1724）永壽印徑山藏本　三冊

110000－0102－0002636　（丙三）/1409　子
部/宗教類/釋教/贊

千巖和尚語錄　（明）釋嗣詔錄　清康熙永壽
刻雍正二年（1724）印徑山藏本　二冊

110000－0102－0002637　（丙三）/1410　子
部/宗教類/釋教/贊

法瀾澂禪師語錄二卷附法瀾澄禪師塔銘
（清）釋清杲編　清康熙二十八年（1689）楞嚴
寺刻雍正二年（1724）永壽印徑山藏本　一冊

110000－0102－0002638　（丙三）/1411　子
部/宗教類/釋教/贊

**徑山雪大師住東塔語錄四卷徑山雪嶠禪師拈
古頌一卷徑山語風老人嗣臨濟第三十世雪嶠**

信大禪師道行碑　（清）釋弘歇等編　清順治
九年（1652）楞嚴寺刻雍正二年（1724）納蘭永
壽、關氏印徑山藏本　三冊

110000－0102－0002639　（丙三）/1412　子
部/宗教類/釋教/贊

水鑑海和尚六會錄十卷　（清）釋原澂等編
清康熙二十九年（1690）刻雍正二年（1724）印
徑山藏本　二冊

110000－0102－0002640　（丙三）/1413　子
部/宗教類/釋教

佛說梵網經菩薩心地品下畧疏八卷　（後秦）
釋鳩摩羅什譯　（清）釋弘贊述　清康熙十四
年（1675）刻康熙五十二年（1713）印徑山藏本
二冊

110000－0102－0002641　（丙三）/1414　子
部/宗教類/釋教/贊

台州府瑞巖淨土禪寺方山文寶禪師語錄
（清）釋機雲編　清康熙刻雍正二年（1724）印
徑山藏本　一冊

110000－0102－0002642　（丙三）/1415　子
部/宗教類/釋教/贊

慧文正辯佛日普照元叟端禪師語錄八卷
（元）釋法林等編　明萬曆三十五年（1607）徑
山寂照庵刻清雍正二年（1724）永壽印徑山藏
本　一冊

110000－0102－0002643　（丙三）/1416　子
部/宗教類/釋教/贊

耳庵嵩禪師語錄　（清）釋性愷編　清康熙永
壽刻雍正二年（1724）印徑山藏本　一冊

110000－0102－0002644　（丙三）/1417　子
部/宗教類/釋教/贊

坦菴禪師住嘉興普光寺語錄　（清）釋全弘錄
清康熙刻雍正二年（1724）印徑山藏本
一冊

110000－0102－0002645　（丙三）/1418　子
部/宗教類/釋教/贊

雪巖和尚住潭州隆興寺語錄二卷　（元）釋昭
如　（元）釋希陵等編　楞嚴寺般若堂刻清雍

正二年(1724)永壽印徑山藏本　二冊

110000－0102－0002646　(丙三)/1419　子部/宗教類/釋教

宋文憲公護法録十卷　(明)宋濂撰　(明)釋袾宏輯　(明)錢謙益訂　明天啟徑山化城寺刻徑山藏本　四冊

110000－0102－0002647　(丙三)/1420　子部/宗教類/釋教/贊

壽昌無明和尚語録二卷　(明)釋元來輯　明崇禎十年(1637)徑山寂照菴刻徑山藏本一冊

110000－0102－0002648　(丙三)/1421　子部/宗教類/釋教/贊

慧覺衣禪師語録二卷附録一卷　(清)釋徹御等編　清康熙二十一年(1682)楞嚴寺般若坊刻徑山藏本　一冊

110000－0102－0002649　(丙三)/1422　子部/宗教類/釋教/經

大乘理趣六波羅密多經十卷　(唐)釋般若譯　明萬曆十九年(1591)刻清康熙九年(1670)補刻徑山藏本　二冊

110000－0102－0002650　(丙三)/1423　子部/宗教類/釋教/經

佛說大乘菩薩藏正法經四十卷　(宋)釋法護等譯　明萬曆四十七年(1619)化城寺刻徑山藏本　四冊

110000－0102－0002651　(丙三)/1424　子部/宗教類/釋教

大比丘三千威儀二卷　(漢)釋安世高譯　明崇禎九年(1636)刻徑山藏本　一冊

110000－0102－0002652　(丙三)/1425　子部/宗教類/釋教/經

雜阿含經五十卷　(南朝宋)釋求那跋陀羅譯　明萬曆三十七年至三十八年(1609－1610)徑山寂照庵刻清康熙補刻徑山藏本　十冊

110000－0102－0002653　(丙三)/1426　子部/宗教類/釋教/贊

浮石禪師語録十卷　(清)釋行浚等編　清康

熙刻徑山藏本　二冊

110000－0102－0002654　(丙三)/1427　子部/宗教類/釋教/贊

林野奇禪師語録八卷附一卷　(清)釋行謐等編　清順治十五年(1658)刻徑山藏本　二冊

110000－0102－0002655　(丙三)/1428　子部/宗教類/釋教/贊

天岸昇禪師語録二十卷　(清)釋元玉等編　清康熙二十五年(1686)刻徑山藏本　四冊

110000－0102－0002656　(丙三)/1429　子部/宗教類/釋教

薩婆多毘尼毘婆沙九卷　[□]□□譯　**出家授進近圓羯磨儀範一卷**　(元)芯芻拔合思巴集　明末刻徑山藏本　二冊

110000－0102－0002657　(丙三)/1430－1　子部/宗教類/釋教

毘尼母論八卷　(後秦)□□譯　明末刻清康熙四十五年(1706)釋靈慧修版徑山藏本二冊

110000－0102－0002658　(丙三)/1430－2　子部/宗教類/釋教

律二十二明了論一卷　(南朝陳)釋真諦譯　明末當湖馮洪業刻清康熙四十五年(1706)釋靈慧修版徑山藏本　合一冊

110000－0102－0002659　(丙三)/1430－3　子部/宗教類/釋教

根本說一切有部毘奈耶尼陀那目得迦攝頌一卷　(唐)釋義淨譯　明末當湖馮洪業刻清康熙四十五年(1706)釋靈慧修版徑山藏本　合一冊

110000－0102－0002660　(丙三)/1430－4　子部/宗教類/釋教

根本說一切有部毘奈耶雜事攝頌一卷　(唐)釋義淨譯　明末當湖馮洪業刻清康熙四十五年(1706)釋靈慧修版徑山藏本　合一冊

110000－0102－0002661　(丙三)/1430－5　子部/宗教類/釋教

普賢菩薩行願讚一卷　(唐)釋不空譯　清康

熙四十五年(1706)釋靈慧刻徑山藏本　合
一冊

110000－0102－0002662　（丙三）/1431　子
部/宗教類/釋教/經

大乘大集地藏十輪經十卷　（唐）釋玄奘譯
明末刻本　二冊

110000－0102－0002663　（丙三）/1432　子
部/宗教類/釋教/經

佛說大方廣十輪經八卷　（北涼）□□譯　大
集須彌藏經二卷　（隋）釋那連提耶舍　（隋）
釋法智譯　明末刻徑山藏本　二冊

110000－0102－0002664　（丙三）/1433　子
部/宗教類/釋教/經

賢愚因緣經十三卷　（北魏）釋慧覺譯　明萬
曆三十五年(1607)徑山寂照庵刻清康熙四十
四年(1705)釋靈慧補刻徑山藏本　三冊

110000－0102－0002665　（丙三）/1434　子
部/宗教類/釋教/經

根本說一切有部毘奈耶頌四卷　（古印度）毘
舍佉撰　（唐）釋義淨譯　明末刻徑山藏本
一冊

110000－0102－0002666　（丙三）/1435　子
部/宗教類/釋教/經

十誦律毘尼序三卷　（晉）釋卑摩羅叉譯　明
末刻徑山藏本　一冊

110000－0102－0002667　（丙三）/1436－1
子部/宗教類/釋教

沙彌十戒法並威儀一卷　（晉）□□譯　明萬
曆三十七年(1609)徑山寂照庵刻徑山藏本
一冊

110000－0102－0002668　（丙三）/1436－2
子部/宗教類/釋教

羯磨二卷　（三國魏）釋曇諦集　明末刻徑山
藏本　合一冊

110000－0102－0002669　（丙三）/1437－1
子部/宗教類/釋教/經

諸佛集會陀羅尼經一卷　（唐）釋提雲般若等
譯　明萬曆四十年(1612)餘杭徑山化城寺刻

徑山藏本　一冊

110000－0102－0002670　（丙三）/1437－2
子部/宗教類/釋教

佛說智炬陀羅尼經一卷　（唐）釋提雲般若等
譯　明萬曆四十年(1612)餘杭徑山化城寺刻
徑山藏本　合一冊

110000－0102－0002671　（丙三）/1437－3
子部/宗教類/釋教/經

佛說隨求即得大自在陀羅尼神咒經一卷
（唐）釋寶思惟譯　明萬曆四十年(1612)餘杭
徑山化城寺刻徑山藏本　合一冊

110000－0102－0002672　（丙三）/1437－4
子部/宗教類/釋教/經

佛說一切法功德莊嚴王經一卷　（唐）釋義淨
譯　明萬曆四十年(1612)餘杭徑山化城寺刻
徑山藏本　合一冊

110000－0102－0002673　（丙三）/1437－5
子部/宗教類/釋教/經

佛說拔除罪障咒王經一卷　（唐）釋提雲般若
等譯　明萬曆四十年(1612)餘杭徑山化城寺
刻徑山藏本　合一冊

110000－0102－0002674　（丙三）/1437－6
子部/宗教類/釋教/經

佛說善夜經一卷　（唐）釋提雲般若等譯　明
萬曆四十年(1612)餘杭徑山化城寺刻徑山藏
本　合一冊

110000－0102－0002675　（丙三）/1437－7
子部/宗教類/釋教/經

佛說虛空藏菩薩能滿諸願最勝心陀羅尼求聞
持法一卷　（唐）釋輪波迦羅譯　明萬曆四十
年(1612)餘杭徑山化城寺刻徑山藏本　合
一冊

110000－0102－0002676　（丙三）/1437－8
子部/宗教類/釋教/經

佛說佛地經一卷　（唐）釋玄奘譯　明萬曆四
十年(1612)餘杭徑山化城寺刻徑山藏本　合
一冊

110000－0102－0002677　（丙三）/1437－9

子部/宗教類/釋教/經

百千印陀羅尼經一卷 （唐）釋實叉難陀譯
明萬曆四十年(1612)餘杭徑山化城寺刻徑山
藏本　合一冊

110000－0102－0002678　（丙三）/1437－10
子部/宗教類/釋教/經

莊嚴王陀羅尼咒經一卷 （唐）釋義淨譯　明
萬曆四十年(1612)餘杭徑山化城寺刻徑山藏
本　合一冊

110000－0102－0002679　（丙三）/1437－11
子部/宗教類/釋教/經

香王菩薩陀羅尼咒經一卷 （唐）釋提雲般若
等譯　明萬曆四十年(1612)餘杭徑山化城寺
刻徑山藏本　合一冊

110000－0102－0002680　（丙三）/1437－12
子部/宗教類/釋教/經

優婆夷淨行法門經二卷 （北涼）□□譯　明
萬曆四十年(1612)餘杭徑山化城寺刻徑山藏
本　合一冊

110000－0102－0002681　（丙三）/1437－13
子部/宗教類/釋教/經

諸法最上王經一卷 （隋）釋闍那崛多等譯
明萬曆四十年(1612)餘杭徑山化城寺刻徑山
藏本　合一冊

110000－0102－0002682　（丙三）/1438　子
部/宗教類/釋教/經

增壹阿含經五十卷 （前秦）釋曇摩難提譯
明萬曆三十六年至三十七年(1608－1609)刻
徑山藏本　十冊

110000－0102－0002683　（丙三）/1439　子
部/宗教類/釋教

虛舟省禪師語錄四卷虛舟省禪師詩集二卷
（清）釋超直編　**筏喻初學一卷** （清）徐善編
清康熙刻徑山藏本　二冊

110000－0102－0002684　（丙三）/1440　子
部/宗教類/釋教

雲叟住禪師語錄二卷 （清）釋元一編　清康
熙十九年(1680)刻徑山藏本　一冊

110000－0102－0002685　（丙三）/1441　子
部/宗教類/釋教

雲外禪師語録十五卷 （清）釋宏忩等編　清
康熙四年(1665)神鼎塔院刻徑山藏本　四冊

110000－0102－0002686　（丙三）/1442　子
部/宗教類/釋教

梓舟船禪師襄陽檀溪語録三卷 （清）釋明法
等編　清康熙刻徑山藏本　一冊

110000－0102－0002687　（丙三）/1443　子
部/宗教類/釋教

象崖珽禪師語録四卷 （明）釋性珽撰　清康
熙十九年(1680)楞嚴寺般若坊刻徑山藏本
一冊

110000－0102－0002688　（丙三）/1444　子
部/宗教類/釋教/經

成唯識論十卷 （唐）釋玄奘譯　清初刻徑山
藏本　二冊

110000－0102－0002689　（丙三）/1445　子
部/宗教類/釋教

禪宗頌古聯珠通集四十卷 （宋）釋法應集
（元）釋普會續集　明萬曆二十四年至二十五
年(1596－1597)徑山萬壽禪寺刻徑山藏本
八冊

110000－0102－0002690　（丙三）/1446　子
部/宗教類/釋教/贊

攖寧靜禪師住戩山戒珠寺結制語録六卷
（清）釋德亮編　清朱時榮刻徑山藏本　三冊

110000－0102－0002691　（丙三）/1447　子
部/宗教類/釋教

沙門日用二卷比丘受戒録 （清）釋弘贊在犙
編　清康熙十年(1671)刻徑山藏本　一冊

110000－0102－0002692　（丙三）/1448　子
部/宗教類/釋教

沙彌律儀要略增註二卷 （清）釋袾宏輯
（清）釋弘贊註　清康熙刻徑山藏本　一冊

110000－0102－0002693　（丙三）/1449　子
部/宗教類/釋教

式叉摩那尼戒本一卷比丘尼戒録 （清）釋弘

贊在犙輯　清康熙十年(1671)刻徑山藏本
一冊

110000－0102－0002694　(丙三)/1450－1
子部/宗教類/釋教

沙彌學戒儀軌頌一卷註一卷　(清)釋弘贊在
犙撰　清康熙五年(1666)刻徑山藏本　一冊

110000－0102－0002695　(丙三)/1450－2
子部/宗教類/釋教

禮佛儀式　(清)釋弘贊編　清康熙九年
(1670)刻徑山藏本　合一冊

110000－0102－0002696　(丙三)/1451　子
部/宗教類/釋教

笑堂和尚語録　(清)釋超睃等編　清康熙四
年(1665)刻徑山藏本　一冊

110000－0102－0002697　(丙三)/1452　子
部/宗教類/釋教/贊

雲峰體宗寧禪師語録　(清)釋續清等編　清
康熙三十四年(1695)楞嚴寺經坊刻徑山藏本
　一冊

110000－0102－0002698　(丙三)/1453　子
部/宗教類/釋教/贊

兜率不磷堅禪師語録三卷　(清)釋紗聖等編
　清康熙刻徑山藏本　一冊

110000－0102－0002699　(丙三)/1454　子
部/宗教類/釋教

供諸天科儀不分卷禮舍利塔儀式　(清)釋弘
贊集　清康熙九年(1670)刻徑山藏本　一冊

110000－0102－0002700　(丙三)/1455　子
部/宗教類/釋教

佛祖正傳古今捷録一卷附拈頌一卷　(清)釋
果性撰　清康熙刻徑山藏本　一冊

110000－0102－0002701　(丙三)/1456　子
部/宗教類/釋教

彌沙塞部和醯五分律三十卷　(南朝宋)釋佛
陀什　(南朝宋)釋竺道生譯　明崇禎八年
(1635)楞嚴寺刻徑山藏本　六冊

110000－0102－0002702　(丙三)/1457　子

部/宗教類/釋教

南堂了菴禪師語録二十二卷　(元)釋一志等
編　(明)釋兜率等重訂　明崇禎八年(1635)
刻徑山藏本　四冊

110000－0102－0002703　(丙三)/1458　子
部/宗教類/釋教

妙法蓮華經臺宗會義十六卷　(明)釋智旭撰
　明末清初刻本　八冊

110000－0102－0002704　(丙三)/1459　子
部/宗教類/釋教

妙法蓮華經綸貫不分卷教觀綱宗釋義不分卷
　(明)釋智旭撰　明末清初刻本　一冊

110000－0102－0002705　(丙三)/1460　子
部/宗教類/釋教/經

出曜經二十卷　(印度)釋法救撰　(後秦)釋
竺佛念譯　明刻徑山藏本(卷十一係崇禎五
年版出曜經補)　五冊

110000－0102－0002706　(丙三)/1461　子
部/宗教類/釋教/經

中阿含經六十卷　(晉)釋僧伽提婆譯　明崇
禎十四年至清順治三年(1641－1646)釋恆瑞
刻雍正二年(1724)納蘭永壽、關氏印徑山藏
本　十二冊

110000－0102－0002707　(丙三)/1462　子
部/宗教類/釋教

華嚴懸談會玄記四十卷　(元)釋普瑞集　明
崇禎元年至四年(1628－1631)徑山化城寺刻
徑山藏本　八冊

110000－0102－0002708　(丙三)/1463　子
部/宗教類/釋教/經

大法炬陀羅尼經二十卷　(隋)釋闍那崛多等
譯　明天啟五年(1625)刻徑山藏本　四冊

110000－0102－0002709　(丙三)/1464－1
子部/宗教類/釋教/經

別譯雜阿含經二十卷　題(秦)□□譯　明萬
曆四十六年(1618)刻徑山藏本　四冊

110000－0102－0002710　(丙三)/1464－2
子部/宗教類/釋教/經

雜阿含經一卷　題(三國)□□譯　明萬曆四十六年(1618)刻徑山藏本　合一冊

110000－0102－0002711　(丙三)/1464－3
子部/宗教類/釋教/經

長阿含十報法經二卷　(後漢)釋安世高譯　明萬曆四十六年(1618)刻徑山藏本　合一冊

110000－0102－0002712　(丙三)/1465－1
子部/宗教類/釋教/經

能斷金剛般若波羅密多經一卷　(唐)釋玄奘譯　明萬曆二十九年至三十二年(1601－1604)徑山寂照庵刻徑山藏本　二冊

110000－0102－0002713　(丙三)/1465－2
子部/宗教類/釋教/經

能斷金剛般若波羅蜜經一卷　(唐)釋義淨譯　明萬曆三十二年(1604)餘杭徑山寂照庵刻徑山藏本　二冊

110000－0102－0002714　(丙三)/1465－3
子部/宗教類/釋教/經

金剛能斷般若波羅蜜經一卷　(隋)釋笈多譯　明萬曆三十二年(1604)餘杭徑山寂照庵刻徑山藏本　一冊

110000－0102－0002715　(丙三)/1465－4
子部/宗教類/釋教/經

佛說濡首菩薩無上清淨分衛經二卷　(南朝宋)翔公譯　明萬曆三十二年(1604)餘杭徑山寂照庵刻徑山藏本　一冊

110000－0102－0002716　(丙三)/1465－5
子部/宗教類/釋教/經

仁王護國般若波羅蜜經二卷　(後秦)釋鳩摩羅什譯　明萬曆三十二年(1604)餘杭徑山寂照庵刻徑山藏本　一冊

110000－0102－0002717　(丙三)/1465－6
子部/宗教類/釋教/經

實相般若波羅蜜經　(唐)釋菩提流志等譯　明萬曆三十二年(1604)餘杭徑山寂照庵刻徑山藏本　一冊

110000－0102－0002718　(丙三)/1465－7
子部/宗教類/釋教/經

摩訶般若波羅蜜大明咒經　(後秦)釋鳩摩羅什譯　明萬曆三十二年(1604)餘杭徑山寂照庵刻徑山藏本　一冊

110000－0102－0002719　(丙三)/1465－8
子部/宗教類/釋教/經

般若波羅蜜多心經一卷　(唐)釋玄奘譯　明萬曆三十二年(1604)餘杭徑山寂照庵刻徑山藏本　一冊

110000－0102－0002720　(丙三)/1465－9
子部/宗教類/釋教/經

文殊師利所說摩訶般若波羅蜜經　(南朝梁)釋曼陀羅仙譯　明萬曆三十二年(1604)餘杭徑山寂照庵刻徑山藏本　一冊

110000－0102－0002721　(丙三)/1465－10
子部/宗教類/釋教/經

文殊師利所說般若波羅蜜經　(南朝梁)釋僧伽婆羅譯　明萬曆三十二年(1604)餘杭徑山寂照庵刻徑山藏本　一冊

110000－0102－0002722　(丙三)/1466　子部/宗教類/釋教/經

菩薩地持經八卷　(北涼)釋曇無讖譯　明崇禎十六年(1643)刻徑山藏本　二冊

110000－0102－0002723　(丙三)/1467　子部/宗教類/釋教/經

佛說梵網經二卷　(後秦)釋鳩摩羅什譯　明萬曆十八年(1590)五臺山妙德庵刻徑山藏本　一冊

110000－0102－0002724　(丙三)/1468　子部/宗教類/釋教/經

菩薩善戒經十卷　(南朝宋)釋求那跋摩等譯　明崇禎十六年至十七年(1643－1644)刻徑山藏本　二冊

110000－0102－0002725　(丙三)/1469　子部/宗教類/釋教/經

勝天王般若波羅密經七卷　(南朝陳)釋月婆首那譯　明萬曆三十三年(1605)徑山寂照庵刻徑山藏本　一冊

110000－0102－0002726　(丙三)/1470－1

子部/宗教類/釋教/經

金剛般若波羅密經一卷 （後秦）釋鳩摩羅什
譯　明萬曆二十九年（1601）餘杭徑山寂照庵
刻徑山藏本　一冊

110000－0102－0002727　（丙三）/1470－2
子部/宗教類/釋教/經

金剛般若波羅密經一卷 （北魏）釋留支譯
明萬曆三十一年（1603）餘杭徑山寂照庵刻徑
山藏本　一冊

110000－0102－0002728　（丙三）/1470－3
子部/宗教類/釋教/經

金剛般若波羅密經一卷 （南朝陳）釋真諦譯
明萬曆三十一年（1603）餘杭徑山寂照刻徑
山藏本　一冊

110000－0102－0002729　（丙三）/1471　子
部/宗教類/釋教/經

信力入印法門經五卷 （北魏）釋曇摩流支譯
明萬曆十九年（1591）清涼山紗德庵刻徑山
藏本　一冊

110000－0102－0002730　（丙三）/1472－1
子部/宗教類/釋教/經

佛華嚴入如來德智不思議境界經一卷 （隋）
釋闍那崛多譯　明萬曆十九年（1591）清涼山
紗德庵刻清康熙九年（1670）續修徑山藏本
一冊

110000－0102－0002731　（丙三）/1472－2
子部/宗教類/釋教/經

佛說如來興顯經四卷 （晉）釋竺法護譯　明
萬曆十九年（1591）清涼山紗德庵刻清康熙九
年（1670）續修徑山藏本　合一冊

110000－0102－0002732　（丙三）/1473　子
部/宗教類/釋教/經

十住經六卷 （後秦）釋鳩摩羅什　（後秦）釋
佛陀耶舍譯　明萬曆三十五年（1607）徑山寂
照庵刻徑山藏本　一冊

110000－0102－0002733　（丙三）/1474　子
部/宗教類/釋教/經

佛說羅摩伽經四卷 （西秦）釋聖堅譯　明萬

曆三十六年至三十八年（1608－1610）徑山寂
照庵刻徑山藏本　一冊

110000－0102－0002734　（丙三）/1475－1
子部/宗教類/釋教/經

大方廣入如來智德不思議經 （唐）釋實叉難
陀譯　明萬曆二十六年（1598）徑山寂照庵刻
徑山藏本　一冊

110000－0102－0002735　（丙三）/1475－2
子部/宗教類/釋教/經

大方廣佛華嚴經修慈分 （唐）釋提雲般若等
譯　明萬曆二十六年（1598）餘杭徑山寂照庵
刻徑山藏本　一冊

110000－0102－0002736　（丙三）/1475－3
子部/宗教類/釋教/經

顯無邊佛土功德經 （唐）釋玄奘譯　明萬曆
二十六年（1598）餘杭徑山寂照庵刻徑山藏本
　一冊

110000－0102－0002737　（丙三）/1475－4
子部/宗教類/釋教/經

大方廣佛華嚴經不思議佛境界分 （唐）釋提
雲般若譯　明萬曆二十六年（1598）餘杭徑山
寂照庵刻徑山藏本　一冊

110000－0102－0002738　（丙三）/1475－5
子部/宗教類/釋教/經

大方廣如來不思議境界經 （唐）釋實叉難陀
譯　明萬曆二十六年（1598）餘杭徑山寂照庵
刻徑山藏本　一冊

110000－0102－0002739　（丙三）/1475－6
子部/宗教類/釋教/經

大方廣普賢所說經 （唐）釋實叉難陀譯　明
萬曆二十六年（1598）餘杭徑山寂照庵刻徑山
藏本　一冊

110000－0102－0002740　（丙三）/1475－7
子部/宗教類/釋教/經

莊嚴菩提心經一卷 （後秦）釋鳩摩羅什譯
明萬曆二十六年（1598）餘杭徑山寂照庵刻徑
山藏本　一冊

110000－0102－0002741　（丙三）/1475－8

子部/宗教類/釋教/經

佛說菩薩本業經 （三國吳）支謙譯 明萬曆
二十六年(1598)餘杭徑山寂照庵刻徑山藏本
一冊

110000－0102－0002742 （丙三）/1475－9
子部/宗教類/釋教/經

大方廣佛華嚴經續入法界品 （唐）釋地婆訶
羅譯 明萬曆二十六年(1598)餘杭徑山寂照
庵刻徑山藏本 一冊

110000－0102－0002743 （丙三）/1475－10
子部/宗教類/釋教/經

大方廣菩薩十地經 （北魏）釋吉迦夜 （北
魏）釋曇曜同譯 明萬曆二十六年(1598)餘
杭徑山寂照庵刻徑山藏本 一冊

110000－0102－0002744 （丙三）/1475－11
子部/宗教類/釋教/經

佛說兜沙經 （後漢）釋支婁迦讖譯 明萬曆
二十六年(1598)餘杭徑山寂照庵刻徑山藏本
一冊

110000－0102－0002745 （丙三）/1476 子
部/宗教類/釋教/經

度世品經六卷 （晉）釋竺法護譯 明萬曆二
十六年(1598)徑山寂照庵刻徑山藏本 一冊

110000－0102－0002746 （丙三）/1477－1
子部/宗教類/釋教/經

諸菩薩求佛本業經 （晉）釋聶道真譯 明刻
清康熙三十年(1691)續修徑山藏本 一冊

110000－0102－0002747 （丙三）/1477－2
子部/宗教類/釋教/經

佛說菩薩十住經 （晉）釋祇多密譯 明萬曆
三十六年(1608)餘杭徑山寂照庵刻清康熙三
十年(1691)修版徑山藏本 合一冊

110000－0102－0002748 （丙三）/1477－3
子部/宗教類/釋教/經

菩薩十住行道品經 （晉）釋竺法護譯 明萬
曆三十六年(1608)徑山寂照庵刻徑山藏本
合一冊

110000－0102－0002749 （丙三）/1477－4

子部/宗教類/釋教/經

等目菩薩所問三昧經三卷 （晉）釋竺法護譯
明萬曆三十五年(1607)徑山寂照庵刻徑山
藏本 合一冊

110000－0102－0002750 （丙三）/1477－5
子部/宗教類/釋教/經

文殊師利問菩薩署經 （後漢）釋支婁迦讖譯
明萬曆三十五年(1607)徑山寂照庵刻徑山
藏本 合一冊

110000－0102－0002751 （丙三）/1478 子
部/宗教類/釋教/經

漸備一切智德經五卷 （晉）釋竺法護譯 明
萬曆三十六年(1608)徑山寂照庵刻徑山藏本
一冊

110000－0102－0002752 （丙三）/1479－1
子部/宗教類/釋教

三劫三千佛緣起不分卷 （南朝宋）釋畺良耶
舍譯 明末刻徑山藏本 一冊

110000－0102－0002753 （丙三）/1479－2
子部/宗教類/釋教/經

過去莊嚴劫千佛名經不分卷 （□）□□譯
明崇禎四年(1631)刻徑山藏本 合一冊

110000－0102－0002754 （丙三）/1479－3
子部/宗教類/釋教/經

現在賢劫千佛名經不分卷 （□）□□譯 明
崇禎元年(1628)刻徑山藏本 合一冊

110000－0102－0002755 （丙三）/1479－4
子部/宗教類/釋教/經

未來星宿劫千佛名經不分卷 （□）□□譯
明萬曆三十九年(1611)刻徑山藏本 合一冊

110000－0102－0002756 （丙三）/1480 子
部/宗教類/釋教/經

五千五百佛名神咒除障滅罪經八卷 （隋）釋
崛多共笈多等譯 明萬曆三十八年(1610)刻
清康熙十八年(1679)補刻徑山藏本 二冊

110000－0102－0002757 （丙三）/1481 子
部/宗教類/釋教/經

賢劫經十卷 （晉）釋竺法護譯 明崇禎十一

年(1638)金沙東禪寺刻徑山藏本　二冊

110000－0102－0002758　（丙三）/1482　子部/宗教類/釋教/經

佛說佛名經十二卷　（北魏）釋菩提留支譯　明崇禎十四年(1641)刻徑山藏本　三冊

110000－0102－0002759　（丙三）/1483－1子部/宗教類/釋教/經

佛說首楞嚴三昧經三卷　（後秦）釋鳩摩羅什譯　明萬曆三十八年(1610)刻清補刻徑山藏本　二冊

110000－0102－0002760　（丙三）/1483－2子部/宗教類/釋教/經

未曾有因緣經二卷　（南朝齊）釋曇景譯　明萬曆四十年(1612)刻清補刻徑山藏本　一冊

110000－0102－0002761　（丙三）/1483－3子部/宗教類/釋教/經

諸佛要集經二卷　（晉）釋竺法護譯　明崇禎六年(1633)刻清補刻徑山藏本　一冊

110000－0102－0002762　（丙三）/1483－4子部/宗教類/釋教/經

稱揚諸佛功德經三卷　（北魏）釋吉迦夜（北魏）釋曇曜譯　明萬曆三十六年(1608)刻清補刻徑山藏本　一冊

110000－0102－0002763　（丙三）/1484－1子部/宗教類/釋教/經

佛說藥師如來本願經　（隋）釋達摩笈多譯　清康熙三年(1664)嘉興楞嚴寺般若堂刻徑山藏本　三冊

110000－0102－0002764　（丙三）/1484－2子部/宗教類/釋教/經

藥師瑠璃光如來本願功德經　（唐）釋玄奘譯　明萬曆三十九年(1611)刻徑山藏本　一冊

110000－0102－0002765　（丙三）/1484－3子部/宗教類/釋教/經

藥師琉璃光七佛本願功德經二卷　（唐）釋義淨譯　明萬曆三十六年(1608)餘杭徑山寂照庵刻徑山藏本　一冊

110000－0102－0002766　（丙三）/1484－4子部/宗教類/釋教/經

佛說阿闍世王經二卷　（後漢）釋支婁迦讖譯　明崇禎四年(1631)餘杭徑山化城寺刻徑山藏本　一冊

110000－0102－0002767　（丙三）/1484－5子部/宗教類/釋教/經

楞伽阿跋多羅寶經四卷　（南朝宋）釋求那跋陀羅譯　明萬曆三十一年(1603)餘杭徑山寂照庵刻徑山藏本　一冊

110000－0102－0002768　（丙三）/1485　子部/宗教類/釋教/經

佛說大灌頂神呪經十二卷　（晉）釋帛尸黎蜜多羅譯　**佛說文殊師利現寶藏經二卷**　（晉）釋竺法護譯　**大方廣寶篋經二卷**　（南朝宋）釋求那跋陀羅譯　明萬曆刻清補刻徑山藏本　二冊

110000－0102－0002769　（丙三）/1486　子部/宗教類/釋教/經

伅真陀羅所問寶如來三昧經三卷　（後漢）釋支婁迦讖譯　**諸法無經三卷**　（隋）釋闍那崛多譯　**大樹緊那羅王所問經四卷**　（後秦）釋鳩摩羅什譯　明萬曆三十六年(1608)餘杭徑山寂照庵刻徑山藏本　二冊

110000－0102－0002770　（丙三）/1487　子部/宗教類/釋教

俍亭和尚閱經十二種　（清）釋淨挺撰　清康熙九年(1670)刻徑山藏本　二冊

110000－0102－0002771　（丙三）/1488－1子部/宗教類/釋教/經

諸法無行經二卷　（後秦）釋鳩摩羅什譯　明崇禎九年至十年(1636－1637)餘杭徑山寂照庵刻清康熙九年(1670)修版徑山藏本　二冊

110000－0102－0002772　（丙三）/1488－2子部/宗教類/釋教/經

持人菩薩所問經四卷　（晉）釋竺法護譯　明崇禎九年至十年(1636－1637)餘杭徑山寂照庵刻清康熙九年(1670)修版徑山藏本　二冊

110000－0102－0002773　（丙三）/1488－3
子部/宗教類/釋教/經

持世經四卷　（後秦）釋鳩摩羅什譯　明崇禎九年至十年（1636－1637）餘杭徑山寂照庵刻清康熙九年（1670）修版徑山藏本　二冊

110000－0102－0002774　（丙三）/1489－1
子部/宗教類/釋教/論

因明入正理論　（唐）釋玄奘譯　**顯識論**（南朝陳）釋真諦譯　**發菩提心論二卷**　（後秦）釋鳩摩羅什譯　**三無性論二卷**　（南朝陳）釋真諦譯　明崇禎十七年（1644）華嚴閣刻徑山藏本　一冊

110000－0102－0002775　（丙三）/1489－2
子部/宗教類/釋教/論

顯識論　（南朝陳）釋真諦譯　明崇禎十七年（1644）常熟虞山華嚴閣刻徑山藏本　一冊

110000－0102－0002776　（丙三）/1489－3
子部/宗教類/釋教/論

發菩提心論二卷　（後秦）釋鳩摩羅什譯　明崇禎十七年（1644）常熟虞山華嚴閣刻徑山藏本　一冊

110000－0102－0002777　（丙三）/1489－4
子部/宗教類/釋教/論

三無性論二卷　（南朝陳）釋真諦譯　明崇禎十七年（1644）常熟虞山華嚴閣刻徑山藏本　一冊

110000－0102－0002778　（丙三）/1490－1
子部/宗教類/釋教/論

施設論七卷　（宋）釋發護等譯　**大乘法界無差別論**　（唐）釋提雲般若譯　清順治十八年（1661）楞嚴寺般若堂刻徑山藏本　一冊

110000－0102－0002779　（丙三）/1490－2
子部/宗教類/釋教/論

大乘法界無差別論　（唐）釋提雲般若譯　明崇禎四年（1631）餘杭徑山化城寺刻徑山藏本　一冊

110000－0102－0002780　（丙三）/1490－3
子部/宗教類/釋教/論

金剛頂瑜伽中發阿耨多羅三藐三菩提心論
（唐）釋大廣智不空譯　明崇禎四年（1631）刻徑山藏本　一冊

110000－0102－0002781　（丙三）/1490－4
子部/宗教類/釋教/論

彰所知論二卷　（元）釋沙羅巴譯　明崇禎四年（1631）刻徑山藏本　一冊

110000－0102－0002782　（丙三）/1491　子部/宗教類/釋教

中論六卷　（後秦）釋鳩摩羅什撰　明萬曆十八年（1590）五臺山妙德庵刻徑山藏本　一冊

110000－0102－0002783　（丙三）/1492　子部/宗教類/釋教/贊

長慶空隱獨和尚語錄二卷　（明）釋金釋編明末清初刻徑山藏本　二冊

110000－0102－0002784　（丙三）/1493　子部/宗教類/釋教/贊

天然是禪師語錄十二卷　（清）釋今辯輯　清康熙九年（1670）刻徑山藏本　三冊

110000－0102－0002785　（丙三）/1494　子部/宗教類/釋教/贊

隱元禪師語錄十六卷　（清）釋海寧等編　清刻徑山藏本　四冊

110000－0102－0002786　（丙三）/1495　子部/宗教類/釋教/贊

昭覺丈雪醉禪師語錄十二卷　（清）釋通醉述　（清）釋徹綱等編　清康熙三十七年（1698）刻徑山藏本　三冊

110000－0102－0002787　（丙三）/1496－1
子部/宗教類/釋教

楞伽阿跋多羅寶經註解四卷　（南朝宋）釋求那跋多羅譯　（明）釋宗泐　（明）釋如玘註明崇禎五年（1632）楞嚴寺刻徑山藏本　三冊

110000－0102－0002788　（丙三）/1496－2
子部/宗教類/釋教

般若波羅蜜多心經註解　（唐）釋玄奘譯（明）釋宗泐　（明）釋如玘註　明崇禎刻徑山藏本　合一冊

110000－0102－0002789　（丙三）/1496－3
子部/宗教類/釋教

金剛般若波羅蜜經註解一卷　（後秦）釋鳩摩
羅什譯　（明）釋宗泐　（明）釋如玘註　明崇
禎五年(1632)楞嚴寺刻徑山藏本　合一冊

110000－0102－0002790　（丙三）/1496－4
子部/宗教類/釋教

大明太宗文皇帝御製序讚文十篇　（明）太宗
朱棣撰　清康熙元年(1662)楞嚴寺般若堂刻
徑山藏本　合一冊

110000－0102－0002791　（丙三）/1497　子
部/宗教類/釋教

**大佛頂如來密因修證了義諸菩薩萬行首楞嚴
經如說十卷**　（明）鍾惺撰　清康熙十八年
(1679)刻本　五冊

110000－0102－0002792　（丙三）/1498　子
部/宗教類/釋教/讚

介爲舟禪師語錄十卷　（清）釋海鹽等編　清
康熙刻徑山藏本　二冊

110000－0102－0002793　（丙三）/1499　子
部/宗教類/釋教/讚

雲戢喜禪師語錄十卷　（清）釋如乾等編　清
康熙二十九年(1690)刻徑山藏本　二冊

110000－0102－0002794　（丙三）/1500　子
部/宗教類/釋教

古瓶山牧道者究心錄　（清）釋機峻等編　清
康熙刻徑山藏本　一冊

110000－0102－0002795　（丙三）/1501　子
部/宗教類/釋教/讚

斌雅禪師語錄二卷　（清）釋海嶽等錄　清康
熙刻徑山藏本　一冊

110000－0102－0002796　（丙三）/1502　子
部/宗教類/釋教/讚

玉泉其白富禪師語錄三卷　（清）釋圓頂等編
　玉泉融徹頂禪師語錄　（清）釋明盛等編
清康熙三十四年(1695)楞嚴寺刻徑山藏本
一冊

110000－0102－0002797　（丙三）/1503　子

部/宗教類/釋教/讚

古林智禪師語錄六卷　（清）釋正燈等編　清
康熙三十六年(1697)刻徑山藏本　二冊

110000－0102－0002798　（丙三）/1504　子
部/宗教類/釋教/經

說無詬稱經六卷　（唐）釋玄奘譯　明萬曆三
十九年(1611)徑山寂照庵刻徑山藏本　一冊

110000－0102－0002799　（丙三）/1505　子
部/宗教類/釋教/經

阿惟越致遮經四卷　（晉）釋竺法護譯　明萬
曆三十九年(1611)徑山寂照庵刻徑山藏本
一冊

110000－0102－0002800　（丙三）/1506　子
部/宗教類/釋教/經

維摩詰經三卷　（三國吳）支謙譯　清康熙元
年(1662)楞嚴寺般若堂刻徑山藏本　一冊

110000－0102－0002801　（丙三）/1507　子
部/宗教類/釋教/經

道神足無極變化經四卷　（晉）釋安法欽譯
清順治十七年(1660)嘉興府楞嚴寺般若堂刻
徑山藏本　一冊

110000－0102－0002802　（丙三）/1508　子
部/宗教類/釋教/經

佛說寶雨經十卷　（唐）釋達磨流支等譯　明
末馮洪業刻徑山藏本　二冊

110000－0102－0002803　（丙三）/1509－1
子部/宗教類/釋教/經

佛說寶雲經七卷　（南朝梁）釋曼陀羅仙
（南朝梁）釋僧伽婆羅譯　明天啟五年(1625)
吳江接待寺刻徑山藏本　二冊

110000－0102－0002804　（丙三）/1509－2
子部/宗教類/釋教/經

佛昇忉利天爲母說法經三卷　（晉）釋竺法護
譯　明萬曆三十六年(1608)徑山寂照庵刻徑
山藏本　合一冊

110000－0102－0002805　（丙三）/1510　子
部/宗教類/釋教

永覺和尚廣錄三十卷　（明）釋道霈編　明末

清初刻徑山藏本　六冊

110000 – 0102 – 0002806　（丙三）/1511 – 1
子部/宗教類/釋教/經

普超三昧經四卷　（晉）釋竺法護譯　明末刻
徑山藏本　二冊

110000 – 0102 – 0002807　（丙三）/1511 – 2
子部/宗教類/釋教/經

佛說放鉢經　（晉）□□譯　明末刻徑山藏本
　一冊

110000 – 0102 – 0002808　（丙三）/1511 – 3
子部/宗教類/釋教/經

佛說大淨法門品經一卷　（晉）釋竺法護譯
明崇禎四年(1631)刻徑山藏本　一冊

110000 – 0102 – 0002809　（丙三）/1511 – 4
子部/宗教類/釋教/經

大莊嚴法門經二卷　（隋）釋那連提黎耶譯
明萬曆三十七年(1609)刻徑山藏本　一冊

110000 – 0102 – 0002810　（丙三）/1511 – 5
子部/宗教類/釋教/經

佛說大方等大雲請雨經　（隋）釋闍那崛多等
譯　清順治十八年(1661)刻徑山藏本　一冊

110000 – 0102 – 0002811　（丙三）/1511 – 6
子部/宗教類/釋教/經

大雲請雨經　（北周）釋闍那耶舍等譯　明末
刻徑山藏本　一冊

110000 – 0102 – 0002812　（丙三）/1511 – 7
子部/宗教類/釋教/經

大雲輪請雨經二卷　（隋）釋那連提耶舍譯
清順治十八年(1661)刻徑山藏本　一冊

110000 – 0102 – 0002813　（丙三）/1512　子
部/宗教類/釋教/經

勝思惟梵天所問經六卷　（北魏）釋菩提留支
譯　明末刻徑山藏本　一冊

110000 – 0102 – 0002814　（丙三）/1513　子
部/宗教類/釋教/經

思益梵天所問經四卷　（後秦）釋鳩摩羅什譯
　明末刻徑山藏本　一冊

110000 – 0102 – 0002815　（丙三）/1514　子
部/宗教類/釋教/經

月燈三昧經十一卷　（北齊）釋那連提黎耶舍
譯　明末清初刻徑山藏本　二冊

110000 – 0102 – 0002816　（丙三）/1515　子
部/宗教類/釋教/經

根本說一切有部毗奈耶五十卷　（唐）釋義淨
譯　明崇禎三年至六年(1630 – 1633)刻清康
熙重修徑山藏本　十冊

110000 – 0102 – 0002817　（丙三）/1516 – 1
子部/宗教類/釋教/經

佛說觀無量壽佛經一卷　（南朝宋）釋畺良耶
舍譯　明萬曆十九年(1591)山西清凉山妙德
庵刻清康熙補刻徑山藏本　一冊

110000 – 0102 – 0002818　（丙三）/1516 – 2
子部/宗教類/釋教/經

稱讚淨土佛攝受經一卷　（唐）釋玄奘譯　明
萬曆十九年(1591)山西清凉山妙德庵刻清康
熙補刻徑山藏本　一冊

110000 – 0102 – 0002819　（丙三）/1516 – 3
子部/宗教類/釋教/經

佛說阿彌陀經一卷　（後秦）釋鳩摩羅什譯
明萬曆十九年(1591)山西清凉山妙德庵刻清
康熙補刻徑山藏本　一冊

110000 – 0102 – 0002820　（丙三）/1516 – 4
子部/宗教類/釋教/經

拔一切業障根本得生淨土神咒　（南朝宋）釋
求那跋陀羅譯　明萬曆十九年(1591)山西清
凉山妙德庵刻清康熙補刻徑山藏本　一冊

110000 – 0102 – 0002821　（丙三）/1516 – 5
子部/宗教類/釋教/經

後出阿彌陀佛偈經　（後秦）□□譯　明萬曆
十九年(1591)山西清凉山妙德庵刻清康熙補
刻徑山藏本　一冊

110000 – 0102 – 0002822　（丙三）/1516 – 6
子部/宗教類/釋教/經

佛說大阿彌陀經二卷　（宋）王日休校輯　明
萬曆十九年(1591)山西清凉山妙德庵刻清康

熙補刻徑山藏本　一冊

110000－0102－0002823　（丙三）/1517－1
子部/宗教類/釋教/經

佛說觀彌勒菩薩上生兜率陀天經　（南朝宋）
沮渠京聲譯　明萬曆二十五年(1597)徑山寺
刻清康熙續修徑山藏本　一冊

110000－0102－0002824　（丙三）/1517－2
子部/宗教類/釋教/經

佛說彌勒下生經一卷　（後秦）釋鳩摩羅什譯
　明萬曆二十五年(1597)餘杭徑山寺刻清康
熙補刻徑山藏本　一冊

110000－0102－0002825　（丙三）/1517－3
子部/宗教類/釋教/經

佛說彌勒來時經　（晉）□□譯　明萬曆二十
五年(1597)餘杭徑山寺刻清康熙補刻徑山藏
本　一冊

110000－0102－0002826　（丙三）/1517－4
子部/宗教類/釋教/經

佛說彌勒下生成佛經一卷　（唐）釋義淨譯
明萬曆二十五年(1597)餘杭徑山寺刻清康熙
補刻徑山藏本　一冊

110000－0102－0002827　（丙三）/1517－5
子部/宗教類/釋教/經

佛說觀彌勒菩薩下生經一卷　（晉）釋竺法護
譯　明萬曆二十五年(1597)餘杭徑山寺刻清
康熙補刻徑山藏本　一冊

110000－0102－0002828　（丙三）/1517－6
子部/宗教類/釋教/經

佛說彌勒成佛經一卷　（後秦）釋鳩摩羅什譯
　明萬曆二十五年(1597)餘杭徑山寺刻清康
熙補刻徑山藏本　一冊

110000－0102－0002829　（丙三）/1517－7
子部/宗教類/釋教/經

佛說第一義法勝經一卷　（北魏）釋瞿曇般若
流支等譯　明萬曆二十五年(1597)餘杭徑山
寺刻清康熙補刻徑山藏本　一冊

110000－0102－0002830　（丙三）/1517－8
子部/宗教類/釋教/經

佛說大威燈光仙人問疑經一卷　（隋）釋闍那
崛多譯　明萬曆二十五年(1597)餘杭徑山寺
刻清康熙補刻徑山藏本　一冊

110000－0102－0002831　（丙三）/1517－9
子部/宗教類/釋教/經

一切法高王經一卷　（北魏）釋瞿曇般若流支
等譯　明萬曆二十五年(1597)餘杭徑山寺刻
清康熙補刻徑山藏本　一冊

110000－0102－0002832　（丙三）/1518－1
子部/宗教類/釋教/經

月燈三昧經一卷　（南朝宋）釋先公譯　明末
當湖馮洪業刻徑山藏本　一冊

110000－0102－0002833　（丙三）/1518－2
子部/宗教類/釋教/經

佛說象腋經一卷　（南朝宋）釋曇摩蜜多譯
明末當湖馮洪業刻徑山藏本　一冊

110000－0102－0002834　（丙三）/1518－3
子部/宗教類/釋教/經

佛說大乘同性經二卷　（北周）釋闍那耶舍
(北周)釋僧安合譯　明末當湖馮洪業刻徑山
藏本　一冊

110000－0102－0002835　（丙三）/1518－4
子部/宗教類/釋教/經

佛說證契大乘經二卷　（唐）釋地婆訶羅等譯
　明末當湖馮洪業刻徑山藏本　一冊

110000－0102－0002836　（丙三）/1518－5
子部/宗教類/釋教/經

起世因本經十卷　（隋）釋達摩笈多等譯　明
末當湖馮洪業刻徑山藏本　二冊

110000－0102－0002837　（丙三）/1518－6
子部/宗教類/釋教/經

佛說無所希望經（象步經）一卷　（晉）釋竺法
護譯　清康熙三年(1664)嘉興楞嚴寺般若堂
刻徑山藏本　一冊

110000－0102－0002838　（丙三）/1519　子
部/宗教類/釋教/經

**持心梵天所問經（一名莊嚴佛法經，又名等御
諸法經）四卷**　（晉）釋竺法護譯　明刻徑山

藏本　一冊

110000－0102－0002839　（丙三）/1520－1
子部/宗教類/釋教/經

佛說諸法勇王經一卷　（南朝宋）釋曇摩蜜多
譯　明萬曆徑山興聖萬壽禪寺刻清康熙重修
徑山藏本　一冊

110000－0102－0002840　（丙三）/1520－2
子部/宗教類/釋教/經

順權方便經二卷　（晉）釋竺法護譯　明萬曆
二十一年（1593）餘杭徑山興聖萬壽禪寺刻清
康熙修版徑山藏本　一冊

110000－0102－0002841　（丙三）/1520－3
子部/宗教類/釋教/經

佛說樂瓔珞莊嚴方便經（轉女身菩薩問答經）
二卷　（後秦）釋曇摩耶舍譯　明萬曆二十一
年（1593）餘杭徑山興聖萬壽禪寺刻清康熙修
版徑山藏本　一冊

110000－0102－0002842　（丙三）/1520－4
子部/宗教類/釋教/經

菩薩睒子經一卷　（晉）□□譯　明萬曆二十
一年（1593）餘杭徑山興聖萬壽禪寺刻清康熙
補刻徑山藏本　一冊

110000－0102－0002843　（丙三）/1520－5
子部/宗教類/釋教/經

佛說睒子經一卷　（後秦）釋聖堅譯　明萬曆
二十一年（1593）餘杭徑山興聖萬壽禪寺刻清
康熙補刻徑山藏本　一冊

110000－0102－0002844　（丙三）/1520－6
子部/宗教類/釋教/經

佛說九色鹿經一卷　（三國吳）支謙譯　明萬
曆二十一年（1593）餘杭徑山興聖萬壽禪寺刻
清康熙補刻徑山藏本　一冊

110000－0102－0002845　（丙三）/1520－7
子部/宗教類/釋教/經

佛說太子沐魄經一卷　（晉）釋竺法護譯　明
萬曆二十一年（1593）餘杭徑山興聖萬壽禪寺
刻清康熙補刻徑山藏本　一冊

110000－0102－0002846　（丙三）/1520－8

子部/宗教類/釋教/經

太子慕魄經一卷　（漢）釋安世高譯　明萬曆
二十一年（1593）餘杭徑山興聖萬壽禪寺刻清
康熙補刻徑山藏本　一冊

110000－0102－0002847　（丙三）/1521－1
子部/宗教類/釋教/經

無字寶篋經一卷　（北魏）釋菩提留支譯　明
萬曆二十一年（1593）徑山興聖萬壽禪寺刻徑
山藏本　一冊

110000－0102－0002848　（丙三）/1521－2
子部/宗教類/釋教/經

大乘離文字普光明藏經一卷　（唐）釋地婆訶
羅譯　明萬曆二十一年（1593）餘杭徑山興聖
萬壽禪寺刻徑山藏本　一冊

110000－0102－0002849　（丙三）/1521－3
子部/宗教類/釋教/經

大乘徧照光明藏無字法門經一卷　（唐）釋地
婆訶羅譯　明萬曆二十一年（1593）餘杭徑山
興聖萬壽禪寺刻徑山藏本　一冊

110000－0102－0002850　（丙三）/1521－4
子部/宗教類/釋教/經

佛說老女人經　（三國吳）支謙譯　明萬曆二
十一年（1593）餘杭徑山興聖萬壽禪寺刻徑山
藏本　一冊

110000－0102－0002851　（丙三）/1521－5
子部/宗教類/釋教/經

佛說老母經一卷　（南朝宋）□□譯　明萬曆
二十一年（1593）餘杭徑山興聖萬壽禪寺刻徑
山藏本　一冊

110000－0102－0002852　（丙三）/1521－6
子部/宗教類/釋教/經

佛說老母女六英經　（南朝宋）釋求那跋陀羅
譯　明萬曆二十一年（1593）餘杭徑山興聖萬
壽禪寺刻徑山藏本　一冊

110000－0102－0002853　（丙三）/1521－7
子部/宗教類/釋教/經

佛說長者子制經一卷　（漢）釋安世高譯　明
萬曆二十一年（1593）餘杭徑山興聖萬壽禪寺

刻徑山藏本　一册

110000－0102－0002854　（丙三）/1521－8
子部/宗教類/釋教/經

佛說菩薩逝經一卷　（晉）釋白法祖譯　明萬
曆二十一年(1593)餘杭徑山興聖萬壽禪寺刻
徑山藏本　一册

110000－0102－0002855　（丙三）/1521－9
子部/宗教類/釋教/經

佛說逝童子經一卷　（晉）釋支法度譯　明萬
曆二十一年(1593)餘杭徑山興聖萬壽禪寺刻
徑山藏本　一册

110000－0102－0002856　（丙三）/1521－10
　子部/宗教類/釋教/經

佛說月光童子經一卷　（晉）釋竺法護譯　明
萬曆二十一年(1593)餘杭徑山興聖萬壽禪寺
刻徑山藏本　一册

110000－0102－0002857　（丙三）/1521－11
　子部/宗教類/釋教/經

佛說申日兒本經一卷　（南朝宋）釋求那跋陀
羅譯　明萬曆二十一年(1593)餘杭徑山興聖
萬壽禪寺刻徑山藏本　一册

110000－0102－0002858　（丙三）/1521－12
　子部/宗教類/釋教/經

佛說德護長者經二卷　（隋）釋那連提黎耶舍
譯　明萬曆二十一年(1593)餘杭徑山興聖萬
壽禪寺刻徑山藏本　一册

110000－0102－0002859　（丙三）/1521－13
　子部/宗教類/釋教/經

佛說犢子經一卷　（三國吳）支謙譯　明萬曆
二十一年(1593)餘杭徑山興聖萬壽禪寺刻徑
山藏本　一册

110000－0102－0002860　（丙三）/1521－14
　子部/宗教類/釋教/經

佛說乳光佛經一卷　（晉）釋竺法護譯　明萬
曆二十一年(1593)餘杭徑山興聖萬壽禪寺刻
徑山藏本　一册

110000－0102－0002861　（丙三）/1521－15
　子部/宗教類/釋教/經

佛說無詬賢女經一卷　（晉）釋竺法護譯　明
萬曆二十一年(1593)餘杭徑山興聖萬壽禪寺
刻徑山藏本　一册

110000－0102－0002862　（丙三）/1521－16
　子部/宗教類/釋教/經

佛說腹中女聽經一卷　（北涼）釋曇無讖釋
明萬曆二十一年(1593)餘杭徑山興聖萬壽禪
寺刻徑山藏本　一册

110000－0102－0002863　（丙三）/1522　子
部/宗教類/釋教

薩婆多部毗尼摩得勒伽十卷　（南朝宋）釋僧
伽跋摩譯　明崇禎十七年(1644)虞山華嚴閣
刻徑山藏本　二册

110000－0102－0002864　（丙三）/1523　子
部/宗教類/釋教

根本說一切有部百一羯磨十卷　（唐）釋義淨
譯　明崇禎十七年(1644)刻徑山藏本　二册

110000－0102－0002865　（丙三）/1524－1
子部/宗教類/釋教/經

千眼千臂觀世音菩薩陀羅尼神咒經二卷
(唐)釋智通譯　千手千眼觀世音菩薩姥陀羅
尼身經一卷　(唐)釋菩提流志譯　千手千眼
觀世音菩薩廣大圓滿無礙大悲心陀羅尼經一
卷　(唐)釋伽梵達摩譯　番大悲神咒　觀世
音菩薩祕密藏神咒經一卷　(唐)釋實叉難陀
譯　觀世音菩薩如意摩尼陀羅尼經一卷
(唐)釋寶思惟譯　如意輪陀羅尼經一卷
(唐)釋菩提流志譯　明萬曆三十八年(1610)
刻清康熙元年(1662)印徑山藏本　一册

110000－0102－0002866　（丙三）/1524－2
子部/宗教類/釋教/經

千手千眼觀世音菩薩姥陀羅尼身經一卷
(唐)釋菩提流志譯　明萬曆刻清補刻徑山藏
本　一册

110000－0102－0002867　（丙三）/1524－3
子部/宗教類/釋教/經

**千手千眼觀世音菩薩廣大圓滿無礙大悲心陀
羅尼經一卷**　（唐）釋伽梵達摩譯　明萬曆刻
清補刻徑山藏本　一册

110000－0102－0002868　（丙三）/1524－4
子部/宗教類/釋教/經

番大悲神咒　明萬曆刻清補刻徑山藏本
一冊

110000－0102－0002869　（丙三）/1524－5
子部/宗教類/釋教/經

觀世音菩薩祕藏神咒經一卷　（唐）釋實叉難
陀譯　明萬曆刻清補刻徑山藏本　一冊

110000－0102－0002870　（丙三）/1524－6
子部/宗教類/釋教/經

觀世音菩薩如意摩尼陀羅尼經一卷　（唐）釋
實思惟譯　明萬曆刻清補刻徑山藏本　一冊

110000－0102－0002871　（丙三）/1524－7
子部/宗教類/釋教/經

如意輪陀羅尼經一卷　（唐）釋菩提流志譯
清康熙元年（1662）補刻徑山藏本　一冊

110000－0102－0002872　（丙三）/1525－1
子部/宗教類/釋教/經

觀自在菩薩怛嚩多唎隨心陀羅尼經一卷
（唐）釋智通譯　明萬曆三十四年（1606）刻徑
山藏本　一冊

110000－0102－0002873　（丙三）/1525－2
子部/宗教類/釋教/經

請觀世音菩薩消伏毒害陀羅尼咒經一卷
（晉）釋竺難提譯　明萬曆三十四年（1606）刻
徑山藏本　一冊

110000－0102－0002874　（丙三）/1525－3
子部/宗教類/釋教/經

佛說十一面觀世音神咒經一卷　（北周）釋耶
舍崛多等譯　明萬曆三十四年（1606）刻徑山
藏本　一冊

110000－0102－0002875　（丙三）/1525－4
子部/宗教類/釋教/經

十一面神咒心經　（唐）釋玄奘譯　明萬曆三
十四年（1606）刻徑山藏本　一冊

110000－0102－0002876　（丙三）/1525－5
子部/宗教類/釋教/經

千轉陀羅尼觀世音菩薩咒經一卷　（唐）釋智

通譯　明萬曆三十四年（1606）刻徑山藏本
一冊

110000－0102－0002877　（丙三）/1525－6
子部/宗教類/釋教/經

咒五首經一卷　（唐）釋玄奘譯　明萬曆三十
四年（1606）刻徑山藏本　一冊

110000－0102－0002878　（丙三）/1525－7
子部/宗教類/釋教/經

六字神咒經一卷　（唐）釋菩提流志譯　明萬
曆三十四年（1606）刻徑山藏本　一冊

110000－0102－0002879　（丙三）/1525－8
子部/宗教類/釋教/經

咒三首經一卷　（唐）釋地婆訶羅譯　明萬曆
三十四年（1606）刻徑山藏本　一冊

110000－0102－0002880　（丙三）/1525－9
子部/宗教類/釋教/經

大方廣菩薩藏經中文殊師利根本一字陀羅尼
法一卷　（唐）釋實思惟譯　明萬曆三十九年
（1611）餘杭徑山寂照庵刻徑山藏本　一冊

110000－0102－0002881　（丙三）/1525－10
子部/宗教類/釋教/經

曼殊室利菩薩咒藏中一字咒王經一卷　（唐）
釋義淨譯　明萬曆三十九年（1611）餘杭徑山
寂照庵刻徑山藏本　一冊

110000－0102－0002882　（丙三）/1525－11
子部/宗教類/釋教/經

十二佛名神咒校量功德除障滅罪經一卷
（隋）釋闍那崛多譯　明萬曆三十九年（1611）
餘杭徑山寂照庵刻徑山藏本　一冊

110000－0102－0002883　（丙三）/1525－12
子部/宗教類/釋教/經

佛說稱讚如來功德神咒經一卷　（唐）釋義淨
譯　明萬曆三十九年（1611）刻徑山藏本
一冊

110000－0102－0002884　（丙三）/1525－13
子部/宗教類/釋教/經

華積陀羅尼神咒經一卷　（三國吳）支謙譯
清順治十三年（1656）刻徑山藏本　一冊

110000 - 0102 - 0002885　（丙三）/1525 - 14
子部/宗教類/釋教/經

師子奮迅菩薩所問經一卷　（□）□□譯　清
順治十三年(1656)刻徑山藏本　一冊

110000 - 0102 - 0002886　（丙三）/1525 - 15
子部/宗教類/釋教/經

佛說華聚陀羅尼咒經一卷　（□）□□譯　清
順治十三年(1656)刻徑山藏本　一冊

110000 - 0102 - 0002887　（丙三）/1525 - 16
子部/宗教類/釋教/經

六字咒王經一卷　（□）□□譯　清順治十三
年(1656)刻徑山藏本　一冊

110000 - 0102 - 0002888　（丙三）/1525 - 17
子部/宗教類/釋教/經

六字神咒經一卷　（□）□□譯　清順治十三
年(1656)刻徑山藏本　一冊

110000 - 0102 - 0002889　（丙三）/1526　子
部/宗教類/釋教/經

不空羂索神變真言經三十卷　（唐）釋菩提流
志譯　明萬曆四十年(1612)寒山化城庵刻徑
山藏本　六冊

110000 - 0102 - 0002890　（丙三）/1527　子
部/宗教類/釋教/經

四分戒本如釋十二卷附攝頌戒相圖　（明）釋
弘贊譯　明崇禎十六年(1643)刻徑山藏本
四冊

110000 - 0102 - 0002891　（丙三）/1528　子
部/宗教類/釋教

妙法蓮華經授手十卷　（清）釋智祥集　清康
熙二十三年(1684)刻徑山藏本　六冊　存五
卷(一至五)

110000 - 0102 - 0002892　（丙三）/1529　子
部/宗教類/釋教/經

大方廣佛華嚴經疏六十卷　（唐）釋澄觀撰
明崇禎二年至五年(1629 - 1632)徑山化城寺
刻徑山藏本　十二冊

110000 - 0102 - 0002893　（丙三）/1530　子
部/宗教類/釋教

入就瑞白禪師語錄十八卷　（清）釋寂蘊編
清順治六年(1649)刻徑山藏本　三冊

110000 - 0102 - 0002894　（丙三）/1531　子
部/宗教類/釋教

善見毘婆沙律十八卷　（南朝齊）釋僧伽跋陀
羅譯　明崇禎十二年(1639)刻徑山藏本
四冊

110000 - 0102 - 0002895　（丙三）/1532　子
部/宗教類/釋教/經

摩訶般若波羅蜜經三十卷　（後秦）釋鳩摩羅
什　（後秦）釋僧叡譯　明萬曆三十三年至三
十四年(1605 - 1606)徑山寂照庵刻清修徑山
藏本　六冊

110000 - 0102 - 0002896　（丙三）/1533 - 1
子部/宗教類/釋教/經

佛說海龍王經四卷　（晉）釋竺法護譯　明崇
禎十五年(1642)常熟虞山華嚴閣刻徑山藏本
二冊

110000 - 0102 - 0002897　（丙三）/1533 - 2
子部/宗教類/釋教/經

佛爲海龍王說法印經一卷　（唐）釋義淨譯
明崇禎十五年(1642)常熟虞山華嚴閣刻徑山
藏本　一冊

110000 - 0102 - 0002898　（丙三）/1533 - 3
子部/宗教類/釋教/經

佛說右遶佛塔功德經一卷　（唐）釋實叉難陀
譯　明崇禎十五年(1642)常熟虞山華嚴閣刻
徑山藏本　一冊

110000 - 0102 - 0002899　（丙三）/1533 - 4
子部/宗教類/釋教/經

佛說妙色王因緣經一卷　（唐）釋義淨譯　明
崇禎十五年(1642)常熟虞山華嚴閣刻徑山藏
本　一冊

110000 - 0102 - 0002900　（丙三）/1533 - 5
子部/宗教類/釋教/經

師子素駄娑王斷肉經一卷　（唐）釋智嚴譯
明崇禎十五年(1642)常熟虞山華嚴閣刻徑山
藏本　一冊

110000－0102－0002901　（丙三）/1533－6
子部/宗教類/釋教/經

差摩婆帝受記經一卷　（北魏）釋菩提留支譯
明崇禎十五年（1642）常熟虞山華嚴閣刻徑
山藏本　一冊

110000－0102－0002902　（丙三）/1533－7
子部/宗教類/釋教/經

師子莊嚴王菩薩請問經一卷　（唐）釋那提譯
明崇禎十五年（1642）常熟虞山華嚴閣刻徑
山藏本　一冊

110000－0102－0002903　（丙三）/1533－8
子部/宗教類/釋教/經

中陰經二卷　（後秦）釋竺佛念譯　明天啟七
年至崇禎元年（1627－1628）餘杭徑山化城寺
刻徑山藏本　一冊

110000－0102－0002904　（丙三）/1533－9
子部/宗教類/釋教/經

占察善惡業報經二卷　（隋）釋菩提登譯　明
崇禎五年（1632）餘杭徑山化城寺刻徑山藏本
一冊

110000－0102－0002905　（丙三）/1533－10
子部/宗教類/釋教/經

佛說蓮華面經二卷　（隋）釋那連提耶舍譯
明崇禎元年（1628）餘杭徑山化城寺刻徑山藏
本　一冊

110000－0102－0002906　（丙三）/1533－11
子部/宗教類/釋教/經

佛說三品弟子經一卷　（三國吳）支謙譯　明
崇禎十五年（1642）常熟虞山華嚴閣刻徑山藏
本　一冊

110000－0102－0002907　（丙三）/1533－12
子部/宗教類/釋教/經

佛說四輩經一卷　（晉）釋竺法護譯　明崇禎
十五年（1642）常熟虞山華嚴閣刻徑山藏本
一冊

110000－0102－0002908　（丙三）/1533－13
子部/宗教類/釋教/經

佛說當來變經一卷　（晉）釋竺法護譯　明崇

禎刻徑山藏本　一冊

110000－0102－0002909　（丙三）/1533－14
子部/宗教類/釋教/經

過去佛分衛經一卷　（晉）釋竺法護譯　明崇
禎刻徑山藏本　一冊

110000－0102－0002910　（丙三）/1533－15
子部/宗教類/釋教/經

佛說法滅盡經一卷　（南朝宋）□□譯　明崇
禎刻徑山藏本　一冊

110000－0102－0002911　（丙三）/1533－16
子部/宗教類/釋教/經

佛說甚深大迴向經一卷　（南朝宋）□□譯
明崇禎刻徑山藏本　一冊

110000－0102－0002912　（丙三）/1534－1
子部/宗教類/釋教/經

七佛所說神咒經四卷　（□）□□譯　明崇禎
十五年（1642）刻徑山藏本　一冊

110000－0102－0002913　（丙三）/1534－2
子部/宗教類/釋教/經

文殊師利寶藏陀羅尼經一卷　（唐）釋菩提流
志譯　明崇禎餘杭徑山化城寺刻徑山藏本
二冊

110000－0102－0002914　（丙三）/1534－3
子部/宗教類/釋教/經

僧伽吒經四卷　（東魏）釋月婆首那譯　明崇
禎十五年（1642）刻徑山藏本　一冊

110000－0102－0002915　（丙三）/1534－4
子部/宗教類/釋教/經

出生菩提心經一卷　（隋）釋闍那崛多譯　明
刻徑山藏本　一冊

110000－0102－0002916　（丙三）/1534－5
子部/宗教類/釋教/經

佛說佛印三昧經一卷　（漢）釋安世高譯　明
萬曆三十六年（1608）刻徑山藏本　一冊

110000－0102－0002917　（丙三）/1534－6
子部/宗教類/釋教/經

佛說十二頭陀經（沙門頭陀經）　（南朝宋）釋

求那跋陀羅譯　明刻徑山藏本　一冊

110000－0102－0002918　（丙三）/1534－7
子部/宗教類/釋教/經

佛說樹提伽經一卷　（南朝宋）釋求那跋陀羅譯　明刻徑山藏本　一冊

110000－0102－0002919　（丙三）/1534－8
子部/宗教類/釋教/經

佛說法常住經　（晉）□□譯　明萬曆三十七年(1609)餘杭徑山寂照庵刻徑山藏本　一冊

110000－0102－0002920　（丙三）/1534－9
子部/宗教類/釋教/經

佛說長壽王經一卷　（□）□□譯　明萬曆三十七年(1609)刻徑山藏本　一冊

110000－0102－0002921　（丙三）/1535　子部/宗教類/釋教/經

佛本行經七卷　（宋）釋寶雲譯　明天啟五年(1625)徑山化城寺刻清康熙十八年(1679)釋恆瑞刻徑山藏本　二冊

110000－0102－0002922　（丙三）/1536　子部/宗教類/釋教/經

撰集百緣經十卷　（三國吳）支謙譯　明崇禎三年至四年(1630－1631)徑山化城寺刻徑山藏本　二冊

110000－0102－0002923　（丙三）/1537　子部/宗教類/釋教/經

起世經十卷　（隋）釋闍那崛多譯　明崇禎十五年至清順治二年(1642－1645)刻本　二冊

110000－0102－0002924　（丙三）/1538　子部/宗教類/釋教/經

起世因本經十卷　（隋）釋達摩笈多等譯　明刻徑山藏本　二冊

110000－0102－0002925　（丙三）/1539　子部/宗教類/釋教

南海寶象林慧弓詗禪師語錄八卷　（清）釋傳一等輯　清康熙刻徑山藏本　二冊

110000－0102－0002926　（丙三）/1540　子部/宗教類/釋教

憨休乾禪師語錄十二卷　（清）釋繼堯等編　清康熙刻徑山藏本　二冊

110000－0102－0002927　（丙三）/1541　子部/宗教類/釋教

集神州塔寺三寶感通錄三卷　（唐）釋道宣撰　明末清初刻徑山藏本　一冊

110000－0102－0002928　（丙三）/1542　子部/宗教類/釋教/經

根本說一切有部毗奈耶雜事四十卷　（唐）釋義淨譯　明崇禎六年(1633)刻徑山藏本　八冊

110000－0102－0002929　（丙三）/1543　子部/宗教類/釋教

宗門統要續集二十二卷　（宋）釋宗永集（元）釋清茂續集　明萬曆三十五年(1607)徑山寂照庵刻徑山藏本　五冊

110000－0102－0002930　（丙三）/1544　子部/宗教類/釋教

六祖大師法寶壇經一卷首一卷附錄一卷　（元）釋宗寶編　明萬曆三十七年(1609)徑山寂照庵刻重修徑山藏本　一冊

110000－0102－0002931　（丙三）/1545　子部/宗教類/釋教

益州嵩山野竹禪師後錄八卷　（清）釋洪希編　清康熙刻徑山藏本　二冊

110000－0102－0002932　（丙三）/1546　子部/宗教類/釋教/贊

幻住明禪師語錄二卷　（清）釋清尚等編　清康熙刻徑山藏本　一冊

110000－0102－0002933　（丙三）/1547　子部/宗教類/釋教/贊

糸同一揆禪師語錄　（清）釋普明等編　清康熙刻徑山藏本　一冊

110000－0102－0002934　（丙三）/1548　子部/宗教類/釋教/贊

雲腹智禪師語錄二卷　（清）釋嶽賢等編　清康熙刻徑山藏本　一冊

110000－0102－0002935　（丙三）/1549　子部/宗教類/釋教/贊

寶持總禪師語録二卷　（清）釋明英等編　清康熙十六年(1677)刻本　一冊

110000－0102－0002936　（丙三）/1549－1　子部/宗教類/釋教/贊

伏獅義公禪師語録一卷諸祖源流頌古一卷　（清）釋明元輯　清康熙十七年(1678)釋明元刻徑山藏本　一冊

110000－0102－0002937　（丙三）/1550　子部/宗教類/釋教/贊

法幢遠禪師語録　（清）釋通慧等編　清康熙三十四年(1695)刻徑山藏本　一冊

110000－0102－0002938　（丙三）/1551　子部/宗教類/釋教/贊

純備德禪師語録二卷　（清）釋智遠等編　清康熙刻徑山藏本　一冊

110000－0102－0002939　（丙三）/1552　子部/宗教類/釋教/贊

靈瑞尼祖揆符禪師妙湛録五卷　（清）釋師炤等編　清康熙刻徑山藏本　一冊

110000－0102－0002940　（丙三）/1553　子部/宗教類/釋教/贊

朝宗禪師語録十卷　（清）釋行導編　清康熙二十年(1681)刻徑山藏本　二冊

110000－0102－0002941　（丙三）/1554　子部/宗教類/釋教/贊

蘇州竹菴衍禪師語録二卷　（清）釋機如編（清）釋機湧　清康熙刻徑山藏本　一冊

110000－0102－0002942　（丙三）/1555　子部/宗教類/釋教/贊

三峰藏和尚語録十六卷年譜一卷　（清）釋弘儲輯　清順治十八年(1661)刻徑山藏本　五冊

110000－0102－0002943　（丙三）/1556　子部/宗教類/釋教/贊

古林如禪師語録四卷　（清）釋全威等輯　清康熙楞嚴寺刻徑山藏本　一冊

110000－0102－0002944　（丙三）/1557　子部/宗教類/釋教

錦江禪燈二十卷首一卷　（清）釋通醉輯　清康熙三十二年(1693)嘉興楞嚴寺刻雍正二年(1724)永壽、妻關氏印徑山藏本　五冊

110000－0102－0002945　（丙三）/1558　子部/宗教類/釋教/贊

衡州開峰密行忍禪師語録四卷　（清）釋明廣等編　**中興寺嗣燈胤禪師語録一卷**　（清）釋如玉等編　清康熙三十三年(1694)嘉興楞嚴寺刻雍正二年(1724)永壽、妻關氏印徑山藏本　一冊

110000－0102－0002946　（丙三）/1559　子部/宗教類/釋教/贊

青城山鳳林寺竹浪生禪師語録七卷　（清）釋如鵬等編　清康熙嘉興楞嚴寺刻雍正二年(1724)永壽、妻關氏印徑山藏本　二冊

110000－0102－0002947　（丙三）/1560－1　子部/宗教類/釋教/經

南本大般涅槃經三十六卷　（北涼）釋曇無讖譯　明萬曆四十年至四十五年(1612－1617)徑山化城寺刻納蘭揆叙、耿氏續修清康熙五十二年(1713)印徑山藏本　七冊

110000－0102－0002948　（丙三）/1560－2　子部/宗教類/釋教

大般涅槃經後分二卷　（唐）釋若那跋陀羅等譯　明天啟四年(1624)吳江接待寺刻徑山藏本　一冊

110000－0102－0002949　（丙三）/1560－3　子部/宗教類/釋教/經

佛說方等般泥洹經二卷　（晉）釋竺法護譯　明萬曆三十五年(1607)徑山寂照庵刻徑山藏本　一冊

110000－0102－0002950　（丙三）/1561　子部/宗教類/釋教/經

十誦律六十一卷　（後秦）釋弗若多羅（後秦）釋鳩摩羅什譯　明崇禎六年(1633)刻徑山藏本　七冊　存三十五卷(一至三十五)

110000－0102－0002951　（丙三）/1562－1
子部/宗教類/釋教/經

禪祕要法經三卷　（後秦）釋鳩摩羅什譯　明崇禎十五年(1642)常熟虞山華嚴閣刻徑山藏本　二冊

110000－0102－0002952　（丙三）/1562－2
子部/宗教類/釋教/經

陰持入經二卷　（漢）釋安世高譯　明崇禎刻徑山藏本　一冊

110000－0102－0002953　（丙三）/1562－3
子部/宗教類/釋教/經

佛說因緣僧護經一卷　（晉）□□譯　明崇禎刻徑山藏本　一冊

110000－0102－0002954　（丙三）/1562－4
子部/宗教類/釋教/經

佛說大乘莊嚴寶王經四卷　（宋）釋天息災譯　明崇禎四年(1631)餘杭徑山化城寺刻徑山藏本　一冊

110000－0102－0002955　（丙三）/1562－5
子部/宗教類/釋教/經

分別善惡報應經二卷　（宋）釋天息災譯　明崇禎刻徑山藏本　一冊

110000－0102－0002956　（丙三）/1563－1
子部/宗教類/釋教/經

大方廣總持寶光明經五卷　（宋）釋法天譯　明崇禎五年至六年(1632－1633)餘杭徑山化城寺刻徑山藏本　二冊

110000－0102－0002957　（丙三）/1563－2
子部/宗教類/釋教/經

佛說守護大千國土經三卷　（宋）釋施護譯　明崇禎四年至五年(1631－1632)餘杭徑山化城寺刻徑山藏本　一冊

110000－0102－0002958　（丙三）/1563－3
子部/宗教類/釋教/經

佛說大乘聖無量壽決定光明王如來陀羅尼經　（宋）釋法天譯　明崇禎六年(1633)餘杭徑山化城寺刻徑山藏本　一冊

110000－0102－0002959　（丙三）/1563－4

子部/宗教類/釋教/經

佛說大乘聖吉祥持世陀羅尼經　（宋）釋法天譯　明崇禎六年(1633)餘杭徑山化城寺刻徑山藏本　一冊

110000－0102－0002960　（丙三）/1563－5
子部/宗教類/釋教/經

佛說大乘日子王所問經　（宋）釋法天譯　明萬曆三十九年(1611)刻徑山藏本　一冊

110000－0102－0002961　（丙三）/1563－6
子部/宗教類/釋教/經

佛說金耀童子經　（宋）釋天息災譯　明萬曆三十九年(1611)刻徑山藏本　一冊

110000－0102－0002962　（丙三）/1564　子部/宗教類/釋教/律

根本說一切有部尼陀那五卷根本說一切有部目得迦五卷　（唐）釋義淨譯　明崇禎十七年(1644)常熟虞山華嚴閣刻徑山藏本　有刻工:楊可澮　二冊

110000－0102－0002963　（丙三）/1565－1
子部/宗教類/釋教/經

嗟襪曩法天子受三歸依獲免惡道經一卷　(宋)釋法天譯　明崇禎刻清康熙重修徑山藏本　一冊

110000－0102－0002964　（丙三）/1565－2
子部/宗教類/釋教/經

佛說較量壽命經　明崇禎二年(1629)餘杭徑山化城寺刻清康熙修版徑山藏本　一冊

110000－0102－0002965　（丙三）/1565－3
子部/宗教類/釋教/經

佛說沙彌十戒儀則經　（宋）釋施護譯　明崇禎二年(1629)餘杭徑山化城寺刻清康熙修版徑山藏本　一冊

110000－0102－0002966　（丙三）/1565－4
子部/宗教類/釋教/經

佛說聖持世陀羅尼經　（宋）釋施護譯　明崇禎二年(1629)餘杭徑山化城寺刻清康熙修版徑山藏本　一冊

110000－0102－0002967　（丙三）/1565－5

子部/宗教類/釋教/經

佛說布施經 （宋）釋法天譯　明崇禎二年
(1629)餘杭徑山化城寺刻清康熙修版徑山藏
本　一冊

110000－0102－0002968　（丙三）/1565－6
子部/宗教類/釋教/經

佛說聖曜母陀羅尼經 （宋）釋法天譯　明崇
禎二年(1629)餘杭徑山化城寺刻清康熙修版
徑山藏本　一冊

110000－0102－0002969　（丙三）/1565－7
子部/宗教類/釋教/經

法集名數經 （宋）釋施護譯　明崇禎刻清康
熙修版徑山藏本　一冊

110000－0102－0002970　（丙三）/1565－8
子部/宗教類/釋教/經

聖多羅菩薩一百八名陀羅尼經 （宋）釋法天
譯　明崇禎刻清康熙修版徑山藏本　一冊

110000－0102－0002971　（丙三）/1565－9
子部/宗教類/釋教/經

十二緣生祥瑞經二卷 （宋）釋施護譯　明崇
禎刻清康熙修版徑山藏本　一冊

110000－0102－0002972　（丙三）/1565－10
子部/宗教類/釋教/經

讚揚聖德多羅菩薩一百八名經 （宋）釋天息
災譯　明崇禎刻清康熙修版徑山藏本　一冊

110000－0102－0002973　（丙三）/1565－11
子部/宗教類/釋教/經

聖觀自在菩薩一百八名經 （宋）釋天息災譯
明崇禎十六年(1643)常熟虞山華嚴閣刻清
康熙修版徑山藏本　一冊

110000－0102－0002974　（丙三）/1565－12
子部/宗教類/釋教/經

佛說目連所問經 （宋）釋法天譯　明崇禎刻
清康熙修版徑山藏本　一冊

110000－0102－0002975　（丙三）/1565－13
子部/宗教類/釋教/經

外道問聖大乘法無我義經 （宋）釋法天譯
明崇禎刻清康熙修版徑山藏本　一冊

110000－0102－0002976　（丙三）/1565－14
子部/宗教類/釋教/經

毗俱胝菩薩一百八名經 （宋）釋法天譯　明
崇禎刻清康熙修版徑山藏本　一冊

110000－0102－0002977　（丙三）/1565－15
子部/宗教類/釋教/經

勝軍化世百喻伽他經 （宋）釋天息災譯　明
崇禎刻清康熙修版徑山藏本　一冊

110000－0102－0002978　（丙三）/1565－16
子部/宗教類/釋教/經

六道伽陀經 （宋）釋法天譯　明崇禎刻清康
熙修版徑山藏本　一冊

110000－0102－0002979　（丙三）/1566－1
子部/宗教類/釋教/經

妙臂菩薩所問經四卷 （宋）釋法天譯　明崇
禎刻清康熙修版徑山藏本　一冊

110000－0102－0002980　（丙三）/1566－2
子部/宗教類/釋教/經

佛說苾芻五法經 （宋）釋法天譯　明崇禎十
五年(1642)常熟虞山華嚴閣刻徑山藏本
一冊

110000－0102－0002981　（丙三）/1566－3
子部/宗教類/釋教/經

佛說苾芻迦尸迦十法經 （宋）釋法天譯　明
崇禎刻徑山藏本　一冊

110000－0102－0002982　（丙三）/1566－4
子部/宗教類/釋教/經

諸佛心印陀羅尼經 （宋）釋法天譯　明崇禎
刻徑山藏本　一冊

110000－0102－0002983　（丙三）/1566－5
子部/宗教類/釋教/經

大乘寶月童子問法經 （宋）釋施護譯　明崇
禎刻徑山藏本　一冊

110000－0102－0002984　（丙三）/1566－7
子部/宗教類/釋教/經

佛說觀想佛母般若波羅蜜多菩薩經 （宋）釋
天息災譯　明崇禎刻徑山藏本　一冊

110000－0102－0002985　（丙三）/1566－8
子部/宗教類/釋教/經

佛說如意摩尼陀羅尼經　（宋）釋施護譯　明崇禎刻徑山藏本　一冊

110000－0102－0002986　（丙三）/1566－9
子部/宗教類/釋教/經

佛說聖大總持王經　（宋）釋施護譯　明天啟七年(1627)餘杭徑山化城寺刻徑山藏本　一冊

110000－0102－0002987　（丙三）/1566－10
子部/宗教類/釋教/經

佛說最上意陀羅尼經　（宋）釋施護譯　明天啟七年(1627)餘杭徑山化城寺刻徑山藏本　一冊

110000－0102－0002988　（丙三）/1566－11
子部/宗教類/釋教/經

佛說持明藏八大總持王經　（宋）釋施護譯　明崇禎七年(1634)餘杭徑山化城寺刻徑山藏本　一冊

110000－0102－0002989　（丙三）/1566－12
子部/宗教類/釋教/經

聖無能勝金剛火陀羅尼經　（宋）釋法天譯　明天啟七年(1627)餘杭徑山化城寺刻徑山藏本　一冊

110000－0102－0002990　（丙三）/1566－13
子部/宗教類/釋教/經

佛說尊勝大明王經　（宋）釋施護譯　明天啟七年(1627)餘杭徑山化城寺刻徑山藏本　一冊

110000－0102－0002991　（丙三）/1566－14
子部/宗教類/釋教/經

佛說智光滅一切業障陁羅尼經　（宋）釋施護譯　明天啟七年(1627)餘杭徑山化城寺刻徑山藏本　一冊

110000－0102－0002992　（丙三）/1566－15
子部/宗教類/釋教/經

佛說如意寶總持王經　（宋）釋施護譯　明天啟七年(1627)餘杭徑山化城寺刻徑山藏本　一冊

110000－0102－0002993　（丙三）/1567　子部/宗教類/釋教/經

十四經同本　明崇禎刻徑山藏本　一冊

110000－0102－0002994　（丙三）/1568　子部/宗教類/釋教/經

妙法聖念處經八卷　（南朝宋）釋法天譯　**佛說大迦葉問大寶積正法經五卷**　（南朝宋）釋施護譯　明末刻徑山藏本　一冊

110000－0102－0002995　（丙三）/1569－1
子部/宗教類/釋教/經

菩薩處胎經五卷　（後秦）釋竺佛念譯　明崇禎十六年(1643)刻清康熙五十二年(1713)印徑山藏本　二冊

110000－0102－0002996　（丙三）/1569－2
子部/宗教類/釋教/經

央掘魔羅經四卷　（南朝宋）釋求那跋陀羅譯　清康熙五年(1666)刻五十二年(1713)印徑山藏本　二冊

110000－0102－0002997　（丙三）/1569－3
子部/宗教類/釋教/經

菩薩內習波羅密多經　（漢）釋嚴佛調譯　明萬曆四十六年(1618)刻清康熙五十二年(1713)印徑山藏本　一冊

110000－0102－0002998　（丙三）/1569－4
子部/宗教類/釋教/經

菩薩投身飼餓虎起塔因緣經　（北涼）釋法盛譯　明萬曆四十六年(1618)刻清康熙五十二年(1713)印徑山藏本　一冊

110000－0102－0002999　（丙三）/1570　子部/宗教類/釋教/經

三昧弘道廣顯定意經四卷　（晉）釋竺法護譯　**佛說明度五十校計經二卷**　（漢）釋安世高譯　**無所有菩薩經四卷**　（隋）釋闍那崛多譯　明末刻徑山藏本　二冊

110000－0102－0003000　（丙三）/1571－1
子部/宗教類/釋教/經

大法鼓經二卷　（南朝宋）釋求那跋陀羅譯　**大方廣如來秘密藏經二卷**　□□譯　**大乘密**

嚴經三卷 　（唐）釋地婆訶羅譯　明末刻清康熙五十二年（1713）印徑山藏本　二冊

110000－0102－0003001　（丙三）/1571－2
子部/宗教類/釋教/經

月上女經二卷 　（隋）釋闍那崛多譯　明刻清康熙五十二年（1713）印徑山藏本　一冊

110000－0102－0003002　（丙三）/1571－3
子部/宗教類/釋教/經

文殊師利問經二卷 　（南朝梁）釋僧伽婆羅譯　明萬曆三十九年（1611）刻清康熙五十二年（1713）印徑山藏本　一冊

110000－0102－0003003　（丙三）/1571－4
子部/宗教類/釋教/經

大乘密嚴經三卷 　（唐）釋地婆訶羅譯　明末刻清康熙五十二年（1713）印徑山藏本　一冊

110000－0102－0003004　（丙三）/1571－5
子部/宗教類/釋教/經

大方廣如來秘密藏經二卷 　（晉）□□譯　明末刻清康熙五十二年（1713）印徑山藏本　一冊

110000－0102－0003005　（丙三）/1572　子部/宗教類/釋教

高峰大師語錄不分卷 　（元）釋原妙撰　清康熙六年（1667）楞嚴寺般若堂刻徑山藏本　一冊

110000－0102－0003006　（丙三）/1573　子部/宗教類/釋教/贊

湖州吳山端禪師語錄二卷 　（宋）釋師皎重編　明萬曆二十年（1592）清涼山妙德庵刻徑山藏本　一冊

110000－0102－0003007　（丙三）/1574　子部/宗教類/釋教

羅湖野錄二卷 　（宋）釋曉瑩集　明萬曆二十九年（1601）永壽、妻關氏刻清雍正二年（1724）印徑山藏本　一冊

110000－0102－0003008　（丙三）/1575　子部/宗教類/釋教/贊

明州天童景德禪寺宏智覺禪師語錄四卷

（清）釋淨啟重編　清康熙十一年（1672）楞嚴寺般若堂刻清雍正二年（1724）永壽、妻關氏印徑山藏本　一冊

110000－0102－0003009　（丙三）/1576　子部/宗教類/釋教/經

菩薩本行經三卷 　（晉）□□譯　明萬曆二十四年（1596）徑山興聖萬壽禪寺刻徑山藏本　一冊

110000－0102－0003010　（丙三）/1577　子部/宗教類/釋教/經

大乘大方等日藏經十卷 　（隋）釋那連提耶舍譯　清順治三年（1646）刻徑山藏本　二冊

110000－0102－0003011　（丙三）/1578　子部/宗教類/釋教/經

大方便佛報恩經七卷 　（漢）□□譯　明萬曆二十六年（1598）徑山寂照庵刻徑山藏本　二冊

110000－0102－0003012　（丙三）/1579　子部/宗教類/釋教/經

摩訶般若波羅蜜鈔經五卷 　（前秦）釋曇摩蜱（前秦）釋竺佛念等譯　明萬曆三十八年（1610）刻徑山藏本　一冊

110000－0102－0003013　（丙三）/1580　子部/宗教類/釋教/經

大明度無極經六卷 　（三國吳）支謙譯　明萬曆三十八年（1610）刻徑山藏本　一冊

110000－0102－0003014　（丙三）/1581　子部/宗教類/釋教/經

大方等大集月藏經十卷 　（隋）釋那連提耶舍譯　清順治三年（1646）刻徑山藏本　二冊

110000－0102－0003015　（丙三）/1582　子部/宗教類/釋教/經

虛空孕菩薩經二卷 　（隋）釋闍那崛多譯　虛空藏菩薩經一卷 　（後秦）釋佛陀耶舍譯　虛空藏菩薩神咒經 　（南朝宋）釋曇摩蜜多譯　觀虛空藏菩薩經 　（南朝宋）釋曇摩蜜多譯　明末馮洪業刻清康熙五十二年（1713）納蘭揆叙、耿氏重修印徑山藏本　一冊

110000－0102－0003016　（丙三）/1583　子部/宗教類/釋教/經

佛說菩薩念佛三昧經六卷　（南朝宋）釋功德直　（南朝宋）釋玄暢譯　明萬曆十九年(1591)清凉山紗德庵刻清康熙五十二年(1713)納蘭揆叙、耿氏印徑山藏本　一冊

110000－0102－0003017　（丙三）/1584　子部/宗教類/釋教/經

佛說大方等大集菩薩念佛三昧經十卷　（隋）釋達磨笈多譯　明末馮洪業刻清康熙五十二年(1713)納蘭揆叙、耿氏印徑山藏本　二冊

110000－0102－0003018　（丙三）/1585－1　子部/宗教類/釋教/經

阿差末菩薩經七卷　（晉）釋竺法護譯　明末當湖馮洪業刻清康熙五十二年(1713)都察院揆叙、耿氏印徑山藏本　二冊

110000－0102－0003019　（丙三）/1585－2　子部/宗教類/釋教/經

般舟三昧經(十方現在佛悉在前立定經)三卷　（後漢）釋支婁迦讖譯　明末當湖馮洪業刻清康熙五十二年(1713)都察院揆叙、耿氏印徑山藏本　二冊

110000－0102－0003020　（丙三）/1586－1　子部/宗教類/釋教/經

大方等大集賢護經五卷　（隋）釋達磨笈多等譯　清順治十七年(1660)嘉興楞嚴寺般若堂刻康熙五十二年(1713)都察院揆叙、耿氏印徑山藏本　一冊

110000－0102－0003021　（丙三）/1586－2　子部/宗教類/釋教/經

拔陂菩薩經(拔陂經)一卷　（後漢）釋支婁迦讖譯　清順治十七年(1660)嘉興楞嚴寺般若堂刻康熙五十二年(1713)都察院揆叙、耿氏印徑山藏本　一冊

110000－0102－0003022　（丙三）/1587　子部/宗教類/釋教/經

無盡意菩薩經四卷　（南朝宋）釋智嚴　（南朝宋）釋寶雲譯　清順治十四年(1657)徑山楞嚴寺經坊刻康熙五十二年(1713)揆叙、耿

氏印徑山藏本　一冊

110000－0102－0003023　（丙三）/1588－1　子部/宗教類/釋教/經

大乘大悲分陀利經八卷　（後秦）□□譯　明天啟五年至六年(1625－1626)吳江接待寺刻清康熙修版徑山藏本　二冊

110000－0102－0003024　（丙三）/1588－2　子部/宗教類/釋教/經

善思童子經二卷　（隋）釋達摩笈多譯　明萬曆三十九年(1611)刻徑山藏本　一冊

110000－0102－0003025　（丙三）/1589　子部/宗教類/釋教/經

大薩遮尼乾子受記經十卷　（北魏）釋菩提留支譯　明崇禎元年(1628)徑山化城寺刻徑山藏本　二冊

110000－0102－0003026　（丙三）/1590－1　子部/宗教類/釋教/經

大乘入楞伽經七卷　（唐）釋實叉難陀譯　清順治二年(1645)金壇補刻徑山藏本　二冊

110000－0102－0003027　（丙三）/1590－2　子部/宗教類/釋教/經

菩薩行方便境界神通變化經一卷　（南朝宋）釋求那跋陀羅譯　明萬曆三十六年(1608)餘杭徑山寂照庵刻清康熙十八年(1679)釋恆瑞修版補刻徑山藏本　一冊

110000－0102－0003028　（丙三）/1591　子部/宗教類/釋教/經

入楞伽經十卷　（北魏）釋菩提留支譯　明萬曆三十四年至三十五年(1606－1607)徑山寂照庵刻徑山藏本　二冊

110000－0102－0003029　（丙三）/1592－1　子部/宗教類/釋教/經

大方廣三戒經三卷　（北涼）釋曇無讖譯　明萬曆三十八年(1610)雲棲寺刻朱灝續修徑山藏本　二冊

110000－0102－0003030　（丙三）/1592－2　子部/宗教類/釋教/經

佛說無量清淨平等覺經三卷　（後漢）釋支婁

迦讖譯　明末馮洪業刻徑山藏本　一冊

110000－0102－0003031　（丙三）/1592－3
子部/宗教類/釋教/經

佛說阿彌陀經二卷　（三國吳）支謙譯　明萬
曆三十七年(1609)徑山寂照庵刻清康熙釋恆
瑞續修徑山藏本　一冊

110000－0102－0003032　（丙三）/1592－4
子部/宗教類/釋教/經

佛說無量壽經二卷　（三國魏）釋康僧鎧譯
明末馮洪業刻徑山藏本　一冊

110000－0102－0003033　（丙三）/1593－1
子部/宗教類/釋教/經

佛說阿閦佛國經三卷　（後漢）釋支婁迦讖譯
　明萬曆四十一年(1613)徑山化城寺刻徑山
藏本　二冊

110000－0102－0003034　（丙三）/1593－2
子部/宗教類/釋教/經

佛說大乘十法經一卷　（南朝梁）釋僧伽婆羅
譯　明末馮洪業刻徑山藏本　一冊

110000－0102－0003035　（丙三）/1593－3
子部/宗教類/釋教/經

佛說普門品經一卷　（晉）釋竺法護譯　明崇
禎三年(1630)徑山化城寺刻徑山藏本　一冊

110000－0102－0003036　（丙三）/1593－4
子部/宗教類/釋教/經

文殊師利佛土嚴淨經二卷　（晉）釋竺法護譯
　明萬曆三十九年(1611)刻徑山藏本　一冊

110000－0102－0003037　（丙三）/1593－5
子部/宗教類/釋教/經

佛說胞胎經一卷　（晉）釋竺法護譯　明末馮
洪業刻徑山藏本　一冊

110000－0102－0003038　（丙三）/1593－6
子部/宗教類/釋教/經

佛說法鏡經二卷　（漢）釋安玄　（漢）釋嚴佛
調譯　明末馮洪業刻徑山藏本　一冊

110000－0102－0003039　（丙三）/1594－1
子部/宗教類/釋教/經

郁迦羅越問菩薩行經　（晉）釋竺法護譯　明
末馮洪業刻徑山藏本　二十二冊

110000－0102－0003040　（丙三）/1594－2
子部/宗教類/釋教/經

幻士仁賢經　（晉）釋竺法護譯　明末馮洪業
刻徑山藏本　一冊

110000－0102－0003041　（丙三）/1594－3
子部/宗教類/釋教/經

佛說決定毗尼經　題(晉)燉煌三藏譯　明末
馮洪業刻徑山藏本　一冊

110000－0102－0003042　（丙三）/1594－4
子部/宗教類/釋教

發覺淨心經　（隋）釋闍那崛多譯　明萬曆四
十年(1612)徑山化城寺刻徑山藏本　一冊

110000－0102－0003043　（丙三）/1594－5
子部/宗教類/釋教/經

佛說優填王經一卷　（晉）釋法炬譯　明萬曆
三十七年(1609)徑山寂照庵刻徑山藏本
一冊

110000－0102－0003044　（丙三）/1594－6
子部/宗教類/釋教/經

佛說須摩提經一卷　（晉）釋竺法護譯　明萬
曆三十八年(1610)徑山寂照庵刻徑山藏本
一冊

110000－0102－0003045　（丙三）/1594－7
子部/宗教類/釋教/經

佛說須摩提菩薩經一卷　（後秦）釋鳩摩羅什
譯　明萬曆三十八年(1610)徑山寂照庵刻徑
山藏本　一冊

110000－0102－0003046　（丙三）/1594－8
子部/宗教類/釋教/經

佛說離垢施女經　（晉）釋竺法護譯　明末馮
洪業刻徑山藏本　一冊

110000－0102－0003047　（丙三）/1594－9
子部/宗教類/釋教/經

佛說阿闍世王女阿術達菩薩經一卷　（晉）釋
竺法護譯　明末馮洪業刻徑山藏本　一冊

110000－0102－0003048　（丙三）/1594－10
子部/宗教類/釋教/經

佛說須賴經一卷　（三國魏）釋白延譯　明末
馮洪業刻徑山藏本　一冊

110000－0102－0003049　（丙三）/1594－11
子部/宗教類/釋教/經

佛說須賴經一卷　（前涼）釋支施崙譯　明末
馮洪業刻徑山藏本　一冊

110000－0102－0003050　（丙三）/1595－1
子部/宗教類/釋教/經

得無垢女經一卷　（北魏）釋般若流支譯　**佛
說如幻三昧經**　（晉）釋竺法護譯　明萬曆四
十一年（1613）徑山化城寺刻徑山藏本　二冊

110000－0102－0003051　（丙三）/1595－2
子部/宗教類/釋教/經

文殊師利所說不思議佛境界經二卷　（唐）釋
菩提流志譯　明萬曆三十六年（1608）徑山寂
照庵刻徑山藏本　一冊

110000－0102－0003052　（丙三）/1595－3
子部/宗教類/釋教/經

佛說如幻三昧經　（晉）釋竺法護譯　明萬曆
四十一年（1613）徑山化城寺刻徑山藏本
一冊

110000－0102－0003053　（丙三）/1595－4
子部/宗教類/釋教/經

善住意天子所問經三卷　（北魏）釋毗目智仙
　（北魏）釋流支譯　明萬曆三十七年（1609）
徑山寂照庵刻徑山藏本　一冊

110000－0102－0003054　（丙三）/1595－5
子部/宗教類/釋教/經

太子刷護經一卷　（晉）釋竺法護譯　明萬曆
刻徑山藏本　一冊

110000－0102－0003055　（丙三）/1595－6
子部/宗教類/釋教/經

太子和休經一卷　（晉）□□譯　明萬曆刻徑
山藏本　一冊

110000－0102－0003056　（丙三）/1595－7
子部/宗教類/釋教/經

入法界體性經一卷　（隋）釋闍那崛多譯　明
萬曆刻徑山藏本　一冊

110000－0102－0003057　（丙三）/1596－1
子部/宗教類/釋教/經

佛說法律三昧經　（三國吳）支謙譯　明刻徑
山藏本　一冊

110000－0102－0003058　（丙三）/1596－2
子部/宗教類/釋教/律

佛說十善業道經　（唐）釋實叉難陀譯　明崇
禎十年（1637）餘杭徑山寂照庵刻徑山藏本
一冊

110000－0102－0003059　（丙三）/1596－3
子部/宗教類/釋教/律

清淨毗尼方廣經　（後秦）釋鳩摩羅什譯　明
崇禎當湖馮洪業刻徑山藏本　一冊

110000－0102－0003060　（丙三）/1596－4
子部/宗教類/釋教/律

菩薩五法懺悔經　（南朝梁）□□譯　明崇禎
二年（1629）餘杭徑山化城寺刻徑山藏本
一冊

110000－0102－0003061　（丙三）/1596－5
子部/宗教類/釋教/律

菩薩藏經　（南朝梁）釋僧伽婆羅譯　明崇禎
二年（1629）餘杭徑山化城寺刻徑山藏本
一冊

110000－0102－0003062　（丙三）/1596－6
子部/宗教類/釋教/律

三曼陀颰陀羅菩薩經　（晉）聶道真譯　明崇
禎二年（1629）餘杭徑山化城寺刻徑山藏本
一冊

110000－0102－0003063　（丙三）/1596－7
子部/宗教類/釋教/律

菩薩受齋經　（晉）聶道真譯　明崇禎刻徑山
藏本　一冊

110000－0102－0003064　（丙三）/1596－8
子部/宗教類/釋教/律

舍利弗悔過經　（漢）釋安世高譯　明崇禎二
年（1629）餘杭徑山化城寺刻徑山藏本　一冊

110000－0102－0003065　（丙三）/1596－9
子部/宗教類/釋教/律

佛阿毗曇經二卷　（南朝陳）釋真諦譯　明崇
禎二年(1629)餘杭徑山化城寺刻徑山藏本
一冊

110000－0102－0003066　（丙三）/1597－1
子部/宗教類/釋教/經

解脫戒本經　（北魏）釋瞿曇般若流支譯　明
崇禎刻徑山藏本　一冊

110000－0102－0003067　（丙三）/1597－2
子部/宗教類/釋教/經

優波離問經　（南朝宋）釋求那跋摩譯　明崇
禎三年(1630)刻徑山藏本　一冊

110000－0102－0003068　（丙三）/1597－3
子部/宗教類/釋教/經

根本說一切有部戒經　（唐）釋義淨譯　明崇
禎三年(1630)刻徑山藏本　一冊

110000－0102－0003069　（丙三）/1597－4
子部/宗教類/釋教/經

佛說迦葉禁戒經　（南朝宋）釋沮渠京聲譯
明崇禎三年(1630)刻徑山藏本　一冊

110000－0102－0003070　（丙三）/1597－5
子部/宗教類/釋教/經

佛說犯戒罪報輕重經　（漢）釋安世高譯　明
崇禎三年(1630)刻徑山藏本　一冊

110000－0102－0003071　（丙三）/1597－6
子部/宗教類/釋教/經

佛說戒消災經　（三國吳）支謙譯　明崇禎三
年(1630)刻徑山藏本　一冊

110000－0102－0003072　（丙三）/1597－7
子部/宗教類/釋教/經

佛說優婆塞五戒相經　（南朝宋）釋求那跋摩
譯　明崇禎三年(1630)刻徑山藏本　一冊

110000－0102－0003073　（丙三）/1598－1
子部/宗教類/釋教/經

菩薩瓔珞本業經二卷　（後秦）釋竺佛念譯
明崇禎二年(1629)刻徑山藏本　二冊

110000－0102－0003074　（丙三）/1598－2
子部/宗教類/釋教/經

佛說受十善戒經　（□）□□譯　明崇禎四年
(1631)刻徑山藏本　一冊

110000－0102－0003075　（丙三）/1598－3
子部/宗教類/釋教/經

佛說淨業障經　（□）□□譯　明崇禎四年
(1631)刻徑山藏本　一冊

110000－0102－0003076　（丙三）/1598－4
子部/宗教類/釋教/經

佛藏經四卷　（後秦）釋鳩摩羅什譯　明萬曆
三十四年(1606)刻徑山藏本　一冊

110000－0102－0003077　（丙三）/1598－5
子部/宗教類/釋教/經

菩薩戒本經　（北涼）釋曇無讖譯　明崇禎四
年(1631)刻徑山藏本　一冊

110000－0102－0003078　（丙三）/1598－6
子部/宗教類/釋教/經

菩薩戒羯磨文　（唐）釋玄奘譯　明崇禎四年
(1631)刻徑山藏本　一冊

110000－0102－0003079　（丙三）/1598－7
子部/宗教類/釋教/經

菩薩戒本　（唐）釋玄奘譯　明崇禎五年
(1632)刻徑山藏本　一冊

110000－0102－0003080　（丙三）/1599－1
子部/宗教類/釋教/經

優婆塞戒經七卷　（北涼）釋曇無讖譯　明末
刻徑山藏本　二冊

110000－0102－0003081　（丙三）/1599－2
子部/宗教類/釋教/經

寂調音所問經　（南朝宋）釋法海譯　明崇禎
二年(1629)刻徑山藏本　一冊

110000－0102－0003082　（丙三）/1599－3
子部/宗教類/釋教/經

大乘三聚懺悔經　（隋）釋闍那崛多譯　明崇
禎二年(1629)刻徑山藏本　一冊

110000－0102－0003083　（丙三）/1599－4

子部/宗教類/釋教/經

佛說文殊悔過經 （晉）釋竺法護譯　明萬曆四十年(1612)刻徑山藏本　一冊

110000－0102－0003084　（丙三）/1600　子部/宗教類/釋教

戒因緣經十卷 （後秦）釋竺佛念譯　明崇禎五年(1632)徑山化城寺刻徑山藏本　二冊

110000－0102－0003085　（丙三）/1601　子部/宗教類/釋教

諸佛世尊如來菩薩尊者神僧名經四十卷 （明）成祖朱棣撰　明崇禎八年至十三年(1635－1640)刻清康熙三十年(1691)重修徑山藏本　八冊

110000－0102－0003086　（丙三）/1602　子部/宗教類/釋教/律

佛說梵網經菩薩心地品玄義不分卷 （明）釋智旭註釋　（明）釋道昉訂　**佛說梵網經菩薩心地品合註七卷** （後秦）釋鳩摩羅什譯　（明）釋智旭註釋　**律要後集不分卷** （明）釋智旭述釋　清康熙十五年(1676)刻本　五冊

110000－0102－0003087　（丙三）/1603　子部/宗教類/釋教

金剛般若波羅蜜經郢說 （清）徐發撰　清康熙刻本　一冊

110000－0102－0003088　（丙三）/1604　子部/宗教類/釋教

摩訶般若波羅蜜多心經註疏不分卷金剛經註正訛 （清）仲之屏纂註　**明李卓吾先生心經箋釋** （明）李贄撰　清康熙刻本　一冊

110000－0102－0003089　（丙三）/1605－1　子部/宗教類/釋教

四分僧羯磨五卷 （唐）釋懷素集　明崇禎十六年(1643)虞山華嚴閣刻徑山藏本　一冊

110000－0102－0003090　（丙三）/1605－2　子部/宗教類/釋教/律

四分比丘尼羯磨法一卷 （南朝劉）釋求那跋摩譯　明崇禎四年(1631)徑山化城寺刻徑山藏本　十冊

110000－0102－0003091　（丙三）/1606　子部/宗教類/釋教/律

根本薩婆多部律攝十四卷 （唐）釋義淨譯　明崇禎十七年(1644)虞山華嚴閣刻徑山藏本　三冊

110000－0102－0003092　（丙三）/1608　子部/類書類

古今萬姓統譜一百四十卷歷代帝王姓系統譜六卷氏族博考十四卷 （明）凌迪知編　明萬曆刻本　四十冊

110000－0102－0003093　（丙三）/1619　集部/總集類/文/通代

名文前選 （清）王正之輯　清康熙刻本　六冊

110000－0102－0003094　（丙三）/1625　子部/類書類

格致鏡原一百卷 （清）陳元龍編　清雍正十三年(1735)陳元龍刻本　八十冊

110000－0102－0003095　（丙三）/1638　子部/宗教類/釋教

龍光達夫禪師雞肋集 （明）釋道汜等輯　清康熙刻徑山藏本　一冊

110000－0102－0003096　（丙三）/1707　子部/醫家類/診法

崇陵病案八卷 （清）力鈞撰　清光緒稿本　一冊

110000－0102－0003097　（丙三）/1721　子部/類書類/類編

山堂肆考二百二十八卷補遺十二卷 （明）彭大翼編輯　明萬曆二十三年(1595)金陵書林周顯刻四十七年(1619)重修本　一百二十冊

110000－0102－0003098　（丙三）/1722　子部/雜家類/雜考

野客叢書三十卷附錄一卷 （宋）王楙撰　明末清初刻本　八冊

110000－0102－0003099　（丙三）/1740　子部/儒家類

呻吟語六卷皇帝陰符經一卷救命書一卷

（明）呂坤撰　清乾隆五十九年(1794)呂燕昭
刻清末印本　六冊

110000－0102－0003100　（丙三）/1786　子
部/宗教類/釋教

會心錄四卷　（清）趙堂撰　清雍正三年
(1725)尚友齋刻本　佚名圈點、批校　二冊

110000－0102－0003101　（丙三）/1787　子
部/雜家類/雜纂

女學六卷　（清）藍鼎元編　清康熙五十六年
(1717)刻本　三冊

110000－0102－0003102　（丙三）/1906　子
部/宗教類/釋教/經

金剛般若經疏　（隋）釋智顗撰　明萬曆四明
阿育王山釋受益刻本　一冊

110000－0102－0003103　（丙三）/2149　子
部/宗教類/釋教/經

**佛說千手千眼觀世音菩薩廣大圓滿無礙大悲
陀羅尼經**　（唐）釋伽梵達摩譯　清中期刻本
一冊

110000－0102－0003104　（丙三）/2220　子
部/類書類

淵鑑類函四百五十卷目錄四卷　（清）張英等
纂修　清康熙刻本　一百四十冊

110000－0102－0003105　（丙三）/2241　集
部/總集類/文/地方

貴州鄉試墨卷　（清）□□編　清康熙刻本
四冊

110000－0102－0003106　（丙三）/2540　子
部/宗教類/釋教

是名正句六卷　（清）宗鑒堂編　清康熙刻釋
典禪宗本　三冊

110000－0102－0003107　（丙三）/2543　子
部/宗教類/釋教

淨慈要語二卷　（明）釋元賢撰　明崇禎十年
(1637)揚州藏經院刻本　一冊

110000－0102－0003108　（丙三）/2585　子
部/道家類

道書全集　（明）閻鶴洲輯　明刻本　八冊
存十五種二十五卷

110000－0102－0003109　（丙三）/2664　子
部/宗教類/釋教

金剛般若波羅蜜經直解一卷　（清）釋續法撰
清寫本　一冊

110000－0102－0003110　（丙三）/2802　子
部/宗教類/釋教

尊婆須蜜菩薩所集論十五卷　（後秦）僧伽跋
澄等譯　明崇禎十二年(1639)吳江接待寺刻
徑山藏本　三冊

110000－0102－0003111　（丙三）/2816　子
部/宗教類/道教/經論著作

道德經順硃二卷　（清）釋德玉撰　清康熙刻
徑山藏本　一冊

110000－0102－0003112　（丙三）/2817　子
部/宗教類/釋教

楚林睿禪師住潭州興化禪林語錄十卷　（清）
釋照琮等記　清康熙三十二年(1693)刻徑山
藏本　一冊　存五卷(一至五)

110000－0102－0003113　（丙三）/2873　子
部/宗教類/釋教

釋迦如來成道記註　（唐）王勃記　（宋）釋道
誠註　清康熙蜿虹丈室刻本　一冊

110000－0102－0003114　（丙三）/3057　子
部/宗教類/釋教/經

大方廣佛華嚴經普賢行願品別行疏鈔六卷
（唐）釋澄觀撰　（唐）釋宗密鈔　明刻明萬曆
六年(1578)印本　七冊

110000－0102－0003115　（丙三）/3058　子
部/宗教類/釋教/經

請觀音經疏不分卷　（隋）釋智顗說　（隋）釋
灌頂記　明正統五年(1440)內府刻永樂北藏
本　一冊

110000－0102－0003116　（丙三）/3059　子
部/宗教類/釋教/經

請觀音經疏闡義鈔四卷　（宋）釋智圓撰　明
正統五年(1440)內府刻永樂北藏本　四冊

110000－0102－0003117　（丙三）/3060　子部/宗教類/釋教/經

釋摩訶般若波羅蜜經覺意三昧不分卷　（隋）釋智顗說　（隋）釋灌頂記　明正統五年(1440)內府刻永樂北藏本　一冊

110000－0102－0003118　（丙三）/3061　子部/宗教類/釋教/經

四念處四卷　（隋）釋智顗說　（隋）釋灌頂記　明正統五年(1440)內府刻永樂北藏本　四冊

110000－0102－0003119　（丙三）/3064　子部/宗教類/釋教/經

妙法蓮華經七卷　（後秦）釋鳩摩羅什譯　明刻永樂北藏本　佚名批　七冊

110000－0102－0003120　（丙三）/3065　子部/宗教類/道教/經論著作

九天應元雷聲普化天尊說玉樞寶經　（□）□□撰　明前期刻本　一冊

110000－0102－0003121　（丙三）/3066　子部/宗教類/道教

太上說三官經序一卷太上元始天尊說三官寶號一卷太上三元賜福赦罪解厄消災延生保命妙經一卷　（□）□□撰　明成化十六年(1480)刻本　二十二葉

110000－0102－0003122　（丙三）/3067　子部/宗教類/道教/經論著作

太上洞玄靈寶無量度人上品妙經一卷元始天尊說北方真武妙經一卷元始天尊說十一曜大消災神咒經一卷太上泰清天童護命妙經一卷　（□）□□撰　明成化十二年(1476)刻本　二十六葉

110000－0102－0003123　（丙三）/3068　子部/宗教類/道教/經論著作

太上玄靈北斗本命延生真經一卷太上說平安竈經一卷元始天尊說北方真武妙經一卷太上靈寶天尊說攘災度厄真經一卷太上正一天尊說鎮宅消災龍虎妙經一卷　（□）□□撰　明宣德元年(1426)刻本　二十二葉

110000－0102－0003124　（丙三）/3069　子部/宗教類/釋教/經

妙法蓮華經七卷　（後秦）釋鳩摩羅什譯　明萬曆三十七年(1609)法海寺園理刻本　一冊　存二卷(一、七)

110000－0102－0003125　（丙三）/3070　子部/宗教類/釋教/經

大佛頂如來密因修證了義諸菩薩萬行首楞嚴經十卷　（唐）釋般刺密帝譯　（明）釋明廣手寫　明萬善殿欽度僧明廣刻本　二冊　存二卷(七、十)

110000－0102－0003126　（丙三）/3071　子部/宗教類/釋教/史傳

釋迦譜五卷　（南朝齊）釋僧祐撰　明永樂十年至十五年(1412－1417)南京禮部祠祭清吏司刻永樂南藏本　一冊　存一卷(四)

110000－0102－0003127　（丙三）/3072　子部/宗教類/釋教/史傳

有宋高僧傳　（宋）釋贊寧　（宋）釋智輪合撰　明永樂十年至十五年(1412－1417)南京禮部祠祭清吏司刻永樂南藏本　二冊　存二卷(十七至十八)

110000－0102－0003128　（丙三）/3073　子部/宗教類/釋教/經

大方廣佛華嚴經八十卷　（唐）釋實叉難陀譯　明刻本　二冊　存二卷(五十二、六十九)

110000－0102－0003129　（丙三）/3074　子部/宗教類/釋教/經

續傳燈錄三十六卷　（明）釋玄極輯　明永樂十年至十五年(1412－1417)南京禮部祠祭清吏司刻永樂南藏本　一冊　存一卷(三十二)

110000－0102－0003130　（丙三）/3075　子部/宗教類/釋教/贊

集古今佛道論衡實錄四卷　（唐）釋道宣撰　明永樂南京禮部祠祭清吏司刻永樂南藏本　三冊　存三卷(二至四)

110000－0102－0003131　（丙三）/3076　子部/宗教類/釋教/經

大方廣佛華嚴經八十卷 （唐）釋實叉難陀譯
明大功德寺釋了魁寫本　二冊

110000－0102－0003132　（丙三）/3081　子
部/宗教類/釋教

往生净土懺儀式不分卷 （□）□□撰　清康
熙五十七年(1718)釋梭立刻本　一冊

110000－0102－0003133　（丙三）/3082　子
部/宗教類/釋教/經

藥師瑠璃光如來本願功德經 （唐）[釋玄奘]
譯　清康熙四十四年(1705)刻本　一冊

110000－0102－0003134　（丙三）/3083　子
部/宗教類/釋教/經

金剛般若波羅密經一卷 （後秦）釋鳩摩羅什
譯　清康熙五十八年(1719)釋性證寫本
一冊

110000－0102－0003135　（丙三）/3085　子
部/宗教類/道教/經論著作

**太上洞玄靈寶高上玉皇本行集經三卷無上玉
皇心印妙經一卷** （清）聖祖玄燁書　清康熙
五十一年(1712)內府刻本　三冊

110000－0102－0003136　（丙三）/3086－1
子部/宗教類/道教/經論著作

**太上洞玄靈寶高上玉皇本行集經三卷無上玉
皇心印妙經一卷** （清）聖祖玄燁書　清康熙
五十一年(1712)內府刻本　三冊

110000－0102－0003137　（丙三）/3087　子
部/宗教類/釋教/經

佛頂心大陀羅尼經三卷 （□）□□譯　明宣
德七年(1432)魏妙秀刻本　一冊

110000－0102－0003138　（丙三）/3088　子
部/宗教類/釋教/經

佛頂心大陀羅尼經三卷 （□）□□譯　明天
順四年(1460)何氏妙道刻本　一冊

110000－0102－0003139　（丙三）/3089　子
部/宗教類/道教/經論著作

太上老君說常清静經一卷 （□）□□撰　明
王平刻明萬曆六年(1578)印本　一冊

110000－0102－0003140　（丙三）/3090　子
部/宗教類/釋教/經

佛說大阿彌陀經二卷 （宋）王日休校正　明
嘉靖刻本　周肇祥題跋　二冊

110000－0102－0003141　（丙三）/3091　子
部/宗教類/釋教/經

佛說大阿彌陀經二卷 （宋）王日休校正　明
嘉靖二十一年(1542)刻本　二冊

110000－0102－0003142　（丙三）/3092　子
部/宗教類/釋教/經

**大方廣佛華嚴經入法界品第三十九之十七善
財童子參善知衆藝童子唱經字母** （唐）[釋
地婆訶羅]譯　明弘治十四年(1501)慧光寺
刻本　一冊

110000－0102－0003143　（丙三）/3093　子
部/宗教類/釋教/經

金光明經四卷 （北涼）釋曇無讖譯　明劉繼
明刻明萬曆三十七年(1609)印本　四冊

110000－0102－0003144　（丙三）/3094　子
部/宗教類/釋教/經

妙法蓮華經七卷 （後秦）釋鳩摩羅什譯　清
康熙五十八年(1719)高洪佐寫本　七冊

110000－0102－0003145　（丙三）/3104　子
部/宗教類/釋教/經

法華提綱 （清）修閑道人集　清康熙雙松道
人興存寫本　一冊

110000－0102－0003146　（丙三）/3105　子
部/宗教類/釋教/經

妙法蓮華經卷七 （後秦）釋鳩摩羅什譯　明
釋興泰寫本　一冊

110000－0102－0003147　（丙三）/3107　子
部/宗教類/釋教/經

大方廣佛華嚴經卷四十 （唐）釋實叉難陀譯
清康熙十八年(1679)釋顯鐸寫本　一冊

110000－0102－0003148　（丙三）/3112　子
部/宗教類/釋教/經

梵網經菩薩戒 （後秦）釋鳩摩羅什譯　明御
用監太監信官劉世芳處刻本　一冊

110000－0102－0003149　（丙三）/3114　子部/宗教類/釋教/經

佛說大藏血盆經　（□）□□撰　清康熙五十二年(1713)蔣仁錫寫本　一冊

110000－0102－0003150　（丙三）/3165　子部/宗教類/釋教

羯磨指南十四卷　（清）釋炤明輯　清康熙二十一年(1682)刻本　六冊

110000－0102－0003151　（丙三）/3166　子部/宗教類/釋教/經

四分戒本如釋十二卷附攝頌戒相圖一卷　（明）釋弘贊譯　明崇禎撰敘、妻耿氏刻清康熙五十二年(1713)印徑山藏本　四冊

110000－0102－0003152　（丙三）/3167　子部/宗教類/釋教/經

佛說秘密三昧大教王經四卷　（宋）釋施護譯　**佛說金剛手菩薩降伏一切部多大教王經三卷**　（宋）釋法天譯　明崇禎十五年(1642)虞山華嚴閣刻徑山藏本　一冊

110000－0102－0003153　（丙三）/3168　子部/宗教類/釋教/經

佛說無二平等最上瑜伽大教王經六卷　（宋）釋施護譯　明崇禎十五年(1642)虞山華嚴閣刻徑山藏本　一冊

110000－0102－0003154　（丙三）/3169　子部/宗教類/釋教/經

聖妙吉祥真實名經一卷　（元）釋釋智譯　**金剛頂瑜伽理趣般若經一卷**　（唐）釋金剛智譯　**大樂金剛不空真實三麼耶般若波羅密多理趣經一卷金剛頂瑜伽念珠經一卷**　（唐）釋不空譯　**佛說佛母般若波羅密多大明觀想儀軌經一卷**　（宋）釋施護譯　**佛說最上秘密那拏天經三卷**　（宋）釋法賢譯　明崇禎二年(1629)餘杭徑山化城寺刻徑山藏本　一冊

110000－0102－0003155　（丙三）/3170　子部/宗教類/釋教/經

佛說最上根本大樂金剛不空三昧大教王經七卷　（宋）釋法賢譯　明崇禎十五年(1642)華嚴閣刻徑山藏本　一冊

110000－0102－0003156　（丙三）/3171　子部/宗教類/釋教/經

金剛峰樓閣一切瑜伽瑜祇經二卷佛說妙吉祥最勝根本大教經三卷　（宋）釋法賢譯　明崇禎十六年(1643)華嚴閣刻徑山藏本　一冊

110000－0102－0003157　（丙三）/3172　子部/宗教類/釋教/經

妙吉祥平等秘密最上觀門大教王經五卷普徧光明焰鬘清靜熾盛如意寶印心無能勝大明王大隨求陀羅尼經二卷　（唐）釋不空譯　明崇禎十六年(1643)華嚴閣刻徑山藏本　一冊

110000－0102－0003158　（丙三）/3173　子部/宗教類/釋教/經

如來不思議秘密大乘經二十卷　（宋）釋法護譯　明萬曆三十六年(1608)寂照庵刻徑山藏本　二冊

110000－0102－0003159　（丙三）/3174　子部/宗教類/釋教/經

大乘瑜伽金剛性海曼殊室利千臂千鉢大教王經十卷　（唐）釋不空譯　明萬曆三十八年(1610)寂照庵刻徑山藏本　二冊

110000－0102－0003160　（丙三）/3175　子部/宗教類/釋教/經

佛說聖寶藏神儀軌經二卷　**佛說寶藏神大明曼拏羅儀軌經二卷**　（宋）釋法天譯　**金剛恐怖集會方廣軌儀觀自在菩薩三世最勝心明王經**　（唐）釋不空譯　**金剛恐怖集會方廣軌儀觀自在菩薩三世最勝心明王大威力烏樞瑟摩明王經三卷**　（北天竺國）釋阿質達霰譯　清康熙三年(1664)楞嚴寺般若堂刻徑山藏本　一冊

110000－0102－0003161　（丙三）/3176－1　子部/宗教類/釋教/經

佛說大乘觀想曼拏羅淨諸惡趣經二卷　（宋）釋法賢譯　清順治十七年(1660)楞嚴寺般若堂刻徑山藏本　一冊

110000－0102－0003162　（丙三）/3176－2　子部/宗教類/釋教/經

佛說大方廣曼殊室利經觀自在多羅瀌灑儀軌

經 （唐）釋不空譯 清順治十七年（1660）楞嚴寺般若堂刻徑山藏本 合一冊

110000－0102－0003163 （丙三）/3176－3
子部/宗教類/釋教/經

佛說一切佛攝相應大教王經聖觀自在菩薩念誦儀軌經一卷 （宋）釋法賢譯 清順治十七年（1660）楞嚴寺般若堂刻徑山藏本 合一冊

110000－0102－0003164 （丙三）/3176－4
子部/宗教類/釋教/經

瑜伽金剛頂經釋字母品 （唐）釋不空譯 清順治十七年（1660）楞嚴寺般若堂刻徑山藏本 合一冊

110000－0102－0003165 （丙三）/3176－5
子部/宗教類/釋教/經

佛說一切如來安像三昧儀軌經 （宋）釋施護譯 清順治十七年（1660）楞嚴寺般若堂刻徑山藏本 合一冊

110000－0102－0003166 （丙三）/3176－6
子部/宗教類/釋教/經

文殊師利菩薩根本大教王金翅鳥王品 （唐）釋不空譯 清順治十七年（1660）楞嚴寺般若堂刻徑山藏本 合一冊

110000－0102－0003167 （丙三）/3176－7
子部/宗教類/釋教/經

十一面觀自在菩薩心密言念誦儀軌經二卷 （唐）釋不空譯 清順治十七年（1660）楞嚴寺般若堂刻徑山藏本 合一冊

110000－0102－0003168 （丙三）/3177－1
子部/宗教類/釋教/經

慧上菩薩問大善權經二卷 （晉）釋竺法護譯 明萬曆三十六年（1608）餘杭徑山寂照庵刻徑山藏本 一冊

110000－0102－0003169 （丙三）/3177－2
子部/宗教類/釋教/經

大乘顯識經二卷 （唐）釋地婆訶羅譯 明萬曆三十六年（1608）餘杭徑山寂照庵刻徑山藏本 一冊

110000－0102－0003170 （丙三）/3177－3

子部/宗教類/釋教/經

佛說大乘方等要慧經二卷 （漢）釋安世高譯 明天啟七年（1627）餘杭徑山化城寺刻徑山藏本 一冊

110000－0102－0003171 （丙三）/3177－4
子部/宗教類/釋教/經

彌勒菩薩所問本願經一卷 （晉）釋竺法護譯 明天啟七年（1627）餘杭徑山化城寺刻徑山藏本 一冊

110000－0102－0003172 （丙三）/3177－5
子部/宗教類/釋教/經

度一切諸佛境界智嚴經一卷 （南朝梁）釋僧伽婆羅譯 明天啟七年（1627）餘杭徑山化城寺刻徑山藏本 一冊

110000－0102－0003173 （丙三）/3178－1
子部/宗教類/釋教/經

佛遺日摩尼寶經一卷 （漢）釋支婁迦讖譯 明崇禎元年（1628）徑山化城寺刻徑山藏本 合一冊

110000－0102－0003174 （丙三）/3178－2
子部/宗教類/釋教/經

佛說摩訶衍寶嚴經（大迦葉品）一卷 （晉）□□譯 明崇禎元年（1628）徑山化城寺刻徑山藏本 合一冊

110000－0102－0003175 （丙三）/3178－3
子部/宗教類/釋教/經

勝鬘師子吼一乘大方便方廣經一卷 （南朝宋）釋求那跋陀羅譯 明崇禎元年（1628）徑山化城寺刻徑山藏本 合一冊

110000－0102－0003176 （丙三）/3178－4
子部/宗教類/釋教/經

毗耶娑問經二卷 （北魏）釋瞿曇般若流支譯 明崇禎元年（1628）徑山化城寺刻徑山藏本 合一冊

110000－0102－0003177 （丙三）/3179 子部/宗教類/釋教/經

觀佛三昧海經十卷 （晉）釋佛陀跋陀羅譯 明萬曆至崇禎間刻清康熙二十年（1681）重修

徑山藏本　二冊

110000－0102－0003178　（丙三）/3180　子部/宗教類/釋教/經

法集經六卷　（北魏）釋菩提留支譯　明萬曆二十六年(1598)徑山寂照庵刻本　一冊

110000－0102－0003179　（丙三）/3181－1　子部/宗教類/釋教/經

大方廣圓覺修多羅了義經二卷　（唐）釋佛陀多羅譯　明萬曆二十六年(1598)徑山興聖萬壽禪寺刻徑山藏本　一冊

110000－0102－0003180　（丙三）/3181－2　子部/宗教類/釋教/經

佛說施燈功德經　（北齊）釋那連提黎耶舍譯　明萬曆二十六年(1598)徑山寂照庵刻徑山藏本　合一冊

110000－0102－0003181　（丙三）/3181－3　子部/宗教類/釋教/經

金剛三昧經　（北涼）□□譯　明萬曆二十六年(1598)徑山寂照庵刻徑山藏本　合一冊

110000－0102－0003182　（丙三）/3182　子部/宗教類/釋教

金剛般若經疏論纂要刊定記會編十卷　（後秦）釋鳩摩羅什譯　（唐）釋宗密疏　（宋）釋子璿　（清）釋行策編　清康熙八年(1669)嘉禾楞嚴寺般若堂刻徑山藏本　三冊

110000－0102－0003183　（丙三）/3189　子部/雜家類/雜考

厚德錄四卷　（宋）李元綱撰　明萬曆商氏半埜堂刻清補刻稗海本　四冊

110000－0102－0003184　（丙三）/3190　集部/小說類/筆記小說

異聞總錄四卷　（宋）□□撰　明萬曆商氏半埜堂刻清補刻稗海本　四冊

110000－0102－0003185　（丙三）/3298　經部/禮類/禮記

四禮疑五卷　（明）呂坤撰　明萬曆呂氏家刻清遞修呂新吾全集本　佚名批校　一冊

110000－0102－0003186　（丙三）/3299　經部/禮類/禮記

四禮翼八卷　（明）呂坤撰　明萬曆刻清遞修呂新吾全集本　一冊

110000－0102－0003187　（丙三）/3325　經部/四書類/論語/傳說

論語註疏解經二十卷　（三國魏）何晏集解　（宋）邢昺疏　清刻本　四冊

110000－0102－0003188　（丙三）/3389　子部/雜家類/雜纂

摭言一卷　（五代）王定保撰　明萬曆刻稗海本　一冊

110000－0102－0003189　（丙三）/3391　子部/雜家類/學說

玉泉子不分卷　（唐）□□輯　明萬曆商濬刻清康熙振鷺堂補刻稗海本　一冊

110000－0102－0003190　（丙三）/3437　子部/道家類

莊子因六卷　（清）林雲銘評述　清康熙二十七年(1688)刻本　小澤珽美批注、圈點　六冊

110000－0102－0003191　（丙三）/3489　子部/儒家類

性理大全書七十卷　（明）胡廣等撰　清康熙十二年(1673)刻本　十六冊

110000－0102－0003192　（丙三）/3514　子部/道家類

性命雙修萬神圭旨四卷　（明）尹真人授　清康熙九年(1670)一山房刻本　四冊

110000－0102－0003193　（丙三）/3516　子部/術數類/占卜

推背圖　題(唐)李淳風撰　清抄本　一冊

110000－0102－0003194　（丙三）/3519　子部/類書類

五車韻瑞一百六十卷　（明）凌稚隆輯　明末葉瑤池刻本　三十冊

110000－0102－0003195　（丙三）/3577　子

部/儒家類

西山先生真文忠公讀書記四十卷　（宋）真德秀輯　清乾隆四年（1739）真氏家刻八年（1743）補刻本　三十冊

110000－0102－0003196　（丙三）/3581　子部/兵家類

登壇必究四十卷　（明）王鳴鶴編輯　（明）袁世忠校　明刻本　六冊　存十七卷（守邊一卷、馬政一卷、車戰一卷、廣東事宜一卷、兵柄一卷、將權一卷、將帥一卷、選將一卷、任將一卷、賞罰一卷、訓練一卷、威武一卷、懷遠一卷、下營法一卷、軍制一卷、經武一卷、六壬一卷）

110000－0102－0003197　（丙三）/3592　子部/譜錄類/草木

佩文齋廣群芳譜一百卷目錄二卷　（清）汪灝等編　清康熙四十七年（1708）刻本　三十二冊

110000－0102－0003198　（丙三）/3597　經部/四書類/論語/傳說

論語集注本義滙參二十卷首一卷　（清）王步青輯　清乾隆十年（1745）敦復堂刻四書朱子本義匯參本　十二冊

110000－0102－0003199　（丙三）/3604　經部/四書類/孟子/傳說

孟子集註本義滙參十四卷首一卷　（清）王步青輯　清乾隆十年（1745）敦復堂刻四書朱子本義匯參本　十二冊

110000－0102－0003200　（丙三）/3605　子部/類書類/字編

分類字錦六十四卷　（清）張廷玉等纂　清雍正刻本　一百二十冊

110000－0102－0003201　（丙三）/3610　子部/儒家類/宋

大學衍義四十三卷　（宋）真德秀撰　明嘉靖六年（1527）司禮監刻本　張真題跋　二十冊

110000－0102－0003202　（丙三）/3625　子部/宗教類/釋教/通代

洞宗彙選中集不分卷　（清）釋智考輯·清康熙刻本　三冊

110000－0102－0003203　（丙三）/3627　子部/儒家類

御纂性理精義十二卷　（清）李光地等纂修　清康熙五十六年（1717）刻本　四冊

110000－0102－0003204　（丙三）/3628　子部/雜家類

呂氏春秋二十六卷　（秦）呂不韋撰　（漢）高誘註　（明）吳勉學輯　明萬曆吳勉學刻二十子全書本　四冊

110000－0102－0003205　（丙三）/3631　集部/別集類/唐至五代

朱文公校昌黎先生文集四十卷外集十卷集傳一卷遺文一卷　（唐）韓愈撰　（宋）朱熹考異　（宋）王伯大音釋　（明）朱吾弼編　明萬曆三十三年（1605）朱崇沐刻本　十六冊

110000－0102－0003206　（丙三）/3787　子部/藝術類/書畫/書法、碑帖/清

王岳望先生墨蹟　（清）王嵩書　清乾隆十三年（1748）楷書寫本　一冊

110000－0102－0003207　（丙三）/3812　子部/藝術類/書畫/畫法、畫帖

西園藏帖　（□）□□撰　清寫本　二冊

110000－0102－0003208　（丙三）/3816　子部/藝術類/書畫/書法、碑帖/清

五樂齋司馬頌言　（清）周洪輯　清乾隆三十年（1765）抄本　一冊

110000－0102－0003209　（丙三）/3830　子部/藝術類/書畫/書法、碑帖/清

清人墨蹟冊頁　清寫本　一冊

110000－0102－0003210　（丙三）/3981　子部/藝術/雜著

趙忠愍公遺像　（清）弘敷等撰　清雍正十年至民國十八年（1732－1929）寫本　一冊

110000－0102－0003211　（丙三）/3988－1　子部/藝術類/書畫

恭壽老人書謙卦 （清）王澍書 清雍正十年
(1732)王澍寫本 一冊

110000－0102－0003212 （丙三）/3988－2
子部/藝術類/書畫

快雨堂詩翰 （清）王文治書 清嘉慶三年
(1798)王文治寫本 一冊

110000－0102－0003213 （丙三）/3988－3
子部/藝術類/書畫

澹遠堂臨黃庭經 （清）查昇書 清康熙三十
年(1691)查昇寫本 一冊

110000－0102－0003214 （丙三）/3988－4
子部/藝術類/書畫

蝯叟臨婁壽碑 （清）何紹基書 清嘉慶、同
治何紹基寫本 一冊

110000－0102－0003215 （丙三）/4102 集
部/總集類/文/雜錄/課藝

程墨前選 （清）李光地輯 清康熙刻本
二冊

110000－0102－0003216 （丙三）/4270 子
部/藝術類/書畫/畫法、畫帖

清河書畫舫十二卷鑒古百一詩一卷 （明）張
丑撰 清乾隆二十七年至二十八年(1762－
1763)吳氏池北草堂刻本 十二冊

110000－0102－0003217 （丙三）/4301 子
部/宗教類/釋教/經

金剛般若波羅密經一卷 （後秦）釋鳩摩羅什
譯 清乾隆周於禮大字楷書寫本 五冊

110000－0102－0003218 （丙三）/4302 子
部/宗教類/釋教/經

金剛般若波羅密經一卷 （後秦）釋鳩摩羅什
譯 清乾隆輔國公永瑋抄本 一冊

110000－0102－0003219 （丙三）/4304 子
部/宗教類/釋教/經

大方廣佛華嚴經第二十五卷 （唐）釋實叉難
陀譯 明萬曆四十四年(1616)釋如芳血書手
寫本 一冊

110000－0102－0003220 （丙三）/4305 子

部/宗教類/釋教/大藏

大方廣圓覺修多羅了義經 （唐）釋佛陀多羅
譯 明正統五年(1440)刻嘉靖二十六年
(1547)印永樂北藏本 一冊

110000－0102－0003221 （丙三）/4330 子
部/醫家類/雜病方論

訂補簡易備驗方十六卷 （清）胡正心 （清）
胡正言合輯 明末胡氏十竹齋刻本 九冊
存八卷(三、六至八、十二至十三、十五至十
六)

110000－0102－0003222 （丙三）/4377 子
部/醫家類/方論

痘疹正宗二卷 （清）宋麟祥撰 清乾隆四十
六年(1781)文盛堂刻本 二冊

110000－0102－0003223 （丙三）/4427 子
部/醫家類/本草

本草詩箋十卷 （清）朱鑰撰 清乾隆二十七
年(1762)鄞城群玉山房刻本 佚名圈點
四冊

110000－0102－0003224 （丙三）/4430 子
部/醫家類/方論

女科經綸八卷 （清）蕭壎撰 清康熙刻本
四冊

110000－0102－0003225 （丙三）/4432 子
部/醫家類/本草/食療本草

食物本草會纂十二卷 （清）沈李龍撰 清康
熙三十年(1691)刻本 六冊

110000－0102－0003226 （丙三）/4433 子
部/雜家類/雜考

野客叢書三十卷附錄一卷 （宋）王楙輯 明
刻本 七冊

110000－0102－0003227 （丙三）/4434 子
部/醫家類/總錄

劉河間醫學六書 （金）劉完素撰 明萬曆刻
本 八冊

110000－0102－0003228 （丙三）/4435 子
部/醫家類/方論

瘡瘍經驗全書十三卷 （宋）竇漢卿輯撰 清

康熙五十六年(1717)浩然樓刻本　六冊

110000－0102－0003229　（丙三）/4441　子部/醫家類/方論

傷寒論註四卷　（漢）張機撰　（清）柯琴註
清乾隆二十年(1755)馬中驊刻本　佚名評點
　二冊

110000－0102－0003230　（丙三）/4449　子部/醫家類/叢編

御纂醫宗金鑑九十卷首一卷　（清）弘晝
（清）錢斗保編　清康熙十一年(1672)武英殿
刻本　六十四冊

110000－0102－0003231　（丙三）/4450　子部/醫家類/本草

增訂本草備要六卷醫方集解六卷　（清）汪昂
著輯　清乾隆五年(1740)經綸堂刻本　佚名
批點　六冊

110000－0102－0003232　（丙三）/4451　子部/宗教類/釋教/譯經

二十八經一百四十七卷　（北涼）釋曇無讖等
譯　清雍正刻本　三十二冊

110000－0102－0003233　（丙三）/4491　子部/醫家類/總錄

醫門法律二十四卷　（清）喻昌撰　清乾隆六
十年(1795)刻本　六冊

110000－0102－0003234　（丙三）/4495　子部/醫家類/諸專科方論

痧痘集解六卷　（清）俞茂鯤集解　清乾隆五
十二年(1787)懷德堂刻本　二冊

110000－0102－0003235　（丙三）/4501　子部/醫家類/醫經

類經圖翼十一卷　（明）張介賓撰　明末刻本
　四冊

110000－0102－0003236　（丙三）/4510　子部/類書類

古今類傳四卷　（清）董穀士撰　（清）董炳文
輯　清康熙三十一年(1692)未學齋刻本
四冊

110000－0102－0003237　（丙三）/4512　子部/農家類

茶經三卷　（唐）陸羽撰　**茶具圖贊一卷**　題
（宋）審安老人撰　**茶譜一卷**　（明）顧元慶撰
　明萬曆刻本　一冊

110000－0102－0003238　（丙三）/4513　子部/雜家類/雜纂

能改齋漫錄十八卷　（宋）吳曾纂　清乾隆四
十年(1775)臨嘯書屋活字本　八冊

110000－0102－0003239　（丙三）/4514　史部/史抄類

竹香齋類書三十七卷　（明）張埔輯　明崇禎
刻本　十二冊

110000－0102－0003240　（丙三）/4515　子部/藝術類/書畫

文房肆攷圖說八卷　（清）唐秉鈞撰　清乾隆
四十三年(1778)刻本　佚名題跋　四冊

110000－0102－0003241　（丙三）/4516　子部/藝術類/音樂舞蹈

治心齋琴學練要五卷　（清）王善輯　清乾隆
王氏治心齋刻本(抄配)　六冊

110000－0102－0003242　（丙三）/4517　子部/雜家類/雜考

雲谷雜紀四卷首一卷末一卷　（宋）張淏撰
清乾隆三十九年(1774)武英殿木活字印武英
殿聚珍版叢書本　四冊

110000－0102－0003243　（丙三）/4525　史部/地理類/雜記

中吳紀聞六卷　（宋）龔明之撰　明末毛氏汲
古閣刻本　四冊

110000－0102－0003244　（丙三）/4536　子部/醫家類/養生

道元一炁　（明）曹士珩撰　明崇禎刻本　五
冊　存三集(內篇乾集,外篇利集、貞集)

110000－0102－0003245　（丙三）/4578　子部/醫家類/雜病方論

急救方一卷　（清）胡季堂輯　清乾隆三十六年
(1771)江蘇胡季堂刻清近文齋穆店印本　一冊

110000 - 0102 - 0003246　（丙三）/4634　子部/醫家類

攝生衆妙方十一卷　（明）張時徹輯　（明）馬崇儒校　明隆慶三年(1569)青藩衡王朱厚燆刻本　四冊

110000 - 0102 - 0003247　（丙三）/4635　子部/醫家類/諸專科方論/針灸

鍼灸甲乙經十二卷　（晉）皇甫謐撰　明萬曆二十九年(1601)吳勉學刻清初步月樓修版古今醫統正脉全書本　六冊

110000 - 0102 - 0003248　（丙三）/4646　子部/醫家類/醫經

華先生中藏經八卷　（漢）華佗撰　明末刻清補刻本　二冊

110000 - 0102 - 0003249　（丙三）/4671　子部/醫家類/養生

新刻保生心鑑　（□）□□撰　明末刻本一冊

110000 - 0102 - 0003250　（丙三）/4672　子部/醫家類/本草

本草綱目拾遺十二卷　（清）趙學敏撰　清乾隆、光緒抄本　四冊

110000 - 0102 - 0003251　（丙三）/4693　子部/醫家類/方論

傷寒六書六卷　（明）陶華撰　明蘊古堂百城樓刻本　八冊

110000 - 0102 - 0003252　（丙三）/4698　子部/醫家類/醫經

新刊黃帝内經靈樞二十四卷　（唐）王冰註（宋）史崧校　明繡谷書林周日校刻本　四冊

110000 - 0102 - 0003253　（丙三）/4712　經部/四書類/總義/傳說

駁呂留良四書講義　（清）朱軾撰　清雍正九年(1731)刻本　八冊

110000 - 0102 - 0003254　（丙三）/4733　經部/四書類/總義/傳說

四書解義不分卷　（清）李光地撰　清康熙六十一年(1722)陳汝楫刻本　二冊

110000 - 0102 - 0003255　（丙三）/4754　子部/類書類

冊府元龜一千卷目錄十卷　（宋）王欽若編　明崇禎黃九錫刻清康熙十一年(1672)補刻本　二百冊

110000 - 0102 - 0003256　（丙三）/4756　子部/藝術類/書畫

佩文齋書畫譜一百卷　（清）孫岳頒等纂　清康熙四十七年(1708)刻本　六十四冊

110000 - 0102 - 0003257　（丙三）/4759　子部/儒家類/明

新刊憲臺釐正性理大全七十卷首一卷　（明）胡廣等編　明嘉靖三十一年(1552)余氏自新齋刻本　佚名批點　二十四冊

110000 - 0102 - 0003258　（丙三）/4762　子部/天文地理類/曆法

御製曆象考成上編十六卷下編十卷後編十卷表十六卷　（清）允祉　（清）允祿纂修　清雍正二年(1724)内府刻乾隆七年(1742)武英殿補刻本　三十一冊　缺二卷(上編一至二)

110000 - 0102 - 0003259　（丙三）/4763　子部/天文地理類/天文

欽定儀象考成三十卷首二卷　（清）允祿等撰　清乾隆二十一年(1756)武英殿刻本(部分葉面係抄配)　十六冊

110000 - 0102 - 0003260　（丙三）/4778　子部/儒家類

性理大全書七十卷　（明）胡廣等編　明嘉靖三十八年(1559)福建縉雲樊獻科刻本　二十四冊

110000 - 0102 - 0003261　（丙三）/4779　子部/儒家類

大學衍義補一百六十卷首一卷　（明）丘濬撰　明末刻本(卷前書、卷一至二係由明萬曆喬應甲揚州刊本補配)　二十四冊

110000 - 0102 - 0003262　（丙三）/5058　經部/四書類/總義

四書題鏡　（清）江鯉翔纂　清乾隆九年

（1744）二酉堂刻本　十一冊

110000－0102－0003263　（丙三）/5098　子部/類書類

分類字錦六十四卷　（清）張廷玉等編　清康熙刻本　六十四冊

110000－0102－0003264　（丙三）/5102　子部/類書類

佩文韻府一百〇六卷　（清）張玉書等輯　清康熙五十年（1711）武英殿刻本　九十五冊

110000－0102－0003265　（丙三）/5106　子部/藝術類/書畫

佩文齋書畫譜一百卷　（清）孫岳頒等纂　清康熙四十七年（1708）揚州詩局刻本　四十八冊　存六十七卷（三十四至一百）

110000－0102－0003266　（丙三）/5158　子部/術數類/雜術

推背圖　（唐）袁天罡　（唐）李淳風撰　清抄本、彩繪本　四冊

110000－0102－0003267　（丙三）/5191　子部/儒家類

五子近思錄輯要十四卷　（清）孫嘉淦訂　清雍正刻本　佚名圈點　二冊

110000－0102－0003268　（丙三）/5201　經部/四書類/總義

四書解義不分卷　（清）李光地解　清康熙五十九年（1720）刻本　二冊

110000－0102－0003269　（丙三）/5234　子部/藝術類/書畫

吳越所見書畫錄六卷書畫說一卷　（清）陸時化輯　清抄本　四冊

110000－0102－0003270　（丙三）/5235　子部/儒家類

張子全書　（宋）張載撰　（宋）朱熹註　清康熙五十八年（1719）朱軾刻本　四冊

110000－0102－0003271　（丙三）/5244　子部/藝術類/書畫、書法、畫帖/元

圖繪寶鑑八卷　（元）夏文彥撰　清康熙借綠草堂刻本　四冊

110000－0102－0003272　（丙三）/5245　子部/醫家類/方論

儒門事親十五卷　（金）張從正撰　（明）吳勉學校　清初步月樓刻本（卷十四係抄配）　七冊　存十四卷（一、三至十五）

110000－0102－0003273　（丙三）/5424　子部/宗教類/釋教

會聖堂集七卷　（明）釋大成撰　清順治刻徑山藏本　二冊

110000－0102－0003274　（丙三）/5425　子部/類書類

新增說文韻府羣玉二十卷　（元）陰時夫輯　（元）陰中夫註　（明）王元貞校　明萬曆刻本　佚名批註　十冊

110000－0102－0003275　（丙三）/5449　史部/別史、雜史類

北夢瑣言二十卷　（宋）孫光憲輯　清乾隆二十一年（1756）雅雨堂刻雅雨堂叢書本　二冊

110000－0102－0003276　（丙三）/5464　子部/儒家類

新書十卷　（漢）賈誼撰　清刻本　二冊

110000－0102－0003277　（丙三）/5482　子部/宗教類/釋教

南山宗統十卷　（清）釋福聚輯　清乾隆刻本　四冊

110000－0102－0003278　（丙三）/5494　叢部/彙編叢書

春秋繁露十七卷附錄一卷　（漢）董仲舒撰　（清）盧文弨校訂　清乾隆刻抱經堂叢書本　佚名校　四冊

110000－0102－0003279　（丙三）/5504　子部/雜家類/雜纂

警心錄十二卷　（清）李毓之輯　清康熙刻本　四冊

110000－0102－0003280　（丙三）/5583　子部/儒家類/清

濂洛關閩書十九卷 （清）張伯行輯注 清雍正十二年(1734)正誼堂刻本 八冊

110000－0102－0003281 （丙三）/5590 集部/小說類/筆記小說

酉陽雜俎二十卷續集十卷 （唐）段成式撰 明崇禎刻本 四冊

110000－0102－0003282 （丙三）/5592 經部/四書類/總義/傳說

集虛齋四書口義十卷 （清）方楘如撰 （清）于光華編 清乾隆大文堂刻本 十冊

110000－0102－0003283 （丙三）/5601 經部/四書類/總義/傳說

四書集註十九卷 （宋）朱熹註 清初刻本 佚名圈點 六冊

110000－0102－0003284 （丙三）/5603 子部/宗教類/釋教

雅俗通用釋門疏式十卷 （明）釋如德輯 明末知儒精舍刻本 八冊

110000－0102－0003285 （丙三）/5614 史部/別史、雜史類

因話錄六卷 （唐）趙璘撰 明萬曆商濬半埜堂刻本 二冊

110000－0102－0003286 （丙三）/5618 子部/儒家類

張子全書十四卷附錄一卷 （宋）張載撰 （宋）朱熹註 呂氏四禮翼 （明）呂坤撰 清康熙五十八年(1719)朱軾刻本 七冊

110000－0102－0003287 （丙三）/5621 子部/雜家類

韓子粹言一卷 （清）李光地編 安溪先生註解正蒙二卷 （清）李光地撰 清康熙刻本 二冊

110000－0102－0003288 （丙三）/5622 子部/儒家類/清

程山遺書五十六卷 （清）謝文洊撰 清康熙尊洛堂刻嘉慶補刻本 四冊 存六卷(大學切己錄一卷、中庸切己錄二卷、講義二卷、程山十則一卷)

110000－0102－0003289 （丙三）/5625 子部/儒家類

性理大全書七十卷 （明）胡廣等撰 明末刻本 六冊 存二十卷(三十六至五十五)

110000－0102－0003290 （丙三）/5628 集部/小說類/筆記小說

雞肋篇三卷 （宋）莊綽撰 明刻本 二冊

110000－0102－0003291 （丙三）/5629 集部/小說類/筆記小說

拾遺記十卷 （晉）王嘉撰 明萬曆刻本(目錄抄配) 四冊

110000－0102－0003292 （丙三）/5641 子部/道家類

道書四種 （清）王一清釋 明萬曆刻本 六冊 存三種(道德經釋辭、文始經釋辭、化書新聲)

110000－0102－0003293 （丙三）/5645 叢部/自著叢書

李竹嬾先生說部全書 （明）李日華撰 明末曹秉鈞刻清乾隆三十三年(1768)重修本 十二冊

110000－0102－0003294 （丙三）/5663 經部/四書類/總義

四書典林三十卷 （清）江永編 清雍正十三年(1735)刻本 十六冊

110000－0102－0003295 （丙三）/5666 子部/譜錄類/草木

二如亭群芳譜四部總七十一卷首四卷 （明）王象晉撰 （明）毛鳳苞校 明崇禎二年(1629)刻本 二十八冊

110000－0102－0003296 （丙三）/5667 子部/道家類

老子翼三卷 （明）焦竑輯 莊子翼八卷 （明）焦竑輯 明萬曆十六年(1588)刻本 十冊

110000－0102－0003297 （丙三）/5668 經部/四書類/總義

四書左國彙纂四卷 （清）高其名 （清）鄭師

成纂　清乾隆三十九年（1774）百尺樓刻本
六冊

110000－0102－0003298　（丙三）/5680　集
部/小說類/筆記小說
博物志十卷　（晉）張華撰　（宋）周日用等注
（明）翁立環閱　明末武林何允中刻廣漢魏
叢書本　二冊

110000－0102－0003299　（丙三）/5687　集
部/總集類/文/斷代/明
借綠軒刪訂湯霍林先生讀書譜四卷　（清）周
清原撰　清康熙二十八年（1689）借綠軒刻本
四冊

110000－0102－0003300　（丙三）/5689　經
部/四書類/總義
朱子語類五十二卷　（宋）朱熹撰　清康熙十
七年（1678）金谿周氏大業堂刻本　八冊

110000－0102－0003301　（丙三）/5698　子
部/法家類
管子二十四卷　（唐）房玄齡註釋　（唐）劉績
增註　（明）朱長春通演　（明）朱養純輯訂
明天啟五年（1625）朱養純花齋刻本　六冊

110000－0102－0003302　（丙三）/5712　經
部/小學類/文字
班馬字類二卷　（宋）婁機撰　清乾隆祁門馬
氏叢書樓刻本　四冊

110000－0102－0003303　（丙三）/5736　子
部/道家類
諸經品節二十八種二十卷　（明）楊起元編
明萬曆刻本　二冊　存十二種（文始經、洞古
經、大通經、定觀經、玉樞經、心印經、五廚經、
護命經、胎息經、龍虎經、洞靈經、黃庭經）

110000－0102－0003304　（丙三）/5936　子
部/雜家類/雜纂
大明仁孝皇后勸善書二十卷　（明）仁孝皇后
徐氏撰　明永樂五年（1407）內府刻本　十冊

110000－0102－0003305　（丙三）/6233　子
部/藝術類/書畫/書法、碑帖/清
淳化閣帖釋文十卷　（清）羅森　（清）孫際昌

訂　清康熙八年（1669）刻本　一冊

110000－0102－0003306　（丙三）/6249　集
部/總集類/詩
格言詩歌彙編八卷　（清）楊乙宸輯　清末稿
本　佚名校　八冊

110000－0102－0003307　（丙三）/6302　子
部/類書類
古事比五十二卷　（清）方中德輯　清康熙四
十五年（1706）書種齋刻本　十六冊

110000－0102－0003308　（丙三）/6307　子
部/宗教類/釋教/經
虛空藏菩薩問七佛陀羅尼呪經一卷　（南朝
梁）□□譯　南宋紹興刻思溪藏本　川崎屋
德題記　一冊

110000－0102－0003309　（丙三）/6308　子
部/宗教類/釋教/經
不空羂索神變真言經三十卷　（唐）釋菩提流
志譯　南宋紹興刻思溪藏本　一冊　存一卷
（二十四殘卷）

110000－0102－0003310　（丙三）/6309　子
部/宗教類/釋教/經
妙臂菩薩所問經四卷　（宋）釋法天譯　南宋
紹興刻思溪藏本　佚名題記　一冊　存一卷
（一）

110000－0102－0003311　（丙三）/6310　子
部/宗教類/釋教/經
勝思惟梵天所問經六卷　（北魏）釋菩提流支
譯　南宋紹興刻思溪藏本　一冊　存一卷
（三殘卷）

110000－0102－0003312　（丙三）/6311　子
部/宗教類/釋教/經
摩登伽經三卷　（三國吳）釋竺律炎　（三國
吳）支謙譯　南宋紹興刻思溪藏本　一冊
存一卷（中）

110000－0102－0003313　（丙三）/6312　子
部/宗教類/釋教/經
**佛說寶帶陀羅尼經一卷佛說金身陀羅尼經一
卷**　（宋）釋施護譯　南宋紹興刻思溪藏本

一冊　佛說金身陀羅尼經殘

110000 – 0102 – 0003314　（丙三）/6313　子部/宗教類/釋教/經

大乘大悲分陀利經八卷　（後秦）□□譯　南宋紹興刻思溪藏本　（日本）吉村彌次郎題跋　一冊　存一卷（五）

110000 – 0102 – 0003315　（丙三）/6314　子部/宗教類/釋教/經

佛說寶積三昧文殊師利菩薩問法身經一卷（漢）釋安世高譯　**入法界體性經一卷**　（隋）釋闍那崛多譯　南宋紹興刻思溪藏本　一冊

110000 – 0102 – 0003316　（丙三）/6315　子部/宗教類/釋教/經

大方廣佛華嚴經八十卷　（唐）釋實叉難陀譯　南宋紹興刻思溪藏本　三冊　存三卷（十六、二十三、七十一）

110000 – 0102 – 0003317　（丙三）/6316　子部/宗教類/釋教/論

宗鏡錄一百卷　（宋）釋延壽集　元杭州路餘杭縣南山大普寧寺刻普寧藏本　釋質吉祥題記　一冊　存一卷（八十五）

110000 – 0102 – 0003318　（丙三）/6317　子部/宗教類/釋教/經

馬鳴菩薩傳一卷龍樹菩薩傳一卷提婆菩薩傳一卷　（後秦）釋鳩摩羅什譯　元刻磧砂藏本　佚名批點　一冊

110000 – 0102 – 0003319　（丙三）/6318　子部/宗教類/釋教/論

無量壽經優波提舍一卷　（印度）婆藪槃豆菩薩造　（北魏）釋菩提留支譯　**轉法輪經優波提舍一卷**　（印度）天親菩薩造譯造　（北魏）釋毗目智仙譯　元刻磧砂藏本　一冊

110000 – 0102 – 0003320　（丙三）/6319　子部/宗教類/釋教/經

摩訶般若波羅密經三十卷　（後秦）釋鳩摩羅什譯　宋咸淳五年(1269)磧沙延聖院刻磧砂藏本　一冊　存一卷（十一）

110000 – 0102 – 0003321　（丙三）/6320　子部/宗教類/釋教/經

瑜伽師地論一百卷　（唐）釋玄奘譯　元大德十年(1306)刻磧砂藏本　周肇祥題跋　一冊　存一卷（九十八）

110000 – 0102 – 0003322　（丙三）/6321　子部/宗教類/釋教

慈悲道場懺法要略解十卷　（明）釋覺明撰　明刻本　十冊

110000 – 0102 – 0003323　（丙三）/6322　子部/類書類

韻府群玉二十卷　（元）陰時夫編　（元）陰中夫注　明秀巖書堂刻本　二十冊

110000 – 0102 – 0003324　（丙三）/6366　子部/藝術類/書畫

漢溪書法通解八卷　（清）戈守智纂　清乾隆刻本　六冊

110000 – 0102 – 0003325　（丙三）/6367　子部/藝術類/書畫/書法、碑帖/清

淳化閣帖釋文十卷　（清）朱家標校定　清康熙刻本　佚名校　二冊

110000 – 0102 – 0003326　（丙三）/6382　經部/四書類/論語

論語傳註二卷大學傳註一卷中庸傳註一卷傳註問四卷　（清）李塨撰　清康熙刻本　四冊

110000 – 0102 – 0003327　（丙三）/6386　子部/藝術類/書畫

鐵網珊瑚二十卷　（明）都穆撰　清乾隆二十三年至二十四年(1758 – 1759)廣東吳郡都氏光霽山房刻本　四冊

110000 – 0102 – 0003328　（丙三）/6393　子部/雜家類/雜考

夢溪筆談二十六卷補三卷續一卷　（宋）沈括撰　明末刻本（卷二十五有一葉抄配）　趙憑鐸題跋　六冊

110000 – 0102 – 0003329　（丙三）/6400　經部/小學類/音韻

草韻彙編二十六卷　（清）陶南望輯　清乾隆十九年(1754)刻本　六冊　存十八卷（一至十八）

110000－0102－0003330　（丙三）/6403　集部/總集類/文/通代

歸餘鈔四卷　（清）高嵣輯　清乾隆五十三年（1788）刻本　八冊

110000－0102－0003331　（丙三）/6404　子部/類書類

初學記三十卷　（唐）徐堅等撰　明萬曆刻本（抄配）　二十四冊

110000－0102－0003332　（丙三）/6432　子部/術數類/相宅相墓

羅經發源起例十卷　（明）甘霖撰　**新鐫唐氏壽域一卷**　（明）王福賢撰　明末清初刻本　五冊

110000－0102－0003333　（丙三）/6442　子部/儒家類/宋以前

傅子不分卷　（晉）傅玄撰　清乾隆三十九年（1774）武英殿木活字印武英殿聚珍版叢書本　一冊

110000－0102－0003334　（丙三）/6443　子部/雜家類/學說

潏泉日記三卷　（宋）韓淲撰　清乾隆四十一年（1776）武英殿木活字印武英殿聚珍版叢書本　一冊

110000－0102－0003335　（丙三）/6444　子部/儒家類

帝範四卷　（唐）太宗李世民撰　清乾隆武英殿刻武英殿聚珍版叢書本　一冊

110000－0102－0003336　（丙三）/6445　子部/儒家類

公是弟子記四卷　（宋）劉敞撰　清乾隆四十三年（1778）武英殿木活字印武英殿聚珍版叢書本　一冊

110000－0102－0003337　（丙三）/6446　子部/雜家類/雜考

敬齋古今黈八卷　（元）李冶撰　清乾隆四十年（1775）武英殿木活字印武英殿聚珍版叢書本　二冊

110000－0102－0003338　（丙三）/6447　子/

天文算法類/算書

孫子算經三卷　（唐）李淳風等注　清乾隆四十一年（1776）武英殿木活字印武英殿聚珍版叢書本　一冊

110000－0102－0003339　（丙三）/6448　子部/道家類

鶡冠子三卷　（宋）陸佃解　清乾隆三十八年（1773）武英殿木活字印武英殿聚珍版叢書本　佚名批校　三冊

110000－0102－0003340　（丙三）/6449　子部/藝術類/書畫

寶真齋法書贊二十八卷　（宋）岳珂撰　清乾隆四十六年（1781）武英殿刻武英殿聚珍版叢書本　六冊

110000－0102－0003341　（丙三）/6450　集部/總集類/通代

悦心集四卷　（清）世宗胤禛輯　清乾隆武英殿木活字印武英殿聚珍版叢書本　四冊

110000－0102－0003342　（丙三）/6455　子部/兵家類

登壇必究四十卷　（明）王鳴鶴編　（明）袁世忠校　明萬曆二十七年（1599）刻本　十五冊　存十九類（地理、漕河附漕運海運、長鎗、京輔、郡國、征討、軍行、奇伏、師律、師戒、號令、敘戰、百戰、戰地、戰陣、江防、器圖、營器、火器、劍經、烽燧、間諜、祭禱、謀主、醫藥、陣圖、奏疏）

110000－0102－0003343　（丙三）/6458　經部/四書類/總義

四書朱子本義匯參　（清）王步青輯　清乾隆十年（1745）敦復堂刻本　四十冊

110000－0102－0003344　（丙三）/6459　子部/兵家類

練兵實紀九卷襍集六卷　（明）戚繼光撰（明）舒榮都輯　清抄本　八冊

110000－0102－0003345　（丙三）/6518　子部/宗教類/釋教

清凉山遺稿四卷　（清）釋戴瑨撰　清雍正八

年(1730)刻本 四冊

110000－0102－0003346 （丙三）/6556 子部/儒家類

呻吟語摘二卷 （明）呂坤撰 明萬曆刻清補刻本 二冊

110000－0102－0003347 （丙三）/6564 子部/醫家類/方論

保嬰粹要一卷 （明）薛己撰 明嘉靖刻本 一冊

110000－0102－0003348 （丙三）/6565 子部/醫家類/諸專科方論

東垣先生此事難知二卷 （元）王好古撰 明嘉靖八年(1529)遼藩朱寵㳃梅南書屋刻東垣十書本 佚名圈點 一冊 存一卷(上)

110000－0102－0003349 （丙三）/6570 子部/雜家類/學說

權衡一書四十一卷 （清）王植輯 清乾隆刻本 二十四冊

110000－0102－0003350 （丙三）/6573 子部/雜家類/雜考

困學紀聞二十卷 （宋）王應麟撰 清乾隆刻本 佚名題記 六冊

110000－0102－0003351 （丙三）/6581 子部/兵家類

武備志二百四十卷 （明）茅元儀輯 明天啟刻本 一百二十冊

110000－0102－0003352 （丙三）/6594 子部/雜家類/學說

蠡海集 （明）王逵輯 明萬曆商氏半埜堂刻稗海本 二冊

110000－0102－0003353 （丙三）/6595 史部/傳記類/總傳/專錄/列女

侍兒小名錄拾遺 （宋）張邦幾輯 侍兒小名錄補 （宋）王銍輯 侍兒小名錄續補 （宋）溫豫輯 明萬曆商氏半埜堂刻稗海本 一冊

110000－0102－0003354 （丙三）/6701 子/天文算法/算書

九章算術九卷 （晉）劉徽注 （唐）李淳風注釋 九章算術音義一卷 （唐）李籍注 清乾隆武英殿木活字印武英殿聚珍版叢書本 四冊

110000－0102－0003355 （丙三）/6711 子部/醫家類/諸專科方論

攝生眾妙方十一卷急救良方二卷 （明）張時徹編 明隆慶三年(1569)衡府刻本 五冊

110000－0102－0003356 （丙三）/6718 集部/小說類/長篇小說

皋鶴堂批評第一奇書金瓶梅一百回 （明）笑笑生撰 （清）張竹坡評 清康熙刻本 三十六冊

110000－0102－0003357 （丙三）/6722 子部/醫家類/諸專科方論

丹溪心法附餘二十四卷首一卷 （明）方廣撰 明刻清修本 十二冊

110000－0102－0003358 （丙三）/6733 子部/醫家類/醫經

醫書六種 （清）徐大椿撰 清雍正半松齋刻本 八冊

110000－0102－0003359 （丙三）/6736 子部/藝術類/雜技

奕正二卷 （明）雍熙世輯著 明末刻本 佚名批 四冊

110000－0102－0003360 （丙三）/6739 子部/宗教類/釋教

佛祖綱目四十一卷首一卷 （明）朱時恩纂 明崇禎五年(1632)刻徑山藏本 十冊

110000－0102－0003361 （丙四）/1 集部/集評類/詩評

詩倫二卷 （清）汪薇輯 清康熙五十六年(1717)寒木堂刻本 四冊

110000－0102－0003362 （丙四）/3 集部/總集類/文/通代

文選刪註旁訓十二卷 （明）馮夢禎刪訂 明末孫震卿刻本 六冊

110000－0102－0003363　（丙四）/5　集部/總集類/詩/斷代/清

欽定國朝詩別裁集三十二卷　（清）沈德潛纂評　清乾隆二十六年(1761)刻本　十冊

110000－0102－0003364　（丙四）/7　集部/別集類/唐至五代

唐丞相曲江張先生文集十二卷附錄一卷　（唐）張九齡撰　明萬曆十二年(1584)刻本　四冊

110000－0102－0003365　（丙四）/8　集部/別集類/明

青邱高季迪先生詩集十八卷首一卷遺詩一卷扣舷集一卷附錄一卷鳧藻集五卷　（明）高啓撰　（清）金檀輯注　清雍正六年(1728)刻本　八冊

110000－0102－0003366　（丙四）/13　集部/總集類/文/通代

秦漢文鈔不分卷　（明）馮有翼撰　明萬曆十一年(1583)刻本　四冊

110000－0102－0003367　（丙四）/14　集部/別集類/唐至五代

白香山詩長慶集二十卷後集十七卷別集一卷補遺二卷　（唐）白居易撰　（清）汪立名編訂　年譜一卷　（清）汪立名撰　年譜舊本一卷　（宋）陳振孫撰　清康熙四十二年(1703)古歙汪氏一隅草堂刻本（三葉抄配）　十二冊

110000－0102－0003368　（丙四）/15　集部/總集類/文/斷代/清

國朝六家詩鈔八卷　（清）劉執玉編　清乾隆三十二年(1767)刻本　八冊

110000－0102－0003369　（丙四）/16　集部/別集類/清

秋笳集八卷　（清）吳兆騫撰　清康熙徐乾學刻雍正四年(1726)吳振臣增修本　四冊

110000－0102－0003370　（丙四）/18　集部/總集類/斷代

宋孫仲益內簡尺牘十卷首一卷　（宋）孫覿撰　（清）李祖堯編　清乾隆十二年(1747)刻本　六冊

110000－0102－0003371　（丙四）/23　集部/總集類/文/通代/文選

文選十二卷　（南朝梁）蕭統輯　（明）張鳳翼纂註　明萬曆刻本　十二冊

110000－0102－0003372　（丙四）/24　集部/別集類/清

有懷堂詩藁六卷文藁二十二卷　（清）韓菼撰　清康熙四十二年(1703)刻本　六冊

110000－0102－0003373　（丙四）/25　集部/別集類/唐至五代

韓昌黎詩集編年箋注十二卷　（唐）韓愈撰　（清）方世舉注　清乾隆二十三年(1758)盧見曾雅雨堂刻本　六冊

110000－0102－0003374　（丙四）/28　集部/總集類/詩/通代

阮亭選古詩三十二卷　（清）王士禛選　清康熙三十六年(1697)陽羨蔣景祁刻本　佚名批　五冊　存二十六卷（五言詩一至五、十二至十七,七言詩一至十五）

110000－0102－0003375　（丙四）/30　集部/總集類/詩/斷代/清

榕村詩選八卷首一卷　（清）李光地編　清雍正八年(1730)方覲刻本　四冊

110000－0102－0003376　（丙四）/33　集部/別集類/清

壽簬齋詩集三十五卷　（清）鮑倚雲撰　清嘉慶十三年(1808)鮑桂星刻本　八冊

110000－0102－0003377　（丙四）/34　集部/別集類/唐至五代

杜律啟蒙十二卷　（唐）杜甫撰　（清）邊連寶集注　清乾隆四十二年(1777)刻本　四冊

110000－0102－0003378　（丙四）/37　集部/別集類/唐至五代

昌黎先生集四十卷外集十卷遺文一卷　（唐）韓愈撰　（宋）廖瑩中校正　朱子校昌黎先生集傳一卷　（宋）朱熹校正　明末東吳徐氏東雅堂刻清初重修本　二冊

110000－0102－0003379　（丙四）/38　集部/

別集類/清

漁洋山人精華錄十卷 （清）林佶等編　清康熙三十九年(1700)刻本　八冊

110000－0102－0003380　（丙四)/39　集部/總集類/文/通代

秦漢文鈔不分卷 （明）馮有翼輯　明萬曆十一年(1583)清音館刻本　十二冊

110000－0102－0003381　（丙四)/40　集部/總集類/詩/斷代/元

元詩選六卷補遺一卷 （清）顧奎光輯　清乾隆十六年(1751)麗農堂刻本　四冊

110000－0102－0003382　（丙四)/41　集部/別集類/清

投筆集二卷 （清）錢謙益撰　清抄本　佚名題、校　二冊

110000－0102－0003383　（丙四)/42　子部/雜家類/雜考

黃嬭餘話八卷 （清）陳錫路撰　清乾隆三十七年(1772)曾光先刻本　二冊

110000－0102－0003384　（丙四)/43　集部/總集類/通代

續文選三十二卷 （明）湯紹祖撰　明崇禎二年(1629)希貴堂刻本　八冊　存十五卷(一至十五)

110000－0102－0003385　（丙四)/45　集部/別集類/清

苔文館詩存一卷 （清）劉溎年撰　清咸豐四年(1854)稿本　一冊

110000－0102－0003386　（丙四)/47　集部/總集類/詩/斷代/唐至五代

唐詩快三種 （清）黃周星輯　清康熙刻本　八冊

110000－0102－0003387　（丙四)/48　集部/別集類/清

帶經堂全集九十二卷 （清）王士禎撰　（清）程哲編　清康熙五十年(1711)程氏七略書堂刻乾隆十二年(1747)黃晟補刻本　佚名批註　四十八冊

110000－0102－0003388　（丙四)/49　集部/別集類/遼金元

元遺山詩集十卷 （金）元好問撰　（明）潘是仁輯校　明末潘是仁刻本　四冊

110000－0102－0003389　（丙四)/50　集部/別集類/宋

石湖居士詩集三十五卷 （宋）范成大撰　（清）顧嗣皋等重訂　清康熙二十七年(1688)吳郡顧氏依園刻本　六冊　存十六卷(一至十六)

110000－0102－0003390　（丙四)/51　集部/別集類/唐至五代

讀杜心解六卷首一卷 （唐）杜甫撰　（清）浦起龍解　清雍正二年(1724)寧我齋刻本　六冊

110000－0102－0003391　（丙四)/52　集部/別集類/宋

宋王忠文公文集五十卷目錄四卷 （宋）王十朋撰　**年譜一卷**　清雍正六年(1728)唐復銓刻本　五冊

110000－0102－0003392　（丙四)/53　集部/別集類/明

青邱高季迪先生詩集十八卷首一卷遺詩一卷扣舷集一卷附錄一卷鳧藻集五卷 （明）高啓撰　（清）金檀輯注　清雍正六年(1728)桐鄉金氏文瑞樓刻本　十冊

110000－0102－0003393　（丙四)/55　集部/別集類/唐至五代

溫飛卿詩集九卷 （唐）溫庭筠撰　（明）曾益注　（清）顧予咸補注　清康熙蘇州顧氏秀野草堂刻本　四冊

110000－0102－0003394　（丙四)/57　集部/別集類/宋

蘇學士文集十六卷 （宋）蘇舜欽撰　清康熙三十七年(1698)徐惇孝、徐惇復刻本　六冊

110000－0102－0003395　（丙四)/59　集部/總集類/詩/斷代/清

二家詩鈔二十卷 （清）邵長蘅選　清康熙三

十四年（1695）刻本（卷二有一葉抄配） 六冊

110000 - 0102 - 0003396 （丙四）/60 集部/別集類/宋

方秋崖先生小藁不分卷 （宋）方岳撰 清康熙范希文也趣軒抄本 四冊

110000 - 0102 - 0003397 （丙四）/61 集部/總集類/詩/斷代/明

明詩別裁集十二卷 （清）沈德潛輯 （清）周準輯 清乾隆刻本 六冊

110000 - 0102 - 0003398 （丙四）/62 史部/史抄類

太史華句八卷 （明）淩迪知輯 明萬曆五年（1577）刻本 四冊

110000 - 0102 - 0003399 （丙四）/63 集部/別集類/唐至五代

唐駱先生集八卷附錄一卷 （唐）駱賓王撰 （明）王衡批釋 明萬曆淩毓柟刻朱墨套印本 四冊

110000 - 0102 - 0003400 （丙四）/64 集部/別集類/宋

東萊先生詩集二十卷 （宋）呂本中撰 清抄本 ［自然逸叟］校 八冊

110000 - 0102 - 0003401 （丙四）/65 集部/別集類/唐至五代

重刊校正笠澤叢書 （唐）陸龜蒙撰 清雍正九年（1731）刻本 四冊

110000 - 0102 - 0003402 （丙四）/69 集部/別集類/宋

雪溪詩集五卷 （宋）王銍撰 清末劉氏味經書屋抄本 一冊

110000 - 0102 - 0003403 （丙四）/71 集部/楚辭類

楚辭八卷後語六卷辯證二卷 （戰國）屈原撰 （宋）朱熹集注 明刻本 四冊

110000 - 0102 - 0003404 （丙四）/72 集部/別集類/遼金元

揭文安公詩文集十四卷附補遺 （元）揭傒斯

撰 清光緒二十四年（1898）徐坊抄本 佚名校勘 二冊

110000 - 0102 - 0003405 （丙四）/73 集部/別集類/唐至五代

杜工部集二十卷唱酬題詠附錄一卷諸家詩話一卷杜工部集附錄一卷少陵先生年譜一卷 （唐）杜甫撰 （清）錢謙益箋註 清康熙六年（1667）季氏靜思堂刻本 邱氏過錄王士禛批姚鼐題識 四冊

110000 - 0102 - 0003406 （丙四）/74 集部/楚辭類

楚辭評林八卷楚辭總評一卷 （宋）朱熹集註 （明）沈雲翔輯評 明崇禎十年（1637）吳郡八詠樓刻本 佚名批 四冊

110000 - 0102 - 0003407 （丙四）/75 集部/別集類/宋

河東柳仲塗先生文集十六卷 （宋）柳開撰 清抄本 四冊

110000 - 0102 - 0003408 （丙四）/79 集部/曲類/曲譜、曲韻

納書楹曲譜正集四卷續集四卷補遺四卷外集二卷納書楹玉茗堂四夢曲譜八卷 （清）葉堂撰 清乾隆五十七年至五十九年（1792 - 1794）葉氏納書楹刻本 四十六冊 存十六卷（正集四卷、續集四卷、外集二卷、牡丹亭全譜二卷、補遺四卷）

110000 - 0102 - 0003409 （丙四）/80 集部/別集類/唐至五代

昌黎先生集四十卷外集十卷遺文一卷 （唐）韓愈撰 （唐）李漢編 明徐氏東雅堂刻補刻本（卷一抄配） 二十冊

110000 - 0102 - 0003410 （丙四）/81 集部/總集類/通代

文選六十卷 （南朝梁）蕭統撰 （唐）李善注 清乾隆三十七年（1772）長洲葉氏海錄軒刻朱墨套印本 佚名批點 十二冊

110000 - 0102 - 0003411 （丙四）/82 集部/別集類/清

寒松堂全集十二卷　（清）魏象樞撰　清康熙刻本　十二冊

110000－0102－0003412　（丙四）/83　集部/別集類/清

御製全韻詩不分卷　（清）高宗弘曆撰　清抄本　五冊

110000－0102－0003413　（丙四）/87　集部/詞類/詞譜、詞律、詞韻/詞譜

詞律二十卷　（清）萬樹編　清康熙二十六年(1687)堆絮園刻本　十冊

110000－0102－0003414　（丙四）/92　集部/總集類/文/地方

山左明詩鈔三十五卷　（清）宋弼編　清乾隆三十六年(1771)益都李文藻恩平縣衙刻本　八冊

110000－0102－0003415　（丙四）/96　集部/別集類/清

漁洋山人文略十四卷　（清）王士禛撰　清康熙刻本清雍正後印本　五冊

110000－0102－0003416　（丙四）/99　集部/別集類/清

直木堂詩集七卷　（清）釋本晝撰　清康熙刻本　二冊

110000－0102－0003417　（丙四）/100　集部/別集類/清

杏村詩集七卷　（清）謝重輝撰　（清）王士禛評　清康熙刻本　茝坪氏、沈兆澐題跋　二冊

110000－0102－0003418　（丙四）/101　集部/別集類/清

太白山人槲葉集五卷　（清）李柏撰　清康熙刻本　五冊

110000－0102－0003419　（丙四）/102　集部/總集類/詩/斷代/唐至五代

唐詩金粉十卷　（清）沈炳震纂　清乾隆東讀書齋刻本　[周肇祥]題跋　四冊

110000－0102－0003420　（丙四）/103　集

部/別集類/明

擬寒山詩一卷　（明）張守約撰　明末刻本　二冊

110000－0102－0003421　（丙四）/104　集部/別集類/清

瞎堂詩集二十卷首一卷　（清）釋函昰撰　清康熙刻本　四冊

110000－0102－0003422　（丙四）/115　集部/別集類/清

藍尸部集二十八卷　（清）藍千秋撰　清乾隆十二年(1747)東塘書屋刻本　六冊

110000－0102－0003423　（丙四）/118　集部/別集類/清

夢月巖詩集二十卷詩餘一卷　（清）呂履恆撰　清雍正三年(1725)刻本(卷十六至二十係抄配)　四冊

110000－0102－0003424　（丙四）/127　集部/別集類/清

越中名勝賦　（清）李壽朋撰　清乾隆四十年(1775)刻本　一冊

110000－0102－0003425　（丙四）/129　集部/總集類/詩/斷代/元

元詩選六卷補遺一卷　（清）顧奎光輯　清乾隆十六年(1751)麗農堂刻本　四冊

110000－0102－0003426　（丙四）/135　集部/別集類/清

陶人心語六卷　（清）唐英撰　清乾隆唐寅保刻本　四冊

110000－0102－0003427　（丙四）/136　集部/總集類/詩/斷代/清

國朝詩正聲集不分卷首一卷　（清）項章撰　清乾隆刻本　四冊

110000－0102－0003428　（丙四）/138　集部/總集類/詩/斷代/清

織雲樓詩合刻　（清）周映清等撰　清抄本　二冊

110000－0102－0003429　（丙四）/139　集

阿字無禪師光宣臺集二十五卷　（清）釋今無撰　清康熙刻乾隆修版本　六冊　缺六卷（二十至二十五）

110000－0102－0003430　（丙四）/144　集部/別集類/唐至五代

讀書堂杜工部詩集註解二十卷文集註解二卷杜工部編年詩史譜目一卷　（唐）杜甫撰　（清）張溍評註　清康熙三十七年(1698)讀書堂刻本　十二冊

110000－0102－0003431　（丙四）/151　集部/別集類/清

［安雅堂集］　（清）宋琬撰　清順治至乾隆刻本　十六冊

110000－0102－0003432　（丙四）/154　集部/總集類/詩/斷代

金詩選四卷　（清）顧奎光選輯　清乾隆十六年(1751)刻本　二冊

110000－0102－0003433　（丙四）/156　子部/宗教類/釋教

御錄宗鏡大綱二十卷　（宋）釋智覺撰　清雍正十二年(1734)刻本　四冊

110000－0102－0003434　（丙四）/158　集部/別集類/漢至隋

潘黃門集六卷　（晉）潘嶽撰　（明）呂兆禧校　明萬曆至天啟刻漢魏六朝二十一名家集本　二冊

110000－0102－0003435　（丙四）/159　集部/別集類/明

羅司勳文集八卷外集一卷附錄一卷　（明）羅虞臣撰　清康熙五十年(1711)刻本　三冊

110000－0102－0003436　（丙四）/160　集部/別集類/清

侯朝宗文鈔八卷　（清）侯方域撰　（清）宋犖（清）許汝霖選　清康熙刻本　四冊

110000－0102－0003437　（丙四）/174　集部/別集類/清

擔峰詩四卷　（清）孫洤撰　清康熙三十六年

(1697)刻本　四冊

110000－0102－0003438　（丙四）/178　集部/別集類/清

湖海樓詩集八卷　（清）陳維崧撰　清康熙二十八年(1689)患立堂刻本　二冊

110000－0102－0003439　（丙四）/180　集部/別集類/清

寒村見黃稿二卷　（清）鄭梁撰　清康熙山陽戴氏刻本　二冊

110000－0102－0003440　（丙四）/181　集部/集評類

文心雕龍十卷　（南朝梁）劉勰撰　（清）黃叔琳輯注　清乾隆六年(1741)華亭姚培謙養素堂刻本　四冊

110000－0102－0003441　（丙四）/183　史部/傳記類/別傳

蘇子瞻二卷　（明）毛鳳苞輯　明天啟五年(1625)毛氏綠君亭刻本　二冊

110000－0102－0003442　（丙四）/198　集部/詞類/詞選

花菴絕妙詞選十卷　（宋）黃升編　明末常熟琴川毛氏汲古閣刻詞苑英華本　四冊

110000－0102－0003443　（丙四）/202　集部/總集類/文/通代

永清文徵五卷　（清）章學誠纂　清乾隆刻本　二冊

110000－0102－0003444　（丙四）/215　集部/總集/文/通代

重訂文選集評十五卷首一卷末一卷　（南朝梁）蕭統選　（清）于光華編　清乾隆四十三年(1778)啟秀堂刻本　十六冊

110000－0102－0003445　（丙四）/216　集部/總集/文/通代

古文淵鑒六十四卷　（清）徐乾學等編注　清康熙二十四年(1685)內府刻四色套印本　二十四冊

110000－0102－0003446　（丙四）/234　集

部/集評類/文評

斯文規範八卷 （清）王茂撰修 清康熙五十九年(1720)映旭齋刻本 四冊

110000－0102－0003447 （丙四）/242 集部/總集類/文/斷代/清

宋四六選二十四卷 （清）曹振鏞編 清乾隆四十一年至四十二年(1776－1777)曹振鏞刻本 十二冊

110000－0102－0003448 （丙四）/243 集部/別集類/漢至隋

陶靖節詩集四卷 （晉）陶潛撰 （清）蔣薰丹評 東坡和陶詩 （宋）蘇軾撰 陶淵明詩集考異陶靖節詩話 （清）胡鳳丹纂 律陶詩（明）王思任集 敦好齋律陶纂 （明）黃槐開纂 清康熙刻本 四冊

110000－0102－0003449 （丙四）/255 集部/別集類/清

懷清堂集二十卷首一卷 （清）湯右曾撰 清乾隆十年至十二年(1745－1747)湯孔、湯融書刻本 六冊

110000－0102－0003450 （丙四）/270 集部/別集類/清

燕川集六卷 （清）范泰恆撰 清乾隆二十一年(1756)刻本 四冊

110000－0102－0003451 （丙四）/272 集部/別集類/明

白沙子全集十卷首一卷末一卷 （明）陳獻章撰 清乾隆三十六年(1771)刻本 九冊

110000－0102－0003452 （丙四）/273 集部/總集類/文/通代

[唐宋八大家文鈔]一百六十六卷 （明）茅坤編 明萬曆刻本(蘇文公文鈔卷五至六為抄配) 佚名批 三十冊 存一百四十四卷(韓文公文鈔一至十六、柳柳州文鈔一至十二、歐陽文忠公文鈔一至三十二、蘇文公文鈔一至十、蘇文忠公文鈔一至二十八、蘇文定公文鈔一至二十、王文公文鈔一至十六、曾文定公文鈔一至十)

110000－0102－0003453 （丙四）/274 集部/別集類/唐至五代

杜詩論文五十六卷 （清）吳見思注 清康熙十一年(1672)岱淵堂刻本(抄配) 佚名批 八冊

110000－0102－0003454 （丙四）/275 集部/總集類/詩/斷代/明

明詩綜一百卷 （清）朱彝尊編 清康熙四十四年(1705)刻本 佚名批註 三十二冊

110000－0102－0003455 （丙四）/279 集部/總集類/詩/通代

佩文齋詠物詩選 （清）高興編 清康熙刻本 十六冊

110000－0102－0003456 （丙四）/281 集部/總集類/文/通代

古文眉詮七十九卷首一卷 （清）浦起龍編 清乾隆三吳書院刻本 二十四冊

110000－0102－0003457 （丙四）/282 集部/總集類/文/通代

古文眉詮七十九卷首一卷 （清）浦起龍編 清乾隆二十六年(1761)三吳書院刻本 二十四冊

110000－0102－0003458 （丙四）/287 集部/別集類/明

花王閣賸稿一卷 （明）紀坤撰 清嘉慶四年(1799)紀氏閱微草堂刻本 佚名圈點、批 一冊

110000－0102－0003459 （丙四）/289 集部/別集類/清

西澗草堂集四卷 （清）閻循觀撰 清乾隆三十七年(1772)刻本 四冊

110000－0102－0003460 （丙四）/291 集部/別集類/清

芝在堂文集十五卷 （清）劉醇驥撰 清康熙刻本 四冊

110000－0102－0003461 （丙四）/292 集部/別集類/清

有懷堂文藁二十二卷 （清）韓菼撰 清康熙

四十二年(1703)刻本　七冊

110000 – 0102 – 0003462　（丙四）/294　子部/雜家類

管城碩記三十卷　（清）徐文靖撰　清乾隆九年(1744)志寧堂刻本　八冊

110000 – 0102 – 0003463　（丙四）/302　子部/雜家類

文典璆琳　（□）□□撰　**周禮序官**　（□）□□撰　**策學萃語**　（□）□□撰　清抄本三冊

110000 – 0102 – 0003464　（丙四）/303　集部/總集類/詩/通代

古詩賞析二十二卷　（清）張玉轂編　清乾隆刻本　六冊

110000 – 0102 – 0003465　（丙四）/305　集部/曲類/曲別集/雜劇

懷永堂繪像第六才子書八卷　（元）王德信撰（清）金聖嘆評點　清刻本　六冊

110000 – 0102 – 0003466　（丙四）/311　集部/總集類/詩/斷代/清

所知集初編十二卷二編八卷三編十二卷（清）陳毅輯　清乾隆五十七年(1792)刻本六冊

110000 – 0102 – 0003467　（丙四）/323　集部/別集類/宋

東坡先生編年詩五十卷年表一卷　（宋）蘇軾撰　（清）查慎行補註　清乾隆二十六年(1761)香雨齋刻本　佚名評點　二十冊

110000 – 0102 – 0003468　（丙四）/324　集部/別集類/宋

坡仙集十六卷　（宋）蘇軾撰　明末刻本　佚名注　八冊

110000 – 0102 – 0003469　（丙四）/325　集部/別集類/清

世宗憲皇帝御製文集三十卷目錄四卷　（清）世宗胤禛撰　清乾隆內府刻本　八冊　存十七卷(一至十六、目錄)

110000 – 0102 – 0003470　（丙四）/330　集部/別集類/清

北墅緒言五卷　（清）陸次雲撰　（清）高士奇（清）汪霦評　清康熙刻本(序,目錄,卷一、五係抄補)　四冊

110000 – 0102 – 0003471　（丙四）/338　集部/別集類/清

鹿洲初集二十卷　（清）藍鼎元撰　清雍正九年(1731)刻本　十冊

110000 – 0102 – 0003472　（丙四）/348　集部/別集類/清

四憶堂詩集六卷遺稿一卷　（清）侯方域撰清乾隆、嘉慶刻本　二冊

110000 – 0102 – 0003473　（丙四）/362　史部/地理類/專志/古跡

滄浪小志二卷　（清）宋犖編　清康熙三十五年(1696)刻本　二冊

110000 – 0102 – 0003474　（丙四）/379　集部/別集類/明

海叟詩集四卷附錄一卷海叟集外詩　（明）袁凱撰　清康熙六十一年(1722)城書室刻本二冊

110000 – 0102 – 0003475　（丙四）/394　集部/別集類/明

剪桐載筆一卷　（明）王象晉撰　明末清初毛鳳苞刻本　二冊

110000 – 0102 – 0003476　（丙四）/395　集部/別集類/清

思綺堂文集十卷　（清）章藻功撰　清康熙六十一年(1722)刻本　十冊

110000 – 0102 – 0003477　（丙四）/400　集部/別集類/清

周伯衡詩鈔十六卷　（清）周體觀撰　清康熙十八年(1679)刻本　八冊

110000 – 0102 – 0003478　（丙四）/409　集部/別集類/明

鄭山齋先生文集二十四卷　（明）鄭岳撰　明萬曆十九年(1591)鄭氏家刻本　四冊　存十

七卷(一至十七)

110000－0102－0003479 （丙四）/410 集部/別集類/清
存誠堂詩集二十五卷 （清）張英撰 清康熙刻本 五冊

110000－0102－0003480 （丙四）/434 集部/別集類/唐至五代
昌黎先生集四十卷遺文一卷外集十卷 （唐）韓愈撰 （唐）李漢編 （宋）廖瑩中校 **朱子校昌黎先生集傳一卷** （宋）朱熹校正 明徐氏東雅堂刻本 二十冊 存二十五卷（四至五、八至十八、二十四至三十一、三十七至四十）

110000－0102－0003481 （丙四）/446 集部/別集類/宋
元豐類稿五十卷 （宋）曾鞏撰 清乾隆刻本 六冊

110000－0102－0003482 （丙四）/465 集部/別集類/宋
朱子文集大全類編一百十一卷 （宋）朱熹撰 （清）朱玉輯 清雍正八年(1730)紫陽山房刻本 四十八冊

110000－0102－0003483 （丙四）/482 集部/別集類/明
陽明先生集要三編十五卷附陽明先生年譜一卷 （明）王守仁撰 （明）施邦曜評輯 清乾隆五十二年(1787)刻本 十二冊

110000－0102－0003484 （丙四）/582 集部/總集類/文/通代/文選
文選六十卷 （南朝梁）蕭統輯 （唐）李善注 清乾隆三十七年(1772)葉氏海錄軒刻朱墨套印本 十二冊

110000－0102－0003485 （丙四）/586 集部/總集類/文/通代/文選
文選補遺四十卷 （宋）陳仁子輯 清乾隆二年(1737)陳文煜刻六年(1741)補刻本 十六冊

110000－0102－0003486 （丙四）/591 集

部/總集類/詩/斷代/宋
宋詩鈔初集 （清）吳之振 （清）呂留良 （清）吳爾堯選 清康熙十年(1671)吳氏鑑古堂刻本 三十二冊

110000－0102－0003487 （丙四）/602 集部/總集類/文/通代
古文淵鑒六十四卷 （清）徐乾學等編注 清康熙刻四色套印本 三十冊

110000－0102－0003488 （丙四）/610 集部/總集類/詩/斷代
明詩綜一百卷 （清）朱彝尊輯 清康熙朱氏六峰閣刻清雍正印本 四十冊

110000－0102－0003489 （丙四）/613 集部/總集類/文/通代
古文雅正十四卷 （清）蔡世遠選評 清雍正三年(1725)念修堂刻本 六冊

110000－0102－0003490 （丙四）/773 集部/總集類/文/地方
中州名賢文表三十卷 （明）劉昌編 清康熙四十五年(1706)汪立名刻本 六冊

110000－0102－0003491 （丙四）/797 集部/別集類/清
棲雲閣詩十二卷拾遺三卷 （清）高珩撰 清乾隆五十六年(1791)刻本 四冊

110000－0102－0003492 （丙四）/801 集部/別集類/明
洹詞十二卷 （明）崔銑撰 清乾隆三十七年(1772)黃邦寧刻本 六冊

110000－0102－0003493 （丙四）/809 集部/別集類/清
釘餒吟十二卷 （清）石贊清撰 清咸豐抄本 四冊

110000－0102－0003494 （丙四）/810 集部/別集類/清
叢碧山房詩三集工部稿十一卷四集戶部稿十卷叢碧山房文集八卷叢碧山房雜著三卷 （清）龐塏撰 清康熙刻本 六冊

110000 - 0102 - 0003495　（丙四）/817　集部/集評類/詩評

杜詩偶評四卷　（清）沈德潛編　清乾隆賦閑草堂刻本　二冊

110000 - 0102 - 0003496　（丙四）/818　集部/別集類/宋

宋丞相文山先生全集二十卷　（宋）文天祥撰　清康熙十二年（1673）曾弘嚴文堂刻本　八冊

110000 - 0102 - 0003497　（丙四）/820　集部/別集類/明

霍勉齋集十三卷　（明）霍與瑕撰　明萬曆十八年（1590）刻本　十冊

110000 - 0102 - 0003498　（丙四）/824　集部/別集類/清

塗鴉集雜錄一卷文部二卷書問二卷　（清）釋圓捷撰　清康熙刻本　六冊

110000 - 0102 - 0003499　（丙四）/827　集部/別集類/清

緯蕭草堂詩三卷　（清）宋至撰　清康熙二十七年（1688）刻本　三冊

110000 - 0102 - 0003500　（丙四）/830　集部/總集類

歷朝名媛詩詞十二卷　（清）陸昶編　清乾隆三十八年（1773）吳門陸氏紅樹樓刻本　四冊

110000 - 0102 - 0003501　（丙四）/831　集部/別集類/宋

宋王忠文公文集五十卷目錄四卷　（宋）王十朋撰　（清）唐傳鉎重編　**年譜一卷**　（清）徐炯文編　清雍正六年（1728）刻本　十冊

110000 - 0102 - 0003502　（丙四）/835　集部/別集類/明

紫柏老人集十五卷首一卷　（明）釋真可撰　明崇禎四年（1631）刻本　十二冊

110000 - 0102 - 0003503　（丙四）/850　集部/別集類/宋

韋齋集十二卷首一卷　（宋）朱松撰　（清）朱玉重輯　清雍正七年（1729）刻本　四冊　存

六卷（一至六）

110000 - 0102 - 0003504　（丙四）/858　經部/詩類

田間詩學不分卷　（清）錢澄之撰　清康熙刻本（引用先儒姓氏及部分葉面未印上的內容係抄補）　四冊

110000 - 0102 - 0003505　（丙四）/870　集部/別集類/明

文清公薛先生文集二十四卷　（明）薛瑄撰　清雍正十二年（1734）薛氏刻本　十二冊

110000 - 0102 - 0003506　（丙四）/885　集部/別集類/宋

盤洲文集八十一卷拾遺一卷　（宋）洪适撰　清末抄本　十二冊

110000 - 0102 - 0003507　（丙四）/892　集部/別集類/清

味和堂詩集六卷　（清）高其倬撰　清乾隆刻本　四冊

110000 - 0102 - 0003508　（丙四）/893　史部/別史、雜史類

揮塵前錄四卷後錄十一卷　（宋）王明清輯　明末毛氏汲古閣刻本　六冊

110000 - 0102 - 0003509　（丙四）/899　集部/別集類/清

叢碧山房詩初集（翰苑稿）十四卷二集（舍人稿）六卷五集（建州稿）六卷　（清）龐塏撰　清康熙刻本　四冊

110000 - 0102 - 0003510　（丙四）/905　集部/詞類/詞總集/斷代

唐詞紀十六卷　（明）董逢元編　清抄本　二冊

110000 - 0102 - 0003511　（丙四）/907　集部/別集類/宋

蘇長公二妙集二十二卷　（宋）蘇軾撰　（明）焦竑批點　明天啟元年（1621）徐氏曼山館刻本　十二冊

110000 - 0102 - 0003512　（丙四）/915　集

部/總集類/詩/通代

古樂苑五十二卷衍錄四卷前卷一卷目錄二卷
（明）梅鼎祚編　明萬曆刻本　二十四冊

110000－0102－0003513　（丙四）/917　集
部/總集類/詩/通代

明人詩鈔正集十二卷續集十四卷　（清）朱琰
輯　清乾隆二十五年（1760）海鹽朱琰刻本
六冊

110000－0102－0003514　（丙四）/930　集
部/別集類/清

尋墊外言五卷　（清）李斯遠撰　清康熙刻本
一冊

110000－0102－0003515　（丙四）/940　集
部/總集類/文/通代

唐宋大家全集錄十種五十二卷　（清）儲欣輯
清康熙刻本　二十四冊

110000－0102－0003516　（丙四）/941　集
部/俗文學類/彈詞

廿一史彈詞注十一卷　（明）楊慎撰　（清）張
三異增定　（清）張仲璜注　清乾隆五十一年
（1786）漢陽視履堂刻本　八冊

110000－0102－0003517　（丙四）/971　史
部/政書類/詔令奏議/奏議

李文襄公奏議二卷奏疏十卷別錄六卷　（清）
李之芳撰　**年譜一卷**　（清）程光袒纂　清康
熙刻本　十二冊

110000－0102－0003518　（丙四）/976　集
部/別集類/宋

司馬文正公集八十二卷首一卷目錄二卷
（宋）司馬光撰　清乾隆二十六年（1761）劉組
曾刻本　二十冊

110000－0102－0003519　（丙四）/981　集
部/別集類/清

尹文端公詩集十卷　（清）尹繼善撰　清乾隆
刻本　四冊

110000－0102－0003520　（丙四）/982　集
部/別集類/清

榕村全集四十卷別集五卷　（清）李光地撰

清乾隆元年（1736）李清植刻本　十冊

110000－0102－0003521　（丙四）/991　集
部/別集類/唐至五代

**玉谿生詩詳註三卷首一卷樊南文集詳註八卷
首一卷**　（唐）李商隱撰　（清）馮浩註　清乾
隆四十五年（1780）德聚堂刻本　八冊

110000－0102－0003522　（丙四）/992　集
部/別集類/宋

黃詩全集五十八卷附錄一卷　（宋）黃庭堅撰
清乾隆五十四年（1789）樹經堂刻本　二
十冊

110000－0102－0003523　（丙四）/995　集
部/別集類/清

江聲草堂詩集四卷　（清）金志章撰　清乾隆
十九年（1754）刻本（前三葉係抄配）　二冊

110000－0102－0003524　（丙四）/996　集
部/別集類/清

汪鈍翁文鈔十二卷　（清）汪琬撰　（清）宋犖
（清）許汝霖輯　清康熙刻本　四冊

110000－0102－0003525　（丙四）/998　集
部/別集類/清

石矑詩集　（清）湯懋紳撰　清雍正十二年
（1734）刻本　一冊

110000－0102－0003526　（丙四）/999　集
部/別集類/清

清獻堂集十卷　（清）趙佑撰　清乾隆五十二
年（1787）刻本　六冊

110000－0102－0003527　（丙四）/1005　集
部/別集類/清

松花菴逸草一卷詩餘一卷　（清）吳鎮撰　清
乾隆刻本　一冊

110000－0102－0003528　（丙四）/1010　集
部/別集類/宋

歲寒堂詩話二卷　（宋）張戒撰　清乾隆三十
九年（1774）武英殿木活字印武英殿聚珍版叢
書本　一冊

110000－0102－0003529　（丙四）/1014　集

部/曲類/曲別集/傳奇

比目魚傳奇二卷　（清）李漁編　清康熙刻本
　一冊

110000－0102－0003530　（丙四）/1015　集
部/曲類/曲別集/傳奇

巧團圓傳奇(夢中樓)二卷　（清）李漁撰　清
康熙刻笠翁傳奇十種本　一冊

110000－0102－0003531　（丙四）/1016　集
部/曲類/曲別集/傳奇

玉搔頭傳奇二卷　（清）李漁撰　清康熙刻笠
翁傳奇十種本　一冊

110000－0102－0003532　（丙四）/1017　集
部/曲類/曲別集/傳奇

奈何天傳奇(奇福記)二卷　（清）李漁撰　清
康熙刻笠翁傳奇十種本　一冊

110000－0102－0003533　（丙四）/1018　集
部/曲類/曲別集/傳奇

慎鸞交傳奇二卷　（清）李漁編　清康熙刻本
　一冊

110000－0102－0003534　（丙四）/1019　集
部/別集類/清

**湖海樓詩集十二卷補遺一卷詞集二十卷文集
六卷儷體文集十二卷**　（清）陳維崧撰　清乾
隆六十年(1795)刻本　二十冊

110000－0102－0003535　（丙四）/1020　集
部/總集類/詩/斷代/清

感舊集十六卷附小傳補遺　（清）王士禎選
（清）盧見曾補傳　清乾隆十七年(1752)盧見
曾刻本(卷前序、卷一至二係抄配)　四冊

110000－0102－0003536　（丙四）/1022　集
部/別集類/清

陳學士文集十八卷　（清）陳儀撰　清乾隆十
八年(1753)蘭雪齋刻本　八冊

110000－0102－0003537　（丙四）/1026　集
部/別集類/清

敬業堂詩集五十卷　（清）查慎行撰　清康熙
刻本　六冊

110000－0102－0003538　（丙四）/1027　集
部/別集類/宋

**劍南詩彙八十五卷放翁逸稾三卷家世舊聞一
卷齋居紀事一卷南唐書十八卷**　（宋）陸游撰
　明天啟四年(1624)毛晉汲古閣刻清毛扆汲
古閣續修補刻本　佚名批　三十六冊

110000－0102－0003539　（丙四）/1029　集
部/別集類/清

漁洋山人詩集二十二卷　（清）王士禎撰　清
康熙八年(1669)吳郡沂詠堂刻清雍正印本
四冊

110000－0102－0003540　（丙四）/1031　集
部/總集類/詩/斷代/遼金元

中州集十卷首一卷中州樂府集一卷　（金）元
好問輯　明末毛氏汲古閣刻本(冊一中州集
引、冊六、冊十中州集後序至卷末係抄配)
佚名批註　十冊

110000－0102－0003541　（丙四）/1032　集
部/別集類/明

太師誠意伯劉文成公集二十卷　（明）劉基撰
　（明）何鏜編校　明隆慶六年(1572)豫章謝
廷傑、建安陳烈刻本　二十九冊

110000－0102－0003542　（丙四）/1034　集
部/別集類/唐至五代

杜詩偶評四卷　（清）沈德潛編　清乾隆十二
年(1747)賦閑草堂刻本　二冊

110000－0102－0003543　（丙四）/1035　集
部/別集類/明

程士集四卷　（明）高拱撰　清康熙二十七年
(1688)刻本　四冊

110000－0102－0003544　（丙四）/1039　集
部/別集類/清

**中山文鈔四卷首一卷詩鈔四卷史論二卷奏議
四卷南征百律一卷**　（清）郝浴撰　清康熙刻
本　九冊

110000－0102－0003545　（丙四）/1041　集
部/別集類/明

范文忠公初集十二卷　（明）范景文撰　范文

忠公年譜一卷 （清）王孫錫撰 清康熙十二年(1673)范氏思仁堂刻康熙至光緒范氏遞修本 六冊

110000 – 0102 – 0003546 （丙四）/1045 集部/別集類/清

磻邨詩集不分卷 （清）姜文濱撰 清乾隆姜棟刻本 一冊

110000 – 0102 – 0003547 （丙四）/1062 集部/別集類/清

文貞公集十二卷 （清）張玉書撰 清乾隆五十七年(1792)松蔭堂刻本 六冊

110000 – 0102 – 0003548 （丙四）/1093 集部/集評類/詩評

本事詩十二卷 （清）徐釚輯 清乾隆二十二年(1757)半松書屋刻本 四冊

110000 – 0102 – 0003549 （丙四）/1095 集部/別集類/清

青門籏稾十六卷旅稾六卷賸稾八卷邵氏家錄二卷 （清）邵長蘅纂 （清）顧景星批點 清康熙青門草堂刻光緒二十二年(1896)李超瓊印本 十二冊 缺二卷(邵氏家錄二卷)

110000 – 0102 – 0003550 （丙四）/1096 集部/別集類/清

施愚山全集 （清）施閏章撰 清康熙四十七年(1708)宣城施氏刻乾隆補刻本 十六冊

110000 – 0102 – 0003551 （丙四）/1099 集部/集評類

全唐詩話八卷 （宋）尤袤輯 （清）孫濤續輯 清乾隆三十九年(1774)孫濤刻本 八冊

110000 – 0102 – 0003552 （丙四）/1102 集部/集評類/詩評

詩人玉屑二十卷 （宋）魏慶之撰 清初刻本 六冊

110000 – 0102 – 0003553 （丙四）/1104 集部/別集類/清

善卷堂四六十卷 （清）陸繁弨撰 （清）吳自高注 清乾隆三十五年(1770)武進陳明善亦園刻本 四冊

110000 – 0102 – 0003554 （丙四）/1108 集部/總集類/詩/斷代/清

熊劉詩集 （清）熊鍾陵撰 （清）劉雅川 （清）易履泰輯 清乾隆五十七年(1792)名山閣刻本 二冊

110000 – 0102 – 0003555 （丙四）/1112 集部/別集類/清

鈍齋詩稿八卷 （清）寶絵撰 清乾隆五十九年(1794)寶氏刻本 二冊

110000 – 0102 – 0003556 （丙四）/1121 – 1 集部/別集類/清

附鮚軒詩八卷 （清）洪亮吉撰 清乾隆六十年(1795)刻本 二冊

110000 – 0102 – 0003557 （丙四）/1126 子部/雜家類/雜考

容齋隨筆十六卷續筆十六卷三筆十六卷四筆十六卷五筆十卷 （宋）洪邁撰 明崇禎三年(1630)馬元調刻本 十六冊

110000 – 0102 – 0003558 （丙四）/1127 – 1 集部/別集類/唐至五代

溫飛卿詩集九卷 （唐）溫庭筠撰 （明）曾益注 （清）顧予咸補注 （清）顧嗣立續注 清康熙三十六年(1697)秀野草堂刻本 二冊

110000 – 0102 – 0003559 （丙四）/1129 集部/別集類/明

左忠毅公集二卷 （明）左光斗撰 清康熙至雍正刻本 佚名評點 二冊

110000 – 0102 – 0003560 （丙四）/1137 集部/總集類/詩/斷代/清

二家詩鈔 （清）邵長蘅選 清康熙三十四年(1695)刻本 五冊

110000 – 0102 – 0003561 （丙四）/1152 集部/總集類/詩/雜錄/題詠

草花百咏一卷 （清）施峵宗撰 清乾隆四十一年(1776)寶山施氏默雷書屋刻本 一冊

110000 – 0102 – 0003562 （丙四）/1155 集部/別集類/清

清吟堂集六卷 （清）高士奇撰 清康熙三十

七年(1698)郎潤堂刻本　一冊

110000－0102－0003563　（丙四）/1163　集部/別集類/明

覺非集不分卷　（明)鄧玉梅撰　清乾隆刻本一冊

110000－0102－0003564　（丙四）/1184　集部/集評類

聲調前譜一卷後譜一卷續譜一卷談龍錄一卷　（清)趙執信撰　清乾隆刻本　一冊

110000－0102－0003565　（丙四）/1195　集部/別集類/清

松厓文稿一卷次編一卷松花菴詩草二卷律古一卷律古續稿一卷集古古詩一卷集古絕句一卷松花菴集唐一卷　（清)吳鎮撰　清乾隆五十五年(1790)蘭山書院刻本　六冊

110000－0102－0003566　（丙四）/1203　集部/別集類/清

兼濟堂文集選二十卷　（清)魏裔介撰　清康熙五十年(1711)漳州龍江書院刻乾隆至嘉慶修版本　十二冊

110000－0102－0003567　（丙四）/1206　集部/別集類/宋

水心文集二十九卷　（宋)葉適撰　清乾隆二十年(1755)刻本　十冊

110000－0102－0003568　（丙四）/1215　集部/別集類/清

安雅堂未刻稿八卷附入蜀集二卷　（清)宋琬撰　清乾隆三十一年(1766)刻安雅堂集本　佚名圈點王式儒題識　一冊　缺一卷(書啟一卷)

110000－0102－0003569　（丙四）/1217　集部/總集類/詩/斷代/清

國朝六家詩鈔　（清)劉執玉編　清乾隆三十二年(1767)刻本　六冊

110000－0102－0003570　（丙四）/1220　集部/總集類/文/斷代/清

西堂全集五十六卷　（清)尤侗撰　湘中草六卷　（清)湯傳楹撰　清康熙刻本　二十冊

110000－0102－0003571　（丙四）/1222　集部/別集類/清

板橋集　（清)鄭燮撰　清乾隆延陵茶垞子清暉書屋刻本　四冊

110000－0102－0003572　（丙四）/1224　集部/別集類/明

韓五泉詩四卷　（明)韓邦靖撰　韓安人遺詩一卷　（明)屈氏撰　韓五泉附錄二卷　（明)王九思等撰　清刻本　二冊

110000－0102－0003573　（丙四）/1228　集部/別集類/明

白沙子全集六卷首一卷附錄一卷　（明)陳獻章撰　清康熙四十九年(1710)顧嗣協、何蒲澗刻本　十二冊

110000－0102－0003574　（丙四）/1232　集部/別集類/清

御製文初集三十卷目錄二卷　（清)高宗弘曆撰　清乾隆二十九年(1764)武英殿刻本六冊

110000－0102－0003575　（丙四）/1233　集部/別集類/遼金元

遺山先生詩集二十卷　（金)元好問撰　明末毛氏汲古閣刻本　四冊

110000－0102－0003576　（丙四）/1234　集部/總集類/詩/斷代/唐至五代

才調集十卷　（後蜀)韋縠撰　（清)馮舒（清)馮班評點　清康熙刻本　六冊

110000－0102－0003577　（丙四）/1235　集部/別集類/清

浪淘集詩鈔不分卷　（清)金人望撰　清康熙刻本　貳儒題記　一冊

110000－0102－0003578　（丙四）/1240　集部/別集類/清

公忠堂文集六卷附刻二卷　（清)張自德撰清康熙刻本　四冊

110000－0102－0003579　（丙四）/1246　史部/別史、雜史類

東征集六卷　（清)藍鼎元撰　（清)王者輔評

清雍正十年(1732)刻本　二冊

110000－0102－0003580　(丙四)/1261　集部/別集類/宋

伊川文集八卷　(宋)程頤撰　清初刻本
六冊

110000－0102－0003581　(丙四)/1272　集部/別集類/明

康對山先生文集十卷　(明)康海撰　(明)孫景烈選　清乾隆二十六年(1761)瑪星阿刻本　六冊

110000－0102－0003582　(丙四)/1289　集部/曲類/曲別集/散曲

碧山樂府四卷　(明)王九思撰　明崇禎十三年(1640)刻本　二冊

110000－0102－0003583　(丙四)/1290　集部/別集類/明

渼陂續集三卷　(明)王九思撰　明嘉靖二十五年(1546)刻本　三冊

110000－0102－0003584　(丙四)/1291　集部/別集類/明

陶菴全集二十卷　(明)黃淳耀撰　清乾隆二十六年(1761)刻本　五冊

110000－0102－0003585　(丙四)/1294　集部/別集類/清

樊榭山房集十卷續集十卷文集八卷　(清)厲鶚撰　清乾隆刻本　六冊

110000－0102－0003586　(丙四)/1295　集部/別集類/清

綠蘿山莊文集二十四卷　(清)胡浚撰　清乾隆二十一年(1756)刻本　二十四冊

110000－0102－0003587　(丙四)/1301　集部/別集類/唐至五代

杜詩鏡銓二十卷年譜一卷附錄一卷　(唐)杜甫撰　(清)楊倫注並輯　清乾隆九柏山房刻本　佚名批點　八冊

110000－0102－0003588　(丙四)/1302　集部/總集類/詩/地方

江左十五子詩選十五卷　(清)宋犖編　清康熙四十二年(1703)宋氏宛委堂刻本　四冊

110000－0102－0003589　(丙四)/1305　集部/總集類/文/通代/文選

文選刪註十二卷　(南朝梁)蕭統輯　(清)王象乾刪訂　明萬曆刻本　佚名圈點　八冊　缺四卷(八至九、十一至十二)

110000－0102－0003590　(丙四)/1306　集部/別集類/清

忠雅堂文集三十卷　(清)蔣士銓撰　清乾隆刻本　八冊

110000－0102－0003591　(丙四)/1308　集部/別集類/清

江漢吟二卷廬山真面吟一卷　(清)曹麟開撰　清抄本　二冊

110000－0102－0003592　(丙四)/1309　集部/詞類/詞總集

類編草堂詩餘四卷　題(明)武陵逸史編　明嘉靖二十九年(1550)古吳陳長卿刻本　四冊

110000－0102－0003593　(丙四)/1310　集部/別集類/清

湖海樓詩藁十二卷　(清)陳維崧撰　清康熙六十年(1721)陳履端刻本　四冊

110000－0102－0003594　(丙四)/1317　集部/別集類/清

蓮洋集二十卷附錄一卷　(清)吳雯撰　清乾隆三十九年(1774)荊圃艸堂刻本　四冊

110000－0102－0003595　(丙四)/1318　集部/別集類/宋

宋大家歐陽文忠公文抄三十二卷　(宋)歐陽修撰　(明)茅坤評　明末陸衙刻本(一葉抄配)　五冊

110000－0102－0003596　(丙四)/1320　集部/別集類/清

銅鼓書堂遺藁三十二卷　(清)查禮撰　清乾隆宛平查氏家刻本　四冊

110000－0102－0003597　(丙四)/1321　集

部/別集類/清

熊勿軒先生文集六卷 （宋）熊禾撰 （清）張
伯行訂 清康熙四十八年(1709)張伯行正誼
堂刻本 二冊

110000－0102－0003598 （丙四)/1323 集
部/別集類/唐至五代

昌黎先生集四十卷外集十卷遺文一卷 （唐）
韓愈撰 （宋）廖瑩中校 **朱子校昌黎先生集
傳一卷** （宋）朱熹校 明末東吳徐氏東雅堂
刻本 十六冊

110000－0102－0003599 （丙四)/1325 集
部/總集類/文/通代/文選

梁昭明文選十二卷 （南朝梁）蕭統輯 （明）
張鳳翼註 明末刻本 佚名批 十二冊

110000－0102－0003600 （丙四)/1326 集
部/別集類/明

**陶菴文集七卷首一卷補遺一卷詩集八卷補遺
一卷語錄一卷自監錄四卷** （明）黃淳耀撰
清乾隆二十六年(1761)刻本 六冊

110000－0102－0003601 （丙四)/1327 集
部/別集類/宋

龍川文集三十卷 （宋）陳亮撰 明崇禎六年
(1633)鄒賓士刻本 四冊

110000－0102－0003602 （丙四)/1342 集
部/別集類/清

聰山集 （清）申涵光撰 清康熙刻本 七冊

110000－0102－0003603 （丙四)/1345 集
部/別集類/漢至隋

揚子雲集三卷 （漢）揚雄撰 明萬曆汪士賢
刻漢魏六朝二十一名家集本 二冊

110000－0102－0003604 （丙四)/1349 集
部/別集類/清

尊水園集十二卷補遺二卷 （清）盧世㴶撰
清順治十七年(1660)刻本 八冊

110000－0102－0003605 （丙四)/1351 集
部/別集類/宋

**司馬文正公傳家集八十卷目錄二卷附錄一卷
年譜一卷** （宋）司馬光撰 （清）陳弘謀重訂

清乾隆六年(1741)培遠堂刻本 十二冊

110000－0102－0003606 （丙四)/1353 集
部/別集類/清

梅崖居士文集三十卷外集八卷 （清）朱仕琇
撰 清乾隆四十七年(1782)刻本 十冊

110000－0102－0003607 （丙四)/1354－56
集部/總集類/詩/斷代/唐至五代

唐人四集 （明）毛晉輯 明崇禎毛氏汲古閣
刻本 三冊 存三種(唐風集三卷、唐英歌詩
三卷、竇氏聯珠集)

110000－0102－0003608 （丙四)/1358 集
部/別集類/清

飴山文集十二卷附錄一卷 （清）趙執信撰
清乾隆三十九年(1774)因園刻本 四冊

110000－0102－0003609 （丙四)/1380 集
部/別集類/清

讀杜心解六卷首二卷 （唐）杜甫撰 （清）浦
起龍注 清雍正元年至二年(1723－1724)浦
氏寧我齋刻本 弍儒題記 十二冊

110000－0102－0003610 （丙四)/1403 集
部/別集類/清

渠亭山人半部稾一至四刻 （清）張貞撰 清
康熙刻本 八冊

110000－0102－0003611 （丙四)/1404 集
部/別集類/宋

文恭集四十卷 （宋）胡宿撰 清乾隆四十年
(1775)武英殿木活字印武英殿聚珍版叢書本
八冊

110000－0102－0003612 （丙四)/1406 集
部/別集類/清

蓮洋集二十卷年譜一卷附錄一卷 （清）吳雯
撰 清乾隆三十九年(1774)荊圃草堂刻本
十冊

110000－0102－0003613 （丙四)/1408 集
部/別集類/明

遜志齋集二十四卷附錄一卷 （明）方孝孺撰
（明）范惟一編 （明）唐堯臣校訂 （明）
王可大校 明嘉靖四十年(1561)王可大刻本

（卷二十四、附錄係抄補） 十三冊

110000－0102－0003614 （丙四）/1415 集部/總集類/文/通代/文選

文選六十卷 （南朝梁）蕭統撰 （唐）李善註 （清）葉樹藩參訂 （清）何焯評點 清乾隆刻朱墨套印本 二十四冊

110000－0102－0003615 （丙四）/1418 集部/總集類/通代

御選唐宋文醇五十八卷 （清）高宗弘曆選 清乾隆三年(1738)刻本 二十冊

110000－0102－0003616 （丙四）/1426 集部/別集類/明

亦玉堂稿十卷 （明）沈鯉撰 清康熙二十九年(1690)劉榛刻本 四冊

110000－0102－0003617 （丙四）/1427 集部/別集類/明

鹿忠節公集二十一卷 （明）鹿善繼撰 清刻本 六冊

110000－0102－0003618 （丙四）/1428 集部/別集類/清

五公山人集十六卷 （清）王餘佑撰 （清）李興祖編 清康熙三十四年(1695)刻本 四冊

110000－0102－0003619 （丙四）/1429 集部/別集類/明

文清公薛先生文集二十四卷 （明）薛瑄撰 清雍正十二年(1734)薛氏刻本 十二冊

110000－0102－0003620 （丙四）/1431 集部/總集類/文/地方

容城文靖劉先生文集四卷 （元）劉因撰 **容城忠愍楊先生文集四卷** （明）楊繼盛撰 **容城鍾元孫先生文集四卷** （清）孫奇逢撰 清康熙十八年(1679)刻三賢文集本 十二冊

110000－0102－0003621 （丙四）/1434 集部/別集類/唐至五代

李義山詩集十六卷 （唐）李商隱撰 （清）姚培謙箋 清乾隆五年(1740)松桂讀書堂刻本 □璿題跋 四冊

110000－0102－0003622 （丙四）/1441 集部/別集類/清

白茅堂集四十六卷附耳提錄一卷 （清）顧景星撰 清康熙四十三年(1704)刻乾隆二十年(1755)增刻光緒二十八年(1902)定遠凌兆熊修版本 二十一冊

110000－0102－0003623 （丙四）/1442 集部/別集類/清

銅鼓書堂遺彙三十二卷 （清）查禮撰 清乾隆宛平查氏家刻本 十二冊

110000－0102－0003624 （丙四）/1447 集部/集評類

楊升菴先生批點文心雕龍十卷 （南朝梁）劉勰撰 （明）楊慎批點 （明）梅慶生音註 明萬曆三十七年(1609)梅慶生刻天啟二年(1622)梅氏重修本 六冊

110000－0102－0003625 （丙四）/1449 子部/雜家類/學說

池北偶談二十六卷 （清）王士禛撰 清康熙三十九年(1700)臨汀郡署刻本 佚名批註 十冊

110000－0102－0003626 （丙四）/1450 集/別集部/別集類/清

御製盛京賦一卷 （清）高宗弘曆撰 清乾隆刻朱墨套印本 一冊

110000－0102－0003627 （丙四）/1455 集部/總集類/斷代

國朝詩正聲集不分卷首一卷 （清）項章輯 清乾隆三十四年(1769)刻本 四冊

110000－0102－0003628 （丙四）/1457 集部/別集類/清

同事攝詩集一卷詞集一卷 （清）釋超格撰 清乾隆京都葛洪庵刻本 一冊

110000－0102－0003629 （丙四）/1461 集部/別集類/宋

茶山集八卷 （宋）曾幾撰 清乾隆四十一年(1776)武英殿木活字印武英殿聚珍版叢書本 二冊

110000－0102－0003630 （丙四）/1464 集/別集/金別集

拙軒集六卷 （金）王寂撰 清乾隆四十一年(1776)武英殿木活字印武英殿聚珍版叢書本 一冊

110000－0102－0003631 （丙四）/1469 史部/別史、雜史類

北夢瑣言二十卷 （宋）孫光憲輯 清乾隆雅雨堂刻本 四冊

110000－0102－0003632 （丙四）/1473 集部/別集類/清

卷施閣文甲集十卷文乙集十卷詩二十卷 （清）洪亮吉撰 清嘉慶刻本 六冊

110000－0102－0003633 （丙四）/1474 經部/詩類

詩本義十五卷鄭氏詩譜一卷 （宋）歐陽修撰 （清）納蘭性德校 清康熙通志堂刻通志堂經解本 三冊

110000－0102－0003634 （丙四）/1482 集部/別集類/明

何大復先生集三十八卷附錄一卷 （明）何景明撰 清乾隆十五年(1750)何輝少、何永謙家刻本 八冊

110000－0102－0003635 （丙四）/1490 集部/別集類/清

容齋詩集十卷 （清）茹綸常撰 清乾隆三十五年(1770)刻本 二冊

110000－0102－0003636 （丙四）/1494 集部/別集類/清

甌北詩鈔不分卷 （清）趙翼撰 清乾隆五十六年(1791)湛貽堂刻本 佚名批 六冊

110000－0102－0003637 （丙四）/1495 集部/別集類/清

漁山詩草二卷 （清）邊汝元撰 清乾隆四十年(1775)刻本 二冊

110000－0102－0003638 （丙四）/1498 集部/總集類/詩/斷代/清

國朝六家詩鈔八卷 （清）劉執玉輯 清乾隆

三十二年(1767)貽燕樓刻本 四冊

110000－0102－0003639 （丙四）/1506 集部/別集類/遼金元

郝文忠公陵川文集三十九卷附錄一卷 （元）郝經撰 （清）王鐸編訂 清乾隆三年(1738)郝氏家刻本 十冊

110000－0102－0003640 （丙四）/1507 集部/別集類/唐至五代

新刊五百家註音辯昌黎先生文集四十卷 （唐）韓愈撰 （宋）魏仲舉輯註 清乾隆四十九年(1784)刻本 十六冊

110000－0102－0003641 （丙四）/1509 集部/總集類/通代

詩林韶濩二十卷 （清）顧嗣立輯 清康熙弘文書屋刻本 十六冊

110000－0102－0003642 （丙四）/1510 集部/別集類/清

萬善堂集十卷 （清）李化楠撰 （清）李調元編纂 清乾隆二十九年(1764)刻本 四冊

110000－0102－0003643 （丙四）/1513 集部/別集類/清

竹巖詩草二卷 （清）邊中寶撰 清乾隆四十年(1775)刻本 二冊

110000－0102－0003644 （丙四）/1514 集部/別集類/清

飴山詩集二十卷 （清）趙執信撰 清乾隆十七年(1752)因園刻本 四冊

110000－0102－0003645 （丙四）/1518 集部/別集類/清

三魚堂文集十二卷附崇祀錄外集六卷附錄一卷 （清）陸隴其撰 清康熙四十年(1701)刻本 十冊

110000－0102－0003646 （丙四）/1519 集部/別集類/清

蘭韻堂詩集十二卷 （清）沈初撰 清乾隆五十九年(1794)刻本 四冊

110000－0102－0003647 （丙四）/1520 子

部/雜家類/學說

香祖筆記十二卷 （清）王士禎撰 清康熙刻本 四冊

110000－0102－0003648 （丙四）/1525 集部/別集類/清

問字堂集六卷 （清）孫星衍撰 清乾隆五十九年(1794)蘭陵孫氏刻本 三冊

110000－0102－0003649 （丙四）/1529 集部/別集類/清

隨園詩草八卷附禪家公案頌 （清）邊連寶撰 清乾隆四十年(1775)刻本 四冊

110000－0102－0003650 （丙四）/1536 集部/別集類/清

吾丘詩吾丘詩餘吾丘小品 （清）徐籀撰 清康熙五年(1666)刻吾丘集本 王瑽題跋 六冊

110000－0102－0003651 （丙四）/1547 集部/別集類/清

午亭文編五十卷 （清）陳廷敬撰 （清）林佶輯 清乾隆四十三年(1778)刻本 十六冊

110000－0102－0003652 （丙四）/1549 集部/別集類/清

道古堂集文集四十八卷詩集二十六卷 （清）杭世駿撰 清乾隆四十一年(1776)刻本 十冊

110000－0102－0003653 （丙四）/1556 集部/總集類/詩/通代

近光集二十八卷 （清）汪士鋐輯 （清）徐仁注修 清康熙五十八年(1719)刻本 八冊

110000－0102－0003654 （丙四）/1558 集部/別集類/明

震川先生集三十卷補編一卷別集十卷 （明）歸有光撰 清康熙十年至十四年(1671－1675)歸氏家刻刻本 十冊

110000－0102－0003655 （丙四）/1559 集部/別集類/清

宋氏綿津詩鈔八卷 （清）宋犖撰 （清）邵長蘅輯 清康熙刻本 四冊

110000－0102－0003656 （丙四）/1560 集部/別集類/宋

蘇東坡詩集注三十二卷 （宋）蘇軾撰 （宋）呂祖謙編 （宋）王十朋輯 **年譜一卷** （宋）王宗稷撰 清乾隆四十七年(1782)文蔚堂刻本 十六冊

110000－0102－0003657 （丙四）/1562 集部/別集類/清

沈歸愚詩文全集十五種 （清）沈德潛撰 清乾隆沈氏教忠堂刻本 二十冊 存八種六十一卷(竹嘯軒詩鈔十八卷、歸愚詩鈔十四卷、歸愚文鈔十二卷、歸愚文續十二卷、說詩晬語二卷、浙江通省志圖說一卷、歸田集一卷、黃山遊草一卷)

110000－0102－0003658 （丙四）/1567 集部/別集類/唐至五代

李義山文集箋註十卷 （唐）李商隱撰 （清）徐樹穀箋註 （清）徐炯續註 清康熙四十七年(1708)徐氏花溪草堂刻本 六冊

110000－0102－0003659 （丙四）/1582 集部/別集類/清

林蕙堂文集十二卷 （清）吳綺撰 清乾隆三十九年(1774)衷白堂刻本 六冊

110000－0102－0003660 （丙四）/1597 集部/別集類/宋

劉屏山先生集二十卷首一卷 （宋）劉子翬撰 清康熙三十九年(1700)刻本 楊亨壽圈點 六冊

110000－0102－0003661 （丙四）/1599 集部/別集類/清

思綺堂文集十卷 （清）章藻功撰 清康熙六十一年(1722)刻二家詩鈔本 十冊

110000－0102－0003662 （丙四）/1600 集部/別集類/唐至五代

李太白文集三十卷目錄一卷後序一卷 （唐）李白撰 清康熙五十六年(1717)吳門繆曰芑刻本 四冊

110000－0102－0003663 （丙四）/1607 集

部/別集類/漢至隋

謝康樂集四卷 （南朝宋）謝靈運撰 **謝宣城**
集五卷 （南朝齊）謝朓撰 **謝惠連集一卷**
（南朝宋）謝惠連撰 明萬曆至天啟刻漢魏諸
名家集本 佚名圈點 六冊

110000－0102－0003664 （丙四）/1611 集
部/總集類/詩/通代

瀛奎律髓四十九卷 （宋）方回輯 （清）吳孟
舉評點 清康熙五十一年(1712)吳寶芝黃葉
村莊刻本 八冊

110000－0102－0003665 （丙四）/1615 集
部/別集類/清

偶更堂文集二卷詩稿二卷 （清）徐作肅撰
清康熙傳盛社刻本 四冊

110000－0102－0003666 （丙四）/1617 集
部/別集類/清

嘉樹山房詩集十八卷應制詩二卷 （清）李中
簡撰 清乾隆任邱李氏刻本 四冊

110000－0102－0003667 （丙四）/1620 集
部/總集類/詩/地方

滄洲近詩八卷 （清）陳鵬年輯 清乾隆刻本
四冊

110000－0102－0003668 （丙四）/1627 集
部/總集類/詩/斷代/唐至五代

唐詩歸三十六卷 （明）鍾惺 （明）譚元春編
（明）劉敔重訂 明末刻詩歸本 八冊

110000－0102－0003669 （丙四）/1635 集
部/別集類/唐

柳河東詩集二卷 （唐）柳宗元撰 （清）汪立
名輯 清康熙三十四年(1695)天都汪立名刻
唐四家詩本 佚名圈點 二冊

110000－0102－0003670 （丙四）/1640 集
部/小說類/筆記小說

五色線二卷 （宋）□□撰 （明）毛晉訂 明
崇禎毛氏汲古閣刻津逮秘書本 二冊

110000－0102－0003671 （丙四）/1648 集
部/別集類/漢至隋

陶靖節集十卷總論一卷 （晉）陶潛撰 （宋）

湯漢等箋注 **陶淵明傳** （南朝梁）蕭統撰
明刻本 四冊

110000－0102－0003672 （丙四）/1650 集
部/總集類/文/雜錄/課藝

制藝簡摩不分卷 清抄本 佚名圈點 四冊

110000－0102－0003673 （丙四）/1652 集
部/別集類/清

鹿洲初集二十卷 （清）藍鼎元撰 （清）曠敏
本評 清雍正刻本 八冊

110000－0102－0003674 （丙四）/1654 集
部/總集類/詩/通代

瀛奎律髓刊誤四十九卷 （宋）方回輯 （清）
紀昀評 清乾隆蘇州綠蔭堂刻本 十冊

110000－0102－0003675 （丙四）/1662 集
部/別集類/漢至隋

張河間集二卷 （漢）張衡撰 明末婁東張溥
刻漢魏六朝百三名家集本 一冊

110000－0102－0003676 （丙四）/1685 集
部/別集類/唐至五代

集千家註杜工部詩集二十卷附錄一卷文集二
卷 （唐）杜甫撰 （宋）黃鶴補注 明嘉靖十
五年(1536)玉几山人刻本 二冊

110000－0102－0003677 （丙四）/1686 集
部/別集類/漢至隋

任彥升集六卷 （南朝梁）任昉撰 （明）呂兆
禧校 明萬曆刻本 二冊

110000－0102－0003678 （丙四）/1687 集
部/別集類/漢至隋

謝康樂集四卷 （南朝宋）謝靈運 （明）焦竑
校撰 **附謝靈運傳一卷** （南朝梁）沈約撰
詩品一卷 （□）□□輯 明萬曆至天啟刻本
四冊

110000－0102－0003679 （丙四）/1688 集
部/別集類/漢至隋

江令君集一卷 （南朝陳）江總撰 明末張溥
刻漢魏六朝百三名家集本 佚名圈點 一冊

110000－0102－0003680 （丙四）/1689 集

部/別集類/清

敬業堂詩續集六卷 （清）查慎行撰 清乾隆刻本 四冊

110000－0102－0003681 （丙四）/1691 集部/別集類/宋

韋齋集十二卷 （宋）朱松撰 附玉瀾集一卷 （宋）朱槔撰 清初抄本 佚名批改 二冊

110000－0102－0003682 （丙四）/1693 集部/別集類/宋

廬陵宋丞相信國公文忠烈先生全集十六卷 （宋）文天祥撰 （清）文有煥等輯 清雍正三年（1725）刻本 十冊

110000－0102－0003683 （丙四）/1694 集部/別集類/清

雲汀詩鈔四卷 （清）張賓鶴撰 清乾隆五十六年（1791）怡府刻本 四冊

110000－0102－0003684 （丙四）/1698 集部/別集類/清

青州法慶靈巖中禪師柳岙詩集 （清）元中撰 清康熙刻本 一冊

110000－0102－0003685 （丙四）/1708 集部/別集類/清

紀城文稿四卷 （清）安致遠撰 清康熙蘭雪堂刻本 二冊

110000－0102－0003686 （丙四）/1725 集部/總集類/文/通代/編選

古文斲十八卷 （清）姚培謙評注 清乾隆三十一年（1766）虞山照曠閣刻本 佚名圈點 八冊

110000－0102－0003687 （丙四）/1726 集部/別集類/唐至五代

昌黎先生詩集注十一卷 （唐）韓愈撰 （清）顧嗣立刪補 清康熙三十八年（1699）顧氏秀野草堂刻本 四冊

110000－0102－0003688 （丙四）/1730 集部/別集類/清

蘭藻堂集 （清）舒瞻撰 清乾隆十八年（1753）刻本 雨舲題記 佚名圈點 二冊

存四卷（一至四）

110000－0102－0003689 （丙四）/1731 集部/總集類/文/斷代/唐至五代

中晚唐詩叩彈集十二卷續集三卷 （清）杜詔 （清）杜庭珠輯 清康熙刻本 六冊

110000－0102－0003690 （丙四）/1732 集部/別集類/宋

放翁詩選四卷首一卷 （宋）陸游撰 （清）王復禮輯 清康熙刻本 四冊

110000－0102－0003691 （丙四）/1733 史部/地理類/專志/祠廟

崇德祠志略四卷 （清）李心正輯 清乾隆十一年（1746）澗松齋刻本 佚名圈點 題記 二冊

110000－0102－0003692 （丙四）/1734 集部/別集類/清

于清端公詩文集不分卷 （清）于成龍撰 清抄本 四冊

110000－0102－0003693 （丙四）/1736 集部/別集類/明

蠛蠓集五卷 （明）盧柟撰 明萬曆三十年（1602）張其忠刻清乾隆十年（1745）補刻本 六冊

110000－0102－0003694 （丙四）/1739 集部/別集類/宋

具茨晁先生詩集一卷 （宋）晁冲之撰 明嘉靖三十三年（1554）東吳晁氏寶文堂刻本 一冊

110000－0102－0003695 （丙四）/1740 集部/集評類/詩評

而菴說唐詩二十二卷首一卷 （清）徐增撰 清乾隆二十三年（1758）文茂堂刻本 六冊

110000－0102－0003696 （丙四）/1743 集部/別集類/漢至隋

潘黃門集六卷 （晉）潘嶽撰 （明）呂兆禧校 明萬曆、天啟刻漢魏六朝二十一名家集本 二冊

110000 – 0102 – 0003697　（丙四）/1760　集部/別集類/宋

會稽三賦四卷　（宋）王十朋撰　（明）南逢吉注　（明）尹壇補注　明山陰致遠堂丁氏刻本　二冊

110000 – 0102 – 0003698　（丙四）/1762　集部/別集類/漢至隋

江文通文集十卷　（南朝梁）江淹撰　（明）汪士賢校　明萬曆、天啟刻漢魏諸名家集本　四冊

110000 – 0102 – 0003699　（丙四）/1770　集部/總集類/詩/通代

樂府詩集一百卷目錄二卷　（宋）郭茂倩輯　明末毛氏汲古閣刻本　二十冊

110000 – 0102 – 0003700　（丙四）/1771　集部/別集類/明

容城鍾元孫先生文集四卷　（明）孫奇逢撰　清康熙十七年（1678）刻本　四冊

110000 – 0102 – 0003701　（丙四）/1775　集部/總集類/詩/通代

古詩源十四卷　（清）沈德潛輯注　清康熙刻本　六冊

110000 – 0102 – 0003702　（丙四）/1784　集部/總集類/文/通代/編選

文苑英華選六十卷　（清）宮夢仁輯　清康熙瀛州宮氏光明正大之堂刻本　佚名批點　十六冊

110000 – 0102 – 0003703　（丙四）/1816　集部/別集類/宋

欒城集五十卷後集二十四卷三集十卷應詔集十二卷　（宋）蘇轍撰　明清夢軒刻本　三十二冊

110000 – 0102 – 0003704　（丙四）/1817　集部/總集類/文/斷代

春秋戰國文選三十四卷　（明）姚三才輯　明萬曆萬卷樓刻本　佚名圈點　二十冊

110000 – 0102 – 0003705　（丙四）/1821　集部/別集類/唐至五代

重訂李義山詩集箋注三卷集外詩箋注一卷　（唐）李商隱撰　（清）朱鶴齡注　**重訂李義山年譜一卷**　（清）程夢星編　清乾隆十一年（1746）江都汪增寧東柯草堂刻本　佚名批注　四冊

110000 – 0102 – 0003706　（丙四）/1846　集部/別集類/清

養正書屋全集定本四十卷目錄四卷　（清）宣宗旻寧撰　清道光元年（1821）內府刻本　二十四冊

110000 – 0102 – 0003707　（丙四）/1847　集部/別集類/宋

新刻陶顧二會元類編蘇長公全集四十卷首一卷　（宋）蘇軾撰　（明）陶望齡類編　（明）顧起元補訂　明萬曆刻本　閨衣批註、圈點　十二冊　存十一卷（一至十、首一卷）

110000 – 0102 – 0003708　（丙四）/1848　集部/別集類/漢至隋

庾子山集十六卷年譜一卷總釋一卷　（北周）庾信撰　（清）倪璠注釋　清康熙刻本　十六冊

110000 – 0102 – 0003709　（丙四）/1853　集部/別集類/宋

趙清獻公集十卷目錄二卷　（宋）趙抃撰　明末刻本　六冊

110000 – 0102 – 0003710　（丙四）/1858　集部/別集類/清

味餘書屋全集定本四十卷隨筆二卷　（清）仁宗顒琰撰　清嘉慶五年（1800）內府刻本　三十二冊

110000 – 0102 – 0003711　（丙四）/1863　集部/總集類/詩/斷代/宋

宋詩鈔初集　（清）吳之振　（清）呂留良　（清）呂爾堯選　清康熙十年（1671）洲錢吳氏鑑古堂刻本　四十冊

110000 – 0102 – 0003712　（丙四）/1877　集部/詞類/詞總集/通代

梅苑十卷　（宋）黃大輿輯　清康熙四十五年

（1706）揚州使院刻棟亭十二種本　二冊

110000－0102－0003713　（丙四）/1878　集部/別集類/唐至五代

杜詩會粹二十四卷　（唐）杜甫撰　（清）張遠箋　清康熙文蔚堂刻本　佚名圈點、批註　十二冊

110000－0102－0003714　（丙四）/1880　集部/總集類/詩/斷代/唐至五代

唐賢三昧集三卷　（清）王士禛編　清康熙刻清雍正印本　一冊

110000－0102－0003715　（丙四）/1883　集部/別集類/明

翠娛閣評選黃貞父先生小品二卷　（明）黃汝亨撰　（明）丁允和選　（明）陸雲龍評　明崇禎六年（1633）錢塘陸雲龍刻皇明十六名家小品本　二冊

110000－0102－0003716　（丙四）/1890　集部/總集類/詩/通代

玉臺新詠十卷　（南朝陳）徐陵編　（清）吳兆宜原注　（清）程琰刪補　清乾隆三十九年（1774）刻本　佚名圈點　四冊

110000－0102－0003717　（丙四）/1903　集部/別集類/清

歸愚文鈔餘集八卷　（清）沈德潛撰　清乾隆三十二年（1767）刻本　四冊

110000－0102－0003718　（丙四）/1904　集部/曲類/曲別集/雜劇

箋註第六才子書釋解八卷　（元）王實甫撰　（清）金聖嘆批點　清康熙致和堂刻本　六冊

110000－0102－0003719　（丙四）/1908　集部/別集類/清

歸愚詩鈔二十卷　（清）沈德潛撰　清乾隆十六年（1751）刻本　四冊

110000－0102－0003720　（丙四）/1909　集部/別集類/宋

文定集二十四卷　（宋）汪應辰撰　清乾隆刻本　六冊

110000－0102－0003721　（丙四）/1911　集部/別集類/清

偉堂詩鈔二十卷詞鈔四卷　（清）趙帥撰　清乾隆刻本　六冊

110000－0102－0003722　（丙四）/2049　集部/別集類/清

藤塢詩集不分卷　（清）梁允植撰　清康熙刻本　二冊

110000－0102－0003723　（丙四）/2069　集部/總集類/詩/斷代/宋

宋詩鈔初集　（清）吳之振　（清）呂留良　（清）呂爾堯選　清康熙十年（1671）洲錢吳氏鑑古堂刻本　佚名題記　十二冊

110000－0102－0003724　（丙四）/2081　集部/別集類/唐至五代

唐陸宣公集二十二卷　（唐）陸贄撰　清乾隆五年（1740）雲林懷德堂刻本　佚名圈點　四冊

110000－0102－0003725　（丙四）/2093　集部/總集類/詩/斷代/唐至五代

唐四家詩四種八卷　（清）汪立名輯　清康熙三十四年（1695）天都汪氏刻本　佚名圈點、批校　六冊

110000－0102－0003726　（丙四）/2098　集部/別集類/清

三魚堂文集十二卷附崇祀錄外集六卷附錄一卷　（清）陸隴其撰　清康熙四十年（1701）刻清乾隆印本　八冊

110000－0102－0003727　（丙四）/2106　集部/別集類/明

呂新吾先生去偽齋文集十卷　（明）呂坤撰　清康熙十三年（1674）呂氏刻本　十冊

110000－0102－0003728　（丙四）/2122　集部/詞類/詞譜、詞律、詞韻/詞律

詞律二十卷　（清）萬樹撰　清康熙二十六年（1687）堆絮園刻本　五冊

110000－0102－0003729　（丙四）/2123　集部/總集類/文/通代

四六法海十二卷　（明）王志堅輯　明天啟七

年(1627)張德仲刻清乾隆二十三年(1758)補修本　佚名圈點　十二冊

110000－0102－0003730　(丙四)/2128　集部/別集類/清

漁洋山人精華錄十卷　(清)王士禛撰　(清)林佶等編　清康熙三十九年(1700)侯官林佶刻本　佚名圈點　四冊

110000－0102－0003731　(丙四)/2129　集部/別集類/清

漁洋山人精華錄箋注十二卷補一卷附漁洋山人年譜一卷附錄一卷　(清)王士禛撰　(清)金榮箋注　清乾隆元年(1736)鳳翽堂刻乾隆二年(1737)續刻本　十二冊

110000－0102－0003732　(丙四)/2130　集部/總集類

安氏家集　(清)安勳卿輯　清稿本　一冊

110000－0102－0003733　(丙四)/2138　集部/總集類/詩/斷代/唐至五代

唐賢三昧集三卷　(清)王士禛編　清康熙刻清雍正印本　一冊

110000－0102－0003734　(丙四)/2139　集部/總集類/詩/斷代/唐至五代

唐人萬首絕句選七卷　(宋)洪邁編　(清)王士禛選　清康熙松花屋刻本　二冊

110000－0102－0003735　(丙四)/2143　集部/別集類/清

述菴詩鈔十二卷　(清)王昶撰　清乾隆刻本　佚名圈點　六冊

110000－0102－0003736　(丙四)/2144　集部/別集類/明

重刻吳淵穎集十二卷附錄一卷　(明)吳萊撰　(明)宋濂編　(清)查邁輯　清康熙四十九年(1710)吳氏家刻雍正元年(1723)吳璉補刻本　八冊

110000－0102－0003737　(丙四)/2149　集部/集評類/詩評/通評

說詩晬語二卷　(清)沈德潛撰　清乾隆刻本　二冊

110000－0102－0003738　(丙四)/2150　集部/集評類/詩評/詩話

柳亭詩話三十卷　(清)宋長白纂　清康熙四十六年(1707)天茁園刻本　蕭氏題記　佚名圈點　二冊　存十卷(一至十)

110000－0102－0003739　(丙四)/2156　集部/別集類/清

愛吾廬詩稿不分卷　(清)吳兆寬撰　清康熙刻本　八冊

110000－0102－0003740　(丙四)/2158　集部/別集類/清

矢音集四卷　(清)沈德潛撰　清乾隆十八年(1753)刻本　一冊

110000－0102－0003741　(丙四)/2167　集部/別集類/唐至五代

杜詩詳注二十五卷首一卷附編二卷　(唐)杜甫撰　(清)仇兆鰲注　清康熙刻本　二十八冊

110000－0102－0003742　(丙四)/2168　集部/別集類/唐至五代

魯公文集十五卷　(唐)顏真卿撰　清末活字印本　六冊

110000－0102－0003743　(丙四)/2169　集部/別集類/宋

歐陽文忠公詩集十二卷　(宋)歐陽修撰　(明)胡芬訂　清初世彩堂刻本　八冊

110000－0102－0003744　(丙四)/2173　集部/別集類/清

御製詩第三集八卷　(清)聖祖玄燁撰　清康熙五十五年(1716)李煦蘇州詩局刻本　三冊

110000－0102－0003745　(丙四)/2174　集部/別集類/清

御製詩第三集八卷　(清)聖祖玄燁撰　清康熙五十五年(1716)李煦蘇州詩局刻本　三冊

110000－0102－0003746　(丙四)/2175　集部/別集類/清

御製詩第三集八卷　(清)聖祖玄燁撰　清康熙五十五年(1716)李煦蘇州詩局刻本　三冊

110000－0102－0003747 （丙四）/2183 集部/總集類/詩/斷代/唐至五代

才調集十卷 （後蜀）韋縠編 （清）馮舒（清）馮班評點 清康熙四十三年(1704)垂雲堂刻本 華峰題記 佚名圈點 四冊

110000－0102－0003748 （丙四）/2184 集部/總集類/詩/斷代/唐至五代

中晚唐詩叩彈集十二卷續集三卷 （清）杜詔（清）杜庭珠輯 清康熙寶仁堂刻本 佚名圈點 六冊

110000－0102－0003749 （丙四）/2204 集部/詞類/詞譜、詞律、詞韻/詞韻

詞學全書 （清）查培繼輯 清乾隆十一年(1746)世德堂刻本 十四冊 缺一卷(古韻通略一卷)

110000－0102－0003750 （丙四）/2211 集部/總集類/文/通代

唐宋八大家類選十四卷 （清）儲欣輯 清乾隆五十年(1785)二南堂刻本 七冊

110000－0102－0003751 （丙四）/2212 集部/總集類/詩/通代

古詩源十四卷 （清）沈德潛輯 清康熙刻本 佚名圈點 六冊

110000－0102－0003752 （丙四）/2222 集部/別集類/清

道古堂集文集四十八卷詩集二十六卷 （清）杭世駿撰 清乾隆四十一年(1776)刻本 五冊 存二十六卷(詩集二十六卷)

110000－0102－0003753 （丙四）/2224 集部/別集類/明

新刻天傭子全集十卷 （明）艾南英撰 （清）艾為珧等輯 清康熙三十八年(1699)艾為珧刻本 十冊

110000－0102－0003754 （丙四）/2235 集部/曲類/曲別集/雜劇

箋註第六才子書釋解八卷 （元）王實甫撰 （清）金聖嘆批 清康熙致和堂刻本 八冊

110000－0102－0003755 （丙四）/2237 集部/曲類/曲別集/傳奇

巧團圓傳奇二卷三十二出 （清）湖上笠翁撰 清刻笠翁傳奇十種本 四冊

110000－0102－0003756 （丙四）/2252 集部/別集類/清

吳詩集覽二十卷 （清）吳偉業撰 （清）靳榮藩輯 清乾隆四十年(1775)凌雲亭刻本 二十冊

110000－0102－0003757 （丙四）/2257 集部/別集類/明

太師誠意伯劉文成公集二十卷首一卷 （明）劉基撰 清康熙四十六年(1707)甌郡江心寺釋月川刻雍正八年(1730)青田縣知縣萬里補刻乾隆印本 十冊

110000－0102－0003758 （丙四）/2265 集部/總集類/文/通代

四六法海十二卷 （明）王志堅編 明天啟七年(1627)張德仲刻清乾隆二十三年(1758)補修本 十二冊

110000－0102－0003759 （丙四）/2266 集部/別集類/明

天傭子集二卷 （明）艾南英撰 明崇禎刻本 五冊

110000－0102－0003760 （丙四）/2279 集部/別集類/唐至五代

王右丞集二十八卷首一卷末一卷 （唐）王維撰 （清）趙殿成箋註 清乾隆刻本 十二冊

110000－0102－0003761 （丙四）/2281－1 集部/別集類/清

潛菴先生遺稿五卷 （清）湯斌撰 清康熙刻本 四冊

110000－0102－0003762 （丙四）/2281－2 集部/別集類/清

潛庵文正公家書一卷 （清）湯斌撰 清乾隆十七年(1752)刻本 一冊

110000－0102－0003763 （丙四）/2282 集部/別集類/清

曝書亭集八十卷附錄一卷 （清）朱彝尊撰

清乾隆刻本　十八冊

110000－0102－0003764　（丙四）/2287　集部/別集類/唐至五代

白香山詩長慶集二十卷後集十七卷別集一卷補遺二卷　（唐）白居易撰　（清）汪立名編訂　附白香山年譜一卷　（清）汪立名撰　**年譜舊本一卷**　（宋）陳振孫撰　清康熙刻本　佚名圈點　十二冊

110000－0102－0003765　（丙四）/2293　集部/俗文學類/彈詞

廿一史彈詞注十一卷　（明）楊慎撰　（清）張三異增定　（清）張仲璜注　清乾隆五十一年(1786)漢陽視履堂刻本　八冊

110000－0102－0003766　（丙四）/2294　集部/別集類/清

白雲村文集四卷　（清）李澄中撰　清康熙四十四年(1705)龐塏刻本　佚名圈點　二冊

110000－0102－0003767　（丙四）/2298　集部/總集類/詩/通代

古詩源十四卷　（清）沈德潛輯　清康熙刻本　佚名圈點　四冊

110000－0102－0003768　（丙四）/2312　集部/別集類/清

隨村先生遺集六卷　（清）施琠撰　清乾隆四年(1739)刻本　二冊

110000－0102－0003769　（丙四）/2321　集部/別集類/唐至五代

李長吉昌谷集句解定本四卷　（唐）李賀撰　（清）姚佺閱箋　（清）丘象隨等辯注　清初梅村書屋刻本　四冊

110000－0102－0003770　（丙四）/2381　集部/別集類/清

西澗草堂文集四卷　（清）閻循觀撰　清乾隆三十八年(1773)樹滋堂刻本　二冊

110000－0102－0003771　（丙四）/2390　集部/別集類/清

迂齋學古編四卷　（清）法坤宏撰　清乾隆三十九年(1774)海上廬刻本　佚名朱筆圈點　四冊

110000－0102－0003772　（丙四）/2411　集部/總集類/詩/雜錄/其它

今雨堂詩墨二卷　（清）金埴撰　清乾隆二十三年(1758)刻本　二冊

110000－0102－0003773　（丙四）/2419　集部/別集類/明

劉文安公呆齋先生策略十卷詩集六卷易經圖釋十二卷　（明）劉定之撰　清乾隆崇恩閣刻本　十一冊

110000－0102－0003774　（丙四）/2444　集部/總集類/詩/斷代/宋

南宋群賢詩選十二卷　（清）陸鍾輝輯　清雍正刻本　四冊　存六卷(一至六)

110000－0102－0003775　（丙四）/2757　子部/雜家類/雜纂

幽夢影二卷　（清）張潮撰　清末朱絲欄抄本　二冊

110000－0102－0003776　（丙四）/2782　集部/總集類/文/通代

古文析義十六卷　（清）林雲銘評注　清康熙五十五年(1716)刻本　佚名批點　十六冊

110000－0102－0003777　（丙四）/2787　集部/集評類/詩評

宋詩紀事一百卷　（清）厲鶚　（清）馬曰琯輯　清乾隆十一年(1746)厲鶚樊榭山房刻本　三十二冊

110000－0102－0003778　（丙四）/2793　集部/別集類/清

培遠堂偶存稿手劄節要三卷　（清）陳弘謀撰　清乾隆培遠堂刻本　三冊

110000－0102－0003779　（丙四）/2810　集部/集評類/詩評/詩話

文錄一卷　（宋）唐庚撰　明萬曆金陵荆山書林刻夷門廣牘本　一冊

110000－0102－0003780　（丙四）/2810－1　集部/集評類

談藝錄一卷　（明）徐禎卿撰　明萬曆金陵荆山書林刻夷門廣牘本　一冊

110000－0102－0003781 （丙四）/2812 集部/別集類/漢至隋

籟紀三卷 （南朝陳）陳叔齊撰 （明）周履靖 （明）姚士粦校 明萬曆二十五年(1597)金陵荊山書林刻夷門廣牘本 一冊

110000－0102－0003782 （丙四）/2817 集部/別集類/宋

施註蘇詩四十二卷總目二卷 （宋）蘇軾撰 （宋）施元之註 （清）邵長蘅等訂補 東坡年譜 （宋）王宗稷編 王註正譌 （清）邵長蘅撰 蘇詩續補遺二卷目錄一卷 （清）馮景撰 清康熙三十八年(1699)宋犖刻本 十二冊

110000－0102－0003783 （丙四）/2830 集部/曲類/曲別集/雜劇

呂洞賓度鐵拐李岳雜劇一卷 （元）岳伯川撰 （明）臧懋循校 明萬曆刻元曲選本 一冊

110000－0102－0003784 （丙四）/2831 集部/曲類/曲別集/雜劇

李素蘭風月玉壺春雜劇 （元）武漢臣撰 （明）臧懋循校 明萬曆刻元曲選本 一冊

110000－0102－0003785 （丙四）/2832 集部/曲類/曲別集/雜劇

翠紅鄉兒女兩團圓雜劇四折 （元）楊文奎撰 （明）臧懋循校 明萬曆刻元曲選本 一冊

110000－0102－0003786 （丙四）/2844 集部/總集類/文/斷代/唐至五代

才調集十卷 （後蜀）韋縠輯 清述古齋木活字印本 四冊

110000－0102－0003787 （丙四）/2849 集部/別集類/唐至五代

王子安集十六卷 （唐）王勃撰 清乾隆四十六年(1781)星渚項氏刻初唐四傑集本 佚名朱筆批、校、圈點 三冊

110000－0102－0003788 （丙四）/2851 集部/總集類/詩/斷代/唐至五代

中興閒氣集二卷 （唐）高仲武輯 明崇禎元年(1628)毛氏汲古閣刻本 佚名圈點 二冊

110000－0102－0003789 （丙四）/2854 集部/別集類/唐至五代

李太白文集三十六卷 （唐）李白撰 （清）王琦輯注 清乾隆刻本 十六冊

110000－0102－0003790 （丙四）/2863 集部/別集類/清

釀川集文二卷詩五卷詞五卷 （清）許尚質撰 清康熙刻本 四冊

110000－0102－0003791 （丙四）/2864 集部/總集類/文/通代

重訂古文雅正十四卷 （清）蔡世遠輯 清乾隆四十二年(1777)刻本 有朱墨筆評點 六冊

110000－0102－0003792 （丙四）/2867 集部/總集類/詩/斷代/唐至五代

唐詩別裁集十卷 （清）沈德潛 （清）陳培脉輯 清康熙五十六年(1717)刻本 佚名圈點 十冊

110000－0102－0003793 （丙四）/2881 集部/別集類/宋

歐陽文忠公全集一百五十三卷附錄五卷 （宋）歐陽修撰 清乾隆五十七年(1792)刻本 佚名圈點 二十四冊

110000－0102－0003794 （丙四）/2931 集部/別集類/清

御製詠左傳詩二卷 （清）高宗弘曆撰 清乾隆內府刻本 二冊

110000－0102－0003795 （丙四）/2958 集部/總集類/文/家族

三蘇文集 （明）茅坤評點 明末刻本 九冊

110000－0102－0003796 （丙四）/2959 集部/別集類/唐至五代

王右丞集二十八卷首一卷末一卷 （唐）王維撰 （清）趙殿成箋注 清乾隆刻本 十冊

110000－0102－0003797 （丙四）/2961 集部/別集類/唐至五代

温飛卿詩集箋註九卷 （唐）温庭筠撰 （明）曾益註 （清）顧予咸補註 清康熙三十六年(1697)顧氏秀野草堂刻本 佚名圈點 二冊

110000－0102－0003798 （丙四）/2963 集部/別集類/唐至五代

重訂李義山詩集箋注三卷集外詩箋注一卷
（唐）李商隱撰 （清）朱鶴齡注 （清）程夢星刪補 **重訂李義山年譜一卷** （清）程夢星編 清乾隆刻本 八冊

110000－0102－0003799 （丙四）/2966 集部/別集類/宋

東坡先生全集七十五卷 （宋）蘇軾撰 明末刻本 三十冊

110000－0102－0003800 （丙四）/2968 集部/別集類/唐至五代

杜詩詳注二十五卷首一卷附編二卷 （唐）杜甫撰 （清）仇兆鰲注 清康熙刻本 二十五冊 缺三卷(二十五、附編二卷)

110000－0102－0003801 （丙四）/2970 集部/別集類/唐至五代

白香山詩長慶集二十卷後集十七卷別集一卷補遺二卷 （唐）白居易撰 （清）汪立名編訂 **附白香山年譜一卷** （清）汪立名撰 **年譜舊本一卷** （宋）陳振孫撰 清康熙刻本 十二冊

110000－0102－0003802 （丙四）/2972 集部/別集類/宋

宛陵集六十卷 （宋）梅堯臣撰 **附錄一卷** （宋）歐陽等撰修 清康熙柯炌刻本 九冊 缺六卷(二十三至二十八)

110000－0102－0003803 （丙四）/2991 集部/總集類/文

御定歷代賦彙正集一百四十卷外集二十卷補遺二十二卷 （清）陳元龍編 清康熙四十五年(1706)揚州詩局刻本 六十四冊

110000－0102－0003804 （丙四）/2994 集部/總集類/詩/斷代/唐至五代

全唐詩九百卷目錄十二卷 （清）曹寅等輯 清康熙四十六年(1707)揚州詩局刻本 佚名圈點 一百〇九冊 存一百〇九冊(第一函第一冊至第五函第十冊、第六函第二冊至十冊、第八函第一冊至第十二函第十冊)

110000－0102－0003805 （丙四）/2995、2996 集部/總集類

韓柳全集 （明）蔣之翹輯注 明崇禎蔣氏三徑草堂刻本 四十八冊

110000－0102－0003806 （丙四）/2997 集部/總集類/詩/通代

詩紀一百五十六卷目錄三十六卷 （明）馮惟訥輯 明萬曆吳琯、謝陞、陸弼、俞策刻本 佚名圈點、批註 三十冊

110000－0102－0003807 （丙四）/2998 集部/別集類/宋

西山先生真文忠公全集五十五卷目錄二卷 （宋）真德秀撰 明刻清雍正十二年(1734)修版本 二十八冊

110000－0102－0003808 （丙四）/3009 集部/別集類/遼金元

遺山先生詩集二十卷 （金）元好問撰 明末毛氏汲古閣刻本 七冊 缺三卷(四至六)

110000－0102－0003809 （丙四）/3010 集部/別集類/唐至五代

玉谿生詩箋註三卷首一卷 （唐）李商隱撰 （清）馮浩註 清乾隆刻本 佚名圈點、批註 八冊

110000－0102－0003810 （丙四）/3060 集部/別集類/唐至五代

李長吉昌谷集句解定本四卷 （唐）李賀撰 （清）姚佺閱箋 （清）丘象隨等辯注 清初梅村書屋刻本 四冊

110000－0102－0003811 （丙四）/3072 集部/總集類/詩/斷代/唐至五代

應試唐詩類釋十九卷 （清）臧岳編 清乾隆二十六年(1761)三樂齋刻本 佚名圈點、批註 五冊 存十五卷(一至十五)

110000－0102－0003812 （丙四）/3096 集部/總集類/文/通代

古文淵鑒六十四卷 （清）徐乾學等注編 清康熙刻四色套印本 二十四冊

110000－0102－0003813 （丙四）/3137 經

部/小學類/音韻

杜韓詩句集韻三卷　（清）汪文柏輯　清康熙四十五年(1706)汪氏古香樓刻本　四冊

110000－0102－0003814　（丙四）/3150　集部/別集類/清

硯爐閣詩集五卷　（清）泠玉娟撰　清康熙刻本　二冊

110000－0102－0003815　（丙四）/3153　集部/集評類/詩評

本事詩十二卷　（清）徐釚輯　清康熙四十三年(1704)吳中立刻雍正後印本　四冊

110000－0102－0003816　（丙四）/3158　集部/別集類/唐至五代

李太白全集十六卷　（唐）李白撰　（清）李調元　（清）鄧在珩合編　清乾隆二十九年(1764)刻道光十三年(1833)徐鳳翔印本　六冊

110000－0102－0003817　（丙四）/3166　集部/總集類/詩/斷代/清

欽定國朝詩別裁集三十二卷　（清）沈德潛輯　清乾隆刻本　佚名圈點　八冊

110000－0102－0003818　（丙四）/3181　集部/總集類/詩/斷代/唐至五代

唐詩金粉十卷　（清）沈炳震輯　清雍正冬讀書齋刻本　四冊

110000－0102－0003819　（丙四）/3187　子部/雜家類/雜述

世說新語補二十卷　（南朝宋）劉義慶撰　（南朝梁）劉孝標注　（明）何良俊等增補　（明）王世貞刪定　（明）張文柱校注　清乾隆二十七年(1762)茂清書屋刻本　四冊

110000－0102－0003820　（丙四）/3188　子部/儒家類/明

閑闢錄十卷　（明）程瞳輯　清刻本　佚名圈點、批註　二冊

110000－0102－0003821　（丙四）/3192　集部/集評類/詩評

彙纂詩法度鍼三十三卷首一卷　（清）徐文弼

輯　清乾隆刻本　佚名圈點、批註　四冊

110000－0102－0003822　（丙四）/3203　集部/別集類/清

梅村集四十卷目錄二卷　（清）吳偉業撰　清康熙刻本　佚名圈點　十六冊

110000－0102－0003823　（丙四）/3210　集部/別集類/明

龍谿王先生全集二十二卷大象義述一卷　（明）王畿撰　（明）丁賓編　**龍谿王先生傳**　（明）徐階撰　**龍谿王先生墓誌銘**　（明）趙錦撰　**祭王龍谿先生文**　（明）張元忭撰　明萬曆四十三年(1615)丁賓、張汝霖刻本　十二冊

110000－0102－0003824　（丙四）/3211　集部/總集類/詩/家族

程山三世詩　（明）謝文涍等撰　清乾隆三十五年(1770)序刻本　二冊

110000－0102－0003825　（丙四）/3239　子部/儒家類/宋

西山先生真文忠公讀書記四十卷　（宋）真德秀撰　清乾隆四年(1739)真氏後裔刻八年(1743)補刻本　十三冊　存十六卷(一至十、十二至十七)

110000－0102－0003826　（丙四）/3259　集部/總集類/詩/雜錄/題詠

詠物詩選八卷　（清）俞琰輯　清雍正三年(1725)寧儉堂刻本　佚名圈點、批註　四冊

110000－0102－0003827　（丙四）/3260　集部/總集類/文/通代/文選

重訂文選集評十五卷首一卷末一卷　（南朝梁）蕭統輯　（清）于光華編　清乾隆五十一年(1786)金閶書業堂刻本　佚名圈點、批註　十六冊

110000－0102－0003828　（丙四）/3291　集部/別集類/清

歸田集　（清）沈德潛輯　清乾隆刻本　一冊

110000－0102－0003829　（丙四）/3309　子部/雜家類/雜纂

讀書樂趣初集八卷 （清）伍涵芬撰 清康熙
三十七年（1698）伍氏華日堂刻本 八冊

110000－0102－0003830 （丙四）/3436 集
部/別集類/明
新刊宋學士全集三十三卷 （明）宋濂撰
（明）韓叔陽輯 明嘉靖三十年（1551）韓叔陽
刻明吳良悌、吳應台遞修本 十二冊

110000－0102－0003831 （丙四）/3438 集
部/別集類/清
御製文初集四十卷總目五卷二集五十卷總目
六卷三集五十卷總目六卷 （清）聖祖玄燁撰
（清）張玉書等編 清康熙五十三年（1714）
內府刻本 三十五冊

110000－0102－0003832 （丙四）/3439 集
部/別集類/清
御製文初集四十卷總目五卷二集五十卷總目
六卷三集五十卷總目六卷 （清）聖祖玄燁撰
（清）張玉書等編 清康熙五十三年（1714）
內府刻本 三十五冊

110000－0102－0003833 （丙四）/3446 集
部/別集類/清
梅村集四十卷目錄二卷 （清）吳偉業撰 清
康熙刻本 八冊 存二十一卷（二十至四十）

110000－0102－0003834 （丙四）/3449 集
部/別集類/唐至五代
重訂李義山詩集箋注三卷集外詩箋注一卷
（唐）李商隱撰 （清）朱鶴齡注 （清）程夢
星刪補 重訂李義山年譜一卷 （清）程夢星
編 清乾隆十一年（1746）江都汪增寧東柯草
堂刻本 佚名圈點、批注 四冊

110000－0102－0003835 （丙四）/3465 集
部/別集類/宋
文定集二十四卷 （宋）汪應辰撰 清乾隆刻
本 六冊

110000－0102－0003836 （丙四）/3467 集
部/別集類/宋
忠肅集二十卷 （宋）劉摯撰 清乾隆刻道
光、同治重修本 六冊

110000－0102－0003837 （丙四）/3478 叢
部/自著叢書/清中晚期
隨園廿三種 （清）袁枚撰 清乾隆小倉山房
刻本 六十九冊 缺一種七卷（新齊諧十八
至二十四）

110000－0102－0003838 （丙四）/3526 集
部/別集類/唐至五代
張燕公集二十五卷 （唐）張說撰 清乾隆活
字本 八冊

110000－0102－0003839 （丙四）/3684 集
部/曲類/曲譜曲韻
流水高山 （□）□□撰 清末抄本 三十
四冊

110000－0102－0003840 （丙四）/4181 集
部/總集類/詩/地方
丹棘園詩一卷 （清）陳法乾撰 （清）郭毓選
清乾隆刻本 一冊

110000－0102－0003841 （丙四）/4184 集
部/曲類/曲別集/傳奇
三元記二卷 （明）沈受先撰 明末常熟毛氏
汲古閣刻六十種曲本 二冊

110000－0102－0003842 （丙四）/4206 集
部/別集類/唐至五代
唐丞相曲江張先生文集十二卷附錄一卷唐相
張文獻公千秋金鑒錄一卷 （唐）張九齡撰
清順治曾弘、周日燦刻本 四冊

110000－0102－0003843 （丙四）/4216 集
部/別集類/明
陶庵詩集八卷 （明）黃淳耀撰 穀簾學吟一
卷 （明）黃淵耀撰 清康熙十五年（1676）嘉
定張懿實刻四十二年（1703）陸廷燦補刻穀簾
學吟本 二冊

110000－0102－0003844 （丙四）/4223 集
部/別集類/唐至五代
追昔遊詩集三卷 （唐）李紳撰 清康熙東山
席氏琴川書屋刻唐詩百名家全集本 二冊

110000－0102－0003845 （丙四）/4224 集
部/別集類/唐別集

張燕公集二卷　（唐）張說撰　（明）高叔嗣輯
明嘉靖十六年(1537)刻本　一冊

110000－0102－0003846　（丙四）/4229　集
部/曲類/曲別集/傳奇

白兔記二卷三十二出　（明）□□撰　明末常
熟汲古閣刻六十種曲本　二冊　缺一出（卷
下第十五出）

110000－0102－0003847　（丙四）/4231　子
部/雜家類/學說

昭德新編三卷　（宋）晁迥撰　清中期王端履
藍絲欄抄本　二冊

110000－0102－0003848　（丙四）/4239　集
部/別集類/清

蝸廬詩存七卷　（清）翁志琦撰　清乾隆三年
(1738)刻本　二冊

110000－0102－0003849　（丙四）/4241－1
集部/別集類/清

白茅堂集四十六卷　（清）顧景星撰　清康熙
四十三年(1704)刻本　十九冊

110000－0102－0003850　（丙四）/4241－2
經部/小學類/文字/杂說

黃公說字十二集　（清）顧景星撰　清乾隆刻
本　一冊

110000－0102－0003851　（丙四）/4261　集
部/別集類/明

江止庵遺集八卷首一卷　（明）江天一撰　清
康熙祭書草堂刻本　佚名圈點　八冊

110000－0102－0003852　（丙四）/4271　集
部/別集類/宋

宋國錄流塘詹先生集三卷　（宋）詹初撰　**附
錄一卷**　（宋）詹體仁等撰　清初抄本　一冊

110000－0102－0003853　（丙四）/4273　集
部/別集類/明

陶菴全集二十二卷　（明）黃淳耀撰　（清）陶
應鯤輯　清乾隆二十六年(1761)寶山溪水陶
氏刻本　五冊

110000－0102－0003854　（丙四）/4276　集

部/詞類/詞總集/通代

類編草堂詩餘四卷　（明）顧從敬編次　明嘉
靖古吳博雅堂刻本　佚名圈點　四冊

110000－0102－0003855　（丙四）/4277　集
部/總集類/詩/家族

吳江沈氏詩集録十二卷　（清）沈祖禹輯　清
乾隆五年(1740)青谿堂刻本　二冊

110000－0102－0003856　（丙四）/4283　集
部/別集類/清

壯悔堂文集十卷　（清）侯方域撰　（清）賈開
宗等選輯　清順治侯氏家刻本　六冊

110000－0102－0003857　（丙四）/4289　集
部/別集類/清

蓼齋集四十七卷後集五卷　（清）李雯撰　清
順治十四年(1657)石維昆刻本　十冊

110000－0102－0003858　（丙四）/4290　集
部/別集類/清

三餘閣集不分卷　（清）葛長祚撰　清康熙三
十六年(1697)刻本　二冊

110000－0102－0003859　（丙四）/4292　集
部/別集類/漢至隋

南齊竟陵王集二卷　（南朝齊）蕭子良撰　明
末刻漢魏六朝百三名家集本　二冊

110000－0102－0003860　（丙四）/4295　集
部/別集類/唐至五代

禪月集十二卷　（唐）釋貫休撰　清末抄本
三冊

110000－0102－0003861　（丙四）/4296　集
部/別集類/明

何燕泉先生餘冬序錄六十五卷　（明）何孟春
撰　清乾隆二十三年(1758)郴州何氏刻本
十三冊

110000－0102－0003862　（丙四）/4309　集
部/別集類/清

南畇文稿十二卷　（清）彭定求撰　清雍正四
年(1726)刻本　六冊

110000－0102－0003863　（丙四）/4314　集

部/別集類/宋

節孝先生文集三十卷語錄一卷 （宋）徐積撰
清雍正刻本（目錄有二葉、卷三十係抄配）
十冊

110000－0102－0003864 （丙四）/4315 集
部/別集類/宋

程端明公洺水集二十四卷首一卷 （宋）程珌
撰 附錄二卷 （明）程元晭等輯 明嘉靖三
十五年（1556）程元晭刻本 十二冊

110000－0102－0003865 （丙四）/4316 集
部/別集類/清

張文貞公集十二卷 （清）張玉書撰 清乾隆
五十七年（1792）松蔭堂刻本 六冊

110000－0102－0003866 （丙四）/4320 集
部/別集類/清

[高士奇全集] （清）高士奇撰 清康熙刻本
十一冊 存八卷（苑西集五至十二）

110000－0102－0003867 （丙四）/4321 集
部/別集類/清

棲雲閣詩十六卷拾遺三卷 （清）高珩撰 清
乾隆三年（1738）趙肇豐等刻二十一年（1756）
補刻本 四冊

110000－0102－0003868 （丙四）/4324 集
部/別集類/清

七頌堂詩集九卷文集四卷 （清）劉體仁撰
清康熙刻本 佚名圈點、題識 四冊

110000－0102－0003869 （丙四）/4335 集
部/別集類/清

**古歡堂集二十二卷詩集十四卷黔書二卷長河
志籍考十卷有懷堂詩集一卷文集一卷** （清）
田肇麗撰 清康熙至乾隆刻德州田氏叢書本
二冊

110000－0102－0003870 （丙四）/4336 集
部/總集類/文/斷代/清

國朝三家文鈔三十二卷 （清）侯方域 （清）
魏禧 （清）汪琬撰 （清）宋犖 （清）許汝
霖選 清康熙三十三年（1694）刻本 十六冊

110000－0102－0003871 （丙四）/4345 集

部/別集類/唐至五代

唐錢仲文集四卷 （唐）錢起撰 （明）張睿卿
編 明刻本 一冊

110000－0102－0003872 （丙四）/4347 集
部/別集類/遼金元

雲峰胡先生文集十卷 （元）胡炳文撰 明正
德三年（1508）何歆、羅縉刻本 二冊

110000－0102－0003873 （丙四）/4350 集
部/別集類/清

弢甫五嶽集二十卷 （清）桑調元撰 清乾隆
修汲堂刻本 六冊

110000－0102－0003874 （丙四）/4352 集
部/別集類/清

西齋集十八卷 （清）王仲儒撰 清康熙夢華
山房刻乾隆二十年（1755）王之珩印本 佚名
圈點 四冊

110000－0102－0003875 （丙四）/4354 集
部/別集類/清

蓮洋集十二卷補遺一卷附錄一卷 （清）吳雯
撰 （清）王士禛評 清乾隆十五年（1750）劉
組曾刻十六年（1751）宋弼補刻本 佚名圈點
四冊

110000－0102－0003876 （丙四）/4355 集
部/總集類/文/通代

古文奇艷八卷 （明）徐應秋輯 明末萬卷樓
刻本 三冊

110000－0102－0003877 （丙四）/4378 集
部/別集類/清

墨麟詩卷十二卷 （清）馬維翰撰 清乾隆刻
本 二冊

110000－0102－0003878 （丙四）/4382 集
部/別集類/清

壽藤齋詩三十五卷 （清）鮑倚雲撰 清嘉慶
十三年（1808）鮑桂星寫刻本 八冊

110000－0102－0003879 （丙四）/4391 集
部/別集類/宋

彭城集四十卷 （宋）劉攽撰 清乾隆木活字
印本（序、目錄、卷一至二係補抄） 十冊

110000－0102－0003880　（丙四）/4392　集部/別集類/遼金元

月屋漫稿一卷　（元）黃庚撰　清抄本　一冊

110000－0102－0003881　（丙四）/4397　集部/別集類/明

白華樓藏稿十一卷續稿十五卷　（明）茅坤撰　（明）姚翼編　明嘉靖刻萬曆遞修本　十冊

110000－0102－0003882　（丙四）/4400　集部/別集類/清

樂善堂全集定本三十卷　（清）高宗弘曆撰　清乾隆二十四年(1759)內府刻本　十八冊

110000－0102－0003883　（丙四）/4405　集部/別集類/清

籜石齋詩集四十九卷　（清）錢載撰　清乾隆刻本　佚名圈點　六冊

110000－0102－0003884　（丙四）/4406　集部/別集類/明

自知堂集二十四卷　（明）蔡汝楠撰　明嘉靖刻本　六冊　存十卷(一至十)

110000－0102－0003885　（丙四）/4430　集部/別集類/清

白沙子全集六卷首一卷附錄一卷　（明）陳獻章撰　（清）何九疇重編　清康熙四十九年(1710)顧嗣協刻本　佚名圈點　六冊

110000－0102－0003886　（丙四）/4436　集部/曲類/曲譜

清平唐韻　（□）□□撰　清抄本　紫藤花主人題識　二冊

110000－0102－0003887　（丙四）/4443　集部/別集類/清

湛園未定稿六卷　（清）姜宸英撰　清康熙刻本　佚名圈點　四冊

110000－0102－0003888　（丙四）/4462　集部/曲類/曲別集/傳奇

石榴記傳奇四卷三十二出　（清）黃振撰　清乾隆三十七年(1772)如皋黃振柴灣村舍刻本　四冊

110000－0102－0003889　（丙四）/4467　集部/別集類/清

香樹齋全集文集三十卷續集三十六卷　（清）錢陳群撰　清乾隆刻本　十七冊　缺四卷(續集一至四)

110000－0102－0003890　（丙四）/4468　集部/別集類/清

通齋集不分卷外集一卷文集二卷　（清）蔣超伯撰　清末抄本　六冊

110000－0102－0003891　（丙四）/4469　集部/總集類/文/家族

葆沖書屋集四集外集二卷詩餘一卷　（清）汪如洋撰　**厚石齋集十二卷**　（清）汪益銅撰　**桐石草堂集九卷**　（清）汪仲紛撰　清乾隆刻本　五冊　缺三卷(桐石草堂集一至三)

110000－0102－0003892　（丙四）/4470　集部/別集類/清

桂山堂文選十卷詩選二卷　（清）王嗣槐撰　清康熙青筠閣刻本　十二冊

110000－0102－0003893　（丙四）/4482　集部/別集類/清

儉重堂詩十二卷　（清）紀邁宜撰　清乾隆刻本　六冊

110000－0102－0003894　（丙四）/4484　集部/別集類/宋

參寥子詩集十二卷　（宋）釋道潛撰　（明）汪汝謙等校　**東坡稱賞道潛之詩一卷**　（宋）蘇軾撰　（明）汪汝謙校　明崇禎十五年(1642)汪汝謙刻本　二冊

110000－0102－0003895　（丙四）/4486　集部/別集類/宋

蘇老泉先生全集二十卷　（宋）蘇洵撰　清康熙三十七年(1698)邵仁泓安樂居刻本　佚名圈點、批校　四冊

110000－0102－0003896　（丙四）/4502　集部/別集類/清

夢月巖詩集二十卷詩餘一卷　（清）呂履恆撰　清雍正三年(1725)刻本　四冊

110000－0102－0003897　（丙四）/4590　史部/史評類/詠史

歷代貞淫百美詠正續編一卷附合輯詩鈔（清）張嘉言撰　清同治張嘉言稿本　四冊

110000－0102－0003898　（丙四）/4675　集部/總集類/詩/通代

藜照堂臨池新編四卷（清）劉昭輯　清乾隆十八年(1753)刻本　二冊

110000－0102－0003899　（丙四）/4691　集部/總集類/詩/通代

古詩源十四卷（清）沈德潛輯注　清康熙刻本　四冊

110000－0102－0003900　（丙四）/4730　集部/別集類/宋

節孝先生集三十卷語錄一卷事實一卷附載一卷（宋）徐積撰　清雍正刻本　十冊　缺四卷(十八至二十一)

110000－0102－0003901　（丙四）/4734　集部/別集類/清

傍溪茅屋遺稿不分卷（清）馬竣撰　清乾隆八年(1743)寶真堂刻本　八冊

110000－0102－0003902　（丙四）/4764　集部/別集類/清

兼濟堂文集選二十卷（清）魏裔介撰　清康熙五十年(1711)漳州龍江書院刻乾隆至嘉慶修版本　二十冊

110000－0102－0003903　（丙四）/4805　集部/別集類/明

懷麓堂文後稿三十卷（明）李東陽撰　清康熙刻本　佚名圈點　十二冊

110000－0102－0003904　（丙四）/4826　集部/別集類/清

四焉齋文集八卷詩集六卷（清）曹一士撰

梯仙閣餘課六卷（清）陸鳳池撰　清乾隆十四年(1749)刻本　六冊

110000－0102－0003905　（丙四）/4837　集部/別集類/宋

祠部集三十五卷（宋）強至撰　清乾隆武英殿木活字印武英殿聚珍版叢書本　十六冊

110000－0102－0003906　（丙四）/4843　集部/別集類/宋

絜齋集二十四卷（宋）袁燮撰　清乾隆四十年(1775)武英殿木活字印武英殿聚珍版叢書本　六冊

110000－0102－0003907　（丙四）/4844　集/別集部/別集類/唐至五代

文忠集十六卷（唐）顏眞卿撰　清乾隆四十七年(1782)武英殿木活字印武英殿聚珍版叢書本　六冊

110000－0102－0003908　（丙四）/4847　集部/總集類/詩/斷代/唐至五代

初唐彙詩七十卷詩人氏系履歷一卷目錄十卷盛唐彙詩一百二十四卷詩人氏系履歷一卷目錄二十二卷（明）吳勉學輯　明萬曆三十年(1602)吳勉學刻四唐彙詩本　八十冊

110000－0102－0003909　（丙四）/4866　集部/曲類/曲別集/傳奇

錦箋記二卷（明）周履靖撰　明末常熟毛氏汲古閣刻六十種曲本　四冊

110000－0102－0003910　（丙四）/4871　集部/總集類/詩/地方

國朝山左詩鈔六十卷（清）盧見曾纂　清乾隆二十三年(1758)刻本　佚名圈點　二十冊

110000－0102－0003911　（丙四）/4921　集部/別集類/清

依光集八編（清）曹秀先撰　清乾隆綠陰堂刻本　二冊

110000－0102－0003912　（丙四）/4934　集部/別集類/漢至隋

晉王大令集一卷（晉）王獻之撰　（明）張溥編　**晉孫廷尉集一卷**（晉）孫綽撰　（明）張溥編　明末張溥刻漢魏六朝百三名家集本　一冊

110000－0102－0003913　（丙四）/4959　叢部/自著叢書/清中晚期

唱經堂才子書彙稿十一種（清）金聖嘆撰

清乾隆九年(1744)傳萬堂刻本　八冊

110000－0102－0003914　（丙四）/4961　集部/別集類/明

宗子相集八卷　（明）宗臣撰　明嘉靖三十九年(1560)林朝聘、黃中等刻本　佚名圈點　十冊

110000－0102－0003915　（丙四）/4963　集部/總集類/詩/斷代/唐至五代

唐人五言長律清麗集六卷　（清）徐日璉（清）沈士駿合輯　清乾隆二十二年(1757)刻本　佚名圈點　二冊

110000－0102－0003916　（丙四）/4996　集部/曲類/曲總集

戲曲唱本二十九種　（清）□□輯　清道光、光緒抄本　二十八冊

110000－0102－0003917　（丙四）/4998　集部/總集類/文/斷代/清

切問齋文鈔三十卷　（清）陸燿輯　清乾隆四十年(1775)劉萬傳局刻本　佚名圈點　十冊

110000－0102－0003918　（丙四）/5006　集部/曲類/曲總集

戲曲劇本二十種　（清）□□輯　清乾隆至光緒抄本　二十三冊

110000－0102－0003919　（丙四）/5007　集部/曲類/曲總集

戲曲劇本二十三種　（清）□□輯　清抄本　十六冊

110000－0102－0003920　（丙四）/5008　集部/小說類/翻譯小說

林琴南譯著一種　林紓（清）陳器合譯　清末民國紅格稿本　四冊

110000－0102－0003921　（丙四）/5009　集部/別集類/明

副墨八卷　（明）汪道昆撰　明萬曆刻本　七冊　存七卷(二至八)

110000－0102－0003922　（丙四）/5011　叢部/自著叢書/清初期

岣嶁叢書九種　（清）曠敏本撰　清乾隆三十四年至四十年(1769－1775)刻本　十六冊

110000－0102－0003923　（丙四）/5211　集部/總集類/文/通代/文選

文苑英華選六十卷　（清）宮夢仁輯　清康熙文義堂刻本　十二冊　存三十卷(十一至十八、二十九至三十九、五十至六十)

110000－0102－0003924　（丙四）/5440　集部/總集類/詩/通代

佩文齋詠物詩選不分卷　（清）張玉書等編　清康熙四十六年(1707)揚州詩局刻本　佚名圈點　四十八冊

110000－0102－0003925　（丙四）/5454　集部/別集類/清

榕村藏稿四卷　（清）李光地撰　清乾隆刻本　三冊

110000－0102－0003926　（丙四）/5461　集部/別集類/清

施愚山先生全集　（清）施閏章撰　清康熙四十七年(1708)宣城施氏刻乾隆補刻本　佚名圈點　二十四冊

110000－0102－0003927　（丙四）/5462　集部/總集類/詩/地方

國朝山左詩鈔六十卷　（清）盧見曾纂　清乾隆二十三年(1758)雅雨堂刻本　二十冊

110000－0102－0003928　（丙四）/5467　集部/別集類/清

曝書亭集詩註二十二卷年譜一卷　（清）朱彝尊撰　（清）楊謙註　清乾隆楊氏木山閣刻本　六冊

110000－0102－0003929　（丙四）/5468　集部/別集類/宋

劍南詩鈔六卷　（宋）陸游撰　清康熙二十四年(1685)刻本　佚名圈點　六冊

110000－0102－0003930　（丙四）/5470　集部/別集類/唐至五代

李義山詩集三卷　（唐）李商隱撰　（清）朱鶴齡箋註　清順治十六年(1659)刻本　佚名眉

批　二冊　卷下有殘缺

110000－0102－0003931　（丙四）/5484　集部/詞類/詞別集

陳檢討詞鈔十二卷　（清）陳維崧撰　清康熙刻本　二冊

110000－0102－0003932　（丙四）/5612　集部/集評類/文評

古文分編集評四集　（清）于光華輯　清乾隆五十二年（1787）刻本　十八冊　缺一集（第三集）

110000－0102－0003933　（丙四）/5636　集部/總集類/文/通代

四六法海十二卷　（明）王志慶輯　明天啟七年（1627）張德仲刻清乾隆二十三年（1758）補修本　十二冊

110000－0102－0003934　（丙四）/5643　集部/總集類/詩/斷代/清

二家詩鈔二十卷　（清）邵長蘅輯　清康熙三十四年（1695）刻本　四冊　缺四卷（宋氏綿津詩鈔五至八）

110000－0102－0003935　（丙四）/5644　集部/總集類/文/斷代/清

百名家詩選八十九卷附御製詩一卷　（清）魏憲選　清康熙十年（1671）魏氏枕江堂刻本　佚名圈點　十八冊　存六十九卷（二十一至八十九）

110000－0102－0003936　（丙四）/5653　集部/集評類/文評/專評

文心雕龍輯注十卷　（南朝梁）劉勰撰　（清）黃叔琳輯注　清乾隆刻本　佚名圈點　四冊

110000－0102－0003937　（丙四）/5656　集部/別集類/遼金元

道園學古錄二十六卷　（元）虞集撰　清乾隆四十一年（1776）刻本　十冊

110000－0102－0003938　（丙四）/5702　集部/集評類/詩評

漁洋山人詩問二卷　（清）王士禛撰　清乾隆三十五年（1770）王祖肅刻本　一冊

110000－0102－0003939　（丙四）/5731　集部/總集類/文/通代

賦鈔箋略十五卷　（清）雷琳　（清）張杏濱箋　清乾隆刻本　佚名圈點、批註　五冊

110000－0102－0003940　（丙四）/5736　叢部/自著叢書/清初期

唱經堂才子書彙稿　（清）金聖嘆撰　清乾隆九年（1744）傳萬堂刻本　十二冊

110000－0102－0003941　（丙四）/5752　集部/曲類/曲別集/雜劇

貫華堂第六才子書八卷才子西廂主文一卷　（元）王實甫撰　清乾隆十五年（1750）古吳三樂齋刻本　六冊

110000－0102－0003942　（丙四）/5779　集部/別集類/宋

宋李忠定公文集選二十九卷首四卷目錄二卷奏議選十五卷　（宋）李綱撰　（明）左光先選　明崇禎十二年（1639）刻本　十二冊

110000－0102－0003943　（丙四）/5780　集部/集評類

騷壇八略二卷　（清）王楷蘇撰　清乾隆四十五年（1780）釣鼇山房刻本　二冊

110000－0102－0003944　（丙四）/5782　集部/別集類/漢至隋

陶靖節詩集四卷首一卷　（晉）陶潛撰　（清）蔣薰評　**附東坡和陶詩一卷**　（宋）蘇軾撰　清乾隆二年（1737）最樂堂刻本　二冊

110000－0102－0003945　（丙四）/5783　集部/別集類/唐至五代

昌谷集四卷　（唐）李賀撰　（明）曾益釋　明末刻本　佚名題記、圈點　四冊

110000－0102－0003946　（丙四）/5810　集部/別集類/清

腰雪堂詩集六卷　（清）釋德溥撰　清雍正五年（1727）刻本　一冊

110000－0102－0003947　（丙四）/5811　集部/總集類/詩/通代

古詩賞析二十二卷　（清）張玉穀選解　清乾

隆刻本 佚名批點 六冊

110000－0102－0003948 （丙四）/5840 集
部/別集類/清

花語山房詩文小鈔四卷附南匯縣誌分目原稿
一卷 （清）顧成天撰 清雍正刻本 一冊

110000－0102－0003949 （丙四）/5841 集
部/總集類/詩/斷代/唐至五代

全唐詩鈔八十卷補遺十六卷 （清）吳成儀編
輯 清乾隆璜川書屋刻本 二十冊

110000－0102－0003950 （丙四）/5847 集
部/別集類/宋

龜山先生集四十二卷 （宋）楊時撰 清順治
八年(1651)楊氏刻十一年(1654)補刻本 佚
名圈點 六冊

110000－0102－0003951 （丙四）/5855 集
部/別集類/宋

南軒先生文集四十四卷 （宋）張栻撰 （清）
張純修輯 清康熙刻本 十冊 存四十卷
（一至四十）

110000－0102－0003952 （丙四）/5857 集
部/總集類/文/斷代/宋

宋四六選二十四卷 （清）彭元瑞 （清）曹振
鏞輯 清乾隆刻本 十二冊

110000－0102－0003953 （丙四）/5858 集
部/小說類/章回

新鐫批評出相韓湘子三十回 （明）楊爾曾撰
清康熙刻本 七冊 缺四回(十六至十九)

110000－0102－0003954 （丙四）/5859 集
部/別集類/明

太史升菴全集八十一卷目錄二卷 （明）楊慎
撰 清乾隆六十年(1795)周參元刻本 二十
六冊

110000－0102－0003955 （丙四）/5863 集
部/別集類/明

新刊宋學士全集三十三卷 （明）宋濂撰
（明）韓叔陽輯 明嘉靖三十年(1551)韓叔陽
刻本 □□題識 十二冊 存二十三卷(一
至二十三)

110000－0102－0003956 （丙四）/5864 集
部/別集類/明

白沙子古詩教解二卷 （明）陳獻章撰 清乾
隆三十六年(1771)刻本 一冊

110000－0102－0003957 （丙四）/5875 集
部/總集類/詩/斷代/明

明詩綜一百卷 （清）朱彝尊編 清康熙四十
四年(1705)刻乾隆白蓮涇印本 佚名圈點
三十二冊

110000－0102－0003958 （丙四）/5883 集
部/別集類/唐至五代

韓子粹言一卷 （唐）韓愈撰 （清）李光地輯
清康熙刻本 二冊

110000－0102－0003959 （丙四）/5893 集
部/別集類/宋

元豐類稿五十卷 （宋）曾鞏撰 清康熙四十
九年(1710)曾氏家刻本 八冊

110000－0102－0003960 （丙四）/5897 集
部/總集類/文/家族

范文正公忠宣公全集七十三卷 （宋）范仲淹
（宋）范純仁撰 （清）范時崇 （清）范能
濬輯 清康熙四十六年(1707)范氏歲寒堂刻
本 十三冊

110000－0102－0003961 （丙四）/5899 集
部/別集類/清

漁洋山人精華錄箋注十二卷補一卷附漁洋山
人年譜一卷附錄一卷 （清）王士禛撰 （清）
金榮箋注 清乾隆刻本 十二冊

110000－0102－0003962 （丙四）/5904 集
部/別集類/宋

黃詩全集五十八卷附錄一卷 （宋）黃庭堅撰
（清）翁方綱校注 清乾隆四十年(1775)樹
經堂刻本 二十冊

110000－0102－0003963 （丙四）/5909 集
部/總集類/詩/斷代/唐至五代

唐人萬首絕句選七卷 （宋）洪邁編 （清）王
士禛選 清康熙芸香閣刻本 二冊

110000－0102－0003964 （丙四）/5911 集

部/別集類/清

二希堂文集十一卷首一卷　（清）蔡世遠撰
清雍正十年（1732）刻本　四冊

110000－0102－0003965　（丙四）/5915　集
部/別集類/唐至五代

玉谿生詩箋註三卷首一卷樊南文集詳註八卷
首一卷　（唐）李商隱撰　（清）馮浩註　清乾
隆刻本　八冊

110000－0102－0003966　（丙四）/5918　集
部/別集類/清

紺寒亭文集四卷詩集十卷詩別集一卷　（清）
趙俞撰　清康熙嘉定趙氏刻本　五冊　缺二
卷（詩集一至二）

110000－0102－0003967　（丙四）/5920　集
部/總集類/文/通代/文選

文選六十卷　（南朝梁）蕭統撰　（唐）李善注
（清）葉樹藩參訂　清乾隆朱墨套印本　十
一冊　缺五卷（四十六至五十）

110000－0102－0003968　（丙四）/5921　集
部/集評類/詩評

宋詩紀事一百卷　（清）厲鶚　（清）馬曰琯輯
清乾隆十一年（1746）厲鶚樊榭山房刻本
二十四冊

110000－0102－0003969　（丙四）/5927　集
部/總集類/文/斷代/唐至五代

唐文粹一百卷　（宋）姚鉉纂　明末刻本
八冊

110000－0102－0003970　（丙四）/5929　集
部/總集類/文/通代

文選十二卷　（南朝梁）蕭統輯　明萬曆新安
吳勉學刻本　十二冊

110000－0102－0003971　（丙四）/5933　集
部/別集類/清

御製詩初集四十八卷目錄六卷　（清）仁宗顒
琰撰　清嘉慶八年（1803）內府刻本　十六冊

110000－0102－0003972　（丙四）/5943　集
部/別集類/唐至五代

讀書堂杜工部詩集註解二十卷文集註解二卷

杜工部編年詩史譜目一卷　（唐）杜甫撰
（清）張溍評註　清康熙三十七年（1698）張氏
讀書堂刻本　十二冊

110000－0102－0003973　（丙四）/5951　集
部/別集類/唐至五代

玉谿生詩詳註三卷首一卷　（唐）李商隱撰
（清）馮浩註　清乾隆四十五年（1780）桐鄉馮
浩刻同治七年（1868）馮寶圻修版本　四冊

110000－0102－0003974　（丙四）/5955　集
部/別集類/宋

西山真文忠公文集五十五卷　（宋）真德秀撰
清雍正元年（1723）拱極堂刻本　三十冊

110000－0102－0003975　（丙四）/6021　子
部/儒家類/宋

慈溪黃氏日抄分類九十七卷　（宋）黃震撰
清乾隆三十二年（1767）新安汪氏刻本重刻
十三冊

110000－0102－0003976　（丙四）/6031　集
部/別集類/清

曝書亭集八十卷附錄一卷　（清）朱彝尊撰
清康熙刻本　十六冊

110000－0102－0003977　（丙四）/6033　集
部/小說類/章回

新鐫玉茗堂批點按鑑參補南宋志傳十卷五十
回楊家將傳十卷五十回　（明）研石山樵訂正
（清）織里畸人校閱　清啟元堂刻本　十冊

110000－0102－0003978　（丙四）/6035　集
部/小說類/章回

新鐫批評出像通俗奇俠禪真逸史八卷四十回
（明）方汝浩撰　（明）心心仙侶評　清刻本
十二冊

110000－0102－0003979　（丙四）/6038　集
部/總集類/詩/斷代/唐至五代

唐四家詩四種八卷　（清）汪立名輯　清康熙
三十四年（1695）天都汪氏刻本　四冊

110000－0102－0003980　（丙四）/6039　集
部/別集類/唐至五代

讀杜心解六卷首二卷　（唐）杜甫撰　（清）浦

起龍注　清雍正刻本　佚名圈點　十二冊

110000－0102－0003981　（丙四）/6042　集部/總集類/文/通代/編選

斯文精萃　（清）尹繼善輯　清乾隆二十九年（1764）刻本　十二冊

110000－0102－0003982　（丙四）/6044　集部/別集類/唐至五代

李太白文集三十六卷　（唐）李白撰　（清）王琦輯注　清乾隆刻本　十六冊

110000－0102－0003983　（丙四）/6052　集部/總集類/文/通代/編選

唐宋八大家類選十四卷　（清）儲欣編　清乾隆四十九年（1784）受祉堂刻本　佚名記、圈點　六冊

110000－0102－0003984　（丙四）/6054　集部/總集類/詩/斷代/唐至五代

御選唐詩三十二卷目錄三卷　（清）聖祖玄燁輯　（清）陳廷敬等輯　清康熙五十二年（1713）內府刻朱墨套印本　四十冊

110000－0102－0003985　（丙四）/6058　集部/總集類/詩/地方

江左三大家詩鈔九卷　（清）顧有孝　（清）趙澐合輯　清康熙七年（1668）刻本　八冊

110000－0102－0003986　（丙四）/6071　集部/總集類

元白長慶集一百四十一卷　（明）馬元調輯　明萬曆三十二年至三十四年（1604－1606）馬元調刻本　佚名批點、題記　三十二冊

110000－0102－0003987　（丙四）/6075　集部/總集類/文/通代

唐宋八大家文鈔一百四十四卷　（明）茅坤輯　歐陽文忠公五代史抄二十卷　（宋）歐陽修撰　清康熙四十二年（1703）雲林大盛堂刻本　三十二冊

110000－0102－0003988　（丙四）/6076　集部/總集類/文/通代

奇賞齋古彙編二百三十六卷　（明）陳仁錫輯　明崇禎刻本　一百十冊

110000－0102－0003989　（丙四）/6090　集部/別集類/唐至五代

李義山詩集箋註十六卷　（唐）李商隱撰　（清）姚培謙箋註　清乾隆松桂讀書堂刻本　佚名批　二冊

110000－0102－0003990　（丙四）/6092　集部/別集類/清

陳迦陵儷體文集十卷　（清）陳維崧撰　（清）王士禎　（清）徐乾學選　清康熙二十六年（1687）宜興陳氏患立堂刻本　四冊

110000－0102－0003991　（丙四）/6093　集部/別集類/清

樂善堂全集定本三十卷　（清）高宗弘曆撰　清乾隆二十四年（1759）刻本　十二冊

110000－0102－0003992　（丙四）/6100　集部/總集類/文/通代/編選

唐宋八家鈔八卷　（清）高嵣輯　清乾隆五十三年（1788）刻本　八冊

110000－0102－0003993　（丙四）/6101　集部/曲類/曲別集/傳奇

桃花扇二卷四十出　（清）孔尚任撰　清康熙三十八年（1699）介安堂刻本　六冊

110000－0102－0003994　（丙四）/6102　集部/別集類/清

海峰文集八卷　（清）劉大櫆撰　清乾隆敦本堂刻本　五冊　缺一卷（六）

110000－0102－0003995　（丙四）/6103　集部/總集類/文/通代/編選

唐宋大家全集錄十種五十二卷　（清）儲欣輯　清康熙刻本　三十冊

110000－0102－0003996　（丙四）/6104　集部/別集類/宋

歐陽先生文粹二十卷首一卷歐陽先生遺粹十卷　（宋）歐陽修撰　（宋）陳亮　（明）郭雲鵬輯　明嘉靖二十六年（1547）郭雲鵬寶善堂刻本（遺粹卷一有五葉抄配）　萬竹園湘老題識、圈點、批校　十冊

110000－0102－0003997　（丙四）/6108　集

部/別集類/清

味餘書屋全集定本四十卷隨筆二卷 （清）仁宗顒琰撰 清嘉慶五年(1800)內府刻本 十六冊

110000－0102－0003998 （丙四）/6110 集部/別集類/遼金元

元遺山詩集八卷 （金）元好問撰 清乾隆四十三年(1778)刻本 二冊

110000－0102－0003999 （丙四）/6111 集部/總集類/文/斷代/上古至隋

西漢文二十卷東漢文二十卷 （明）張采輯 清順治刻本 佚名圈點 三十六冊

110000－0102－0004000 （丙四）/6113 子部/類書類/類編/專錄

新編事文類聚翰墨大全甲集十二卷乙集九卷丙集五卷丁集五卷戊集五卷已集七卷庚集二十四卷辛集十卷壬集十二卷癸集十一卷後甲集八卷後乙集三卷後丙集六卷後丁集八卷後戊集九卷 （元）劉應李撰 明嘉靖三十六年(1557)清白堂楊氏歸仁齋刻本 佚名擇錄要點 十七冊

110000－0102－0004001 （丙四）/6118 集部/別集類/清

御製詩初集四十四卷 （清）高宗弘曆撰 清乾隆十四年(1749)武英殿刻本 十六冊

110000－0102－0004002 （丙四）/6119 集部/總集類/文/通代/文選

文選六十卷 （南朝梁）蕭統撰 （唐）李善注 （清）何焯評點 清乾隆刻朱墨套印本 二十四冊

110000－0102－0004003 （丙四）/6120 集部/別集類/宋

晦庵先生朱文公文集八十八卷目錄二卷別集十卷續集十一卷 （宋）朱熹撰 （明）朱吾弼重編 明萬曆三十三年(1605)吳養春、朱崇沐刻本 四十冊

110000－0102－0004004 （丙四）/6121 集部/總集類/文/斷代/宋

校正重刊官板宋朝文鑑一百五十卷 （宋）呂祖謙輯 明弘治十七年(1504)胡韶刻本 佚名批 三十冊

110000－0102－0004005 （丙四）/6122 集部/總集類/通代

文苑英華一千卷 （唐）李昉輯 明隆慶元年(1567)胡維新刻本(序,目錄,卷三十第八葉、卷三百十一第一葉、卷三百六十一至卷三百七十、卷五百四十一第一至七葉、卷六百○一第三至卷六百十卷九百九十四第六至七葉為抄補) 一百○五冊 存九百七十四卷(一至四十三、四十五至八十九、一百○二至一百二十五、一百三十九至一千)

110000－0102－0004006 （丙四）/6126 集部/總集類/文/通代

古文淵鑒六十四卷 （清）徐乾學等編 清康熙二十四年(1685)內府刻四色套印本 四十八冊

110000－0102－0004007 （丙四）/6129 集部/別集類/清

養正書屋全集定本四十卷目錄四卷 （清）宣宗旻寧撰 清道光元年(1821)內府刻本 二十四冊

110000－0102－0004008 （丙四）/6130 集部/別集類/明

唐荊川先生文集十八卷 （明）唐順之撰 （清）唐執玉校 （清）唐少遊編 清康熙五十一年(1712)刻本 八冊

110000－0102－0004009 （丙四）/6139 集部/別集類/宋

歐陽文忠公全集一百五十三卷附錄五卷 （宋）歐陽修撰 清乾隆五十七年(1792)刻本 二十四冊

110000－0102－0004010 （丙四）/6150 集部/總集類/詩/通代

佩文齋詠物詩選不分卷 （清）張玉書等編 （清）聖祖玄燁御定 清康熙四十六年(1707)揚州詩局刻本 佚名圈點 六十四冊

110000－0102－0004011　（丙四）/6163　集部/總集類/文/通代/編選

漢魏別解十六卷　（明）黃澍　（明）葉紹泰同編　明崇禎十一年(1638)香谷山房刻本　八冊

110000－0102－0004012　（丙四）/6206　集部/集評類/文評/通評

文章練要十卷　（清）王源評訂　清乾隆九年(1744)居業堂刻本　八冊　存十卷(左傳評十卷)

110000－0102－0004013　（丙四）/6208　集部/總集類/詩/斷代/唐至五代

唐四家詩四種八卷　（清）汪立名輯　清康熙三十四年(1695)天都汪氏刻本　六冊

110000－0102－0004014　（丙四）/6212－1　集部/別集類/清

飴山詩集二十卷文集十二卷附錄一卷　（清）趙執信撰　清乾隆十七年(1752)因園刻三十九年(1774)續刻本　十一冊

110000－0102－0004015　（丙四）/6212－2　集部/集評類

聲調前譜一卷後譜一卷　（清）趙執信撰　清乾隆刻本　一冊

110000－0102－0004016　（丙四）/6214　集部/別集類/清

隨園詩草八卷附禪家公案頌　（清）邊連寶撰　清乾隆四十年(1775)刻本　四冊

110000－0102－0004017　（丙四）/6275　集部/總集類/詩/斷代/清

欽定國朝詩別裁集三十二卷　（清）沈德潛纂評　清乾隆二十六年(1761)刻本　十六冊

110000－0102－0004018　（丙四）/6277　集部/別集類/宋

山谷內集詩注二十卷　（宋）黃庭堅撰　（宋）任淵注　**山谷外集詩注十七卷**　（宋）黃庭堅撰　（宋）史容注　**山谷別集詩注二卷**　（宋）黃庭堅撰　（宋）史季溫注　清乾隆四十七年(1782)武英殿木活字印武英殿聚珍版叢書本

十六冊

110000－0102－0004019　（丙四）/6278　集部/別集類/宋

攻媿集一百十二卷　（宋）樓鑰撰　清乾隆四十五年(1780)武英殿木活字印武英殿聚珍版叢書本　四十冊

110000－0102－0004020　（丙四）/6279　集部/別集類/宋

止堂集十八卷　（宋）彭龜年撰　清乾隆武英殿木活字印武英殿聚珍版叢書本　十四冊

110000－0102－0004021　（丙四）/6280　集部/別集類/宋

浩然齋雅談三卷　（宋）周密撰　清乾隆四十年(1775)武英殿木活字印武英殿聚珍版叢書本　一冊

110000－0102－0004022　（丙四）/6281　集部/別集類/宋

柯山集五十卷　（宋）張耒撰　清乾隆武英殿木活字印武英殿聚珍版叢書本　二十冊

110000－0102－0004023　（丙四）/6306　子部/儒家類/明

薛文清公從政名言一卷　（明）薛瑄撰　明崇禎十六年(1643)薛氏刻本　一冊

110000－0102－0004024　（丙四）/6319　集部/總集類/文/通代

妙絕古今不分卷　（宋）湯漢輯　明刻本　六冊

110000－0102－0004025　（丙四）/6330　集部/別集類/宋

文恭集四十卷　（宋）胡宿撰　清乾隆四十年(1775)武英殿木活字印武英殿聚珍版叢書本　十六冊

110000－0102－0004026　（丙四）/6332　集部/別集類/漢至隋

江文通集四卷　（南朝梁）江淹撰　（清）梁賓輯　清乾隆二十四年(1759)考城安愚堂刻本　四冊

110000 – 0102 – 0004027　（丙四）/6341　集部/別集類/唐至五代

劉賓客詩集十卷附錄諸家詩評　（唐）劉禹錫撰　（清）趙駿烈輯　清中期抄本　十冊

110000 – 0102 – 0004028　（丙四）/6346　集部/別集類/清

野香亭集十三卷　（清）李孚青撰　清康熙刻本　四冊

110000 – 0102 – 0004029　（丙四）/6349　集部/別集類/宋

司馬溫公集八十二卷首一卷　（宋）司馬光撰　清康熙四十七年(1708)刻本　二十四冊

110000 – 0102 – 0004030　（丙四）/6367　集部/別集類/清

柘坡居士集十二卷　（清）萬光泰撰　清乾隆二十一年(1756)刻本　二冊

110000 – 0102 – 0004031　（丙四）/6368　集部/總集類/詩/地方

國朝山左詩鈔六十卷　（清）盧見曾纂　清乾隆二十三年(1758)雅雨堂刻本　三十二冊

110000 – 0102 – 0004032　（丙四）/6382　集部/總集類/通代

苑詩類選三十卷　（明）包節輯　（明）王交校　明嘉靖二十五年(1546)何城刻本　佚名點　十六冊　存二十四卷(一至二十四)

110000 – 0102 – 0004033　（丙四）/6416　集部/別集類/清

黃石齋先生文集十三卷　（明）黃道周撰　（清）鄭玒編　清康熙五十三年(1714)刻本　佚名朱筆圈點,墨筆眉批　鈐"逍興莊氏珍藏"朱文印　六冊

110000 – 0102 – 0004034　（丙四）/6420　集部/別集類/明

達觀樓集二十四卷　（明）鄒維璉撰　清乾隆三十一年(1766)鄒氏家刻本　十冊

110000 – 0102 – 0004035　（丙四）/6500　集部/別集類/清

二希堂文集十一卷首一卷　（清）蔡世遠撰

清雍正十年(1732)刻本　佚名批、注　六冊

110000 – 0102 – 0004036　（丙四）/6509　集部/別集類/清

沈歸愚詩文全集十五種　（清）沈德潛撰　清乾隆沈氏教忠堂刻本　六冊　存四種(歸愚文鈔、歸愚文續、說詩晬語、歸愚詩鈔)

110000 – 0102 – 0004037　（丙四）/6509 – 1　集部/別集類/清

湯子遺書十卷附錄一卷　（清）湯斌撰　清康熙四十二年(1703)刻本　六冊

110000 – 0102 – 0004038　（丙四）/6510　集部/別集類/清

林左堂集詩六卷詞四卷　（清）孫致彌撰　清乾隆元年(1736)金惟駿、程宗傅刻本　二冊

110000 – 0102 – 0004039　（丙四）/6513　集部/別集類/清

十誦齋集詩四卷詞一卷雜文一卷　（清）周天度撰　清乾隆四十八年(1783)刻本　二冊　存二卷(詩一至二)

110000 – 0102 – 0004040　（丙四）/6520　集部/別集類/清

飴山文集十二卷附錄一卷　（清）趙執信撰　清乾隆三十九年(1774)因園刻本　四冊

110000 – 0102 – 0004041　（丙四）/6539　集部/別集類/明

重刻一峰先生集十卷　（明）羅倫撰　清乾隆二十三年(1758)永思堂木活字印本　佚名圈點　六冊

110000 – 0102 – 0004042　（丙四）/6553　集部/別集類/清

雲川閣集十四卷　（清）杜詔撰　清雍正刻本　四冊

110000 – 0102 – 0004043　（丙四）/6559　集部/別集類/宋

祠部集三十五卷　（宋）強至撰　清乾隆武英殿聚珍木活字印本　八冊

110000 – 0102 – 0004044　（丙四）/6564　集

部/別集類/唐

昌谷集一卷 （唐）李賀撰　**樊川詩集一卷外集一卷別集一卷補遺一卷** （唐）杜牧撰　清康熙刻本　佚名朱墨筆批點　二冊

110000－0102－0004045　（丙四）/6569　集部/別集類/唐至五代

昌黎先生集四十卷外集十卷遺文一卷 （唐）韓愈撰　（宋）廖瑩中校正　**朱子校昌黎先生集傳一卷** （宋）朱熹撰　明末東吳徐氏東雅堂刻清初冠山堂修版本　十六冊

110000－0102－0004046　（丙四）/6572　集部/總集類/詩/斷代/唐至五代

全唐詩九百卷目錄十二卷 （清）曹寅　（清）彭求等輯定　清康熙四十六年(1707)揚州詩局刻嘉慶補版本　一百二十冊

110000－0102－0004047　（丙四）/6578　集部/別集類/唐至五代

李太白文集三十卷目錄一卷後序一卷 （唐）李白撰　清康熙刻本　四冊

110000－0102－0004048　（丙四）/6580　集部/別集類/唐至五代

重訂李義山詩集箋注三卷集外詩箋注一卷 (唐)李商隱撰　（清）朱鶴齡注　**重訂李義山年譜一卷** （清）程夢星編　清乾隆十一年(1746)江都汪增寧東柯草堂刻本　佚名圈點、批　四冊

110000－0102－0004049　（丙四）/6581　集部/總集類/詩/斷代/唐至五代

王荊公唐百家詩選二十卷 （宋）王安石輯　清康熙四十三年(1704)刻四十七年(1708)修版本　佚名評　四冊

110000－0102－0004050　（丙四）/6582　集部/別集類/清

漁洋山人詩集二十二卷 （清）王士禎撰　清康熙八年(1669)吳郡沂泳堂刻雍正印本　四冊

110000－0102－0004051　（丙四）/6597　集部/總集類/文/通代/編選

名世文宗三十卷附談藪一卷 （明）胡時化輯　（明）陳仁錫訂正　明崇禎元年(1628)刻本　三十二冊

110000－0102－0004052　（丙四）/6598　集部/別集類/宋

范文正公集八卷 （宋）范仲淹撰　明萬曆三十六年(1608)毛一鷺刻本　六冊

110000－0102－0004053　（丙五）/5　子部/儒家類/宋

淵鑒齋御纂朱子全書六十六卷 （宋）朱熹撰　（清）李光地等編　清康熙五十三年(1714)內府刻本　二十五冊

110000－0102－0004054　（丙五）/6　子部/儒家類/宋

淵鑒齋御纂朱子全書六十六卷 （宋）朱熹撰　（清）李光地等編　清康熙五十三年(1714)內府刻本　二十五冊

110000－0102－0004055　（丙五）/99　子部/術數類/陰陽五行

選擇叢書集要五種 （明）江之棟輯　清康熙三十九年(1700)吳之駁刻本　佚名批　六冊

110000－0102－0004056　（丙五）/181　叢部/自著叢書/清初期

上蔡張氏四種 （清）張沐撰　清康熙十一年(1672)敦臨堂刻本　五冊

110000－0102－0004057　（丙五）/206　叢部/自著叢書

呂新吾全集 （明）呂坤撰　明萬曆刻清補修本　十冊　存十四種(女小兒語、續小兒語、演小兒語、省心紀、天日、皇帝陰符經、救命書、修城書、展城或問、河工書、宗約歌、閨戒、反輓歌、新吾呂君墓誌銘)

110000－0102－0004058　（丙五）/235　叢部/彙編叢書/清初期

朱文端公藏書十三種 （清）朱軾輯　清乾隆元年(1736)鄂彌達刻本　十冊　存五種三十九卷(周易傳義合訂圖義十二卷、春秋鈔十卷首一卷、孝經一卷孝經三本管窺一卷、呂氏四

禮翼四卷、儀禮節略一至十）

110000－0102－0004059　（丙五）/256　叢部/自著叢書

[榕村全書]五種　（清）李光地撰輯　清康熙至乾隆刻本　十二冊

110000－0102－0004060　（丙五）/269　叢部/彙編叢書/明

唐宋叢書六十八種一百〇一卷　（明）鍾人傑（明）張遂辰編　明經德堂刻本　十二冊缺茶經、畫論

110000－0102－0004061　（丙五）/294　叢部/彙編叢書/清中晚期

雅雨堂叢書十二種　（清）盧見曾編　清乾隆二十一年(1756)德州盧氏雅雨堂刻本　二十一冊

110000－0102－0004062　（丙五）/312　叢部/自著叢書/清中晚期

戴氏遺書　（清）戴震撰　清乾隆四十三年(1778)微波榭刻本　十冊　存五種二十一卷（毛鄭詩考正四卷首一卷、杲溪詩經補注二卷、孟子字義疏證卷上,中、文集十卷、考工記圖二卷）

110000－0102－0004063　（丁）/2　史部/別史、雜史類

弇州史料前集三十卷後集七十卷　（明）王世貞撰　（明）董復表編　明萬曆四十二年(1614)楊鶴刻本　佚名朱筆圈點　六十冊

110000－0102－0004064　（丁）/5　集部/別集類/清

籜石齋詩集四十九卷　（清）錢載撰　清乾隆刻本　六冊

110000－0102－0004065　（丁）/13　子部/醫家類/醫經

重訂駱龍吉內經拾遺方論四卷　（宋）駱龍吉撰　（明）劉浴德　（明）朱練合訂　清乾隆四十一年(1776)刻本　佚名圈點　四冊

110000－0102－0004066　（丁）/14　子部/醫家類/諸專科方論

經驗丹方彙編　（清）錢峻輯　清乾隆十七年(1752)懷德堂刻本　佚名批、圈點　六冊

110000－0102－0004067　（丁）/15　子部/醫家類/診法

症因脈治四卷　（明）秦昌遇撰　（清）秦之楨輯　清乾隆十八年(1753)刻本　佚名朱筆圈點、批、注　四冊

110000－0102－0004068　（丁）/17　集部/別集類/清

補瓢存稿六卷　（清）韓騏撰　清乾隆二十三年(1758)刻本　四冊

110000－0102－0004069　（丁）/18　史部/地理類/方志/地方志

[乾隆]皋蘭縣志二十卷圖一卷表一卷　（清）吳鼎新修　（清）黃建中纂　清乾隆四十三年(1778)刻本　四冊

110000－0102－0004070　（丁）/25　子部/藝術類/雜技

射書三卷　（明）顧煜輯　清末抄本　三冊

110000－0102－0004071　（丁）/28　史部/地理類/方志/地方志

[康熙]寧化縣志七卷地圖一卷　（清）李世熊撰　（清）祝文郁重修　清康熙二十三年(1684)刻乾隆印本　八冊

110000－0102－0004072　（丁）/56　集部/詞類/詞別集

酒邊詞二卷　（宋）向子諲撰　明末常熟毛氏汲古閣刻宋名家詞本　一冊

110000－0102－0004073　（丁）/58　集部/詞類/詞別集

坦菴詞一卷　（宋）趙師俠撰　明末常熟毛氏汲古閣刻宋名家詞本　一冊

110000－0102－0004074　（丁）/81　集部/詞類/詞別集

白石詞一卷　（宋）姜夔撰　明末常熟毛氏汲古閣刻宋名家詞本　一冊

110000－0102－0004075　（丁）/82　集部/詞

類/詞別集

樵隱詞一卷 （宋）毛开撰　明末常熟毛氏汲古閣刻宋名家詞本　一冊

110000－0102－0004076　（丁）/83　集部/詞類/詞別集

石林詞一卷 （宋）葉夢得撰　明末常熟毛氏汲古閣刻宋名家詞本　一冊

110000－0102－0004077　（丁）/105　史部/政書類/法令

未信編三集六卷 （清）潘杓燦撰　清康熙刻本　八冊

110000－0102－0004078　（丁）/108　集部/別集類/清

滄川文稿四卷詩存二卷賦鈔一卷 （清）袁本撰　清光緒抄本　五冊

110000－0102－0004079　（丁）/112　子部/藝術類/雜技

西廂酒令不分卷 題東山居士撰　清嘉慶刻本　一冊

110000－0102－0004080　（丁）/122　史部/地理類/水道/地方

婁江志二卷 （清）虞光祚　（清）顧士璉等輯　清康熙十二年(1673)刻本　二冊

110000－0102－0004081　（丁）/139　子部/天文地理類/曆法

御製律曆淵源 （清）允祉　（清）允祿纂修　清雍正至道光內府刻本　九十三冊

110000－0102－0004082　（丁）/145　集部/別集類/清

漁洋山人詩合集十八卷 （清）王士禎撰　清康熙三十三年(1694)刻本　十二冊

110000－0102－0004083　（丁）/175　子部/醫家類/諸專科方論

辨證錄十四卷洞垣全書脈訣闡微一卷 （清）陳士鐸撰　清雍正三年(1725)年希堯刻本　佚名圈點　十四冊

110000－0102－0004084　（丁）/186　集部/

總集類/文/通代

文章正論十五卷緒論五卷 （明）劉祜輯　明萬曆十九年(1591)徐圖刻本　二十冊

110000－0102－0004085　（丁）/220　集部/小說類/章回

雪月梅傳十卷五十回 （清）陳朗撰　（清）董孟汾評選　（清）邵松年校定　清乾隆四十年(1775)德華堂刻本　十冊

110000－0102－0004086　（丁）/237　集部/別集類/清

浣青詩草八卷 （清）錢孟鈿撰　清乾隆刻本　二冊

110000－0102－0004087　（丁）/247　集部/別集類/清

海愚詩鈔十二卷 （清）朱孝純撰　清乾隆五十九年(1794)刻本　四冊

110000－0102－0004088　（丁）/258　集部/別集類/清

澄秋閣集一集四卷二集四卷 （清）閔華撰　清乾隆十七年(1752)閔華刻本　八冊

110000－0102－0004089　（丁）/259　子部/雜家類/雜述

世說新語三卷 （南朝宋）劉義慶撰　（南朝梁）劉峻注　（明）凌濛初訂　**世說新語補四卷** （明）何良峻補　清康熙十五年(1676)刻本　佚名朱筆圈點　四冊

110000－0102－0004090　（丁）/260　集部/別集類/清

曝書亭詩錄十二卷 （清）朱彝尊撰　（清）江浩然箋注　清乾隆刻本　六冊

110000－0102－0004091　（丁）/283　集部/總集類/詩/斷代/清

清詩初集十二集 （清）蔣鑨　（清）翁介眉輯　清康熙二十年(1681)刻本　佚名圈點　六冊

110000－0102－0004092　（丁）/287　集部/詞類/詞譜、詞律、詞韻

紅萼軒詞牌不分卷 （清）孔鐸輯傳　清康熙

至雍正刻本(有抄配)　二冊

110000－0102－0004093　（丁）/295　集部/
別集類/清

浣桐詩鈔九卷　（清）朱一蜚撰　清乾隆抄本
佚名朱筆圈點、批校　四冊

110000－0102－0004094　（丁）/324　集部/
別集類/清

三魚堂外集六卷　（清）陸隴其撰　清康熙四
十年（1701）刻本　六冊

110000－0102－0004095　（丁）/339　集部/
別集類/明

荷亭文集十卷後錄六卷　（明）盧格輯　明崇
禎十三年（1640）盧叔惠刻本　佚名圈點
四冊

110000－0102－0004096　（丁）/357　集部/
別集類/明

茅鹿門集八卷　（明）茅坤撰　（清）張汝瑚選
清康熙刻本　長春書屋朱墨圈點　四冊

110000－0102－0004097　（丁）/375　集部/
總集類/文/通代

西山先生真文忠公文章正宗二十四卷　（宋）
真德秀編　明正德十五年（1520）馬卿刻本
十五冊

110000－0102－0004098　（丁）/382　子部/
醫家類/總錄

醫林指月十二種　（清）王琦輯　清乾隆三十
五年（1770）王琦刻本　五冊　存五種（高士
宗先生手授醫學真傳、芷園臆草存案、敖氏傷
寒金鏡錄、達生編、本草崇原）

110000－0102－0004099　（丁）/391　子部/
雜家類/雜纂

儼山外集四十卷　（明）陸深撰　明嘉靖二十
四年（1545）陸楫刻本　十二冊

110000－0102－0004100　（丁）/394　集部/
別集類/清

謙山詩鈔四卷　（清）朱鍾撰　清乾隆六十年
（1795）刻本　一冊

110000－0102－0004101　（丁）/395　集部/
總集類/詩/地方

莆風清籟集六十卷　（清）鄭王臣輯　清乾隆
刻本　十六冊

110000－0102－0004102　（丁）/421　集部/
別集類/宋

陳眉公先生訂正丹淵集四十卷拾遺二卷
（宋）文同撰　**石室先生年譜一卷**　（宋）家誠
之撰　**諸公書翰詩文一卷**　（明）李應魁編
明萬曆三十八年（1610）吳一標刻明崇禎四年
（1631）毛晉重修本　十冊

110000－0102－0004103　（丁）/435　集部/
別集類/清

吉雲草堂集九卷玉雨詞二卷紅亭日記二卷
（清）徐志鼎撰　**寅谷先生遺搞一卷**　（清）蔣
泰來撰　清乾隆刻本　八冊

110000－0102－0004104　（丁）/464　子部/
醫家類/雜病方論

丹溪朱氏脈因証治二卷　（元）朱震亨撰　清
乾隆四十年（1775）刻本　二冊

110000－0102－0004105　（丁）/498　集部/
別集類/清

春樹草堂集四卷棗下小集一卷　（清）顧嗣立
撰　清康熙刻書館閑吟本　佚名朱墨筆圈點
四冊

110000－0102－0004106　（丁）/509　子部/
藝術類/雜技

牌統孚玉四卷　題（明）樓筠子撰　明崇禎十
三年（1640）刻本　二冊

110000－0102－0004107　（丁）/524　史部/
地理類/方志/地方志

[乾隆]涿州志二十二卷首一卷續志十八卷
（清）吳山鳳纂修　（清）周紹達等續　清乾隆
三十年（1765）都門翰藻齋王世芳刻光緒元年
（1875）續刻本　十二冊

110000－0102－0004108　（丁）/554　集部/
別集類/漢至隋

劉秘書集二卷附錄一卷　（南朝梁）劉孝綽撰

（明）張燮纂　明天啟刻本　二冊

110000－0102－0004109　（丁）/559　集部/
別集類/清

石研齋集十二卷　（清）秦鐄撰　清嘉慶十六
年(1811)秦恩復刻本　二冊

110000－0102－0004110　（丁）/576　集部/
曲類/曲別集/傳奇

玉茗堂還魂記二卷五十五出　（明）湯顯祖撰
清乾隆五十年(1785)快雨堂、冰絲館刻本
二冊

110000－0102－0004111　（丁）/584　集部/
別集類/清

蓮洋集十二卷補遺一卷附錄一卷　（清）吳雯
撰　（清）王士禛評　清乾隆十五年(1750)劉
組曾刻十六年(1751)宋弼補刻本　七冊

110000－0102－0004112　（丁）/590　集部/
別集類/清

五公山人集十六卷　（清）王餘佑撰　（清）李
興祖編　清康熙三十四年(1695)刻　四冊

110000－0102－0004113　（丁）/596　集部/
曲類/曲別集/傳奇

鳴鳳記二卷四十一出　（明）王世貞撰　**鐵冠
圖**　（清）□□撰　清刻本　二冊　存十出
(鳴鳳記吃茶、寫本、河套、辭閣四出，鐵冠圖
借餉、煤山、守宮、別母、亂箭、刺虎六出)

110000－0102－0004114　（丁）/606　集部/
別集類/清

蕊雲集一卷晚唱一卷　（清）毛先舒撰　清康
熙毛氏思古堂刻思古堂十二種本　一冊

110000－0102－0004115　（丁）/611　集部/
別集類/宋

徂徠石先生全集二十卷附錄一卷　（宋）石介
撰　清康熙五十六年(1717)石鍵刻本　六冊

110000－0102－0004116　（丁）/615　集部/
別集類/清

野香亭集十三卷　（清）李孚青撰　清康熙刻
本　四冊

110000－0102－0004117　（丁）/619　集部/
別集類/宋

唐眉山詩集十卷文集十四卷　（宋）唐庚撰
清雍正三年(1725)汪亮采南陔草堂木活字印
本　二冊

110000－0102－0004118　（丁）/853　集部/
曲類/曲選

綴白裘新集合編十二集　（清）玩花主人輯
（清）錢德蒼續輯　清乾隆五十三年(1788)武
林鴻文堂金閶寶仁堂刻本　四十八冊

110000－0102－0004119　（丁）/878　集部/
別集類/遼金元

薩天錫詩集八卷　（元）薩都剌撰　（明）潘是
仁校　明末刻本　二冊

110000－0102－0004120　（丁）/910　集部/
別集類/清

御製擬白居易新樂府　（清）高宗弘曆撰　清
乾隆四十四年(1779)劉墉寫刻綠色套印進呈
本　四冊

110000－0102－0004121　（丁）/952　集部/
總集類/文/雜錄/書牘表啟

名家竿牘四集　（明）程弘賓輯　明刻本　佚
名圈點　二冊　存一卷(利集)

110000－0102－0004122　（丁）/960　史部/
紀傳類/通代

**重訂古史全本本紀七卷世家十六卷列傳三十
七卷**　（宋）蘇轍撰　明末刻本　十冊

110000－0102－0004123　（丁）/961　史部/
史抄類

左國腴詞八卷　（明）凌迪知輯　明萬曆四年
(1576)刻本　四冊

110000－0102－0004124　（丁）/962　史部/
史抄類

太史華句八卷　（明）凌迪知輯　明萬曆五年
(1577)吳興凌氏刻本　四冊

110000－0102－0004125　（丁）/980　集部/
別集類/清

煮字齋詩集一卷二集一卷　（清）徐焘撰　清

初刻康熙十七年(1678)增刻本　二冊

110000－0102－0004126　（丁)/984　集部/別集類/清

介山記二卷二十四折　（清)宋廷魁撰　清乾隆十五年(1750)刻本　二冊

110000－0102－0004127　（丁)/988　集部/曲類/曲別集/傳奇

南陽樂傳奇二卷三十二出　（清)夏綸撰　清乾隆十八年(1753)錢塘夏氏世光堂刻惺齋五種本　二冊

110000－0102－0004128　（丁)/1053　集部/別集類/清

橘巢小稿四卷　（清)王世琛撰　清乾隆二十三年(1758)刻本　一冊

110000－0102－0004129　（丁)/1062　集部/別集類/清

賜書堂稿　（清)曹秀先撰　清乾隆刻本　六冊

110000－0102－0004130　（丁)/1095　集部/別集類/清

雲起閣詩集　（清)來鑒撰　清刻本　四冊

110000－0102－0004131　（丁)/1109　集部/總集類/詩/地方

皖江採風錄一卷　（清)徐立綱輯　清乾隆五十三年(1788)刻本　一冊

110000－0102－0004132　（丁)/1138　叢部/彙編叢書

閒情小品二十七種　（明)華淑輯　明刻本　佚名朱筆圈點　三冊　存二十五種二十六卷（書紳要語一卷、睡方書一卷、花寮一卷、雨窗隨喜一卷、清史一卷、迷仙志一卷、田園詩一卷、清凉帖一卷、花間碎事一卷、文章九命一卷、千古一朋一卷、揚州夢一卷補一卷、樂府餘編一卷、酒考一卷、品茶八要一卷、香韻一卷、頌酒雜約一卷、貯書小譜一卷、書齋清事一卷、療言一卷、禪榻夢餘一卷、煮泉小品一卷、刻皇明吳郡丹青志一卷、寶顏堂訂正畫說一卷、寶顏堂訂正耄餘雜識一卷）

110000－0102－0004133　（丁)/1144　史部/別史、雜史類

竊憤錄一卷續錄一卷南渡錄大略一卷　（宋)辛棄疾撰　清抄本　二冊

110000－0102－0004134　（丁)/1145　子部/雜家類/學說

冐縶錄一卷　（宋)趙叔向撰　清抄本　一冊

110000－0102－0004135　（丁)/1182　集部/別集類/清

問義軒詩鈔二卷　（清)莊綸渭撰　清乾隆三十九年(1774)刻本　佚名圈點　一冊

110000－0102－0004136　（丁)/1186　子部/類書類

說略三十二卷　（明)顧起元撰　明嘉靖二十三年(1544)陸楫儼山書院、雲山書院刻古今說海本　十冊

110000－0102－0004137　（丁)/1194　史部/政書類/邦計

水利營田冊說　清乾隆刻本　一冊

110000－0102－0004138　（丁)/1202　集部/別集類/明

高季迪先生大全集十八集　（明)高啟撰　清康熙許氏竹素園刻本　六冊

110000－0102－0004139　（丁)/1210　集部/別集類/明

鯤溟先生詩集四卷奏疏一卷　（明)郭諫臣撰　清康熙五十二年(1713)郭鸞刻本　佚名圈點　二冊

110000－0102－0004140　（丁)/1213　集部/別集類/清

懷清堂集二十卷首一卷　（清)湯右曾撰　清乾隆十一年(1746)湯學基等刻本　四冊

110000－0102－0004141　（丁)/1226　集部/總集類/文/斷代/清

翠樓集一集一卷二集一卷新集一卷附生平爵里　（清)劉雲份輯　清康熙野香堂刻本　佚名朱墨筆圈點　四冊

110000－0102－0004142 （丁）/1233 集部/
集評類/詩評

排律元響十卷 （清）黃瑛評注 清康熙五十
五年(1716)刻本 佚名圈點 四冊

110000－0102－0004143 （丁）/1244 集部/
別集類/明

徐文長文集三十卷附補遺 （明）徐渭撰
(明)袁宏道評點 明萬曆刻本 四冊

110000－0102－0004144 （丁）/1248 集部/
總集類/詩/斷代/唐至五代

唐八家詩鈔 （明）陳明善輯 清乾隆三十四
年(1769)刻本 八冊

110000－0102－0004145 （丁）/1255 集部/
別集類/清

**陳迦陵文集六卷儷體文集十卷迦陵詞全集三
十卷** （清）陳維崧撰 清康熙二十五年至二
十九年(1686－1690)患立堂刻本 十二冊

110000－0102－0004146 （丁）/1261 集部/
別集類/明

重刻高太史大全集十八卷目錄一卷 （明）高
啟撰 （明）陳邦瞻 （明）汪汝淳校 明萬曆
三十七年(1609)汪汝淳刻明初四家詩本
六冊

110000－0102－0004147 （丁）/1262 集部/
別集類/唐至五代

**重刊校正笠澤叢書四卷補遺詩一卷續補遺一
卷** （唐）陸龜蒙撰 清雍正九年(1731)陸鍾
輝水雲漁屋刻本 二冊

110000－0102－0004148 （丁）/1263 集部/
詞類/詞總集/斷代

宋名家詞 （明）毛晉輯 明末毛氏汲古閣刻
本 二十九冊 缺十五種十八卷(珠玉詞一
卷、于湖詞三卷、洺水詞一卷、歸愚詞一卷、龍
洲詞一卷、初寮詞一卷、龍川詞一卷龍川詞補
一卷、姑溪詞一卷、友古詞一卷、石屏詞一卷、
海野詞一卷、逃禪詞一卷、空同詞一卷、介菴
詞一卷、烘堂詞一卷)

110000－0102－0004149 （丁）/1270 集部/
別集類/清

荷塘詩集 （清）張五典撰 清乾隆張五典刻
本 四冊

110000－0102－0004150 （丁）/1279 集部/
別集類/清

穆堂初稿五十卷 （清）李紱撰 清乾隆二年
(1737)李光墺刻本 十六冊

110000－0102－0004151 （丁）/1304 史部/
地理類/方志/地方志

[乾隆]汾陽縣志十四卷首一卷 （清）李文起
修 （清）戴震纂 清乾隆三十七年(1772)刻
本 六冊

110000－0102－0004152 （丁）/1307 集部/
總集類/文/通代

古抄八卷 （明）劉一相輯 明烏絲欄抄本
二十四冊

110000－0102－0004153 （丁）/1314 集部/
別集類/清

柳村詩集十二卷 （清）董訥撰 清康熙五十
年(1711)刻本 四冊

110000－0102－0004154 （丁）/1316 集部/
別集類/清

龍性堂詩集二卷 （清）葉矯然撰 清康熙二
十年(1681)刻本 二冊

110000－0102－0004155 （丁）/1335 集部/
別集類/明

蘿石山房文鈔四卷首一卷 （明）左懋第撰
清乾隆四十六年(1781)左堯勳刻本 四冊

110000－0102－0004156 （丁）/1337 史部/
傳記類/總傳/通錄/地方

東野志二卷 （明）呂兆祥輯 清康熙刻乾隆
補刻本 四冊

110000－0102－0004157 （丁）/1350 集部/
別集類/清

改亭集十六卷 （清）計東撰 清康熙刻本
四冊

110000－0102－0004158 （丁）/1351 集部/

別集類/清

正誼堂文集不分卷 （清）董以寧撰　清康熙
七年（1668）書林劉興甫刻本　六冊

110000－0102－0004159　（丁）/1353　集部/
總集類/詩/斷代/唐至五代

十二家唐詩類選十二卷 （明）何東序輯　明
隆慶四年（1570）刻本　四冊

110000－0102－0004160　（丁）/1355　史部/
史抄類

兩晉南北合纂四十卷 （明）錢岱纂　明萬曆
刻本　佚名朱筆圈點、注　十二冊

110000－0102－0004161　（丁）/1368　集部/
別集類/清

尊聞居士集八卷 （清）羅有高撰　清乾隆刻
本　二冊

110000－0102－0004162　（丁）/1372　集部/
別集類/清

菀青集二十一卷 （清）陳至言撰　清康熙芝
泉堂刻乾隆增修本　黃裳朱筆批點、題記
四冊

110000－0102－0004163　（丁）/1381　集部/
別集類/明

遵巖先生文集四十二卷 （清）王慎中撰　清
康熙五十年（1711）刻本　二十二冊　缺一卷
（四十二）

110000－0102－0004164　（丁）/1383　集部/
別集類/明

蓉川集不分卷首附年譜行狀等 （明）齊之鸞
撰　清康熙二十年（1681）刻本　一冊

110000－0102－0004165　（丁）/1385　集部/
總集類/文/斷代/明

鼎鐫諸方家彙編皇明名公文儁八卷 （明）袁
宏道編　（明）丘兆麟補　明末金陵奎壁堂鄭
思鳴刻本　五冊

110000－0102－0004166　（丁）/1396　集部/
總集類/詩/斷代/唐至五代

唐十二家詩十二卷 （明）楊一統編　明萬曆
十二年（1584）楊一統刻本　十二冊

110000－0102－0004167　（丁）/1399　集部/
別集類/清

**陳司業先生集經咡一卷掌錄二卷文集四卷詩
集四卷** （清）陳祖范撰　清乾隆二十九年
（1764）日華堂刻本　十冊

110000－0102－0004168　（丁）/1404　集部/
別集類/清

漁洋山人精華錄會心偶筆六卷 （清）王士禛
撰　（清）伊應鼎注　清乾隆二十四年（1759）
刻本　四冊

110000－0102－0004169　（丁）/1410　集部/
總集類/詩/斷代/唐至五代

宋洪魏公進萬首唐人絕句四十卷目錄四卷
（宋）洪邁輯　（明）趙宧光　（明）黃習遠補
　明萬曆三十五年（1607）吳郡寒山趙宧光刻
本　佚名圈點　十二冊

110000－0102－0004170　（丁）/1431　史部/
史評類

閱史約書三卷 （明）王光魯撰　明崇禎刻套
印本　二冊

110000－0102－0004171　（丁）/1436　集部/
別集類/漢至隋

江文通文集十卷 （南朝梁）江淹撰　（明）汪
士賢校　明萬曆至天啟刻漢魏諸名家集本
四冊

110000－0102－0004172　（丁）/1437　集部/
別集類/清

託素齋詩集四卷四憶堂詩集遺稿一卷 （清）
黎士弘撰　清雍正二年（1724）黎志遠刻本
四冊

110000－0102－0004173　（丁）/1438　集部/
總集類/詩/地方

嶺南三大家詩選二十四卷 （清）王隼輯　清
康熙刻本　五冊

110000－0102－0004174　（丁）/1441　集部/
別集類/明

靳兩城先生集二十卷 （明）靳學顏撰　明萬
曆十七年（1589）刻本　八冊

110000－0102－0004175　（丁）/1456　集部/
別集類/清

隨輦集十卷續集一卷經進文稿六卷　（清）高
士奇撰　清康熙刻本　四冊

110000－0102－0004176　（丁）/1538　史部/
傳記類/年譜

高陽太傅孫文正公年譜五卷　（明）孫銓編輯
　（清）孫奇逢訂正　清乾隆六年（1741）孫爾
然刻本　五冊

110000－0102－0004177　（丁）/1543　集部/
別集類/清

思齋存草四卷　（清）鄭愛貴撰　清乾隆刻本
　一冊

110000－0102－0004178　（丁）/1735　子部/
雜家類/雜纂

狐白集不分卷　（□）□□撰　清抄本　佚名
朱筆圈點　四冊

110000－0102－0004179　（丁）/1884　集部/
詞類/詞別集

雪惟韻竹詞　（清）孫錫撰　清乾隆刻本
一冊

110000－0102－0004180　（丁）/1930　子部/
類書類

古今類傳四卷　（清）董穀士　（清）董炳文合
輯　清康熙三十一年（1692）未學齋刻本
四冊

110000－0102－0004181　（丁）/2004　集部/
總集類/詩/地方

河汾諸老詩集八卷　（元）房祺輯　明天啟至
崇禎毛氏汲古閣刻詩詞雜俎本　佚名圈點
一冊

110000－0102－0004182　（丁）/2017　集部/
別集類/清

嵩山集二卷　（清）桑調元撰　清乾隆修汲堂
刻本　佚名朱筆圈點　一冊

110000－0102－0004183　（丁）/2053　集部/
詞類/詞總集

汲古閣未刻詞二十二種　（清）芸楣撰　清末

抄本　一冊

110000－0102－0004184　（丁）/2054　集部/
別集類/明

可泉擬涯翁擬古樂府二卷　（明）胡纘宗撰
（明）張光孝評　（明）胡統宗註　明嘉靖三十
六年（1557）汪瀚刻本　一冊

110000－0102－0004185　（丁）/2088　史部/
地理類/方志/總志

大明一統志九十卷　（明）李賢　（明）萬安等
編　明末萬壽堂刻本　四十四冊

110000－0102－0004186　（丁）/2147　集部/
別集類/清

馮舍人遺詩六卷　（清）馮廷櫆撰　清雍正十
一年（1733）刻本　一冊

110000－0102－0004187　（丁）/2149　集部/
別集類/清

過江集四卷　（清）史申義撰　清康熙刻本
佚名批、圈點　一冊　存二卷（一至二）

110000－0102－0004188　（丁）/2161　集部/
別集類/清

授研齋詩一卷　（清）宋韋金撰　清康熙刻本
　許蘭汀題記　一冊

110000－0102－0004189　（丁）/2256　集部/
別集類/清

香草居集七卷　（清）李符撰　清乾隆刻李氏
家集本　四冊

110000－0102－0004190　（丁）/2257　集部/
總集類/詩/斷代/清

七子詩選十四卷　（清）沈德潛選　清乾隆刻
本　四冊

110000－0102－0004191　（丁）/2261　集部/
別集類/唐至五代

杜詩提要十四卷　（清）吳瞻泰撰　清乾隆刻
本　十二冊

110000－0102－0004192　（丁）/2263　集部/
別集類/清

聽軒詩集四卷　（清）駱綺蘭撰　清乾隆六十

年(1795)刻本　二冊

110000 – 0102 – 0004193　（丁）/2278　子部/
醫家類/諸專科方論

傅氏眼科審視瑤函六卷首一卷　（清）傅仁宇
撰　清初刻本　佚名批、圈點　六冊

110000 – 0102 – 0004194　（丁）/2283　集部/
別集類/清

考功集選四卷　（清）王士祿撰　（清）王士禎
批點　清康熙刻雍正印漁洋山人著述本
二冊

110000 – 0102 – 0004195　（丁）/2286　集部/
總集類/詩/斷代/清

七子詩選十四卷　（清）沈德潛選　清乾隆刻
本　二冊

110000 – 0102 – 0004196　（丁）/2288　集部/
總集類/詩/家族

述本堂詩集十八卷　（清）方登嶧　（清）方式
濟　（清）方觀承撰　清乾隆二十年(1755)刻
本　十六冊

110000 – 0102 – 0004197　（丁）/2300　集部/
別集類/清

夢堂詩稿十五卷　（清）英廉撰　清乾隆刻本
佚名圈點　四冊

110000 – 0102 – 0004198　（丁）/2304　集部/
別集類/清

**陳司業先生集經咫一卷掌錄二卷文集四卷詩
集四卷**　（清）陳祖范撰　清乾隆二十九年
(1764)日華堂刻本　六冊

110000 – 0102 – 0004199　（丁）/2305　集部/
別集類/明

石田先生集不分卷　（明）沈周撰　（明）陳仁
錫編　明萬曆四十三年(1615)陳仁錫刻本
佚名朱筆校、圈點　四冊

110000 – 0102 – 0004200　（丁）/2316　子部/
雜家類/雜纂

嘉懿集初鈔四卷續鈔四卷　（清）高墉輯　清
乾隆五十四年(1789)刻本　佚名圈點　八冊

110000 – 0102 – 0004201　（丁）/2347　集部/
別集類/清

四憶堂詩集六卷首一卷　（清）侯方域撰
（清）賈開宗等選注　清順治刻本　二冊

110000 – 0102 – 0004202　（丁）/2348　集部/
總集類/詩/雜錄/唱和

韓江雅集十二卷　（清）全祖望等撰　清乾隆
刻本　四冊

110000 – 0102 – 0004203　（丁）/2366　集部/
曲類/曲別集/散曲

新鐫古今大雅北宮詞紀六卷　（明）陳所聞粹
選　（明）陳邦泰輯次　明萬曆三十三年
(1605)陳氏繼志齋刻本　五冊

110000 – 0102 – 0004204　（丁）/2367　集部/
曲類/曲別集/散曲

新鐫古今大雅南宮詞紀六卷　（明）陳所聞選
（明）陳邦泰輯次　明萬曆三十三年(1605)
陳氏繼志齋刻本　五冊

110000 – 0102 – 0004205　（丁）/2368　史部/
地理類/方志/地方志/山東

[乾隆]諸城縣志四十六卷　（清）宮懋讓修
（清）李文藻等纂　清乾隆二十九年(1764)刻
本　佚名批、校、圈點　八冊

110000 – 0102 – 0004206　（丁）/2372　集部/
總集類/詩/斷代/清

篋衍集十二卷　（清）陳維崧輯　清康熙三十
六年(1697)蔣國祥刻雍正印本　十冊

110000 – 0102 – 0004207　（丁）/2378　集部/
總集類/詩/通代

三家宮詞三卷　（明）毛晉輯　明天啟五年
(1625)常熟毛氏綠君亭刻本　一冊

110000 – 0102 – 0004208　（丁）/2379 – 2383
集部/總集類

詩詞雜俎十二種五十二卷　（明）毛晉輯　明
天啟至崇禎常熟毛氏汲古閣、綠君亭刻本
六冊　缺一種(元宮詞一卷)

110000 – 0102 – 0004209　（丁）/2384　集部/
總集類/詩/斷代/明

皇明詩選十三卷三子新詩合稿九卷　（明）陳子龍　（清）李雯　（清）宋徵輿輯撰　明崇禎十六年（1643）刻本　十冊

110000－0102－0004210　（丁）/2390　集部/曲類/曲別集/傳奇

懷沙記二卷　（清）張漱石撰　清乾隆刻玉燕堂四種曲本　一冊

110000－0102－0004211　（丁）/2392　集部/曲類/曲選

苑洛集二十二卷　（明）韓邦奇撰　清乾隆十六年（1751）刻本　十冊

110000－0102－0004212　（丁）/2398　子部/術數類

三才發秘九卷　（清）陳雯撰　清康熙三十六年（1697）刻本　佚名圈點　六冊

110000－0102－0004213　（丁）/2431　集部/總集類/詩/斷代/清

鴛央湖櫂歌　（清）朱彝尊　（清）譚吉璁（清）陸以誠　（清）張燕昌撰　清乾隆四十年（1775）刻本　三冊

110000－0102－0004214　（丁）/2435　子部/醫家類/外科方論

外科心法七卷　（明）薛己撰　（明）吳玄有校　明萬曆刻薛氏醫按本　二冊

110000－0102－0004215　（丁）/2437　子部/醫家類/兒婦科方論

婦人良方二十四卷　（宋）陳自明編　（明）薛己校注　明萬曆刻薛氏醫按本　十二冊

110000－0102－0004216　（丁）/2439　集部/別集類/宋

司馬文正公傳家集八十卷目錄二卷　（宋）司馬光撰　清乾隆六年（1741）刻本　二十四冊

110000－0102－0004217　（丁）/2443　集部/別集類/明

吳忠節公遺集四卷　（明）吳麟徵撰　明弘治刻清修本　佚名朱筆圈點　四冊

110000－0102－0004218　（丁）/2449　子部/醫家類/外科方論

瘍瘡機要三卷　（明）薛己撰　明萬曆刻薛氏醫按本　一冊

110000－0102－0004219　（丁）/2479　集部/別集類/宋

王荊文公詩五十卷附補遺　（宋）王安石撰（宋）李壁箋注　清乾隆五年至六年（1740－1741）張宗松清綺齋刻本　八冊

110000－0102－0004220　（丁）/2482　集部/別集類/明

邱文莊公集十卷　（明）丘濬撰　清乾隆十八年（1753）黨維世刻邱海二公合集本　佚名批、圈點　十冊

110000－0102－0004221　（丁）/2483　集部/別集類/明

海忠介公集六卷首一卷　（明）海瑞撰　清乾隆十八年（1753）黨維世刻邱海二公合集本　佚名批、圈點　六冊

110000－0102－0004222　（丁）/2484　集部/總集類/詩/地方

新安二布衣詩八卷　（清）王士禎輯　清康熙四十三年（1704）新安汪洪度刻本　二冊

110000－0102－0004223　（丁）/2491－2497　集部/別集類/清

觀樹堂集十六卷　（清）朱樟撰　清乾隆刻本　十六冊

110000－0102－0004224　（丁）/2501　史部/政書類/詔令奏議/奏議

盡言集十三卷　（宋）劉安世撰　明隆慶五年（1571）張佳胤、王叔杲刻本　佚名圈點　五冊　存十三卷（一至十三）

110000－0102－0004225　（丁）/2508　集部/詞類/詞別集

百末詞六卷　（清）尤侗撰　清康熙刻本二冊

110000－0102－0004226　（丁）/2595　子部/藝術類/雜技

桃花泉奕譜二卷　（清）范世勳撰　清乾隆三

十年(1765)刻本　佚名圈點　二冊

110000-0102-0004227　（丁）/2599　集部/
曲類/曲別集/傳奇

石榴記傳奇四卷三十二出　（清）黃振撰　清
乾隆三十七年(1772)如皋黃振柴灣村舍刻本
　四冊

110000-0102-0004228　（丁）/2611　集部/
總集類/文/通代

刪補古今文致十卷　（明）劉士鏻輯　（明）王
宇增刪　明天啟刻本　佚名圈點　四冊

110000-0102-0004229　（丁）/2656　子部/
雜家類/雜述

李卓吾批點世說新語補二十卷　（南朝宋）劉
義慶撰　（南朝梁）劉孝標注　（宋）劉辰翁批
點　（明）何良俊增補　（明）王世貞刪定
（明）王世懋批釋　（明）李贄批點　明萬曆刻
本　四冊

110000-0102-0004230　（丁）/2779　史部/
地理類/方志/地方志

[乾隆]貴州通志四十六卷首一卷　（清）鄂爾
泰等纂修　清乾隆六年(1741)刻本　三十
二冊

110000-0102-0004231　（丁）/2781　集部/
總集類/詩/斷代/唐至五代

唐詩貫珠六十卷首一卷　（清）胡以梅箋釋
清康熙五十四年(1715)刻本　二十六冊

110000-0102-0004232　（丁）/2784　集部/
別集類/清

二曲集二十六卷　（清）李顒撰　清康熙三十
二年(1693)鄭重、高爾公刻本　八冊

110000-0102-0004233　（丁）/2787　集部/
別集類/宋

唐眉山詩集十卷文集十四卷　（宋）唐庚撰
清雍正三年(1725)汪亮采南陔草堂活字印本
　六冊

110000-0102-0004234　（丁）/2788　集部/
別集類/清

靜惕堂詩集四十四卷目錄一卷　（清）曹溶撰

清雍正三年(1725)李維鈞刻本　十冊

110000-0102-0004235　（丁）/2790　史部/
地理類/方志/地方志

[雍正]陝西通志一百卷首一卷　（清）劉於義
等修　（清）沈青崖纂　清雍正十三年(1735)
刻乾隆至嘉慶印本　一百冊

110000-0102-0004236　（丁）/2974　集部/
詞類/詞總集/斷代

梁谿十八家詞選　（清）侯晰輯　清末抄本
佚名圈點　二冊

110000-0102-0004237　（丁）/2985　集部/
別集類/清

松花菴逸草一卷詩餘一卷　（清）吳鎮撰　清
乾隆刻本　一冊

110000-0102-0004238　（丁）/3029　史部/
紀傳類/斷代

後漢書補逸二十一卷　（清）姚之駰撰　清康
熙刻本　八冊

110000-0102-0004239　（丁）/3031　集部/
總集類/詩/斷代/唐至五代

十三唐人詩選十五卷八劉唐人詩八卷　（清）
劉雲份編　清康熙金閶野香堂刻清綠蔭堂印
本　十冊

110000-0102-0004240　（丁）/3106　集部/
別集類/清

天一笑廬詩鈔二卷　（清）黃鼎瑞撰　清精抄
本　二冊

110000-0102-0004241　（丁）/3108　子部/
醫家類/本草

本草經解要四卷附餘一卷　（清）葉桂撰　清
雍正二年(1724)王從龍刻本　二冊

110000-0102-0004242　（丁）/3201　集部/
別集類/清

凝翠樓集四卷　（清）王慧撰　清康熙四十七
年(1708)王壽慈刻光緒二十三年(1897)印本
　二冊

110000-0102-0004243　（丁）/3202　子部/

雜家類/雜述

世說新語補二十卷　（南朝宋）劉義慶撰
（南朝梁）劉孝標註　（明）何良俊等增補
（明）王世貞　（明）張文柱校註刪定　清乾隆
二十七年(1762)茂清書屋刻本　六冊

110000－0102－0004244　（丁）/3203　集部/
曲類/曲別集/傳奇

新編目連救母勸善戲文三卷　（明）鄭之珍撰
　明萬曆十年(1582)高石山房刻本　八冊

110000－0102－0004245　（丁）/3259　集部/
別集類/清

**白田草堂存稿二十四卷附崇祀鄉賢錄一卷行
狀一卷**　（清）王懋竑撰　清乾隆刻本　十
二冊

110000－0102－0004246　（丁）/3301　史部/
政書類/文牘檔冊

[清皖撫院恩銘奏稿]　清光緒三十二年
(1906)抄本　三十六冊

110000－0102－0004247　（丁）/3351　史部/
政書類/儀制

壇廟祀典三卷　（清）方觀承撰　清乾隆二十
三年(1758)刻本　三冊

110000－0102－0004248　（丁）/3370　史部/
政書類/詔令奏議

**諫垣奏稿撫滇奏稿撫滇會奏稿督滇奏稿貳部
奏稿撫黔奏稿撫桂奏稿撫汴奏稿**　清光緒十
四年至宣統三年(1888－1911)稿本　八冊

110000－0102－0004249　（丁）/3391　子部/
藝術類/雜著

仙機武庫八集　（明）陸玄宇輯　明崇禎二年
(1629)刻本　六冊

110000－0102－0004250　（丁）/3439　集部/
總集類/文/通代

文體明辯四十八卷首一卷　（明）徐師曾輯
（明）沈芬　（明）沈騏箋注　明崇禎十三年
(1640)刻本　十八冊

110000－0102－0004251　（丁）/3445　集部/
別集類/清

趙裘萼公賸稿三卷　（清）趙熊詔撰　清乾隆
二年(1737)刻本　一冊

110000－0102－0004252　（丁）/3446　集部/
別集類/清

趙恭毅公賸稿八卷　（清）趙申喬撰　清乾隆
刻本　三冊　缺二卷(一至二)

110000－0102－0004253　（丁）/3487　集部/
集評類/詩評/詩話

罨畫樓詩話八卷　（清）廖景文編　清乾隆三
十六年(1771)刻本　四冊

110000－0102－0004254　（丁）/3507　集部/
別集類/清

南華山人詩鈔十六卷南華山房詩鈔六卷
（清）張鵬翀撰　清乾隆刻本　八冊

110000－0102－0004255　（丁）/3508　子部/
類書類

麗句集六卷　（明）許之吉選輯　明天啟刻本
　六冊

110000－0102－0004256　（丁）/3532　集部/
別集類/明

白石樵真稿二十四卷　（明）陳繼儒撰　明崇
禎刻本　八冊

110000－0102－0004257　（丁）/3539　子部/
術數類/占卜

鼎鍥卜筮鬼谷源流斷易天機大全三卷　（明）
□□撰　明刻本　佚名圈點　三冊

110000－0102－0004258　（丁）/3585　集部/
總集類/詩/通代

寫情集四卷　（清）錢尚濠輯　清初刻本
二冊

110000－0102－0004259　（丁）/3635　集部/
總集類/詩/通代

五朝詩名家七律英華　（清）顧存孝　（清）王
載輯　清康熙金閶寶翰樓刻本　五冊

110000－0102－0004260　（丁）/3636　集部/
別集類/清

三儂嘯旨六卷　（清）汪價撰　（清）許自俊評

清康熙慎齋刻乾隆四十六年(1781)補修本
二冊　缺一卷(古樂府鈔一卷)

110000－0102－0004261　(丁)/3649　子部/
醫家類/總錄

證治準繩　(明)王肯堂輯　明萬曆刻清補刻
本　一百冊

110000－0102－0004262　(丁)/3650　集部/
別集類/唐至五代

極玄集二卷　(唐)姚合撰　明崇禎元年
(1628)毛氏汲古閣刻本　佚名圈點　一冊

110000－0102－0004263　(丁)/3664　集部/
總集類/文/通代/編選

陸士衡集十卷　(晉)陸機撰　**陸士龍集十卷**
(晉)陸雲撰　明萬曆至天啟汪士賢刻漢魏
諸名家集本　二冊

110000－0102－0004264　(丁)/3687　集部/
別集類/清

睫巢後集不分卷附李鷹青詩補遺　(清)李鍇
撰　清乾隆抄本　一冊

110000－0102－0004265　(丁)/3690　集部/
別集類/遼金元

玉山草堂集二卷集外詩一卷　(元)顧阿瑛撰
明末毛氏汲古閣刻本　二冊

110000－0102－0004266　(丁)/3697　集部/
別集類/明

**青邱高季迪先生詩集十八卷首一卷遺詩一卷
扣舷集一卷附錄一卷鳧藻集五卷**　(明)高啟
撰　(清)金檀輯注　清雍正六年(1728)桐鄉
金氏文瑞樓刻乾隆印本　無計為歡室主人題
識、圈點、批校　八冊

110000－0102－0004267　(丁)/3712　集部/
別集類/明

薛考功集十卷　(明)薛蕙撰　**附錄**　(明)王
廷等撰　明嘉靖刻本(有抄配)　佚名圈點
四冊

110000－0102－0004268　(丁)/3720　集部/
曲類/曲譜、曲韻

納書楹曲譜補遺四卷　(清)葉堂撰　清乾隆

五十九年(1794)長洲葉氏納書楹刻本　四冊

110000－0102－0004269　(丁)/3721　集部/
曲類/曲譜、曲韻

**納書楹曲譜正集四卷續集四卷外集二卷補遺
四卷納書楹玉茗堂四夢曲譜八卷**　(清)葉堂
訂譜　(清)王文治參訂　清乾隆五十七年至
五十九年(1792－1794)長洲葉氏納書楹刻本
十冊

110000－0102－0004270　(丁)/3722　集部/
曲類/曲譜、曲韻

納書楹玉茗堂四夢全譜八卷　(清)葉堂撰
清乾隆五十七年(1792)長洲葉氏納書楹刻本
八冊

110000－0102－0004271　(丁)/3724　集部/
別集類/明

洹詞十二卷　(明)崔銑撰　明嘉靖趙藩王府
刻清乾隆三十六年(1771)黃邦寧補修本
六冊

110000－0102－0004272　(丁)/3725　集部/
別集類/明

由拳集二十三卷　(明)屠隆撰　明萬曆八年
(1580)馮夢禎刻本　十六冊

110000－0102－0004273　(丁)/3734　集部/
總集類/文/斷代/明

皇明十六名家小品十六種　(明)陸雲龍
(明)丁允和等輯　明崇禎六年(1633)錢塘陸
雲龍刻本　十七冊　缺三種(陳眉公先生小
品、屠赤水先生小品、張侗初先生小品)

110000－0102－0004274　(丁)/3736　史部/
編年類/通代

綱目集略五卷　(明)董繼祖編　明萬曆六年
(1578)王繼祖刻本　五冊

110000－0102－0004275　(丁)/3739　集部/
別集類/明

鄒公願學集八卷　(明)鄒元標撰　清乾隆十
二年(1747)鄒椿、鄒橋刻本　六冊

110000－0102－0004276　(丁)/3744　集部/
別集類/清

玉溪生詩意八卷附錄一卷　清乾隆刻本　錢
維喬嘉慶三年(1798)批、圈點　六冊

110000－0102－0004277　(丁)/3751　集部/
別集類/明

鈐山詩選七卷　(明)嚴嵩撰　(明)楊慎批選
　明嘉靖刻本　陳衍、范增祥、王式通題識
楊天驥、黃濬、朱文均、吳昌綬、郭曾炘題跋
佚名評注　六冊

110000－0102－0004278　(丁)/3754　集部/
別集類/清

在陸草堂文集六卷　(清)儲欣撰　清雍正元
年(1723)儲掌文淑慎堂刻本　六冊

110000－0102－0004279　(丁)/3760　集部/
別集類/清

獨學廬初稿詩八卷文三卷讀左巵言一卷漢書
刊訛一卷　(清)石韞玉撰　清乾隆六十年
(1795)長沙官舍刻本　四冊

110000－0102－0004280　(丁)/3761　集部/
別集類/清

堯峰文鈔文四十卷詩十卷　(清)汪琬撰
(清)林佶編　清康熙三十二年(1693)刻本
佚名圈點　六冊

110000－0102－0004281　(丁)/3762　集部/
總集類/詩/通代

書記洞詮一百十六卷目錄十卷　(明)梅鼎祚
輯　明萬曆二十五年至二十七年(1597－
1599)玄白堂刻本　二十四冊

110000－0102－0004282　(丁)/3791　史部/
傳記類/別傳

蔡端明別紀十卷　(明)徐𤊹撰　明萬曆刻本
　二冊

110000－0102－0004283　(丁)/3798　史部/
政書類/通制

通志二十略五十一卷　(宋)鄭樵撰　(清)汪
啟淑校　清乾隆十四年(1749)汪啟淑飛鴻堂
刻本　六冊　存十卷(藝文略八卷、校讎略一
卷、圖譜略一卷)

110000－0102－0004284　(丁)/3817　集部/

別集類/清

林左堂集詩六卷詞四卷　(清)孫致彌撰　清
乾隆元年(1736)金惟駿、程宗傳刻本　二冊

110000－0102－0004285　(丁)/3818　集部/
別集類/清

希希集二卷　(清)黃千人撰　清乾隆刻本
一冊

110000－0102－0004286　(丁)/3820　集部/
總集類/文/地方

金華文略二十卷　(清)王崇炳編　清康熙四
十八年(1709)蘭溪唐氏刻乾隆七年(1742)金
華夏氏補刻本　佚名圈點　十四冊

110000－0102－0004287　(丁)/3823　集部/
別集類/宋

坡仙集十六卷　(宋)蘇軾撰　(明)李贄評輯
　明萬曆二十八年(1600)陳大來繼志齋刻本
六冊

110000－0102－0004288　(丁)/3825　集部/
別集類/清

秋錦山房集二十二卷目錄二卷外集三卷
(清)李良年撰　清康熙三十五年(1696)李潮
偕刻乾隆二十四年(1759)李菊房增刻本
七冊

110000－0102－0004289　(丁)/3831　集部/
總集類/文/通代

古今濡削選章四十卷　(明)李國祥輯　明萬
曆刻本　佚名圈點　十二冊

110000－0102－0004290　(丁)/3833　集部/
別集類/清

愒園文集三十六卷　(清)徐乾學撰　清康熙
刻本　八冊

110000－0102－0004291　(丁)/3851　子部/
術數類/陰陽五行

陽明按索五卷首一卷　(明)陳復心編　(明)
陳漢卿補注　明崇禎五年(1632)尚白齋刻本
　佚名朱筆圈點　二冊

110000－0102－0004292　(丁)/3859　史部/
史抄類

漢雋十卷　（宋）林越撰　明初刻後印本　葉啓峰題記　四冊

110000－0102－0004293　（丁）/3861　史部/別史、雜史類

短長二卷　（明）王世貞撰　明刻本　一冊

110000－0102－0004294　（丁）/3887　集部/別集類/明

嚴逸山先生文集十三卷　（明）嚴書開撰　善餘堂家乘後編一卷　清初嚴氏寧德堂刻本　四冊

110000－0102－0004295　（丁）/3889　子部/釋家

雍正十年中秋月御選寶筏精華二卷　（清）世宗胤禎輯　清雍正十一年(1733)內府銅活字印本　二冊

110000－0102－0004296　（丁）/3913　集部/總集類/詩/婦女

名媛詩歸三十六卷　（明）鍾惺點輯　明刻本　佚名圈點　四冊

110000－0102－0004297　（丁）/3944　集部/別集類/明

三易集二十卷　（明）唐時升撰　明崇禎刻嘉定四先生集本　六冊

110000－0102－0004298　（丁）/3946　集部/總集類/文/斷代/明

媚幽閣文娛不分卷　（明）鄭元勳輯　明崇禎三年(1630)暇園鄭元化刻本　佚名圈點　一冊

110000－0102－0004299　（丁）/4004　史部/傳記類/總傳/專錄/科舉

國朝歷科館選錄　（清）沈廷芳輯　（清）陸費墀　（清）沈世煒重訂　清乾隆十一年(1746)刻三十一年(1766)至光緒遞刻本　二冊

110000－0102－0004300　（丁）/4011　集部/總集類/文/斷代/明

明文英華十卷　（清）吳有孝輯　清康熙刻本　八冊

110000－0102－0004301　（丁）/4015　子部/醫家類/外科方論

申斗垣校正外科啓玄十二卷　（明）申拱宸撰　（明）申斗垣校正　明萬曆刻本　佚名圈點　三冊

110000－0102－0004302　（丁）/4019　集部/別集類/清

樗亭詩稿　（清）薩哈岱撰　清乾隆八年(1743)刻本　六冊

110000－0102－0004303　（丁）/4020　集部/別集類/明

巽隱程先生詩集二卷巽隱程先生文集二卷　（明）程本立撰　（清）金檀編　清康熙五十八年(1719)金檀燕翼堂刻乾隆印本　劉春霖題簽　二冊

110000－0102－0004304　（丁）/4021　集部/別集類/清

海右陳人集二卷　（清）程先貞撰　清康熙刻本　四冊

110000－0102－0004305　（丁）/4022　集部/別集類/宋

宛陵先生文集六十卷附拾遺一卷　（宋）梅堯臣撰　清康熙四十一年(1702)徐氏白華書屋刻本　十二冊

110000－0102－0004306　（丁）/4023　集部/別集類/唐

賈浪仙長江集十卷附錄一卷　（唐）賈島撰　清康熙至雍正刻本　二冊

110000－0102－0004307　（丁）/4038　集部/別集類/宋

東坡禪喜集十四卷　（宋）蘇軾撰　（明）馮夢禎批點　（明）凌濛初輯增　明天啟元年(1621)凌濛初刻朱墨套印本　唐益公題識　四冊

110000－0102－0004308　（丁）/4044　史部/地理類/方志/總志

大明一統志九十卷　（明）李賢等纂　（明）萬安等修　明天順五年(1461)內府刻本(卷八

第一葉,卷二十二第一至五葉,卷二十三第五至八、四十六、四十七葉,卷四十五一至三葉,卷六十三第一業,卷七十六第二十四葉,卷九十第二十七至二十九葉抄配) 七十四冊

110000－0102－0004309 （丁）/4056 史部/紀傳類/通代

函史上編八十二卷下編二十一卷 （明）鄧元錫撰 明萬曆金陵徐智督刻本 六十冊

110000－0102－0004310 （丁）/4061 集部/別集類/明

倪文貞公文集二十卷首一卷奏疏十二卷 (明)倪元璐撰 清乾隆三十七年(1772)蔣士銓刻本 佚名圈點、批校 十冊

110000－0102－0004311 （丁）/4062 集部/別集類/清

安序堂文鈔三十卷 （清）毛際可撰 清康熙刻本 六冊

110000－0102－0004312 （丁）/4075 集部/別集類/清

御製文初集四十卷總目五卷二集五十卷總目六卷三集五十卷總目六卷 （清）聖祖玄燁撰 （清）張玉書等編 清康熙五十三年(1714)內府刻本 七十八冊 缺一卷(交輝園遺稿一卷)

110000－0102－0004313 （丁）/4082 集部/別集類/宋

校注橘山四六二十卷 （宋）李廷忠撰 （明）孫雲翼注 明萬曆刻本 佚名圈點 四冊

110000－0102－0004314 （丁）/4106 集部/總集類/詩/斷代/宋

宋十五家詩選 （清）陳訏編 清康熙三十二年(1693)刻本 佚名圈點 十冊

110000－0102－0004315 （丁）/4109 集部/別集類/明

鳥鼠山人小集十六卷後集二卷願學編二卷可泉擬涯翁擬古樂府二卷擬漢樂府八卷附補遺雍音四卷唐雅八卷 （明）胡續宗撰 胡氏榮哀錄二卷 （明）胡初被編 明嘉靖周盛時刻

清順治十三年(1656)補修本 二十三冊

110000－0102－0004316 （丁）/4129 集部/楚辭類/楚辭

楚辭餘論二卷楚辭說韻一卷 （清）蔣驥撰 清雍正刻本 一冊

110000－0102－0004317 （丁）/4177 子部/宗教類/釋教

角虎集二卷附起念佛七儀式 （清）釋濟能纂輯 清乾隆三十五年(1770)海幢禪寺刻本 二冊

110000－0102－0004318 （丁）/4179 集部/總集類/詩/斷代/宋

南宋群賢詩選十二卷 （清）陸鍾輝輯 清雍正刻本 四冊

110000－0102－0004319 （丁）/4246 集部/集評類

談龍錄一卷 （清）趙執信撰 清乾隆三十九年(1774)刻本 一冊

110000－0102－0004320 （丁）/4292 集部/小說類/章回

新鎸批評出相韓湘子三十回 （明）楊爾曾撰 清康熙刻本 六冊

110000－0102－0004321 （丁）/4293 集部/小說類/章回

第一奇書野叟曝言二十卷一百五十二回 (清)夏敬渠撰 清光緒七年(1881)毗陵匯珍樓木活字印本 二十冊

110000－0102－0004322 （丁）/4294 集部/小說類/筆記小說

仙佛奇蹤八卷 （明）洪應明撰 明刻本 四冊

110000－0102－0004323 （丁）/4315 子部/醫家類

新刊傷寒撮要六卷 （明）繆存濟編撰 明隆慶新安歙邑汪滋刻本 佚名注 六冊

110000－0102－0004324 （丁）/4316 子部/類書類

彙苑詳注三十六卷 （明）王世貞輯 （明）鄒道元重訂 明萬曆二十三年（1595）刻本 九冊

110000－0102－0004325 （丁）/4329 史部/地理類/雜記

莆陽比事七卷 （宋）李俊甫撰 清嘉慶藍絲欄抄本 二冊

110000－0102－0004326 （丁）/4341 集部/別集類/清

青門賸稿八卷 （清）邵長蘅撰 清康熙刻本 六冊

110000－0102－0004327 （丁）/4342 集部/別集類/清

青門旅稿六卷 （清）邵長蘅撰 清康熙三十年（1691）刻本 六冊

110000－0102－0004328 （丁）/4350 集部/別集類/清

竹巖詩草二卷 （清）邊中寶撰 清乾隆四十年（1775）刻本 佚名圈點 雙清書屋題款 二冊

110000－0102－0004329 （丁）/4357 子部/雜家類/雜纂

雲仙雜記十卷 （唐）馮贄編 明隆慶五年（1571）葉氏菉竹堂刻唐宋叢書本 一冊

110000－0102－0004330 （丁）/4360 子部/雜家類/學說

分甘餘話四卷 （清）王士禛撰 清康熙程哲七略書堂刻帶經堂全集本 二冊

110000－0102－0004331 （丁）/4392 集部/總集類/詩/通代

瀛奎律髓四十九卷 （元）方回輯 明刻本 二十四冊

110000－0102－0004332 （丁）/4420 集部/別集類/明

劉槎翁先生詩選十二卷 （明）劉崧撰 明萬曆二十五年（1597）張應泰刻本 四冊

110000－0102－0004333 （丁）/4426 集部/

別集類/清

陳清端公文集八卷附紀恩錄家傳 （清）陳璸撰 清乾隆三十年（1765）刻本 二冊

110000－0102－0004334 （丁）/4445 集部/總集類/文/斷代/宋

嘉樂齋三蘇文範十八卷首一卷 題（明）楊慎編 明天啟刻本 十八冊

110000－0102－0004335 （丁）/4450 集部/別集類/清

安雅堂未刻稿八卷附入蜀集二卷 （清）宋琬撰 清乾隆三十一年（1766）萊陽宋永年刻本 四冊

110000－0102－0004336 （丁）/4458 集部/別集類/清

西菴集九卷 （明）孫蕡撰 清乾隆四年（1739）葉逢春、劉漢裔刻本 佚名圈點 四冊

110000－0102－0004337 （丁）/4463 集部/集評類/詩評

漢詩評十卷 （清）李因篤撰 清康熙刻本 葉德輝跋 四冊

110000－0102－0004338 （丁）/4464 集部/總集類/詩/地方

知非堂外稿四卷通書問一卷 （元）何中撰
何希之先生雞肋集一卷 （宋）何希之撰 清康熙五十八年（1719）刻本 六冊

110000－0102－0004339 （丁）/4465 集部/別集類/遼金元

知非堂稿六卷附文獻外錄一卷 （元）何中撰 清康熙五十八年（1719）刻本 四冊

110000－0102－0004340 （丁）/4487 集部/別集類/明

新刻天傭子全集十卷 （明）艾南英撰 （清）艾為珖等輯 清康熙三十八年（1699）艾為珖刻本 十冊

110000－0102－0004341 （丁）/4495 集部/別集類/

愛日堂全集文集八卷詩集二卷外集一卷

(清)孫宗彝撰　清乾隆三十五年(1770)刻本
佚名圈點　四冊

110000－0102－0004342　（丁)/4499　集部/
別集類/明

鄉賢區西屏集十卷　(明)區越撰　明末刻本
三冊

110000－0102－0004343　（丁)/4500　集部/
別集類/宋

章泉稾五卷　(宋)趙蕃撰　清乾隆武英殿刻
木活印武英殿聚珍版叢書本　一冊

110000－0102－0004344　（丁)/4508　集部/
別集類/清

尊水園集四卷　(明)盧世㴶撰　清順治刻本
四冊

110000－0102－0004345　（丁)/4646　集部/
別集類/清

響泉集二十八卷　(清)顧光旭撰　清乾隆刻
本　十二冊

110000－0102－0004346　（丁)/4659　集部/
小說類/筆記小說

新鐫笑林廣記十二卷　(清)遊戲主人輯　清
三益堂刻本　六冊

110000－0102－0004347　（丁)/4662　集部/
別集類/清

鳴春集一卷　(清)曹仁虎撰　清朱絲欄抄本
一冊

110000－0102－0004348　（丁)/4663　集部/
別集類/清

轅韶集六卷　(清)曹仁虎撰　清朱絲欄抄本
一冊

110000－0102－0004349　（丁)/4690　子部/
雜家類/雜述

陳眉公珍珠船四卷　(明)陳繼儒撰　明末刻
本　佚名圈點　一冊

110000－0102－0004350　（丁)/4723　集部/
別集類/清

尊水園集略十二卷補遺二卷　(清)盧世㴶撰

清順治盧孝餘刻十七年(1660)增修本
八冊

110000－0102－0004351　（丁)/4724　集部/
別集類/宋

吾汶全藁十卷文獻錄一卷從祀錄一卷　（宋)
王炎午撰　明正德汶源旌忠堂刻清補刻本
二冊

110000－0102－0004352　（丁)/4725　集部/
別集類/清

弢甫集十四卷附旌門錄一卷　(清)桑調元撰
清乾隆七年(1742)蘭陔草堂刻本　一冊

110000－0102－0004353　（丁)/4728　集部/
別集類/清

蔗尾詩集十五卷　(清)鄭方坤撰　清乾隆元
年(1736)刻乾隆增修本　佚名圈點　四冊

110000－0102－0004354　（丁)/4738　集部/
別集類/遼金元

詠物詩二卷　(元)謝宗可撰　清乾隆五十六
年(1791)冰絲館刻本　二冊

110000－0102－0004355　（丁)/4783　集部/
曲類/曲別集/傳奇

廣寒梯傳奇二卷　(清)夏綸撰　清乾隆十八
年(1753)錢塘夏氏世光堂刻本　二冊

110000－0102－0004356　（丁)/4784　集部/
總集類/文/通代/編選

選材錄一卷　(清)周春撰　**遼詩話一卷**
(清)周春輯　清乾隆刻本　一冊

110000－0102－0004357　（丁)/4789　集部/
別集類/清

陸堂詩集十六卷　(清)陸奎勳撰　清雍正刻
本　四冊

110000－0102－0004358　（丁)/4792　子部/
道家類

參同契經文分節解三卷　(漢)魏伯陽撰
(元)陳致虛解　明嘉靖姚汝循刻本　佚名評
點　一冊

110000－0102－0004359　（丁)/4801　子部/

263

雜家類/學說

原李耳載 （清）李中馥撰 清抄本 一冊

110000－0102－0004360 （丁）/4820 集部/
別集類/清

貞可齋集唐六卷集宋十卷 （清）陳光龍輯
清康熙刻本 八冊

110000－0102－0004361 （丁）/4874 集部/
集評類/詩評/詩話

[十家詩話]十種 （明）陶珽編 清順治三年
(1646)李際期宛委山堂刻說郛續本 一冊

110000－0102－0004362 （丁）/4892 集部/
總集類/文/斷代/明

媚幽閣文娛不分卷 （明）鄭元勳輯 明崇禎
三年(1630)暇園鄭元化刻本 五冊

110000－0102－0004363 （丁）/4893 集部/
別集類/明

三易集二十卷 （明）唐時升撰 明崇禎刻嘉
定四先生集本 十冊

110000－0102－0004364 （丁）/4895 集部/
別集類/清

千山詩集二十卷首一卷補遺一卷 （清）釋函
可撰 清康熙刻本 四冊

110000－0102－0004365 （丁）/4905 子部/
雜家類/學說

經鉏堂雜誌四卷 （宋）倪思撰 清乾隆抄本
朱錫庚跋 周筆祥題識 二冊

110000－0102－0004366 （丁）/4906 集部/
別集類/清

二十四泉草堂集十二卷 （清）王苹撰 清康
熙刻本 四冊

110000－0102－0004367 （丁）/4909 集部/
別集類/宋

蘇長公表啓尺牘選八卷 （宋）蘇軾撰 （明）
郭化輯 明萬曆四十一年(1613)刻本 四冊

110000－0102－0004368 （丁）/4910 集部/
別集類/清

雙溪草堂詩集十卷詩一卷 （清）汪晉征撰

清康熙四十七年(1708)刻本 四冊

110000－0102－0004369 （丁）/4916 集部/
別集類/清

瓠息齋前集二十四卷 （清）凌樹屏撰 清乾
隆二十四年(1759)刻本 佚名圈點 四冊

110000－0102－0004370 （丁）/4942 子部/
醫家類/養生

新刻山居四要五卷 （明）汪汝懋編 明萬曆
二十年(1592)虎林胡氏文會堂刻本 二冊

110000－0102－0004371 （丁）/5004 集部/
別集類/清

黃葉邨莊詩集八卷續集一卷 （清）吳之振撰
清康熙刻本 二冊

110000－0102－0004372 （丁）/5005 集部/
別集類/遼金元

周此山先生詩集四卷 （元）周權撰 清抄本
一冊

110000－0102－0004373 （丁）/5043 集部/
別集類/清

樸庭詩稿六卷 （清）吳熿文撰 清乾隆十二
年(1747)刻本 二冊

110000－0102－0004374 （丁）/5053 史部/
別史、雜史類

[明末軼事]二卷 清末餐秀簃紅格抄本
二冊

110000－0102－0004375 （丁）/5295 集部/
別集類/清

與梅堂遺集十二卷耳書一卷鮓話一卷 （清）
佟世思撰 清康熙四十年(1701)佟世集刻本
佚名圈點、批註 八冊

110000－0102－0004376 （丁）/5300 子部/
類書類

古雋考略六卷 （明）顧充撰 明萬曆二十七
年(1599)李楨、蕭大亨等刻本 佚名圈點
六冊

110000－0102－0004377 （丁）/5304 集部/
別集類/清

撫雲集九卷 （清）錢良擇撰 清雍正八年（1730）錢氏招隱堂刻本 八冊

110000－0102－0004378 （丁）/5306 子部/醫家類/兒婦科方論

保赤全書二卷 （明）管橓編 （明）李時中增補 明末大業堂刻本 佚名圈點、批註 六冊

110000－0102－0004379 （丁）/5309 集部/別集類/元

楊鐵崖先生詠史古樂府四卷 （元）楊維禎撰 （清）王榮紱編 清乾隆三十七年（1772）西安王榮紱刻本 四冊

110000－0102－0004380 （丁）/5310 集部/別集類/明

白榆集二十八卷 （明）屠隆撰 明萬曆二十二年（1594）程元方刻本 八冊 缺八卷（二十一至二十八）

110000－0102－0004381 （丁）/5320 集部/別集類/清

平庵詩集十二卷 （清）黃世成撰 清乾隆十二年（1747）刻本 四冊

110000－0102－0004382 （丁）/5354 集部/別集類/清

月山詩集四卷首一卷末一卷 （清）恆仁撰 清乾隆六十年（1795）刻本 佚名圈點、批註 二冊 存二卷（一至二）

110000－0102－0004383 （丁）/5374 集部/別集類/清

春暉樓四六四卷 （清）汪芳藻撰 清雍正七年（1729）刻本 二冊

110000－0102－0004384 （丁）/5376 集部/別集類/清

雙溪詩集九卷 （清）顧奎光撰 清乾隆三十二年（1767）刻本 佚名圈點 一冊

110000－0102－0004385 （丁）/5385 集部/別集類/清

緯蕭草堂詩不分卷 （清）宋至撰 清康熙刻本 二冊

110000－0102－0004386 （丁）/5400 集部/別集類/宋

屏山先生文集二十卷 （宋）劉子翬撰 清雍正八年（1730）歸三堂刻本 佚名圈點 四冊

110000－0102－0004387 （丁）/5403 集部/別集類/遼金元

松鄉先生文集十卷 （元）任士林撰 明泰昌元年（1620）刻清補刻本 四冊

110000－0102－0004388 （丁）/5410 集部/總集類

歷朝名媛詩詞十二卷 （清）陸昶評選 清乾隆三十八年（1773）吳門陸氏紅樹樓刻本 四冊

110000－0102－0004389 （丁）/5425 子部/雜家類/學說

古夫于亭雜錄五卷 （清）王士禎撰 清康熙刻本 佚名圈點 五冊

110000－0102－0004390 （丁）/5426 集部/別集類/明

谿田文集十一卷 （明）馬理撰 明萬曆十七年（1589）刻清補刻本（有抄配） 八冊

110000－0102－0004391 （丁）/5437 集部/總集類/文/通代/編選

文品甶函三卷 （明）陳仁錫選 明末刻本 佚名圈點、批註 三冊

110000－0102－0004392 （丁）/5446 集部/別集類/宋

韋齋集十二卷 （宋）朱松撰 玉瀾集一卷 （宋）朱槔撰 清康熙四十七年（1708）程塏刻本 六冊

110000－0102－0004393 （丁）/5454 集部/總集類/詩/雜錄/唱和

湘管聯吟一卷續集三卷附錄一卷附稿一卷 （清）陳焯編 清乾隆刻本 二冊

110000－0102－0004394 （丁）/5459 集部/俗文學類/雜曲

安邦傳四卷 清嘉慶二十三年（1818）和慶堂遠亭抄本 四冊

110000－0102－0004395　（丁）/5480　集部/
總集類/詩/通代

詠梅詩鈔　清乾隆嘉慶間抄本　四冊

110000－0102－0004396　（丁）/5481　史部/
別史、雜史類

隆平集二十卷首一卷　（宋）曾鞏撰　清康熙
四十年(1701)彭期七業堂刻本　四冊

110000－0102－0004397　（丁）/5508　集部/
總集類/詩/雜錄/唱和

千叟宴詩四卷　（清）聖祖玄燁輯　清康熙六
十一年(1722)內府刻本　八冊

110000－0102－0004398　（丁）/5525　集部/
集評類/詩評/詩話

帶經堂詩話三十卷首一卷　（清）王士禛撰
（清）張宗柟輯　清乾隆二十七年(1762)刻本
佚名圈點　八冊

110000－0102－0004399　（丁）/5537　集部/
別集類/宋

陳同甫集三十卷　（宋）陳亮撰　清活字印本
八冊

110000－0102－0004400　（丁）/5543　集部/
別集類/清

百緣語業　（清）朱昂撰　清乾隆四十三年
(1778)刻本　佚名圈點　一冊

110000－0102－0004401　（丁）/5544　集部/
別集類/清

素文女子遺稿一卷　（清）袁機撰　（清）袁枚
輯　**樓居小草一卷**　（清）袁杼撰　清乾隆二
十四年(1759)刻本　一冊

110000－0102－0004402　（丁）/5555　集部/
總集類/文/通代

賦略外篇二十卷　（明）陳山毓輯　明末刻本
四冊

110000－0102－0004403　（丁）/5556　集部/
別集類/宋

宋濂溪周元公先生集十卷首一卷　（宋）周敦
頤撰　明萬曆三年(1575)刻本　四冊

110000－0102－0004404　（丁）/5559　集部/
別集類/宋

重鐫草堂外集十五卷　（清）檀萃撰　清嘉慶
元年(1796)刻本　六冊

110000－0102－0004405　（丁）/5567　集部/
總集類/詩/斷代/清

七子詩選十四卷　（清）沈德潛選　清乾隆刻
本　佚名圈點　二冊

110000－0102－0004406　（丁）/5568　集部/
總集類/詩/雜錄/酬贈慶吊

鴻案珠圍集四卷　（清）陳世倌等撰　清乾隆
二十一年(1756)刻本　四冊

110000－0102－0004407　（丁）/5584　集部/
別集類/清

竹嘯軒詩鈔十八卷　（清）沈德潛撰　清乾隆
刻本　四冊

110000－0102－0004408　（丁）/5621　集部/
別集類/清

扣舷集二卷　（清）徐楠撰　清乾隆二十二年
(1757)刻本　一冊

110000－0102－0004409　（丁）/5628　集部/
別集類/清

阮亭壬寅詩　（清）王士禛撰　清康熙刻本
一冊

110000－0102－0004410　（丁）/5648　集部/
別集類/清

入吳集　（清）王士禛撰　清康熙刻本　一冊

110000－0102－0004411　（丁）/5725　集部/
別集類/清

春穀小草二卷　（清）盛復初撰　清乾隆四十
年(1775)刻本　佚名圈點　一冊

110000－0102－0004412　（丁）/5745　集部/
總集類/詩/斷代/唐至五代

[張起宗集唐]不分卷　（清）張起宗輯　清康
熙三十三年(1694)刻清康熙五十年(1711)補
刻本　佚名圈點、批註　二冊

110000－0102－0004413　（丁）/5878　集部/

別集類/唐至五代

杜詩偶評四卷 (清)沈德潛編　清乾隆刻本
周爾墉題識　佚名圈點、批註　四冊

110000－0102－0004414　(丁)/5892　集部/
別集類/清

志寧堂稿不分卷 (清)徐文靖撰　清雍正至
乾隆刻本　二冊

110000－0102－0004415　(丁)/5924　集部/
曲類

雅趣藏書 (清)錢書撰　清刻本　一冊

110000－0102－0004416　(丁)/5925　集部/
別集類/清

芝麓詩鈔三卷 (清)龔鼎孳撰　清康熙六年
(1667)刻江左三大家詩鈔本　一冊

110000－0102－0004417　(丁)/5958　集部/
別集類/清

[馬萬長子遺集] (清)馬世傑撰　清初抄本
佚名批點　一冊

110000－0102－0004418　(丁)/5960　集部/
別集類/清

濟源瓢不分卷 (清)時大昕撰　清稿本　時
大昕、周肇祥題識　佚名圈點、批註　一冊

110000－0102－0004419　(丁)/5982　集部/
別集類/清

定叟文鈔 (清)秦雲爽撰　清康熙刻本
二冊

110000－0102－0004420　(丁)/5987　子部/
雜家類

酒鑑七十二條及其他雜抄 清雍正至乾隆抄
本　佚名圈點　一冊

110000－0102－0004421　(丁)/5992　集部/
別集類/清

夢畹詩存不分卷 (清)張節撰　清乾隆至嘉
慶抄本　佚名圈點、批校　四冊

110000－0102－0004422　(丁)/5994　集部/
別集類/清

寒村半生亭集三卷 (清)鄭梁撰　清康熙紫

蟾山房刻本　二冊

110000－0102－0004423　(丁)/6003　史部/
地理類/遊記/清

出口程記不分卷 (清)李調元撰　清乾隆刻
本　一冊

110000－0102－0004424　(丁)/6005　集部/
別集類/清

漁洋山人精華錄訓纂補十卷首一卷年譜一卷
(清)王士禎撰　(清)惠棟注　清乾隆二十
二年(1757)盧見曾刻本　二冊

110000－0102－0004425　(丁)/6011　集部/
小說類/筆記小說

虞初選 (清)陳鼎等撰　清抄本　一冊

110000－0102－0004426　(丁)/6030　子部/
雜家類/學說

槐下新編雅說集十九種十九卷 (清)魏裔介
編　清康熙刻本　五冊　存十六種十六卷
(劄記內外篇一卷、閑居擇言一卷、小心齋劄
記一卷、南軺日賤一卷、忠節語錄一卷、歲寒
居答問一卷、大中一卷、述古自警一卷、居學
錄一卷、庸言一卷、好善編、身世言一卷、荊園
小語一卷、野語一卷、知至編一卷、芝在堂語
一卷、管言一卷)

110000－0102－0004427　(丁)/6090　集部/
集評類/詩評/詩話

蓮坡詩話二卷 (清)查為仁撰　清乾隆六年
(1741)刻蔗塘外集本　佚名圈點　二冊

110000－0102－0004428　(丁)/6095　集部/
別集類/清

王石和文九卷 (清)王珣撰　清乾隆刻本
六冊

110000－0102－0004429　(丁)/6102　集部/
別集類/清

林松址詩集三卷北行即景一卷 (清)林豫吉
撰　清康熙刻本　四冊

110000－0102－0004430　(丁)/6134　集部/
別集類/宋

晞髮集十卷遺集二卷遺集補一卷 (宋)謝翱

撰　清康熙四十一年(1702)陸大業刻本
二冊

110000－0102－0004431　（丁）/6135　集部/
別集類/清

沚亭刪定文集二卷　（清）孫廷銓撰　清康熙
十七年(1678)刻本　二冊

110000－0102－0004432　（丁）/6136　史部/
地理類/雜記

顔山雜記四卷　（清）孫廷銓撰　清康熙刻孫
文定公全集本　二冊

110000－0102－0004433　（丁）/6137　集部/
別集類/清

四憶堂詩集六卷首一卷　（清）侯方域撰
（清）賈開宗等選注　清順治刻本　二冊

110000－0102－0004434　（丁）/6174　集部/
別集類/清

甌北集二十七卷　（清）趙翼撰　清乾隆刻本
八冊

110000－0102－0004435　（丁）/6180　集部/
別集類/清

虛白亭詩鈔二卷　（清）睿親王淳穎撰　清嘉
慶稿本　一冊

110000－0102－0004436　（丁）/6264　集部/
總集類/文/通代

花鏡雋聲十六卷　（明）馬嘉松輯　明天啟四
年(1624)刻本　佚名圈點、批註　二冊　存
七卷(一至六、八)

110000－0102－0004437　（丁）/6268　集部/
總集類/詩/斷代/清

絮吳藟詩選二十四卷　（清）茅應奎選　清乾
隆三十四年(1769)刻本　佚名圈點　六冊

110000－0102－0004438　（丁）/6277　集部/
別集類/清

槐塘詩稿十六卷　（清）汪沆撰　清乾隆五十
一年(1786)刻本　四冊

110000－0102－0004439　（丁）/6281　集部/
別集類/清

松韻亭詩四卷附山居五十秋詩一卷　（清）楊
本撰　清乾隆二十一年(1756)刻本　一冊

110000－0102－0004440　（丁）/6284　集部/
總集類/詩/斷代/唐至五代

唐人選唐詩八種二十三卷　（明）毛晉輯　明
崇禎元年(1628)毛氏汲古閣刻本　佚名批圈
八冊

110000－0102－0004441　（丁）/6286　集部/
別集類/清

傳書樓詩稿　（清）汪金順編　清乾隆五十八
年(1793)刻本　一冊

110000－0102－0004442　（丁）/6321　集部/
別集類/明

魏莊渠先生集二卷　（明）魏校撰　清康熙四
十九年(1710)蘇州正誼堂刻本　佚名圈點
一冊

110000－0102－0004443　（丁）/6324　集部/
別集類/清

蠶尾續文集二十卷　（清）王士禛撰　清康熙
刻本　一冊　存七卷(一至三、五、九、十一至
十二)

110000－0102－0004444　（丁）/6353　集部/
別集類/清

十笏草堂上浮集乙集二卷廣陵倡和詞一卷
（清）王士祿撰　清康熙刻本　一冊

110000－0102－0004445　（丁）/6369　集部/
小說類/筆記小說

暑窗臆說二卷　（清）王鉞撰　清康熙刻世德
堂遺書本　八冊

110000－0102－0004446　（丁）/6373　集部/
別集類/明

翠娛閣評選黃貞父先生小品二卷　（明）黃汝
亨撰　（明）丁允和選　（明）陸雲龍評　明崇
禎六年(1633)錢塘陸雲龍刻皇明十六名家小
品本　一冊

110000－0102－0004447　（丁）/6375　集部/
別集類/清

紺寒亭文集四卷詩集十卷詩別集一卷　（清）

趙俞撰　清康熙嘉定趙氏刻本　佚名圈點
六冊

110000－0102－0004448　（丁）/6377　集部/
總集類

新刊迂齋先生標註崇古文訣三十五卷　（宋）
樓昉輯　明嘉靖刻本　十冊

110000－0102－0004449　（丁）/6378　集部/
總集類/文/通代/編選

古文斷前集十六卷後集十八卷　（清）姚培謙
選　清康熙六十一年至雍正元年（1722－
1723）華亭姚氏刻本　十六冊

110000－0102－0004450　（丁）/6379　集部/
別集類/宋

黃青社先生伐檀集二卷　（宋）黃庶撰　清乾
隆胡憺德緝香堂刻本　二冊

110000－0102－0004451　（丁）/6409　集部/
總集類/詩/雜錄/唱和

湘管聯吟一卷續集三卷附錄一卷附稿一卷
（清）陳焯編　清乾隆刻本　一冊

110000－0102－0004452　（丁）/6416　集部/
別集類/清

味和堂詩集六卷　（清）高其倬撰　清乾隆五
年（1740）高恪等刻本　李大翀、李放題識
一冊

110000－0102－0004453　（丁）/6418　集部/
別集類/清

江泠閣文集四卷　（清）冷士嵋撰　清康熙刻
宗冷二子合集本　一冊

110000－0102－0004454　（丁）/6441　集部/
別集類/清

隱拙齋集二十三卷　（清）沈廷芳撰　清乾隆
二十二年（1757）刻本　四冊　缺一卷（二十
三）

110000－0102－0004455　（丁）/6445　集部/
別集類/唐至五代

張司業詩集八卷　（唐）張籍撰　清康熙洞庭
席氏琴川書屋刻唐詩百名家全集本　二冊

110000－0102－0004456　（丁）/6463　集部/
別集類/清

雍益集一卷長白山錄一卷補遺一卷　（清）王
士禛撰　清康熙三十六年（1697）刻本　一冊

110000－0102－0004457　（丁）/6470　集部/
總集類/文/通代

古賦辨體十卷　（元）祝堯輯　明嘉靖十六年
（1537）刻本　五冊

110000－0102－0004458　（丁）/6471　集部/
詞類/詞總集/斷代

類編箋釋國朝詩餘五卷　（明）錢允治輯
（明）陳仁錫釋　明萬曆四十二年（1614）刻本
六冊

110000－0102－0004459　（丁）/6481　集部/
別集類/清

樂賢堂詩鈔三卷　（清）德保撰　清乾隆五十
六年（1791）刻本　三冊

110000－0102－0004460　（丁）/6501　集部/
詞類/詞總集/通代

草堂詩餘十六卷　（明）陳繼儒評選　（明）卓
人月匯選　（明）徐士俊參評　**徐卓晤歌**
（明）徐士俊　（明）卓人月撰　明末刻本　十
六冊

110000－0102－0004461　（丁）/6504　集部/
別集類/清

夢樓詩集二十四卷　（清）王文治撰　清康熙
六十年（1721）食舊堂刻本　四冊　存十二卷
（一至十二）

110000－0102－0004462　（丁）/6508　集部/
別集類/清

述菴詩鈔十二卷　（清）王昶撰　清乾隆刻本
四冊

110000－0102－0004463　（丁）/6512　集部/
別集類/明

顧文康公詩草六卷　（明）顧鼎臣撰　明崇禎
顧晉瑤、顧咸建刻本　二冊

110000－0102－0004464　（丁）/6513　集部/
別集類/明

王惺所先生文集十卷　(明)王以悟撰　明天啟二年(1622)刻清補刻本　四册

110000－0102－0004465　(丁)/6519　集部/别集類/宋

景文集六十二卷　(宋)宋祁撰　清乾隆四十六年(1781)武英殿木活字印武英殿聚珍版叢書本　十五册　存五十九卷(一至五十九)

110000－0102－0004466　(丁)/6527　集部/總集類/詩/地方

東皐詩存四十八卷詩餘四卷　(清)汪之珩輯　清乾隆三十一年(1766)刻本　二十册

110000－0102－0004467　(丁)/6530　子部/譜錄類/草木

北墅抱甕錄一卷　(清)高士奇撰　清康熙刻本　復廬居士題識　二册

110000－0102－0004468　(丁)/6540　集部/别集類/清

已山先生文集十卷别集四卷　(清)王步青撰　**附王檢討已山先生傳一卷**　(清)陳弘謀撰　清乾隆刻本　四册

110000－0102－0004469　(丁)/6541　集部/别集類/遼金元

薩天錫詩集二卷　(元)薩都剌撰　明末汲古閣刻本　一册

110000－0102－0004470　(丁)/6550　集部/小說類/短篇小說

聊齋志異十六卷　(清)蒲松齡撰　清乾隆三十一年(1766)青柯亭刻本　十六册

110000－0102－0004471　(丁)/6558　集部/總集類/詩/斷代/唐至五代

聞鶴軒初盛唐近體讀本十七卷　(清)盧弅　(清)王溥輯　清乾隆三十五年(1770)聞鶴軒刻本　佚名圈點　六册

110000－0102－0004472　(丁)/6559　集部/别集類/清

范忠貞公集十卷　(清)范承謨撰　(清)劉可書編　清康熙刻本　四册

110000－0102－0004473　(丁)/6566　集部/别集類/宋

學易集八卷　(宋)劉跂義撰　清乾隆四十一年(1776)武英殿木活字印武英殿聚珍版叢書本(卷八第二十六至二十七葉用刻本補配)　佚名評點　二册

110000－0102－0004474　(丁)/6568　集部/别集類/清

竹巖詩草二卷　(清)邊中寶撰　清乾隆四十年(1775)刻本　佚名圈點、批註　二册

110000－0102－0004475　(丁)/6572　集部/别集類/遼金元

張淮陽詩集一卷　(元)張弘範撰　清嘉慶烏絲欄抄本　一册

110000－0102－0004476　(丁)/6579　集部/别集類/清

今白華堂詩錄八卷　(清)童槐撰　清末抄本　二册

110000－0102－0004477　(丁)/6580　集部/總集類/詩/斷代/清

苔岑集二十四卷附二卷　(清)王鳴盛輯　清乾隆三十二年(1767)三槐堂刻本　四册

110000－0102－0004478　(丁)/6581　史部/傳記類/别傳

陶元暉傳記　(明)方震孺　(明)錢儀吉撰　清末抄本　黄丕烈跋　一册

110000－0102－0004479　(丁)/6582　集部/集評類/詩評/詩話

石洲詩話五卷　(清)翁方綱撰　清乾隆至嘉慶烏絲欄抄本　二册

110000－0102－0004480　(丁)/6590　集部/别集類/明

空同子集六十六卷目錄三卷附錄二卷　(明)李夢陽撰　(明)潘之恒校　明萬曆三十年(1602)長洲東莞鄧雲霄刻本　高世異題識、圈點、批註　袁克文題記　七册

110000－0102－0004481　(丁)/6602　子部/醫家類/雜病方論

程氏即得方二卷　（清）程林輯　清康熙刻本
佚名圈點、批　一冊

110000－0102－0004482　（丁）/6608　子部/
類書類

麗句集六卷　（明）許之吉選輯　明末翻刻本
十二冊

110000－0102－0004483　（丁）/6612　子部/
藝術類/雜技

下酒物二卷　（清）張潮輯　清康熙刻心齋三
種本　六冊

110000－0102－0004484　（丁）/6623　集部/
詞類/詞別集

珂雪詞二卷補遺一卷　（清）曹貞吉撰　清康
熙刻本　二冊

110000－0102－0004485　（丁）/6624　集部/
別集類/清

甘莊恪公全集十六卷傳一卷神道碑一卷墓誌
銘一卷　（清）甘汝來撰　清乾隆刻本　四冊

110000－0102－0004486　（丁）/6635　集部/
別集類/清

漁洋山人精華錄會心偶筆六卷　（清）王士禛
撰　（清）伊應鼎注　清乾隆二十四年（1759）
刻本　四冊

110000－0102－0004487　（丁）/6649　史部/
史評類/論事

捷錄法原旁注十卷　（明）錢炅輯　清康熙二
十五年（1686）刻本　佚名圈點、批注　四冊

110000－0102－0004488　（丁）/6650　集部/
詞類/詞別集

迦陵詞全集三十卷　（清）陳維崧撰　清康熙
二十八年（1689）宜興陳宗石患立堂刻本　章
鈺題識,佚名批點　六冊

110000－0102－0004489　（丁）/6652　子部/
醫家類/傷寒方論

傷寒續論二卷傷寒緒論二卷　（清）張璐撰
傷寒兼證析義不分卷　（清）張倬撰　清康熙
六年（1667）刻本　佚名圈點、批註　十六冊

110000－0102－0004490　（丁）/6653　集部/
小說類/筆記小說

小窗清紀四卷　（明）吳從先撰　明萬曆刻本
一冊

110000－0102－0004491　（丁）/6888　集部/
別集類/清

晚翠堂詩鈔不分卷　（清）戈地賓撰　清乾隆
刻本　佚名圈點　一冊

110000－0102－0004492　（丁）/6895　集部/
總集類/詩/地方

河汾諸老詩集八卷　（元）房祺輯　明天啟至
崇禎汲古閣刻詩詞雜俎本　一冊

110000－0102－0004493　（丁）/6896　集部/
別集類/明

汪明生詩草一卷借研齋草一卷齊梁草一卷秦
草二卷　（明）汪元範撰　清初裘杼樓抄本
一冊

110000－0102－0004494　（丁）/6897　集部/
別集類/清

慕陶集二卷　（清）李昌樟撰　（清）李厚健輯
錄　清咸豐六年（1856）衣德樓抄本　一冊

110000－0102－0004495　（丁）/6903　集部/
別集類/清

蘭雪堂詩草八卷　（清）岳禮撰　清乾隆五十
九年（1794）刻本　二冊

110000－0102－0004496　（丁）/6905　集部/
別集類/唐

丁卯詩集二卷詩續集一卷詩續補一卷集外遺
詩一卷　（唐）許渾撰　清康熙東山席氏琴川
書屋刻本　佚名圈點　三冊

110000－0102－0004497　（丁）/6910　集部/
別集類/宋

江湖長翁文集四十卷　（宋）陳造撰　明萬曆
四十六年（1618）李之藻刻本　八冊

110000－0102－0004498　（丁）/6933　集部/
別集類/明

清江貝先生詩集十卷文集三十卷　（明）貝瓊
撰　（清）金檀編　巽隱程先生詩集二卷文集

二卷　（明）程本立撰　（清）金檀編　清康熙五十八年（1719）金檀燕翼堂刻本　十六冊

110000－0102－0004499　（丁）/6952　集部/別集類/清

秋皋遺稿二卷　（清）翁蘭撰　清乾隆五十九年（1794）刻本　一冊

110000－0102－0004500　（丁）/6955　集部/小說類/章回

繪圖度世金繩四卷二十回　天花藏舉編　清末金陵府王德源刻字刷印鋪刻本　七冊　存十八回（一至十五、十八至二十）

110000－0102－0004501　（丁）/6963　集部/別集類/清

莊小鶴文稿不分卷乙芝園莊小鶴續稿不分卷芝園偶鈔二卷　（清）莊學和撰　清乾隆刻本　十冊

110000－0102－0004502　（丁）/7103　集部/曲類/曲別集/雜劇

精鈔會真記曲本十六出　（元）王實甫撰　清道光十九年（1839）戢桓抄本　一冊

110000－0102－0004503　（丁）/7128　集部/詞類/詞別集

百末詞六卷　（清）尤侗撰　清康熙刻本　四冊

110000－0102－0004504　（丁）/7137　集部/別集類/清

放言居詩集六卷　（清）曹炳曾撰　清乾隆刻本　佚名圈點　一冊

110000－0102－0004505　（丁）/7178　子部/儒家類/清

掄秀堂重訂幼學須知句解四卷　（清）錢元龍撰　清乾隆二十八年（1763）刻本　佚名圈點　四冊

110000－0102－0004506　（丁）/7196　集部/總集類/詩/婦女

吳中女士詩鈔十種　（清）任兆麟輯　（清）張允滋錄　清乾隆五十四年（1789）刻本　四冊

110000－0102－0004507　（丁）/7221　集部/楚辭類/楚辭

楚辭　（戰國）屈原等撰　屈原列傳　（漢）司馬遷撰　清乾隆抄本　一冊

110000－0102－0004508　（丁）/7229　子部/儒家類/清

日知薈說四卷　（清）高宗弘曆撰　清乾隆總督江南江西等處地方軍務慶復等刻本　三冊

110000－0102－0004509　（丁）/7246　史部/史評類/詠史

擬明史樂府不分卷　（清）尤侗撰　清康熙刻本　佚名圈點　一冊

110000－0102－0004510　（丁）/7262　集部/小說類/章回

第一才子書六十卷首一卷一百二十回　（明）羅貫中撰　清末抄本　佚名批　三十一冊

110000－0102－0004511　（丁）/7270　集部/總集類/詩/斷代/唐至五代

唐五言六韻詩豫四卷　（清）花豫樓主人選輯　清康熙刻本　四冊

110000－0102－0004512　（丁）/7281　集部/別集類/唐至五代

杜子美七言律不分卷　（唐）杜甫撰　（明）郭正域批點　明末閩齊伋刻朱墨套印本　二冊

110000－0102－0004513　（丁）/7286　集部/別集類/清

餘園古今體詩精選四卷　（清）繆沅撰　清乾隆三十八年（1773）刻本　四冊

110000－0102－0004514　（丁）/7288　集部/集評類/詩評

冰川詩式十卷　（明）梁橋撰　明萬曆刻本　佚名圈點　四冊

110000－0102－0004515　（丁）/7289　子部/類書類

古今類傳四卷　（清）董穀士　（清）董炳文輯　清康熙三十一年（1692）未學齋刻本　佚名圈點、批註　四冊

110000－0102－0004516 （丁）/7298 集部/
別集類/宋

黃青社先生伐檀集二卷 （宋）黃庶撰　清乾
隆胡憺德緝香堂刻本　二冊

110000－0102－0004517 （丁）/7299 子部/
儒家類/清

三魚堂賸言十二卷傳略一卷 （清）陸隴其撰
（清）陳濟編　清乾隆八年(1743)刻本
一冊

110000－0102－0004518 （丁）/7301 子部/
宗教類/釋教/贊

圓悟佛果禪師語錄二十卷 （宋）釋紹隆等編
明萬曆十八年至十九年(1590－1591)山西
清涼山妙德庵刻本　八冊

110000－0102－0004519 （丁）/7347 集部/
別集類/清

鳴春集一卷七十二候考一卷 （清）曹仁虎撰
清乾隆五十二年(1787)刻本　一冊

110000－0102－0004520 （丁）/7356 集部/
總集類

百旻遺草一卷 （明）葉世傛　（明）葉世俗撰
靈獲集一卷 （明）周永年撰　清抄本
二冊

110000－0102－0004521 （丁）/7357 集部/
別集類/唐至五代

沈下賢文集十二卷 （唐）沈亞之撰　清末抄
本　清同治元年(1862)黃維煊跋　二冊

110000－0102－0004522 （丁）/7358 集部/
別集類/唐至五代

**增廣註釋音辯唐柳先生集四十三卷別集二卷
外集二卷附錄一卷** （唐）柳宗元撰　（宋）童
宗說註釋　（宋）張敦頤音辯　（宋）潘緯音義
明正統十三年(1448)善敬堂刻修本　二十
四冊

110000－0102－0004523 （丁）/7359 集部/
別集類/宋

重刊嘉祐集十五卷 （宋）蘇洵撰　明嘉靖十
一年(1532)太原府刻本　清道光十三年

(1833)蘭卿題識　佚名圈點　六冊

110000－0102－0004524 （丁）/7360 集部/
別集類/明

何氏集二十六卷 （明）何景明撰　明嘉靖義
陽書院刻本　八冊

110000－0102－0004525 （丁）/7361 集部/
別集類/清

敬業堂詩集五十卷續集六卷 （清）查慎行撰
清康熙查氏刻清乾隆續刻本　佚名圈點
十四冊

110000－0102－0004526 （丁）/7364 子部/
兵家類

新鍥漢丞相諸葛孔明異傳奇論注解評林五卷
（明）章嬰評注　明萬曆二十六年(1598)書
林余氏刻清補刻本　佚名圈點、批校　四冊

110000－0102－0004527 （丁）/7366 集部/
別集類/清

竹垞文類二十六卷 （清）朱彝尊撰　清抄本
四冊

110000－0102－0004528 （丁）/7382 集部/
總集類/詩/雜錄/唱和

棲雲唱和詩不分卷 （清）曹學詩等撰　清乾
隆二十六年(1761)刻本　一冊

110000－0102－0004529 （丁）/7388 集部/
別集類/清

矢音集四卷 （清）沈德潛撰　清乾隆十八年
(1753)刻本　一冊

110000－0102－0004530 （丁）/7398 集部/
別集類/明

西隱文稿十卷附錄一卷 （明）宋訥撰　清抄
本　佚名圈點　四冊

110000－0102－0004531 （丁）/7400 子部/
藝術類/音樂舞蹈

樂府指迷一卷 （清）大觀園輯　清中期抄本
一冊

110000－0102－0004532 （丁）/7401 史部/
地理類/方志/地方志

[咸豐]古豐識略四十二卷 （清）鍾秀 （清）張曾編纂 清末抄本 四冊 缺一卷（二十四）

110000－0102－0004533 （丁）/7406 集部/別集類/清

強恕堂詩八卷 （清）高之騱撰 清乾隆三年（1738）刻本 四冊

110000－0102－0004534 （丁）/7408 集部/別集類/清

杜荀鶴文集三卷 （清）杜荀鶴撰 清康熙刻唐詩百名家全集本 三冊

110000－0102－0004535 （丁）/7410 集部/別集類/唐至五代

唐英歌詩三卷 （唐）吳融撰 清康熙東山席氏琴川書屋刻唐詩百名家全集本 三冊

110000－0102－0004536 （丁）/7411 集部/別集類/唐至五代

朱慶餘詩集不分卷 （唐）朱慶餘撰 清康熙東山席氏琴川書屋刻唐詩百名家全集本 一冊

110000－0102－0004537 （丁）/7412 集部/別集類/唐至五代

臨淮詩集二卷 （唐）武元衡撰 清康熙東山席氏琴川書屋刻唐詩百名家全集本 一冊

110000－0102－0004538 （丁）/7413 集部/總集類/詩/斷代/清

吾炙集二卷 （清）錢謙益輯 清抄本 一冊

110000－0102－0004539 （丁）/7414 集部/別集類/清

南華山人詩鈔十六卷 （清）張鵬翀撰 清乾隆刻本 二冊

110000－0102－0004540 （丁）/7463 史部/金石類/總錄

東巡金石錄八卷 （清）崔應階 （清）梁壽鴻合輯 清乾隆刻本 胡乃穎題款 二冊

110000－0102－0004541 （丁）/7481 集部/總集類

石研齋校刻書三種 （清）秦恩復編 清嘉慶至道光秦氏石研齋刻本 四冊

110000－0102－0004542 （丁）/7485 集部/別集類/清

味餘書室隨筆二卷 （清）仁宗顒琰撰 清嘉慶十二年(1807)武英殿刻本 四冊

110000－0102－0004543 （丁）/7490 子部/類書類/專編

精選舉業切要諸子粹言分類評林文源宗海四卷 （明）陶望齡輯 （明）董其昌評 明萬曆余良木刻本 二冊

110000－0102－0004544 （丁）/7491 史部/政書類/詔令奏議

吳柳堂先生請預定大統遺摺疏稿附廷議各疏稿 （清）吳可讀等撰 清光緒五年(1879)伯雲抄本 一冊

110000－0102－0004545 （丁）/7492 集部/別集類/清

南樓閒話 （清）馬時霖撰 清末民國抄本 一冊

110000－0102－0004546 （丁）/7493 子部/醫家類/方論

醫方選要十卷 （明）周文采編 明嘉靖刻本（卷八至十係抄配） 佚名注 十冊

110000－0102－0004547 （丁）/7494 子部/雜家類/雜纂

初潭集三十卷 （明）李贄撰 明末刻本 佚名朱筆批點 二十四冊

110000－0102－0004548 （丁）/7499 集部/別集類/清

恭和詩稿三卷 （清）沈德潛撰 清乾隆二十七年(1762)刻本 二冊

110000－0102－0004549 （丁）/7543 集部/別集類/漢至隋

揚子雲集三卷 （漢）揚雄撰 明天啟刻本 一冊

110000－0102－0004550 （丁）/7556 史部/

傳記類/總傳/專錄/仕宦

安危注四卷 （明）吳甡輯　清康熙吳元復刻本　佚名圈點　四冊

110000－0102－0004551　（丁）/7559　集部/別集類/清

樓邨詩集二十五卷 （清）王式丹撰　清雍正四年(1726)刻本　四冊

110000－0102－0004552　（丁）/7570　集部/總集類/文/通代

西山先生真文忠公文章正宗二十四卷 （宋）真德秀輯　明刻本　一冊　存一卷(四)

110000－0102－0004553　（丁）/7587　集部/別集類/遼金元

仁山金先生文集四卷首一卷附錄一卷 （元）金履祥撰　清雍正三年(1725)刻本　二冊

110000－0102－0004554　（丁）/7614　集部/曲類/曲別集/傳奇

花萼吟傳奇二卷三十二出 （清）夏綸撰（清）徐夢元評　清乾隆十八年(1753)錢塘夏氏世光堂刻惺齋新曲六種本　二冊

110000－0102－0004555　（丁）/7617　集部/別集類/唐至五代

姚少監詩集十卷 （唐）姚合撰　清康熙洞庭席氏琴川書屋刻唐詩百名家全集本　四冊

110000－0102－0004556　（丁）/7619　集部/別集類/唐至五代

唐陸宣公集二十二卷 （唐）陸贄撰　（清）年羹堯重訂　清康熙六十一年(1722)刻本　六冊

110000－0102－0004557　（丁）/7620　子部/藝術類/書畫

玄抄類摘六卷 （明）徐渭纂　（明）陳汝元補注　明萬曆十九年(1591)陳汝元刻本　佚名圈點、批　四冊

110000－0102－0004558　（丁）/7621　史部/政書類/法令/律例

律例圖說十卷幕學舉要一卷 （清）萬維翰撰　清乾隆刻本　八冊

110000－0102－0004559　（丁）/7647　集部/別集類/清

詩詞稿殘本 清抄本　二冊

110000－0102－0004560　（丁）/7652　集部/總集類/文/通代

古文析義十六卷 （清）林銘雲評注　清康熙五十五年(1716)刻本　十六冊

110000－0102－0004561　（丁）/7667　子部/藝術類/書畫/畫法、畫帖/清

天下有山堂畫藝二卷 （清）汪之元撰　清雍正二年(1724)刻本　二冊

110000－0102－0004562　（丁）/7673　集部/別集類/宋

簡齋集十六卷 （宋）陳與義撰　清乾隆四十六年(1781)武英殿木活字印武英殿聚珍版叢書本　佚名評點　四冊

110000－0102－0004563　（丁）/7676　集部/別集類/清

尺五堂詩刪初刻六卷近刻四卷 （清）嚴我斯撰　清康熙二十七年(1688)刻本　二冊

110000－0102－0004564　（丁）/7687　集部/別集類/明

陶庵詩集八卷補遺一卷末一卷偉恭詩附一卷 （明）黃淳耀撰　（清）陶應鯤輯　清乾隆二十六年(1761)寶山溪水陶氏刻本　四冊

110000－0102－0004565　（丁）/7758　史部/地理類/方志/地方志

[雍正]揚州府志四十卷 （清）尹會一（清）程夢星等纂修　清雍正十一年(1733)刻本　十二冊

110000－0102－0004566　（丁）/7793　史部/地理類/方志

[乾隆]蕭山縣志四十二卷 （清）黃鈺纂修　清乾隆十六年(1751)刻本　八冊

110000－0102－0004567　（丁）/7892　史部/地理類/方志/地方志

[乾隆]鳳翔縣志八卷首一卷 （清）羅鼇等纂修　清乾隆三十二年(1767)刻本　八冊

110000－0102－0004568　（丁）/7899　子部/
雜家類/雜考

丹鉛總錄二十七卷　（明）楊慎撰　（明）陸弼
校訂　明萬曆刻本　三冊　存四卷(一至四)

110000－0102－0004569　（丁）/7902　史部/
地理類/雜記

文翠軒筆記四卷　（清）沈濤撰　清抄本
二冊

110000－0102－0004570　（丁）/7904　子部/
譜錄類/器物

曹氏墨林二卷　（清）曹聖臣撰　清乾隆藝粟
齋刻本　二冊

110000－0102－0004571　（丁）/7934　史部/
地理類/遊記

扈從隨筆不分卷　（清）英和撰　清嘉慶八年
(1803)刻本　一冊

110000－0102－0004572　（丁）/7936　集部/
別集類/清

花石山房遺集二卷　（清）孫自務撰　清末抄
本　佚名圈點　二冊　存二卷(一至二)

110000－0102－0004573　（丁）/7947　集部/
別集類/清

西齋集十卷　（清）吳璟撰　清乾隆三十六年
(1771)吳霪刻本　二冊

110000－0102－0004574　（丁）/7961　集部/
總集類/文/家族

范文正公忠宣公全集七十三卷　（宋）范仲淹
　（宋）范純仁撰　（清）范時崇　（清）范能
濬輯　清康熙四十六年(1707)范氏歲寒堂刻
本　十六冊

110000－0102－0004575　（丁）/7969　集部/
別集類/清

玉亭集十六卷　（清）吳高增撰　清乾隆刻本
　一冊　存八卷(一至八)

110000－0102－0004576　（丁）/8037　子部/
宗教類/釋教/律

寶華山見月和尚規律　（清）釋觀照閱錄　清
順治十二年(1655)刻本　一冊

110000－0102－0004577　（丁）/8038　子部/
宗教類/釋教/贊

寶持總禪師語錄二卷　（清）釋明英等編　清
康熙十六年(1677)刻本　一冊

110000－0102－0004578　（丁）/8039　子部/
宗教類/釋教/贊

萬育霖沛汾禪師語錄　（清）釋祖燈撰　清康
熙二十四年(1685)刻徑山藏本　一冊

110000－0102－0004579　（丁）/8040　子部/
宗教類/釋教/贊

盤山拙菴大師電光錄一卷　（清）釋智朴撰
（清）釋德珍記錄　清康熙刻本　一冊

110000－0102－0004580　（丁）/8041　子部/
宗教類/釋教/贊

懷日光和尚語錄二卷　（清）釋明湛　（清）釋
明濟編　清康熙刻本　一冊

110000－0102－0004581　（丁）/8042　子部/
宗教類/釋教/贊

破蘊清禪師語錄　（清）釋源省記錄　清康熙
二十年(1681)刻徑山藏本　一冊

110000－0102－0004582　（丁）/8043　子部/
宗教類/釋教/贊

具宜大師普明隨錄二卷　（清）釋覺堂撰　清
乾隆十年(1745)釋實衡刻本　一冊

110000－0102－0004583　（丁）/8044　集部/
別集類/清

尺五堂詩刪初刻六卷　（清）嚴我斯撰　清康
熙二十七年(1688)刻本　二冊

110000－0102－0004584　（丁）/8052　集部/
別集類/清

舊雨草堂詩八卷附詩餘一卷　（清）董元度撰
　清乾隆四十三年(1778)刻本　二冊

110000－0102－0004585　（丁）/8055　集部/
別集類/清

板橋集　（清）鄭燮撰　清乾隆刻本　佚名圈
點　二冊　缺一卷(板橋題畫)

110000－0102－0004586　（丁）/8080　史部/

金石類/金/文字

金塗銅塔考一卷 （清）錢泳錄　清乾隆五十九年(1794)刻本　一冊

110000－0102－0004587　（丁）/8099　集部/別集類/清

今雨堂詩墨續編四卷 （清）金甡撰　（清）姚祖同　（清）汪賢書注　清乾隆五十年(1785)刻本　二冊

110000－0102－0004588　（丁）/8131　集部/小說類/筆記小說

雨山夜檢二卷 （清）張銓撰　清後期抄本　二冊

110000－0102－0004589　（丁）/8136　子部/雜家類/學說

通源集八卷首一卷末一卷 （明）曹宗先撰　清乾隆二十八年(1763)刻本　二冊

110000－0102－0004590　（丁）/8150　集部/別集類/清

黃雁山人詩錄 （清）莊縉度撰　清後期稿本　佚名圈點　有浮簽　二冊　存三卷(十七至十八、另一殘卷)

110000－0102－0004591　（丁）/8157　集部/別集類/清

蔭貽堂旅吟草一卷 （清）蓮舫夫子撰　清末抄本　一冊

110000－0102－0004592　（丁）/8161　集部/別集類/明

救命書一卷附河工書一卷 （明）呂坤撰　明萬曆刻清修補清印呂新吾全集本　一冊

110000－0102－0004593　（丁）/8168　叢部/自著叢書

果堂全集六種十九卷 （清）沈彤撰　清乾隆刻本　八冊

110000－0102－0004594　（丁）/8186　史部/傳記類/總傳/仕宦

崇祀名宦紀不分卷 （清）姚文燮等撰　清康熙刻本　一冊

110000－0102－0004595　（丁）/8202　集部/別集類/宋

宋孫仲益內簡尺牘十卷 （宋）孫覿撰　（宋）李祖堯注　（清）蔡焯等增訂　清乾隆十二年(1747)刻本　八冊

110000－0102－0004596　（丁）/8212　史部/政書類/法令/律例

禮科則例四卷 清乾隆藍絲欄抄本　四冊

110000－0102－0004597　（丁）/8282　史部/地理類/專志/祠廟

湯陰精忠廟志十卷 （明）張應登輯　（清）楊世達續輯　清乾隆刻本　六冊

110000－0102－0004598　（丁）/8285　子部/儒家類/宋以前

家語十卷孔叢五卷 （清）姜兆錫正義　清雍正十一年(1733)刻本　八冊

110000－0102－0004599　（丁）/8287　集部/別集類/清

二希堂文集十一卷首一卷 （清）蔡世遠撰　清乾隆二十二年(1757)刻本　四冊

110000－0102－0004600　（丁）/8288　集部/別集類/清

西湖賦 （清）柴紹炳撰　（清）柴傑箋　清乾隆三十九年(1774)刻本　一冊

110000－0102－0004601　（丁）/8309　史部/地理類/山川/山

鼎湖山志八卷 （清）釋成鷲纂　清康熙四十九年(1710)刻乾隆至嘉慶印本　四冊

110000－0102－0004602　（丁）/8328　集部/總集類/詩/斷代/清

本朝五言近體瓣香集十六卷 （清）許英輯　清乾隆二十八年(1763)許璥刻本　四冊

110000－0102－0004603　（丁）/8345　子部/雜家類/雜說

震澤長語二卷 （明）王鏊撰　明刻本　一冊

110000－0102－0004604　（丁）/8361　子部/儒家類/清

萬世玉衡錄四卷 （清）蔣伊輯　清康熙十二年(1673)刻本　四冊

110000－0102－0004605　（丁)/8367　子部/醫家類/醫經

素問靈樞類纂約注三卷 （清）汪昂撰　清乾隆刻本　佚名圈點　三冊

110000－0102－0004606　（丁)/8381　集部/別集類/清

林蕙堂文集十二卷 （清）吳綺撰　清乾隆三十九年(1774)衷白堂刻本　十冊

110000－0102－0004607　（丁)/8388　史部/地理類/山川/山

羅浮山志會編二十二卷首一卷 （清）宋廣業纂輯　清康熙五十五年(1716)刻乾隆印本　十冊

110000－0102－0004608　（丁)/8389　史部/地理類/專志/寺觀

明州阿育王山志十卷續志六卷 （明）郭子章撰　（清）釋畹荃續輯　明萬曆刻清乾隆增刻本　四冊

110000－0102－0004609　（丁)/8407　史部/地理類/山川/山

黃山志二卷 （清）張佩芳輯　清乾隆三十六年(1771)刻本　黃裳題識　一冊

110000－0102－0004610　（丁)/8411　集部/別集類/清

卓峰草堂詩鈔二十卷 （清）符兆綸撰　清末抄本　十冊

110000－0102－0004611　（丁)/8412　子部/類書類/類編

省軒考古類編十二卷 （清）柴紹炳撰　（清）姚培謙評　清雍正刻本　六冊

110000－0102－0004612　（丁)/8413　集部/別集類/清

家園草一卷慕園草一卷 （清）謝闓祚撰　清乾隆刻本　佚名圈點　一冊

110000－0102－0004613　（丁)/8484　史部/

地理類/山川/川

太湖備考十六卷首一卷續編四卷 （清）金友理纂　（清）鄭言紹續　**湖程紀略一卷** （清）吳曾撰　清乾隆十五年(1750)刻光緒二十九年(1903)增修本　十二冊

110000－0102－0004614　（丁)/8501　集部/別集類/清

餘園古今體詩精選四卷 （清）繆沅撰　清乾隆三十八年(1773)刻本　四冊

110000－0102－0004615　（丁)/8507　集部/別集類/清

四憶堂詩集六卷遺稿一卷 （清）侯方域撰　（清）賈開宗等選注　清順治刻本　一冊

110000－0102－0004616　（丁)/8515　集部/別集類/清

字雲巢文稿十卷 （清）盛大謨撰　清乾隆五十六年(1791)刻本　佚名批　二冊

110000－0102－0004617　（丁)/8516　集部/別集類/清

邵子湘全集 （清）邵長蘅撰　清康熙青門草堂刻清光緒二十二年(1896)合江李超瓊印本　十二冊　存三種三十卷(青門簏稿十六卷、青門旅稿六卷、青門賸稿八卷)

110000－0102－0004618　（丁)/8520　集部/總集類/詩/斷代/唐至五代

中晚唐詩叩彈集十二卷續集三卷 （清）杜詔　（清）杜庭珠輯　清康熙刻本　佚名批點　八冊

110000－0102－0004619　（丁)/8523　子部/醫家類/明堂經脈

經絡彙編不分卷 （清）翟良纂　（清）林起龍鑒定　清康熙刻本　二冊

110000－0102－0004620　（丁)/8526　集部/別集類/漢至隋

張河間集二卷 （漢）張衡撰　明末婁東張溥刻漢魏六朝百三名家集本　二冊

110000－0102－0004621　（丁)/8535　集部/別集類/明

重刊宋文憲公集三十卷潛溪燕書一卷新刊宋
文憲公詩集二卷浦江詩錄一卷宋文憲未刻集
一卷 （明）宋濂撰 清雍正元年(1723)秀水
曾安世刻本 二冊

110000－0102－0004622 （丁)/8537 集部/
小說類/筆記小說

寶顏堂訂正賢奕編四卷 （明）劉元卿撰 明
萬曆刻本 二冊 存二卷(一至二)

110000－0102－0004623 （丁)/8559 集部/
別集類/清

弢甫集十四卷附旌門錄一卷 （清）桑調元撰
清乾隆七年(1742)蘭陔草堂刻本 一冊

110000－0102－0004624 （丁)/8564 集部/
別集類/清

雙魚偶存二卷 （清）朱穎撰 清乾隆三十九
年(1774)刻本 佚名圈點 二冊

110000－0102－0004625 （丁)/8573 史部/
地理類/山川/山

寶華山志十五卷首一卷 （清）劉名芳纂修
清乾隆刻本 四冊

110000－0102－0004626 （丁)/8582 集部/
別集類/清

湯潛庵先生文集節要八卷 （清）湯斌撰
（清）彭定求輯 清康熙三十七年(1698)刻本
佚名圈點 四冊

110000－0102－0004627 （丁)/8583 集部/
別集類/清

有懷堂詩槁六卷文槁二十二卷 （清）韓菼撰
清康熙四十二年(1703)刻本 四冊

110000－0102－0004628 （丁)/8585 史部/
傳記類/別傳

忠武志八卷 （清）張鵬翮輯 清康熙刻本
八冊

110000－0102－0004629 （丁)/8585－2 史
部/地理類/山川/山

[康熙]臥龍崗志二卷 （清）羅景撰 清康熙
五十一年(1712)南陽羅景刻本 二冊

110000－0102－0004630 （丁)/8591 集部/
別集類/清

香樹齋詩集十八卷 （清）錢陳群撰 清乾隆
刻本 六冊

110000－0102－0004631 （丁)/8597 集部/
別集類/漢至隋

江醴陵集二卷附錄一卷 （南朝梁）江淹撰
明末婁東張溥刻漢魏六朝百三名家集本
四冊

110000－0102－0004632 （丁)/8599 子部/
醫家類/外科方論

瘡瘍經驗全書六卷 （宋）竇漢卿撰 （明）竇
夢麟增訂 清康熙五十六年(1717)陳氏浩然
閣刻本 六冊

110000－0102－0004633 （丁)/8600 子部/
儒家類/清

澄懷園語四卷 （清）張廷玉撰 清乾隆刻本
佚名批 二冊

110000－0102－0004634 （丁)/8634 集部/
別集類/唐至五代

搜玉小集一卷 （唐）□□輯 明崇禎元年
(1628)毛氏汲古閣刻唐人選唐詩本 一冊

110000－0102－0004635 （丁)/8665 集部/
楚辭類

楚辭集注八卷辯證二卷後語六卷 （宋）朱熹
撰 明成化十一年(1475)刻本 四冊 存八
卷(辯證二卷、後語六卷)

110000－0102－0004636 （丁)/8672 集部/
總集類/詩/斷代/遼金元

谷音二卷 （元）杜本輯 明末毛氏汲古閣刻
詩詞雜俎本 佚名圈點 一冊

110000－0102－0004637 （丁)/8706 集部/
總集類/文/斷代/元

元文類刪四卷 （明）張溥閱刪 明末刻本
四冊

110000－0102－0004638 （丁)/8707 集部/
別集類/清

晉遊消遣集一卷 （清）鹿傳鈞撰 清末烏絲

欄抄本　一冊

110000－0102－0004639　（丁）/8717　經部/
春秋類/總義

春秋錄疑十六卷　（明）趙恆纂　明藍欄抄本
一冊　存隱公元年至十一年部分

110000－0102－0004640　（丁）/8768　集部/
別集類/清

調運齋詩文隨刻不分卷附圓沙和陶詩一卷
（清）錢陸燦撰　清康熙常熟朱茂初刻乾隆補
修本　佚名題記　四冊

110000－0102－0004641　（丁）/8778　史部/
地理類/山川/山

說嵩三十二卷　（清）景日昣撰　清康熙六十
年（1721）岳生堂刻後印本　十冊

110000－0102－0004642　（丁）/8784　經部/
小學類/文字/字體

千文六書統要二卷附篆法偏旁正訛歌一卷
（清）胡正言纂　清康熙十竹齋刻本　四冊

110000－0102－0004643　（丁）/8796　集部/
別集類/遼金元

黃文獻公集二十三卷　（元）黃溍撰　（明）宋
濂　（明）傅藻編　清抄本　光緒十年（1884）
佚名題跋　二冊　存六卷（十八至二十三）

110000－0102－0004644　（丁）/8798　史部/
史評類/論事

古今治統二十卷　（明）徐奮鵬撰　清雍正元
年（1723）槐柳齋刻本　六冊

110000－0102－0004645　（丁）/8799　集部/
詞類/詞別集

重刻二鄉亭詞四卷　（清）宋琬撰　清康熙刻
本　二冊

110000－0102－0004646　（丁）/8805　集部/
別集類/清

聽雪齋詩二集十二卷　（清）錢朝鼎撰　清初
刻本　佚名圈點　二冊

110000－0102－0004647　（丁）/8806　集部/
別集類/清

青門詩十卷　（清）邵長蘅撰　清道光王相信
芳閣活字印國初十大家詩抄本　三冊

110000－0102－0004648　（丁）/8808　史部/
史抄類

同菴史彙十卷　（明）蔣善選評　清康熙思永
堂刻本　佚名圈點　八冊

110000－0102－0004649　（丁）/8809　集部/
別集類/唐

杜工部集二十卷首一卷　（唐）杜甫撰　（明）
王世貞　（明）王慎中　（清）王士禎　（清）
邵長蘅　（清）宋犖評　清道光十四年（1834）
刻六色套印本　十冊

110000－0102－0004650　（丁）/8824　集部/
別集類/遼金元

山窗餘稿　（元）甘復撰　清末抄本　有民國
十七年（1928）商獻、民國二十二年（1933）壽
彭題記　一冊

110000－0102－0004651　（丁）/8826　集部/
別集類/明

趙浚谷詩集六卷趙浚谷文集十卷　（明）趙時
春撰　**趙浚谷疏案一卷**　（明）趙時春撰　**永
思錄一卷**　（明）周鑑撰　明萬曆八年（1580）
周鑑刻本　十八冊

110000－0102－0004652　（丁）/8830　集部/
別集類/明

新刻譚友夏合集二十三卷　（明）譚元春撰
明崇禎六年（1633）刻本　佚名圈點　十二冊

110000－0102－0004653　（丁）/8831　史部/
地理類/方志/地方志

[乾隆]德州志十二卷首一卷　（清）王道亨撰
清乾隆五十三年（1788）刻本　八冊

110000－0102－0004654　（丁）/8845　史部/
地理類/專志/寺觀

逍遙山萬壽宮志二十卷　（清）丁步上等輯
清乾隆五年（1740）刻本　佚名圈點　四冊

110000－0102－0004655　（丁）/8854　子部/
藝術類/篆刻

箕麓印肇　（清）琴垞撰　清同治十三年

(1874)鈐印本　一冊

110000－0102－0004656　（丁）/8895　集部/别集類/唐至五代

李遠詩集一卷　（唐）李遠撰　清康熙洞庭席氏琴川書屋刻唐詩百名家全集本　一冊

110000－0102－0004657　（丁）/8907　集部/别集類/清

悦亭詩稿初集二卷　（清）李豫撰　清乾隆刻本　佚名圈點　一冊

110000－0102－0004658　（丁）/8908　集部/别集類/遼金元

黄文獻公詩不分卷　（元）黄溍撰　清乾隆抄本　一冊

110000－0102－0004659　（丁）/8909　集部/總集類/詩/斷代/唐至五代

中晚唐詩叩彈集十二卷續集三卷　（清）杜詔（清）杜庭珠輯　清乾隆四十三年（1778）采山亭刻本　佚名圈點　四冊

110000－0102－0004660　（丁）/8948　集部/總集類/詩/雜錄/其它

禁林集八卷　（清）杭世駿輯　清乾隆二十三年（1758）刻本　二冊　缺一卷（八）

110000－0102－0004661　（丁）/8973　集部/别集類/清

華海堂詩八卷　（清）張照純撰　清乾隆刻本　四冊

110000－0102－0004662　（丁）/8974　集部/總集類/文/家族

勾江詩緒五種　（清）施兆麟等撰　清刻本　二冊

110000－0102－0004663　（丁）/8975　子部/醫家類/諸專科方論/其它

仁端錄痘疹玄珠五卷　（清）徐謙撰　清乾隆八年（1743）刻本　五冊

110000－0102－0004664　（丁）/8979　子部/譜錄類

蟹譜二卷　（宋）傅肱撰　**師曠禽經一卷**（晉）張華註　**古今刀劍譜一卷**　（南朝梁）陶弘景撰　**酒譜一卷**　（宋）竇子野撰　**心齋疏食譜一卷**　（宋）陳達叟編　明弘治無錫華氏刻百川學海本　一冊

110000－0102－0004665　（丁）/9016　集部/别集類/清

容齋千首詩不分卷　（清）李天馥撰　清康熙刻本　三冊

110000－0102－0004666　（丁）/9034　子部/宗教類/釋教

若愚指南捷徑門法一卷　（明）釋若愚輯　明隆慶刻本　一冊

110000－0102－0004667　（丁）/9036　子部/宗教類/釋教

遠門禪師摘欺説一卷　（清）釋淨行錄　明末瑪瑙經房刻本　一冊

110000－0102－0004668　（丁）/9038　子部/宗教類/釋教

具宜大師時思隨錄二卷　（清）釋實錄經　清乾隆刻本　一冊

110000－0102－0004669　（丁）/9039　子部/宗教類/釋教/贊

博庵仁禪師語錄三卷附博庵仁禪師詩一卷（清）釋明覺等編　清雍正九年（1731）刻本　一冊

110000－0102－0004670　（丁）/9040　子部/宗教類/釋教/贊

大端容禪師語錄二卷　（清）釋實隆（清）釋實蘊等編　清雍正刻本　一冊

110000－0102－0004671　（丁）/9041－1　子部/宗教類/釋教

原直禪師靈巖首座秉拂語錄一卷　（明）釋啟先等錄　明末刻徑山藏本　一冊

110000－0102－0004672　（丁）/9041－2　子部/宗教類/釋教

婁東海寧寺至善安禪師語錄一卷附機緣佛事偈頌　（清）釋斗杓等記錄　清雍正刻徑山藏本　一冊

110000－0102－0004673 （丁）/9041－3 子部/宗教類/釋教

竺仙宸禪師語錄五卷 （清）釋宏音錄 清康熙刻徑山藏本 一冊

110000－0102－0004674 （丁）/9042 子部/宗教類/釋教

折中施食儀範 （清）釋祖毓校訂 清乾隆刻本 一冊

110000－0102－0004675 （丁）/9043 子部/宗教類/釋教

黑白半月兩乘布薩正範一卷比丘戒相一卷菩薩戒相一卷篇聚圖一卷 （清）釋讀體集 清順治十年(1653)刻本 一冊

110000－0102－0004676 （丁）/9044 子部/宗教類/釋教/贊

夢庵格禪師語錄四卷 （清）釋性音等編 清雍正刻本 一冊

110000－0102－0004677 （丁）/9045 子部/宗教類/釋教/贊

法乳樂禪師語錄三卷 （清）釋寂睿錄 清康熙二十九年(1690)刻本 一冊

110000－0102－0004678 （丁）/9048 史部/地理類/方志/地方志

[乾隆]崑山新陽合志三十八卷首一卷末一卷 （清）邵大業 （清）王峻纂修 清乾隆十六年(1751)刻本 十六冊

110000－0102－0004679 （丁）/9050 史部/地理類/山川/山

欽定清凉山志二十二卷 （清）高宗弘曆敕纂 清乾隆武英殿刻本 八冊

110000－0102－0004680 （丁）/9054 經部/禮類/周禮/傳說

太平經國之書十一卷首一卷 （宋）鄭伯謙撰 清康熙刻本 二冊

110000－0102－0004681 （丁）/9055 史部/地理類/方志/地方志

[乾隆]永清縣志十卷永清文徵五卷 （清）周震榮 （清）章學誠撰 清乾隆四十四年

(1779)刻嘉慶十八年(1813)補刻本 四冊

110000－0102－0004682 （丁）/9056 史部/地理類/水道/江、淮、海

三江水利紀略四卷 （清）蘇爾德等纂 清乾隆刻本 四冊

110000－0102－0004683 （丁）/9067 史部/地理類/專志/寺觀

潭柘山岫雲寺志二卷 （清）神穆德編 （清）釋義庵續輯 清乾隆刻光緒續刻本 二冊

110000－0102－0004684 （丁）/9071 史部/地理類/方志/地方志

[乾隆]溧陽縣志十二卷首一卷 （清）吳學濂輯 清乾隆八年(1743)刻本 六冊

110000－0102－0004685 （丁）/9093 史部/地理類/專志/寺觀

重修白雲山福林禪院志二卷 （清）李芳（清）釋性湛纂修 清乾隆二十七年至二十九年(1762－1764)釋三明證、接雲壽刻本 二冊

110000－0102－0004686 （丁）/9099 史部/地理類/方志/地方志

[乾隆]鎮江府志五十五卷首一卷 （清）朱霖纂修 清乾隆十五年(1750)刻本 二十冊

110000－0102－0004687 （丁）/9100 史部/地理類/方志/地方志

[乾隆]金壇縣志十二卷 （清）楊景曾修（清）于枋纂 清乾隆刻本 八冊

110000－0102－0004688 （丁）/9101 史部/地理類/山川/山

[乾隆]虎阜志十卷首一卷 （清）陸肇域輯（清）任兆麟纂 清乾隆五十七年(1792)刻本 十冊

110000－0102－0004689 （丁）/9102 史部/地理類/方志/地方志

[乾隆]直隸通州志二十二卷 （清）汪繼祖修（清）夏之蓉纂 清乾隆二十年(1755)刻本 十六冊

110000－0102－0004690　（丁）/9105　史部/地理類/專志/寺觀

大潙山古密印寺志八卷　（清）陶汝鼐纂（清）陶之典續輯　清康熙三十六年至三十七年(1697－1698)刻本　六冊

110000－0102－0004691　（丁）/9109　史部/地理類/專志/寺觀

鼎湖山慶雲寺志八卷首圖一卷　（清）丁易修（清）釋成鷟纂　清康熙刻本　四冊

110000－0102－0004692　（丁）/9113　史部/地理類/專志/寺觀

南山略紀一卷　（清）釋非剛輯　清乾隆刻清嘉慶七年(1802)補刻本　佚名圈點　二冊

110000－0102－0004693　（丁）/9115　史部/地理類/山川/山

穹窿山志六卷　（清）向球纂修（清）李標輯　清康熙刻本　四冊

110000－0102－0004694　（丁）/9116　史部/地理類/山川/山

明州阿育王山志十卷續志六卷　（明）郭子章撰（清）釋畹荃續輯　明萬曆刻清乾隆增刻本　六冊

110000－0102－0004695　（丁）/9119　史部/地理類/方志/地方志

[康熙]蘇州府志八十二卷首一卷　（清）寧雲鵬纂修　清康熙刻本　六十冊

110000－0102－0004696　（丁）/9125　史部/地理類/專志/古跡

廣陵名勝全圖二卷　（清）□□撰（清）□□繪圖　清乾隆刻本　二冊

110000－0102－0004697　（丁）/9126　子部/宗教類/釋教

盤山拙庵樸大師電光錄一卷存誠錄一卷（清）釋智樸撰（清）王士禛批點　**辛壬蔓草一卷**　（清）釋智樸撰　**青溝偈語一卷**　（清）釋智樸撰　清康熙刻本　二冊

110000－0102－0004698　（丁）/9140　史部/地理類/山川/山

南嶽志八卷　（清）高自位重編（清）曠敏本輯　清乾隆十八年(1753)刻本　四冊

110000－0102－0004699　（丁）/9141　史部/地理類/方志/地方志

[乾隆]銅山縣志十二卷首一卷　（清）張弘運纂修　清乾隆刻本　六冊

110000－0102－0004700　（丁）/9142　史部/地理類/方志/地方志

[雍正]江都縣志二十卷　（清）陸朝璣纂修　清雍正刻本　十冊

110000－0102－0004701　（丁）/9145　史部/地理類/方志/地方志

[乾隆]天津縣志二十四卷　（清）朱奎揚（清）張志奇纂（清）吳廷華修　**續天津縣志二十四卷**　（清）吳惠元等修　清乾隆四年(1739)刻同治九年(1870)續刻本　十六冊

110000－0102－0004702　（丁）/9148　史部/地理類/方志/地方志

[康熙]海州志十卷　（清）劉兆龍纂修　**雲臺山記略詩集十卷**　（清）趙一琴輯　清順治十七年(1660)刻康熙九年(1670)補刻本　二冊

110000－0102－0004703　（丁）/9150　史部/地理類/方志/地方志/河南

[乾隆]彰德府志三十二卷首一卷　（清）盧崧修　清乾隆五十二年(1787)刻本　二十冊

110000－0102－0004704　（丁）/9152　史部/地理類/方志/地方志

[乾隆]徐州府志三十卷首一卷　（清）王峻（清）石傑纂修　清乾隆七年(1742)徐州刻本　十二冊

110000－0102－0004705　（丁）/9157　史部/地理類/方志/地方志

[乾隆]甘泉縣志二十卷　（清）吳鶚峙（清）厲鶚纂修　清乾隆八年(1743)揚州刻本　十二冊

110000－0102－0004706　（丁）/9160　經部/書類/文字音義

禹貢錐指二十卷圖一卷　（清）胡渭撰　清康

熙四十四年（1705）漱六軒刻本　九冊

110000－0102－0004707　（丁）/9165　史部/
地理類/山川/山

青原志略十三卷首一卷　（清）釋大然編
（清）施閏章補輯　清康熙八年（1669）刻康熙
四十一年（1702）補刻本　四冊

110000－0102－0004708　（丁）/9168　史部/
地理類/方志/地方志

［乾隆］直隸遵化州志二十卷　（清）劉埥纂
（清）傅修續纂　清乾隆五十九年（1794）刻本
　十冊

110000－0102－0004709　（丁）/9171　史部/
地理類/山川/山

恆山志五卷圖一卷　（清）桂敬順纂修　清乾
隆二十八年（1763）刻嘉慶二十四年（1819）印
本　五冊

110000－0102－0004710　（丁）/9177　史部/
地理類/方志/地方志

［乾隆］蕭寧縣志十卷　（清）尹侃修　（清）
談有典纂　清乾隆二十一年（1756）刻本（有
抄配）　五冊

110000－0102－0004711　（丁）/9192　史部/
地理類/方志/地方志

［康熙］懷來縣志十八卷首圖一卷　（清）許隆
遠纂修　清康熙五十一年（1712）刻乾隆修補
後印本　六冊

110000－0102－0004712　（丁）/9220　史部/
金石類/錢幣

癖談六卷清白士集校補一卷　（清）蔡雲撰
清道光刻本　李適可跋　四冊

110000－0102－0004713　（丁）/9221　史部/
地理類/山川/山

雲臺山志八卷首一卷末一卷　（清）崔應階重
編　清乾隆三十七年（1772）研露樓刻本
四冊

110000－0102－0004714　（丁）/9226　史部/
地理類/山川/山

重修南海普陀山志二十卷首一卷　（清）許琰

編　清乾隆四年（1739）刻本　四冊

110000－0102－0004715　（丁）/9228　集部/
小說類/筆記小說

山海經廣注十八卷圖五卷雜述一卷　（晉）郭
璞撰　（清）吳任臣注　清康熙刻本　六冊

110000－0102－0004716　（丁）/9230　子部/
宗教類/釋教/經

地藏菩薩本願經開蒙三卷　（清）釋品玕撰
清雍正元年（1723）刻本　八冊

110000－0102－0004717　（丁）/9234　史部/
地理類/專志/寺觀

金山龍遊禪寺志略四卷首一卷　（清）釋行海
輯　清康熙刻本　四冊

110000－0102－0004718　（丁）/9243　集部/
別集類/清

鷺洲詩鈔十卷　（清）陸胥撰　清乾隆刻本
一冊

110000－0102－0004719　（丁）/9253　史部/
金石類/金/文字

焦山鼎銘考一卷　（清）翁方綱撰　清乾隆刻
本　一冊

110000－0102－0004720　（丁）/9268　集部/
別集類/清

集虛齋學古文十二卷離騷經解略一卷　（清）
方棻如撰　清乾隆刻本　三冊

110000－0102－0004721　（丁）/9304　集部/
總集類/詩/斷代/清

本朝五言近體瓣香集十六卷　（清）許英輯
清乾隆二十八年（1763）許璥刻本　四冊

110000－0102－0004722　（丁）/9308　史部/
地理類/總錄

皇輿表十六卷　（清）喇沙里纂修　（清）揆敘
增修　清康熙四十三年（1704）內府刻本　二
十四冊

110000－0102－0004723　（丁）/9311　史部/
地理類/山川/山

南嶽志八卷　（清）高自位重編　（清）曠敏本

輯　清乾隆十八年(1753)刻本　八冊

110000 - 0102 - 0004724　(丁)/9325　史部/
地理類/山川

林屋民風十二卷附錄一卷　(清)王維德編
清康熙刻雍正印本　六冊　缺一卷(附錄一
卷)

110000 - 0102 - 0004725　(丁)/9329　子部/
醫家類/雜病方論

絳雪園古方選注不分卷附得宜本草　(清)王
子接注　清雍正刻本　佚名圈點　四冊

110000 - 0102 - 0004726　(丁)/9368　集部/
別集類/清

經進文稿二卷　(清)沈初撰　清乾隆刻本
二冊

110000 - 0102 - 0004727　(丁)/9382　集部/
總集類/詩/斷代/清

五言排律依永集八卷　(清)張九鉞箋釋　清
乾隆三十一年(1766)刻本　四冊

110000 - 0102 - 0004728　(丁)/9386　子部/
藝術類/音樂舞蹈

五知齋琴譜八卷　(清)徐祺撰　(清)周魯封
匯輯　清乾隆棲心琴社刻本　六冊

110000 - 0102 - 0004729　(丁)/9388　史部/
地理類/方志/地方志

[乾隆]婁縣志三十卷首二卷　(清)謝廷薰
(清)陸錫熊纂修　清乾隆五十一年至五十二
年(1786 - 1787)刻本　六冊

110000 - 0102 - 0004730　(丁)/9394　集部/
別集類/清

笛漁小稿十卷　(清)朱昆田撰　清康熙刻本
四冊

110000 - 0102 - 0004731　(丁)/9403　集部/
總集類/文/通代/文選

文選六十卷　(南朝梁)蕭統撰　(唐)李善注
(清)葉樹藩參訂　清乾隆刻朱墨套印本
佚名圈點　二十四冊

110000 - 0102 - 0004732　(丁)/9422　集部/

別集類/清

已山先生文集十卷已山先生別集四卷　(清)
王步青撰　**王檢討已山先生傳一卷**　(清)陳
弘謀撰　清乾隆刻本(有抄配)　六冊

110000 - 0102 - 0004733　(丁)/9451　子部/
藝術類/雜技

玄玄碁經不分卷　(元)晏天章　(元)嚴天甫
輯　明刻本　三冊

110000 - 0102 - 0004734　(丁)/9458　集部/
別集類/宋

張橫渠先生集十二卷　(宋)張載撰　(清)張
伯行編　清康熙四十七年(1708)蓉城儀封張
伯行正誼堂刻本　二冊

110000 - 0102 - 0004735　(丁)/9461　史部/
地理類/方志/地方志

[乾隆]臨清直隸州志十一卷首一卷　(清)張
度　(清)鄧希曾修纂　清乾隆五十年(1785)
臨清刻本　十冊

110000 - 0102 - 0004736　(丁)/9462　子部/
儒家類/宋

正蒙二卷　(宋)張載撰　(清)李光地注解
清康熙教忠堂刻本　四冊

110000 - 0102 - 0004737　(丁)/9466　集部/
別集類/清

廣輿吟稿六卷附編一卷　(清)宋思仁撰　清
乾隆四十一年(1776)刻五十年(1785)修版本
二冊

110000 - 0102 - 0004738　(丁)/9475　子部/
雜家類/雜考

獨斷二卷　(漢)蔡邕撰　清乾隆五十五年
(1790)餘姚盧氏抱經堂刻抱經堂叢書本
一冊

110000 - 0102 - 0004739　(丁)/9510　集部/
別集類/清

白茅堂集四十六卷附耳提錄一卷　(清)顧景
星撰　清康熙四十三年(1704)定遠凌兆熊刻
乾隆二十年(1755)增刻本　二十冊

110000 - 0102 - 0004740　(丁)/9512　集部/

別集類/清

[松花菴集] （清）吳鎮撰　清乾隆刻本
三冊

110000－0102－0004741　（丁）/9550　子部/
宗教類/釋教/贊

故大行禪師通圓懿公功德碑並序　（元）武庭
實撰　清康熙十一年(1672)京師釋遠進義刻
本　一冊

110000－0102－0004742　（丁）/9554　集部/
別集類/清

儀橋避事詩　（清）朱文杏輯注　清光緒三十
三年(1907)綠方格稿本　一冊

110000－0102－0004743　（丁）/9566　集部/
別集類/清

培遠堂偶存稿十卷　（清）陳弘謀撰　清嘉慶
培遠堂刻本　四冊

110000－0102－0004744　（丁）/9571　史部/
地理類/山川/川

西湖志四十八卷　（清）李衛　（清）傅王露纂
修　清雍正十三年(1735)杭州刻本　十五冊

110000－0102－0004745　（丁）/9582　集部/
別集類/清

藥圃集　（清）狄敬撰　清康熙刻本　一冊

110000－0102－0004746　（丁）/9592　集部/
總集類/詩/斷代/清

鳳池集十卷　（清）沈玉亮　（清）吳陳琰集錄
清康熙四十四年(1705)刻本　二冊

110000－0102－0004747　（丁）/9607　集部/
別集類/清

突星閣詩鈔十卷　（清）王戩撰　清康熙刻清
修版本　四冊

110000－0102－0004748　（丁）/9609　集部/
別集類/遼金元

趙徵君東山先生存稿七卷　（元）趙汸撰　清
康熙新安趙起士刻本　二冊　存二卷(一至
二)

110000－0102－0004749　（丁）/9645　史部/

傳記類/年譜

西山真文忠公年譜一卷　（清）真采撰　衛生
歌一卷　（宋）真德秀撰　清乾隆二十九年
(1764)真氏刻本　一冊

110000－0102－0004750　（丁）/9656　集部/
別集類/宋

蘇文忠公寓惠集四卷　（宋）蘇軾撰　（清）鄭
欽陛輯　清順治十五年(1658)刻本　六冊

110000－0102－0004751　（丁）/9662　集部/
別集類/明

石臼後集七卷　（明）邢昉撰　（清）宋至
（清）王孚校　清康熙刻本　二冊

110000－0102－0004752　（丁）/9673　子部/
醫家類/諸專科方論/其它

翁仲仁先生痘科金鏡賦六卷　（清）俞茂鯤集
解　清乾隆五十二年(1787)刻本　四冊　缺
五卷(目錄一至五)

110000－0102－0004753　（丁）/9681　集部/
別集類/清

芝庭詩稿十六卷　（清）彭啟豐撰　清乾隆十
九年(1754)刻乾隆增修本　四冊

110000－0102－0004754　（丁）/9694　集部/
別集類/清

東坪詩集八卷　（清）胡慶豫撰　清乾隆三十
二年(1767)平湖胡氏刻本　佚名批點　二冊

110000－0102－0004755　（丁）/9716　集部/
集評類/文評

藝苑名言八卷　（清）蔣瀾纂輯　清乾隆四十
一年(1776)刻本　二冊

110000－0102－0004756　（丁）/9720　集部/
總集類/文/通代/編選

古文集宜四卷　（清）魏起泰編選　清乾隆五
十一年(1786)刻本　四冊

110000－0102－0004757　（丁）/9745　子部/
醫家類/兒婦科方論

幼科釋謎六卷　（清）沈金鼇撰　清乾隆三十
九年(1774)刻本　二冊

110000－0102－0004758　（丁）/9839　集部/
別集類/清

西莊始存稿三十卷附錄一卷　（清）王鳴盛撰
　清乾隆刻本　四冊　存十九卷(一至十九)

110000－0102－0004759　（丁）/9857　集部/
總集類/文/斷代/清

本朝應制和聲集六卷首三卷　（清）沈德潛
（清）王居正評定　清乾隆九年(1744)刻本
八冊

110000－0102－0004760　（丁）/9862　集部/
別集類/清

隨五草十卷　（清）尹嘉銓撰　清乾隆刻本
五冊

110000－0102－0004761　（丁）/9866　經部/
禮類/周禮

周官祿田考三卷　（清）沈彤撰　清乾隆十六
年(1751)吳江沈氏刻本　三冊

110000－0102－0004762　（丁）/9880　子部/
藝術類/音樂舞蹈

誠一堂琴譜六卷附琴談二卷　（清）程允基選
訂　清康熙四十四年(1705)誠一堂刻本
六冊

110000－0102－0004763　（丁）/9881　集部/
別集類/清

漁洋山人文略十四卷　（清）王士禎撰　清康
熙刻雍正印本　六冊

110000－0102－0004764　（丁）/9882　史部/
地理類/山川/山

大嶽太和山紀略八卷　（清）王概纂修　清乾
隆九年(1744)刻本　八冊

110000－0102－0004765　（丁）/9884　集部/
總集類/詩/斷代/清

篋衍集十二卷　（清）陳維崧輯　清康熙三十
六年(1697)蔣國祥刻雍正印本　四冊

110000－0102－0004766　（丁）/9888　子部/
宗教類/道教

關帝寶訓像注　清雍正九年(1731)刻本
四冊

110000－0102－0004767　（丁）/9892　史部/
史表類

歷代帝王年表　（清）齊召南編　清乾隆刻本
二冊

110000－0102－0004768　（丁）/9911　史部/
政書類/考工

清乾隆工築則例一卷　清抄本　二冊　存二
冊(甲、丙)

110000－0102－0004769　（丁）/9925　子部/
類書類/類編

名句文身表異錄二十卷　（明）王志堅撰　清
康熙刻乾隆印本　佚名圈點　二冊　存十四
卷(一至十四)

110000－0102－0004770　（丁）/9966　史部/
地理類/山川/山

[乾隆]廣雁蕩山志二十八卷首圖一卷末一卷
　（清）曾唯纂　清乾隆五十五年(1790)刻本
八冊

110000－0102－0004771　（丁）/9982　史部/
傳記類/別傳

綠珠內傳一卷　（宋）樂史撰　**白獺髓一卷**
（宋）張仲文撰　明刻本　一冊

110000－0102－0004772　（丁）/10002　集
部/別集類/清

白華前稿六十卷　（清）吳省欽撰　清乾隆刻
本　十冊

110000－0102－0004773　（丁）/10011　史
部/地理類/山川/山

[乾隆]焦山志十二卷　（清）盧見曾撰　清乾
隆二十七年(1762)德州盧見曾雅雨堂刻本
四冊

110000－0102－0004774　（丁）/10093　子
部/藝術類/雜技

官子譜三卷　（清）陶式玉評輯　清康熙三十
三年(1694)榕城刻本　四冊

110000－0102－0004775　（丁）/10166　史
部/目錄類/著錄/存毀書目

讀書引十二卷　（清）王謨等輯　清乾隆四十

八年(1783)刻本　六冊

110000－0102－0004776　（丁）/10173　史部/地理類/山川/川

水經四十卷　（漢）桑欽撰　（北魏）酈道元注　（明）朱謀㙔撰　清康熙五十四年(1715)歙縣項絪群玉書堂刻本　十冊

110000－0102－0004777　（丁）/10175　集部/小說類/筆記小說

山海經十八卷　（晉）郭璞撰　清康熙五十三年至五十四年(1714－1715)歙縣項絪群玉書堂刻本　二冊

110000－0102－0004778　（丁）/10189　子部/藝術類/音樂舞蹈

五知齋琴譜八卷　（清）徐祺撰　（清）周魯封匯輯　清乾隆十一年(1746)刻本　四冊

110000－0102－0004779　（丁）/10191　集部/別集類/清

月山詩集四卷首一卷末一卷　（清）恆仁撰　清乾隆六十年(1795)刻本　二冊

110000－0102－0004780　（丁）/10192　集部/別集類/清

忠雅堂詩詞全集二十七卷補遺二卷銅絃詞二卷　清刻本　八冊

110000－0102－0004781　（丁）/10202　集部/別集類/清

香樹齋文集三十卷　（清）錢陳群撰　清乾隆刻本　八冊

110000－0102－0004782　（丁）/10236　史部/地理類/專志/寺觀

雪峰誌十卷　（明）徐熥纂輯　清乾隆十九年(1754)刻本　三冊

110000－0102－0004783　（丁）/10265　史部/地理類/水道/江、淮、海

靈璧海渠原委三卷靈璧河防錄一卷　（清）貢震撰　清乾隆刻後印本　四冊

110000－0102－0004784　（丁）/10268　子部/天文地理類/演算法/總錄

勾股割圜記三卷　（清）戴震撰　（清）吳思孝注　清乾隆曲阜孔氏微波榭刻微波榭叢書本　一冊

110000－0102－0004785　（丁）/10283　叢部/彙編叢書/清初期

檀几叢書三集一百五十六種一百五十六卷　（清）王晫　（清）張潮編　清康熙三十四年(1695)新安張氏霞擧堂刻本　一冊　存九種九卷(怪石贊、惕庵石譜、端溪硯石考、水坑石記、觀石錄、石交、紅術軒紫泥法定本、陽羨茗壺系、洞山岕茶系)

110000－0102－0004786　（丁）/10288　集部/總集類/文/雜錄/雜纂

斷腸歌　（清）楊廷琮　（清）孫壯等撰　清寫本　孫壯題識　一冊

110000－0102－0004787　（丁）/10323　集部/別集類/清

棲雲閣詩十六卷　（清）高珩撰　**強恕堂詩六卷**　（清）高之騱撰　清乾隆三年(1738)趙肇豐等刻本　六冊　缺二卷(強恕堂詩一至二)

110000－0102－0004788　（丁）/10333　集部/詞類/詞別集

竹窗詞一卷蔬香詞一卷　（清）高士奇撰　清康熙三十年(1691)刻本　一冊

110000－0102－0004789　（丁）/10334　集部/小說類/筆記小說

柳厓外編十六卷首一卷　（清）徐昆撰　清乾隆五十七年(1792)平陽徐氏刻本　佚名批註　八冊

110000－0102－0004790　（丁）/10341　經部/小學類/音韻/韻典

附釋文互注禮部韻略五卷　（宋）歐陽德隆撰　（宋）郭守正增補　清康熙四十五年(1706)揚州使院刻本　八冊

110000－0102－0004791　（丁）/10352　叢部/自著叢書

周松靄先生遺書九種　（清）周春撰　清乾隆刻本　八冊

110000－0102－0004792 （丁）/10353 集部/別集類/清

梅村集四十卷目錄二卷 （清）吳偉業撰 清康熙刻本 佚名圈點 八冊 存二十卷(一至二十)

110000－0102－0004793 （丁）/10354 集部/別集類/清

魏叔子文集外篇二十二卷魏叔子日錄三卷 (清)魏禧撰 清康熙刻寧都三魏全集本 佚名評點 十七冊

110000－0102－0004794 （丁）/10362 集部/總集類/詩/地方

江浙十二家詩選十二卷 （清）王鳴盛選 (清)高攀桂輯評 清乾隆三十年(1765)東吳王氏刻本 六冊

110000－0102－0004795 （丁）/10374 子部/雜家類/學說

呂氏春秋二十六卷 （秦）呂不韋撰 （漢）高誘注 （清）畢沅輯校 **附考一卷** （清）畢沅撰 清乾隆五十三年(1788)畢氏靈巖山館刻經訓堂叢書本 佚名圈點 五冊

110000－0102－0004796 （丁）/10400 經部/小學類/文字/說文/聲訓

說文解字舊音 （清）畢沅輯 清乾隆四十八年(1783)鎮洋畢沅靈巖岩山館刻本 一冊

110000－0102－0004797 （丁）/10408 子部/藝術類/書畫/書畫史

畫禪室隨筆四卷 （明）董其昌撰 （清）楊補編次 清康熙刻本 三冊

110000－0102－0004798 （丁）/10435 史部/地理類/山川/山

[康熙]峨眉山志十八卷 （清）蔣超撰 清康熙二十八年(1689)刻本 四冊

110000－0102－0004799 （丁）/10470 經部/小學類/音韻/韻典

大宋重修廣韻五卷 （宋）陳彭年等重修 清康熙四十三年(1704)吳郡張士俊澤存堂刻澤存堂五種本 六冊

110000－0102－0004800 （丁）/10535 叢部/自著叢書/清中晚期

松靄初刻 （清）周春撰 清乾隆至嘉慶刻本 二冊

110000－0102－0004801 （丁）/10613－1 史部/地理類/方志/地方志

[乾隆]赤城縣志八卷首一卷 （清）孟思誼修 （清）張曾炳纂 （清）黃紹七續纂 清乾隆十三年(1748)刻二十四年(1759)補刻光緒七年(1881)印本 四冊

110000－0102－0004802 （丁）/10639 子部/宗教類/釋教

藥師琉璃光如來本願功德經玄義不分卷 (清)應輝述釋 **藥師琉璃光如來本願功德經義疏三卷** （唐）釋玄奘譯 （清）釋應輝義疏 清康熙至雍正抄本 四冊

110000－0102－0004803 （丁）/10640 史部/地理類/雜記

皇華紀聞四卷 （清）王士禎撰 清康熙刻雍正後印本 二冊

110000－0102－0004804 （丁）/10710 經部/書類

尚書後案三十卷附尚書後辨一卷 （清）王鳴盛撰 清乾隆四十五年(1780)禮堂刻本 十冊

110000－0102－0004805 （丁）/10711 史部/地理類/方志/地方志

[乾隆]渾源州志十卷圖一卷 （清）桂敬順纂修 清乾隆二十八年(1763)刻本 五冊

110000－0102－0004806 （丁）/10732 集部/楚辭類/離騷

離騷草木史十卷拾細一卷 （清）周拱辰注 清嘉慶八年(1803)刻本 六冊

110000－0102－0004807 （丁）/10780 經部/書類/文字音義

尚書集注音疏十二卷末一卷尚書經師系表一卷 （清）江聲著 清乾隆五十八年(1793)刻本 八冊

110000－0102－0004808 （丁）/10848 集

部/別集類/清

掃山雪館詩鈔四卷 （清）詹嗣曾撰　清末抄本　二冊

110000－0102－0004809　（丁）/10850　集部/別集類/清

十松詩集一卷十松文集四卷 （清）余扶上撰　清康熙刻本　一冊

110000－0102－0004810　（丁）/10853　史部/傳記類/總傳/專錄/其它

古今孝友傳十五卷 （清）劉青蓮纂　清乾隆刻本　四冊

110000－0102－0004811　（丁）/10862　集部/別集類/明

紡授堂詩集八卷二集十卷文集八卷 （明）曾異撰　清康熙五十七年(1718)刻本　佚名圈點　十二冊

110000－0102－0004812　（丁）/10891　集部/曲類/曲別集/散曲

笳騷 （清）蝸寄居士撰　清乾隆唐英雙碧樓刻本　一冊

110000－0102－0004813　（丁）/10920　集部/別集類/清

織雲樓詩八卷附抄一卷 （清）莊大中撰　清乾隆刻本　佚名圈點　四冊

110000－0102－0004814　（丁）/10921　集部/小說類/筆記小說

筠廊二筆二卷 （清）宋犖撰　清康熙刻本　一冊

110000－0102－0004815　（丁）/10925　集部/俗文學類/變文

佛說李素真還魂卷 清乾隆五十七年(1792)抄本　佚名圈點　一冊

110000－0102－0004816　（丁）/10932　集部/別集類/清

邵子湘全集 （清）邵長蘅撰　清康熙青門草堂刻清光緒二十二年(1896)合江李超瓊印本　十二冊　存三種(青門籠稿、青門旅稿、青門贅稿)

110000－0102－0004817　（丁）/11004　史部/傳記類/年譜

安我素先生年譜一卷 （明）安紹傑輯　（清）安吉增輯　清乾隆刻本　一冊

110000－0102－0004818　（丁）/11023　子部/藝術類/書畫

蔣氏遊藝秘錄二卷 （清）蔣衡等撰　清乾隆五十九年(1794)刻本　二冊

110000－0102－0004819　（丁）/11061　集部/別集類/清

新體詩偶鈔 （清）姚之駰撰　（清）王緯評　清康熙刻本　一冊

110000－0102－0004820　（丁）/11082　史部/傳記類/別傳

紳佩摘光錄三卷 （清）鮑家本輯　清乾隆二十四年(1759)刻本　三冊

110000－0102－0004821　（丁）/11162　史部/地理類/山川/山

臥龍崗志二卷 （清）羅景撰　清康熙五十一年(1712)南陽羅景刻本　二冊

110000－0102－0004822　（丁）/11165　集部/別集類/清

松花菴詩文集 （清）吳鎮撰　清乾隆刻本　七冊

110000－0102－0004823　（丁）/11174　集部/別集類/清

述菴詩鈔十二卷 （清）王昶撰　清乾隆刻本　一冊　存三卷(一至三)

110000－0102－0004824　（丁）/11185　集部/總集類/文/通代

時務金華集 （清）宗觀輯　清雍正七年(1729)刻本　二冊

110000－0102－0004825　（丁）/11282　集部/詞類/詞別集

迦陵詞全集三十卷 （清）陳維崧撰　清康熙二十八年(1689)宜興陳宗石患立堂刻本　六冊

110000－0102－0004826　（丁）/11284　集部/集評類/詩評/詩話

漁洋詩話三卷　（清）王士禛撰　清乾隆二十三年(1758)刻本　一冊

110000－0102－0004827　（丁）/11287　經部/小學類/訓詁/群雅

別雅五卷　（清）吳玉搢撰　清乾隆七年(1742)新安程氏督經堂刻本　五冊

110000－0102－0004828　（丁）/11297　集部/別集類/清

梅庵詩鈔五卷首一卷　（清）鐵保撰　清乾隆六十年(1795)刻本　四冊

110000－0102－0004829　（丁）/11351　集部/別集類/清

蘊愫閣詩集十二卷　（清）盛大士撰　清道光抄本　君剛(汪曾武)題款　一冊　存八卷(一至八)

110000－0102－0004830　（丁）/11496　集部/總集類/詩/婦女

九女士詩稿　（清）甘和等撰　清抄本　一冊

110000－0102－0004831　（丁）/11563　集部/總集類/詩/雜錄/唱和

樂遊聯唱集二卷　（清）畢沅等撰　清乾隆四十七年(1782)刻本　一冊

110000－0102－0004832　（丁）/11565　子部/醫家類/傷寒方論

重編張仲景傷寒論證治發明溯源集十卷　（清）錢潢撰　清康熙四十七年(1708)虛白室刻本　佚名圈點　一冊　存一冊(第一冊)

110000－0102－0004833　（丁）/11602　集部/別集類/清

松花菴律古一卷　（清）吳鎮撰　清乾隆三十四年(1769)刻本　佚名圈點　一冊

110000－0102－0004834　（丁）/11621　集部/別集類/清

青原小草一卷　（清）翁方綱撰　清乾隆五十四年(1789)翁氏穀園書屋刻本　一冊

110000－0102－0004835　（丁）/11647　集部/別集類/清

松厓文稿一卷　（清）吳鎮撰　（清）楊芳燦選　清乾隆五十五年(1790)蘭山書院刻本　一冊

110000－0102－0004836　（丁）/11697　集部/別集類/清

青要山房文集不分卷　（清）呂謙恆撰　清乾隆刻本　一冊

110000－0102－0004837　（丁）/11750　集部/別集類/清

二樹詩集　（清）童鈺撰　清乾隆四十四年(1779)刻本　一冊

110000－0102－0004838　（丁）/11771　集部/總集類/詩/雜錄/會社

擊壤吟社　（清）蔡邦烜輯　清乾隆四十一年(1776)刻本　佚名圈點　一冊

110000－0102－0004839　（丁）/11774　集部/別集類/清

德榮堂詩集一卷東溟雜著一卷附考正古本大學太極圖說集解　（清）劉之湛撰　清康熙刻本　一冊

110000－0102－0004840　（丁）/11783　集部/別集類/清

韓原呂守謙知非吟不分卷　（清）呂功撰　清乾隆十三年(1748)王旡尤、王旡厶刻本　一冊

110000－0102－0004841　（丁）/11792　集部/別集類/清

縮秀園詩選一卷詞選一卷　（清）杜首昌撰　清康熙刻本　一冊

110000－0102－0004842　（丁）/12305　史部/政書類/詔令奏議/奏議

[郭華野]疏稿五卷一卷[華野郭公年譜]一卷　（清）郭華野撰　（清）郭廷翼編　清雍正十年(1732)即墨郭氏刻本　六冊

110000－0102－0004843　（丁）/12309　子部/醫家類/諸專科方論/針灸

鍼灸大成十卷 （明）楊繼洲撰 清乾隆五十九年(1794)同文堂刻本 四冊 存四卷(一、四至五、十)

110000－0102－0004844 （丁）/12351 集部/總集類/詩/雜錄/酬贈慶吊

[沈歸愚]八秩壽序詩不分卷九秩壽序詩不分卷 （清）沈德潛輯 清乾隆刻沈歸愚詩文全集本 一冊

110000－0102－0004845 （丁）/12406 集部/別集類/漢至隋

謝康樂集四卷 （南朝宋）謝靈運撰 （明）焦竑校 謝靈運傳一卷 （南朝梁）沈約撰 詩品一卷 （□）□□輯 明萬曆刻本 四冊

110000－0102－0004846 （丁）/12407 集部/小說類/筆記小說

小窗自紀四卷 （明）吳從先撰 （明）余應糾校 明萬曆刻後印小窗四紀本 二十冊

110000－0102－0004847 （丁）/12408 集部/小說類/筆記小說

小窗自紀四卷 （明）吳從先撰 明萬曆刻小窗四紀本 四冊

110000－0102－0004848 （丁）/12409 集部/總集類/詩/地方

國朝松陵詩徵二十卷 （清）周汝雨 （清）周仁開輯 （清）袁景輅編次 清乾隆三十二年(1767)袁氏愛吟齋刻本 四冊

110000－0102－0004849 （丁）/12410 子部/雜家類/雜述

唐國史補三卷 （唐）李肇撰 明汲古閣刻本 三冊

110000－0102－0004850 （丁）/12411 集部/總集類/文/通代

新鐫歷代名家翰墨備覽六卷 （明）黃光輯 明末王光猷刻本 佚名圈點批校 三冊

110000－0102－0004851 （丁）/12412 集部/別集類/清

笠翁偶集六卷 （清）李漁撰 清雍正八年(1730)芥子園刻笠翁一家言全集本 二冊

110000－0102－0004852 （丁）/12413 集部/曲類/曲譜,曲韻

嘯餘譜十一卷 （明）程明善輯 （清）張漢校 清康熙刻本 二十冊

110000－0102－0004853 （丁）/12414 子部/儒家類/明

大學衍義補纂要六卷 （明）徐栻撰 明萬曆五年(1577)刻本 六冊

110000－0102－0004854 （丁）/12415 集部/別集類/清

耕餘小草四卷詩餘一卷 （清）王槸撰 清光緒二十七年(1901)朱絲欄抄本 四冊

110000－0102－0004855 （丁）/12416 子部/醫家類/諸專科方論/其它

豆醫蠡酌錄三卷 （清）曹禾撰 清道光二十四年(1844)惜陰書屋木活字印本 二冊

110000－0102－0004856 （丁）/12417 集部/別集類/宋

唐荊川選輯朱文公全集十五卷 （宋）朱熹撰 （明）唐順之輯 明刻本 十四冊

110000－0102－0004857 （丁）/12418 子部/譜錄類/器物

陽羨名陶錄二卷續錄一卷 （清）吳騫輯 清刻本 二冊

110000－0102－0004858 （丁）/12419 集部/總集類/詩/斷代/唐至五代

王荊公唐百家詩選二十卷 （宋）王安石輯 清康熙四十三年(1704)山陽丘迴刻本 六冊

110000－0102－0004859 （丁）/12420 集部/總集類/詩/斷代/明

閒情集六卷 （清）顧有孝輯 （清）陸世楷增訂 清康熙刻本 六冊

110000－0102－0004860 （丁）/12421 子部/雜家類/雜說

草木子四卷 （明）葉子奇撰 清烏絲欄抄本 一冊

110000－0102－0004861 （丁）/12422 史

部/傳記類/總傳/專錄/儒林

聖賢像贊三卷先賢像贊一卷 （明）呂維祺編
明崇禎刻本　四冊

110000－0102－0004862　（丁）/12423　集
部/別集類/清

道貴堂類稿十一種 （清）徐倬撰　清乾隆刻
本　佚名批校　三冊　存四種七卷（汗漫集
二卷、燕臺小草一卷、蘋蓼閒集二卷、野航集
二卷）

110000－0102－0004863　（丁）/12424　子
部/藝術類/書畫/畫法、畫帖/清

紅樓夢圖詠 （清）改琦繪　清光緒刻本
四冊

110000－0102－0004864　（丁）/12425　史
部/金石類/總錄

金石錄三十卷 （宋）趙明誠撰　清抄本
六冊

110000－0102－0004865　（丁）/12426　集
部/總集類/詩/通代

七言詩歌行鈔十五卷 （清）王士禛選　清刻
本　佚名圈點、批校　二冊

110000－0102－0004866　（丁）/12427　集
部/總集類/文/通代

續刻溫陵四太史評選古今名文珠璣八卷
（明）黃鳳翔等選　明萬曆二十三年（1595）余
紹崖自新齋刻本　三冊

110000－0102－0004867　（丁）/12428　子
部/醫家類/諸專科方論

新鐫雲林神穀四卷 （明）龔廷賢撰　清金陵
書林吳月刻本　二冊

110000－0102－0004868　（丁）/12429　史
部/傳記類/總傳/專錄/儒林

重編三立祠列傳二卷附錄一卷 （明）袁繼咸
撰　（清）劉梅重訂　（清）和其衷重編　清乾
隆刻本　四冊

110000－0102－0004869　（丁）/12430　子
部/醫家類/本草

本草經解要四卷附餘一卷 （清）葉桂撰　清

雍正二年（1724）王從龍刻本　佚名圈點、批
校　四冊

110000－0102－0004870　（丁）/12431　史
部/地理類/雜記

東京夢華錄十卷 （宋）孟元老撰　（明）胡震
亨　（明）毛晉訂　明崇禎刻津逮秘書本
二冊

110000－0102－0004871　（丁）/12432　子
部/類書類

新刻物原一卷二百三十九條 （明）羅頎輯
明末錢塘胡文煥刻格致叢書本　一冊

110000－0102－0004872　（丁）/12433　子
部/天文地理類/天文

皇明天文述一卷地理述二卷 （明）鄭曉撰
明萬曆刻吾學編本　四冊

110000－0102－0004873　（丁）/12434　史
部/金石類/錢幣

泉志十五卷 （宋）洪遵撰　（明）胡震亨
（明）毛晉合訂　明萬曆三十一年（1603）胡震
亨刻秘冊匯函本　四冊

110000－0102－0004874　（丁）/12436　史
部/傳記類/總傳/專錄/其它

昭忠錄 清朱絲欄抄本　六冊

110000－0102－0004875　（丁）/12437　集
部/總集類/文/通代

古名文鈔 （清）汪士鐸輯　清烏絲欄抄本
三冊

110000－0102－0004876　（丁）/12439　子
部/雜家類/學說

澗泉日記三卷 （宋）韓淲撰　清乾隆四十一
年（1776）武英殿木活字印武英殿聚珍版叢書
本　三冊

110000－0102－0004877　（丁）/12440　子
部/雜家類/雜述

寶顏堂訂正偶譚一卷 （明）李鼎撰　**寶顏堂
訂正陳眉公考槃餘事四卷** （明）屠隆撰　明
萬曆沈氏尚白齋刻寶顏堂秘笈本　二冊

110000－0102－0004878　（丁）/12442　集部/別集類/宋

止齋先生奧論八卷　（宋）陳傅良撰　（宋）方逢辰批點　明刻本　二冊

110000－0102－0004879　（丁）/12443　集部/別集類/清

艷雪軒詩存四卷試帖詩存四卷日下賡歌集三卷文稿一卷　（清）龔守正撰　（清）龔自閎（清）龔自閎編　清咸豐七年(1857)紅方格抄本　佚名圈點、批校　七冊

110000－0102－0004880　（丁）/12444　集部/別集類/明

白雲集七卷補遺一卷　（明）陳昂撰　明萬曆四十六年(1618)宋玨刻本　佚名圈點　四冊

110000－0102－0004881　（丁）/12445　子部/道家類

鬳齋三子口義三種　（宋）林希逸注　（明）施觀民校　明萬曆二年(1574)施觀民刻本　佚名圈點、批校　八冊

110000－0102－0004882　（丁）/12446　集部/詞類/詞總集/通代

類選箋釋草堂詩餘六卷　（明）顧從敬輯（明）陳繼儒校　（明）陳仁錫參訂　**類編箋釋續選草堂詩餘二卷**　（明）錢允治類編　**類編箋釋國朝詩餘五卷**　（明）錢允治輯　（明）陳仁錫釋　明萬曆四十二年(1614)刻本　四冊

110000－0102－0004883　（丁）/12447　集部/別集類/明

陽明先生文錄十七卷　（明）王守仁撰　**陽明先生語錄三卷**　（明）王守仁撰　（明）徐愛錄　明嘉靖二十六年(1547)范慶刻本　佚名批點　十冊

110000－0102－0004884　（丁）/12448　集部/別集類/宋

龍川先生文集三十卷　（宋）陳亮撰　明晉江史朝富刻本　二冊　存四卷(一至四)

110000－0102－0004885　（丁）/12449　子部/類書類

時物典彙二卷　（明）李日華撰　（明）魯重民補訂　明崇禎刻四六全書本　二冊

110000－0102－0004886　（丁）/12450　集部/小說類/筆記小說

山海經釋義十八卷　（晉）郭璞注　（明）王崇慶釋義　（明）董漢儒校訂　明萬曆董漢儒刻本　五冊

110000－0102－0004887　（丁）/12451　集部/別集類/明

水明樓集十四卷　（明）陳薦夫撰　明萬曆刻本　六冊

110000－0102－0004888　（丁）/12452　集部/別集類/清

嗜此味齋詩稿一卷　（清）那興阿撰　清道光藍絲欄抄本　有紹遠氏題跋　一冊

110000－0102－0004889　（丁）/12453　集部/別集類/清

嶺南集八卷　（清）杭世駿撰　清乾隆刻本　一冊

110000－0102－0004890　（丁）/12454　集部/總集類/詩/地方

江左十五子詩選十五卷　（清）宋犖選　清康熙四十二年(1703)刻本　十冊

110000－0102－0004891　（丁）/12455　子部/雜家類/雜纂

琅邪代醉編四十卷　（明）張鼎思輯　明萬曆二十五年(1597)陳性學刻本　二十冊

110000－0102－0004892　（丁）/12456　集部/楚辭類

楚騷綺語六卷　（明）張之象輯　明萬曆四年(1576)吳興凌迪知刻文林綺繡本　二冊

110000－0102－0004893　（丁）/12457　史部/史評類/考訂

三國志辨誤三卷　（宋）□□撰　清乾隆四十六年(1781)活字印本　一冊

110000－0102－0004894　（丁）/12460　集部/詞類/詞譜、詞律、詞韻/詞譜

碎金續譜六卷 （清）謝元淮輯 清道光二十八年（1848）刻朱墨套印本 二冊

110000－0102－0004895 （丁）/12462 史部/傳記類/總傳/專錄/儒林

文廟賢儒功德錄 （清）張侯撰 清抄本 佚名圈點、批校 一冊

110000－0102－0004896 （丁）/12463 集部/總集類/文/通代/文選

［古今選文］不分卷 明藍絲欄抄本 有朱筆標點、少量眉批 一冊

110000－0102－0004897 （丁）/12465 集部/詞類/詞選

蟻術詞選四卷 （元）邵復孺撰 清抄本 一冊

110000－0102－0004898 （丁）/12466 經部/小學類/音韻

重刊唐韻考五卷 （清）紀容舒撰 （清）錢熙祚刊 （清）錢恂重刊 清末抄本 五冊

110000－0102－0004899 （丁）/12467 集部/別集類/遼金元

滹南集四卷詩話三卷 （金）王若虛撰 （清）周春校訂 清抄本 卷端有徐湯殷題跋 三冊

110000－0102－0004900 （丁）/12470 經部/書類

桂林書響十卷 （明）顧懋樊撰 明崇禎武林顧氏刻桂林五經本 佚名圈點 八冊

110000－0102－0004901 （丁）/12471 集部/別集類/清

青櫚山房未刻詩刪存 （清）馬士龍撰 清末紫方格稿本 一冊

110000－0102－0004902 （丁）/12472 史部/史評類

讀書鏡五卷 （明）陳繼儒撰 明末刻眉公十種藏書本 佚名圈點 二冊

110000－0102－0004903 （丁）/12473 子部/宗教類/道教

悟真篇集註三卷 （宋）張伯端撰 （宋）薛道光等註 清烏絲欄抄本 佚名圈點 四冊

110000－0102－0004904 （丁）/12475 經部/小學類/音韻

澤存堂五種 （清）張士俊輯 清康熙張氏澤存堂刻本 錢恂題識 佚名圈點、批校 三冊 存三種（佩觿、群經音辨、字鑒）

110000－0102－0004905 （丁）/12476 子部/醫家類/方論

醫學綱目四十卷附錄一卷 （明）樓英撰 明嘉靖四十四年（1565）曹灼刻本（卷二至三、十一至十二、三十五至三十六為抄補） 二十冊

110000－0102－0004906 （丁）/12477 子部/醫家類/叢編

石山醫案八種 明嘉靖刻本（脉訣刊誤集解卷下、附錄抄配，外科理例卷五至七、附錄抄配，針灸問對抄配，推求師意抄配） 十六冊

110000－0102－0004907 （丁）/12478 史部/金石類/金/圖像

重修宣和博古圖錄三十卷 （宋）王黼等撰 明萬曆二十七年（1599）于承祖刻崇禎九年（1636）于道南修補本 二十四冊

110000－0102－0004908 （丁）/12479 集部/總集類/通代

文翰類選大成一百六十三卷 （明）李伯璵撰 （明）馮厚校 明成化淮府刻弘治十四年（1501）嘉靖二十五年（1546）遞修本 八十一冊 存一百〇二卷（四十六至八十二、九十六至一百〇七、一百十一至一百六十三）

110000－0102－0004909 （丁）/12480 叢部/彙編叢書

文林綺繡五種五十九卷 （明）凌迪知輯 明萬曆吳興淩氏桂芝館刻本 二十四冊

110000－0102－0004910 （丁）/12481 集部/總集類/文/斷代/明

明文授讀六十二卷 （清）黃宗羲輯 清康熙三十八年（1699）張錫琨味芹堂刻本 二十四冊

110000 - 0102 - 0004911　（丁）/12482　集部/總集類/通代

七十二峰足徵集八十八卷文集十六卷　（清）吳定璋輯　（清）陳祖范等編訂　清乾隆十年(1745)吳氏依綠園刻本　佚名圈點　四十七冊

110000 - 0102 - 0004912　（丁）/12483　集部/別集類/宋

後村先生大全集一百九十六卷　（宋）劉克莊撰　清光緒劉尚文藍格抄本　有佚名批、點、校　六十冊

110000 - 0102 - 0004913　（丁）/12484　經部/易類/文字音義

周易本義刪正讀本四卷　（明）朱國輔撰　清朱絲欄抄本　佚名圈點　三冊

110000 - 0102 - 0004914　（丁）/12485　經部/易類

運餘齋易象管窺　（清）絜甫撰　清抄本　佚名圈點　二冊

110000 - 0102 - 0004915　（丁）/12486　集部/楚辭類

楚辭後語六卷　（宋）朱熹撰　明前期司禮監刻本　一冊　存四卷(一至四)

110000 - 0102 - 0004916　（丁）/12487　經部/春秋類/總義/傳說

春秋三十卷　（宋）胡安國傳　明正統十二年(1447)司禮監刻本　八冊

110000 - 0102 - 0004917　（丁）/12488　子部/宗教類/釋教/經

楞嚴自知錄二卷附同安察禪師十玄談一卷　（清）王麟印撰　清康熙刻本　一冊

110000 - 0102 - 0004918　（丁）/12489　集部/別集類/宋

秋崖先生小稿三十四卷　（宋）方岳撰　清康熙抄本　四冊

110000 - 0102 - 0004919　（丁）/12490　集部/別集類/清

寄軒賸稿適然齋編年詩存一卷　（清）朱上林

（清）趙廣撰　清抄本　一冊

110000 - 0102 - 0004920　（丁）/12491　子部/宗教類/釋教/史傳

廣清凉傳三卷　（宋）釋延一重編　明刻本　三冊

110000 - 0102 - 0004921　（丁）/12492　子部/宗教類/釋教

淨土救生船詩註三卷　（清）釋寬量撰　清光緒二十二年(1896)稿本　三冊

110000 - 0102 - 0004922　（丁）/12493　子部/宗教類/釋教/贊

海舟普慈禪師拈古頌古　（明）釋圓悟編　明末刻徑山藏本　一冊

110000 - 0102 - 0004923　（丁）/12494　子部/醫家類/診法

明彭用光太素脈訣不分卷　（明）彭用光撰　清末黃絲欄抄本　二冊

110000 - 0102 - 0004924　（丁）/12495　集部/總集類/詩/地方

駐蹕惠山詩一卷御題竹爐圖詠四卷　（清）高宗弘曆等撰　（清）吳鉞輯　清乾隆二十七年(1762)吳鉞刻本　四冊

110000 - 0102 - 0004925　（丁）/12496　子部/藝術類/書畫

草書備考四卷　（清）秦彬書　清乾隆十九年(1754)秦彬稿本　張廷濟題記　四冊

110000 - 0102 - 0004926　（丁）/12497　集部/別集類/清

御製樂善堂全集定本三十卷　（清）高宗弘曆撰　清抄本　二冊　存二卷(二十七至二十八)及目錄

110000 - 0102 - 0004927　（丁）/12500　集部/別集類/清

有懷堂詩槁六卷文槁二十二卷　（清）韓菼撰　清康熙四十二年(1703)刻本　十二冊

110000 - 0102 - 0004928　（丁）/12501　集部/別集類/清

去來吟一卷詩餘一卷 （清）李時震撰 （清）李師熹等輯 清康熙刻本 二冊

110000－0102－0004929 （丁）/12502 集部/小說類/章回

新鐫東西晉演義十二卷五十二回 （明）楊爾曾編 （明）泰和堂主人參訂 明末刻本 十二冊

110000－0102－0004930 （丁）/12504 集部/詞類/詞總集/斷代

花間集十卷 （後蜀）趙崇祚輯 清後期抄本 二冊

110000－0102－0004931 （丁）/12505 集部/別集類/遼金元

張淮陽詩集 （元）張弘範撰 清後期抄本 一冊

110000－0102－0004932 （丁）/12506 集部/別集類/明

恬暢齋抄趙忠毅公詩不分卷 （明）趙南星撰 明末清初恬暢齋抄本 佚名批校 一冊

110000－0102－0004933 （丁）/12507 子部/雜家類/雜考

鶴山渠陽讀書雜鈔二卷 （宋）魏了翁撰 明萬曆寶顏堂刻寶顏堂秘笈續集本 孫書年題記 佚名批校 二冊

110000－0102－0004934 （丁）/12508 集部/集評類/詩評/詩話

西江詩話十二卷 （清）裘君弘輯 清康熙四十二年(1703)裘氏妙貫堂刻寶顏堂秘笈續集本 四冊

110000－0102－0004935 （丁）/12509 子部/儒家類/宋以前

顏氏家訓二卷 （北齊）顏之推撰 明萬曆程榮刻漢魏叢書本 佚名圈點 二冊

110000－0102－0004936 （丁）/12510 集部/別集類/宋

歐陽先生遺粹十卷 （宋）歐陽修撰 （明）郭雲鵬輯 明嘉靖二十六年(1547)郭雲鵬寶善堂刻本 二冊

110000－0102－0004937 （丁）/12511 集部/別集類/清

御製詩第三集八卷 （清）聖祖玄燁撰 清康熙五十五年(1716)李煦蘇州詩局刻本 三冊

110000－0102－0004938 （丁）/12512 集部/別集類/唐至五代

楊盈川集十卷 （唐）楊炯撰 清抄本 二冊

110000－0102－0004939 （丁）/12513 集部/別集類/唐至五代

唐張處士詩集六卷 （唐）張祐撰 繆荃孫重編 清抄本 一冊

110000－0102－0004940 （丁）/12514 經部/小學類/音韻

歌麻古韻考四種 （清）吳樹聲撰 清抄本 二冊

110000－0102－0004941 （丁）/12515 子部/醫家類/諸專科方論

新刻秘傳眼科七十二症全書六卷 （明）袁學淵輯 明刻本 周元圈點、批 五冊 存五卷(一第十六至二十五葉、二至四、五第一至二十六葉)

110000－0102－0004942 （丁）/12516 集部/別集類/清

紉蘭草 （清）黃必成撰 清稿本 一冊

110000－0102－0004943 （丁）/12517 集部/別集類/明

卯菴訂定譚子詩歸十卷自題一卷 （明）譚元春撰 明末鍾氏嶽歸堂刻本 佚名圈點、批註 四冊

110000－0102－0004944 （丁）/12518 集部/別集類/明

楊忠烈公文集六卷 （明）楊漣撰 清初刻本 一冊 存一卷(一第二至九十葉)

110000－0102－0004945 （丁）/12519 子部/道家類

參同契經文三篇 （漢）魏伯陽撰 （明）鄭樸校 參同契箋注三篇 （漢）徐景休撰 （明）鄭樸校 參同契三相類二篇 （漢）淳于

叔通補遺 （明）鄭樸校 明刻本 一冊

110000－0102－0004946 （丁）/12521 集部/別集類/清
平遠堂日記 （清）廷雍撰 清光緒九年(1883)稿本 一冊

110000－0102－0004947 （丁）/12522 集部/曲類/曲選
昆曲劇本 （清）□□編 清抄本 八冊

110000－0102－0004948 （丁）/12523 子部/宗教類/釋教/論
大藏一覽集十卷 （明）陳實編 明永樂十六年(1418)刻本 二冊 存四卷(七至十)

110000－0102－0004949 （丁）/12524 子部/術數類/占卜
推背圖 （唐）袁天罡 （唐）李淳風撰 清後期彩繪抄本 一折

110000－0102－0004950 （丁）/12525 集部/集評類/詩評
南溪筆錄群賢詩話前集一卷後集一卷續集一卷 題(元)南溪輯 明正德五年(1510)蜀嘉程啓充刻本 三冊

110000－0102－0004951 （丁）/12526 集部/總集類/文/斷代/上古至隋
三國文二十卷 （明）張采輯 清順治刻本 十二冊

110000－0102－0004952 （丁）/12528 子部/藝術類/書畫/畫法、畫帖
梅花陣圖 清彩繪本 一折

110000－0102－0004953 （丁）/12529 子部/雜家類/雜纂
毛會侯先生四書燈謎詩 （清）毛際可撰（清）吳陳琰評 **續四書燈謎詩** （清）宋洽撰（清）吳陳琰評 清康熙四十五年(1706)刻本 佚名圈點、注 一冊

110000－0102－0004954 （丁）/12530 子部/醫家類/諸專科方論/其它
祕授廻生痘訣 清抄本 一冊

110000－0102－0004955 （丁）/12531 集部/別集類/清
耕煙草堂詩鈔二卷 （清）平疇撰 清咸豐八年(1858)抄本 二冊

110000－0102－0004956 （丁）/12532 子部/宗教類/釋教
金剛般若波羅蜜經直解二卷 （清）釋續法撰 清乾隆四十四年(1779)刻本 一冊

110000－0102－0004957 （丁）/12533 集部/小說類/筆記小說
甘澤謠一卷附錄一卷 （唐）袁郊撰 （明）毛晉訂 明崇禎毛氏汲古閣刻津逮秘書本 一冊

110000－0102－0004958 （丁）/12534 集部/集評類
詩人玉屑二十卷 （宋）魏慶之撰 清初刻本 二冊 存三卷(一至三)

110000－0102－0004959 （丁）/12535 集部/別集類/唐至五代
靈隱子六卷 （唐）駱賓王撰 （明）陳魁士注 明萬曆二十四年(1596)陳大科刻本 六冊

110000－0102－0004960 （丁）/12536 集部/別集類/漢至隋
任彥升集六卷 （南朝梁）任昉撰 （明）呂兆禧校 明萬曆南城翁少麓刻本 二冊

110000－0102－0004961 （丁）/12537 子部/宗教類/釋教
菩提千文一卷菩提千文述釋二卷 （明）釋無念述集 明末清初刻本 一冊

110000－0102－0004962 （丁）/12539 集部/別集類/清
蔗塘未定稿七種外集五種 （清）查為仁撰 清乾隆刻本 佚名批點 周肇祥題記 二冊 存四種四卷(未定稿四種:抱甕集一卷、竹邨花隖集一卷、山游集一卷、押簾詞一卷)

110000－0102－0004963 （丁）/12540 子部/宗教類/釋教/史傳
東悟本禪師語錄二卷 （清）釋通界等輯錄

（清）釋實福等集　清乾隆刻本　一冊

110000 - 0102 - 0004964　（丁）/12541　子部/宗教類/釋教/贊

恢慈仁和尚語錄二卷　（清）釋際恆等編　清乾隆刻本　二冊

110000 - 0102 - 0004965　（丁）/12542　子部/醫家類/外科方論

外科病名畫冊六幀　清彩繪本　六張

110000 - 0102 - 0004966　（丁）/12543　子部/雜家類/雜述

野獲編三卷　（明）沈德符撰　清抄本　六冊

110000 - 0102 - 0004967　（丁）/12544　史部/別史、雜史類

酌中志略　（明）劉若愚撰　清抄本　二冊

110000 - 0102 - 0004968　（丁）/12545　史部/目錄類/著錄/藝文類

補三國藝文志　（清）侯康撰　清末抄本　二冊

110000 - 0102 - 0004969　（丁）/12546　集部/別集類/清

禊敘集言六卷　（清）唐仲冕等撰並書　清道光三年(1823)吳學圃局刻本　一冊

110000 - 0102 - 0004970　（丁）/12547　史部/政書類/軍政

鑄礮圖說　清彩繪本　一冊

110000 - 0102 - 0004971　（丁）/12548　子部/藝術類/書畫

草韻辨體五卷　（明）神宗朱翊鈞輯　（清）金一鳳鑒正　清康熙五十四年(1715)山陰趙氏刻本　佚名批　五冊

110000 - 0102 - 0004972　（丁）/12549　子部/宗教類/釋教/贊

曙山崙禪師語錄二卷附行實　（清）釋明禪等錄　清乾隆刻本　二冊

110000 - 0102 - 0004973　（丁）/12550　子部/道家類

三子合刊三種　（明）閔齊伋輯　明閔齊伋刻

朱墨套印本　十冊

110000 - 0102 - 0004974　（丁）/12551　集部/別集類/清

聽秋閣詩鈔十二卷　題(清)煙篷居士撰　清抄本　一冊

110000 - 0102 - 0004975　（丁）/12552　集部/總集類

悅心集四卷　（清）世宗胤禎輯　清嘉慶至道光吳榮光抄本　二冊

110000 - 0102 - 0004976　（丁）/12553　史部/編年類/通代

通鑑韻書三十二卷附彈詞一卷　（清）沈尚仁編注　清康熙四十四年(1705)刻本　八冊

110000 - 0102 - 0004977　（丁）/12554　經部/春秋類/左傳

左傳分國不分卷　清末怡古堂抄本　四冊

110000 - 0102 - 0004978　（丁）/12555　經部/小學類/文字

六書賦不分卷　（明）張士佩撰　明萬曆三十年(1602)刻本　四冊

110000 - 0102 - 0004979　（丁）/12556　子部/道家類

南華真經旁注五卷　（明）方虛名輯注　（明）孫平仲音校　明萬曆二十二年(1594)金陵唐氏世德堂刻本　十冊

110000 - 0102 - 0004980　（丁）/12557　子部/宗教類/釋教/論

大乘百法明門論隨疏畧釋二卷百法附錄一卷　（唐）釋玄奘譯　（唐）釋窺基注解　（明）釋魯山增注　明釋性通刻本　二冊

110000 - 0102 - 0004981　（丁）/12558　史部/地理類/山川/山

九疑山志八卷　（明）蔣鐩輯　明萬曆四十八年(1620)刻本　四冊

110000 - 0102 - 0004982　（丁）/12559　子部/宗教類/釋教/贊

明覺禪師語錄六卷　（宋）釋惟蓋等編　明崇

禎七年(1634)嘉興楞嚴寺般若堂刻徑山藏本
　　二冊

110000－0102－0004983　（丁）/12560　集
部/別集類/漢至隋

任彥升集六卷　（南朝梁）任昉撰　（明）呂兆
禧校　明萬曆刻本　一冊

110000－0102－0004984　（丁）/12561　經
部/禮類/雜禮

司馬氏書儀十卷　（宋）司馬光撰　清雍正二
年(1724)歸安汪郊刻本　二冊

110000－0102－0004985　（丁）/12562　子
部/宗教類/釋教/贊

孔雀集　清釋寂安抄本　二冊

110000－0102－0004986　（丁）/12563　史
部/地理類/山川/山

虎丘山圖志一卷虎丘山志五卷　（明）文肇祉
輯　明萬曆刻本　四冊　存五卷(圖志一卷、
文一卷、卷三至四詩、續集一卷)

110000－0102－0004987　（丁）/12564　子
部/宗教類/釋教/史傳

濟宗世譜不分卷　（清）釋行濂輯　清康熙十
七年(1678)刻徑山藏本　周肇祥批　四冊

110000－0102－0004988　（丁）/12565　史
部/地理類/山川/山

南海普陀山志十五卷　（清）裘璉編輯　清康
熙刻本　四冊

110000－0102－0004989　（丁）/12566　子
部/宗教類/釋教/史傳

列祖提綱錄四十二卷首一卷　（清）釋行悅輯
　　清康熙五年(1666)雄州微笑堂刻本　十冊

110000－0102－0004990　（丁）/12567　集
部/總集類/文/通代

秦漢文鈔不分卷　（明）馮有翼輯　明萬曆刻
本　十二冊

110000－0102－0004991　（丁）/12568　經
部/易類/古易

歸藏衍義三卷　（明）郭舜天撰　清抄本　佚

名圈點、批校、題識　三冊

110000－0102－0004992　（丁）/12569　子
部/醫家類/外科方論

外科大成四卷　（清）祁坤撰　清康熙聚錦堂
刻本　四冊

110000－0102－0004993　（丁）/12570　史
部/史評類/詠史

張文僖公詠史詩四卷　（明）張升撰　（明）莊
一俊評　清抄本　二冊

110000－0102－0004994　（丁）/12571　史
部/編年類/通代

通鑑要刪六卷首一卷　（明）宗臣　（明）孫繼
皋纂　明萬曆十一年(1583)歙縣蔣氏刻本
佚名圈點、批　四冊

110000－0102－0004995　（丁）/12572　子
部/醫家類

祝由科六卷　題（漢）張道陵撰　清抄本
八冊

110000－0102－0004996　（丁）/12573　子
部/術數類/占卜

字觸六卷　（清）周亮工輯　清康熙刻本　二
冊　存二卷(一至二)

110000－0102－0004997　（丁）/12574　集
部/小說類/章回

新鐫批評出像通俗演義禪真後史五十三回
（明）方汝浩撰　清刻本　八冊

110000－0102－0004998　（丁）/12575　子
部/雜家類/雜纂

董氏鈔存不分卷　（清）董恂抄　清道光至光
緒抄本　少元跋　四冊

110000－0102－0004999　（丁）/12576　子
部/醫家類/兒婦科方論

保嬰撮要十卷續集十卷　（明）薛鎧撰　（明）
薛己編集　明刻本　十八冊

110000－0102－0005000　（丁）/12577　子
部/宗教類/釋教

林間錄二卷後集一卷　（宋）釋惠洪撰　（宋）

釋德洪集　明萬曆十二年(1584)顧雲程刻本
　三冊

110000－0102－0005001　（丁）/12578　子
部/宗教類/釋教/經

**大佛頂如來密因修證了義諸菩薩萬行首楞嚴
經貫珠集十卷**　（明）釋戒潤述　明崇禎十七
年(1644)刻本　十冊

110000－0102－0005002　（丁）/12580　經
部/小學類/音韻/韻典

經史正音切韻指南不分卷　（元）劉鑒撰　明
萬曆二十三年(1595)北京刻本　一冊

110000－0102－0005003　（丁）/12582　史
部/別史、雜史類

酌中志六卷　（明）劉若愚撰　清康熙烏絲欄
抄本　六冊

110000－0102－0005004　（丁）/12583　集
部/別集類/清

惜分陰齋詩鈔十六卷　（清）李棨撰　清中後
期抄本　十六冊

110000－0102－0005005　（丁）/12584　集
部/別集類/宋

艾軒先生文集十卷　（宋）林光朝撰　清光緒
十八年(1892)劉尚文烏絲欄抄本　劉尚文題
識　三冊

110000－0102－0005006　（丁）/12585　史
部/地理類/方志/地方志

[康熙]張秋志十二卷　（明）黃承玄輯
（清）林芃重修　（清）馬之驦補編　清康熙雍
正抄本　四冊

110000－0102－0005007　集
部/別集類/遼金元

栲栳山人詩集三卷　（元）岑安卿撰　清綠絲
欄抄本　一冊

110000－0102－0005008　（丁）/12587　子
部/宗教類/釋教/贊

聞谷悟禪師語錄八卷　（清）釋明宗等輯錄
清康熙刻徑山藏本　二冊

110000－0102－0005009　（丁）/12588　子
部/宗教類/釋教/贊

靈隱具德禪師語錄一卷　（清）釋慶祉等錄
清初刻徑山藏本　一冊

110000－0102－0005010　（丁）/12589　子
部/宗教類/釋教/經

金剛般若波羅蜜經釋義一卷　（清）陳儀注
（清）王至德校　清乾隆元年(1736)王至德刻
本　一冊

110000－0102－0005011　（丁）/12590　子
部/宗教類/釋教/論

因明入正理論略疏不分卷　（清）釋慧善撰
清抄本　一冊

110000－0102－0005012　（丁）/12591　子
部/宗教類/釋教

沙彌律儀要略述義二卷　（清）釋玉科釋　清
乾隆二十四年(1759)刻本　二冊

110000－0102－0005013　（丁）/12592　子
部/宗教類/釋教/贊

京都仁壽大志祚禪師語錄二卷　（清）釋成明
編輯　清康熙四十二年(1703)刻徑山藏本
一冊

110000－0102－0005014　（丁）/12593　子
部/宗教類/釋教/贊

界弘量禪師語錄一卷　（清）釋頓信等編　清
康熙四十七年(1708)刻徑山藏本　一冊

110000－0102－0005015　（丁）/12594　子
部/宗教類/釋教/贊

玄水禪師語錄不分卷　（清）釋明楫等撰　清
順治康熙間刻徑山藏本　二冊

110000－0102－0005016　（丁）/12595－1
子部/宗教類/釋教/贊

靈機觀禪師語錄二卷首一卷　（清）釋超正等編
　清康熙資福寺住持釋明宗刻徑山藏本　二冊

110000－0102－0005017　（丁）/12595－2
子部/宗教類/釋教/贊

明心鑑禪師語錄一卷　（清）釋明宗等編　清
康熙資福寺住持釋明宗刻徑山藏本　一冊

110000－0102－0005018 （丁）/12597 史部/地理類/水道

江南河道圖說不分卷 （清）高斌等撰 清乾隆彩繪本 王蒼批註、題跋 一冊

110000－0102－0005019 （丁）/12598 子部/藝術類/音樂舞蹈

瞿仙神奇秘譜三卷 題(明)瞿仙輯 明抄本 少孫跋 三冊

110000－0102－0005020 （丁）/12599 經部/小學類/文字

廣金石韻府五卷子畧一卷 （清）林尚葵輯 清康熙九年(1670)周亮工賴古堂刻朱墨套印本 六冊

110000－0102－0005021 （丁）/12600 子部/宗教類/釋教/贊

長慶空隱獨和尚語錄二卷 （清）釋今釋重編 **長慶空隱和尚塔銘** （清）錢謙益撰 **長慶老和尚行狀** （清）釋函昰撰 清康熙傳弘烈刻徑山藏本 二冊

110000－0102－0005023 （丁）/12602 史部/地理類/外紀

歸潛記□□編□□卷 錢恂撰 清宣統朱絲欄稿本 三冊 存七卷(乙編之一、丙編之一、丁編之一、戊編之一、辛編之三、癸編之二、癸編之二附)

110000－0102－0005024 （丁）/12606 集部/別集類/明

通川集文一卷詩一卷 （明）舒纓撰 清抄本 二冊

110000－0102－0005025 （丁）/12607 集部/別集類/明

月隱先生遺集正集四卷外編二卷附錄一卷 （明）祝淵撰 （清）陳敬璋編 清抄本 陳敬璋圈點、批校 周肇祥題跋 二冊

110000－0102－0005026 （丁）/12608 集部/別集類

南州舊草堂學詩 清抄本 有陳權題記、圈點、批校 一冊

110000－0102－0005027 （丁）/12609 經部/易類/傳說

御前講易 （清）胡煦撰 清抄本 佚名圈點 一冊

110000－0102－0005028 （丁）/12611 集部/詞類/詞別集/清

憶雲詞一卷附刪存 （清）項繼章撰 清光緒二十年(1894)九成抄本 一冊

110000－0102－0005029 （丁）/12612 史部/別史類

明季逸史利貞集 （清）□□撰 清經進堂綠絲欄抄本 一冊

110000－0102－0005030 （丁）/12613 集部/別集類/明

鳴玉堂稿十二卷 （明）張天復撰 清抄本 三冊

110000－0102－0005031 （丁）/12614 集部/別集類/明

容臺集二十卷 （明）董其昌撰 明崇禎刻本 三冊 存八卷(詩集四卷、別集四卷)

110000－0102－0005032 （丁）/12615 集部/別集類/清

辛未吟草一卷 題盧谷氏撰 清綠絲欄抄本 有鮑文逵、楊璐、郭汝礪、方觀、宗金枝、吳黃金、郭琦題記 佚名圈點、批校 一冊

110000－0102－0005033 （丁）/12616 集部/別集類/明

始豐前稿三卷後稿三卷 （明）徐一夔撰 清抄本 二冊

110000－0102－0005034 （丁）/12618 史部/地理類/外紀

東國史略六卷 （朝鮮）□□撰 清抄本 四冊

110000－0102－0005035 （丁）/12619 子部/宗教類/釋教

慧香菴梵唱 題(清)止園主人輯錄 清抄本 一冊

110000－0102－0005036 （丁）/12620 集部/別集類/唐至五代

唐齊己詩集一卷 （唐）釋齊己撰 **僧無可詩集二卷** （唐）釋無可撰 明嘉靖十九年(1540)刻唐百家詩本 佚名圈點 佚名校 一冊

110000－0102－0005037 （丁）/12621 集部/總集類

詩詞雜俎十二種 （明）毛晉編 明天啟至崇禎常熟虞山毛氏汲古閣刻本 一冊 存二種(剪綃集、石湖詩集)

110000－0102－0005038 （丁）/12623 史部/地理類/方志/地方志

[康熙]雅安縣誌四卷 （清）吳一蜚等纂修 清抄本 一冊

110000－0102－0005039 （丁）/12624 子部/醫家類/養生

心聖圖說要言不分卷附卻病心法 （明）殷宗器校輯 明萬曆殷宗器刻本 一冊

110000－0102－0005040 （丁）/12625 子部/雜家類/學說

善誘文 （宋）陳錄撰 明弘治無錫華氏刻百川學海本 一冊

110000－0102－0005041 （丁）/12626 集部/別集類/清

蓉庵詩鈔一卷海棠巢唫稿一卷 （清）葉雷生撰 清道光至咸豐朱絲欄抄本 一冊

110000－0102－0005042 （丁）/12627－1 子部/宗教類/釋教/論

維揚天寧寺巨渤禪師語錄一卷 （清）釋了珍等輯 清康熙釋了思刻徑山藏本 一冊

110000－0102－0005043 （丁）/12627－2 子部/宗教類/釋教/論

風穴雪兆禪師語錄□□卷 （清）釋寶鑑等編 清康熙刻徑山藏本 合一冊 存一卷(上)

110000－0102－0005044 （丁）/12627－3 子部/宗教類/釋教/論

雪兆性禪師住汝州風穴白雲寺語錄□□卷

（清）釋明道輯 清康熙張寂廣刻徑山藏本 合一冊 存一卷(上)

110000－0102－0005045 （丁）/12627－4 子部/宗教類/釋教/論

萬山達虛禪師住興國語錄四卷 （清）釋明瑞輯 清康熙刻徑山藏本 合一冊

110000－0102－0005046 （丁）/12628 子部/宗教類/釋教/贊

蓮台弘野增禪師語錄 （清）釋福燦等錄 清康熙六十年(1721)刻徑山藏本 一冊

110000－0102－0005047 （丁）/12629 子部/宗教類/釋教/贊

芝巖秀禪師語錄二卷 （清）釋超秀撰 （清）釋明一等編 清初刻徑山藏本 周肇祥朱筆批點 一冊

110000－0102－0005048 （丁）/12630 子部/宗教類/釋教/贊

曙山崙禪師語錄二卷 （清）釋明禪等輯 清乾隆刻本 一冊

110000－0102－0005049 （丁）/12631 子部/宗教類/釋教/史傳

具宜大師行實編年二卷 （清）釋覺堂撰 清乾隆六年(1741)姑蘇實端刻本 一冊

110000－0102－0005050 （丁）/12632 史部/雜史類

五代史闕文一卷 （宋）王禹偁撰 清道光朱絲欄抄本 一冊

110000－0102－0005051 （丁）/12633 子部/宗教類/釋教/贊

勅建柏林禪寺履衡貴和尚語錄二卷 （清）釋際魁等編 清乾隆三十九年(1774)刻本 二冊

110000－0102－0005052 （丁）/12634 集部/別集類/宋

雪山集十六卷 （宋）王質撰 清乾隆四十四年(1779)武英殿木活字印本 二冊

110000－0102－0005053 （丁）/12635 經

部/小學類/音韻

棟亭五種六十五卷　（清）曹寅編　清康熙四十五年(1706)揚州使院刻本　四十冊

110000－0102－0005054　（丁）/12636　子部/藝術類/書畫

書法離鈎十卷　（明）潘之淙撰　歷代法帖釋文五卷二王帖釋不分卷　（宋）劉次莊撰　清雍正四年(1726)卜昆抄本　一冊

110000－0102－0005055　（丁）/12637　經部/書類

尚書示兒評不分卷　（清）李春源撰　清乾隆抄本　三冊

110000－0102－0005056　（丁）/12638　子部/術數類/數學

洪範圖解一卷　（明）韓邦奇撰　明正德十六年(1521)王道刻本　一冊

110000－0102－0005057　（丁）/12639　子部/雜家類/雜纂

讀書自得隨筆記　（清）李守真撰　清光緒抄本　一冊

110000－0102－0005058　（丁）/12640　集部/別集類/清

念庵公等詩　（清）□啟思等撰　清抄本　一冊

110000－0102－0005059　（丁）/12641　子部/藝術類/篆刻

前禮部舊印　清鈐印本　一冊

110000－0102－0005060　（丁）/12642　經部/詩類

讀詩識小錄十卷　（清）陳震撰　清末抄本　十冊

110000－0102－0005061　（丁）/12644　集部/別集類/清

問琴閣文錄一卷詩錄一卷詞錄一卷　（清）宋育仁撰　清抄本　二冊

110000－0102－0005062　（丁）/12645　史部/地理類/山川/山

玉華洞志五卷　（清）廖雲友重修　清康熙六十一年(1722)刻本　三冊

110000－0102－0005063　（丁）/12646　子部/藝術類/音樂舞蹈

重修正文對音捷要真傳琴譜大全十卷　（明）楊表正撰　明萬曆十三年(1585)金陵富春堂刻本　五冊

110000－0102－0005064　（丁）/12647　集部/別集類/清

素嶵文稿二十五卷　（清）王喆生撰　清雍正刻本　四冊　存二十卷(一至五、九至二十三)

110000－0102－0005065　（丁）/12648　子部/醫家類/諸專科方論/其它

痘治附方一卷　（明）汪機撰　明汪機刻本　一冊

110000－0102－0005066　（丁）/12649　子部/宗教類/道教

唱道真言　（清）鶴臞子撰　清抄本　有周肇祥跋　一冊

110000－0102－0005067　（丁）/12650　子部/雜家類/學說

泊宅編三卷　（宋）方勺撰　明刻稗海本　一冊

110000－0102－0005068　（丁）/12651　集部/別集類/清

郘亭碎墨拾遺　（清）莫友芝撰　清末稿本　一冊

110000－0102－0005069　（丁）/12652　集部/總集類/詩/斷代/唐至五代

唐詩品彙九十卷拾遺十卷詩人爵里詳節一卷　（唐）高棅輯　明嘉靖十六年(1537)姚芹泉刻本　佚名批點　佚名題記　三十六冊

110000－0102－0005070　（丁）/12654　史部/紀傳類/通代

五代史七十四卷　（宋）歐陽修撰　（宋）徐無黨註　清初十七史刻本　四冊

110000 – 0102 – 0005071 （丁）/12655 集部/總集類/文/雜錄/書牘表啟

尺牘類便四卷 （明）孫應瑞輯 明崇禎十二年(1639)休甯孫氏刻本 八冊

110000 – 0102 – 0005072 （丁）/12656 集部/別集類/清

蔗塘未定稿七種 （清）查為仁撰 清乾隆刻本 四冊

110000 – 0102 – 0005073 （丁）/12657 史部/政書類/儀制

壇廟祀典三卷 （清）方觀承撰 清乾隆二十三年(1758)刻本 三冊

110000 – 0102 – 0005074 （丁）/12658 叢部/自著叢書/明

寶顏堂秘笈十五種 （明）陳繼儒撰 清乾隆二十三年(1758)刻本 十冊

110000 – 0102 – 0005075 （丁）/12659 集部/別集類/宋

河南穆公集三卷附穆參軍遺事一卷 （宋）穆修撰 清末抄本 天頭有校訂 一冊

110000 – 0102 – 0005076 （丁）/12660 集部/詞類/詞總集/通代

古香岑草堂詩餘正集六卷 （明）顧從敬選 （明）沈際飛評點 明末吳門童湧泉刻本 佚名墨筆批點 四冊

110000 – 0102 – 0005077 （丁）/12661 史部/史抄類

史記鈔九十一卷 （明）茅坤輯 明泰昌元年(1620)閔士隆刻朱墨套印本 二十四冊

110000 – 0102 – 0005078 （丁）/12662 集部/小說類/筆記小說

閱微草堂筆記二十四卷 （清）紀昀撰 清嘉慶二十一年(1816)京師盛時彥刻本 十冊

110000 – 0102 – 0005079 （丁）/12663 子部/宗教類/釋教

生生四諦一卷 （明）鄭奎光纂 明崇禎刻本 一冊

110000 – 0102 – 0005080 （丁）/12663 – 1 子部/宗教類/釋教

性住釋 物不遷題旨 （明）釋迦正撰 明末刻本 一冊

110000 – 0102 – 0005081 （丁）/12664 子部/子總類/諸子彙編

諸子彙函二十六卷九十四種 （明）歸有光輯 （明）文震孟校訂 明末刻本 二十七冊 缺一種(第九十四種龍門子)

110000 – 0102 – 0005082 （丁）/12665 集部/總集類/詩/斷代/唐至五代

唐詩百名家全集三百二十六卷 （清）席啟寓編 清康熙四十一年(1702)洞庭席氏琴川書屋刻本 三冊 存四種七卷(唐司空文明詩集三卷、渭南詩集二卷、陳羽詩集一卷、會昌進士詩集一卷)

110000 – 0102 – 0005083 （丁）/12666 集部/總集類/文/斷代/明

皇明十大家文選二十五卷 （明）陸弘祚批選 明金陵刻本 十六冊

110000 – 0102 – 0005084 （丁）/12667 史部/政書類/通制

五代會要三十卷 （宋）王溥撰 清乾隆四十二年(1777)周夢堂抄本 周夢堂跋 四冊

110000 – 0102 – 0005085 （丁）/12668 史部/金石類/石

東洲草堂金石詩抄 （清）何紹基撰 清末抄本 一冊

110000 – 0102 – 0005086 （丁）/12669 史部/政書類/通制

文獻通考三百四十八卷 （元）馬端臨撰 明嘉靖三年(1524)司禮監刻本 二冊 存七卷(十四至十六、一百五十九至一百六十二)

110000 – 0102 – 0005087 （丁）/12670 子部/雜家類/雜纂

清賨齋心賞編一卷 （明）王象晉輯 明崇禎刻本 周肇祥跋 一冊

110000 – 0102 – 0005088 （丁）/12671 集

部/別集類/宋

浮溪集三十二卷 （宋）汪藻撰　清乾隆四十六年(1781)武英殿木活字印武英殿聚珍版叢書本　八冊

110000－0102－0005089　（丁）/12672　子部/類書類

初學記三十卷 （唐）徐堅等撰　明嘉靖二十三年(1544)沈藩刻本　佚名題識　十二冊

110000－0102－0005090　（丁）/12673　經部/四書類/總義/傳說

四書集注 （宋）朱熹撰　清初內府刻本　十六冊

110000－0102－0005091　（丁）/12674　子部/類書類

奩史一百卷拾遺一卷 （清）王初桐纂　清嘉慶二年(1797)古香堂刻本　十六冊

110000－0102－0005092　（丁）/12675　集部/別集類/清

咸陟堂詩集十七卷文集二十五卷 （清）釋成鷲撰　清康熙刻本　十冊

110000－0102－0005093　（丁）/12676　子部/藝術類/書畫/書法、碑帖

法帖刊誤二卷 （宋）黃伯思撰　**高宗皇帝御製翰墨志一卷** （宋）高宗趙搆撰　**譜系雜說二卷** （宋）曹士冕撰　明弘治十四年(1501)華珵刻百川學海本　合一冊

110000－0102－0005094　（丁）/12677　子部/雜家類/雜纂

廣造福編 （明）袁黃撰　（明）徐守貞纂　明萬曆二十四年(1596)刻本　一冊

110000－0102－0005095　（丁）/12678　子部/宗教類/釋教/經

金剛般若波羅密經一卷 （後秦）釋鳩摩羅什譯　清末曾和寫本　一冊

110000－0102－0005096　（丁）/12680　子部/宗教類/釋教/律

沙彌成範二卷 （明）釋月心撰　明嘉靖四十三年(1564)釋廣通刻本　佚名題識　一冊

110000－0102－0005097　（丁）/12681　子部/金石類/璽印

佩銘類譜八卷 （明）安世鳳輯　明崇禎二年(1629)安世鳳刻朱墨套印本　黃裳題識　林口題識　六冊

110000－0102－0005098　（丁）/12682　集部/別集類/宋

山谷老人刀筆二十卷 （宋）黃庭堅撰　明萬曆七年(1579)江西布政使司刻本　六冊

110000－0102－0005099　（丁）/12683　子部/宗教類/釋教/經

佛說聖法印經 （晉）釋竺法護譯　清康熙五十二年(1713)孫德威抄本　周肇祥跋　一冊

110000－0102－0005100　（丁）/12684　子部/宗教類/釋教/經

佛說佛印三昧經 （漢）釋安世高譯　清康熙五十二年(1713)孫德威抄本　周肇祥跋　一冊

110000－0102－0005101　（丁）/12685　集部/俗文學類/變文

佛說清淨無爲直指正真收圓寶卷 明刻本　一冊

110000－0102－0005102　（丁）/12686　子部/宗教類/釋教

吉祥喜金剛本續王後分註疏 清抄本　一冊

110000－0102－0005103　（丁）/12687　史部/地理類/專志/宮殿

金鰲退食筆記二卷 （清）高士奇撰　清抄本　一冊

110000－0102－0005104　（丁）/12688　子部/藝術類/音樂舞蹈

伯牙心法一卷 （明）楊掄輯　明萬曆刻本　六冊

110000－0102－0005105　（丁）/12689　集部/別集類/清

蕚香樓初集六卷二集不分卷筆記不分卷分鈔集一卷 （清）聯輝撰　清光緒稿本　五冊

110000－0102－0005106 （丁）/12691 史部/編年類/斷代

清天聰史料 清末抄本 一冊

110000－0102－0005107 （丁）/12692 子部/藝術類/書畫

虛舟題跋十卷補原三卷竹雲題跋四卷 （清）王澍撰 清乾隆三十三年至三十九年（1768－1774）楊建聞川易鶴軒刻本 五冊

110000－0102－0005108 （丁）/12693 集部/小說類/章回

東周列國全志二十三卷一百〇八回 （明）馮夢龍編 （清）蔡元放評點 清乾隆十七年（1752）刻本 二十五冊

110000－0102－0005109 （丁）/12694 集部/總集類/文/通代

尺牘青蓮缽十二卷 （明）何偉然纂 明崇禎夏承侯刻本 六冊

110000－0102－0005110 （丁）/12695 集部/別集類/宋

文恭集四十卷 （宋）胡宿撰 清乾隆四十年（1775）武英殿木活字印武英殿聚珍版叢書本 十冊

110000－0102－0005111 （丁）/12696 集部/別集類/清

杜茶村詩鈔八卷序目一卷 （清）杜濬撰 清抄本 四冊

110000－0102－0005112 （丁）/12697 史部/金石類/金/圖像

泊如齋重修宣和博古圖三十卷 （宋）王黼撰 （明）丁雲鵬 （明）吳左幹繪圖 （明）劉季然書錄 明萬曆十六年（1588）泊如齋刻本 二十冊

110000－0102－0005113 （丁）/12698 集部/別集類/明

龍谿王先生全集二十二卷大象義述一卷 （明）王畿撰 （明）丁賓編 **龍谿王先生傳**（明）徐階撰 **龍谿王先生墓誌銘** （明）趙錦撰 **祭王龍谿先生文** （明）張元忭撰 明萬曆四十三年（1615）丁賓、張汝霖刻本 林勿村批點 謝未元批點、題記 十二冊

110000－0102－0005114 （丁）/12699 史部/政書類/詔令奏議/奏議

重錫文公先生奏議十五卷 （宋）朱熹撰 （明）朱吾弼編 明萬曆三十二年（1604）朱崇沐刻本 八冊

110000－0102－0005115 （丁）/12700 子部/雜家類/雜纂

自警編九卷 （宋）趙善璙撰 明嘉靖二十四年（1545）唐曜刻本（卷三第一葉,卷六第七十四葉,卷七第一至二葉,卷八第一至二葉、八十九至九十葉抄補） 六冊 存八卷（一至八）

110000－0102－0005116 （丁）/12701 集部/別集類/清

宛舫居文集 （清）林源撰 清灰格抄本 一冊

110000－0102－0005117 （丁）/12703 史部/史評類/詠史

南宋雜事詩七卷 （清）沈嘉轍等撰 清雍正武林芹香齋刻本 希聲批校、題識 佚名圈點、校 二冊

110000－0102－0005118 （丁）/12704 子部/藝術類/雜技

槐蔭堂鈔存圍棋譜二十四卷 （清）譚其文輯 清光緒七年（1881）抄本 二十四冊

110000－0102－0005119 （丁）/12705 子部/宗教類/道教

性命雙修萬神圭旨四卷 （明）尹真人撰 明萬曆四十三年（1615）吳之鶴刻本 佚名圈點 四冊

110000－0102－0005120 （丁）/12706 集部/別集類/清

退省菴閒草不分卷 （清）彭玉麟撰 清末藍綠欄抄本 楊享壽跋 一冊

110000－0102－0005121 （丁）/12707 子部/雜家類/學說

天祿閣外史八卷　題(漢)黃憲撰　(明)鍾惺評　明末刻秘書九種本　四冊

110000－0102－0005122　(丁)/12708　史部/雜史類

辛巳泣蘄錄　(宋)趙與褒撰　清抄本　二冊

110000－0102－0005123　(丁)/12709　子部/醫家類

祝由科諸符秘六卷　清中期抄本　二冊

110000－0102－0005124　(丁)/12710　叢部/彙編叢書

百川學海一百種　(宋)左圭輯　明弘治無錫華氏刊本　四冊　存四卷(劉攽貢父詩話一卷、後山居士詩話一卷、東萊呂紫微詩話一卷、六一居士詩話一卷)

110000－0102－0005125　(丁)/12711　史部/金石類/錢幣

泉寶所見錄十六卷　(清)沈巍皆撰　清咸豐元年(1851)抄本　四冊

110000－0102－0005126　(丁)/12712　集部/總集類/詩/通代

古今鴈字詩選五卷　(清)馮如京輯　雁字詩不分卷　(清)馮如京等撰　清順治十一年(1654)秋水閣刻本　一冊

110000－0102－0005127　(丁)/12713　子部/宗教類/釋教/贊

觀音玄義記二卷　(隋)釋智顗說　(宋)釋知禮述　明崇禎四年(1631)刻七年(1634)修版清順治四年(1647)印本　二冊

110000－0102－0005128　(丁)/12714　集部/別集類/遼金元

荻溪集二卷　(元)王偕撰　清末抄本　二冊

110000－0102－0005129　(丁)/12715　集部/別集類/宋

蒙隱集二卷　(宋)陳棣撰　清末抄本　二冊

110000－0102－0005130　(丁)/12716　集部/別集類/唐至五代

工部詩選不分卷唐詩約補錄不分卷　(唐)杜甫等撰　清嘉慶十六年(1811)鶴生烏絲欄抄本[清咸豐五年(1855)抄唐詩約補錄]　一冊

110000－0102－0005131　(丁)/12717　子部/藝術類/篆刻

鑑定印確一卷　(清)邵願雍選摹　清初鈐印本　一冊

110000－0102－0005132　(丁)/12718　集部/別集類/清

[胡天寵詩三種]　(清)胡天寵撰　清康熙刻本　三冊　存六卷(香眉目堂詩集四卷、旅草一卷、紀遊漫言三)

110000－0102－0005133　(丁)/12719　子部/雜家類/雜考

南江劄記四卷　(清)邵晉涵撰　清嘉慶八年(1803)刻本　佚名朱筆批點　一冊　卷端有缺

110000－0102－0005134　(丁)/12720　集部/總集類/文/雜錄/書牘表啟

蘭嵎朱宗伯彙選當代名公鴻筆百壽類函八卷　(明)朱之蕃輯　(明)徐榛　(明)吳明郊注釋　明萬曆四十四年(1616)王世茂、王鳳翔刻本　十四冊

110000－0102－0005135　(丁)/12721　子部/醫家類/諸專科方論

醫方考六卷脈語二卷　(明)吳崐撰　明萬曆刻清補刻本　佚名圈點　六冊

110000－0102－0005136　(丁)/12722　集部/別集類/清

簣齋詩抄　(清)張佩綸撰　清松華齋抄本一冊　存一卷(三)

110000－0102－0005137　(丁)/12723　集部/別集類/清

千疊波餘續編一卷補遺一卷　(清)趙起士撰　清康熙刻本　一冊

110000－0102－0005138　(丁)/12724　子部/雜家類/學說

長短經十卷　(唐)趙蕤撰　(清)李調元校清乾隆四十五年(1780)王初桐白阜山房藍格

抄本 佚名圈點 二冊 存九卷（一至九）

110000 - 0102 - 0005139 （丁）/12725 史
部/別史、雜史類

餘生錄一卷附塘報稿塘報再稿 （清）邊大綬
撰 清順治刻本 一冊

110000 - 0102 - 0005140 （丁）/12726 集
部/別集類/清

緯蕭草堂詩不分卷 （清）宋至撰 清康熙刻
本 一冊

110000 - 0102 - 0005141 （丁）/12727 子
部/宗教類/釋教/經

金剛般若波羅蜜經一卷 （後秦）釋鳩摩羅什
譯 清乾隆四十五年（1780）釋明中抄本 周
肇祥題記 一冊

110000 - 0102 - 0005142 （丁）/12728 集
部/別集類/明

金昌集四卷 （明）王穉登撰 明刻本 佚名
圈點、批校 一冊

110000 - 0102 - 0005143 （丁）/12729 集
部/集評類

堯山堂偶雋七卷 （明）蔣一葵編著 清傅硯
齋抄本 二冊

110000 - 0102 - 0005144 （丁）/12730 集
部/別集類/唐至五代

盧戶部詩集十卷 （唐）盧綸撰 清康熙刻本
四冊

110000 - 0102 - 0005145 （丁）/12731 集
部/小說類/筆記小說

翰苑先聲三種 （清）蔣超伯纂集 清道光二
十一年至二十三年（1841－1843）稿本 金泉
子跋 佚名圈點、批校 十冊

110000 - 0102 - 0005146 （丁）/12732 史
部/傳記類/家傳宗譜

清高宗十七房子輩後裔女譜 清末民初朱絲
欄抄本 二冊

110000 - 0102 - 0005147 （丁）/12733 子
部/宗教類/釋教/經

金光明最勝王經十卷 （唐）釋義淨譯 明初
刻本 周肇祥跋 一冊 存一卷（二）

110000 - 0102 - 0005148 （丁）/12734 子
部/宗教類/釋教

諸佛世尊如來菩薩尊者名稱歌曲不分卷
（明）成祖朱棣敕撰 明永樂十五年（1417）南
京內府刻本 一冊

110000 - 0102 - 0005149 （丁）/12735 子
部/宗教類/釋教/贊

諸佛世尊如來菩薩尊者神聖名經不分卷
（明）成祖朱棣敕撰 明永樂十五年（1417）南
京內府刻本 一冊

110000 - 0102 - 0005150 （丁）/12736 子
部/宗教類/釋教/贊

諸佛世尊如來菩薩尊者神僧名經不分卷
（明）成祖朱棣敕撰 明永樂十五年（1417）南
京內府刻本 一冊

110000 - 0102 - 0005151 （丁）/12738 子
部/宗教類/釋教

諸佛世尊如來菩薩尊者名稱歌曲不分卷
（明）成祖朱棣敕撰 明永樂十五年（1417）南
京內府刻本 一冊

110000 - 0102 - 0005152 （丁）/12739 子
部/宗教類/釋教

諸佛世尊如來菩薩尊者名稱歌曲不分卷
（明）成祖朱棣敕撰 明永樂十五年（1417）南
京內府刻本 一冊

110000 - 0102 - 0005153 （丁）/12740 經
部/禮類/禮記

禮記中說三十六卷 （明）馬時敏撰 明萬曆
十一年（1583）大梁侯于趙刻本 佚名圈點
十一冊 缺二卷（十七至十八）

110000 - 0102 - 0005154 （丁）/12741 子
部/藝術類

蘭華譜二卷 清刻本 三冊

110000 - 0102 - 0005155 （丁）/12742 集
部/別集類/宋

新刻臨川王介甫先生詩文集一百卷 （宋）王

安石撰　明萬曆四十年(1612)金陵王鳳翔光啟堂刻本　十六冊

110000－0102－0005156　（丁）/12743　史部/編年類/斷代

通紀彙編九卷　(清)楊本源纂輯　清初刻本　四冊

110000－0102－0005157　（丁）/12744　集部/別集類/宋

山谷內集詩注二十卷　(宋)黃庭堅撰　(宋)任淵注　山谷外集詩注十七卷　(宋)黃庭堅撰　(宋)史容注　山谷別集詩注二卷　(宋)黃庭堅撰　(宋)史季溫注　清乾隆四十七年(1782)武英殿木活字印武英殿聚珍版叢書本　佚名批、圈點　十六冊

110000－0102－0005158　（丁）/12745　經部/小學類/音韻

重訂直音篇七卷　(明)章黼編　(明)吳道長重訂　明萬曆三十四年(1606)練川明德書院刻本　佚名圈點　五冊　存五卷(一至五)

110000－0102－0005159　（丁）/12746　集部/別集類/宋

惜香樂府十卷　(宋)趙長卿撰　西樵語業一卷　(宋)楊炎正撰　明毛氏汲古閣刻宋名家詞本　二冊

110000－0102－0005160　（丁）/12748　集部/總集類/文/斷代/唐至五代

重校正唐文粹一百卷　(宋)姚鉉輯　明嘉靖三年(1524)蘇州徐焴刻本　十二冊

110000－0102－0005161　（丁）/12749　集部/別集類/宋

山谷外集詩注十七卷別集詩注二卷　(宋)黃庭堅撰　清乾隆武英殿活字本　六冊

110000－0102－0005162　（丁）/12750　子部/宗教類/釋教/贊

宗門拈古彙集四十五卷　(清)釋淨符編　清康熙刻本　二十冊

110000－0102－0005163　（丁）/12751　集部/總集類/詩

名人詩箋集錦　王思沂等輯　清稿本　一冊

110000－0102－0005164　（丁）/12752－1　集部/別集類/清

橫山初集十六卷胡二齋先生評選橫山初集不分卷　(清)裘璉撰　清康熙裘氏絳雲居刻本　佚名圈點、批校　三冊

110000－0102－0005165　（丁）/12752－2　集部/別集類/清

橫山文鈔不分卷　(清)裘璉撰　清康熙裘氏絳雲居刻本　佚名圈點、批校　一冊

110000－0102－0005166　（丁）/12753　史部/地理類/雜記

四明談助四十六卷　(清)徐北冔撰　清道光八年(1828)浣江敎學半齋活字本　二十冊

110000－0102－0005167　（丁）/12754　集部/別集類/遼金元

倪雲林先生詩集六卷附錄一卷　(元)倪瓚撰　(明)毛晉訂　明汲古閣刻本　二冊

110000－0102－0005168　（丁）/12755　子部/天文地理類/天文

天文星象攷　清抄本　二冊　存一卷(六)

110000－0102－0005169　（丁）/12756　子部/術數類

節錄廿時望五種秘竅　清抄本　二冊

110000－0102－0005170　（丁）/12757　集部/別集類/清

溉堂前集九卷後集六卷續集六卷　(清)孫枝蔚撰　清康熙刻本　六冊

110000－0102－0005171　（丁）/12758　子部/藝術類/書畫

鐵網珊瑚書品十卷畫品六卷　(明)朱存理集錄　清雍正六年(1728)年希堯澄鑒堂刻本　六冊

110000－0102－0005172　（丁）/12759　集部/別集類/明

中寰集十一卷　(明)何出光撰　清乾隆二十九年(1764)何氏刻本　佚名圈點、批校　十二冊

110000－0102－0005173　（丁）/12760　集部/總集類/文/通代

文選瀹注三十卷　（南朝梁）蕭統輯　（明）孫鑛評　（明）閔齊華注　明末烏程閔氏刻清康熙二十年(1681)柯維楨重修本　二十四冊

110000－0102－0005174　（丁）/12762　集部/總集類/文

傳記文鈔　清寫樣稿本　十四冊

110000－0102－0005175　（丁）/12763　集部/別集類/清

午亭文編五十卷　（清）陳廷敬撰　（清）林佶輯　清康熙四十七年(1708)刻乾隆四十三年(1778)印本　十六冊

110000－0102－0005176　（丁）/12764　集部/總集類/文/通代

新刻選注秦漢文六卷　（明）董旦輯　明萬曆元年(1573)前橋蔡氏刻本　十二冊

110000－0102－0005177　（丁）/12765　子部/宗教類/釋教/經

楞伽阿跋多羅寶經四卷　（南朝宋）釋求那跋陀羅譯　（明）如能注釋　明末刻本　六冊

110000－0102－0005178　（丁）/12766　史部/政書類/法令

太常寺則例一百二十九卷另輯六卷　清道光內府朱絲欄抄本　五十五冊　缺二十六卷（四十四至六十九）

110000－0102－0005179　（丁）/12767　集部/總集類

憑山閣留青廣集十二卷　（清）陳枚輯　（清）黃敏生　（清）張國泰參訂　清康熙十八年(1679)陳枚刻本　十二冊

110000－0102－0005180　（丁）/12839　集部/別集類/清

聰山集　（清）申涵光撰　清康熙刻本　六冊

110000－0102－0005181　（丁）/12846　集部/總集類/詩/雜錄/題詠

風木圖題詠　（清）汪雨蒼編　清乾隆刻本　一冊

110000－0102－0005182　（丁）/12847　集部/集評類/詩評

漁洋山人詩問二卷　（清）王士禎撰　清乾隆三十五年(1770)王祖肅刻本　一冊

110000－0102－0005183　（丁）/12872　集部/總集類/詩/地方

四明四友詩六卷　（清）鄭梁輯　清康熙四十八年(1709)刻本　二冊

110000－0102－0005184　（丁）/12874　集部/別集類/清

秋錦山房集二十二卷　（清）李良年撰　清康熙三十五年(1696)李潮偕增刻本　四冊　存十五卷(一至十五)

110000－0102－0005185　（丁）/12901　史部/傳記類/年譜

宋儒龜山楊先生年譜一卷　（清）毛念恃編　清乾隆十年(1745)瀅陽張坦刻本　佚名眉批　一冊

110000－0102－0005186　（丁）/12916　集部/戲曲類/昆曲類

折式昆曲劇本八十四折　清抄本　八十四折

110000－0102－0005187　（丁）/12933　集部/小說類/筆記小說

續齊諧記一卷　（南朝梁）吳均撰　（明）吳琯校　明萬曆刻古今逸史本　仲若題字　一冊

110000－0102－0005188　（丁）/12941　集部/別集類/清

培遠堂偶存稿手劄節要三卷　（清）陳弘謀撰　清乾隆培遠堂刻本　三冊

110000－0102－0005189　（丁）/12988　集部/別集類/明

婁子柔先生集三十五卷　（明）婁堅撰　（清）陸廷燦重校　清康熙三十三年(1694)刻本　十二冊

110000－0102－0005190　（丁）/12989　集部/別集類/明

仰節堂集十四卷　（明）曹於汴撰　明天啟四年(1624)劉在庭刻本　八冊

110000 - 0102 - 0005191　（丁）/12991　集部/曲類/曲別集/傳奇

西園記二卷　（明）吳炳撰　（明）西園公子評　明末兩衡堂刻粲花齋新樂府四種本　二冊

110000 - 0102 - 0005192　（丁）/12992　集部/曲類/曲別集/傳奇

念八翻傳奇二卷　（清）萬樹撰　（清）呂洪烈評　清康熙刻本　四冊

110000 - 0102 - 0005193　（丁）/12993　集部/俗文學類/雜曲

聊齋雜著十一種　（清）蒲松齡撰　清東生氏抄本　十八冊

110000 - 0102 - 0005194　（丁）/12994　史部/史抄類

山曉閣史記選八卷　（清）孫琮評選　清康熙刻本　張照圈點　六冊

110000 - 0102 - 0005195　（丁）/12995　子部/雜家類/學說

鶴林玉露十六卷補遺一卷　（宋）羅大經撰　明萬曆七年(1579)南京都察院刻三十六年(1608)補刻本　八冊

110000 - 0102 - 0005196　（丁）/12996　子部/宗教類/道教/經論著作

道書十一種　清抄本　八冊

110000 - 0102 - 0005197　（丁）/12997　集部/總集類/詩/雜錄/唱和

沽上題襟集一卷　（清）查為仁　（清）查學禮輯　清乾隆六年(1741)刻本　一冊

110000 - 0102 - 0005198　（丁）/12998　史部/別史、雜史類

子遺錄一卷　（清）戴名世撰　（清）王源（清）方正玉評　清康熙刻本　一冊

110000 - 0102 - 0005199　（丁）/12999　史部/雜史類

古燕史　（明）郭造卿撰　清末抄本　八冊　存十種

110000 - 0102 - 0005200　（丁）/13000　經

部/小學類/文字/說文

六書例解　（清）楊錫觀撰　清乾隆刻本　一冊

110000 - 0102 - 0005201　（丁）/13001　子部/雜家類/學說

祝子小言一卷　（明）祝世祿撰　明萬曆刻本　一冊

110000 - 0102 - 0005202　（丁）/13002　集部/總集類

鹿山檠棹集驪權彙萃　（清）陶尚說編釋　清抄本　十二冊　存十一卷(六至八、十至十七)

110000 - 0102 - 0005203　（丁）/13004　子部/術數類/相宅相墓

新刊真宗摘要正傳地理集說大全　明刻本　二冊　存三卷(一至二、卷首)

110000 - 0102 - 0005204　（丁）/13005　史部/傳記類/總傳/專錄/其它

表忠彙錄六卷　（明）張朝瑞撰　明刻本　一冊　存四卷(三至六)

110000 - 0102 - 0005205　（丁）/13006　史部/編年類/通代

通鑑韻書三十二卷附彈詞一卷　（清）沈尚仁編注　清康熙四十四年(1705)刻本　五冊

110000 - 0102 - 0005206　（丁）/13007　經部/小學類/音韻/字母拼音

詩韻歌訣初步五卷　（清）倪璐撰　清乾隆二十五年(1760)克復堂刻本　四冊

110000 - 0102 - 0005207　（丁）/13008　經部/經總義/傳說

湘蕱漫錄四卷　（清）查彬編　清抄本　十三冊　存三卷(五上之上、中之上下、下之上下，六下，八之一至三等)

110000 - 0102 - 0005208　（丁）/13009　子部/譜錄類/器物

端溪硯志三卷首一卷　（清）吳繩年編錄　清乾隆二十二年(1757)刻本　二冊

110000－0102－0005209　（丁）/13010　子部/藝術類/書畫/畫法、畫帖

聲畫集八卷　（宋）孫紹遠輯　清康熙四十五年(1706)揚州詩局刻本　四冊

110000－0102－0005210　（丁）/13011　集部/別集類/明

玉茗堂全集文集十六卷尺牘六卷賦六卷詩十八卷　（明）湯顯祖撰　清康熙三十三年(1694)阮峴、阮嵩竹林堂刻本　佚名圈點　九冊　存十八卷(詩十八卷)

110000－0102－0005211　（丁）/13012　集部/別集類/明

清江貝先生詩集十卷文集三十卷　（明）貝瓊撰　（清）金檀編　**巽隱程先生詩集二卷文集二卷**　（明）程本立撰　（清）金檀編　清康熙五十八年(1719)金檀燕翼堂刻本　佚名題識　二冊　缺六卷(清江貝先生詩集五至十)

110000－0102－0005212　（丁）/13013　子部/類書類

編珠四卷續二卷　（隋）杜公瞻撰　（清）高士奇校　清光緒十七年(1891)抄本　三冊

110000－0102－0005213　（丁）/13018　子部/醫家類/兒婦科方論

痘疹捷要彙編四卷　（清）王進之纂輯　清嘉慶十七年(1812)稿本　四冊

110000－0102－0005214　（丁）/13019　集部/總集類/詩/通代

古詩類苑一百三十卷　（明）張之象輯　（明）俞顯卿補訂　明萬曆三十年(1602)俞顯謨、王潁、陳甲刻本　佚名圈點　三十二冊

110000－0102－0005215　（丁）/13020　史部/目錄類/著錄/學科專目/文學

畿輔古今文匯擬目　（清）史夢蘭編　清稿本　一冊

110000－0102－0005216　（丁）/13029　子部/醫家類/雜病方論

資生堂誠修諸門應症丸散　清抄本　二冊

110000－0102－0005217　（丁）/13030　子部/類書類

三才考略十三卷　（明）莊元臣輯　清乾隆五十四年(1789)倪珊抄本　二冊

110000－0102－0005218　（丁）/13031　子部/雜家類/學說

千古功名鏡十三卷　（宋）吳大有編　清寶芸齋抄本　二冊

110000－0102－0005219　（丁）/13032　子部/雜家類/雜纂

墨林快事六卷　（明）安世鳳撰　清抄本　六冊

110000－0102－0005220　（丁）/13033　集部/別集類/明

陽明先生文錄五卷外集九卷別錄十卷　（明）王守仁撰　明嘉靖十四年(1535)姑蘇聞人詮刻本　二十冊

110000－0102－0005221　（丁）/13053　集部/總集類/詩/斷代/唐至五代

唐詩體經六卷目錄四卷　（清）吳廷偉選訂　清康熙四十二年(1703)刻本　二冊　存四卷(一至四)

110000－0102－0005222　（丁）/13057　叢部/彙編叢書

說郛一百二十卷　（明）陶宗儀編　清順治四年(1647)宛委山堂刻本　五冊　存十種十卷(螢雪叢說一卷、樂郊私語一卷、晁氏客語一卷、深雪偶談一卷、劉賓客嘉話錄一卷、鄰幾雜誌一卷、避暑漫抄一卷、道山清話一卷、楚史檮杌一卷、衍極一卷)

110000－0102－0005223　（丁）/13060　集部/別集類/唐至五代

李長吉歌詩四卷外集一卷首一卷　（唐）李賀撰　（清）王琦彙解　清乾隆王氏寶笏樓刻本　二冊

110000－0102－0005224　（丁）/13095　集部/曲類/曲別集/傳奇

漁邨記一卷　（清）韓錫胙撰並評點　**南山法曲**(清)韓錫胙填詞　清乾隆妙有山房刻本　二冊

110000 - 0102 - 0005225　（丁）/13096　集部/曲類/曲譜

吟香堂曲譜四卷　（清）馮起鳳撰　清乾隆馮懋才刻本　四冊

110000 - 0102 - 0005226　（丁）/13101　集部/別集類/清

清皇八子永璇詩稿　（清）永璇撰　清乾隆二十七年(1762)稿本　一冊

110000 - 0102 - 0005227　（丁）/13105　集部/小說類/筆記小說

唐人百家小說一百〇四卷　（明）□□編　明末刻本　佚名圈點　十冊　缺一卷(章臺柳傳)

110000 - 0102 - 0005228　（丁）/13160　集部/曲類/曲別集/傳奇

譜定紅香傳傳奇　（清）雲臥山人撰　清末抄本　二冊

110000 - 0102 - 0005229　（丁）/13196　集部/曲類/曲別集/傳奇

[傳奇三種]六卷　（清）范希哲撰　清初刻本　四冊　存四卷(雙錘記上、萬全記上、十醋記二卷)

110000 - 0102 - 0005230　（丁）/13227　史部/傳記類/家傳、宗譜

濟美錄四卷　（明）鄭燭撰　明嘉靖十四年(1535)鄭燭刻清遞修本　一冊

110000 - 0102 - 0005231　（丁）/13244　史部/地理類/方志/地方志

[雍正]廬江縣志十二卷首一卷　（清）陳慶門等纂修　清雍正十年(1732)刻本　六冊

110000 - 0102 - 0005232　（丁）/13260　史部/地理類/方志/地方志

[乾隆]洵陽縣誌十四卷　（清）鄧夢琴纂修　清乾隆四十八年(1783)刻本　四冊

110000 - 0102 - 0005233　（丁）/13266　集部/別集類/清

傳經堂詩鈔十二卷　（清）韋謙恆撰　清乾隆刻本　四冊

110000 - 0102 - 0005234　（丁）/13274　集部/詞類/詞選/通代

尊前集二卷　（明）顧梧芳輯　明末琴川毛氏汲古閣刻詞苑英華本　二冊

110000 - 0102 - 0005235　（丁）/13336　集部/別集類/漢至隋

邢特進集　（北齊）邢邵撰　（明）張溥閱　明末婁東張氏刻漢魏六朝百三名家集本　一冊

110000 - 0102 - 0005236　（丁）/13363　集部/別集類/清

春酒堂存稿　（清）周容撰　清抄本　三冊

110000 - 0102 - 0005237　（丁）/13374　集部/別集類/清

籜石齋詩抄四卷　（清）錢載撰　（清）翁方綱輯　清乾隆四十二年(1777)孔繼涵抄本　二冊

110000 - 0102 - 0005238　（丁）/13375　集部/總集類/詩/斷代/唐至五代

唐人選唐詩八種二十三卷　（明）毛晉輯　清康熙三十二年(1693)黃虞學稼草堂刻本　十六冊

110000 - 0102 - 0005239　（丁）/13376　史部/地理類/方志/地方志

[乾隆]廣靈縣志十卷首一卷末一卷　（清）郭磊纂修　清乾隆十九年(1754)刻本　四冊

110000 - 0102 - 0005240　（丁）/13396　集部/總集類/文/通代

四賦體裁箋註十二卷　（清）盧文弨重輯　清乾隆刻本　六冊

110000 - 0102 - 0005241　（丁）/13401　子部/藝術類/書畫/書法、碑帖

宋章仔鈞及練夫人行述　（清）章藻功書草　清康熙寫本　一冊

110000 - 0102 - 0005242　（丁）/13408　集部/總集類/文/雜錄/課藝

皇明制科詩經文準定本三卷　（明）李長華選輯　明末刻本　六冊

110000－0102－0005243 （丁）/13413 集部/別集類/清

在璞堂續稿不分卷 （清）方芳佩撰 清乾隆刻本 二冊

110000－0102－0005244 （丁）/13429 集部/別集類/明

燕泉何先生遺稿十卷 （明）何孟春撰 （清）何仲方輯 清乾隆二十四年(1759)世讀軒刻本 四冊

110000－0102－0005245 （丁）/13446 集部/別集類/清

增訂今雨堂詩墨注四卷 （清）金甡撰 （清）洪鍾注 清乾隆三十四年(1769)今雨堂刻本 四冊

110000－0102－0005246 （丁）/13463－1 集部/別集類/清

嶢山集不分卷 （清）田從典撰 清康熙六十一年(1722)賜書堂刻本 二冊

110000－0102－0005247 （丁）/13463－2 集部/別集類/清

賜書樓嶢山集四卷補刻一卷詩集一卷 （清）田從典撰 清雍正九年(1731)賜書堂刻本 三冊

110000－0102－0005248 （丁）/13468 集部/別集類/唐至五代

豐溪存稿一卷 （唐）呂從慶撰 清乾隆元年(1736)刻本 一冊

110000－0102－0005249 （丁）/13480 集部/別集類/清

夢喜堂詩六卷 （清）夢麟撰 清乾隆刻本 一冊 缺一卷(六)

110000－0102－0005250 （丁）/13530 集部/別集類/清

澄江集一卷 （清）陸次雲撰 清康熙刻本 一冊

110000－0102－0005251 （丁）/13550 史部/史評類/詠史

南宋雜事詩七卷 （清）沈嘉轍等撰 清雍正

武林芹香齋刻本 佚名圈點 二冊

110000－0102－0005252 （丁）/13591 史部/地理類/方志/地方志

[康熙]顏神鎮志五卷 （清）葉先登修 （清）馮文顯撰 清康熙九年(1670)刻本 二冊

110000－0102－0005253 （丁）/13595 史部/地理類/方志/地方志

[乾隆]寧河縣志十六卷 （清）關廷牧 （清）徐以觀纂修 清乾隆四十四年(1779)刻本 六冊

110000－0102－0005254 （丁）/13598 子部/兵家類

倭情考略 （明）郭光復撰 清抄本 一冊

110000－0102－0005255 （丁）/13601 集部/別集類/清

南州草堂集三十卷續集四卷 （清）徐釚撰 **菊莊詞二卷** （清）徐釚輯 清康熙刻本 六冊

110000－0102－0005256 （丁）/13604 集部/別集類/清

墨麟詩卷十二卷 （清）馬維翰撰 清乾隆刻本 二冊 存七卷(一至七)

110000－0102－0005257 （丁）/13629 史部/地理類/方志/地方志

[康熙]路南州志四卷 （清）金廷獻修 （清）李汝相纂 清康熙五十一年(1712)刻本 二冊

110000－0102－0005258 （丁）/13651 子部/藝術類/雜技

坐隱先生訂譜 （明）汪廷訥編 明汪氏環翠堂刻本 一冊

110000－0102－0005259 （丁）/13672 集部/小說類/筆記小說

小窗四紀 （明）吳從先撰 明萬曆刻本 二十冊

110000－0102－0005260 （丁）/13682 集

部/別集類/清

花間堂詩鈔一卷 （清）允禧撰　清乾隆刻本
　一冊

110000－0102－0005261　（丁）/13683　集
部/曲類/曲譜、曲韻

太古傳宗琵琶調西廂記曲譜二卷太古傳宗琵
琶調宮詞曲譜二卷太古傳宗琵琶調關文一卷
絃索調時劇新譜二卷　（清）湯斯質輯　（清）
朱廷鏐等重訂　清乾隆十四年(1749)莊親王
允祿刻本　八冊　缺一卷(西廂記曲譜下)

110000－0102－0005262　（丁）/13688　集
部/總集類/詩/地方

毘陵六逸詩鈔二十三卷　（清）孫讜輯　**六逸**
詩話一卷　（清）莊杜芬等輯　清康熙五十六
年(1717)刻本　十冊

110000－0102－0005263　（丁）/13701　集
部/小說類/話本

繡像今古奇觀四十卷　（明）抱甕老人輯
（明）笑花主人閱　清初刻本　十六冊

110000－0102－0005264　（丁）/13710　集
部/別集類/清

燕堂詩鈔八卷燕堂賦稿二卷兗東集二卷小紅
詞集一卷　（清）朱經撰　清康熙刻本　四冊

110000－0102－0005265　（丁）/13711　集
部/別集類/清

匠門書屋文集三十卷　（清）張大受撰　清雍
正七年(1729)顧詔祿刻本　佚名朱筆圈點
二冊

110000－0102－0005266　（丁）/13712　史
部/地理類/方志/地方志

[乾隆]解州平陸縣志十六卷首一卷圖一卷
（清）言如泗修　（清）韓鑠典等纂　清乾隆二
十九年(1764)刻本　六冊

110000－0102－0005267　（丁）/13714　集
部/別集類/明

王文肅公文草十四卷奏草二十三卷牘草十八
卷　（明）王錫爵撰　明萬曆四十三年(1615)
王時敏刻本　三十冊

110000－0102－0005268　（丁）/13720　集
部/小說類/短篇小說

新鐫繡像小說貪欣悞六回　（清）羅浮散客撰
　清初刻本　三冊　存三回(四至六)

110000－0102－0005269　（丁）/13721　集
部/曲類/曲別集/傳奇

十醋記(滿床笏)二卷　（清）范希哲撰　清初
刻本　四冊

110000－0102－0005270　（丁）/13722　集
部/曲類/曲別集/傳奇

黃鶴樓填詞二卷二十六出　（清）周皜撰　清
乾隆六十年(1795)蔭槐堂刻本　二冊

110000－0102－0005271　（丁）/13723　集
部/曲類/曲別集/傳奇

墨憨齋詳定酒家傭傳奇二卷三十七折　（明）
陸弼　（明）欽虹江撰　明末刻墨憨齋定本十
種傳奇本　二冊

110000－0102－0005272　（丁）/13724　集
部/曲類/曲別集/傳奇

牡丹亭還魂記二卷　（明）湯顯祖撰　（明）朱
元鎮校　明末玉海堂朱氏刻本　四冊

110000－0102－0005273　（丁）/13725　子
部/藝術類/音樂舞蹈

黃門鼓吹不分卷　清抄本　四冊

110000－0102－0005274　（丁）/13726　集
部/曲類/曲別集/傳奇

玉燕堂四種曲八卷　（清）張堅撰　清乾隆刻
本　十六冊

110000－0102－0005275　（丁）/13727　集
部/曲類/曲別集/傳奇

擁雙豔三種六卷　（清）萬樹撰　清康熙二十
五年(1686)萬氏粲花別墅刻本　十二冊

110000－0102－0005276　（丁）/13728　集
部/曲類/曲選

新刻出像點板時尚昆腔雜曲醉怡情不分卷
（清）清溪菰蘆釣叟點次　清初刻本　八冊

110000－0102－0005277　（丁）/13729　集

部/曲類/曲別集/傳奇

載花舲傳奇二卷　（清）徐士俊撰　清康熙刻本　二冊

110000－0102－0005278　（丁）/13730　集部/曲類/曲別集/傳奇

吳梅村劇作三種　（清）吳偉業作　清初刻本　三冊

110000－0102－0005279　（丁）/13731　集部/曲類/曲別集/傳奇

望湖亭記二卷　（明）沈自晉撰　清初刻本　一冊

110000－0102－0005280　（丁）/13732　集部/曲類/曲別集/傳奇

魚水緣傳奇二卷三十二出　（清）周書填詞（清）李淳淩評點　清乾隆二十六年(1761)博文堂刻本　佚名朱筆圈點、批校　六冊

110000－0102－0005281　（丁）/13733　集部/曲類/曲別集/雜劇

坦庵買花錢雜劇一卷　（明）徐石麒撰　清初南湖享書堂刻坦庵詞曲六種本　一冊

110000－0102－0005282　（丁）/13734　集部/曲類/曲別集/散曲

朝野新聲太平樂府九卷　（元）楊朝英輯　明刻本　八冊

110000－0102－0005283　（丁）/13735　經部/小學類/音韻/韻典

經史正音切韻指南一卷　（元）劉鑒撰　直指玉鑰匙門法一卷　（明）釋真空輯　明刻本　一冊

110000－0102－0005284　（丁）/13736　集部/曲類/曲別集/傳奇

雙仙記傳奇二卷三十六出　（清）崔應階撰（清）吳來旬分填　清乾隆香雪山房刻本　四冊

110000－0102－0005285　（丁）/13737　集部/曲類/曲別集/傳奇

德政芳十六卷　（清）□□撰　清後期昇平署抄本　十六冊

110000－0102－0005286　（丁）/13738　集部/小說類/章回

新刻逸田叟女仙外史大奇書一百回　（清）呂熊撰　清康熙刻本　十六冊

110000－0102－0005287　（丁）/13739　集部/曲類/曲別集/傳奇

容居堂三種曲六卷　（清）周稚廉撰　清初書帶草堂刻本　十冊

110000－0102－0005288　（丁）/13740　集部/曲類/曲別集/雜劇

四聲猿四卷　（明）徐渭撰　（明）澂道人評　明刻本　二冊

110000－0102－0005289　（丁）/13741　集部/曲類/曲別集/雜劇

吟風閣四卷　（清）楊潮觀撰　清乾隆三十九年(1774)恰好處刻本　六冊

110000－0102－0005290　（丁）/13742　集部/曲類/曲別集/雜劇

新鐫古今名劇酹江集三十種　（明）孟稱舜編　明崇禎刻本　二冊

110000－0102－0005291　（丁）/13743　集部/曲類/曲別集/傳奇

天香慶節二卷　（清）□□撰　清末昇平署抄本　四冊

110000－0102－0005292　（丁）/13744　子部/雜家類/雜述

穀山筆麈十八卷　（明）于慎行撰　明萬曆四十一年(1613)刻清康熙十六年(1677)補刻本　六冊

110000－0102－0005293　（丁）/13745　集部/小說類/筆記小說

獪園十六卷　（明）錢希言撰　明萬曆四十二年(1614)海虞錢氏翠蟶草堂刻本(卷三至四、十三至十六係抄配)　十六冊

110000－0102－0005294　（丁）/13746　子部/譜錄類/食譜

酒史二卷　（明）馮時化撰　附錄一卷　題（明）燕山居士識　明隆慶四年(1570)獨醒居

士刻本(序言第一葉為抄配)　二冊

110000－0102－0005295　（丁）/13749　集部/小說類/章回

屬樓志二十四回　(清)庚嶺勞人說　(清)禹山老子編　清刻本　十二冊

110000－0102－0005296　（丁）/13750　集部/小說類/長篇小說

新鐫批評繡像列女演義六卷　(明)馮夢龍撰　(明)鬚眉客評閱　清初長春閣刻本　佚名批點　六冊

110000－0102－0005297　（丁）/13751　集部/曲類/曲別集/傳奇

空谷香三十出　(清)蔣士銓撰　清末昇平署抄本　四冊

110000－0102－0005298　（丁）/13752　集部/曲類/曲別集/傳奇

[味塵軒曲]四種八卷　(清)李文瀚撰　清道光刻本　八冊

110000－0102－0005299　（丁）/13753　集部/曲類/曲別集/傳奇

風流配傳奇二卷　清末民國古吳蓮勺廬抄本　一冊

110000－0102－0005300　（丁）/13754　集部/曲類/曲別集/傳奇

綠牡丹傳奇二卷　(明)吳炳撰　清初粲花齋刻粲花齋新樂府四種本　四冊

110000－0102－0005301　（丁）/13755　集部/小說類/章回

新說西遊記一百回　(清)張書紳批註　清乾隆刻本　二十四冊

110000－0102－0005302　（丁）/13756　集部/曲類/曲別集/傳奇

玉茗堂批評紅梅記二卷三十四齣　(明)周朝俊撰　清乾隆四十六年(1781)益善堂刻本　二冊

110000－0102－0005303　（丁）/13757　集部/別集類/清

看山閣集南曲四卷　(清)黃圖珌撰　清乾隆刻本　二冊

110000－0102－0005304　（丁）/13758　集部/小說類/長篇小說

刻全像五顯靈官大帝華光天王傳四卷　(明)余象斗撰　明末聚文堂刻本　佚名題跋　四冊

110000－0102－0005305　（丁）/13759　集部/小說類/章回

新刻全像三寶太監西洋記通俗演義二十卷一百回　(明)羅懋登撰　明末三山道人刻本　二十冊

110000－0102－0005306　（丁）/13760　集部/戲曲類

得意緣不分卷　(清)□□撰　清後期昇平署抄本　四冊

110000－0102－0005307　（丁）/13761　集部/曲類/曲別集/傳奇

昭代簫韶□□齣　(清)王廷章等撰　清後期昇平署抄本　一冊　存四齣(頭本一至四)

110000－0102－0005308　（丁）/13762　集部/戲曲類

雁門關　(清)□□撰　清後期昇平署抄本　三冊　存四本(七至十本)

110000－0102－0005309　（丁）/13763　集部/戲曲類

頂磚　(清)□□撰　清後期昇平署抄本　一冊

110000－0102－0005310　（丁）/13764　集部/戲曲類

日月圖　(清)□□撰　清後期昇平署抄本　一冊

110000－0102－0005311　（丁）/13765　集部/戲曲類

胭脂虎　(清)□□撰　清後期昇平署抄本　一冊

110000－0102－0005312 （丁）/13766　集部/戲曲類

合歡圖 （清）□□撰　清後期昇平署抄本
三冊

110000－0102－0005313 （丁）/13767　集部/戲曲類

打龍袍 （清）□□撰　清後期昇平署抄本
一冊

110000－0102－0005314 （丁）/13768　集部/戲曲類

雙鎖山 （清）□□撰　清後期昇平署抄本
一冊

110000－0102－0005315 （丁）/13769　集部/戲曲類

冀州城 （清）□□撰　清後期昇平署抄本
一冊

110000－0102－0005316 （丁）/13770　集部/戲曲類

醉寫 （清）□□撰　清後期昇平署抄本
一冊

110000－0102－0005317 （丁）/13771　集部/戲曲類

洛陽橋 （清）□□撰　清後期昇平署抄本
一冊

110000－0102－0005318 （丁）/13772　集部/戲曲類

魚籃記 （清）□□撰　清後期昇平署抄本
一冊

110000－0102－0005319 （丁）/13773　集部/曲類

禪仙逸史二十出 （清）□□撰　清後期昇平署抄本　一冊

110000－0102－0005320 （丁）/13774　集部/戲曲類

斗牛宮 （清）□□撰　清後期昇平署抄本
一冊

110000－0102－0005321 （丁）/13775　集部/戲曲類

賣馬 （清）□□撰　清後期昇平署抄本
一冊

110000－0102－0005322 （丁）/13776　集部/曲類/曲別集/傳奇

慶安瀾總曲譜 清抄本　一冊

110000－0102－0005323 （丁）/13777　集部/曲類/曲別集/傳奇

斷橋 （清）□□撰　清抄本　一冊

110000－0102－0005324 （丁）/13778　集部/曲類/曲別集/傳奇

小逼 清抄本　一冊

110000－0102－0005325 （丁）/13779　集部/曲類/曲別集/散曲

天香慶節總本 （清）□□撰　清抄本　一冊

110000－0102－0005326 （丁）/13780　集部/曲類/曲別集/傳奇

雷峰塔六出 （清）□□撰　清中期南府抄本　一冊　存三出(一至三)

110000－0102－0005327 （丁）/13780－1　集部/曲類/曲別集/傳奇

雷峰塔四出 （清）□□撰　清中期南府抄本　一冊

110000－0102－0005328 （丁）/13781　集部/曲類/曲別集/傳奇

十快園八出 （清）□□撰　清中期南府抄本　一冊

110000－0102－0005329 （丁）/13782　集部/曲類/曲別集/傳奇

東漢八出 （清）□□撰　清後期昇平署抄本　一冊

110000－0102－0005330 （丁）/13783　集部/曲類/曲別集/傳奇

東周列國傳奇 （清）□□撰　清昇平署抄本　四冊　殘存四種

110000－0102－0005331 （丁）/13784　集部/曲類/曲別集/傳奇

319

七國傳三種 （清）□□撰 清中期南府抄本
三冊

110000－0102－0005332 （丁）/13785 集
部/曲類/曲別集/傳奇

唐羅越公八齣 （清）□□撰 清抄本 一冊

110000－0102－0005333 （丁）/13785 集
部/曲類/曲別集/傳奇

桃花嶺四出 （清）□□撰 清中期南府抄本
一冊

110000－0102－0005334 （丁）/13785 集
部/曲類/曲別集/傳奇

末段香蓮帕十出 （清）□□撰 清抄本 一
冊 存一出（一）

110000－0102－0005335 （丁）/13785 集
部/曲類/曲別集/傳奇

宋金傳十出 （清）□□撰 清中期南府抄本
一冊

110000－0102－0005336 （丁）/13785 集
部/曲類

[元女遣仙]十出 （清）□□撰 清中期南府
抄本 一冊

110000－0102－0005337 （丁）/13816 集
部/曲類/曲別集/傳奇

乞食圖（後崔張）二卷 （清）錢維喬撰 清乾
隆刻本 二冊

110000－0102－0005338 （丁）/13840 集
部/曲類/曲別集/雜劇

小忽雷不分卷 （清）顧彩 （清）孔尚任撰
清抄本 一冊

110000－0102－0005339 （丁）/13842 集
部/曲類/曲譜

長生殿曲譜二卷 （清）馮起鳳撰 清乾隆馮
懋才刻吟香堂曲譜本 二冊

110000－0102－0005340 （丁）/13844 子
部/雜家類/雜纂

閒情偶寄十六卷 （清）李漁著 清康熙翼聖
堂刻笠翁秘書本 八冊

110000－0102－0005341 （丁）/13874 史
部/地理類/地方志/新疆

莎車府志不分卷 （清）□□纂修 清宣統元
年（1909）抄本 一冊

110000－0102－0005342 （丁）/13891 集
部/別集類/明

青邱高季迪先生詩集十八卷首一卷遺詩一卷
扣舷集一卷附錄一卷鳧藻集五卷 （明）高啟
撰 （清）金檀輯注 清雍正六年（1728）桐鄉
金氏文瑞樓刻乾隆印本 十六冊

110000－0102－0005343 （丁）/13892 集
部/別集類/清

御製三十二體盛京賦 （清）高宗弘曆撰
（清）傅恆等繕寫編校 清乾隆十三年（1748）
武英殿刻本 十六冊

110000－0102－0005344 （丁）/13893 集
部/總集類/文/斷代/上古至隋

西漢文鑑二十一卷東漢文鑑二十卷 （宋）陳
鑑輯 明刻本 四冊 存二十卷（西漢文鑑
一至十一；東漢文鑑十至十四、十七至二十，
十一第七葉缺後半葉）

110000－0102－0005345 （丁）/13894 史
部/政書類/儀制

西巡盛典二十四卷首一卷 （清）董誥撰 清
嘉慶十七年（1812）武英殿木活字印本及刻本
十二冊

110000－0102－0005346 （丁）/13895 史
部/雜史類

致身錄一卷附編二卷 （明）史仲彬撰 明崇
禎二年（1629）史兆麟刻本 一冊

110000－0102－0005347 （丁）/13896 集
部/別集類/明

杭雙溪先生詩集八卷 （明）杭淮撰 明嘉靖
杭洵刻本 四冊

110000－0102－0005348 （丁）/13897 子
部/宗教類/道教

金丹正理大全悟真篇註疏三卷 （宋）陳達靈
撰 （宋）翁葆光註 （元）戴起宗疏 悟真註

疏直指詳說三乘祕要一卷　（宋）翁葆光撰　明嘉靖十七年(1538)周藩刻金丹正理大全本　四冊

110000－0102－0005349　（丁）/13898　集部/總集類/詩/通代

選詩補注八卷　（元）劉履補註　明刻本　六冊　存三卷(三至五)

110000－0102－0005350　（丁）/13899　集部/總集類/通代

六家文選六十卷　（南朝梁）蕭統輯　（唐）李善等注　明嘉靖二十八年(1549)吳郡袁褧嘉趣堂刻本　六十冊

110000－0102－0005351　（丁）/13900　子部/宗教類/道教

金丹正理大全群仙珠玉集成四卷　明嘉靖十七年(1538)周藩刻金丹正理大全本　二冊　存二卷(三至四)

110000－0102－0005352　（丁）/13901　子部/類書類

聲律發蒙二卷　（元）祝明撰　清刻本　周肇祥題記　佚名圈點　一冊

110000－0102－0005353　（丁）/13902　子部/藝術類/書畫

大觀錄二十卷　（清）吳升輯　清同治九年(1870)抄本　二十冊

110000－0102－0005354　（丁）/13903　集部/總集類/通代

西山先生真文忠公文章正宗二十四卷續二十卷　（宋）真德秀輯　明嘉靖四十三年(1564)杜陵蔣氏家塾刻本　三十八冊

110000－0102－0005355　（丁）/13904　集部/別集類/明

弇州山人續稿選三十八卷　（明）王世貞撰　（明）顧起元選　（明）孫震卿校　明萬曆刻本　二十冊

110000－0102－0005356　（丁）/13905　子部/類書類

五車韻瑞一百六十卷　（明）淩稚隆編輯　明

金閶葉瑤池刻本　二十冊

110000－0102－0005357　（丁）/13907　史部/金石類/金/圖像

亦政堂重修宣和博古圖錄三十卷　（宋）王黼等撰　亦政堂重修考古圖十卷　（宋）呂大臨撰　亦政堂重考古玉圖二卷　（元）朱德潤撰　明萬曆三十一年(1603)寶古堂刻清乾隆十七年(1752)亦政堂得版改刻本　二十四冊

110000－0102－0005358　（丁）/13908　集部/別集類/唐至五代

唐陸宣公翰苑集二十四卷奏議七卷奏草七卷制誥十卷　（唐）陸贄撰　明萬曆三十五年(1607)刻本　佚名圈點　十冊

110000－0102－0005359　（丁）/13909　子部/宗教類/道教

[道書五種]　（清）□□編　清抄本　一冊

110000－0102－0005360　（丁）/13910　集部/別集類/宋

蘇長公小品二卷　（宋）蘇軾撰　（明）王納諫評選　明萬曆三十九年(1611)章萬椿心遠軒刻本　四冊

110000－0102－0005361　（丁）/13911　子部/道教類

老子道德經　（春秋）李耳撰　清抄本　孟芳朱筆圈點、批校　一冊

110000－0102－0005362　（丁）/13914　子部/醫家類/諸專科方論/其它

秘傳痘疹奇方活套五卷　（明）洞雲翼子撰　明詹琥刻本　一冊　存四卷(一至四)

110000－0102－0005363　（丁）/13915　集部/別集類/唐至五代

孟東野詩集十卷　（唐）孟郊撰　（宋）國材（宋）劉辰翁評　明淩濛初刻朱墨套印本　四冊

110000－0102－0005364　（丁）/13919　子部/宗教類/釋教/經

篆書金剛般若波羅蜜經一卷　（後秦）釋鳩摩羅什譯　（宋）釋莫菴集篆　明正統二年

（1437）李福善刻本　一冊

110000－0102－0005365　（丁）/13920　集部/別集類/宋

陸放翁全集六種　（宋）陸游撰　明末虞山毛晉汲古閣刻清初毛扆補刻本　四十八冊

110000－0102－0005366　（丁）/13921　集部/別集類/清

御製全韻詩不分卷　（清）高宗弘曆撰　清乾隆于敏中刻進呈本　二冊

110000－0102－0005367　（丁）/13922　集部/別集類/明

松圓浪淘集十八卷目錄二卷　（明）程嘉燧撰　明崇禎刻嘉定四先生集本　四冊

110000－0102－0005368　（丁）/13923　集部/別集類/明

松圓偈庵集二卷　（明）程嘉燧撰　明崇禎刻嘉定四先生集本　二冊

110000－0102－0005369　（丁）/13924　集部/別集類/明

擬古樂府二卷　（明）李東陽撰　（明）何孟春解　（明）謝鐸　（明）潘辰評　明末魏椿刻本　四冊

110000－0102－0005370　（丁）/13925　子部/藝術類/音樂舞蹈

重修正文對音捷要真傳琴譜大全十卷　（明）楊表正撰　明萬曆十三年（1585）金陵富春堂刻本　十冊

110000－0102－0005371　（丁）/13926　子部/藝術類/書畫/書法、碑帖

淳化秘閣法帖考正十二卷　（清）王澍撰（清）汪玉球參正　清雍正詩鼎齋刻本　四冊

110000－0102－0005372　（丁）/13927　子部/類書類/類編/通錄

精選故事黃眉十卷　（明）鄧志謨輯　明萬曆四十四年（1616）書林李少泉刻本　六冊

110000－0102－0005373　（丁）/13928　子部/類書類/類編/通錄

事物紀原集類十卷　（宋）高承撰　明正統十二年（1447）閻敬刻本　十冊

110000－0102－0005374　（丁）/13930　子部/類書類

山堂肆考二百二十八卷補遺十二卷　（明）彭大翼輯　明萬曆二十三年（1595）金陵書林周顯刻四十七年（1619）重修本　佚名朱筆圈點　四十冊

110000－0102－0005375　（丁）/13931　子部/藝術類/篆刻

集古印譜六卷　（明）王常編　明萬曆三年（1575）武陵顧從德芸閣刻朱印本　六冊

110000－0102－0005376　（丁）/13932　子部/雜家類/雜述

宋周公謹雲煙過眼錄四卷　（宋）周密撰（明）陳繼儒訂　明萬曆寶顏堂刻寶顏堂秘笈叢書本　二冊

110000－0102－0005377　（丁）/13934　史部/地理類/雜記

帝京景物略二卷　（明）劉侗　（明）于奕正撰　明崇禎刻本　六冊

110000－0102－0005378　（丁）/13935　子部/類書類

麗句集六卷　（明）許之吉選輯　明天啟刻本　六冊

110000－0102－0005379　（丁）/13936　史部/史抄類

四史鴻裁四十卷　（明）穆文熙輯　明萬曆十八年（1590）朱朝聘刻本　二十冊

110000－0102－0005380　（丁）/13937　集部/總集類/詩/通代

藝林粹言四十一卷　（明）陳繼儒輯　明刻本　十六冊

110000－0102－0005381　（丁）/13938　子部/宗教類/釋教/經

藥師琉璃光王七佛本願功德經念誦儀軌二卷　（元）釋沙囉巴譯　元至大四年（1311）刻本　一冊　存一卷（下）

110000－0102－0005382　（丁）/13939　子部/宗教類/釋教/經

藥師琉璃光如來本願功德經一卷　（唐）釋玄奘譯　明初杭州大街眾安橋北沈七郎經鋪刻明印本(第十願有抄配)　一冊

110000－0102－0005383　（丁）/13940　子部/宗教類/釋教/總錄

大周刊定眾經目錄十五卷　（唐）釋明佺等撰　元杭州路餘杭縣南山大普寧寺普寧藏刻本　一冊　存一卷(一)

110000－0102－0005384　（丁）/13941　子部/宗教類/釋教/論

攝大乘論三卷　（印度）無著菩薩撰　（北魏）釋佛陀扇多譯　元杭州路餘杭縣南山大普寧寺普寧藏刻本　一冊　存一卷(下)

110000－0102－0005385　（丁）/13942　子部/宗教類/釋教/大藏

廣弘明集三十卷　（唐）釋道宣撰　元杭州路餘杭縣南山大普寧寺刻普寧藏本　周肇祥題記　一冊　存一卷(二十六)

110000－0102－0005386　（丁）/13943　子部/宗教類/釋教/律

四分律藏六十卷　（罽賓）佛陀耶舍譯　（後秦）釋竺佛念譯　元杭州路餘杭縣南山大普寧寺刻普寧藏本　三冊　存三卷(五、十七、四十九)

110000－0102－0005387　（丁）/13944　子部/宗教類/釋教/經

根本說一切有部苾芻尼毗奈耶二十卷　（唐）釋義淨譯　元杭州路餘杭縣南山大普寧寺刻普寧藏本　一冊　存一卷(二)

110000－0102－0005388　（丁）/13945　子部/宗教類/釋教/經

根本說一切有部毗奈耶五十卷　（唐）釋義淨譯　元杭州路餘杭縣南山大普寧寺刻普寧藏本　二冊　存二卷(五、四十二)

110000－0102－0005389　（丁）/13946　子部/宗教類/釋教/經

大般若波羅蜜多經六百卷　（唐）釋玄奘譯　元杭州路餘杭縣南山大普寧寺刻普寧藏本　六冊　存六卷(一百五十七、二百二十三、二百六十三、二百九十七、三百三十四、四百八十五)

110000－0102－0005390　（丁）/13947　子部/類書類/類編/通錄

新編事文類聚翰墨全書一百三十四卷　（元）劉應李編　明初刻本　二十冊　存七十六卷(甲集一至十二,乙集一至三、七至九,丙集一至五,丁集一至五,戊集一至五,己集一至七,庚集一至六,辛集一至十,壬集一至十二,癸集一至八)

110000－0102－0005391　（丁）/13948　史部/地理類/方志/地方志

[康熙]大興縣志六卷　（清）張茂節　（清）李開泰等纂修　清康熙刻本　崔麟臺題跋　四冊

110000－0102－0005392　（丁）/13949　集部/別集類/唐至五代

韋蘇州集十卷拾遺一卷　（唐）韋應物撰　明刻本　佚名跋　二冊

110000－0102－0005393　（丁）/13950　史部/地理類/地圖、圖志

雲南省圖說　（清）□□撰　清彩繪本　二冊

110000－0102－0005394　（丁）/13952　史部/史抄類

十七史詳節二百七十三卷　（宋）呂祖謙輯　明刻本　四冊　存九卷(東萊先生增入正義音注史記詳節十二至二十)

110000－0102－0005395　（丁）/13954　史部/政書類/軍政/防務

九邊圖　明彩繪本　九軸　缺一軸(第二)

110000－0102－0005396　（丁）/13988　史部/地理類/方志/地方志

[乾隆]直隸秦州新志十二卷首圖一卷末一卷　（清）費廷珍修　（清）胡釴纂　清乾隆二十九年(1764)刻本　十六冊

110000 - 0102 - 0005397　（丁）/13989　史部/地理類/方志/地方志

[乾隆]甘州府志十六卷首圖一卷　（清）鍾賡起纂修　清乾隆四十四年(1779)刻本　十冊

110000 - 0102 - 0005398　（丁）/14062　集部/小說類/章回

新鐫施耐菴先生藏本後水滸全傳四十五回　（清）青蓮室主人輯　清影抄本　二十冊

110000 - 0102 - 0005399　（丁）/14131　子部/雜家類/學說

江鄰幾雜誌一卷　（宋）江休復撰　明萬曆刻稗海續本　一冊

110000 - 0102 - 0005400　（丁）/14148　集部/總集類/文/雜錄/格言、語錄、楹聯

郵餘閒記初集二卷二集二卷　（清）陳廷燦撰　清康熙刻本　佚名圈點　四冊

110000 - 0102 - 0005401　（丁）/14158　集部/集評類

雅趣藏書不分卷　（清）錢書撰　清康熙四十二年(1703)刻朱墨套印本　二冊

110000 - 0102 - 0005402　（丁）/14160　集部/總集類/詩/通代

樂府詩集一百卷目錄二卷　（宋）郭茂倩編　明末毛氏汲古閣刻本　二十冊

110000 - 0102 - 0005403　（丁）/14161　史部/傳記類/總傳/專錄/仕宦

新鐫旁批詳注總斷廣名將譜二十卷　（明）黃道周注斷　明崇禎刻本　佚名批點　二十冊

110000 - 0102 - 0005404　（丁）/14163　集部/小說類/章回

新鐫玉茗堂批點按鑑參補南宋志傳五十回　（清）研石山樵編　（清）織里畸人校閱　清啟元堂刻本　六冊

110000 - 0102 - 0005405　（丁）/14164　集部/別集類/明

眉公先生晚香堂小品二十四卷　（明）陳繼儒撰　明末湯大節蒔綠居刻本　十二冊

110000 - 0102 - 0005406　（丁）/14165　集部/別集類/唐至五代

唐柳河東集四十五卷外集五卷遺文一卷附錄一卷　（唐）柳宗元撰　（明）蔣之翹輯注　明末刻本　甘鵬雲跋　八冊　存四十卷(一至四十)

110000 - 0102 - 0005407　（丁）/14172　集部/小說類/章回

第五才子書施耐菴水滸傳七十五卷七十回　（元）施耐菴撰　（清）金聖嘆評　清雍正十二年(1734)越盛堂刻本　二十四冊

110000 - 0102 - 0005408　（丁）/14186　集部/總集類/文/斷代/上古至隋

西漢文二十卷東漢文二十卷　（明）張采輯　明崇禎六年(1633)金閶委宛齋刻本　二十冊

110000 - 0102 - 0005409　（丁）/14187　集部/總集類/文/斷代/唐至五代

御選唐詩三十二卷目錄三卷　（清）聖祖玄燁選　（清）陳廷敬等編注　清康熙五十二年(1713)內府刻朱墨套印本　十五冊

110000 - 0102 - 0005410　（丁）/14188　集部/小說類/章回

皋鶴堂批評第一奇書金瓶梅一百回　（明）蘭陵笑笑生撰　（清）張竹坡評　清刻本　三十冊

110000 - 0102 - 0005411　（丁）/14189　子部/雜家類/雜纂

智品十三卷　（明）樊玉衝評　（明）于倫增編　明萬曆刻本　二十四冊

110000 - 0102 - 0005412　（丁）/14190　子部/宗教類/道教

道元一炁四集　（明）曹士珩撰　明崇禎九年(1636)方逢時刻本　五冊

110000 - 0102 - 0005413　（丁）/14192　叢部/彙編叢書

稗海四十八種八卷續二十二種一百六十一卷　（明）商濬編　明萬曆商濬半埜堂刻清康熙重編補刻本　一百冊

110000－0102－0005414 （丁）/14249 集部/別集類/清

怡情書室詩鈔 （清）素心主人撰 清乾隆五十四年(1789)刻本 一冊

110000－0102－0005415 （丁）/14250 子部/雜家類/學說

天祿閣外史八卷 題(漢)黃憲撰 （明)鍾惺評 清乾隆刻增訂漢魏叢書本 四冊

110000－0102－0005416 （丁）/14282 集部/別集類/清

存素堂文集四卷 （清)法式善撰 清嘉慶十二年(1807)揚州績溪程邦瑞刻本 四冊

110000－0102－0005417 （丁）/14283 史部/地理類/方志/地方志

[乾隆]大同府志三十二卷首一卷 （清)吳輔宏 （清)王飛藻纂修 清乾隆四十七年(1782)刻本 十六冊

110000－0102－0005418 （丁）/14284 史部/地理類/方志/地方志/湖南

[乾隆]長沙府志五十卷首一卷 （清)呂肅高 （清)張雄圖纂修 清乾隆十二年(1747)刻本 三十一冊

110000－0102－0005419 （丁）/14320 史部/地理類/方志/地方志

[乾隆]濟寧直隸州志三十四卷首一卷 （清)胡德琳等纂修 清乾隆五十年(1785)刻本 二十冊

110000－0102－0005420 （丁）/14323 史部/地理類/方志/地方志

[乾隆]沁州志十卷 （清)葉士寬 （清)吳正纂修 （清)雷暢續修 清乾隆六年(1741)刻本 十冊

110000－0102－0005421 （丁）/14325 史部/地理類/方志/地方志

[乾隆]正定府志五十卷首一卷 （清)鄭大進纂修 清乾隆二十七年(1762)刻本 三十二冊

110000－0102－0005422 （丁）/14332 子

部/類書類/類編/通錄

古今合璧事類備要前集六十九卷後集八十一卷續集五十六卷 （宋)謝維新撰 明嘉靖三衢夏相刻本 佚名題跋 八冊 存五十六卷(續集五十六卷)

110000－0102－0005423 （丁）/14351 集部/總集類/詩/雜錄/唱和

隨園續同人集不分卷 （清)袁枚輯 清乾隆五十五年(1790)小倉山房刻本 一冊

110000－0102－0005424 （丁）/14359 經部/小學類/文字/字典詞典

字鑑五卷 （元)李文仲編 清康熙張士俊澤存堂刻澤存堂五種本 一冊

110000－0102－0005425 （丁）/14360 經部/小學類/文字/字典詞典

佩觿三卷 （宋)郭忠恕撰 清康熙四十九年(1710)張士俊澤存堂刻澤存堂五種本 一冊

110000－0102－0005426 （丁）/14362 集部/別集類/清

玉谿生詩箋註三卷首一卷樊南文集詳註八卷 （唐)李商隱撰 （清)馮浩註 清乾隆刻本 佚名圈點、批校 八冊

110000－0102－0005427 （丁）/14365 集部/別集類/明

青邱高季迪先生詩集十八卷首一卷遺詩一卷扣舷集一卷附錄一卷鳧藻集五卷 （明)高啟撰 （清)金檀輯注 清雍正六年(1728)桐鄉金氏文瑞樓刻乾隆印本 八冊 缺五卷(鳧藻集五卷)

110000－0102－0005428 （丁）/14382 史部/地理類/方志/地方志

[乾隆]富平縣誌八卷 （清)吳六鰲修 （清)胡文銓纂 清乾隆四十三年(1778)刻本 六冊

110000－0102－0005429 （丁）/14413 集部/總集類/詩/斷代/清

本朝館閣詩二十卷附錄一卷續附錄一卷 （清)阮學浩 （清)阮學浚編 清乾隆二十三

年(1758)刻本　十册

110000 - 0102 - 0005430　（丁）/14417　集部/總集類/文/雜錄/楹聯

新鐫評釋巧對十八卷　（清）王升選評　清康熙五十一年(1712)學誨堂刻本　四册

110000 - 0102 - 0005431　（丁）/14420　集部/曲類/曲別集/傳奇

蕭史遺風不分卷　（清）□□抄　清康熙抄本　二册

110000 - 0102 - 0005432　（丁）/14422　史部/別史類

戰國策三十三卷　（漢）高誘注　清乾隆二十一年(1756)德州盧氏雅雨堂刻雅雨堂叢書本　六册

110000 - 0102 - 0005433　（丁）/14424　集部/總集類/文/雜錄/楹聯

類聯集錦八卷　（清）張宗壽輯　清乾隆三十八年(1773)刻本　二册

110000 - 0102 - 0005434　（丁）/14426　經部/樂類/律呂

律話三卷　（清）戴長庚撰　清道光十三年(1833)吾愛書屋刻本　八册

110000 - 0102 - 0005435　（丁）/14442　子部/術數類/陰陽五行

選擇叢書集要五種　（明）江之棟輯　明崇禎五年(1632)尚白齋刻本　佚名圈點、批校　四册　存三種(剋擇璇璣經括要不分卷、陽明按索五卷、陰陽寶海三元玉鏡奇書三卷)

110000 - 0102 - 0005436　（丁）/14453　集部/別集類/宋

東坡先生全集七十五卷　（宋）蘇軾撰　明末刻本　二十三册　存四十八卷(七至五十四)

110000 - 0102 - 0005437　（丁）/14454　史部/紀傳類/斷代

晉書一百三十卷　（唐）房玄齡等撰　元刻明修本　二册　存四卷(一百十至一百十三)

110000 - 0102 - 0005438　（丁）/14455　經

部/四書類/大學中庸

大學一卷中庸一卷　（宋）朱熹集注　明刻本　二册

110000 - 0102 - 0005439　（丁）/14456　史部/金石類/石/題跋

六一題跋十一卷　（宋）歐陽撰修　明崇禎毛氏汲古閣刻津逮秘書本　六册

110000 - 0102 - 0005440　（丁）/14457　集部/別集類/清

漁洋山人精華錄十卷　（清）王士禛撰　（清）林佶等編　清康熙三十九年(1700)侯官林佶刻本　清乾隆十六年(1751)嚴長明批校　四册

110000 - 0102 - 0005441　（丁）/14458　集部/總集類/文/通代

新刊迂齋先生標注崇古文訣三十五卷　（宋）樓昉輯　明嘉靖刻本(序言、卷一至二係抄配)　十二册

110000 - 0102 - 0005442　（丁）/14459　史部/政書類/詔令奏議

御選明臣奏議四十卷　（清）高宗弘曆敕輯　清乾隆武英殿木活字印武英殿聚珍版叢書本　十册

110000 - 0102 - 0005443　（丁）/14460　經部/禮類/周禮/圖說

周官精義十二卷　（清）連斗山編　清乾隆四十一年(1776)刻本　佚名批校　六册

110000 - 0102 - 0005444　（丁）/14461　子部/類書類

通俗編三十八卷　（清）翟灝撰　清乾隆十六年(1751)無不宜齋刻本　十二册

110000 - 0102 - 0005445　（丁）/14465　子部/類書類/類編/通錄

錦繡萬花谷前集四十卷後集四十卷續集四十卷　（宋）□□撰　明嘉靖十五年(1536)錫山秦汴鏽石書堂刻本　十二册　存八十卷(後集四十卷、續集四十卷)

110000 - 0102 - 0005446　（丁）/14466　史

歷代甲子紀元表 （清）董醇輯　清咸豐五年(1855)東阜書堂刻本　清光緒十年(1884)錢恂批校、題跋　一冊

110000－0102－0005447　（丁）/14478　集部/總集類/詩/通代

古詩箋五言詩十七卷七言詩歌行鈔十五卷 （清）王士禎編　（清）聞人倓箋　清乾隆三十一年(1766)芝蘭堂刻本　十冊

110000－0102－0005448　（丁）/14511　集部/別集類/宋

施註蘇詩四十二卷總目二卷 （宋）蘇軾撰（宋）施元之註　（清）宋犖等閱定　（清）邵長蘅等訂補　**東坡年譜一卷** （宋）王宗稷編　**王註正譌** （清）邵長蘅撰　**蘇詩續補遺二卷目錄一卷** （清）馮景撰　清康熙三十八年(1699)宋犖刻本　十冊

110000－0102－0005449　（丁）/14513　集部/總集類/文/通代

文章正宗復刻三十卷續文章正宗復刻十二卷 （宋）真德秀輯　清乾隆三十三年(1768)刻西山先生真文忠公全集本　二十二冊　缺二卷(二十九至三十)

110000－0102－0005450　（丁）/14529　集部/曲類/曲選

重訂綴白裘新集合編十二集四十八卷 （清）玩花主人編　清乾隆四十七年(1782)刻本　佚名圈點　福俊題跋　二十四冊

110000－0102－0005451　（丁）/14536　集部/總集類/文/雜錄/酬贈慶吊

雲林別墅新輯酬世錦囊書啟合編初集八卷 （清）鄒景揚輯　清乾隆三十六年(1771)大德堂刻本　四冊

110000－0102－0005452　（丁）/14555　集部/總集類/詩/斷代/唐至五代

唐詩玉臺新詠十卷 （清）朱存孝輯　清康熙刻本　佚名圈點　四冊

110000－0102－0005453　（丁）/14567　集

唐宋四大家文選 （明）孫鑛評選　明末刻本　五冊

110000－0102－0005454　（丁）/14570　集部/總集類/詩/斷代/明

明人詩鈔正集十四卷續集十四卷 （清）朱琰編　清乾隆二十五年(1760)海鹽朱琰刻本　佚名圈點、批校　三冊　存十四卷(續集十四卷)

110000－0102－0005455　（丁）/14575　經部/禮類/儀禮/傳說

儀禮析疑十七卷 （清）方苞撰　清乾隆刻抗希堂十六種本　八冊

110000－0102－0005456　（丁）/14580　史部/地理類/方志/地方志

[乾隆]崇明縣志二十卷 （清）趙廷健（清）韓彥曾合纂　清乾隆刻本　十冊

110000－0102－0005457　（丁）/14582　子部/雜家類/雜述

世說新語八卷 （南朝宋）劉義慶撰　（南朝梁）劉孝標注　（明）王世懋批點　明刻本　八冊

110000－0102－0005458　（丁）/14589　集部/集評類/詩評

詩藪內編六卷外編六卷雜編六卷續編二卷 （明）胡應麟撰　明萬曆刻本　佚名圈點、批校　八冊　缺四卷(外編五至六,續編二卷)

110000－0102－0005459　（丁）/14590　集部/總集類/詩/斷代/唐至五代

唐詩鼓吹十卷 （元）郝天挺　（元）廖文炳注解　清乾隆十一年(1746)刻本　程穆衡批校、題跋　四冊

110000－0102－0005460　（丁）/14602　子部/宗教類/釋教/贊

三山禪師語錄二十八卷 （清）釋普定編　清康熙三十九年(1700)刻本　三冊　存十六卷(一至十六)

110000－0102－0005461　（丁）/14607　經

部/禮類/周禮/傳說

周官析疑三十六卷 （清）方苞撰　清雍正十年（1732）桐城方氏抗希堂刻本　八冊

110000－0102－0005462　（丁）/14609　集部/別集類/宋

羅鄂州小集五卷 （宋）羅願撰　**羅鄂州遺文一卷** （宋）羅頌撰　明天啟六年（1626）刻本　二冊

110000－0102－0005463　（丁）/14693　史部/編年類/通代

資治通鑑綱目發明五十九卷 （宋）尹起莘撰　清雍正十一年（1733）刻本　雲山散人江朝宗題記　四冊

110000－0102－0005464　（丁）/14698　經部/小學類/文字

龍文鞭影二卷 （明）蕭良有撰　清乾隆四十四年（1779）皖城文德堂刻本　佚名圈點、批校　二冊

110000－0102－0005465　（丁）/14737　集部/別集類/清

飴山詩集二十卷 （清）趙執信撰　清乾隆十七年（1752）因園刻本　佚名圈點　四冊

110000－0102－0005466　（丁）/14742　經部/小學類/文字/字典詞典

汗簡七卷目錄敘略一卷 （宋）郭忠恕撰　清康熙四十二年（1703）汪立名一隅草堂刻本　二冊

110000－0102－0005467　（丁）/14743　子部/天文地理類/算法

御製數理精蘊上編五卷下編四十卷表八卷 （清）聖祖玄燁敕撰　清康熙內府活字本　八冊　存八卷（表八卷）

110000－0102－0005468　（丁）/14745　集部/別集類/清

樂善堂全集定本三十卷 （清）高宗弘曆撰　清乾隆二十四年（1759）刻本　八冊

110000－0102－0005469　（丁）/14746　史部/地理類/雜記

隴蜀餘聞一卷 （清）王士禛撰　清康熙刻本　一冊

110000－0102－0005470　（丁）/14753　集部/別集類/明

王氏漁洋詩鈔十二卷 （明）王士禛撰　清康熙刻本　六冊

110000－0102－0005471　（丁）/14766　子部/儒家類/宋

朱子近思錄十四卷 （宋）朱熹撰　（清）朱顯祖輯　清康熙刻本　佚名圈點　四冊

110000－0102－0005472　（丁）/14767　集部/總集類/文/雜錄/格言、語錄、楹聯

類聯集古四卷 （清）劉慶觀編　清乾隆三十七年（1772）刻本　二冊

110000－0102－0005473　（丁）/14768　史部/政書類/法令/律例

欽定工部則例五十卷 （清）史貽直等纂　清乾隆十四年（1749）刻本　八冊

110000－0102－0005474　（丁）/14768－1　子部/宗教類/釋教/史傳

續傳燈錄三十六卷 （明）釋居頂撰　明崇禎八年至九年（1635－1636）嘉興楞嚴寺般若經房刻徑山藏本　七冊

110000－0102－0005475　（丁）/14772　集部/集評類/詩評/詩話/斷代

遼詩話一卷 （清）周春輯　清乾隆刻本　一冊

110000－0102－0005476　（丁）/14804　集部/別集類/遼金元

趙待制遺稿一卷 （元）趙雍撰　清抄本　一冊

110000－0102－0005477　（丁）/14987　史部/地理類/總錄

晉書地理志新補正五卷 （清）畢沅撰　清乾隆四十八年（1783）刻經訓堂叢書本　三冊

110000－0102－0005478　（丁）/15000　史部/金石類/石/圖像

亦政堂重考古玉圖二卷　（元）朱德潤撰　明萬曆三十一年（1603）寶古堂刻清乾隆十七年（1752）亦政堂改版本　一冊

110000－0102－0005479　（丁）/15001　集部/別集類/清

葆沖書屋集四集外集二卷詩餘一卷　（清）汪如洋撰　清乾隆刻本　四冊

110000－0102－0005480　（丁）/15005　集部/別集類/明

楊忠愍公集四卷　（明）楊繼盛撰　明隆慶三年（1569）自槐堂刻本　四冊

110000－0102－0005481　（丁）/15058　集部/戲曲類

黃鶴樓　（清）□□撰　清京師百本張抄本　五冊

110000－0102－0005482　（丁）/15094　集部/別集類/清

御製詩初集四十四卷　（清）高宗弘曆撰　清抄本　十六冊　存二卷（十三、四十四）

110000－0102－0005483　（丁）/15108　集部/別集類/清

右北平集不分卷　（清）尤侗撰　清康熙刻西堂全集本　一冊

110000－0102－0005484　（丁）/15123　史部/地理類/遊記/清

蜀道驛程記二卷　（清）王士禛撰　清康熙刻後印本　一冊

110000－0102－0005485　（丁）/15147　集部/別集類/宋

白石道人詩集二卷集外詩一卷附錄諸賢酬贈詩一卷　（宋）姜夔撰　清乾隆刻本　一冊

110000－0102－0005486　（丁）/15150　集部/小說類/筆記小說

五色線二卷　（宋）□□撰　（明）毛晉訂　明崇禎（1628－1644）毛氏汲古閣刻津逮秘書本　二冊

110000－0102－0005487　（丁）/15158　史部/金石類/總錄

金石存十五卷　（清）吳玉搢撰　清嘉慶二十四年（1819）妙香閣刻本　六冊

110000－0102－0005488　（丁）/15166　子部/類書類

欽定古今圖書集成一萬卷　（清）陳夢雷輯　（清）蔣廷錫重輯　清雍正內府銅活字本　一冊　存二卷（經濟彙編禮儀典二百○九至二百十）

110000－0102－0005489　（丁）/15167　集部/別集類/漢至隋

何水部集不分卷　（南朝梁）何遜撰　清乾隆十九年（1754）江昉貽清堂刻六朝二家集本佚名批校　一冊

110000－0102－0005490　（丁）/15168　子部/藝術類/篆刻

陳眉公重訂學古編一卷附錄一卷　（元）吾丘衍撰　明萬曆繡水沈氏刻寶顏堂秘笈叢書本　一冊

110000－0102－0005491　（丁）/15169　史部/政書類/通制

文獻通考三百四十八卷　（元）馬端臨撰　（明）馮天馭校　明嘉靖馮天馭刻萬曆三年（1575）補刻本　十五冊　存七十三卷（四十二至四十五、五十九至六十二、八十三至八十五、八十九至一百○八、一百三十一至一百四十二、一百六十八至一百七十一、一百八十八至一百九十三、二百二十至二百二十六、二百四十三至二百四十七、二百六十四至二百六十七、二百九十九至三百○二）

110000－0102－0005492　（丁）/15172　集部/總集類/通代

選賦六卷名人世次爵里一卷　（南朝梁）蕭統選　（明）郭正域評點　明凌氏鳳笙閣刻朱墨套印本　六冊

110000－0102－0005493　（丁）/15177　集部/別集類/宋

陸象山先生集要八卷　（宋）陸九淵撰　（明）聶良杞編　明萬曆二十五年（1597）刻本　八冊

110000－0102－0005494　（丁）/15179　經部/易類/文字音義

周易本義四卷　（宋）朱熹撰　明刻本　佚名眉批　四冊

110000－0102－0005495　（丁）/15180　史部/政書類/通制

文獻通考三百四十八卷　（元）馬端臨撰（明）馮天馭校　明嘉靖馮天馭刻萬曆三年（1575）補刻本　佚名批校、圈點　二十一冊　存八十三卷(八至十、十六至二十二、三十一至四十二、四十六至五十、六十五至六十六、一百十七至一百十九、一百六十六至一百七十一、一百八十至一百八十三、一百九十四至一百九十九、二百〇五至二百二十三、二百四十六至二百四十九、三百〇九至三百十四、三百十七至三百二十二)

110000－0102－0005496　（丁）/15298　史部/傳記類/總傳/通錄/地方

襄陽耆舊傳一卷　（晉）習鑿齒撰　明刻本　莫棠題跋　一冊

110000－0102－0005497　（丁）/15299　子部/雜家類/雜纂

雲仙散錄一卷　（唐）馮贄撰　明刻本　莫棠題跋、批校　一冊

110000－0102－0005498　（丁）/15300　集部/小說類/筆記小說

江淮異人錄一卷　（宋）吳淑撰　明刻廣四十家小說本　伍忠光跋　一冊

110000－0102－0005499　（丁）/15301　集部/小說類/筆記小說

東方朔神異經一卷　（漢）東方朔撰　明刻廣四十家小說本　一冊

110000－0102－0005500　（丁）/15342　子部/譜錄類/器物

硯箋四卷　（宋）高似孫修　**墨經一卷**　（宋）晁說之撰　清康熙四十五年（1706）曹寅揚州使院刻棟亭十二種本　一冊

110000－0102－0005501　（丁）/15426　史

部/政書類/法令/律例

大清律例彙纂三十三卷　（清）沈緗南輯　清乾隆五十四年（1789）刻本　月軒、書田批註　佚名圈點　十六冊

110000－0102－0005502　（丁）/15437　集部/別集類/明

陶庵文集七卷詩集八卷附吾師錄一卷　（明）黃淳耀撰　**谷簾學吟八卷**　（明）黃淵耀撰　清康熙十五年（1676）嘉定張懿實刻四十二年（1703）陸廷燦補刻本　六冊

110000－0102－0005503　（丁）/15438　史部/政書類/詔令奏議/詔令

世宗上諭內閣一百五十九卷　（清）世宗胤禛撰　（清）允祿等編　清雍正九年（1731）內府刻乾隆六年（1741）武英殿續刻本　三十四冊

110000－0102－0005504　（丁）/15439　集部/別集類/清

潛菴先生遺稿五卷　（清）湯斌撰　清康熙刻本　四冊

110000－0102－0005505　（丁）/15447　集部/曲類/曲總集

崑弋劇本三十四種　清道光至光緒抄本　三十六冊

110000－0102－0005506　（丁）/15548　經部/易類/傳說

周易本義十二卷易圖一卷周易五贊一卷筮儀一卷　（宋）朱熹撰　清康熙五十年（1711）曹寅刻本　二冊

110000－0102－0005507　（丁）/15553　經部/小學類/音韻

音學五書　（清）顧炎武撰　清康熙六年（1667）山陰張弨符山堂刻本　十二冊

110000－0102－0005508　（丁）/15581　子部/宗教類/釋教/經

佛說摩利支天菩薩經　（唐）釋不空　（宋）釋法天奉詔譯　清康熙五十四年（1715）魏珠抄本　周肇祥題跋　佚名圈點　一冊

110000－0102－0005509　（丁）/15584　子

部/宗教類/道教

加持天輪燈　清抄本　一冊

110000－0102－0005510　（丁）/15588　子部/宗教類/釋教/經

大隨求陀羅尼神呪經　明宣德元年(1426)刻本　一冊

110000－0102－0005511　（丁）/15589（丁）/15591　子部/宗教類/釋教/經

大方廣圓覺修羅了義經二卷　（唐）釋佛陀多羅譯　明刻本　二冊

110000－0102－0005512　（丁）/15592　子部/宗教類/釋教/經

御書楞嚴經十卷　（唐）釋般刺密帝譯　清乾隆十九年(1754)刻本　四冊　存四卷(六、八至十)

110000－0102－0005513　（丁）/15593　子部/宗教類/釋教/經

大乘妙法蓮華經七卷　（後秦）釋鳩摩羅什譯　明刻本　七冊

110000－0102－0005514　（丁）/15594　子部/宗教類/釋教/律

佛說四分戒本　（唐）釋道宣刪定　明天啟四年(1624)釋永海刻本　一冊

110000－0102－0005515　（丁）/15595　子部/宗教類/釋教/贊

華嚴經唱字母　明萬曆十年(1582)刻本　一冊

110000－0102－0005516　（丁）/15597　子部/宗教類/釋教

念佛法門往生西方公據　明永樂十四年(1416)京都釋德儀刻本　一冊

110000－0102－0005517　（丁）/15598　子部/宗教類/釋教

佛說四十二章經　（後漢）釋迦葉摩騰　（後漢）釋竺法蘭譯　明永樂十八年(1420)刻本　一冊

110000－0102－0005518　（丁）/15599　子

部/宗教類/釋教

大乘本生心地觀經八卷　（唐）釋般若等譯　明隆慶五年(1571)釋證月寫本　八冊

110000－0102－0005519　（丁）/15600　子部/宗教類/釋教

妙法蓮華經七卷　（後秦）釋鳩摩羅什譯　明刻本　三冊　存一卷(一)

110000－0102－0005520　（丁）/15601　子部/宗教類/釋教/經

千手千眼觀世音菩薩廣大圓滿無礙大悲心陀羅尼經一卷　（唐）釋伽梵達摩譯　明萬曆二十九年(1601)刻本　一冊

110000－0102－0005521　（丁）/15602　子部/宗教類/釋教/論

大般若波羅蜜多經六百卷　（唐）釋玄奘譯　明正統五年(1440)北京內府刻永樂北茂本　十冊　存十卷(三百六十一至三百七十)

110000－0102－0005522　（丁）/15603　子部/宗教類/釋教

彌陀往生淨土懺儀　明永樂十八年(1420)刻本　周肇祥題跋　一冊

110000－0102－0005523　（丁）/15604　子部/宗教類/道教

太上靈寶朝天謝罪懺十卷　清刻本　十冊

110000－0102－0005524　（丁）/15605　子部/宗教類/釋教/經

大方廣佛華嚴經普賢行願品　（唐）釋般若譯　明刻本　一冊

110000－0102－0005525　（丁）/15606　子部/宗教類/道教/經論著作

太上洞玄靈寶高上玉皇本行集經三卷　（清）張照書　清乾隆二年(1737)內府刻本　三冊

110000－0102－0005526　（丁）/15607　子部/宗教類/釋教/經

大乘妙法蓮華經七卷　（後秦）釋鳩摩羅什譯　明永樂十七年(1419)刻本　七冊

110000－0102－0005527　（丁）/15608　子

部/宗教類/道教/經論著作

太上洞玄靈寶高上玉皇本行集經三卷 清順治十四年(1657)內府刻本 三冊

110000－0102－0005528 （丁）/15609 集部/俗文學類/變文

歎世無爲卷一卷 明刻本 周肇祥題跋 一冊

110000－0102－0005529 （丁）/15610 子部/宗教類/道教/經論著作

太上洞玄靈寶高上玉皇本行集經三卷 （清）聖祖玄燁書 清康熙五十一年(1712)內府刻本 三冊

110000－0102－0005530 （丁）/15611 子部/道家類

道德寶章一卷 （宋）葛長庚撰 明刻本 周肇祥題記、跋 一冊

110000－0102－0005531 （丁）/15615 集部/別集類/清

綠蘿山莊文集二十四卷 （清）胡浚撰 清乾隆二十一年(1756)刻本 五冊 缺一卷(一)

110000－0102－0005532 （丁）/15636 史部/傳記類/總傳/專錄/仕宦

歷代循吏傳八卷 （清）朱軾 （清）蔡世遠輯 清雍正七年(1729)刻本 四冊

110000－0102－0005533 （丁）/15649 經部/禮類/通禮

五禮通考二百六十二卷首四卷總目二卷 (清)秦蕙田編輯 清乾隆十八年(1753)味經窩刻本 六十四冊

110000－0102－0005534 （丁）/15676 經部/禮類/通禮

讀禮通考一百二十卷 （清）徐乾學撰 清康熙三十五年(1696)崑山徐氏刻本 三十冊

110000－0102－0005535 （丁）/15682 史部/編年類/通代

新集分類通鑑不分卷 明弘治十二年(1499)刻本 佚名圈點、批校 六冊

110000－0102－0005536 （丁）/15695 經部/詩類/傳說

欽定詩經傳說彙纂二十一卷首二卷詩序二卷 （清）王鴻緒等撰 清雍正刻本 十二冊

110000－0102－0005537 （丁）/15698 集部/總集類/文/通代

御選古文淵鑑六十四卷 （清）徐乾學等編注 清康熙二十四年(1685)武英殿刻四色套印本 四十八冊

110000－0102－0005538 （丁）/15704 集部/別集類/唐至五代

溫飛卿詩集箋註九卷 （唐）溫庭筠撰 （明）曾益注 （清）顧予咸補注 清康熙三十六年(1697)顧氏秀野草堂刻本 二冊

110000－0102－0005539 （丁）/15718 集部/別集類/清

沈歸愚詩文全集十四種 （清）沈德潛撰 清乾隆沈氏教忠堂刻本 二十二冊

110000－0102－0005540 （丁）/15726 經部/禮類/三禮

新定三禮圖二十卷 （宋）聶崇義輯注 清康熙十五年(1676)京師通志堂刻本 二冊

110000－0102－0005541 （丁）/15753 經部/經總類/群經總義/文字音義

經典釋文三十卷 （唐）陸德明撰 **經典釋文攷証三十卷** （清）盧文弨撰 清乾隆五十六年(1791)常州餘姚盧氏龍城書院刻抱經堂叢書本 十二冊

110000－0102－0005542 （丁）/15886 集部/戲曲類

蕩湖船 （清）□□撰 清京師百本張抄本 一冊

110000－0102－0005543 （丁）/16037 史部/傳記類/別傳

晦菴先生朱文公行狀二卷 （宋）黃榦撰 元至正九年(1349)杭州謝池刻本 費寅題記 一冊 存一卷(上)

110000－0102－0005544 （丁）/16038 經

部/小學類/音韻

古今韻會舉要三十卷禮部韻畧七音三十六字母通攷一卷　(宋)黃公紹輯　(元)熊忠舉要　元陳桑刻本(卷一、五至三十係明刻本補配)　十八冊

110000－0102－0005545　(丁)/16039　史部/史抄類

通鑑總類二十卷　(宋)沈樞撰　元至正二十三年(1363)吳郡庠刻本　一冊　存一卷(十八不全)

110000－0102－0005546　(丁)/16040　子部/宗教類/釋教/論

阿毗達磨順正理論八十卷　(天竺)眾賢撰　(唐)釋玄奘譯　南宋紹興十八年(1148)福州開元禪寺刻毗盧大藏經本　一冊　存一卷(十八)

110000－0102－0005547　(丁)/16041　史部/別史、雜史類

古史六十卷　(宋)蘇轍撰　宋刻本　一冊　存三卷(魏世家第十四、韓世家第十五、田敬仲世家第十六)

110000－0102－0005548　(丁)/16042　子部/宗教類/釋教/經

大方廣佛華嚴經疏一百二十卷　(唐)釋澄觀撰　(宋)釋淨源錄疏注經　宋兩浙轉運司刻本　一冊　存一卷(一百十四)

110000－0102－0005549　(丁)/16043　集部/別集類/宋

晦菴先生文集一百卷目錄二卷　(宋)朱熹撰　南宋刻本　佚名標點、補字　一冊　存三卷(二十、四十四、六十八殘葉)

110000－0102－0005550　(丁)/16044　史部/傳記類/總傳/家乘

岩鎮汪氏重輯本宗譜四卷附錄一卷　(明)汪淵輯　明弘治十三年(1500)刻本　一冊　存四卷(宗譜四卷)

110000－0102－0005551　(丁)/16045　史部/傳記類/家傳、宗譜

重修歙城東許氏世譜八卷首一卷　(明)許光勳輯　明崇禎七年(1634)歙城許氏刻本　五冊　存八卷(一至七、首一卷)

110000－0102－0005552　(丁)/16046　子部/儒家類/宋以前

孔子家語十卷　(三國魏)王肅注　明嘉靖三十三年(1554)刻本　佚名圈點　五冊

110000－0102－0005553　(丁)/16047　經部/小學類/訓詁

埤雅二十卷　(宋)陸佃撰　明成化十五年(1479)劉廷吉刻嘉靖二年(1523)王倬重修本　四冊

110000－0102－0005554　(丁)/16048　子部/類書類/類編/通錄

藝文類聚一百卷　(唐)歐陽詢輯　明正德十年(1515)華堅蘭雪堂銅活字印本　一冊　存一卷(五十一)

110000－0102－0005555　(丁)/16049　集部/總集類/通代

文致不分卷　(明)劉士鏻輯　(明)閔無頗(明)閔昭明增刪並集評　(明)沈聖岐(明)閔元衢正定　明天啟元年(1621)閔元衢刻朱墨套印本　四冊

110000－0102－0005556　(丁)/16050　集部/別集類/宋

象山先生文集二十八卷外集四卷　(宋)陸九淵撰　**象山先生諡議**　(宋)孔煒撰　**象山先生行狀**　(宋)□□撰　**象山先生語錄四卷**　(宋)傅子雲　(宋)嚴松等輯　明刻本　二十冊

110000－0102－0005557　(丁)/16051　史部/傳記類/總傳/家乘

新安黃氏會通譜十六卷序一卷文原一卷新安黃氏會通譜考一卷圖一卷新安黃氏文獻錄二卷新安黃氏文獻錄外集三卷　(明)黃雲蘇修　(明)黃祿等續　(明)黃澓(明)程天相輯　明弘治十四年(1501)黃氏刻本(略有抄配)　八冊

110000－0102－0005558　（丁）/16065　史部/地理類/方志/地方志

[康熙]錢塘縣誌三十六卷首一卷　（清）魏峴修　（清）裘璉等纂　清康熙五十七年(1718)刻本　佚名圈點、批校　十冊

110000－0102－0005559　（丁）/16074　史部/政書類/儀制

幸魯盛典四十卷　（清）孔毓圻等撰　清康熙五十年(1711)曲阜孔毓圻刻進呈刻本　十二冊

110000－0102－0005560　（丁）/16117　子部/類書類/類編

潛確居類書一百二十卷　（明）陳仁錫輯　明崇禎刻本　四十八冊

110000－0102－0005561　（丁）/16119　史部/地理類/山川/山

[康熙]臥龍崗志二卷　（清）羅景撰　（清）羅錫校　清康熙五十一年(1712)南陽羅景刻本　二冊

110000－0102－0005562　（丁）/16130　集部/總集類/文/斷代/清

國朝三家文鈔三十二卷　（清）宋犖　（清）許汝霖選　清康熙三十三年(1694)刻本　十冊

110000－0102－0005563　（丁）/16182　史部/目錄類/圖書學/版刻

武英殿聚珍版程式　（清）金簡撰　清刻本　一冊

110000－0102－0005564　（丁）/16252　史部/史抄類

十七史詳節二百七十三卷　（宋）呂祖謙撰　明正德十一年(1516)建陽劉弘毅慎獨齋刻本（略有抄配）　佚名批　八十冊

110000－0102－0005565　（丁）/16253　子部/藝術類/書畫/畫法、畫帖/清

清高宗南巡名勝圖二十四景圖冊　清彩繪本　一冊

110000－0102－0005566　（丁）/16255　史部/地理類/方志/地方志

[乾隆]通州志十卷　（清）高天鳳　（清）金梅等纂修　清乾隆四十八年(1783)刻本　八冊

110000－0102－0005567　（丁）/16256　史部/地理類/方志/地方志

[康熙]懷柔縣新志八卷　（清）吳景果纂修　清康熙六十年(1721)刻本　采康題跋　四冊

110000－0102－0005568　（丁）/16257　子部/宗教類/道教/經論著作

碧霞元君護國庇民普濟保生妙經一卷　清乾隆元年(1736)多羅平郡王福彭刻本　一冊

110000－0102－0005569　（丁）/16258　子部/宗教類/道教/經論著作

碧霞元君護國庇民普濟保生妙經一卷　清乾隆元年(1736)多羅平郡王福彭刻本　一冊

110000－0102－0005570　（丁）/16259　子部/宗教類/道教/經論著作

碧霞元君護國庇民普濟保生妙經一卷　清乾隆元年(1736)多羅平郡王福彭刻本　一冊

110000－0102－0005571　（丁）/16260　子部/宗教類/道教/經論著作

碧霞元君護國庇民普濟保生妙經一卷　清乾隆元年(1736)多羅平郡王福彭刻本　一冊

110000－0102－0005572　（丁）/16261　子部/宗教類/道教/經論著作

碧霞元君護國庇民普濟保生妙經一卷　清乾隆元年(1736)多羅平郡王福彭刻本　一冊

110000－0102－0005573　（丁）/16262　子部/宗教類/道教/經論著作

高上玉皇本行集經三卷　明景泰六年(1455)北京王斌寫本　王斌題識　一冊

110000－0102－0005574　（丁）/16263　子部/宗教類/釋教/律

根本說一切有部毗奈耶雜事四十卷　（唐）釋義淨譯　明南京刻永樂南藏本　一冊　存一卷(二十二)

110000－0102－0005575　（丁）/16264　子

部/宗教類/釋教/經

大寶積經一百二十卷 （晉）釋竺法護譯 明
南京刻明天界寺祿泉印永樂南藏本 一冊
存一卷（十一）

110000－0102－0005576 （丁）/16265 子
部/宗教類/釋教/經

佛頂心大陀羅尼經三卷 明刻嘉靖四十年
（1561）田氏印本 一冊

110000－0102－0005577 （丁）/16266 子
部/宗教類/釋教/經

佛頂心大陀羅尼經三卷 明宣德八年（1433）
北京佑聖夫人張善蓮刻本 一冊

110000－0102－0005578 （丁）/16267 子
部/宗教類/釋教/經

**大佛頂首楞嚴神咒一卷大隨求陀羅尼神咒一
卷** 明永樂十八年（1420）刻本 一冊

110000－0102－0005579 （丁）/16268 子
部/宗教類/釋教/經

金剛般若波羅密經一卷 （後秦）釋鳩摩羅什
譯 清朱絲欄抄本 一冊

110000－0102－0005580 （丁）/16269 子
部/宗教類/釋教/經

首楞嚴經義海三十卷 （宋）釋咸輝撰 明南
京補刻嘉靖三十年（1551）北京內官監丁字庫
太監李朗刻永樂南藏本 十冊 存十卷（十
一至二十）

110000－0102－0005581 （丁）/16270 子
部/宗教類/釋教/經

大方廣佛華嚴經八十一卷 （唐）釋實叉難陀
譯 明正德十六年（1521）刻本 五冊 存五
卷（七十一至七十五）

110000－0102－0005582 （丁）/16271 子
部/宗教類/釋教/經

大方廣佛華嚴經八十卷 （唐）釋實叉難陀譯
清寫本 五冊 存五卷（三十一至三十五）

110000－0102－0005583 （丁）/16272 子
部/宗教類/釋教/經

大方廣佛華嚴經八十一卷 （唐）釋實叉難陀

譯 明永樂十七年（1419）福賢刻本 二冊
存二卷（二十三至二十四）

110000－0102－0005584 （丁）/16273 子
部/宗教類/釋教/經

金光明經四卷 （北涼）釋曇無讖譯 明永樂
二十年（1422）北京內官監太監朱興刻二十二
年（1424）朱興印本 三冊 存三卷（二至四）

110000－0102－0005585 （丁）/16274 子
部/宗教類/釋教

大方便報恩寶懺三卷 （清）□□撰 清刻乾
隆二年（1737）京師寧進禮、寧國政印本
三冊

110000－0102－0005586 （丁）/16275 子
部/宗教類/釋教

大方便報恩寶懺三卷 （清）□□撰 清刻乾
隆二年（1737）京師寧進禮、寧國政印本
三冊

110000－0102－0005587 （丁）/16276 子
部/宗教類/釋教/經

撰集百緣經十卷 （三國吳）支謙譯 明南京
補刻嘉靖三十年（1551）北京內官監丁字庫太
監李朗印永樂南藏本 十冊

110000－0102－0005588 （丁）/16277 子
部/宗教類/釋教/經

道地經一卷 （天竺）釋僧伽羅剎撰 （漢）釋
安世高譯 明南京補刻嘉靖三十年（1551）北
京內官監丁字庫太監李朗印永樂南藏本
一冊

110000－0102－0005589 （丁）/16278 子
部/宗教類/釋教/經

正法華經十卷 （晉）釋竺法護譯 明南京刻
明嘉靖三十年（1551）北京內官監丁字庫太監
李朗印永樂南藏本 十冊

110000－0102－0005590 （丁）/16279 子
部/宗教類/釋教/經

大般涅槃經四十卷 （北涼）釋曇無讖譯 **大
般涅槃經後分二卷** （唐）釋若那跋陀羅
（唐）釋會寧譯 明嘉靖三十六年（1557）刻三

十八年（1559）北京内官監太監李奈印本　十
一冊　存九卷（二十六至三十、三十七至四
十）

110000 - 0102 - 0005591　（丁）/16280　子
部/宗教類/釋教/經

維摩詰所說大乘經三卷　（後秦）釋鳩摩羅什
譯　清乾隆三十九年（1774）内府乾隆版大藏
經刻本　三冊

110000 - 0102 - 0005592　（丁）/16281　子
部/宗教類/釋教/律

根本說一切有部毗奈耶破僧事十卷　（唐）釋
義淨譯　明南京刻嘉靖三十年（1551）北京内
官監丁字庫太監李朗印永樂南藏本　十冊

110000 - 0102 - 0005593　（丁）/16282　子
部/宗教類/釋教/贊

慈悲道場懺法十卷　（南朝梁）釋寶志　（南
朝梁）釋寶唱等製　清順治九年（1652）盛京
響鈴寺釋性亮刻本　十冊

110000 - 0102 - 0005594　（丁）/16283　子
部/宗教類/釋教/經

金光明經四卷　（北涼）釋曇無讖譯　明永樂
二十年（1422）北京内官監太監朱興刻二十二
年（1424）朱興印本　四冊

110000 - 0102 - 0005595　（丁）/16284　子
部/宗教類/釋教/經

妙臂菩薩所問經四卷　（宋）釋法天譯　明永
樂十年至十五年（1412 - 1417）禮部祠祭清吏
司刻永樂南藏本　一冊　存二卷（一至二）

110000 - 0102 - 0005596　（丁）/16285　子
部/宗教類/釋教/贊

慈悲道場懺法十卷　（南朝梁）釋寶志　（南
朝梁）釋寶唱等製　明萬曆四十三年（1615）
北京御馬監太監楊大桐刻本　一冊　存一卷
（九）

110000 - 0102 - 0005597　（丁）/16286　子
部/宗教類/釋教/經

佛母大孔雀明王經三卷　（唐）釋不空譯　明
刻本　一冊　存一卷（上）

110000 - 0102 - 0005598　（丁）/16287　子
部/宗教類/釋教/經

未來星宿劫千佛名經一卷　（南朝梁）□□譯
明末刻本　一冊

110000 - 0102 - 0005599　（丁）/16288　子
部/宗教類/釋教/經

現在賢劫千佛名經一卷　（南朝梁）□□譯
清初刻本　一冊

110000 - 0102 - 0005600　（丁）/16294　子
部/宗教類/釋教/經

妙法蓮華經七卷　（後秦）釋鳩摩羅什譯　明
刻嘉靖八年（1529）時景同妻佟淑真印本　三
冊　存三卷（四至六）

110000 - 0102 - 0005601　（丁）/16295　子
部/宗教類/釋教/經

佛頂心陀羅尼經三卷　明正統四年（1439）順
天府大興縣許慧秀刻本　一冊

110000 - 0102 - 0005602　（丁）/16296　子
部/宗教類/釋教/經

佛頂心陀羅尼經三卷　明正統四年（1439）順
天府大興縣許慧秀刻本　一冊

110000 - 0102 - 0005603　（丁）/16297　子
部/宗教類/釋教/經

佛頂心陀羅尼經三卷　明正統四年（1439）順
天府大興縣許慧秀刻本　一冊

110000 - 0102 - 0005604　（丁）/16298　子
部/宗教類/釋教/經

佛頂心陀羅尼經三卷　明正統四年（1439）順
天府大興縣許慧秀刻本　一冊

110000 - 0102 - 0005605　（丁）/16299　子
部/宗教類/釋教/經

佛頂心陀羅尼經三卷　明正統四年（1439）順
天府大興縣許慧秀刻本　一冊

110000 - 0102 - 0005606　（丁）/16300　子
部/宗教類/道教/經論著作

太上玄靈斗姥大聖元君本命延生心經一卷
清康熙四十年（1701）寫本　一冊

110000 – 0102 – 0005607　（丁）/16301　子部/宗教類/釋教/經

妙法蓮華經觀世音菩薩普門品一卷　（後秦）釋鳩摩羅什譯　明萬曆十三年(1585)孫思孝刻本　一冊

110000 – 0102 – 0005608　（丁）/16302　子部/宗教類/釋教/經

藥師瑠璃光如來本願功德經一卷　（唐）釋玄奘譯　明刻本(第一折係抄配)　一冊

110000 – 0102 – 0005609　（丁）/16303　子部/宗教類/釋教/經

大方廣佛華嚴經普賢菩薩行願品　（唐）釋般若譯　明北京內漢經廠太監王忠刻本　一冊

110000 – 0102 – 0005610　（丁）/16304　子部/宗教類/釋教/經

深密解脫經五卷　（北魏）釋菩提流支譯　明永樂十年至十五年(1412 – 1417)禮部祠祭清吏司刻永樂南藏本　五冊

110000 – 0102 – 0005611　（丁）/16305　子部/宗教類/釋教/經

解深密經五卷　（唐）釋玄奘譯　明永樂十年至十五年(1412 – 1417)禮部祠祭清吏司刻宣德六年(1431)韋覺田印永樂南藏本　五冊

110000 – 0102 – 0005612　（丁）/16306　子部/宗教類/釋教/經

楞伽阿跋多羅寶經註解四卷　（南朝宋）釋求那跋多羅譯　（明）釋宗泐　（明）釋如玘註　明刻本　一冊　存一卷(二)

110000 – 0102 – 0005613　（丁）/16307　子部/宗教類/釋教/經

金剛般若波羅蜜多經一卷　（後秦）釋鳩摩羅什譯　唐晚期敦煌抄本　一軸　存前半卷

110000 – 0102 – 0005614　（丁）/16308　子部/宗教類/釋教/經

維摩詰所說經三卷　（後秦）釋鳩摩羅什譯　唐晚期敦煌寫本　一軸　存卷下四品(菩薩行品第十一、見阿閦佛品第十二、法供養品第十三、囑累品第十四)

110000 – 0102 – 0005615　（丁）/16309　子部/宗教類/釋教/經

大方廣佛華嚴經八十卷　（唐）釋實叉難陀譯　明南京刻永樂南藏本　一冊　存一卷(五十四)

110000 – 0102 – 0005616　（丁）/16310　史部/政書類/通制

通典二百卷　（唐）杜佑撰　明刻本　四十冊

110000 – 0102 – 0005617　（丁）/16311　集部/詞類/詞別集/宋

介菴詞一卷　（宋）趙彥端撰　明末汲古閣刻本(三個半葉係抄配)　一冊

110000 – 0102 – 0005618　（丁）/16312　子部/宗教類/釋教/經

佛母出生三法藏般若波羅蜜多經二十五卷　（宋）釋施護等譯　明天啟四年(1624)吳江接待寺刻清康熙三十九年(1700)印徑山藏本　二冊　存十七卷(九至二十五)

110000 – 0102 – 0005619　（丁）/16313　子部/宗教類/釋教/律

根本薩婆多部律攝十四卷　（唐）釋義淨譯　明崇禎十七年(1644)常熟虞山華嚴閣刻清康熙三十九年(1700)印徑山藏本　一冊　存四卷(十一至十四)

110000 – 0102 – 0005620　（丁）/16314　子部/宗教類/釋教/經

佛本行集經六十卷　（隋）釋闍那崛多譯　明崇禎十六年(1643)金沙顧龍山刻清康熙三十九年(1700)印徑山藏本　一冊　存五卷(五十六至六十)

110000 – 0102 – 0005621　（丁）/16315　子部/宗教類/釋教

經律異相五十卷　（南朝梁）釋僧旻　（南朝梁）釋寶唱等集　明萬曆四十年(1612)餘杭徑山寂照庵刻清康熙三十九年(1700)印徑山藏本　一冊　存五卷(三十一至三十五)

110000 – 0102 – 0005622　（丁）/16316　子部/宗教類/釋教/經

大寶積經一百二十卷 （唐）釋菩提流志等譯
明萬曆二十三年(1595)餘杭徑山興聖萬壽
禪寺刻清康熙三十九年(1700)印徑山藏本
二冊　存十卷(五十一至六十)

110000－0102－0005623　（丁）/16317　子
部/宗教類/釋教/經

大般涅槃經四十卷 （北涼）釋曇無讖譯　明
萬曆三十二年(1604)餘杭徑山化城寺刻清康
熙三十九年(1700)印徑山藏本　二冊　存十
卷(十六至二十、二十六至三十)

110000－0102－0005624　（丁）/16318　子
部/宗教類/釋教/經

大方廣佛華嚴經四十卷 （唐）釋般若譯　明
萬曆十九年(1591)山西五臺山妙德庵刻清康
熙三十九年(1700)印徑山藏本　二冊　存十
卷(二十六至三十、三十六至四十)

110000－0102－0005625　（丁）/16319　子
部/宗教類/釋教/論

瑜伽師地論一百卷 （唐）釋玄奘譯　明萬曆
二十七年至二十九年(1599－1601)餘杭徑山
寂照庵刻徑山藏本　二冊　存十卷(六十一
至六十五、九十六至一百)

110000－0102－0005626　（丁）/16320　子
部/宗教類/釋教/律

大智度論一百卷 （後秦）釋鳩摩羅什譯　明
萬曆十九年(1591)山西五臺山妙德庵刻清康
熙三十九年(1700)印徑山藏本　三冊　存十
五卷(十一至二十五)

110000－0102－0005627　（丁）/16321　子
部/宗教類/釋教/贊

大方廣佛新華嚴經合論一百二十卷 （唐）釋
實叉難陀譯　（唐）李通玄造論　（唐）釋志寧
釐經合論　明萬曆十八年(1590)山西五臺山
妙德庵刻清康熙三十九年(1700)印徑山藏本
一冊　存十卷(六十六至七十五)

110000－0102－0005628　（丁）/16322　子
部/宗教類/釋教/律

摩訶僧祇律四十卷 （晉）釋佛陀跋陀羅
（晉）釋法顯譯　明崇禎七年(1634)金沙顧龍

山刻清康熙三十九年(1700)印徑山藏本　三
冊　存十三卷(十四至二十二、三十一至三十
四)

110000－0102－0005629　（丁）/16323　子
部/宗教類/釋教/論

阿毗達磨大毗婆沙論二百卷 （唐）釋玄奘譯
明萬曆四十四年(1616)餘杭徑山寂照庵刻
清康熙三十九年(1700)印徑山藏本　一冊
存五卷(九十六至一百)

110000－0102－0005630　（丁）/16324　子
部/宗教類/釋教/論

阿毗曇毗婆沙論八十二卷 （天竺）迦旃延子
造　（北涼）浮陀跋摩　（北涼）釋道泰譯
明天啟六年(1626)金沙顧龍山刻清康熙三
十九年(1700)印徑山藏本　一冊　存五卷(十
一至十五)

110000－0102－0005631　（丁）/16325　子
部/宗教類/釋教

乾隆版大藏經一千六百六十九種 （清）弘晝
（清）釋超盛等編　清雍正十三年至乾隆三
年(1735－1738)內府刻本　六千八百七十五
冊　缺三百六十五冊(東函,結函,推函,民
函,女函,必函,能函第二、六冊,莫函第一至
二冊,忘函,罔函第一至三冊,傳函第一冊,堂
函第三、九冊,習函第四冊,非函第五冊,是函
第十冊,競函,資函第六冊,與函第一、九冊,
斯函第一冊,詠函,受函第一冊,同函第九至
十冊,匪函,邑函,據函,觀函,吹函,左函,杜
函,漆函,勒函第七冊,說函第一至二冊,俊
函,困函第一冊,沙函第八冊,馳函,野函第一
至二冊,本函第一冊,于函,南函,歃函第一
冊,藝函第六至十冊,魚函第一冊,庶函,色
函,貽函,厥函,嘉函,猷函,勉函,其函,殆函,
辱函,恥函,林函第三至四、六冊)

110000－0102－0005632　甲一/1　經部/禮
類/三禮

禮書綱目八十五卷首三卷 （清）江永撰　清
光緒二十一年(1895)廣雅書局刻本　二十冊

110000－0102－0005633　甲一/2　經部/經

總類/群經總義

經苑二百四十四卷 （清）錢儀吉輯 清道光至咸豐大梁書院刻同治七年(1868)王儒行印本 五十冊

110000－0102－0005634 甲一/4 經部/小學類/文字/說文

說文二徐箋異十四篇 田吳炤撰 清宣統二年(1910)石印本 二冊

110000－0102－0005635 甲一/6 經部/小學類/音韻

集韻十卷 （宋）丁度等修定 清光緒二年(1876)山東官舍刻本 十冊

110000－0102－0005636 甲一/12 經部/小學類/文字

經韻集字析解二卷附編八卷 （清）彭良敞集注 清道光二年(1822)刻本 四冊

110000－0102－0005637 甲一/13 經部/小學類/訓詁/群雅

續廣雅三卷 （清）劉燦輯 清嘉慶二十四年(1819)刻本 一冊

110000－0102－0005638 甲一/14 經部/小學類/文字/說文/校刊、注釋

說文引經考異十六卷 （清）柳榮宗撰 清咸豐二年(1852)刻本 四冊

110000－0102－0005639 甲一/15 經部/小學類/音韻/圖說

四音釋義十二集 （清）鄭長庚輯 清道光二十三年(1843)三讓堂刻本 六冊

110000－0102－0005640 甲一/16 經部/小學類

十三經集字 （清）李鴻藻編 清光緒十四年(1888)刻本 一冊

110000－0102－0005641 甲一/17 經部/經總類/群經合刊

十三經註疏校勘記二百四十八卷 （清）阮元撰 清光緒二十四年(1898)刻本 五十六冊

110000－0102－0005642 甲一/18 經部/詩類/文字音義

詩經世本古義二十八卷首一卷末一卷 （明）何楷撰 （明）何燾注 清閩漳謝氏刻本 十四冊

110000－0102－0005643 甲一/19 經部/小學類

小學鈎沈十九卷 （清）任大椿撰 清光緒李氏半畝園刻本 四冊

110000－0102－0005644 甲一/20 經部/經總類/群經總義/文字音義

皇清經解一千四百〇八卷 （清）阮元輯 清咸豐十年(1860)刻本 三百六十冊

110000－0102－0005645 甲一/21 經部/經總類/群經總義/文字音義

皇清經解續編一千四百三十卷 王先謙編 清光緒十四年(1888)南菁書院刻本 三百二十冊

110000－0102－0005646 甲一/23 經部/小學類/文字/說文

王氏說文四種 （清）王筠撰 清同治四年(1865)刻本 二十五冊

110000－0102－0005647 甲一/24 經部/經總類/群經總義

十三經劄記二十二卷 （清）朱亦棟撰 清光緒四年(1878)刻本 六冊

110000－0102－0005648 甲一/27 經部/小學類/文字/說文/傳說

說文通訓定聲十八卷 （清）朱駿聲撰 清光緒十年(1884)上海積山書局石印本 八冊

110000－0102－0005649 甲一/28 經部/春秋類/左傳/傳說

春秋左傳杜注三十卷 （清）姚培謙撰 清同治十三年(1874)湖南書局刻本 十冊

110000－0102－0005650 甲一/29 經部/春秋類/左傳/傳說

春秋左傳杜注三十卷 （清）姚培謙撰 清光緒九年(1883)江南書局刻本 八冊

110000－0102－0005651　甲一/30　經部/詩類/文字音義

詩集傳音釋二十卷　（宋）朱熹撰　（元）許謙音釋　清咸豐七年（1857）海昌蔣氏刻本　六冊

110000－0102－0005652　甲一/31　經部/詩類/文字音義

詩集傳音釋二十卷　（宋）朱熹撰　（元）許謙音釋　清咸豐七年（1857）海昌蔣氏刻本　六冊

110000－0102－0005653　甲一/32　經部/春秋類/總義/傳說

春秋公羊傳十一卷　（漢）何休撰　（唐）陸德明音義　清光緒十七年（1891）思賢書局刻本　六冊

110000－0102－0005654　甲一/33　經部/書類/傳說

書經集傳六卷首一卷末一卷　（宋）蔡沈撰　清光緒七年（1881）金陵書局刻本　四冊

110000－0102－0005655　甲一/34　經部/禮類/禮記/傳說

禮記集說十卷　（元）陳澔撰　清同治十三年（1874）湖南書局刻本　十冊

110000－0102－0005656　甲一/35　經部/禮類/周禮/傳說

周禮正義八十六卷　（清）孫詒讓撰　清光緒三十一年（1905）鉛印本　二十冊

110000－0102－0005657　甲一/36　經部/經總類/群經合刊

朱氏經學叢書三十八卷　（清）朱記榮輯　清光緒十三年（1887）行素草堂刻本　十二冊

110000－0102－0005658　甲一/37　經部/小學類/文字/說文/校刊、注釋

說文解字斠詮十四卷　（清）錢坫撰　清光緒九年（1883）淮南書局刻本　六冊

110000－0102－0005659　甲一/40　經部/小學類/音韻

說文韻譜校五卷　（清）王筠撰　清光緒十六年（1890）劉氏刻本　二冊

110000－0102－0005660　甲一/42　經部/經總類/群經總義/文字音義

龔畏齋全書五十七卷　（清）龔元玠撰　清道光二十六年（1846）刻本　二十四冊

110000－0102－0005661　甲一/43　經部/小學類/文字

類篇四十五卷　（宋）司馬光等修纂　清光緒二年（1876）山東官舍刻本　十四冊

110000－0102－0005662　甲一/44　史部/目錄類/著錄/學科專目/小學

小學考五十卷　（清）謝啟昆撰　清光緒十四年（1888）刻本　十冊

110000－0102－0005663　甲一/45　史部/目錄類/著錄/學科專目/小學

小學考五十卷　（清）謝啟昆撰　清光緒十五年（1889）石印本　六冊

110000－0102－0005664　甲一/46　史部/載記類

南漢春秋十三卷　（清）劉應麟撰　清道光三十年（1850）刻本　四冊

110000－0102－0005665　甲一/48　經部/禮類/通禮

禮書通故五十卷　（清）黃以周撰　清光緒十九年（1893）黃氏試館刻本　三十二冊

110000－0102－0005666　甲一/50　經部/四書類/總義/傳說

四書訓義三十六卷　（宋）朱熹纂注　（清）王夫之訓義　清光緒十三年（1887）潞河啖柘山房刻本　二十八冊

110000－0102－0005667　甲一/53　經部/經總類/群經總義

古經解彙函　（清）鍾謙鈞編　清光緒十四年（1888）上海蜚英館石印本　三十二冊

110000－0102－0005668　甲一/54　經部/經總類/群經總義/傳說

通志堂經解一千八百二十二卷　（清）納蘭成

德編　清同治十二年（1873）粵東書局刻本
四百八十冊

110000－0102－0005669　甲一/55　經部/春
秋類/公羊傳/傳說

春秋繁露十七卷首一卷　（漢）董仲舒撰　清
光緒三年（1877）湖北崇文書局刻本　二冊

110000－0102－0005670　甲一/57　經部/經
總類/群經合刊

沈氏經學六種二十卷　（清）沈淑撰　清光緒
八年（1882）知不足齋刻本　六冊

110000－0102－0005671　甲一/58　經部/四
書類

四書策問論疏詩題　清刻本　一冊

110000－0102－0005672　甲一/59　經部/書
類/傳說

尚書古文疏證八卷　（清）閻若璩撰　清同治
六年（1867）錢塘王氏振綺堂刻本　八冊

110000－0102－0005673　甲一/60　經部/經
總類/群經合刊

經學五種二十五卷　清藤花榭刻本　十六冊

110000－0102－0005674　甲一/61　經部/經
總類/群經總義

歷代石經略二卷　（清）桂馥撰　清光緒九年
（1883）刻本　二冊

110000－0102－0005675　甲一/63　經部/小
學類/音韻

四聲易知錄四卷　（清）姚文田輯　清嘉慶十
七年（1812）廣東芸香堂刻本　二冊

110000－0102－0005676　甲一/64　史部/政
書類/通制

吾學錄初編二卷　（清）吳榮光撰　清光緒六
年（1880）左氏刻本　二冊

110000－0102－0005677　甲一/65　經部/禮
類/禮記/文字

禮記授讀十一卷　（清）熊松之撰　清光緒四
年（1878）影印本　十一冊

110000－0102－0005678　甲一/66　經部/禮

類/禮記/其它

續禮記集說一百卷　（清）杭世駿撰　清光緒
三十年（1904）浙江書局刻本　四十冊

110000－0102－0005679　甲一/67　子部/雜
家類/雜考

經史答問十卷　（清）全祖望撰　清光緒八年
（1882）上海王氏刻本　四冊

110000－0102－0005680　甲一/69　經部/小
學類/訓詁/爾雅

爾雅三卷　（晉）郭璞注　（唐）陸德明音釋
清光緒十二年（1886）湖北官書處刻本　三冊

110000－0102－0005681　甲一/70　經部/小
學類/訓詁/譯文

英語集全六卷　（清）唐廷樞撰　清同治元年
（1862）刻本　六冊

110000－0102－0005682　甲一/72　經部/易
類/傳說

周易本義十二卷首一卷末一卷　（宋）朱熹本
義　清光緒十九年（1893）江南書局刻本
二冊

110000－0102－0005683　甲一/73　經部/小
學類/文字/字典詞典等

字彙十二集　（明）梅膺祚編　清刻本　十
三冊

110000－0102－0005684　甲一/75　經部/易
類/傳說

易林補遺十二卷　（明）張世寶撰　清光緒九
年（1883）刻本　四冊

110000－0102－0005685　甲一/76　經部/經
總類/群經總義

通德遺書所見錄七十一卷　（清）孔廣林輯
清嘉慶十八年（1813）刻本　四冊

110000－0102－0005686　甲一/77　經部/四
書類

四書集注十八卷　（宋）朱熹集注　清光緒二
十年（1894）金陵書局刻本　六冊

110000－0102－0005687　甲一/78　經部/小

學類/文字/字典詞典等

龍龕手鑑四卷 （遼）釋行均撰　清乾隆嘉慶間(1736－1820)張丹鳴刻本　六冊

110000－0102－0005688　甲一/81　經部/經總類/群經總義/文字音義

經字異同四十八卷 （清）張維屏輯　清道光二十年(1840)刻本　六冊

110000－0102－0005689　甲一/84　經部/四書類/論語/文字音義

朱子論語集注訓詁考三卷 （清）潘衍桐輯　清光緒十七年(1891)浙江書局刻本　二冊

110000－0102－0005690　甲一/87　經部/小學類/訓詁/方言

拾雅二十卷 （清）夏味堂撰　清嘉慶二十五年(1820)刻本　十冊

110000－0102－0005691　甲一/90　經部/小學類/文字

續復古編四卷 （元）曹本撰　清光緒十二年(1886)姚氏咫進齋影印本　四冊

110000－0102－0005692　甲一/93　經部/孝經類/傳說

孝經傳說圖解二卷 （□）□□撰　清光緒梅溪書院刻本　八冊

110000－0102－0005693　甲一/97　經部/禮類/儀禮/圖說

儀禮圖六卷 （清）張惠言撰　清同治九年(1870)楚北崇文書局刻本　三冊

110000－0102－0005694　甲一/101　經部/小學類/音韻/韻典

李氏音鑑六卷 （清）李汝珍撰　清光緒十四年(1888)掃葉山房刻本　四冊

110000－0102－0005695　甲一/102　經部/小學類/文字/說文

說文引經考異十六卷 （清）柳榮宗撰　清同治六年(1867)刻本　四冊

110000－0102－0005696　甲一/104　史部/傳記類/年譜

孟子編年四卷 （清）狄子奇撰　清光緒十三年(1887)浙江書局刻本　一冊

110000－0102－0005697　甲一/109　經部/經總類/群經總義/文字音義

經句說二十二卷 （清）吳英撰　清嘉慶二十三年(1818)有竹石軒刻本　二十四冊

110000－0102－0005698　甲一/111　史部/金石類/石

匡喆刻經頌十二卷 楊守敬編　清光緒三十三年(1907)刻本　六冊

110000－0102－0005699　甲一/112　經部/小學類/音韻/韻典

李氏音鑑六卷 （清）李汝珍撰　清嘉慶十五年(1810)刻本　六冊

110000－0102－0005700　甲一/113　經部/小學類/訓詁/滿蒙語學

清文補彙八卷 （清）宜興撰　清嘉慶七年(1802)刻本　八冊

110000－0102－0005701　甲一/114　經部/書類/傳說

日講書經解義十三卷 （清）庫勒納等編　清康熙刻本　五冊　存五卷(四至八)

110000－0102－0005702　甲一/116　經部/小學類/文字/訓蒙

文字蒙求四卷 （清）王筠撰　清光緒三十年(1904)刻本　一冊

110000－0102－0005703　甲一/117　經部/小學類/音韻/韻典

奎章全韻二卷 清刻本　一冊

110000－0102－0005704　甲一/118　經部/春秋類/彙編

春秋大事表 （清）顧棟高撰　清光緒十四年(1888)陝西求友齋刻本　二十四冊

110000－0102－0005705　甲一/120　經部/小學類/文字/訓蒙

字課圖說四卷 （清）劉樹屏編　清光緒三十一年(1905)澄衷蒙學堂石印本　八冊

110000 – 0102 – 0005706　甲一/121　經部/
小學類/音韻/韻典

同文韻統六卷　（清）允祿等編譯　清宣統二
年(1910)刻本　五冊

110000 – 0102 – 0005707　甲一/122　經部/
春秋類/左傳

春秋左傳五十卷　（晉）杜預注釋　（唐）陸德
明音義　清光緒商務印書館石印本　十二冊

110000 – 0102 – 0005708　甲一/123　經部/
小學類/文字/字體

隸辨八卷　（清）顧藹吉撰　清同治十二年
(1873)刻本　八冊

110000 – 0102 – 0005709　甲一/125　經部/
小學類/訓詁/爾雅

爾雅音圖三卷　（晉）郭璞注　清石印本
二冊

110000 – 0102 – 0005710　甲一/128　經部/
春秋類/公羊傳/傳說

春秋繁露十七卷　（漢）董仲舒撰　清光緒二
年(1876)浙江書局刻本　二冊

110000 – 0102 – 0005711　甲一/132　史部/
目錄類/著錄/學科專目/經籍

經籍舉要　（清）浦起端撰　清光緒十九年
(1893)刻本　一冊

110000 – 0102 – 0005712　甲一/134　史部/
傳記類/總傳/專錄/儒林

國朝漢學師承記八卷　（清）江藩纂　**經師經
義目錄一卷**　（清）江藩撰　**國朝宋學流源記
二卷附記一卷**　（清）江藩纂　清光緒九年
(1883)山西書局刻本　四冊

110000 – 0102 – 0005713　甲一/135　經部/
小學類/訓詁/滿蒙語學

清文虛字指南編二卷　（清）萬福撰　清光緒
二十年(1894)北京聚珍堂活字本　二冊

110000 – 0102 – 0005714　甲一/136　經部/
小學類/訓詁/滿蒙語學

清文彙書十二卷　（清）李廷荃編　清京都三
槐堂書坊刻本　十二冊

110000 – 0102 – 0005715　甲一/139　子部/
儒家類/宋

學林十卷　（宋）王觀國撰　清嘉慶十四年
(1809)蕭山陳氏湖海樓刻本　十冊

110000 – 0102 – 0005716　甲一/141　子部/
雜家類/雜考

二初齋讀書記十卷首一卷　（清）倪思寬撰
清嘉慶八年(1803)涵和堂刻本　四冊

110000 – 0102 – 0005717　甲一/144　子部/
儒家類/宋

程氏家塾讀書分年日程三卷　（元）程端禮撰
清光緒十八年(1892)文英閣刻本　二冊

110000 – 0102 – 0005718　甲一/145　集部/
總集類

所願學齋書鈔四種　（清）沈夢蘭撰　清嘉慶
二十一年(1816)刻本　七冊　存三種(周易
學、周禮學、孟子學)

110000 – 0102 – 0005719　甲一/146　經部/
春秋類/公羊傳/文字音義

春秋公羊傳音訓　（漢）何休注　清道光十年
(1830)刻本　二冊

110000 – 0102 – 0005720　甲一/147　史部/
目錄類/著錄/叢書目錄

弢園著述二種　（清）王韜撰　清光緒十五年
(1889)鉛印本　四冊

110000 – 0102 – 0005721　甲一/148　經部/
小學類/音韻

音學辨微　（清）江永撰　清宣統元年(1909)
影印本　一冊

110000 – 0102 – 0005722　甲一/149　經部/
經總類/群經總義/傳說

經義述聞三十二卷　（清）王引之撰　清嘉慶
二十二年(1817)刻本　二十四冊

110000 – 0102 – 0005723　甲一/153　經部/
春秋類/左傳/傳說

春秋說略十二卷春秋比二卷　（清）郝懿行撰
清光緒七年(1881)刻本　四冊

110000－0102－0005724　甲一/154　經部/書類/傳說

尚書考異六卷　（明）梅鷟撰　清光緒十八年（1892）浙江書局刻本　四冊

110000－0102－0005725　甲一/155　經部/小學類/文字/說文

唐寫本說文解字木部箋異一卷　（清）莫友芝撰　清同治二年（1863）刻本　一冊

110000－0102－0005726　甲一/156　經部/小學類/音韻

韻籟四卷　（清）華長忠撰　清光緒十五年（1889）刻本　一冊

110000－0102－0005727　甲一/157　經部/春秋類/穀梁傳/文字音義

春秋穀梁傳音訓　（清）楊國楨撰　清道光十年（1830）刻本　二冊

110000－0102－0005728　甲一/158　經部/詩類/文字音義

詩經音訓　（清）楊國楨撰　清道光十年（1830）刻本　二冊

110000－0102－0005729　甲一/159　經部/禮類/周禮/文字音義

周禮音訓　（清）楊國楨撰　清道光十年（1830）刻本　二冊

110000－0102－0005730　甲一/160　經部/禮類/儀禮/文字音義

儀禮音訓　（清）楊國楨撰　清道光十年（1830）刻本　二冊

110000－0102－0005731　甲一/161　經部/孝經類/文字音義

孝經音訓爾雅音訓　（清）楊國楨撰　清道光十年（1830）刻本　一冊

110000－0102－0005732　甲一/162　經部/詩類/文字音義

釋毛詩音四卷　（清）陳奐撰　清咸豐元年（1851）漱芳齋刻本　一冊

110000－0102－0005733　甲一/163　經部/詩類/傳說

毛詩傳義類一卷　（清）陳奐撰　清咸豐九年（1859）刻本　一冊

110000－0102－0005734　甲一/164　經部/詩類/文字音義

書經音訓　（清）楊國楨撰　清末刻本　一冊

110000－0102－0005735　甲一/166　集部/總集類/文雜錄/格言、語錄、楹聯

十三經集句類聯二十八卷　清光緒二十一年（1895）上海鴻寶齋石印本　四冊

110000－0102－0005736　甲一/167　經部/春秋類

春秋三傳　清中後期江右潯陽萬氏董峰書屋刻本　二冊

110000－0102－0005737　甲一/171　子部/藝術類/篆刻

篆學瑣著三十種　（清）顧湘輯　清道光二十年（1840）海虞顧氏刻本　六冊

110000－0102－0005738　甲一/172　經部/小學類/文字/說文

說文五種三十九卷　湖北崇文書局輯　清光緒二年（1876）湖北崇文書局刻本　八冊

110000－0102－0005739　甲一/173　經部/小學類/文字/說文

說文解字十五卷　（漢）許慎撰　（宋）徐鉉等校　**附說文通檢十四卷**　（清）黎永椿編　清同治十二年（1873）刻本　十冊

110000－0102－0005740　甲一/177　經部/經總類/群經合刊

四益館經學叢書五種　廖平撰　清光緒十二年（1886）成都刻本　五冊

110000－0102－0005741　甲一/182　經部/禮類/三禮

三禮通釋二百八十卷首一卷目錄四卷　（清）林昌彝撰　清同治三年（1864）刻本　四十八冊

110000－0102－0005742　甲二/4　史部/傳

344

記類/年譜

黃忠端公年譜二卷 （清）黃炳垕編輯　清光緒元年(1875)刻本　一冊

110000－0102－0005743　甲二/5　史部/傳記類/年譜

蘭史自訂年譜一卷 （清）王錫九撰　清同治六年(1867)刻本　一冊

110000－0102－0005744　甲二/6　史部/傳記類/年譜

韓柳年譜八卷 （清）馬曰璐輯　清光緒元年(1875)金陵隸釋齋摹刻本　四冊

110000－0102－0005745　甲二/7　史部/傳記類/總傳/專錄/事蹟

旌忠錄 （清）陳祖碻輯　清光緒五年(1879)刻本　二冊

110000－0102－0005746　甲二/8　史部/政書類/軍政

楊公治鄞政略 （清）楊懿元撰　清光緒九年(1883)刻本　一冊

110000－0102－0005747　甲二/9　史部/金石類

長安獲古編二卷補一卷 （清）劉喜海編輯　清東武劉氏刻本　二冊

110000－0102－0005748　甲二/10　史部/外國史類

東國史略六卷　清光緒十九年(1893)景蘇園刻本　四冊

110000－0102－0005749　甲二/11　史部/傳記類/志錄

闕里述聞十四卷補一卷 （清）鄭曉如撰　清同治七年(1868)廣州華文堂刻本　八冊

110000－0102－0005750　甲二/13　史部/傳記類/別傳

韓魏公言行錄 （清）崔廷璋撰　清光緒十三年(1887)刻本　一冊

110000－0102－0005751　甲二/27　史部/傳記類/總傳/專錄/仕宦

江蘇同官錄　清光緒刻本　六冊

110000－0102－0005752　甲二/28　史部/金石類/總錄/文字

金石文鈔八卷續鈔二卷 （清）趙紹祖編　清嘉慶七年(1802)刻本　十冊

110000－0102－0005753　甲二/29　史部/史表類

歷代帝王表 （清）齊召南原編　（清）阮福補　清道光四年(1824)小琅環仙館刻本　四冊

110000－0102－0005754　甲二/30　史部/別史、雜史類

兩朝剝復錄六卷首一卷 （明）吳應箕輯　清同治三年(1864)皖南夏氏刻本　四冊

110000－0102－0005755　甲二/32　集部/總集類/文/地方

中州名賢文表三十卷 （明）劉昌編　清光緒三十年(1904)上海鴻文書局石印本　六冊

110000－0102－0005756　甲二/33　集部/總集類/文/地方

續中州名賢文表六十八卷 （清）邵松年編　清光緒三十年(1904)上海鴻文書局石印本　二十二冊

110000－0102－0005757　甲二/35　史部/傳記類/志錄

闕里文獻考一百卷首一卷末一卷 （清）孔繼汾撰　清乾隆二十七年(1762)孔氏刻本　八冊

110000－0102－0005758　甲二/36　史部/傳記類/志錄

闕里文獻考一百卷首一卷末一卷 （清）孔繼汾撰　清乾隆二十七年(1762)孔氏刻本　十六冊

110000－0102－0005759　甲二/37　史部/外國史類

四裔編年表四卷 （美國）林樂知　（清）嚴良勳同譯　（清）李鳳苞編　清末上海江南製造局刻本　四冊

110000－0102－0005760　甲二/40　史部/地理類/遊記/遊記譯作

柬埔寨以北探路記十五卷　（法國）晃西士加尼撰　清光緒十六年(1890)鉛印本　十五冊

110000－0102－0005761　甲二/42　史部/政書類/詔令奏議/詔令

諭摺彙存　（清）□□輯　清光緒活字印本　七十二冊

110000－0102－0005762　甲二/43　史部/政書類/詔令奏議/詔令

諭摺彙存　（清）□□輯　清光緒活字印本　六十冊

110000－0102－0005763　甲二/44　史部/地理類/專志/書院

寶晉書院志十一卷首一卷　（清）趙佑宸續修　清光緒六年(1880)刻本　二冊

110000－0102－0005764　甲二/49　史部/傳記類/總傳/專錄/其它

鳳臺祇謁筆記一卷　（清）董恂撰　清同治九年(1870)刻本　一冊

110000－0102－0005765　甲二/50　史部/政書類/邦計/交通運輸

各國鐵路圖考四卷　（清）劉啟彤譯　清光緒二十四年(1898)上海書局石印本　八冊

110000－0102－0005766　甲二/51　史部/編年類/斷代

西漢年紀三十卷　（宋）王益之撰　清嘉慶四年(1799)掃葉山房刻本　八冊

110000－0102－0005767　甲二/52　史部/地理類/雜記

異域風謠　（清）寥園主人撰　清刻本　二冊

110000－0102－0005768　甲二/53　史部/政書類

錢氏政學三種　（清）錢學嘉編　清光緒上海書局石印本　四冊

110000－0102－0005769　甲二/55　史部/政書類

列國政要一百三十二卷首一卷　（清）戴鴻慈（清）端方同輯　清光緒三十三年(1907)石印本　三十二冊

110000－0102－0005770　甲二/56　史部/載記類

皇朝藩部要略十六卷　（清）祁韻士纂　（清）毛嶽生編　清道光筠淥山房刻本　八冊

110000－0102－0005771　甲二/58　史部/紀傳類/斷代

漢書地理志校本二卷　（清）汪遠孫撰　清道光二十八年(1848)振綺堂刻本　二冊

110000－0102－0005772　甲二/60　史部/政書類/通制

九通　（□）□□輯　清光緒二十八年(1902)上海寶鴻書局石印本　二百○四冊

110000－0102－0005773　甲二/61　史部/地理類/水道/河

治河方略十卷　（清）靳輔撰　清嘉慶河庫道衙門刻本　十冊

110000－0102－0005774　甲二/63　史部/地理類/水道/總錄

水道提要二十八卷　（清）齊召南撰　清光緒四年(1878)刻本　八冊

110000－0102－0005775　甲二/64　史部/外國史類

日本源流攷二十二卷　王先謙撰　清光緒二十九年(1903)刻本　十冊

110000－0102－0005776　甲二/67　史部/傳記類/日記

蜀輶日記皇華草合編四卷　（清）陶澍撰　清道光十三年(1833)刻本　四冊

110000－0102－0005777　甲二/69　史部/傳記類/總傳/通錄/斷代

續碑傳集八十六卷首二卷　繆荃孫纂錄　清宣統二年(1910)武昌江楚編譯局刻本　二十四冊

110000－0102－0005778　甲二/70　史部/紀

事本末類

吳中平寇記八卷 （清）錢勛編　清光緒元年 (1875)上海申報館鉛印本　二冊

110000－0102－0005779　甲二/72　史部/地理類/方志/地方志/山東

[康熙]續修汶上縣誌八卷 （清）聞元炅續編　清康熙五十六年(1717)刻本　三冊

110000－0102－0005780　甲二/73　史部/政書類/文牘檔冊

和約彙抄六卷首一卷 （清）□□輯　清光緒 上海申報館鉛印本　五冊

110000－0102－0005781　甲二/74　史部/外國史類

萬國史記二十卷 （日本）岡本監輔撰　清光緒五年(1879)上海申報館鉛印本　十冊

110000－0102－0005782　甲二/75　史部/地理類/專志/陵墓

歷代陵寢備攷五十卷 （清）朱孔陽輯　清光緒上海申報館鉛印本　十二冊

110000－0102－0005783　甲二/81　史部/紀事本末類/斷代

綏寇紀略十二卷補遺三卷 （清）吳偉業撰　清嘉慶九年(1804)虞山照曠閣刻本　八冊

110000－0102－0005784　甲二/85　史部/別史、雜史類

甲申傳信錄十卷 （清）錢軹撰　清光緒三年 (1877)上海申報館鉛印本　四冊

110000－0102－0005785　甲二/88　史部/外國史類

黑蠻風土記 （英國）立溫斯敦撰　（清）史錦鏞譯　清光緒鉛印本　一冊

110000－0102－0005786　甲二/89　史部/政書類/詔令奏議/詔令

諭摺彙存 （清）□□編　清光緒活字印本 四十二冊

110000－0102－0005787　甲二/90　史部/政書類/詔令奏議/詔令

諭摺彙存 （清）□□編　清光緒活字印本 五十四冊

110000－0102－0005788　甲二/91　史部/政書類/詔令奏議/詔令

諭摺彙存 （清）□□編　清光緒活字印本 六冊

110000－0102－0005789　甲二/92　史部/政書類/詔令奏議/詔令

諭摺彙存 （清）□□編　清光緒活字印本 七十八冊

110000－0102－0005790　甲二/93　史部/傳記類/別傳

曾文正公大事記四卷 （清）王定安撰　清光緒二年(1876)上海申報館鉛印本　二冊

110000－0102－0005791　甲二/94　史部/傳記類/年譜

曾文正公年譜十二卷 （清）黎庶昌編　清光緒三年(1877)上海申報館鉛印本　六冊

110000－0102－0005792　甲二/95　史部/別史、雜史類

淮軍平捻記十二卷 （清）周世澄編　清光緒上海申報館鉛印本　四冊

110000－0102－0005793　甲二/96　史部/紀事本末類/斷代

聖武記十四卷 （清）魏源撰　清光緒上海申報館鉛印本　十冊

110000－0102－0005794　甲二/97　史部/載記類

紀載彙編 （清）馮夢龍撰　清光緒四年 (1878)上海申報館鉛印本　二冊

110000－0102－0005795　甲二/98　史部/別史、雜史類

東槎紀略五卷 （清）姚瑩撰　清光緒四年 (1878)上海申報館鉛印本　二冊

110000－0102－0005796　甲二/99　史部/別史、雜史類

平浙紀略十六卷 （清）陳鍾英等編　清光緒

元年(1875)上海申報館鉛印本　四冊

110000－0102－0005797　甲二/100　史部/
地理類/總錄

西域聞見錄八卷　(清)椿園撰　清乾隆二十
四年(1759)刻本　二冊

110000－0102－0005798　甲二/101　史部/
傳記類/總傳/專錄/釋道

列仙傳二卷　(漢)劉向撰　清咸豐三年
(1853)胡珽刻本　二冊

110000－0102－0005799　甲二/102　史部/
政書類/邦交/各國

英俄印度交涉書　(英國)馬文撰　(英國)羅
亨利　(清)瞿昂來同譯　清光緒江南機器製
造局刻本　一冊

110000－0102－0005800　甲二/103　史部/
政書類/邦交/總錄

歐州東方交涉記十二卷　(英國)麥高爾輯著
　(美國)林樂知　(美國)瞿昂來同譯　清光
緒六年(1880)刻本　二冊

110000－0102－0005801　甲二/105　史部/
政書類/邦交/總錄

歐州東方交涉記十二卷　(英國)麥高爾輯著
　(美國)林樂知　(美國)瞿昂來同譯　清光
緒六年(1880)刻本　二冊

110000－0102－0005802　甲二/106　史部/
傳記類/總傳/專錄/儒林

伊洛淵源錄十四卷　(宋)朱熹編　清刻本
六冊

110000－0102－0005803　甲二/109　史部/
傳記類/總傳/專錄

國史儒林文苑賢良循吏傳七卷　(清)阮元等
撰　清刻本　四冊

110000－0102－0005804　甲二/110　史部/
地理類/遊記/清

西域記八卷　(清)椿園撰　清嘉慶十九年
(1814)盧氏味經堂刻本　二冊

110000－0102－0005805　甲二/111　史部/

政書類/詔令奏議/詔令

諭摺彙存　(清)□□編　清光緒鉛印本　四
十八冊

110000－0102－0005806　甲二/112　史部/
傳記類/人表

宋元以來畫人姓氏錄三十六卷　(清)魯駿編
　清道光刻本　二十冊

110000－0102－0005807　甲二/113　史部/
編年類/通代

資治通鑑二百九十四卷　(宋)司馬光撰
(元)胡三省音注　清同治八年(1869)江蘇書
局刻本　一百冊

110000－0102－0005808　甲二/114　子部/
類書類/專編

古今姓氏書辨證四十卷　(宋)鄧名世撰
(清)孫星衍　(清)洪梧合校　清嘉慶十五年
(1810)敦禮堂刻岱南閣叢書本　六冊

110000－0102－0005809　甲二/115　史部/
紀事本末類/斷代

綏寇紀略十二卷補遺三卷　(清)吳偉業撰
清光緒三年(1877)上海申報館鉛印本　八冊

110000－0102－0005810　甲二/117　史部/
地理類/水道/總錄

全校水經注四十卷補遺一卷附錄二卷　(北
魏)酈道元注　(清)全祖望校　清光緒十四
年(1888)無錫薛氏刻本　十二冊

110000－0102－0005811　甲二/118　史部/
傳記類/家傳、宗譜/譜錄

歷代名賢列女氏姓譜一百五十七卷　(清)蕭
智漢編　清乾隆五十七年(1792)聽濤山房刻
本　一百七十冊

110000－0102－0005812　甲二/122　史部/
地理類/方志/總志

新斠注地理志集釋十六卷　(清)錢坫撰
(清)徐松集釋　清同治十三年(1874)會稽章
氏刻本　八冊

110000－0102－0005813　甲二/125　史部/
傳記類/日記

求闕齋日記類鈔十卷　（清）曾國藩撰　（清）
王啟源校編　清光緒十三年（1887）上海申報
館鉛印本　二冊

110000 – 0102 – 0005814　甲二/127　史部/
外國史類

日本維新三十年史十二編附表　（日本）博文
館編　清光緒二十九年（1903）上海廣智書局
鉛印本　六冊

110000 – 0102 – 0005815　甲二/129　史部/
地理類/方志

［光緒］黑龍江述略六卷　（清）徐宗亮撰　清
光緒十七年（1891）石埭徐氏觀自得齋刻本
二冊

110000 – 0102 – 0005816　甲二/130　史部/
地理類/雜記

津門雜記三卷　（清）張燾輯　清光緒十年
（1884）刻本　三冊

110000 – 0102 – 0005817　甲二/131　史部/
史表類

紀元通考十二卷　（清）葉維庚撰　清道光八
年（1828）刻本　四冊

110000 – 0102 – 0005818　甲二/134　史部/
地理類/總錄

中外輿地彙鈔十四卷　（清）馬冠群編　清光
緒二十年（1894）蘇州文瑞樓石印本　四冊

110000 – 0102 – 0005819　甲二/137　史部/
政書類/詔令奏議/詔令

諭摺彙存　（清）□□編　清光緒活字本　七
十六冊

110000 – 0102 – 0005820　甲二/138　史部/
傳記類/總傳/通錄/斷代

碑傳集一百六十卷首二卷　（清）錢儀吉纂錄
　清光緒十九年（1893）江蘇書局刻本　六
十

110000 – 0102 – 0005821　甲二/139　史部/
地理類/水道/總錄

行水金鑑一百七十五卷　（清）傅澤洪撰　清
刻本　三十六冊

110000 – 0102 – 0005822　甲二/140　史部/
外國史類

東洋史要二卷　（日本）桑原騭藏撰　（清）樊
炳清譯　清光緒東文學社排印本　四冊

110000 – 0102 – 0005823　甲二/141　史部/
別史、雜史類

宋遼金元別史三百〇七卷　（清）席世臣輯
清嘉慶掃葉山房刻本　四十冊

110000 – 0102 – 0005824　甲二/142　史部/
紀傳類/通代

五代史記注七十四卷　（宋）歐陽修撰　（清）
彭元瑞注　清道光八年（1828）刻本　四十冊

110000 – 0102 – 0005825　甲二/143　史部/
政書類/法令/律例

大清律例彙輯便覽四十卷附二卷　（清）高澍
等編　清同治十一年（1872）湖北讞局刻本
三十二冊

110000 – 0102 – 0005826　甲二/144　史部/
政書類/詔令奏議/奏議

駱文忠公奏稿十卷　（清）駱秉章撰　清光緒
十七年（1891）刻本　十冊

110000 – 0102 – 0005827　甲二/145　史部/
史表類

歷代帝王紀要十二卷首一卷　（清）王大輝編
　（清）鄭瑞楗重編　清光緒七年（1881）刻本
二冊

110000 – 0102 – 0005828　甲二/146　經部/
小學類/文字/說文

六書辨　（清）徐紹楨撰　清光緒三十三年
（1907）刻本　一冊

110000 – 0102 – 0005829　甲二/147　史部/
外國史類

東洋史要六卷首一卷　（日本）桑原騭藏撰
清光緒鉛印本　二冊

110000 – 0102 – 0005830　甲二/150　史部/
政書類/邦計/交通運輸

各國鐵路政攷四卷　（清）劉啟彤譯　清光緒
二十二年（1896）倉山書局石印本　八冊

110000 - 0102 - 0005831　甲二/151　史部/
傳記類/日記

出使英法意比四國日記六卷　（清）薛福成撰
清光緒十八年(1892)石印本　三冊

110000 - 0102 - 0005832　甲二/152　史部/
別史、雜史類

蕩平髮逆圖記二十二卷首一卷　（清）杜文瀾
撰　清光緒石印本　四冊

110000 - 0102 - 0005833　甲二/153　史部/
傳記類/總傳/專錄/其它

欽定宗室王公功績表傳十二卷首一卷　（清）
允秘敕編　清乾隆活字本　八冊

110000 - 0102 - 0005834　甲二/156　史部/
傳記類/年譜

歷代名人年譜十卷　（清）吳榮光撰　清咸豐
京師晉華書局刻本　十冊

110000 - 0102 - 0005835　甲二/158　史部/
地理類/遊記/遊各國

使琉球記六卷　（清）李鼎元撰　清嘉慶七年
(1802)師竹齋刻本　六冊

110000 - 0102 - 0005836　甲二/159　史部/
地理類/方志/地方志/山東

[光緒]壽張縣誌十卷首一卷　（清）劉文煒修
（清）王守謙纂　清光緒二十六年(1900)刻
本　六冊

110000 - 0102 - 0005837　甲二/161　史部/
別史、雜史類

欽定蒙古源流八卷　（清）小徹辰薩囊臺吉撰
清刻本　四冊

110000 - 0102 - 0005838　甲二/162　史部/
編年類/通代

資治通鑑二百九十四卷　（宋）司馬光編纂
（元）胡三省音注　清同治十年(1871)湖北崇
文書局刻本　一百冊

110000 - 0102 - 0005839　甲二/165　史部/
傳記類/年譜

廣元遺山年譜二卷　（清）李光廷編　清同治
五年(1866)刻本　二冊

110000 - 0102 - 0005840　甲二/167　史部/
地理類/遊記/清

秦邊紀略六卷　（清）□□撰　清同治十一年
(1872)安徽潘署敬義齋刻本　二冊

110000 - 0102 - 0005841　甲二/168　史部/
政書類/職官/官制

唐六典三十卷　（唐）玄宗李隆基撰　（唐）李
林甫等注　清嘉慶五年(1800)掃葉山房刻本
八冊

110000 - 0102 - 0005842　甲二/171　史部/
別史、雜史類

勝朝遺事初編　（清）吳彌光輯　（清）朱澤元
重編　清光緒九年(1883)懺花盦刻本　十
八冊

110000 - 0102 - 0005843　甲二/172　史部/
地理類/方志/地方志

[康熙]沂州志八卷　（清）邵士重修　清康熙
十三年(1674)刻本　八冊

110000 - 0102 - 0005844　甲二/174　史部/
傳記類/總傳/專錄/儒林

文獻徵存錄十卷　（清）錢林撰　清咸豐八年
(1858)有嘉樹軒刻本　十冊

110000 - 0102 - 0005845　甲二/175　史部/
政書類/邦計/雜錄

華制存考　（清）擷華書局編　清宣統鉛印本
六十九冊

110000 - 0102 - 0005846　甲二/177　集部/
小說類/筆記小說

山海經十六卷圖贊一卷訂譌一卷　（晉）郭璞
傳　（清）郝懿行箋　清嘉慶阮氏琅嬛仙館刻
本　六冊

110000 - 0102 - 0005847　甲二/179　史部/
政書類/文牘檔冊

元典章六十卷　清光緒三十四年(1908)法律
館刻本　二十四冊

110000 - 0102 - 0005848　甲二/180　史部/
傳記類/總傳/通錄/斷代

國朝先正事略六十卷　（清）李元度纂　清同

治五年(1866)循陔草堂刻本　二十四冊

110000－0102－0005849　甲二/181　史部/
地理類/方志/總志

一統志案說十六卷　（清）顧炎武撰　（清）徐
乾學纂　清道光清芬閣木活字印本　六冊

110000－0102－0005850　甲二/182　子部/
譜錄類/其它

欽定錢錄十六卷　（清）梁詩正等撰　清刻本
二冊

110000－0102－0005851　甲二/184　史部/
政書類/雜錄

時事采新彙選　（清）□□輯　清光緒刻本
六冊

110000－0102－0005852　甲二/185　史部/
政書類/雜錄

時事采新彙選　（清）□□輯　清光緒鉛印本
七十一冊

110000－0102－0005853　甲二/186　史部/
政書類/雜錄

時事采新彙選　（清）□□輯　清光緒鉛印本
四十四冊

110000－0102－0005854　甲二/187　史部/
政書類/雜錄

時事采新彙選　（清）□□輯　清光緒鉛印本
六十六冊

110000－0102－0005855　甲二/188　史部/
政書類/雜錄

時事采新彙選　（清）□□輯　清光緒鉛印本
七十一冊

110000－0102－0005856　甲二/189　史部/
政書類/雜錄

時事采新彙選　（清）□□輯　清光緒鉛印本
五十八冊

110000－0102－0005857　甲二/190　史部/
政書類/詔令奏議/詔令

諭摺彙存　（清）□□輯　清光緒鉛印本　三
十冊

110000－0102－0005858　甲二/191　史部/
政書類/雜錄

時事采新彙選　（清）□□輯　清光緒鉛印本
八十三冊

110000－0102－0005859　甲二/195　史部/
紀傳類/斷代

漢書補注一百卷首一卷　王先謙撰　清光緒
二十六年(1900)長沙汪氏刻本　三十二冊

110000－0102－0005860　甲二/196　史部/
紀傳類/通代

史記集解索隱正義合刻一百三十卷　（漢）司
馬遷撰　（南朝宋）裴駰集解　（唐）司馬貞索
隱　清同治九年(1870)金陵書局刻本　二
十冊

110000－0102－0005861　甲二/197　史部/
傳記類/人表

史姓韻編六十四卷　（清）汪輝祖撰　清同治
九年(1870)金陵書局鉛印本　二十四冊

110000－0102－0005862　甲二/198　史部/
外國史類

越南輯略二卷　（清）徐延旭編　清光緒三年
(1877)刻本　二冊

110000－0102－0005863　甲二/200　史部/
傳記類

姓氏族譜合編十卷　（清）李魁第編　清光緒
五年(1879)醉月軒刻本　十冊

110000－0102－0005864　甲二/201　史部/
史料類

京口掌故叢編　（清）陶駿保編　清光緒三十
四年(1908)丹徒陶氏刻本　二冊

110000－0102－0005865　甲二/202　史部/
紀事本末類/斷代

明季南略十八卷　（清）計六奇撰　清北京半
松居士活字本　七冊

110000－0102－0005866　甲二/203　史部/
紀事本末類/斷代

明季北略二十四卷　（清）計六奇撰　清北京
半松居士活字本　十冊

110000－0102－0005867　甲二/205　史部/紀傳類/斷代

漢書地理志稽疑四卷　（清）全祖望撰　清嘉慶九年(1804)浙江得讓草堂刻本　一冊

110000－0102－0005868　甲二/207　史部/外國史類

美史紀事本末八卷首一卷末一卷　（美國）姜寧撰　（清）章宗元譯　清光緒二十九年(1903)刻求我齋叢譯本　二冊

110000－0102－0005869　甲二/209　史部/地理類/方志/地方志

[道光]欽定新疆識略十二卷首一卷　（清）祝慶蕃　（清）孫貫一等撰　清道光元年(1821)刻本　十冊

110000－0102－0005870　甲二/213　史部/政書類/軍政

霆軍紀略十六卷　（清）陳昌編　清光緒八年(1882)上海申報館鉛印本　六冊

110000－0102－0005871　甲二/214　史部/紀事本末類/斷代

山東軍興紀略二十二卷　（清）張曜撰　清光緒上海申報館活字本　十冊

110000－0102－0005872　甲二/215　史部/地理類/方志/地方志

滬城備考六卷　（清）褚華撰　清光緒四年(1878)上海申報館鉛印本　二冊

110000－0102－0005873　甲二/216　史部/地理類/外紀

五大洲女俗通攷二十一卷首一卷　（美國）林樂知撰　（清）任保羅譯　清光緒二十九年(1903)鉛印本　二十一冊

110000－0102－0005874　甲二/219　史部/地理類/方志/地方志/湖北

[同治]鍾祥縣志二十卷　（清）劉建侯等修　（清）孫福海纂　清同治六年(1867)刻本　十冊

110000－0102－0005875　甲二/221－1　史部/紀傳類/斷代

漢書注校補五十六卷　（清）周壽昌撰　清光緒十年(1884)思益堂刻本　十三冊

110000－0102－0005876　甲二/221－2　史部/紀傳類/斷代

後漢書補正八卷　（清）周壽昌撰　清光緒十年(1884)思益堂刻本　二冊

110000－0102－0005877　甲二/221－3　史部/紀傳類/斷代

三國志注證遺四卷補四卷　（清）周壽昌撰　清光緒十年(1884)長沙思益堂刻本　一冊

110000－0102－0005878　甲二/222　史部/傳記類/年譜

阿文成公年譜三十四卷　（清）那彥成編　清嘉慶十八年(1813)刻本　三十三冊

110000－0102－0005879　甲二/224　集部/總集類/文/雜錄/課藝

[清光緒朝]歷科朝元卷　（清）□□輯　清光緒刻本　二冊

110000－0102－0005880　甲二/225　史部/政書類/邦交/雜錄

清咸同間與各國所訂條約　（清）□□輯　清同治刻本　十四冊

110000－0102－0005881　甲二/226　史部/傳記類/年譜

潘世恩年譜　（清）潘世恩撰　清咸豐刻本　二冊

110000－0102－0005882　甲二/230　史部/傳記類/總傳/專錄/文苑

國朝詩人徵略六十卷二編六十四卷　（清）張維屏編　清道光十年(1830)刻本　十六冊

110000－0102－0005883　甲二/237　史部/載記類

吳越備史四卷首一卷　（宋）錢儼撰　清道光二年(1822)掃葉山房刻本　二冊

110000－0102－0005884　甲二/238　史部/傳記類/總傳/專錄/其它

古品節錄六卷　（清）松筠編　清嘉慶四年

(1799)刻本　六冊

110000－0102－0005885　甲二/240　史部/
政書類/詔令奏議/奏議

皇朝道咸同光奏議六十四卷　（清）王延熙
（清）王樹敏合編　清光緒二十八年（1902）上
海久敬齋石印本　二十八冊

110000－0102－0005886　甲二/244　史部/
目錄類/著錄/叢書目錄/總目

欽定四庫全書簡明目錄二十卷　（清）紀昀等
撰　清刻本　十八冊

110000－0102－0005887　甲二/245　史部/
目錄類/收藏/私藏/清

稽瑞樓書目　（清）陳揆編　清光緒三年
（1877）京師吳縣潘祖蔭八喜齋刻本　一冊

110000－0102－0005888　甲二/246　史部/
目錄類/收藏/私藏/清

學古堂藏書目　（□）□□輯　清刻本　一冊

110000－0102－0005889　甲二/247　史部/
外國史類

西國近事彙編三十五卷　（美國）林樂知
（清）蔡錫齡合譯　清光緒二十三年（1897）上
海慎記書莊石印本　十八冊

110000－0102－0005890　甲二/248　史部/
政書類

錢氏政學五種十五卷　錢恂撰　清光緒二十
九年（1903）石印本　七冊

110000－0102－0005891　甲二/249　史部/
外國史類

泰西十八周史攬要十八卷　（英國）雅各偉德
撰　（英國）季理斐成章譯　（清）李鼎星編
清光緒二十八年（1902）上海廣學會鉛印本
三冊

110000－0102－0005892　甲二/251　史部/
目錄類/收藏/私藏

浙江藏書樓甲編書目　（清）楊復等編　清光
緒三十三年（1907）鉛印本　三冊

110000－0102－0005893　甲二/254　史部/

傳記類/年譜

溫經樓年譜　（清）孔廣林撰　清嘉慶稿本
二冊

110000－0102－0005894　甲二/255　史部/
地理類/方志/地方志

黔記四卷　（清）李宗昉撰　清刻本　一冊

110000－0102－0005895　甲二/257　史部/
目錄類/著錄/叢書目錄/總目

欽定四庫全書總目提要四部類敘一卷　（清）
江標輯　清光緒二十一年（1895）元和江氏刻
本　一冊

110000－0102－0005896　甲二/260　史部/
傳記類/年譜

先恭勤公年譜四卷　（清）徐彬　（清）徐桐合
編　清咸豐刻本　四冊

110000－0102－0005897　甲二/261　史部/
傳記類/總傳/專錄/事蹟

史外八卷　（清）汪有典撰　清光緒三年
（1877）刻本　八冊

110000－0102－0005898　甲二/262　史部/
紀傳類/斷代

三國志六十五卷　（晉）陳壽撰　（南朝宋）裴
松之注　清同治六年（1867）金陵書局刻本
二十冊

110000－0102－0005899　甲二/263　史部/
目錄類/著錄/藝文類

八史經籍志三十卷　（清）張壽榮編　清光緒
八年（1882）刻本　十六冊

110000－0102－0005900　甲二/264　史部/
目錄類/收藏/私藏/清

鐵琴銅劍樓藏書目錄二十四卷　（清）瞿鏞編
清光緒常熟瞿氏刻本　十冊

110000－0102－0005901　甲二/266　史部/
地理類/專志

欽定五軍道里表十八卷　（清）明亮等編　清
嘉慶刻本　十八冊

110000－0102－0005902　甲二/269　史部/

目錄類/著錄/叢書目錄/總目

彙刻書目十卷 （清）顧修撰　清嘉慶二十五年(1820)潢川吳氏刻本　十冊

110000－0102－0005903　甲二/270　史部/目錄類/收藏/私藏/清

天一閣見存書目四卷首一卷　（清）薛福成編　清光緒十五年(1889)無錫薛氏刻本　三冊

110000－0102－0005904　甲二/273　史部/目錄類/收藏/私藏/清

行素草堂目睹書錄　（清）朱記榮編　清光緒十年(1884)槐廬刻本　十冊

110000－0102－0005905　甲二/275　史部/傳記類/志錄

宗聖志二十卷　（明）曾承業編　（明）呂兆祥續　（清）王定安重編　清光緒十六年(1890)金陵刻本　八冊

110000－0102－0005906　甲二/276　史部/目錄類/著錄/存毀書目

經籍訪古志六卷補遺一卷　（日本）澀江全善　（日本）森立之合撰　清光緒十一年(1885)鉛印本　八冊

110000－0102－0005907　甲二/279　史部/目錄類/收藏/公藏/清

四庫書目略二十卷　（清）文良編　清同治九年(1870)刻本　十二冊

110000－0102－0005908　甲二/280　史部/地理類/方志/地方志

[同治]韶州府志四十卷　（清）單興詩等編　清光緒二年(1876)刻本　二十四冊

110000－0102－0005909　甲二/282　史部/傳記類/人表

爵秩全覽　（清）□□編　清光緒二十五年(1899)刻本　六冊

110000－0102－0005910　甲二/283　史部/編年類

東華錄十六卷　（清）蔣良騏編　清光緒十三年(1887)上海點石齋抄本　十六冊

110000－0102－0005911　甲二/285　史部/目錄類/著錄/叢書目錄/總目

四庫簡明目錄標注二十卷　（清）邵懿辰撰　清宣統三年(1911)邵氏刻本　六冊

110000－0102－0005912　甲二/290　史部/目錄類/收藏/私藏/清

萬卷樓藏書總目　（清）黃彭年編　清光緒八年(1882)刻本　一冊

110000－0102－0005913　甲二/291　史部/地理類/總錄

輿地沿革表四十卷首一卷　（清）楊丕復撰　清光緒十四年(1888)刻本　二十四冊

110000－0102－0005914　甲二/295　史部/傳記類/總傳/通錄/斷代

國朝先正事略續編四卷　（清）朱孔彰撰　清光緒二十六年(1900)石印本　四冊

110000－0102－0005915　甲二/298　史部/目錄類/著錄/存毀書目

宋元舊本書經眼錄三卷附錄二卷　（清）莫友芝撰　清同治十二年(1873)刻本　一冊

110000－0102－0005916　甲二/299　史部/目錄類/著錄/學術總目

書目答問　（清）張之洞編　清光緒二十三年(1897)三味堂刻本　二冊

110000－0102－0005917　甲二/301　史部/目錄類/著錄/刊行書目

江刻書目三種　（清）江標輯　清光緒間(1875－1908)蘇州振新書社影印本　四冊

110000－0102－0005918　甲二/303　史部/編年類/通代

御批歷代通鑑輯覽一百二十卷　（清）傅恆等撰　清光緒二十年(1894)湖南澹雅書局刻本　五十六冊

110000－0102－0005919　甲二/307　史部/目錄類/著錄/學科專目/經籍

通志堂經解目錄一卷　（清）翁方綱編　清咸豐三年(1853)南海伍崇曜刻粵雅堂叢書本　一冊

110000－0102－0005920　甲二/308　史部/
傳記類/總傳/專錄/工藝

壬癸志稿二十八卷　（清）錢寶琛編　清光緒
六年(1880)刻本　四冊

110000－0102－0005921　甲二/309　史部/
載記類

熙朝新語十二卷　（清）余金撰　清嘉慶二十
三年(1818)塢盛堂刻本　六冊

110000－0102－0005922　甲二/311　經部/
小學類/文字

名原二卷　（清）孫詒讓編　清光緒三十一年
(1905)刻本　一冊

110000－0102－0005923　甲二/313　史部/
金石類/金/文字

攀古廔彝器款識　（清）潘祖蔭編　清同治十
一年(1872)刻本　二冊

110000－0102－0005924　甲二/314　史部/
傳記類/總傳/專錄/工藝

壬癸志稿二十八卷　（清）錢寶琛編　清光緒
六年(1880)刻本　四冊

110000－0102－0005925　甲二/316　史部/
目錄類/著錄/叢書目錄/總目

欽定四庫全書總目二百卷首一卷　（清）紀昀
等撰　清光緒上海漱文山莊石印本　二十
四冊

110000－0102－0005926　甲二/318　史部/
地理類/地圖、圖志

浙江全省輿圖並水陸道里記　（清）宗源瀚等
編　清光緒二十年(1894)石印本　二十冊

110000－0102－0005927　甲二/320　史部/
目錄類/收藏/私藏/清

善本書室藏書志四十卷附錄一卷　（清）丁丙
編　清光緒二十七年(1901)丁氏刻本　十
六冊

110000－0102－0005928　甲二/321　史部/
地理類/方志/地方志

[康熙]寧化縣志七卷　（清）李世熊編　清同
治八年(1869)刻本　十冊

110000－0102－0005929　甲二/323　史部/
傳記類/總傳/專錄/科舉

[清嘉慶癸酉科]明經通譜　（清）高希祖等編
清嘉慶十九年(1814)刻本　四冊

110000－0102－0005930　甲二/325　史部/
地理類/方志/地方志

[同治]贛縣志五十四卷首一卷　（清）黃德溥
（清）崔國榜修　（清）褚景昕纂　清同治十
一年(1872)刻本　八冊　存三十四卷(四至
三十七)

110000－0102－0005931　甲二/326　史部/
地理類/方志/地方志

[光緒]南安府志補正十二卷首一卷　（清）楊
諄纂修　清光緒元年(1875)刻本　六冊

110000－0102－0005932　甲二/327　史部/
傳記類/總傳/專錄/文苑

歷代兩浙詞人小傳十六卷　（清）周慶雲編
清同治元年(1862)夢坡室刻本　五冊

110000－0102－0005933　甲二/329　史部/
目錄類/收藏/私藏/清

廉石居藏書記二卷　（清）孫星衍撰　清道光
二十年(1840)江寧獨抱廬刻本　一冊

110000－0102－0005934　甲二/330　史部/
政書類/邦計/鹽政

淮北票鹽志略十五卷　（清）童濂編　清同治
七年(1868)刻本　六冊

110000－0102－0005935　甲二/331　經部/
春秋類/左傳/傳說

春秋氏族圖攷二卷　（清）沈澄本撰　清嘉慶
十九年(1814)秋水山房刻本　二冊

110000－0102－0005936　甲二/332　叢部/
彙編叢書

問影樓輿地叢書　（清）胡思敬編　清光緒三
十四年(1908)鉛印本　十冊

110000－0102－0005937　甲二/333　史部/
地理類/總錄

輿地紀勝二百卷首一卷　（宋）王象之編　清
咸豐五年(1855)南海伍氏粵雅堂刻本　二十

二冊　原缺三十一卷

110000－0102－0005938　甲二/334　史部/
地理類/地圖、圖志

奉天全省地輿圖說圖表　(清)王志修編　清
光緒二十年(1894)刻本　一冊

110000－0102－0005939　甲二/335　史部/
政書類/通制

欽定續文獻通考二百五十卷　(清)紀昀等撰
　清光緒石印本　三十二冊

110000－0102－0005940　甲二/337　史部/
目錄類/著錄/學術總目

書目答問　(清)張之洞撰　清光緒元年
(1875)刻本　三冊

110000－0102－0005941　甲二/339　史部/
地理類/方志/地方志

楚寶四十卷　(明)周聖楷編　(清)鄧顯鶴增
輯　清道光九年(1829)刻本　三十冊

110000－0102－0005942　甲二/343　史部/
目錄類/著錄/存毀書目

廣西存書總目錄　桂垣書局編　清光緒十六
年(1890)桂林桂垣書局刻本　一冊

110000－0102－0005943　甲二/346　史部/
史評類/詠史

全史宮詞二十卷　(清)史夢蘭撰　清咸豐六
年(1856)刻本　八冊

110000－0102－0005944　甲二/349　史部/
地理類/方志/地方志

[咸豐]定州續志四卷　(清)王榕吉等編　清
咸豐十年(1860)重修本　二冊

110000－0102－0005945　甲二/352　史部/
外國史類

泰西新史攬要二十四卷　(英國)馬懇西撰
(英國)李提摩太譯　蔡爾康編　清光緒二十
一年(1895)鉛印本　八冊

110000－0102－0005946　甲二/353　史部/
外國史類

歐羅巴通史四部　(日本)箕作元八等纂

(清)胡景伊等譯　清光緒東亞譯書會鉛印本
四冊

110000－0102－0005947　甲二/356　史部/
金石類

瘞鶴銘考補一卷　(清)翁方綱撰　清光緒刻
本　一冊

110000－0102－0005948　甲二/357　史部/
政書類/軍政

東三省政略十二卷　徐世昌編　清宣統三年
(1911)鉛印本　四十六冊

110000－0102－0005949　甲二/360　史部/
金石類/總錄

香南精舍金石契　(清)崇恩撰　清光緒二十
六年(1900)石印本　二冊

110000－0102－0005950　甲二/363　史部/
地理類/方志/地方志/江蘇

[同治]清江縣志十卷首一卷　(清)潘懿等修
　(清)朱孫詒等纂　清同治九年(1870)刻本
十一冊

110000－0102－0005951　甲二/364　史部/
地理類/方志

廣陵通典十卷　(清)汪中撰　清同治八年
(1869)刻本　二冊

110000－0102－0005952　甲二/366　史部/
別史、雜史類

平浙紀略十六卷　(清)秦緗業等編　清同治
十二年(1873)浙江書局刻本　四冊

110000－0102－0005953　甲二/367　史部/
傳記類/年譜

繩枻齋年譜二卷　(清)蔣攸銛撰　清道光十
五年(1835)刻本　二冊

110000－0102－0005954　甲二/370　史部/
傳記類/人表

宗室貢舉備考　(清)瑞聯編　清光緒十三年
(1887)刻本　二冊

110000－0102－0005955　甲二/371　史部/
紀傳類/斷代

後漢書一百卷 （南朝宋）范曄撰 （唐）李賢注 清同治十二年（1873）嶺東使署刻本 十六冊

110000－0102－0005956 甲二/373 史部/地理類/方志/地方志/北京

春明夢餘錄七十卷 （清）孫承澤撰 清光緒刻本 三十二冊

110000－0102－0005957 甲二/374 史部/傳記類/總傳/專錄/事蹟

國史儒林黃仲弢先生傳 （清）伍銓萃撰 清光緒湖北劉洪烈刻本 一冊

110000－0102－0005958 甲二/375 史部/傳記類/總傳/專錄

祖國女界文豪譜 （清）咀雪子撰 清宣統元年（1909）排印本 一冊

110000－0102－0005959 甲二/380 史部/金石類/總錄

金石全例四十九卷 （清）朱記榮輯 清光緒十八年（1892）刻本 十六冊

110000－0102－0005960 甲二/381 史部/金石類/地方

安陽縣金石錄十二卷 （清）武億撰 清嘉慶二十四年（1819）刻本 四冊

110000－0102－0005961 甲二/382 史部/地理類/總錄

世界地理志 （日本）樋田保熙譯 清光緒二十八年（1902）上海金粟齋譯書社鉛印本 三冊

110000－0102－0005962 甲二/383 史部/外國史類

泰西新史攬要八卷 （英國）馬懇西撰 （英國）李提摩太譯 （清）周慶雲編 清光緒二十七年（1901）夢坡室刻本 二冊

110000－0102－0005963 甲二/385 史部/編年類/通代

御批歷代通鑑輯覽一百二十卷 （清）高宗弘曆撰 清光緒二十八年（1902）石印本 十九冊 缺六卷（四十七至五十二）

110000－0102－0005964 甲二/389 史部/金石類/陶瓷

千甓亭磚錄 （清）陸心源纂 清光緒七年（1881）陸氏十萬卷樓刻本 二冊

110000－0102－0005965 甲二/391 史部/地理類/方志/地方志/河北

［光緒］深州風土記二十二卷 （清）吳汝綸撰 清光緒二十六年（1900）刻本 六冊

110000－0102－0005966 甲二/393 史部/紀傳類/斷代

後漢書一百卷 （南朝宋）范曄撰 （唐）李賢注 清同治八年（1869）金陵書局刻本 十六冊

110000－0102－0005967 甲二/394 史部/金石類/金/雜著

陶齋吉金錄八卷 （清）端方撰 清光緒三十四年（1908）上海有正書局石印本 八冊

110000－0102－0005968 甲二/395 史部/金石類/金/雜著

陶齋吉金續錄 （清）端方撰 清宣統元年（1909）石印本 二冊

110000－0102－0005969 甲二/397 史部/編年類/斷代

明大政纂要六十三卷 （明）譚希思編 清光緒湖南思賢書局刻本 二十八冊

110000－0102－0005970 甲二/398 史部/傳記類/總傳/專錄/事跡

忠義集八卷 （清）周之冕編 清光緒三年（1877）刻本 四冊

110000－0102－0005971 甲二/399 史部/地理類/水道/江、淮、海

海塘攬要十二卷首一卷 （清）楊鑅撰 清嘉慶刻本 六冊

110000－0102－0005972 甲二/406 史部/地理類/地圖、圖志

廣西輿地全圖二卷 （清）北洋機器算學堂繪 清光緒二十年（1894）石印本 二冊

110000－0102－0005973　甲二/409　史部/
政書類/邦計/交通運輸
江北運程四十卷首一卷　（清）董恂編　清同
治六年(1867)刻本　四十一冊

110000－0102－0005974　甲二/410　史部/
政書類/軍政
駐粵八旗志二十四卷首一卷　（清）樊封等編
清光緒五年(1879)刻本　十四冊　存二十
二卷(一至二十二)

110000－0102－0005975　甲二/412　史部/
外國史類
歐洲列國戰事本末二十二卷　（清）王樹枏編
清光緒二十八年(1902)刻本　六冊

110000－0102－0005976　甲二/414　叢部/
彙編叢書/清中晚期
荊駝逸史八十三卷　（清）陳湖逸士編　清刻
本　二十冊

110000－0102－0005977　甲二/415　史部/
傳記類/圖贊
吳郡名賢圖傳贊二十卷　（清）顧沅編　清道
光九年(1829)刻本　八冊

110000－0102－0005978　甲二/417　史部/
政書類/詔令奏議/奏議
太常公奏略二卷　（明）舒榮都撰　清道光元
年(1821)金陵世德堂刻本　四冊

110000－0102－0005979　甲二/418　史部/
紀傳類/斷代
漢書一百二十卷　（漢）班固撰　（唐）顏師古
注　清同治十二年(1873)嶺東使署刻本　十
六冊

110000－0102－0005980　甲二/421　史部/
地理類
歷代宅京記二十卷　（清）顧炎武撰　清刻本
六冊

110000－0102－0005981　甲二/422　史部/
編年類/斷代
明通鑑九十卷首一卷附記六卷　（清）夏燮編
清光緒四川同馨書局刻本　四十八冊

110000－0102－0005982　甲二/424　史部/
政書類/儀制
饗宮敬事錄四種　（清）桂良編　清道光刻本
四冊

110000－0102－0005983　甲二/425　史部/
政書類
沈文肅公政書七卷首一卷　（清）沈葆楨撰
清光緒十八年(1892)刻本　八冊

110000－0102－0005984　甲二/426　史部/
傳記類/總傳/通錄/地方
南陽人物志十八卷　（清）劉沛然編　清同治
九年(1870)刻本　六冊

110000－0102－0005985　甲二/427　史部/
別史、雜史類
明季稗史彙編十六種　（清）留雲居士編　清
都城琉璃廠活字本　十冊

110000－0102－0005986　甲二/429　史部/
政書類/法令/律例
清吏部捐官則例　（清）戶部編　清道光刻本
一冊

110000－0102－0005987　甲二/430　史部/
地理類/總錄
從征圖記　（清）唐義渠撰　清同治六年
(1867)西山草堂刻本　二冊

110000－0102－0005988　甲二/431　史部/
編年類
東華續錄二百二十卷　（清）朱壽朋編　清宣
統元年(1909)上海集成圖書公司鉛印本　六
十四冊

110000－0102－0005989　甲二/436　集部/
總集類/文/地方
京江耆舊集十三卷　（清）張學仁　（清）王豫
合編　清宣統元年(1909)刻本　八冊

110000－0102－0005990　甲二/437－1　史
部/地理類/方志/地方志
慧山記四卷　（明）邵寶撰　（明）釋圓顯編
清咸豐七年(1857)刻本　二冊

110000－0102－0005991　甲二/437－2　史部/地理類/方志/地方志

慧山記續編三卷首一卷　（清）邵涵初編　清同治七年（1868）刻本　四冊

110000－0102－0005992　甲二/438－1　史部/地理類/方志/地方志

慧山記四卷　（明）邵寶撰　（明）釋圓顯編　清同治七年（1868）刻本　二冊

110000－0102－0005993　甲二/438－2　史部/地理類/方志/地方志

慧山記續編三卷首一卷　（清）邵涵初編　清同治七年（1868）刻本　四冊

110000－0102－0005994　甲二/439　史部/政書類/學制

欽定國子監志八十二卷首二卷　（清）文慶等撰　清道光十六年（1836）刻本　三十二冊

110000－0102－0005995　甲二/441　史部/史抄類

史存三十卷　（清）劉沅撰　清道光二十七年（1847）刻本　十六冊

110000－0102－0005996　甲二/442　史部/紀傳類/斷代

隋書地理志攷證九卷　楊守敬撰　清光緒二十七年（1901）刻本　六冊

110000－0102－0005997　甲二/443　史部/地理類/方志/地方志/河南

[乾隆]新鄉縣志三十四卷首一卷　（清）趙開元纂修　清乾隆十二年（1747）刻本　十冊

110000－0102－0005998　甲二/444　史部/史表類

三國郡縣表補正八卷　（清）吳增僅撰　楊守敬補正　清光緒三十三年（1907）刻本　四冊

110000－0102－0005999　甲二/445　史部/地理類/方志/地方志/河南

[光緒]鎮平縣志六卷　（清）吳聯元纂修　清光緒二年（1876）刻本　四冊

110000－0102－0006000　甲二/446　史部/地理類/方志/地方志/河南

[乾隆]原武縣志十卷　（清）吳文炘纂修　清乾隆十二年（1747）刻本　五冊

110000－0102－0006001　甲二/448　史部/紀事本末類/斷代

庚子北京事變紀略　鹿完天撰　清刻本　一冊

110000－0102－0006002　甲二/449　史部/傳記類/圖贊

於越先賢像傳贊二卷　（清）王齡撰　**高士傳三卷**　（晉）皇甫謐撰　清咸豐七年（1857）蕭山王氏刻本　六冊

110000－0102－0006003　甲二/450　史部/傳記類/總傳/專錄/藝術

玉臺畫史五卷　（清）楊漱玉編　清道光十一年（1831）錢塘汪氏振綺堂刻本　三冊

110000－0102－0006004　甲二/451　史部/金石類/錢幣

續泉滙四集十四卷補遺二卷　（清）鮑康（清）李佐賢合編　清光緒元年（1875）刻本　三冊

110000－0102－0006005　甲二/454　史部/地理類/遊記/清

歷下志遊八卷　（清）遊藝中原客師史氏撰　清光緒上海申報館鉛印本　二冊

110000－0102－0006006　甲二/455　史部/載記類

紀載彙編十種　（清）□□輯　清光緒都城琉璃廠活字本　四冊

110000－0102－0006007　甲二/456　史部/紀傳類/通代

史記一百三十卷　（漢）司馬遷撰　（南朝宋）裴駰集解　（唐）司馬貞索隱　清光緒十年（1884）上海同文書局石印本　二十六冊

110000－0102－0006008　甲二/457　史部/紀傳類/斷代

前漢書一百二十卷　（漢）班固撰　（唐）顏師古注　清光緒十年（1884）上海同文書局石印

本　三十二冊

110000－0102－0006009　甲二／458　史部／紀傳類／斷代

後漢書一百二十卷　（南朝宋）范曄撰　（唐）李賢注　清光緒十年(1884)上海同文書局石印本　二十八冊

110000－0102－0006010　甲二／459　史部／紀傳類／斷代

三國志六十五卷　（晉）陳壽撰　（南朝宋）裴松之注　清光緒十一年(1885)上海同文書局石印本　十四冊

110000－0102－0006011　甲二／460　史部／紀傳類／斷代

晉書一百三十卷　（唐）太宗李世民撰　清光緒十年(1884)上海同文書局石印本　三十冊

110000－0102－0006012　甲二／461　史部／紀傳類／斷代

宋書一百卷　（南朝梁）沈約撰　清光緒十年(1884)上海同文書局石印本　二十四冊

110000－0102－0006013　甲二／462　史部／紀傳類／斷代

南齊書五十九卷　（南朝梁）蕭子顯撰　清光緒十年(1884)上海同文書局石印本　八冊

110000－0102－0006014　甲二／463　史部／紀傳類／斷代

梁書五十六卷　（唐）姚思廉撰　清光緒十年(1884)上海同文書局石印本　八冊

110000－0102－0006015　甲二／464　史部／紀傳類／斷代

陳書三十六卷　（唐）姚思廉撰　清光緒十年(1884)上海同文書局石印本　六冊

110000－0102－0006016　甲二／465　史部／紀傳類／斷代

魏書一百十四卷　（北齊）魏收撰　清光緒十年(1884)上海同文書局石印本　二十四冊

110000－0102－0006017　甲二／466　史部／紀傳類／斷代

北齊書五十卷　（隋）李百藥撰　清光緒十年(1884)上海同文書局石印本　八冊

110000－0102－0006018　甲二／467　史部／紀傳類／斷代

周書五十卷　（唐）令狐德棻等撰　清光緒十年(1884)上海同文書局石印本　八冊

110000－0102－0006019　甲二／468　史部／紀傳類／斷代

隋書八十五卷　（唐）魏徵撰　清光緒十年(1884)上海同文書局石印本　二十四冊

110000－0102－0006020　甲二／469　史部／紀傳類／斷代

南史八十卷　（唐）李延壽撰　清光緒十年(1884)上海同文書局石印本　二十冊

110000－0102－0006021　甲二／470　史部／紀傳類／斷代

北史一百卷　（唐）李延壽撰　清光緒十年(1884)上海同文書局石印本　二十四冊

110000－0102－0006022　甲二／471　史部／紀傳類／斷代

舊唐書二百卷　（後晉）劉昫撰　清光緒十年(1884)上海同文書局石印本　四十八冊

110000－0102－0006023　甲二／472　史部／紀傳類／斷代

唐書二百二十五卷　（宋）歐陽修撰　清光緒十年(1884)上海同文書局石印本　五十冊

110000－0102－0006024　甲二／473　史部／紀傳類／斷代

舊五代史一百五十卷目錄二卷　（宋）薛居正等撰　清光緒十年(1884)上海同文書局石印本　二十四冊

110000－0102－0006025　甲二／474　史部／紀傳類／通代

五代史七十四卷　（宋）歐陽修撰　（宋）徐無黨注　清光緒十年(1884)上海同文書局石印本　十冊

110000－0102－0006026　甲二／475　史部

地理類

西北邊界圖地名譯漢考證二卷　（清）許景澄
撰　清光緒二十二年(1896)刻本　二冊

110000－0102－0006046　甲二/518　史部/
地理類/遊記/遊各國

四述奇十六卷　（清）張德彝撰　清光緒九年
(1883)同文館鉛印本　十六冊

110000－0102－0006047　甲二/520　史部/
政書類/職官/官箴

事宜須知四卷　（清）壽峰撰　清光緒十三年
(1887)刻本　一冊

110000－0102－0006048　甲二/522　集部/
別集類/清

晦明軒稿二卷　楊守敬撰　清光緒二十七年
(1901)鄰蘇園刻本　二冊

110000－0102－0006049　甲二/523　集部/
別集類/清

西陂類稿三卷　（清）宋犖撰　清康熙五十年
(1711)刻本　四冊

110000－0102－0006050　甲二/530　史部/
政書類/儀制

尊經閣藏書章程［祀典錄］　清光緒中江書院
刻本　一冊

110000－0102－0006051　甲二/531　史部/
傳記類/總傳/專錄/列女

廣列女傳二十卷　（清）劉開撰　清光緒十年
(1884)刻本　八冊

110000－0102－0006052　甲二/532　史部/
傳記類/總傳/專錄/列女

古列女傳八卷　（漢）劉向撰　清嘉慶十一年
(1806)顧氏刻本　四冊

110000－0102－0006053　甲二/533　史部/
金石類/金

錢神志七卷　（清）李世熊撰　清同治十年
(1871)刻本　七冊

110000－0102－0006054　甲二/534　史部/
地理類/地圖、圖志

皇朝中外一統輿圖　（清）胡林翼撰　（清）嚴
樹森補訂　清同治三年(1864)景桓樓刻本
八冊

110000－0102－0006055　甲二/535　史部/
傳記類/人表

清搢紳全書不分卷　（清）□□編　清道光刻
本　四冊

110000－0102－0006056　甲二/537　史部/
地理類/方志/地方志

臨平記四卷附錄一卷補遺四卷　（明）沈謙撰
清光緒刻本　六冊

110000－0102－0006057　甲二/538　叢部/
彙編叢書

荒外奇書六種　（清）馬俊良輯　清乾隆五十
九年至嘉慶元年(1794－1796)馬俊良刻本
八冊

110000－0102－0006058　甲二/539　史部/
傳記類/總傳/通錄/斷代

國朝先正事略六十卷　（清）李元度編　清光
緒十三年(1887)上海點石齋石印本　八冊

110000－0102－0006059　甲二/541　史部/
地理類/專志/古跡

續山東考古錄三十二卷首一卷　（清）葉圭綬
撰　清光緒八年(1882)山東書局刻本　六冊

110000－0102－0006060　甲二/544　史部/
地理類/地圖、圖志

清乾隆內府輿圖　（清）高宗弘曆敕繪　清乾
隆二十五年(1760)內府銅版民國二十一年
(1932)故宮博物院重印本　一百〇八葉

110000－0102－0006061　甲二/546　史部/
傳記類/總傳/專錄/列女

列女傳二卷　（清）汪憲編　清光緒十二年
(1886)上海同文書局石印本　四冊

110000－0102－0006062　甲二/547　史部/
傳記類/圖贊

秦淮八豔圖　（清）張景祁撰　清光緒十八年
(1892)刻本　一冊

110000 – 0102 – 0006063　甲二/549　史部/
政書類/法令

各國交涉公法論初集二集三集　（英國）費利
摩羅巴德撰　（英國）傅蘭雅　（清）俞世爵合
譯　清光緒二十年(1894)上海江南製造局翻
譯館鉛印本　十六冊

110000 – 0102 – 0006064　甲二/550　子部/
儒家類/清

癸巳類稿十五卷　（清）俞正燮撰　清道光十
三年(1833)求日益齋刻本　八冊

110000 – 0102 – 0006065　甲二/551　集部/
小說類/筆記小說

吳門畫舫錄二卷　（清）西溪山人編　**吳門畫
舫續錄六卷**　（清）個中生手編　清嘉慶紅樹
山房刻本　四冊

110000 – 0102 – 0006066　甲二/553　史部/
政書類

三賢政書三種　（清）吳元炳編　清光緒五
年(1879)鉛印本　十二冊　存二種十二卷
（湯子遺書四卷首一卷、正誼堂集五卷年譜
二卷）

110000 – 0102 – 0006067　甲二/554　史部/
傳記類/人表

光緒丁酉同年錄　（清）□□編　清光緒刻本
　二冊

110000 – 0102 – 0006068　甲二/555　史部/
傳記類/總傳/專錄

**國朝耆獻類徵初編七百二十卷賢媛類徵初編
十二卷**　（清）李桓輯　清光緒十七年(1891)
刻本　二百九十七冊　缺三冊（一至三冊）

110000 – 0102 – 0006069　甲二/556　史部/
地理類/總錄

天下郡國利病書一百二十卷　（清）顧炎武撰
　清道光刻本　六十冊

110000 – 0102 – 0006070　甲二/558　史部/
地理類/山川/山

麻姑山志十二卷首一卷　（清）黃家駒編　清
同治五年(1866)刻本　六冊

110000 – 0102 – 0006071　甲二/559　史部/
地理類/山川/山

清涼山新志十卷　（清）釋丹巴編　清康熙三
十三年(1694)刻本　四冊

110000 – 0102 – 0006072　甲二/560　史部/
地理類/山川/山

南通州五山全志二十卷　（清）劉名芳撰　清
光緒三年(1877)刻本　五冊

110000 – 0102 – 0006073　甲二/563　史部/
地理類/山川/山

[乾隆]恆山志　（清）桂敬順編　清乾隆二十
八年(1763)刻本　四冊

110000 – 0102 – 0006074　甲二/568　史部/
目錄類/著錄/學科專目/金石

隋唐石刻拾遺二卷　（清）黃本驥編　清道光
二年(1822)刻本　二冊

110000 – 0102 – 0006075　甲二/569　史部/
地理類/山川/山

岱覽三十二卷首七卷　（清）唐仲冕編　清嘉
慶十六年(1811)果克山房刻本　十二冊

110000 – 0102 – 0006076　甲二/570　史部/
地理類/山川/山

焦山志二十六卷首一卷　（清）吳雲編　清同
治四年(1865)刻本　十冊

110000 – 0102 – 0006077　甲二/571　史部/
傳記類/家傳、宗譜/譜錄

新纂氏族譜箋釋八卷　（清）熊峻運撰　清雍
正文秀堂刻本　四冊

110000 – 0102 – 0006078　甲二/572　史部/
目錄類/圖書學/版刻

武英殿聚珍版程式十六條　（清）金簡撰　清
刻本　一冊

110000 – 0102 – 0006079　甲二/573　史部/
政書類/學制

清秘述聞十六卷　（清）法式善編　清嘉慶刻
本　六冊

110000 – 0102 – 0006080　甲二/574　史部/

地理類/外紀

薄海番域錄十二卷　（清）邵大緯撰　清道光
九年(1829)刻本　六冊

110000－0102－0006081　甲二/575　史部/
史評類/考訂

讀史探驪錄　（清）姚芝生撰　清光緒上海申
報館鉛印本　五冊

110000－0102－0006082　甲二/576　史部/
別史、雜史類

豫軍紀略十二卷　（清）尹耕雲等編　清光緒
上海申報館鉛印本　六冊

110000－0102－0006083　甲二/577　史部/
別史、雜史類

東藩紀要十二卷補錄一卷　（清）薛培榕編
清光緒上海申報館鉛印本　四冊

110000－0102－0006084　甲二/578　史部/
地理類/山川/山

廣雁蕩山志二十八卷首一卷末一卷　（清）曾
唯編　清嘉慶十三年(1808)刻本　八冊

110000－0102－0006085　甲二/580　史部/
史評類/考訂

讀史探驪錄　（清）姚芝生撰　清光緒上海申
報館鉛印本　五冊

110000－0102－0006086　甲二/581　史部/
地理類/外紀

西事類編十六卷　（清）沈純編　清光緒十三
年(1887)上海申報館鉛印本　六冊

110000－0102－0006087　甲二/583　史部/
編年類

綱鑑望知錄　（清）倪呈露撰　清光緒上海申
報館鉛印本　四冊

110000－0102－0006088　甲二/587　史部/
地理類/山川/山

廬山志十五卷　（清）毛德琦編　清同治十年
(1871)刻本　十六冊

110000－0102－0006089　甲二/590　史部/
地理類/遊記/清

度隴記四卷　（清）董醇撰　清咸豐刻本
四冊

110000－0102－0006090　甲二/592　史部/
地理類/遊記/唐至明

徐霞客遊記　（明）徐宏祖撰　清嘉慶十三年
(1808)葉氏刻本　二十冊

110000－0102－0006091　甲二/593　史部/
地理類/水道/地方

甬上水利志六卷　（清）周道遵撰　清道光二
十八年(1848)刻本　二冊

110000－0102－0006092　甲二/594　史部/
地理類/水道/地方

江蘇海塘新志八卷　（清）李慶雲等纂　清光
緒十六年(1890)刻本　四冊

110000－0102－0006093　甲二/595　史部/
地理類/專志/古跡

荊州萬城隄續志十卷首一卷末一卷　（清）舒
惠編　清光緒二十年(1894)刻本　四冊　缺
一卷(十)

110000－0102－0006094　甲二/596　史部/
地理類/專志/古跡

荊州萬城隄志十卷首一卷末一卷　（清）倪文
蔚編　清光緒二年(1876)刻本　六冊

110000－0102－0006095　甲二/597　史部/
地理類/水道/地方

江蘇海塘新志八卷　（清）李慶雲等纂　（清）
蔣師轍輯　清光緒十六年(1890)刻本　四冊

110000－0102－0006096　甲二/598　史部/
地理類/山川/山

廬山小志二十四卷首一卷　（清）蔡瀛纂　清
道光四年(1824)刻本　六冊

110000－0102－0006097　甲二/599　史部/
地理類/專志/古跡

馬嵬志十六卷首一卷　（清）胡鳳丹編輯　清
光緒三年(1877)刻本　六冊

110000－0102－0006098　甲二/600　史部/
地理類/專志/書院

白鹿書院志十九卷　（清）周兆蘭重修　清乾隆六十年(1795)刻本　八冊

110000－0102－0006099　甲二/601　史部/地理類/專志/古跡

鸚鵡洲小志四卷首一卷　（清）胡鳳丹編　清同治十三年(1874)刻本　二冊

110000－0102－0006100　甲二/602　史部/地理類/專志/祠廟

漂母祠志七卷首一卷　（清）胡鳳丹編　清光緒三年(1877)刻本　二冊

110000－0102－0006101　甲二/603　史部/地理類/山川/山

華嶽志八卷首一卷　（清）李榕編　清道光十一年(1831)刻本　四冊

110000－0102－0006102　甲二/604　史部/地理類/山川/川

西湖志四十八卷　（清）傅王露等編　清雍正九年(1731)刻本　十六冊　缺八卷(四十一至四十八)

110000－0102－0006103　甲二/605　史部/地理類/總錄

五洲地理志略三十六卷首一卷　王先謙編　清宣統二年(1910)刻本　十六冊

110000－0102－0006104　甲二/606　史部/金石類/總錄/通考

觀妙齋藏金石文考略十六卷　（清）李光暎撰　清道光刻本　十六冊

110000－0102－0006105　甲二/609　史部/政書類/邦計/鹽政

兩淮鹽法志五十六卷首四卷　（清）單渠等編　清同治九年(1870)揚州書局刻本　二十冊

110000－0102－0006106　甲二/610　史部/紀事本末類/斷代

平定教匪紀略四十二卷首一卷　（清）托津等編　清刻本　四十四冊

110000－0102－0006107　甲二/611　史部/別史、雜史類

臺灣外記三十卷　（清）江日昇撰　清光緒四年(1878)上海申報館鉛印本　六冊

110000－0102－0006108　甲二/613　史部/政書類/學制

清秘述聞十六卷　（清）法式善撰　清嘉慶刻本　二冊

110000－0102－0006109　甲二/614　史部/地理類/专志/祠庙

湯陰精忠廟志十卷　（明）張應登撰　清雍正十三年(1735)刻本　六冊

110000－0102－0006110　甲二/615　史部/地理類/方志/地方志/江蘇

[咸豐]甘棠小志四卷首一卷末一卷　（清）董醇撰　清咸豐五年(1855)刻本　四冊

110000－0102－0006111　甲二/618　史部/別史、雜史類

蜀碧四卷　（清）彭遵泗編　清光緒上海申報館鉛印本　二冊

110000－0102－0006112　甲二/622　史部/地理類/山川/山

萬山綱目二十一卷　（清）李誠纂　清光緒二十六年(1900)刻本　六冊

110000－0102－0006113　甲二/623　史部/紀事本末類/斷代

金史詳校十卷首一卷　（清）施國祁撰　清末會稽章氏刻本　十二冊

110000－0102－0006114　甲二/624　史部/外國史類

英法義比志譯略四卷　吳宗濂譯　（清）趙元益等述　清光緒二十五年(1899)石印本　二冊

110000－0102－0006115　甲二/627　史部/傳記類/日記

曾侯日記　（清）曾紀澤撰　清光緒七年(1881)上海申報館鉛印本　一冊

110000－0102－0006116　甲二/628　史部/紀事本末類/斷代

聖武記十四卷　（清）魏源撰　清道光二十六年(1846)刻本　十二冊

110000－0102－0006117　甲二/629　史部/金石類/陶瓷/其它

封泥攷略十卷　（清）吳式芬　（清）陳介祺合輯　清光緒三年(1877)石印本　十冊

110000－0102－0006118　甲二/631　史部/外國史類

日本國志四十卷首一卷　（清）黃遵憲編　清光緒十六年(1890)刻本　十四冊

110000－0102－0006119　甲二/632　史部/政書類/軍政/防務

洋防輯要二十四卷　（清）嚴如熤撰　清刻本　十三冊

110000－0102－0006120　甲二/636　史部/紀事本末類/斷代

平定粵匪紀略十八卷附記四卷　（清）杜文瀾撰　清光緒上海申報館鉛印本　六冊

110000－0102－0006121　甲二/638　史部/史評類

支那文明史論　（日本）中西牛郎編　清光緒二十七年(1901)商務印書館鉛印本　一冊

110000－0102－0006122　甲二/641　史部/政書類/雜錄

華制存考　（清）攟華書局編　清光緒三十四年(1908)京都攟華書局鉛印本　六十四冊

110000－0102－0006123　甲二/642　史部/政書類/雜錄

華制存考　（清）攟華書局編　清宣統元年(1909)京都攟華書局鉛印本　七十三冊

110000－0102－0006124　甲二/643　史部/政書類/雜錄

華制存考　（清）攟華書局編　清宣統二年(1910)京都攟華書局鉛印本　七十二冊

110000－0102－0006125　甲二/644　史部/政書類/邦交

中俄約章會要三卷續編一卷　（清）總理衙門

編　清光緒八年(1882)同文館活字本　四冊

110000－0102－0006126　甲二/645　史部/政書類/邦計/漕運

欽定戶部漕運全書九十六卷首一卷　（清）載齡等撰　清光緒二年(1876)刻本　四十八冊

110000－0102－0006127　甲二/648　史部/地理類/總錄

方輿類纂二十八卷首一卷　（清）顧祖禹撰　清嘉慶十三年(1808)文畬堂刻本　三十二冊

110000－0102－0006128　甲二/653　史部/地理類/總錄

地學淺釋三十八卷　（英國）雷俠兒撰　（美國）馬高溫　（清）華蘅芳合譯　清同治十二年(1873)江南機器製造總局刻本　八冊

110000－0102－0006129　甲二/655　集部/別集類/唐至五代

白氏諷諫　（唐）白居易撰　清光緒十九年(1893)影印本　一冊

110000－0102－0006130　甲二/660　史部/地理類/方志/地方志

[寶慶]四明志二十一卷　清末抄本　民國四年(1915)馬廉跋　十一冊　缺五卷(一至三、十至十一)

110000－0102－0006131　甲二/661　史部/地理類/山川/山

武夷山志二十四卷首一卷　（清）董天工撰　清道光二十六年(1846)五夫尺木軒刻本　十五冊　缺一冊(末冊)

110000－0102－0006132　甲三/1　集部/小說類/章回

說唐演義全傳六十八回後傳　清嘉慶六年(1801)刻本　二十冊

110000－0102－0006133　甲三/3　集部/小說類/章回

南唐演義　（清）如蓮居士編　清乾隆二十一年(1756)刻本　四冊

110000－0102－0006134　甲三/4　集部/小

說類/章回

後西遊記四十回 （清）□□撰　清道光元年(1821)貴文堂刻本　十二冊

110000－0102－0006135　甲三/10　集部/小說類/章回

封神演義十九卷一百回 （明）許仲琳撰　清康熙三十四年(1695)刻本　二十冊

110000－0102－0006136　甲三/11　史部/傳記類/總傳/專錄/釋道

列仙傳四卷 （明）洪自誠編　清道光十三年(1833)在茲堂刻本　二冊

110000－0102－0006137　甲三/18　集部/小說類/章回

水滸後傳四十回 （明）陳忱編　清刻本　八冊

110000－0102－0006138　甲三/19　史部/編年類/通代

鑑撮 （清）曠敏本撰　清道光刻本　四冊

110000－0102－0006139　甲三/20　子部/雜家類/雜纂

浪跡三談六卷 （清）梁章鉅撰　清咸豐七年(1857)福州梁氏刻本　三冊

110000－0102－0006140　甲三/21　集部/曲類/曲別集/傳奇

長生殿傳奇五十出 （清）洪昇撰　清光緒十三年(1887)石印本　二冊

110000－0102－0006141　甲三/22　子部/雜家類/雜纂

浪跡叢談十一卷 （清）梁章鉅撰　清道光二十七年(1847)刻本　八冊

110000－0102－0006142　甲三/23　集部/小說類/章回

增補紅樓夢三十二回 （清）嬺嬛山樵撰　清道光四年(1824)刻本　八冊

110000－0102－0006143　甲三/24　集部/小說類/章回

水滸後傳十卷四十回 （明）陳忱編　清刻本　十冊

110000－0102－0006144　甲三/25　集部/小說類/話本

今古奇觀四十卷 （清）抱甕老人輯　清同文堂刻本　十二冊

110000－0102－0006145　甲三/29　子部/宗教類

三教源流搜神大全七卷 （宋）□□輯　清宣統元年(1909)刻本　七冊

110000－0102－0006146　甲三/30　集部/小說類/章回

夏商合傳 （明）鍾惺編　清嘉慶十九年(1814)稽古堂刻本　八冊

110000－0102－0006147　甲三/31　集部/小說類/章回

三國志演義 （明）羅貫中撰　清光緒十六年(1890)鉛印本　六冊

110000－0102－0006148　甲三/32　集部/小說類/長篇小說

岳武穆精忠傳六卷六十八回 （明）鄒元標編　清刻本　四冊

110000－0102－0006149　甲三/33　集部/小說類/話本

今古奇觀四十卷 （明）抱甕老人輯　清同文堂刻本　十二冊

110000－0102－0006150　甲三/35　集部/小說類

斬鬼傳四卷 （清）樵雲山人編　清康熙五十九年(1720)同文堂刻本　四冊

110000－0102－0006151　甲三/36　集部/小說類/章回

大紅袍全傳六十回 （清）□□撰　清同治六年(1867)刻本　七冊　原缺一冊

110000－0102－0006152　甲三/37　集部/小說類/章回

粉粧樓八十回 （明）羅貫中編　清刻本　六冊

110000－0102－0006153　甲三/40　集部/小

蕩寇志七十一卷　（清）俞萬春撰　清咸豐七年（1857）刻本　二十四冊

110000－0102－0006172　甲三/64　集部/小說類/章回

西遊記一百回　（明）吳承恩撰　清光緒十四年（1888）味潛齋石印本　十二冊

110000－0102－0006173　甲三/65　集部/小說類/章回

平妖傳六卷四十回　（明）羅貫中撰　（明）馮夢龍增定　清道光十年（1830）刻本　六冊

110000－0102－0006174　甲三/66　集部/小說類/章回

續兒女英雄傳六卷三十二回　（清）□□撰　清光緒二十四年（1898）石印本　六冊

110000－0102－0006175　甲三/67　集部/小說類/章回

說唐演義後傳五十五回　（清）鴛湖漁叟訂　清嘉慶六年（1801）上海會文堂刻本　十冊

110000－0102－0006176　甲三/68　集部/小說類/話本

醒夢駢言十二回　（清）守朴翁編次　清姑蘇稼史軒刻本　四冊

110000－0102－0006177　甲三/70　集部/小說類/章回

紅樓夢一百二十卷　（清）曹霑撰　清光緒鉛印本　十六冊

110000－0102－0006178　甲三/71　集部/小說類/章回

紅樓夢一百二十回　（清）曹霑撰　清光緒二年（1876）聚珍堂刻本　二十四冊

110000－0102－0006179　甲三/75　子部/雜家類/雜述

鄉園憶舊六卷　（清）王培荀編　清道光二十五年（1845）刻本　十二冊

110000－0102－0006180　甲三/76　集部/小說類/章回

清風閘四卷　（清）□□撰　清嘉慶二十四年（1819）刻本　四冊

110000－0102－0006181　甲三/77　集部/小說類/章回

雲鍾雁三鬧太平莊五十四回　（清）□□撰　清道光二十九年（1849）刻本　十二冊

110000－0102－0006182　甲三/78　集部/小說類/章回

風月夢三十二回　（清）邗上蒙人撰　清光緒十年（1884）刻本　四冊

110000－0102－0006183　甲三/79　集部/小說類/章回

前後七國演義三十七回　（清）□□撰　清康熙十八年（1679）致和堂刻本　十二冊

110000－0102－0006184　甲三/80　集部/小說類/章回

紅樓幻夢二十四回　（清）花月癡人撰　清道光二十三年（1843）疏景齋刻本　十二冊

110000－0102－0006185　甲三/81　集部/小說類/章回

玉樓春四卷二十四回　（清）白雲道人編輯　（清）無緣居士點評　清煥文堂刻本　四冊

110000－0102－0006186　甲三/82　集部/小說類/章回

昇仙傳八卷五十六回　（清）倚雲氏撰　清光緒二十五年（1899）文成堂刻本　四冊

110000－0102－0006187　甲三/83　集部/小說類/長篇小說

梅蘭佳話四卷四十段　（清）曹梧岡撰　清道光二十一年（1841）至成堂刻本　四冊

110000－0102－0006188　甲三/84　集部/小說類/章回

警富新書四卷四十回　（清）安和撰　清嘉慶十四年（1809）刻本　四冊

110000－0102－0006189　甲三/85　集部/小說類/章回

後唐傳奇蓮子瓶四卷二十三回　（□）□□撰　清同治十年（1871）瀛海賢刻本　四冊

110000－0102－0006190　甲三/86　集部/小說類/章回

白圭志十六回　（清）崔象川撰　清道光二十一年(1841)刻本　二冊

110000－0102－0006191　甲三/87　集部/小說類/章回

春柳鶯四卷十回　（清）鶡冠史者編　清刻本　四冊

110000－0102－0006192　甲三/88　集部/小說類/筆記小說

三教源流搜神大全　（晉）干寶撰　清經元堂刻本　三冊

110000－0102－0006193　甲三/89　集部/小說類/話本

覺世名言十二卷　（清）李漁編　清刻本　六冊

110000－0102－0006194　甲三/90　集部/小說類/章回

燕山外史注釋八卷　（清）陳球撰　清光緒十二年(1886)刻本　二冊

110000－0102－0006195　甲三/91　集部/小說類/章回

花月痕十六卷五十二回　（清）眠鶴主人編　清光緒十四年(1888)刻本　十六冊

110000－0102－0006196　甲三/92　集部/小說類/章回

海上花列傳六十四回　（清）花也憐儂撰　清光緒二十年(1894)石印本　十六冊

110000－0102－0006197　甲三/93　集部/小說類/章回

海上花列傳六十四回　（清）花也憐儂撰　清光緒二十年(1894)石印本　十六冊

110000－0102－0006198　甲三/94　集部/小說類/章回

紅樓夢一百二十回　（清）曹霑撰　清善因樓刻本　二十四冊

110000－0102－0006199　甲三/95　集部/小說類/章回

鐵花仙史二十六回　（清）雲封山人編　清刻本　八冊

110000－0102－0006200　甲三/97　集部/小說類/章回

水滸傳一百二十四回　（元）施耐庵撰　清刻本　八冊

110000－0102－0006201　甲三/98　集部/小說類/章回

平山冷燕四卷二十回　（清）荻岸散人編次　清刻本　四冊

110000－0102－0006202　甲三/99　集部/俗文學類/鼓詞

紅梅閣六卷五十二回　（清）□□撰　清光緒三十二年(1906)上海書局石印本　六冊

110000－0102－0006203　甲三/100　集部/小說類/章回

蜃樓外史六卷三十回　（清）八詠樓主撰　清光緒二十一年(1895)石印本　六冊

110000－0102－0006204　甲三/101　集部/小說類/章回

東西晉志傳東晉八卷西晉四卷　（明）楊爾曾編　清英德堂刻本　十冊

110000－0102－0006205　甲三/102　集部/小說類/章回

野叟曝言二十卷一百五十四回　（清）夏[敬渠]撰　清光緒八年(1882)石印本　二十冊

110000－0102－0006206　甲三/103　集部/小說類/章回

聽月樓二十回　（清）□□撰　清嘉慶二十四年(1819)同文堂刻本　四冊

110000－0102－0006207　甲三/106　集部/小說類/章回

雙鳳奇緣二十卷八十回　（清）□□撰　清道光二十三年(1843)刻本　六冊

110000－0102－0006208　甲三/107　集部/小說類/章回

林蘭香八卷六十四回　（清）隨緣下士編　清道光十八年（1838）刻本　十二冊

110000－0102－0006209　甲三/108　集部/小說類/章回

蝴蝶媒四卷十六回　（清）南嶽道人編　清四友堂刻本　四冊

110000－0102－0006210　甲三/109　集部/小說類/章回

說唐演義後傳八卷　（清）如蓮居士編　清善成堂刻本　四冊

110000－0102－0006211　甲三/110　集部/小說類/章回

禪真逸史八卷四十四回　（清）清心道人編　清明新堂刻本　十二冊

110000－0102－0006212　甲三/111　集部/小說類/章回

綺樓重夢四十八回　（清）□□撰　清嘉慶十年（1805）刻本　十二冊

110000－0102－0006213　甲三/112　集部/小說類/章回

女仙外史一百回　（清）呂熊撰　清光緒二十一年（1895）上海積山書局石印本　十六冊

110000－0102－0006214　甲三/113　集部/小說類/章回

禪真逸史　（清）清心道人編　清光緒二十三年（1897）上海書局石印本　六冊

110000－0102－0006215　甲三/114　集部/小說類/章回

雅觀樓四卷十六回　（清）檀園主人編　清芥軒刻本　四冊

110000－0102－0006216　甲三/115　集部/小說類/章回

夢中緣　（清）李子乾撰　清光緒十一年（1885）崇德堂刻本　四冊

110000－0102－0006217　甲三/116　集部/小說類/章回

三分夢十六回　（清）張士登撰　清道光十五

年（1835）刻本　六冊

110000－0102－0006218　甲三/117　集部/小說類/章回

警寤鍾四卷十六回　（清）雲陽嗤嗤道人撰　清萬卷樓刻本　四冊

110000－0102－0006219　甲三/118　集部/小說類/話本

今古奇觀四十卷　（明）抱甕老人輯　清乾隆三十八年（1773）翰海樓刻本　十六冊

110000－0102－0006220　甲三/120　集部/小說類/章回

隋煬帝豔史八卷　（明）齊東野人編　清刻本　十二冊

110000－0102－0006221　甲三/121　集部/小說類/章回

南宋志傳十卷五十回　（明）研石山樵訂正　（明）織里畸人校　清文錦堂刻本　十二冊

110000－0102－0006222　甲三/122　集部/小說類/章回

東漢演義評八卷　（清）清遠道人重編　清同文堂刻本　四冊

110000－0102－0006223　甲三/126　集部/小說類/章回

花月痕十六卷五十二回　（清）眠鶴主人編　清光緒二十二年（1896）文運書局石印本　六冊

110000－0102－0006224　甲三/127　集部/小說類/章回

鴛鴦會八回　（清）□□撰　清乾隆五十五年（1790）日省軒刻本　四冊

110000－0102－0006225　甲三/128　集部/小說類/章回

玉嬌梨四卷二十回　（清）荻岸散人編　清末集文堂刻本　四冊

110000－0102－0006226　甲三/129　集部/小說類/章回

斬鬼傳四卷十回　題陽直樵雲山人編　清康

熙五十九年（1720）莞爾堂刻本　四冊

110000 - 0102 - 0006227　甲三/130　集部/小說類/章回

金石緣全傳八卷二十四回　（清）靜恬主人撰　清嘉慶二十一年（1816）同盛堂刻本　四冊

110000 - 0102 - 0006228　甲三/131　集部/小說類/章回

狐狸緣全傳六卷二十二回　（清）醉目山人撰　清光緒十四年（1888）刻本　六冊

110000 - 0102 - 0006229　甲三/133　集部/小說類/章回

繪芳錄八卷八十回　（清）西泠野樵撰　清光緒二十年（1894）上海書局石印本　八冊

110000 - 0102 - 0006230　甲三/135　集部/小說類/短篇小說

拍案驚奇十八卷　（明）凌濛初撰　清刻本　四冊

110000 - 0102 - 0006231　甲三/136　集部/小說類/章回

常言道四卷十六回　（清）落魄道人編　清嘉慶十九年（1814）刻本　四冊

110000 - 0102 - 0006232　甲三/138　集部/小說類/長篇小說

迴文傳十六卷　（清）李漁撰　清嘉慶三年（1798）刻本　六冊

110000 - 0102 - 0006233　甲三/139　集部/小說類/長篇小說

希夷夢四十卷　（清）汪寄撰　清嘉慶十四年（1809）刻本　十六冊

110000 - 0102 - 0006234　甲三/140　集部/小說類

石點頭十四卷　（明）天然癡叟撰　清同人堂刻本　六冊

110000 - 0102 - 0006235　甲三/141　集部/小說類/長篇小說

四遊記十四卷　（明）吳元泰　（明）余象斗等撰　清道光十年（1830）刻本　六冊

110000 - 0102 - 0006236　甲三/142　集部/小說類/長篇小說

女仙外史一百回　（清）呂熊撰　清康熙五十年（1711）釣璜軒刻本　二十冊

110000 - 0102 - 0006237　甲三/143　集部/小說類/章回

三國志演義六十卷一百二十回　（明）羅貫中撰　（清）金聖嘆批點　（清）毛宗崗評　清順治元年（1644）維經堂刻本　二十冊

110000 - 0102 - 0006238　甲三/144　集部/小說類/章回

後三國石珠演義三十回　（清）遇安氏撰　清刻本　四冊

110000 - 0102 - 0006239　甲三/145　集部/小說類/章回

瑤華傳十一卷四十二回　（清）丁秉仁撰　清道光二十五年（1845）刻本　十冊

110000 - 0102 - 0006240　甲三/146　集部/小說類/章回

英雄譜　（清）□□撰　清刻本　二十冊

110000 - 0102 - 0006241　甲三/147　集部/小說類/長篇小說

景宋殘本五代平話八卷　董康輯　清宣統三年（1911）董氏誦芬室刻本　二冊

110000 - 0102 - 0006242　甲三/149　集部/小說類/長篇小說

西漢演義八卷　（清）□□撰　清嘉慶二十年（1815）同文堂刻本　八冊

110000 - 0102 - 0006243　甲三/155　集部/小說類/章回

水滸後傳四十回　（明）陳忱編　清乾隆三十五年（1770）刻本　十冊

110000 - 0102 - 0006244　甲三/158　子部/雜家類/學說

訄書五十篇　章炳麟撰　清光緒二十七年（1901）刻本　一冊

110000 - 0102 - 0006245　甲三/159　集部/

小說類/長篇小說

殘唐五代傳六卷 （明）羅貫中編　清刻本
四冊

110000－0102－0006246　甲三/165　集部/
小說類/筆記小說

漁磯漫鈔十卷 （清）雷琳等輯　清乾隆五十
九年(1794)刻本　六冊

110000－0102－0006247　甲三/166　集部/
小說類

秋燈叢話十八卷 （清）王椷撰　清乾隆五十
六年(1791)刻本　八冊

110000－0102－0006248　甲三/172　子部/
天文地理類/算法/總錄

李氏遺書十一種十八卷 （清）李銳撰　清光
緒十六年(1890)上海醉六堂刻本　六冊

110000－0102－0006249　甲三/173　史部/
金石類/陶瓷

景德鎮陶錄十卷 （清）藍浦撰　（清）鄭廷桂
補編　清光緒十七年(1891)書業堂刻本
四冊

110000－0102－0006250　甲三/175　集部/
小說類/章回

李公案奇聞初集三十四回 （清）惜紅居士編
清光緒二十八年(1902)刻本　六冊

110000－0102－0006251　甲三/177　子部/
譜錄類/草木

群芳譜三十卷 （明）王象晉編　明崇禎刻本
二十四冊

110000－0102－0006252　甲三/178　集部/
小說類/章回

五虎平西全傳十四卷一百十二回 （清）□□
撰　清嘉慶六年(1801)福文堂刻本　十四冊

110000－0102－0006253　甲三/179　集部/
小說類/章回

英雲夢傳八卷 （清）松雲氏撰　清聚珍堂刻
本　四冊

110000－0102－0006254　甲三/180　集部/

小說類/章回

草木春秋五卷三十二回 （清）雲間子撰　清
同人堂刻本　四冊

110000－0102－0006255　甲三/181　集部/
小說類/章回

新史奇觀演義全傳二十二回 （清）蓬蒿子編
清嘉慶十一年(1806)一笑軒刻本　四冊

110000－0102－0006256　甲三/182　集部/
小說類/章回

好逑傳十八回 （清）□□撰　清獨處軒刻本
四冊

110000－0102－0006257　甲三/185　集部/
小說類/章回

鬼神傳四卷十八回 （清）□□撰　清咸豐七
年(1857)富經堂刻本　四冊

110000－0102－0006258　甲三/186　集部/
小說類/章回

前後七國演義 （清）□□撰　清刻本　四冊

110000－0102－0006259　甲三/187　集部/
小說類/章回

征西演義全傳六卷四十回 （清）恂莊主人編
清道光十年(1830)寶華樓刻本　四冊

110000－0102－0006260　甲三/188　集部/
小說類/章回

楊家將演義八卷 （清）秦淮墨客編　清嘉慶
十四年(1809)刻本　八冊

110000－0102－0006261　甲三/189　集部/
小說類/章回

平妖全傳十八卷四十回 （明）羅貫中撰
（明）馮猶龍增定　清敬書堂刻本　六冊

110000－0102－0006262　甲三/190　集部/
小說類/章回

英烈全傳十卷八十回 （明）徐渭編　清道光
十七年(1837)務本堂刻本　六冊

110000－0102－0006263　甲三/191　集部/
小說類/章回

說唐演義全傳六十八回 （清）如蓮居士編

清嘉慶六年(1801)上海會文堂刻本　十冊

110000－0102－0006264　甲三/192　集部/小說類/章回

說唐演義全傳八卷六十八回　（清）如蓮居士編　清善成堂刻本　四冊

110000－0102－0006265　甲三/195　集部/小說類/章回

醒世姻緣一百回　（清）西周生編　清同德堂刻本　二十冊

110000－0102－0006266　甲三/196　集部/小說類/話本

石點頭六卷十四回　（明）天然癡叟撰　（明）墨憨主人評　清道光四年(1824)竹春堂刻本　六冊

110000－0102－0006267　甲三/199　集部/小說類/筆記小說

夷堅志十集　（宋）洪邁撰　清乾隆四十三年(1778)耕煙草堂刻本　二十冊

110000－0102－0006268　甲三/200　子部/藝術類/雜技

益智圖三卷　（清）童葉庚撰　清光緒二十三年(1897)北京老二酉堂刻本　六冊

110000－0102－0006269　甲三/201　子部/道家類

莊子集釋十卷　（清）郭慶藩輯　清光緒二十年(1894)長沙王氏思賢講舍刻本　十冊

110000－0102－0006270　甲三/202　子部/雜家類/雜纂

十二硯齋隨錄四卷　（清）汪鋆撰　清同治十一年(1872)刻本　二冊

110000－0102－0006271　甲三/203　子部/雜家類/雜述

小滄浪筆談四卷　（清）阮元撰　清嘉慶七年(1802)浙江節院刻本　二冊

110000－0102－0006272　甲三/204　集部/小說類/筆記小說

獪園志異十六卷　（明）錢希言撰　清乾隆三

十九年(1774)歙邑長塘知不足齋刻本　十六冊

110000－0102－0006273　甲三/205　集部/小說類/筆記小說

六合内外璅言二十卷圖二卷　（清）屠紳撰　清刻本　十冊

110000－0102－0006274　甲三/206　子部/雜家類/雜述

客窗閒話八卷續八卷　（清）吳熾昌撰　清光緒元年(1875)刻本　八冊

110000－0102－0006275　甲三/207　集部/小說類/筆記小說

漁磯漫鈔十卷　（清）雷琳等編　清同治十年(1871)刻本　四冊

110000－0102－0006276　甲三/208　集部/小說類/筆記小說

塗說四卷　（清）繆艮編　清道光八年(1828)如此草堂刻本　四冊

110000－0102－0006277　甲三/209　集部/小說類/筆記小說

快心醒睡錄十六卷　（清）于汝庸　（清）毛祥麟合撰　清光緒二十一年(1895)石印本　六冊

110000－0102－0006278　甲三/210　集部/小說類/傳奇

剪燈餘話三卷　（明）李禎撰　清刻本　三冊　與覓燈因話合訂

110000－0102－0006279　甲三/210－1　集部/小說類/傳奇

覓燈因話二卷　（明）邵景詹撰　清刻本　一冊　與剪燈餘話合訂

110000－0102－0006280　甲三/211　集部/小說類/章回

二奇合傳十六卷四十回　（清）芝香館居士編　清光緒四年(1878)刻本　十六冊

110000－0102－0006281　甲三/213　子部/儒家類/宋

二程全書 （宋）程顥 （宋）程頤撰 （宋）程德尊等編 清同治十年(1871)河南祠堂刻本 二十冊

110000－0102－0006282 甲三/214 叢部/自著叢書/清中晚期

東塾叢書五種共二十八卷 （清）陳澧撰 清光緒五年(1879)廣州富文齋刻本 十冊

110000－0102－0006283 甲三/217 集部/小說類/長篇小說

海上塵天影 （清）司香舊尉編 清光緒三十年(1904)石印本 十二冊

110000－0102－0006284 甲三/222 子部/藝術類/書畫/書法、碑帖

高麗好太王碑六卷 楊守敬摹字 清宣統元年(1909)宜都楊守敬氏刻本 六冊

110000－0102－0006285 甲三/223 子部/儒家類

關中道脈四種書 （清）李元春編 清道光十年(1830)蒙天麻蔭堂刻本 六冊

110000－0102－0006286 甲三/225 集部/別集類/明

呂子遺書 （明）呂坤撰 （清）栗毓美等重編 清道光七年(1827)刻本 十二冊

110000－0102－0006287 甲三/226 子部/雜家類/雜纂

陰陽鏡 （清）湯承冀編 清同治元年(1862)刻本 三十二冊

110000－0102－0006288 甲三/227 集部/小說類/章回

爭春園全傳四十八回 （清）寄生氏撰 清刻本 六冊

110000－0102－0006289 甲三/228 集部/小說類/章回

野叟曝言二十卷 （清）夏敬渠撰 清光緒八年(1882)鉛印本 十冊

110000－0102－0006290 甲三/229 集部/小說類/章回

檮杌閒評五十卷首一卷 （明）□□撰 清京都刻本 十二冊

110000－0102－0006291 甲三/230 集部/小說類/章回

梁武帝全傳四十回 （□）□□撰 清嘉慶二十四年(1819)抱青閣刻本 十六冊

110000－0102－0006292 甲三/231 集部/小說類/筆記小說

獪園志異十六卷 （明）錢希言撰 清刻本 十六冊

110000－0102－0006293 甲三/233 史部/傳記類/圖贊

練川名人畫像四卷附二卷續三卷 （清）程祖慶編 清道光嘉定程氏刻本 六冊

110000－0102－0006294 甲三/234 史部/地理類/雜記

揚州畫舫錄十八卷題詞一卷 （清）李斗撰 清同治十一年(1872)刻本 四冊

110000－0102－0006295 甲三/235 集部/小說類/話本

國色天香十卷 （明）吳敬所編 清晉祁書業堂刻本 六冊

110000－0102－0006296 甲三/236 集部/小說類/筆記小說

墨餘錄十六卷 （清）毛祥麟撰 清同治九年(1870)湖州醉六堂刻本 六冊

110000－0102－0006297 甲三/237 集部/小說類/筆記小說

薰蕕並載四卷 （清）王昺撰 清道光二十二年(1842)刻本 四冊

110000－0102－0006298 甲三/238 集部/小說類/筆記小說

蟫蛣雜記十二卷 （清）竹勿山石道人撰 清乾隆五十八年(1793)刻本 六冊

110000－0102－0006299 甲三/239 集部/小說類/筆記小說

聊攝叢談六卷 （清）須方岳撰 清光緒十二

年(1886)文英堂刻本　六冊

110000－0102－0006300　甲三/240　集部/
小說類/筆記小說

翼駉稗編八卷　（清）湯用中撰　清道光二十
九年(1849)刻本　八冊

110000－0102－0006301　甲三/242　史部/
傳記類/總傳/專錄/其它

劍俠傳四卷續傳四卷圖一卷　（清）鄭官應校
輯　清光緒五年(1879)刻本　三冊

110000－0102－0006302　甲三/245　子部/
雜家類/雜纂

乾坤正氣錄八卷　（清）周懋勳編　清光緒二
十四年(1898)刻本　八冊

110000－0102－0006303　甲三/246　史部/
政書類/法令

萬國公法四卷　（美國）惠頓撰　（美國）丁韙
良譯　清同治三年(1864)鉛印本　四冊

110000－0102－0006304　甲三/248　子部/
儒家類/清

弟子箴言十六卷　（清）胡達源撰　清光緒二
十四年(1898)京都官書處刻本　四冊

110000－0102－0006305　甲三/249　子部/
儒家類/清

御纂性理精義十二卷　（清）李光地等編　清
康熙五十六年(1717)刻本　四冊

110000－0102－0006306　甲三/250　集部/
總集類/文/雜錄/雜纂

解人頤八卷　（清）錢德蒼重編　清乾隆二十
八年(1763)刻本　四冊

110000－0102－0006307　甲三/251　史部/
金石類/石/圖像

寰宇貞石圖　楊守敬編　清宣統元年(1909)
宜都楊氏飛青閣石印本　六冊

110000－0102－0006308　甲三/255　集部/
小說類/筆記小說

新刊宣和遺事四卷　（宋）□□撰　清吳郡修
緶山房刻本　四冊

110000－0102－0006309　甲三/256　集部/
小說類

宣和遺事四卷　（宋）□□撰　清吳郡修緶山
房刻本　四冊

110000－0102－0006310　甲三/258　子部/
雜家類/學說

七修類稿五十一卷　（明）郎瑛撰　清乾隆四
十年(1775)耕煙草堂刻本　十六冊

110000－0102－0006311　甲三/259　史部/
傳記類/總傳/專錄/其它

疇人傳四十六卷　（清）阮元撰　清嘉慶四年
(1799)刻本　十六冊

110000－0102－0006312　甲三/260　子部/
天文地理類/天文

管窺輯要八十卷　（清）黃鼎撰　清順治十年
(1653)刻本　四十冊

110000－0102－0006313　甲三/261　子部/
藝術類/書畫/書法、碑帖/清

寓意錄四卷　（清）繆曰藻編　清道光二十年
(1840)上海徐氏刻本　四冊

110000－0102－0006314　甲三/262　子部/
雜家類/雜考

困學紀聞二十卷　（宋）王應麟撰　清同治九
年(1870)揚州書局刻本　四冊

110000－0102－0006315　甲三/263　子部/
雜家類/雜考

困學紀聞注二十卷　（宋）王應麟撰　（清）翁
元圻編　清道光五年(1825)刻本　十四冊

110000－0102－0006316　甲三/264　子部/
類書類/類編/專錄

小知錄十二卷　（清）陸鳳藻編　清嘉慶九年
(1804)寧波群玉山房刻本　六冊

110000－0102－0006317　甲三/267　子部/
農家類/總錄

重訂增補陶朱公致富全書四卷　（明）陳繼儒
撰　（清）石巖逸叟增定　清末經綸堂刻本
四冊

110000－0102－0006318　甲三/268　集部/
小說類/長篇小說

蟫史二十卷　（清）屠紳撰　清刻本　十冊

110000－0102－0006319　甲三/270　集部/
小說類/短篇小說

淞隱漫錄　（清）王韜撰　清光緒二十年
(1894)石印本　五冊

110000－0102－0006320　甲三/271　子部/
雜家類

稗販八卷　（清）曹斯棟編　清乾隆五十九年
(1794)刻本　八冊

110000－0102－0006321　甲三/272　子部/
宗教類/道教

徵異錄十二卷　（清）祇園居士編　清道光二
年(1822)金陵息雲書屋刻本　八冊

110000－0102－0006322　甲三/273　集部/
小說類/短篇小說

淞隱漫錄十二卷　（清）王韜撰　清光緒十七
年(1891)鴻文書局石印本　八冊

110000－0102－0006323　甲三/274　集部/
小說類

娛目醒心編十六卷十六回　（清）草亭老人編
清乾隆五十七年(1792)刻本　六冊

110000－0102－0006324　甲三/275　集部/
小說類/筆記小說

蟫史二十卷　（清）屠紳撰　清光緒上海申報
館鉛印本　六冊

110000－0102－0006325　甲三/276　集部/
小說類/話本

豆棚閒話十二卷　（清）艾衲居士編　（清）百
懶道人重訂　清嘉慶十年(1805)致和堂刻本
六冊

110000－0102－0006326　甲三/277　集部/
小說類/筆記小說

諧史四卷　（清）程森泳編　清嘉慶五年
(1800)酉酉山房刻本　四冊

110000－0102－0006327　甲三/278　集部/
小說類/筆記小說

諧鐸十卷　（清）沈起鳳撰　清同治五年
(1866)刻本　四冊

110000－0102－0006328　甲三/279　子部/
雜家類/雜述

豈有此理四卷更豈有此理四卷　（清）□□撰
清道光四年(1824)刻本　八冊

110000－0102－0006329　甲三/280　集部/
小說類/筆記小說

古今志異六卷　（清）問柳書屋編　清光緒十
八年(1892)問柳書屋刻本　六冊

110000－0102－0006330　甲三/281　集部/
小說類/筆記小說

古今志異六卷　（清）問柳書屋編　清光緒十
八年(1892)問柳書屋刻本　六冊

110000－0102－0006331　甲三/282　集部/
小說類

今世說八卷　（清）王晫撰　清康熙二十二年
(1683)刻本　四冊

110000－0102－0006332　甲三/283　集部/
小說類/筆記小說

見聞續筆二十四卷　（清）齊學裘撰　清光緒
二年(1876)刻本　十二冊

110000－0102－0006333　甲三/284　子部/
類書類/類編/通錄

太平廣記五百卷目錄十卷　（宋）李昉等編
清嘉慶十一年(1806)姑蘇聚文堂刻本　六十
四冊

110000－0102－0006334　甲三/285　子部/
類書類/類編/通錄

五洲事類滙表五十卷　（清）趙士元　（清）孔
昭綬同編　清光緒二十九年(1903)上海仁記
書局石印本　二十冊

110000－0102－0006335　甲三/287　集部/
小說類

堅瓠集六十六卷　（清）褚人獲編　清康熙十
九年(1680)刻本　三十三冊

110000－0102－0006336　甲三/288　集部/小說類/長篇小說

譚史二十卷 （清）屠紳撰　清庭梅朱氏刻本　十六冊

110000－0102－0006337　甲三/289　集部/小說類

西湖佳話十六卷 （清）墨浪子編　清乾隆五十一年(1786)大興堂刻本　四冊

110000－0102－0006338　甲三/290　集部/小說類/短篇小說

聊齋志異十六卷 （清）蒲松齡撰　清道光三年(1823)務本堂刻本　十五冊

110000－0102－0006339　甲三/292　集部/小說類/筆記小說

想當然耳八卷 （清）鄒鍾樂撰　清光緒四年(1878)活字本　四冊

110000－0102－0006340　甲三/293　集部/小說類/章回

皆大歡喜四卷 （清）□□撰　清道光元年(1821)刻本　四冊

110000－0102－0006341　甲三/294　子部/雜家類/雜述

一夕話六卷 （清）咄咄夫編　清道光十二年(1832)文元堂刻本　四冊

110000－0102－0006342　甲三/296　集部/小說類/筆記小說

里乘 （清）許奉思撰　清光緒五年(1879)常熟抱芳閣刻本　十冊

110000－0102－0006343　甲三/297　史部/目錄類/著錄/學科專目/藝術

書畫鑑影二十四卷 （清）李佐賢編　清同治十年(1871)利津李佐賢刻本　十二冊

110000－0102－0006344　甲三/298　子部/天文地理類/其它

化學鑑原八卷 （英國）韋而司撰　清湖南刻本　六冊

110000－0102－0006345　甲三/300　子部/

藝術類/音樂舞蹈

琴學入門二卷 （清）張鶴編　清同治六年(1867)刻本　二冊

110000－0102－0006346　甲三/301　史部/目錄類/著錄/學術總目

彙刻書目初編十卷續編二卷補編一卷 （清）顧修撰　清光緒元年(1875)長洲陳氏刻本　十四冊

110000－0102－0006347　甲三/302　集部/集評類/詩評

聲調譜 （清）趙執信撰　清墨妙亭刻本　一冊

110000－0102－0006348　甲三/304　子部/譜錄類

墨娥小錄八種 （清）學圃山農編　清光緒十年(1884)刻本　四冊

110000－0102－0006349　甲三/305　子部/類書類/類編/通錄

小嫏嬛山館彙刊類書十二種 （清）□□輯　清同治六年(1867)緯文堂刻本　六冊　缺一種(歷代史腴二卷)

110000－0102－0006350　甲三/306　集部/小說類/筆記小說

耳食錄初編十二卷二編八卷 （清）樂鈞撰　清同治十年(1871)味經堂刻本　八冊

110000－0102－0006351　甲三/307　集部/小說類/筆記小說

夜航船八卷 （清）破額道人編　清嘉慶六年(1801)鐵硯堂刻本　四冊

110000－0102－0006352　甲三/309　子部/儒家類/宋以前

說苑二十卷 （漢）劉向撰　清光緒元年(1875)湖北崇文書局刻本　四冊

110000－0102－0006353　甲三/311　史部/目錄類/收藏/私藏/清

愛日精廬藏書志三十六卷續志四卷 （清）張金吾撰　清道光六年(1826)刻本　八冊

110000－0102－0006354　甲三/312　史部/
目錄類/收藏/私藏/清

愛日精廬藏書志三十六卷續志四卷　（清）張
金吾撰　清光緒十三年(1887)吳縣徐氏靈芬
閣活字本　十二冊

110000－0102－0006355　甲三/316　集部/
小說類/翻譯小說

昕夕閒談三卷　（清）蠡勺居士譯　清光緒鉛
印本　三冊

110000－0102－0006356　甲三/318　子部/
譜錄類/草木

廣群芳譜一百卷目錄二卷　（清）劉灝等撰
清同治七年(1868)江左書林刻本　三十二冊

110000－0102－0006357　甲三/319　集部/
小說類/筆記小說

廣虞初新志四十卷　（清）黃承增編　清嘉慶
八年(1803)寄鷗閑坊刻本　二十四冊

110000－0102－0006358　甲三/320　集部/
小說類/筆記小說

堅瓠集選十二卷　（清）褚人獲撰　清道光十
二年(1832)尋春書屋刻本　六冊

110000－0102－0006359　甲三/321　集部/
小說類/筆記小說

挑燈新錄六卷　（清）吳荊園撰　清同治二年
(1863)刻本　四冊

110000－0102－0006360　甲三/322　集部/
小說類/筆記小說

子不語　（清）袁枚撰　清文奎堂刻本　十
二冊

110000－0102－0006361　甲三/323　集部/
小說類/筆記小說

遺珠貫索八卷　（清）張純照撰　清道光十年
(1830)刻本　四冊

110000－0102－0006362　甲三/324　子部/
雜家類/雜述

獨醒雜誌十卷附錄一卷　（宋）曾敏行撰　清
乾隆四十年(1775)刻知不足齋叢書本　四冊

110000－0102－0006363　甲三/325　子部/
類書類/類編/通錄

續太平廣記八卷　（清）陸壽名輯　清嘉慶五
年(1800)篤慶堂刻本　八冊

110000－0102－0006364　甲三/326　集部/
小說類/章回

紅樓夢補四十八回　（清）歸鋤子撰　清道光
十三年(1833)藤花榭刻本　十六冊

110000－0102－0006365　甲三/328　集部/
小說類/長篇小說

兒女英雄傳評話四十回　（清）文康撰　清末
上海掃葉山房石印本　十二冊

110000－0102－0006366　甲三/330　集部/
小說類/筆記小說

排悶錄十二卷　（清）孫洙編　清乾隆三十五
年(1770)刻本　八冊

110000－0102－0006367　甲三/331　集部/
小說類/筆記小說

山中一夕話十二卷　（明）李贄撰　清光緒四
年(1878)上海申報館鉛印申報館叢書本
四冊

110000－0102－0006368　甲三/332　史部/
地理類/雜記

雲間據目抄五卷　（明）范濂撰　清光緒四年
(1878)上海申報館鉛印申報館叢書本　二冊

110000－0102－0006369　甲三/333　集部/
小說類/筆記小說

吳門畫舫錄二卷　（清）西溪山人編　清同治
十三年(1874)上海申報館鉛印申報館叢書本
四冊

110000－0102－0006370　甲三/335　史部/
別史、雜史類

嘯亭雜錄八卷續錄二卷　（清）昭槤編　清光
緒六年(1880)刻本　十二冊

110000－0102－0006371　甲三/336　子部/
藝術類/書畫/畫法、畫帖/清

列仙酒牌　（清）任熊繪圖　清咸豐四年
(1854)蕭山蔡照初刻本　二冊

110000－0102－0006372　甲三／337　子部／
雜家類／雜考
萉友蛾術編二卷　（清）王筠撰　清咸豐十年
(1860)刻本　二冊

110000－0102－0006373　甲三／338　子部／
雜家類／學說
輟耕錄三十卷　（明）陶宗儀撰　清光緒十一
年(1885)刻本　八冊

110000－0102－0006374　甲三／340　集部／
小說類／筆記小說
淞隱漫錄十二卷　（清）王韜撰　清光緒十年
(1884)石印本　二冊

110000－0102－0006375　甲三／342　子部／
藝術類／雜著
益智圖二卷　（清）童葉庚撰　清光緒四年
(1878)刻本　二冊

110000－0102－0006376　甲三／350　集部／
小說類／筆記小說
情史二十四卷　（明）馮夢龍撰　（清）詹詹外
史評輯　清芥子園刻本　十二冊

110000－0102－0006377　甲三／351　子部／
兵家類
草廬經略十二卷　（明）□□撰　清光緒上海
申報館鉛印申報館叢書本　六冊

110000－0102－0006378　甲三／352　集部／
小說類／筆記小說
壺天錄三卷　（清）百一居士撰　清光緒十一
年(1885)上海申報館鉛印申報館叢書本
四冊

110000－0102－0006379　甲三／353　史部／
地理類／雜記
閩雜記十二卷　（清）施鴻保編　清光緒四年
(1878)上海申報館鉛印申報館叢書本　四冊

110000－0102－0006380　甲三／354　集部／
別集類／清
息盦尺牘二卷　（清）陳觀圻撰　清光緒十年
(1884)上海申報館鉛印申報館叢書本　二冊

110000－0102－0006381　甲三／355　子部／
雜家類／學說
小家語四卷　（清）海上漠鴻氏撰　清光緒二
年(1876)上海申報館鉛印申報館叢書本
四冊

110000－0102－0006382　甲三／356－1　子
部／雜家類／雜述
聞見異詞四卷　（清）許秋垞撰　清光緒四年
(1878)上海申報館鉛印申報館叢書本　二冊

110000－0102－0006383　甲三／356－2　史
部／別史、雜史類
庭聞錄六卷　（清）劉健撰　清光緒四年
(1878)上海申報館鉛印申報館叢書本　一冊

110000－0102－0006384　甲三／357　史部／
地理類／雜記
揚州畫舫錄十八卷　（清）李斗撰　清光緒元
年(1875)上海申報館鉛印申報館叢書本
八冊

110000－0102－0006385　甲三／358　集部／
小說類／章回
西遊補十六回　（清）靜嘯齋主人撰　清光緒
元年(1875)上海申報館鉛印申報館叢書本
二冊

110000－0102－0006386　甲三／359　子部／
類書類／類編／通錄
壹是紀始二十二卷補遺一卷　（清）魏崧撰
清光緒十七年(1891)刻本　六冊

110000－0102－0006387　甲三／361　子部／
農家類／蔬菜花木
花鏡六卷　（清）陳淏子編　清康熙二十七年
(1688)金閶書業堂刻本　一冊

110000－0102－0006388　甲三／366　集部／
小說類／筆記小說
七嬉二卷　（清）樓雲野客編　清道光十七年
(1837)三味堂刻本　四冊

110000－0102－0006389　甲三／367　子部／
藝術類／雜著
賞奇軒四種合編　（清）□□輯　清末上海點

石齋石印本　四冊

110000－0102－0006390　甲三/368　子部/
藝術類/書畫/書法、碑帖/清

七巧書譜二卷　（清）嚴恆撰　（清）嚴信厚輯
清光緒十八年（1892）慈溪嚴氏聽月山房刻
本　一冊

110000－0102－0006391　甲三/371　子部/
雜家類/雜考

札迻十二卷　（清）孫詒讓撰　清光緒二十年
（1894）刻本　四冊

110000－0102－0006392　甲三/373　子部/
藝術類/書畫/畫法、畫帖

寶繪錄二十卷　（明）張泰階編　清知不足齋
刻本　十二冊

110000－0102－0006393　甲三/375　子部/
類書類/字編

奇耦典彙三十六卷　（清）梅自馨撰　清乾隆
二十九年（1764）刻本　二十冊

110000－0102－0006394　甲三/376　子部/
類書類/韻編

縹湘會海對類二十卷　（明）吳望編　清乾隆
九年（1744）文興堂刻本　六冊

110000－0102－0006395　甲三/377　子部/
儒家類

人譜類記六卷　（清）方願瑛輯　清嘉慶二十
年（1815）文蔭堂刻本　四冊

110000－0102－0006396　甲三/379　子部/
藝術類/雜技

脫影奇觀　（英國）德貞譯　清同治十二年
（1873）刻本　四冊

110000－0102－0006397　甲三/384　集部/
俗文學類/謎語及其它

三十家燈迷大成　（清）周學濬編　清光緒十
八年（1892）刻本　四冊

110000－0102－0006398　甲三/385　子部/
雜家類/雜述

文海披沙八卷　（明）謝肇淛撰　清光緒三年

（1877）上海申報館鉛印申報館叢書本　四冊

110000－0102－0006399　甲三/386　子部/
儒家類/明

困知記九卷　（明）羅欽順撰　清光緒五年
（1879）上海申報館鉛印申報館叢書本　四冊

110000－0102－0006400　甲三/387　集部/
小說類/筆記小說

道聽塗說十二卷　（清）潘綸恩撰　清光緒元
年（1875）上海申報館鉛印申報館叢書本
六冊

110000－0102－0006401　甲三/388　集部/
小說類/章回

**快心編初集五卷十回二集五卷十回三集六卷
十二回**　（清）天花才子編　清光緒上海申報
館鉛印申報館叢書本　十冊

110000－0102－0006402　甲三/389　子部/
雜家類/雜述

醒睡錄初集十卷　（清）鄧文濱撰　清同治七
年（1868）上海申報館鉛印申報館叢書本
六冊

110000－0102－0006403　甲三/390　集部/
小說類/筆記小說

澆愁集八卷　（清）鄒弢撰　清光緒四年
（1878）上海申報館刻申報館叢書本　四冊

110000－0102－0006404　甲三/391　子部/
雜家類/雜述

在園雜誌四卷　（清）劉廷璣撰　清光緒上海
申報館鉛印申報館叢書本　四冊

110000－0102－0006405　甲三/392　集部/
小說類/筆記小說

蕉軒摭錄十二卷　（清）俞夢蕉撰　清光緒元
年（1875）上海申報館刻申報館叢書本　四冊

110000－0102－0006406　甲三/393　子部/
子總類/諸子彙編

十子全書十種一百十八卷　（清）王子興輯
清嘉慶九年（1804）姑蘇王氏聚文堂刻本　三
十二冊

110000 – 0102 – 0006407　甲三/395　集部/
小說類/筆記小說

癡說八卷 （清）紀蔭田撰　清道光元年
(1821)懷清堂刻本　八冊

110000 – 0102 – 0006408　甲三/397　集部/
曲類/曲別集/傳奇

目連救母 （明）鄭之珍編　清咸豐九年
(1859)經國堂刻本　三冊

110000 – 0102 – 0006409　甲三/398　集部/
曲類/曲別集/傳奇

琵琶記十二卷 （元）高明撰　（清）毛綸評注
　清金陵三益堂刻本　八冊

110000 – 0102 – 0006410　甲三/399　子部/
宗教類/釋教/經

大乘理趣六波羅密多經十卷 （唐）釋般若譯
　清光緒十九年(1893)金陵刻經處刻本
二冊

110000 – 0102 – 0006411　甲三/402　子部/
天文地理類/算法/總錄

學算筆談十二卷 （清）華蘅芳撰　清光緒十
一年(1885)刻本　四冊

110000 – 0102 – 0006412　甲三/406　集部/
曲類/曲別集/雜劇

西廂記八卷 （元）王實甫撰　清乾隆五十六
年(1791)刻本　四冊

110000 – 0102 – 0006413　甲三/407　子部/
宗教類/其它

天主降生言行紀略八卷 （意大利）艾儒略譯
　清光緒十三年(1887)刻本　六冊

110000 – 0102 – 0006414　甲三/408　子部/
儒家類

朱子晚年定論 （明）王守仁撰　清咸豐四年
(1854)刻本　二冊

110000 – 0102 – 0006415　甲三/410　子部/
藝術類/雜技

宣和譜牙牌彙集二卷 （清）金杏園編　清光
緒十四年(1888)刻本　二冊

110000 – 0102 – 0006416　甲三/411　子部/
天文地理類/算法/總錄

數學上編十三卷附卷二卷 （清）曹汝英撰
清光緒三十年(1904)刻本　六冊

110000 – 0102 – 0006417　甲三/412　叢部/
彙編叢書/清初期

說鈴五十三種 （清）吳震方編　清嘉慶四年
(1799)刻本　二十四冊　存三十七種四十六
卷(冬夜箋記一卷、隴蜀餘聞一卷、安南雜記
一卷、奉使俄羅斯日記一卷、嶺南雜記二卷、
塞北小鈔一卷、松亭行紀二卷、天祿識餘二
卷、封長白山記一卷、使琉球記一卷、閩小紀
二卷、守汴日誌一卷、坤輿外紀一卷、臺灣紀
略一卷、臺灣雜記一卷、安南紀遊一卷、峒谿
纖志一卷、泰山紀勝一卷、匡廬紀遊一卷、登
華記一卷、遊雁蕩山記一卷、甌江逸志一卷、
讀史吟評一卷、湖壖雜記一卷、談往、板橋雜
記三卷、簪雲樓雜說一卷、天香樓偶得一卷、
蚓菴瑣語一卷、見聞錄一卷、冥報錄二卷、現
果隨錄一卷、果報聞見錄一卷、信徵錄一卷、
述異記三卷、尊鄉贅筆二卷、舭膌一卷)

110000 – 0102 – 0006418　甲三/413　集部/
總集類/文/雜錄/雜纂

囊賸四卷 （清）趙古農撰　清道光十一年
(1831)刻本　四冊

110000 – 0102 – 0006419　甲三/414　集部/
小說類/筆記小說

虞初新志二十卷 （清）張潮撰　清乾隆三十
四年(1769)刻本　十冊

110000 – 0102 – 0006420　甲三/415　集部/
小說類/筆記小說

真真豈有此理八卷 （清）瀟湘館輯　清光緒
二十年(1894)上海書局石印本　四冊

110000 – 0102 – 0006421　甲三/416　集部/
小說類/筆記小說

息影偶錄八卷 （清）張埏編　清嘉慶九年
(1804)刻本　八冊

110000 – 0102 – 0006422　甲三/417　子部/
雜家類

庸閒齋筆記八卷　（清）陳其元撰　清同治十三年（1874）刻本　四冊

110000－0102－0006423　甲三/418　集部/小說類/筆記小說

西湖拾遺四十八卷　（清）陳樹基編　清道光二十七年（1847）刻本　二十冊

110000－0102－0006424　甲三/419　子部/雜家類/雜述

桯史十五卷附錄一卷　（宋）岳珂撰　清光緒四年（1878）上海申報館鉛印申報館叢書本　四冊

110000－0102－0006425　甲三/420　子部/雜家類/雜纂

姤律一卷　（清）廣野居士撰　閨律一卷　（清）芙蓉外史撰　清光緒三年（1877）上海申報館鉛印申報館叢書本　一冊

110000－0102－0006426　甲三/422　子部/天文地理類/算法

測圓海鏡細草十二卷　（清）李冶撰　清光緒二年（1876）刻本　四冊

110000－0102－0006427　甲三/423　集部/總集類/文/雜錄/課藝

格致書院課藝三十六類　（清）王韜編　清光緒二十五年（1899）上海富強齋石印本　十三冊

110000－0102－0006428　甲三/430　子部/宗教類/釋教/論

徑中徑又徑徵義三卷　（清）張師誠纂　（清）徐槐廷徵義　清同治七年（1868）刻本　一冊

110000－0102－0006429　甲三/431　子部/術數類/數學

新編算學啓蒙　（清）朱世傑編　清道光十九年（1839）刻本　三冊

110000－0102－0006430　甲三/432　子部/儒家類/宋以前

傅子　（晉）傅玄撰　清乾隆福建刻本　一冊

110000－0102－0006431　甲三/438　子部/

宗教類/釋教/經

阿彌陀經要解一卷　（後秦）釋鳩摩羅什譯　清光緒十一年（1885）金陵刻經處刻本　一冊

110000－0102－0006432　甲三/439　子部/宗教類/釋教

遊心安樂道一卷　（唐）釋元曉撰　清末金陵刻經處刻本　一冊

110000－0102－0006433　甲三/442　子部/宗教類/道教

陰騭文廣義三卷　（清）周安士編　清光緒七年（1881）揚州藏經禪院刻本　三冊

110000－0102－0006434　甲三/443　子部/藝術類/書畫/畫法、畫帖

茜窗小品　（元）趙孟頫　（清）董邦達等繪　清光緒二十三年（1897）石印本　二冊

110000－0102－0006435　甲三/447　子部/宗教類/釋教/論

無量壽經起信論二卷　（清）彭際清撰　清刻本　一冊

110000－0102－0006436　甲三/448　子部/雜家類/雜述

野獲編三十卷　（明）沈德符撰　清道光七年（1827）錢塘扶荔山房刻本　二十二冊

110000－0102－0006437　甲三/450　子部/宗教類/釋教

普門品一卷　（後秦）釋鳩摩羅什譯　清光緒十二年（1886）江北刻經處刻本　一冊

110000－0102－0006438　甲三/452　子部/宗教類/道教

疑仙傳三卷　（宋）隱夫玉簡撰　清咸豐三年（1853）重印本　二冊

110000－0102－0006439　甲三/453　子部/儒家類/清

起黃二卷廣王二卷質顧二卷　吳光耀撰　清宣統元年（1909）刻本　五冊

110000－0102－0006440　甲三/463　子部/類書類/類編/通錄

太平廣記五百卷目錄十卷 （宋）李昉等編
清道光二十六年（1846）文光裕記刻本 五
十冊

110000－0102－0006441 甲三/467 集部/
小說類/章回
續英烈傳二十回 （清）空谷老人編 清道光
二十年（1840）雙桂堂刻本 六冊

110000－0102－0006442 甲三/468 集部/
小說類/筆記小說
虞史四十八卷 （清）王希廉撰 清光緒上海
申報館鉛印申報館叢書本 五冊 存三十七
卷（六至四十二）

110000－0102－0006443 甲三/469 子部/
雜家類/雜考
客窗閒話八卷 （清）吳熾昌撰 清光緒二年
（1876）上海申報館鉛印申報館叢書本 四冊

110000－0102－0006444 甲三/470 集部/
曲類/曲別集/雜劇
西廂記八卷 （元）王實甫撰 清光緒十三年
（1887）石印本 四冊

110000－0102－0006445 甲三/471 子部/
醫家類/養生
攝生總要 （明）洪九有論定 明崇禎十一年
（1638）集錦堂刻本 八冊

110000－0102－0006446 甲三/472 集部/
小說類/章回
風月夢三十二回 （清）邗上蒙人撰 清光緒
九年（1883）上海申報館鉛印申報館叢書本
四冊

110000－0102－0006447 甲三/473 集部/
小說類/章回
後西遊記四十回 （清）□□撰 清光緒上海
申報館鉛印申報館叢書本 八冊

110000－0102－0006448 甲三/474 叢部/
彙編叢書/明
硯雲乙編八帙 （清）金忠淳編 清光緒上海
申報館鉛印申報館叢書本 八冊

110000－0102－0006449 甲三/475 集部/
小說類
駐春園小史六卷二十四回 （清）吳航野客編
清乾隆五十三年（1788）三餘堂刻本 六冊

110000－0102－0006450 甲三/477 集部/
小說類/筆記小說
西青散記八卷 （清）史震林撰 清刻本
四冊

110000－0102－0006451 甲三/478－1 集
部/小說類/筆記小說
茶餘談薈二卷 （清）見南山人撰 清光緒五
年（1879）上海申報館鉛印申報館叢書本
二冊

110000－0102－0006452 甲三/478－2 集
部/小說類/筆記小說
笑史四卷 （清）陳庚撰 清光緒上海申報館
鉛印申報館叢書本 二冊

110000－0102－0006453 甲三/478－3 集
部/小說類/筆記小說
鋤經書舍零墨四卷 （清）黃協塤撰 清光緒
四年（1878）申報館鉛印申報館叢書本 二冊

110000－0102－0006454 甲三/479 集部/
小說類/章回
繪芳錄八十回 （清）西泠野樵撰 清光緒四
年（1878）上海申報館鉛印申報館叢書本 十
六冊

110000－0102－0006455 甲三/480 集部/
小說類/筆記小說
螢窗異草三編 （清）尹似村撰 清光緒二年
（1876）上海申報館鉛印申報館叢書本 十
二冊

110000－0102－0006456 甲三/481 集部/
小說類/筆記小說
三異筆談一集四卷 （清）許元仲撰 清光緒
上海申報館鉛印申報館叢書本 二冊

110000－0102－0006457 甲三/482 集部/
小說類/筆記小說
亦復如是四卷 （清）青城子編 清光緒上海

申報館鉛印申報館叢書本　四冊

110000－0102－0006458　甲三/483　集部/
小說類/筆記小說

小豆棚十六卷　（清）曾衍東撰　清光緒上海
申報館鉛印申報館叢書本　六冊

110000－0102－0006459　甲三/484　子部/
雜家類/雜考

訂譌雜錄十卷　（清）胡鳴玉撰　清光緒上海
申報館鉛印申報館叢書本　二冊

110000－0102－0006460　甲三/485　集部/
小說類/筆記小說

螢窗異草二編四卷　（清）長白浩歌子撰　清
光緒三年(1877)上海申報館鉛印申報館叢書
本　四冊

110000－0102－0006461　甲三/487　子部/
雜家類/雜述

景船齋雜記二卷　（清）章有謨撰　清光緒上
海申報館鉛印申報館叢書本　二冊

110000－0102－0006462　甲三/488　集部/
小說類/筆記小說

鷦砭軒質言四卷　（清）戴蓮芬撰　清光緒五
年(1879)上海申報館鉛印申報館叢書本
二冊

110000－0102－0006463　甲三/489　集部/
小說類/筆記小說

甕牖餘談八卷　（清）王韜撰　清光緒元年
(1875)上海申報館鉛印申報館叢書本　四冊

110000－0102－0006464　甲三/490　子部/
雜家類/雜纂

稟啓零紈四卷　（清）姜士堯輯　清光緒上海
申報館鉛印申報館叢書本　二冊

110000－0102－0006465　甲三/491　子部/
雜家類/雜纂

硯雲甲編八帙　（清）金忠淳編　清光緒上海
申報館鉛印申報館叢書本　四冊

110000－0102－0006466　甲三/492　子部/
雜家類/雜纂

硯雲甲編八帙　（清）金忠淳編　清光緒上海
申報館鉛印申報館叢書本　四冊

110000－0102－0006467　甲三/493　叢部/
自著叢書/清中晚期

春融堂雜記八種　（清）王昶撰　清光緒上海
申報館鉛印申報館叢書本　四冊

110000－0102－0006468　甲三/494　叢部/
自著叢書/清中晚期

春融堂雜記八種　（清）王昶撰　清光緒上海
申報館鉛印申報館叢書本　四冊

110000－0102－0006469　甲三/495　集部/
小說類/筆記小說

續客窗閒話八卷　（清）吳熾昌撰　清光緒二
年(1876)上海申報館鉛印申報館叢書本
四冊

110000－0102－0006470　甲三/496　史部/
史抄類

兩漢博聞十二卷　（宋）楊侃撰　清光緒上海
申報館鉛印申報館叢書本　六冊

110000－0102－0006471　甲三/497　集部/
小說類/筆記小說

笑笑錄十六卷　（清）獨逸窩退士撰　清光緒
五年(1879)上海申報館鉛印申報館叢書本
四冊

110000－0102－0006472　甲三/498　史部/
地理類/外紀

西事類編十六卷　（清）沈純輯　清光緒十三
年(1887)上海申報館鉛印申報館叢書本
六冊

110000－0102－0006473　甲三/499　史部/
地理類/雜記

粵屑四卷　（清）劉世馨輯　清光緒三年
(1877)上海申報館鉛印申報館叢書本　二冊

110000－0102－0006474　甲三/500　集部/
小說類/筆記小說

語新二卷　（清）錢學綸撰　清光緒二年
(1876)上海申報館鉛印申報館叢書本　二冊

110000 – 0102 – 0006475　甲三／501　集部／
小說類／章回

青樓夢六十二回　（清）俞達撰　清光緒四年
(1878)上海申報館鉛印申報館叢書本　十冊

110000 – 0102 – 0006476　甲三／502　集部／
曲類／曲別集／傳奇

返魂香傳奇四卷　（清）香雪道人撰　清光緒
三年(1877)上海申報館鉛印申報館叢書本
四冊

110000 – 0102 – 0006477　甲三／503　集部／
小說類／總錄

續異書四種七卷　（清）蔡爾康編　清光緒三
年(1877)上海申報館鉛印申報館叢書本
四冊

110000 – 0102 – 0006478　甲三／504　集部／
小說類／總錄

鴻雪軒紀豔四種四卷　（清）藝蘭生輯　清同
治十三年(1874)上海申報館鉛印申報館叢書
本　二冊

110000 – 0102 – 0006479　甲三／505　子部／
雜家類／雜纂

談古偶錄二卷　（清）陳星瑞撰　（清）姚成濟
注　清光緒二年(1876)上海申報館鉛印申報
館叢書本　二冊

110000 – 0102 – 0006480　甲三／506　集部／
小說類／筆記小說

印雪軒隨筆四卷　（清）俞鴻漸撰　清光緒二
年(1876)上海申報館鉛印申報館叢書本
四冊

110000 – 0102 – 0006481　甲三／507　史部／
別史、雜史類

嘯亭雜錄十卷續錄三卷　（清）昭槤撰　清光
緒上海申報館鉛印申報館叢書本　十冊

110000 – 0102 – 0006482　甲三／508　集部／
小說類／長篇小說

蜃史二十卷　（清）屠紳撰　清光緒上海申報
館鉛印申報館叢書本　六冊

110000 – 0102 – 0006483　甲三／509　子部／

雜家類／雜述

柳南隨筆六卷續四卷　（清）王應奎撰　清光
緒四年(1878)上海申報館鉛印申報館叢書本
四冊

110000 – 0102 – 0006484　甲三／510　集部／
小說類／總錄

異書四種　（清）蔡爾康輯　清光緒二年
(1876)上海申報館鉛印申報館叢書本　二冊

110000 – 0102 – 0006485　甲三／511 – 1　史
部／地理類／遊記／清

歷下志遊八卷　（清）師史氏撰　清光緒八年
(1882)上海申報館鉛印申報館叢書本　二冊

110000 – 0102 – 0006486　甲三／511 – 2　集
部／小說類／筆記小說

此中人語六卷　（清）程麟撰　清光緒十年
(1884)上海申報館鉛印申報館叢書本　一冊

110000 – 0102 – 0006487　甲三／512　集部／
小說類／筆記小說

遯窟讕言十二卷　（清）王韜撰　清光緒元年
(1875)上海申報館鉛印申報館叢書本　四冊

110000 – 0102 – 0006488　甲三／513　集部／
小說類／章回

林蘭香六十四回　（清）隨園下士編　（清）寄
旅散人評　清光緒三年(1877)上海申報館鉛
印申報館叢書本　八冊

110000 – 0102 – 0006489　甲三／514　集部／
小說類／筆記小說

夜雨秋燈續錄八卷　（清）宣鼎撰　清光緒元
年(1875)上海申報館鉛印申報館叢書本
八冊

110000 – 0102 – 0006490　甲三／515　集部／
小說類／章回

兒女英雄傳四十回　（清）文康撰　清光緒四
年(1878)上海申報館鉛印申報館叢書本　十
六冊

110000 – 0102 – 0006491　甲三／516　集部／
小說類／短篇小說

西湖拾遺四十五卷　（清）陳樹基撰　清光緒

申報館鉛印申報館叢書本　十二冊

110000－0102－0006492　甲三/517　集部/
小說類/筆記小說

潛庵漫筆八卷　（清）程畹撰　清光緒元年
（1875）上海申報館鉛印申報館叢書本　二冊

110000－0102－0006493　甲三/518　集部/
總集類/文/雜錄/書牘表啟

胭脂牡丹六卷　（□）□□撰　清咸豐十一年
（1861）刻本　六冊

110000－0102－0006494　甲三/519　集部/
小說類/筆記小說

鄉言解頤五卷　（清）甕齋老人編　清道光三
十年（1850）刻本　四冊

110000－0102－0006495　甲三/520　子部/
雜家類/雜纂

新義錄一百卷首一卷　（清）孫璧人撰　清光
緒八年（1882）廣州漱石山房刻本　四十冊

110000－0102－0006496　甲三/521　集部/
小說類/章回

金鎗全傳五十回　（清）研石山樵訂正　清道
光三年（1823）博古堂刻本　八冊

110000－0102－0006497　甲三/526　集部/
小說類/筆記小說

閱微草堂筆記五種二十四卷　（清）紀昀撰
清道光十五年（1835）刻本　十冊

110000－0102－0006498　甲三/529　叢部/
彙編叢書

唐人說薈二十卷一百六十四種　（清）陳世熙
編　清乾隆五十六年（1791）挹秀軒刻本　二
十

110000－0102－0006499　甲三/531　集部/
小說類/筆記小說

西青散記八卷　（清）史震林著　清光緒四年
（1878）活字本　四冊

110000－0102－0006500　甲三/532　集部/
小說類/章回

蓮子瓶全傳三十二回　（清）□□撰　清道光

二十二年（1842）綠雲軒刻本　四冊

110000－0102－0006501　甲三/533　集部/
小說類/章回

鏡花緣一百回　（清）李汝珍撰　清光緒上海
申報館鉛印本　十二冊

110000－0102－0006502　甲三/534　集部/
小說類/章回

紅樓復夢一百回　（清）小和山樵撰　清光緒
上海申報館鉛印本　十冊

110000－0102－0006503　甲三/537　子部/
譜錄類/鳥獸蟲魚

蟋蟀譜　（清）□□撰　清光緒十四年（1888）
京師聚珍堂活字本　一冊

110000－0102－0006504　甲三/538　集部/
小說類/章回

儒林外史五十六回　（清）吳敬梓撰　清光緒
二年（1876）上海申報館鉛印本　十冊

110000－0102－0006505　甲三/539　集部/
小說類/章回

西洋記二卷一百回　（明）羅懋登編　清光緒
上海申報館鉛印本　十冊

110000－0102－0006506　甲三/540　集部/
小說類/筆記小說

記聞類編　上海印書局輯　清光緒三年
（1877）上海印書局活字本　六冊

110000－0102－0006507　甲三/542　子部/
雜家類/雜考

藝林伐山二十卷　（明）楊慎撰　清光緒上海
申報館鉛印本　四冊

110000－0102－0006508　甲三/543　子部/
雜家類/雜考

藝林伐山二十卷　（明）楊慎撰　清光緒上海
申報館鉛印本　四冊

110000－0102－0006509　甲三/544　集部/
小說類/筆記小說

甕牖餘談八卷　（清）王韜撰　清光緒元年
（1875）上海申報館鉛印本　四冊

110000 – 0102 – 0006510　甲三/545　集部/
小說類/筆記小說

解醒語四卷　（清）泖濱野客撰　清光緒十三
年(1887)上海申報館鉛印本　二冊

110000 – 0102 – 0006511　甲三/551　集部/
小說類/筆記小說

妙香室叢話十四卷　（清）張培仁撰　清光緒
十年(1884)申報館鉛印本　六冊

110000 – 0102 – 0006512　甲三/553　子部/
藝術類/書畫

歸石軒畫談十卷　（清）息柯居士撰　清同治
至光緒刻本　六冊

110000 – 0102 – 0006513　甲三/563　集部/
小說類/筆記小說

北東園筆錄四編二十四卷　（清）梁恭辰撰
清同治五年(1866)汴城義文齋刻本　八冊

110000 – 0102 – 0006514　甲三/564　子部/
天文地理類/總錄

格物入門　（美國）丁韙良撰　清刻本　六冊
　存六卷(二至七)

110000 – 0102 – 0006515　甲三/565　集部/
小說類/章回

紅樓夢補四十八回　（清）歸鋤子撰　清光緒
上海申報館鉛印本　八冊

110000 – 0102 – 0006516　甲三/600　叢部/
彙編叢書

古今說海一百三十五種一百四十二卷　（明）
陸楫編　清道光元年(1821)苕溪邵氏酉山室
刻本　四十冊

110000 – 0102 – 0006517　甲三/601　子部/
類書類/類編、通錄

太平御覽一千卷　（宋）李昉等纂　清光緒十
八年(1892)南海李氏刻本　一百冊

110000 – 0102 – 0006518　甲三/602　集部/
小說類/筆記小說

夜雨秋燈錄正錄八卷續錄八卷　（清）宣鼎撰
　清光緒六年(1880)上海申報館鉛印本　十
五冊　缺一冊(正錄第一冊)

110000 – 0102 – 0006519　甲三/605　叢部/
自著叢書/宋、元

石林遺書十二種四十六卷　（宋）葉夢得撰
葉德輝編　清宣統三年(1911)葉氏刻本　十
四冊

110000 – 0102 – 0006520　甲三/608　子部/
天文地理類/其它

汽機新制八卷　（英國）白爾格撰　（英國）傅
蘭雅　（清）徐建寅合譯　清同治至光緒上海
江南製造總局刻本　二冊

110000 – 0102 – 0006521　甲三/609　子部/
天文地理類/其它

化學求數　（德國）富里西尼烏司著　（英國）
傅蘭雅　（清）徐壽合譯　清光緒刻本　十
四冊

110000 – 0102 – 0006522　甲三/610　子部/
天文地理類/其它

化學分原八卷　（英國）蒲陸山撰　（英國）傅
蘭雅　（清）徐建寅合譯　清光緒江南製造局
刻本　二冊

110000 – 0102 – 0006523　甲三/611　子部/
天文地理類/其它

礮法求新六卷附編二卷補編一卷圖一卷
（英國）烏理治官礮局撰　舒高第　（清）鄭昌
棪合譯　清光緒江南製造局鉛印本　八冊

110000 – 0102 – 0006524　甲三/612　子部/
天文地理類/其它

考試司機七卷首一卷圖一卷　（英國）拖爾那
撰　（英國）傅蘭雅　（清）徐華封合譯　清光
緒上海江南製造總局刻本　六冊

110000 – 0102 – 0006525　甲三/613　子部/
天文地理類/其它

化學工藝　（英國）能智撰　（英國）傅蘭雅等
譯　清光緒二十四年(1898)上海江南製造總
局鉛印本　十二冊

110000 – 0102 – 0006526　甲三/614　子部/
天文地理類/其它

汽機必以十二卷首一卷附卷一卷　（英國）蒲

爾捺撰 （英國）傅蘭雅 （清）徐建寅合譯
清光緒上海江南製造局刻本 六冊

110000－0102－0006527 甲三/615 子部/
天文地理類/其它

汽機必以十二卷首一卷附卷一卷 （英國）蒲
爾捺撰 （英國）傅蘭雅 （清）徐建寅合譯
清光緒上海江南製造局刻本 六冊

110000－0102－0006528 甲三/616 子部/
天文地理類/其它

化學鑑原補編 （英國）傅蘭雅 （清）徐壽合
譯 清刻本 六冊

110000－0102－0006529 甲三/617 子部/
天文地理類/其它

化學鑑原六卷 （英國）韋而司撰 （英國）傅
蘭雅 （清）徐壽譯 清刻本 六冊

110000－0102－0006530 甲三/618 史部/
政書類/考工

營城揭要二卷 （英國）儲意比撰 （英國）傅
蘭雅 （清）徐壽譯 清刻本 二冊

110000－0102－0006531 甲三/619 史部/
政書類/軍政/防務

防海新論十八卷 （德國）希理哈撰 （英國）
傅蘭雅 （清）華蘅芳合譯 清同治十二年
(1873)上海江南製造局刻本 六冊

110000－0102－0006532 甲三/621 子部/
天文地理類/其它

汽機發軔九卷表一卷 （英國）美以納 （英
國）白勞那合撰 （英國）偉烈 （清）徐壽合
譯 清光緒刻本 四冊

110000－0102－0006533 甲三/622 子部/
兵家類

水師操練十八卷首一卷附卷一卷 （英國）戰
船撰 （英國）傅蘭雅 （清）徐建寅合譯
清刻本 三冊

110000－0102－0006534 甲三/623 子部/
天文地理類/其它

化學考質八卷附卷一卷 （德國）富里西尼烏
司撰 （英國）傅蘭雅 （清）徐壽合譯 清刻

本 六冊

110000－0102－0006535 甲三/624 子部/
醫家類/雜病方論

儒門醫學三卷附卷一卷 （英國）海得蘭撰
（英國）傅蘭雅 （清）趙元益合譯 清刻本
四冊

110000－0102－0006536 甲三/625 子部/
天文地理類/天文

談天十八卷首一卷附表一卷 （英國）侯失勒
撰 （英國）偉烈亞力等譯 清刻本 四冊

110000－0102－0006537 甲三/626 子部/
天文地理類/其它

鍊金新語 （英國）奧斯吞撰 舒高第 （清）
鄭昌棪合譯 清光緒十七年(1891)鉛印本
三冊

110000－0102－0006538 甲三/627 史部/
地理類/水道/總錄

海道圖說十五卷附卷一卷 （英國）金約翰撰
（英國）傅蘭雅 （清）王德均合譯 清刻本
十冊

110000－0102－0006539 甲三/628 子部/
天文地理類/其它

重學二十卷 （英國）艾約瑟 （清）李善蘭合
譯 清同治五年(1866)刻本 六冊

110000－0102－0006540 甲三/629 子部/
兵家類

前敵須知四卷表一卷 （英國）克利賴撰 舒
高第 （清）鄭昌棪同譯 清末鉛印本 五冊

110000－0102－0006541 甲三/630 子部/
醫家類/雜病方論

類證活人書 （明）吳勉學校 清光緒十年
(1884)刻本 四冊

110000－0102－0006542 甲三/631 子部/
天文地理類/其它

禦風要術三卷 （英國）白爾特撰 （美國）金
楷理 （清）華蘅芳合譯 清刻本 二冊

110000－0102－0006543 甲三/632 子部/

天文地理類/其它

鍊石編三卷圖一卷 （英國）亨利黎特撰　舒高第　（清）鄭昌棪合譯　清末鉛印本　二冊

110000－0102－0006544　甲三/633　子部/天文地理類/其它

制屬金法二卷 （日本）橋本奇策撰　王季點譯　清光緒二十七年（1901）上海製造局刻本　二冊

110000－0102－0006545　甲三/634　子部/雜家類/西洋各派

佐治芻言 （英國）傅蘭雅　（清）應祖錫合譯　清光緒江南製造局鉛印本　二冊

110000－0102－0006546　甲三/635　子部/兵家類

子藥準則一卷 （清）丁以文撰　清光緒十四年（1888）上海江南製造局鉛印本　一冊

110000－0102－0006547　甲三/636　史部/政書類/邦計/交通運輸

美國鐵路彙攷十三卷 （美國）柯里集　（英國）傅蘭雅　（清）潘松合譯　清光緒二十五年（1899）上海江南製造總局刻本　一冊　存四卷（一至四）

110000－0102－0006548　甲三/637　史部/政書類/邦計/交通運輸

美國鐵路彙攷十三卷 （美國）柯里集　（英國）傅蘭雅　（清）潘松合譯　清光緒二十五年（1899）江南製造總局刻本　一冊　存四卷（一至四）

110000－0102－0006549　甲三/638　子部/天文地理類/其它

化學源流論四卷 方尼斯輯　王汝騆譯　清光緒二十六年（1900）上海江南製造總局鉛印本　二冊

110000－0102－0006550　甲三/639　子部/天文地理類/其它

聲學八卷 （英國）田大里撰　（英國）傅蘭雅　（清）徐建寅譯　清光緒上海江南製造局刻本　二冊

110000－0102－0006551　甲三/640　子部/天文地理類/其它

井礦工程三卷 （英國）白爾捺撰　（英國）傅蘭雅　（清）趙元益合譯　清刻本　二冊

110000－0102－0006552　甲三/641　史部/政書類/邦計/交通運輸

行軍鐵路工程二卷圖一卷 （英國）傅蘭雅　（清）汪振聲合譯　清光緒上海江南製造總局鉛印本　一冊

110000－0102－0006553　甲三/642　子部/兵家類

兵船礮法六卷 （美國）水師書院撰　（美國）金楷理等譯　清刻本　三冊

110000－0102－0006554　甲三/643　子部/兵家類

輪船佈陣 （英國）賈密倫撰　（英國）傅蘭雅　（清）徐建寅合譯　清刻本　二冊

110000－0102－0006555　甲三/644　子部/兵家類

海軍調度要言三卷圖一卷 （英國）拏核甫撰　舒高第　（清）鄭昌棪譯　清末鉛印本　二冊

110000－0102－0006556　甲三/645　史部/政書類/邦計/交通運輸

航海簡法四卷 （英國）那麗撰　（美國）金楷理　（清）王德均合譯　清末刻本　二冊

110000－0102－0006557　甲三/646　子部/兵家類

水師保身法 （法國）勒羅阿撰　（清）程鑾　（清）趙元益重譯　清刻本　一冊

110000－0102－0006558　甲三/647　子部/兵家類

克虜伯礮准心法 （德國）軍政局撰　（美國）金楷理　（清）李鳳苞合譯　清刻本　一冊

110000－0102－0006559　甲三/648　子部/天文地理類/其它

電氣鍍鎳 （英國）傅蘭雅　（清）徐華封合譯　清刻本　一冊

110000－0102－0006560　甲三/650　子部/
兵家類

水師操練十八卷首一卷附卷一卷　（英國）戰
船部撰　（英國）傅蘭雅　（清）徐建寅合譯
清刻本　三冊

110000－0102－0006561　甲三/651　子部/
雜家類/西洋各派

佐治芻言　（英國）傅蘭雅　（清）應祖錫合譯
清光緒上海江南製造總局鉛印本　三冊

110000－0102－0006562　甲三/652　子部/
天文地理類/其它

鍊石篇三卷圖一卷　（英國）亨利黎特撰　舒
高第　（清）鄭昌棪合譯　清末鉛印本　二冊

110000－0102－0006563　甲三/653　子部/
天文地理類/其它

冶金錄三卷　（美國）阿發滿撰　（英國）傅蘭
雅　（清）趙元益合譯　清刻本　二冊

110000－0102－0006564　甲三/654　子部/
兵家類

克虜伯礮准心法　（德國）軍政局撰　（美國）
金楷理　（清）李鳳苞合譯　清刻本　二冊

110000－0102－0006565　甲三/655　子部/
天文地理類/其它

電氣鍍金略法　（英國）華特撰　（英國）傅蘭
雅　（清）周郇合譯　清光緒上海江南製造總
局刻本　一冊

110000－0102－0006566　甲三/656　史部/
政書類/軍政/兵制

英國水師律例四卷　（英國）德麟　（英國）極
福德合撰　舒高第　（清）鄭昌棪合譯　清刻
本　二冊

110000－0102－0006567　甲三/657　子部/
兵家類

營壘圖說　（比利時）伯里牙芒撰　（美國）金
楷理　（清）李鳳苞合譯　清刻本　一冊

110000－0102－0006568　甲三/658　子部/
兵家類

爆藥記要六卷　（美國）水雷局原書　舒高第

口譯　（清）趙元益筆述　清光緒刻本　一冊

110000－0102－0006569　甲三/659　史部/
政書類/邦計/交通運輸

海塘輯要十卷首一卷　（英國）韋更斯撰
（英國）傅蘭雅　（清）趙元益合譯　清末刻本
二冊

110000－0102－0006570　甲三/660　史部/
政書類/邦計/交通運輸

船塢論略　（英國）傅蘭雅輯譯　（清）鍾天緯
筆述　清末鉛印本　一冊

110000－0102－0006571　甲三/661　子部/
天文地理類/其它

物體遇熱改易記四卷　（英國）瓦特斯輯
（英國）傅蘭雅等譯　清光緒二十五年(1899)
上海江南製造局刻本　二冊

110000－0102－0006572　甲三/663　子部/
兵家類

前敵須知四卷　（英國）克利賴撰　舒高第
（清）鄭昌棪譯　清鉛印本　四冊

110000－0102－0006573　甲三/664　子部/
術數類/數學

新編算學啓蒙三卷　（元）朱世傑撰　清刻本
二冊

110000－0102－0006574　甲三/681　子部/
藝術類/書畫/書法、碑帖/隋唐

大唐三藏大遍覺法師塔銘　（唐）劉軻撰　唐
開成四年(839)立碑後拓本　一幅

110000－0102－0006575　甲三/683　子部/
藝術類/書畫/書畫史

畫史彙傳七十二卷首一卷目錄三卷附錄三卷
（清）彭蘊粲編　清光緒八年(1882)掃葉山
房刻本　二十四冊

110000－0102－0006576　甲三/684　子部/
術數類/數學

古數學　（□）□□撰　清光緒二十三年
(1897)石印本　二冊

110000－0102－0006577　甲三/685　集部/

小說類/筆記小說

酉陽雜俎二十卷續集十卷 （唐）段成式撰
清道光二十九年（1849）小嫏嬛山館刻本
六冊

110000－0102－0006578　甲三/686　集部/
小說類/筆記小說

井蛙錄四卷 （清）宋韻山撰　清道光十年
（1830）刻本　四冊

110000－0102－0006579　甲三/687　子部/
藝術類/雜著

小慧集十二卷 （清）貯香主人編　清道光元
年（1821）貯香樓刻本　十冊

110000－0102－0006580　甲三/688　子部/
雜家類/雜纂

明聖經三卷 （□）□□撰　清光緒二十三年
（1897）刻本　一冊

110000－0102－0006581　甲三/695　子部/
天文地理類/算法/總錄

則古昔齋算學十三種二十四卷 （清）李善蘭
撰　清同治六年（1867）刻本　六冊

110000－0102－0006582　甲三/696　子部/
天文地理類/其它

重學二十卷 （英國）艾約瑟　（清）李善蘭合
譯　清同治五年（1866）刻本　六冊

110000－0102－0006583　甲三/697　子部/
天文地理類/算法/各錄

幾何原本十五卷 （意大利）利瑪竇　（明）徐
光啟合譯　清同治四年（1865）金陵書局刻本
八冊

110000－0102－0006584　甲三/702　叢部/
自著叢書/清中晚期

聖歎秘書七種 （清）金聖嘆撰　清末鉛印證
鄦社叢刻本　一冊

110000－0102－0006585　甲三/703　子部/
天文地理類/總錄

梅氏叢書輯要六十二卷首一卷 （清）梅文鼎
撰　清光緒十四年（1888）上海龍文書局石印
本　六冊

110000－0102－0006586　甲三/704　子部/
類書類/類編/專錄

博通便覽六十卷 （清）鮑廷博撰　清道光三
年（1823）知不足齋刻本　十六冊

110000－0102－0006587　甲三/706　子部/
儒家類/明

人譜一卷 （明）劉宗周撰　清道光十六年
（1836）胡氏刻本　二冊

110000－0102－0006588　甲三/707　子部/
儒家類/清

漢學商兌三卷 （清）方東樹撰　清光緒二十
六年（1900）浙江書局刻本　四冊

110000－0102－0006589　甲三/708　子部/
儒家類/清

勸學篇二卷 （清）張之洞撰　清光緒二十四
年（1898）武昌兩湖書院刻本　一冊

110000－0102－0006590　甲三/709　集部/
小說類/筆記小說

閒談消夏錄六卷 （清）朱翌清撰　清同治十
三年（1874）刻本　六冊

110000－0102－0006591　甲三/710　史部/
政書類/法令/章例

明律集解附例三十卷 （□）□□撰　清光緒
三十四年（1908）歸安沈氏刻本　十冊

110000－0102－0006592　甲三/713　子部/
子總類/諸子彙編

百子全書零種十七種 （□）□□輯　清光緒
元年（1875）湖北崇文書局刻本　二十三冊

110000－0102－0006593　甲三/714　子部/
雜家類/雜考

日知錄集釋三十二卷 （清）顧炎武撰　清同
治八年（1869）廣州述古堂刻本　十二冊

110000－0102－0006594　甲三/715　子部/
雜家類/雜考

援鶉堂筆記五十卷 （清）姚範撰　清道光十
六年（1836）姚氏刻本　十二冊

110000－0102－0006595　甲三/716　經部/

經總類/群經總義
湛園劄記四卷 （清）姜宸英撰　清鶴麓山房刻本　二冊

110000－0102－0006596　甲三/720　子部/雜家類/雜述
蘿藦亭劄記八卷 （清）喬松年編　清同治十二年(1873)刻本　四冊

110000－0102－0006597　甲三/721　集部/總集類/文
璿璣碎錦二卷 （清）萬樹撰　清光緒十四年(1888)似靜齋刻本　二冊

110000－0102－0006598　甲三/722　叢部/彙編叢書/清中晚期
微波榭遺書六種 （清）孔繼涵撰　清刻本　六冊

110000－0102－0006599　甲三/724　史部/傳記類/志錄
廣日記故事二卷 （清）王相增注　（清）李翼編　清嘉慶十八年(1813)翼勝堂刻本　二冊

110000－0102－0006600　甲三/725　子部/雜家類
群書劄記十六卷 （清）朱亦棟編　清光緒四年(1878)刻本　六冊

110000－0102－0006601　甲三/726　子部/雜家類/雜述
讀書雜述八卷 （清）李鎧撰　清道光十七年(1837)刻本　四冊

110000－0102－0006602　甲三/727　子部/天文地理類/總錄
格致古微六卷 （清）王仁俊撰　清光緒二十二年(1896)吳縣王氏刻本　四冊

110000－0102－0006603　甲三/728　子部/雜家類/雜述
燕居筆記十卷 （清）龍鍾老人編　清本立堂刻本　十冊

110000－0102－0006604　甲三/730　子部/儒家類/明

居業錄四卷 （明）胡居仁撰　清詠邇堂刻本　四冊

110000－0102－0006605　甲三/731　子部/天文地理類/其它
開地道轟藥法三卷圖一卷 （英國）武備工程學堂編　（英國）傅蘭雅　（清）汪振聲譯　清刻本　二冊

110000－0102－0006606　甲三/732　子部/天文地理類/其它
克虜伯礮說四卷表八卷 （德國）軍政局撰（美國）金楷理　（清）李鳳苞譯　清刻本　二冊

110000－0102－0006607　甲三/733　子部/天文地理類/算法
微積溯源八卷 （英國）華里司輯　（英國）傅蘭雅　（清）華蘅芳譯　清江南機器製造總局刻本　六冊

110000－0102－0006608　甲三/734　子部/醫家類/外科方論
臨陣傷科捷要四卷圖一卷 （英國）帕脫編　舒高第　（清）鄭昌棪譯　清鉛印本　四冊

110000－0102－0006609　甲三/735　子部/天文地理類/雜錄
西藝知新初集十卷續集十二卷 （英國）傅蘭雅　（清）徐壽譯　清刻本　十四冊

110000－0102－0006610　甲三/736　子部/天文地理類/其它
礮乘新法三卷首一卷圖一卷 （英國）英國製造官局編　舒高第　（清）鄭昌棪譯　清鉛印本　六冊

110000－0102－0006611　甲三/737　子部/天文地理類/其它
開煤要法十二卷 （英國）士密德輯　（英國）傅蘭雅　（清）王德均譯　清末刻本　二冊

110000－0102－0006612　甲三/739　子部/天文地理類/其它
工業與國政相關論二卷 （英國）司旦離遮風司撰　（美國）衛理　（清）王汝駒譯　清光緒

二十六年(1900)活字本　二册

110000－0102－0006613　甲三/740　子部/天文地理類/其它

銀礦指南　(美國)亞倫撰　(英國)傅蘭雅　(清)應祖錫譯　清光緒十七年(1891)刻本　一册

110000－0102－0006614　甲三/741　子部/天文地理類/其它

金石識别十二卷　(美國)代那撰　(美國)瑪高温　(清)華蘅芳合譯　清同治十一年(1872)刻本　六册

110000－0102－0006615　甲三/742　子部/天文地理類/算法/各錄

代數術二十五卷　(英國)華里司輯　(英國)傅蘭雅　(清)華蘅芳譯　清同治十二年(1873)刻本　六册

110000－0102－0006616　甲三/744　子部/天文地理類/其它

寶藏興焉　(英國)費而奔撰　(英國)傅蘭雅　(清)徐壽譯　清刻本　十六册

110000－0102－0006617　甲三/745　史部/政書類/軍政

列國陸軍制　(美國)歐潑登撰　(美國)林樂知　(清)瞿昂來譯　清刻本　三册

110000－0102－0006618　甲三/746　史部/政書類/軍政

營工要覽四卷　(英國)傅蘭雅　(清)汪振聲譯　清末鉛印本　二册

110000－0102－0006619　甲三/747　史部/政書類/考工

考工記要十七卷圖一卷　(英國)瑪體生撰　(英國)傅蘭雅等譯　清末刻本　八册

110000－0102－0006620　甲三/748　史部/政書類/邦計/交通運輸

鐵路紀要三卷　(美國)柯里集　(清)潘松譯　清光緒二十年(1894)刻本　一册

110000－0102－0006621　甲三/749　史部/政書類/學制

日本學校源流　(美國)路義思撰　(美國)衛理　(清)范熙庸譯　清光緒二十五年(1899)刻本　一册

110000－0102－0006622　甲三/750　子部/醫家類/雜錄

西藥大成十卷首一卷　(英國)來拉　(英國)海得蘭撰　(英國)傅蘭雅　(清)趙元益譯　清光緒十年(1884)刻本　十六册

110000－0102－0006623　甲三/751　史部/政書類/邦交/商約

國政貿易相關書　(英國)法拉撰　(英國)傅蘭雅　(清)徐家寶譯　清刻本　二册

110000－0102－0006624　甲三/752　子部/兵家類

臨陣管見九卷　(德國)斯拉弗司撰　(美國)金楷理　(清)趙元益譯　清刻本　四册

110000－0102－0006625　甲三/753　子部/兵家類

鐵甲叢譚五卷圖一卷　(英國)黎特撰　舒高第　(清)鄭昌棪譯　清末鉛印本　二册

110000－0102－0006626　甲三/754　子部/天文地理類/其它

攻守礮法　(德國)軍政局編　(美國)金楷理　(清)李鳳苞合譯　清刻本　一册

110000－0102－0006627　甲三/755　史部/政書類/軍政

列國陸軍制　(美國)歐潑登撰　(美國)林樂知　(清)瞿昂來譯　清末刻本　三册

110000－0102－0006628　甲三/756　集部/小說類/章回

濟顛大師醉菩提全傳二十回　(清)西湖墨浪子撰　清光緒六年(1880)聚珍堂木活字印本印本　四册

110000－0102－0006629　甲三/757　子部/天文地理類/算法/各錄

三角數理十二卷　(英國)海麻士輯　(英國)傅蘭雅　(清)華蘅芳譯　清末刻本　六册

110000 – 0102 – 0006630　甲三/758　集部/
小說類/筆記小說

想當然耳八卷　（清）鄒鍾樂撰　清光緒四年
(1878)聚珍堂活字本　四冊

110000 – 0102 – 0006631　甲三/759　子部/
醫家類/雜錄

內科理法前編六卷後編十六卷附卷一卷
（英國）虎伯等撰　舒高第　（清）趙元益譯
清末刻本　十二冊

110000 – 0102 – 0006632　甲三/760　史部/
政書類/邦計/交通運輸

行海要術四卷　（美國）金楷理　（清）李鳳苞
譯　清末刻本　三冊

110000 – 0102 – 0006633　甲三/761　史部/
地理類/地圖、圖志

測地繪圖十一卷　（英國）富路瑪撰　（英國）
傅蘭雅　（清）徐壽譯　清光緒上海江南製造
局刻本　四冊

110000 – 0102 – 0006634　甲三/762　史部/
地理類/地圖、圖志

測地繪圖十一卷　（英國）富路瑪撰　（英國）
傅蘭雅　（清）徐壽譯　清光緒上海江南製造
局刻本　四冊

110000 – 0102 – 0006635　甲三/763　子部/
雜家類/西洋各派

格致啓蒙四卷　（英國）羅斯古撰　（美國）林
樂知　（清）鄭昌棪譯　清末上海江南機器製
造總局刻本　四冊

110000 – 0102 – 0006636　甲三/764　史部/
政書類/法令/章例

水師章程十四卷　（英國）水師兵部撰　（美
國）林樂知　（清）鄭昌棪譯　清末刻本　十
六冊

110000 – 0102 – 0006637　甲三/766　叢部/
自著叢書/清中晚期

拙盦叢稿　（清）朱一新撰　清光緒二十二年
(1896)刻本　十六冊

110000 – 0102 – 0006638　甲三/767　子部/

儒家類/明

呻吟語六卷　（明）呂坤撰　清道光二十一年
(1841)刻本　四冊

110000 – 0102 – 0006639　甲三/769　史部/
傳記類/總傳/專錄/藝術

墨林今話十八卷續編一卷　（清）蔣寶齡撰
清咸豐二年(1852)刻本　六冊

110000 – 0102 – 0006640　甲三/770　子部/
雜家類/雜述

槐廳載筆二十卷　（清）法式善編　清光緒刻
本　六冊

110000 – 0102 – 0006641　甲三/772　子部/
儒家類/明

媿林漫錄二卷　（明）瞿式耜編　清光緒十六
年(1890)江蘇書局刻本　二冊

110000 – 0102 – 0006642　甲三/775　子部/
雜家類/學說

校邠廬抗議二卷　（清）馮桂芬撰　清光緒十
年(1884)刻本　二冊

110000 – 0102 – 0006643　甲三/776　集部/
小說類/章回

嶺南逸史二十八回　（清）黃耐庵撰　清嘉慶
十四年(1809)刻本　十二冊

110000 – 0102 – 0006644　甲三/779　子部/
儒家類/清

讀書雜識十二卷　（清）勞格撰　清光緒四年
(1878)歸安丁寶書月河精舍刻本　三冊　缺
三卷(一至三)

110000 – 0102 – 0006645　甲三/780　子部/
雜家類/雜述

采風記五卷附一卷　（清）宋育仁編　清末刻
本　三冊

110000 – 0102 – 0006646　甲三/783　子部/
雜家類/雜述

歸田瑣記八卷　（清）梁章鉅撰　清同治八年
(1869)立文堂刻本　四冊

110000 – 0102 – 0006647　甲三/784　子部/

雜家類/學說

時務論 （清）宋育仁撰　清末刻本　一冊

110000－0102－0006648　甲三/785　史部/
傳記類/年譜

夢痕錄 （清）汪輝祖撰　清乾隆五十八年
(1793)刻本　七冊

110000－0102－0006649　甲三/790　子部/
雜家類/學說

瀛舟筆談十二卷 （清）阮亨撰　清嘉慶二十
五年(1820)刻本　八冊

110000－0102－0006650　甲三/791　叢部/
彙編叢書

懷豳雜俎十二種十七卷　徐乃昌編　清宣統
三年(1911)南陵徐氏刻本　八冊

110000－0102－0006651　甲三/793　子部/
雜家類/雜纂

蓬窗隨錄十四卷續錄二卷附錄二卷 （清）沈
兆雲編　清咸豐七年(1857)刻本　十四冊

110000－0102－0006652　甲三/794　子部/
農家類/蔬菜花木

采芳隨筆二十四卷 （清）查彬編　清嘉慶十
九年(1814)刻本　十六冊

110000－0102－0006653　甲三/797　子部/
雜家類/雜述

恩福堂筆記二卷 （清）英和撰　清道光十七
年(1837)刻本　一冊

110000－0102－0006654　甲三/798　子部/
藝術類/書畫/書畫史

庚子銷夏記八卷 （清）孫承澤撰　清宣統三
年(1911)石印本　四冊

110000－0102－0006655　甲三/800　子部/
儒家類/清

東塾讀書記二十一卷 （清）陳澧撰　清光緒
二十七年(1901)邵氏刻本　四冊

110000－0102－0006656　甲三/801　子部/
藝術類/雜技

古今祕苑三十二卷 （清）墨磨主人編　清十

二銅樓刻本　六冊

110000－0102－0006657　甲三/802　子部/
雜家類/雜述

池上草堂筆記八卷 （清）梁恭辰撰　清同治
十二年(1873)聽鸝館刻本　八冊

110000－0102－0006658　甲三/807　子部/
藝術類/書畫/書法、碑帖/隋唐

滕王閣序 （唐）王勃撰　清宣統二年(1910)
文成堂石印本　一冊

110000－0102－0006659　甲三/828　子部/
雜家類/雜述

定香亭筆談四卷 （清）阮元撰　清嘉慶五年
(1800)琅嬛仙館刻本　四冊

110000－0102－0006660　甲三/830　子部/
雜家類/雜考

群書拾補三十七種 （清）盧文弨編　清光緒
十三年(1887)上海蜚英館石印本　八冊

110000－0102－0006661　甲三/833　子部/
儒家類/宋

延平答問二卷 （宋）朱熹編　清光緒五年
(1879)刻本　二冊　缺二冊

110000－0102－0006662　甲三/834　史部/
政書類/邦計

保富述要 （英國）布來德撰　（英國）傅蘭雅
（清）徐家寶合譯　清刻本　一冊　缺一冊
(下冊)

110000－0102－0006663　甲三/835　史部/
政書類/邦計

保富述要 （英國）布來德撰　（英國）傅蘭雅
（清）徐家寶合譯　清刻本　一冊

110000－0102－0006664　甲三/836　子部/
天文地理類/其它

金石識別十二卷 （美國）代那撰　（美國）瑪
高溫　（清）華蘅芳合譯　清同治十一年
(1872)刻本　六冊

110000－0102－0006665　甲三/838　史部/
別史、雜史類

燼餘錄 （宋）徐大焯撰　**平江記事** （元）高德基撰　清光緒刻本　一冊

110000 - 0102 - 0006666　甲三/839　子部/雜家類/雜考

義門讀書記五十八卷 （清）何焯撰　清光緒六年(1880)苕溪莫氏刻本　十六冊

110000 - 0102 - 0006667　甲三/841　集部/別集類/清

述學 （清）汪中撰　清同治八年(1869)刻本　二冊

110000 - 0102 - 0006668　甲三/842　集部/小說類/筆記小說

島居隨錄二卷 （明）盧若騰撰　清道光十一年(1831)梅氏刻本　四冊

110000 - 0102 - 0006669　甲三/843　史部/政書類/職官/官箴

福惠全書三十二卷 （清）黃六鴻撰　清康熙三十三年(1694)刻本　十冊

110000 - 0102 - 0006670　甲三/845　子部/天文地理類/算法/總錄

籌算三卷 （清）梅文鼎撰　清光緒十三年(1887)陝西求友齋刻本　二冊

110000 - 0102 - 0006671　甲三/858　史部/政書類/邦計/雜錄

治平通議六卷 （清）陳虯撰　清光緒十九年(1893)刻本　三冊

110000 - 0102 - 0006672　甲三/861　子部/雜家類/雜述

夢餘偶鈔三卷 （清）史策先撰　清同治四年(1865)刻本　六冊

110000 - 0102 - 0006673　甲三/864　經部/樂類/律呂

顧誤錄 （清）王德暉　（清）徐沅澂合編　清咸豐元年(1851)刻本　二冊

110000 - 0102 - 0006674　甲三/865　史部/地理類/雜記

燕寓偶談六卷 （明）楊繼益撰　清嘉慶十九年(1814)體仁堂刻本　四冊

110000 - 0102 - 0006675　甲三/869　集部/小說類/筆記小說

兩般秋雨盦隨筆八卷 （清）梁紹壬撰　清道光十七年(1837)錢塘汪氏振綺堂刻本　七冊

110000 - 0102 - 0006676　甲三/870　集部/小說類/筆記小說

粟香三筆八卷四筆八卷 （清）金武祥撰　清光緒十年(1884)刻本　八冊

110000 - 0102 - 0006677　甲三/871　集部/小說類/筆記小說

寶存四卷 （清）胡式鈺撰　清道光二十一年(1841)刻本　四冊

110000 - 0102 - 0006678　甲三/876　經部/四書類/總義/傳說

四書經史摘證七卷 （清）宋繼種輯　清光緒元年(1875)刻本　四冊

110000 - 0102 - 0006679　甲三/877　子部/儒家類/清

鄭堂讀書記七十一卷 （清）周中孚撰　清同治八年(1869)吳興劉氏嘉業堂刻本　二十四冊

110000 - 0102 - 0006680　甲三/878　子部/子總類/諸子彙編

子書百家 （□）□□輯　清光緒元年(1875)湖北崇文書局刻本　九十一冊　缺九十二卷（說苑二十卷、論衡三十卷、搜神記二十卷、搜神後記十卷、莊子三卷、莊子闕誤一卷、抱朴子八卷）

110000 - 0102 - 0006681　甲三/881　子部/儒家類/宋以前

揚子法言十三卷附音義一卷 （漢）揚雄撰（晉）李軌注　清光緒二年(1876)浙江書局刻本　一冊

110000 - 0102 - 0006682　甲三/889　子部/道家類

莊子三卷 （戰國）莊周撰　清光緒元年(1875)湖北崇文書局刻本　二冊

110000－0102－0006683　　甲三/891　　子部/
天文地理類/其它

考試司機三卷首一卷　（英國）拖爾那著
(英國)傅蘭雅　（清）徐華封譯　清光緒上海
江南製造總局刻本　現存三冊

110000－0102－0006684　　甲三/892　　集部/
小說類/總錄

屑玉叢譚三集　（清）錢徵　（清）蔡爾康合編
　清光緒四年（1878）上海申報館鉛印本
六冊

110000－0102－0006685　　甲三/893　　集部/
小說類/筆記小說

談徵　（清）外方山人編　清道光三年（1823）
上苑堂刻本　八冊

110000－0102－0006686　　甲三/894　　集部/
小說類/筆記小說

六合內外瑣言二十卷　（清）屑紳編　清光緒
二年（1876）上海申報館鉛印本　八冊

110000－0102－0006687　　甲三/895　　集部/
小說類/筆記小說

薈蕞編十六卷　（清）俞樾撰　清光緒七年
(1881)上海申報館鉛印本　八冊

110000－0102－0006688　　甲三/896　　集部/
小說類/總錄

屑玉叢譚初集　（清）錢徵　（清）蔡爾康合編
　清光緒四年（1878）上海申報館鉛印本
六冊

110000－0102－0006689　　甲三/898　　子部/
雜家類/雜考

容齋隨筆七十四卷　（宋）洪邁撰　清光緒九
年（1883）新豐洪氏刻本　十四冊

110000－0102－0006690　　甲三/900　　子部/
天文地理類/其它

化學闡原十五卷首一卷　（法國）華利幹譯
(清)承霖　（清）王鍾祥筆述　清光緒八年
(1882)京師同文館鉛印本　十六冊

110000－0102－0006691　　甲三/901　　子部/
藝術類/書畫

詩中畫二卷　（清）馬濤繪　清光緒十一年
(1885)石印本　二冊

110000－0102－0006692　　甲三/903　　集部/
集評類/雜評

靈臺小補　（清）白山撰　清道光十二年
(1832)刻本　三冊

110000－0102－0006693　　甲三/905　　史部/
地理類/雜記

夢梁錄二十卷　（宋）吳自牧撰　清刻本
八冊

110000－0102－0006694　　甲三/906　　子部/
儒家類/清

廣理學備考四十八卷　（清）范鄗鼎編　清道
光五年（1825）刻本　四十八冊

110000－0102－0006695　　甲三/907　　子部/
天文地理類/曆法

萬年書二卷　清刻本　二冊

110000－0102－0006696　　甲三/908　　子部/
天文地理類/曆法

御定七政四餘萬年曆　（清）欽天監編　清刻
本　四冊

110000－0102－0006697　　甲三/909　　子部/
天文地理類/曆法

清時憲書　（清）欽天監編　清咸豐至光緒刻
本　十六冊

110000－0102－0006698　　甲三/910　　集部/
小說類/筆記小說

三岡識略十卷　（清）董含撰　清光緒上海申
報館鉛印本　六冊

110000－0102－0006699　　甲三/911　　集部/
小說類/總錄

屑玉叢譚四集六卷　（清）錢徵　（清）蔡爾康
編　清光緒六年（1880）上海申報館鉛印本
六冊

110000－0102－0006700　　甲三/912　　集部/
小說類/筆記小說

野語八卷　（清）伏虎道場行者編　清嘉慶十

三年(1808)刻本　六冊

110000－0102－0006701　甲三/916　集部/
總集類/文

斯文規範八卷　（清）王茂修撰　清康熙五十九年(1720)映旭齋刻本　四冊

110000－0102－0006702　甲三/917　集部/
小說類/筆記小說

消閒述異三卷　（清）常謙尊輯　清道光二十年(1840)刻本　三冊

110000－0102－0006703　甲三/918　子部/
天文地理類/算法/總錄

謝穀堂算學三種三卷　（清）謝家禾撰　清道光十七年(1837)刻本　一冊

110000－0102－0006704　甲三/919　集部/
別集類/清

率爾捵觚七卷　（清）李元撰　清光緒十四年(1888)抄本　五冊

110000－0102－0006705　甲三/920　子部/
藝術類/書畫

揮毫自在二集　（日本）森琴石編　清光緒七年(1881)石印本　四冊

110000－0102－0006706　甲三/921　子部/
儒家類/清

國朝理學備考十二卷　（清）范鄗鼎編　清道光五年(1825)刻本　十二冊

110000－0102－0006707　甲三/923　子部/
天文地理類/總錄

西學探源四卷　（日本）岡本監輔撰　清光緒二十七年(1901)上海商務印書館鉛印本　二冊

110000－0102－0006708　甲三/924　史部/
政書類/雜錄

政藝新書六卷　馬建忠譯　清光緒二十七年(1901)教育世界社石印本　二冊

110000－0102－0006709　甲三/925　子部/
醫家類/體骼

全體須知　（英國）傅蘭雅撰　清光緒二十年(1894)刻本　一冊

110000－0102－0006710　甲三/928　子部/
雜家類/雜纂

故事俗說百課　（清）潘清蔭撰　清光緒二十八年(1902)刻本　二冊

110000－0102－0006711　甲三/930　史部/
政書類/學制

內外教育小史二卷　（日本）原亮三郎編　（清）沈紘譯　清刻本　一冊

110000－0102－0006712　甲三/932　子部/
雜家類/雜述

椒生隨筆八卷　（清）王之春撰　清光緒七年(1881)上洋藝文齋刻本　四冊

110000－0102－0006713　甲三/933　子部/
藝術類/雜技

有益遊戲圖說　（清）田吳炤譯說　（清）劉雲龍繪圖　清光緒三十年(1904)刻本　一冊

110000－0102－0006714　甲三/933－1　子部/藝術類/雜技

有益遊戲圖說　（清）田吳炤譯說　（清）劉雲龍繪圖　清光緒三十年(1904)刻本　一冊

110000－0102－0006715　甲三/936　子部/
兵家類

乾坤大略十一卷　王餘佑撰　清宣統三年(1911)綠雲樓鉛印本　二冊

110000－0102－0006716　甲三/937　子部/
宗教類/西洋各派

靈言蠡勺二卷　（意大利）畢方濟撰　（明）徐光啟譯　清光緒二十七年(1901)新會陳氏鉛印本　一冊

110000－0102－0006717　甲三/938　集部/
小說類/筆記小說

松筠閣鈔異十二卷　（清）高承勳撰　清道光八年(1828)高承勳刻本　八冊

110000－0102－0006718　甲三/939　史部/
地理類/山川/山

[乾隆]恆山志四集　（清）桂敬順重編　清乾

隆二十八年(1763)刻本　五冊

110000－0102－0006719　甲三/940　史部/
地理類/方志/地方志
[嘉慶]黎里志十六卷首一卷　(清)徐達源纂
輯　清嘉慶十年(1805)刻本　四冊

110000－0102－0006720　甲三/942　集部/
小說類/總錄
屑玉叢譚二集六卷　(清)錢徵　(清)蔡爾康
合編　清光緒四年(1878)上海申報館鉛印本
五冊　缺一卷(五)

110000－0102－0006721　甲三/946　子部/
類書類/字編
御定駢字類編二百四十卷　(清)世宗胤禛敕
編　清光緒十三年(1887)上海同文書局石印
本　四十八冊

110000－0102－0006722　甲三/950　子部/
類書類/類編/專錄
撮要錄四卷　(□)□□輯　清乾隆十五年
(1750)刻本　六冊

110000－0102－0006723　甲三/951　子部/
道家類
道藏輯要　(清)賀龍驤編　清光緒三十二年
(1906)刻本　二百三十九冊　缺一冊(虛集
九)

110000－0102－0006724　甲三/951－1　子
部/道家類
女丹合編　(清)賀龍驤編　清光緒三十二年
(1906)刻本　一冊

110000－0102－0006725　甲三/952　子部/
儒家類
性理群書集覽七十卷　(明)玉峰道人編　清
刻本　六十四冊

110000－0102－0006726　甲三/953　集部/
俗文學類/迷語及其他
玉荷隱語　(清)費源撰　清乾隆四十五年
(1780)刻本　四冊

110000－0102－0006727　甲三/956　子部/

藝術類/書畫/畫法、畫帖/清
桐陰畫訣　(清)秦祖永撰　清同治三年
(1864)刻本　八冊

110000－0102－0006728　甲三/957　子部/
類書類/類編/通錄
普通百科全書　范迪吉譯　黃朝鑒等編　清
光緒二十九年(1903)石印本　一百冊

110000－0102－0006729　甲三/960　子部/
天文地理類/其它
測候叢談四卷　(美國)金楷理　(清)華蘅芳
合譯　清刻本　二冊

110000－0102－0006730　甲三/964　集部/
小說類/章回
綠野仙蹤八十回　(清)李百川撰　清道光二
十年(1840)刻本　二十四冊

110000－0102－0006731　甲三/966　集部/
小說類/章回
三世報隔簾花影四十八回　(□)□□撰　清
刻本　八冊

110000－0102－0006732　甲三/972
結水滸全傳七十卷末一卷　(清)俞萬春撰
清同治十年(1871)俞濰刻本　二十冊

110000－0102－0006733　甲三/976　集部/
小說類/章回
四大奇書第一種十九卷一百二十回首一卷
(明)羅貫中撰　(清)毛宗崗評　(清)杭永
年定　清善成堂刻本　二十冊

110000－0102－0006734　甲四/2　集部/別
集類/清
芸香館遺詩二卷　(清)那遜蘭保撰　清同治
十三年(1874)刻本　一冊

110000－0102－0006735　甲四/8　集部/別
集類/清
燕川集十四卷　(清)范泰恆撰　清嘉慶十四
年(1809)顧起廬刻本　五冊

110000－0102－0006736　甲四/9　集部/總
集類/詩/通代

歷朝詩約選九十三卷 （清）劉大櫆輯 清光緒二十一年(1895)文徵閣刻本 二十四冊

110000－0102－0006737 甲四/17 子部/雜家類/雜述

傳家寶 （清）石成金撰 清刻本 七冊 存八卷(初集三至七、三集七至八、四集一)

110000－0102－0006738 甲四/18 集部/總集類/文/斷代/清

閑情小錄初集八種 （清）葛元熙輯 清光緒三年(1877)嘯園刻本 六冊

110000－0102－0006739 甲四/20 集部/別集類/清

恩餘堂全集五種四十九卷 （清）彭元瑞撰 清嘉慶刻本 十八冊

110000－0102－0006740 甲四/22 集部/曲類/曲譜、曲韻

納書楹曲譜 （清）葉堂譜 清道光二十八年(1848)永德堂刻本 二十二冊

110000－0102－0006741 甲四/25 集部/曲類/曲別集

楊氏曲三種 （清）楊恩壽撰 清同治九年(1870)刻本 三冊

110000－0102－0006742 甲四/27 集部/別集類/明

葛端肅公集十八卷 （明）葛守禮撰 清嘉慶七年(1802)樹運堂刻本 八冊

110000－0102－0006743 甲四/28 史部/地理類/雜記

秣陵集六卷首附序表目錄 （清）陳文述撰 清道光二年(1822)刻本 八冊

110000－0102－0006744 甲四/40 集部/總集類/詩/斷代/明

明十三家詩選初集八卷二集八卷 （清）汪端輯 清同治十二年(1873)蘊蘭吟館刻本 八冊

110000－0102－0006745 甲四/42 集部/總集類/文/雜錄/課藝

狀元策[嘉慶辛未至光緒壬辰] 清道光十三年(1833)至光緒遞刻本 十二冊

110000－0102－0006746 甲四/44 集部/別集類/清

樹廬文鈔十卷 （清）彭士望撰 清道光四年(1824)刻本 六冊

110000－0102－0006747 甲四/48 集部/總集類/文/通代/編選

八代文粹四集二十二卷目錄十八卷 （清）簡燊 （清）陳崇哲編 清光緒十一年(1885)富順考雋堂刻本 八十冊

110000－0102－0006748 甲四/50 集部/曲類/曲別集/雜劇

大觀樓北曲六種 （清）許鴻馨撰 清道光二十六年(1846)刻本 六冊

110000－0102－0006749 甲四/55 集部/集評類/總評

全唐文紀事一百二十卷首一卷目錄一卷 （清）陳鴻墀撰 清同治十二年(1873)廣州富文齋刻本 三十二冊

110000－0102－0006750 甲四/57 集部/總集類/文/斷代/清

皇朝經世文編一百二十卷 （清）賀長齡輯 清道光七年(1827)刻本 八十冊

110000－0102－0006751 甲四/58 集部/別集類/清

板橋詩詞鈔二卷 （清）鄭燮撰 清末石印本 二冊

110000－0102－0006752 甲四/59 集部/總集類/文/雜錄

文章遊戲三十二卷 （清）繆艮編 清道光四年(1824)藕花池刻本 三十二冊

110000－0102－0006753 甲四/60 集部/曲類/曲選

綴白裘 （清）玩月主人編 清嘉慶十五年(1810)五柳居刻本 四十八冊

110000－0102－0006754 甲四/63 集部/曲

類/曲別集/傳奇

霞箋記 （明）□□撰　清末至民國暖紅室刻暖紅室匯刻傳奇本　二冊

110000－0102－0006755　甲四/64　集部/曲類/曲別集/傳奇

玉獅堂十種曲附悲鳳曲一卷 （清）陳烺撰　清光緒十一年至十七年(1885－1891)刻本　十冊

110000－0102－0006756　甲四/71　集部/曲類/曲別集/傳奇

小忽雷二卷 （清）孔尚任撰　清宣統二年(1910)貴池劉氏暖紅室刻暖紅室匯刻傳奇本　二冊

110000－0102－0006757　甲四/74　集部/戲曲類/昆曲類

醉怡情昆腔雜曲四十四種 （□）□□撰　清致和堂刻本　六冊　存三十四種(占花魁、馬陵道、燕子箋、百花記、釵釧記、水滸記、浣紗記、義俠記、連環記、八義記、西廂記、金雀記、幽閨記、四節記、青塚記、邯鄲夢、僧尼會、一捧雪、翠屏山、牡丹亭、西樓記、雙珠記、金鎖記、千金記、鳴鳳記、精忠記、祝髮記、白兔記、玉簪記、躍鯉記、紅梨花、金丸記、牧羊記、節孝記)

110000－0102－0006758　甲四/75　集部/別集類/清

萃錦唫十八卷 （清）奕訢撰　清光緒刻本　二十冊

110000－0102－0006759　甲四/77　集部/曲類/曲選/通代

審音鑑古錄 （□）□□輯　清道光十四年(1834)刻本　十二冊

110000－0102－0006760　甲四/80　集部/曲類/曲別集/傳奇

碧聲吟館傳奇 （清）許善長撰　清光緒四年(1878)碧聲吟館刻本　九冊

110000－0102－0006761　甲四/83　集部/曲類/曲別集/傳奇

玉獅堂傳奇五種 （清）陳琅撰　清光緒十一年(1885)杭州刻本　五冊

110000－0102－0006762　甲四/85　集部/曲類/曲別集/雜劇

芝龕記樂府 （清）董榕撰　清光緒十五年(1889)江夏董氏刻本　八冊

110000－0102－0006763　甲四/89　集部/曲類/曲別集

藏園九種曲 （清）蔣士銓撰　清漁古堂刻本　八冊

110000－0102－0006764　甲四/92　集部/曲類/曲別集/傳奇

桃谿雪傳奇 （清）黃燮清撰　清光緒元年(1875)刻本　二冊

110000－0102－0006765　甲四/93　集部/別集類/清

蘊香齋詩鈔十一卷 （清）周徹撰　清光緒刻本　六冊

110000－0102－0006766　甲四/97　集部/別集類/清

舫廬文存四卷 （清）張壽榮撰　清光緒九年(1883)張氏刻本　二冊

110000－0102－0006767　甲四/101　集部/曲類/曲別集/傳奇

胭脂鳥傳奇 （清）李文瀚撰　清道光二十年(1840)味塵軒刻李氏四種曲本　四冊

110000－0102－0006768　甲四/103　子部/雜家類/雜述

重論文齋筆錄十二卷 （清）王端履撰　清道光二十六年(1846)受宜堂刻本　六冊

110000－0102－0006769　甲四/104　集部/別集類/清

確菴先生詩鈔八卷 （清）葉裕仁輯　清光緒二年(1876)刻本　一冊　缺三卷(一至三)

110000－0102－0006770　甲四/105　集部/別集類

松陵文集二編六卷 陳去病編　清宣統三年

（1911）鉛印百尺樓叢書本　一冊

110000－0102－0006771　甲四/106　集部/
別集類/清

金峨山館文集　（清）郭傳璞撰　清光緒刻本
四冊

110000－0102－0006772　甲四/111　集部/
曲類/曲別集/散曲

紅樓夢散套附曲譜　（清）荊石山民填詞　清
嘉慶蟾波閣刻本　四冊

110000－0102－0006773　甲四/112　集部/
別集類/清

韋間詩集五卷　（清）姜宸英撰　清道光四年
（1824）壿琴樓刻本　八冊

110000－0102－0006774　甲四/113　集部/
曲類/曲總集/通代

醉怡情昆腔雜曲　（□）□□撰　清致和堂刻
本　八冊

110000－0102－0006775　甲四/115　集部/
曲類/曲別集/傳奇

小蓬萊傳奇十種　（清）劉清韻撰　清光緒二
十六年（1900）石印本　六冊

110000－0102－0006776　甲四/116　集部/
曲類/曲別集/傳奇

笠翁十種　（清）李漁撰　清藻文堂刻本　二
十冊

110000－0102－0006777　甲四/117　集部/
曲類/曲別集/傳奇

紅樓夢傳奇　（清）仲振奎撰　清嘉慶四年
（1799）綠雨紅雲山房刻本　四冊

110000－0102－0006778　甲四/118　集部/
曲類/曲別集/傳奇

極樂世界傳奇　（清）情園主人撰　清光緒七
年（1881）聚珍堂活字本　八冊

110000－0102－0006779　甲四/119　集部/
曲類/曲別集/傳奇

比目魚傳奇　（清）李漁撰　清末刻本　四冊

110000－0102－0006780　甲四/125　集部/

別集類/清

李文忠公全集一百六十五卷　（清）李鴻章撰
（清）吳汝綸編輯　清光緒三十四年（1908）金
陵書局刻本　一百冊

110000－0102－0006781　甲四/126　集部/
曲類/曲總集/通代

樂府清音歌林拾翠二集　（□）□□撰　清奎
壁齋刻本　十六冊

110000－0102－0006782　甲四/127　集部/
小說類/章回

燕子箋六卷十八回　（□）□□撰　清刻本
一冊

110000－0102－0006783　甲四/141　集部/
別集類/清

靈芬館集十六卷　（清）郭麐撰　清嘉慶四年
（1799）刻本　五冊

110000－0102－0006784　甲四/143　集部/
別集類/清

圭盦詩錄　（清）吳觀禮撰　清光緒五年
（1879）黃齋校刊弢盦寫本　一冊

110000－0102－0006785　甲四/144　集部/
總集類/詩/雜錄/唱和

藏海園酬唱集　（清）陳夒龍等撰　清宣統鉛
印本　一冊

110000－0102－0006786　甲四/146　集部/
別集類/清

圭塘倡和詩　袁克文輯　清宣統三年（1911）
袁氏謄印本　一冊

110000－0102－0006787　甲四/148　集部/
詞類/詞別集/清

墮蘭館詞存　（□）□□撰　清宣統元年
（1909）武漢湖北官報局鉛印本　一冊

110000－0102－0006788　甲四/149　集部/
別集類/明

楊忠介公文集十三卷首一卷末一卷　（明）楊
爵撰　附錄五卷　（明）楊昱編　清光緒十九
年（1893）張氏刻本　六冊

110000 – 0102 – 0006789　甲四/151　集部/
曲類/曲別集/雜劇

雜劇十段錦十集十種　（□）□□編　清末至
民國武進誦芬室影印本　四冊

110000 – 0102 – 0006790　甲四/155　集部/
別集類/清

倚玉堂填詞二種馮媛市義雜劇　（清）周樹撰
清刻本　二冊

110000 – 0102 – 0006791　甲四/157　集部/
總集類/文/通代/編選

湖海文傳七十五卷　（清）王昶編　清道光十
七年(1837)經訓堂刻本　十六冊

110000 – 0102 – 0006792　甲四/159　集部/
總集類/文/雜錄/書牘表啟

李文忠公外部函稿二十八卷　吳汝綸輯　清
光緒二十八年(1902)蓮池書社刻本　十四冊

110000 – 0102 – 0006793　甲四/161　集部/
別集類/清

湖海詩傳四十六卷　（清）王昶輯　清嘉慶八
年(1803)刻本　十六冊

110000 – 0102 – 0006794　甲四/162　集部/
曲類/曲別集/傳奇

表忠記傳奇二卷　（清）丁耀亢撰　清同治十
一年(1872)刻本　二冊

110000 – 0102 – 0006795　甲四/164　集部/
曲類/曲別集/雜劇

餅笙館修簫譜　（清）舒位撰　清刻本　二冊

110000 – 0102 – 0006796　甲四/170　集部/
總集類/文/地方

山左古文鈔八卷　（清）李景嶧　（清）劉鴻翱
合輯　清道光張鑪香氏刻本　八冊

110000 – 0102 – 0006797　甲四/171　集部/
詞類/詞選/斷代

宋四家詞選不分卷　（清）周濟輯　清道光刻
本　一冊

110000 – 0102 – 0006798　甲四/172　集部/
詞類/詞選/斷代

宋四家詞選不分卷　（清）周濟輯　清道光刻
本　一冊

110000 – 0102 – 0006799　甲四/173　集部/
曲類/曲別集/傳奇

雙忽雷本事　劉世珩編　清宣統三年(1911)
貴池劉氏石印本　一冊

110000 – 0102 – 0006800　甲四/175　集部/
別集類/明

袁海叟詩集四卷附錄一卷　（明）袁凱撰　清
宣統三年(1911)江西印刷局石印本　二冊

110000 – 0102 – 0006801　甲四/177　集部/
別集類/清

和程詩一卷　（清）黃選藩撰　清光緒三十四
年(1908)鉛印本　一冊

110000 – 0102 – 0006802　甲四/178　集部/
別集類/清

喟於館詩草二卷　（清）言敦源撰　清光緒三
十四年(1908)鉛印本　一冊

110000 – 0102 – 0006803　甲四/179　集部/
別集類/清

楊君遺集二卷詩一卷詞一卷　（清）楊世謙撰
清光緒三十二年(1906)鉛印本　一冊

110000 – 0102 – 0006804　甲四/181　集部/
別集類/明

來禽館集二十九卷　（明）邢侗撰　清道光二
十八年(1848)觀城張氏刻本　十二冊

110000 – 0102 – 0006805　甲四/182　集部/
別集類/清

無近名齋集十一卷　（清）彭翊撰　清道光二
十二年(1842)蘇州彭氏刻本　八冊

110000 – 0102 – 0006806　甲四/183　集部/
別集類/清

大雪山房文橐初集四卷二集四卷　（清）惲敬
撰　清光緒十四年(1888)官書處刻本　八冊

110000 – 0102 – 0006807　甲四/186　集部/
總集類/文

八家四六文鈔八種　（清）吳鼒輯　清嘉慶校

首都圖書館古籍普查登記目錄

404

經堂刻本　八冊

110000 - 0102 - 0006808　甲四/187　子部/
雜家類/雜述

心齋雜俎二卷　（清）張潮撰　清詒清堂刻本
　二冊

110000 - 0102 - 0006809　甲四/191　集部/
別集類/明

忠介公集十三卷　（明）楊爵撰　清光緒十九
年（1893）張氏刻本　六冊

110000 - 0102 - 0006810　甲四/192　集部/
別集類/清

賞雨茅屋詩集十卷外集一卷　（清）曾燠撰
清嘉慶十五年（1810）刻本　四冊

110000 - 0102 - 0006811　甲四/193　集部/
別集類/清

西堂全集十五種五十八卷　（清）尤侗撰　清
光緒刻本　二十四冊

110000 - 0102 - 0006812　甲四/196　集部/
曲類/曲別集/傳奇

暗香樓樂府三種　（清）歡嵐道人撰　清光緒
十六年（1890）刻本　三冊

110000 - 0102 - 0006813　甲四/204　集部/
別集類

至正集八十一卷　（元）許有壬撰　清宣統三
年（1911）聊城鄒氏石印本　十冊

110000 - 0102 - 0006814　甲四/205　子部/
雜誌類

湖北學報第一集　湖北學報館編　清光緒二
十九年（1903）武漢湖北學報館刻本　三十
二冊

110000 - 0102 - 0006815　甲四/206　集部/
別集類/清

天真閣集五十四卷外集六卷　（清）孫原湘撰
　清嘉慶五年（1800）刻本　十冊

110000 - 0102 - 0006816　甲四/208　集部/
總集類/文

才子古文十五卷末一卷　（清）金聖嘆評　清

敦化堂刻本　八冊

110000 - 0102 - 0006817　甲四/209　集部/
總集類/文

八家四六文鈔　（清）吳鼒編　清嘉慶三年
（1798）暨陽聚珍堂刻本　六冊

110000 - 0102 - 0006818　甲四/211　集部/
俗文學類/鼓詞

忠節傳　（□）□□撰　清末刻本　一冊

110000 - 0102 - 0006819　甲四/212　集部/
俗文學類/鼓詞

燈月傳四卷二十回　（□）□□撰　清光緒十
三年（1887）刻本　四冊

110000 - 0102 - 0006820　甲四/213　集部/
俗文學類/彈詞

再造天十六卷十六回　（□）□□撰　清道光
十年（1830）香葉閣刻本　十二冊

110000 - 0102 - 0006821　甲四/214　集部/
別集類/清

秋水軒尺牘四卷　（清）許思湄撰　清道光刻
本　四冊

110000 - 0102 - 0006822　甲四/215　集部/
俗文學類

巾箱小品三種　（□）□□輯　清嘉慶二十四
年（1819）刻本　八冊

110000 - 0102 - 0006823　甲四/216　集部/
俗文學類/彈詞

夢影緣四十八回　（清）苔溪芬下生撰　清光
緒二十一年（1895）竹簡齋石印本　十六冊

110000 - 0102 - 0006824　甲四/217　集部/
俗文學類/彈詞

義妖傳五十三回　（清）陳遇乾撰　清嘉慶十
四年（1809）刻本　十二冊

110000 - 0102 - 0006825　甲四/219　集部/
俗文學類/彈詞

碧玉塔全傳　（清）楊駕凡編　清道光十年
（1830）刻本　十冊

110000 - 0102 - 0006826　甲四/220　集部/

110000 – 0102 – 0006844　甲四/258　集部/
別集類/清

覺生詩鈔十卷　（清）鮑桂星撰　清嘉慶二十
五年（1820）刻本　六冊

110000 – 0102 – 0006845　甲四/259　集部/
總集類

六朝詩賦　（清）馬傳庚選注　清光緒元年
（1875）刻本　二冊

110000 – 0102 – 0006846　甲四/260　集部/
別集類/清

寒松堂全集文九卷詩三卷年譜一卷　（清）魏
象樞撰　清嘉慶十六年（1811）刻本　十三冊

110000 – 0102 – 0006847　甲四/261　集部/
別集類/清

養拙齋詩十四卷附錄一卷　（清）王必達撰
清光緒十六年（1890）刻本　四冊

110000 – 0102 – 0006848　甲四/262　集部/
詞類/詞選/通代

歷代名人詞選十三卷　（清）夏秉衡編　清光
緒二十一年（1895）刻本　四冊

110000 – 0102 – 0006849　甲四/263　集部/
別集類/宋

周益國文忠公集二十五種二百〇五卷　（宋）
周必大撰　清道光二十八年（1848）廬陵歐陽
棨刻本　四十冊

110000 – 0102 – 0006850　甲四/264　集部/
總集類/詩

洞霄詩集十四卷　（元）孟宗寶編　清乾隆四
十九年（1784）刻本　四冊

110000 – 0102 – 0006851　甲四/266　集部/
總集類/文/雜錄/課藝

詁經精舍文續集八卷　（清）羅文俊編　清同
治十二年（1873）刻本　四冊

110000 – 0102 – 0006852　甲四/268　集部/
別集類/清

青墅集　（清）鄭大謨撰　清嘉慶二十三年
（1818）刻本　十冊

110000 – 0102 – 0006853　甲四/274　叢部/
自著叢書/清中晚期

古愚老人消夏錄十七種　（清）汪汲撰　清嘉
慶元年（1796）盛德堂刻本　二十冊

110000 – 0102 – 0006854　甲四/275　集部/
俗文學類/彈詞

倭袍傳彈詞十二卷一百回　（□）□□撰　清
嘉慶七年（1802）刻本　十二冊

110000 – 0102 – 0006855　甲四/276　集部/
俗文學類/鼓詞

二虎嶺鼓詞　（□）□□撰　清末文盛堂刻本
　十二冊

110000 – 0102 – 0006856　甲四/277　集部/
俗文學類/彈詞

鍾情傳彈詞　（清）朱雲仙女史撰　清嘉慶刻
本　八冊

110000 – 0102 – 0006857　甲四/278　集部/
俗文學類/彈詞

金如意彈詞　（清）李如川編　清末鴛湖環春
閣刻本　四冊

110000 – 0102 – 0006858　甲四/279　集部/
俗文學類/彈詞

定國志彈詞二十卷　（□）□□撰　清道光二
十九年（1849）刻本　二十冊

110000 – 0102 – 0006859　甲四/280　集部/
俗文學類/彈詞

珍珠塔彈詞二十四回　（清）周殊士補　清末
刻本　六冊

110000 – 0102 – 0006860　甲四/281　集部/
俗文學類/彈詞

四香緣彈詞四卷三十二回　（清）朱鏡江撰
清道光十三年（1833）刻本　八冊

110000 – 0102 – 0006861　甲四/282　集部/
俗文學類/彈詞

桃花菴彈詞四卷二十四回　（□）□□撰　清
光緒十七年（1891）刻本　四冊

110000 – 0102 – 0006862　甲四/283　集部/

俗文學類/彈詞

碧玉環彈詞十二卷七十二回　（□）□□撰
清嘉慶二十四年(1819)吟餘閣刻本　十六冊

110000－0102－0006863　甲四/284　集部/
俗文學類/鼓詞

五毒傳鼓詞　（□）□□撰　清泰山堂刻本
六冊　缺一函(下函)

110000－0102－0006864　甲四/285　集部/
俗文學類/彈詞

百花台彈詞四卷　（□）□□撰　清光緒元年
(1875)刻本　四冊

110000－0102－0006865　甲四/286　集部/
俗文學類/彈詞

珍珠塔彈詞四卷五十六回　（□）□□撰　清
道光二年(1822)刻本　八冊

110000－0102－0006866　甲四/287　集部/
俗文學類/彈詞

碧玉獅彈詞二十卷四十回　（□）□□撰　清
嘉慶二十四年(1819)漱芳軒刻本　六冊

110000－0102－0006867　甲四/288　集部/
俗文學類/彈詞

何必西廂彈詞　心鐵道人編　清嘉慶五年
(1800)五桂堂刻本　十二冊

110000－0102－0006868　甲四/289　集部/
俗文學類/彈詞

九龍傳彈詞六集　（□）□□撰　清末飛春閣
刻本　七冊

110000－0102－0006869　甲四/290　集部/
俗文學類/彈詞

彈詞六種　（□）□□撰　清刻本　六冊

110000－0102－0006870　甲四/291　集部/
俗文學類/彈詞

金閨傑彈詞十六回　（清）侯香葉夫人撰　清
道光四年(1824)散花園刻本　十六冊

110000－0102－0006871　甲四/292　集部/
俗文學類/彈詞

花箋記彈詞六卷五十九回　（□）□□撰　清

三元堂刻本　六冊

110000－0102－0006872　甲四/293　集部/
俗文學類/鼓詞

鼓詞二種　（□）□□撰　清晚期京都文和堂
泰山堂刻本　六冊

110000－0102－0006873　甲四/294　集部/
別集類/清

花甲閒談十六卷　（清）張維屏撰　清光緒十
年(1884)上海同文書局石印本　四冊

110000－0102－0006874　甲四/298　集部/
別集類/清

惜抱軒遺書三種　（清）姚鼐撰　清光緒五年
(1879)桐城徐氏刻本　四冊

110000－0102－0006875　甲四/300　集部/
別集類/清

孫淵如全集十一種二十一卷　（清）孫星衍撰
清光緒二十年(1894)長沙王氏刻本　十冊

110000－0102－0006876　甲四/301　集部/
總集類/文/斷代/唐至五代

唐文粹一百卷　（宋）姚鉉編　清光緒九年
(1883)江蘇書局刻本　十五冊　缺三卷(十
五至十七)

110000－0102－0006877　甲四/302　集部/
別集類/清

未灰齋文集八卷外集一卷　（清）徐鼒撰　清
光緒三年(1877)刻本　五冊

110000－0102－0006878　甲四/306　集部/
總集類/文/家族

霍氏父子集三種四十卷　（明）霍韜　（明）霍
興瑕撰　清同治元年(1862)石頭書院刻本
二十六冊

110000－0102－0006879　甲四/308　集部/
別集類/唐至五代

温飛卿詩集箋注九卷　（明）曾益謙等編　清
光緒八年(1882)刻本　二冊

110000－0102－0006880　甲四/311　集部/
別集類/唐至五代

陸宣公集二十二卷　（唐）陸贄撰　清光緒二年(1876)江蘇書局刻本　六冊

110000－0102－0006881　甲四/312　集部/別集類/清

惜抱軒全集九種八十七卷　（清）姚鼐撰　清同治五年(1866)省心閣刻本　十六冊

110000－0102－0006882　史部/別史、雜史類

弇山堂別集一百卷　（明）王世貞撰　清光緒廣州廣雅書局刻本　二十冊

110000－0102－0006883　甲四/315　集部/總集類/文/斷代/清

清文錄八十二卷　（清）姚椿編　清光緒二十六年(1900)掃葉山房石印本　十六冊

110000－0102－0006884　甲四/317　集部/別集類/清

煙嶼樓集文集四十卷詩集十八卷　（清）徐時棟撰　清光緒元年(1875)松竹居葛氏刻本　十四冊

110000－0102－0006885　甲四/318　集部/別集類/遼金元

郝文忠公集三十九卷附錄一卷　（元）郝經撰　清道光八年(1828)張氏刻本　十冊

110000－0102－0006886　甲四/319　集部/別集類/清

庸盦全集二十一卷　（清）薛福成撰　清光緒二十三年(1897)上海醉大堂石印本　十二冊

110000－0102－0006887　甲四/321　集部/別集類/唐至五代

溫飛卿詩集箋注九卷　（唐）溫庭筠撰　（明）曾益謙注　清宣統二年(1910)依秀野草堂石印本　四冊

110000－0102－0006888　甲四/327　集部/別集類/清

心日齋詞三種　（清）周之琦撰　清道光杭州陸氏愛日軒刻本　二冊

110000－0102－0006889　甲四/329　集部/總集類/詩/雜錄

回文類聚正四卷續十卷　（宋）桑世昌撰　（清）朱象賢續編　清朱氏麟玉堂刻本　六冊

110000－0102－0006890　甲四/332　集部/別集類/清

曝書亭集八十卷附錄一卷　（清）朱彝尊撰　清光緒十五年(1889)寒梅館刻本　十六冊

110000－0102－0006891　甲四/333　集部/詞類/詞別集

曝書亭詞拾遺四卷　（清）翁之洄編　清光緒二十二年(1896)刻本　一冊

110000－0102－0006892　甲四/334　集部/詞類/詞譜、詞律、詞韻

詞律二十卷　（清）萬樹撰　清末石印本　十二冊

110000－0102－0006893　甲四/336　集部/詞類

詞科掌錄十七卷　（清）杭世駿撰　清乾隆刻本　四冊

110000－0102－0006894　甲四/338　集部/別集類/明

楊忠湣公全集七卷　（明）楊繼盛撰　清同治十一年(1872)刻本　三冊

110000－0102－0006895　甲四/342　集部/總集類/文/家族

王氏家集　（清）王家璧撰　清同治刻本　二冊

110000－0102－0006896　甲四/343　集部/詞類/詞選

清常州詞錄三十一卷　繆荃孫編　清光緒三十二年(1906)刻本　十二冊

110000－0102－0006897　甲四/345　集部/別集類/宋

清獻集十九卷　（宋）杜範撰　清光緒三年(1877)黃巖王氏刻本　五冊

110000－0102－0006898　甲四/348　集部/別集類/清

介園遺集四卷　（清）黃倬撰　清光緒十五年

(1889)刻本　四冊

110000－0102－0006899　甲四/349　經部/
小學類/訓詁/滿蒙語學

清文補彙八卷　（清）宜興編　清嘉慶七年
(1802)刻本　八冊

110000－0102－0006900　甲四/351　史部/
史評類/詠史

續尤西堂擬明史樂府　（清）張普撰　清刻本
一冊

110000－0102－0006901　甲四/352　集部/
總集類/詩/地方

續樵李詩繫四十卷　（清）胡昌基編　清宣統
三年(1911)刻本　二十冊

110000－0102－0006902　甲四/355　集部/
別集類/宋

淮海全集四十卷後集六卷又三卷附詩錄一卷
（宋）秦觀撰　清同治十二年(1873)秦氏家
塾刻本　六冊

110000－0102－0006903　甲四/356　集部/
詞類/詞譜、詞律、詞韻

詞律二十卷　（清）萬樹撰　清光緒二年
(1876)刻本　十六冊

110000－0102－0006904　甲四/358　集部/
別集類/清

善卷堂四六十卷　（清）陸繁弨撰　清光緒元
年(1875)漁古山房刻本　八冊

110000－0102－0006905　甲四/359　集部/
別集類/清

養一齋全集四種四十二卷　（清）潘德輿撰
清道光二十九年(1849)刻本　十二冊

110000－0102－0006906　甲四/361　集部/
總集類/詩/地方

清河六先生詩選十卷　（清）朱為弼編　清光
緒二年(1876)朱氏刻本　二冊

110000－0102－0006907　甲四/366　集部/
總集類/詩/地方

關中兩朝詩鈔補四卷又補一卷　（清）李元春

編　清道光十六年(1836)刻本　五冊

110000－0102－0006908　甲四/367　集部/
總集類/詩/地方

兩浙輶軒錄四十卷補遺十卷　（清）阮元編
清光緒十六年(1890)浙江書局刻本　三十
二冊

110000－0102－0006909　甲四/378　集部/
別集類/清

毛翰林集六卷　（清）毛奇齡撰　清康熙刻本
三冊

110000－0102－0006910　甲四/381　集部/
別集類/清

養一齋文集　（清）李兆洛撰　清光緒四年
(1878)刻本　十二冊

110000－0102－0006911　甲四/382　集部/
別集類/清

惜抱尺牘八卷　（清）姚鼐撰　清宣統元年
(1909)小萬柳堂刻本　四冊

110000－0102－0006912　甲四/387　集部/
詞類/詞別集

心日齋詞集四種十六家詩錄二卷　（清）周之
琦撰　清同治元年(1862)周氏刻本　六冊

110000－0102－0006913　甲四/388　集部/
別集類/清

沈文忠公集十卷　（清）沈兆霖撰　清同治八
年(1869)刻本　四冊

110000－0102－0006914　甲四/390　史部/
史評類/詠史

十國宮詞五卷首一卷　（清）吳闈撰　清嘉慶
二年(1797)刻本　二冊

110000－0102－0006915　甲四/391　集部/
別集類/清

蔭圃詩文鈔詩二卷文一卷蔭圃小草續鈔二卷
（清）趙亨鈐撰　清道光二十三年(1843)郎
山趙氏刻本　五冊

110000－0102－0006916　甲四/392　集部/
別集類/清

陳忠裕公全集三十七卷 （清）莊師洛輯 清嘉慶八年(1803)刻本 十二冊

110000－0102－0006917 甲四/392－1 集部/別集類/明

夏節愍全集十四卷 （明）夏完淳撰 清嘉慶十八年(1813)刻本 二冊

110000－0102－0006918 甲四/393 集部/別集類/清

香樹齋全集文三十三卷詩五十四卷 （清）錢陳群撰 清光緒二十年(1894)刻本 二十六冊

110000－0102－0006919 甲四/394 集部/別集類/明

六如居士全集六種 （明）唐寅撰 （清）唐仲冕編 清嘉慶六年(1801)果克山房刻本 八冊

110000－0102－0006920 甲四/395 集部/別集類/清

鶴半巢詩存十五卷 （清）馮培撰 清嘉慶三年(1798)家刻本 四冊

110000－0102－0006921 甲四/396 集部/總集類/詩/雜錄/題詠

十杉亭帖體詩鈔五卷 （清）吳楷編 清道光十年(1830)三樂堂刻本 四冊

110000－0102－0006922 甲四/397 集部/別集類/清

邃懷堂文集十六卷 （清）袁翼撰 （清）朱齡箋注 清咸豐八年(1858)古唐朱氏刻本 八冊

110000－0102－0006923 甲四/400 集部/別集類/宋

蘇子美集十卷 （宋）蘇舜欽撰 清同治六年(1867)刻本 四冊

110000－0102－0006924 甲四/404 集部/集評類/總評

讀書樂趣初集八卷 （清）伍涵芬撰 清乾隆十年(1745)伍氏華日堂刻本 八冊

110000－0102－0006925 甲四/405 集部/別集類/清

春融堂集六十八卷年譜二卷雜記八種 （清）王昶撰 清光緒十八年(1892)錢怡甫刻本 二十冊

110000－0102－0006926 甲四/406 集部/別集類/清

巢經巢詩鈔九卷後集四卷 （清）鄭珍撰 清咸豐四年(1854)刻本 四冊

110000－0102－0006927 甲四/407 集部/別集類/清

有正味齋駢體文集二十四卷 （清）吳錫麒撰 清刻本 六冊

110000－0102－0006928 甲四/408 集部/總集類/文/通代/編選

致用書院文集五編 （清）謝章鋌編 清光緒三年(1877)吳玉田刻本 五冊

110000－0102－0006929 甲四/409 集部/別集類/清

抱沖齋詩集三十六卷 （清）斌良撰 清光緒五年(1879)湖南薇垣官署刻本 十二冊

110000－0102－0006930 甲四/411 集部/別集類/清

瑞芝山房集詩八卷 （清）戴燮元編 清光緒元年(1875)刻本 十冊

110000－0102－0006931 甲四/413 集部/別集類/清

有正味齋尺牘二卷 （清）吳錫麒撰 清同治十三年(1874)申報館活字本 二冊

110000－0102－0006932 甲四/415 集部/總集類/文/通代/編選

七十家賦鈔六卷 （清）康紹鏞輯 清道光元年(1821)刻本 六冊

110000－0102－0006933 甲四/416 集部/總集類/詩/斷代

詩持一集二集 （清）魏愚編 清枕江堂刻本 十二冊 缺二卷(一集二、二集一)

110000－0102－0006934　甲四/417　集部/
總集類/詩/地方

越風三十卷　（清）商盤編　清嘉慶十六年
(1811)浴鳧山館刻本　八冊

110000－0102－0006935　甲四/422　集部/
別集類/宋

木鍾集十一卷　（宋）陸植撰　清同治六年
(1867)刻本　四冊

110000－0102－0006936　甲四/423　集部/
別集類/清

裘文達公全集文集六卷奏議一卷詩集六卷又
十二卷　（清）裘曰修撰　清同治十一年
(1872)刻本　六冊

110000－0102－0006937　甲四/424　集部/
別集類/清

歸樸龕叢稿十二卷　（清）彭蘊章撰　清道光
二十八年(1848)刻本　六冊

110000－0102－0006938　甲四/425　集部/
別集類/明

山帶閣集三十三卷附錄一卷　（明）朱日藩撰
　清道光十五年(1835)刻本　四冊

110000－0102－0006939　甲四/427　集部/
總集類/詩/通代

近光集二十八卷　（清）汪士鋐編　清康熙五
十八年(1719)刻本　十二冊

110000－0102－0006940　甲四/428　集部/
詞類/詞總集/通代

詞學叢書六種二十三卷　（清）秦恩復編　清
道光九年(1829)享帚精舍刻本　十二冊

110000－0102－0006941　甲四/429　子部/
雜家類/雜述

蘿藦亭剳記八卷　（清）喬松年撰　清同治十
二年(1873)刻本　四冊

110000－0102－0006942　甲四/430　集部/
別集類/清

養晦堂文集十卷　（清）劉蓉撰　清光緒三年
(1877)王氏思賢講舍刻本　六冊

110000－0102－0006943　甲四/431　集部/
集評類/文評/詞評/詞話

詞苑萃編二十四卷　（清）馮金伯撰　清嘉慶
十一年(1806)刻本　六冊

110000－0102－0006944　甲四/432　集部/
集評類/文評

文選集評十五卷　（清）于光華編　清同治十
一年(1872)江蘇書局刻本　十六冊

110000－0102－0006945　甲四/433　集部/
總集類/文

魯兩先生合集二種　（宋）孫復　（宋）石介合
撰　清道光十三年(1833)斯未信齋刻本
二冊

110000－0102－0006946　甲四/434　集部/
別集類/漢至隋

蔡中郎集十卷外紀一卷外集四卷傳表一卷
（漢）蔡邕撰　清光緒十六年(1890)番禺陶氏
愛廬刻本　三冊

110000－0102－0006947　甲四/435　集部/
小說類/筆記小說

買愁集四集　（清）錢尚濠編　清刻本　四冊

110000－0102－0006948　甲四/436　集部/
別集類/清

變雅堂遺集詩十卷文八卷附錄二卷　（清）杜
濬撰　清光緒二十年(1894)刻本　六冊

110000－0102－0006949　甲四/437　集部/
總集類/文/通代

文選集釋二十四卷　（清）米玙編　清光緒元
年(1875)朱氏刻本　十二冊

110000－0102－0006950　甲四/438　集部/
詞類/詞別集

玉淦詞　（清）潘曾瑋撰　清咸豐四年(1854)
刻本　一冊

110000－0102－0006951　甲四/439　集部/
詞類/詞譜、詞律、詞韻/詞韻

詞林正韻　（清）戈載撰　清光緒七年(1881)
四印齋刻本　一冊

110000 - 0102 - 0006952　甲四/440　集部/別集類/宋

乖崖集十二卷附錄一卷　（宋）張詠撰　清光緒八年(1882)獨山莫氏鉛印本　六冊

110000 - 0102 - 0006953　甲四/443　集部/總集類/文/家族

沈氏三先生文集三種六十二卷　（宋）高布輯　清光緒二十二年(1896)浙江書局刻本　十冊

110000 - 0102 - 0006954　甲四/444　集部/總集類/文/地方

新安先集二十卷　（清）朱之榛編　清同治十三年(1874)刻本　七冊

110000 - 0102 - 0006955　甲四/445　集部/總集類/詩/婦女

京江鮑氏三女史詩鈔十二卷　（清）鮑之蘭等撰　清光緒八年(1882)丹徒戴氏刻本　四冊

110000 - 0102 - 0006956　甲四/446　集部/詞類/詞別集

秋林琴雅四卷　（清）厲鶚撰　清光緒倚紅樓汪氏刻本　一冊

110000 - 0102 - 0006957　甲四/447　集部/總集類/文/通代

駢文類纂四十六卷　王先謙編　清光緒二十八年(1902)思賢書局刻本　二十四冊

110000 - 0102 - 0006958　甲四/449　集部/別集類/清

曹集銓評十卷　（清）丁晏撰　清同治十一年(1872)金陵書局刻本　二冊

110000 - 0102 - 0006959　甲四/450　史部/史評類/詠史

十國宮詞一百首　（清）吳省蘭編　清同治刻本　一冊

110000 - 0102 - 0006960　甲四/451　集部/別集類/明

落落齋遺集十卷　（明）李應昇撰　清光緒二十二年(1896)武進盛氏刻本　六冊

110000 - 0102 - 0006961　甲四/453　集部/別集類/清

舒藝室全集五種　（清）張文虎撰　清同治十三年(1874)刻本　八冊

110000 - 0102 - 0006962　甲四/454　集部/詞類/詞總集

四印齋所刻詞十六種四十二卷　（清）王鵬運編　清光緒十四年(1888)王氏刻本　二十冊

110000 - 0102 - 0006963　甲四/455　集部/別集類/清

春草堂全集三十六卷　（清）謝堃撰　清道光二十五年(1845)刻本　二十四冊

110000 - 0102 - 0006964　甲四/457　集部/別集類

二家詞鈔五卷　李慈錦　樊增祥合撰　清光緒二十八年(1902)樊氏集雲閣刻本　二冊

110000 - 0102 - 0006965　甲四/458　集部/別集類/清

九水山房文存二卷　（清）畢亨撰　清咸豐二年(1852)楊氏海源閣刻本　二冊

110000 - 0102 - 0006966　甲四/459　集部/詞類/詞總集/婦女

小檀欒室彙刻閨秀詞八集八十二種　徐乃昌編　清光緒二十一年(1895)刻本　十六冊

110000 - 0102 - 0006967　甲四/460　集部/總集類/詩/斷代/唐至五代

磧砂三體唐詩三卷　（宋）周弼編　清三徑堂刻本　四冊

110000 - 0102 - 0006968　甲四/463　集部/別集類/清

鷗堂詩三卷　（清）馬虞良撰　清光緒五年(1879)刻本　二冊

110000 - 0102 - 0006969　甲四/464　集部/別集類/清

移芝堂集文集十二卷詩集三卷　（清）楊彝珍撰　清光緒二年(1876)刻本　五冊

110000 - 0102 - 0006970　甲四/466　集部/

詞類/詞總集/通代

宋元三十一家詞三十一種 （清）王鵬運編
清光緒九年（1883）四印齋刻本　四冊

110000 - 0102 - 0006971　甲四/467　集部/
別集類/清

仕隱圖題詞木犀香館詩草都門唱和詩　清同
治刻本　二冊

110000 - 0102 - 0006972　甲四/468　經部/
詩類/三家詩

韓詩外傳十卷　（漢）韓嬰撰　清光緒三年
（1877）湖北崇文書局刻本　二冊

110000 - 0102 - 0006973　甲四/469　集部/
總集類/文/斷代/宋

宋文鑑一百五十卷目錄三卷　（宋）呂祖謙編
　清光緒十二年（1886）江蘇書局刻本　二十
四冊

110000 - 0102 - 0006974　甲四/470　集部/
集評類/詩評

餘師錄前集十四卷後集十卷續集八卷　（清）
楊希閔編　清光緒四年（1878）刻本　十二冊
　缺八卷（續集八卷）

110000 - 0102 - 0006975　甲四/471　集部/
別集類/清

西陂類稿五十卷　（清）宋犖撰　清光緒四年
（1878）鉛印本　十二冊

110000 - 0102 - 0006976　甲四/472　集部/
別集類/宋

楊龜山先生集四十四卷　（宋）楊時撰　清光
緒五年（1879）刻本　十冊

110000 - 0102 - 0006977　甲四/475　集部/
集評類/總評

文心雕龍十卷　（南朝梁）劉勰撰　（清）黃叔
琳注　清光緒十九年（1893）王氏思賢講舍刻
本　四冊

110000 - 0102 - 0006978　甲四/476　集部/
總集類/文/通代/編選

古文苑二十一卷　（宋）章樵注　清光緒十二
年（1886）江蘇書局刻本　四冊

110000 - 0102 - 0006979　甲四/477　集部/
總集類/文/通代/編選

續古文苑二十卷　（清）孫星衍撰　清光緒九
年（1883）江蘇書局刻本　六冊

110000 - 0102 - 0006980　甲四/478　子部/
醫家類/獸醫

馬牛駝經全集九卷　（清）喻本元等撰　清光
緒三年（1877）聚文堂刻本　六冊

110000 - 0102 - 0006981　甲四/480　集部/
別集類/明

懷麓堂全集六種一百○七卷　（明）李東陽撰
　清嘉慶八年（1803）刻本　二十四冊

110000 - 0102 - 0006982　甲四/481　集部/
總集類/文/斷代/宋

南宋文範七十卷外編四卷　（清）莊仲方編
清光緒十四年（1888）江蘇書局刻本　十六冊

110000 - 0102 - 0006983　甲四/483　集部/
總集類/文/斷代/宋

南宋文錄錄二十四卷　（清）董兆熊編　清光
緒十七年（1891）蘇州書局刻本　六冊

110000 - 0102 - 0006984　甲四/488　集部/
別集類/遼金元

青陽山房集五卷　（元）余闕撰　清嘉慶八年
（1803）刻本　四冊

110000 - 0102 - 0006985　甲四/491　集部/
別集類/清

陳檢討四六文集二十卷　（清）陳維崧撰　清
康熙三十二年（1693）刻本　六冊

110000 - 0102 - 0006986　甲四/493　集部/
別集類/清

璞齋集詩四卷詞一卷　（清）諸可寶撰　清光
緒十四年（1888）長州黃氏活字本　二冊

110000 - 0102 - 0006987　甲四/495　集部/
總集類/文/斷代

御選唐宋文醇五十八卷　（清）高宗弘曆編
清光緒二十三年（1897）經綸元記刻本　二十
四冊

110000－0102－0006988　甲四/496　史部/史評類/詠史

三家宮詞二家宮詞　（明）毛晉編　清同治十二年(1873)淮南書局刻本　二冊

110000－0102－0006989　甲四/497　史部/史評類/詠史

三家宮詞二家宮詞　（明）毛晉編　清同治十二年(1873)淮南書局刻本　一冊

110000－0102－0006990　甲四/499　集部/別集類/清

重刻蔣文定公湘皋集四十卷　（清）俞廷舉重編　清嘉慶二十一年(1816)忠雅堂刻本　十二冊

110000－0102－0006991　甲四/501　集部/總集類/詩/地方

國朝上虞詩集十二卷　（清）謝聘編　清道光二十二年(1842)吟香館刻本　四冊

110000－0102－0006992　甲四/503　集部/別集類/清

聞妙香室文集十九卷　（清）李宗昉撰　清道光十五年(1835)刻本　四冊

110000－0102－0006993　甲四/505　集部/別集類/宋

苕溪集五十五卷　（宋）劉行簡撰　清宣統三年(1911)朱氏刻本　四冊

110000－0102－0006994　甲四/513　集部/別集類/漢至隋

陶淵明集八卷　（晉）陶潛撰　清光緒五年(1879)廣州翰墨園刻本　二冊

110000－0102－0006995　甲四/520　集部/集評類/詩評/詩話

詩話選雋二卷　（清）盧衍仁編　清光緒抱青閣刻本　二冊

110000－0102－0006996　甲四/522　集部/總集類/詩/地方

兩浙輶軒續錄五十四卷補遺六卷　（清）潘衍桐撰　清光緒十七年(1891)浙江書局刻本　四十冊

110000－0102－0006997　甲四/527　集部/總集類/詩/斷代/清

國朝正雅集一百卷　（清）符葆森輯　清咸豐六年(1856)京師半畝園刻本　三十二冊

110000－0102－0006998　甲四/528　集部/別集類/宋

宋宗忠簡公集七卷　（宋）宗澤撰　清同治四年(1865)半畝園刻本　二冊

110000－0102－0006999　甲四/529　集部/總集類/文/斷代/上古至隋

六朝文絜四卷　（清）許槤編　清光緒三年(1877)馮氏刻本　二冊

110000－0102－0007000　甲四/531　集部/總集類/詩/斷代

中州集十卷首一卷　（金）元好問編　清光緒七年(1881)讀書山房刻本　十一冊

110000－0102－0007001　甲四/532　集部/別集類/清

陶園全集三十六卷　（清）張九鉞撰　清道光二十三年(1843)賜錦樓刻本　十六冊

110000－0102－0007002　甲四/536　集部/總集類/文/地方

陵州耆舊集六卷　（清）謝九錫編　清同治抄本　六冊

110000－0102－0007003　甲四/537　集部/別集類/明

疑雨集四卷　（明）王彥泓撰　清刻本　四冊

110000－0102－0007004　甲四/538　集部/別集類/清

仿白居易新樂府五十章　（清）高宗弘曆撰　清乾隆刻本　四冊

110000－0102－0007005　甲四/539　集部/別集類/清

藝風堂文集八卷　繆荃孫撰　清光緒二十七年(1901)刻本　四冊

110000－0102－0007006　甲四/542　集部/總集類/詩/雜錄/題詠

百美圖新詠 （清）顏希源撰 清嘉慶文德堂刻本 四冊

110000－0102－0007007 甲四/544 集部/別集類/清

惟清齋全集六種 （清）鐵保撰 清道光二年(1822)刻本 十冊

110000－0102－0007008 甲四/546 集部/總集類/詩/通代

群英珠玉五卷 （明）范士衡編 清道光咸豐(1821－1861)抄本 二冊

110000－0102－0007009 甲四/547 集部/總集類/文/雜錄/書牘表啟

翰海十二卷 （明）陳繼儒編 清光緒二年(1876)申報館刻申報館叢書本 八冊

110000－0102－0007010 甲四/548 子部/雜家類/雜述

盛世危言五卷 （清）鄭觀應撰 清光緒十八年(1892)活字本 五冊

110000－0102－0007011 甲四/553 集部/別集類/清

未灰齋文集八卷外集一卷 （清）徐鼒撰 清同治十三年(1874)刻本 五冊

110000－0102－0007012 甲四/555 集部/總集類

硯緣集錄十四種 （清）王壽邁編 清咸豐六年(1856)王氏刻本 六冊

110000－0102－0007013 甲四/557 集部/集評類/詩評/詩話

帶經堂詩話三十一卷 （清）王士禎撰 清同治十二年(1873)廣州藏修堂刻本 十冊

110000－0102－0007014 甲四/561 集部/總集類/詩/地方

金陵詩徵四十四卷 （清）朱緒曾編 清光緒十八年(1892)刻本 十冊

110000－0102－0007015 甲四/566－1 集部/詞類/詞別集

花簾詞一卷香南雪北詞一卷 （清）吳藻撰

清刻本 二冊

110000－0102－0007016 甲四/566－2 集部/別集類/清

留雲借月盦詞三卷 （清）劉炳照撰 清光緒十九年(1893)刻本 一冊

110000－0102－0007017 甲四/568 集部/總集類/詩/斷代/清

春雲集六卷末一卷 （清）成瑞編 清道光十九年(1839)刻本 二冊

110000－0102－0007018 甲四/569 集部/別集類/宋

蘇魏公文集七十二卷首一卷目錄一卷 （宋）蘇頌撰 清道光十一年(1831)刻本 十六冊

110000－0102－0007019 甲四/572 集部/總集類/文/家族

三陶先生集三種二十二卷 （清）陶元淳等撰 清光緒七年(1881)楊同福刻本 八冊

110000－0102－0007020 甲四/574 集部/別集類/清

小萬卷齋詩稿三十二卷續十二卷遺稿一卷 （清）朱琦撰 清光緒十一年(1885)嘉樹山房刻本 十二冊

110000－0102－0007021 甲四/578 集部/詞類/詞選/通代

江南春詞 （明）朱之蕃重編 清道光十八年(1838)刻本 一冊

110000－0102－0007022 甲四/579 集部/別集類/明

蟻蝝集五卷首附序目 （明）盧楠撰 清同治四年(1865)刻本 五冊

110000－0102－0007023 甲四/582 集部/別集類/明

枝山文集四卷 （明）祝允明撰 清同治十三年(1874)祝氏刻本 二冊

110000－0102－0007024 甲四/583 集部/別集類/清

守默齋詩文稿 （清）何應祺撰 清同治十年

(1871)刻本　四冊

110000－0102－0007025　甲四/585　集部/別集類/宋

武溪集二十一卷　（宋）余靖撰　清康熙三十六年(1697)刻本　八冊

110000－0102－0007026　甲四/586　集部/別集類/清

濂亭文集八卷　（清）張裕釗撰　清光緒八年(1882)查氏木漸齋刻本　二冊

110000－0102－0007027　甲四/589　集部/總集類/文/家族

二藍集二種　（明）藍仁　（明）藍智合撰　清光緒十四年(1888)金匱宣敬熙修刻本　六冊

110000－0102－0007028　甲四/591　集部/別集類/明

遯菴駢語五卷續二卷　（明）蔡復一撰　清刻本　五冊

110000－0102－0007029　甲四/593　集部/別集類/遼金元

元遺山先生集四十卷　（金）元好問撰　（清）張穆校　清光緒七年(1881)讀書山房刻本　十七冊

110000－0102－0007030　甲四/595　集部/總集類/詩/斷代/遼金元

元人選元詩五種　[羅振玉]輯　清光緒三十四年(1908)連平范氏雙魚室刻本　六冊

110000－0102－0007031　甲四/597　集部/別集類/清

冰壺山館詩鈔　（清）王夢庚撰　清刻本　八冊

110000－0102－0007032　甲四/599　集部/別集類/清

賜綺堂全集詩二十卷文二卷賦一卷詞五卷　（清）詹應甲撰　清道光八年(1828)刻本　十冊

110000－0102－0007033　甲四/604　集部/總集類/文/地方

東越文苑六卷首一卷　（明）陳鳴鶴編　清道光十九年(1839)刻本　二冊

110000－0102－0007034　甲四/605　集部/總集類/詩/雜錄/唱和

晚香唱和集六種六卷　（清）陶樑編　清道光二十三年(1843)刻本　五冊

110000－0102－0007035　甲四/608　集部/別集類/遼金元

松雪齋集十卷外集一卷續集一卷　（元）趙孟頫撰　清光緒八年(1882)洞庭楊氏刻本　四冊

110000－0102－0007036　甲四/612　集部/別集類/清

退庵詩存二十五卷　（清）梁章鉅撰　清道光十二年(1832)刻本　八冊

110000－0102－0007037　甲四/613　集部/別集類/明

王文貞公全集五卷　（明）王艮撰　清道光六年(1826)刻本　一冊

110000－0102－0007038　甲四/614　集部/別集類/清

湘麋閣遺集六卷　（清）陶方琦撰　清光緒十六年(1890)鄂局刻本　二冊

110000－0102－0007039　甲四/615　集部/詞類/詞別集

樵歌三卷　（宋）朱敦儒撰　清光緒二十六年(1900)四印齋刻本　一冊

110000－0102－0007040　甲四/616　集部/別集類/宋

鄂州小集六卷　（宋）羅願撰　清光緒十九年(1893)黟縣李氏刻本　二冊

110000－0102－0007041　甲四/617　集部/別集類/清

鮚埼亭集外編　（清）全祖望撰　清乾隆四十一年(1776)刻本　十冊

110000－0102－0007042　甲四/619　集部/總集類/文/斷代/遼金元

九金人集八種一百五十五卷　吳重熹編　清
光緒二十年至三十一年(1894－1905)海豐吳
氏匯刻本　三十六冊

110000－0102－0007043　甲四/621　集部/
別集類/清

紅心草八卷　(清)蔣垣撰　清道光二十七年
(1847)刻本　二冊

110000－0102－0007044　甲四/625　集部/
別集類/清

王文直公遺集六卷首一卷　(清)王東槐編
清光緒七年(1881)刻本　六冊

110000－0102－0007045　甲四/630　集部/
別集類/明

樓山堂集二十七卷　(明)吳應箕撰　清刻本
　六冊

110000－0102－0007046　甲四/631　集部/
別集類/唐至五代

駱臨海集十卷　(唐)駱賓王撰　清松林後裔
刻本　四冊

110000－0102－0007047　甲四/632　集部/
別集類/清

鮚埼亭集二十二卷首一卷　(清)全祖望撰
清刻本　六冊

110000－0102－0007048　甲四/634　集部/
別集類/明

高季迪先生大全集十八卷　(明)高啟撰　清
西山堂刻本　六冊

110000－0102－0007049　甲四/636　集部/
別集類/清

定山堂詩集　(清)龔鼎孳撰　清光緒九年
(1883)刻本　十六冊

110000－0102－0007050　甲四/637　集部/
別集類/遼金元

水雲邨吟稿　(元)劉壎撰　清道光十年
(1830)刻本　四冊

110000－0102－0007051　甲四/638　集部/
別集類/清

湯子遺書五種　(清)湯斌撰　清同治九年
(1870)湯氏祠堂刻本　三十二冊

110000－0102－0007052　甲四/641　集部/
別集類/清

陶丙壽三種六卷　(清)陶丙壽撰　清嘉慶二
十三年(1818)檻栓堂刻本　六冊

110000－0102－0007053　甲四/644　集部/
別集類/遼金元

謝龜巢四種二十卷　(元)謝應芳撰　清道光
二十一年(1841)刻本　十二冊

110000－0102－0007054　甲四/646　集部/
別集類/清

拙尊園叢稿六卷　(清)黎應昌撰　清末刻本
　一冊

110000－0102－0007055　甲四/649　集部/
總集類/詩/斷代/遼金元

全金詩七十二卷首二卷　(金)元好問編
(清)郭元釪補　清康熙五十年(1711)刻本
三十二冊

110000－0102－0007056　甲四/650　集部/
總集類/文/斷代/宋

聖宋文選全集十四種三十二卷　清嘉慶八年
(1803)黃氏士禮居刻本　八冊

110000－0102－0007057　甲四/654　集部/
別集類/清

知足齋全集詩二十卷詩續四卷文六卷進呈文
稿二卷年譜二卷　(清)朱珪撰　清嘉慶十年
(1805)刻本　二十冊

110000－0102－0007058　甲四/655　集部/
別集類/清

石鐘山人遺稿二卷　(清)吳鑛撰　清光緒二
十一年(1895)刻本　二冊

110000－0102－0007059　甲四/657　集部/
別集類/明

震澤先生別集四種六卷附錄一卷　(明)王鏊
撰　(明)王禹聲編　清刻本　二冊

110000－0102－0007060　甲四/658　集部/

集評類/詩評/詩話

帶經堂詩話三十卷首一卷　（清）王士禛撰
清同治十二年（1873）廣州藏修堂刻本　十
二冊

110000－0102－0007061　甲四/665　集部/
總集類/詩

曲阿詩綜二十八卷　（清）劉會恩編　清道光
四年（1824）刻本　十六冊

110000－0102－0007062　甲四/666　集部/
別集類/清

薖唐詩集八卷　（清）王璋慶撰　清嘉慶二十
五年（1820）蕉葉山房刻本　五冊

110000－0102－0007063　甲四/669　集部/
總集類/文/斷代/清

今文粹編八卷　（清）趙熟典編　清乾隆三十
五年（1770）刻本　八冊

110000－0102－0007064　甲四/670　集部/
總集類/詩/地方

即墨詩乘十二卷　（清）周翕鑨編　清道光二
十年（1840）小峴山房刻本　六冊

110000－0102－0007065　甲四/671　集部/
別集類/清

袁爽秋詩集三種　（清）袁昶撰　清光緒十六
年（1890）刻本　八冊

110000－0102－0007066　甲四/675　集部/
總集類/詩/斷代/清

三李詩鈔三種十五卷　（清）單鍧等編　清光
緒十二年（1886）西安郡齋刻本　四冊

110000－0102－0007067　甲四/679　集部/
別集類/清

海秋詩集二十六卷　（清）湯鵬撰　清道光十
八年（1838）刻本　八冊

110000－0102－0007068　甲四/680　集部/
別集類/清

知白齋詩鈔五卷　（清）江人鏡撰　清光緒二
十三年（1897）刻本　四冊

110000－0102－0007069　甲四/686　集部/

別集類/清

紀文達公遺集十六卷　（清）紀昀撰　（清）紀
樹馨編　清嘉慶十七年（1812）刻本　十八冊

110000－0102－0007070　甲四/687　集部/
曲類/曲別集/傳奇

燕子箋　（明）阮大鋮撰　清宣統二年（1910）
刻本　四冊

110000－0102－0007071　甲四/688　集部/
別集類/清

勉行堂詩文集詩二十四卷文六卷首一卷
（清）程晉芳撰　清嘉慶二十三年（1818）刻本
十二冊

110000－0102－0007072　甲四/691　集部/
總集類/詩/地方

金華詩錄六十卷外集六卷別集四卷　（清）黃
彬　（清）宋瑛編　（清）胡鳳丹重編　清光緒
九年（1883）退補齋刻本　十八冊

110000－0102－0007073　甲四/700　集部/
曲類/曲總集/通代

六十種曲一百二十卷　（明）毛晉編　清道光
二十五年（1845）刻本　一百二十冊

110000－0102－0007074　甲四/705　集部/
總集類/文/地方

錫山文集二十卷　（清）王史直編　（清）王史
鑒續　清道光二十年（1840）華湛恩刻本　十
六冊

110000－0102－0007075　甲四/707　集部/
別集類/宋

孫燭湖集二十卷附編二卷　（宋）孫應時撰
清嘉慶八年（1803）孫氏刻本　十冊

110000－0102－0007076　甲四/711　集部/
總集類/詩/雜錄/唱和

坡門酬唱二十三卷　（宋）邵浩編　清宣統二
年（1910）貴池劉氏影印本　八冊

110000－0102－0007077　甲四/712　集部/
別集類/宋

岳忠武王文集八卷首一卷末一卷　（宋）岳飛
撰　（清）黃邦寧編　清同治六年（1867）友于

堂刻本　四冊

110000－0102－0007078　甲四/729　史部/
地理類/雜記
越輶采風錄四卷　（清）瞿鴻機撰　清光緒十
四年(1888)刻本　四冊

110000－0102－0007079　甲四/731　集部/
別集類/清
邊華泉集稿文六卷詩八卷　（明）邊貢撰　清
咸豐元年(1851)刻本　六冊

110000－0102－0007080　甲四/732　集部/
別集類/宋
王荆公集箋注　（宋）王安石撰　（宋）李璧注
清乾隆六年(1741)張氏刻本　八冊

110000－0102－0007081　甲四/733　集部/
總集類/詩/通代
樂府詩集一百卷　（宋）郭茂倩編　清光緒元
年(1875)湖北崇文書局刻本　十六冊

110000－0102－0007082　甲四/735　集部/
別集類/清
鐵簫詩藁六卷　（清）譚光祜撰　清嘉慶九年
(1804)刻本　四冊

110000－0102－0007083　甲四/737　集部/
別集類/清
古微堂集十卷內集三卷外集七卷　（清）魏源
撰　清光緒四年(1878)淮南書局刻本　四冊

110000－0102－0007084　甲四/742　集部/
總集類/文/通代
古文奇賞二十六卷　（明）陳仁錫編　明萬曆
四十六年(1618)刻本　十二冊

110000－0102－0007085　甲四/747　集部/
別集類/清
選夢樓詩鈔八卷　（清）豫本撰　清同治十三
年(1874)刻本　二冊

110000－0102－0007086　甲四/749　集部/
別集類/明
海忠介公集六卷　（明）海瑞撰　清刻本
三冊

110000－0102－0007087　甲四/751　集部/
詞類/詞別集
冰壺詞六卷　（清）張雲驤撰　清光緒十二年
(1886)刻本　一冊

110000－0102－0007088　甲四/753　集部/
詞類/詞別集
玉屑詞三卷　（清）朱寯瀛撰　清光緒二十七
年(1901)刻本　一冊

110000－0102－0007089　甲四/755　集部/
別集類/清
蝸吟集　（清）吉爾湛泰撰　清道光九年
(1829)刻本　一冊

110000－0102－0007090　甲四/756　集部/
別集類/清
猗羅吟草二卷　（清）梓伯氏撰　清光緒十七
年(1891)刻本　一冊

110000－0102－0007091　甲四/757　集部/
別集類/清
經訓書院文集六卷　（清）聶加璧撰　清光緒
九年(1883)江西書局刻本　三冊

110000－0102－0007092　甲四/758　史部/
史評類/詠史
滄香齋詠史詩　（清）王廷紹撰　清光緒十七
年(1891)刻本　一冊

110000－0102－0007093　甲四/760　集部/
別集類/清
古香吟館詩存　（清）陳驤瀚撰　清光緒抄本
一冊

110000－0102－0007094　甲四/761　集部/
總集類/文
三賢文集十二卷　（元）劉因　（明）楊繼盛
（清）孫奇逢撰　清光緒二十四年(1898)刻本
十二冊

110000－0102－0007095　甲四/762　集部/
別集類/宋
平齋文集三十二卷　（宋）洪咨夔撰　清同治
十一年(1872)刻本　六冊

110000 – 0102 – 0007096　甲四/764　集部/別集類/清

葆淳閣集二十四卷　(清)王傑撰　清嘉慶二十年(1815)刻本　十二冊

110000 – 0102 – 0007097　甲四/767　集部/別集類/唐至五代

莆陽黃御史集二卷　(唐)黃滔撰　清光緒十年(1884)刻本　四冊

110000 – 0102 – 0007098　甲四/768　集部/別集類/清

子良詩存十二卷　(清)馮詢撰　清咸豐三年(1853)刻本　六冊

110000 – 0102 – 0007099　甲四/769　集部/曲類/曲別集/傳奇

儒酸福傳奇　(清)魏熙元撰　清光緒十年(1884)刻本　二冊

110000 – 0102 – 0007100　甲四/771　史部/目錄類/著錄/藝文類

全蜀藝文志六十四卷首一卷　(明)楊慎編　清嘉慶二十二年(1817)刻本　十二冊

110000 – 0102 – 0007101　甲四/772　集部/詞類/詞總集

宋元名家詞十五種　(清)江標編　清光緒二十一年(1895)湖南思賢書局刻本　四冊

110000 – 0102 – 0007102　甲四/773　集部/別集類/宋

鉅鹿東觀集十卷　(宋)魏野撰　清宣統三年(1911)峭帆樓刻本　二冊

110000 – 0102 – 0007103　甲四/775　集部/別集類/清

定盦詩文集文三卷續文四卷詩二卷雜詩一卷詞選一卷　(清)龔自珍撰　清同治七年(1868)刻本　四冊

110000 – 0102 – 0007104　甲四/776　集部/總集類/詩/地方

清湖州詩續錄七十六卷補編二卷　(清)鄭佶編　清道光十一年(1831)小穀口刻本　八冊

110000 – 0102 – 0007105　甲四/777　集部/總集類/詩/地方

清湖州詩錄三十四卷　(清)陳焯編　清道光十年(1830)小穀口刻本　十二冊

110000 – 0102 – 0007106　甲四/778　集部/別集類/清

帶經堂全集七種九十二卷　(清)王士禛撰　清嘉慶三年(1798)程氏刻本　二十四冊

110000 – 0102 – 0007107　甲四/787　集部/集評類/詩評

明詩紀事一百八十七卷　(清)陳田編　清宣統三年(1911)陳氏聽詩齋刻本　三十八冊

110000 – 0102 – 0007108　甲四/789　集部/總集類/文/通代

古文辭類纂七十四卷　(清)姚鼐編　清光緒十九年(1893)長沙思賢講舍刻本　十二冊

110000 – 0102 – 0007109　甲四/790　集部/別集類/清

李詩三集二十卷　(清)李黼平撰　清嘉慶十二年(1807)刻本　五冊

110000 – 0102 – 0007110　甲四/794　集部/別集類/清

佩蘅詩鈔八卷　(清)寶鋆撰　清咸豐八年(1858)刻本　四冊

110000 – 0102 – 0007111　甲四/795　集部/別集類/清

南雷文定二十二卷　(清)黃宗羲撰　清同治光緒刻本　八冊

110000 – 0102 – 0007112　甲四/796　集部/總集類/文/斷代/上古至隋

全上古三代秦漢三國六朝文十五集七百四十六卷　(清)嚴可均編　清光緒二十年(1894)黃岡王氏刻本　一百冊

110000 – 0102 – 0007113　甲四/800　集部/別集類/清

石笥山房詩文集文七卷詩十六卷　(清)胡天游撰　清咸豐二年(1852)刻本　十冊

110000 – 0102 – 0007114　甲四/806　集部/曲類/曲別集/傳奇

鳳求凰傳奇二卷　（清）李漁撰　清刻本　四冊

110000 – 0102 – 0007115　甲四/810　集部/曲類/曲別集/傳奇

酬紅記　（清）野航編　清嘉慶金陵劉文奎刻本　二冊

110000 – 0102 – 0007116　甲四/811　集部/曲類/曲別集/傳奇

錯中錯二卷　（清）瀛海勉癡子編　清道光九年（1829）刻本　六冊

110000 – 0102 – 0007117　甲四/812　集部/曲類/曲別集/傳奇

梅花夢二卷　（清）張道編　清光緒二十年（1894）刻本　二冊

110000 – 0102 – 0007118　甲四/822　集部/總集類/文/雜錄/書牘表啟

昭代名人尺牘續集二十四卷　陶湘編　清宣統三年（1911）石印本　十二冊

110000 – 0102 – 0007119　甲四/824　集部/曲類/曲別集/傳奇

琵琶記六卷　（元）高明撰　清乾隆三十二年（1767）琴香堂刻本　十二冊

110000 – 0102 – 0007120　甲四/829　集部/別集類/清

澹靜齋集　（清）龔景瀚撰　清道光刻本　十二冊

110000 – 0102 – 0007121　甲四/830　集部/別集類/清

蒼莨集　（清）孫鼎臣撰　清咸豐九年（1859）刻本　十冊

110000 – 0102 – 0007122　甲四/833　集部/總集類/詩

庚辰集五卷　（清）紀昀編　清道光二十六年（1846）刻本　六冊

110000 – 0102 – 0007123　甲四/834　集部/曲類/曲別集/傳奇

虎口餘生傳奇四卷四十四出　（清）曹子清撰　清刻本　八冊

110000 – 0102 – 0007124　甲四/835　集部/總集類/文/雜錄/書牘表啟

如面談十卷首一卷　（清）李光祚撰　清寶翰樓刻本　五冊

110000 – 0102 – 0007125　甲四/836　集部/曲類/曲別集/傳奇

牡丹亭追魂記二卷　（明）湯顯祖撰　清光緒十二年（1886）石印本　四冊

110000 – 0102 – 0007126　甲四/837　集部/曲類/曲別集/傳奇

牡丹亭還魂記八卷　（明）湯顯祖撰　清末刻本　十冊

110000 – 0102 – 0007127　甲四/841　集部/總集類/詩/地方

國朝杭郡詩輯　（清）吳顥編　清同治十三年（1874）錢塘丁氏刻本　七十四冊

110000 – 0102 – 0007128　甲四/844　集部/別集類/清

坦園全集　（清）楊恩壽撰　清光緒長沙楊氏刻本　三十六冊

110000 – 0102 – 0007129　甲四/845　子部/雜家類/雜考

爻山筆話十四卷　（清）蘇時學撰　清同治三年（1864）味經堂刻本　四冊

110000 – 0102 – 0007130　甲四/846　史部/傳記類/雜錄

宜堂類編　（清）丁立中編　清光緒二十六年（1900）嘉惠堂丁氏刻本　八冊

110000 – 0102 – 0007131　甲四/847　集部/總集類/詩/通代

唐宋詩本七十六卷目錄八卷　（清）戴第元編　清乾隆覽珠堂刻本　四十冊

110000 – 0102 – 0007132　甲四/856　集部/曲類/曲別集/傳奇

琵琶記二卷　（明）高明撰　清宣統二年(1910)夢鳳樓暖紅室刻本　四冊

110000－0102－0007133　甲四/861　集部/詞類/詞別集

小蘇潭詞三卷　（清）蕉南舊史撰　清道光刻本　二冊

110000－0102－0007134　甲四/862　集部/總集類/詩/通代

八代詩選二十卷　王闓運編　清光緒十六年(1890)江蘇書局刻本　八冊

110000－0102－0007135　甲四/863　集部/總集類/詩/通代

八代詩挍五卷　（清）陸奎勳撰　清嘉慶三年(1798)刻本　二冊

110000－0102－0007136　甲四/865　集部/曲類/曲別集/傳奇

芙蓉碣傳奇二卷　（清）張雲驤編　清光緒四年(1878)刻本　二冊

110000－0102－0007137　甲四/866　集部/別集類/宋

崔清獻公集五卷附錄一卷　（宋）崔與之撰　清道光三十年(1850)刻嶺南遺書本　一冊

110000－0102－0007138　甲四/867　集部/別集類/唐至五代

劉希仁文集一卷　（唐）劉軻撰　清道光二十五年(1845)刻嶺南遺書本　一冊

110000－0102－0007139　甲四/868　集部/總集類/詩/雜錄/唱和

清尊集十六卷　（清）汪遠孫輯　清道光十九年(1839)錢塘汪氏振綺堂刻本　四冊

110000－0102－0007140　甲四/883　集部/總集類/文/雜錄/雜纂

古今小品八卷　（清）陳天定編　清萬我堂刻本　十冊

110000－0102－0007141　甲四/885　集部/詞類/詞選/通代

三家詞合刻　（清）金望華輯　清道光二十一年(1841)刻本　四冊

110000－0102－0007142　甲四/889　集部/總集類/文/斷代/唐至五代

唐文粹補遺二十六卷　（清）郭麐編　清光緒十一年(1885)江蘇書局刻本　四冊

110000－0102－0007143　甲四/891　集部/別集類/清

吳梅村詩集箋注十八卷　（清）吳偉業撰　清光緒十年(1884)湖北官書處刻本　十二冊

110000－0102－0007144　甲四/894　集部/戲曲類

梨園集成四十七種　（清）李世忠編　清光緒六年(1880)刻本　十六冊

110000－0102－0007145　甲四/899　集部/曲類/曲別集/傳奇

東郭記二卷　夢漚居士編　清道光二十六年(1846)刻本　二冊

110000－0102－0007146　甲四/901　集部/總集類/文/雜錄/雜纂

古今小品八卷　（清）陳天定編　清道光九年(1829)芸香堂刻本　十冊

110000－0102－0007147　甲四/904　集部/曲類/曲譜、曲韻

庶幾堂今樂　（清）余治編　清光緒六年(1880)刻本　十二冊

110000－0102－0007148　甲四/907　集部/曲類/曲別集/傳奇

梨花雪　（清）徐鄂編　清光緒十二年(1886)大同書局石印本　四冊

110000－0102－0007149　甲四/908　集部/曲類/曲別集/傳奇

風箏誤傳奇二卷　（清）李漁撰　清刻本　四冊

110000－0102－0007150　甲四/909　集部/曲類/曲別集/傳奇

魚水緣傳奇二卷三十二出　澹廬居士編　清道光四年(1824)刻本　六冊

110000 – 0102 – 0007151　甲四/911　集部/別集類/清

泰雲堂集　（清）孫爾準撰　清道光十九年(1839)刻本　八冊

110000 – 0102 – 0007152　甲四/912　集部/總集類/文/斷代/明

明文在一百卷　（明）薛熙編　清光緒十五年(1889)江蘇書局刻本　十冊

110000 – 0102 – 0007153　甲四/913　集部/總集類/文/斷代/遼金元

元文類七十卷目錄三卷　（元）蘇天爵編　清光緒十五年(1889)江蘇書局刻本　十冊

110000 – 0102 – 0007154　甲四/918　集部/總集類/詩/地方

乍浦集詠十六卷　（清）沈筠編　清道光二十六年(1846)刻本　四冊

110000 – 0102 – 0007155　甲四/922　集部/總集類/文/斷代/明

蘭咳二集八卷　（清）周之標編　清刻本　四冊

110000 – 0102 – 0007156　甲四/924　集部/別集類/清

食古齋詩錄四卷文錄一卷　（清）柳以蕃撰　清光緒十八年(1892)刻本　四冊

110000 – 0102 – 0007157　甲四/925　集部/別集類/唐至五代

樊南文集補編十二卷附錄一卷　（唐）李商隱撰　（清）錢振綸箋　（清）錢振常注　清同治五年(1866)望三益齋刻本　四冊

110000 – 0102 – 0007158　甲四/928　集部/總集類/詩/家族

闕里孔氏詩鈔十四卷　（清）孔憲彝輯　清道光二十三年(1843)孔氏韓齋刻本　四冊

110000 – 0102 – 0007159　甲四/933　集部/總集類/詩/雜錄/唱和

同人倡和詩鈔　（清）蔣一桂等撰　清同治八年(1869)刻本　一冊

110000 – 0102 – 0007160　甲四/934　集部/別集類/清

弢園尺牘四卷　（清）王韜撰　清光緒二年(1876)活字本　四冊

110000 – 0102 – 0007161　甲四/935　集部/別集類/清

秋園隨錄四卷　（清）張桐撰　清光緒十年(1884)遂間堂刻本　二冊

110000 – 0102 – 0007162　甲四/936　集部/別集類/清

鮚埼亭集外編八卷　（清）全祖望撰　清嘉慶十六年(1811)刻本　二冊

110000 – 0102 – 0007163　甲四/946　集部/別集類/明

重刊綸㴲文集二十七卷外集三卷先集搜遺二卷重刊綸㴲詩集十九卷首一卷末一卷　（明）龍膺撰　清光緒十三年(1887)刻本　十四冊

110000 – 0102 – 0007164　甲四/949　集部/總集類/文/斷代/清

國朝古文彙鈔初集一百七十六卷二集一百卷　（清）朱珔編　清道光二十七年(1847)吳江沈氏刻本　一百冊

110000 – 0102 – 0007165　甲四/951　集部/曲類/曲總集/通代

六十種曲　（明）毛晉編　清刻本　一百十八冊　缺一種二卷(北西廂二卷)

110000 – 0102 – 0007166　甲四/957　集部/總集類/詩/地方

關中兩朝詩文鈔三十六卷　（清）李元春編　清道光朝邑蒙天麻蔭堂刻本　三十六冊

110000 – 0102 – 0007167　甲四/958　集部/別集類/明

甘泉全集　（明）湛若水撰　清同治五年(1866)資政堂刻本　四十冊

110000 – 0102 – 0007168　甲四/961　集部/總集類/詩/斷代/遼金元

元詩紀事二十四卷　陳衍編　清光緒侯官陳衍石遺室活字本　六冊

110000－0102－0007169　甲四/962　集部/別集類/宋

東坡先生翰墨尺牘八卷　（宋）蘇軾撰　清道光八年(1828)紛欣閣刻本　四冊

110000－0102－0007170　甲四/963　集部/總集類/文/通代/文選

文選集腋六卷　（清）胥斌編　清嘉慶十八年(1813)寶寧堂刻本　四冊

110000－0102－0007171　甲四/967　集部/別集類/清

甘泉鄉人稿二十四卷餘稿二卷年譜一卷　（清）錢泰吉撰　清光緒十一年(1885)刻本　七冊

110000－0102－0007172　甲四/969　子部/雜家類

㝛言　（清）陳澹然撰　清光緒二十八年(1902)刻本　二冊

110000－0102－0007173　甲四/971　集部/總集類/文/地方

續垂棘編　（清）范鄗鼎編　清康熙十一年(1672)刻本　十三冊　存二十九卷(初集一至二、五至六，二集十卷，三集一至六、四集九卷)

110000－0102－0007174　甲四/972　集部/別集類/清

精華錄訓纂十卷總目二卷附錄一卷年譜二卷　（清）王士禛撰　（清）惠棟編　清光緒十七年(1891)南皮張氏刻本　十二冊

110000－0102－0007175　甲四/973　集部/別集類/宋

山谷老人刀筆二十卷題跋四卷　（宋）黃庭堅撰　清道光周氏紛欣閣刻本　六冊

110000－0102－0007176　甲四/974　集部/別集類/宋

鄮峰真隱漫錄五十卷　（宋）史浩撰　清乾隆四十二年(1777)刻本　十冊

110000－0102－0007177　甲四/975　集部/別集類/宋

蘇文忠公詩編注集成　（清）王文誥編　清道光刻本　四十八冊

110000－0102－0007178　甲四/976　集部/總集類/文/斷代/清

學海堂集初集十六卷二集二十二卷三集二十四卷　（清）阮元編　清道光五年(1825)啟秀山房刻本　二十四冊

110000－0102－0007179　甲四/977　集部/別集類/清

石泉書屋全集十種一百三十六卷　（清）李佐賢撰　清同治十年(1871)刻本　五十冊

110000－0102－0007180　甲四/981　集部/詞類/詞選

彙刻詞選五種　清道光刻本　三冊

110000－0102－0007181　甲四/982　集部/詞類/詞別集

濯絳宦詞　（清）劉毓盤撰　清光緒二十七年(1901)刻本　一冊

110000－0102－0007182　甲四/983　集部/詞類/詞選/通代

彙刻詞選六種　清光緒刻本　三冊

110000－0102－0007183　甲四/984　集部/別集類/宋

蘇文忠公詩集五十卷目錄二卷　（宋）蘇軾撰　（清）紀昀評點　清道光十四年(1834)兩廣節署刻本　十六冊

110000－0102－0007184　甲四/986　集部/別集類/清

祇芳園遺詩別集二卷　（清）顏伯珣撰　清嘉慶二十四年(1819)鋤月軒刻本　二冊

110000－0102－0007185　甲四/988　集部/別集類/遼金元

雁門集十四卷　（元）薩都剌撰　清光緒三年(1877)薩氏刻本　八冊

110000－0102－0007186　甲四/990　集部/總集類/文/通代/編選

史餘萃覽四卷勝國文徵四卷　（清）楊家麟撰

清光緒四年（1878）上海申報館鉛印本
四冊

110000－0102－0007187　甲四/992　集部/
詞類/詞譜、詞律、詞韻

詞律校勘記二十卷　（清）杜文瀾撰　清咸豐
十一年（1861）曼陀羅華閣刻本　二冊

110000－0102－0007188　甲四/993　集部/
小說類

新刻京臺公餘勝覽國色天香十卷　（明）吳敬
所撰　清刻本　八冊

110000－0102－0007189　甲四/994　集部/
別集類/清

敦拙堂詩集十三卷　（清）陳奉茲撰　清光緒
二年（1876）刻本　四冊

110000－0102－0007190　甲四/995　集部/
總集類/文/通代/編選

乾坤正氣集二十卷　（清）顧沅編　清道光二
十三年（1843）顧氏藝海樓刻本　六冊

110000－0102－0007191　甲四/996　集部/
別集類/宋

陳北溪先生文集十四卷補遺一卷　（宋）陳淳
撰　（清）張伯行編　清光緒九年（1883）劉氏
傳經堂刻本　四冊

110000－0102－0007192　甲四/997　集部/
別集類/唐至五代

**李衛公文集二十卷別集十卷外集四卷補遺一
卷**　（唐）李德裕撰　清光緒十六年（1890）常
慊慊齋刻本　六冊

110000－0102－0007193　甲四/998　集部/
別集類/清

淵雅堂全集　（清）王翼孫撰　清嘉慶九年
（1804）刻本　三冊　存八卷（淵雅堂詩外集
二卷、外集一卷、波餘遺稿一卷附錄二卷、寫
韻軒小稿二卷）

110000－0102－0007194　甲四/999　集部/
別集類/清

二妙集八卷補一卷　（金）段克己　（金）段成己撰
清光緒三十二年（1906）江陰繆氏刻本　二冊

110000－0102－0007195　甲四/1001　集部/
別集類/遼金元

雁門集六卷　（元）薩都剌撰　清宣統二年
（1910）刻本　四冊

110000－0102－0007196　甲四/1002　史部/
史評類/考訂

褚堂問史考證　（清）趙一清著　清光緒刻武
林掌故叢編本　一冊

110000－0102－0007197　甲四/1003　集部/
詞類/詞別集

稼軒詞四卷補遺一卷　（宋）辛棄疾撰　清嘉
慶十二年（1807）辛啟泰刻本　四冊

110000－0102－0007198　甲四/1004　集部/
總集類/詩/地方

廣濟耆舊詩集十二卷　（清）夏槐編　清光緒
十三年（1887）金山縣署刻本　六冊

110000－0102－0007199　甲四/1005　集部/
別集類/遼金元

梧溪集七卷　（元）王逢撰　清同治十三年
（1874）思浦樓活字本　八冊

110000－0102－0007200　甲四/1006　集部/
總集類/詩

詩鈔十一種　（宋）晁冲之等撰　清宣統二年
（1910）石印宋代五十六家詩集本　一冊

110000－0102－0007201　甲四/1008　集部/
詞類/詞譜、詞律、詞韻

詞鏡平仄圖譜　（清）賴損庵撰　清嘉慶十五
年（1810）刻本　二冊

110000－0102－0007202　甲四/1009　集部/
別集類/清

曾文正公家書十卷　（清）曾國藩撰　清光緒
十年（1884）上海申報館鉛印本　十二冊

110000－0102－0007203　甲四/1010　集部/
曲類/曲別集/傳奇

雷峰塔傳奇四卷　（清）岫雲詞逸改寫　清末
刻本　四冊

110000－0102－0007204　甲四/1011　集部/

426

詞類/詞譜、詞律、詞韻

詞鏡平仄圖譜四卷 （清）賴損庵撰 清乾隆
四十八年（1783）林氏刻本 四冊

110000－0102－0007205 甲四/1012 集部/
總集類/文/雜錄/雜纂

拜梅山房幾上書二十一種 （清）□□輯 清
道光六年（1826）刻本 四冊

110000－0102－0007206 甲四/1013 集部/
詞類/詞別集

草窗詞四卷 （宋）周密撰 清光緒二十六年
（1900）歸安朱氏刻本 一冊

110000－0102－0007207 甲四/1013－1 集
部/詞類/詞別集

草窗詞四卷 （宋）周密撰 清光緒二十六年
（1900）歸安朱氏刻本 一冊

110000－0102－0007208 甲四/1014 集部/
別集類/清

左文襄公全集一百十九卷 （清）左宗棠撰
清光緒十六年（1890）刻本 一百十四冊

110000－0102－0007209 甲四/1017 集部/
總集類/詩/斷代/唐至五代

唐中興閒氣集二卷 （唐）高仲武撰 清光緒
十九年（1893）武進費氏刻本 二冊

110000－0102－0007210 甲四/1018 集部/
總集類/詩/斷代/宋

雙梧軒刻宋人集四種 （清）吳繼曾輯 清道
光二十年（1840）吳氏刻本 四冊

110000－0102－0007211 甲四/1019 集部/
總集類/文/地方

沅湘耆舊集前編四十卷 （清）鄭顯鶴編 清
道光二十四年（1844）刻本 八冊

110000－0102－0007212 甲四/1021 集部/
別集類/宋

鶴山文鈔三十二卷 （宋）魏了翁撰 清同治
十三年（1874）望三益齋刻本 十二冊

110000－0102－0007213 甲四/1022 集部/
詞類/詞別集

夢窗甲乙丙丁稿四卷補遺劄記一卷 （宋）吳
文英撰 清光緒二十五年（1899）四印齋刻本
一冊

110000－0102－0007214 甲四/1026 集部/
總集類/文/地方

桃花潭文徵六卷 （清）翟大程編 清光緒三
十年（1904）翟氏刻本 六冊

110000－0102－0007215 甲四/1031 集部/
總集類/文/通代

古文筆法百篇二十卷首一卷 （清）李扶九輯
清宣統二年（1910）上海會文堂石印本
一冊

110000－0102－0007216 甲四/1032 集部/
別集類/漢至隋

曹集銓評十卷附逸文年譜附錄各一卷 （清）
丁晏撰 清同治十一年（1872）刻本 二冊

110000－0102－0007217 甲四/1033 集部/
詞類/詞選/通代

八家詞鈔八種 （清）汪世泰輯 清嘉慶刻本
四冊

110000－0102－0007218 甲四/1036 集部/
別集類/清

小謨觴館詩文集注 （清）彭兆蓀撰 （清）孫
元培等注 清光緒二十年（1894）錢塘汪氏刻
本 八冊

110000－0102－0007219 甲四/1037 集部/
總集類/詩/斷代

貴池二妙集四十七卷附錄二卷年譜二卷
（清）劉世珩編 清光緒二十五年（1899）劉氏
刻本 十冊

110000－0102－0007220 甲四/1040 集部/
別集類/清

蒿庵集三卷附閒話二卷 （清）張岐撰 清光
緒刻本 三冊

110000－0102－0007221 甲四/1042 集部/
別集類/明

康對山先生文集十卷附錄一卷 （明）康海撰
清乾隆二十六年（1761）瑪星阿氏刻本 六冊

110000－0102－0007222　甲四/1045　集部/
總集類/文/家族

袁氏家集四集六十五卷　袁世傳編　清宣統
三年(1911)清芬閣鉛印本　五十六冊

110000－0102－0007223　甲四/1047　集部/
別集類/清

冬心先生集六種　(清)金農撰　清同治七年
(1868)錢塘丁氏刻本　六冊

110000－0102－0007224　甲四/1048　集部/
總集類/詩/斷代/唐至五代

唐詩定編十四卷　(清)金是瀛　(清)宋慶長
合編　清刻本　八冊

110000－0102－0007225　甲四/1051　集部/
總集類/詩/斷代/唐至五代

唐詩正聲十卷　(清)馬允剛編　清耘經堂刻
本　十冊

110000－0102－0007226　甲四/1052　集部/
總集類/文/斷代/清

八旗文經六十卷　(清)盛昱　(清)楊鍾羲合
編　清光緒二十七年(1901)武昌刻本　十
二冊

110000－0102－0007227　甲四/1053　集部/
總集類/詩/通代

列朝詩集六集　(清)錢謙益編　清宣統二年
(1910)鉛印本　五十六冊

110000－0102－0007228　甲四/1054　集部/
俗文學類/彈詞

玉釧緣全傳三十二卷　(□)□□撰　清道光
京邸靜觀齋刻本　六十四冊

110000－0102－0007229　甲四/1056　集部/
俗文學類/彈詞

說唱蔡文升玉鴛鴦二十五集　(□)□□撰
清末愛素軒刻本　四冊

110000－0102－0007230　甲四/1057　集部/
俗文學類/彈詞

新編東調大雙蝴蝶三十回　(清)杏橋主人撰
清道光三年(1823)文會堂刻本　三冊

110000－0102－0007231　甲四/1058　集部/
俗文學類/彈詞

娛萱草彈詞三十二卷　(清)橋道人撰　清光
緒二十年(1894)刻本　六冊

110000－0102－0007232　甲四/1059　集部/
俗文學類/彈詞

天雨花三十回　(清)陶貞懷撰　清道光二十
一年(1841)刻本　二十四冊

110000－0102－0007233　甲四/1060　集部/
俗文學類/彈詞

萬花樓全傳三十五卷　(清)□□撰　清嘉慶
十八年(1813)刻本　十冊

110000－0102－0007234　甲四/1061　集部/
俗文學類/彈詞

九龍陣十六卷　(清)□□撰　清武林務本堂
刊俗本　四冊

110000－0102－0007235　甲四/1062　集部/
俗文學類/彈詞

新刻時調真本唱口九絲縧全傳　(清)□□撰
清乾隆五十年(1785)刻本　六冊

110000－0102－0007236　甲四/1063　集部/
俗文學類/彈詞

新刻古本劉成美忠節全傳二十五卷　(清)
□□撰　清末愛素軒刻本　六冊

110000－0102－0007237　甲四/1064　集部/
俗文學類/彈詞

輧龍鏡合集十七卷　(清)□□撰　清乾隆三
十一年(1766)刻本　六冊

110000－0102－0007238　甲四/1065　集部/
俗文學類/彈詞

八美圖五卷　(清)□□撰　清末刻本　四冊

110000－0102－0007239　甲四/1066　集部/
俗文學類/彈詞

新刻雅調猩猩圖全傳五卷　(清)□□撰　清
末刻本　四冊

110000－0102－0007240　甲四/1067　集部/
俗文學類/彈詞

雙珠鳳八十回　（清）□□撰　清道光十三年
(1833)濟霞閣刻本　十二冊

110000－0102－0007241　甲四/1068　集部/
俗文學類/彈詞

鬧蘆莊十六卷　（清）□□撰　清武林務本堂
刻本　四冊

110000－0102－0007242　甲四/1069　集部/
俗文學類/彈詞

繡像水晶球傳十七卷　（清）□□撰　清嘉慶
二十五年(1820)刻本　八冊

110000－0102－0007243　甲四/1070　集部/
俗文學類/彈詞

新編繡像雙杯全傳三十六卷　（清）□□撰
清道光八年(1828)刻本　四冊

110000－0102－0007244　甲四/1071　集部/
俗文學類/彈詞

六美圖三十卷　（清）□□撰　清務本堂刻本
七冊

110000－0102－0007245　甲四/1072　集部/
俗文學類/彈詞

鳳凰山七十二卷　（清）□□撰　清海陵軒刻
本　二十四冊

110000－0102－0007246　甲四/1073　集部/
俗文學類/彈詞

文武香球十二卷　（清）□□撰　清同治二年
(1863)二酉堂刻本　六冊

110000－0102－0007247　甲四/1074　集部/
俗文學類/鼓詞

五女興唐全傳十二卷　（清）□□撰　清光緒
十四年(1888)刻本　四冊

110000－0102－0007248　甲四/1075　集部/
俗文學類/彈詞

玉如意全傳十六卷　（清）嚴太史編　清道光
二十九年(1849)刻本　六冊

110000－0102－0007249　甲四/1076　集部/
俗文學類/彈詞

再生緣全傳二十卷　（清）香葉閣主人撰　清

道光二年(1822)刻本　二十冊

110000－0102－0007250　甲四/1077　集部/
曲類/曲別集/傳奇

風箏誤傳八卷　（清）□□撰　清嘉慶十六年
(1811)刻本　六冊

110000－0102－0007251　甲四/1078　集部/
俗文學類/彈詞

還金鐲八卷　（清）□□撰　清道光元年
(1821)刻本　八冊

110000－0102－0007252　甲四/1079　集部/
俗文學類/彈詞

鳳凰圖六卷三十六回　（清）□□撰　清道光
二年(1822)刻本　六冊

110000－0102－0007253　甲四/1080　集部/
俗文學類/彈詞

珠玉圓四卷四十八回　（清）柳浦散人撰　清
同治十一年(1872)刻本　四冊

110000－0102－0007254　甲四/1081　集部/
俗文學類/彈詞

繪真記四十卷　邀月樓主人編　清嘉慶十七
年(1812)刻本　六冊

110000－0102－0007255　甲四/1082　集部/
俗文學類/彈詞

安邦志二十卷　（清）□□撰　清道光二十九
年(1849)刻本　二十冊

110000－0102－0007256　甲四/1083　集部/
俗文學類/彈詞

天寶圖十卷五十七回　（清）□□撰　清道光
十年(1830)善慶堂刻本　十冊

110000－0102－0007257　甲四/1084　集部/
俗文學類/彈詞

錦香亭全集三十二卷　（清）徐品南纂輯　清
嘉慶七年(1802)刻本　八冊

110000－0102－0007258　甲四/1085　集部/
俗文學類/彈詞

西湖緣圖詠四卷　（清）陳遇乾撰　清光緒十
九年(1893)石印本　四冊

110000－0102－0007259　甲四/1086　集部/
俗文學類/彈詞

文明秋鳳合集一百〇八卷　（清）□□撰　清
蘭蕙軒刻本　六冊

110000－0102－0007260　甲四/1087　集部/
俗文學類/彈詞

芙蓉洞全傳十卷四十回　（清）陳遇乾撰　清
道光刻本　十冊

110000－0102－0007261　甲四/1088　集部/
俗文學類/彈詞

一捧雪全傳八卷三十二回　（清）□□撰　清
嘉慶澄碧軒刻本　四冊

110000－0102－0007262　甲四/1089　集部/
俗文學類/鼓詞

月明樓十五部　（清）□□撰　清末京都東泰
山刻本　五冊

110000－0102－0007263　甲四/1090　集部/
俗文學類/鼓詞

白綾記十二部　（清）□□撰　清末京都聚魁
堂刻本　四冊

110000－0102－0007264　甲四/1091　集部/
俗文學類/鼓詞

下濟南府十二部　（清）□□撰　清末京都聚
魁堂刻本　四冊

110000－0102－0007265　甲四/1092　集部/
俗文學類/鼓詞

旋風案十六部　（清）□□撰　清末京都聚魁
堂刻本　五冊

110000－0102－0007266　甲四/1100　集部/
別集類/清

存研樓文集十六卷　（清）儲大文撰　清光緒
元年(1875)刻本　八冊

110000－0102－0007267　甲四/1102　集部/
總集類/文/雜錄/雜纂

天花亂墜八卷　（清）寅半生編　清光緒二十
九年(1903)刻本　四冊

110000－0102－0007268　甲四/1103　集部/

110000－0102　別集類/清

德蔭堂集十六卷首一卷　（清）阿克敦撰　清
嘉慶二十一年(1816)刻本　四冊

110000－0102－0007269　甲四/1104　集部/
別集類/清

扁善齋文存三卷詩存二卷　（清）鄭嘉緝撰
清光緒二十七年(1901)刻本　四冊

110000－0102－0007270　甲四/1105　集部/
別集類/清

悔翁集二十七卷　（清）汪士鐸撰　清光緒九
年(1883)合肥味古齋刻本　四冊

110000－0102－0007271　甲四/1112　集部/
總集類/文/通代/編選

注釋古文檢玉初編八卷　許鏗增釋　清同聲
閣刻本　八冊

110000－0102－0007272　甲四/1114　集部/
詞類/詞總集/地方

浙西六家詞十一卷　（清）陳維崧輯　清嘉慶
寶書堂刻本　四冊

110000－0102－0007273　甲四/1119　集部/
別集類/唐至五代

杜詩集說二卷末一卷　（唐）杜甫撰　（清）江
浩然集說　清乾隆刻本　十二冊

110000－0102－0007274　甲四/1126　集部/
總集類/文/雜錄/書牘表啟

蘇黃尺牘二卷　（清）黃始編　清同治元年
(1862)刻本　二冊

110000－0102－0007275　甲四/1127　集部/
總集類/詩/斷代/清

瀏陽二傑遺文二卷　（清）譚嗣同　（清）唐才
常撰　清光緒鉛印本　二冊

110000－0102－0007276　甲四/1128　集部/
別集類/清

弢園文錄外編八卷　（清）王韜撰　清光緒九
年(1883)鉛印本　四冊

110000－0102－0007277　甲四/1129　集部/
別集類/清

弢園文錄外編十二卷　（清）王韜撰　清光緒
二十三年(1897)鉛印本　六冊

110000－0102－0007278　甲四/1131　集部/
詞類/詞別集

明崔文敏公洹詞三種　（明）崔銑撰　清同治
二年(1863)刻本　十八冊

110000－0102－0007279　甲四/1145　集部/
總集類/詩/斷代/清

卬須集　（清）吳翌鳳編　清嘉慶十九年
(1814)刻本　十二冊

110000－0102－0007280　甲四/1146　集部/
別集類/清

板橋集六卷　（清）鄭燮撰　清上元司徒氏刻
本　四冊

110000－0102－0007281　甲四/1147　集部/
別集類/唐至五代

杜工部集二十卷　（唐）杜甫撰　（清）錢謙益
注　清康熙刻本　六冊

110000－0102－0007282　甲四/1149　集部/
別集類/清

禮山園詩文集　（清）李來章撰　清康熙賜書
堂刻本　三冊

110000－0102－0007283　甲四/1152　集部/
別集類/明

新刻張太岳先生詩集四十七卷　（明）張居正
撰　清刻本　十六冊

110000－0102－0007284　甲四/1154　子部/
類書類/類編

讀詩類編十八卷　（清）張映漢編　清嘉慶十
九年(1814)刻本　八冊

110000－0102－0007285　甲四/1155　叢部/
自著叢書/清初期

介亭全集　（清）江浤源撰　清嘉慶十三年
(1808)刻本　八冊

110000－0102－0007286　甲四/1157　子部/
雜家類/雜述

增訂玉壺冰　（明）都穆編　（明）閔元衢增

明萬曆刻本（第一冊據明萬曆刻本抄配）
三冊

110000－0102－0007287　甲四/1158　經部/
詩類/傳說

詩緒餘錄八卷　（清）黃位清撰　清道光十九
年(1839)葉氏佇月樓刻本　四冊

110000－0102－0007288　甲四/1159　集部/
別集類/明

吳歈小草十卷　（明）婁堅撰　刻書年代不詳
九冊　缺一卷(首)

110000－0102－0007289　甲四/1160　集部/
別集類/明

吳康齋先生集十二卷　（明）吳與弼撰　清刻
本　五冊　缺一冊(第一冊)

110000－0102－0007290　甲四/1163　集部/
別集類/清

南山全集十六集　（清）戴名世撰　清光緒十
六年(1890)合肥王哲校刻本　八冊

110000－0102－0007291　甲四/1166　集部/
別集類/清

吳慈鶴全集　（清）吳慈鶴撰　清嘉慶刻本
八冊

110000－0102－0007292　甲四/1169　集部/
總集類/詩/地方

滇詩嗣音集二十卷　（清）黃琮編　清咸豐元
年(1851)玉華書院刻本　六冊

110000－0102－0007293　甲四/1171　集部/
別集類/清

文喜堂詩集十六卷　（清）趙作舟撰　清道光
二十八年(1848)古愚齋刻本　八冊

110000－0102－0007294　甲四/1173　集部/
總集類/文/通代

續古文辭類纂三十四卷　王先謙編　清光緒
八年(1882)長沙王氏刻本　八冊

110000－0102－0007295　甲四/1174　集部/
別集類/清

船山詩草二十卷補遺三卷　（清）張問陶撰

清嘉慶二十年(1815)刻本　八冊

110000－0102－0007296　甲四/1181　集部/
別集類/清

洪北江全集　（清）洪亮吉撰　清光緒三年
(1877)刻本　八十四冊

110000－0102－0007297　甲四/1182　集部/
別集類/清

船山遺書二百八十八卷補遺一卷　（清）王夫
之撰　清同治四年(1865)湘鄉曾氏刻本　一
百十二冊

110000－0102－0007298　甲四/1189　集部/
別集類/清

紀慎齋全集十三種五十七卷　（清）紀大奎撰
清嘉慶十三年(1808)刻本　四十七冊

110000－0102－0007299　甲四/1190　子部/
類書類/類編/通錄

詞林海錯十六卷　（明）夏樹芳編　清刻本
十五冊　缺一卷(一)

110000－0102－0007300　甲四/1194　集部/
總集類/文/斷代/遼金元

金文最六十卷　（清）張金吾編　清光緒二十
一年(1895)蘇州書局刻本　十六冊

110000－0102－0007301　甲四/1197　集部/
總集類/詩/通代

三十家詩鈔六卷　（清）曾國藩編　（清）王定
安增　清同治十三年(1874)傳忠書局校刻本
六冊

110000－0102－0007302　甲四/1203　集部/
總集類/文/斷代/遼金元

金文雅十六卷　（清）莊仲方編　清光緒十七
年(1891)江蘇書局刻本　四冊

110000－0102－0007303　甲四/1204　集部/
別集類/清

荻芬書屋詩文稿　（清）董恂撰　清咸豐刻本
七冊

110000－0102－0007304　甲四/1207　集部/
別集類/漢至隋

陶淵明集十卷　（晉）陶潛撰　清光緒二年
(1876)刻本　二冊

110000－0102－0007305　甲四/1208　集部/
詞類/詞選

詞林合璧十二卷　（清）朱琰編　清乾隆樊桐
山房刻本　六冊

110000－0102－0007306　甲四/1209　集部/
別集類/民國

靜庵文集附詩稿　王國維撰　清光緒三十一
年(1905)鉛印本　一冊

110000－0102－0007307　甲四/1211　子部/
雜家類/雜纂

願體集　（清）李仲麟撰　清刻本　二冊

110000－0102－0007308　甲四/1213　集部/
集評類/詩評

圓機活法詩學全書二十四卷　（明）王世貞編
清刻本　八冊　缺三卷(二十二至二十四)

110000－0102－0007309　甲四/1218　集部/
總集類/詩/通代

**五朝詩善鳴集唐四卷五代一卷宋二卷金元二
卷明二卷**　（清）陸次雲編　清康熙蓉江懷古
堂刻本　二十五冊

110000－0102－0007310　甲四/1219　集部/
別集類/宋

張南軒先生全集三種五十九卷　（宋）張栻撰
清咸豐四年(1854)刻本　十二冊

110000－0102－0007311　甲四/1220　集部/
別集類/清

二知軒詩鈔十四卷續鈔十六卷　（清）方濬頤
撰　清同治五年(1866)刻本　十二冊

110000－0102－0007312　甲四/1224　集部/
別集類/清

柏堂全集　（清）方宗誠撰　清光緒六年
(1880)刻本　五十冊

110000－0102－0007313　甲四/1226　集部/
集評類/詩評

增補圓機活法詩學全書二十四卷　（明）王世

貞編　清刻本　二十冊

110000－0102－0007314　甲四/1229　集部/別集類/清

東陶吳野人先生詩集十二卷　（清）吳嘉紀撰　清道光繆氏刻本　四冊

110000－0102－0007315　甲四/1244　集部/別集類/唐至五代

杜工部集二十卷首一卷　（唐）杜甫撰　清玉勾草堂刻本　十冊

110000－0102－0007316　甲四/1246　集部/別集類/清

飣餖吟　（清）石贊清編　（清）黃丙森注　清咸豐刻本　四冊

110000－0102－0007317　甲四/1247　集部/總集類/詩/家族

吳江沈氏詩錄十二卷　（清）沈祖禹編　清同治六年(1867)刻本　三冊

110000－0102－0007318　甲四/1249　集部/總集類/文/斷代/唐至五代

三唐人集三十九卷　（清）馮焌光輯　清光緒二年(1876)馮氏刻本　十冊

110000－0102－0007319　甲四/1254　集部/別集類/清

芙蓉山館集詩鈔八卷補鈔一卷詞鈔二卷文鈔一卷　（清）楊芳燦撰　清嘉慶楊氏家刻本　六冊

110000－0102－0007320　甲四/1258　集部/別集類/清

東皋詩存四十八卷　（清）江之珩編　清嘉慶八年(1803)刻本　二十冊

110000－0102－0007321　甲四/1259　集部/總集類/詩/斷代/唐至五代

重訂唐詩別裁二十卷　（清）沈德潛編　清康熙五十六年(1717)教忠堂刻本　六冊

110000－0102－0007322　甲四/1263　集部/別集類/清

黃葉邨莊詩集八卷續集一卷後集一卷　（清）

吳之振撰　清光緒四年(1878)吳氏刻本　八冊

110000－0102－0007323　甲四/1267　集部/別集類/清

雙桐書屋詩賸七卷　（清）李應莘撰　清光緒十四年(1888)刻本　四冊

110000－0102－0007324　甲四/1270　集部/集評類/詩評/詩話

靜志居詩話二十四卷　（清）朱彝尊撰　清嘉慶二十四年(1819)刻本　十二冊

110000－0102－0007325　甲四/1277　集部/總集類/文/斷代/唐至五代

唐賢三昧集四卷　（清）王士禛編　清乾隆二十年(1755)刻本　四冊

110000－0102－0007326　甲四/1280　集部/總集類/詩/斷代/唐至五代

唐詩金粉十卷　（清）沈炳震撰　清光緒七年(1881)八衫齋刻本　六冊

110000－0102－0007327　甲四/1281　集部/別集類/清

笠翁一家言全集十六卷　（清）李漁撰　清芥子園刻本　十六冊

110000－0102－0007328　甲四/1321　集部/別集類/清

翠薇仙館遺稿詩二卷詞一卷　（清）孫瑩培撰　清光緒二十七年(1901)刻本　一冊

110000－0102－0007329　甲四/1323　集部/別集類/清

檟叟詩存　（清）言家駒撰　清光緒三十四年(1908)鉛印本　一冊

110000－0102－0007330　甲四/1325　集部/總集類/文/通代/編選

古文辭類纂十五卷　（清）姚鼐編　清光緒二十年(1894)上海圖書集成印書局石印本　五冊

110000－0102－0007331　甲四/1326　集部/總集類/文/通代/編選

續古文辭類纂十卷　王先謙編　清光緒二十年(1894)上海圖書集成印書局石印本　三冊

110000－0102－0007332　甲四/1328　集部/詞類/詞別集

蓮漪詞二卷　(清)鄭由熙撰　清光緒六年(1880)江右書局刻本　一冊

110000－0102－0007333　甲四/1330　集部/總集類/文/地方

婁水文徵八十卷　(清)王寶仁編　清道光十二年(1832)刻本　四十冊

110000－0102－0007334　甲四/1331　集部/總集類/詩/地方

全浙詩話五十四卷　(清)陶元藻撰　清嘉慶元年(1796)刻本　十六冊

110000－0102－0007335　甲四/1333　集部/別集類/清

聲中詩十四卷　(清)徐錫我撰　清刻本　一冊

110000－0102－0007336　甲四/1335　集部/別集類/唐至五代

樊川詩集四卷外集一卷　(唐)杜牧撰　(清)馮集梧注　清嘉慶三年(1798)刻本　四冊

110000－0102－0007337　甲四/1336　集部/別集類/清

那處詩鈔四卷　(清)蔣楷撰　清宣統三年(1911)刻本　二冊

110000－0102－0007338　甲四/1341　集部/別集類/清

倭文端公遺書八卷首二卷末一卷續四卷　(清)倭仁撰　清光緒元年(1875)六安求我齋刻本　六冊

110000－0102－0007339　甲四/1342　集部/別集類/明

小山類稿選二十卷附張襄惠公輯略一卷　(明)張岳撰　清中後期刻本　六冊

110000－0102－0007340　甲四/1343　集部/別集類/清

槐軒雜著四卷　(清)劉沅撰　清咸豐二年(1852)刻本　四冊

110000－0102－0007341　甲四/1347　集部/別集類/漢至隋

武侯全書二十卷首一卷　(清)趙承恩編　清光緒十年(1884)趙氏活字本　十冊

110000－0102－0007342　甲四/1350　集部/總集類/文/家族

桐城方氏七代遺書二十五種　(清)方昌翰等編　清光緒四年(1878)刻本　六冊

110000－0102－0007343　甲四/1352　集部/別集類/清

句餘土音三卷　(清)全祖望撰　清嘉慶十九年(1814)刻本　三冊

110000－0102－0007344　甲四/1353　集部/別集類/漢至隋

陶靖節先生詩集四卷附錄一卷　(晉)陶潛撰　清光緒會稽章氏刻本　一冊

110000－0102－0007345　甲四/1354　集部/別集類/唐至五代

李太白文集　(唐)李白撰　清刻本　一冊　存二卷(九至十)

110000－0102－0007346　甲四/1355　集部/別集類/清

藕頤集　(清)熊寶泰撰　清刻本　五冊

110000－0102－0007347　甲四/1356　集部/別集類/清

問山詩文集詩三卷文八卷　(清)丁燁撰　清咸豐四年(1854)刻本　三冊

110000－0102－0007348　甲四/1358　集部/別集類/清

西園遺稿　(清)熊良翚撰　清嘉慶刻本　一冊

110000－0102－0007349　甲四/1359　集部/別集類/清

國子先生全集　(清)金兆燕撰　清道光十六年(1836)增雲軒刻本　十二冊

110000 – 0102 – 0007350　甲四/1364　集部/
別集類/宋

宋王忠文公文集五十卷　（宋）王十朋撰　清
光緒二年(1876)刻本　十六冊

110000 – 0102 – 0007351　甲四/1367 – 1　集
部/別集類/清

貞定先生遺集四卷附錄一卷　（清）莫與儔撰
清同治刻本　一冊

110000 – 0102 – 0007352　甲四/1367 – 2　集
部/別集類/清

邵亭詩文集　（清）莫友芝撰　清同治五年
(1866)刻本　三冊

110000 – 0102 – 0007353　甲四/1367 – 3　經
部/小學類/文字/說文

仿唐寫本說文解字木部箋異　（清）莫友芝編
清同治二年(1863)刻本　一冊

110000 – 0102 – 0007354　甲四/1368　集部/
別集類/清

明儒王心齋先生全集　（明）王艮撰　清宣統
二年(1910)東臺袁氏鉛印本　六冊

110000 – 0102 – 0007355　甲四/1369　集部/
別集類/清

意苕山館詩稿十六卷　（清）陸嵩撰　清光緒
十八年(1892)刻本　六冊

110000 – 0102 – 0007356　甲四/1371　子部/
雜家類/諸宗派

翼教叢編六卷　（清）蘇輿編　清光緒二十四
年(1898)刻本　三冊

110000 – 0102 – 0007357　甲四/1374　史部/
地理類/雜記

幻住十記　（明）沈純甫輯　清中期刻本
一冊

110000 – 0102 – 0007358　甲四/1376　集部/
總集類

乾坤正氣集五百七十四卷　（清）姚瑩　（清）
顧沅合輯　清道光二十八年(1848)涇縣潘錫
恩袁江節求是齋刻光緒元年(1875)潘駿文
補刻本　一百五十三冊　缺十七卷(八十九

至九十二、九十八至一百〇一、三百二十五至
三百二十八、五百五十三至五百五十七)

110000 – 0102 – 0007359　甲四/1377　集部/
總集類/文/地方

武林往哲遺著附後編　（清）丁丙　（清）丁立
中合輯　清光緒嘉惠堂刻本　九十六冊

110000 – 0102 – 0007360　甲四/1381　集部/
總集類

讀畫齋重刻南宋群賢小集　（清）顧修輯　清
嘉慶六年(1801)刻本　一冊

110000 – 0102 – 0007361　甲四/1382　集部/
別集類/清

曾文正公家書　（清）曾國藩撰　清光緒三十
一年(1905)上海商務印書館鉛印本　一冊

110000 – 0102 – 0007362　甲四/1383　集部/
別集類/清

**孫淵如全集文集十三卷詩集九卷附長離閣集
一卷**　（清）孫星衍　（清）王采薇撰　清光緒
二十年(1894)湖南思賢書局刻本　三冊

110000 – 0102 – 0007363　甲四/1384　子部/
類書類/類編/通錄

詞林海錯類選四卷　（明）夏樹芳編　清道光
十年(1830)刻本　四冊

110000 – 0102 – 0007364　甲四/1386　集部/
別集類/清

曾文正公全集　（清）曾國藩撰　清光緒二年
(1876)傳忠書局刻本　二十七冊

110000 – 0102 – 0007365　甲四/1387　叢部/
彙編叢書/清中晚期

常州先哲遺書第一集　盛宣懷輯　清光緒二
十一年至二十四年(1895 – 1898)武進盛氏刻
本　六十四冊

110000 – 0102 – 0007366　甲四/1390　集部/
總集類/文/雜錄/書牘表啟

昭代名人尺牘二十四卷　（清）吳修編　清光
緒三十四年(1908)上海文寶書局影印本　二
十六冊

110000－0102－0007367　甲四/1391　集部/別集類/清

小倉山房尺牘八卷　（清）袁枚撰　清刻本　九冊

110000－0102－0007368　甲四/1392　集部/總集類/詩/斷代/宋

宋詩百一鈔八卷　（清）張景星等編　清乾隆刻本　八冊

110000－0102－0007369　甲四/1393　集部/別集類/清

怡情集二卷　（清）梁御撰　清乾隆三十六年(1771)刻本　六冊

110000－0102－0007370　甲四/1394　集部/別集類/清

梅香館尺牘四卷　（清）駱燦撰　清光緒上海申報館鉛印本　四冊

110000－0102－0007371　甲四/1395　集部/別集類/清

五色瓜廬尺牘四卷　（清）邵慶辰撰　清光緒上海申報館鉛印本　二冊

110000－0102－0007372　甲四/1396　集部/總集類/文/斷代/清

皇朝經世文三編八十卷　（清）陳忠倚編　清光緒二十四年(1898)寶文書局石印本　十六冊

110000－0102－0007373　甲四/1397　集部/集評類/詩評/詩話

筠石山房詩話鈔　（清）楊霈編　清道光二十七年(1847)粵東糧道署刻本　十二冊

110000－0102－0007374　甲四/1398　集部/別集類/清

詩禮堂全集八種　（清）王又樸撰　清光緒元年(1875)輔仁書院刻本　二十四冊

110000－0102－0007375　甲四/1403　集部/別集類/清

夢陔堂詩集三十五卷　（清）黃承吉撰　清道光十二年(1832)刻本　八冊

110000－0102－0007376　甲四/1405　集部/總集類/文/地方

國朝中州文徵五十四卷首一卷　（清）蘇源生編　清道光二十五年(1845)刻本　二十八冊

110000－0102－0007377　甲四/1411　集部/總集類/文/雜錄/書牘表啟

分類尺牘備覽三十卷　（清）王虎榜編　清光緒申報館鉛印本　十四冊

110000－0102－0007378　甲四/1419　集部/詞類/詞總集/地方

閩詞鈔四卷　（清）葉申薌編輯　清道光十四年(1834)刻本　四冊

110000－0102－0007379　甲四/1420　集部/別集類/清

鑑止水齋集二十卷　（清）許宗彥撰　清咸豐八年(1858)刻本　六冊

110000－0102－0007380　甲四/1422　集部/總集類/詩/婦女

林下雅音集六種十五卷　（清）冒俊編　清光緒十年(1884)冒氏如不及齋刻本　十冊

110000－0102－0007381　甲四/1427　經部/詩類/傳說

詩序廣義二十卷　（清）姜炳璋撰　清嘉慶二十年(1815)刻本　十二冊

110000－0102－0007382　甲四/1430　集部/別集類/清

道古堂外集十二種三十三卷　（清）杭世駿撰　清光緒二十二年(1896)刻本　八冊

110000－0102－0007383　甲四/1432　集部/別集類/清

顯志堂集十二卷　（清）馮桂芬撰　清光緒二年(1876)刻本　六冊

110000－0102－0007384　甲四/1434　集部/別集類/清

觀象居詩鈔二卷　（清）陳蘭瑞撰　清道光二十三年(1843)刻本　二冊

110000－0102－0007385　甲四/1437　集部

別集類/清

曾文正公書劄三十三卷 （清）曾國藩撰　清光緒十三年（1887）申報館鉛印本　二十冊

110000－0102－0007386　甲四/1438　集部/詞類/詞譜、詞律、詞韻/詞譜

天籟軒詞譜六卷 （清）葉申薌編　清道光九年（1829）刻本　六冊

110000－0102－0007387　甲四/1439　集部/別集類/宋

晁具茨詩集十五卷 （宋）晁冲之撰　清光緒七年（1881）知不足齋刻本　四冊

110000－0102－0007388　甲四/1440　集部/總集類/詩/通代

多歲堂古詩存八卷 （清）成書選評　清道光十一年（1831）多歲堂刻本　四冊

110000－0102－0007389　甲四/1441　集部/別集類/清

小滄溟館詩集初集六卷二集九卷 （清）朱瀚撰　清道光十三年（1833）朱瀚刻本　六冊

110000－0102－0007390　甲四/1445　集部/總集類/文/家族

毗陵伍氏合集六種十七卷 （清）伍宇昭輯　清嘉慶陽湖伍氏餐英書屋刻本　八冊

110000－0102－0007391　甲四/1446　集部/別集類/清

湖海樓全集四種五十卷 （清）陳維崧撰　清光緒十八年（1892）刻本　十六冊

110000－0102－0007392　甲四/1447　集部/詞類/詞選/通代

天籟軒詞選六卷 （清）葉申薌編　清道光十九年（1839）刻本　六冊

110000－0102－0007393　甲四/1449　集部/詞類/詞別集

有正味齋詞續集二卷外集二卷 （清）吳錫麒撰　清嘉慶刻本　二冊

110000－0102－0007394　甲四/1451　集部/別集類/清

樹經堂詠史詩八卷 （清）謝啟昆撰　清嘉慶樹經堂刻本　二冊

110000－0102－0007395　甲四/1452　集部/別集類/清

存素堂詩初集錄存二十四卷詩稿一卷二集八卷續集一卷 （清）法式善撰　清嘉慶刻本　八冊

110000－0102－0007396　甲四/1453　集部/總集類/詩/通代

歷朝二十五家詩錄三十七卷首一卷 （清）鄒湘倜輯　清光緒元年（1875）新化鄒氏得頤堂刻本　二十四冊

110000－0102－0007397　甲四/1455　集部/總集類/詩/斷代/明

明紀事樂府四卷 （清）龍文彬撰　清光緒十一年（1885）刻本　二冊

110000－0102－0007398　甲四/1456　集部/別集類/宋

忠正德文集十卷附錄一卷 （宋）趙鼎撰　清道光十一年（1831）會稽吳氏刻本　四冊

110000－0102－0007399　甲四/1457　集部/集評類/文評

四六叢話二十三卷附選詩叢話一卷 （清）孫梅輯　清光緒七年（1881）刻本　十二冊

110000－0102－0007400　甲四/1460　集部/總集類/文/斷代/清

最新經世文編一百三十卷 （清）鄒王賓輯　清光緒二十八年（1902）寶善齋石印本　三十二冊

110000－0102－0007401　甲四/1461　集部/總集類/文/斷代/清

皇朝經世文續編一百二十卷 （清）葛士浚撰　清光緒二十四年（1898）宏文閣石印本　二十四冊

110000－0102－0007402　甲四/1462　集部/俗文學類/彈詞

雙金錠五十卷 （清）陳遇乾撰　清嘉慶十八年（1813）刻本　二十四冊

110000－0102－0007403　甲四/1466　史部/
史評類/詠史

五代宮詞一百首　（清）吳有蘭編　（清）范重
榮注　清嘉慶刻本　一冊

110000－0102－0007404　甲四/1469　集部/
總集類/文/雜錄/書牘表啟

盧史二公書牘　（明）盧象昇　（明）史可法撰
　清光緒三十四年（1908）鉛印本　一冊

110000－0102－0007405　甲四/1471　集部/
總集類

陸陳二先生詩文鈔二種　（清）陸世儀　（清）
陳瑚撰　清光緒二年（1876）刻本　六冊

110000－0102－0007406　甲四/1479　集部/
別集類/明

靜學文集三卷首一卷末一卷　（明）王叔英撰
　清嘉慶九年（1804）刻螺樹山房叢書本
二冊

110000－0102－0007407　甲四/1481　集部/
別集類/清

介園遺集四卷　（清）黃倬撰　清光緒十五年
（1889）刻　四冊

110000－0102－0007408　甲四/1482　集部/
總集類/文/通代/編選

古賦識小錄八卷　（清）王芑孫編　清嘉慶二
十一年（1816）彭氏刻本　四冊

110000－0102－0007409　甲四/1486　集部/
別集類/宋

深寧先生文鈔八卷年譜一卷　（宋）王應麟撰
　清道光九年（1829）葉氏刻本　九冊

110000－0102－0007410　甲四/1488　集部/
總集類/文/通代

**全上古三代秦漢三國晉南北朝文編目一百〇
三卷**　（清）蔣壑編　清光緒五年（1879）刻本
　十二冊

110000－0102－0007411　甲四/1490　集部/
別集類/明

嶺雲編四十三卷　（明）徐越撰　清康熙二十
二年（1683）光德堂刻本　七十九冊　缺半卷

438

（十二後半卷）

110000－0102－0007412　甲四/1491　集部/
總集類/詩/家族

錫山秦氏詩鈔十卷首一卷　（清）秦彬編　清
道光十九年（1839）秦氏刻本　八冊

110000－0102－0007413　甲四/1493　集部/
總集類/詩/地方

浙西六家詩鈔六卷　（清）吳應和　（清）馬洵
合編　清道光七年（1827）吳氏紫微山館刻本
　六冊

110000－0102－0007414　甲四/1495　集部/
總集類/文/斷代/清

皇朝經世文四編五十二卷　（清）何良棟編
清光緒二十八年（1902）鴻寶書局石印本　十
二冊

110000－0102－0007415　甲四/1497　集部/
總集類/詩/斷代/清

清詩鐸二十六卷首一卷　（清）張應昌編　清
同治八年（1869）刻本　十六冊

110000－0102－0007417　甲四/1500　集部/
別集類/清

清白士集六種二十九卷　（清）梁玉繩撰　清
嘉慶刻本　十二冊

110000－0102－0007418　甲四/1502　集部/
別集類/清

太乙舟文集八卷　（清）陳用光撰　清道光二
十三年（1843）刻本　六冊

110000－0102－0007419　甲四/1505　集部/
別集類/清

郘亭詩鈔六卷　（清）莫友芝撰　清同治五年
（1866）刻本　一冊

110000－0102－0007420　甲四/1506　集部/
總集類/詩/斷代/唐至五代

欽定全唐詩九百卷　（清）曹寅　（清）彭定求
等輯　清光緒元年（1875）江西饒氏刻本　一
百二十冊

110000－0102－0007421　甲四/1507　集部/

別集類/清

甌北全集七種一百七十二卷 （清）趙翼撰
清嘉慶五年(1800)湛貽堂刻本　四十八冊

110000－0102－0007422　甲四/1508　集部/
總集類/詩/地方

江蘇詩徵一百八十三卷 （清）王豫輯　清道
光元年(1821)刻本　四十冊

110000－0102－0007423　甲四/1516　集部/
總集類/詩/通代

石倉十二代詩選 （明）曹學佺輯　明崇禎四
年(1631)刻本　四十八冊　存七十五卷(唐
卷三十六至一百十)

110000－0102－0007424　甲四/1517　集部/
總集類/詩/斷代/清

國朝四大家詩鈔 （清）邵玘　（清）屠德修輯
清乾隆三十一年(1766)刻本　八冊

110000－0102－0007425　甲四/1518　集部/
俗文學類

貪歡報十八回　西湖漁隱編　清刻本　四冊

110000－0102－0007426　甲四/1526　集部/
總集類/文/通代/編選

御選唐宋文醇五十八卷 （清）高宗弘曆選輯
清光緒三年(1877)浙江書局刻本　二十冊

110000－0102－0007427　甲四/1527　集部/
曲類/曲別集/傳奇

注釋拜月亭記二卷 （元）施惠撰　（明）羅懋
登注釋　清宣統元年(1909)暖紅室刻本
二冊

110000－0102－0007428　甲五/1　叢部/彙
編叢書/清中晚期

玉函山房輯佚書五百九十四種 （清）馬國翰
輯　清光緒九年(1883)長沙娜嬛館刻本　一
百冊

110000－0102－0007429　甲五/2　叢部/彙
編叢書/清中晚期

海山仙館叢書五十六種 （清）潘仕成輯　清
道光二十九年(1849)刻本　一百二十八冊

110000－0102－0007430　甲五/3　叢部/彙
編叢書/清中晚期

武林掌故叢編一百八十四種 （清）丁丙
（清）丁申合編　清光緒九年(1883)錢塘丁氏
嘉惠堂刻本　二百〇九冊

110000－0102－0007431　甲五/5　叢部/彙
編叢書/清中晚期

粵雅堂叢書一百六十九種 （清）伍崇耀編
清咸豐三年(1853)刻本　三百四十冊

110000－0102－0007432　甲五/6　叢部/彙
編叢書/清中晚期

咫進齋叢書三集三十七種 （清）姚覲元編
清光緒九年(1883)李氏刻本　三十二冊

110000－0102－0007433　甲五/7　叢部/彙
編叢書/清中晚期

惜陰軒叢書三十四種 （清）李錫齡編　清道
光二十六年(1846)宏道書院刻本　一百十
三冊

110000－0102－0007434　甲五/8　叢部/彙
編叢書/清中晚期

聚學軒劉氏叢書六十種第二集 （清）劉世珩
編　清光緒二十九年(1903)刻本　一百冊

110000－0102－0007435　甲五/9　子部/類
書類/類編

玉海二百卷詞學指南四卷 （宋）王應麟撰
清嘉慶十一年(1806)康基田氏刻本　九十
四冊

110000－0102－0007436　甲五/11　集部/總
集類

浦城遺書十八種 （清）祝昌泰編　清道光十
二年(1832)刻本　四十二冊

110000－0102－0007437　甲五/12　史部/地
理類/總錄

滇繫 （清）師範撰　清光緒十二年(1886)雲
南通志局刻本　四十冊

110000－0102－0007438　甲五/14　叢部/彙
編叢書/清中晚期

函海一百六十種 （清）李調元編　清嘉慶十

439

四年(1809)刻本　一百四十冊

110000－0102－0007439　甲五/15　叢部/彙編叢書/清中晚期

南菁書院叢書八集四十一種　王先謙編　清光緒十四年(1888)王氏刻本　三十二冊

110000－0102－0007440　甲五/17　叢部/彙編叢書/清中晚期

龍威祕書十集　(清)馬俊良編　清乾隆五十九年(1794)大酉山房刻本　八十冊

110000－0102－0007441　甲五/18　叢部/自著叢書/清中晚期

潛研堂全書三十二種　(清)錢大昕撰　清光緒十年(1884)長沙龍氏家塾刻本　八十冊

110000－0102－0007442　甲五/19　叢部/彙編叢書/清中晚期

富強齋叢書續集一百二十五種　(清)袁俊德編　清光緒二十七年(1901)石印本　六十四冊

110000－0102－0007443　甲五/20　叢部/自著叢書/清中晚期

湘綺樓全書十九種　王闓運撰　清光緒二十二年(1896)陳氏刻本　八十五冊

110000－0102－0007444　甲五/21　集部/總集類/文/通代

乾坤正氣集　(清)潘錫恩編　清道光二十八年(1848)刻本　二百〇一冊

110000－0102－0007445　甲五/23　叢部/彙編叢書/清中晚期

花雨樓叢鈔初集十一種續集十一種　(清)張壽榮編　清光緒刻本　四十八冊

110000－0102－0007446　甲五/24　叢部/彙編叢書/清中晚期

香豔叢書二十集三百三十五種　(清)蟲天子編　清宣統元年(1909)國學扶輪社鉛印本　七十二冊　缺二集(五、十八)

110000－0102－0007447　甲五/29　叢部/地方叢書

湖北叢書三十種　(清)趙尚輔編　清光緒十七年(1891)湖北三餘草堂刻本　一百冊

110000－0102－0007448　甲五/30　叢部/地方叢書

畿輔叢書初編　(清)王灝輯　清光緒定州王氏刻本　四百二十二冊

110000－0102－0007449　甲五/32　叢部/彙編叢書/清中晚期

靈鶼閣叢書五十六種　(清)江標編　清光緒二十三年(1897)元和江氏刻本　四十八冊

110000－0102－0007450　甲五/33　叢部/彙編叢書/清中晚期

隨園三十種　(清)袁枚撰　清刻本　七十三冊　存二十五種二百三十三卷(小倉山房文集三十五卷、小倉山房詩集三十六卷、小倉山房外集八卷、隨園隨筆二十八卷、新齊諧二十四卷、續新齊諧八卷、隨園食單一卷、八十壽言六卷、隨園詩話十六卷、隨園詩話補遺八卷、小倉山房尺牘十卷、袁太史稿二卷、隨園續同人集十七卷、紅豆村人詩稿十四卷、袁家三妹合稿四卷、南園詩選二卷、粲花軒詩稿二卷、筱雲詩集二卷、飲水詞抄二卷、崇睦山房詞一卷、過雲精舍詞二卷、碧梧山館詞二卷、箏船詞一卷、綠秋草堂詞一卷、玉山堂詞一卷)

110000－0102－0007451　甲五/34　叢部/彙編叢書/清中晚期

木犀軒叢書二十五種　李盛鐸編　清光緒十二年(1886)刻本　四十冊

110000－0102－0007452　甲五/35　叢部/自著叢書/清中晚期

經韻樓叢書八種　(清)段玉裁撰　清道光元年(1821)段氏刻本　四十冊

110000－0102－0007453　甲五/36　叢部/彙編叢書/清中晚期

十萬卷樓叢書初集十六種二集二十種三集十四種　(清)陸心源編　清光緒五年(1879)歸安陸氏刻本　五十六冊

110000－0102－0007454　甲五/37　叢部/自著叢書/清中晚期

通藝錄二十一種　（清）程瑤田撰　清嘉慶八年(1803)刻本　二十二冊

110000－0102－0007455　甲五/39　叢部/彙編叢書/清中晚期

昭代叢書四百四十種補六十種　（清）張潮等編　清道光十三年(1833)世楷堂刻本　一百二十冊

110000－0102－0007456　甲五/40　叢部/彙編叢書/清中晚期

滂喜齋叢書五十四種　（清）潘祖蔭編　清同治十年(1871)刻本　三十二冊

110000－0102－0007457　甲五/41　叢部/彙編叢書/清中晚期

讀書齋叢書八集四十六種　（清）顧修編　清嘉慶四年(1799)刻本　六十四冊

110000－0102－0007458　甲五/47　叢部/自著叢書

珍埶宧遺書　（清）莊述祖撰　清嘉慶至道光莊氏脊令舫刻本　三十二冊

110000－0102－0007459　甲五/48　叢部/彙編叢書/清中晚期

三長物齋叢書二十六種　（清）黃本驥編　清道光二十四年(1844)刻本　四十冊

110000－0102－0007460　甲五/49　叢部/彙編叢書/清中晚期

士禮居黃氏叢書二十一種　（清）黃丕烈編　清光緒十三年(1887)蜚英館石印本　三十冊

110000－0102－0007461　甲五/50　叢部/彙編叢書/清中晚期

明辯齋叢書四集三十二種　（清）余肇鈞編　清同治六年(1867)長沙余氏刻本　二十四冊

110000－0102－0007462　甲五/52　叢部/彙編叢書/清中晚期

結一廬叢書五種　（清）朱記榮編　清光緒三十一年(1905)刻本　二十冊

110000－0102－0007463　甲五/53　史部/金石類/地方

山右石刻叢編　（清）胡聘之編　清光緒二十五年(1899)刻本　二十四冊

110000－0102－0007464　甲五/54　叢部/彙編叢書/清中晚期

玉簡齋叢書一集十四種二集八種　羅振玉編　清宣統二年(1910)刻本　二十冊

110000－0102－0007465　甲五/55　叢部/彙編叢書/清中晚期

舊德堂叢書二十一種　（清）汪大均編　清刻本　二十四冊

110000－0102－0007466　甲五/56　叢部/彙編叢書/清中晚期

知服齋叢書二十五種　（清）龍鳳鑣輯　清光緒順德龍氏刻本　二十冊

110000－0102－0007467　甲五/57　叢部/自著叢書

鮑氏叢書十五種　（清）鮑倚雲等撰　清刻本　三十二冊

110000－0102－0007468　甲五/58　叢部/彙編叢書/清初期

問經堂叢書十八種　（清）孫馮翼編　清乾隆五十四年(1789)刻本　十六冊

110000－0102－0007469　甲五/59　叢部/自著叢書/清中晚期

淩氏叢書六種　（清）淩曙撰　清嘉慶十三年(1808)蜚雲閣刻本　十八冊

110000－0102－0007470　甲五/60　叢部/彙編叢書/清中晚期

功順堂叢書十八種　（清）潘祖蔭編　清光緒吳縣潘氏刻本　二十四冊

110000－0102－0007471　甲五/62　叢部/彙編叢書/清中晚期

挹秀山房叢書二十四種　（清）朱克敬編　清光緒二十年(1894)朱氏刻本　二十冊

110000－0102－0007472　甲五/63　叢部/彙

編叢書/清中晚期

經訓堂叢書二十二種 （清）畢沅編　清光緒
十三年(1887)刻本　二十冊

110000－0102－0007473　甲五/66　叢部/彙
編叢書/清中晚期

汗筠齋叢書四種 （清）秦鑒編　清嘉慶汗筠
齋刻本　十二冊

110000－0102－0007474　甲五/67　叢部/彙
編叢書/清中晚期

心矩齋叢書七種 （清）蔣鳳藻編　清光緒十
四年(1888)心矩齋刻本　二十四冊

110000－0102－0007475　甲五/68　叢部/自
著叢書/清中晚期

頤志齋叢書二十三種 （清）丁晏撰　清同治
元年(1862)刻本　十六冊

110000－0102－0007476　甲五/70　叢部/彙
編叢書/清中晚期

校經山房叢書二十八種 （清）朱記榮編　清
光緒三十年(1904)刻本　三十二冊

110000－0102－0007477　甲五/71　叢部/彙
編叢書/清中晚期

觀自得齋叢書三十種 （清）徐世愷編　清光
緒十八年(1892)刻本　二十四冊

110000－0102－0007478　甲五/73　叢部/彙
編叢書

正覺樓叢書二十九種　崇文書局編　清光緒
武漢崇文書局刻本　二十三冊　缺十三冊

110000－0102－0007479　甲五/75　叢部/彙
編叢書/清中晚期

皮鹿門所著書十三種 （清）皮錫瑞撰　清光
緒十四年(1888)思賢書局刻本　十四冊

110000－0102－0007480　甲五/76　叢部/彙
編叢書/清中晚期

昭代叢書別集六十種 （清）張潮編　清道光
二十九年(1849)世楷堂刻本　十九冊

110000－0102－0007481　甲五/78　叢部/彙
編叢書/清中晚期

遜敏堂叢書三十二種 （清）黃秩模編　清道
光二十八年(1848)刻本　八冊

110000－0102－0007482　甲五/79　叢部/彙
編叢書/清中晚期

惜陰軒叢書續編五種 （清）李錫齡編　清宏
道書院刻本　十冊

110000－0102－0007483　甲五/80　集部/集
評類

疊山先生評注四種 （宋）謝枋得撰　清光緒
九年(1883)刻本　四冊

110000－0102－0007484　甲五/81　集部/別
集類/明

孫文恭遺書六種 （明）孫應鰲撰　清光緒六
年(1880)獨山莫氏刻本　四冊　存十二卷
（淮海易談錄四卷、學孔精舍詩鈔六卷、補輯
雜文一卷附錄一卷）

110000－0102－0007485　甲五/82　叢部/彙
編叢書/清中晚期

王益吾所刻七種　王先謙編　清光緒九年
(1883)長沙王氏刻本　八冊

110000－0102－0007486　甲五/83　叢部/彙
編叢書

玉簡齋叢書十種　羅振玉編　清宣統二年
(1910)刻本　八冊

110000－0102－0007487　甲五/85　叢部/自
著叢書/清中晚期

如皋冒氏叢書三種 （清）冒廣生撰　清光緒
刻本　四冊

110000－0102－0007488　甲五/86　叢部/地
方叢書

金陵叢刊三十七卷 （明）顧起元編　清光緒三
十二年(1906)刻本　四冊　缺四冊(下函四冊)

110000－0102－0007489　甲五/87　叢部/地
方叢書

金陵叢刊十五種 （清）傅春官編　清光緒三
十二年(1906)刻本　八冊

110000－0102－0007490　甲五/88　集部/總

集類/文

巾箱小品十三種 （清）□□輯　清華韻軒刻本　八冊

110000－0102－0007491　甲五/90　子部/雜家類/雜纂

經史百家雜鈔 （清）曾國藩輯　清光緒二年（1876）刻本　二十六冊

110000－0102－0007492　甲五/93　叢部/彙編叢書/清中晚期

清隱山房叢書七種 （清）華陽逸叟編　清光緒九年（1883）退補主人刻本　十冊

110000－0102－0007493　甲五/94　叢部/自著叢書/清中晚期

焦氏遺書二十二種 （清）焦循撰　清嘉慶二十二年（1817）刻本　三十八冊

110000－0102－0007494　甲五/95　叢部/自著叢書/清中晚期

蔣侑石遺書十種 （清）蔣曰豫撰　清光緒三年（1877）蓮池書局刻本　四冊

110000－0102－0007495　甲五/96　叢部/自著叢書/清中晚期

敦藝齋遺書五種 （清）鄒漢勳撰　清光緒五年（1879）刻本　六冊

110000－0102－0007496　甲五/97　叢部/自著叢書/清中晚期

李氏五種合刻 （清）李兆洛撰　清光緒十四年（1888）上海掃葉山房刻本　十二冊

110000－0102－0007497　甲五/98　叢部/彙編叢書/明

李卓吾選批十種叢書 （明）李贄編　明陳氏繼志齋刻本　十四冊　存八種

110000－0102－0007498　甲五/99　叢部/彙編叢書/清中晚期

詒經堂藏書七種 （清）金長春輯　清嘉慶十三年（1808）當塗金氏刻本　六冊

110000－0102－0007499　甲五/100　叢部/自著叢書/明

傅子遺書 （清）傅山撰　（清）王晉榮輯　清光緒三十三年至宣統二年（1907－1910）平遙王氏遞刻本　十四冊

110000－0102－0007500　甲五/103　叢部/彙編叢書/清中晚期

藕香零拾 繆荃孫編　清宣統二年（1910）刻本　三十二冊

110000－0102－0007501　甲五/105　叢部/自著叢書/清中晚期

張臯文集四種 （清）張惠言撰　清道光元年（1821）合河康氏刻本　四冊

110000－0102－0007502　甲五/106　叢部/彙編叢書/清中晚期

羅整庵先生困知記四卷 （明）羅欽順撰　（清）張伯行編　**道南源委六卷** （明）朱衡撰　（清）張伯行編　**陸桴亭思辨錄輯要二十二卷** （清）陸世儀撰　（清）張伯行編　清同治五年（1866）正誼書局刻本　六冊　缺十五卷（思辨錄輯要八至二十二）

110000－0102－0007503　甲五/107　叢部/彙編叢書/清中晚期

梅瑞軒輯錄十種逸書三種 （清）茆泮林編　清道光十四年（1834）梅瑞軒刻本　十冊

110000－0102－0007504　甲五/108　叢部/彙編叢書/清中晚期

群書校補三十七種 （清）陸心源編　清光緒刻本　十冊

110000－0102－0007505　甲五/111　叢部/自著叢書/清中晚期

碧聲吟館叢書八種 （清）許善長撰　清光緒三年（1877）刻本　十二冊

110000－0102－0007506　甲五/116　叢部/彙編叢書/清中晚期

振綺堂叢書二集二十五種 （清）汪康年編　清光緒二十年至宣統二年（1894－1910）鉛印本　十六冊

110000－0102－0007507　甲五/118　叢部/彙編叢書/清中晚期

鐵華館叢書六種 （清）蔣鳳藻編 清光緒十年(1884)鐵華館鉛印本 八冊

110000－0102－0007508 甲五/122 集部/別集類/唐至五代
重刊校正笠澤叢書四卷補遺一卷續補遺一卷 （唐）陸龜蒙撰 清末刻本 四冊

110000－0102－0007509 甲五/123 叢部/彙編叢書/清中晚期
振綺堂叢書初集十三種 （清）汪康年編 清宣統二年(1910)鉛印本 六冊

110000－0102－0007510 甲五/124 叢部/彙編叢書/清中晚期
十髮盦叢書六種 （清）程頌萬編 清光緒二十七年(1901)寧鄉程氏刻本 八冊

110000－0102－0007511 甲五/125 叢部/自著叢書/清中晚期
悔餘菴五種三十一卷 （清）何栻撰 清同治四年(1865)半畝園刻本 十二冊

110000－0102－0007512 甲五/126 叢部/彙編叢書/清中晚期
鏡烟堂十種 （清）紀昀編 清乾隆二十四年(1759)刻本 二十冊

110000－0102－0007513 甲五/127 叢部/彙編叢書/清中晚期
求實齋叢書十四種 （清）蔣德鈞編 清光緒十七年(1891)湘鄉蔣氏刻本 八冊

110000－0102－0007514 甲五/130 叢部/自著叢書/清中晚期
梅莊雜著八種 （清）謝濟世撰 清道光二十一年(1841)謝氏刻本 八冊

110000－0102－0007515 甲五/131 叢部/彙編叢書/清中晚期
朱氏藏書十三種 （清）朱軾編 清光緒二十三年(1897)朱氏刻本 八十冊

110000－0102－0007516 甲五/136 叢部/彙編叢書/清中晚期
繆刻六種 （清）繆元益編 清嘉慶二十年(1815)繆氏刻本 二冊

110000－0102－0007517 甲五/137 叢部/彙編叢書/清中晚期
真意堂叢書三種十二卷 （清）吳志忠編 清嘉慶十六年(1811)璜川吳氏刻本 六冊

110000－0102－0007518 甲五/141 叢部/自著叢書/明
少室山房筆叢十二種 （明）胡應麟撰 清光緒二十二年(1896)廣雅書局刻本 十冊

110000－0102－0007519 甲五/142 叢部/彙編叢書/清中晚期
靈峯草堂叢書七種 陳矩編 清光緒十九年(1893)刻本 五冊

110000－0102－0007520 甲五/143 叢部/自著叢書/清初期
亭林遺書十七種附三種 （清）顧炎武撰 清蓬瀛閣刻本 八冊

110000－0102－0007521 甲五/144 叢部/自著叢書/清中晚期
梁氏叢書 （清）梁同書等撰 清嘉慶刻本 三十二冊

110000－0102－0007522 甲五/145 叢部/彙編叢書/清初期
檀几叢書 （清）王晫 （清）張潮同編 清刻本 四冊

110000－0102－0007523 甲五/148 叢部/彙編叢書/清初期
重刊拜經樓叢書七種 （清）吳騫編 清光緒三十四年(1908)會稽章氏刻本 四冊

110000－0102－0007524 甲五/150 叢部/彙編叢書/清中晚期
傳硯齋叢書十種 （清）吳丙湘編 清光緒十一年(1885)刻本 十一冊

110000－0102－0007525 甲五/151 叢部/彙編叢書
格致叢書 （明）胡文煥編 清刻本 七十九冊

110000－0102－0007526　甲五/152　叢部/
彙編叢書

國粹叢書　國學保存會輯　清光緒三十一年
至宣統三年(1905－1911)鉛印本　十八冊

110000－0102－0007527　甲五/153　子部/
類書類/類編/通錄

琅環獺祭十二種類書　(清)張爔照輯　清光
緒二十年(1894)文選樓石印本　五冊

110000－0102－0007528　甲五/154　集部/
別集類/明

顧端文公遺書　(明)顧憲成撰　清光緒三年
(1877)刻本　十四冊

110000－0102－0007529　甲五/155　叢部/
彙編叢書/清初期

澤存堂五種　(清)張士俊輯　清光緒十四年
(1888)上海蜚英館石印本　八冊

110000－0102－0007530　甲五/156　叢部/
彙編叢書/清中晚期

正覺樓叢刻二十九種　(清)□□輯　清光緒
崇文書局刻本　十三冊　存九種三十一卷
(化書六卷、指南後錄三卷、酌中志餘二卷、風
角書八卷、重訂擬瑟譜一卷、人海記二卷、律
呂新義四卷附錄一卷、樂府傳聲二卷、二林居
集二卷)

110000－0102－0007531　甲五/158　叢部/
彙編叢書/清中晚期

風雨樓叢書第二集　(清)鄧寔編　清宣統二
年(1910)神州國光社鉛印本　五十冊

110000－0102－0007532　甲五/163　叢部/
地方叢書

金華叢書　(清)胡鳳丹輯　清同治、光緒永
康胡氏刻本　二百七十三冊　缺兩卷(楓樟
先生集七至八)

110000－0102－0007533　甲五/164　叢部/
彙編叢書/清中晚期

榆園叢刻　(清)許增輯　清光緒十九年
(1893)仁和許氏刻本　十四冊

110000－0102－0007534　甲五/167　叢部/

彙編叢書/清中晚期

晨風閣叢書二十二種　沈宗畸編　清宣統元
年(1909)沈氏刻本　十六冊

110000－0102－0007535　甲五/169　叢部/
彙編叢書/清中晚期

晨風閣叢書甲集五十種　(清)國粹學報社編
　清光緒三十四年(1908)鉛印本　三十冊

110000－0102－0007536　甲五/171　叢部/
地方叢書

台州叢書七種　(清)宋世犖編　清嘉慶二十
二年(1817)臨海宋氏刻本　二十冊

110000－0102－0007537　甲五/172　叢部/
彙編叢書/清中晚期

述古叢鈔四集二十種　(清)劉晚榮編　清同
治十年(1871)劉氏刻本　五十冊

110000－0102－0007538　甲五/173　叢部/
彙編叢書/清中晚期

掌故叢編八種　(清)□□輯　清光緒二十七
年(1901)掃葉山房石印本　十四冊

110000－0102－0007539　甲五/174　叢部/
彙編叢書/清中晚期

小百尺樓叢書四種　(清)潘焜撰　清嘉慶二
十年(1815)小百尺樓刻本　十冊

110000－0102－0007540　甲五/175　叢部/
彙編叢書/清中晚期

述古叢鈔十種　(清)劉晚榮編　清同治十年
(1871)劉氏刻本　十冊

110000－0102－0007541　甲五/176　叢部/
彙編叢書/清中晚期

蒙香室叢書四種　(清)馮煦編　清光緒十七
年(1891)刻本　十冊

110000－0102－0007542　甲五/177　叢部/
自著叢書/清中晚期

藤花亭十種　(清)梁廷枏撰　清道光十年
(1830)梁廷枏刻本　二十冊

110000－0102－0007543　甲五/178　叢部/
彙編叢書/清中晚期

湖州叢書十二種　（清）陸心源輯　清光緒湖
州義塾刻本　二十四冊

110000－0102－0007544　甲五/180　叢部/
自著叢書/清初期
陸桴亭遺書存二十一種　（清）陸世儀撰　清
光緒二十五年(1899)京師刻本　二十冊　缺
三十五卷(思辨錄前後集三十五卷)

110000－0102－0007545　甲五/181　叢部/
彙編叢書/清中晚期
對雨樓叢書四種　繆荃孫編　清光緒三十一
年(1905)黃岡陶子麐刻本　四冊

110000－0102－0007546　甲五/184　經部/
經總類/群經總義
味經齋遺書十種　（清）莊存與撰　清光緒陽
湖莊氏刻本　十冊　原缺二種

110000－0102－0007547　甲五/186　叢部/
彙編叢書/清中晚期
琴志樓叢刻三十種　易順鼎編　清光緒四年
(1878)刻本　十二冊

110000－0102－0007548　甲五/187　叢部/
彙編叢書
隨安徐氏叢書十種　徐乃昌輯　清光緒至民
國南陵徐氏刻本　十二冊

110000－0102－0007549　甲五/189　叢部/
彙編叢書/宋、元
百川學海　（宋）左圭編　清刻本　四十五冊

110000－0102－0007550　甲五/190　叢部/
彙編叢書/清初期
藝海珠塵八集　（清）吳省蘭編　清嘉慶聽彝
堂刻本　五十冊

110000－0102－0007551　甲五/191　叢部/
彙編叢書/清中晚期
長恩書室叢書二十種　（清）莊肇麟輯　清咸
豐四年(1854)刻本　十六冊

110000－0102－0007552　甲五/192　叢部/
彙編叢書/清中晚期
宜稼堂叢書十一種　（清）郁松年輯　清道光

二十一年(1841)刻本　六十四冊

110000－0102－0007553　甲五/193　叢部/
彙編叢書/清中晚期
懺花盦叢書三十四種附三種　（清）宋澤元輯
清光緒十三年(1887)刻本　六十冊

110000－0102－0007554　甲五/194　叢部/
彙編叢書/清中晚期
麗廔叢書八種　葉德輝輯　清光緒三十三年
(1907)刻本　七冊

110000－0102－0007555　甲五/195　叢部/
彙編叢書/清中晚期
潘刻五種　（清）潘祖蔭輯　清刻本　六冊

110000－0102－0007556　甲五/198　叢部/
自著叢書/清中晚期
郝氏遺書三十七種　（清）郝懿行撰　清光緒
八年(1882)刻本　八十四冊

110000－0102－0007557　甲五/199　叢部/
自著叢書/清中晚期
左海全集十種　（清）陳壽祺撰　清道光刻本
三十六冊

110000－0102－0007558　甲五/200　叢部/
自著叢書/清中晚期
安吳四種　（清）包世臣撰　清光緒元年
(1875)刻本　十六冊

110000－0102－0007559　甲五/202　叢部/
彙編叢書/清初期
武英殿聚珍版全書一百四十八種　（清）高宗
弘曆敕輯　清光緒二十五年(1899)廣雅書局
刻本　八百十冊

110000－0102－0007560　乙一/3　經部/易
類/圖說
周易圖三卷　（清）□□繪　清道光九年
(1829)京都光華齋刻本　二冊

110000－0102－0007561　乙一/5　經部/
易類
郭氏傳家易說十一卷　（宋）郭雍撰　清同治
十三年(1874)江西書局刻武英殿聚珍版叢書

本 八冊

110000－0102－0007562　乙一/6　經部/易類/傳說

先天易貫五卷 （清）劉元龍撰　清道光二十年(1840)居易齋刻本　四冊

110000－0102－0007563　乙一/8　經部/易類/文字音義

周易遵翼約編十卷 （清）匡文昱撰　清乾隆嘉慶間刻本　五冊

110000－0102－0007564　乙一/9　經部/小學類/文字/說文

許學叢刻二集 （清）許頌鼎　（清）許湘祥合輯　清光緒十三年(1887)海寧許氏古均閣刻本　四冊

110000－0102－0007565　乙一/10　經部/易類/傳說

周易說畧四卷 （清）張爾岐撰　清嘉慶二年(1797)刻本　八冊

110000－0102－0007566　乙一/11　經部/易類/傳說

易說六卷 （宋）司馬光撰　清光緒二十五年(1899)廣東廣雅書局刻本　四冊

110000－0102－0007567　乙一/13　經部/易類/傳說

易酌十四卷 （清）刁包撰　清道光二十三年(1843)刻本　十四冊

110000－0102－0007568　乙一/14　經部/易類/文字音義

周易析義六卷 （清）馮繼聰撰　清咸豐八年(1858)寶德堂刻本　六冊

110000－0102－0007569　乙一/15　經部/小學類/音韻

古韻發明 （清）張畊撰　清道光六年(1826)刻本　四冊

110000－0102－0007570　乙一/19　經部/易類/圖說

周易遵經像輯十四卷末一卷 （清）朱元撰

清嘉慶元年(1796)孌堂刻本　四冊

110000－0102－0007571　乙一/21　經部/易類/傳說

周易集傳八卷 （元）龍仁夫撰　清同治七年(1868)鼎吉堂刻本　四冊

110000－0102－0007572　乙一/23　經部/易類/傳說

周易臆解 （清）楊以迥撰　清光緒十年(1884)楊氏刻本　五冊

110000－0102－0007573　乙一/24　經部/易類/傳說

周易傳注七卷筮考一卷 （清）李塨撰　清道光二十三年(1843)刻本　四冊

110000－0102－0007574　乙一/25　經部/易類/傳說

周易經程傳 （宋）程頤撰　清光緒九年(1883)江南書局刻本　三冊

110000－0102－0007575　乙一/26　經部/易類/文字音義

周易審義 （清）張編修撰　清咸豐七年(1857)文選樓刻本　四冊

110000－0102－0007576　乙一/27　經部/易類/傳說

周易費氏學 馬其昶撰　清光緒三十年(1904)集虛草堂刻本　二冊

110000－0102－0007577　乙一/29　經部/易類/傳說

易說十二卷 （清）郝懿行撰　清光緒八年(1882)刻本　四冊

110000－0102－0007578　乙一/30　經部/易類/傳說

周易集解十七卷 （唐）李鼎祚撰　清嘉慶二十三年(1818)本瀆周氏刻本　六冊

110000－0102－0007579　乙一/31　經部/易類/文字音義

睿川易義合編 徐天璋編　清宣統三年(1911)鉛印本　八冊

110000－0102－0007580　乙一/33　經部/易類/傳說

吳園周易解九卷附錄一卷　（宋）張根撰　清乾隆江西刻本　三冊

110000－0102－0007581　乙一/35　經部/易類/文字音義

易道真傳五卷　（宋）陳摶撰　（宋）邵雍述（清）三復居士批點　清道光二十九年（1849）刻本　二冊

110000－0102－0007582　乙一/37　經部/易類/傳說

周易恆解五卷首一卷　（清）劉沅撰　清光緒三十一年（1905）刻本　六冊

110000－0102－0007583　乙一/38　經部/易類/傳說

易原　（宋）程大品撰　清光緒二十五年（1899）廣東廣雅書局刻本　四冊

110000－0102－0007584　乙一/40　經部/易類/古易

古本易鏡十三卷　（清）何毓福撰　清光緒十年（1884）刻本　十三冊

110000－0102－0007585　乙一/41　經部/易類/古易

河上易註八卷圖說二卷　（清）黎世序撰　清道光元年（1821）謙豫齋刻本　六冊

110000－0102－0007586　乙一/42　經部/易類

周易十卷　（三國魏）王弼注　清影宋刻本　三冊

110000－0102－0007587　乙一/43　經部/經總類/群經合刊

周易十卷　（三國魏）王弼注　**尚書十三卷**（漢）孔安國傳　清乾隆四十八年（1783）北京武英殿刻本　六冊

110000－0102－0007588　乙一/44　經部/易類/文字音義

觀象居易傳箋十二卷　（清）汪師韓撰　清刻本　二冊

110000－0102－0007589　乙一/45　子部/儒家類/清

敦艮齋遺書十七卷　（清）徐潤第撰　清道光二十八年（1848）刻本　五冊

110000－0102－0007590　乙一/46　經部/小學類/文字/說文/校刊、注釋

說文引經證例二十四卷　（清）承培元撰　清光緒二十一年（1895）廣雅書局刻本　六冊

110000－0102－0007591　乙一/47　經部/小學類

小學鈎沈續編八卷　顧震福編　清光緒十八年（1892）刻本　四冊

110000－0102－0007592　乙一/48　經部/易類/傳說

易經程傳四卷　（宋）程頤傳　清明善社刻本　四冊

110000－0102－0007593　乙一/54　經部/易類/傳說

周易述四十卷　（清）惠棟注疏　清乾隆雅雨堂刻本　八冊　存二十三卷（一至二十三）

110000－0102－0007594　乙一/55　經部/易類/圖說

易經圖說辯正二卷　（清）彭申甫編輯　清刻本　二冊

110000－0102－0007595　乙一/56　經部/易類/其它

易例輯略一卷　（清）龐大堃撰　清刻南菁書院叢書本　二冊

110000－0102－0007596　乙一/61　經部/小學類/文字/說文/傳說

說文假借義證二十八卷　（清）朱珔撰　清光緒二十五年（1899）約古閣刻本　二十八冊

110000－0102－0007597　乙一/62　史部/目錄類/著錄/學科專目/小學

小學考五十卷　（清）謝啟昆撰　清咸豐二年（1852）謝經堂刻本　十六冊

110000－0102－0007598　乙一/63　經部/易

類/傳說

易傳三卷 （漢）京房撰　清刻廣漢魏叢書本　二冊

110000－0102－0007599　乙一/65　經部/易類/傳說

高島易斷 （日本）高島嘉右衛門撰　清光緒二十七年(1901)鉛印本　四冊

110000－0102－0007600　乙一/66　經部/易類/傳說

周易舊注十二卷 （清）徐鼎撰　清光緒十二年(1886)刻本　六冊

110000－0102－0007601　乙一/68　史部/目錄類/著錄/學科專目/小學

小學考五十卷 （清）謝啟昆撰　清光緒十四年(1888)浙江書局刻本　二十冊

110000－0102－0007602　乙一/71　經部/易類/傳說

周易介 （清）單維撰　清嘉慶二十一年(1816)刻本　十冊

110000－0102－0007603　乙一/73　經部/易類/傳說

周易鄭註十二卷 （漢）鄭玄註　清嘉慶二十四年(1819)蕭山陳氏湖海樓刻湖海樓叢書本　四冊

110000－0102－0007604　乙一/74　經部/易類/傳說

清風易註四卷 （清）魏閬撰　清光緒十八年(1892)刻本　四冊

110000－0102－0007605　乙一/75　經部/易類/傳說

誠齋易傳二十卷 （宋）楊萬里撰　清刻本　八冊

110000－0102－0007606　乙一/77　經部/易類/圖說

易圖畧八卷 （清）焦循撰　清嘉慶十八年(1813)刻本　四冊

110000－0102－0007607　乙一/78　經部/易

方氏易學五書 （清）方申撰　清道光二十五年(1845)青溪舊屋刻本　二冊

110000－0102－0007608　乙一/79　經部/易類/傳說

周易本義十二卷 （宋）朱熹撰　清同治四年(1865)金陵書局刻本　二冊

110000－0102－0007609　乙一/81　經部/小學類/文字/說文/傳說

說文引經考異十六卷 （清）柳榮宗撰　清同治六年(1867)刻本　三冊

110000－0102－0007610　乙一/83　經部/易類/傳說

固村觀玩集稿四卷 （清）侯起元撰　清嘉慶十二年(1807)刻本　四冊

110000－0102－0007611　乙一/84　經部/易類/傳說

周易究四卷 （清）徐梅撰　清光緒三年(1877)刻本　四冊

110000－0102－0007612　乙一/85　經部/易類/傳說

周易啟蒙翼傳 （元）胡一桂撰　清同治十二年(1873)粵東書局刻本　四冊

110000－0102－0007613　乙一/88　經部/小學類/音韻

韻會舉要 （宋）黃公紹編　清光緒九年(1883)淮南書局刻本　十冊

110000－0102－0007614　乙一/90　經部/易類/傳說

易經詮義十四卷首一卷 （清）汪烜輯　清同治十二年(1873)常州曲水書局木活字印汪子遺書本　十五冊

110000－0102－0007615　乙一/91　子部/藝術類/篆刻

續三十五舉 （清）桂馥撰　清道光二十三年(1843)刻本　三冊

110000－0102－0007616　乙一/92　經部/易

類/傳說

易經詮義十四卷首一卷 （清）汪烜輯　清同治十二年(1873)常州曲水書局木活字印汪子遺書本　十五冊

110000－0102－0007617　乙一/96　經部/易類/古易

周易上經爻變易蘊四卷 （元）陳應潤撰　清刻本　四冊

110000－0102－0007618　乙一/97　經部/易類/文字音義

周易義海撮要十二卷 （宋）李衡撰　清同治十二年(1873)廣州粵東書局刻通志堂遺書本　四冊

110000－0102－0007619　乙一/100　經部/易類/傳說

周易姚氏學十六卷首一卷 （清）姚配中撰　清光緒三年(1877)崇文書局刻本　六冊

110000－0102－0007620　乙一/102　叢部/自著叢書/清中晚期

經韻樓叢書 （清）段玉裁撰　清中晚期刻本　二十四冊

110000－0102－0007621　乙一/103　經部/易類/傳說

易經如話十二卷首一卷 （清）汪紱撰　清光緒二十二年(1896)刻本　十二冊

110000－0102－0007622　乙一/105　經部/易類/文字音義

周易傳義音訓八卷附義學啟蒙一卷 （宋）程頤傳　（宋）朱熹本義　（宋）呂祖謙音訓　清咸豐六年(1856)刻本　八冊

110000－0102－0007623　乙一/106　經部/易類/傳說

壽山堂易說 （唐）呂岩撰　清刻本　四冊

110000－0102－0007624　乙一/107　子部/雜家類/雜考

札樸 （清）桂馥撰　清光緒九年(1883)蔣氏心矩齋刻本　八冊

110000－0102－0007625　乙一/109　叢部/自著叢書/清中晚期

雷刻八種 （清）雷浚撰　清光緒吳縣雷氏刻本　十二冊

110000－0102－0007626　乙一/118　經部/易類/傳說

周易廓二十四卷 （清）陳世鎔撰　清咸豐八年(1858)獨秀山莊刻本　六冊

110000－0102－0007627　乙一/122　經部/易類/傳說

周易通義十六卷 （清）邊廷英撰　清道光十六年(1836)刻本　十六冊

110000－0102－0007628　乙一/123　經部/易類/文字音義

讀易大旨五卷 （清）孫奇逢撰　清康熙二十七年(1688)刻本　四冊

110000－0102－0007629　乙一/124　經部/易類/文字音義

讀易大旨五卷 （清）孫奇逢撰　清康熙二十七年(1688)刻本　四冊

110000－0102－0007630　乙一/129　經部/易類/傳說

西樓易說 （清）楊家洙撰　清光緒十四年(1888)刻本　十八冊

110000－0102－0007631　乙一/130　經部/小學類/文字/訓蒙

文字蒙求廣義四卷 （清）王筠原撰　（清）蒯光典重編　清光緒二十七年(1901)江楚書局刻本　五冊

110000－0102－0007632　乙一/134　經部/小學類/文字/說文/校刊、注釋

說文段注訂補十四卷 （清）王紹蘭撰　（清）胡煥棻編　清光緒十四年(1888)刻本　八冊

110000－0102－0007633　乙一/138　經部/小學類/音韻/韻典

隸韻十卷碑目一卷考證一卷 （宋）劉球纂　清嘉慶十五年(1810)刻本　六冊

110000 - 0102 - 0007634　乙一/143　經部/小學類/文字

文字蒙求四卷　（清）王筠撰　清光緒三十年(1904)學務處刻本　一冊

110000 - 0102 - 0007635　乙一/145　經部/小學類/文字/說文/校刊、注釋

說文發疑六卷　（清）張行孚撰　清光緒九年(1883)抱經堂刻本　三冊

110000 - 0102 - 0007636　乙一/146　經部/小學類/音韻/韻典

古韻溯原八卷　（清）安念祖　（清）華湛恩合編　清道光十九年(1839)親仁堂刻本　四冊

110000 - 0102 - 0007637　乙一/147　經部/小學類/訓詁/爾雅

爾雅疏十卷　（宋）邢昺等編　清光緒四年(1878)吳興陸氏十萬卷樓刻本　二冊

110000 - 0102 - 0007638　乙一/150　經部/小學類

小學鈎沈十九卷　（清）任大椿撰　清光緒十年(1884)龍氏刻本　四冊

110000 - 0102 - 0007639　乙一/151　經部/小學類/訓詁/爾雅

拾雅二十卷　（清）夏味堂撰　清嘉慶二十五年(1820)刻本　十冊

110000 - 0102 - 0007640　乙一/154　經部/小學類/文字/說文

說文古籀補　（清）吳大澂撰　清光緒二十四年(1898)刻本　二冊

110000 - 0102 - 0007641　乙一/155　經部/小學類/文字/說文/傳說

說文經斠十三卷　（清）楊廷瑞撰　清光緒十七年(1891)楊氏刻澄園叢書本　四冊

110000 - 0102 - 0007642　乙一/158　經部/小學類/音韻/韻典

集韻攷證十卷　（清）方成珪撰　清道光二十七年(1847)刻永嘉叢書本　十冊

110000 - 0102 - 0007643　乙一/159　經部/

小學類/訓詁/方言

方言箋疏十三卷　（清）錢繹撰　清光緒十六年(1890)紅蝠山房刻本　六冊

110000 - 0102 - 0007644　乙一/161　經部/小學類/文字

草字彙　（清）石樑集　清乾隆五十二年(1787)宏道堂刻本　六冊

110000 - 0102 - 0007645　乙一/164　經部/小學類/音韻/韻典

音韻闡微　（清）李光地等編　清光緒七年(1881)淮南書局刻本　五冊

110000 - 0102 - 0007646　乙一/166　經部/小學類/文字/說文

說文審音十六卷　（清）張行孚撰　清光緒二十四年(1898)芳郭里通隱堂刻本　四冊

110000 - 0102 - 0007647　乙一/169　經部/小學類/音韻/韻典

音韻闡微十八卷　（清）李光地　（清）王蘭生編修　清光緒七年(1881)淮南書局刻本　五冊

110000 - 0102 - 0007648　乙一/175　經部/小學類/文字/說文/校刊、注釋

說文釋例二十卷　（清）王筠撰　清同治四年(1865)王氏刻本　十冊

110000 - 0102 - 0007649　乙一/179　經部/小學類/音韻/韻典

簡字全譜五種　勞乃宣撰　清光緒三十三年(1907)刻本　四冊

110000 - 0102 - 0007650　乙一/181　經部/小學類

小學類編七種　（清）惠棟撰　清同治十年(1871)江都李氏半誕園刻本　八冊

110000 - 0102 - 0007651　乙一/182　經部/小學類/文字/說文/校刊、注釋

說文辨字正俗八卷　（清）李富孫撰　清嘉慶二十三年(1818)刻本　八冊

110000 - 0102 - 0007652　乙一/183　經部/

(1803)刻本　四冊

110000 - 0102 - 0007671　乙一/222　經部/
小學類/文字/說文/傳說

說文古本考十四卷　(清)沈濤纂　清光緒九
年(1883)漪喜齋刻本　八冊

110000 - 0102 - 0007672　乙一/224　經部/
小學類/文字/說文/傳說

說文通訓定聲十八卷柬韻一卷　(清)朱駿聲
撰　清道光三十年(1850)刻本　二十四冊

110000 - 0102 - 0007673　乙一/225　經部/
小學類/音韻/韻典

姚刻三韻　(清)姚覲元輯　清光緒二年
(1876)刻本　十四冊

110000 - 0102 - 0007674　乙一/226　經部/
小學類/文字/說文/校刊、注釋

說文五翼　(清)王煦撰　清光緒八年(1882)
上虞觀海樓刻本　四冊

110000 - 0102 - 0007675　乙一/227　經部/
小學類/訓詁/爾雅

爾雅郭注補正九卷　(清)戴鑒撰　清光緒十
一年(1885)海陽韓氏刻本　三冊

110000 - 0102 - 0007676　乙一/229　經部/
小學類/文字/字典詞典等

隸韻十卷碑目一卷　(宋)劉球纂　清嘉慶十
五年(1810)都秦氏刻本　十三冊

110000 - 0102 - 0007677　乙一/231　經部/
小學類/文字/說文/校刊、注釋

說文段注訂補十四卷　(清)王紹蘭撰　清光
緒十四年(1888)刻本　八冊

110000 - 0102 - 0007678　乙一/232　經部/
小學類/文字/說文/校刊、注釋

說文韻譜校五卷　(清)王筠撰　清光緒十六
年(1890)刻本　二冊

110000 - 0102 - 0007679　乙一/233　經部/
小學類/文字/說文

說文逸字二卷儀劄私箋八卷　　(清)鄭珍撰
清咸豐八年(1858)望山堂刻本　四冊

110000 - 0102 - 0007680　乙一/234　經部/
小學類/文字/說文/校刊、注釋

**段氏說文注訂六卷說文新補玫六卷說文續玫
一卷**　(清)鈕樹玉撰　清同治五年至七年
(1866 - 1868)碧螺山館刻本　六冊

110000 - 0102 - 0007681　乙一/235　經部/
小學類/文字/說文/校刊、注釋

說文答問疏證六卷　(清)薛傳均撰　清道光
十八年(1838)刻本　二冊

110000 - 0102 - 0007682　乙一/236　經部/
小學類/文字/說文/校刊、注釋

說文校議十五卷　(清)姚文田　(清)嚴可均
合撰　清同治十三年(1874)歸安姚氏刻本
四冊

110000 - 0102 - 0007683　乙一/237　經部/
小學類/文字/說文/校刊、注釋

說文解字通釋四十卷　(南唐)徐鍇撰　清道
光十九年(1839)刻本　八冊

110000 - 0102 - 0007684　乙一/238　經部/
小學類/文字/說文/傳說

說文發疑七卷　(清)張行孚撰　清光緒九年
(1883)刻本　三冊

110000 - 0102 - 0007685　乙一/243　經部/
小學類/文字/說文

苗氏說文四種　(清)苗夔撰　清咸豐元年
(1851)漢磚亭刻本　八冊

110000 - 0102 - 0007686　乙一/244　經部/
小學類/文字/說文

藤花榭本說文十五卷　(漢)許慎撰　(宋)徐
鉉等較定　清嘉慶十二年(1807)額勒布藤花
榭刻本　八冊

110000 - 0102 - 0007687　乙一/245　經部/
小學類/文字/說文/校刊、注釋

說文解字舊音補注改錯　(清)胡玉縉撰　清
光緒十三年(1887)刻本　二冊

110000 - 0102 - 0007688　乙一/246 - 1　經
部/小學類/文字/字體

倉頡篇三卷續一卷補二卷附錄一卷　(清)孫

星衍撰　（清）任大椿續　（清）陶方琦補　清光緒十六年(1890)江蘇書局刻本　二冊

110000－0102－0007689　乙一/246－2　經部/小學類/文字/字典詞典

字林攷逸八卷附錄一卷補本一卷附錄一卷　(清)任大椿撰　（清）陶方琦補　（清）諸可寶附　清光緒十六年(1890)江蘇書局刻本　四冊

110000－0102－0007690　乙一/247　經部/小學類/文字/說文/校刊、注釋

說文群經正字二十八卷　（清）邵瑛撰　清嘉慶二十一年(1816)桂隱書屋刻本　八冊

110000－0102－0007691　乙一/248　經部/小學類/文字/字體

六書正譌　（元）周伯琦撰　清刻本　五冊

110000－0102－0007692　乙一/249　經部/經總類/群經總義/傳說

唐石經校文十卷　（清）嚴可均纂　清二百蘭亭齋刻本　四冊

110000－0102－0007693　乙一/250　經部/小學類/文字/說文/校刊、注釋

說文逸字辨證　（清）李楨撰　清光緒十一年(1885)刻本　二冊

110000－0102－0007694　乙一/251　經部/小學類/文字/字體

文字存真四卷　（清）饒炯撰　清光緒三十年(1904)達古軒刻本　四冊

110000－0102－0007695　乙一/254　經部/小學類/音韻

音學五書二十八卷　（清）顧炎武撰　清光緒十一年(1885)四明觀稼樓刻本　十二冊

110000－0102－0007696　乙一/263　經部/經總類/群經總義/傳說

述學六卷　（清）汪中撰　清同治八年(1869)揚州書局刻本　二冊

110000－0102－0007697　乙一/266　經部/禮類/通禮

禮書一百五十卷　（宋）陳祥道撰　清光緒二年(1876)刻本　十四冊

110000－0102－0007698　乙一/268　經部/小學類/文字/說文/傳說

說文通訓定聲十八卷柬韻一卷　（清）朱駿聲撰　清刻本　三十二冊

110000－0102－0007699　乙一/269　經部/小學類/文字/說文/傳說

王氏說文四種　（清）王筠撰　清同治四年(1865)刻本　三十六冊

110000－0102－0007700　乙一/270　經部/經總類/群經總義/文字音義

經典釋文　（唐）陸德明撰　清同治十年(1871)刻本　十二冊

110000－0102－0007701　乙一/271　經部/小學類/文字/說文/校刊、注釋

說文解字義證五十卷　（清）桂馥撰　清同治九年(1870)湖北崇文書局刻本　三十二冊

110000－0102－0007702　乙一/273　經部/小學類/文字/說文/校刊、注釋

說文解字注三十二卷　（清）段玉裁撰　清嘉慶十三年(1808)刻本　三十二冊

110000－0102－0007703　乙一/275　經部/小學類/訓詁/群雅

廣雅疏證十卷　（清）王念孫撰　清光緒五年(1879)淮南書局刻本　八冊

110000－0102－0007704　乙一/276　經部/小學類/文字/說文/校刊、注釋

說文解字斠詮十四卷　（清）錢坫撰　清嘉慶十二年(1807)刻本　十四冊

110000－0102－0007705　乙一/277　經部/經總類

石經彙函　（清）王秉恩輯　清光緒十六年(1890)元尚居刻本　十六冊

110000－0102－0007706　乙一/283　經部/小學類/訓詁/爾雅/圖說

爾雅音圖　（晉）郭璞注　清嘉慶六年(1801)

刻本 三冊

110000－0102－0007707 乙一/284 經部/
小學類/文字/說文/校刊、注釋

說文解字注三十二卷 （清）段玉裁注 清嘉
慶十三年(1808)刻本 三十二冊

110000－0102－0007708 乙一/289 子部/
藝術類/篆刻

繆篆分韻五卷補一卷 （清）桂馥撰 清嘉慶
元年(1796)刻本 六冊

110000－0102－0007709 乙一/290 經部/
小學類/文字/字體

六書通 （明）閔齊伋撰 清光緒四年(1878)
繡谷三徐堂刻本 六冊

110000－0102－0007710 乙一/293 經部/
小學類/文字

六書繫韻 （清）李貞編 清光緒十六年
(1890)刻本 二十六冊

110000－0102－0007711 乙一/295 經部/
小學類/文字/說文

說文古本考十四卷 （清）沈濤撰 清光緒十
年(1884)刻潘氏滂喜齋刻本潘承弼民國十八
年(1929)補刻本 八冊

110000－0102－0007712 乙一/301 史部/
金石類/璽印

選集漢印分韻 （清）袁日省撰 清嘉慶二年
(1797)漱藝堂刻本 四冊

110000－0102－0007713 乙一/304 經部/
禮類

半農先生禮說十四卷 （清）惠士奇撰 清嘉
慶二年(1797)刻本 四冊

110000－0102－0007714 乙一/305 經部/
小學類/音韻

古今中外音韻通例四卷 （清）胡垣撰 清光
緒十四年(1888)刻本 四冊

110000－0102－0007715 乙一/306 經部/
小學類/音韻

律音彙攷八卷 （清）邱之稑撰 清鉛印本 四冊

110000－0102－0007716 乙一/313 子部/
雜家類/雜考

考古質疑六卷 （宋）葉大慶撰 清同治十三
年(1874)江西書局刻本 一冊

110000－0102－0007717 乙一/318 經部/
小學類/文字/說文

苗氏說文四種 （清）苗夔撰 清咸豐元年
(1851)刻本 八冊

110000－0102－0007718 乙一/322 經部/
經總類/群經總義

歷代石經略二卷 （清）桂馥撰 清光緒九年
(1883)陳州郡齋刻本 二冊

110000－0102－0007719 乙一/323 經部/
書類/傳說

尚書古文疏證八卷 （清）閻若璩撰 清嘉慶
元年(1796)刻本 八冊

110000－0102－0007720 乙一/324 經部/
書類/文字音義

古文尚書冤詞平議二卷 （清）皮錫瑞撰 清
光緒二十二年(1896)思賢書局刻本 一冊

110000－0102－0007721 乙一/325 經部/
小學類/文字/說文/聲訓

漢學諧聲二十四卷 （清）戚學標撰 清嘉慶
九年(1804)刻本 八冊

110000－0102－0007722 乙一/326 經部/
小學類/音韻/韻典

集韻考正十卷 （清）方成珪撰 清光緒五年
(1879)刻本 十冊

110000－0102－0007723 乙一/333 經部/
禮類/儀禮/圖說

儀禮圖六卷 （清）張惠言撰 清同治九年
(1870)楚北崇文書局刻本 三冊

110000－0102－0007724 乙一/339 經部/
小學類/文字/字典詞典等

康熙字典 （清）張玉書等編 清光緒二十四
年(1898)上海慎記書莊縮印本 六冊

110000－0102－0007725 乙一/346 經部/

小學類/音韻/其它

等韻一得二卷 勞乃宣撰 清光緒二十四年(1898)刻本 一冊

110000－0102－0007726 乙一/350 經部/經總類/群經總義/文字音義

七經孟子考文並補遺二百卷 (日本)山井鼎輯 (日本)物觀修 清嘉慶二年(1797)儀徵阮氏小琅嬛仙館刻本 十六冊

110000－0102－0007727 乙一/351 經部/小學類/訓詁/語言學

稱謂錄三十二卷 (清)梁章鉅撰 清光緒十年(1884)刻本 八冊

110000－0102－0007728 乙一/352 經部/禮類/儀禮/圖說

儀禮圖六卷 (清)張惠言撰 清同治九年(1870)楚北崇文書局刻本 三冊

110000－0102－0007729 乙一/358 經部/經總類/群經總義/傳說

通志堂經解 (清)納蘭成德輯 清同治十二年(1873)粵東書局刻本 四百八十冊

110000－0102－0007730 乙一/363 經部/經總類/群經總義/傳說

十三經註疏 (□)□□輯 清同治十年(1871)廣東書局刻本 一百二十冊

110000－0102－0007731 乙一/364 經部/小學類/文字/說文/聲訓

漢學諧聲二十二卷 (清)戚學標撰 清嘉慶九年(1804)刻本 八冊

110000－0102－0007732 乙一/367 經部/書類/傳說

尚書大傳疏證七卷 (清)皮錫瑞撰 清光緒二十二年(1896)刻本 四冊

110000－0102－0007733 乙一/368 經部/四書類/總義/傳說

四書 (清)丁寶楨等校 清同治八年(1869)山東書局刻本 六冊

110000－0102－0007735 乙一/372 子部/

雜家類/雜考

援鶉堂筆記五十卷 (清)姚範撰 清道光十六年(1836)刻本 十六冊

110000－0102－0007736 乙一/374 經部/禮類/儀禮/傳說

儀禮正義四十卷 (清)胡培翬撰 清咸豐二年(1852)蘇州湯晉苑局刻本 二十冊

110000－0102－0007737 乙一/375 經部/經總類/群經總義/文字音義

經學文鈔十五卷首三卷 (清)梁鼎芬 (清)曹元弼合輯 清光緒三十四年(1908)江蘇存古學堂木活字印本 三十冊

110000－0102－0007738 乙一/376 經部/經總類/群經總義/傳說

皇清經解一百八十種 (清)阮元輯 清光緒十八年(1892)上海古香閣縮印本 六十四冊

110000－0102－0007739 乙一/377 經部/禮類/通禮

五禮通考二百六十二卷 (清)秦蕙田編 清刻本 一百冊

110000－0102－0007740 乙一/379 經部/經總類/群經合刊

鄭氏佚書 (清)袁鈞輯 清光緒十四年(1888)浙江書局刻本 十冊

110000－0102－0007741 乙一/383 經部/小學類/文字

復古編二卷 (宋)張有撰 清光緒八年(1882)淮南書局刻本 二冊

110000－0102－0007742 乙一/385 經部/詩類/文字音義

呂氏家塾讀詩記三十二卷 (宋)呂祖謙撰
續呂氏家塾讀詩記三卷 (宋)戴溪撰 清刻本 十二冊

110000－0102－0007743 乙一/386 經部/禮類/禮記/傳說

續禮記集說一百卷 (清)杭世駿撰 清光緒二十一年至三十年(1895－1904)浙江書局刻本 四十冊

110000－0102－0007744　乙一/389　經部/
書類/傳說

書經集傳音釋六卷末二卷　（宋）蔡沈傳
（元）鄒季友音釋　清光緒十五年（1889）江南
書局刻本　六冊

110000－0102－0007745　乙一/390　史部/
政書類/考工

攷工記辨證三卷補疏一卷　陳衍撰　清光緒
石遺室刻本　二冊

110000－0102－0007746　乙一/391　經部/
經總類/群經總義/傳說

經義雜記三十卷敘錄一卷　（清）臧琳撰　清
刻本　六冊

110000－0102－0007747　乙一/392　經部/
小學類/訓詁/群雅

釋穀四卷　（清）劉寶楠撰　清光緒十四年
（1888）廣雅書局刻本　一冊

110000－0102－0007748　乙一/393　經部/
經總類/群經合刊

御纂七經　（清）李光地等纂　清光緒十四年
（1888）江南書局刻本　一百三十四冊

110000－0102－0007749　乙一/395　經部/
詩類/傳說

毛詩序說三十二卷　（清）龔鑒撰　清刻本
六冊

110000－0102－0007750　乙一/396　史部/
傳記類/日記/清

學古堂日記　（清）雷浚　（清）汪之昌合輯
清光緒二十年（1894）刻本　二十六冊

110000－0102－0007751　乙一/398　經部/
書類/文字音義

今文尚書攷證三十卷　（清）皮錫瑞撰　清光
緒二十三年（1897）刻本　四冊

110000－0102－0007752　乙一/399　經部/
小學類/文字/字體

六書類纂　（清）吳錦章撰　清光緒二十三年
（1897）崇雅精舍刻本　六冊

110000－0102－0007753　乙一/404　經部/
小學類/訓詁/爾雅

爾雅郭注佚存補訂二十卷　（清）王樹枏撰
清光緒十八年（1892）文英堂刻本　六冊

110000－0102－0007754　乙一/405　經部/
經總類/群經總義/文字音義

經典釋文三十卷　（唐）陸德明撰　清同治八
年（1869）湖北崇文書局刻本　十二冊

110000－0102－0007755　乙一/406　經部/
經總類/群經總義/傳說

皇清經解續編　王先謙撰　清光緒十五年
（1889）上海蜚英館石印本　三十二冊

110000－0102－0007756　乙一/410　經部/
小學類/文字/說文

說文古籀補十四卷附錄一卷　（清）吳大澂撰
　清光緒二十四年（1898）刻本　二冊

110000－0102－0007757　乙一/417　經部/
經總類/群經總義/文字音義

六藝堂詩禮七編　（清）丁晏撰　清咸豐二年
（1852）聊城海源閣刻本　十冊

110000－0102－0007758　乙一/418　經部/
經總類/群經總義/傳說

歷代石經略　（清）桂馥撰　清光緒九年
（1883）陳州郡齋刻本　二冊

110000－0102－0007759　乙一/419　經部/
小學類/文字/說文

說文古籀補　（清）吳大澂撰　清光緒十年
（1884）刻本　四冊

110000－0102－0007760　乙一/420　經部/
經總類/群經總義/文字音義

群經平議三十五卷　（清）俞樾撰　清同治十
年（1871）刻本　十五冊

110000－0102－0007761　乙一/425　經部/
詩類/傳說

毛詩稽古編三十卷　（清）陳啟源撰　清嘉慶
十八年（1813）刻本　十二冊

110000－0102－0007762　乙一/426　經部/

詩類/傳說

詩序廣義二十四卷 （清）姜炳章輯　清嘉慶二十年(1815)尊行堂刻本　十六冊

110000 - 0102 - 0007763　乙一/427　經部/小學類/文字/訓蒙

字課圖說四卷 （清）劉樹屏撰　清光緒三十年(1904)澄衷蒙學堂石印本　八冊

110000 - 0102 - 0007764　乙一/428　經部/書類/其它

尚書瑣記三卷駢體文二卷 （清）尹恭保撰　清光緒二十二年(1896)刻本　七冊

110000 - 0102 - 0007765　乙一/429　經部/詩類/其它

學詩詳說三十卷正詁五卷 （清）顧廣譽撰　清光緒三年(1877)刻本　十冊

110000 - 0102 - 0007766　乙一/430　經部/四書類/論語/傳說

論語正義二十四卷 （清）劉寶楠撰　清同治五年(1866)金陵存古書社刻本　六冊

110000 - 0102 - 0007767　乙一/432　經部/四書類/論語/傳說

論語後案 （清）黃式三撰　清光緒九年(1883)浙江書局刻本　十冊

110000 - 0102 - 0007768　乙一/433　經部/小學類/訓詁/群雅

釋穀四卷 （清）劉寶楠撰　清道光二十年(1840)刻本　四冊

110000 - 0102 - 0007769　乙一/435　經部/春秋類/總義/傳說

春秋會義二十六卷 （宋）杜諤撰　清光緒十八年(1892)古不夜城孫氏山淵閣刻本　十二冊

110000 - 0102 - 0007770　乙一/437　經部/經總類/群經總義/傳說

經義述聞三十二卷 （清）王引之撰　清嘉慶二十二年(1817)刻本　十六冊

110000 - 0102 - 0007771　乙一/443　經部/

春秋類/總義

春秋例表 （清）廖震等編　清光緒三十四年(1908)刻本　四冊

110000 - 0102 - 0007772　乙一/448　經部/詩類/傳說

毛詩稽古編三十卷附錄一卷 （清）陳啟源撰　清嘉慶十八年(1813)刻本　八冊

110000 - 0102 - 0007773　乙一/449　經部/經總類/群經總義/文字音義

西夏經義五種 （清）何佩融撰　清道光刻本　十二冊

110000 - 0102 - 0007774　乙一/451　經部/易類/傳說

漢魏二十一家易注 （清）孫堂輯　清嘉慶四年(1799)刻本　十六冊

110000 - 0102 - 0007775　乙一/452　經部/禮類/禮記/傳說

禮記集解六卷 （清）孫希旦撰　清同治十年(1871)刻本　二十冊

110000 - 0102 - 0007776　乙一/454　經部/禮類/通禮

禮書綱目八十五卷 （清）江永撰　清嘉慶十五年(1810)刻本　三十二冊

110000 - 0102 - 0007777　乙一/455　經部/經總類/群經總義/文字音義

古微書三十六卷 （明）孫瑴撰　清嘉慶二十一年(1816)對山間月樓刻本　六冊

110000 - 0102 - 0007778　乙一/456　經部/經總類/群經總義/傳說

鄭氏佚書 （漢）鄭玄撰　（清）袁鈞輯　清光緒十四年(1888)浙江書局刻本　十冊

110000 - 0102 - 0007779　乙一/459　經部/春秋類/左傳/傳說

春秋左氏傳賈服註輯述二十卷 （清）李貽德撰　清光緒八年(1882)江蘇書局刻本　六冊

110000 - 0102 - 0007780　乙一/461　經部/經總類/群經總義/傳說

皇清經解一百九十卷　（清）阮元輯　清光緒十一年(1885)點石齋石印本　二十四冊

110000－0102－0007781　乙一/465　經部/經總類/群經總義/傳說

石經攷文提要十三卷　（清）彭元瑞撰　清嘉慶四年(1799)許宗彥刻本　二冊

110000－0102－0007782　乙一/468　經部/春秋類/總義/傳說

春秋紀傳攷二十五卷　（清）李鳳雛纂輯　清光緒二十一年(1895)古大化里刻本　十二冊

110000－0102－0007783　乙一/469　經部/四書類/論語/傳說

論語集注十卷　（宋）朱熹集注　清道光廣州藝芳齋刻朱墨印本　三冊

110000－0102－0007784　乙一/471　經部/經總類/群經總義/傳說

隸經雜箸四種　顧震福撰　清光緒十八年(1892)刻本　四冊

110000－0102－0007785　乙一/473　經部/經總類/群經總義/傳說

皇清經解續編二百〇九卷　王先謙撰　清光緒十五年(1889)上海蜚英館石印本　三十二冊

110000－0102－0007786　乙一/474　經部/詩類/傳說

毛詩後箋三十卷　（清）胡承珙著　清光緒七年(1881)刻本　二十冊

110000－0102－0007787　乙一/475　經部/四書類

四書地理攷十五卷　（清）王瑬撰　清道光十二年(1832)刻本　八冊

110000－0102－0007788　乙一/477　經部/四書類/總義/傳說

四書集註　（宋）朱熹集註　清同治五年(1866)金陵書局刻本　六冊

110000－0102－0007789　乙一/478　經部/春秋類/總義/傳說

春秋屬辭辨例編六十卷　（清）張應昌撰　清同治十二年(1873)江蘇書局刻本　三十二冊

110000－0102－0007790　乙一/479　經部/經總類/群經合刊

萬氏經學五書　（清）萬斯大撰　清嘉慶元年(1796)刻本　六冊

110000－0102－0007791　乙一/480　經部/禮類/禮記/傳說

鄭氏禮記箋四十九卷　（清）郝懿行撰　清光緒八年(1882)刻本　十冊

110000－0102－0007792　乙一/481　經部/春秋類

春秋世族譜二卷　（清）陳厚耀撰　清光緒二十五年(1899)兩湖書院正學堂刻本　二冊

110000－0102－0007793　乙一/482　經部/禮類/三禮

禮經校釋二十二卷　（清）曹元弼撰　清光緒十八年(1892)刻本　十二冊

110000－0102－0007794　乙一/483　經部/禮類/周禮/文字音義

周禮疑義辨證　陳衍撰　清末至民國蘇州利蘇印書社鉛印石遺室叢書本　一冊

110000－0102－0007795　乙一/484　子部/雜家類/雜考

讀書雜釋十四卷　（清）徐鼒撰　清光緒十二年(1886)鉛印本　四冊

110000－0102－0007796　乙一/488　經部/小學類/訓詁/群雅

駢雅訓纂　（明）朱謀㙔撰　清光緒十二年(1886)知不足齋刻本　八冊

110000－0102－0007797　乙一/491　經部/禮類/三禮

禮經校釋二十二卷　（清）曹元弼撰　清光緒十八年(1892)刻本　十二冊

110000－0102－0007798　乙一/495　經部/詩類/傳說

詩經詮義十二卷首一卷末一卷　（清）汪烜纂

清道光二十三年（1843）世德堂刻本　十五冊

110000－0102－0007799　乙一/497　經部/禮類/禮記/大戴記

夏小正經傳考釋十卷　（清）莊述祖撰　清光緒九年（1883）刻本　四冊

110000－0102－0007800　乙一/498　經部/四書類/論語/文字音義

鄉黨圖考補證六卷　（清）王漸鴻撰　清光緒三十四年（1908）黃縣丁氏海隅山館刻本六冊

110000－0102－0007801　乙一/499　經部/四書類/總義

四書集註　（宋）朱熹註　清道光二十八年（1848）江西鴻文齋刻本　六冊

110000－0102－0007802　乙一/500　經部/禮類/三禮

禮箋三卷　（清）金榜撰　清嘉慶三年（1798）刻本　一冊

110000－0102－0007803　乙一/503　經部/禮類/禮記/傳說

禮記子思子言鄭注補正四卷　（清）簡朝亮撰清光緒至民國讀書堂刻本　五冊

110000－0102－0007804　乙一/505　經部/小學類/訓詁/爾雅/文字音義

爾雅三卷　（晉）郭璞注　（唐）陸德明音義清嘉慶二十二年（1817）清芬閣刻本　三冊

110000－0102－0007805　乙一/506　經部/四書類/論語/傳說

論語註疏解經十卷　（三國魏）何晏集解(宋)邢昺疏　清光緒三十年（1904）貴池劉氏玉海堂影宋刻本　二冊

110000－0102－0007806　乙一/507　經部/詩類/其它

詩問　（清）王照園撰　清光緒八年（1882）刻本　六冊

110000－0102－0007807　乙一/508　經部/

書類/傳說

今文尚書攷證三十卷　（清）皮錫瑞撰　清光緒二十三年（1897）師伏堂刻本　四冊

110000－0102－0007808　乙一/510　經部/經總類/群經總義/傳說

味經齋遺書十三種　（清）莊存與撰　清光緒八年（1882）刻本　十冊

110000－0102－0007809　乙一/514　史部/傳記類/總傳/專錄/儒林

孟志編略六卷　（清）孫葆田撰　清光緒十四年（1888）活字本　一冊

110000－0102－0007810　乙一/515　經部/詩類/傳說

詩說十二卷　（宋）劉克撰　清道光八年（1828）刻本　八冊

110000－0102－0007811　乙一/516　經部/詩類/文字音義

毛詩新詁八卷　（清）顧棟高撰　清光緒二十二年（1896）江蘇書局刻本　四冊

110000－0102－0007812　乙一/517　經部/經總類/群經合刊

十三經讀本　（清）丁寶楨等校　清同治十一年（1872）山東書局刻本　六十六冊

110000－0102－0007813　乙一/519　經部/經總類/群經總義/傳說

通德遺書所見錄說經五橐　（清）孔廣林編清嘉慶刻本　十一冊

110000－0102－0007814　乙一/521　經部/四書類/總義/文字音義

四書集註直解　（明）張居正撰　清康熙十六年（1677）八旗經正書院刻本　十二冊

110000－0102－0007815　乙一/522　經部/小學類/文字/字體

六書正譌五卷　（元）周伯琦編　清咸豐五年（1855）惜古齋刻本　六冊

110000－0102－0007816　乙一/523　經部/小學類/文字

續復古編四卷 （元）曹本撰 清光緒十二年(1886)晞安姚氏咫集齋刻本 四冊

110000－0102－0007817 乙一/524 子部/道家類

感應篇引經箋注二卷 （清）惠棟撰 清同治六年(1867)刻本 二冊

110000－0102－0007818 乙一/526 經部/春秋類/總義/傳說

春秋董氏學八卷 康有為撰 清光緒二十三年(1897)上海大同譯書局刻萬木草堂叢書本 六冊

110000－0102－0007819 乙一/531 經部/四書類/總義/傳說

四書益智錄二十卷 （清）桂含章輯 清光緒八年(1882)刻本 二十冊

110000－0102－0007820 乙一/532 經部/四書類/總義/傳說

四書益智錄二十卷 （清）桂含章輯 清光緒八年(1882)刻本 二十冊

110000－0102－0007821 乙一/535 經部/小學類/文字/字典詞典等

藝文通覽一百二十卷 （清）沙木集注 清嘉慶十二年(1807)刻本 四十二冊

110000－0102－0007822 乙一/537 經部/經總類/群經總義/傳說

鄭志疏證 （清）皮錫瑞撰 清光緒二十五年(1899)刻本 八冊

110000－0102－0007823 乙一/538 經部/春秋類/總義/傳說

春秋釋四卷 （清）黃式三撰 清道光二十四年(1844)刻本 二冊

110000－0102－0007824 乙一/539 經部/春秋類/左傳

左傳事緯十二卷 （清）馬驌編 清光緒四年(1878)敏德堂刻本 六冊

110000－0102－0007825 乙一/540 經部/詩類/傳說

詩毛氏傳疏三十卷 （清）陳奐撰 清道光二十七年(1847)刻本 十六冊

110000－0102－0007826 乙一/541 經部/詩類/文字音義

詩經集傳音釋二十卷 （元）許謙撰 清光緒十五年(1889)江南書局刻本 四冊

110000－0102－0007827 乙一/542 經部/春秋類/總義/傳說

春秋傳十二卷 （清）牛運震撰 清嘉慶四年(1799)空山堂刻本 八冊

110000－0102－0007828 乙一/543 經部/孝經類/傳說

孝經詳說六卷 （清）冉覲祖撰 清光緒七年(1881)大梁書局刻本 四冊

110000－0102－0007829 乙一/546 經部/書類/傳說

尚書句解考正 （清）徐天璋撰 清光緒二十七年(1901)雲麓山館刻本 六冊

110000－0102－0007830 乙一/548 經部/四書類/總義/傳說

四書典故辨正二十卷 （清）周柄中撰 清光緒刻本 六冊

110000－0102－0007831 乙一/549 經部/小學類/訓詁/爾雅/傳說

爾雅正郭三卷 （清）潘衍桐撰 清光緒十七年(1891)刻本 三冊

110000－0102－0007832 乙一/550 經部/禮類/儀禮/傳說

禮經釋例十三卷首一卷 （清）凌廷堪撰 清嘉慶十四年(1809)刻本 六冊

110000－0102－0007833 乙一/551 經部/詩類/傳說

毛詩讀三十卷尚書後案駁正二卷 （清）王劼編 清咸豐四年(1854)刻本 十二冊

110000－0102－0007834 乙一/554 經部/春秋類/左傳/傳說

春秋左傳杜注補輯三十卷 （清）姚培謙輯

清光緒十五年(1889)江南書局刻本 十冊

110000－0102－0007835 乙一/555 經部/詩類/傳說

讀詩商二十八卷 （清）陳保貞撰 清光緒二十三年(1897)永央文翰堂刻讀書商齋叢書本 十二冊

110000－0102－0007836 乙一/561 經部/禮類/禮記/傳說

禮記訓纂四十九卷 （清）朱彬輯 清咸豐元年(1851)刻本 十冊

110000－0102－0007837 乙一/562 經部/經總類/群經總義/傳說

九經集解九卷 （清）雷學淇撰 清道光三年(1823)刻本 六冊

110000－0102－0007838 乙一/564 經部/春秋類/左傳/傳說

春秋左氏傳賈服註輯述二十卷 （清）李貽德撰 清光緒八年(1882)江蘇書局刻本 六冊

110000－0102－0007839 乙一/566 經部/詩類/傳說

詩經申義 （清）吳士模撰 清光緒十七年(1891)刻本 四冊

110000－0102－0007840 乙一/567 經部/小學類/訓詁/爾雅/傳說

爾雅郭注義疏 （清）郝懿行撰 清光緒十三年(1887)刻本 八冊

110000－0102－0007841 乙一/571 經部/易類/古易

古文周易參同契秘解 （清）呂惠連解 清宣統三年(1911)萬全堂刻本 六冊

110000－0102－0007842 乙一/573 經部/四書類/總義/傳說

四書典故覈 （清）淩曙輯 清嘉慶十三年(1808)刻本 四冊

110000－0102－0007843 乙一/574 史部/目錄類/著錄/學科專目/經籍

經義攷補證十二卷 （清）翁方綱撰 清刻本 四冊

110000－0102－0007844 乙一/575 經部/經總類/群經總義/傳說

文選樓叢書經解三種 （清）阮元輯 清刻本 五冊

110000－0102－0007845 乙一/576 經部/四書類/論語/傳說

論語正義二十四卷 （清）劉寶楠撰 清同治五年(1866)刻本 六冊

110000－0102－0007846 乙一/579 經部/禮類/儀禮/傳說

儀禮釋官九卷 （清）胡匡衷撰 清同治八年(1869)刻本 六冊

110000－0102－0007847 乙一/580 經部/詩類/傳說

毛詩復古錄十二卷首一卷 （清）吳懋清撰 清光緒二十年(1894)刻本 六冊

110000－0102－0007848 乙一/581 經部/四書類/論語/傳說

論語 （清）翁方綱撰 清光緒五年(1879)定州王氏德謙堂刻畿輔叢書本 一冊

110000－0102－0007849 乙一/582 經部/經總類/群經總義/傳說

經訓比義 （清）黃以周撰 清光緒二十二年(1896)南菁講舍刻本 三冊

110000－0102－0007850 乙一/583 經部/書類/傳說

尚書今古文註疏 （清）孫星衍撰 清嘉慶二十年(1815)冶城山館刻本 六冊

110000－0102－0007851 乙一/591 經部/春秋類/總義/傳說

春秋三傳十六卷首一卷 （晉）杜預注 清刻本 二十冊

110000－0102－0007852 乙一/596 經部/四書類/總義/傳說

四書釋地補一卷續補一卷二續補一卷三續補

一卷　（清）閻若璩撰　（清）樊廷枚補　清嘉慶二十一年（1816）梅陽海涵堂刻本　六冊

110000－0102－0007853　乙一/598　經部/四書類/總義

四書正本七卷　（□）□□輯　清同治四年（1865）忠恕堂童氏刻本　二十八冊

110000－0102－0007854　乙一/599　經部/經總類/群經合刊

五經正本　（□）□□輯　清道光十六年（1836）刻本　六十六冊

110000－0102－0007855　乙一/600　經部/四書類/論語/傳說

論語古注集箋十卷論語攷一卷　（清）潘維城撰　清光緒七年（1881）江蘇書局刻本　六冊

110000－0102－0007856　乙一/601　經部/書類/傳說

尚書古文辨惑二十二卷　（清）張諧之撰　清光緒三十年（1904）宏農潛修精舍刻本　十二冊

110000－0102－0007857　乙一/604　經部/禮類/禮記

禮記二十卷　（漢）鄭玄注　清嘉慶十一年（1806）刻本　四冊

110000－0102－0007858　乙一/608　經部/經總類/群經總義/傳說

白虎通疏證十二卷　（清）陳立撰　清光緒元年（1875）淮南書局刻本　四冊

110000－0102－0007859　乙一/609　經部/詩類

毛詩品物圖攷七卷　（日本）岡元鳳纂輯　清光緒十二年（1886）上海積山書局石印本　二冊

110000－0102－0007860　乙一/611　經部/小學類/音韻/韻典

五車韻府　（英國）莫里森撰　清咸豐十年（1860）澳門東印度公司鉛印本　一冊

110000－0102－0007861　乙一/614　經部/

樂類/樂理

樂書二百卷　（宋）陳暘撰　清光緒二年（1876）刻本　十八冊

110000－0102－0007862　乙一/618　經部/樂類/律呂

律呂古誼六卷　（清）錢塘撰　清光緒十四年（1888）江陰南菁書院刻南菁書院叢書本　六冊

110000－0102－0007863　乙一/619　經部/經總類/群經合刊

經學叢書　（清）吳志忠輯　清道光十年（1830）寶仁堂刻本　六十冊

110000－0102－0007864　乙一/621　經部/小學類/文字/說文

許學叢書　（清）張炳翔輯　清光緒十三年（1887）刻本　二十四冊

110000－0102－0007865　乙一/624　經部/經總類/群經合刊

經學叢書初編　（清）朱記榮輯　清光緒十二年（1886）朱氏槐廬刻本　十二冊

110000－0102－0007866　乙一/625　經部/經總類/群經總義

新鎸經苑　（清）錢儀吉輯　清同治七年（1868）刻本　七十七冊

110000－0102－0007867　乙一/627　經部/小學類/文字/字典詞典等

康熙字典　（清）張玉書等纂　清道光七年（1827）刻本　二十六冊　原缺不全

110000－0102－0007868　乙二/1　史部/政書類/通制

通志二百卷　（宋）鄭樵撰　清咸豐九年（1859）崇仁謝氏刻本　九十六冊

110000－0102－0007869　乙二/2　史部/政書類/通制

通典二百卷　（唐）杜佑撰　清咸豐九年（1859）崇仁謝氏刻本　四十八冊

110000－0102－0007870　乙二/5　史部/政

書類/通制

通志二百卷 （宋）鄭樵撰　清咸豐九年(1859)崇仁謝氏刻本　一百六十冊

110000－0102－0007871　乙二/6　史部/政書類/通制

欽定通典二百卷 （唐）杜佑撰　清咸豐九年(1859)崇仁謝氏刻本　四十冊

110000－0102－0007872　乙二/7　史部/政書類/通制

文獻通考三百四十八卷 （元）馬端臨撰　清咸豐九年(1859)崇仁謝氏刻本　一百二十冊

110000－0102－0007873　乙二/9　史部/政書類/通制

皇朝續文獻通考三百二十卷 （清）劉錦藻撰　清光緒三十一年(1905)烏程劉氏堅匏盦活字本　八十八冊

110000－0102－0007874　乙二/10　史部/目錄類/著錄/叢書目錄/總目

欽定四庫全書總目二百卷首一卷 （清）紀昀等編　清同治七年(1868)廣東書局刻本　一百二十冊

110000－0102－0007875　乙二/11　史部/史評類/考訂

十七史商榷一百卷 （清）王鳴盛撰　清光緒六年(1880)太原王氏刻本　二十四冊

110000－0102－0007876　乙二/12　史部/目錄類/著錄/刊行書目

江刻書目三種 （清）江標輯　清光緒二十三年(1897)江氏刻本　四冊

110000－0102－0007877　乙二/19　史部/紀事本末類/斷代

金史紀事本末五十二卷首一卷末一卷 （清）李有棠編　清光緒二十九年(1903)刻本　十二冊

110000－0102－0007878　乙二/20　史部/傳記類/日記/清代

英軺日記十二卷 （清）載振撰　清光緒二十九年(1903)鉛印本　四冊

110000－0102－0007879　乙二/21　史部/政書類/詔令奏議/奏議

同治中興京外奏議約編八卷 （清）陳弢編　清光緒元年(1875)刻本　八冊

110000－0102－0007880　乙二/22　史部/目錄類/著錄/題跋及讀書記

開有益齋讀書志六卷續志一卷金石記一卷 （清）朱緒曾撰　清光緒六年(1880)金陵翁氏茹古閣刻本　六冊

110000－0102－0007881　乙二/23　叢部/彙編叢書/清中晚期

荊駝逸史 （清）陳湖逸士輯　清刻本　二十八冊

110000－0102－0007882　乙二/24　史部/政書類/邦交/商約

通商各國條約 （清）□□輯　清光緒鉛印本　二十冊

110000－0102－0007883　乙二/25　史部/傳記類/總傳/專錄/仕宦

貳臣傳十二卷 （清）國史館編　清都城半松居士刻本　十六冊

110000－0102－0007884　乙二/26　史部/目錄類/圖書學/書影

留真譜初編不分卷 楊守敬編　清光緒二十七年(1901)宜都楊氏刻本　三冊

110000－0102－0007885　乙二/29　史部/傳記類/人表

國朝御史題名錄 （清）黃玉圃編　清光緒十三年(1887)刻本　五冊

110000－0102－0007886　乙二/30　史部/史表類

歷代帝王年表 （清）齊召南編　清道光四年(1824)小琅嬛仙館刻本　四冊

110000－0102－0007887　乙二/32　子部/藝術類/書畫/書法、碑帖/宋

廣川書跋十卷 （宋）董逌撰　清光緒十三年(1887)刻本　二冊

110000－0102－0007888　乙二/35　史部/目錄類/著錄/學科專目/金石

藝風堂金石文字目十八卷　繆荃孫編　清光緒三十二年(1906)江陰繆氏刻本　六冊

110000－0102－0007889　乙二/36　史部/目錄類/收藏/雜錄

藏書紀事詩六卷　葉昌熾撰　清光緒二十三年(1897)江氏刻本　十二冊

110000－0102－0007890　乙二/40　史部/史評類/考訂

廿二史劄記三十六卷　(清)趙翼撰　清嘉慶五年(1800)湛貽堂刻本　十二冊

110000－0102－0007891　乙二/41　史部/目錄類/著錄/學科專目/金石

集古錄目五卷跋尾十卷　(宋)歐陽棐撰　清光緒十三年(1887)吳縣朱記榮槐廬刻槐廬叢書本　四冊

110000－0102－0007892　乙二/44　史部/紀傳類/斷代

元史新編九十五卷　(清)魏源撰　清光緒三十一年(1905)邵陽魏慎微堂刻本　三十二冊

110000－0102－0007893　乙二/47　史部/目錄類/收藏/雜錄

藏書紀事詩六卷　葉昌熾撰　清光緒二十三年(1897)江氏刻本　六冊

110000－0102－0007894　乙二/48　史部/目錄類/收藏/私藏

皕宋樓藏書志一百二十卷續志四卷　(清)陸心源撰　清光緒八年(1882)歸安陸氏十萬卷樓刻本　四十冊

110000－0102－0007895　乙二/49　史部/目錄類/收藏/私藏

皕宋樓藏書志一百二十卷續志四卷　(清)陸心源撰　清光緒八年(1882)歸安陸氏十萬卷樓刻本　三十八冊

110000－0102－0007896　乙二/54　史部/目錄類/著錄/題跋及讀書記

知聖道齋讀書跋尾二卷　(清)彭元瑞撰　清

末蘇州文學山房石印本　二冊

110000－0102－0007897　乙二/55　史部/目錄類/著錄/存毀書目

日本訪書志十七卷　楊守敬撰　清光緒二十三年(1897)鄰蘇園刻本　八冊

110000－0102－0007898　乙二/59　史部/史評類/論事

讀史大略六十卷　(清)沙張白撰　清道光二十五年(1845)刻本　十二冊

110000－0102－0007899　乙二/73　史部/目錄類/著錄/叢書目錄/總目

彙刻書目　(清)顧修撰　清光緒元年(1875)刻本　十冊

110000－0102－0007900　乙二/76　史部/政書類/通制

唐會要一百卷　(宋)王溥撰　清光緒十年(1884)江蘇書局刻本　二十四冊

110000－0102－0007901　乙二/77　史部/政書類/通制

唐會要一百卷　(宋)王溥撰　清光緒二十五年(1899)廣東廣雅書局刻本　二十八冊

110000－0102－0007902　乙二/78　史部/政書類/通制

唐會要一百卷　(宋)王溥撰　清光緒十年(1884)江蘇書局刻本　二十四冊

110000－0102－0007903　乙二/79　史部/目錄類/收藏/私藏/清

持靜齋書目四卷續增書目一卷　(清)丁日昌藏　(清)莫友芝編　清同治豐順丁氏刻本　六冊

110000－0102－0007904　乙二/80　史部/目錄類/著錄/藝文類

元史藝文志四卷元史氏族表三卷　(清)錢大昕撰　清嘉慶江蘇書局刻本　三冊

110000－0102－0007905　乙二/86　史部/目錄類/收藏/私藏/清

持靜齋書目四卷續增書目一卷　(清)丁日昌

藏 （清）莫友芝編 清同治九年（1870）豐順
丁氏刻本 五冊

110000 - 0102 - 0007906 乙二/89 史部/地
理類

皇朝藩屬輿地叢書 （清）浦□輯 清光緒二
十九年（1903）金匱浦氏靜寄東軒屬上海書局
石印本 四十八冊

110000 - 0102 - 0007907 乙二/97 史部/目
錄類/著錄/題跋及讀書記

知聖道齋讀書跋尾二卷 （清）彭元瑞撰 清
刻本 二冊

110000 - 0102 - 0007908 乙二/102 史部/
目錄類/收藏/私藏/清

愛日精廬藏書志三十六卷續志四卷 （清）張
金吾撰 清光緒十三年（1887）靈芬閣活字本
十二冊

110000 - 0102 - 0007909 乙二/105 史部/
目錄類/收藏/私藏/清

楹書隅錄五卷續錄四卷 （清）楊紹和編 清
光緒二十年（1894）海源閣刻本 八冊

110000 - 0102 - 0007910 乙二/106 史部/
目錄類/收藏/私藏/清

楹書隅錄五卷續錄四卷 （清）楊紹和編 清
光緒二十年（1894）海源閣刻本 八冊

110000 - 0102 - 0007911 乙二/107 史部/
目錄類/著錄/題跋及讀書記

華延年室題跋三卷 （清）傅以禮撰 清宣統
元年（1909）鉛印本 三冊

110000 - 0102 - 0007912 乙二/112 史部/
目錄類/收藏/私藏/清

善本書室藏書志四十卷附錄一卷 （清）丁丙
撰 清光緒二十七年（1901）錢塘丁氏刻本
十六冊

110000 - 0102 - 0007913 乙二/114 史部/
傳記類/總傳/專錄/儒林

國朝學案小識十四卷首末二卷 （清）唐鑑撰
清光緒十年（1884）刻本 十二冊

110000 - 0102 - 0007914 乙二/115 史部/
目錄類/收藏/私藏/清

善本書室藏書志四十卷附錄一卷 （清）丁丙
撰 清光緒二十七年（1901）錢塘丁氏刻本
十六冊

110000 - 0102 - 0007915 乙二/116 史部/
目錄類/著錄/學科專目/經籍

經籍舉要 （清）龍啟瑞撰 清光緒十九年
（1893）刻本 一冊

110000 - 0102 - 0007916 乙二/120 史部/
目錄類/著錄/叢書目錄

四庫書目略二十卷附錄一卷 （清）費莫文良
撰 清同治九年（1870）刻本 十二冊

110000 - 0102 - 0007917 乙二/121 史部/
目錄類/收藏/私藏/清

孫氏書目三種 （清）孫星衍撰 清光緒刻本
六冊

110000 - 0102 - 0007918 乙二/124 史部/
目錄類/著錄/學術總目

皇朝經籍志六卷 （清）黃本驥編 清道光二
十四年（1844）刻本 二冊

110000 - 0102 - 0007919 乙二/127 史部/
目錄類/收藏/私藏/宋

昭德先生郡齋讀書志二十卷 （宋）晁公武撰
王先謙校 **趙氏附志二卷** 清光緒十年
（1884）長沙王氏刻本 十冊

110000 - 0102 - 0007920 乙二/129 史部/
目錄類/收藏/私藏/清

古越藏書樓書目二十卷首一卷 （清）徐樹蘭
撰 清光緒三十年（1904）崇實書局石印本
八冊

110000 - 0102 - 0007921 乙二/130 史部/
紀傳類/斷代

遼史拾遺二十四卷補編五卷 （清）厲鶚撰
清光緒元年（1875）江蘇書局刻本 十冊

110000 - 0102 - 0007922 乙二/131 史部/
地理類/方志/地方志/吉林

[光緒]吉林通志一百二十二卷 （清）長順修

（清）李桂林等纂　清光緒十七年（1891）刻本　四十九冊

110000－0102－0007923　乙二/132　史部/目錄類/著錄/題跋及讀書記

藝風藏書記八卷續八卷　繆荃孫撰　清光緒二十七年（1901）刻本　五冊

110000－0102－0007924　乙二/137　史部/地理類/方志/地方志/四川

蜀典十二卷　（清）張澍撰　清道光十四年（1834）武威張氏安懷堂刻本　六冊

110000－0102－0007925　乙二/139　史部/目錄類/收藏/私藏/清

行素堂目覩書錄　（清）朱記榮編　清光緒十年（1884）刻本　十冊

110000－0102－0007926　乙二/141　史部/目錄類/收藏/私藏/清

楹書隅錄五卷續編四卷　（清）楊紹和編　清光緒二十一年（1895）海源閣刻本　八冊

110000－0102－0007927　乙二/142　史部/目錄類/著錄/題跋及讀書記

退菴題跋二卷讀漁洋詩隨筆二卷　（清）梁章鉅編　清刻本　二冊

110000－0102－0007928　乙二/143　史部/目錄類/著錄/學科專目/經籍

八史經籍志　（清）張壽榮輯　清光緒八年（1882）刻本　十冊

110000－0102－0007929　乙二/145　史部/金石類/總錄/文字

隨軒金石文字　（清）徐渭仁撰　清同治刻本　四冊

110000－0102－0007930　乙二/148　史部/目錄類/著錄/叢書目錄

四庫簡明目錄標注二十卷　（清）邵懿辰撰　清宣統三年（1911）刻本　十冊

110000－0102－0007931　乙二/150　子部/雜家類/雜考

群書校補　（清）陸心源輯　清光緒刻本　二

十四冊

110000－0102－0007932　乙二/153　史部/目錄類/著錄/藝文類

補晉書藝文志　（清）文廷式編　清宣統元年（1909）鉛印本　六冊

110000－0102－0007933　乙二/160　史部/目錄類/著錄/學科專目/宗教

道藏目錄詳註四卷　（明）李傑註　清刻本　四冊

110000－0102－0007934　乙二/170　史部/目錄類/著錄/題跋及讀書記

士禮居藏書題跋記六卷　（清）黃丕烈撰　清光緒刻本　四冊

110000－0102－0007935　乙二/171　史部/目錄類/著錄/題跋及讀書記

士禮居藏書題跋記六卷　（清）黃丕烈撰　清光緒刻本　四冊

110000－0102－0007936　乙二/175　史部/目錄類/著錄/學科專目/科學

西學書目表三卷附一卷續西學書法一卷　梁啟超撰　清光緒二十三年（1897）刻慎始基齋叢書本　一冊

110000－0102－0007937　乙二/177　史部/目錄類/著錄/題跋及讀書記

讀書敏求記四卷　（清）錢曾編　清光緒十一年（1885）刻本　二冊

110000－0102－0007938　乙二/178　史部/政書類/通制

西漢會要七十卷　（宋）徐天麟撰　清光緒十年（1884）江蘇書局刻本　十冊

110000－0102－0007939　乙二/179　史部/目錄類/著錄/藝文類

常郡八邑藝文志十二卷　（清）盧文弨編（清）莊翊昆校補　清光緒十六年（1890）刻本　十六冊

110000－0102－0007940　乙二/181　史部/目錄類/著錄/題跋及讀書記

儀顧堂題跋十六卷續跋十六卷 （清）陸心源撰 清光緒十八年（1892）歸安陸氏刻本 八冊

110000－0102－0007941　乙二/186　史部/目錄類/收藏/私藏/宋

直齋書錄解題二十二卷 （宋）陳振孫撰 清乾隆三十八年（1773）北京武英殿木活字印本 十二冊

110000－0102－0007942　乙二/195　史部/目錄類/著錄/題跋及讀書記

拜經樓藏書題跋記五卷附錄一卷 （清）吳壽暘撰 清道光二十七年（1847）刻本 三冊

110000－0102－0007943　乙二/198　史部/政書類/通制

東漢會要四十卷 （宋）徐天麟撰 清光緒十年（1884）江蘇書局刻本 八冊

110000－0102－0007944　乙二/199　史部/目錄類/收藏/私藏/清

皕宋樓藏書志一百二十卷 （清）陸心源撰 清光緒八年（1882）十萬卷樓刻本 四十冊

110000－0102－0007945　乙二/203　史部/地理類/方志/地方志/江西

[光緒]江西通志一百八十卷首五卷 （清）劉坤一等修 （清）趙之謙等纂 清光緒七年（1881）刻本 一百二十冊

110000－0102－0007946　乙二/204　史部/地理類/方志/地方志/江蘇

[乾隆]江南通志二百卷首四卷序目一卷 （清）尹繼善等修 （清）黃之雋等纂 清乾隆元年（1736）刻本 八十冊

110000－0102－0007947　乙二/207　史部/目錄類/收藏/私藏/清

愛日精廬藏書志三十六卷續志四卷 （清）張金吾撰 清道光六年（1826）張氏刻本 十冊

110000－0102－0007948　乙二/209　史部/目錄類/著錄/題跋及讀書記

士禮居藏書題跋記六卷 （清）黃丕烈撰 清光緒十年（1884）滂喜齋刻本 五冊

110000－0102－0007949　乙二/213　史部/目錄類/圖書學/通論

書林揚觶二卷 （清）方東樹撰 清同治十年（1871）刻本 二冊

110000－0102－0007950　乙二/214　史部/目錄類/著錄/題跋及讀書記

平津館鑒藏書畫記一卷 （清）孫星衍撰 清道光二十一年（1841）刻本 二冊

110000－0102－0007951　乙二/215　史部/地理類/外紀

瀛環志略十卷 （清）徐繼畬撰 清同治五年（1866）總理衙門刻本 六冊

110000－0102－0007952　乙二/217　史部/目錄類/收藏/私藏/清

共讀樓書目十卷 （清）國英撰 清光緒六年（1880）索綽絡氏家塾刻本 二冊

110000－0102－0007953　乙二/221　史部/目錄類/圖書學/考證

皕宋樓藏書源流考 （日本）島田翰撰 清光緒三十三年（1907）刻本 一冊

110000－0102－0007954　乙二/239　經部/小學類/文字/說文/傳說

說文解字斠詮十四卷 （清）錢坫撰 清光緒九年（1883）淮南書局刻本 六冊

110000－0102－0007955　乙二/323　史部/地理類/總錄

東晉疆域志四卷 （清）洪亮吉撰 清光緒十七年（1891）廣雅書局刻本 二冊

110000－0102－0007956　乙二/324　史部/地理類/山川

萬山綱目二十一卷 （清）李誠撰 清光緒二十六年（1900）刻本 八冊

110000－0102－0007957　乙二/326　子部/術數類/相宅相墓

杜氏地理圖說八卷 （清）杜奇英集 清光緒二十六年（1900）刻本 四冊

110000－0102－0007958　乙二/331　史部/

地理類/地圖、圖志

欽定皇輿西域圖志四十八卷首四卷 （清）傅恆等纂 清光緒鉛印本 二十四冊

110000－0102－0007959 乙二/333 史部/目錄類/著錄/叢書目錄/總目

彙刻書目二十卷 （清）顧修撰 （清）朱學勤補 清光緒十五年（1889）上海福瀛書局刻本 二十冊

110000－0102－0007960 乙二/334 史部/地理類/山川/山

岱覽三十二卷首七卷 （清）唐仲冕撰 清嘉慶十二年（1807）果克山房刻本 十二冊

110000－0102－0007961 乙二/336－1 史部/目錄類/收藏/私藏/清

述古堂藏書目四卷 （清）錢曾撰 清道光三十年（1850）刻本 二冊

110000－0102－0007962 乙二/336－2 史部/目錄類/著錄/學科專目/經籍

經義考補正十二卷 （清）翁方綱撰 清道光三十年（1850）刻本 三冊

110000－0102－0007963 乙二/338 史部/地理類/總錄

方輿紀要簡覽三十四卷 （清）潘鐸輯 清咸豐八年（1858）紅杏書屋刻本 十六冊

110000－0102－0007964 乙二/339 史部/目錄類/著錄/存毀書目

郘亭知見傳本書目十六卷 （清）莫友芝撰 清宣統元年（1909）上海西泠社鉛印本 六冊

110000－0102－0007965 乙二/341 史部/目錄類/著錄/存毀書目

經籍訪古志六卷補遺一卷 （日本）澀江全善 （日本）森立之合撰 清光緒十一年（1885）鉛印本 八冊

110000－0102－0007966 乙二/343 史部/目錄類/著錄/存毀書目

書目舉要一卷 （清）周貞亮 （清）李之鼎合編 清光緒十六年（1890）宜秋館刻本 一冊

110000－0102－0007967 乙二/347 史部/地理類/方志/地方志/江蘇

[道光]寶應圖經六卷首一卷 （清）劉寶楠撰 清光緒九年（1883）淮南書局刻本 四冊

110000－0102－0007968 乙二/350 史部/地理類/雜記

西域三種 （清）徐松撰 清道光刻本 八冊

110000－0102－0007969 乙二/352 史部/地理類/地圖、圖志

元和郡縣圖志四十卷 （唐）李吉甫撰 清光緒六年（1880）金陵書局刻本 十冊

110000－0102－0007970 乙二/357－1 史部/目錄類/著錄/藝文類

隋經籍志攷證十三卷 （清）章宗源撰 清光緒三年（1877）湖北崇文書局刻本 四冊

110000－0102－0007971 乙二/357－2 史部/別史、雜史類

涑水記聞十六卷補遺一卷 （宋）司馬光撰 清光緒三年（1877）湖北崇文書局刻本 四冊

110000－0102－0007972 乙二/359 史部/目錄類/收藏

浙江藏書樓甲乙編書目 （清）楊復等撰 清光緒三十三年（1907）杭州華豐書局鉛印本 五冊

110000－0102－0007973 乙二/363 史部/政書類/通制

五代會要三十卷 （宋）王溥撰 清光緒十二年（1886）江蘇書局刻本 六冊

110000－0102－0007974 乙二/365 史部/地理類/外紀

東西洋考十二卷 （明）張燮撰 清後期刻本 四冊

110000－0102－0007975 乙二/367 史部/目錄類/收藏/私藏/宋

直齋書錄解題二十二卷 （宋）陳振孫撰 清光緒九年（1883）江蘇書局刻本 五冊

110000－0102－0007976 乙二/368 史部/

目錄類/收藏/私藏/清

皕宋樓藏書續志四卷 （清）陸心源編　清光緒刻本　二冊

110000 – 0102 – 0007977　乙二/371　史部/地理類/方志/地方志/江蘇

[道光]重修寶應縣誌二十八卷首一卷 （清）孟毓蘭等纂修　清道光二十年(1840)刻本　十冊

110000 – 0102 – 0007978　乙二/373　史部/史表類

歷代史表五十九卷首一卷 （清）萬斯同撰　清光緒十五年(1889)廣雅書局刻本　六冊

110000 – 0102 – 0007979　乙二/376　史部/地理類/雜記

東三省沿革表六卷 吳廷燮編　清宣統元年(1909)刻本　六冊

110000 – 0102 – 0007980　乙二/379　史部/地理類/地圖、圖志

元和郡縣圖志四十卷 （唐）李吉甫撰　**考證四十卷** （清）張駒賢撰　清光緒十三年(1887)岱南閣刻本　十四冊

110000 – 0102 – 0007981　乙二/385　史部/目錄類/收藏/公藏/清

欽定天祿琳琅書目十卷後編二十卷 （清）于敏中等編　清光緒十年(1884)長沙王氏刻本　十冊

110000 – 0102 – 0007982　乙二/386　史部/地理類/方志/地方志/河北

[光緒]懷安縣誌八卷首末各一卷 （清）蔭祿修　（清）程變奎纂　清光緒二年(1876)刻本　四冊

110000 – 0102 – 0007983　乙二/387　史部/目錄類/收藏/公藏/清

欽定天祿琳琅書目十卷後編二十卷 （清）于敏中等編　清光緒十年(1884)長沙王氏刻本　十冊

110000 – 0102 – 0007984　乙二/388　史部/目錄類/收藏/公藏/清

欽定天祿琳琅書目十卷後編二十卷 （清）于敏中等編　清光緒十年(1884)長沙王氏刻本　十冊

110000 – 0102 – 0007985　乙二/389　史部/地理類/山川

華嶽志八卷首一卷 （清）李榕撰　（清）楊昌濬補　清光緒九年(1883)刻本　四冊

110000 – 0102 – 0007986　乙二/390　史部/地理類/方志/地方志/雲南

[道光]雲南通志稿二百十六卷首三卷 （清）阮元等修　（清）王崧等纂　清道光十五年(1835)刻本　一百二十冊

110000 – 0102 – 0007987　乙二/393　史部/地理類/方志/總志

新斠注地理志十六卷 （清）錢坫撰　（清）徐松集釋　清同治十三年(1874)刻本　八冊

110000 – 0102 – 0007988　乙二/395　史部/傳記類/總傳

錦里新編十六卷首一卷 （清）張邦伸編　清嘉慶五年(1800)敦彝堂刻本　八冊

110000 – 0102 – 0007989　乙二/404　史部/地理類/總錄

歷代輿地沿革圖校勘記 （清）惲毓嘉等撰　清光緒十四年(1888)毗陵惲氏刻本　二冊

110000 – 0102 – 0007991　乙二/406　史部/地理類/方志/總志

[乾隆]西陲總統事略十二卷 （清）汪廷楷輯　（清）祁韻士編　清嘉慶十四年(1809)程振甲刻本　八冊

110000 – 0102 – 0007992　乙二/408　史部/地理類/總錄

李氏歷代輿地沿革圖校勘記 （清）惲毓嘉等撰　清光緒十四年(1888)毗陵惲氏刻本　二冊

110000 – 0102 – 0007993　乙二/410　史部/地理類/總錄

皇朝藩屬輿地叢書 （清）浦□輯　清光緒二十九年(1903)金匱浦氏靜寄東軒屬上海書局

石印本　四十八冊

110000－0102－0007994　乙二/414　史部/
地理類/總錄

天下郡國利病書一百二十卷　（清）顧炎武撰
清光緒二十六年(1900)刻本　五十二冊

110000－0102－0007995　乙二/415　史部/
目錄類/收藏/私藏/清

皕宋樓藏書志一百二十卷　（清）陸心源編
清光緒八年(1882)十萬卷樓刻本　三十二冊

110000－0102－0007996　乙二/416　史部/
地理類/方志/地方志/雲南

[光緒]普洱府志稿五十一卷首一卷　（清）陳
燦等修　（清）陳度等纂　清光緒二十三年
(1897)刻本　十二冊

110000－0102－0007997　乙二/417　史部/
地理類/水道

水經註疏要刪四十卷補遺一卷　楊守敬撰
清光緒三十一年(1905)觀海堂刻本　六冊

110000－0102－0007998　乙二/418　史部/
地理類/總錄

天下郡國利病書一百二十卷　（清）顧炎武撰
清光緒二十六年(1900)刻本　四十八冊

110000－0102－0007999　乙二/419　史部/
目錄類/收藏/私藏/宋

昭德先生郡齋讀書志二十卷　（宋）晁公武撰
王先謙校　清光緒十年(1884)長沙王氏刻
本　十冊

110000－0102－0008000　乙二/421　史部/
地理類/地圖、圖志

江蘇全省輿圖　（清）諸可寶撰　清光緒二十
一年(1895)刻本　三冊

110000－0102－0008001　乙二/422　史部/
地理類/地圖、圖志

江蘇全省輿圖　（清）諸可寶撰　清光緒二十
一年(1895)刻本　三冊

110000－0102－0008002　乙二/423　史部/
政書類/邦計

江蘇省減賦全案八卷　（清）劉郇膏等纂輯
清同治五年(1866)刻本　八冊

110000－0102－0008003　乙二/424　史部/
地理類/方志/地方志/遼寧

[乾隆]盛京通志四十八卷　（清）雷以諴等纂
修　清咸豐二年(1852)刻本　二十冊

110000－0102－0008004　乙二/425　史部/
地理類/總錄

漢書地理志校注二卷　（清）王紹蘭撰　清光
緒二十二年(1896)萬山陳氏遺經樓刻本
二冊

110000－0102－0008005　乙二/427　史部/
地理類/方志/其它

朔方備乘六十八卷首十二卷　（清）何秋濤撰
清刻本　二十四冊

110000－0102－0008006　乙二/428　史部/
地理類/方志/其它

朔方備乘六十八卷首十二卷　（清）何秋濤撰
清刻本　二十四冊

110000－0102－0008007　乙二/429　史部/
地理類/方志/其它

朔方備乘六十八卷首十二卷　（清）何秋濤撰
清刻本　二十四冊

110000－0102－0008008　乙二/431　史部/
地理類/水道/總錄

水經注四十卷首末二卷　（北魏）酈道元撰
王先謙校　清光緒十八年(1892)思賢講舍刻
本　十六冊

110000－0102－0008009　乙二/432　史部/
地理類/水道/總錄

水經注四十卷首末二卷　（北魏）酈道元撰
王先謙校　清光緒十八年(1892)思賢講舍刻
本　二十四冊

110000－0102－0008011　乙二/437　史部/
紀傳類/通代

史記一百三十卷　（漢）司馬遷撰　（南朝宋）
裴駰集解　（唐）司馬貞索隱　清光緒二十九
年(1903)五洲同文書局石印本　二十六冊

110000－0102－0008012　乙二/438　史部/
地理類/雜記

海國圖志一百卷首一卷　（清）魏源撰　清
光緒十三年(1887)巴蜀善成堂刻本　二十
四冊

110000－0102－0008013　乙二/439　史部/
地理類/雜記

西陲要略四卷　（清）祁韻士編　清光緒四年
(1878)刻本　二冊

110000－0102－0008014　乙二/440　史部/
地理類/雜記

金陵瑣志五種　（清）陳作霖撰　清光緒二十
六年(1900)刻本　四冊

110000－0102－0008015　乙二/444　史部/
地理類/方志/地方志

蜀典十二卷　（清）張澍編　清光緒二年
(1876)尊經書院刻本　四冊

110000－0102－0008016　乙二/445　史部/
目錄類/收藏/私藏/清

鐵琴銅劍樓藏書目錄二十四卷　（清）瞿鏞編
　清咸豐瞿氏刻本　十冊

110000－0102－0008017　乙二/446　史部/
目錄類/收藏/私藏/清

鐵琴銅劍樓藏書目錄二十四卷　（清）瞿鏞編
　清咸豐瞿氏刻本　十冊

110000－0102－0008018　乙二/447　史部/
目錄類/收藏/私藏/清

鐵琴銅劍樓藏書目錄二十四卷　（清）瞿鏞編
　清咸豐瞿氏刻本　十二冊

110000－0102－0008019　乙二/448　史部/
目錄類/收藏/私藏/清

鐵琴銅劍樓藏書目錄二十四卷　（清）瞿鏞編
　清咸豐瞿氏刻本　十冊

110000－0102－0008020　乙二/449　史部/
紀事本末類

明史紀事本末八十卷　（清）谷應泰撰　清朝
宗書室木活字印本　二十冊

110000－0102－0008021　乙二/459　子部/
術數類

地理六經注六卷　（清）葉泰撰　清刻本
六冊

110000－0102－0008022　乙二/460　史部/
地理類

皇朝藩部要略十八卷世系表四卷　（清）祁韻
士撰　清道光二十六年(1846)筠淥山房刻本
　四冊

110000－0102－0008023　乙二/461　史部/
金石類/地方

常山貞石記二十四卷　（清）沈濤撰　清光緒
二十年(1894)靈溪精舍刻本　十冊

110000－0102－0008024　乙二/462　史部/
地理類/方志/總志

新斠注地理志集釋十六卷　（清）錢坫撰
（清）徐松集釋　清同治十三年(1874)會稽章
氏刻本　八冊

110000－0102－0008025　乙二/463　史部/
地理類/總錄

地理六經注六卷　（清）葉泰撰　清刻本
三冊

110000－0102－0008026　乙二/464　史部/
地理類/雜記

西域三種　（清）徐松撰　清刻本　六冊

110000－0102－0008027　乙二/470　史部/
政書類/詔令奏議/奏議

西藏奏疏十卷碑文一卷首一卷　清刻本
六冊

110000－0102－0008028　乙二/474　史部/
地理類/專志/祠廟

曹江孝女廟志八卷首末二卷　（清）金廷棟編
　清光緒八年(1882)五社公所刻本　二冊

110000－0102－0008029　乙二/476　史部/
地理類/水道/總錄

水經注四十卷首末二卷　（北魏）酈道元撰
王先謙校　清光緒二十三年(1897)新化三味
書室刻本　十六冊

110000 - 0102 - 0008030　乙二/483　子部/
術數類/相宅相墓

理氣圖說四卷　（清）周惇庸撰　清嘉慶二年
(1797)文奎堂刻本　六冊

110000 - 0102 - 0008031　乙二/484　子部/
術數類/相宅相墓

平陽全書地理三訣　（清）葉泰輯　清康熙刻
本　十二冊

110000 - 0102 - 0008032　乙二/486　子部/
術數類/相宅相墓

地理正宗十二卷　（清）蔣國編　清嘉慶十九
年(1814)刻本　六冊

110000 - 0102 - 0008033　乙二/487　子部/
術數類/相宅相墓

地理正宗十二卷　（清）蔣國編　清嘉慶十九
年(1814)刻本　六冊

110000 - 0102 - 0008034　乙二/488　子部/
術數類/相宅相墓

增補地理直指原真大全三卷首一卷　（清）釋
徹瑩編　清康熙善成堂刻本　八冊

110000 - 0102 - 0008035　乙二/490　史部/
地理類/專志/古跡

蜀中名勝記三十卷　（明）曹學佺撰　清道光
四川官印刷局刻本　八冊

110000 - 0102 - 0008036　乙二/491　子部/
術數類/相宅相墓

風水二書形氣類則　（清）歐陽純撰　清刻本
四冊

110000 - 0102 - 0008037　乙二/493　子部/
術數類/相宅相墓

地理會心集二卷　（清）林筠穀撰　清嘉慶十
六年(1811)致和堂刻本　四冊

110000 - 0102 - 0008038　乙二/494　子部/
術數類/相宅相墓

相地指迷十卷　（清）蔣大鴻撰　（清）凌堃輯
清傳經堂刻本　二冊

110000 - 0102 - 0008039　乙二/495　子部/

術數類/相宅相墓

地理未學　（清）紀大奎撰　清刻本　四冊

110000 - 0102 - 0008040　乙二/511　史部/
地理類/雜記

澳門記略二卷首一卷　（清）印光任　（清）張
汝霖合撰　清光緒六年(1880)刻本　二冊

110000 - 0102 - 0008041　乙二/512　史部/
政書類/邦計

續纂淮關統志十四卷首一卷　（清）伊齡阿修
（清）元成纂　清光緒二十一年(1895)刻本
六冊

110000 - 0102 - 0008042　乙二/516　史部/
地理類/方志/鄉土志

[光緒]深州風土記二十二卷　（清）吳汝綸撰
清光緒二十六年（1900）文瑞書院刻本
六冊

110000 - 0102 - 0008043　乙二/519　史部/
地理類/專志/寺觀

洞霄圖志六卷　（宋）鄧牧撰　清嘉慶刻本
四冊

110000 - 0102 - 0008044　乙二/524　子部/
術數類/相宅相墓

地理辨正直解五卷　（明）蔣平階撰　**天元五
歌闡義五卷**　（清）蔣大鴻撰　清道光可久堂
刻本　四冊

110000 - 0102 - 0008045　乙二/525　史部/
地理類/水道/地方

揚州水道記四卷　（清）劉文淇撰　清同治八
年(1869)淮南書局刻本　四冊

110000 - 0102 - 0008046　乙二/527　史部/
地理類/總錄

太平寰宇記二百卷目錄二卷　（宋）樂史撰
清光緒八年(1882)金陵書局刻本　三十六冊

110000 - 0102 - 0008047　乙二/532　史部/
地理類/雜記

啟東錄六卷　（清）林壽圖撰　清光緒五年
(1879)刻本　二冊

110000 – 0102 – 0008048　乙二／533　史部／
地理類／方志／地方志／河南

[順治]淇縣誌十卷　（清）王謙吉等修
（清）白龍躍等纂　清順治十七年(1660)刻本
二冊

110000 – 0102 – 0008049　乙二／534　子部／
術數類／相宅相墓

地理元宗圖說二卷　（清）秦蕙田撰　清咸豐
元年(1851)刻本　二冊

110000 – 0102 – 0008050　乙二／535　史部／
地理類／水道／地方

浙西水利備攷　（清）王鳳生撰　（清）胡德璐
繪圖　清光緒四年(1878)浙江書局刻本
四冊

110000 – 0102 – 0008051　乙二／536　史部／
地理類／雜記

雲棧紀程八卷　（清）張邦伸編　清乾隆五十
九年(1794)敦彝堂刻本　四冊

110000 – 0102 – 0008052　乙二／537　史部／
地理類／方志／地方志

[乾隆]衛藏圖識四卷　（清）盛繩祖撰　清刻
本　四冊

110000 – 0102 – 0008053　乙二／539　子部／
術數類／相宅相墓

地理心法闡微四卷首二卷　（清）譚應祥撰
清同治九年(1870)刻本　四冊

110000 – 0102 – 0008054　乙二／540　子部／
術數類／相宅相墓

地理山洋指述四卷　（明）周景一撰　清乾隆
刻本　四冊

110000 – 0102 – 0008055　乙二／542　子部／
藝術類／書畫／畫法、畫帖／清

太平歡樂圖　（清）金德輿撰　清光緒十四年
(1888)石印本　二冊

110000 – 0102 – 0008056　乙二／545　史部／
地理類／雜記

西域釋地一卷西陲要略四卷　（清）祁韻士輯
清道光十七年(1837)刻本　四冊

110000 – 0102 – 0008057　乙二／546　子部／
術數類／相宅相墓

地理辨正疏五卷首末各一卷　（明）蔣平階撰
（清）張心言疏　清同治十年(1871)培杏書
屋刻本　四冊

110000 – 0102 – 0008058　乙二／547　子部／
術數類／相宅相墓

六圃沈新周地學二卷　（清）沈鎬輯　清康熙
五十二年(1713)刻本　二冊

110000 – 0102 – 0008059　乙二／548　史部／
地理類／雜記

漢西域圖考七卷首一卷　（清）李光廷撰　清
同治九年(1870)刻本　四冊

110000 – 0102 – 0008060　乙二／549　史部／
地理類／雜記

漢西域圖考七卷首一卷　（清）李光廷撰　清
同治十三年(1874)無竟齋刻本　四冊

110000 – 0102 – 0008061　乙二／551　史部／
地理類／方志／地方志／河北

[同治]欒城縣志十四卷首末二卷　（清）陳詠
修　（清）張悼德纂　清同治十二年(1873)刻
本　六冊

110000 – 0102 – 0008062　乙二／553　子部／
術數類／相宅相墓

入地眼全書十卷　（宋）釋靜道撰　（清）萬樹
華編　清道光刻本　四冊

110000 – 0102 – 0008063　乙二／554　史部／
地理類／方志／地方志

光緒鹿邑縣誌十六卷首一卷　（清）于滄瀾等
修　（清）蔣師轍纂　清光緒二十二年(1896)
刻本　六冊

110000 – 0102 – 0008064　乙二／556　史部／
地理類／地圖、圖志

東晉南北朝輿地表　（清）徐文範撰　清光緒
二十四年(1898)廣雅書局刻本　十冊

110000 – 0102 – 0008065　乙二／557　子部／
術數類／相宅相墓

地理度金鍼集六卷　（清）舒鳳儀撰　清光緒

十六年(1890)刻本　六冊

110000－0102－0008066　乙二/559　史部/地理類/方志/地方志/河南

[同治]滑縣縣誌十二卷　(清)姚錕等纂修
清同治六年(1867)刻本　八冊

110000－0102－0008067　乙二/562　史部/地理類/方志/地方志/河南

光緒鹿邑縣誌十六卷首一卷　(清)于滄瀾等修　(清)蔣師轍纂　清光緒二十二年(1896)刻本　六冊

110000－0102－0008068　乙二/565－2　子部/術數類/相宅相墓

前後五十段　(清)李德貞撰　清乾隆刻本二冊

110000－0102－0008069　乙二/565－3　子部/術數類/相宅相墓

披肝露膽經　(明)劉伯溫撰　透山肺腑口訣(清)李德貞傳　清刻本　一冊

110000－0102－0008070　乙二/566　史部/地理類/方志/地方志/山東

[嘉慶]長山縣志十六卷首一卷　(清)倪企望修　(清)鍾廷瑛等纂　清嘉慶六年(1801)刻本　十冊

110000－0102－0008071　乙二/569　子部/術數類/相宅相墓

楊曾地理元文　(清)楊曾撰　(清)端木國瑚注　清道光刻本　四冊

110000－0102－0008072　乙二/571　史部/地理類/方志/專志/古跡

荊州萬城隄志十卷首末二卷　(清)倪文蔚撰　清光緒二年(1876)刻本　六冊

110000－0102－0008073　乙二/574　史部/地理類/方志/地方志

[道光]欽定新疆識略十二卷首一卷　(清)松筠等纂　清道光刻本　十冊

110000－0102－0008074　乙二/575　史部/地理類/山川/川

西湖志四十八卷　(清)李衛等修　(清)傅王露等纂　清末刻本　二十冊

110000－0102－0008075　乙二/576　史部/紀傳類/斷代

南北史補志十四卷　(清)汪士鐸撰　清光緒四年(1878)淮南書局刻本　六冊

110000－0102－0008076　乙二/579　史部/地理類/總錄

輿地廣記三十六卷　(宋)歐陽忞撰　清刻本八冊

110000－0102－0008077　乙二/583　子部/術數類/相宅相墓

地理三字經二卷　(清)程思樂撰　清光緒元年(1875)刻本　二冊

110000－0102－0008078　乙二/584　子部/術數類/相宅相墓

地理三會集三卷　(明)張宗道撰　清道光十六年(1836)刻本　三冊

110000－0102－0008079　乙二/586　子部/術數類/相宅相墓

琢玉斧　(清)張九儀增釋　(清)袁士麟參訂清道光八年(1828)刻本　六冊

110000－0102－0008080　乙二/589　子部/術數類/相宅相墓

地理辨正補證三卷　廖平撰　黃鎔編　清刻本　一冊

110000－0102－0008081　乙二/590　史部/地理類/方志/地方志

[乾隆]西陲總統事略十二卷　(清)汪廷楷輯　(清)祁韻士編　清嘉慶十九年(1814)程振甲刻本　八冊

110000－0102－0008082　乙二/591　子部/藝術類/書畫/畫法、畫帖/清

泛槎圖　(清)張寶撰　清嘉慶二十四年(1819)羊城尚古齋石印本　十二冊

110000－0102－0008083　乙二/594　史部/地理類/方志/地方志/江蘇

彙刻太倉舊志五種　（清）繆朝荃等輯　清宣統元年（1909）刻本　八冊

110000－0102－0008084　乙二/595　子部/術數類/相宅相墓
地理四家　（清）蘇鳳文輯　清同治十三年（1874）刻本　六冊

110000－0102－0008085　乙二/596　史部/地理類/遊記/唐至明
霞客遊記十二卷附補編　（明）徐宏祖撰　清光緒七年（1881）瘦影山房木活字印本　十冊

110000－0102－0008086　乙二/597　史部/別史、雜史類
光緒政要三十四卷　（清）沈桐生輯　清宣統元年（1909）上海崇義堂石印本　三十冊

110000－0102－0008087　乙二/598　子部/術數類/相宅相墓
地理指迷臆解四卷　（清）周錦一撰　清道光七年（1827）刻本　四冊

110000－0102－0008088　乙二/599　子部/術數類/相宅相墓
山法全書　（清）高其倬注輯　清刻本　四冊

110000－0102－0008089　乙二/601　史部/地理類/方志/地方志/浙江
［咸淳］臨安志一百卷　（宋）潛說友編　清道光十年（1830）振綺堂仿宋刻本　二十四冊

110000－0102－0008090　乙二/602　史部/地理類/方志/地方志/浙江
［咸淳］臨安志一百卷　（宋）潛說友編　清道光十年（1830）振綺堂刻本　二十四冊

110000－0102－0008091　乙二/607　子部/術數類
楊曾地理元文　（清）楊曾撰　（清）端木國瑚注　清道光五年（1825）刻本　四冊

110000－0102－0008092　乙二/608　史部/地理類
十六國疆域志十六卷　（清）洪亮吉撰　清光緒廣雅書局刻本　四冊

110000－0102－0008093　乙二/611　史部/地理類/地圖、圖志
元和郡縣圖志四十卷　（唐）李吉甫撰　清光緒十三年（1887）刻畿輔叢書本　十冊　原缺二卷（十九至二十）

110000－0102－0008094　乙二/614　史部/地理類/總錄
輿地紀勝二百卷　（宋）王象之編　清道光二十九年（1849）刻本　六十四冊

110000－0102－0008095　乙二/615　史部/政書類/通制
欽定大清會典事例一千二百二十卷目錄八卷　（清）昆岡等撰　清光緒二十五年（1899）石印本　三百八十四冊

110000－0102－0008096　乙二/616　史部/政書類/通制
欽定大清會典一百卷　（清）昆岡等撰　清光緒二十五年（1899）石印本　三十六冊

110000－0102－0008097　乙二/617　史部/政書類/通制
欽定大清會典二百七十卷首一卷　（清）昆岡等撰　清光緒二十五年（1899）石印本　七十四冊

110000－0102－0008098　乙二/622　史部/地理類/雜記
滇繫　（清）師範撰　清光緒十三年（1887）刻本　四十冊

110000－0102－0008099　乙二/623　史部/地理類/總錄
輿地紀勝二百卷　（宋）王象之編　清道光二十九年（1849）刻本　五十冊

110000－0102－0008100　乙二/630　史部/政書類/詔令奏議/奏議
駱文忠公奏議十六卷奏稿十一卷附一卷　（清）駱秉章撰　清刻本　二十四冊

110000－0102－0008101　乙二/631　史部/別史、雜史類
元書一百〇二卷首一卷　曾廉撰　清宣統三

年（1911）刻本　二十册

110000－0102－0008102　乙二/633　史部/傳記類/總傳/通錄/地方

金陵通傳四十五卷補遺四卷韻編一卷續傳一卷　（清）陳作霖撰　清光緒三十年（1904）瑞華館刻本　十二册

110000－0102－0008103　乙二/635　史部/史評類/論事

讀史鏡古編三十二卷　（清）潘世恩撰　清同治十三年（1874）冶城飛霞閣刻本　六册

110000－0102－0008104　乙二/636　史部/編年類

明大政纂要六十三卷　（明）譚希思撰　清光緒二十一年（1895）湖南思賢書局刻本　二十八册

110000－0102－0008105　乙二/638　史部/政書類/詔令奏議/奏議

楊勇愨公奏議十六卷首一卷　（清）楊嶽斌撰　清光緒二十一年（1895）問竹軒刻本　十七册

110000－0102－0008106　乙二/640　史部/傳記類/別傳

金陀粹編二十八卷續編三十卷　（宋）岳珂撰　清光緒九年（1883）浙江書局刻本　十二册

110000－0102－0008107　子部/雜家類/雜考

夢溪筆談二十六卷首一卷補三卷續一卷　（宋）沈括撰　清光緒三十二年（1906）番禺陶氏愛廬刻本　四册

110000－0102－0008108　乙二/646　史部/傳記類/日記/清代

復堂日記八卷　（清）譚獻撰　清光緒十三年（1887）刻本　二册

110000－0102－0008109　乙二/647　叢部/彙編叢書/清中晚期

荊駝逸史五十種　（清）陳湖逸士輯　清道光古槐山房刻本　三十二册

110000－0102－0008110　乙二/650　史部/紀傳類/通代

校刊史記集解索隱正義劄記五卷　（清）張文虎撰　清同治八年（1869）金陵書局刻本　二册

110000－0102－0008111　乙二/656　集部/小說類/筆記小說

穆天子傳註疏六卷首一卷末一卷　（晉）郭璞註　（清）檀萃疏　清刻本　四册

110000－0102－0008112　乙二/657　史部/傳記類/總傳/專錄/其它

疇人傳四十六卷　（清）阮元撰　清刻本　八册

110000－0102－0008113　乙二/659　史部/傳記類/總傳/專錄/藝術

國朝書人輯略十一卷首一卷　（清）震鈞撰　清光緒三十四年（1908）金陵刻本　八册

110000－0102－0008114　乙二/661　史部/紀傳類/斷代

清史稿五百三十六卷目錄五卷　（清）趙爾巽等撰　日本昭和十二年（1937）清史館鉛印本　一百三十一册

110000－0102－0008115　乙二/662　史部/史總類/諸史總義

廿二史考異　（清）錢大昕撰　清光緒二十年（1894）廣雅書局刻本　二十四册

110000－0102－0008116　乙二/669　史部/地理類/地圖、圖志

黑龍江輿地圖　（清）崔祥奎等測繪　清光緒二十五年（1899）石印本　一册

110000－0102－0008117　乙二/677　史部/別史、雜史類

南疆繹史紀略六卷列傳二十四卷　（清）溫睿臨撰　（清）李瑤勘定　清道光九年（1829）都城半松居士木活字印本　十六册

110000－0102－0008118　乙二/679　史部/傳記類/年譜

孔孟子編年八卷　（清）狄子奇撰　清光緒十

三年(1887)浙江書局刻本　二冊

110000 - 0102 - 0008119　乙二/680　經部/樂類/樂理

恭簡公志樂二十卷　(明)韓邦奇撰　清嘉慶十一年(1806)刻本　十二冊

110000 - 0102 - 0008120　乙二/682　史部/傳記類/總傳/通錄/斷代

碑傳集一百六十卷首二卷　(清)錢儀吉撰　清光緒十九年(1893)江蘇書局刻本　六十冊

110000 - 0102 - 0008121　乙二/686　子部/術數類/相宅相墓

地理攷索四卷　(清)李光旭撰　清嘉慶八年(1803)刻本　四冊

110000 - 0102 - 0008122　乙二/687　子部/藝術類/書畫

泛槎圖　(清)張寶繪　清嘉慶二十四年(1819)羊城尚古齋石印本　十二冊

110000 - 0102 - 0008123　乙二/689　史部/傳記類/總傳/專錄

續碑傳集八十六卷首二卷　繆荃孫撰　清宣統二年(1910)江楚編譯局刻本　三十冊

110000 - 0102 - 0008124　乙二/690　史部/地理類/地圖、圖志

蘇省輿地圖說　(清)丁日昌等修　清同治刻本　二十三冊

110000 - 0102 - 0008125　乙二/691　史部/傳記類/總傳/專錄/仕宦

廉吏傳三卷　(清)張允掄撰　清光緒二十二年(1896)刻本　六冊

110000 - 0102 - 0008126　乙二/692　史部/政書類/法令

大清光緒新法令十三類附錄　(清)商務館印書編譯所輯　清宣統元年(1909)鉛印本　二十冊

110000 - 0102 - 0008127　乙二/696　史部/別史、雜史類

南疆繹史紀略六卷列傳二十四卷　(清)溫睿

臨撰　(清)李瑤勘定　清道光九年(1829)都城半松居士木活字印本　十二冊

110000 - 0102 - 0008128　乙二/705　史部/別史、雜史類

國語校注本三種　(清)汪遠孫撰　清道光二十六年(1846)錢唐汪氏振綺堂刻本　八冊

110000 - 0102 - 0008129　乙二/708　史部/政書類/儀制

聖廟祀典圖攷五卷首一卷附二卷　(清)顧沅輯　清道光刻本　六冊

110000 - 0102 - 0008130　乙二/713　史部/政書類/詔令奏議/奏議

胡瑞敏公奏議十卷校勘記十卷　(明)胡世寧撰　清光緒十九年(1893)刻本　四冊

110000 - 0102 - 0008131　乙二/719　史部/政書類/詔令奏議/奏議

張文毅公奏稿八卷　(清)張芾撰　清光緒二年(1876)刻本　四冊

110000 - 0102 - 0008132　乙二/721　史部/傳記類/圖贊

高士傳　(晉)皇甫謐撰　**於越先賢像傳贊**　(清)王齡撰　清光緒三年(1877)刻本　六冊

110000 - 0102 - 0008133　乙二/722　史部/政書類/詔令奏議/奏議

胡文忠公政書十四卷　(清)胡林翼撰　清光緒二十五年(1899)刻本　十六冊

110000 - 0102 - 0008134　乙二/724　史部/別史、雜史類

南北史識小錄十四卷　(清)沈名蓀　(清)朱昆田合撰　(清)張應昌補正　清同治十年(1871)刻本　八冊

110000 - 0102 - 0008135　乙二/725　史部/傳記類/圖贊

高士傳　(晉)皇甫謐撰　**於越先賢像傳贊**　(清)王齡撰　清光緒三年(1877)刻本　八冊

110000 - 0102 - 0008136　乙二/726　史部/傳記類/日記

三洲日記八卷　（清）張蔭桓撰　清光緒二十二年(1896)刻本　八冊

110000－0102－0008137　乙二/728　史部/別史、雜史類

小腆紀年附攷二十卷　（清）徐鼒撰　清咸豐十一年(1861)刻本　十六冊

110000－0102－0008138　乙二/729　史部/傳記類/總傳/專錄/其它

疇人傳四十六卷　（清）阮元撰　清嘉慶刻本　十六冊

110000－0102－0008139　乙二/731　史部/政書類/法令/章例

流江正案五卷　清光緒抄本　五冊

110000－0102－0008140　乙二/734　史部/編年類/斷代

建炎以來繫年要錄二百卷　（宋）李心傳撰　清光緒十一年(1885)刻本　六十冊

110000－0102－0008141　乙二/735　史部/政書類/法令/律例

大清律例通攷三十九卷　（清）吳壇撰　清光緒十二年(1886)刻本　三十冊

110000－0102－0008142　乙二/737　史部/別史、雜史類

弇山堂別集一百卷　（明）王世貞撰　清光緒廣雅書局刻本　二十冊

110000－0102－0008143　乙二/739　史部/政書類/雜錄

樞垣記略十六卷　（清）梁章鉅撰　清道光十五年(1835)刻本　八冊

110000－0102－0008144　乙二/742　史部/政書類/儀制

皇朝謚法表十卷　（清）楊樹撰　清光緒二十八年(1902)刻本　二冊

110000－0102－0008145　乙二/744　史部/政書類/通制

元典章六十卷新集一卷　（元）□□撰　清光緒三十四年(1908)刻本　二十四冊

110000－0102－0008146　乙二/746　史部/政書類/通制

元典章六十卷新集一卷　（元）□□撰　清光緒三十四年(1908)刻本　二十四冊

110000－0102－0008147　乙二/749　史部/別史、雜史類

小腆紀傳六十五卷　（清）徐鼒撰　清光緒十三年(1887)刻本　十六冊

110000－0102－0008148　乙二/750　史部/政書類/法令/律例

中國古今法制表十六卷　（清）孫榮撰　清光緒三十二年(1906)刻本　十冊

110000－0102－0008149　乙二/751　史部/政書類/儀制

大清通禮五十四卷　（清）穆克登額等撰　清道光四年(1824)刻本　十二冊

110000－0102－0008150　乙二/752　史部/傳記類/人表

明清進士題名錄十四卷　（清）□□輯　清刻本　十四冊

110000－0102－0008151　乙二/753　史部/紀事本末類

通鑑紀事本末二百三十九卷　（宋）袁樞撰　（明）張溥論正　清光緒十三年(1887)廣雅書局刻本　四十八冊

110000－0102－0008152　乙二/761　史部/傳記類/別傳

祁竹軒行述　（清）祁墳撰　清刻本　一冊

110000－0102－0008153　乙二/762　史部/地理類/雜記

欽定滿洲源流攷二十卷　（清）阿桂等撰　清嘉慶刻本　十冊

110000－0102－0008154　乙二/763　史部/政書類/法令/律例

唐律疏議三十卷　（唐）長孫無忌等撰　清光緒十六年(1890)刻本　十二冊

110000－0102－0008155　乙二/770　史部/

地理類/地圖、圖志

嚴州圖經三卷 （宋）陳公亮撰　清光緒二十二年（1896）漸西村舍刻本　二冊

110000 - 0102 - 0008156　乙二/772　經部/書類/文字音義

尚書啓蒙五卷周季編略九卷 （清）黃式三撰　清光緒十四年（1888）刻本　八冊

110000 - 0102 - 0008157　乙二/780　史部/別史、雜史類

野獲編三十卷補遺四卷首一卷 （明）沈德符撰　清道光七年（1827）刻本　二十四冊

110000 - 0102 - 0008158　乙二/781　史部/政書類/詔令奏議/奏議

劉中丞奏議二十卷 （清）劉蓉撰　清光緒十一年（1885）刻本　十冊

110000 - 0102 - 0008159　乙二/782　史部/別史、雜史類

小腆紀年附攷二十卷 （清）徐鼒撰　清咸豐十一年（1861）刻本　十二冊

110000 - 0102 - 0008160　乙二/784　經部/春秋類/總義

春秋大事表五十卷 （清）顧棟高撰　清光緒十四年（1888）刻本　二十四冊

110000 - 0102 - 0008161　乙二/785　史部/編年類

通鑑宋本校勘記五卷元本二卷 （清）張瑛撰　清光緒八年（1882）刻本　三冊

110000 - 0102 - 0008162　乙二/786 - 1　史部/紀事本末類/斷代

金史紀事本末五十二卷首一卷末一卷 （清）李有棠編　清光緒二十九年（1903）刻本　十二冊

110000 - 0102 - 0008163　乙二/786 - 2　史部/紀事本末類/斷代

遼史紀事本末四十卷首一卷末一卷 （清）李有棠編　清光緒二十九年（1903）刻本　八冊

110000 - 0102 - 0008164　乙二/788　史部/

傳記類/總傳/專錄/其它

疇人傳四十六卷 （清）阮元撰　清嘉慶四年（1799）揚州阮氏琅嬛仙館刻本　十冊

110000 - 0102 - 0008165　乙二/789　史部/別史、雜史類

元書一百〇二卷首一卷 曾廉撰　清宣統三年（1911）層漪堂刻本　二十冊

110000 - 0102 - 0008166　乙二/790　史部/紀事本末類/斷代

金史詳校十卷 （清）施國祁撰　清光緒二十年（1894）廣雅書局刻本　十冊

110000 - 0102 - 0008167　乙二/793　史部/傳記類/總傳/專錄/仕宦

中興將帥別傳三十卷 （清）朱孔彰撰　清光緒二十三年（1897）刻本　十二冊

110000 - 0102 - 0008168　乙二/796　史部/傳記類/圖贊

帝鑑圖說 （明）張居正撰　清江陵鄧氏刻本　四冊

110000 - 0102 - 0008169　乙二/802　史部/政書類/儀制

宗室王公世職章京爵秩襲次全表十卷 （清）牟其汶編　清光緒三十三年（1907）石印本　十冊

110000 - 0102 - 0008170　乙二/803　史部/傳記類/圖贊

聖蹟圖 孔慶塘輯　清宣統元年（1909）石印本　四冊

110000 - 0102 - 0008171　乙二/809　叢部/自著叢書/清中晚期

章實齋先生遺書六卷附錄不分卷 （清）章學誠撰　清宣統二年（1910）鉛印本　四冊

110000 - 0102 - 0008172　乙二/810　史部/目錄類/著錄/學科專目/歷史

史略八十七卷 （清）朱堃撰　清同治五年（1866）刻本　二十冊

110000 - 0102 - 0008173　乙二/811　史部/

編年類/斷代

欽定明鑑二十四卷首一卷 （清）托津 （清）胡敬編纂 清嘉慶二十三年（1818）刻本 八冊

110000－0102－0008174　乙二/815　史部/政書類/職官類

三國職官表三卷 （清）洪飴孫撰 清光緒十七年（1891）廣雅書局刻本 三冊

110000－0102－0008175　乙二/817　史部/地理類/雜記

東都事略一百三十卷 （宋）王偁撰 清刻本 二十四冊

110000－0102－0008176　乙二/823　史部/史評類/論事

歷代史論十二卷 （明）張溥撰 清光緒五年（1879）刻本 八冊

110000－0102－0008177　乙二/825　史部/傳記類/總傳/專錄/事蹟

滄城殉難錄四卷 （清）王國均等撰 清同治刻本 四冊

110000－0102－0008178　乙二/826　史部/編年類/斷代

明紀六十卷 （清）陳鶴撰 清同治十年（1871）江蘇書局刻本 二十冊

110000－0102－0008179　乙二/827　史部/史評類/論事

欽定元王惲承華事略補圖六卷 （元）王惲撰 清光緒石印本 二冊

110000－0102－0008180　乙二/828　史部/政書類/詔令奏議/奏議

曾文正奏議十卷補編四卷文鈔四卷 （清）曾國藩撰 （清）薛福成輯 清同治十二年（1873）刻本 十八冊

110000－0102－0008181　乙二/830　史部/編年類

嚴永思先生通鑑補正略三卷刊本識誤三卷 （明）嚴衍撰 （清）張敦仁錄 清道光八年（1828）影印本 七冊

110000－0102－0008182　乙二/831－1　史部/別史、雜史類

大金國志四十卷 （宋）宇文懋昭撰 清嘉慶二年（1797）掃葉山房刻本 四冊

110000－0102－0008183　乙二/831－2　史部/別史、雜史類

契丹國志二十七卷 （宋）葉隆禮撰 清嘉慶二年（1797）掃葉山房刻本 二冊

110000－0102－0008184　乙二/832　史部/金石類/石/義例

漢石例六卷 （清）劉寶楠撰 清同治刻本 二冊

110000－0102－0008185　乙二/833　史部/傳記類/圖贊

練川名人畫像四卷附二卷 （清）程祖慶編 清光緒四年（1878）刻本 二冊

110000－0102－0008186　乙二/836　史部/政書類/詔令奏議/奏議

左恪靖伯奏稿三十八稿 （清）左宗棠撰 清同治七年（1868）刻本 三十八冊

110000－0102－0008187　乙二/837　史部/傳記類/總傳/專錄/其它

疇人傳三編七卷 （清）諸可寶撰 清光緒刻本 四冊

110000－0102－0008188　乙二/839　史部/別史、雜史類

貞觀政要十卷 （唐）吳兢撰 （元）戈直集論 清嘉慶三年（1798）刻本 四冊

110000－0102－0008189　乙二/840　史部/政書類/法令/律例

故唐律疏議三十卷 （唐）長孫無忌等撰 清光緒十七年（1891）刻本 八冊

110000－0102－0008190　乙二/861－1　史部/史總類/諸史總義

廿二史策案補遺 （清）葛元福輯 清光緒三年（1877）紅杏山莊刻本 八冊

110000－0102－0008191　乙二/861－2　經

部/經總類/群經合刊

十三經策案補遺 （宋）賈昌朝等撰　清光緒
三年(1877)刻本　六冊

110000－0102－0008192　乙二/867　史部/
傳記類/人表

庚子辛丑恩正並科各省鄉試同年全錄 （清）
□□編　清光緒二十八年(1902)刻本　二冊

110000－0102－0008193　乙二/868　史部/
傳記類/人表

己丑恩科鄉試十八省同年全錄 （清）□□編
　清光緒十五年(1889)刻本　二冊

110000－0102－0008194　乙二/869　史部/
紀傳類/斷代

漢書引經異文錄證六卷 （清）繆佑孫撰　清
光緒十一年(1885)刻本　二冊

110000－0102－0008195　乙二/873　史部/
編年類

竹書紀年校正十四卷 （清）郝懿行撰　清光
緒五年(1879)刻本　二冊

110000－0102－0008196　乙二/874　史部/
政書類/法令/章例

欽定理藩部則例六十四卷通例二卷 （清）松
森等撰　清光緒三十四年(1908)鉛印本　十
六冊

110000－0102－0008197　乙二/875　史部/
政書類/法令/章例

欽定理藩部則例六十四卷通例二卷 （清）松
森等撰　清光緒三十四年(1908)鉛印本　十
六冊

110000－0102－0008198　乙二/877　史部/
史表類

歷代史表五十九卷首一卷 （清）萬斯同撰
清光緒十五年(1889)廣雅書局刻本　八冊

110000－0102－0008199　乙二/878　史部/
政書類/邦計/荒政

荒政便覽二卷 （清）蔣廷皋編　清光緒九年
(1883)刻本　一冊

110000－0102－0008200　乙二/879　史部/
政書類/法令/律例

故唐律疏議三十卷 （唐）長孫無忌等撰　清
光緒十七年(1891)刻本　八冊

110000－0102－0008201　乙二/881　集部/
別集類/清

胡文忠公遺集八十六卷首一卷 （清）胡林翼
撰　（清）曾國荃　（清）鄭敦謹纂輯　清光緒
元年(1875)湖北崇文書局刻本　三十二冊

110000－0102－0008202　乙二/882　史部/
傳記類/總傳/通錄/斷代

**國朝耆獻類徵初編七百二十卷國朝賢媛類徵
初編十二卷** （清）李桓輯　清光緒十七年
(1891)湘陰李氏刻本　三百冊

110000－0102－0008203　乙二/885　史部/
政書類/儀制

太常因革禮一百卷校識一卷 （宋）歐陽修等
撰　清光緒二十年(1894)廣雅書局刻本
八冊

110000－0102－0008204　乙二/887　史部/
紀事本末類/斷代

明史紀事本末八十卷 （清）谷應泰撰　清光
緒十三年(1887)廣雅書局刻本　十六冊

110000－0102－0008205　乙二/894　史部/
地理類/總錄

讀史方輿紀要一百三十卷 （清）顧祖禹撰
清光緒二十六年(1900)廣雅書局刻本　七十
四冊

110000－0102－0008206　乙二/896　史部/
政書類/詔令奏議/奏議

皇清名臣奏議六十八卷 （清）琴川居士編輯
　清都城國史館琴川居士刻本　四十八冊

110000－0102－0008207　乙二/900　史部/
地理類/總錄

讀史方輿紀要一百三十卷 （清）顧祖禹撰
清光緒二十五年(1899)刻本　七十二冊

110000－0102－0008208　乙二/901　史部/
編年類

東華全錄五百二十四卷　王先謙編　清光緒
十三年(1887)刻本　一百八十八冊

110000－0102－0008209　乙二/902　史部/
別史、雜史類

郎潛紀聞初筆十四卷二筆十六卷　（清）陳康
祺撰　清光緒六年至七年(1880－1881)刻本
十四冊

110000－0102－0008210　乙二/906　史部/
政書類/法令/律例

欽定理藩院則例六十四卷通例二卷　（清）文
康等修　清光緒十七年(1891)刻本　三十
二冊

110000－0102－0008211　乙二/907　史部/
政書類/法令/律例

欽定理藩院則例六十四卷通例二卷　（清）文
康等修　清光緒十七年(1891)刻本　三十
二冊

110000－0102－0008212　乙二/909　史部/
紀傳類/斷代

前漢書一百卷　（漢）班固撰　（唐）顏師古注
清光緒十三年(1887)金陵書局刻本　十
六冊

110000－0102－0008213　乙二/910　史部/
政書類

東三省政略　徐世昌撰　清宣統三年(1911)
鉛印本　四十六冊

110000－0102－0008214　乙二/913　史部/
傳記類/總傳/專錄/事蹟

江表忠略二十卷　（清）陳澹然撰　清光緒二
十六年(1900)刻本　四冊

110000－0102－0008215　集部/
別集類/清

宦拾錄十八卷　（清）王子音撰　清嘉慶十一
年(1806)京師文會堂刻本　八冊

110000－0102－0008216　乙二/919　史部/
編年類

明通鑑九十卷目錄二十卷前編四卷附編六卷
（清）夏燮編　清同治十二年(1873)刻本

四十八冊

110000－0102－0008217　乙二/921　史部/
史評類/論事

讀史漫錄十四卷　（明）于慎行撰　清光緒二
十一年(1895)刻本　六冊

110000－0102－0008218　乙二/922　史部/
傳記類/總傳/專錄/事蹟

廣西昭忠錄八卷首一卷　（清）蘇鳳文編　清
光緒十五年(1889)刻本　四冊

110000－0102－0008219　乙二/924　史部/
政書類/學制

欽定國子監志八十二卷首二卷　（清）文慶
（清）富明阿等纂　清道光十四年(1834)刻本
三十二冊

110000－0102－0008220　乙二/925　叢部/
彙編叢書/清中晚期

藕香零拾三十九種　繆荃孫輯　清宣統二年
(1910)刻本　三十二冊

110000－0102－0008221　乙二/926　史部/
紀事本末類/通代

通鑑長編紀事本末一百五十卷　（宋）楊仲良
撰　清光緒廣雅書局刻本　三十四冊

110000－0102－0008222　乙二/928　史部/
編年類/斷代

東華續錄二百二十卷　（清）朱壽朋編　清宣
統元年(1909)上海圖書集成公司鉛印本　六
十四冊

110000－0102－0008223　乙二/929　史部/
編年類/通代

御批歷代通鑑輯覽一百二十卷　（清）傅恆編
清同治刻本　五十八冊

110000－0102－0008224　乙二/930　史部/
編年類

續資治通鑑長編五百二十卷　（宋）李燾撰
清光緒七年(1881)浙江書局刻本　一百二
十冊

110000－0102－0008225　乙二/933　史部/

地理類/地圖、圖志

江西全省輿圖十四卷首一卷 （清）曾國藩等撰　清同治七年（1868）刻本　十五冊

110000－0102－0008226　乙二/936　史部/政書類/軍政/防務

防海紀略 （清）苟唐居士編　清光緒六年（1880）刻本　二冊

110000－0102－0008227　乙二/937　集部/總集類/詩/地方

昭陽述舊編三卷 （清）李福祚撰　清咸豐七年（1857）刻本　六冊

110000－0102－0008228　乙二/941　史部/傳記類/總傳/通錄/地方

中州人物考八卷 （清）孫奇逢輯　清道光二十四年（1844）刻本　五冊

110000－0102－0008229　乙二/947　史部/史抄類

史記菁華錄六卷 （漢）司馬遷撰　清道光四年（1824）刻本　六冊

110000－0102－0008230　乙二/949　史部/政書類/軍政

張公襄理軍務紀略六卷 （清）丁運樞等編　清宣統元年（1909）石印本　六冊

110000－0102－0008231　乙二/954　史部/傳記類/總傳/專錄/仕宦

欽定名臣傳八十卷 （清）國史館編　清京都榮錦書屋活字本　八十冊

110000－0102－0008232　乙二/955　史部/紀傳類/斷代

前漢補注一百卷 （漢）班固撰　（唐）顏師古注　王先謙補注　清光緒二十六年（1900）刻本　三十二冊

110000－0102－0008233　乙二/957　史部/政書類/邦交/其它

奉使金鑑六十卷續編四十卷 （清）呂海寰撰　清光緒三十二年（1906）刻本　四十二冊

110000－0102－0008234　乙二/959　史部/

載記類

華陽國志十二卷 （晉）常璩撰　清嘉慶十九年（1814）刻本　六冊

110000－0102－0008235　乙二/962　史部/地理類/地圖、圖志

皇清地理圖 （清）董方立編繪　清咸豐六年（1856）刻本　四冊

110000－0102－0008236　乙二/965　史部/紀傳類/通代

史記一百三十卷 （漢）司馬遷　（南朝宋）裴駰集解　（唐）司馬貞索隱　（唐）張守節正義　清同治五年至九年（1866－1870）金陵書局刻本　二十冊

110000－0102－0008237　乙二/969　史部/史評類

通鑑答問五卷 （宋）王應麟撰　清光緒十年（1884）志古堂刻本　四冊

110000－0102－0008238　乙二/970　史部/政書類/軍政

唐折衝府攷四卷 （清）勞經原撰　清道光二十一年（1841）刻本　四冊

110000－0102－0008239　乙二/971　史部/政書類/法令/章例

欽定回疆則例八卷 （清）肇麟等撰　清光緒三十四年（1908）鉛印本　三冊

110000－0102－0008240　乙二/976　史部/傳記類/圖贊

關聖帝君聖蹟圖志全集五卷 （清）盧湛輯　清道光九年（1829）刻本　十二冊

110000－0102－0008241　乙二/979　史部/傳記類/年譜

阿文成公年譜三十四卷 （清）那彥成撰　清嘉慶十八年（1813）刻本　三十二冊

110000－0102－0008242　乙二/983　史部/政書類/法令/律例

蒙古律例十二卷 （□）□□編　清刻本　三冊

110000－0102－0008243　乙二/989　史部/
政書類/軍政/防務

邊事彙鈔八卷　（清）朱克敬編　清光緒六年
(1880)刻本　十冊

110000－0102－0008244　乙二/992　史部/
別史、雜史類

湘軍記二十卷　（清）王定安撰　清光緒十五
年(1889)江南書局刻本　十二冊

110000－0102－0008245　乙二/995　史部/
政書類/詔令奏議/奏議

黎襄勤公奏議六卷　（清）黎世序撰　清道光
七年(1827)刻本　六冊

110000－0102－0008246　乙二/1001　史部/
政書類/法令

總管内務府現行則例　（清）□□編　清宣統
鉛印本　三冊

110000－0102－0008247　乙二/1003－1　史
部/別史、雜史類

國語二十一卷　（周）左丘明撰　清嘉慶黃丕
烈刻本　五冊

110000－0102－0008248　乙二/1003－2　史
部/別史、雜史類

戰國策三十三卷　（漢）高誘注　清嘉慶黃丕
烈刻本　五冊

110000－0102－0008249　乙二/1004　史部/
史總類/諸史彙編

廿一史四譜五十四卷　（清）沈炳震撰　清同
治十年(1871)清來堂刻本　十六冊

110000－0102－0008250　乙二/1011　史部/
傳記類/總傳/專錄/列女

新編古列女傳八卷　（漢）劉向撰　（晉）顧愷
之圖　清道光五年(1825)揚州阮氏仿宋刻本
四冊

110000－0102－0008251　乙二/1013　史部/
政書類/儀制

紀元通考十二卷　（清）葉維庚撰　清道光八
年(1828)刻本　四冊

110000－0102－0008252　乙二/1015　史部/
紀傳類/斷代

晉略六十六卷　（清）周濟撰　清光緒二年
(1876)味雋齋刻本　十冊

110000－0102－0008253　乙二/1016　史部/
紀傳類/斷代

元史二百十卷　（明）宋濂等修　清同治十三
年(1874)江蘇書局刻本　四十冊

110000－0102－0008254　乙二/1018　史部/
傳記類/總傳/專錄/仕宦

國朝先正事略六十卷　（清）李元度纂　清同
治五年(1866)循陔草堂刻本　二十四冊

110000－0102－0008255　乙二/1019　史部/
政書類/詔令奏議/奏議

丁文誠公奏稿二十六卷遺集一卷首一卷
（清）丁寶楨撰　清光緒二十五年(1899)刻本
二十八冊

110000－0102－0008256　乙二/1023　史部/
政書類/邦交/總錄

新編條約光緒朝與各國文約　吳葆誠等輯
清宣統二年(1910)鉛印本　十冊

110000－0102－0008257　乙二/1025　史部/
史表類

歷代史表五十九卷首一卷　（清）萬斯同撰
清光緒十五年(1889)廣雅書局刻本　六冊

110000－0102－0008258　乙二/1029　史部/
紀事本末類/斷代

明末紀事補遺十卷　（清）三餘氏撰　清同治
刻本　六冊

110000－0102－0008259　乙二/1032　史部/
別史、雜史類

平播全書十五卷　（明）李化龍撰　清光緒刻
本　十二冊

110000－0102－0008260　乙二/1033　史部/
政書類/詔令奏議

丁文誠公奏稿二十六卷遺集一卷首一卷
（清）丁寶楨撰　清光緒二十五年(1899)刻本
二十八冊

110000－0102－0008261　乙二/1036　史部/
紀傳類/斷代

史記辨證十卷　（清）尚鎔撰　清道光二十二
年（1842）刻本　二冊

110000－0102－0008262　乙二/1038　史部/
史表類

歷代統紀表十三卷　（清）段長基撰　清光緒
紅杏山房刻本　二十四冊

110000－0102－0008263　乙二/1044　史部/
別史、雜史類

南疆繹史紀略六卷列傳二十四卷　（清）李瑤
撰　清末都城琉璃廠半松居士刻本　二十
四冊

110000－0102－0008264　乙二/1046　史部/
別史、雜史類

國朝柔遠記十八卷附編二卷　（清）王之春撰
清光緒二十二年（1896）刻本　六冊

110000－0102－0008265　乙二/1047　史部/
編年類/通代

史存三十卷　（清）劉沅撰　清咸豐六年
（1856）致福樓刻本　二十四冊

110000－0102－0008266　乙二/1048　史部/
別史、雜史類

宋史翼四十卷　（清）陸心源輯　清光緒三十
二年（1906）刻本　十冊

110000－0102－0008267　乙二/1054　史部/
紀傳類/通代

續資治通鑑二百二十卷　（清）畢沅撰　清同
治八年（1869）刻本　六十冊

110000－0102－0008268　乙二/1057　史部/
史評類/論事

史闕十四卷　（明）張岱撰　（清）鄭佶編　清
道光七年（1827）刻本　八冊

110000－0102－0008269　乙二/1060　史部/
紀傳類

西魏書二十四卷　（清）謝啟昆撰　清乾隆六
十年（1795）樹經堂刻本　六冊

110000－0102－0008270　乙二/1061　史部/
傳記類/年譜

建文年譜四卷　（清）趙士喆撰　（清）趙濤
（清）趙瀚合音注　清道光二十九年（1849）味
塵軒活字本　四冊

110000－0102－0008271　乙二/1062　史部/
編年類/通代

御批歷代通鑑輯覽一百二十卷　（清）傅恆等
編　清同治十年（1871）萬氏刻本　一百二
十冊

110000－0102－0008272　乙二/1063　史部/
目錄類/著錄/學科專目/經籍

八史經籍志　（日本）□□輯　清光緒八年
（1882）鎮海張壽榮刻本　十六冊

110000－0102－0008273　乙二/1064　史部/
政書類/詔令奏議/奏議

錢敏肅公奏疏七卷　（清）錢鼎銘撰　清光緒
六年（1880）刻本　四冊

110000－0102－0008274　乙二/1065　史部/
別史、雜史類

元秘史李注補正十五卷　（清）高寶銓撰　清
光緒二十八年（1902）刻本　三冊

110000－0102－0008275　乙二/1067　史部/
傳記類/圖贊

吳郡名賢圖傳贊二十卷　（清）顧沅輯　（清）
孔繼堯繪　清道光九年（1829）刻本　八冊

110000－0102－0008276　乙二/1069　史部/
別史、雜史類

明季北略二十四卷　（清）計六奇編輯　清北
京半松居士活字本　二十四冊

110000－0102－0008277　乙二/1072　史部/
紀傳類/通代

史記一百三十卷　（漢）司馬遷撰　（南朝宋）
裴駰集解　（唐）司馬貞索隱　清同治八年
（1869）嶺南莤古堂刻本　三十三冊

110000－0102－0008278　乙二/1074　史部/
別史、雜史類

崇禎朝紀事四卷　（明）李遜之撰　清光緒二

十三年(1897)武進盛氏刻本　二冊

110000－0102－0008279　乙二/1077　史部/
政書類/文牘檔冊

開縣李尚書政書八卷首一卷　(清)李宗羲撰
清光緒十一年(1885)刻本　五冊

110000－0102－0008280　乙二/1080　史部/
政書類/詔令奏議/奏議

沈文肅公政書七卷首一卷　(清)沈葆楨撰
清光緒六年(1880)刻本　八冊

110000－0102－0008281　乙二/1081　史部/
紀傳類/通代

史記探源八卷　(清)崔適撰　清宣統二年
(1910)刻本　四冊

110000－0102－0008282　乙二/1091　史部/
地理類/雜記

蒙古遊牧記十六卷　(清)張穆撰　清同治六
年(1867)刻本　四冊

110000－0102－0008283　乙二/1094　史部/
政書類/詔令奏議/奏議

曾忠襄公奏議十二卷　(清)曾國荃撰　清光
緒二十九年(1903)刻本　十二冊

110000－0102－0008284　乙二/1095　史部/
政書類/詔令奏議/奏議

關中奏議鈔十二卷首一卷　(明)楊一清撰
清嘉慶二十一年(1816)刻本　六冊

110000－0102－0008285　乙二/1096　史部/
政書類/儀制

皇朝謚法攷五卷續編一卷續補編一卷　(清)
鮑康輯　清同治三年(1864)刻本　四冊

110000－0102－0008286　乙二/1097　經部/
四書類/孟子/傳說

孟志編略六卷　(清)孫葆田撰　清光緒十四
年(1888)活字本　二冊

110000－0102－0008287　乙二/1101　史部/
紀傳類/斷代

元史譯文證補三十卷　(清)洪鈞撰　清光緒
二十六年(1900)廣雅書局刻本　四冊

110000－0102－0008288　乙二/1105　史部/
紀傳類/斷代

續後漢書九十卷　(元)郝經撰　清光緒六年
(1880)刻本　二十四冊

110000－0102－0008289　乙二/1106　集部/
別集類/清

**周武壯公遺書九卷首一卷外集三卷別集一卷
附錄一卷**　(清)周盛傳撰　清光緒三十一年
(1905)刻本　十冊

110000－0102－0008290　乙二/1107　史部/
地理類/地圖、圖志

歷代輿地圖　楊守敬撰　清光緒三十二年
(1906)觀海堂楊氏刻本　四十二冊

110000－0102－0008291　乙二/1108　史部/
紀傳類/斷代

唐書二百二十五卷　(宋)歐陽修撰　清光緒
十年(1884)同文書局石印本　五十冊

110000－0102－0008292　乙二/1111　史部/
紀事本末類

五朝紀事本末五種　(□)□□撰　清同治十
二年(1873)江西書局刻本　一百三十六冊

110000－0102－0008293　乙二/1112　史部/
傳記類/日記/清代

曾文正公手書日記　(清)曾國藩撰　清宣統
元年(1909)影印本　四十冊

110000－0102－0008294　乙二/1113　史部/
編年類/斷代

明通鑑一百卷　(清)夏燮撰　清光緒二十三
年(1897)湖北官書處刻本　四十冊

110000－0102－0008295　乙二/1115　史部/
紀事本末類/斷代

遼史紀事本末四十卷首一卷末一卷　(清)李
有棠撰　清光緒二十九年(1903)刻本　八冊

110000－0102－0008296　乙二/1116　史部/
政書類/邦交/雜錄

國朝柔遠記二十卷　(清)王之春撰　清光緒
十七年(1891)廣雅書局刻本　六冊

110000－0102－0008297　乙二/1117　史部/
紀傳類/斷代

前漢書補注一百卷　（漢）班固撰　（唐）顏師
古注　王先謙補注　清光緒二十六年（1900）
長沙王氏刻本　三十二冊

110000－0102－0008298　乙二/1118　史部/
紀傳類/彙編

欽定遼金元三史語解　（清）□□輯　清光緒
四年（1878）刻本　十冊

110000－0102－0008299　乙二/1119　史部/
紀傳類/斷代

金史一百三十五卷　（元）脫脫等撰　清同治
八年（1869）嶺南葄古堂刻本　三十五冊

110000－0102－0008300　乙二/1124　史部/
紀傳類/斷代

前漢書七十卷　（漢）班固撰　（唐）顏師古注
清同治八年（1869）金陵書局刻本　十六冊

110000－0102－0008301　乙二/1127　史部/
紀傳類/斷代

三國志六十五卷　（晉）陳壽撰　（南朝宋）裴
松之注　清同治九年（1870）金陵書局刻本
八冊

110000－0102－0008302　乙二/1128　史部/
紀傳類/斷代

晉略六十六卷　（清）周濟撰　清光緒二年
（1876）味雋齋刻本　十冊

110000－0102－0008303　乙二/1129　史部/
紀傳類/斷代

史記志疑三十六卷　（清）梁玉繩撰　清光緒
十三年（1887）廣雅書局刻本　十四冊

110000－0102－0008304　乙二/1131　史部/
紀傳類/斷代

遼史一百十五卷　（元）脫脫等修　清同治八
年（1869）刻本　二十冊

110000－0102－0008305　乙二/1133　史部/
政書類/詔令奏議/奏議

李文恭公奏議二十二卷　（清）李星沅撰　清
咸豐刻本　二十六冊

110000－0102－0008306　乙二/1134　史部/
編年類/通代

史存三十卷　（清）劉沅撰　清咸豐十年
（1860）刻本　十六冊

110000－0102－0008307　乙二/1135　子部/
類書類/專編

古今姓氏書辨證四十卷　（宋）鄧名世撰　清
嘉慶刻本　十冊

110000－0102－0008308　乙二/1136　史部/
傳記類/總傳/專錄/仕宦

宋名臣言行錄七十五卷　（清）洪瑩輯　清同
治七年（1868）刻本　十二冊

110000－0102－0008309　乙二/1139　史部/
政書類/職官/官制

歷代職官表七十二卷首一卷　（清）永瑢等編
清光緒二十二年（1896）廣雅書局刻本　二
十二冊

110000－0102－0008310　乙二/1141　史部/
紀事本末類

**欽定剿平三省邪匪方略卷首九卷正編三百五
十二卷續編三十六卷附編十二卷**　（清）慶桂
等撰　清嘉慶十五年（1810）刻本　一百七十
二冊

110000－0102－0008311　乙二/1143　史部/
傳記類/總傳/通錄/通代

續碑傳集八十六卷首二卷　繆荃孫撰　清宣
統二年（1910）江楚編譯局刻本　二十四冊

110000－0102－0008312　乙二/1144　史部/
別史、雜史類

明季北略二十四卷　（清）計六奇編輯　清北
京半松居士活字本　二十四冊

110000－0102－0008313　乙二/1145　史部/
政書類/詔令奏議/奏議

林文忠公政書三十七卷　（清）林則徐撰　清
光緒十一年（1885）刻本　十六冊

110000－0102－0008314　乙二/1146　史部/
傳記類/人表

元和姓纂十卷　（唐）林寶撰　清光緒六年

（1880）金陵書局刻本　　四冊

110000－0102－0008315　乙二/1147　史部/
政書類/職官/官制
歷代職官表七十二卷首一卷　　（清）永瑢等編
　　清光緒二十二年（1896）刻本　　六冊

110000－0102－0008316　乙二/1151　史部/
目錄類/著錄/藝文類
補後漢書藝文志攷十卷首一卷　　（清）曾樸撰
　　清光緒二十一年（1895）活字本　　六冊

110000－0102－0008317　乙二/1156　史部/
紀傳類/通代
校刊史記集解索隱正義劄記五卷　　（清）張文
虎撰　　清同治十一年（1872）刻本　　二冊

110000－0102－0008318　乙二/1158　史部/
傳記類/總傳/專錄/儒林
道學淵源錄一百卷　　（清）黃嗣東輯　　清光緒
三十四年（1908）鳳山學舍刻本　　十四冊

110000－0102－0008319　乙二/1162　史部/
政書類/通制
史通通釋二十卷　　（清）浦起龍釋　　清末汪氏
翰墨園刻本　　六冊

110000－0102－0008320　乙二/1163　史部/
紀傳類/斷代
元史二百十卷　　（明）宋濂等撰　　清同治八年
（1869）嶺南萉古堂刻本　　六十三冊

110000－0102－0008321　乙二/1165　史部/
傳記類/總傳/專錄/仕宦
東林列傳二十四卷末二卷　　（清）陳鼎編　　清
刻本　　十二冊

110000－0102－0008322　乙二/1166　史部/
傳記類/總傳/專錄/事蹟
欽定勝朝殉節諸臣錄十二卷首一卷　　（清）紀
昀等撰　　清嘉慶二年（1797）刻本　　五冊

110000－0102－0008323　乙二/1168　史部/
傳記類/總傳
碑傳集一百六十卷首二卷　　（清）錢儀吉纂
清光緒十九年（1893）江蘇書局刻本　　六十冊

110000－0102－0008324　乙二/1170　史部/
傳記類/總傳
文獻徵存錄十卷　　（清）錢林輯　　清咸豐八年
（1858）刻本　　十冊

110000－0102－0008325　乙二/1171　史部/
政書類/職官/官制
樞垣記略二十八卷　　（清）梁章鉅撰　　清光緒
刻本　　六冊

110000－0102－0008326　乙二/1174　史部/
紀傳類/斷代
明史三百三十二卷　　（清）張廷玉等撰　　清同
治八年（1869）嶺南萉古堂刻本　　九十四冊

110000－0102－0008327　乙二/1177　子部/
雜家類/雜考
愈愚錄六卷　　（清）劉寶楠撰　　清光緒十五年
（1889）廣雅書局刻本　　二冊

110000－0102－0008328　乙二/1181　史部/
地理類/地圖、圖志
湖北全省分圖　　輿地學會編　　清光緒三十四
年（1908）石印本　　一冊

110000－0102－0008329　乙二/1182　史部/
地理類/地圖、圖志
中外輿地全圖　　鄒代鈞編　　清光緒二十九年
（1903）石印本　　一冊

110000－0102－0008330　乙二/1185　史部/
地理類/地圖、圖志
大清帝國全圖　　商務印書館編　　清光緒三十
四年（1908）上海商務印書館五色彩印本
一冊

110000－0102－0008331　乙二/1187－1　史
部/地理類/地圖、圖志
皇朝直省輿地全圖　　（清）□□編　　清光緒二
十一年（1895）石印本　　一冊

110000－0102－0008332　乙二/1187－2　史
部/地理類/地圖、圖志
皇朝直省輿地全圖　　（清）□□編　　清光緒二
十一年（1895）石印本　　一冊

110000－0102－0008333　乙二/1190　史部/
傳記類/人表

宗室王公世職章京爵秩襲次全表十卷　（清）
牟其汶編　清光緒三十二年(1906)刻本
十冊

110000－0102－0008334　乙二/1191　史部/
紀傳類/斷代

元史譯文證補三十卷　（清）洪鈞撰　清光緒
二十三年(1897)刻本　四冊

110000－0102－0008335　乙二/1192　史部/
政書類/通制

康熙政要二十四卷　（清）章梫纂修　清宣統
二年(1910)鉛印本　十二冊

110000－0102－0008336　乙二/1196　史部/
史表類

歷代世系紀年編　（清）沈炳震撰　清末刻本
四冊

110000－0102－0008337　乙二/1197　史部/
傳記類/總傳/專錄/仕宦

歷代循良能吏列傳彙鈔　（清）喬用遷輯　清
道光二十四年(1844)有恆齋刻本　四冊

110000－0102－0008338　乙二/1198　史部/
別史、雜史類

南北史識小錄二十八卷　（清）沈名蓀　（清）
朱昆田合撰　（清）張應昌補　清同治十年
(1871)清末堂刻本　十四冊

110000－0102－0008339　乙二/1200　史部/
政書類/詔令奏議/奏議

綏遠奏議　（清）貽穀撰　清末鉛印本　一冊

110000－0102－0008340　乙二/1201　史部/
傳記類/總傳/專錄/儒林

國朝漢學師承記八卷　（清）江藩撰　清光緒
十三年(1887)刻本　四冊

110000－0102－0008341　乙二/1204　史部/
別史、雜史類

明季稗史彙編十六種　（清）留雲居士輯　清
末刻本　八冊

110000－0102－0008342　乙二/1207　史部/
史評類

二十四史論贊七十八卷　（清）陳闌編　清光
緒二十年(1894)長生書室刻本　十五冊

110000－0102－0008343　乙二/1211　史部/
傳記類/雜錄

敕封天上聖母實錄二卷　（清）林清標輯　清
道光二十三年(1843)刻本　二冊

110000－0102－0008344　乙二/1222　史部/
載記類

十六國春秋一百卷　（北魏）崔鴻撰　清光緒
元年(1875)刻本　十二冊

110000－0102－0008345　乙二/1223　史部/
紀事本末類/斷代

三朝北盟會編二百五十卷　（宋）徐夢莘編
清光緒四年(1878)鉛印本　四十冊

110000－0102－0008346　乙二/1226　史部/
紀事本末類/斷代

綏寇紀略十二卷補遺三卷　（清）吳偉業輯
清嘉慶九年(1804)刻本　八冊

110000－0102－0008347　乙二/1227　史部/
紀傳類/斷代

後漢書補注二十四卷　（清）惠棟撰　清嘉慶
刻本　四冊

110000－0102－0008348　乙二/1236　史部/
傳記類/總傳/專錄/仕宦

宋名臣言行錄七十五卷　（清）洪瑩輯　清道
光元年(1821)歙縣洪瑩績學堂刻包良訓補板
本　顧廣圻校　十二冊

110000－0102－0008349　乙二/1239　史部/
地理類/地圖、圖志

皇輿全圖　（清）鄒伯奇編繪　清同治刻本
一冊

110000－0102－0008350　乙二/1240　史部/
地理類/地圖、圖志

各省輿圖便覽　（清）劉塗編繪　清嘉慶十年
(1805)刻本　一冊

110000－0102－0008351　乙二/1244　史部/地理類/遊記/遊各國

朔方備乘　（清）何秋濤撰　清光緒三年（1877）畿輔通志局刻本　一冊

110000－0102－0008352　乙二/1251－1　史部/別史、雜史類

劫火紀焚　（清）高昌寒撰　清光緒十九年（1893）刻本　一冊

110000－0102－0008353　乙二/1251－2　史部/別史、雜史類

江南鐵淚圖　（清）寄雲山人編　清同治十一年（1872）刻本　一冊

110000－0102－0008354　乙二/1251－3　史部/紀事本末類

粵匪南北滋擾紀略　（清）姚憲之撰　清末刻本　一冊

110000－0102－0008355　乙二/1251－4　史部/傳記類/總傳/專錄/事蹟

浙江八旗殉難錄四卷　（清）徐圓成編　清光緒九年（1883）刻本　一冊

110000－0102－0008356　乙二/1252－2　史部/紀事本末類

獨山平匪記　（清）韓超撰　清光緒、宣統京師汪康年鉛間印振綺堂叢書本　一冊

110000－0102－0008357　乙二/1252－3　史部/紀事本末類

兩淮戡亂記　（清）張瑞墀撰　清光緒十三年（1887）刻本　一冊

110000－0102－0008358　乙二/1252－4　史部/別史、雜史類

武昌紀事二卷　（清）陳徽言撰　清咸豐七年（1857）刻本　一冊

110000－0102－0008359　乙二/1252－5　史部/紀事本末類

金田村匪跡紀略　（清）□□編　清光緒二十七年（1901）刻本　一冊

110000－0102－0008360　乙二/1253　史部/金石類/總錄

學古齋金石叢書　（清）葛元煦輯　清光緒八年至三十年（1882－1904）會稽董氏學古齋刻本　十六冊

110000－0102－0008361　乙二/1257　史部/金石類/總錄/圖像

金石圖說　（清）牛運震集說　（清）劉世珩編補　清光緒二十一年（1895）劉氏刻本　四冊

110000－0102－0008362　乙二/1275　史部/金石類/金

敬吾心室彝器款識　（清）朱善旂輯　清光緒三十四年（1908）影印本　二冊

110000－0102－0008363　乙二/1280　史部/金石類/地方

中州金石記五卷　（清）畢沅撰　清光緒八年（1882）蛟川望三益齋邵氏刻本　四冊

110000－0102－0008364　乙二/1281　史部/金石類/金/雜著

奇觚室吉金文述二十卷　（清）劉心源編　清光緒二十八年（1902）石印本　十冊

110000－0102－0008365　乙二/1282　史部/金石類/金/雜著

奇觚室吉金文述二十卷　（清）劉心源編　清光緒二十八年（1902）石印本　十冊

110000－0102－0008366　乙二/1283　史部/金石類/金/文字

筠清館金石文字五卷　（清）吳榮光撰　清道光二十二年（1842）南海吳氏筠清館刻本　五冊

110000－0102－0008367　乙二/1284　史部/金石類/地方

兩浙金石志十八卷　（清）阮元編　清光緒十六年（1890）浙江書局刻本　十二冊

110000－0102－0008368　乙二/1285　史部/史評類/史法

史通削繁四卷　（清）紀昀撰　清道光十三年（1833）刻本　四冊

110000－0102－0008369　乙二/1286　史部/
金石類/總錄/通考

金石三例　(清)盧見曾輯　(清)王芑孫評
清光緒四年(1878)讀有用書齋刻本　四冊

110000－0102－0008370　乙二/1288　史部/
政書類/軍政

日俄戰務　謝纘泰撰　清光緒三十二年
(1906)鉛印本　一冊

110000－0102－0008371　乙二/1289　史部/
金石類/金/文字

攈古錄金文三卷　(清)吳式芬撰　清光緒二
十一年(1895)刻本　九冊

110000－0102－0008372　乙二/1290　史部/
地理類/地圖、圖志

福建全省輿圖　(清)姚文卓等校　清光緒石
印本　一冊

110000－0102－0008373　乙二/1291　史部/
地理類/地圖、圖志

長江圖十二卷　(清)馬徵麟撰　清同治十年
(1871)刻本　一冊

110000－0102－0008374　乙二/1295　史部/
地理類/地圖、圖志

行川必要圖攷　(清)國璋撰　清光緒十五年
(1889)文盛書局石印本　二冊

110000－0102－0008375　乙二/1296　子部/
儒家類/清

起黃二卷質顧廣王二卷　(清)吳光耀撰　清
宣統元年(1909)刻本　五冊

110000－0102－0008376　乙二/1306　史部/
金石類/總錄

長安獲古編二卷補一卷　(清)劉喜海撰　清
光緒三十一年(1905)東武劉氏石印本　二冊

110000－0102－0008377　乙二/1307　史部/
金石類/總錄/文字

金石文字辨異十二卷　(清)邢澍撰　清嘉慶
刻本　十冊

110000－0102－0008378　乙二/1308　史部/

金石類/總錄/文字

筠清館金石文字五卷　(清)吳榮光撰　清道
光二十二年(1842)南海吳氏筠清館刻本
五冊

110000－0102－0008379　乙二/1312　史部/
紀傳類/斷代

前漢補注一百卷　(漢)班固撰　(唐)顏師古
注　王先謙補注　清光緒二十六年(1900)王
氏刻本　三十二冊

110000－0102－0008380　乙二/1315　史部/
金石類/總錄/圖像

寶刻叢編二十卷　(宋)陳思撰　清光緒十四
年(1888)刻本　八冊

110000－0102－0008381　乙二/1317　子部/
藝術類/書畫/書法、碑帖/清

國朝書人輯略十一卷首一卷　(清)震鈞撰
清光緒三十四年(1908)刻本　六冊

110000－0102－0008382　乙二/1318　子部/
藝術類/書畫/書法、碑帖/清

國朝書人輯略十一卷首一卷　(清)震鈞撰
清光緒三十四年(1908)刻本　八冊

110000－0102－0008383　乙二/1319　史部/
金石類/總錄/雜著

金石苑　(清)劉喜海撰　清道光二十六年
(1846)刻本　八冊

110000－0102－0008384　乙二/1320　史部/
紀事本末類/斷代

欽定平定教匪紀略四十二卷首一卷　(清)托
津　(清)姚祖同等纂修　清嘉慶刻本　四十
四冊

110000－0102－0008385　乙二/1323　史部/
金石類/陶瓷

景德鎮陶錄十卷　(清)藍浦撰　(清)鄭廷桂
補　清光緒十七年(1891)刻本　四冊

110000－0102－0008386　乙二/1324　史部/
金石類/總錄/圖像

兩罍軒彝器圖釋十二卷　(清)吳雲撰　清同
治十一年(1872)刻本　六冊

110000－0102－0008387　乙二/1325　史部/
金石類/總錄/圖像

金石契　（清）張燕昌撰　清光緒二十二年
(1896)刻本　五冊

110000－0102－0008388　乙二/1326　史部/
金石類/總錄

金石契　（清）張燕昌撰　清嘉慶元年(1796)
刻本　四冊

110000－0102－0008389　乙二/1327　史部/
金石類/陶瓷

景德鎮陶錄十卷　（清）藍浦撰　（清）鄭廷桂
補　清嘉慶二十年(1815)翼經堂刻本　四冊

110000－0102－0008390　乙二/1328　史部/
金石類/地方

東甌金石志十二卷　（清）戴咸弼撰　（清）孫
詒讓校補　清光緒二十五年(1899)石印本
四冊

110000－0102－0008391　乙二/1330　史部/
金石類/總錄/文字

金石萃編補正四卷　（清）方履籛撰　清光緒
二十年(1894)上海醉六堂石印本　四冊

110000－0102－0008392　乙二/1337　叢部/
自著叢書/清中晚期

陸庵所著書　羅振玉撰　清光緒十八年
(1892)刻本　二冊

110000－0102－0008393　乙二/1341　史部/
金石類/陶瓷

景德鎮陶錄十卷　（清）藍浦撰　（清）鄭廷桂
補　清光緒十七年(1891)刻本　二冊

110000－0102－0008394　乙二/1342　史部/
金石類/石

寰宇訪碑錄十二卷　（清）孫星衍　（清）邢澍
合撰　清光緒九年(1883)刻本　四冊

110000－0102－0008395　乙二/1350　史部/
金石類/總錄/圖像

求古精舍金石圖四卷　（清）陳經撰　清嘉慶
十八年(1813)說劍樓刻本　六冊

110000－0102－0008396　乙二/1352　史部/
金石類/總錄/圖像

歷代鐘鼎彝器款識法帖二十卷　（宋）薛尚功
撰　清嘉慶二年(1797)刻本　六冊

110000－0102－0008397　乙二/1354　史部/
金石類/地方

關中金石記八卷　（清）畢沅撰　清光緒三十
四年(1908)渭南嚴氏刻本　四冊

110000－0102－0008398　乙二/1368　史部/
金石類/總錄/文字

攀古廎彝器款識　（清）潘祖蔭輯　清同治十
一年(1872)京師滂喜齋刻本　四冊

110000－0102－0008399　乙二/1369　史部/
金石類/地方

關中金石記八卷　（清）畢沅撰　清道光二十
七年(1847)刻本　五冊

110000－0102－0008400　乙二/1370　史部/
金石類/總錄/文字

筠清館金石文字五卷　（清）吳榮光撰　清道
光二十二年(1842)南海吳氏刻本　五冊

110000－0102－0008401　乙二/1374　史部/
金石類/金/目錄

恆軒所見所藏吉金錄　（清）吳大澂撰　清光
緒十一年(1885)刻本　二冊

110000－0102－0008402　乙二/1375　史部/
傳記類/總傳/專錄/藝術

南宋院畫錄八卷　（清）厲鶚輯　清光緒十年
(1884)刻本　四冊

110000－0102－0008403　乙二/1376　史部/
傳記類/總傳/專錄/藝術

國朝書畫家筆錄四卷　（清）寶鎮輯　清宣統
三年(1911)刻本　八冊

110000－0102－0008404　乙二/1382　史部/
金石類/金/文字

積古齋鐘鼎彝器款識十卷　（清）阮元撰　清
嘉慶刻本　四冊

110000－0102－0008405　乙二/1384　史部/

金石類/石/義例

漢石例六卷 （清）劉寶楠撰　清道光十六年
(1836)刻本　二冊

110000－0102－0008406　乙二/1386　史部/
金石類/石/目錄

恆軒所見所藏吉金錄 （清）吳大澂撰　清光
緒十一年(1885)刻本　二冊

110000－0102－0008407　乙二/1389　史部/
金石類/石/雜著

從古堂款識學十六卷 （清）徐同柏撰　清光
緒三十二年(1906)蒙學報館石印本　十六冊

110000－0102－0008408　乙二/1390　史部/
金石類/石/雜著

從古堂款識學十六卷 （清）徐同柏撰　清光
緒三十二年(1906)蒙學報館石印本　八冊

110000－0102－0008409　乙二/1402　史部/
金石類/金

鐘鼎款識 （宋）復齋王氏集　清道光二十八
年(1848)漢陽葉氏刻本　一冊

110000－0102－0008410　乙二/1406　史部/
金石類/總錄/目錄

攗古錄二十卷 （清）吳式芬撰　清末海豐吳
氏刻本　二十冊

110000－0102－0008411　乙二/1407　史部/
金石類/金/文字

古文審八卷首一卷 （清）劉心源撰　清光緒
十七年(1891)嘉魚劉氏龍江樓刻本　四冊

110000－0102－0008412　乙二/1410　史部/
金石類/總錄/題跋

從古堂款識學十六卷 （清）徐同柏撰　清光
緒三十二年(1906)蒙學報館石印本　八冊

110000－0102－0008413　乙二/1411　史部/
金石類/錢幣

古泉匯 （清）李佐賢撰　清同治三年(1864)
刻本　二十冊

110000－0102－0008414　乙二/1412　史部/
金石類/石

寶刻類編八卷 （清）□□編　清道光十八年
(1838)東武劉氏刻本　八冊

110000－0102－0008415　乙二/1419　史部/
金石類/金/文字

古文審八卷首一卷 （清）劉心源撰　清光緒
十七年(1891)嘉魚劉氏龍江樓刻本　四冊

110000－0102－0008416　乙二/1431　史部/
金石類/金/題跋

攀古廎彝器款識 （清）潘祖蔭撰　清同治十
一年(1872)京師滂喜齋石印本　二冊

110000－0102－0008417　乙二/1432　史部/
金石類/總錄

竹崦盦金石目錄五卷 （清）趙魏集　清宣統
元年(1909)刻本　五冊

110000－0102－0008418　乙二/1434　史部/
金石類/錢幣

錢志新編二十卷首一卷 （清）張崇懿校輯
清道光十年(1830)酌春堂刻本　四冊

110000－0102－0008419　乙二/1440　史部/
金石類/金

陶齋吉金錄八卷 （清）端方撰　清光緒三十
四年(1908)石印本　八冊

110000－0102－0008420　乙二/1455　史部/
金石類/金/文字

攗古錄金文三卷 （清）吳式芬撰　清光緒二
十一年(1895)刻本　九冊

110000－0102－0008421　乙二/1456　史部/
金石類/金/文字

攗古錄金文三卷 （清）吳式芬撰　清光緒二
十一年(1895)刻本　九冊

110000－0102－0008422　乙二/1457　史部/
金石類/總錄/文字

望堂金石初集二集 楊守敬編　清同治九年
至光緒三年(1870－1877)宜都楊氏飛青閣刻
本　十二冊

110000－0102－0008423　乙二/1459　史部/
金石類/石/文字

阮氏重撫天一閣北宋石鼓文 （清）阮元重修
清嘉慶二年(1797)刻石阮元拓本 一冊

110000－0102－0008424 乙二/1466 史部/
金石類/總錄/圖像

三博古圖 （清）黃曉峰輯 清乾隆十七年
(1752)亦政堂刻本 二十四冊

110000－0102－0008425 乙二/1469 史部/
金石類/地方/雜著

海東金石苑四卷 （清）劉喜海撰 清光緒七
年(1881)二銘草堂刻本 四冊

110000－0102－0008426 乙二/1475 子部/
藝術類/書畫/畫法、畫帖/清

虛齋名畫錄十六卷 龐元濟編 清宣統元年
(1909)刻本 十六冊

110000－0102－0008427 乙二/1476 史部/
金石類/金/文字

攗古錄金文三卷 （清）吳式芬撰 清光緒二
十一年(1895)刻本 九冊

110000－0102－0008428 乙二/1477 史部/
金石類/地方/雜著

常山貞石志二十四卷 （清）沈濤撰 清光緒
二十年(1894)靈溪精舍刻本 十冊

110000－0102－0008429 乙二/1480 史部/
金石類/總錄/文字

張叔未解元所藏金石文字 （清）嚴荄輯 清
光緒十年(1884)石印本 二冊

110000－0102－0008430 乙二/1483 史部/
金石類/總錄/文字

小蓬萊閣金石文字 （清）黃易撰 清嘉慶五
年(1800)刻本 五冊

110000－0102－0008431 乙二/1486 史部/
金石類/金/目錄

吉金所見錄十六卷首末二卷 （清）初尚齡輯
清道光七年(1827)刻本 四冊

110000－0102－0008432 乙二/1487 史部/
金石類/總錄

錢雲藏龜藏陶 （清）劉鶚編 清光緒三十年

(1904)石印本 十冊

110000－0102－0008433 乙二/1489 史部/
金石類/總錄/圖像

金石索 （清）馮雲鵬 （清）馮雲鵷合編 清
道光元年(1821)滋陽縣署刻本 十二冊

110000－0102－0008434 乙二/1492 史部/
金石類/甲骨/通考

殷商貞卜文字考 羅振玉輯 清宣統二年
(1910)石印本 一冊

110000－0102－0008435 乙二/1500 史部/
金石類/金/文字

攗古錄金文三卷 （清）吳式芬撰 清光緒二
十一年(1895)刻本 九冊

110000－0102－0008436 乙二/1501 史部/
金石類/總錄/文字

金石摘 （清）陳善墀撰 清同治十二年
(1873)瀏陽縣學不求甚解齋刻本 十冊

110000－0102－0008437 乙二/1502 史部/
金石類/金/目錄

恆軒所見所藏吉金錄 （清）吳大澂編 清光
緒十一年(1885)石印本 二冊

110000－0102－0008438 乙二/1508 史部/
金石類/總錄/文字

金石契 （清）張燕昌撰 清光緒二十二年
(1896)聚學軒主劉氏刻本 五冊

110000－0102－0008439 乙二/1510 史部/
金石類/金/文字

古籀拾遺三卷宋政和禮器文字攷一卷 （清）
孫詒讓撰 清光緒十四年(1888)刻本 二冊

110000－0102－0008440 乙二/1518 史部/
金石類/總錄/圖像

金石圖說 （清）牛運震集說 （清）褚峻撫圖
（清）劉世珩編補 清光緒二十一年(1895)
聚學軒劉氏刻本 四冊

110000－0102－0008441 乙二/1519 史部/
金石類/總錄/文字

金石摘 （清）陳善墀撰 清同治十二年

（1873）瀏陽縣學不求甚解齋刻本　十冊

110000－0102－0008442　乙二/1524　史部/
金石類/金/圖像

西清古鑑四十卷錢錄十六卷　（清）梁詩正等
編　清光緒十四年（1888）石印本　四冊

110000－0102－0008443　乙二/1525　史部/
金石類/金/題跋

鐘鼎款識　（宋）王厚之集　清嘉慶七年
（1802）阮氏積古齋刻本　一冊

110000－0102－0008444　乙二/1526　史部/
金石類/總錄/目錄

金石彙目分編二十卷　（清）吳式芬撰　清光
緒文祿堂石印本　二十四冊

110000－0102－0008445　乙二/1528　史部/
金石類/石

寶刻類編八卷　清道光十八年（1838）刻本
八冊

110000－0102－0008446　經部/
小學類/文字/字體

隸篇十五卷續十五卷再續十五卷　（清）翟雲
升撰　清道光十八年（1838）刻本　十冊

110000－0102－0008447　乙二/1542　史部/
金石類/總錄/文字

金石存十五卷　（清）吳玉搢撰　清嘉慶二十
四年（1819）刻本　四冊

110000－0102－0008448　乙二/1546　史部/
金石類/總錄/雜著

二銘草堂金石聚十六卷　（清）張德容撰　清
同治十一年（1872）刻本　十六冊

110000－0102－0008449　乙二/1548－1　經
部/禮類/禮記/文字

九旗古義述　（清）孫詒讓撰　清光緒二十八
年（1902）刻本　一冊

110000－0102－0008450　乙二/1550　史部/
金石類/總錄/雜著

金石屑二卷附說一卷　鮑昌熙摹　清光緒三
年（1877）刻本　四冊

110000－0102－0008451　乙二/1551　史部/
金石類/地方

濟州金石志八卷　（清）徐宗幹編　清道光二
十五年（1845）刻本　八冊

110000－0102－0008452　乙二/1552　史部/
金石類/地方/雜著

金石圖說　（清）牛運震集說　（清）褚峻撫圖
（清）劉世珩編補　清光緒二十一年（1895）
聚學軒劉氏刻本　四冊

110000－0102－0008453　乙二/1554　史部/
金石類/石

山右石刻叢編四十卷　（清）胡聘之撰　清光
緒二十七年（1901）刻本　二十四冊

110000－0102－0008454　乙二/1555　史部/
金石類/總錄/雜著

金石苑六卷　（清）劉喜海撰　清道光二十六
年（1846）刻本　六冊

110000－0102－0008455　乙二/1558　史部/
金石類/地方

江寧金石記八卷待訪目二卷　（清）嚴觀輯
清宣統二年（1910）編譯書局刻本　二冊

110000－0102－0008456　乙二/1559　史部/
金石類/地方

括蒼金石志十二卷續四卷　（清）李遇孫撰
（清）鄒柏森補　清同治十三年（1874）刻本
六冊

110000－0102－0008457　乙二/1560　史部/
金石類/金/題跋

積古齋鐘鼎彝器款識十卷　（清）阮元編　清
嘉慶九年（1804）刻本　八冊

110000－0102－0008458　乙二/1563　史部/
地理類/方志/地方志

金陵瑣志五種　（清）陳作霖撰　清光緒二十
六年（1900）刻本　五冊

110000－0102－0008459　乙二/1564　史部/
金石類/陶瓷/其它

封泥攷略十卷　（清）吳式芬　（清）陳介祺合
輯　清光緒三十年（1904）石印本　十冊

110000－0102－0008460　乙二/1566　史部/
金石類/地方

兩浙金石志十八卷補遺一卷　（清）阮元編
清光緒十六年(1890)浙江書局刻本　十二冊

110000－0102－0008461　乙二/1568　史部/
金石類/陶瓷/其它

封泥攷略十卷　（清）吳式芬　（清）陳介祺合
輯　清光緒三十年(1904)石印本　十冊

110000－0102－0008462　乙二/1571　史部/
金石類/金/文字

契文舉例二卷　（清）孫詒讓撰　清光緒三十
年(1904)石印本　二冊

110000－0102－0008463　乙二/1574　史部/
金石類/總錄/通考

金石三例　（清）盧見曾輯　（清）王芑孫評
清光緒四年(1878)刻本　四冊

110000－0102－0008464　乙二/1575　史部/
金石類/總錄

竹崦盦金石目錄五卷　（清）趙魏集　清宣統
元年(1909)刻本　五冊

110000－0102－0008465　乙二/1581　史部/
金石類/錢幣/雜著

泉布統誌九卷首一卷　（清）孟麟撰　清道光
十三年(1833)刻本　三十二冊

110000－0102－0008466　乙二/1583　史部/
金石類/總錄

二銘草堂金石聚　（清）張德容撰　清同治十
一年(1872)刻本　十六冊

110000－0102－0008467　乙二/1587　史部/
金石類/金

陶齋吉金續錄二卷　（清）端方撰　清宣統元
年(1909)石印本　二冊

110000－0102－0008468　乙二/1588　史部/
金石類/金

陶齋吉金錄八卷　（清）端方撰　清光緒三十
四年(1908)石印本　八冊

110000－0102－0008469　乙二/1591　史部/
金石類/地方/目錄

安陽縣金石錄十二卷　（清）武億撰　清嘉慶
二十四年(1819)鐵嶺貴泰刻本　四冊

110000－0102－0008470　乙二/1598　史部/
金石類/總錄/文字

金石錄補二十七卷　（清）葉奕苞撰　清光緒
別下齋刻本　四冊

110000－0102－0008471　乙二/1608　史部/
金石類/總錄/文字

吉金志存四卷　（清）李光庭輯　清咸豐九年
(1859)刻本　四冊

110000－0102－0008472　乙二/1613　史部/
別史、雜史類

弇山堂別集一百卷　（明）王世貞撰　清光緒
廣雅書局刻本　二十冊

110000－0102－0008473　乙二/1615　史部/
金石類/地方

襄陽金石略十二卷　吳慶燾撰　清光緒刻本
四冊

110000－0102－0008474　乙二/1618　叢部/
彙編叢書/清中晚期

學古堂日記十六種　（清）雷俊　（清）汪之昌
合輯　清光緒二十二年(1896)刻本　二十
六冊

110000－0102－0008475　乙二/1620　史部/
金石類/石/文字

奇觚室樂石文述二卷　（清）劉心源撰　清光
緒二十五年(1899)刻本　二冊

110000－0102－0008476　乙二/1621　史部/
金石類/錢幣/雜著

古今錢略三十二卷首一卷末一卷　（清）倪模
撰　清光緒三年(1877)刻本　十二冊

110000－0102－0008477　乙二/1626　史部/
金石類/陶瓷/文字

秦漢瓦當文字一卷續一卷　（清）程敦輯　清
乾隆五十二年至五十九年(1787－1794)橫渠
書院石印本　三冊

110000－0102－0008478　乙二/1631　史部/
金石類/地方

粵西金石略十五卷　（清）謝啟昆撰　清嘉慶
六年（1801）銅鼓亭刻本　四冊

110000－0102－0008479　乙二/1633　史部/
金石類/錢幣

古今錢略三十二卷首一卷末一卷　（清）倪模
撰　清光緒三年（1877）望江倪氏兩彊勉齋刻
本　十六冊

110000－0102－0008480　乙二/1640　史部/
金石類/總錄/通考

京畿金石考二卷　（清）孫星衍撰　清同治至
光緒刻本　二冊

110000－0102－0008481　乙二/1641　史部/
金石類/總錄/目錄

山右金石錄　（清）夏寶晉撰　清光緒八年
（1882）歸安石氏刻本　一冊

110000－0102－0008482　乙二/1649　史部/
金石類/金

兩罍軒彝器圖釋十二卷　（清）吳雲撰　清同
治十一年（1872）刻本　六冊

110000－0102－0008483　乙二/1650　史部/
金石類/總錄/文字

筠清館金石文字五卷　（清）吳榮光撰　清道
光二十二年（1842）南海吳氏刻本　五冊

110000－0102－0008484　乙二/1653　史部/
地理類/水道/總錄

水道提綱二十八卷　（清）齊召南編　清光緒
四年（1878）刻本　八冊

110000－0102－0008485　乙二/1655　史部/
金石類/石/文字

石鼓文定本十卷附地名考一卷　（清）沈梧撰
　清光緒十六年（1890）古華山館刻本　八冊

110000－0102－0008486　乙二/1657　叢部/
彙編叢書/清中晚期

敦煌石室遺書　羅振玉等輯　清宣統元年
（1909）鉛印本　四冊

110000－0102－0008487　乙二/1665　子部/
藝術類/書畫/畫法、畫帖/清

明狀元圖考三卷　（明）顧鼎臣撰　清咸豐六
年（1856）福元書室刻本　四冊

110000－0102－0008488　乙二/1674　經部/
小學類/文字/字體

隸釋二十七卷隸續二十一卷　（宋）洪适撰
清同治十年（1871）晦木齋刻本　八冊

110000－0102－0008489　乙二/1677　子部/
藝術類/書畫/畫法、畫帖/清

百孝圖　（清）俞葆真撰　清同治十年（1871）
河南俞氏刻本　二冊

110000－0102－0008490　乙二/1688　史部/
地理類/專志/古跡

日下尊聞錄五卷　（清）□□撰　清咸豐二年
（1852）刻本　一冊

110000－0102－0008491　乙二/1694　史部/
政書類/法令/律例

故唐律疏議三十卷　（唐）長孫無忌等撰　清
嘉慶十二年（1807）刻本　十冊

110000－0102－0008492　乙二/1695　史部/
金石類/總錄/圖像

續攷古圖五卷釋文一卷　（宋）□□編　（宋）
趙九成釋文　清光緒十三年（1887）陸心源刻
本　二冊

110000－0102－0008493　乙二/1696　史部/
政書類/儀制

直省釋奠禮樂記六卷首一卷　（清）應寶時編
　清同治十二年（1873）刻本　四冊

110000－0102－0008494　乙二/1702　史部/
政書類/邦計/荒政

籌濟編三十二卷首一卷　（清）楊景仁撰　清
光緒五年（1879）山東書局刻本　八冊

110000－0102－0008495　乙二/1709　史部/
政書類/儀制

盛京典制備考八卷首一卷　（清）崇厚編　清
光緒四年（1878）刻本　六冊

110000－0102－0008496　乙二/1711　史部/金石類/地方

越中金石記十卷　（清）杜春生撰　清道光十年(1830)刻本　八冊

110000－0102－0008497　乙二/1715　集部/總集類/文/斷代/清

皇朝蓄艾文編八十卷　（清）于寶軒輯　清光緒二十九年(1903)上海官書局鉛印本　四十冊

110000－0102－0008498　乙二/1716　史部/金石類/總錄

金石萃編一百六十卷　（清）王昶撰　清嘉慶十年(1805)青浦王氏經訓堂刻本　六十四冊

110000－0102－0008499　乙二/1718　史部/政書類/法令/章例

欽定工部軍器則例六十卷　（清）宋道勳等撰　清嘉慶十七年(1812)刻本　四十冊

110000－0102－0008500　乙二/1719　史部/金石類/總錄/雜著

金石萃編一百六十卷　（清）王昶撰　清嘉慶十年(1805)刻本　六十四冊

110000－0102－0008501　乙二/1722　史部/地理類/雜記

滇繫　（清）師範編　清光緒十三年(1887)雲南通志局刻本　四十冊

110000－0102－0008502　乙二/1723　史部/政書類/儀制

文廟禮器樂舞圖譜不分卷　（清）葉伯英編　清光緒十二年(1886)陝西藩署刻本　一冊

110000－0102－0008503　乙二/1724　子部/術數類/相宅相墓

地理點穴撼龍經　（清）楊益撰　（清）高其倬批　清道光十四年(1834)刻本　三冊

110000－0102－0008504　乙二/1726　子部/儒家類/宋以前

訓女圖說二卷　（清）桂馥撰　清光緒十四年(1888)石印本　二冊

110000－0102－0008505　乙二/1732　史部/時令類

月令粹編二十四卷　（清）秦嘉謨撰　清嘉慶十七年(1812)琳琅仙館刻本　八冊

110000－0102－0008506　乙二/1733　史部/別史、雜史類

元朝秘史十五卷　（清）李文田注　清光緒二十二年(1896)漸西村舍刻本　四冊

110000－0102－0008507　乙二/1738　史部/政書類/法令/其它

徐雨峰中丞勘語四卷　（清）徐士林撰　清光緒三十二年(1906)武進李氏聖譯樓刻本　四冊

110000－0102－0008508　乙二/1740　史部/政書類/職官/官制

唐六典三十卷　（唐）玄宗李隆基撰　（唐）李林甫等注　清光緒二十一年(1895)廣雅書局刻本　六冊

110000－0102－0008509　乙二/1741　史部/政書類/職官/官制

唐六典三十卷　（唐）玄宗李隆基撰　（唐）李林甫等注　清光緒二十一年(1895)廣雅書局刻本　六冊

110000－0102－0008510　乙二/1743　史部/史評類/史法

史通削繁四卷　（清）紀昀編　清光緒元年(1875)湖北崇文書局刻本　四冊

110000－0102－0008511　乙二/1744　史部/傳記類/總傳/專錄/儒林

國朝學案小識十四卷首一卷末一卷　（清）唐鑑撰　清光緒十年(1884)刻本　十二冊

110000－0102－0008512　乙二/1745　經部/樂類/樂理

聖門禮樂志　（清）孔令貽匯輯　清光緒十三年(1887)刻本　二冊

110000－0102－0008513　乙二/1748　子部/雜家類

博物要覽十二卷　（清）谷應泰撰　清刻本　二冊

110000－0102－0008514　乙二/1757　史部/
地理類/雜記

北戶錄三卷　（唐）段公路纂　（唐）崔龜圖注
　　清光緒六年（1880）刻本　一冊

110000－0102－0008515　乙二/1763　史部/
地理類/地圖、圖志

福建全省地輿圖　（清）傅以禮等撰　清光緒
三十一年（1905）石印本　一冊

110000－0102－0008516　乙二/1764　子部/
藝術類/書畫/書法、碑帖/清

隸篇十五卷再續十五卷　（清）翟雲升撰　清
道光十八年（1838）刻本　十冊

110000－0102－0008517　乙二/1767　史部

郝氏三種　（清）郝懿行撰　清嘉慶刻本
一冊

110000－0102－0008518　乙二/1769　集部/
別集類/唐至五代

制詔集二十卷　（唐）常袞撰　清光緒七年
（1881）沁泉山館刻本　四冊

110000－0102－0008519　乙二/1771－1　史
部/政書類/邦計/雜錄

敬簡堂學治雜錄四卷　（清）戴傑撰　清光緒
十四年（1888）刻本　四冊

110000－0102－0008520　乙二/1771－2　史
部/政書類/邦計/雜錄

求治管見合刻　（清）戴肇辰撰　清光緒七年
（1881）刻本　一冊

110000－0102－0008521　乙二/1771－3　史
部/政書類/法令/律例

讀律心得　（清）劉衡輯　清光緒六年（1880）
刻本　一冊

110000－0102－0008522　乙二/1774　史部/
政書類/邦計/漕運

欽定戶部漕運全書九十二卷首一卷　（清）潘
世恩等撰　清道光刻本　十二冊　存二十四
卷（一至二十四）

110000－0102－0008523　乙二/1775　子部/

術數類/陰陽五行

陰陽五要奇書　（明）江之棟輯　（清）顧鶴庭
重輯　清刻本　十四冊

110000－0102－0008524　乙二/1776　史部/
傳記類/總傳/專錄/事蹟

勝朝殉揚錄三卷　（清）劉寶楠編　清同治十
年（1871）淮南書局刻本　二冊

110000－0102－0008525　乙二/1778　子部/
子總類/諸子彙編

聖門十六子書　（清）馮雲鷚輯　清道光十二
年（1832）崇川馮氏刻本　六冊

110000－0102－0008526　乙二/1779　史部/
政書類/法令/律例

唐律疏議三十卷　（唐）長孫無忌撰　清光緒
十六年（1890）刻本　十二冊

110000－0102－0008527　乙二/1780　史部/
政書類/儀制

皇朝祭器樂舞錄二卷中祀合編一卷　（清）
□□撰　清同治十年（1871）湖北崇文書局刻
本　三冊

110000－0102－0008528　乙二/1783　集部/
總集類/詩/地方

廣陵詩事十卷　（清）阮元撰　清光緒十六年
（1890）刻本　二冊

110000－0102－0008529　乙二/1784　史部/
政書類/學制

鶴徵錄八卷後錄十二卷　（清）李集撰　清同
治十一年（1872）刻本　八冊

110000－0102－0008530　乙二/1787　史部/
政書類/儀制

大唐開元禮一百五十卷　（唐）蕭嵩等撰　清
光緒十二年（1886）刻本　十六冊

110000－0102－0008531　乙二/1789　史部/
政書類/詔令奏議/奏議

絲綸存草　（□）□□撰　清抄本　四冊

110000－0102－0008532　乙二/1790　集部/
總集類/文/雜錄/書牘表啟

秀山公牘五卷　（清）吳光耀撰　清光緒刻本
四冊

110000－0102－0008533　乙二/1791　叢部/
彙編叢書/清初期

敏果齋七種　（清）徐乃釗輯　清道光刻本
十五冊

110000－0102－0008534　乙二/1793　史部/
政書類/職官/官制

欽定臺規四十卷　（清）松筠等撰　清道光刻
本　十六冊

110000－0102－0008535　乙二/1794　史部/
政書類/職官/官制

欽定臺規四十二卷首一卷　（清）延煦等撰
清光緒十八年(1892)刻本　二十四冊

110000－0102－0008536　乙二/1797　叢部/
自著叢書/清中晚期

汪龍莊先生遺書　（清）汪輝祖撰　清光緒山
東書局刻本　六冊

110000－0102－0008537　乙二/1798　史部/
傳記類/總傳/專錄/文苑

涵芬樓古今文鈔小傳四卷首一卷　商務印書
館編譯所編　清宣統三年(1911)鉛印本
一冊

110000－0102－0008538　乙二/1799　史部/
政書類/職官/官箴

牧令書二十三卷　（清）徐棟撰　清同治四年
(1865)刻本　二十冊

110000－0102－0008539　乙二/1800　史部/
地理類/地圖、圖志

浙江圖考一卷　（清）□□繪　清末手繪本
一冊

110000－0102－0008540　乙二/1801　史部/
政書類/法令/律例

讀例存疑五十四卷　（清）薛允升撰　清光緒
三十一年(1905)刻本　四十冊

110000－0102－0008541　乙二/1804　子部/
宗教類/釋教

歸元鏡二卷　（清）釋智達撰　清刻本　二冊

110000－0102－0008542　乙二/1806　史部/
紀傳類/通代

歸方評點史記一百三十卷　（漢）司馬遷撰
（明）歸有光　（明）方苞評點　清光緒二年
(1876)武昌張氏刻本　二十冊

110000－0102－0008543　乙二/1809　史部/
別史、雜史類

遼史拾遺二十四卷　（清）厲鶚撰　清道光二
年(1822)振綺堂刻本　十冊

110000－0102－0008544　乙二/1812　子部/
藝術類/書畫/書法、碑帖/宋

隸釋二十七卷續二十一卷　（宋）洪适撰　清
同治十年(1871)刻本　八冊

110000－0102－0008545　乙二/1815　史部/
傳記類/總傳/專錄/釋道

高僧傳全集　（南朝梁）釋慧皎撰　清光緒十
六年(1890)刻本　二十四冊

110000－0102－0008546　乙二/1819　史部/
地理類/地圖、圖志

奉天全省府廳州地輿圖志　（清）王志修編
清光緒二十年(1894)刻本　一冊

110000－0102－0008547　乙二/1821　史部/
政書類/邦計/雜錄

治浙成規八卷　（清）□□編　清刻本　八冊

110000－0102－0008548　乙二/1822　史部/
政書類/法令/章例

欽定禮部則例二百〇二卷　（清）薩迎阿等撰
清嘉慶二十五年(1820)刻本　二十四冊

110000－0102－0008549　乙二/1823　史部/
政書類/邦計/荒政

湖南苗防屯政攷十五卷附補編　（清）但湘良
纂　清光緒九年(1883)刻本　十八冊

110000－0102－0008550　乙二/1824　史部/
政書類/職官/官箴

福惠全書三十二卷　（清）黃六鴻撰　清光緒
十九年(1893)刻本　十二冊

110000－0102－0008551　乙二/1827　史部/
目錄類/著錄/學科專目/經籍

經義攷三百卷　（清）朱彝尊撰　清光緒二十
三年(1897)刻本　五十冊

110000－0102－0008552　乙二/1828　史部/
目錄類/著錄/學科專目/經籍

經義攷三百卷　（清）朱彝尊撰　清光緒二十
三年(1897)刻本　五十冊

110000－0102－0008553　乙二/1829　史部/
金石類/金/雜著

陶齋吉金錄八卷　（清）端方輯　清光緒三十
四年(1908)刻本　二冊

110000－0102－0008554　乙二/1830　史部/
政書類/學制

欽定學政全書八十六卷　（清）□□編　清嘉
慶十七年(1812)刻本　十六冊

110000－0102－0008555　乙二/1831　史部/
政書類/邦計/鹽政

欽定重修兩浙鹽法志三十卷首一卷　（清）延
豐　（清）馮培等纂修　清嘉慶六年(1801)刻
本　二十四冊

110000－0102－0008556　乙二/1832　史部/
政書類/邦計/鹽政

兩浙鹽法續纂備考十二卷　（清）楊昌濬
（清）季綸全等編纂　清同治十三年(1874)刻
本　十二冊

110000－0102－0008557　乙二/1833　史部/
政書類/邦計/鹽政

續纂兩浙鹽法備考　（清）惲祖翼撰　清光緒
二十五年(1899)刻本　八冊

110000－0102－0008558　乙二/1837　史部/
政書類/儀制

紀元編三卷末一卷　（清）李兆洛撰　清道光
十一年(1831)董學齋刻本　三冊

110000－0102－0008559　乙二/1838　史部/
政書類/軍政/防務

洋防輯要二十四卷　（清）嚴如熤撰　清刻本
十二冊

110000－0102－0008560　乙二/1840　史部/
政書類/邦計/鹽政

四川鹽法志四十卷首一卷　（清）丁寶楨
（清）羅文彬等編纂　清光緒八年(1882)刻本
二十冊

110000－0102－0008561　乙二/1841　史部/
政書類/軍政/兵制

皇朝兵制攷略六卷　（清）翁同爵撰　清光緒
元年(1875)武昌節署刻本　一冊

110000－0102－0008562　乙二/1845　史部/
別史、雜史類

欽定蒙古源流八卷　（清）小徹辰薩囊台吉撰
清木活字印本　四冊

110000－0102－0008563　乙二/1846　史部/
別史、雜史類

欽定蒙古源流八卷　（清）小徹辰薩囊台吉撰
清木活字印本　四冊

110000－0102－0008564　乙二/1847　史部/
別史、雜史類

欽定蒙古源流八卷　（清）小徹辰薩囊台吉撰
清木活字印本　四冊

110000－0102－0008565　乙二/1848　史部/
別史、雜史類

欽定蒙古源流八卷　（清）小徹辰薩慶台吉撰
清木活字印本　八冊

110000－0102－0008566　乙二/1849　子部/
儒家類/宋以前

鹽鐵論十卷考證一卷　（漢）桓寬撰　清嘉慶
十二年(1807)刻本　四冊

110000－0102－0008567　乙二/1852　史部/
地理類/方志/地方志/廣東

廣東圖說九十二卷首一卷圖二十三卷　（清）
毛鴻賓　（清）桂文燦等編　清同治刻本　二
十冊

110000－0102－0008568　乙二/1857　史部/
地理類/地圖、圖志

皇朝中外壹統輿圖　（清）胡林翼撰　（清）嚴
樹森補訂　清同治二年(1863)湖北撫署景桓

樓刻本　三十二冊

110000－0102－0008569　乙二/1859　史部/
政書類/法令/律例

大清律例按語一百〇四卷　（清）□□撰　清
道光二十七年(1847)海山仙館刻本　六十冊

110000－0102－0008570　乙二/1861　史部/
地理類/地圖、圖志

海國圖志一百卷　（清）魏源撰　清光緒二年
(1876)刻本　二十四冊

110000－0102－0008571　乙二/1868　子部/
術數類/相宅相墓

堪輿秘授要訣圖說　（清）□□撰　清同治十
一年(1872)抄本　一冊　背面為另一部書：
欽定修造吉方立成

110000－0102－0008572　乙二/1870　史部/
目錄類/著錄/叢書目錄/總目

彙刻書目　（清）顧修編　（清）朱學勤補編
清光緒十五年(1889)上海福瀛書局刻本　二
十冊

110000－0102－0008573　乙二/1873－3　史
部/政書類/邦計/荒政

蒙墾陳訴事略　（清）□□撰　清光緒鉛印本
　一冊

110000－0102－0008574　乙二/1873－6　史
部/地理類/雜記

黑韃事略一卷　（宋）彭大雅撰　清光緒三十
四年(1908)鉛印本　一冊

110000－0102－0008575　乙二/1877　史部/
金石類

學古齋金石叢書　（清）葛元煦輯　清光緒董
氏刻本　十六冊

110000－0102－0008576　乙二/1878　史部/
金石類/總錄

金石索　（清）馮雲鵬　（清）馮雲鵷合輯　清
光緒三十二年(1906)上海文新局石印本　二
十四冊

110000－0102－0008577　乙二/1890　史部/

政書類

**于清端公政書八卷首編一卷外集一卷續集一
卷**　（清）于成龍撰　清康熙刻本　十一冊

110000－0102－0008578　乙二/1894　子部/
雜家類/雜述

小滄浪筆談四卷　（清）阮元撰　清光緒二十
六年(1900)江蘇書局刻本　四冊

110000－0102－0008579　乙二/1895　史部/
傳記類/總傳/專錄/文苑

花甲閒談十六卷　（清）張維屏撰　清道光二
十年(1840)刻本　四冊

110000－0102－0008580　乙二/1897　史部/
金石類/總錄/文字

金石古文十四卷　（明）楊慎輯　清嘉慶十四
年(1809)刻本　二冊

110000－0102－0008581　乙二/1898　史部/
目錄類/著錄/學科專目/文學

**全上古三代秦漢三國晉南北朝文編目一百〇
三卷**　（清）蔣鑨撰　清光緒五年(1879)刻本
　十六冊

110000－0102－0008582　乙二/1899　子部/
雜家類/雜纂

燕下鄉脞錄十六卷　（清）陳康祺著　清光緒
十一年(1885)刻本　六冊

110000－0102－0008583　乙二/1900　子部/
藝術類/書畫/書法、碑帖/明

鹿忠節公認真草十五種　（明）鹿善繼撰　清
刻本　八冊

110000－0102－0008584　乙二/1902　史部/
金石類/總錄/文字

金石叢書　（清）朱記榮輯　清光緒十四年
(1888)刻本　四十冊

110000－0102－0008585　乙二/1905　史部/
別史、雜史類

東都事略一百三十卷　（宋）王偁撰　清光緒
九年(1883)淮南書局刻本　八冊

110000－0102－0008586　乙二/1906　史部/

政書類/詔令奏議/奏議

龔端毅公奏疏 （清）龔鼎孳撰　清光緒九年(1883)刻本　五冊

110000－0102－0008587　乙二/1907　史部/政書類/通制

吾學錄初編二十四卷 （清）吳榮光撰　清同治九年(1870)江蘇書局刻本　六冊

110000－0102－0008588　乙二/1913　史部/傳記類/圖贊

百將圖傳二卷 （清）丁日昌輯　清同治九年(1870)刻本　四冊

110000－0102－0008589　乙二/1914　史部/別史、雜史類

小腆紀傳六十五卷 （清）徐鼒撰　清光緒十三年(1887)刻本　十八冊

110000－0102－0008590　乙二/1915　史部/史總類/諸史總義

廿二史劄記三十六卷首一卷 （清）趙翼撰　清光緒二十年(1894)廣雅書局刻本　十冊

110000－0102－0008591　乙二/1916　史部/傳記類/圖贊

帝鑑圖說 （明）張居正撰　清江陵鄧氏刻本　四冊

110000－0102－0008592　乙二/1920　史部/傳記類/總傳/專錄

求闕齋弟子記 （清）王定安撰　清光緒二年(1876)刻本　十六冊

110000－0102－0008593　乙二/1922　史部/地理類/外紀

琉球國志略十六卷首一卷 （清）周煌撰　清刻本　四冊

110000－0102－0008594　乙二/1923　史部/地理類/外紀

談瀛錄四卷 （清）袁祖志撰　清光緒十年(1884)刻本　四冊

110000－0102－0008595　乙二/1924　史部/史總類/諸史總義

九通全書 （唐）杜佑等撰　清光緒浙江書局刻本　九百二十冊

110000－0102－0008596　乙二/1928　史部/地理類/地圖、圖志

大清中外一統輿圖三十一卷首一卷 （清）嚴樹森編　清同治二年(1863)刻本　十冊

110000－0102－0008597　乙二/1930　史部/政書類/法令/律例

讀例存疑五十四卷 （清）薛允升撰　清光緒三十一年(1905)北京翰茂齋刻本　四十冊

110000－0102－0008598　乙二/1933　史部/政書類/法令/章例

欽定總管內務府堂現行則例四卷 （清）錫彬等纂修　清宣統三年(1911)內務府刻本　四冊

110000－0102－0008599　乙二/1937　史部/政書類/法令/章例

欽定王公處分則例四卷 （清）□□撰　清刻本　四冊

110000－0102－0008600　乙二/1938　史部/政書類/法令/章例

欽定科場條例六十卷首一卷 （清）詹鴻謨（清）徐堉纂　清光緒刻本　四十冊

110000－0102－0008601　乙二/1943　史部/目錄類/著錄/叢書目錄

四庫書目略二十卷附錄一卷 （清）費莫文良撰　清同治九年(1870)刻本　十二冊

110000－0102－0008602　乙二/1961　史部/傳記類/人表

光緒三十年甲辰恩科會試同年齒錄 （清）□□編　清光緒三十年(1904)京都文奎齋刻本　四冊

110000－0102－0008603　乙二/1966　史部/目錄類/著錄/叢書目錄/總目

欽定四庫全書簡明目錄二十卷 （清）紀昀等纂　清光緒五年(1879)墨潤堂鉛印本　十二冊

110000 – 0102 – 0008604　乙二/1967　史部/
傳記類/人表

咸豐九年己未科會試同年齒錄　（清）□□編
　　清光緒四年（1878）刻本　二冊

110000 – 0102 – 0008605　乙二/1976　史部/
政書類/法令/章例

欽定宗人府則例三十一卷首一卷　（清）宜烈
等纂修　清光緒刻本　十冊

110000 – 0102 – 0008606　乙二/1977　史部/
地理類/總錄

大清一統志五百卷　（清）高宗弘曆敕撰　清
光緒二十八年（1902）上海寶善齋石印本　六
十冊

110000 – 0102 – 0008607　乙二/1978　史部/
政書類/法令/律例

大清律例彙輯便覽四十二卷　（清）□□輯
清光緒三年（1877）刻本　三十二冊

110000 – 0102 – 0008608　乙二/1980　史部/
別史、雜史類

光緒政要三十四卷　沈桐生輯　清宣統元年
（1909）上海崇義堂石印本　三十冊

110000 – 0102 – 0008609　乙二/2011　史部/
目錄類/著錄/叢書目錄/總目

四庫全書總目提要二百卷首一卷　（清）紀昀
等撰　清同治七年（1868）廣東書局刻本　一
百二十冊

110000 – 0102 – 0008610　乙二/2014　史部/
目錄類/收藏/私藏/宋

直齋書錄解題二十二卷　（宋）陳振孫撰　清
光緒九年（1883）江蘇書局刻本　六冊

110000 – 0102 – 0008611　乙二/2018　史部/
別史、雜史類

**皇朝掌故彙編內編六十卷首一卷外編四十卷
首一卷**　張壽鏞等編　清光緒二十八年
（1902）求實書社鉛印本　六十冊

110000 – 0102 – 0008612　乙二/2126　史部/
政書類/通制

欽定大清會典事例一千二百二十卷首一卷

（清）李鴻章等續編　清宣統元年（1909）上海
商務印書館刻本　八十冊　存七百十九卷
（五百〇二至一千二百二十）

110000 – 0102 – 0008613　乙二/2130　史部/
編年類/斷代

東華續錄光緒朝二百二十卷　（清）朱壽朋編
　　清宣統元年（1909）上海集成圖書公司鉛印
本　六十四冊

110000 – 0102 – 0008614　乙二/2140　史部/
地理類/遊記/遊各國

出使英法意比四國日記六卷　（清）薛福成撰
　　清光緒十七年（1891）刻本　六冊

110000 – 0102 – 0008615　乙三/1　子部/醫
家類/本草

經史證類大觀本草三十一卷　（宋）唐慎微撰
　　清光緒三十年（1904）武昌柯氏刻本　十
八冊

110000 – 0102 – 0008616　乙三/2　子部/醫
家類/總錄

御纂醫宗金鑑九十卷　（清）弘晝等纂修　清
刻本　九十一冊

110000 – 0102 – 0008617　乙三/3　子部/醫
家類/本草

本草綱目五十二卷　（明）李時珍撰　清光緒
十一年（1885）合肥張氏味古齋刻本　四十
八冊

110000 – 0102 – 0008618　乙三/4　子部/醫
家類/本草

本草綱目五十二卷　（明）李時珍撰　清光緒
十一年（1885）合肥張氏味古齋刻本　四十冊

110000 – 0102 – 0008619　乙三/5　子部/譜
錄類/草木

植物名實圖攷三十八卷　（清）吳其濬撰　清
道光二十八年（1848）刻本　六十冊

110000 – 0102 – 0008620　乙三/6　子部/譜
錄類/草木

植物名實圖攷三十八卷　（清）吳其濬撰　清
道光二十八年（1848）刻本　六十冊

110000－0102－0008621　　乙三/7　子部/醫家類/總錄

醫鈔類編二十四卷 （清）翁藻編輯　清光緒二十一年(1895)奉新許氏刻本　二十六冊

110000－0102－0008622　　乙三/9　子部/藝術類/書畫

欽定佩文齋書畫譜 （清）孫岳頒等纂輯　清康熙四十七年(1708)刻本　六十四冊

110000－0102－0008623　　乙三/11　子部/醫家類/本草

本經三種 （清）鄒澍撰　清同治十二年(1873)反經堂刻本　二十六冊

110000－0102－0008624　　乙三/15　子部/醫家類/總錄

醫林纂要探源十卷 （清）汪紱輯　清光緒二十三年(1897)江蘇書局刻本　十冊

110000－0102－0008625　　乙三/18　子部/醫家類/診法

脈經 （晉）王叔和撰　清光緒十九年(1893)刻本　四冊

110000－0102－0008626　　乙三/26　子部/醫家類/傷寒方論

傷寒論章節五卷 （清）包育華撰　清光緒二十八年(1902)刻本　五冊

110000－0102－0008627　　乙三/27　子部/醫家類/本草

本草從新十八卷 （清）吳儀洛撰　清光緒十二年(1886)刻本　六冊

110000－0102－0008628　　乙三/28　子部/醫家類/醫經

黃帝素靈樞合纂 （清）汪昂輯　清咸豐十年(1860)刻本　四冊

110000－0102－0008629　　乙三/29　子部/醫家類/諸專科方論/其它（痘疹等）

天花精言六卷 （清）袁大宣撰　清嘉慶十年(1805)萱茂堂刻本　四冊

110000－0102－0008630　　乙三/31　子部/醫家類/醫經

黃帝內經素問二十四卷 （明）吳崑注　清光緒二十四年(1898)刻本　八冊

110000－0102－0008631　　乙三/33　子部/醫家類/醫經

黃帝內經太素三十卷 （隋）楊上善撰注　清光緒二十三年(1897)通隱堂刻本　六冊

110000－0102－0008632　　乙三/36　子部/醫家類/雜錄

豫醫雙璧 （宋）郭雍　（金）張從正撰　清宣統元年(1909)海豐吳重熹梁園節署鉛印本　八冊

110000－0102－0008633　　乙三/38　子部/醫家類/雜病方論

醫方集解 （清）汪昂撰　清光緒十三年(1887)姑蘇掃葉山房刻本　六冊

110000－0102－0008634　　乙三/39　子部/醫家類/總錄

黃氏醫書八種 （清）黃元御撰　清咸豐十年(1860)刻本　十六冊

110000－0102－0008635　　乙三/40　子部/醫家類/養生

壽世保元十卷 （明）龔廷賢撰　清道光十四年(1834)晉祁書業德刻本　十冊

110000－0102－0008636　　乙三/43　子部/醫家類/諸專科方論/針灸

鍼灸甲乙經十二卷 （晉）皇甫謐撰　清光緒十一年(1885)四明存存軒刻本　六冊

110000－0102－0008637　　乙三/45　子部/醫家類/兒婦科方論

胎產心法三卷 （清）閻純璽撰　清道光二十四年(1844)刻本　六冊

110000－0102－0008638　　乙三/46　子部/醫家類/總錄

景岳全書六十四卷 （明）張介賓撰　清乾隆三十三年(1768)刻本　三十三冊

110000－0102－0008639　　乙三/47　子部/醫

家類/總錄

當歸草堂醫學叢書初編十種 （清）丁丙輯　清光緒四年(1878)錢唐丁氏當歸草堂刻本　八冊

110000－0102－0008640　乙三/48　子部/醫家類/雜病方論

温病條辨七卷温熱論一卷 （清）吳瑭撰　清光緒二十七年(1901)湖南思賢書局刻本　四冊

110000－0102－0008641　乙三/50　子部/醫家類/諸專科方論/針灸

備急灸方 （宋）張渙撰　（清）羅嘉傑輯　**鍼灸擇日編集** （朝鮮）全循義　（朝鮮）金義孫撰　（清）羅嘉傑輯　清光緒十六年(1890)刻本　二冊

110000－0102－0008642　乙三/52　子部/醫家類/傷寒方論

傷寒補亡論二十卷 （宋）郭雍撰　清宣統元年(1909)鉛印本　五冊

110000－0102－0008643　乙三/56　子部/農家類/總錄

三農紀十卷 （清）張宗法撰　清乾隆十五年(1750)刻本　十冊

110000－0102－0008644　乙三/59　子部/醫家類/雜病方論

巢氏病源五十卷 （隋）巢元方撰　清光緒十二年(1886)湖北官書處刻本　八冊

110000－0102－0008645　乙三/60　子部/醫家類/本草

本草述鉤元三十二卷 （清）楊時泰輯　清道光二十二年(1842)毘陵涵雅堂刻本　十冊

110000－0102－0008646　乙三/62　子部/醫家類/雜病方論

本事方釋義十卷 （清）葉桂撰　清嘉慶十九年(1814)刻本　六冊

110000－0102－0008647　乙三/64　子部/醫家類/本草

本草醫方全書六卷 （清）汪昂撰　清刻本　三冊

110000－0102－0008648　乙三/65　子部/醫家類/醫經

醫經原旨六卷 （清）薛雪集注　清刻本　六冊

110000－0102－0008649　乙三/66　子部/醫家類/雜錄

醫意內景圖說二卷 （清）徐延祚輯　清光緒二十二年(1896)刻本　二冊

110000－0102－0008650　乙三/67　子部/醫家類/兒婦科方論

達生編 （清）亟齋居士撰　清光緒刻本　一冊

110000－0102－0008651　乙三/68　子部/醫家類/雜錄

吳醫彙講十一卷 （清）唐大烈纂輯　清嘉慶元年(1796)刻本　六冊

110000－0102－0008652　乙三/76　子部/醫家類/雜病方論

古今名醫萬方類編三十二卷 （清）曹繩彥輯　清光緒三十年(1904)南洋中西醫學會社刻本　三十二冊

110000－0102－0008653　乙三/77　子部/醫家類/本草

本草簡明圖說 （清）高丙撰　清光緒十八年(1892)上海吉香閣石印本　四冊

110000－0102－0008654　乙三/78　子部/醫家類/雜病方論

觀聚方要補十卷 （日本）丹波元簡輯　清咸豐七年(1857)刻本　十冊

110000－0102－0008655　乙三/79　子部/醫家類/本草

本草述鉤元五卷 （清）楊時泰輯　清同治十一年(1872)刻本　十冊

110000－0102－0008656　乙三/80　子部/醫家類/雜病方論

平易方四卷 （清）葉香侶輯　清道光十二年(1832)刻本　四冊

110000 - 0102 - 0008657　乙三/81　子部/醫家類/雜病方論

活人方七卷　（清）林開燧撰　清同治八年（1869）刻本　七冊

110000 - 0102 - 0008658　乙三/82　子部/醫家類/總錄

陳修園醫書三十二種　（清）陳念祖撰　清光緒三十三年（1907）善成堂刻本　三十六冊

110000 - 0102 - 0008659　乙三/84　子部/天文地理類/演算法

白芙堂算學叢書　（清）丁取忠輯　清同治至光緒長沙古荷花池精舍刻本　三十二冊

110000 - 0102 - 0008660　乙三/85　子部/天文地理類/演算法/各錄

象數一原七卷　（清）項名達撰　清光緒十四年（1888）刻本　四冊

110000 - 0102 - 0008661　乙三/86　子部/天文地理類/演算法

白芙堂算學叢書　（清）丁取忠輯　清同治至光緒長沙古荷花池精舍刻本　三十六冊

110000 - 0102 - 0008662　乙三/87　子部/天文地理類/總錄

翠薇山房數學十五種　（清）張作楠撰　清光緒十三年（1887）刻本　二十冊

110000 - 0102 - 0008663　乙三/88　子部/天文地理類/總錄

翠薇山房數學十五種　（清）張作楠撰　清光緒十三年（1887）刻本　二十冊

110000 - 0102 - 0008664　乙三/89　子部/天文地理類/總錄

翠薇山房數學十五種　（清）張作楠撰　清光緒十三年（1887）刻本　二十四冊

110000 - 0102 - 0008665　乙三/90　史部/傳記類/總傳/專錄/儒林

明儒學案六十二卷　（清）黃宗羲撰　清刻本　十六冊

110000 - 0102 - 0008666　乙三/91　子部/農

家類/總錄

農政全書六十卷　（明）徐光啟纂　清同治十三年（1874）山東書局刻本　二十冊

110000 - 0102 - 0008667　乙三/92　子部/藝術類/書畫

墨緣彙觀二種四卷　（清）安岐撰　清光緒二十六年（1900）鉛印本　六冊

110000 - 0102 - 0008668　乙三/94　子部/藝術類/書畫

王奉常書畫題跋二卷　（清）王時敏撰　清宣統二年（1910）刻本　二冊

110000 - 0102 - 0008669　乙三/95　子部/藝術類/書畫/書法、碑帖/清

增補分部書法正傳　（清）蔣和撰　清光緒十三年（1887）自強書局刻本　一冊

110000 - 0102 - 0008670　乙三/101　子部/醫家類/諸專科方論

痢證彙參十卷　（清）吳道源輯　清三讓堂（自）刻本　四冊

110000 - 0102 - 0008671　乙三/104　子部/藝術類/書畫

寒松閣談藝瑣錄六卷　（清）張鳴珂撰　清宣統二年（1910）刻本　四冊

110000 - 0102 - 0008672　乙三/105　子部/藝術類/書畫

天瓶齋書畫題跋二卷　（清）張照撰　清刻本　一冊

110000 - 0102 - 0008673　乙三/107　子部/藝術類/書畫

郁氏書畫題跋記十二卷　（明）郁逢慶撰　清宣統三年（1911）風雨樓鉛印本　四冊

110000 - 0102 - 0008674　乙三/108　子部/術數類/雜占

乙巳占十卷　（唐）李淳風撰　清光緒二年（1876）吳興陸氏十萬卷樓刻本　四冊

110000 - 0102 - 0008675　乙三/109　子部/天文地理類/演算法/總錄

御製數理精蘊上編五卷下編四十卷表八卷
（清）何國宗　（清）梅瑴成彙編　清宣統三年
(1911)上海文瑞樓石印本　二十四冊

110000－0102－0008676　乙三/112　子部/
醫家類/本草

本草從新十八卷　（清）吳儀洛編　清光緒二
十一年(1895)上海書局石印本　四冊

110000－0102－0008677　乙三/113－1　子
部/醫家類/雜病方論

千金翼方三十卷　（唐）孫思邈撰　（宋）林億
等校　清光緒四年(1878)上海獨山莫氏影印
本　八冊

110000－0102－0008678　乙三/113－2　子
部/醫家類/雜病方論

備急千金要方三十卷考異十卷　（唐）孫思邈
撰　（宋）林億等校　（日本）多紀元堅等考異
清光緒四年(1878)上海長洲麟瑞堂影印本
十二冊

110000－0102－0008679　乙三/114　子部/
天文地理類/總錄

梅氏叢書輯要六十二卷　（清）梅文鼎撰　清
同治十三年(1874)梅纘高頤園刻本　二十冊

110000－0102－0008680　乙三/115　子部/
醫家類/雜病方論

證治彙補八卷　（清）李用粹撰　清光緒九年
(1883)刻本　八冊

110000－0102－0008681　乙三/117　子部/
天文地理類/曆法

曆算全書　（清）梅文鼎撰　（清）魏荔彤輯
清咸豐九年(1859)刻本　三十二冊

110000－0102－0008682　乙三/118　子部/
藝術類/書畫

廣川書跋十卷　（宋）董逌撰　清光緒十三年
(1887)刻本　四冊

110000－0102－0008683　乙三/120　子部/
醫家類/諸專科方論

驗方新編十六卷　（清）鮑相璈輯　清光緒十
六年(1890)刻本　十冊

110000－0102－0008684　乙三/123　子部/
天文地理類/演算法/總錄

四元玉鑑細草　（元）朱世傑撰　（清）羅士琳
補　清道光十六年(1836)刻本　八冊

110000－0102－0008685　乙三/124　子部/
天文地理類/演算法/總錄

算學初集十七種　（清）吳嘉善　（清）丁取忠
合撰　清同治元年(1862)白芙堂刻本　二冊

110000－0102－0008686　乙三/127　子部/
農家類/總錄

農政全書六十卷　（明）徐光啟撰　清道光二
十三年(1843)刻本　二十四冊

110000－0102－0008687　乙三/128　子部/
醫家類/總錄

辨證奇聞十卷　（清）錢松撰　清光緒八年
(1882)刻本　十冊

110000－0102－0008688　乙三/130　子部/
藝術類/總錄

胡氏刻書三種畫錄二卷圖像考二卷劄記四卷
（清）胡敬輯　清嘉慶二十一年(1816)刻本
四冊

110000－0102－0008689　乙三/131　子部/
藝術類/總錄

胡氏刻書三種畫錄二卷圖像考二卷劄記四卷
（清）胡敬輯　清嘉慶二十一年(1816)刻本
四冊

110000－0102－0008690　乙三/132　子部/
農家類/總錄

農桑輯要七卷　（元）司農司撰　清同治十三
年(1874)江西書局刻本　六冊

110000－0102－0008691　乙三/133　子部/
藝術類/書畫

紅豆樹館書畫記八卷　（清）陶樑撰　清光緒
八年(1882)刻本　六冊

110000－0102－0008692　乙三/134　子部/
藝術類/書畫/書法、碑帖/元

衍極五卷　（元）鄭杓撰　（元）劉有定釋　清
末刻本　六冊

110000－0102－0008693　　乙三/135　子部/
農家類/總錄

蠶桑萃編十五卷首一卷　（清）衛傑編　清光
緒二十五年(1899)刻本　八冊

110000－0102－0008694　　乙三/136　子部/
藝術類/書畫

古緣萃錄十八卷　（清）邵松年輯　清光緒二
十九年(1903)上海鴻文書局刻本　六冊

110000－0102－0008695　　乙三/137　子部/
醫家類/總錄

馮氏錦囊秘錄二十卷　（清）馮兆張撰　清咸
豐八年(1858)刻本　二十冊

110000－0102－0008696　　乙三/139　子部/
藝術類/書畫

書畫鑑影二十四卷　（清）李佐賢輯　清同治
十年(1871)刻本　八冊

110000－0102－0008697　　乙三/141　子部/
農家類/總錄

蠶桑簡要錄　饒敦秩輯　清光緒二十八年
(1902)東湖饒氏古歡齋刻本　一冊

110000－0102－0008698　　乙三/142　子部/
農家類/總錄

蠶桑備要　盛宣懷輯　清光緒二年(1876)思
補樓刻本　一冊

110000－0102－0008699　　乙三/143　子部/
農家類/總錄

神農最要三卷　（清）陳開沚撰　清光緒二十
三年(1897)刻本　一冊

110000－0102－0008700　　乙三/144　子部/
農家類/總錄

蠶桑萃編十五卷首一卷　（清）衛傑編　清光
緒二十五年(1899)刻本　八冊

110000－0102－0008701　　乙三/145　子部/
譜錄類/食譜

粥譜一卷廣粥譜一卷　（清）黃雲鵠纂輯　清
光緒七年(1881)刻本　一冊

110000－0102－0008702　　乙三/150　子部/

藝術類/書畫

穰梨館過眼錄四十卷　（清）陸心源編　清光
緒十七年(1891)吳興陸氏刻本　十六冊

110000－0102－0008703　　乙三/152　子部/
藝術類/書畫/畫法、畫帖/清

習苦齋畫絮十卷　（清）戴熙撰　清光緒十九
年(1893)刻本　四冊

110000－0102－0008704　　乙三/153　集部/
總集類/詩/雜錄/題詠

讀畫齋題畫詩十九卷　（清）顧修輯　清嘉慶
十四年(1809)刻本　十六冊

110000－0102－0008705　　乙三/155　子部/
藝術類/書畫

紅豆樹館書畫記八卷　（清）陶樑編輯　清光
緒八年(1882)刻本　十冊

110000－0102－0008706　　乙三/157　子部/
雜家類/雜考

通雅五十二卷　（明）方以智撰　清文教館刻
本　二十冊

110000－0102－0008707　　乙三/159　子部/
兵家類

清代行陣圖式　（清）□□撰　清影印本　十
四冊

110000－0102－0008708　　乙三/164　子部/
雜家類/雜考

讀書雜志八十二卷餘編二卷　（清）王念孫撰
　清同治九年(1870)南京金陵書局刻本　二
十四冊

110000－0102－0008709　　乙三/165　子部/
兵家類

重刊武經七書彙解九卷　（清）朱墉纂輯　清
光緒二年(1876)嶺南古經閣書坊刻本　十冊

110000－0102－0008710　　乙三/171　集部/
小說類/章回

廿四史通俗衍義二十六卷　（清）呂撫撰　清
光緒十四年(1888)廣百宋齋活字本　六冊

110000－0102－0008711　　乙三/173　子部/

藝術類/書畫

遲鴻軒所見書畫錄 （清）楊峴編輯 清同治十二年(1873)木活字印本 六冊

110000－0102－0008712 乙三/174 子部/藝術類/書畫

辛丑消夏記五卷 （清）吳榮光撰 清光緒三十一年(1905)刻本 五冊

110000－0102－0008713 乙三/178 子部/藝術類/書畫

過雲樓書畫記十卷 （清）顧文彬撰 清光緒八年(1882)刻本 四冊

110000－0102－0008714 乙三/187 史部/傳記類/總傳/專錄/藝術

墨林今話十八卷續編一卷琴東野屋集十二卷 （清）蔣寶齡撰 清咸豐二年(1852)刻本 八冊

110000－0102－0008715 乙三/189 史部/傳記類/總傳/專錄/藝術

宋元以來畫人姓氏錄二十二卷首一卷 （清）魯駿編輯 清道光十年(1830)刻本 八冊 缺四卷(十九至二十二)

110000－0102－0008716 乙三/191 子部/藝術類/書畫/畫法、畫帖

虛齋名畫錄十六卷 龐元濟撰 清宣統元年(1909)烏程龐氏刻本 十六冊

110000－0102－0008717 乙三/195 子部/藝術類/書畫/畫法、畫帖/清

四銅鼓齋論畫集刻 （清）張祥河輯 清宣統元年(1909)北京會文齋刻本 四冊

110000－0102－0008718 乙三/196 子部/藝術類/書畫史

無聲詩史七卷 （清）姜紹書輯 清宣統二年(1910)上海瑞記書局石印本 六冊

110000－0102－0008719 乙三/200 子部/農家類/蔬菜花木

秘傳花鏡六卷 （清）陳淏子編 清康熙二十七年(1688)善成堂刻本 四冊

110000－0102－0008720 乙三/201 史部/地理類/遊記/清

鴻雪因緣圖記三集 （清）麟慶撰 清光緒十二年(1886)上海同文書局石印本 六冊

110000－0102－0008721 乙三/202 集部/總集類/詩/雜錄/題詠

百美新詠圖傳 （清）顏希源撰 清嘉慶九年(1804)刻本 六冊

110000－0102－0008722 乙三/204 子部/醫家類/總錄

世補齋醫書 （清）陸懋修撰 清光緒十年(1884)刻本 十八冊

110000－0102－0008723 乙三/206 子部/農家類

御製耕織圖 （□）□□撰 清康熙三十五年(1696)刻本 二冊

110000－0102－0008724 乙三/208 子部/醫家類/兒婦科方論

活幼心書三卷 （元）曹世榮編 清宣統二年(1910)武昌醫館刻本 二冊

110000－0102－0008725 乙三/209 子部/醫家類/諸專科方論

麻科活人全書四卷 （清）謝玉瓊纂輯 清光緒十七年(1891)刻本 四冊

110000－0102－0008726 乙三/211 子部/醫家類/諸專科方論

驗方萃編四卷 （清）奇克唐阿輯 清光緒九年(1883)刻本 六冊

110000－0102－0008727 乙三/212 子部/藝術類/書畫/書法、碑帖/清

讀畫齋偶輯 （清）顧修輯 清嘉慶十四年(1809)刻本 六冊

110000－0102－0008728 乙三/213 子部/醫家類/雜錄

醫宗必讀十卷 （明）李中梓撰 清後期善成堂刻本 六冊

110000－0102－0008729 乙三/214 子部/

醫家類/明堂經脈

脈經真本十卷 （晉）王叔和撰　清咸豐六年(1856)刻本　四冊

110000－0102－0008730　乙三/217　子部/天文地理類/演算法

增刪算法統宗十一卷 （明）程大位編　清光緒三年(1877)江南機器製造局刻本　四冊

110000－0102－0008731　乙三/220　子部/醫家類/醫案

外證醫案彙編四卷 （清）余景和輯　清光緒二十年(1894)刻本　四冊

110000－0102－0008732　乙三/223　子部/醫家類/雜病方論

溫熱經緯五卷 （清）王士雄纂　清同治十三年(1874)湖北崇文書局刻本　四冊

110000－0102－0008733　乙三/224　子部/醫家類/諸專科方論

急救喉症全集 （清）費山壽撰　清光緒十一年(1885)刻本　一冊

110000－0102－0008734　乙三/225　子部/醫家類/雜錄

醫略稿六十七卷 （清）蔣寶素撰　清道光三十年(1850)刻本　八冊

110000－0102－0008735　乙三/226　子部/醫家類/雜病方論

驗方彙集八卷續集四卷 （清）戴緒安輯　清光緒十年(1884)刻本　十二冊

110000－0102－0008736　乙三/231　子部/藝術類/書畫/書畫史

國朝畫徵錄三卷續錄二卷 （清）張庚撰　清同治八年(1869)刻本　四冊

110000－0102－0008737　乙三/232　子部/農家類/總錄

撫郡農產考略二卷 （清）何剛德撰　清光緒三十三年(1907)蘇省刷印局鉛印本　二冊

110000－0102－0008738　乙三/235　子部/藝術類/書畫/書畫史

庚子銷夏記八卷 （清）孫承澤撰　清宣統三年(1911)掃葉山房石印本　四冊

110000－0102－0008739　乙三/236　子部/藝術類/書畫

嶽雪樓書畫錄五卷 （清）孔廣鏞（清）孔廣陶合編　清光緒十五年(1889)刻本　五冊

110000－0102－0008740　乙三/237　子部/藝術類/書畫

諸家藏畫簿十卷 （清）李調元撰　清刻本　四冊

110000－0102－0008741　乙三/242　子部/藝術類/書畫/畫法、畫帖/清

晚笑堂竹莊畫傳 （清）上官周編繪　清末石印本　二冊

110000－0102－0008742　乙三/245　子部/藝術類/書畫

過雲樓書畫記十卷 （清）顧文彬撰　清光緒八年(1882)刻本　四冊

110000－0102－0008743　乙三/246　子部/天文地理類/演算法

天文算學纂要二十卷首一卷 （清）陳松撰　清光緒十三年(1887)刻本　二十四冊

110000－0102－0008744　乙三/249　子部/藝術類/書畫/畫法、畫帖/清

四銅鼓齋論畫集刻 （清）張祥河輯　清宣統元年(1909)北京會文齋刻本　四冊

110000－0102－0008745　乙三/250　史部/地理類/雜記

揚州畫舫錄十八卷 （清）李斗撰　清乾隆六十年(1795)刻本　六冊

110000－0102－0008746　乙三/251　子部/藝術類/書畫/畫法、畫帖

寶繪錄二十卷 （明）張泰階纂　清知不足齋刻本　十冊

110000－0102－0008747　乙三/252　子部/藝術類/書畫

穰梨館過眼錄 （清）陸心源編　清光緒十七

年(1891)吳興陸氏刻本　十五冊

110000－0102－0008748　乙三/254　子部/
醫家類/諸專科方論

巢氏諸病源候總論五十卷　（隋）巢元方撰
清嘉慶十四年(1809)吳門經義齋刻本　十
二冊

110000－0102－0008749　乙三/256　子部/
譜錄類/草木

佩文齋廣群芳譜一百卷　（明）王象晉撰
（清）劉灝刪補　清同治七年(1868)姑蘇亦西
齋刻本　四十冊

110000－0102－0008750　乙三/262　子部/
雜家類

新增格古要論十三卷　（明）曹昭撰　清刻惜
陰軒叢書本　六冊

110000－0102－0008751　乙三/263　子部/
藝術類/書畫/畫法、畫帖/清

紉齋畫賸　（清）陳允升繪　清光緒二年
(1876)甬上陳氏得古歡室刻本　四冊

110000－0102－0008752　乙三/264　子部/
藝術類/書畫/畫法、畫帖/清

墨蘭譜　（清）陳旭繪　清嘉慶二年(1797)刻
本　二冊

110000－0102－0008753　乙三/266　子部/
藝術類/書畫

書畫傳習錄十集　（明）王紱輯　清嘉慶十八
年(1813)層雲閣刻本　十冊

110000－0102－0008754　乙三/272　子部/
藝術類/書畫

十竹齋書畫譜　（明）胡正言編繪　清光緒五
年(1879)刻本　八冊

110000－0102－0008755　乙三/275　子部/
藝術類/書畫/畫法、畫帖

海上名人畫稿　（□）□□撰　清光緒十一年
(1885)上海同文書局石印本　二冊

110000－0102－0008756　乙三/282　叢部/
自著叢書/明

呂子遺書　（明）呂坤撰　（清）栗毓美等重編
清道光七年(1827)刻本　二十三冊　缺四
種(呂書四種合刻)

110000－0102－0008757　乙三/284　子部/
藝術類/書畫

清河書畫舫　（明）張丑撰　清光緒元年
(1875)刻本　十二冊

110000－0102－0008758　乙三/285　子部/
藝術類/書畫

秘殿珠林二十四卷　（清）張照等撰　清末石
印本　八冊

110000－0102－0008759　乙三/289　子部/
藝術類/書畫/書法、碑帖

草字彙　（清）石梁輯　清道光五年(1825)刻
本　六冊

110000－0102－0008760　乙三/291　子部/
藝術類/書畫/書法、碑帖/清

淳化秘閣法帖考正十卷　（清）王澍撰　清道
光二十八年(1848)刻本　十四冊

110000－0102－0008761　乙三/295　子部/
藝術類/書畫

墨緣彙觀法書二卷名畫二卷　（清）安岐撰
清光緒二十六年(1900)涇陽端方鉛印本
六冊

110000－0102－0008762　乙三/296　子部/
藝術類/書畫

墨緣彙觀法書二卷名畫二卷　（清）安岐撰
清光緒二十六年(1900)涇陽端方鉛印本
六冊

110000－0102－0008763　乙三/298　子部/
藝術類/書畫

王奉常書畫題跋二卷　（清）王時敏撰　清宣
統二年(1910)刻本　二冊

110000－0102－0008764　乙三/300　子部/
藝術類/書畫

甌缽羅室書畫過目考四卷　（清）李玉棻輯
清光緒二十三年(1897)刻本　四冊

110000－0102－0008765　乙三/301　子部/藝術類/書畫

甌缽羅室書畫過目考四卷　（清）李玉棻輯　清光緒二十三年（1897）刻本　四冊

110000－0102－0008766　乙三/302　子部/藝術類/書畫

甌缽羅室書畫過目考四卷　（清）李玉棻輯　清光緒二十三年（1897）刻本　四冊

110000－0102－0008767　乙三/303　子部/藝術類/書畫

甌缽羅室書畫過目考四卷　（清）李玉棻輯　清光緒二十三年（1897）刻本　四冊

110000－0102－0008768　乙三/306　史部/傳記類/總傳/專錄/藝術

歷代畫家姓氏便覽六卷　（清）馮津輯　清道光六年（1826）刻本　十二冊

110000－0102－0008769　乙三/308　子部/藝術類/書畫/書法、畫帖

芥子園畫傳三集　（清）王概摹繪　清光緒十三年（1887）上海鴻文書局石印本　十二冊

110000－0102－0008770　乙三/313　史部/政書類/雜錄

石渠餘紀六卷　（清）王慶雲撰　清光緒十六年（1890）龍氏刻本　六冊

110000－0102－0008771　乙三/314　史部/傳記類/總傳/專錄/藝術

國朝畫人輯略十一卷首一卷　（清）震鈞輯　清光緒三十四年（1908）刻本　八冊

110000－0102－0008772　乙三/315　子部/譜錄類/器物

文房四譜五卷　（宋）蘇易簡集　清光緒七年（1881）吳興陸氏十萬卷樓刻本　二冊

110000－0102－0008773　乙三/316　子部/藝術類/書畫

吳越所見書畫錄六卷　（清）陸時化輯　清宣統二年（1910）順德鄧氏鉛印本　六冊

110000－0102－0008774　乙三/319　子部/兵家類

戊笈談兵九卷　（清）汪紱撰　清光緒二十年（1894）刻本　十冊

110000－0102－0008775　乙三/324　子部/藝術類/音樂舞蹈

靈星小舞譜　（明）朱載堉撰　明萬曆刻本　三冊

110000－0102－0008776　乙三/325　子部/藝術類/書畫/畫法、畫帖/清

蘭石畫譜　（清）吳煥采繪　清光緒二十年（1894）古蓮池華南硯北草堂刻本　四冊

110000－0102－0008777　乙三/327　史部/傳記類/總傳/專錄/儒林

宋元學案一百卷　（清）黃宗羲撰　清刻本　三十二冊

110000－0102－0008778　乙三/329　子部/儒家類/清

東塾讀書記二十五卷　（清）陳澧撰　清刻本　五冊　原缺十卷（十三至十四、十七至二十、二十二至二十五）

110000－0102－0008779　乙三/331　子部/法家類

韓非子集解二十卷首一卷　（清）王先慎撰　清光緒二十二年（1896）刻本　六冊

110000－0102－0008780　乙三/332　集部/別集類/明

讀書後八卷　（明）王世貞撰　清乾隆味菜廬木活字印本　四冊

110000－0102－0008781　乙三/334　子部/兵家類

虎鈐經二十卷　（宋）許洞撰　清刻本　八冊

110000－0102－0008782　乙三/336　經部/經總類/群經總義/傳說

白虎通疏證十二卷　（清）陳立撰　清光緒元年（1875）淮南書局刻本　四冊

110000－0102－0008783　乙三/337　子部

儒家類/宋以前

揚子法言十三卷附音義一卷　（漢）揚雄撰
（晉）李軌注　清嘉慶二十三年(1818)秦氏石
硏齋刻本　二冊

110000－0102－0008784　乙三/339　集部/
別集類/明

劉子全書四十卷　（明）劉宗周撰　清道光十
五年(1835)刻本　二十四冊

110000－0102－0008785　乙三/342　子部/
天文地理類/演算法

天文算學纂要二十卷首一卷　（清）陳松撰
清光緒十三年(1887)樹德堂刻本　二十四冊

110000－0102－0008786　乙三/345　叢部/
自著叢書/清中晚期

鄒徵君遺書　（清）鄒伯奇撰　清同治十三年
(1874)鄒達泉拾芥園刻本　五冊

110000－0102－0008787　乙三/347　子部/
道家類

列子八卷　（唐）盧重元注　清嘉慶八年
(1803)江都秦氏刻本　二冊

110000－0102－0008788　乙三/351　子部/
宗教類/釋教/史傳

釋迦如來應化事跡　（清）永珊編　清嘉慶十
三年(1808)刻本　四冊

110000－0102－0008789　乙三/354　子部/
雜家類/雜考

困學紀聞二十卷　（宋）王應麟撰　清同治六
年(1867)揚州書局刻本　四冊

110000－0102－0008790　乙三/358　子部/
宗教類

天方性理五卷首一卷　（清）劉智撰　清同治
刻本　六冊

110000－0102－0008791　乙三/359　子部/
儒家類/宋以前

子思子七卷　（清）黃以周輯　清光緒二十二
年(1896)刻本　二冊

110000－0102－0008792　乙三/360　子部/

道家類

莊屈合詁　（清）錢澄之撰　清刻本　四冊

110000－0102－0008793　乙三/369　子部/
道家類

莊子疏　（唐）成玄英疏　清光緒十七年
(1891)淨善、淨誨抄本　二冊

110000－0102－0008794　乙三/372　子部/
儒家類

先正讀書訣　（清）周永年輯　清道光二十三
年(1843)刻本　二冊

110000－0102－0008795　乙三/373　叢部/
彙編叢書

娛園叢刻十種　（清）許增輯　清光緒十五年
(1889)刻本　四冊

110000－0102－0008796　乙三/374　子部/
藝術類/書畫/畫法、畫帖/清

鏡影簫聲初集　（清）徐虎朗繪　（清）司花老
人詞　清光緒十三年(1887)石印本　一冊

110000－0102－0008797　乙三/375　子部/
類書類/類編/通錄

八編類纂二百八十五卷　（明）陳仁錫纂　清
光緒七年(1881)三畏堂刻本　一百冊

110000－0102－0008798　乙三/376　子部/
類書類/韻編

佩文韻府一百〇六卷拾遺一百〇六卷　（清）
張玉書等纂　清刻本　一百八十四冊

110000－0102－0008799　乙三/381　史部/
地理類/遊記/清

凝香室鴻雪因緣圖記　（清）麟慶撰　清道光
二十七年(1847)刻本　六冊

110000－0102－0008800　乙三/388　子部/
藝術類/書畫/畫法、畫帖/清

紅樓夢圖詠　（清）改琦繪　清光緒五年
(1879)石印本　四冊

110000－0102－0008801　乙三/389　子部/
雜家類

尹文子慎子公孫龍子鬼谷子　清光緒元年

（1875）湖北崇文書局刻本　一冊

110000－0102－0008802　乙三/390　子部/儒家類/宋以前

荀子二十卷　（唐）楊倞注　清光緒二年（1876）浙江書局刻本　六冊

110000－0102－0008803　乙三/392　子部/道家類

闡道篇二卷　（明）善子撰　清光緒二十七年（1901）體善堂刻本　二冊

110000－0102－0008804　乙三/394　子部/宗教類/其它

燕京開教畧　（法國）郝正國輯　清光緒三十一年（1905）鉛印本　三冊

110000－0102－0008805　乙三/398　子部/道家類

關聖帝君萬應靈籤二卷　（清）顧錡輯　清道光六年（1826）刻本　二冊

110000－0102－0008806　乙三/401　子部/兵家類

少林棍法　（明）程宗猷撰　清抄本　二冊

110000－0102－0008807　叢部/自著叢書/明

陽明集要三編　（明）王守仁撰　清光緒三十一年（1905）桂林書局刻本　十冊

110000－0102－0008808　乙三/410　子部/法家類

管子二十四卷　（春秋）管仲撰　清光緒元年（1875）湖北崇文書局刻本　四冊

110000－0102－0008809　乙三/414　子部/雜家類

墨子閒詁十五卷附錄一卷後語二卷　（清）孫詒讓撰　清光緒二十一年（1895）刻本　八冊

110000－0102－0008810　乙三/415　史部/傳記類

至聖實錄十八卷首一卷　（清）劉智撰　清同治十三年（1874）刻本　十冊

110000－0102－0008811　乙三/417　子部/

雜家類

鬼谷子三卷　（南朝梁）陶弘景注　清嘉慶十年（1805）江都秦氏刻本　一冊

110000－0102－0008812　乙三/421　子部/藝術類/書畫

寓意錄四卷　（清）繆曰藻撰　清道光二十年（1840）上海徐氏刻本　二冊

110000－0102－0008813　乙三/424　子部/譜錄類/器物

百硯齋硯銘一卷　（清）廣玉輯　清嘉慶十三年（1808）刻本　一冊

110000－0102－0008814　乙三/440　子部/雜家類/學說

淮南許注異同詁四卷補遺一卷續補一卷　（清）陶方琦撰　清光緒七年（1881）刻漢孳室著書本　三冊

110000－0102－0008815　乙三/443　子部/藝術類/書畫

吳越所見書畫錄六卷　（清）陸時化輯　清光緒五年（1879）懷煙閣刻本　六冊

110000－0102－0008816　乙三/448　子部/藝術類/書畫/書畫史

歷代畫史彙傳七十二卷首一卷總目三卷附錄二卷　（清）彭蘊璨編　清光緒八年（1882）刻本　二十四冊

110000－0102－0008817　乙三/450　子部/農家類

樗繭譜　（清）鄭珍纂　清光緒七年（1881）遵義華氏刻本　一冊

110000－0102－0008818　乙三/451　子部/雜家類/雜纂

新義錄一百卷　（清）孫璧文撰　清光緒八年（1882）刻本　四十冊

110000－0102－0008819　乙三/452　子部/類書類/類編/通錄

六藝通考一百卷　（清）孫璧文撰　清光緒二十七年（1901）兩湖書院刻本　四十八冊

110000－0102－0008820　乙三/457　子部/儒家類

周子全書九卷首末各一卷　(宋)周元公撰(清)鄧顯鶴編　清道光二十七年(1847)新化鄧氏刻本　四冊

110000－0102－0008821　乙三/460　子部/雜家類/學說

淮南鴻烈解二十一卷　(漢)劉安撰　(漢)高誘注　明刻廣漢魏叢書本　四冊

110000－0102－0008822　乙三/468　子部/道家類

道德經述義二卷　(□)□□撰　清光緒六年(1880)刻本　一冊

110000－0102－0008823　乙三/469　子部/道家類

老子章義二卷　(清)姚鼐撰　清同治九年(1870)桐城吳氏刻本　一冊

110000－0102－0008824　乙三/470　子部/道家類

老子道德經解二卷首一卷　(明)釋德清撰清光緒十三年(1887)金陵刻經處刻本　二冊

110000－0102－0008825　乙三/471　子部/儒家類/宋以前

潛夫論十卷　(漢)王符撰　(清)汪繼培箋清光緒十七年(1891)思賢講舍刻本　四冊

110000－0102－0008826　乙三/472　子部/儒家類

群書疑辨十二卷　(清)萬斯同撰　清嘉慶二十一年(1816)刻本　四冊

110000－0102－0008827　乙三/473　子部/天文地理類

天文算學纂要二十卷首一卷　(清)陳松撰清光緒十三年(1887)刻本　二十四冊

110000－0102－0008828　乙三/474　子部/雜家類/學說

浮邱子十二卷　(清)湯鵬撰　清同治四年(1865)刻本　四冊

110000－0102－0008829　乙三/475　子部/儒家類

荀子二十卷　(唐)楊倞注　清光緒二年(1876)浙江書局刻本　六冊

110000－0102－0008830　乙三/476　子部/道家類

莊子集解八卷　王先謙撰　清宣統元年(1909)思賢書局刻本　三冊

110000－0102－0008831　乙三/477　子部/道家類

莊子集解八卷　王先謙撰　清宣統元年(1909)思賢書局刻本　三冊

110000－0102－0008832　乙三/480　子部/儒家類/宋以前

孔子家語十卷　(三國魏)王肅注　清光緒二十四年(1898)刻本　四冊

110000－0102－0008833　乙三/483　子部/道家類

莊子集解八卷　王先謙撰　清宣統元年(1909)上海掃葉山房石印本　四冊

110000－0102－0008834　乙三/488　子部/醫家類/雜病方論

成方切用二十六卷　(清)吳儀洛撰　清道光二十七年(1847)瓶花書屋刻本　四冊

110000－0102－0008835　乙三/489　子部/醫家類/醫案

王氏醫案八卷　(清)王士雄撰　清咸豐元年(1851)吟春書屋刻本　四冊

110000－0102－0008836　乙三/490　子部/醫家類/醫案

古今醫案按十卷　(清)俞震纂　清光緒九年(1883)刻本　十冊

110000－0102－0008837　乙三/495　子部/醫家類/兒婦科方論

婦科秘方胎產護生篇　(清)李長科輯　清光緒十四年(1888)直隸藩署刻本　二冊

110000－0102－0008838　乙三/496　子部/

醫家類/兒婦科方論

婦科秘方胎產護生篇 (清)李長科輯 清道光九年(1829)直隸藩署刻本 四冊

110000－0102－0008839 乙三/498 子部/醫家類/兒婦科方論

婦科指歸四卷 (清)曹鼎輯 清嘉慶十九年(1814)南城曾氏忠恕堂刻本 四冊

110000－0102－0008840 乙三/499－1 子部/醫家類/明堂經脈

刪註脈訣規正圖二卷 (清)沈鏡注 清咸豐十一年(1861)英德堂刻本 二冊

110000－0102－0008841 乙三/499－2 子部/醫家類/醫經

圖註八十一難經辨真四卷 (明)張世賢注 清嘉慶六年(1801)文星堂刻本 二冊

110000－0102－0008842 乙三/501 子部/醫家類/雜錄

扁鵲心書二卷 (戰國)秦越人撰 (宋)竇材集 清刻本 二冊

110000－0102－0008843 乙三/502 子部/醫家類/雜錄

食物本草會纂十二卷 (清)沈李龍纂輯 清道光元年(1821)刻本 八冊

110000－0102－0008844 乙三/505－1 子部/譜錄類/器物

卜硯集二卷 (清)查禮編 清道光元年(1821)刻本 二冊

110000－0102－0008845 乙三/505－2 子部/譜錄類/器物

寶硯堂硯辨 (清)何傳瑤撰 清道光十七年(1837)刻本 一冊

110000－0102－0008846 乙三/505－3 子部/譜錄類/器物

七硯齋百物銘 (清)馮譽驄撰 清光緒二十九年(1903)刻本 一冊

110000－0102－0008847 乙三/506 子部/醫家類/雜錄

醫家四要四卷 (清)程曦等撰 清光緒十二年(1886)刻本 五冊

110000－0102－0008848 乙三/508 子部/醫家類/兒婦科方論

竹林女科 (□)□□撰 清光緒十七年(1891)皖江節署刻本 四冊

110000－0102－0008849 乙三/509 子部/醫家類/傷寒方論

傷寒全生集四卷 (明)陶華撰 清嘉慶二十四年(1819)眉壽堂刻本 四冊

110000－0102－0008850 乙三/510 子部/醫家類/總錄

醫學全書九卷 (清)劉常彥纂 清光緒五年(1879)術古堂刻本 十冊

110000－0102－0008851 乙三/512 子部/醫家類/雜錄

飲食辯錄六卷末一卷 (清)章穆纂 清道光三年(1823)經國堂刻本 八冊

110000－0102－0008852 乙三/513 子部/醫家類/諸專科方論

眼科百問二卷 (清)王行沖撰 清光緒十年(1884)善成堂刻本 二冊

110000－0102－0008853 乙三/514 子部/醫家類/雜病方論

醫方集解 (清)汪昂撰 清光緒十三年(1887)鴻文書局石印本 六冊

110000－0102－0008854 乙三/523 子部/醫家類/本草

本草綱目拾遺十卷首一卷 (清)趙學敏輯 清光緒十一年(1885)合肥張氏味古齋刻本 八冊

110000－0102－0008855 乙三/524 子部/醫家類/本草

本草從新十八卷 (清)吳儀洛撰 清道光二十六年(1846)瓶花書屋刻本 二冊

110000－0102－0008856 乙三/525 子部/醫家類/本草

本草述三十二卷首一卷 （清）劉若金撰　清嘉慶十五年(1810)還讀山房刻本　二十四冊

110000－0102－0008857　乙三/526　子部/醫家類/醫案

名醫類案 （明）江瓘輯　清同治十年(1871)藏修堂刻本　四十八冊

110000－0102－0008858　乙三/528　子部/醫家類/總錄

御纂醫宗金鑑九十卷 （清）弘晝等纂　清光緒二年(1876)江西書局刻本　六十冊

110000－0102－0008859　乙三/529　子部/醫家類/傷寒方論

傷寒補亡論二十卷 （宋）郭雍撰　清宣統三年(1911)武昌醫館刻本　四冊

110000－0102－0008860　乙三/530　子部/醫家類/醫經

重廣補註黃帝内經素問二十四卷 （唐）王冰註　（宋）林億等校正　清光緒十年(1884)刻本　十冊

110000－0102－0008861　乙三/531　子部/醫家類/傷寒方論

傷寒雜病論十六卷 （清）胡嗣超撰　清道光二十七年(1847)刻本　四冊

110000－0102－0008862　乙三/533　子部/醫家類/總錄

潛齋醫書五種 （清）王士雄撰　清光緒十八年(1892)上海醉六堂刻本　十冊

110000－0102－0008863　乙三/535　子部/醫家類

寒溫條辨七卷 （清）楊璿撰　清光緒十九年(1893)江右醉芸軒刻本　五冊

110000－0102－0008864　乙三/536　子部/醫家類/兒婦科方論

活幼心法九卷 （清）聶尚恆撰　清咸豐八年(1858)刻本　四冊

110000－0102－0008865　乙三/541　子部/醫家類/本草

本經疏證十二卷續疏六卷本經序疏要八卷 （清）鄒澍撰　清道光二十九年(1849)常州長年醫局刻本　十二冊

110000－0102－0008866　乙三/542　子部/醫家類/醫經

重廣補註黃帝内經素問二十四卷 （唐）王冰註　（宋）林億等校正改誤　清光緒十年(1884)京口文成堂刻本　八冊

110000－0102－0008867　乙三/543　子部/醫家類/雜病方論

千金方衍義三十卷 （清）張璐撰　清康熙三十七年(1698)掃葉山房刻本　三十二冊

110000－0102－0008868　乙三/544　子部/醫家類/雜病方論

本事方釋義十卷 （清）葉桂撰　清嘉慶十九年(1814)姑蘇掃葉山房刻本　六冊

110000－0102－0008869　乙三/546　子部/醫家類/傷寒方論

傷寒辨證錄十四卷 （清）陳士鐸撰　清光緒六年(1880)刻本　十二冊

110000－0102－0008870　乙三/547　子部/醫家類/雜錄

醫家心法 （清）高鼓峰撰　清刻本　四冊

110000－0102－0008871　乙三/548　子部/醫家類/明堂經脈

方脈指迷四卷 （清）賀大文編　清道光六年(1826)醉白堂刻本　十冊

110000－0102－0008872　乙三/551　子部/醫家類/醫案

三家醫案合刻 （清）葉桂撰　（清）吳金壽纂　清道光十一年(1831)刻本　三冊

110000－0102－0008873　乙三/553　子部/醫家類/醫案

吳門治驗錄四卷 （清）顧金壽撰　清光緒十二年(1886)刻本　四冊

110000－0102－0008874　乙三/555　子部/醫家類/本草

本草備要　（清）汪昂撰　清道光二十五年(1845)瓶花書屋刻本　二冊

110000－0102－0008875　乙三/559　子部/醫家類/總錄

世補齋醫書六種　（清）陸懋修撰　清光緒十年(1884)刻本　十八冊

110000－0102－0008876　乙三/560　子部/醫家類/諸專科方論

目科捷徑三卷　（清）劉松岩編　清光緒六年(1880)刻本　四冊

110000－0102－0008877　乙三/561　子部/醫家類/雜錄

回生春腳集四卷　（清）孟文瑞集　清光緒十六年(1890)善成堂刻本　二冊

110000－0102－0008878　乙三/563　子部/醫家類/雜錄

十藥神書　（元）葛可久編　清乾隆程永培刻本　一冊

110000－0102－0008879　乙三/564　子部/醫家類/傷寒方論

傷寒補亡論二十卷　（宋）郭雍撰　清宣統三年(1911)武昌醫館刻本　四冊

110000－0102－0008880　乙三/565　子部/醫家類/本草

本草三家合註六卷　（清）郭汝聰註　清刻本　六冊

110000－0102－0008881　乙三/566　子部/醫家類/醫經

內經評文靈樞十二卷素問二十四卷　（清）周學海撰　清光緒二十四年(1898)刻本　八冊

110000－0102－0008882　乙三/567　子部/醫家類/傷寒方論

傷寒總病論六卷　（清）龐安時撰　清道光三年(1823)影印本　二冊

110000－0102－0008883　乙三/569　子部/醫家類/雜病方論

集驗簡易良方四卷　（清）德豐輯　清光緒七年(1881)富春堂刻本　四冊

110000－0102－0008884　乙三/570　子部/醫家類/傷寒方論

傷寒論註四卷附翼二卷　（漢）張機撰　（清）柯琴註　清乾隆二十年(1755)刻本　六冊

110000－0102－0008885　乙三/572　子部/醫家類/本草

本草綱目五十二卷圖三卷　（明）李時珍撰　清道光二十五年(1845)刻本　三十六冊

110000－0102－0008886　乙三/575　子部/醫家類/總錄

醫林纂要十卷附錄一卷　（清）汪紱輯　清光緒二十三年(1897)江蘇書局刻本　十冊

110000－0102－0008887　乙三/576　子部/醫家類/總錄

醫林纂要十卷附錄一卷　（清）汪紱輯　清光緒二十三年(1897)江蘇書局刻本　十冊

110000－0102－0008888　乙三/577　子部/醫家類/總錄

沈氏尊生書五種六十八卷　（清）沈金鰲撰　清同治十三年(1874)湖北崇文書局刻本　二十六冊

110000－0102－0008889　乙三/578　子部/醫家類

周氏彙刻醫學叢書　周學海輯　清光緒十七年(1891)池陽周氏刻本　二十六冊

110000－0102－0008890　乙三/580　子部/醫家類/諸專科方論/其它

摘星樓治痘全書十八卷　（明）朱一麟撰　清道光六年(1826)耕樂堂刻本　十冊

110000－0102－0008891　乙三/581　子部/醫家類/總錄

黃氏醫書八種　（清）黃元御撰　清同治五年(1866)刻本　十八冊

110000－0102－0008892　乙三/583　子部/醫家類/醫案

王氏醫案二卷續編八卷霍亂論二卷　（清）王

士雄撰　清咸豐元年(1851)吟春書屋刻本
四冊

110000 - 0102 - 0008893　　乙三/586　子部/
醫家類/雜錄

參訂醫學傳心四卷　（明）繆仲淳著　（清）孫
佑補述　清道光四年(1824)刻本　　四冊

110000 - 0102 - 0008894　　乙三/587　子部/
醫家類/雜病方論

濟生方八卷　（宋）嚴用和撰　清光緒四年
(1878)當歸草堂刻本　　二冊

110000 - 0102 - 0008895　　乙三/589　子部/
醫家類/醫案

丹臺玉案六卷　（明）孫文胤撰　清乾隆元年
(1736)三樂齋刻本　　八冊

110000 - 0102 - 0008896　　乙三/590　子部/
醫家類/外科方論

外科百效全書四卷　（明）龔居中編　清致和
堂刻本　　四冊

110000 - 0102 - 0008897　　乙三/592　子部/
醫家類/總錄

沈氏尊生書五種六十八卷　（清）沈金鼇撰
清同治十三年(1874)刻本　　二十六冊

110000 - 0102 - 0008898　　乙三/593　子部/
醫家類/雜病方論

驗方新編二十四卷　（清）鮑相璈輯　清光緒
二十六年(1900)刻本　　二十二冊

110000 - 0102 - 0008899　　乙三/596　子部/
醫家類/本草

大觀本草劄記二卷　（清）柯逢時撰　清宣統
二年(1910)刻本　　二冊

110000 - 0102 - 0008900　　乙三/599　子部/
藝術類/篆刻

篆學瑣著三十種　（清）顧湘輯　清道光二十
年(1840)海虞顧氏刻本　　八冊

110000 - 0102 - 0008901　　乙三/600　子部/
醫家類/體骼

全體通考十八卷　（英國）德貞譯　清光緒十

二年(1886)鉛印本　　十二冊

110000 - 0102 - 0008902　　乙三/602　子部/
醫家類/雜病方論

醫方集解　（清）汪昂撰　清道光二十五年
(1845)瓶花書屋刻本　　二冊

110000 - 0102 - 0008903　　乙三/603　子部/
藝術類/書畫

嶽雪樓書畫錄五卷　（清）孔廣鏞　（清）孔廣
陶合編　清光緒十五年(1889)刻本　　五冊

110000 - 0102 - 0008904　　乙三/604　子部/
醫家類/傷寒方論

傷寒補亡論二十卷　（宋）郭雍撰　清宣統三
年(1911)武昌醫館刻本　　四冊

110000 - 0102 - 0008905　　乙三/607　子部/
醫家類/雜錄

醫門棒喝四卷二集九卷　（清）章楠撰　清同
治六年(1867)聚文堂刻本　　十冊

110000 - 0102 - 0008906　　乙三/608　子部/
醫家類/養生

洗心輯要二卷新編壽世傳真八卷　（清）徐文
弼編　清末刻本　　四冊

110000 - 0102 - 0008907　　乙三/609　子部/
醫家類/諸專科方論

喉症全科紫珍集二卷　（清）朱翔編　清光緒
三年(1877)刻本　　二冊

110000 - 0102 - 0008908　　乙三/610　子部/
醫家類/兒婦科方論

胎産護生篇　（清）李長科輯　清道光九年
(1829)刻本　　四冊

110000 - 0102 - 0008909　　乙三/612　子部/
醫家類/總錄

醫學全書九卷首一卷　（清）劉常彥纂　清光
緒五年(1879)術古堂刻本　　八冊

110000 - 0102 - 0008910　　乙三/615　子部/
醫家類

豫醫雙璧二種　吳重熹輯　清宣統元年
(1909)梁園節署鉛印本　　八冊

110000 - 0102 - 0008911　乙三/618　子部/
醫家類/雜錄

醫意二卷　（清）徐延祚撰　清光緒二十二年
（1896）刻本　四冊

110000 - 0102 - 0008912　乙三/619　子部/
醫家類/雜錄

醫粹精言四卷　（清）徐延祚撰　清光緒二十
二年（1896）刻本　四冊

110000 - 0102 - 0008913　乙三/620　子部/
藝術類/書畫

甌鉢羅室書畫過目考四卷首一卷附卷一卷
（清）李玉棻編輯　清宣統三年（1911）北京晉
華書局石印本　四冊

110000 - 0102 - 0008914　乙三/623　子部/
醫家類/醫經

素問靈樞類纂約注三卷　（清）汪昂輯　清嘉
慶二十二年（1817）令德堂刻本　三冊

110000 - 0102 - 0008915　乙三/625　子部/
醫家類/醫經

靈樞經九卷　（清）張志聰集注　清光緒十六
年（1890）浙江書局刻本　六冊　缺二卷（一、
三）

110000 - 0102 - 0008916　乙三/626　子部/
宗教類/道教

修真秘要　（明）王蔡輯　清徐玉林抄道書七
種本　一冊

110000 - 0102 - 0008917　乙三/627　子部/
醫家類/雜錄

太醫局諸科程文九卷　（□）□□輯　清光緒
四年（1878）當歸草堂刻本　二冊

110000 - 0102 - 0008918　乙三/630　叢部/
自著叢書

強自力齋叢書　（清）馮澄撰　清光緒二十三
年（1897）上海著易書局石印本　六冊

110000 - 0102 - 0008919　乙三/634　子部/
醫家類/兒婦科方論

産科新法　（清）汪喆纂　清光緒十一年
（1885）刻本　二冊

110000 - 0102 - 0008920　乙三/635　子部/
醫家類/諸專科方論

痧症全書三卷　（清）王凱輯　清道光五年
（1825）刻本　三冊

110000 - 0102 - 0008921　乙三/639　子部/
醫家類/雜錄

醫貫六卷　醫無聞子撰　清刻本　六冊

110000 - 0102 - 0008922　乙三/642　子部/
醫家類/傷寒方論

張仲景傷寒論貫珠集八卷　（漢）張機撰
（清）尤怡注　清嘉慶十五年（1810）木活字本
四冊

110000 - 0102 - 0008923　乙三/644　子部/
醫家類/醫經

黃帝內經太素三十卷　（隋）楊上善撰注　清
光緒二十三年（1897）通隱堂刻本　六冊

110000 - 0102 - 0008924　乙三/645　子部/
醫家類/諸專科方論/其它

痘疹專門二卷　（清）董維嶽纂　清道光二十
五年（1845）書業德記刻本　二冊

110000 - 0102 - 0008925　乙三/646　子部/
醫家類/本草

本草經疏輯要十卷　（清）吳世鎧纂　清嘉慶
書帶草堂刻本　六冊

110000 - 0102 - 0008926　乙三/647　子部/
醫家類/本草

本草從新六卷　（清）吳儀洛輯　清三讓堂刻
本　六冊

110000 - 0102 - 0008927　乙三/649　子部/
醫家類/醫案

過氏醫案　（清）過鑄撰　清光緒二十七年
（1901）刻本　一冊

110000 - 0102 - 0008928　乙三/652　子部/
醫家類/總錄

徐氏醫書六種　（清）徐大椿撰並編　清同治
十二年（1873）湖北崇文書局刻本　十冊

110000 - 0102 - 0008929　乙三/653　子部/

醫家類/兒婦科方論

保赤摘錄六卷 （清）崔昌齡撰　清道光十二年(1832)刻本　五冊

110000－0102－0008930　乙三/657　子部/醫家類/兒婦科方論

幼幼集成六卷 （清）陳復正輯　清乾隆十六年(1751)刻本　六冊

110000－0102－0008931　乙三/658　子部/醫家類/雜病方論

醫方集解三卷 （清）汪昂編　清康熙二十一年(1682)宏道堂刻本　三冊

110000－0102－0008932　乙三/659　子部/醫家類/雜病方論

醫方集解三卷 （清）汪昂編　清刻本　六冊

110000－0102－0008933　乙三/662　子部/醫家類/本草

增訂本草附方 （□）□□撰　清和采堂刻本　八冊

110000－0102－0008934　乙三/663　子部/醫家類/諸專科方論/其它

補注瘟疫論四卷 （清）洪天錫撰　清咸豐四年(1854)晚翠堂刻本　四冊

110000－0102－0008935　乙三/664　子部/醫家類/兒婦科方論

活幼心書 （元）曾世榮編　清宣統二年(1910)武昌醫館刻本　四冊

110000－0102－0008936　乙三/665　子部/醫家類/諸專科方論/針灸

備急灸方一卷鍼灸擇日編集一卷　羅嘉傑輯　清光緒十一年(1885)上杭羅氏影印本　二冊

110000－0102－0008937　乙三/666　子部/醫家類/諸專科方論/針灸

備急灸方一卷鍼灸擇日編集一卷　羅嘉傑輯　清光緒十七年(1891)江寧藩署刻本　二冊

110000－0102－0008938　乙三/667　子部/醫家類/兒婦科方論

胎産新法三卷 （清）閭純璽撰　清光緒九年(1883)敬慎堂刻本　六冊

110000－0102－0008939　乙三/668　子部/天文地理類/演算法

則古昔齋算學十三種 （清）李善蘭撰　清同治六年(1867)刻本　六冊

110000－0102－0008940　乙三/671　子部/醫家類/兒婦科方論

女科二卷 （明）傅山撰　清咸豐元年(1851)刻本　三冊

110000－0102－0008941　乙三/672　子部/醫家類/總錄

醫書五種 （清）王士雄撰　清光緒十八年(1892)刻本　十二冊

110000－0102－0008942　乙三/676　子部/醫家類/醫經

黃帝内經素問九卷 （清）張志聰集注　清刻本　十二冊

110000－0102－0008943　乙三/677　子部/醫家類/雜錄

類經三十二卷圖翼十一卷附翼四卷 （明）張介賓撰　清嘉慶四年(1799)金閶萃英堂刻本　三十二冊

110000－0102－0008944　乙三/678　子部/儒家類/清

五種遺規 （清）陳弘謀輯　清道光二年(1822)刻本　八冊

110000－0102－0008945　乙三/679　史部/傳記類/總傳/專錄/儒林

宋元學案一百卷 （清）黃宗羲撰　清光緒五年(1879)刻本　四十冊

110000－0102－0008946　乙三/681　子部/天文地理類/演算法/各錄

代數備旨 （美國）狄考文譯　鄒立文等編　清光緒二十三年(1897)刻本　二冊

110000－0102－0008947　乙三/682　子部/藝術類/音樂舞蹈

琴譜諧聲六卷　（清）周顯祖撰　清嘉慶二十五年（1820）聽真軒刻本　六冊

110000－0102－0008948　乙三/683　子部/醫家類/兒婦科方論

婦科秘方胎産護生篇　（清）李長科輯　清道光九年（1829）刻本　四冊

110000－0102－0008949　乙三/685　子部/藝術類/書畫/畫法、畫帖/清

桐陰論畫　（清）秦祖永撰　清同治三年（1864）刻朱墨印本　四冊

110000－0102－0008950　乙三/686　子部/醫家類

辨證奇聞十卷　（清）錢松撰　清道光三年（1823）刻本　十冊

110000－0102－0008951　乙三/687　子部/醫家類

醫學從衆八卷　（清）陳念祖撰　清道光二十五年（1845）刻本　四冊

110000－0102－0008952　乙三/689　子部/醫家類/雜錄

醫醫瑣言二卷　徐延齡撰　清道光二十三年（1843）刻本　一冊

110000－0102－0008953　乙三/690　子部/醫家類/明堂經脈

脈經真本十卷首一卷　（晉）王叔和撰　清咸豐六年（1856）刻本　四冊

110000－0102－0008954　乙三/691　子部/儒家類/明

呻吟語六卷首一卷　（明）呂坤撰　清同治九年（1870）華林書屋刻本　六冊

110000－0102－0008955　乙三/692　子部/醫家類/養生

壽世保元　（明）龔廷賢編　清乾隆四十年（1775）文會堂刻本　十冊

110000－0102－0008956　乙三/694　子部/藝術類/音樂舞蹈

琴譜諧聲六卷　（清）周顯祖撰　清嘉慶二十

五年（1820）聽真軒刻本　六冊

110000－0102－0008957　乙三/697　子部/醫家類/雜錄

扁鵲心書三卷首一卷　（宋）竇材輯　清光緒刻本　二冊

110000－0102－0008958　乙三/699　子部/醫家類/本草

本草述三十二卷　（清）劉若金撰　清嘉慶十五年（1810）還讀山房刻本　二十冊

110000－0102－0008959　乙三/700　子部/醫家類/醫案

名醫類案十二卷　（明）江瓘輯　清光緒十一年（1885）信述堂刻本　四十八冊

110000－0102－0008960　乙三/701　經部/小學類/文字/字典詞典等

藝文備覽　（清）沙木集注　清刻本　四十冊

110000－0102－0008961　乙三/702　子部/醫家類/醫經

靈素提要淺註十二卷　（清）陳念祖撰　清同治四年（1865）文奎堂刻本　六冊

110000－0102－0008962　乙三/703　子部/醫家類/醫經

補注黃帝内經素問二十四卷　（唐）王冰撰（宋）林億等校正　清光緒二十二年（1896）圖書集成局石印本　六冊

110000－0102－0008963　乙三/709　子部/醫家類/雜病方論

醫方易簡新編六卷　（清）龔自璋輯　清同治五年（1866）刻本　四冊

110000－0102－0008964　乙三/711　子部/醫家類/諸專科方論

眼科秘書二卷　（清）釋月潭撰　清光緒十二年（1886）刻本　二冊

110000－0102－0008965　乙三/712　子部/醫家類/雜病方論

急效良方　（清）羅思舉撰　清道光十六年（1836）刻本　二冊

110000－0102－0008966　　乙三/714　　子部/
醫家類/養生

衛生寶鑑二十四卷補遺一卷　（元）羅天益撰
清道光十四年至二十六年(1834－1846)三
原李錫齡惜陰軒刻惜陰軒叢書本　　八冊

110000－0102－0008967　　乙三/715　　子部/
醫家類/雜病方論

太原傅科　（明）傅山撰　　清光緒七年(1881)
刻本　　四冊

110000－0102－0008968　　乙三/716　　子部/
醫家類/雜病方論

平易方四卷　（清）葉香侶輯　　清道光十二年
(1832)刻本　　四冊

110000－0102－0008969　　乙三/717　　子部/
醫家類/雜錄

醫意二卷　（清）徐延祚撰　　清光緒二十二年
(1896)刻本　　二冊

110000－0102－0008970　　乙三/720　　子部/
醫家類/兒婦科方論

胎産金鍼三卷　（清）何榮撰　　清光緒七年
(1881)刻本　　四冊

110000－0102－0008971　　乙三/721　　子部/
醫家類/總錄

醫學五則　（清）廖雲奚撰　　清光緒六年
(1880)刻本　　五冊

110000－0102－0008972　　乙三/722　　子部/
醫家類/諸專科方論/其它

引種牛痘方書　（清）邱熺撰　　清咸豐五年
(1855)刻本　　二冊

110000－0102－0008973　　乙三/723　　子部/
天文地理類/演算法

周髀算經　（漢）趙爽注　　（北周）甄鸞重述
（唐）李淳風等注釋　　清刻本　　二冊

110000－0102－0008974　　乙三/724　　集部/
小說類/筆記小說

世說新語三卷　（宋）劉義慶撰　　（南朝梁）劉
孝標注　清光緒十七年(1891)思賢講舍刻本
六冊

110000－0102－0008975　　乙三/725　　子部/
天文地理類

李氏算學遺書　（清）李銳撰　　清嘉慶刻本
八冊

110000－0102－0008976　　乙三/727　　子部/
醫家類/雜錄

醫林改錯二卷　（清）王清任撰　　清京都善成
堂刻本　　二冊

110000－0102－0008977　　乙三/728　　子部/
醫家類/外科方論

瘍科臨證心得集　（清）高秉鈞纂　　清嘉慶十
一年(1806)刻本　　四冊

110000－0102－0008978　　乙三/738　　子部/
藝術類/篆刻

未虛室印賞　（清）錢松輯　　清光緒二年
(1876)刻本　　四冊

110000－0102－0008979　　乙三/739　　子部/
藝術類/篆刻

三金蝶堂印譜　（清）趙之謙撰　　清光緒三年
(1877)西泠印社拓本　　八冊

110000－0102－0008980　　乙三/740　　子部/
藝術類/篆刻

適菴印粹八卷　（清）陳適庵輯　　清光緒二十
九年(1903)鈐本　　八冊

110000－0102－0008981　　乙三/741　　子部/
天文地理類/演算法/總錄

算術駕說十一卷　潘應祺撰　　清光緒三十三
年(1907)番禺潘氏扈籬館刻本　　五冊

110000－0102－0008982　　乙三/742　　子部/
藝術類/書畫

書畫鑑影二十四卷首一卷　（清）李佐賢輯
清同治十年(1871)刻本　　八冊

110000－0102－0008983　　乙三/743　　子部/
天文地理類/總錄

數學五書　（清）安清翹撰　　清嘉慶二十三年
(1818)刻本　　八冊

110000－0102－0008984　　乙三/746　　子部/

譜錄類/器物

匋雅二卷　陳瀏撰　清宣統二年(1910)上海朝記書莊石印本　四冊

110000－0102－0008985　乙三/750　子部/天文地理類/演算法/總錄

算經十書十種附刻一種　(清)孔繼涵輯　清光緒十六年(1890)刻本　十二冊

110000－0102－0008986　乙三/752　子部/天文地理類/演算法/各錄

矩齋籌算叢刻七種　勞乃宣撰並輯　清光緒刻本　二十二冊

110000－0102－0008987　乙三/753　集部/小說類/筆記小說

秦淮畫舫錄二卷　(清)捧花生撰　清道光六年(1826)捧花樓刻本　六冊

110000－0102－0008988　乙三/755　子部/天文地理類/演算法/各錄

比例彙通四卷　(清)羅士琳撰　清嘉慶二十三年(1818)刻本　四冊

110000－0102－0008989　乙三/759　史部/地理類/水道/地方

西域水道記五卷漢書西域轉補注二卷新疆賦一卷　(清)徐松撰　清道光九年(1829)刻徐星伯先生著書本　五冊

110000－0102－0008990　乙三/760　子部/農家類/總錄

寶訓八卷　(清)郝懿行輯　清光緒五年(1879)刻本　六冊

110000－0102－0008991　乙三/763　子部/類書類/類編/通錄

玉海二百卷　(宋)王應麟輯　清光緒十年(1884)成都王氏刻本　九十六冊

110000－0102－0008992　乙三/764　子部/類書類

天中記六十卷　(明)陳耀文纂　清光緒四年(1878)聽雨山房刻本　六十冊

110000－0102－0008993　乙三/771　子部/

醫家類/總錄

醫統正脈全書　(明)王肯堂輯　清光緒十八年(1892)浙江書局刻三十三年(1907)京師醫局影刻本　八十冊

110000－0102－0008994　乙三/772　子部/醫家類/總錄

醫統正脈全書　(明)王肯堂輯　清光緒十八年(1892)浙江書局刻三十三年(1907)京師醫局影刻本　八十冊

110000－0102－0008995　乙三/773　叢部/自著叢書/清中晚期

董方立遺書　(清)董祐誠撰　清同治八年(1869)刻本　六冊

110000－0102－0008996　乙三/774　集部/別集類/清

食舊悳齋雜著　(清)劉嶽雲撰　清光緒八年(1882)刻本　二冊

110000－0102－0008997　乙三/776　子部/藝術類/篆刻

級佩齋集印譜　(清)蘭庭逸史輯　清光緒十四年(1888)鈐本　四冊

110000－0102－0008998　乙三/777　子部/藝術類/篆刻

半舫印存　(清)王琛輯　清光緒二十三年(1897)拓本　四冊

110000－0102－0008999　乙三/778　子部/天文地理類/演算法/總錄

數度衍二十三卷首一卷　(清)方中通撰　清光緒四年(1878)桐城方氏刻本　八冊

110000－0102－0009000　乙三/780　子部/藝術類/篆刻

篆學瑣著三十一種　(清)顧湘輯　清道光二十年(1840)海虞顧氏刻本　十冊

110000－0102－0009001　乙三/782　子部/藝術類/篆刻

龍泓山人印譜　(清)丁敬輯　清末杭州西泠印社鈐本　八冊

110000－0102－0009002　乙三/783　子部/藝術類/篆刻

青柯館竹根印存二卷　（清）周少白輯　清鈐印本　二冊

110000－0102－0009003　乙三/784　子部/藝術類/篆刻

守硯生印存　（清）王祖光輯　清光緒九年(1883)拓本　六冊

110000－0102－0009004　乙三/785　子部/藝術類/篆刻

宜振書室印存　（清）席素謙撰　清宣統三年(1911)拓本　四冊

110000－0102－0009005　乙三/786　子部/藝術類/篆刻

觀月聽琴室印存四卷　（清）陳晉蕃輯　清光緒十三年(1887)陳晉蕃觀月聽琴室鈔本　四冊

110000－0102－0009006　乙三/787　子部/藝術類/篆刻

守硯生印存　（清）王祖光輯　清光緒十年(1884)鈐印本　四冊

110000－0102－0009007　乙三/801　子部/藝術類/書畫/畫法、畫帖/清

四銅鼓齋論畫集刻　（清）張祥河輯　清宣統元年(1909)北京會文齋刻本　四冊

110000－0102－0009008　乙三/802　子部/藝術類/書畫/畫法、畫帖/清

四銅鼓齋論畫集刻　（清）張祥河輯　清宣統元年(1909)北京會文齋刻本　四冊

110000－0102－0009009　乙三/804　子部/醫家類/雜病方論

醫方易簡新編六卷　（清）龔自璋輯　清咸豐元年(1851)北京會文齋刻本　四冊

110000－0102－0009010　乙三/808　子部/藝術類/篆刻

乾修齋集錦印譜　（清）崔家澍輯　清光緒十五年(1889)鈐印本　二冊

110000－0102－0009011　乙三/809　子部/天文地理類/演算法/總錄

數度衍二十三卷首一卷　（清）方中通撰　清光緒四年(1878)桐城方氏刻本　八冊

110000－0102－0009012　乙三/813　子部/藝術類/篆刻

兩罍軒印考漫存九卷　（清）吳雲輯　清光緒七年(1881)刻本　四冊

110000－0102－0009013　乙三/814　子部/類書類

天中記六十卷　（明）陳耀文纂　清刻本　六十冊

110000－0102－0009014　乙三/815　史部/傳記類/總傳/專錄/藝術

國朝書畫家筆錄四卷　（清）竇鎮輯　清宣統三年(1911)蘇州文學山房活字本　八冊

110000－0102－0009015　乙三/817　子部/天文地理類/演算法/總錄

算迪八卷　（清）何夢瑤撰　清道光二十五年(1845)南海伍氏刻本　九冊

110000－0102－0009016　乙三/826　史部/傳記類/總傳/專錄/其它

列仙傳校正本二卷敘讚一卷　（清）王照圓撰　清嘉慶十七年(1812)刻本　一冊

110000－0102－0009017　乙三/827　子部/儒家類

新增幼學故事瓊林四卷　（清）鄒聖脈增　清光緒刻本　四冊

110000－0102－0009018　乙三/828　子部/類書類/類編/專錄

小知錄十二卷　（清）陸鳳藻輯　清同治十二年(1873)淮南書局刻本　四冊

110000－0102－0009019　乙三/831　子部/藝術類/書畫

遲鴻軒所見書畫錄四卷　（清）楊峴編輯　清同治十二年(1873)文學山房刻本　六冊

110000－0102－0009020　乙三/833　子部/

天文地理類/演算法

古籌算考釋六卷　勞乃宣撰　清光緒十二年(1886)完縣官舍刻本　六冊

110000－0102－0009021　乙三/834　子部/天文地理類/演算法

緝古算經考注二卷　(唐)王孝通撰並注　清刻本　二冊

110000－0102－0009022　乙三/835　子部/天文地理類/演算法

則古昔齋算學十三種附刻一種　(清)李善蘭撰　清同治六年(1867)刻本　七冊

110000－0102－0009023　乙三/843　史部/傳記類/總傳/專錄/儒林

理學宗傳二十六卷　(清)孫奇逢輯　清光緒六年(1880)浙江書局刻本　十二冊

110000－0102－0009024　乙三/844　史部/政書類/通制

康熙政要二十四卷　(清)章梫纂　清宣統二年(1910)鉛印本　十二冊

110000－0102－0009025　乙三/846　子部/雜家類/雜述

客座贅語十卷　(明)顧起元輯　清光緒三十年(1904)刻本　五冊

110000－0102－0009026　乙三/857　子部/宗教類/道教/經論著作

道統大成　汪啟濩輯　清光緒二十六年(1900)刻本　十冊

110000－0102－0009027　乙三/858　子部/類書/類編/通錄

通俗編三十八卷　(清)翟灝撰　清乾隆十六年(1751)無不宜齋刻本　十二冊

110000－0102－0009028　乙三/861　子部/農家類

桑蠶提要二卷　(清)方大湜撰　清光緒十九年(1893)刻本　二冊

110000－0102－0009029　乙三/862　子部/藝術類/書畫/畫法、畫帖/清

畫學心印八卷　(清)秦祖永評輯　清光緒四年(1878)刻本　四冊

110000－0102－0009030　乙三/866　子部/類書類/類編/通錄

北堂書鈔一百六十卷首一卷　(隋)虞世南撰　(清)孔廣陶校注　清光緒十四年(1888)南海孔氏三十有三萬卷堂刻本　二十冊

110000－0102－0009031　乙三/867　子部/類書類/類編/通錄

北堂書鈔一百六十卷首一卷　(隋)虞世南撰　(清)孔廣陶校注　清光緒十四年(1888)南海孔氏三十有三萬卷堂刻本　二十冊

110000－0102－0009032　乙三/870　子部/雜家類/雜考

札迻十二卷　(清)孫詒讓撰　清光緒二十年(1894)刻本　四冊

110000－0102－0009033　乙三/871　子部/類書類/類編/通錄

太平御覽一千卷　(宋)李昉等撰　清嘉慶十七年(1812)歙縣鮑氏刻本　一百冊

110000－0102－0009034　乙三/872　子部/類書類/類編/通錄

太平御覽一千卷　(宋)李昉等纂　清光緒十八年(1892)南海李氏刻本　一百十八冊

110000－0102－0009035　乙三/876　子部/類書類/類編/通錄

玉海二百卷詞學指南四卷　(宋)王應麟撰　清光緒九年(1883)浙江書局刻本　一百二十二冊

110000－0102－0009036　乙三/878　子部/類書類

藝文類聚一百卷　(唐)歐陽詢撰　清光緒五年(1879)華陽宏達堂刻本　四十冊

110000－0102－0009037　乙三/882　子部/術數類/相宅相墓

羅經解定七卷附錄一卷　(清)胡國楨撰　清同治元年(1862)刻本　四冊

110000 - 0102 - 0009038　乙三/885　子部/術數類/相宅相墓

辨論篇　(清)孟浩撰　清刻本　一冊

110000 - 0102 - 0009039　乙三/887　子部/宗教類/道教

陰騭文圖說　(清)黃正元撰　清道光二十六年(1846)刻本　四冊

110000 - 0102 - 0009040　乙三/890　子部/醫家類/本草

本草衍義二十卷　(宋)寇宗奭撰　清光緒三年(1877)刻本　一冊

110000 - 0102 - 0009041　乙三/892　子部/天文地理類/演算法/各錄

測圓海鏡十二卷　(元)李冶撰　清光緒二年(1876)刻本　四冊

110000 - 0102 - 0009042　乙三/894　子部/術數類/相宅相墓

羅經解定七卷附錄一卷　(清)胡國楨撰　清刻本　四冊

110000 - 0102 - 0009043　乙三/896　子部/類書類

讀書紀數略五十四卷　(清)宮夢仁撰　清光緒六年(1880)宋澤元刻本　十六冊

110000 - 0102 - 0009044　乙三/897　子部/宗教類/釋教

弘明集十四卷　(南朝梁)釋僧祐集　清光緒二十二年(1896)刻本　四冊

110000 - 0102 - 0009045　乙三/898　子部/天文地理類/天文

天文示斯十四卷　(清)洞微子撰　清光緒四年(1878)刻本　八冊

110000 - 0102 - 0009046　乙三/900　子部/宗教類/道教

雲笈七籤三十二卷　(宋)張君房輯　清光緒三十二年(1906)成都二仙庵刻道藏輯要本　十二冊

110000 - 0102 - 0009047　乙三/902　子部/術數類/命書相書

命理正宗六卷　(明)張楠撰　清郁文堂刻本　六冊

110000 - 0102 - 0009048　乙三/903　史部/傳記類/總傳/專錄/釋道

列仙傳四卷　(明)洪應明輯　清光緒十三年(1887)掃葉山房刻本　四冊

110000 - 0102 - 0009049　乙三/906　子部/雜家類

覺非盦筆記八卷　(清)顧堃集　清光緒八年(1882)刻本　二冊

110000 - 0102 - 0009050　乙三/912　子部/譜錄類/草木

采芳隨筆二十四卷　(清)查彬輯　清嘉慶十九年(1814)刻本　十六冊

110000 - 0102 - 0009051　乙三/913　子部/藝術類/書畫

南宋院畫錄八卷首一卷　(清)厲鶚輯　清光緒十年(1884)錢唐丁氏竹書堂刻本　四冊

110000 - 0102 - 0009052　乙三/915　史部/傳記類/總傳/專錄/藝術

國朝畫徵錄二卷　(清)張庚撰　清末萃文書局刻本　三冊

110000 - 0102 - 0009053　乙三/917　史部/別史、雜史類

西清筆記二卷　(清)沈初撰　清刻本　二冊

110000 - 0102 - 0009054　乙三/920　子部/天文地理類/天文

圓天圖說三卷續編二卷　(清)李明徹撰　清嘉慶二十四年(1819)刻本　五冊

110000 - 0102 - 0009055　乙三/921　子部/天文地理類/天文

圓天圖說三卷續編二卷　(清)李明徹撰　清嘉慶二十四年(1819)刻本　五冊

110000 - 0102 - 0009056　乙三/923　子部/天文地理類/天文

談天十八卷首一卷附表　(英國)侯失勒約翰

原本　（清）李善蘭重編　清同治十三年(1874)鉛印本　三冊

110000－0102－0009057　乙三/924　子部/宗教類/道教

悟真篇三註　（宋）張伯端撰　（宋）薛道光（□）陸墅　（元）陳致虛註　清抄本　四冊

110000－0102－0009058　乙三/925　子部/天文地理類/天文

天文啓蒙七卷首一卷　（清）□□撰　清光緒十二年(1886)刻本　一冊

110000－0102－0009059　乙三/936　子部/宗教類/道教

陰騭文圖證　（清）許光清集證　（清）費丹旭繪圖　清道光二十四年(1844)海昌蔣氏別下齋刻本　二冊

110000－0102－0009060　乙三/939　子部/雜家類/學說

浮邱子十二卷　（清）湯鵬撰　清同治四年(1865)刻本　四冊

110000－0102－0009061　乙三/940　子部/農家類/總錄

齊民要術十卷　（北魏）賈思勰撰　清光緒二十二年(1896)刻本　四冊

110000－0102－0009062　乙三/943　子部/天文地理類/天文

天學輯要　（清）何國棟輯　清刻本　一冊

110000－0102－0009063　乙三/945　子部/天文地理類/天文

天文略解二卷　（美國）李安德撰　清光緒二十二年(1896)京都匯文書院鉛印本　一冊

110000－0102－0009064　乙三/948　子部/天文地理類/其它

物理小識十二卷首一卷　（明）方以智輯　清光緒十年(1884)寧靜堂刻本　六冊

110000－0102－0009065　乙三/949　子部/術數類/陰陽五行

天元玉曆祥異紀六卷　（明）徐一夔重訂　清

末抄本　六冊

110000－0102－0009066　乙三/950　史部/傳記類/總傳/專錄/釋道

神僧傳九卷　（□）□□撰　清宣統元年(1909)刻本　四冊

110000－0102－0009067　乙三/955　史部/金石類/玉

古玉圖譜一百卷　（宋）龍大淵等輯　清末青芝堂刻本　三十二冊

110000－0102－0009068　乙三/957　子部/藝術類/音樂舞蹈

軍樂稿四卷　（清）李映庚撰　清宣統元年(1909)石印本　二冊

110000－0102－0009069　乙三/963　子部/宗教類/道教

陰騭文圖說　（清）黃正元撰　清嘉慶元年(1796)刻本　四冊

110000－0102－0009070　乙三/967　子部/術數類/陰陽五行

遁甲奇門　（□）□□撰　清抄本　六冊

110000－0102－0009071　乙三/968　子部/道家類/總錄

道書全集　（清）劉一明撰　清嘉慶刻本　十九冊　缺一冊(第十冊)

110000－0102－0009072　乙三/973　子部/天文地理類/曆法

欽定協紀辨方書三十六卷　（清）允祿　（清）李廷耀等纂修　清光緒鉛印本　十五冊

110000－0102－0009073　乙三/977　子部/宗教類/道教

太上寶筏圖說　李伯陽撰　清光緒二十九年(1903)鉛印本　八冊

110000－0102－0009074　乙三/979　集部/小說類/章回

第五才子書水滸全傳七十回　（元）施耐庵撰　（清）金聖嘆評　清光緒十四年(1888)上海大同書局石印本　八冊

110000－0102－0009075　乙三/983　子部/
術數類/命書相書

玉匣記六卷　許真君撰　鄭漢校　清刻本
四冊

110000－0102－0009076　乙三/985　子部/
道家類

四注悟真篇　傅金銓圈點　清道光善成堂刻
本　六冊

110000－0102－0009077　乙三/993　史部/
政書類/軍政/防務

禦侮備覽二卷　（清）陸嵩齡撰　清道光十三
年(1833)刻本　四冊

110000－0102－0009078　乙三/995　子部/
天文地理類/天文

古經天象考　（清）雷學淇撰　清道光五年
(1825)刻本　六冊

110000－0102－0009079　乙三/996　子部/
宗教類/道教

太上感應篇圖說　（清）許纘曾輯　清嘉慶六
年(1801)刻本　八冊

110000－0102－0009080　乙三/997　子部/
術數類/占候

唐開元占經一百二十卷　（唐）瞿雲撰　清末
抄本　十六冊

110000－0102－0009081　乙三/998　子部/
天文地理類/演算法/總錄

觀我生室彙稿十種　（清）羅士琳撰並輯　清
道光刻本　十六冊

110000－0102－0009082　乙三/999　子部/
雜家類/雜考

讀書雜志八十二卷餘編二卷　（清）王念孫撰
　清道光刻本　二十四冊

110000－0102－0009083　乙三/1002　子部/
天文地理類/曆法

御製曆象考成上編十六卷下編九卷　（清）允
祿等纂　清光緒二十一年(1895)湖北官書處
刻本　十五冊

110000－0102－0009084　乙三/1004　子部/
醫家類/本草

本草衍義二十卷　（宋）寇宗奭撰　清宣統二
年(1910)武昌醫館刻本　二十冊

110000－0102－0009085　乙三/1007　子部/
農家類

欽定授時通考七十八卷　（清）鄂爾泰等編
清同治江西書局刻本　二十四冊

110000－0102－0009086　乙三/1009　子部/
子總類/諸子彙編

子書百家　（□）□□輯　清光緒元年(1875)
湖北崇文書局刻本　一百十冊

110000－0102－0009087　乙三/1014　子部/
類書類/類編/通錄

淵鑑類函四百五十卷　（清）張英等纂　清光
緒十三年(1887)上海同文書局石印本　四十
八冊

110000－0102－0009088　乙三/1016　子部/
儒家類/清

東塾讀書記十二卷又三卷　（清）陳澧撰　清
光緒刻本　五冊

110000－0102－0009089　乙三/1018　子部/
儒家類/明

飽瓜錄十卷　（明）芮長恤撰　清光緒刻本
八冊

110000－0102－0009090　乙三/1019　子部/
雜家類

寶存四卷　（清）胡式鈺撰　清道光刻本
四冊

110000－0102－0009091　乙三/1026　子部/
天文地理類

李氏遺書　（清）李銳撰　清光緒十五年
(1889)刻本　八冊

110000－0102－0009092　乙三/1028　子部/
雜家類/雜考

十駕齋養新錄二十卷　（清）錢大昕撰　清光
緒二年(1876)浙江書局刻本　八冊

110000－0102－0009093　乙三/1029　子部/雜家類/雜考

夢溪筆談二十六卷補三卷續一卷　（宋）沈括撰　清光緒二十八年（1902）刻本　四冊

110000－0102－0009094　乙三/1031　子部/雜家類/學說

鴻苞節錄十卷　（明）屠隆撰　清咸豐七年（1857）刻本　十冊

110000－0102－0009095　乙三/1032　史部/傳記類/別傳

東坡事類二十二卷　（清）梁廷枏纂　清道光刻本　十一冊

110000－0102－0009096　乙三/1033　子部/雜家類/學說

履園叢話二四卷　（清）錢泳撰　清道光十八年（1838）刻本　八冊

110000－0102－0009097　乙三/1034　子部/雜家類/雜考

讀書脞錄七卷　（清）孫志祖撰　清嘉慶刻本　四冊

110000－0102－0009098　乙三/1037　子部/雜家類/雜述

瀛舟筆談十二卷　（清）阮亨撰　清嘉慶二十五年（1820）刻本　八冊

110000－0102－0009099　乙三/1038　子部/雜家類/雜考

讀書叢錄二十四卷　（清）洪頤煊撰　清道光元年（1821）刻本　八冊

110000－0102－0009100　乙三/1041　子部/雜家類/雜考

十駕齋養新錄二十卷　（清）錢大昕撰　清光緒二年（1876）浙江書局刻本　八冊

110000－0102－0009101　乙三/1042　子部/醫家類/總錄

嵩厓尊生書十五卷　（清）景日昣撰　清道光四年（1824）刻本　十冊

110000－0102－0009102　乙三/1043　子部/

雜家類/學說

能改齋漫錄十八卷　（宋）吳曾撰　清刻本　八冊

110000－0102－0009103　乙三/1045－1　子部/雜家類/雜考

讀書脞錄七卷　（清）孫志祖撰　清光緒十三年（1887）醉六堂刻本　二冊

110000－0102－0009104　乙三/1045－2　子部/雜家類/雜考

讀書叢錄二十四卷　（清）洪頤煊撰　清光緒十三年（1887）醉六堂刻本　六冊

110000－0102－0009105　乙三/1046　子部/雜家類

輟耕錄三十卷　（元）陶宗儀撰　明中期刻本　十冊

110000－0102－0009106　乙三/1054　經部/經總類/群經總義

邃雅堂學古錄七卷　（清）姚文田撰　清道光七年（1827）刻本　六冊

110000－0102－0009107　乙三/1055　集部/小說類/筆記小說

閱微草堂筆記二十四卷　（清）紀昀撰　清道光十五年（1835）刻本　十冊

110000－0102－0009108　乙三/1056　子部/雜家類/雜纂

花箋錄二十卷　（清）孫兆溎輯　清咸豐二年（1852）刻本　十六冊

110000－0102－0009109　乙三/1058　集部/小說類/筆記小說

蕉軒隨錄十二卷　（清）方濬師撰　清同治十二年（1873）刻本　十二冊

110000－0102－0009110　乙三/1072　子部/雜家類/學說

吹網錄六卷　（清）葉廷琯撰　清同治八年（1869）刻本　四冊

110000－0102－0009111　乙三/1074　叢部/自著叢書/清中晚期

儆居集 （清）黃式三撰　清光緒十四年
(1888)刻本　八冊

110000－0102－0009112　乙三/1075　集部/
小說類/章回

繪圖增像五才子書水滸全傳七十回　（元）施
耐庵撰　清光緒石印本　十冊

110000－0102－0009113　乙三/1078　集部/
小說類/筆記小說

夷堅志　（宋）洪邁撰　清乾隆四十三年
(1778)耕煙草堂刻本　二十冊

110000－0102－0009114　乙三/1080　集部/
小說類/章回

品花寶鑑六十回　（清）陳森撰　清光緒刻本
　二十四冊

110000－0102－0009115　乙三/1081　子部/
雜家類/雜考

容齋隨筆十六卷續筆十六卷三筆十六卷四筆
十六卷五筆十卷　（宋）洪邁撰　清光緒元年
(1875)刻本　十四冊

110000－0102－0009116　乙三/1082　子部/
類書類

子史精華一百六十卷　（清）允祿等纂　清中
期刻本　三十六冊

110000－0102－0009117　乙三/1084　子部/
雜家類/雜考

群書劄記十六卷　（清）朱亦棟撰　清光緒四
年(1878)武林竹簡齋刻本　六冊

110000－0102－0009118　乙三/1085　子部/
雜家類/雜考

遊藝錄　（清）李泗撰　清光緒二十年(1894)
醉月山房刻本　八冊

110000－0102－0009119　乙三/1086　集部/
小說類/筆記小說

堅瓠集摘抄六卷　（□）□□撰　清末抄本
六冊

110000－0102－0009120　乙三/1089　集部/
小說類/筆記小說

閱微草堂筆記二十四卷　（清）紀昀撰　清嘉
慶五年(1800)北平盛氏刻本　十六冊

110000－0102－0009121　乙三/1090　集部/
小說類/筆記小說

閱微草堂筆記二十四卷　（清）紀昀撰　清道
光十三年(1833)刻本　十冊

110000－0102－0009122　乙三/1091　子部/
儒家類/清

梅叟閑評四卷　（清）郝培元撰　清光緒十年
(1884)東路廳署刻本　二冊

110000－0102－0009123　乙三/1096　子部/
雜家類/雜考

群書拾遺補初編　（清）盧文弨撰　清光緒十
五年(1889)古越徐氏刻本　八冊

110000－0102－0009124　乙三/1100　子部/
儒家類/清

繹志十九卷　（清）胡承諾撰　清同治十一年
(1872)浙江書局刻本　八冊

110000－0102－0009125　乙三/1103　子部/
藝術類/音樂舞蹈

琴學叢書三十二卷　楊宗稷編輯　清宣統三
年至民國十四年(1911－1925)北京楊氏刻本
　十二冊

110000－0102－0009126　乙三/1105　叢部/
彙編叢書

古今說部叢書　王文濡輯　清宣統二年
(1910)鉛印本　六十冊

110000－0102－0009127　子部/
儒家類/清

五種遺規摘鈔　（清）陳弘謀輯　（清）劉肇紳
摘鈔　清同治七年(1868)楚北崇文書局刻本
　八冊

110000－0102－0009128　乙三/1110　史部/
政書類/法令/律例

律法須知二卷　（清）呂芝田撰　清光緒十二
年(1886)刻本　二冊

110000－0102－0009129　乙三/1112　子部/

儒家類

日知錄之餘四卷 （清）顧炎武撰　清宣統二年（1910）鉛印本　二冊

110000－0102－0009130　乙三/1114　子部/藝術類/書畫/畫法、畫帖/清

百美圖新詠 （清）顏希源撰　清同治九年（1870）三益堂刻本　四冊

110000－0102－0009131　乙三/1115　集部/類書類/類編/通錄

太平廣記五百卷 （宋）李昉等輯　清乾隆十八年（1753）天都黃氏槐蔭草堂刻本　六十四冊

110000－0102－0009132　乙三/1118　子部/天文地理類/總錄

翠薇山房數學十五種 （清）張作楠撰　清光緒五年（1879）刻本　二十冊

110000－0102－0009133　乙三/1123　叢部/自著叢書/清中晚期

傳家寶全集 （清）石成金撰　清乾隆刻本　三十二冊

110000－0102－0009134　乙三/1124　史部/金石類/石

語石十卷 葉昌熾撰　清宣統元年（1909）刻本　四冊

110000－0102－0009135　乙三/1125　集部/小說類/筆記小說

篷窗隨錄十四卷附錄二卷續錄二卷 （清）沈兆沄撰　清光緒十八年（1892）刻本　十四冊

110000－0102－0009136　乙三/1126　子部/雜家類/雜述

野獲編三十卷 （明）沈德符撰　清同治八年（1869）扶荔山房刻本　二十冊

110000－0102－0009137　乙三/1127　子部/雜家類

定香亭筆談四卷 （清）阮元撰　清嘉慶刻本　四冊

110000－0102－0009138　乙三/1131　子部/

術數類/雜占

管蠡匯占六卷 （清）周人甲撰　清道光十九年（1839）刻本　八冊

110000－0102－0009139　乙三/1133　子部/雜家類/雜纂

錢神志七卷 （清）李世熊撰　清同治十年（1871）縣署　七冊

110000－0102－0009140　乙三/1136　叢部/彙編叢書/清初期

說鈴 （清）吳震方輯　清嘉慶四年（1799）刻本　二十四冊

110000－0102－0009141　乙三/1137　子部/醫家類/雜病方論

千金翼方三十卷 （唐）孫思邈撰　清光緒四年（1878）影印本　二十冊

110000－0102－0009142　乙三/1138　子部/雜家類/雜述

約書十二卷 （清）謝階樹撰　清道光二十四年（1844）刻本　四冊

110000－0102－0009143　乙三/1187　子部/藝術類/書畫/畫法、畫帖

神州國光集 鄧秋枚輯　清光緒三十四年（1908）上海神州國光社珂羅版印本　三冊

110000－0102－0009144　乙三/1189　子部/藝術類/書畫/畫法、畫帖

冊頁畫 （□）□□繪　清彩繪本　二冊

110000－0102－0009145　乙四/11　叢部/自著叢書/清中晚期

惜抱軒十種 （清）姚鼐撰　清嘉慶刻本　二十四冊

110000－0102－0009146　乙四/21　集部/別集類/清

百柱堂全集五十三卷附錄一卷文一卷 （清）王柏心撰　清光緒二十四年（1898）刻本　十六冊

110000－0102－0009147　乙四/24　叢部/自著叢書/清中晚期

儆季雜著 （清）黃以周撰 清光緒刻本
十冊

110000－0102－0009148 乙四/26 集部/別
集類/宋

蘇文忠公詩集五十卷 （宋）蘇軾撰 （清）紀
昀評點 清道光十四年(1834)兩廣節署刻本
十二冊

110000－0102－0009149 乙四/30 集部/別
集類/宋

蘇文忠公詩集五十卷 （宋）蘇軾撰 （清）紀
昀評點 清同治八年(1869)刻本 十二冊

110000－0102－0009150 乙四/31 集部/別
集類/漢至隋

陶淵明集十卷 （晉）陶潛撰 清光緒五年
(1879)刻本 二冊

110000－0102－0009151 乙四/42 集部/別
集類/宋

元豐類稿五十卷 （宋）曾鞏撰 清光緒十六
年(1890)慈利漁浦書院刻本 十冊

110000－0102－0009152 乙四/47 集部/別
集類/明

張太岳先生文集四十七卷 （明）張居正撰
清刻本 十六冊

110000－0102－0009153 乙四/50 集部/別
集類/清

吳侍讀全集 （清）吳慈鶴撰 清道光七年
(1827)刻本 九冊

110000－0102－0009154 乙四/52 集部/別
集類/清

五百四峯堂詩鈔二十五卷 （清）黎簡撰 清
同治十三年(1874)廣州南海陳氏儒雅堂刻本
八冊

110000－0102－0009155 乙四/53 集部/詞
類/詞譜、詞律、詞韻

詞律拾遺八卷 （清）徐本立纂 清同治十二
年(1873)刻本 四冊

110000－0102－0009156 乙四/54 集部/別
集類/清

賜綺堂集十五卷 （清）詹應甲撰 清嘉慶十
年(1805)讀我書齋刻本 十冊

110000－0102－0009157 乙四/56 集部/總
集類/詩/地方

閩詩錄甲集六卷乙集四卷丙集三十二卷丁集
一卷戊集七卷 （清）鄭傑編 陳衍補 清宣
統三年(1911)刻本 八冊

110000－0102－0009158 乙四/57 集部/別
集類/宋

楊文靖公集四十三卷 （宋）楊時撰 清光緒
五年(1879)刻本 十冊

110000－0102－0009159 乙四/61 集部/別
集類/宋

徐公文集三十卷 （宋）徐鉉撰 清光緒二十
一年(1895)南陵徐乃昌刻本 八冊

110000－0102－0009160 乙四/63 集部/集
評類/文評

文心雕龍十卷 （南朝梁）劉勰撰 （清）王叔
琳注 （清）紀昀評 清道光十三年(1833)兩
廣節署刻本 四冊

110000－0102－0009161 乙四/65 集部/總
集類/文/通代

古文淵鑒 （清）徐乾學等編注 清同治十二
年(1873)浙江書局刻本 三十二冊

110000－0102－0009162 乙四/66 集部/別
集類/宋

東坡集一百十卷 （宋）蘇軾撰 清宣統元年
(1909)刻本 四十八冊

110000－0102－0009163 乙四/77 集部/總
集類/文/通代/編選

古文淵鑒 （清）徐乾學等編注 清宣統二年
(1910)學部圖書局影印本 二十四冊

110000－0102－0009164 乙四/78 集部/總
集類/文/地方

粵十三家集 （清）伍元薇輯 清道光二十年
(1840)南海伍氏刻本 四十冊

110000－0102－0009165　乙四/80　集部/別集類/清

二曲集四十六卷　（清）李顒撰　清光緒三年（1877）刻本　十六冊

110000－0102－0009166　乙四/87　集部/詞類/詞總集/斷代

宋六十名家詞　（明）毛晉輯　清光緒十四年（1888）錢塘汪氏刻本　二十八冊

110000－0102－0009167　乙四/93　史部/地理類

春融堂褉記八種八卷　（清）王昶撰　清嘉慶十三年（1808）刻本　六冊

110000－0102－0009168　乙四/95　集部/別集類/清

勉行堂文集六卷詩集二十四卷　（清）程晉芳撰　清嘉慶二十五年（1820）刻本　十六冊

110000－0102－0009169　乙四/98　集部/別集類/清

道古堂全集七十六卷　（清）杭世駿撰　清光緒十四年（1888）刻本　十六冊

110000－0102－0009170　乙四/100　集部/別集類/宋

歐陽文忠公全集　（宋）歐陽修撰　清嘉慶二十四年（1819）刻本　二十四冊

110000－0102－0009171　乙四/102　集部/別集類/明

遜志齋全集七卷首一卷　（明）方孝孺撰　清同治三年（1864）刻本　七冊

110000－0102－0009172　乙四/104　集部/別集類/明

盧忠肅公集十二卷首一卷　（明）盧象昇撰　清光緒元年（1875）刻本　八冊

110000－0102－0009173　乙四/105　集部/別集類/清

頻羅庵遺集十六卷　（清）梁同書撰　清嘉慶二十二年（1817）仁和陸貞一刻梁氏叢書本　十冊

110000－0102－0009174　乙四/107　集部/總集類/文/家族

桐城方氏七代遺書　（清）方昌翰編　清光緒十四年（1888）刻本　十冊

110000－0102－0009175　乙四/111　集部/總集類/文/斷代/唐至五代

唐人五十家小集　（清）江標輯　清光緒二十一年（1895）靈鶼閣刻本　十六冊

110000－0102－0009176　乙四/112　集部/總集類/文/斷代/宋

叢睦汪氏遺書　（清）汪汝謙撰　清光緒十二年（1886）錢塘汪氏刻本　三十二冊

110000－0102－0009177　乙四/113　集部/總集類/文/斷代/宋

三宋人集　（清）方功惠輯　清光緒七年（1881）碧琳琅館刻本　八冊

110000－0102－0009178　乙四/115　集部/別集類/清

思益堂集二十卷　（清）周壽昌撰　清光緒十四年（1888）刻本　六冊

110000－0102－0009179　乙四/116　集部/別集類/明

周孟侯全書　（明）周拱辰撰　清光緒元年（1875）刻本　十二冊

110000－0102－0009180　乙四/117　集部/別集類/清

七經樓文鈔　（清）蔣湘南撰　清同治九年（1870）馬氏刻本　四冊

110000－0102－0009181　乙四/119　集部/總集類/文/雜錄/課藝

南菁講舍文集六卷　（清）黃以周輯　清光緒十五年至二十七年（1889－1901）刻本　十六冊

110000－0102－0009182　乙四/120　集部/別集類/宋

龍川文集三十卷附錄一卷辨偽考異二卷　（宋）陳亮撰　清光緒元年（1875）湖北崇文書局刻本　十冊

110000－0102－0009183　　乙四/126　　集部/
別集類/民國

南海先生詩集四卷　康有為撰　梁啟超手寫
　　清宣統三年(1911)影印本　　三冊

110000－0102－0009184　　乙四/127　　集部/
總集類/文/通代/文選

文選旁證四十六卷　　(清)梁章鉅撰　　清光緒
八年(1882)刻本　　十二冊

110000－0102－0009185　　乙四/129　　集部/
總集類/文/通代

御選唐宋文醇五十八卷　　(清)允祿等輯　　清
光緒三年(1877)刻本　　二十冊

110000－0102－0009186　　乙四/130　　集部/
別集類/清

夢園初集　　(清)劉曾騄撰　　清光緒十七年
(1891)刻本　　四冊

110000－0102－0009187　　乙四/133　　集部/
別集類/清

補籬遺稿八卷　　(清)姚福均撰　　清光緒三十
一年(1905)木活字印本　　四冊

110000－0102－0009188　　乙四/140　　集部/
別集類/清

劉孟塗集四十四卷　　(清)劉開撰　　清道光六
年(1826)姚氏檗山草堂刻本　　九冊

110000－0102－0009189　　乙四/141　　集部/
別集類/清

存素堂詩初集二十四卷二集八卷　　(清)法式
善撰　　清嘉慶十二年(1807)王氏刻本　　八冊

110000－0102－0009190　　乙四/142　　集部/
詞類/詞總集/通代

四印齋所刻詞　　(清)王鵬運輯　　清光緒十四
年(1888)王氏家塾刻本　　十二冊

110000－0102－0009191　　乙四/143　　集部/
別集類/唐至五代

樊川文集二十卷外集一卷別集一卷　　(唐)杜
牧撰　　清刻本　　八冊

110000－0102－0009192　　乙四/147　　集部/

別集類/清

晚學集八卷　　(清)桂馥撰　　清道光刻本
四冊

110000－0102－0009193　　乙四/149　　集部/
別集類/清

舒藝室全集　　(清)張文虎撰　　清同治十三年
(1874)金陵冶城賓館至光緒十九年(1893)刻
本　　十二冊

110000－0102－0009194　　乙四/150　　集部/
別集類/清

百柱堂全集五十二卷首一卷　　(清)王柏心撰
　　清光緒十九年(1893)刻本　　十六冊

110000－0102－0009195　　乙四/151　　集部/
總集類/文

八家四六文注八卷　　(清)許貞幹注　　清光緒
十七年(1891)刻本　　十六冊

110000－0102－0009196　　乙四/152　　集部/
別集類/清

吳梅村詩集箋注十八卷　　(清)吳翌鳳撰　　清
光緒十年(1884)刻本　　十二冊

110000－0102－0009197　　乙四/159　　集部/
別集類/清

衎石齋記事稿十卷續稿十卷　　(清)錢儀吉撰
　　清光緒六年(1880)刻本　　十二冊

110000－0102－0009198　　乙四/165　　集部/
總集類/詩/斷代/清

**欽定熙朝雅頌集一百〇六卷首集二十六卷餘
集二卷**　　(清)鐵保輯　　清嘉慶九年(1804)刻
本　　三十二冊

110000－0102－0009199　　乙四/167　　集部/
別集類/明

蟻蠓集五卷　　(明)盧柟撰　　清刻本　　六冊

110000－0102－0009200　　乙四/169　　集部/
別集類/明

味檗齋文集十五卷　　(明)趙南星撰　　清光緒
五年(1879)定州王氏德謙堂刻畿輔叢書本
十冊

110000－0102－0009201　乙四/170　集部/別集類/唐至五代

莆陽黃御史集　（唐）黃滔撰　清光緒十年(1884)福山王氏刻本　三冊

110000－0102－0009202　乙四/174　集部/總集類/詩/斷代/清

道咸同光四朝詩史甲集八卷乙集八卷　（清）孫雄輯　清宣統二年(1910)刻本　十八冊

110000－0102－0009203　乙四/175　集部/別集類/清

邵子湘全集　（清）邵長蘅撰　清光緒二十二年(1896)刻本　十二冊

110000－0102－0009204　乙四/187　集部/別集類/清

槐卿遺稿　（清）沈衍慶撰　清同治元年(1862)刻本　四冊

110000－0102－0009205　乙四/188　集部/別集類/明

徐文定公集六卷　（明）徐光啟撰　清宣統元年(1909)鉛印本　四冊

110000－0102－0009206　乙四/189　集部/別集類/明

張文忠公全集　（明）張居正撰　清光緒二十七年(1901)紅籐碧樹山館刻本　十六冊

110000－0102－0009207　乙四/191　集部/別集類/清

湖海樓全集　（清）陳維崧撰　清光緒十九年(1893)刻本　十六冊

110000－0102－0009208　乙四/196　集部/總集類/文/通代

忠雅堂評選四六法海八卷　（明）王志堅編（清）蔣士銓評選　清同治刻本　八冊

110000－0102－0009209　乙四/198　集部/別集類/清

月齋文集八卷詩集四卷　（清）張穆撰　清咸豐刻本　四冊

110000－0102－0009210　乙四/201　集部/

總集類/詩/婦女

紉蘭室詩鈔鰈硯廬詩鈔　（清）嚴永華撰　清光緒刻本　二冊

110000－0102－0009211　乙四/202　集部/別集類/清

晚學齋全集　（清）姚椿撰　清道光刻本　十二冊

110000－0102－0009212　乙四/206　集部/別集類/清

鐵橋漫稿八卷　（清）嚴可均撰　清光緒十一年(1885)刻本　四冊

110000－0102－0009213　乙四/208　集部/別集類/漢至隋

曹集銓評十卷逸文一卷年譜一卷附錄一卷（三國魏）曹植撰　（清）丁晏纂　清同治十一年(1872)刻本　二冊

110000－0102－0009214　乙四/210　集部/別集類/清

寶綸堂文鈔八卷　（清）齊召南撰　清嘉慶二年(1797)刻本　四冊

110000－0102－0009215　乙四/213　集部/別集類/唐至五代

杜工部集二十卷首一卷　（唐）杜甫撰　清道光十四年(1834)芸葉盦刻本　八冊

110000－0102－0009216　乙四/222　史部/傳記類/總傳/專錄/文苑

國朝詩人徵略六十卷　（清）張維升編　清道光十二年(1832)刻本　十冊

110000－0102－0009217　乙四/224　集部/別集類/清

寒松閣老人集二十三卷　（清）張鳴珂撰　清光緒刻本　八冊

110000－0102－0009218　乙四/229　集部/別集類/清

惜抱軒文集十六卷筆記八卷注說十七卷詩十五卷　（清）姚鼐撰　清同治五年(1866)刻本　十六冊

110000 - 0102 - 0009219　　乙四/230　　集部/別集類/清

積石文稿十八卷　（清）張履撰　清光緒二十年(1894)刻本　八冊

110000 - 0102 - 0009220　　乙四/232　　集部/別集類/遼金元

元遺山先生文集四十卷　（金）元好問撰（金）張德輝編　清劍光閣刻本　六冊

110000 - 0102 - 0009221　　乙四/233　　集部/別集類/清

曾文正公全集　（清）曾國藩撰　清光緒二年(1876)傳忠書局刻本　一百四十四冊

110000 - 0102 - 0009222　　乙四/238　　集部/別集類/宋

宋宗忠簡公全集八卷　（宋）宗澤撰　清咸豐元年(1851)刻本　四冊

110000 - 0102 - 0009223　　乙四/244　　集部/總集類/文/地方

國朝中州文徵五十四卷首一卷　（清）蘇源生編　清道光二十五年(1845)刻本　二十八冊

110000 - 0102 - 0009224　　乙四/247　　集部/別集類/清

甘泉鄉人稿二十四卷　（清）錢泰吉撰　清同治十年(1871)刻本　六冊

110000 - 0102 - 0009225　　乙四/248　　集部/別集類/清

汪梅村先生集　（清）汪士鐸撰　清光緒七年(1881)刻本　八冊

110000 - 0102 - 0009226　　乙四/254　　集部/別集類/清

梅村家藏稿六十三卷　（清）吳偉業撰　清宣統三年(1911)刻本　八冊

110000 - 0102 - 0009227　　乙四/257　　集部/別集類/漢至隋

陶淵明文集十卷　（晉）陶潛撰（南朝梁）蕭統輯　清光緒五年(1879)刻本　二冊

110000 - 0102 - 0009228　　乙四/265　　集部/別集類/遼金元

郝文忠公集三十九卷附錄一卷　（元）郝經撰　清嘉慶三年(1798)刻本　十冊

110000 - 0102 - 0009229　　乙四/266　　集部/別集類/清

劬書室遺集十六卷　（清）金錫齡撰　清光緒二十一年(1895)刻本　六冊

110000 - 0102 - 0009230　　乙四/267　　集部/別集類/清

漱六山房文集十二卷詩集十三卷　（清）郝植恭撰　清光緒四年(1878)刻本　十冊

110000 - 0102 - 0009231　　乙四/269　　集部/別集類/明

宋文憲公全集　（明）宋濂撰　清嘉慶十五年(1810)浙江金華府學刻本　十六冊

110000 - 0102 - 0009232　　乙四/270　　集部/別集類/清

春草堂集三十六卷　（清）謝堃撰　清道光二十年(1840)刻本　三十二冊

110000 - 0102 - 0009233　　乙四/271　　集部/別集類/清

元遺山先生全集　（金）元好問撰　清光緒七年(1881)讀書山房刻本　十九冊

110000 - 0102 - 0009234　　乙四/272　　集部/別集類/明

大如居士全集　（明）唐寅撰　清嘉慶六年(1801)刻本　八冊

110000 - 0102 - 0009235　　乙四/273　　集部/別集類/清

湘綺樓文集八卷　王闓運撰　清光緒三十三年(1907)刻本　四冊

110000 - 0102 - 0009236　　乙四/274　　集部/別集類/唐至五代

樊南文集補編十二卷附錄一卷　（唐）李商隱撰（清）錢振倫箋（清）錢振常注　清同治五年(1866)刻本　四冊

110000 - 0102 - 0009237　　乙四/276　　集部/

總集類/文/通代/文選

文選通叚字會四卷 （清）杜宗玉編　清光緒二十二年(1896)刻本　四冊

110000－0102－0009238　乙四/277　集部/總集類/文/家族

合肥李氏三世遺集二十四卷 （清）李國傑編輯　清光緒三十年(1904)刻本　十二冊

110000－0102－0009239　乙四/280　集部/別集類/唐至五代

文藪十卷 （唐）皮日休撰　清光緒二十一年(1895)合肥李氏刻本　四冊

110000－0102－0009240　乙四/281　集部/詞類/詞選/通代

名家詞 繆荃孫輯　清光緒繆氏刻本　四冊

110000－0102－0009241　乙四/283　集部/別集類/清

陶文毅公全集六十四卷首一卷末一卷 （清）陶澍撰　清道光八年(1828)刻本　二十四冊

110000－0102－0009242　乙四/285　集部/別集類/遼金元

元遺山先生集四十卷附錄一卷 （金）元好問撰　（元）張德輝編　清光緒七年(1881)讀書山房刻本　十七冊

110000－0102－0009243　乙四/287　集部/別集類/唐至五代

李翰林詩集三十卷 （唐）李白撰　清光緒三十三年(1907)刻本　六冊

110000－0102－0009244　乙四/289　集部/詞類/詞選/通代

宋元名家詞十五種 （清）江標輯　清光緒二十一年(1895)湖南思賢書局刻本　四冊

110000－0102－0009245　乙四/290　集部/總集類/文/斷代/唐至五代

唐文粹補遺二十六卷 （清）郭麐編　清光緒十一年(1885)江蘇書局刻本　四冊

110000－0102－0009246　乙四/295　集部/別集類/宋

後山集二十四卷 （宋）陳師道撰　清光緒十一年(1885)刻本　四冊

110000－0102－0009247　乙四/296　集部/總集類/詩/通代

玉臺新詠十卷 （南朝陳）徐陵編　（清）吳兆宜注　（清）程際盛刪補　清乾隆三十九年(1774)刻本　十二冊

110000－0102－0009248　乙四/298　集部/總集類/文/斷代/民國

西北文集三卷 （清）畢振姬撰　**半可集四卷** （清）戴廷栻撰　（清）劉霈輯　清刻本及鉛印本　四冊

110000－0102－0009249　乙四/300　集部/集評類/詞評/詞話

聽秋聲館詞話 （清）丁紹儀撰　清同治六年(1867)刻本　四冊

110000－0102－0009250　乙四/301　集部/總集類/文/通代

八家四六文注八卷首一卷 （清）孫星衍撰　（清）許貞幹注　清光緒十七年(1891)刻本　十六冊

110000－0102－0009251　乙四/305　集部/別集類/清

藥林草堂文鈔四卷 （清）王玉樹撰　清曬藍本　一冊

110000－0102－0009252　乙四/306　集部/別集類/清

清芬樓遺稿四卷 （清）任啟運撰　清光緒十四年(1888)刻本　二冊

110000－0102－0009253　乙四/307　集部/別集類/清

袁文箋正十六卷 （清）袁枚撰　（清）石韞玉箋　清嘉慶十七年(1812)刻本　八冊

110000－0102－0009254　乙四/311　集部/別集類/宋

山谷集內集二十卷外集十七卷別集二卷 （宋）黃庭堅撰　清光緒二十一年(1895)陳氏四覺草堂刻本　二十

110000－0102－0009255　乙四/313　集部/
總集類/文/通代/文選

文選六十卷　（南朝梁）蕭統撰　（唐）李善注
清嘉慶十四年(1809)刻本　二十四冊

110000－0102－0009256　乙四/314　集部/
總集類/文

四六叢話三十二卷　（清）孫梅輯　清光緒七
年(1881)刻本　十冊

110000－0102－0009257　乙四/317　集部/
總集類/文

重論文齋筆錄十二卷　（清）王端履輯　清道
光二十六年(1846)受官堂刻本　六冊

110000－0102－0009258　乙四/318　集部/
別集類/清

學海堂集　（清）阮元輯　清道光五年(1825)
啟秀山房刻本　三十二冊

110000－0102－0009259　乙四/319　集部/
別集類/清

槐軒雜著四卷　（清）劉沅著　清咸豐十一年
(1861)刻本　四冊

110000－0102－0009260　乙四/321　集部/
別集類/明

王文成公全書三十八卷　（明）王守仁撰　清
刻本　二十四冊

110000－0102－0009261　乙四/323　集部/
別集類/清

甌北全集　（清）趙翼撰　清嘉慶五年(1800)
湛貽堂刻本　四十八冊

110000－0102－0009262　乙四/325－1　集
部/別集類/清

大雲山房言事二卷文稿補編一卷　（清）惲敬
撰　清同治刻本　二冊

110000－0102－0009263　乙四/325－2　集
部/別集類/清

大雲山房言事二卷文稿補編一卷　（清）惲敬
撰　清同治刻本　二冊

110000－0102－0009264　乙四/327　集部/
別集類/清

一行居集八卷　（清）彭紹升撰　清道光五年
(1825)刻本　四冊

110000－0102－0009265　乙四/330　集部/
總集類/文/通代/編選

涵芬樓古今文鈔　吳曾祺輯　清宣統二年
(1910)鉛印本　一百冊

110000－0102－0009266　乙四/331　集部/
集評類/詞評/詞話

蓮子居詞話四卷　（清）吳衡照輯　清道光十
二年(1832)錢唐汪氏振綺堂刻本　四冊

110000－0102－0009267　乙四/337　集部/
集評類/文評

文心雕龍十卷　（南朝梁）劉勰撰　清光緒三
年(1877)湖北崇文書局刻本　一冊

110000－0102－0009268　乙四/338　集部/
別集類/清

紀文達公遺集文十六卷詩十六卷　（清）紀昀
撰　清嘉慶十七年(1812)刻本　十二冊

110000－0102－0009269　乙四/341　集部/
詞類/詞總集/婦女

小檀欒室彙刻閨秀詞　徐乃昌輯　清光緒二
十二年(1896)南陵徐氏刻本　二十六冊

110000－0102－0009270　乙四/344　集部/
總集類/文/通代/文選

文選古字通補訓四卷拾遺一卷　（清）呂錦文
撰　清光緒二十七年(1901)懷硯齋刻本
四冊

110000－0102－0009271　乙四/350　集部/
別集類/清

大雲山房文稿初集四卷二集四卷　（清）惲敬
撰　清光緒十四年(1888)官書處刻本　八冊

110000－0102－0009272　乙四/352　集部/
集評類/詩評/詩話/斷代

明詩紀事　（清）陳田撰　清光緒陳氏聽詩齋
刻陳氏叢書本　三十八冊

110000－0102－0009273　乙四/353　集部/

別集類/漢至隋

蔡中郎集十卷 （漢）蔡邕撰　清光緒十六年
(1890)番禺陶氏愛廬刻本　五冊

110000－0102－0009274　乙四/354　集部/
別集類/唐至五代

杜工部集二十卷 （唐）杜甫撰　清道光十四
年(1834)雲葉庵刻本　八冊

110000－0102－0009275　乙四/358　集部/
總集類/文/斷代/上古至隋

漢魏六朝百三家集 （明）張溥輯　清光緒五
年(1879)信述堂刻本　一百冊

110000－0102－0009276　乙四/362　集部/
總集類/文/地方

貴池二妙集五十一卷 （明）吳應箕　（明）劉
城撰　（清）劉世珩輯　清光緒二十五年
(1899)刻本　十二冊

110000－0102－0009277　乙四/365　集部/
別集類/明

明漳浦黃忠端公全集五十卷 （明）黃道周撰
（清）陳壽祺重編　清道光六年(1826)刻本
二十四冊

110000－0102－0009278　乙四/368　集部/
別集類/漢至隋

庾子山集十六卷 （北周）庾信撰　（清）倪璠
注釋　清末刻本　十二冊

110000－0102－0009279　乙四/369　叢部/
自著叢書/清中晚期

受經堂彙稿 （清）楊紹文輯　清道光三年
(1823)山陰楊氏刻本　六冊

110000－0102－0009280　乙四/370　集部/
別集類/清

邃雅堂集十卷 （清）姚文田撰　清道光元年
(1821)刻本　八冊

110000－0102－0009281　乙四/371　集部/
別集類/清

籀經堂類稿二十四卷 （清）陳慶鏞撰　清光
緒九年(1883)刻本　十二冊

110000－0102－0009282　乙四/372　集部/
別集類/唐至五代

杜詩鏡銓二十卷 （唐）杜甫撰　（清）楊倫編
清同治十一年(1872)刻本　十冊

110000－0102－0009283　乙四/373　集部/
別集類/清

**揅經室集一集十四卷二集八卷三集五卷四集
二卷詩十一卷續九卷外集五卷** （清）阮元撰
清道光三年(1823)文選樓刻本　二十四冊

110000－0102－0009284　乙四/374　集部/
別集類/清

衍石齋紀事稿十卷 （清）錢儀吉撰　清道光
刻本　十二冊

110000－0102－0009285　乙四/376　集部/
別集類/宋

黃山谷全集三十九卷 （宋）黃庭堅撰　清光
緒二十五年(1899)刻本　二十冊

110000－0102－0009286　乙四/377　集部/
詞類/詞總集/地方

國朝常州詞錄三十一卷 繆荃孫輯　清光緒
二十二年(1896)刻本　十二冊

110000－0102－0009287　乙四/378　集部/
總集類/文

文粹一百卷 （宋）姚鉉纂　清光緒十六年
(1890)杭州許氏榆園刻本　二十冊

110000－0102－0009288　乙四/386　集部/
別集類/清

月齋詩文集文八卷詩四卷 （清）張穆撰　清
咸豐八年(1858)刻本　四冊

110000－0102－0009289　乙四/391　集部/
別集類/宋

王臨川全集一百卷 （宋）王安石撰　清光緒
九年(1883)繆氏刻本　二十冊

110000－0102－0009290　乙四/392　集部/
別集類/宋

范文正公集二十卷 （宋）范仲淹撰　清宣統
二年(1910)刻本　十六冊

110000－0102－0009291　乙四/396　集部/
集評類/詩評/詩話

隨園詩話十六卷補遺十卷　（清）袁枚撰　清
乾隆五十七年（1792）刻本　嘉慶元年（1796）
刻補遺　六冊

110000－0102－0009292　乙四/397　集部/
詞類/詞選/斷代

絕妙好詞箋七卷續鈔一卷　（宋）周密輯
（清）查為仁　（清）厲鶚合箋　清道光八年
（1828）刻本　八冊

110000－0102－0009293　乙四/398　集部/
詞類/詞總集/地方

西泠詞萃　（清）丁丙輯　清光緒十一年
（1885）錢塘丁氏刻本　四冊

110000－0102－0009294　乙四/399　集部/
總集類/詩/雜錄/其它

古謠諺一百卷　（清）杜文瀾輯　清咸豐十一
年（1861）曼陀羅華閣刻本　二十四冊

110000－0102－0009295　乙四/403　集部/
別集類/唐至五代

杜工部集二十卷　（唐）杜甫撰　清光緒二年
（1876）粵東翰墨園刻本　十冊

110000－0102－0009296　乙四/404　集部/
別集類/唐至五代

杜工部集二十卷　（唐）杜甫撰　清光緒二年
（1876）粵東翰墨園刻本　十冊

110000－0102－0009297　乙四/405　集部/
總集類/詩/婦女

**國朝閨秀正始集續集二十卷附錄一卷補遺一
卷**　（清）完顏惲珠編　清道光十一年（1831）
刻本　二十冊

110000－0102－0009298　乙四/407　集部/
別集類/清

甘泉鄉人稿二十四卷　（清）錢泰吉撰　清咸
豐四年（1854）讀舊書室刻本　十二冊

110000－0102－0009299　乙四/408　集部/
別集類/清

述學　（清）汪中撰　清嘉慶二十年（1815）刻

本　二冊

110000－0102－0009300　乙四/411　集部/
別集類/漢至隋

蔡中郎集十卷外紀一卷外集四卷列傳一卷
（漢）蔡邕撰　清咸豐二年（1852）海源閣刻本
六冊

110000－0102－0009301　乙四/412　集部/
總集類/詩/雜錄/其它

選雅二十卷　（清）程先甲撰　清光緒二十八
年（1902）千一齋刻本　八冊

110000－0102－0009302　乙四/413　集部/
別集類/清

庸庵全集　（清）薛福成撰　清光緒二十三年
（1897）醉大堂石印本　十二冊

110000－0102－0009303　乙四/414　集部/
詞類/詞別集

瓶隱山房詞八卷　（清）黃曾撰　清道光二十
七年（1847）刻本　四冊

110000－0102－0009304　乙四/416　集部/
總集類/詩/斷代/明

弘正四傑詩集　（清）張百熙輯　清光緒二十
一年（1895）長沙張氏湘雨樓刻本　十六冊

110000－0102－0009305　乙四/418　集部/
別集類/清

沈文忠公集八卷　（清）沈兆霖撰　清同治八
年（1869）刻本　六冊

110000－0102－0009306　乙四/419　集部/
別集類/清

霜紅龕集四十卷附錄三卷年譜一卷　（清）傅
山撰　清宣統三年（1911）山陽丁氏刻本　十
二冊

110000－0102－0009307　乙四/420　集部/
別集類/清

寒松堂全集十二卷　（清）魏象樞撰　清嘉慶
十六年（1811）刻本　十三冊

110000－0102－0009308　乙四/426　集部/
曲類

審音鑑古錄 （清）□□輯 清道光刻本
八冊

110000－0102－0009309 乙四/430 集部/
別集類/清
道古堂全集四十八卷 （清）杭世駿撰 清光
緒十四年(1888)刻本 十六冊

110000－0102－0009310 乙四/431 經部/
經總類/群經總義
句溪雜著六卷 （清）陳立撰 清同治三年
(1864)刻本 二冊

110000－0102－0009311 乙四/433 集部/
別集類/明
盧忠肅公集十二卷首一卷 （明）盧象昇撰
清光緒二年(1876)刻本 八冊

110000－0102－0009312 乙四/434 史部/
傳記類/別傳
東坡事類二十二卷 （清）梁廷枏纂 清道光
十年(1830)刻本 十二冊

110000－0102－0009313 乙四/439 集部/
別集類/唐至五代
李衛公集 （唐）李德裕撰 清刻本 六冊

110000－0102－0009314 乙四/441 集部/
集評類/文評
文心雕龍十卷 （南朝梁）劉勰撰 （清）黃叔
琳注 （清）紀昀評 清道光十三年(1833)兩
廣節署刻本 四冊

110000－0102－0009315 乙四/445 集部/
別集類/明
何大復先生集三十八卷 （明）何景明撰 清
刻本 十二冊

110000－0102－0009316 乙四/449 集部/
詞類/詞選/通代
歷朝詞綜九十八卷 （清）朱彝尊輯 清光緒
二十八年(1902)金匱浦氏刻本 二十四冊

110000－0102－0009317 乙四/454 集部/
總集類/文/雜錄/課藝
詁經精舍文集十四卷 （清）阮元輯 清嘉慶

六年(1801)揚州阮氏琅嬛仙館刻本 七冊

110000－0102－0009318 乙四/456 集部/
集評類/詩評/詩話/斷代
明詩紀事 （清）陳田撰 清宣統三年(1911)
貴陽陳氏聽詩齋刻本 三十八冊

110000－0102－0009319 乙四/461 集部/
總集類/詩/雜錄/題詠
汪氏兩園圖詠合刻 （清）汪承鏞輯 清同治
十二年(1873)刻本 四冊

110000－0102－0009320 乙四/462 史部/
傳記類/總傳/專錄/文苑
國朝詩人徵略六十卷 （清）張維屏輯 清道
光十年(1830)番禺張氏刻本 十冊

110000－0102－0009321 乙四/467 集部/
別集類/明
熊襄湣公集十卷首一卷 （明）熊廷弼撰 清
同治十一年(1872)刻本 十冊

110000－0102－0009322 乙四/468 集部/
別集類/清
餐芍華館遺文三卷 （清）周騰虎撰 清光緒
三十一年(1905)活字印本 二冊

110000－0102－0009323 乙四/470 集部/
別集類/清
惜抱尺牘八卷 （清）姚鼐撰 清宣統元年
(1909)小萬柳堂刻本 四冊

110000－0102－0009324 乙四/474 集部/
別集類/清
倭文端公遺書十卷首二卷 （清）倭仁撰 清
光緒三年(1877)粵東翰元樓刻本 六冊

110000－0102－0009325 乙四/476 集部/
別集類/清
左文襄公全集 （清）左宗棠撰 清光緒十六
年(1890)刻本 一百十八冊

110000－0102－0009326 乙四/477 集部/
總集類/文/斷代/清
國朝文匯 （清）□□輯 清宣統元年(1909)
石印本 一百〇一冊

110000－0102－0009327　乙四/478　集部/
總集類/詩/通代

湖海詩傳四十六卷　（清）王昶輯　清嘉慶八
年(1803)刻本　三十二冊

110000－0102－0009328　乙四/479　集部/
總集類/文/斷代/清

皇朝經世文編一百二十卷　（清）賀長齡輯
清光緒十二年(1886)石印本　六十冊

110000－0102－0009329　乙四/480　集部/
總集類/文/斷代/清

皇朝經世文續編一百二十卷　（清）盛康輯
清光緒二十三年(1897)刻本　八十冊

110000－0102－0009330　乙四/481　集部/
總集類/詩/斷代/唐至五代

全唐詩九百卷　（清）曹寅等輯　清光緒元年
(1875)刻本　一百二十冊

110000－0102－0009331　乙四/482　集部/
總集類/文/斷代/上古至隋

漢魏六朝百三家集　（明）張溥輯　清光緒五
年(1879)信述堂刻本　一百冊

110000－0102－0009332　乙四/493　集部/
別集類/清

李文忠公全集一百六十五卷　（清）李鴻章撰
　清光緒三十四年(1908)刻本　一百冊

110000－0102－0009333　乙四/501　集部/
總集類/詩/地方

播雅二十四卷　（清）鄭珍編　清宣統三年
(1911)文通書局鉛印本　八冊

110000－0102－0009334　乙四/502　集部/
別集類/清

揅經室集　（清）阮元撰　清道光三年(1823)
刻本　二十四冊

110000－0102－0009335　乙四/503　集部/
別集類/清

盾鼻餘瀋　（清）左宗棠撰　清光緒七年
(1881)刻本　二冊

110000－0102－0009336　乙四/504　集部/
別集類/清

湯子遺書　（清）湯斌撰　清同治九年(1870)
刻本　二十八冊

110000－0102－0009337　乙四/507　集部/
詞類/詞別集

水雲邨吟稿十二卷首末二卷　（元）劉壎撰
清道光十年(1830)刻本　四冊

110000－0102－0009338　乙四/520　集部/
總集類/文/通代/編選

古文觀止十二卷　（清）吳乘權等撰　清綠蔭
堂刻本　六冊

110000－0102－0009339　乙四/521　集部/
總集類/文/雜錄/課藝

學海堂集十六卷　（清）阮元輯　**學海堂二集
二十二卷**　（清）吳蘭修輯　**學海堂三集二十
四卷**　（清）張維屏輯　**學海堂四集二十八卷**
　（清）金錫齡輯　清道光五年至光緒十二年
(1825－1832)啟秀山房刻本　四十八冊

110000－0102－0009340　乙五/1　叢部/地
方叢書

嶺南遺書　（清）伍元薇　（清）伍崇曜合輯
清道光十一年至同治二年(1831－1863)南海
伍氏刻本　八十冊

110000－0102－0009341　乙五/2　集部/別
集類/清

左海全集　（清）陳壽祺撰　清嘉慶至道光三
山陳氏刻本　八十四冊

110000－0102－0009342　乙五/3　叢部/彙
編叢書

王氏四種　（清）王念孫撰　清道光七年
(1827)京師壽滕書屋刻本　六十冊

110000－0102－0009343　乙五/4　叢部/自
著叢書/清中晚期

郝氏遺書　（清）郝懿行撰　清嘉慶至光緒刻
本　六十四冊

110000－0102－0009344　乙五/5　叢部/自
著叢書/清中晚期

戴氏遺書十六種　（清）戴震撰　清乾隆微波

樹刻本　三十四冊　缺一函十冊

110000 - 0102 - 0009345　乙五/6　叢部/自著叢書/清中晚期

焦氏遺書一百二十四卷　(清)焦循撰　清光緒二年(1876)衡陽魏氏刻本　四十冊

110000 - 0102 - 0009346　乙五/8　叢部/自著叢書/清中晚期

槐軒全書　(清)劉沅輯注　清咸豐至民國刻本　一百〇七冊

110000 - 0102 - 0009347　乙五/11　叢部/自著叢書/明

少室山房筆叢四十八卷　(明)胡應麟撰　清光緒二十二年(1896)廣雅書局刻本　十二冊

110000 - 0102 - 0009348　乙五/12　叢部/自著叢書/明

少室山房筆叢四十八卷　(明)胡應麟撰　清光緒二十二年(1896)廣雅書局刻本　十冊

110000 - 0102 - 0009349　乙五/15　叢部/彙編叢書/清中晚期

香豔叢書三百二十七種　(清)蟲天子編　清宣統元年(1909)上海中國圖書公司鉛印本八十冊

110000 - 0102 - 0009350　乙五/17　叢部/自著叢書/清中晚期

中復堂全集九十八卷　(清)姚瑩撰　清同治六年(1867)安福縣署刻本　三十八冊

110000 - 0102 - 0009351　乙五/20　叢部/自著叢書/清初期

抗希堂十六種全書　(清)方苞撰　清光緒二十四年(1898)娜嬛閣刻本　六十四冊

110000 - 0102 - 0009352　乙五/22　叢部/自著叢書/清初期

陸桴亭先生遺書二十二種　(清)陸世儀撰清光緒二十五年(1899)京師刻本　二十冊

110000 - 0102 - 0009353　乙五/23　叢部/自著叢書

湘綺樓全書十九種　王闓運撰　清光緒至宣

統東洲[衡陽]刻本　八十冊

110000 - 0102 - 0009354　乙五/24　叢部/自著叢書/清中晚期

安吳四種　(清)包世臣撰　清光緒十四年(1888)刻本　十六冊

110000 - 0102 - 0009355　乙五/25　叢部/自著叢書/清中晚期

桐城吳先生全集　(清)吳汝綸撰　清光緒刻本　二十二冊

110000 - 0102 - 0009356　乙五/26　叢部/自著叢書/清初期

毛西河先生全集經集四十九種文集六十九種　(清)毛奇齡撰　清康熙刻本　一百冊

110000 - 0102 - 0009357　乙五/28　集部/總集類/文/通代

乾坤正氣集五百七十四卷首一卷　(清)潘錫恩輯　清道光二十八年(1848)袁江節署求是齋刻本　二百冊

110000 - 0102 - 0009358　乙五/29　叢部/地方叢書

武林往哲遺著六十六種　(清)丁丙輯　清光緒丁氏嘉惠堂刻本　九十六冊

110000 - 0102 - 0009359　乙五/31　叢部/自著叢書/清中晚期

鹿洲全集　(清)藍鼎元撰　清光緒五年(1879)刻本　二十六冊

110000 - 0102 - 0009360　乙五/32　叢部/彙編叢書

二酉堂叢書二十一種　(清)張澍輯　清道光元年(1821)刻本　十二冊

110000 - 0102 - 0009361　乙五/33　叢部/自著叢書/清中晚期

桐華閣叢書六種　(清)杜貴墀撰　清光緒刻本　十二冊

110000 - 0102 - 0009362　乙五/38　叢部/自著叢書

焦氏遺書一百二十四卷　(清)焦循撰　清光

緒二年（1876）衡陽魏氏刻本　四十冊

110000－0102－0009363　乙五/39　經部/經總類/群經總義

鄭氏佚書　（漢）鄭玄撰　（清）袁鈞輯　清光緒十四年（1888）浙江書局刻本　十冊

110000－0102－0009364　乙五/40　叢部/自著叢書/清中晚期

養志居僅存稿　（清）陳宗起撰　清光緒十一年（1885）丹徒陳氏刻本　二十冊

110000－0102－0009365　乙五/41　叢部/彙編叢書

潘刻五種　（清）恩壽輯　清光緒二十九年（1903）刻本　六冊

110000－0102－0009366　乙五/42　叢部/彙編叢書

問影樓輿地叢書十五種　（清）胡思敬輯　清光緒三十四年（1908）鉛印本　十冊

110000－0102－0009367　乙五/43　叢部/彙編叢書

重刊拜經樓叢書七種　（清）吳騫輯　清光緒十一年（1885）會稽章氏刻本　十二冊

110000－0102－0009368　乙五/45　叢部/彙編叢書/清中晚期

功順堂叢書十八種　（清）潘祖蔭輯　清光緒吳縣潘氏刻本　二十四冊

110000－0102－0009369　乙五/46　叢部/自著叢書/清中晚期

番禺陳氏東塾叢書　（清）陳澧撰　清光緒刻本　十四冊

110000－0102－0009370　乙五/47　叢部/自著叢書

二思堂叢書六種　（清）梁章鉅撰　清光緒元年（1875）浙江書局刻本　十六冊

110000－0102－0009371　乙五/49　叢部/彙編叢書

天壤閣叢書十九種　（清）王懿榮輯　清同治、光緒福山王氏刻本　二十冊

110000－0102－0009372　乙五/50　叢部/自著叢書/清中晚期

師伏堂叢書十八種　（清）皮錫瑞撰　清光緒善化皮氏師伏堂刻本　四十冊

110000－0102－0009373　乙五/51　叢部/彙編叢書

大亭山館叢書　（清）楊葆彝輯　清光緒刻本　六冊

110000－0102－0009374　乙五/52　叢部/彙編叢書

遜敏堂叢書三十二種　（清）黃秩模輯　清道光二十八年（1848）木活字印本　六冊

110000－0102－0009375　乙五/53　叢部/彙編叢書

麗廔叢書八種　葉德輝輯　清光緒三十三年（1907）長沙葉氏刻本　七冊

110000－0102－0009376　乙五/58　叢部/地方叢書

湖州叢書　（清）陸心源輯　清光緒湖城義塾刻本　二十四冊

110000－0102－0009377　乙五/61　叢部/彙編叢書

懷豳雜俎　徐乃昌輯　清光緒三十三年至宣統三年（1907－1911）刻本　八冊

110000－0102－0009378　乙五/69　叢部/彙編叢書

小方壺齋輿地叢鈔十二帙　（清）王錫祺輯　清光緒十七年（1891）上海著易堂鉛印本　六十三冊　缺一冊（第十二）